湛江通史

上卷

《湛江通史》编委会 编

SPM 南方出版传媒 广东人民出版社

·广州·

图书在版编目（CIP）数据

湛江通史 /《湛江通史》编委会编. —广州：广东人民出版社，2021.8
ISBN 978-7-218-15068-0

Ⅰ. ①湛… Ⅱ. ①湛… Ⅲ. ①湛江—地方史 Ⅳ. ①K296.53

中国版本图书馆 CIP 数据核字（2021）第 111359 号

ZHANJIANG TONGSHI
湛江通史
《湛江通史》编委会 编

出 版 人：肖风华

策划编辑：陈海烈
责任编辑：夏素玲 易建鹏 谢 尚
装帧设计：张力平
责任技编：吴彦斌 周星奎

出版发行：广东人民出版社
地 址：广州市海珠区新港西路 204 号 2 号楼（邮政编码：510300）
电 话：(020) 85716809（总编室）
传 真：(020) 85716872
网 址：http://www.gdpph.com
印 刷：恒美印务（广州）有限公司
开 本：787mm×1092mm 1/16
印 张：90.75 插页：3 字 数：1438 千
版 次：2021 年 8 月第 1 版
印 次：2021 年 8 月第 1 次印刷
定 价：468.00 元

如发现印装质量问题，影响阅读，请与出版社（020 - 85716808）联系调换。
售书热线：(020) 85716826

《湛江通史》编委会

化孕育了一大批名贤俊杰，如陈文玉、邓宗龄、洪泮洙、陈瑸、黎正、陈昌齐、林召棠、陈兰彬、陈乔森、黄学增、张炎等，灿若星辰，光彩熠熠。

盛世修史，存史资政；箕裘相继，泽被后昆。编撰《湛江通史》，既是文化的传承，又是资政育人的需要。在中共湛江市委的高度重视和湛江市人民政府的大力支持下，湛江市政协组织编撰《湛江通史》，这项湛江史上浩大的文化工程，历时四个春秋，十易其稿，全书三卷 140 多万字。全书立足深入挖掘和系统梳理本土历史发展根脉，上溯远古，下迄 2020 年决胜全面建成小康社会、开启全面建设社会主义现代化国家新征程之际，全面展示了湛江地区缘起演变和湛江先民肇始以来绵延不断的文明传承，是一部研究、阐述湛江从古至今政治、经济、军事、社会、文化、教育，乃至地理气候、海洋贸易、行业物产、饮食习俗、建筑民居、宗教信仰、风土人情、民间艺术、民俗风貌等具有区域特色的通史，填补了湛江历史研究领域一直没有通史的空白，为岭南历史文化研究留下珍贵的史料，为湛江社会科学繁荣发展和精神文明建设添彩增辉。

在编撰《湛江通史》的过程中，我们始终坚持以马克思主义历史观为指导，反对错误的历史观，对有关史籍认真深入研究分析，去粗取精，去伪存真，杜绝人为杜撰的虚假历史，尊重历史，力求真实。正如习近平总书记于 2014 年 2 月 24 日在十八届中央政治局第十三次集体学习时的讲话中强调，"我们既不要片面地讲厚古薄今，又不要片面地讲厚今薄古，而是要本着科学的态度，继承和弘扬中华优秀传统文化，努力用中华民族创造的一切精神财富来以文化人、以文育人。"[①] 编撰《湛江通史》，旨在激励湛江人民继往开来，迸发出更加强烈的历史自豪感、民族自豪感、家园自豪感。《湛江通史》的面世，既是湛江文化建设的一大成果，又是继承和发扬湛江优秀文化的重要媒介，必将进一步增强湛江人民"知我湛江，爱我湛江，建我湛江"的意识，激发广大干部群众共创湛江美好明天的豪情，也有利于外界更全面、更深刻地了解湛江、认识湛江、喜爱湛江。

只有以深邃的历史之思，方能洞悉时代前进之路。当今的时代，既是近代以来中华民族发展的最好时代，又是实现中华民族伟大复兴的伟大时代。

---

① 中共中央文献研究室编：《习近平关于社会主义文化建设论述摘编》，中央文献出版社 2017 年版，第 140 页。

历史一次又一次厚爱湛江，而今又迎来了千载难逢的发展机遇。2018 年 10 月，习近平总书记视察广东时，要求"把汕头、湛江作为重要发展极，打造现代化沿海经济带"①，并强调湛江要与海南相向而行②。中共广东省委、广东省人民政府赋予了湛江"全力建设省域副中心城市"重大使命，努力承担起粤港澳大湾区和海南自由贸易港两大国家战略重要连接点和支撑点的历史重任。在新的历史时期，我们更应尊重历史、研究历史，学史明理、学史增信、学史崇德、学史力行。同时热切希冀通过这部《湛江通史》，从历史的经验中为湛江发展汲取伟力，激励全市人民朝着全力建设省域副中心城市、加快打造现代化沿海经济带重要发展极的目标阔步前进，续写无愧历史、无愧先贤、无愧时代的湛江辉煌篇章。

是为序。

《湛江通史》编委会
2021 年 8 月 16 日

---

① 《习近平在广东考察时强调 高举新时代改革开放旗帜 把改革开放不断推向深入》，《人民日报》2018 年 10 月 26 日第 1 版。

② 《省政协委员建议尽快出台规划纲要打造现代化沿海经济带重要发展极》，《湛江日报》2019 年 1 月 28 日第 1 版。

目　录

上　卷

中 卷

下　卷

绪　　论

　　湛江是中国大陆最南端的地级市，包含整个雷州半岛及半岛以北部分地区。从遂溪县江洪镇鲤鱼墩新石器时代开始，湛江已有 8000 年左右的人类活动史。生活在这片土地上的一代又一代湛江人，辟草莱，开阡陌，耕海田，建村落，兴城镇，将荒原变为沃土，荆榛化作稻粱，将蛮瘴之地建设成富饶美丽的家园，成为中国一个不可分割的组成部分。在长期的生产生活中，湛江人创造了自己的生存史、经济史、社会史、文化史、对外交流史等，不断从蛮荒走向文明和进步。

　　湛江地区位于边陲，在历史上长期被边缘化，经济、社会、文化、教育、民生等方面发展相对滞后，对湛江的书写，多见于地方志书、本地文化、文艺作品，以及某一学科的著作。这些作品或学科著作，局限于某一门类、某一阶段、某县（市、区）、个别历史人物的记述，未能做到大视野、长焦距、广角度地反映湛江地区的全貌。即使是具有通史性的著作，涉及湛江内容也只占很少篇幅，远未能反映湛江悠久的历史、厚重的文化积淀、日新月异的社会主义建设事业，与湛江发展的态势极不相称，这是一个明显的不足。实际上，湛江地区作为中国大陆"天南重地"，不仅在中国疆域版图上具有极为重要的领土主权、国防、海洋、交通等政治、经济和军事地位，而且，越来越多的研究显示，它还具有独特的区域文化个性和社会族群即民系分野意义，以及在南海海洋开发和海上丝绸之路的历史价值。这都需要历史学和其他学科工作者深入研究，广泛吸收有关学科研究成果，写成高质量的湛江通史。唯有如此，才能弥补岭南文化、广东历史有关书籍对湛江地区表达的不足或欠缺，并使湛江在其中占有重要的一席之地。

一、湛江的地理环境

（一）自然地理环境

湛江的自然地理环境得天独厚，具有三大优势。

其一，湛江三面临海，一面通内陆。经济、社会、文化和历史发展，具有较强的海洋性特征。海上交通繁荣，对外交流频繁。汉代徐闻港始发的海上丝绸之路，通往东南亚、印度、阿拉伯等国家和地区。海陆文化在湛江交融汇聚，中外文化亦在此交流碰撞，千姿百态，异彩纷呈。海纳百川的湛江，把这些文化融入本土文化之中。

其二，雷州半岛地处热带，气候炎热。湛江在热带作物栽培、热带畜牧等农业土地利用与居民生活方式、心理特点等方面，带有独特的热带风情。

其三，海南岛和沿海岛屿作为屏障，减弱了西太平洋和南海台风对湛江的影响，有利于作物栽培和海洋文化延续发展。

1. 地理位置独特

历史上的湛江地区，不论行政区域如何变更，雷州半岛始终是最重要的一部分。湛江的区位优势，很大程度上是由雷州半岛的地理位置带来的。雷州半岛是中国三大半岛之一，是中国南方最大的半岛，因多雷暴而得名。距今 7000 万年前的燕山运动使今海南岛和雷州半岛之间出现断裂带；距今 300 万年前，海南岛与大陆第一次分离；距今 10 万年前，出现了早期的琼州海峡；距今 12000 年，琼州海峡和海南岛形成。雷州半岛成形之前，经历了漫长的地质历史：雷州半岛过去隐没在海水里，后来半岛北部率先露出水面，到了距今 1.8 亿—2.25 亿年的中生代三叠纪时，地壳发生了强烈的运动，半岛才全部露出了水面。雷州半岛位于北纬 20°15′—21°20′，东经 109°22′—110°27′，介于雷州湾和北部湾之间，南隔琼州海峡与海南岛相望。半岛南北长约 140 千米，东西宽 60—70 千米，面积约 0.78 万平方千米。全境在热带范围内，拥有丰富的热量资源。

拥有整个半岛的湛江市，位于粤琼桂三省（区）交界处，东濒雷州湾，南隔琼州海峡与海南岛相望，西临北部湾，西北与广西毗邻，东北与茂名接壤。现为广东省域副中心城市，下辖 4 个市辖区、3 个代管县级市、2 个县。湛江是中国西南地区通往国外的主要出海口，也是中国大陆通往东南亚、非洲、欧洲和大洋洲海上航程最短的重要口岸。湛江行政区域陆域面积1.32万平方千米，海域面积约2万平方千米，有140多个岛屿，海陆面积合计约3.32万平方千米。全市位于北纬20°13′—21°51′，东经109°40′—110°58′，海岸线长达2023.6千米，其中大陆海岸线长1243.7千米，岛屿海岸线长779.9千米，是全国海岸线最长的城市之一。截至2020年末，湛江市户籍人口859.58万人，常住人口6981236人，其中城镇常住人口3173464人。2020年全市实现地区生产总值3100.22亿元，居民人均可支配收入24986元。全年来源于湛江的财政总收入706.11亿元，全市地方一般公共预算收入137.78亿元，其中税收收入87.74亿元。①

2. 气候干旱炎热

气候是人类生存的一个重要条件，也是影响一地历史和文化的重要因素。湛江地区属热带季风气候带下半湿润气候区，年均温度23℃，最冷月份平均温度15℃，极端最低温4℃左右，全年无霜。雷州半岛三面环海、水汽充盈，但由于地形过于平坦，缺乏高山屏障，难以形成地形雨，素有"十年九旱"的说法。湛江地区年降水量多在1500—1600毫米，低于广东全省平均1750毫米的水平，是广东少雨地带，且蒸发量大于降水量，经常出现干旱现象。

湛江地区降水量的月分布不均衡，与农业用水有一定矛盾。每年4月至9月为多雨季节，降水量占全年83%，其中8月雨量最多；10月至翌年3月雨量较少；干湿季节明显。临海却季节性少雨，这是全国罕有的气候现象，对农业生产影响较大，旱作成为湛江地区主要的土地利用方式。薯蓣、粟类、番薯、木薯等都曾成为湛江人的主粮。因干旱导致粮食生产不足，民间渐渐流行吃粥，特别是大米与适应旱作的番薯搭配的番薯粥，广受湛江人青睐。为蓄水防旱，打井及修建灌渠、山塘等水利工程在湛江地区不可或缺。中华人民共和国成立后，湛江人民修筑的鹤地水库和雷州青年运河即为出色代表，建设过程中所展现出来的青年运河精神传承不竭，鼓舞着一代代湛江人。

湛江受低压、热带风暴、台风影响频繁。夏秋之间，南海上生成热带风

① 数据来源：湛江市统计局、国家统计局湛江调查队《湛江市2020年国民经济和社会发展统计公报》，湛江市统计局《湛江市第七次全国人口普查公报》。

暴和台风较多。台风过境带来丰沛降水，可补充地形雨、季风雨的不足，有助于缓解旱情，但也造成人员伤亡和财产损失。湛江地区受台风影响，史书上最早的记载是唐贞观十二年（638）。是年，台风海潮大作，吹飞雷祖古庙两根大梁，落在白院石神庙的西边。据《明太宗实录》记载，明永乐九年（1411），台风大作，海堤崩决，海潮泛滥，几乎淹及雷州城的城墙。据不完全统计，在1949—2019年这70年间，登陆湛江的台风多达54次，为同时期全国最多。1954年、1996年、2015年发生的三次台风，强度大，破坏力强，给湛江地区造成了巨大的损失。

在影响湛江地区的各种气象中，雷暴是最突出最具震撼力的，雷州也因雷多而得名。据有关部门统计，雷州半岛年均雷暴日多达百天左右，与世界著名雷区印度尼西亚爪哇岛不相上下。雷对湛江经济、文化、社会、历史影响深远。特别在精神文化领域，雷神、雷州换鼓、雷歌、雷剧、雷字地名及不少风俗文化活动，无不与雷有关。

3. 低平地貌

湛江地区地形单一，以玄武岩台地为主，其次是沿海平原。遂溪以南的玄武岩台地规模最大。经勘测，雷州半岛玄武岩绝对年龄最古老的遂溪岭北城里岭，距今约1151万年。

由于以台地和平原为主，湛江地区地面坡度平缓，普遍仅有3—5度。低平的地势，有利于交通运输、城镇村落建设，因此湛江地区古驿道发达，调丰驿道闻名于世。雷州半岛周边海湾与海岛罗列，地势同样平坦。其中不少是火山岛，如东海岛、硇洲岛、特呈岛、南三岛、东头山岛等。

雷州半岛火山岩与海南岛北部火山岩在地质上是一个整体，合称琼雷火山群。地质学者评价：中国火山，北有五大连池，南有雷琼火山。到目前为止，雷州半岛共发现火山遗址76座。千万年来，历经多期大喷发后，这76座火山早已熄灭，遗留下来的火山地貌成为一种独特的资源。雷州半岛也因此被誉为"天然地质博物馆"。千姿百态的火山地貌，不少更成了景区景点。如湖光岩、龙门瀑布、鹰峰岭、九龙山等。

根据火山喷发类型，湛江地区有玄武岩台地、破火口、火山锥、火山断陷盆地等火山地貌。破火口为火山口下陷所致，湖光岩就是这种火山地貌类型。湖光岩在湛江市霞山区西南14千米，海拔最高处87.6米，相对高程

40—50 米，东西约 2 千米，南北 1.8 千米，水面 3.6 平方千米，贮水量约 7 万立方米，形成于 12.7 万年前①，属玛珥湖类型，以水清、崖陡、雄奇、秀丽闻名遐迩，"湖光岩"三字为宋代宰相李纲所书。

火山断陷盆地在半岛上有三处：雷州的九斗洋、青桐洋，徐闻的田洋。洋，意为平原，因火山口被沉积物填充而成，沉积物中富含硅藻土，可作为优质的稻作农业土。田洋距今已有 47 万年。

湛江境内的山脉，大多数由地下玄武岩浆喷出地表形成。其中廉江境内的双峰嶂（铜鼓嶂）海拔 382 米，为湛江市最高点。擎雷山（亦作惊雷山）为湛江名山，在今雷州市南，古籍称为"雷州半岛之脊"。《读史方舆纪要》记载，擎雷山"府治之案山也，擎雷水出焉"。清嘉庆《海康县志》形容擎雷山"形如列屏，为郡之案山"。

多期火山喷发且受海陆变迁影响，湛江地区覆盖的地层较新，形成了典型的火山地质。分布在廉江近 900 平方千米的中生代燕山期花岗岩，风化后形成高岭土矿，为陶瓷工业原料。历史上，湛江地区陶瓷生产一度繁荣，就与丰富的高岭土矿密切相关。

湛江地区地下有不少矿泉，如徐闻原五里乡（今已合并为南山镇）的矿泉水，即可直接饮用。雷琼盆地地下热水资源丰富，徐闻县海安镇沓磊开发出温泉浴场，成为旅游业发展特色项目。雷州半岛火山岩下广泛分布孔隙水和裂隙水，主要在半岛北部和南部，但富水性不一。富水性地段主要分布在破火山口、坑状火山口附近及各级玄武岩台地前缘溢出带附近，厚度为 40 米以上。富水地段泉水流量多为 10—189 升/秒，如雷州市调风湖仔泉群、遂溪县岭北钻孔出水量也很可观。在雷州市下海、那沃，徐闻县许家寮、新地等地，还有微咸水。

4. 半岛水系与四大河流

河流作为一种地貌形态，深刻影响了湛江历史进程及文化的发生和风格。雷州半岛流淌着南渡河、鉴江、九洲江、遂溪河四大河流，它们的集水面积都在 1000 平方千米以上，与其他 60 多条大小河流共同组成半岛水系。

但半岛面积狭小、纵深有限，陆地为海底上升所成，年代较近，故所有

---

① 曾昭璇、黄伟峰：《广东自然地理》，广东人民出版社 2001 年版，第 77—82 页。

河流只下切成峡，未能向两侧扩大谷底，因此水田不多，普遍是荒旱台地。这些河流流量小，航运价值有限。又因河床水位低，须提水灌溉，因此历史上湛江地区很多地方都设有水车。河流通常都会产生三角洲，但雷州半岛上的河流发育时间尚短，三角洲尚在萌芽状态或未出现痕迹，故未见三角洲平原的人文景观。各河流独流入海，各自在中下游形成城市，而未能产生大城市。历史上，雷城仅以行政建置力量成为半岛政治、经济和文化中心，非大河或众水交流而促成，未能像西江、东江、北江在珠江三角洲交会而产生广州这样的大城市。

南渡河为半岛腹部最大河流，发源于遂溪县坡仔，在雷州市境内流长97千米，流经客路、纪家、唐家、杨家、松竹、南兴、白沙、附城、雷高等9个镇，从双溪口注入南海雷州湾。流域面积1444平方千米，毗连雷州半岛西部干旱地区；下游两岸为冲积滩涂平原，土地肥沃，孕育出东、西洋22万亩连片水田，素有"雷州粮仓"之称。南渡河两岸和一些洼地，在半岛的俚人生活时代就被辟为水田，成为岭南农耕稻作文明摇篮之一。

鉴江位于广东省西南部，流域面积9464平方千米，是广东省第三大水系。鉴江发源于广东信宜良安塘，流经信宜、高州、化州、吴川等四县（市）到吴阳镇入南海，全长231千米。鉴江入海口有"左江出文官，右江出武官"的说法。鉴江供水枢纽工程于2009年2月动工，总投资40多亿元，2015年3月正式向宝钢湛江钢铁基地供水，主要解决东海岛生产生活用水及湛江东部160多万人用水问题。

九洲江，北部湾水系。发源于广西玉林市陆川县，流经陆川、博白、廉江等县（市），注入北部湾，全长162千米，集雨面积2137平方千米。流域内支流众多，主要有宁潭河、武陵河、沙铲河、陀村河、长山河等。九洲江两广交界处建有鹤地水库，其灌区渠系"雷州青年运河"从北至南贯串大半个雷州半岛，廉江、遂溪、雷州、湛江市区、吴川等地得到了灌溉保障，被誉为"母亲河"。

遂溪河，发源于廉江牛独岭，从马安乡坑口村进入遂溪县境，自北向南流经分界、牛路、西溪、遂城、新桥、官湖、林东等地，至黄略镇石门圩五里港注入湛江港，河长80千米，流域面积1486平方千米。

5. 广泛分布的砖红壤

由于热带季风气候和生物等因素的作用，在成土母质玄武岩和花岗岩、变质岩基础上发育的砖红壤成为雷州半岛的地带性土壤。砖红壤占湛江市土壤总面积的56.7%，广泛分布在各县（市、区）。砖红壤肥力受森林植被覆盖状况制约，森林植被多，土壤肥力则好；水土流失多，土壤肥力就差。

砖红壤适宜种植热带作物，如橡胶、桉树、剑麻、胡椒、菠萝、荔枝、茶树、龙眼、菠萝蜜、芒果、火龙果、甘蔗以及水稻、花生、番薯等粮食作物，形成了大面积热作、稻作和旱作土地利用的景观。20世纪50年代初，为解决战略物资的紧缺，在湛江地区开辟了20多处橡胶热作农林场，即为这种砖红壤的经济文化成果，为新中国国防建设作出了较大贡献。

由于砖红壤遍布，湛江被形象地称为"红土地"。在此背景下，产生了一批以"红土"为主题的文学艺术作品，彰显了红土色彩、意象及其所衍生出的各种自然人文现象。作品众多，独树一帜，"红土文学"蜚声岭南文坛。

6. 多样的热带生物资源

独特的热带海洋季风气候和玄武岩台地条件，给湛江地区带来了丰富的生物资源，为湛江先民驯化野生动物、人工栽培作物、饲养禽畜等提供了坚实的基础。

在大规模开发之前，湛江地区原本覆盖着茂密的森林植被，其属常绿季雨林，有黄桐、见血封喉、华润楠林、榕树、阴香、五月茶林等群落。很多野生动物早在古时就选择在湛江地区聚居。栖息于雷州半岛大片丛林草莽之中的华南虎，于20世纪60年代才绝迹。由于生态环境变化，野生动物大为减少。湛江地区主要的脊椎野生动物约25种，其中爬行动物7科9种，鸟纲动物6科7种，哺乳动物9科9种。较名贵的野生动物有毛鸡、禾花雀、蛤蚧等。[①]

湛江市天然林主要种类有57科76种，主要有樟科、番荔枝科、桃金娘科、桑科、红树科、无患子科、柿树科、楝科、大戟科、壳斗科等，比较名贵的树种有胭脂、桫椤、樟木、苦楝、土沉香、红椎、酸枝、箭毒木等。由于生态环境变化，天然林已大为减少。麻章区太平镇、湖光镇沿海地区和徐闻县和安镇、南山镇等沿海地区，尚有大片保存良好的红树林，为国内所罕见。[②] 湛江红树林国家级自然保护区是中国四大红树林国家级自然保护区之

---

① 湛江市环境保护局监制：《湛江市环境保护规划》（2006—2020），第8页。
② 湛江市环境保护局监制：《湛江市环境保护规划》（2006—2020），第8页。

一，总面积 2 万公顷，有红树林 15 种。野生药用植物有田基黄、夏枯草、香附、白茅根、半边莲、崩大碗等 100 余种。花卉种类有 33 科 52 属 100 多种。

7. 丰富的热带海洋资源

雷州半岛三面环海，海岸线绵长，形成大小港湾 101 处，湛江港面积最大，雷州湾次之。湛江所辖县（市、区）均面向海洋，海岸线总长 2023.6 千米，其中岛岸线 779.9 千米，海岸线系数（海岸线长度与国土面积之比）为 0.16，即每平方千米国土的海岸线长 162 米，海岸线系数及人均海岸线长度均居全国之冠。[①] 半岛西海岸具高岸特征，多砂堤、潟湖分布。而南部海岸港湾众多，有红树林和珊瑚礁海岸。雷州湾、英罗湾、湛江湾、流沙湾等著名港湾，都拥有广阔的滩涂，是一种宝贵的海洋资源，能用于围垦造田。

海港码头，是湛江重要的海洋资源。在拥有深水潮汐通道的地方，建成深水良港湛江港。在东海岛，6.5 千米深水岸线前沿深达 26 至 40 米，适宜建造 30 万吨级油船泊位。优良港口条件成为东海岛吸引临港产业项目落户的重要因素。自 2012 年 5 月起，宝钢湛江钢铁基地、中科炼化一体化、巴斯夫一体化基地等超千亿元项目相继落户东海岛。外罗、海安、乌石、企水、草潭、江洪、安铺等为浅水溺谷湾或潟湖湾，建成渔港、盐场和海水养殖基地。

雷州半岛沿岸植被多样，滩涂宽广，海水终年温暖，水质营养丰富，浮游生物众多，是鱼类洄游和产卵的舒适场所。这片深蓝海域，形成了广阔的粤西及海南岛东北部渔场，面积近 10 万平方千米，水深多在 100 米以内，海底地势平坦，利于渔耕捕捞。获誉"中国海鲜美食之都"的湛江，盛产大黄鱼、马鲛、鲳鱼、石斑鱼、马友、鱿鱼、鲍鱼、海参、海蜇、鲱鲤、金线、蛇鲻、对虾、龙虾、蟹类和头足类等名优海产。

（二）人文地理环境

人类活动以自然地理为基础，既改造自然环境，又受自然规律制约。而由人类活动产生的现象或过程，则称为"人文"。人文地理既是湛江历史发展的外部条件，也是湛江历史的重要内容。人文地理的各要素，包括政区建

① 湛江市年鉴编纂委员会编：《湛江年鉴（2019）》，中州古籍出版社 2019 年版，总述第 2 页。

置、人口迁移、民族构成、政治格局等，都深刻影响着湛江地区的历史过程、特点和风貌。

1. 百越文化影响至今

从民族血缘关系上说，岭南区域内各民系是南迁士族与土著越族血缘交流的产物，雷州民系也不例外。就文化关系而言，岭南区域文化则主要是汉文化与越文化交流、融合的结果。

在长江以南沿海地区，从远古到秦朝，世代繁衍生息着众多族群。这些族群被统称为"百越"，"百"泛指众多，"越"即"粤"。据《汉书·地理志》记载，"自交趾至会稽七八千里，百越杂处，各有种姓"，即今天的江苏南部沿着东南沿海的上海、浙江、福建、广东、海南、广西至越南北部一带，古时皆为我国百越族群聚居之地。

先秦时期，岭南地区的百越先民，主要有南越、西瓯、骆越等族群。当时的雷州半岛，主要是骆越人的聚居地。他们有自己的耕作方式，如骆田，利用潮水灌溉水田；使用的古越语，一种黏着语，不像汉语一字一音。如今湛江以"那""调""麻""马""潭""博""昌""畅""茂""迈"等字起首的地名，即古越语的遗存。

骆越人喜住干栏、善铸铜鼓、长于航海、嗜食水产等风俗习惯，在湛江地区多有历史流传，骆越文化深深积淀于雷州文化底层，深刻影响着后来湛江地区居民的生活习惯和风俗文化，例如傩舞、翻刺床等民俗活动。

三国到隋唐时期，雷州半岛上的骆越演变为"俚族"或称"俚僚"，文化习俗一脉相承。俚人与汉人在语言、风俗习惯等方面有很大差异。南朝梁陈至隋唐时期，湛江地区在冼夫人势力治理之下，逐渐接受汉文化，汉俚文化融合不断扩大加深。到宋代，俚人已基本汉化或他迁，湛江地区迎来了以闽南人为主体的新移民。尔后，汉人成为湛江地区的居民主体，汉文化也成了湛江地区的主流文化。在这个时期，"文化融合"是湛江地区的关键词。以汉文化为主流，也继承和吸收了不少骆越、俚僚文化的成分，后来成为雷州文化形成的一个最主要的源泉。

2. 人口迁移与多民族融合

一个地方历史文化的形成，离不开民族和人口的迁移。人口迁徙的过程，客观上会伴随文化传播。新移民与原居民相处交往，也会促成不同地域文化交流融合，形成新文化。因此，移民在地方文化形成过程中扮演着重要角色。而移民的素质、来源地、迁移时间、路线和定居分布，又深刻影响一个区域的文化特色。雷州文化，正是由历史上生活在湛江地区的各个民族共同创造的，而汉族的到来与推动，起到了决定性作用。

秦汉统一岭南之后，中原居民开始有组织地南迁，少数抵达湛江地区，带来中原文化。东晋南朝，出现我国历史上第一次人口南迁高潮，同时也是中原文化大举南下的一个高潮。"自汉末建安至于东晋永嘉之际，中国人避地者多入岭表，子孙往往家焉。自是以来，其俗尚渐染华夏"①。这次持续了近300年的南迁高潮，余波一次又一次地在岭南荡漾，也冲击到了雷州半岛。在汉俚文化融合的影响下，雷州半岛的俚人到唐代已大规模汉化或他迁。唐玄宗天宝十四年（755）爆发安史之乱，中原地区民不聊生，出现了我国历史上第二次人口南迁高潮。直至唐末和五代十国时，南迁的中原居民仍相望于道。这一次人口南迁对岭南的影响比第一次时更为深入广泛，部分南迁人口直下雷州半岛。苏轼贬谪途中路过雷州，"自汉末至五代，中原避乱之人，多家于此"。② 苏轼所指，正是今天的湛江地区。

唐宋时期，除了中原居民的自发南迁，还有一批政治家、文化名人流寓雷州或贬谪海南岛取道雷州，这对传播"中州正音"起到重要作用。宋代宰相寇准贬雷州期间，曾向当地士子、民众亲授"中州正音"，官话得以在雷城等地传播。中原政治、经济制度以及文化风俗等广泛传入当地，渐渐改变了湛江地区的社会环境和文化风貌，推动其进入一个以汉越文化融合为主流的历史新阶段。

北宋末年的靖康之难，造成我国历史上第三次人口南迁高潮。中原居民南迁规模之大、持续时间之长，与前两次人口南迁不相伯仲，但对后世经济文化影响却是至为深远的。因为，这次人口南迁令我国南方人口第一次超过北方，并最终完成人口、经济、文化重心从黄河流域向长江流域的迁移。江浙民系、客家民系、潮汕民系和闽南民系等汉族的子民系逐渐形成，而原先有显著华南原居民特征的广府民系和雷州民系，也得到了大量汉文化元素的

① 〔明〕解缙：《永乐大典》卷一万一千九百七十八《广州府三·风俗形势》。
② 〔宋〕苏轼著，张志烈、马德富、周裕锴主编：《苏轼全集校注（文集三）》，河北人民出版社2010年版，第1852页。

补充。

　　宋元时期，大量闽南人来到湛江地区安家营生，并逐渐发展成居民主体。雷州城南天后庙联"闽海恩波流粤土，雷阳德泽接莆田"，便反映了闽南移民与雷州的渊源关系。自此，闽南人成为湛江地区居民主体，雷州文化作为岭南文化的一个区域文化类型大体形成。同时，大批广府商人也来到湛江地区的市镇开店，并逐步扩散各县城乡。当时商业发达的吴川梅菉、廉江等地，成为湛江最早通行粤语的地区。元明清时期，顺德、恩平、高州等地的商人相继到来，进一步扩大了粤语在吴川、廉江两地的传播。清光绪《石城县志》记载，石城（即廉江）"言语不一，有客话，与广话相类。其余有哎话、雷话、地僚海僚话，大抵土音各异，习俗亦殊"。这里的"客话"指广州话，而不是客家话，而海僚话为廉江沿海一带方言，接近粤语，可归入其中。

　　明朝中叶以后，部分客家人迁往湛江地区。清光绪《吴川县志》记载，"迨明中叶来自新会者，多住西山；来自漳泉者，多住芷寮；他邑迁移，间一二耳。"[1] 明朝的王士性在《广志绎》谈到廉州地区语言状况时说，"一曰客户，居城郭，解汉音，业商贾"。[2] 其中的"客户"即指客家人。清咸丰同治年间（1851—1874），广东四邑地区发生土客械斗，双方伤亡惨重，部分客家人被迫迁往今高州、吴川、廉江。这是历史上客家人入迁粤西以来人数最为众多、时间最为集中的一次移民运动，它对粤西客家民系和客家方言的最终形成起了决定性的作用。

　　3. 地理上远离政治中心

　　中国政治中心多在中原北方，而南方自唐代后一直是经济重心所在。在古代，岭南由于远离政治中心，在政治上有相对独立性和稳定性。也由于岭南地处偏僻，史上战乱少、社会相对安定，与中原北方群雄逐鹿形成鲜明对照，因而历史上几次人口迁徙，多以岭南为归宿，僻处大陆最南端的雷州半岛及与之一海相隔的海南岛，成了部分南迁移民的最后一站。这些南迁移民大多发展为不同的民系，形成不同的地域文化。广东形成的广府、潮汕、客家、雷州四大民系文化就是例证。

---

① 〔清〕毛昌善修，〔清〕陈兰彬纂：光绪《吴川县志》，（台湾）成文出版社1967年版，第394页。
② 〔明〕王士性撰，吕景琳点校：《广志绎》卷四，中华书局1981年版，第103页。

地理上远离政治中心，带来了宽松的政治环境。中央王朝每每在岭南实行特殊政策与措施，形成多元政治格局。这有利于南迁移民休养生息和形成地方政治格局及特色鲜明的文化风貌。古代经略岭南，多以地方酋豪和渠帅为刺史。这些氏族左右地方政局，在社会动乱时起到安定地方的作用，实际上也保护了当地文化。人龙舞、醒狮、傩舞、石狗、飘色、雷州歌（简称"雷歌"）、雷剧等国家级非遗项目，年例习俗中的爬刀梯、下火海、翻刺床、穿令箭、舞鹰雄等，便是湛江地区数千年地方文化流传的见证。

4. 古代海上丝绸之路

雷州半岛拥有众多的优良港湾，自汉代以来成为海上丝绸之路始发港或中转港，南北文化、中外文化在此汇聚交流、融合创新，深刻地改变着湛江地区的文化成分、特点和风貌。因此古代海上丝绸之路，是湛江地区历史前进和雷州文化形成、发展的强大推力。

雷州半岛三面环海，汉代在这里建置徐闻县，半岛上的徐闻港是古代海上丝绸之路的始发港之一。唐代李吉甫在《元和郡县图志》中记载："汉置左右候官，在县南七里，积货物于此，备其所求，与交易有利，故谚曰：'欲拔贫，诣徐闻'。"① 当时徐闻港海上商贸的兴盛景况，可以想象。

《汉书·地理志》记载，汉时从徐闻港能远航到东南亚、印度洋沿岸。海外文化开始在雷州半岛及周边地区传播。今徐闻、雷州发掘的汉代和南朝墓，便有大批舶来品，足以证明当时雷州半岛海上贸易相当兴盛，这也为后世形成的雷州文化加入不少海外文化元素。唐代时，佛教在湛江地区兴盛一时，影响至今；唐宋元时期，雷州窑生产的陶瓷远销东南亚，至今仍为许多博物馆收藏；宋代随闽南人南迁传来妈祖文化；在湛江海域出土（水）明清时期的荷兰铜炮、越南铜钱、日本瓷器银圆和欧洲青花瓷器等。这些都是古海上丝绸之路对湛江历史发展和雷州文化影响和贡献的见证。

5. 流寓文化的影响及历史贡献

古代中原文化在岭南的传播，还得益于另一个因素——贬谪和流寓人士。这些人被贬谪到偏僻的雷州半岛，却以本身较强的影响力推动湛江地区

---

① 〔唐〕李吉甫撰，贺次君点校：《元和郡县图志》，中华书局1983年版，第1087页。

的文化发展，甚至影响雷州文化风格。这种名人文化效应，对雷州文化所产生的积极影响，至今尚在。

雷州半岛和海南岛，是历史上贬谪岭南人士的主要地域，也是最远之地。他们留下的文化思想影响和有关遗址遗存，成为推动湛江历史和雷州文化发展的强大力量。如唐宋时期，就有七位宰相先后贬雷或途经逗留，此官阶以下者更是不计其数。雷州西湖十贤祠所祀奉的大贤，即寇准、苏轼、秦观、苏辙、李纲、李光、赵鼎、胡铨、王岩叟和任伯雨，都是流寓文化的代表人物。他们在雷州半岛上兴教化，办水利，发展生产，改善民生，培养人才，对推动湛江地区历史发展和社会进步，贡献匪浅。直到明代，雷州半岛和海南岛才基本结束作为流放地的历史，但仍有个别人物贬谪到此。如明代汤显祖贬谪徐闻，在徐闻县城创办贵生书院，对徐闻的文化发展起到不小的作用。这些流寓人物及其史迹所深蕴的文化内涵和思想精神，已深深融入雷州文化之中，影响着一代又一代湛江人。

6. 湛江地区英才辈出

经过长时间的文化交融与积淀，湛江地区英才辈出。如唐代首任雷州刺史陈文玉，明代翰林名儒邓宗龄及编修《雷州府志》的冯彬，清代被誉为"清官典范"的陈瑸、乾嘉年间"粤中第一学者"陈昌齐、执掌雷阳书院三十载的陈乔森、粤西唯一状元林召棠、首任驻美公使陈兰彬，民国时期爱国将领张炎、大革命时期广东四大农运领袖之一黄学增等。

（三）区域地缘与历史关系

一个区域的历史，深受其所在的地理环境的约束，还与周边地区发生各种关系或联系，彼此间在政治、经济、社会等领域交流互动，共同构建起更大区域的政治、经济、文化格局。雷州半岛、海南岛和钦廉地区之间的区域关系，就是范例。梳理三地之间政区关系，对认识湛江地区历史格局的形成、演化、特点和发展规律都有重要意义。

雷州半岛、海南岛、广西北部湾钦廉地区彼此邻近，中间隔着琼州海峡和北部湾海域，既彼此频繁往来，又是相对独立的三个政治地理单元。三地开发之初，皆地广人稀，社会发展程度很低，交通梗阻不便，三地交流互动较少，政治影响力较薄弱，所以在行政建置上多属一级政区（或监察区）。从西汉到南朝（齐），或属交州，或属越州辖境之内，三地政区连成一体。

交州的州治长期在龙编（今越南河内附近），因龙编在红河三角洲，是汉代的一个重要经济中心。刘宋以后，越州的州治在合浦（今广西钦州浦北县），接近雷琼，利于行政指挥。土著骆越文化成为三地共同文化，区域文化差异甚微。《汉书·贾捐之传》记载，汉武帝称海南岛人为"骆越之人，父子同川而浴"，汉代对这些地区"以其故俗治"，可知三地文化应是基本一致的。

隋代省并政区，为民族和文化交流铺平了道路，来自桂西和雷州半岛的部分俚人或僚人（俚僚）进入海南，后世发展为临高人。当然，这经历了一个过程。有学者认为，临高人在六朝时已入琼，一直延续到隋，雷琼政治文化关系进一步密切①。

到唐末，雷州半岛与海南同属岭南西道，经济交流在同一大区内发生。在海南设立琼州、崖州、儋州、万安州和振州；在北部湾设廉州、钦州、罗州、陆州、山州。在州之上所设立的都督府，岭南有广州、桂州、容州、邕州、安南，习惯称为"五管"。雷琼各州归广州都督府，北部湾各州分属容管和邕管。都督府虽属监察性质，但也兼领军政之事，这样的设置，对地域政治和文化带来不少影响。雷琼受制于广州都督府，加强了与珠江三角洲和中心城市广州之间的联系，伴随而来的是文化传播。唐置容管，为了建成南北流江交通线，雷琼上接湘桂走廊和西江，南北东西贯通。这个时期，是雷琼桂历史联系紧密时期。

南汉为岭南第二个地方政权，较重视发展海洋经济和文化，国家富足，称为"小南强"。在政区建置上颇有创新，在岭南近岸沿海设专管珍珠生产的政区媚川都。其中一个是在雷州半岛与合浦之间的"珠母海"，即今北部湾；一个在东莞大步海，即今香港新界大埔及附近海域。媚川都有军士两三千人，征集民众下海采珠。采珠充满危险，不少民众被鲨鱼所害或溺死。这种以北部湾为中心的特殊政区，地跨雷琼桂三地，以采珍珠为主的海洋经济，有助于三地政治和文化空间结合。宋元时期，北部湾采珠业仍然继续，且变成暴政。唐代采珠专业户"珠户"，到元代改称"乌疍户"，形成一个特殊海上族群"疍民""珠民"，成为雷州民系的一部分。有赖于珍珠采集和疍民活动，环北部湾文化圈逐渐形成，雷州文化参与其中并发挥重要作

---

① 鞠斐：《海南黎族与临高人入琼时间及相关问题研究》，闫广林主编：《海南历史文化》第二卷，社会科学文献出版社 2012 年版，第 116 页。

用。"媚川都"的设置加强了三地经济联系。

宋代加强中央集权，将全国划分为二十四路，并设转运使负责征收和转运各地财赋，此都与交通线有关。湘桂走廊南下出北部湾的交通线，仍在发挥作用，故雷桂琼仍袭唐代政区空间格局，唯"道"改称"路"，即广南西路。两宋时长期与广西属同一政区，由此形成的区域文化关系十分牢固，彼此间无论体质人类学或文化人类学特征都十分接近，例如海南临高人与广西壮人在这两方面都很相似。他们长期在同一个政区内，进一步强化文化的同一性和历史的共同性。

元朝是蒙古贵族建立的少数民族掌控的政权，采取高度集权手段，完全背离以往按照"山川形便"划分政区的原则，而将"犬牙交错"分区强化到极端，以防止地方势力凭险割据。元时岭南地区东半部属江西省，下设广东道；西半部属湖广省，下设海北海南道。这一格局使南岭失去军事防线价值，同样，琼州海峡也仅是自然界线而不是政区分界。三地政治和文化也因此变得更加趋同或均质。

明代将雷琼桂（部分）划入广东，分设雷州府、琼州府、廉州府、高州府，四地都处在同样的政区级别上，同隶于广东布政司，与省会广州关系密切，接受广州政治、文化辐射。在这个背景下，雷州文化脱羽成熟，并以一个文化区的角色，出现在广东文化地图上，建置上属广东一部分，开始了与广东全省同步发展的历史进程。

到了清代，四地政区一如明代。鸦片战争后，琼州（海口港）、北海、广州湾先后为对外通商口岸。新中国成立后，行政区划多次变更，在政治、经济、文化、社会等方面留下不同影响。那个时期，湛江地区变化最频繁，政区设置也至此为复杂时期。伴随错综复杂的政区变迁，交织发生了许多历史事件，影响深远。

二、湛江地区政区建置沿革

政区建置作为国家政权在其领土上实施行政管理的地域划分，以及由此形成政区空间体系，都属历史范畴，即每因时代更替而变迁。这种行政建置的作用力，必然深刻影响区域之间的空间关系。政区建置离合及其持续时间长短都会在区域经济、文化、社会等方面留下深刻痕迹。曾同在一个政区内的各区域，往往在经济、人口、民族、语言、心理等方面有较多共同性，借助于这些关系，把不同地区联成一个整体。

政区建置对文化的作用也如此，特别是稳定的政区建置，对区域文化形成、发展和传承，起了巨大的政治和空间保障作用。湛江地区的社会、族群、文化正是得益于此，才得以从不间断地推进、壮大至今，形成自古至今的历史篇章。

先秦时期，岭南未有行政建置，仅存在一些由氏族或部落组成的部族，即六朝以后俚人居地。其后俚人接受汉文化或南迁海南岛，成为黎族。俚人语言、风俗在琼雷都有遗存，例如使用古越语。

秦在统一六国后，于秦始皇三十三年（前214）统一岭南，初置郡县，使岭南第一次真正纳入了全国政区体系。雷州半岛与桂南同属象郡，成为两地受制于同一政区管辖之始。

西汉初，中原战乱，龙川县令赵佗乘机拥兵自立，建立起半独立状态的南越国，经历五帝共93年。南越国统辖范围含今两广和越南部分地区，所置郡县与秦代相同。汉武帝元鼎六年（前111）平南越国，元封元年（前110）在岭南置7郡，雷州半岛属合浦郡。《汉书·地理志》记载，"合浦郡，武帝元鼎六年开……县五：徐闻、高凉、合浦、临允、朱卢"。汉代时，合浦郡范围甚广，包括雷州半岛、海南岛和广西钦廉地区；而汉代徐闻县则含整个雷州半岛。汉代徐闻县的治所，有诸种说法：历史地理学者徐俊鸣、曾昭璇、陈代光教授认为汉徐闻县治应在今雷州市；[①]《广东历史地图集》，将汉代徐闻县的治所，标在今雷州市区；[②] 而考古学家何纪生和其他一些文史学者认为在今徐闻县西南沿海，即今三墩附近二桥、仕尾、南湾一带；[③]《中国史稿地图集》[④] 和《中国历史地图集》[⑤]，把郡治和县治标在今徐闻县海滨。

① 徐俊鸣：《两广地理》，新知识出版社1956年版；李建生、陈代光主编：《南海海上丝绸之路始发港——雷州城》，海洋出版社1995年版，第29页。

② 司徒尚纪主编：《广东历史地图集》，广东省地图出版社1995年版，第13页。

③ 邱立诚：《徐闻汉代遗存与海上丝绸之路关系的解读》，广东省人民政府文史研究馆主办：《海上丝绸之路与中国南方港学术研讨会论文集》，《岭南文史》2002年增刊，第69页。

④ 郭沫若主编：《中国史稿地图集》，中国地图出版社1996年版，第29—30页。

⑤ 谭其骧主编：《中国历史地图集》（第二册），中国地图出版社1996年版，第35—36页。

从西汉元封元年（前110）至南齐永明二年（484）的594年间，雷州半岛政区建置变化不断，其中属合浦郡的先后共有541年。合浦郡治虽有过变动，但很长一段时间在今雷州城。三国时期，为了遥领海南，孙吴一度在徐闻县设珠崖郡。

隋代对政区作了省并调整。大业三年（607），隋炀帝改州为郡，合浦郡和高凉郡治所分别在今广西合浦和广东阳江，两郡下辖海康、隋康、扇沙、铁杷及吴川等县。在"雷州"一名出现之前，湛江地区政区建置可简化为"合浦"和"合州"两个阶段。

贞观八年（634）置雷州，为岭南道下二级政区，辖海康、铁杷、扇沙、徐闻四县。天宝二年（743），铁杷、扇沙合并，改置遂溪县。自此，雷州下辖海康、遂溪、徐闻三县的格局形成，成为雷州半岛政区主体，经历南汉、宋、元、明、清都未改变。后代基本沿袭此设置（北宋一度合并遂溪、徐闻入海康县）。徐闻县一度置递角场，治琼州海峡北岸，是具有运输功能的县一级政区。宋代雷州隶属广南西路，元代雷州为湖广省下海北海南道治所。广西社会对湛江地区的导引作用被强化，尤其是广西八桂文化对雷州文化的影响。

明代，广东政区体系格局已基本定型。洪武二年（1369），雷州半岛、海南岛和广西钦廉地区结束了历史上与广东行政分离的状态，第一次划分为同一省辖的一级行政区，疆域自此固定下来，并为清代沿承。

今天的雷州市，虽在古代很长一段时间作为雷州半岛的行政中心，而且从战国时期楚国建楚豁楼、东汉时期伏波将军马援征交趾时筑城墙，历唐、南汉、宋、元代有修建，但由于城市规模有限，雷州的经济和文化辐射功能较弱。明洪武七年（1374）重修雷州城垣，周长6里有余，环以护城河，城高河深，异常坚固，成为一个政治、军事重镇；内设教育机构、宗教祠宇、宝塔等建筑及西湖等名胜，成为名副其实的文化中心，雷州被誉为"天南重地"，实指雷州城。1938年，为避免被日军战机轰炸，雷州城墙被政府拆除。

清代，广东仍沿袭明代的政区格局，但在省与府之间设道，本为监察区，后变为虚一级政区，形成"省—道—府（州）—县"虚四级政制。雷州府和高州府设高雷道，治高州府。高州府辖化州、茂名、电白、信宜、吴川、石城（廉江）。这是雷州与高州两府第一次合成高一级政区，虽为虚置，但一系列施政行为、人员来往、军事活动、经济活动等，无不加强了彼此间文化交流，雷州方言由此北上，高州广府话同时南下，产生一些方言板块或方言岛。从清代开始，广东有上六府（广州府、韶州府、南雄府、惠州府、潮州府、肇庆府）、下四府（高州府、雷州府、廉州府、琼州府）之称，下四府又称南路或南路主体。对后者而言，也是一种文化分野，南路许多文化现象多有共性，如亲海、热带民风等，与"道"的设置也有一定关联。

清光绪二十五年十月（1899年11月），法国胁迫清政府签订《中法互订广州湾租界条约》，将遂溪、吴川两县属部分陆地、岛屿及两县间的麻斜海湾（今湛江港）强占为租界，亦统称"广州湾"，划入法属印度支那联邦范围，设广州湾行政总公使署，受安南总督管辖。海陆总面积共约2130平方千米，其中陆地面积518平方千米。公使署初设于麻斜市，1911年迁西营市（今霞山）。直到1945年8月日本投降，广州湾才被收回。1946年1月，湛江市成立，这是湛江市名字的肇始。《湛江通史》写的不只是1946年湛江市成立至今75年的历史，而是湛江地区从古至今8000年左右的历史。

民国时期湛江地区政区无重大变动，只是民国初期在省之下设道，形成"省—道—县"三级政制。1914年高雷道范围包括原高州府、雷州府和阳江直隶州，共11县，道治茂名，这是以广东主要地理区域划分的，基本上与后来粤西区相符。1920年，取消了"道"一级建置。

中华人民共和国成立后，1950年2月，雷州半岛连同鉴江流域、漠阳江流域地区先后设置南路专区，为广东省政府派出机构，驻地湛江市赤坎，辖徐闻、海康、遂溪、廉江、吴川、梅茂、化州、电白、茂名、信宜、钦县（今钦州）、防城、合浦、灵山等14县。1950年9月，南路专区所属钦县、防城、合浦、灵山县划出，成立钦廉专区。1950年9月，高雷专区成立，为省派出机构，驻地不变，辖徐闻、海康、遂溪、廉江、化州、吴川、梅茂、电白、茂名、信宜等10县。1952年5月，撤销高雷专区，其所辖各县市划归广东省粤西办事处领导。同年11月，成立粤西行政公署，公署机关从江门迁到湛江赤坎。粤西行政公署辖遂溪、海康、徐闻、雷东（1952年12月增设）、化县、吴梅、台山、开平、恩平、阳江、阳春、茂名、信宜和湛江等16个县市。1956年2月，粤西行政公署改为湛江专区专员公署，并将台山、开平、恩平划归佛山专区管辖。湛江专区专员公署辖徐闻、海康、遂溪、雷东、廉江、吴川、化县、茂名、信宜、电白、阳江、阳春 12 县和湛江市。1958 年，为开发石油事业，茂名县调整部分地区建立茂名市，茂名县改为高州县。1958 年 11 月，湛江、合浦两个专署合并为湛江专员公署，辖吴川、廉江、遂溪、海康、徐闻、阳江、阳春、电白、高州、化县、信宜、合浦、灵山、钦县、东兴、防城、浦北、钦北等 18 县和湛江、茂名、北海三市。后又经历小县并大县等过程，如阳江和阳春合并为两阳县，化县和吴川合并为化州县，合浦、浦北、北海合并为合浦县等。1965 年，北海、合浦、灵山、钦县、东兴划归广西。自此，结束了北部湾地区与广东时分时合状态，广西获得出海权。"文化大革命"期间，湛江地区直属机关停止办公。1967 年 3 月，湛江地区军事管制委员会成立，在原地委党校办公。1968 年 4 月，湛江地区革命委员会成立，实行党政合一。1979 年，湛江地区革命委员会改为湛江地区行政专员公署，为省派出机构。1983 年 9 月，将阳江、阳春划归江门市，将信宜、高州、化州、电白四县划归茂名市。湛江市与湛江地区合并，实行市领导县体制，中共湛江市委员会、市人民政府设于赤坎，市人大常委会、市政协设于霞山。2019 年，湛江市下辖赤坎区、霞山区、坡头区、麻章区 4 个市辖区，雷州市、吴川市、廉江市 3 个县级市，遂溪县、徐闻县 2 个县，共有 82 个镇、2 个乡、37 个街道办事处、307 个居委会、1636 个村委会①；拥有国家级湛江经济技术开发区（国家高新技术产业开发区），以及奋勇高新区、南三岛滨海旅游示范区、海东新区 3 个功能区；湛江市委、市政府驻赤坎区。

纵观湛江地区行政建置沿革（详见本书附录一《湛江地区历代政区建置沿革表》），主要影响有二：一是雷州半岛始终是一个完整政区范围，政区等级和行政划分较稳定，人类活动可以在相对稳定范围和体制内展开，有利于区域发展；二是由于雷州半岛内自然、人文环境特点相对一致，长期保持较为稳定的格局，各县发展水平也不悬殊，形成均衡发展格局，和谐发展成为主流。

三、湛江区域优势作用及影响

湛江位于中国大陆最南端，处于粤、桂、琼三省（区）交汇之地，独拥

---

① 湛江市年鉴编纂委员会编：《湛江年鉴（2019）》，中州古籍出版社 2019 年版，总述第 2 页。

雷州半岛，东临南海，西濒北部湾，雄峙琼州海峡，直扼北部湾战略中心，历为兵家必争之地。同时，湛江内联"三南"，外联"五洲"，南出太平洋，处于亚太经济圈中重要的地缘战略位置，富有极大的经济功能，是中国大西南的重要出海通道，也是中国内陆通往东南亚、非洲、中东、欧洲和大洋洲海上航程最短的重要口岸，战略地位和经济价值极为重要，素有"天南重地"之称。

湛江地区全境在热带范围内，在我国只有海南、滇南、桂南具有这样的环境与资源。热带许多农林水产，是其他地区欠缺的，故湛江地区与五岭以北地区的物产交流，是有与无之间的交流，而不是东西之间多与少之间的交换，前者是不可替代的，具有唯一性特征。例如湛江地区橡胶、热作，是我国经济、国防建设不可或缺的战略物资。新中国成立后，湛江地区设立20多个橡胶林场，面积36.5万亩，累计产干胶13.752万吨，满足了多方面的需要，对打破帝国主义对我国橡胶封锁和禁运，功不可没。

湛江地区是我国海上丝绸之路历史最悠久、港口最多的地区之一，辉映古今，汉代徐闻港由此扬名天下，已成为海上丝绸之路的品牌和名片。湛江在这方面的历史积累和文化遗产，一方面彰显它在我国海上丝绸之路史中的崇高地位、巨大作用和深远影响；另一方面，这种遗产，在当今"一带一路"建设中，又将发挥新的作用。

湛江地区地处热带区位，首先引进多种海外作物，继而向北推广，对我国农业土地利用，人口增长和民生贡献甚大，彪炳我国农业史册。宋真宗年间，稻种的引进首先在湛江地区试种推广，被誉为我国粮食生产史上第一次革命。明代从海外引入大粒花生种，产量大增，许多人从原来食用猪油改用花生油，引起食物结构改变。特别是番薯品种的引种，深刻改变了土地利用方式，保护大量人口和劳动力，被誉为我国粮食生产史上的第二次革命。这些新作物引种，湛江地区是首途之区，湛江人民的智慧、胆识和积累的经验，对我国粮食生产的巨大贡献，是永垂史册的。

近代殖民主义、帝国主义入侵，造就和锻炼了湛江人民刚烈的性格和民风。历史上的抗倭斗争、1899年遂溪人民反抗法国殖民主义侵占广州湾的斗争、抗日战争、解放战争等等，都充分表现了湛江人民坚决反对帝国主义侵略和国内反动派的勇敢斗争精神和爱国情怀。这种斗争的勇气、毅力、气节，在中国革命史上是可歌可泣、可圈可点的，值得大力宣扬和继承。

湛江地区临海，湛江人民长年开发利用海洋资源，积累了丰富海洋文化资料，并多有创新，彪炳中国海洋文化史册。在海洋农业方面，自宋元时代起就围垦海洋滩涂，将东、西洋田经营为广东粮仓，堪为海洋农业范例，其粮食生产经验收益实可媲美于珠三角桑基鱼塘农业。在海水捕捞方面，雷州徐闻捕鲸技术，时居世界先进水平。当今遍布湛江大小港湾网箱养鱼，技术一流，产量很大，许多名贵海鲜出口港澳台和海外，堪为新技术革命背景下走向海洋，发展海洋产业的先进典型，这在全国是数一数二的。湛江由此成为全国海洋博览会永久会址绝非偶然，湛江有海鲜美食之都之誉也渊源于此。

湛江地区历史上为骆越、俚僚、壮、瑶、黎、汉以及汉族内部广府、潮汕、客家、雷州民系杂居，在一个不大的范围内形成错综复杂的民族、民系关系。其中所交织的民族、文化碰撞、交融、整合等变化，由此产生的族群、文化、社会等结果，非常值得研究。现在保留许多奇风异俗，如石狗崇拜、雷神崇拜、伏波将军崇拜、妈祖崇拜、过年例节、爬刀梯、下火海、翻刺床，以及形形色色游神活动等，都有待深入破译其根源，寻找科学合理解释，这是民族学（文化人类学）、宗教学、社会学、历史学、风俗学等学科研究对象，也是一片科学艺术处女地，有待相关学科工作者前来研究考察。雷州市成为国家历史文化名城实至名归。

湛江地区是我国最早传播马克思主义的地区之一。1922年，遂溪籍青年黄学增加入中国共产党，是中国农民运动领导者之一。之后，党组织在湛江地区不断壮大，领导了南路工农革命运动。大革命失败后，党组织带领农民武装，撤到北部湾斜阳岛，坚持了五年海上游击斗争，直到1932年全部人员壮烈牺牲，在中国革命史上留下壮丽篇章。抗日战争时期，中共南路特委先后多次发动人民抗日武装起义，建立了一支约3000人的南路人民抗日解放军，建立约有20万人口的抗日根据地和民主政权，沉重打击日伪势力，屡建功勋。解放战争时期，党组织有效地领导南路人民粉碎国民党军事进攻，为解放雷州半岛和新中国成立之初支援解放海南岛作出了重大贡献。

早在民国时期，孙中山就在《建国方略》中提出在湛江修筑铁路的设想，"自广州起，西行至于太平墟之西江铁路，与己线同轨。过江始分枝向开平、恩平，经阳春，至高州及化州。于化州须引一枝线至遂溪、雷州，达于琼州海峡之海安，约长一百英里"。①

新中国成立后，湛江独特的战略地位和战略价值更加凸显。1965年召开的设防会议上，中共中央委员会主席、中央军委主席毛泽东指出：湛江是个方向，湛江要设防，湛江要坚守，湛江不能丢。②

1953年，中央人民政府政务院决定在湛江市建设一个新的大港，同时配套兴建黎湛（广西黎塘至湛江）铁路。1955年7月4日，国务院通过了《关于建设湛江港的决定》，并将建港工程列为国家第一个五年计划重点项目。湛江港是新中国第一个自行设计、自行建造的深水良港。1956年5月1日，湛江港正式建成开港。

为解决长期困扰湛江的干旱问题，1958年5月15日，中共湛江地委作出《关于兴建雷州青年运河的决定》。同年6月10日，运河上游工程动工典礼在廉江河唇镇举行。工程建设者经过14个月奋战，共完成土方6580万立方米、石方87万立方米，封江筑坝37座，成功拦截九洲江，建成了鹤地水库。

1960年2月，中共中央政治局常委、国务院副总理邓小平到湛江视察，赞誉"北有青岛，南有湛江"，为"雷州青年运河"题词。1984年5月4日，中共中央、国务院正式发出《关于批转〈沿海部分城市座谈会纪要〉的通知》，湛江成为全国首批14个沿海开放港口城市之一。1993年9月23日至25日，中共中央总书记、国家主席、中央军委主席江泽民视察湛江，分别为湛江市、湛江港题词："发挥港口优势，振兴湛江经济""建设南方大港，发展湛江经济"。2003年4月10日至11日，中共中央总书记、国家主席胡锦涛到湛江考察，勉励湛江要理清思路发挥优势，抓住机遇团结实干，建设好临港工业，拓展港口功能。

随着改革开放持续深入，湛江的地理区位战略价值愈发上升。湛江搭上时代列车，经历了一段波澜壮阔的成长过程。2012年11月8日，党的十八大召开，以习近平同志为核心的党中央开启了中国特色社会主义新时代。湛

① 黄彦编：《孙文选集》（上册），广东人民出版社2006年版，第196页。
② 张宏：《许世友莅湛谈战备》，中共湛江市委党史研究室编：《党和国家领导人在湛江（1957—1998）》，内部编印1999年版，第280页。

江深入学习贯彻习近平总书记对广东重要讲话和重要指示批示精神，全面贯彻落实"五位一体"总体布局、"四个全面"战略布局和"五大发展理念"，努力推动高质量发展。2017 年 12 月，广东省人民政府发布《广东省沿海经济带综合发展规划》，赋予湛江建设"省域副中心城市"的重大使命。2018年 10 月，中共中央总书记、国家主席、中央军委主席习近平视察广东时，亲自为湛江把脉定向，明确要求"把汕头、湛江作为重要发展极，打造现代化沿海经济带"。①

　　2020 年 12 月 21 日至 22 日，中共湛江市委十一届十一次全会召开，审议通过了《中共湛江市委关于制定湛江市国民经济和社会发展第十四个五年规划和二〇三五年远景目标的建议》。全会明确了"十四五"时期湛江经济社会发展的指导思想、必须遵循的原则和主要目标，到 2025 年，省域副中心城市能级大幅提升，现代化基础设施全面升级换代，市场化法治化国际化营商高地初步形成，现代化宜居生态海湾都市气息更加浓厚，人民群众获得感、幸福感、安全感显著提升。全会提出了湛江到 2035 年的远景目标：与全国同步基本实现社会主义现代化，总体建成省域副中心城市和现代化沿海经济带重要发展极，基本建成国家重大战略联动融合发展示范区、国内国际双循环战略支点、国际化现代化海洋经济城市、全省区域协调发展重要引擎。2021 年 7 月 31 日，中共湛江市委十一届十三次全会召开。会议深入学习贯彻习近平总书记 7 月 1 日在庆祝中国共产党成立 100 周年大会上的讲话和对广东系列重要讲话、重要指示批示精神，认真落实省委、省政府"1 + 1＋9"工作部署及《关于支持湛江加快建设省域副中心城市打造现代化沿海经济带重要发展极的意见》，提出"坚持以工业化、生态化、数字化融合发展理念引领湛江发展"，在加快大园区建设、推进大文旅开发、深化大数据应用中塑造后发崛起新优势，推动湛江高质量发展、跨越式发展。

---

　　①　《习近平在广东考察时强调 高举新时代改革开放旗帜 把改革开放不断推向深入》，《人民日报》2018 年 10 月 26 日第 1 版。

第一章　新石器时代的湛江地区

中国的原始社会，约从 170 万年前的元谋人开始，到公元前 2070 年夏朝建立止，历经原始人群和氏族公社两个阶段。其间，陕西蓝田人（距今约 80 万年）、北京人（距今约 70 万—20 万年）、广东马坝人（距今约 12.9 万年）及山顶洞人（距今约 3 万—1.7 万年）等都处于原始人群阶段①。据考古发现，早在距今 8000 年前的新石器时代早期，就有人类在雷州半岛上生息繁衍，揭开了湛江人类历史发展的序幕。他们生活在遂溪县江洪镇东边角村东南 100 米的小墩上，史称"鲤鱼墩人"。进入新石器时代中期后，古越先民的足迹陆续出现在今吴川、雷州更广阔的地域。经文物普查，湛江地区发现了十多处新石器时代晚期文化遗址、多处先秦村落文化遗址。其间，湛江地区的先民经历了从母系氏族向父系氏族、从采集渔猎转入刀耕火种的进化过程。到了距今 5000—4000 年前的新石器时代晚期，以大石铲的出现为标志，湛江地区先民过上了农耕生活。

第一节　鲤鱼墩人

鲤鱼墩贝丘遗址，位于遂溪县江洪镇东边角村东南 100 米的小墩上，因小墩形似鲤鱼而得名。在遗址生活的鲤鱼墩人，活动轨迹可追溯到距今 8000 年前的新石器时代早期，因此，这里被誉为"雷州半岛第一村"。遗址考古

---

① 原始人群：人类社会最早的群体形式，一般认为始于人类和人类社会的产生，终于氏族公社（母权制）的形成。相当于旧石器时代早期和中期，占原始社会绝大部分时间。当时生产力极度低下，人们结成一定规模的群体，进行互助或自卫，主要以采集天然食物和渔猎为生。

发掘出土的鲤鱼墩人类头骨，是继曲江马坝人、封开垌中岩人之后，广东出土的第三个原始人头骨，具有重大的史学考究、文化价值和人类学意义。

一、鲤鱼墩贝丘遗址

鲤鱼墩遗址于 1983 年文物普查时发掘。2002 年 11 月至 2003 年 1 月，广东省文物考古研究所、湛江市博物馆、遂溪县博物馆组成联合考古队，对鲤鱼墩贝丘遗址进行深入发掘。

鲤鱼墩贝丘遗址

遗址总面积约 1200 平方米，发掘面积 629 平方米；东西最宽处 86 米，南北最宽处 35 米；现存的文化堆积层最厚可达 150 多厘米。按文化堆积自上而下分为六层：第一层为表土层，属现代人的活动层；第二至五层为贝壳堆积，最厚处 1 米多；第六层为黄色沙土层，不含贝壳，此层再往下为基岩。①

据考古发现，遗址第二至六层文化堆积有四个分期，四个分期出土的遗存器物，以大量粗糙石器、少量磨制石器为主，例如石斧、石锛、敲砸器、网坠、骨器和蚌器等，以及柱洞、灰坑、墓葬、细绳纹夹砂陶和深红色夹砂

---

① 广东省文物考古研究所、湛江市博物馆、遂溪县博物馆：《广东遂溪鲤鱼墩新石器时代贝丘遗址发掘简报》，《文物》2015 年第 7 期。

遂溪县江洪镇鲤鱼墩贝丘遗址发掘现场

陶。遗址出土屈肢墓葬 8 座,部分骨架保存较好。经鉴测分析,可知四个分期由下至上是:第一期的年代距今 8000 年以上,与广西邕宁顶蛳山遗址第二期文化的年代较接近;第二期的年代距今约 5050±100 年;第三、四期的夹砂陶器比较相似,年代相隔不远,距今约 4660±100 年①。鲤鱼墩贝丘遗址的第一期、第二期都是早于广东彩陶的文化遗存,第三期相当于彩陶年代。遗址出土的红衣陶阶段与珠江三角洲彩陶遗存的年代相对应。

鲤鱼墩贝丘遗址时间跨度很大,第一期属于新石器时代早期后段,第二期属于新石器时代中期,第三、第四期属于新石器时代晚期。其文化分期和文化变迁,对雷州半岛距今 8000 年至 4500 年间的考古学文化认识起到标尺作用。

二、鲤鱼墩人的种系源流及特征

研究人员对鲤鱼墩贝丘遗址出土的石器、陶片及柱洞、灰坑、墓葬等文

---

① 广东省文物考古研究所、湛江市博物馆、遂溪县博物馆:《广东遂溪鲤鱼墩新石器时代贝丘遗址发掘简报》,《文物》2015 年第 7 期。

化遗存进行分析论证表明：经过 3500 年的发展进程，鲤鱼墩人的体质形态完全改变了原始性质，已从晚期智人发展为现代人。

（一）种系源流

有学者将鲤鱼墩人遗骨与其他地区原始人进行生物学比对研究，希望找到鲤鱼墩人的种系源流，结果发现鲤鱼墩遗址居民的主要种系特征为：长颅型、低面、阔鼻、低眶、突颌、身材比较矮小。他们在体质特征上与现代华南地区的绝大多数居民（包括汉族和少数民族）有所不同。在现代对比组中，他们一般和东南亚一带的居民（如印度尼西亚人）及大洋洲的现代土著（如美拉尼西亚人）等比较接近。鲤鱼墩人应为古华南类型。[①]

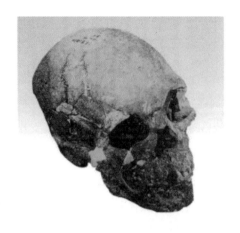

鲤鱼墩人头骨

古华南类型的先民，在先秦时期主要分布在我国南方沿海地区，即浙、闽、粤、桂一带。[②] 根据古史文献分析，这一类型代表了广义的"古越人"种系特征，最早可追溯到旧石器时代晚期的广西柳江人。柳江人的遗骨材料发现于广西柳江县通天岩旁的一个洞穴中，地质时代属更新世晚期。其头骨上"明显的低眶，鼻骨宽大而且扁平，梨状孔短阔，鼻根部略有凹陷"[③] 的特征，与鲤鱼墩人有相似之处。

在新石器时代，雷州半岛居民与广西漓江流域的居民在种族类型上相近。鲤鱼墩贝丘遗址屈肢葬俗从广西流传而来。"在体质特征上，鲤鱼墩人与柳江人具有相对紧密的关系，联系到他们之间的地理关联，可以推测二者可能具有传承关系。"[④] 而考古发现也证实了这点：在新石器时代的文化谱系

[①] 李法军、王明辉、朱泓：《鲤鱼墩——一个华南新石器时代遗址的生物考古学研究》，中山大学出版社 2013 年版，第 293 页。

[②] 李法军、王明辉、朱泓：《鲤鱼墩——一个华南新石器时代遗址的生物考古学研究》，中山大学出版社 2013 年版，第 60 页。

[③] 李法军、王明辉、朱泓：《鲤鱼墩——一个华南新石器时代遗址的生物考古学研究》，中山大学出版社 2013 年版，第 32 页。

[④] 李法军、王明辉、朱泓：《鲤鱼墩——一个华南新石器时代遗址的生物考古学研究》，中山大学出版社 2013 年版，第 253 页。

上，包括雷州半岛在内的粤西南地区与广西桂南地区存在一种亲缘关系。也就是说，鲤鱼墩遗址居民或来自广西。鲤鱼墩贝丘遗址考古发掘的专家认为，"雷州半岛的第一批居民是距今约8000年（或更早）从广西迁来的，他们从广西南宁地区顺着河流向南迁到北部湾地区再沿着北部湾岸边逐步迁移至鲤鱼墩。"①

（二）特征

有人类学专家通过对鲤鱼墩人颅骨、骨骼、牙齿、滋养孔及屈肢葬等进行生物考古学、古人类学、地质学、生态学和民族学等学科的研究，结果表明，鲤鱼墩遗址居民与中南半岛史前时代居民有着最为密切的头骨形态测量学联系。

鲤鱼墩人的肱骨、股骨、胫骨粗壮指数和发育水平，与其他地区原始人相比，属于中等偏高水平，这说明鲤鱼墩人的劳动强度较大，同时也有着较为良好的发育水平。这与遗传因素有关，营养状况对此也有重要影响。鲤鱼墩人较高的身高与其以海洋生物作为主要食物来源有密切关系。

鲤鱼墩人男性头骨为中长颅型，伴以高颅型，明显的狭颅型，明显的阔鼻型和扁宽的鼻部形态。女性的头骨为中颅型，伴以高颅型和狭颅型，接近阔鼻型的中鼻型。鲤鱼墩人男性颅型以卵圆形为主，眉间突度和眉弓发育以中等偏弱为主，颅顶缝以简单为主，眶型以椭圆形为主。女性除眉间突度和眉弓较男性弱外，其他特征与男性接近。此外，鲤鱼墩人的头骨上颅骨转角明显，犬齿窝发育以弱为主，颧骨缘突发育也以弱为主。这些特征表明，鲤鱼墩人应属于蒙古大人种的范畴。

鲤鱼墩人牙齿的齿冠普遍存在严重磨耗，磨损平面较为光滑。据此推测，这是长期食用海生类食物而食物上的砂粒难以完全清除所致。

滋养孔（滋养血管穿过骨头时留下的空洞）研究发现，女性个体滋养孔外口最大长几乎是男性肱骨滋养孔外口最大长平均值的2倍。鲤鱼墩遗址居民的股骨滋养孔数值比现代人的要高，股骨新陈代谢率比现代人高，说明其大腿部比现代人的更强壮，显示出鲤鱼墩人较好的体质。

---

① 冯孟钦：《雷州半岛早期居民的来源问题》，广东省博物馆、湛江市文化广播电视新闻出版局编：《天南重地：雷州文化》，岭南美术出版社2012年版，第240页。

（三）寿命

中国南方炎热潮湿的气候非常不利于骨骸的保存，导致南方古代人类样本材料稀少，鲤鱼墩贝丘遗址那些距今约8000—6000年的骸骨能相对完整地出土，十分难得。骨骸科研单位对鲤鱼墩贝丘遗址出土的8座墓葬人骨已知个体进行了初步人口学分析，其中7具骸骨能确定性别，根据性别和年龄鉴定结果，计算出7个鲤鱼墩人的平均死亡年龄为31.79。在4个有明确年龄判定值的男性个体中，没有未成年和老年个体，年龄在20—45岁之间，平均死亡年龄为33.13岁。而唯一的女性个体死亡年龄为20岁左右。[1]

专家学者对比年代相近的仰韶文化早期元君庙墓地215具出土人骨、广西甑皮岩遗址27具出土人骨，发现鲤鱼墩人的平均寿命更长。仰韶文化是我国黄河中游地区非常重要的一支，距今约7000—5000年。元君庙墓地属于仰韶文化早期的半坡类型，是一个比较完整的氏族墓地，有57座墓葬，出土人骨225具，整个墓地有统计意义的人骨215具，平均死亡年龄为28.6岁。[2]大体可以确定成年人（14岁以上）的平均寿命为30岁上下。有研究者根据另一处横阵墓地人骨年龄鉴定结果，推算居民平均寿命为20.3—21.8岁[3]。位于广西桂林市南郊独山西南麓的甑皮岩遗址，年代约距今12000—7000年，是华南地区新石器时代早期代表性遗址，历次发掘共出土27具新石器时期人骨，平均死亡年龄为27.2岁。

有学者对鲤鱼墩遗址人骨进行C、N稳定同位素分析，数据表明：鲤鱼墩人的食物以海生类为主，陆生资源在食物结构中不占主要地位[4]。据测定，鲤鱼墩人的骨骼发育程度处于中等偏高的水平。同时，学者考虑到遂溪空气、气候、土壤矿物质、水源等适宜人类生存，推测鲤鱼墩人寿命较长与饮食结构、生态环境有关。

---

[1]　李法军、王明辉、朱泓：《鲤鱼墩——一个华南新石器时代遗址的生物考古学研究》，中山大学出版社2013年版，第82—83页。

[2]　朱乃诚：《元君庙仰韶墓地的研究》，《考古学集刊》1996年第9期。

[3]　严文明：《横阵墓地试析》，《求索文明源：严文明自选集》，首都师范大学出版社2017年版，第252页。

[4]　胡耀武、李法军、王昌燧：《广东湛江鲤鱼墩遗址人骨的C、N稳定同位素分析：华南新石器时代先民生活方式初探》，《人类学学报》2010年第3期。

鲤鱼墩人骸骨

第二节　新石器时代早期文化

湛江地区新石器时代早期文化，是指距今约 10000 年至 7000 年前的湛江地区先民创造的文化。这一时期的遗址，目前只发现了鲤鱼墩第一期文化遗存。依据房址与居住面柱洞分布状况，初步估计，鲤鱼墩一期的年代距今约8000 年以上。

一、鲤鱼墩第一期文化遗存[①]

鲤鱼墩贝丘遗址的第一期文化遗存，以第六文化层（最底层）和叠压第六文化层的房址、墓葬为代表。遗迹发现有房址一座、墓葬三座、柱洞一批。

柱洞口部呈圆形或椭圆形，直壁或略斜，口径 0.11—0.53 米，深 0.1—0.39 米。柱洞内填灰褐色土，普遍夹杂贝壳或贝屑，个别夹杂陶片、碎骨，

---

① 本部分内容主要参考广东省文物考古研究所、湛江市博物馆、遂溪县博物馆：《广东遂溪鲤鱼墩新石器时代贝丘遗址发掘简报》，《文物》2015 年第 7 期。

还有少数柱洞底部垫有石块。陶片为夹砂黑褐陶，有绳纹纹饰。三座墓葬的墓主，分别为两男一女：在最底层的墓葬，是一名男性，35—40 岁，骨架保存完好，上身平直，下身向右屈收，左腿压右腿，头向正北，随葬油螺（当地俗称）一个，扣于骨架头部；另一名男性，30 岁左右，头骨与身体分离，头骨保存不佳；女性，20 岁左右，头骨与身体分离，头骨相对完整。

出土的陶片按年代不同分两组。第一组是杂乱的交错绳纹，陶片厚薄不均，厚者 1.5 厘米，薄者 0.35 厘米，较厚的陶片断面可见明显的分层现象，可推测是用贴筑法制作的。第二组陶片夹杂石英粒和炭，均为黑褐色，陶片上装饰着不交错的细绳纹，厚 0.5—0.7 厘米，同样是贴筑法制作。其中有一种陶片，类似红砂岩，胎厚薄不一，外表原涂深红色陶衣，多已脱落，只在纹沟中残存。陶片所属器形为钵形釜，目前在广东省内尚未发现与此陶片相似者，是迄今为止雷州半岛最早的陶片。出土的石器为凹石 1 件，砂岩，圆形，一面有凹窝，上径 6.5 厘米，下径 7.6 厘米。

二、鲤鱼墩人早期生活状态

在距今不足 1 万年时，全球气温逐渐上升，气候转暖，冰川融化，大量水流涌入海洋，形成了海侵，使得海平面不断上升。[①] 目前鲤鱼墩距离海边约 3 千米，距今 8000 年前的鲤鱼墩距离海岸线比如今要更近一些。

随着气温升高，水鹿、赤鹿、羚羊、水牛等适应潮湿炎热气候的动物渐渐来到雷州半岛，栖息于疏林、草丛丘陵或沼泽地带，成为当时鲤鱼墩人的捕猎对象。适宜的气候条件，令浅海沿岸和小河沼泽里的鱼类和贝类等水生动物大量繁殖，捕捞贝类生物便成了鲤鱼墩人的一种基本生产方式，螺贝等成为新的食物来源之一。

三、鲤鱼墩文化与广西顶蛳山文化的关系

经专家学者分析，鲤鱼墩贝丘遗址是目前广东发现的与广西顶蛳山遗址具有密切联系的文化遗存。

顶蛳山贝丘遗址位于广西邕宁，1997 年进行发掘。顶蛳山贝丘遗址地层

---

① 袁靖：《中国大陆沿海地区史前时期人地关系研究》，北京大学中国考古学研究中心、北京大学古代文明研究中心编：《古代文明》（第一卷），文物出版社 2002 年版，第 58 页。

堆积清楚，文化内涵丰富，有较高的学术价值。顶蛳山遗址的文化堆积分为四个时期：第一期的年代大约在距今 10000 年前，属新石器时代早期；第二、三期的年代约在距今 8000 年至 7000 年前，第四期的年代在距今 6000 年左右。地层堆积中以螺壳和水陆生动物遗骸为主，有大量以屈肢葬为主的墓葬，遗物中有数量较多的蚌器。顶蛳山贝丘遗址的陶器、石器和骨器的特征与鲤鱼墩贝丘遗址的基本相同，两处遗址的经济生活都以捕捞、渔猎和采集为主。

鲤鱼墩第一期文化遗存中，陶器均夹棱角分明的粗石英碎粒，这与顶蛳山第一期文化遗存是相同的。但陶色不同，前者为红色或黑褐色，后者为灰黄陶。综合对比，鲤鱼墩第一期第一组陶片与顶蛳山二期比较接近。鲤鱼墩第一期文化遗存中有两座墓葬中出现头骨与身体分离，或是与顶蛳山三期葬俗相同的肢解葬。

第三节　新石器时代中期文化

湛江地区新石器时代中期文化，是指距今约 7000 年至 5000 年前的湛江地区先民创造的文化。这一时期的遗址，除了鲤鱼墩贝丘第二期文化遗存外，在雷州、吴川等地也有所发现。

一、鲤鱼墩第二期文化遗存[①]

鲤鱼墩第二期文化遗存主要见于遗址东部，包括第四、第五层文化层及其叠压的遗存，包括房址、墓葬和灰坑。

第四文化层为灰白偏黄密实贝壳层，多为完整贝壳，有牡蛎、毛蚶、文蛤等，牡蛎较为多见，较纯净，包含较多条纹陶片、石器等。

第五文化层为黄褐色土层，含泥量明显多于第四层，含贝量明显少于第四文化层，土质较为紧密，包含较多鱼骨及其他动物骨骼，出土陶片大多为夹砂红褐陶片，多见类似交错绳纹的篮纹。

---

① 广东省文物考古研究所、湛江市博物馆、遂溪县博物馆：《广东遂溪鲤鱼墩新石器时代贝丘遗址发掘简报》，《文物》2015 年第 7 期。

房址一座，居住面堆积由上而下可分为三层。居住面上发现柱洞 5 个，圆形或椭圆形，直壁，柱洞内填烧土，普遍夹杂贝壳，个别夹杂陶片、陶器、碎石。

墓葬一座，内为成年男性，骨骼保存较差，侧身屈肢。人骨周围有石块，未见随葬器物。灰褐色填土，夹杂少量贝壳。

灰坑二个，叠压在第四层下，直径 1.58 米，深 0.9 米，坑口平面近圆形，弧壁，圜底。灰坑内填土为灰褐色沙土，松散，包含少量贝壳，出土少量红褐色和灰色条纹陶片。

鲤鱼墩贝丘遗址夹砂红衣陶片复原的陶釜

鲤鱼墩第二期陶器钵形釜，与广西邕宁顶蛳山第三期的Ⅰ式釜相似。所不同的是，鲤鱼墩陶器钵形釜腹部较浅，而顶蛳山第三期的Ⅰ式釜腹部较深。鲤鱼墩第二期出土的罐，束颈，溜肩，颈短而器小，与顶蛳山第三期的Ⅰ式罐很相似。因此，鲤鱼墩第二期的年代应与顶蛳山第三期的年代相当，距今约 5050±100 年。

出土遗存中还有石器锛 1 件、网坠 4 件、凹石 18 件、尖状器 5 件、骨器匙 1 件（动物肋骨磨制）、项链 1 件（海鱼脊椎骨磨掉棘突后制成）、穿孔蚌器 4 件、油螺 1 个。

二、吴川梧山岭贝丘遗址

梧山岭贝丘遗址，位于吴川市长岐镇黎屋村南梧山岭西坡，当地人过去称为"蚬壳埠"。梧山岭西面约 60 米是鉴江，梧山岭岭高约 30 米，是附近唯一可避水患的高地。遗址于 1983 年被发现，面积 350 多平方米，1984—1986 年间试掘。文化层厚 1.1 米，含大量蚬壳、螺壳。经三次试挖清理，出土陶器釜、罐等，纹饰有绳纹、篮纹，出土的石器有穿孔器。

贝丘遗址在粤西南地区所见不多，吴川梧山岭贝丘遗址是较重要的一处。2002 年 11 月 24 日至 2003 年 1 月 16 日，广东省文物考古研究所、湛江市博物馆和吴川市文化局两次对梧山岭新石器时代的贝丘遗址进行复查和试掘。考古发现，其出土的陶器片和石器与广西顶蛳山遗址的文化谱系一致，可推知，吴川早在五六千年前就有人类居住。

遗址处是一个"蚬壳埠"，贝壳分布在南北约 20 米、东西约 18 米的范围内，面积约 350 平方米。据考证分析，在距今 6000 至 5000 年前，黎屋村一带的鉴江连着南海，生活在这里的先民为避洪水海潮，便选择在地形较为平坦的梧山岭顶部居住，主要靠下江入海捕捞蚬螺为生。后来，先民学会了火烤食物，逐步进化到利用器皿煮熟食物。他们就地取材，用沙泥制成陶罐烧煮海鲜等食物，故在那里遗留下大量的蚬壳、螺壳、夹砂红陶、褐陶及网坠等。

三、雷州卜袍山岗遗址

卜袍山岗遗址位于雷州市企水镇（原海田区）卜袍村东南山岗上，海拔40 多米，卜袍村前有河沟通企水港出海。卜袍山岗遗址毗邻英楼岭遗址，它们是同在一区域内的两处不同遗址。

在卜袍山岗遗址上采集到双肩石斧 6 件、石锛 10 件、残石环 11 件、敲砸器 5 件、砺石 1 件，石器规格造型与英楼岭的石器相同，两者有着共同的文化符号。根据这些石器考证，此处是距今约 6000—5000 年前新石器时代中期遗址。

在卜袍山岗遗址上采集到一件形状似男性生殖器的磨光石器石祖，长 10 厘米，还采集到红褐色夹砂陶片，交叉十字纹、米字纹、方格纹、水波纹等硬陶片。以打磨石器与印纹夹砂粗红陶并存为文化特征，印证卜袍山岗遗址的延续性发展。

四、雷州石头堰山岗遗址

石头堰山岗遗址在雷州市英利镇英益村东南的山岗上，海拔 30 多米，山岗下的英益河经迈坦海湾入北部湾。石头堰遗址长 100 米、宽 40 米，地面有凸起的玄武岩石块，面积 4000 平方米，是一处群体聚居的文化遗址。

石头堰山岗遗址采集的打磨石斧、石锛、陶纺轮与夹砂陶片、夔纹陶片，既有与江洪鲤鱼墩贝丘遗址相同的文化延续性，又有其独具的文化特征。夔纹是对雷龙崇拜的图腾符号，距今 6000 年至 5000 年前新石器时代中期的古越先民因自然环境产生了对雷龙的崇拜，这成为后世对雷神崇拜的来源。

第四节　新石器时代晚期文化

湛江地区新石器时代晚期文化，是指距今 5000 年至 3500 年前湛江地区先民部落创造的文化。这一时期遗址已发现十多处，分布在湛江各地，文化内涵非常丰富。

一、鲤鱼墩第三和第四期文化遗存[①]

鲤鱼墩贝丘遗址的第三文化层为黑灰色土层，夹杂细碎贝壳，土质细腻松软，包含物有红衣陶片，部分陶片口沿有压印锯齿纹。第三文化层为遗址

鲤鱼墩贝丘遗址发现的贝壳

———————————

① 广东省文物考古研究所、湛江市博物馆、遂溪县博物馆：《广东遂溪鲤鱼墩新石器时代贝丘遗址发掘简报》，《文物》2015 年第 7 期。

文化分期的第三期，与第二期最显著的区别是出现泥质红衣陶圈足盘，出现卷沿和折沿釜、罐，流行口沿压锯齿纹、口沿外侧刻交叉（菱形）纹。第三期的红衣陶片在广西防城港的杯较山遗址中可见到类似者。

第二文化层为遗址文化分期的第四期，灰色土层中含有厚唇卷沿釜、圈足盘和方格纹罐等陶片及石器。陶片分析表明本期已进入几何印纹（方格纹）时期，以夹砂窄沿厚唇绳纹釜、罐和折度较大的折腹圈足盘为特色。它们与珠江三角洲早商时期佛山河宕、南海灶岗、鱿鱼岗等文化面貌相似，釜和十字加四圆弧陶纺轮

鲤鱼墩贝丘遗址发现的石器

与南海鱿鱼岗 A Ⅱ 式釜和 Ⅰ 式纺轮基本一致。

第三期文化遗存中发现四座墓葬：其一，头骨完整，边上发现部分细碎肢骨，推测葬式应属蹲葬，头骨周边被原生石块围住，性别、年龄不明。其二，侧身屈肢，成年男性。随葬 3 个完整的蚶螺，1 个摆在头南侧，2 个摆在右脚旁的大石块上。其三，仰身屈肢，男性，40—45 岁，下压油螺 1 个，上身压放 10 多个大小不等的砂岩石块。其四，侧身屈肢，低头抱膝，男性，20—25 岁，无随葬器物。此外，出土遗存中还有纺轮、玉锛、角锥（褐色水鹿角，尖端经磨制）等。

第三期与第四期的年代约为 4660±100 年前。

二、徐闻华丰岭山岗遗址

徐闻华丰岭山岗遗址，在徐闻县西南 15 千米的华丰岭之西南及中部一带的斜坡上。板岩、砂岩、玄武岩土质，面积约 1 平方千米，距今 5000 至 4000 年。

华丰岭曾名磨丰岭、华封岭，当地俗称"摩风岭"，新中国成立后改名华丰岭。华丰岭南北长约 3 千米，东西宽约 1.5 千米，最高海拔 59.8 米，山

岗呈低丘状。地表为玄武岩发育的砖红壤土，岭东部为耕地，西部多为瘦瘠沙砾坡。历史上的华丰岭以灌木、乔木茂盛，老虎特别多而著称，新中国成立后全部开垦为耕地和坡地。

1983年，徐闻县文物普查工作队在华丰岭首次发现并采集到80多件石器，包括磨制双肩石斧、石凿、敲砸器、穿孔石器、石锛。

这些石器均打制后磨制而成，留有使用过的痕迹。这些石器磨制较好，质地与雷州市英利镇英典北、石头堰岭山岗遗址出土的石器相类似。遗址中还有很多夹砂釜陶片，多呈灰褐色或灰色素面，质地松脆。

徐闻华丰岭遗址出土石器

徐闻华丰岭遗址出土文物

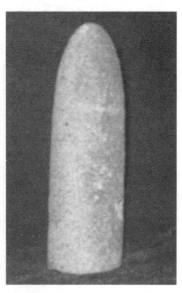

徐闻华丰岭遗址出土的石且

出土器物中有种圆头长锥形器物，名"石且"，形似男性生殖器。华丰岭出土的石且长 17 厘米，直径 5 厘米，是至今为止在湛江地区出土最大的一件石且，与卜袍山遗址的石祖（"祖"的甲骨文和金文作"且"状）都是生殖崇拜的图腾符号。石且也是生活在华丰岭山岗遗址上的古越先民已进入父系氏族社会的佐证。徐闻华丰岭山岗遗址文化延续至春秋时期。

三、雷州英典北岭山岗遗址

雷州英利镇英典村分为南村、北村，西南面与流沙港隔海相望。英典北岭山岗遗址位于英典北村北边山岗上，南北长约 500 米，东西宽约 60 米，属新石器时代晚期遗址，距今约 5000—4000 年。遗址于 1983 年发现，面积约 4 万平方米，遗物丰富。采集到的有磨光石斧、石锛 22 件，器形有双肩、梯形。另有砺石、敲砸器、夹砂陶片等。

英典北岭山岗遗址出土较多的石锛，是新石器时代的常见石器，尤其是在长江流域及岭南地区。锛是开垦土地或刨修木料的工具。先民对日常使用的器物进行加工、改进而产生精细的加工工具石锛、石凿等，源于人类对生活生产的需求，是人类发展进程中开始提高生产技术的重要体现。

四、雷州英楼岭山岗遗址

英楼岭山岗遗址，位于企水镇英楼村东北，属新石器时代晚期遗址，距今 5000—4000 年前。遗址于 1983 年发现，面积约 10 万平方米。

出土文物有磨光石斧、石锛、砺石、石网坠、敲砸器、穿孔石器及夹砂陶片等，已采集 200 多件。

雷州英楼岭山岗遗址出土文物

五、遂溪南边村耙齿岭山岗遗址

遂溪县新石器时代晚期的山岗遗址有南边村耙齿岭、边湾村、镇海岭、鸽岭等，另有乾里尾贝丘遗址。南边村耙齿岭山岗遗址范围较大，位于遂溪县杨柑镇南边村东南的耙齿岭上，面积4000平方米，离海岸线1千米，为海岸型山岗遗址。遗物有石器、夹砂陶片及少量贝壳，这表明这一地区的原始先民过着渔猎采摘的生活，又有着河岸山岗的河—潮型文化的共同特征。考古论证这是距今4000—3500年前新石器时代晚期的古越先民聚居部落的生活遗址。

六、廉江丰背岭山岗遗址

丰背岭山岗遗址，位于廉江市丰背村委会峰背村。遗址前临一片田坑，后为山岭，面积15000平方米，其中有花岗岩洞穴，属于田岭型山岗岩洞遗址。1971—1985年，当地文物工作者在坂山坡、网珠山、九龙泉和丰背村旧祠堂附近地方，采集到磨制肩石斧、石环、石锛、砺石、穿孔石器等30多件，弦纹、刺纹、刺点纹、水波纹陶片一批。

廉江丰背岭山岗遗址

丰背岭出土石器与雷州市英楼岭、卜袍山、英典北、石头堰岭及徐闻华丰岭山岗遗址的石器相类似，它们既有共同的文化特征，也有其地域的差异性。丰背岭山岗遗址不靠海岸河边，先民主要以捕猎为生，但以其自然地理而言，先民还可以用石斧、石凿等石器挖掘开土壤，种植野生可食用的作物。经省、市文物工作者鉴定，丰背岭山岗遗址的遗物属新石器至战国时代，最早可追溯至距今约5000年至4000年前的新石器时代晚期。

第五节　新石器时代经济社会发展

新石器时代是母系氏族社会向父系氏族社会急剧变更的时代，湛江地区的先民在求生存求发展的进程中，制作了生产工具和生活陶器，创造了丰富的史前文化和初始文明。

一、母系氏族社会向父系氏族社会过渡

专家对鲤鱼墩遗址出土的男性、女性骸骨进行的考古生物学研究表明：新石器时代早、中期，鲤鱼墩贝丘遗址上的女性居民承担着繁重的家庭劳务，其时处于母系氏族社会。

母系氏族部落中，女性处于统领地位，居民以渔猎和采集为生，子女只识其母、不知其父。此时部落内已经出现简单的社会分工：男人一般从事制造生产工具和狩猎、捕捞等工作，女人大多从事采集工作，儿童则跟着妇女一起活动。在采集之余，女性还要负担起炊煮食物、缝制衣服、抚养后代和管理家务等劳动。这些劳动都是为氏族成员服务的，具有公共性质，是维系氏族生存的基本保证。女人在氏族内拥有支配地位，握有对氏族内部大部分事务的决定权。

除了鲤鱼墩，英楼岭、卜袍山岗、英典北、石头堰岭与华丰岭遗址出土的小型磨光石斧、石

雷州杨家镇陈家村出土的石且

锛、石网坠、敲砸器等石器，都属于渔猎和采集的工具，还没有发现大型石器。这些遗址很有可能也处于母系氏族社会阶段。

随着生产工具的改进和生产力的提高，母系氏族社会逐步解体，向父系氏族社会过渡。到了新石器时代晚期，石铲、石斧、石刀等工具的出现，使得原始农业有了进一步的发展，男子在经济生活中的作用大大提高。作为男性崇拜物的石且的出现，则标志着父系氏族社会的形成。在新石器时代晚期的徐闻华丰岭和雷州英典北山岗遗址都出土了石且，雷州卜袍山岗遗址上也采集到一件形状似石且的磨光石器，长 10 厘米。石且形似男性生殖器。石且的生殖图腾崇拜，说明新石器时代晚期的湛江地区已逐步进入父系氏族社会。

双肩大石铲，是湛江地区进入父系氏族社会的权力标志。雷州英利镇那停村出土的摆放在一起的大型有肩石铲、有肩石斧与有段石拍，东里镇溪南水库北坡地出土的大型有肩石铲，徐闻县锦和镇大乳湖村边海坡出土的双肩石斧，徐闻县城北出土的大型有柄石刀，说明了父系氏族社会酋长家长制拥有社会生产的主动权。

2002 年 5 月，在雷州英利镇那停村出土的大型有肩石铲、有肩石斧和有柄石拍，经文物专家初鉴，是距今 4000 年至 3500 年前湛江地区古越先民的遗存。大型有肩石铲既是耕作生产工具，也是聚会祭祀器物，它能表明男性拥有生产物资的生产工具，即表明男性拥有生产物资的支配权。谁拥有的财物多，谁就受到拥戴和尊重，谁就拥有统领氏族部落的权力。他们聚会祭祀时，由族属内备受敬重的尊者即酋长主持，酋长掌握着双肩大石铲以主持聚会或祭祀活动。

二、采集渔猎经济向农耕经济过渡

遂溪鲤鱼墩贝丘遗址出土的兽骨种类简单，鹿类占绝大多数。水鹿、水牛生活在水草丰盛的沼泽地带或河边草丛中。此外还出土有鳄鱼骨，这表明鲤鱼墩应是水草丰美的河沼水网地带，这些发现也揭示了古越先民以蛟龙为图腾的源头。

采集与渔猎是鲤鱼墩人赖以生存的基本手段。从贝丘遗址出土的大量贝壳来看，采集到的贝类包括泥蚶、毛蚶、钳蛤、海月、牡蛎、青蛤、文蛤、格特蛤、加夫蛤、线纹蜓螺、望远螺、蟹守螺、角螺等。其中，潮间带贝类多达 12 种，以泥蚶、毛蚶、牡蛎居多。[①] 鲤鱼墩人无须全靠牙齿咬碎贝壳，他们找来砂岩石，凿打成石锤敲开贝壳。他们生活在海汊河流的山墩上，背依山岗密林，面临海港河汊，这为他们生息繁衍提供了优越丰富的自然资源。遗址出土的动物骨骼显示，其中野兽的种类主要有黄猄（一种鹿）、赤麂（一种鹿）、水牛、野猪等。[②] 鲤鱼墩贝丘遗址出土的粗糙敲砸石器和小型石斧、石锛、穿孔石环、石网坠、凹石等磨光石器，是鲤鱼墩人采集海洋生物和山上动物的工具。如凹石既可用于敲砸贝壳，又可绑上绳索连上木杆用于打猎。出土的种类多样的鱼骨和网坠，都是他们撒网捕鱼的明证。出土的角锥可以制成鱼镖用于刺捕大鱼。这些发现表明，新石器时代早中期的鲤鱼墩居民尚未进入农耕时代，仍然处在渔猎采集的生活时代。

到了距今 4000 至 3500 年前的新石器时代晚期，湛江地区的先民逐渐从采集渔猎生活向刀耕火种过渡，这意味着先民逐渐告别渔猎阶段，进入农耕时代。

湛江地区的新石器时代中晚期遗址有 20 多处，采集有双肩石铲、石拍、石斧、石刀、石锛、石凿、石环、穿孔石环、石网坠、敲砸器等磨光石器 500 多件。这些石器有的形制完整，有的残缺损坏，但都是不同时期、不同类型的生产、生活工具。鲤鱼墩贝丘遗址及雷州半岛西海岸的山岗遗址出土的细小磨光石斧、石锛、石刀等石器，是渔猎采集时期的生产、生活工具。而雷州半岛中部至东海岸出土的大型石铲，则是古越先民进行稻作农耕时用于起土的实用工具。

石铲是一种形体硕大、棱角对称、打磨光洁、肩上设有小柄的复合式劳动工具，应是从有肩石斧演变而来的。这

雷州溪南水库出土有肩大石铲

种石铲的材料主要是页岩、板岩，也有砂岩、石灰岩，个别是燧石和玉。其

---

① 广东海洋大学贝类学教授蔡英亚对遂溪鲤鱼墩贝丘遗址出土贝类种属的采样鉴定结果。

② 中山大学人类学系教授张镇洪对遂溪鲤鱼墩贝丘遗址出土动物遗骨的鉴定结果。

加工之精、制作之美，令人叹服。尤其是束腰而有短袖形肩的石铲，双肩出齿对称匀正，肩以下逐渐内收成弧形，切线硬直规整，弧线柔和圆润，堪称石器工艺品中的杰作。雷州溪南水库出土的一件有肩大石铲，呈青灰色，短柄，铲身束腰，铲尖呈舌形，刃部平整光滑。雷州英利镇那停村出土的一件大型双肩石铲，被誉为"广东第一铲"。长62.5厘米，宽38.8厘米，肩角对宽38厘米，上角对宽31.5厘米，厚2.2厘米，刃尾厚0.8厘米，短柄长3厘米，柄尾宽5厘米，是广东省目前发现的最大的一件石铲。石铲外形与广西壮族自治区博物馆的镇馆之宝楔形双肩大石铲十分相似，且尺寸仅差几厘米。如此完好精美的石铲，不只是农耕工具，也是祭祀用品，它反映了湛江地区当时的农耕文化。此处遗址出土的还有有肩石斧和制作树皮布用的有段石拍。石铲出现的花肩，是在与木柄接合处通过增加捆绑的方式在牢固方面作出的改进。

尽管鲤鱼墩贝丘遗址里没有发现稻谷与磨盘，但至今仍生长在湛江地区的野生长毛谷，经科学基因测试证实已有1万多年的生长史。大石铲是农业生产用于起土、翻土、深耕的实用工具，是证明稻作农业发达的代表物。大石铲的出现，是当时湛江地区农业经济发展及耕作技术进步的结果。使用大石铲的古越先民已过上相对稳定的族居生活，开启了具有鲜明地方特色的稻作农业时代。

2009年在徐闻锦和镇大乳湖村边海坡出土的一件双肩石斧，通高16.9厘米，上宽6厘米，下宽9.2厘米，厚3.5厘米，重845克，器形完整无损，表层光亮。石斧刃部斜削平均，留下曾使用过的微痕迹，这证明它既是耕作的生产工具，也是祭祀的礼器。大乳湖的双肩石斧有着约4000年的历史。

雷州东里镇溪南水库北坡地出土的双肩大石铲、英利镇那停村出土的双肩大石铲，与广西出土的Ⅱ式石铲相类似，这反映史前时代湛江地区与广西区域具有共同的文化特点，两地有着"大石铲文化"的联系。

双肩大石铲是距今4000年至3500年前古越先民遗存的农耕工具。双肩大石铲与石斧的出现，说明当时的湛江地区已进入农耕时代。大型石铲还是酋长族首召集集会议事的权力象征和祈祷农业丰产、繁衍生息的祭祀礼器，彰显了当时的部族文化、风俗礼仪。双肩大石铲形似"且"字，是从生殖崇拜的"石且"形演变制成的生产工具，有着祈求生存发展、繁衍生息的厚重文化底蕴。以大石铲为代表,在距今4000年至3500年前,湛江地区开始出现稻作农耕文化。

雷州那停村出土的大型双肩石铲

徐闻大乳湖村出土的双肩石斧

三、原始民居与部落的形成

鲤鱼墩贝丘遗址中发现的房址,内有柱洞。这些柱洞用木、泥、草建造而成,由此可推测,新石器时代中晚期可能已出现干栏式结构建筑。依据房址与居住面柱洞分布状况分析,鲤鱼墩的居住条件虽然比不上粤北曲江石峡遗址的"长屋",但与珠三角、香港等沿海贝丘遗址有明显相似之处。在与自然界作斗争中,为求生存,鲤鱼墩人自发集结在一起,形成以地域关系为基础的部落聚居群体。

从遂溪鲤鱼墩贝丘遗址的北部湾海岸,向南延伸至雷州英楼岭、卜袍山、双鹄岭、英典北、石头堰岭、兰园岭,再到徐闻的华丰岭遗址,向北延伸至遂溪南边村耙齿岭,再深入内地的廉江丰背岭、吴川梧山岭遗址;又从内地的雷州英利那停村向东至调风镇石茆岭、东里镇溪南水库、徐闻大乳湖岭遗址,这些新石器时代中晚期遗址上的先民,过着从小型分散式逐步发展为部落聚居的群体生活。

吴川梧山岭、遂溪鲤鱼墩及雷州的英楼岭、英典北、石头堰遗址,为古越族部落聚居"堆火燎祭"的遗迹。古越族部落聚居，是氏族种姓构成的雏形，后来再经社会变革时代的急剧演变、部落战争，分化、吸收、联盟与迁徙，形成较大规模的部落聚群。遗址面积较大的雷州英楼岭、兰园岭、英典北及徐闻华丰岭、廉江丰背岭山岗遗址等，为研究新石器时代中晚期部落文化与人类进化、环境变迁提供了丰富的实物资料。

四、葬俗

鲤鱼墩新石器时代遗址考古发掘发现的 8 座土坑竖穴墓葬，葬式主要为屈肢葬和肢解葬，有葬坑积石的现象。

屈肢葬，相对于直肢葬而言，指尸体下肢向上蜷曲的葬式。按尸体放置情况的不同，屈肢葬可以分为蹲式屈肢葬和卧式屈肢葬两种类型。蹲式屈肢葬，尸骨呈蹲坐、跪坐的姿势；卧式屈肢葬，尸骨呈躺卧、趴伏、侧卧的姿态，肢骨有不同程度蜷曲。按卧式的不同，分为仰身屈肢、侧身屈肢和俯身屈肢等。

关于屈肢葬产生的原因，学术界有"灵魂说"、生产力说、产生于人的蹲式睡眠姿势等说法。在新石器时代，生产力水平低下，人们只能使用简陋的石器及骨器、蚌器等从事生产和生活。用如此简陋的工具来挖掘宽深的墓坑，是一件很困难的事。挖掘屈肢葬的墓穴，面积较仰身直肢葬小很多（屈肢蹲葬大约只需仰身直肢葬面积的三分之一）。[①] 因此，生产力水平低下是屈肢葬产生的客观原因之一。

屈肢葬在中国境内最早见于新石器时代早期的广西北部柳江、漓江流域。在桂林的甑皮岩、庙岩，柳州的大龙潭，邕宁的顶蛳山等地遗址亦有发现。

肢解葬，即把人体肢解为若干部分以后，摆放在墓中埋葬的葬式。这是珠江流域中上游比较特殊的一种埋葬习俗。在广西地区，肢解葬主要发现在顶蛳山遗址的第三期，大多无随葬器物，有些墓葬中发现有石块，个别随葬

---

① 廖国一、陈洪波、袁俊杰：《广西通史》（第一卷·先秦卷），广西师范大学出版社 2019 年版，第 250—252 页。

石斧。[1] 有学者认为肢解葬是屈肢葬的一种，肢解葬的墓主有相当部分是在战争或械斗中死亡。同部族的人将尸体搬运回部族墓葬区时，尸体已僵硬挺直，无法正常行屈肢葬，便只能肢解后再埋葬。有学者根据民族学的资料，提出古人行肢解葬与民间俗信鬼神相关，目的是在通过肢解那些死于非命的尸体，使"鬼魂"无法回家作祟。[2]

鲤鱼墩遗址出土的压石屈肢葬遗骸

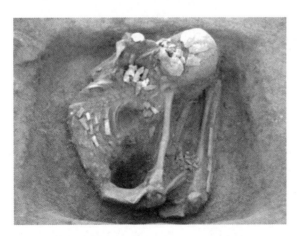

鲤鱼墩遗址发现的蹲踞葬积石葬坑

----

① 廖国一、陈洪波、袁俊杰：《广西通史》（第一卷·先秦卷），广西师范大学出版社 2019 年版，第 255 页。

② 潘世雄：《史籍中"宜弟"之说考释——兼释广西邕宁顶蛳山新石器时代遗址肢解葬》，《广西民族研究》2004 年第 4 期。

考古材料显示，在新石器时代的文化谱系上，包括湛江地区在内的粤西南地区与广西南部地区存在亲缘关系。"在体质特征上，鲤鱼墩人与柳江人具有相对紧密的关系，联系到他们之间的地理关系，可以推测二者可能具有传承关系。"[①] 这说明湛江地区与广西漓江流域的居民在种族类型上相近，遂溪鲤鱼墩新石器时代文化与广西南部新石器时代文化有直接传承关系，鲤鱼墩贝丘遗址的屈肢葬俗是从广西甚至更南的地区流传而来，同属于华南新石器时代的墓葬习俗形式。

五、纺织和树皮布文化

遂溪鲤鱼墩贝丘遗址出土有陶纺轮。陶纺轮是用来纺织的工具，印证新石器时代的鲤鱼墩人已经掌握纺织手艺。他们将丝质的植物皮敲砸去掉皮肉质后，清洗出丝质，转动陶纺轮纺出细线绳。

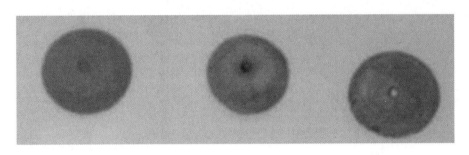

鲤鱼墩遗址出土的陶纺轮

鲤鱼墩人不仅用细线绳结网以渔猎，还用细线绳纺织粗糙简朴的衣服，这表明他们已摒弃穿叶为衣的生活方式，开启了以粗衣蔽体的上古社会文化。他们穿着原始的衣物，戴上磨制成环形的鱼脊椎骨、打孔的贝壳饰物，到海边撒网捕鱼、挖捡贝类，在海边灌木丛林中猎取野兽。

2002年，雷州英利镇那停村出土一件带柄的有段石拍，即制衣石拍——用树皮制布的工具。有段石拍重1533克，中部厚4厘米，拍柄厚3厘米。石拍上部两面的台面分别有11条和10条沟槽。沟槽上可见因长期拍打使用而磨耗的痕迹。石拍最明显的特征，是拍身中部的双肩设计，这是防止手指与

---

① 李法军、王明辉、朱泓：《鲤鱼墩：一个华南新石器时代遗址的生物考古学研究》，中山大学出版社2013年版，第253页。

砧具碰撞损伤的一种安全设计。石拍距今4000至3500年，是湛江地区出土的唯一一件用于树皮制布的石拍，印证了湛江地区用树皮织布的悠久历史，对研究古代制衣技术向海外传播路线具有很珍贵的价值。从海南省、雷州半岛以至越南东北的范围内，双肩石拍

雷州那停村出土的制衣石拍

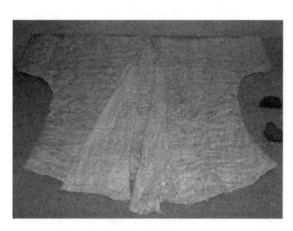

雷州博物馆收藏的树皮布衣

构成了一处别具特色的树皮布文化圈。那停村出土的石拍表明，湛江地区早在距今4000年前就已经有树皮布文化，而海外树皮布文化很可能是从雷州半岛向海外传播的。

徐闻县城北曾出土一把有柄大石刀，长46厘米，头刃部宽13厘米，柄尾部宽5厘米，背厚2厘米，重3500克。这柄石刀保存完好，是目前为止在湛江地区发现的最大有柄石刀。刀刃有使用磨损的痕迹，刀面斜侧，有刃尖。作为生产工具，有柄大石刀在使用上与有段石拍密切相

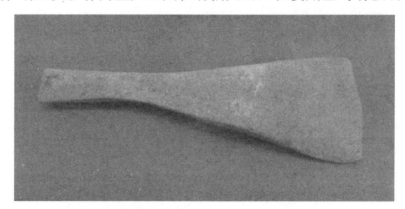

徐闻县城北出土的有柄大石刀

关。用树皮制布时，先用有柄大石刀刃尖划破树皮，再用其斜面铲开树皮使之剥脱下来，接下来才是石拍的拍打工序。有柄大石刀与有段石拍是用树皮制布的一套石器工具。

六、制陶工艺和陶器文化

鲤鱼墩遗址考古发掘出土的细绳纹红褐色夹砂陶、深红色夹砂陶，标志着湛江地区于距今 8000 年至 7000 年前已开始制作陶器。

鲤鱼墩人就地取材，用沙质土制成陶器，还在陶器上根据自己的审美，用毛蚶壳当画笔，在陶器表面上划出或直或斜的装饰线条。这些陶器上的纹饰虽然简单粗糙，但印证了鲤鱼墩的居民已学会制作陶器，并学会用绳与贝壳压印或刮划陶器上的饰纹，开启了制陶文化。古人不仅已经懂得如何烧制陶器，还会把肉放在陶器里煮熟了吃。陶器上的纹饰，表明他们在生活劳动中，形成了审美的观念。

在雷州企水镇的英楼岭、覃态岭、卜袍山，英利镇的石头堰、英典北及徐闻华丰岭、吴川梧山岭等新石器时代山岗文化遗址，都有出土方格纹、篮纹红陶、黑夹砂陶、夹砂陶片及深红色夹砂陶片，还有低火候的夹砂陶编织纹陶片，这些是湛江地区先民在新石器时代晚期的生活用器，反映了不同时期陶器的特点和利用价值。

雷州企水镇英楼岭遗址采集到的夔纹陶片、杨家镇恭坑水库坡地遗址采集到的云雷纹陶片，证明了古越先民对雷神的崇拜。由于崇拜雷神，古人用雷纹装饰在陶器上，称之为"罍"，这可能为雷人始创。[1]

云雷纹脱胎于涡纹，有延

雷州恭坑水库坡地遗址出土的云雷纹陶片

---

[1] 何光岳：《南蛮源流史》，江西教育出版社 1988 年版，第 338 页。

绵不绝、生生不息之意。这种纹饰以连续不断的回旋式线条构图,圆形回旋称"云纹",方形回旋称"雷纹"。"云雷"对应的"圆方",与"天圆地方,圆中有方,方中有圆"的中国古代朴素宇宙观相互呼应。除了来源于涡纹的说法,云雷纹的起源还被认为与"蛇"的崇拜有关。古人将蛇的形象不断地抽象化、图形化,就形成了云雷纹的雏形。而夔纹,似龙非龙,似蛇非蛇。夔是古代传说中的一足怪兽,据说这种怪兽一出现,不是风雨来临就是大旱。古人把它铸刻在青铜器上,目的是祈求风调雨顺。

企水英楼岭采集到的夔纹陶片,经考古专家论证为4000多年前上古雷州先民生活陶器。这种夔纹陶片属于几何印纹陶,是陶艺发展的代表作。从湛江地区山岗文化遗址出土的各时期几何印纹陶纹饰,有力地印证了湛江地区陶器文化的延续与发展。在雷州英利镇望楼村一带发现有原始馒头型窑址,表明在距今5000年至4000年前,湛江地区的制陶业已很普遍。

七、明器饰物

鲤鱼墩贝丘遗址考古发掘的其中一具遗骸,有一个随葬油螺扣于骨架头部。从文化遗存考证,鲤鱼墩人能用螺壳打孔作为饰品佩戴,他们还把鱼脊椎骨磨制成环形项链式的饰物。这既反映了古人对自然物的崇拜,也表明他们在日常生活中已具有审美观念。

鲤鱼墩鱼骨项链

第二章　商周时期的湛江地区

商周时期，我国中原地区进入青铜文化时代。湛江地区僻处南隅，青铜时代直至秦汉才逐渐结束。这一时期，湛江地区的古越先民在交融中纷争，在纷争中交融，共同构成了湛江地区的居民主体。其中，最早在湛江地区扎根的越人部族是骆越。尔后，南越、西瓯等部族接踵而至，荆楚文化、青铜文化等相继传入，多元文化开始在湛江地区汇聚交融。湛江历史，就在朝代更迭与文化融合中不断向前演进。

第一节　湛江地区百越先民

从远古时代开始，长江以南的广大地区，就是古越族人聚居之地。这些越人在战国时被统称为"百越"。《汉书·地理志》记载，"自交趾至会稽七八千里，百越杂处，各有种姓"①。通过分子人类学分析，结合考古资料和文献记载，最早在雷州半岛上垦土开荒、落地生根的越人称骆越。其后，南越、西瓯等百越部族中的其他支系陆续进入湛江地区，共同构成湛江地区的居民主体。

一、百越先民

越族作为中国南方地区的古代民族之一，在夏朝时期就已出现，如居住在浙江绍兴的于越。从商代开始，活动在长江以南广泛地区的古越族，经长

---

① 〔汉〕班固：《汉书》卷二十八下《地理志》，中华书局 2000 年版，第 1329 页。

期迁徙、分化、交融及组合，形成了众多支系。他们虽交往杂处，但又各有种姓、互不从属。根据势力范围、种姓不同等因素，形成了吴越、闽越、扬越、南越、骆越等支系。到了春秋战国时期，中原地区战火不断、割据动荡，百越各族群迫于生存发展，迁徙更为频繁。《史记·吴起列传》记载，楚悼王重用吴起变法，军力大增，其后更是派吴起领兵南平百越。另据《史记·越王勾践世家》记载，公元前334年，楚威王灭了越国，尽有其地，"而越以此散，诸族子争立，或为王，或为君，滨于江南海上，服朝于楚"。这两次大战加剧了百越的分化迁徙，于越、闽越、扬越等族群也来到了湛江地区。商周时期来到湛江地区的越人，统称为"百越先民"。其中主要是骆越族，也有西瓯和南越部族。

二、骆越

最早在湛江地区定居的百越先民，是骆越。骆，或称雒。北魏郦道元《水经注·叶榆水》引三国时吴人《交州外域记》："交趾未立郡县之时，土地有雒田，其田随潮水上下，民垦食其田，因名雒民。"

古时，这种骆田多开垦在离河流出海口不太远的地方，先民利用涨潮时河口水位提升来引水灌田，潮起潮落谓之"骆"。因此，靠垦吃骆田为生的越人，就被称为"骆越"。

司马光主持编纂、胡三省注释的《资治通鉴》在讲到"骆越之人"时注释，"余谓今安南之地，古之骆越也。珠崖，盖亦骆越地。宋白曰：高、贵二州，亦古骆越地。"[1] 高州在今广东茂名境内，贵州即今广西贵港。《旧唐书》记载：邕州宣化（今广西南宁市境内）"骠水在县北，本牂牁河，俗呼郁林江，即骆越水也，亦名温水，古骆越地也"[2]。《太平寰宇记》也有相同的记载。综合古籍记载，骆越人大致分布在广东茂名—广西玉林—贵港—南宁以南，南面达越南中部清化一带。《黎族简史》编写组也认为，"位于广东西南部、广西西部、海南岛以至越南北部的称骆越"[3]。由此可见，商周时期的湛江地区为骆越所居。

① 〔宋〕司马光：《资治通鉴》卷二十八《元帝初元二年》，中华书局1976年版，第904页。
② 〔后晋〕刘昫：《旧唐书》卷四十一，中华书局2000年版，第1188页。
③ 《黎族简史》编写组编：《黎族简史》，民族出版社2009年版，第8页。

有学者通过分子人类学研究，对现代大约 100 个民族群体进行基因分析，发现岭南民族祖先大约形成于 3 万年前的北部湾一带，并且与五六千年前已出现的百越有着同源关系①。百越部族最早是在两广地区生息，再向北、向东、向西迁移，扩展到长江以南的广大地区，成为中华民族的一个重要部族。两广地区的越人有百越族群最古老的遗传标记。标记的源头，指向了如今广西南宁附近的红水河流域至郁江流域，那里是古骆越中心地带。也就是说，骆越是百越中最古老的族群之一。而古骆越中心地带，又刚好与顶蛳山文化中心、大石铲文化中心相邻或重叠。这两种文化，都广泛分布于两广地区，又都在形成早期就传入湛江地区。有学者根据陶器分析，认为鲤鱼墩贝丘遗址第一期文化与广西顶蛳山遗址第二期文化具有密切联系，当属于同一文化系统。从湛江地区出土的新石器时代晚期的大石铲、铜鼓，同样与古骆越中心地带出土的颇为相似。综合考古出土遗存、文献资料和分子人类学分析，可知距今 10000 年前，就已经有原始人类从广西南宁附近出发，沿着海岸线往东走，直至江浙一带。

三、西瓯和南越

秦始皇出兵岭南时，"三年不解甲弛弩，使监禄无以转饷。又以卒凿渠而通粮道，以与越人战，杀西呕君译吁宋"。② "西呕"，即西瓯。监禄所凿之渠即灵渠，在今广西兴安，湘江和漓江分水岭之间。经此渠以征越人，可知西瓯当位于灵渠以南。根据研究，西瓯作为百越的一支，主要分布在广西中部、东部，后有一部分沿河流海岸进入广东西部及越南北部，其中有少数进入雷州半岛。

南越也是百越一支，主要分布在珠江流域、鉴江流域，也包括雷州半岛。秦统一岭南后，中原人开始南迁，广东南越族逐渐融入华夏族。南越作为族名称，始于秦汉之际；南越也是赵佗所建国的国名。罗香林认为："以其地为扬越南部，故称为南越。"③ 族称的由来，似乎以这种说法较为恰当。

① 徐杰舜、李辉：《岭南民族源流史》，云南人民出版社 2014 年版，第 137 页。
② 〔汉〕刘安撰，何宁集释：《淮南子集释》卷十八《人间训》，中华书局 1998 年版，第 1289—1290 页。
③ 罗香林：《中夏系统中之百越》，独立出版社 1943 年版，第 114 页。

近代人又加以发挥，以为："扬越即阳越，或作南越。因为扬、阳古音通转，字亦互用。南曰阳，北曰阴，扬越即南越了。南越或扬越……其范围，北起九疑之岭，南止儋耳。"[1] 自南越的名称出现后，先秦岭南的扬越即为南越，应该是比较准确的。

考古学家冯孟钦在《雷州半岛早期居民的来源问题》一文中提及："从考古发现看，先秦时至隋唐，自西江以南至海南岛，加上桂东南、桂南一片，文化自成一体，区别于其它区域。在该区域，几何印纹陶欠发达，尤其是南部地区，夔纹陶罕见。"[2] 秦军进入岭南之前，岭南已有骆越、西瓯之称。它们既含于扬越（或南越）概念之内，同时也可以区别为扬越或百越族中的两个支属。当时骆越的生活地是在今湛江雷州半岛一带和广西钦、廉等南部地区，西瓯在今广东西部及其以西的今广西东北部地区。今海南岛也是瓯、骆的居住地。因此，除骆、瓯居住地外，今广东境其他地方基本上都是南越族分布地区。[3]

第二节 百越先民生产生活

从目前发掘的古遗址考证，商周时期（包括新石器时代）就有百越先民在湛江地区活动。他们主要分布于沿海、江河附近，过着日出而作、日落而息的渔猎或农耕生活。

一、饭稻羹鱼

历史地理学研究表明，商周时期（包括新石器时代）华南沿海地带的气候与现在大致相似，甚至更加湿热，生物资源更加丰富。考古学研究同样显示该区域史前时期气候环境优越，动植物资源充足，为人类提供了丰富的食

---

① 韩振华：《秦汉西瓯骆越（瓯骆）之研究》，《百越民族史论丛》，广西人民出版社 1985 年版，第 150 页。

② 冯孟钦：《雷州半岛早期居民的来源问题》，广东省博物馆编、湛江市文化广播电视新闻出版局编：《天南重地：雷州历史文化》，岭南美术出版社 2012 年版，第 237 页。

③ 方志钦、蒋祖缘主编：《广东通史》（古代上册），广东高等教育出版社 1996 年版，第 159 页。

物来源，时人可以从事稳定的渔猎、采集活动。具体包括猎取陆上动物，如鹿、象、兔、龟等，捕捞水中鱼虾和海生软体动物，如牡蛎、文蛤、魅蛤等，采集可食的植物根、茎、果实等。

生物考古学研究发现，末次冰期以后，海平面迅速上升，华南沿海地区开始受到大规模海侵。河水和海水相互交汇，来自陆上和海洋的各种营养物质在浅海地区聚集，使该区成为水生生物的良好栖息地，为先民提供了丰富的贝类和鱼类资源，吸引先民进入该区从事捕捞和采集业，从而产生了独特的华南沿海地区新石器贝丘文化。这种独特的贝丘文化以采集、渔猎文化为主，也兼有原始农业文化，如种植薯、芋等块茎类作物等。有学者对海相指示物的研究显示，华南沿海地区（包括鲤鱼墩遗址所在区域）或存在一次突变性的海退事件，导致海边软体动物和鱼类骤然减少，雷州半岛的沿海先民不得不更多地转向寻求其他的食物来源。随着农业的产生和发展，采集、渔猎经济逐渐退居次要地位，环北部湾地区的贝丘文化逐渐走向衰落，取而代之的是大石铲文化。"在大石铲文化遗址中，出土的新石器时代晚期的石铲、犁、锄、釜、锋、凿以及杵、磨棒、磨盘和桶榄核等，也表明这时已经出现了原始农业。"[1] 由此出现"饭稻羹鱼"的生活方式。

《史记·货殖列传》记载："楚越之地，地广人稀，饭稻羹鱼，或火耕而水耨，果隋蠃蛤，不待贾而足，地埶饶食，无饥馑之患"。[2]《汉书·地理志》中也有类似的提法。"饭稻"，指以稻米为主食；"羹鱼"，指食用水生动物，包括鱼、蚌、蛤等。这种生活方式，既源于当地多江河、溪流、湖泊的自然环境，也与当时生产工具落后、农业所得有限相关。湛江地区大约于西周时期进入青铜时代，但目前出土的青铜农具极少，只有一些可兼作开垦砍伐的工具，如斧、铲、剑。这一时期主要使用的还是石铲、石斧等石制农具。在徐闻县华丰岭的东汉墓中，有铁刀、铁锄与双肩石斧并存的现象。[3]东汉时尚且如此，先秦时期骆越、西瓯使用石制工具当应更为普遍。

---

① 李法军、王明辉、朱泓：《鲤鱼墩——一个华南新石器时代遗址的生物考古学研究》，中山大学出版社 2013 版，第 48—50 页。

② 〔汉〕司马迁：《史记》卷一百二十九《货殖列传》，中华书局 2000 年版，第 2472—2473 页。

③ 广东省博物馆：《广东徐闻东汉墓》，《考古》1977 年第 4 期。

二、骆田

"骆"谐音"落",潮起潮落称为"骆"。骆田是指骆越人利用江河潮水的涨落而垦种的稻田。

在雷州半岛的东北部,有城月河。城月河中游南岸不远处的仙来村边,发现过汉代骆越先民的大面积生活遗址。1986年在附近河滩还发现过野生的海水稻。湛江地区发现的野生海水稻,与古时骆田这种耕作方式有关。

湛江地区耕作骆田的优势得天独厚:雷州半岛三面环海,东海岸为半日潮,平均潮差2.5米左右,农历每月初三、十八大潮时可超过3米;西海岸临北部湾,属一日潮,大潮时潮差可超过4米。古时的骆田多开垦在离河流入海口不太远的地方,可以利用涨潮时河口水位提升来引水灌田。另一方面,骆田利用潮水耕作的独特方式,让耐盐稻培养在不经意间进行。考古发现,广东先民栽培水稻已有12000多年的历史,湛江地区骆越人耕作骆田至少也有几千年的历史。由于骆田的水是河水与海水掺杂在一起的,带有或多或少的盐分,经过长久适应性栽培,湛江地区出现了长毛谷等耐盐稻谷亚种,在盐度千分之八的咸淡水中仍能正常生长。长毛谷至今在城月河沿岸滩涂等处仍然有小面积的栽种。①

三、干栏式房屋

南方地区气候炎热,雨水充足,湿度很大,林木资源丰富。受地理环境影响,当地的居住环境也颇具地方特色。

晋朝张华所著的《博物志》中记载,"南越巢居,北朔穴居,避寒暑也"。② 南朝宋沈怀远曾在广州生活过一段时间,他在《南越志》中记,南越"栅居"。巢居、栅居或楼居皆指干栏式房屋,《新唐书·南平僚传》中简单直接地描述了干栏式房屋的特点——"人楼居,梯而上,名为干栏"。

有研究认为,干栏是壮语对木结构的高脚楼居建筑称谓的汉字记音。

---

① 陈立新:《从上古骆田到海红香米》,《湛江日报》2018年11月26日。
② 〔晋〕张华撰,王根林等校点:《博物志》,上海古籍出版社2012年版,第10页。

"干"指上面，"栏"意为"房屋"，"干栏"即"居住在木构栈台上的房屋"。[①] 干栏式建筑一般分两层，上层住人，下层圈养牲畜和放置衣具等物。干栏式建筑以木、竹料作桩柱、楼板和上层的墙壁（墙壁也有用石块、砖、泥土从地面砌筑的），顶盖杉皮或草、瓦等。下层多无遮拦，用数十根木柱支撑楼上的重量，四周不设墙。如果设墙，也是由多孔隙的竹篾围起，利于洪水通过。这种设计，体现出骆越人对生存环境的思考：其一，干栏离地数米，室内凉爽通风，有利于防湿、防洪、防兽、防虫蛇；其二，干栏的底层可以圈养牲畜，安置舂碓磨，堆放农具及杂物；其三，干栏的建筑材料以竹木为主，方便就地取材，经济实用。

据考证，早在六七千年前的原始社会时期，百越先民就已经普遍采用干栏建筑。如在浙江余姚的河姆渡、湖州的钱山漾和杭州的水田畈等新石器时代遗址中，都有干栏式结构建筑遗迹。作为百越族系分支的西瓯和骆越，是较早居住干栏建筑的族群。对从两广地区西汉早期墓葬出土的干栏建筑陶屋和铜仓等文物进行考察发现，估计在商周时期，活跃在岭南地区的西瓯人和骆越人就已经住上干栏。徐闻县二桥村出土过一件汉代的陶屋。陶屋分两

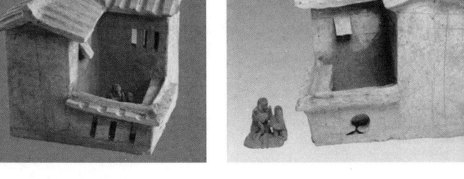

徐闻二桥村出土的汉陶屋

---

① 廖国一、陈洪波、袁俊杰：《广西通史》（第一卷·先秦卷），广西师范大学出版社 2019 年版，第 405 页。

层，首层有大门、风窗、围墙和狗洞，二层供人居住，仍带有明显的干栏式建筑的特点。①

四、海洋性习俗

百越先民的不少生活习俗，与其靠近海边生活息息相关，一些海洋性习俗更是后世渔文化的雏形。

在饮食方面，百越先民有较大的特殊性。《淮南子·精神训》中有："越人得髯蛇，以为上肴。中国得之，无用。"② 越人喜食鱼、鳖、蛇、蚌、蛤之类，无疑是长期以来形成的一种饮食习惯，并非汉代才是这样。1983年发掘的广州象岗南越王墓内，保存了一批动物遗骨，包括鲤鱼、龟、鳖、蚶、蛤、螺等，从中反映出越人的传统饮食习性。另有"雕题交趾，有不火食者"③，即保持生食的习惯，与后来湛江地区居民的饮食习惯相类似。

习于水斗、善于用舟，这是越人一个很突出的特性。湛江地区一带的越人早就发明和使用各种形制的江海舟楫。当时的越人多是短袖不履，以便涉水行舟。

断发文身和椎髻，也是越人的显著特征。湛江地区越人中，女性椎髻较为普遍。在湛江地区的元人物罐上，尚可以看到古越人"椎髻""双髻""左衽"的形象。《淮南子·原道训》说，九嶷之南"民人被发文身，以象鳞虫"。文身是在身上刻画蛟龙形象，以躲避水中的鳄鱼等，断发即剪短头发。断发文身，都是为了方便涉水行舟。

第三节　与中原及楚国的关系

秦汉以前，包括湛江地区在内的岭南地区与中原地区的往来，多见于古

---

① 湛江市第一次全国可移动文物普查办公室编：《湛江珍藏 湛江市第一次全国可移动文物普查精品图录》（下），河北美术出版社 2017 年版，第 138 页。

② 〔汉〕刘安等编著，高诱注：《淮南子·精神训》，上海古籍出版社 1989 年版，第 76 页。

③ 陈成国：《四书五经校注本》，岳麓书社 2006 年版，第 422 页。

文献记载。一些出土的文物也表明，商周时期岭南地区与中原已有经济、文化交流。

一、与中原的关系

（一）尧舜时期

早在传说中的尧舜时期，就有关于岭南地区和中原交往的记载。相传由孔子（前551—前479）选编的《尚书》，是中国最早的历史文献。其中的《尧典》记载："申命羲叔，宅南交。"[1]《墨子·节用》中记载："古者尧治天下，南抚交趾"。[2] 这里的南交、交趾泛指岭南地区。成书于西汉的《大戴礼记·少闲》记载："昔虞舜以天德嗣尧……南抚交趾。"[3]《韩非子·十过》当中也有类似记载："臣闻昔者尧有天下，……其地南至交趾，北至幽都，东西至日月之所出入者，莫不宾服。"[4] 所谓"抚"，即安抚；南抚交趾，说明尧舜时南陲已达五岭以南直至南海。

（二）夏商周时期

约公元前2070年，禹之子启建立夏朝，开始"家天下"局面。约公元前1600年，商汤灭夏，建立商朝。大约公元前1046年，武王伐纣，建立周朝。夏商周时期，史上合称"三代"。

夏商周三代，岭南并未被划入"九州"之内，湛江地区属于"南徼荒服"之地。相传大禹治水后，将天下分为"九州"，即冀州、兖州、青州、徐州、扬州、荆州、豫州、梁州、雍州；同时也规定了从王畿向四周每五百里为一"服"，从核心区到蛮荒地带依次为甸服、侯服、宾服、要服、荒服。荒服为五服中最远之地。而"南徼"，是指南方边陲。在夏商周三代，湛江地区距离王城很远，属于南方边陲的"荒服"。根据史籍记载，荒服的特产通过扬州"泛海贡道"到达王都。

夏商周三代，岭南的古越族人以群居为主，以地域关系组成部落联盟。它们没有设立君主，而是沿袭原始部落的酋长制。《吕氏春秋·恃君览》中

① 王世舜、王翠叶译注：《尚书》，中华书局2012年版，第4页。
② 方勇译注：《墨子》，中华书局2011年版，第188页。
③ 黄怀信译注：《大戴礼记译注》，上海古籍出版社2019年版，第290页。
④ 高华平、王齐洲、张三夕译注：《韩非子》，中华书局2010年版，第94页。

记述："扬、汉之南，百越之际，敝凯诸、夫风、余靡之地，缚娄、阳禺、骓兜之国，多无君。"① 这些部落联盟，臣服于当时的中央王朝，并在商周时期，与中央王朝建立起直接的朝贡关系。

成书于战国的《逸周书》记载了南方部落向商王朝进贡物品的情况："正南瓯、邓、桂国、损子、产里、百濮、九菌，请令以珠玑、瑇瑁、象齿、文犀、翠羽、菌鹤、短狗为献。"② 据考证，"瓯""桂国"，指岭南地区的西瓯、骆越。而湛江地区曾是西瓯人、骆越人等聚居的地方。当时朝贡的物品中，或有部分产自湛江地区。

到了西周，"四夷"及诸侯国也要向周王朝进贡物品。《逸周书》中记载的"路人大竹""仓吾翡翠"③，《吕氏春秋·本味》中记载的"越骆之菌""南海之秬"④ 等，便是骆越人的贡品。这些贡品部分即由湛江地区的骆越人所献。

二、与楚国的关系

楚国是我国先秦时期长江流域的一个诸侯国，大约立国于周成王时期，至公元前223年为秦所灭，前后存在大约800年。因远离中原地区，楚国长期被视为蛮夷，在周王朝划分的地理区划系统里，属于"荒服"。但经过几代人的努力，楚国实力大增。在这个过程中，楚国不断兼并周边小国，疆域不断扩大。至楚庄王时，楚国已能与中原地区的晋国争霸，楚庄王也得以跻身"春秋五霸"之列。北上争霸的同时，楚国也将触角伸到了南方。据《左传》记载，楚共王（楚庄王之子，前590—前560年在位）时，"赫赫楚国，而君临之，抚有蛮夷，奄征南海，以属诸夏"⑤。《史记·楚世家》记载："成王恽元年，初即位，布德施惠，结旧好于诸侯。使人献天子。天子赐胙，曰：'镇尔南方夷越之乱，无侵中国'。于是楚地千里。"⑥

---

① 陆玖译注：《吕氏春秋》（下），中华书局2011年版，第737页。

② 张闻玉译注：《逸周书全译》，贵州人民出版社2000年版，第278页。

③ 刘晓东等点校：《逸周书》，齐鲁书社2000年版，第84页。

④ 陆玖译注：《吕氏春秋》（下），中华书局2011年版，第418页。

⑤ 李梦生：《左传译注》（下），上海古籍出版社2016年版，第866页。

⑥ 〔汉〕司马迁：《史记》（中），中华书局2000年版，第1392页。

　　战国初期，楚悼王任吴起为相，"南并蛮越，遂有洞庭、苍梧"，① 楚国的势力已越过南岭山脉，进入漓水流域。蒋廷瑜认为，"岭南的青铜文化是在楚文化的影响下产生和发展起来的，本身从一开始就包含着楚文化的因素"。② 这一观点为大多数学者所赞同。出土文物也证明，至战国时期，岭南地区与楚国的关系相对密切。

　　历史上，雷州半岛是由中原到海南岛、越南的必经之道。海外及海南岛出产的珠玑、玳瑁、象齿、文犀、翠羽等物品，多通过雷州半岛向中央进贡。雷州半岛也是中央远征交趾（今越南中部和北部地区）等地叛乱及与海外交通贸易的必经之道。1997 年 12 月，在雷州半岛东部附近的硇洲岛出土一批青铜器，其中有斧、削刀、剑、鼎及篦点纹③陶瓶等器物。经专家鉴定，这是一座战国时期的墓葬，这些青铜器的形制跟湖南、湖北等地楚墓出土的青铜器形制相似。考古专家根据此墓出土的青铜剑考证，认为墓主有可能是在楚国抚征南海时的将士。万历《雷州府志》引黄佐《广东通志》称："楚子熊恽受命镇粤"，又在雷州"开石城，建楼以表其界"，"楼卓处郡城之

湛江地区出土的战国青铜剑

① 〔南朝宋〕范晔：《后汉书》卷八十六《南蛮西南夷列传》，中华书局 2000 年版，第 1912 页。

② 蒋廷瑜：《楚国的南界和楚文化对岭南的影响》，中国考古学会编：《中国考古学会第二次年会论文集》，文物出版社 1982 年版，第 67—73 页。

③ 篦点纹，古代装饰纹饰，用篦状工具在器物坯体上戳刺而成。

上，登览洞达，名楚豁"。[①] 楚豁楼是楚国文化影响所及的标志，表明楚国势力南伸到雷州。由此可见，当时雷州半岛与楚国关系是十分密切的。

第四节　多元文化影响

湛江地区先民长期受海洋文化影响。商周时期，先民以骆越文化为基础，融合荆楚文化、青铜文化，并在海上贸易中吸收外来文化，演化成独特的区域文化，为后世雷州文化的形成打下基础。

一、骆越文化

早在商周时期，骆越人在岭南地区建立起部落联盟"骆越方国"。梁庭望教授在《骆越方国研究》中说，骆越方国建立于商代中后期（前1300年前后），其政治中心在今广西南宁市范围及周边，都城在南宁市北郊武鸣区码头镇到骆越镇（地图标为陆斡镇）一带。

骆越人来到湛江地区，也带来了以大石铲、几何印纹陶、铜鼓为标志的骆越文化。骆越文化内涵丰富，包括稻作文化、棉纺织文化、航运文化、龙舟文化、铜鼓文化、崖壁画文化、龙母文化、太阳文化、干栏式建筑等。对湛江地区影响至深的，当数雷崇拜和犬图腾崇拜。时至今日，骆越文化的影响还可以在湛江地名风俗中找到痕迹。

（一）雷崇拜

雷州半岛，以雷为名，多雷是其最大特征。雷能行云致雨，亦能毙伤人畜，因此湛江地区自古有崇雷习俗。特别是在雷州，崇雷习俗表现得淋漓尽致：山名擎雷山，水名擎雷水。久旱不雨，人们杀猪宰羊祭祀雷神，祈求天降甘霖。唐人的记载中有雷公墨、雷公楔等传说。唐刘恂撰《岭表录异·雷公庙》记载："雷州之西雷公庙，百姓每岁配连鼓雷车。有以鱼鳌肉同食者，

———

① 〔明〕欧阳保纂，〔明〕韩上桂、邓桢辑：万历《雷州府志》（日本藏中国罕见地方志丛刊），书目文献出版社1990年版，第160页。本书所引用万历《雷州府志》皆用此版本。万历《雷州府志》成书于明万历四十三年（1615），由雷州府推官欧阳保主持编纂，是目前湛江地区存世最早的地方志书。黄佐《广东通志》，明嘉靖四十年（1561）由黄佐纂修，也称嘉靖《广东通志》。

立为霆震，皆敬而惮之。每大雷雨后，多于野中得礜石，谓之雷公墨。叩之铿然，光莹如漆。又如霹雳处或土木中，得楔如斧者，谓之霹雳楔。小儿佩带，皆辟惊邪。孕妇磨服，为催生药，必验。"① 北宋初年所编《太平寰宇记》引房千里《投荒杂录》称："雷之南濒大海，郡盖以多雷为名，以其雷声近在簷宇之上……俗于雷时具酒肴奠焉，法甚严谨，有以彘肉杂置食者，霹雳即至。"②

雷崇拜的形成与发展，与骆越先民密不可分。骆越先民早在商周时期就掌握了骆田的方法，懂得利用潮汐开垦土地种植粮食。在渔猎经济向农耕经济发展过程中，雨水占有重要地位。雷州半岛少雨即旱，祈雷祷雨就成了先民生活的一部分。先民对雷电的产生缺乏科学的认知，慑于雷电的威力，产生既敬雷又畏雷的心理，进而将雷神人格化，创造了雷神的形象和传说。后人传承下来，相沿成习，形成祭雷神的习俗与对雷神的崇拜。

在古骆越中心地带广西大明山，有一个古时骆越人的祭奠坛。这个祭奠坛与大明山上的八个天坪组成了一个大型祭奠建筑群，是古骆越人祭奠寰宇的最高场所。古骆越人有在栖身之处邻近的高山顶建造祭奠坛以祭奠"天公地母"的民俗。"天公"是雷神，"地母"是稻神。当地人把这一祭奠活动称为"娄蚆"（意为雷神祭），师公傩舞"大酬雷"就是这一民俗的遗存。③

（二）犬图腾崇拜

犬图腾崇拜主要流布于雷州半岛中部的雷州市。犬图腾崇拜，也与骆越先民有关。

在新石器时代中晚期，百越先民以采集渔猎为生，狗作为先民的生产工具及伙伴，它的忠诚、无畏及旺盛的生育能力，符合先民抵御自然灾害、维

---

① 王叔武：《新辑本〈岭表录异〉》，林超民主编：《西南古籍研究》，云南大学出版社 2002 年版，第 80—81 页。《岭表录异》记述了唐代岭南地方以广东为主的草、木、鱼、虫、鸟、兽和风土人情，还涉及当时航海遇飓风所见的海外奇谈，内容相当丰富，是一部具有地方文献价值的书。

② 〔宋〕乐史：《太平寰宇记》卷一百六十九《岭南道》，中华书局 2014 年版，第 3230 页。《太平寰宇记》是北宋初期重要的地理总志，作者乐史（930—1007）引用历代史书、地志、文集、碑刻等资料，记载了宋朝的政区建置，并增加户口、风俗、姓氏、人物等内容，以人文结合地理，为后世的方志所仿效。房千里是唐后期中原士人，大中（847—860）初年出任高州刺史。《投荒杂录》记录了雷州半岛等地雷神信仰的早期形态，具有重要的史料价值。

③ 《大明山发现骆越古祭坛》，广西新闻网—南国早报，2010 年 11 月 29 日。

持族群繁衍延续的需求，因而成了人类崇拜的对象。商周时期的骆越先民，后来演化成俚、侗、僚、壮、瑶、黎等部族。在古代，部族名称"狸、獠、猺、獞、獽、狪"等文字都加"犬"偏旁，便是犬图腾崇拜的明显标记。狗能辟邪的风俗在春秋战国时期开始流行，此后以狗辟邪之风越传越盛。狗能辟邪的观念至今仍然被湛江地区部分民众所沿袭。

春秋战国时期，骆越部族下辖十多个部落，其中有一支以狗为图腾的"槃瓠蛮"在湛江地区聚居。他们有崇拜狗的习俗，用半岛上的玄武岩雕刻成犬图腾作为崇拜物。到了秦汉时期，汉越文化融合，骆越先民的犬图腾崇拜习俗添加了新的内容。至唐朝，出现了关于雷祖陈文玉"九耳呈祥"的传说，先民的犬崇拜达到高潮。移民带来的"石敢当"等习俗文化，与犬图腾崇拜相结合，进一步使石狗演化为呈祥报喜、保境安民的守护神灵。

多元文化融合，使石狗的文化外延越来越广。石狗的祀立地点从最初的祠门、庙门、墓门、家门，走向巷口、村口、路口、水口、田头、山头及寺门、校门、衙门；所司神职从镇魔驱妖、祛邪消灾发展为司风雨、赐财福、添丁寿、主功名、主正义等。雷州石狗从部落图腾发展为守护神与吉祥物，并由此形成了一个以雷州为中心，覆盖范围包括雷州半岛、海南岛、广西和越南北部等广阔区域的"石狗文化圈"。

雷州三元塔公园的石狗陈列

明脚踩钱纹球守门石狗（雷州市博物馆藏）

（三）村名风俗

商周时期，湛江地区骆越人使用的是古越语。例如"那"，在古越语中指母亲。随着渔猎文明向农耕文明转化、母系氏族向父系氏族社会过渡，"那"又代表水田。水田就像母亲的乳汁一样，繁育了一代又一代人类。如那郁、那坂、那仙、那柳、扶那等，都突出了水田丰美之意。

在湛江地区，以"那、潭、调、麻、迈"等字开头的地名比比皆是。在古越语里，"那"是田，"潭"即池塘，"调"指地或坡，"麻"为村寨，"迈"系树木果林。在这基础上，骆越先民结合村落的地形、地势、地质和方位等特点，进一步作差异描述，最终形成村名。如雷州的那毛（意为"新垦田"）、那利（意为"好田"）、那尾（意为"肥田"）；徐闻的那宋（意为"高田"）；吴川的那罗（意为"山坑田"）、那邓（意为"咸田"）；遂溪的那梭（意为"沙田"）；廉江的那良（意为"良田"）；坡头的那洪（意为

"水边田")等。[①]

传承至今的游神、傩舞、穿令箭、滚刺床、上刀山等风俗，甚至雷州、徐闻等地妇女背小孩的背带及背负方式，都深受骆越文化的影响。

二、荆楚文化

自商周以来，湛江地区的先民与长江流域的吴、越、楚等地已有经济和文化交往，特别是跟楚国的关系密切。战国时期，楚国在雷州建楚豁楼以表"楚界"，荆楚文化渐渐融入湛江地区。

（一）"尊凤"风尚

"尊凤崇龙"在我国各民族的文化中都有所表现，但华夏文化以"崇龙"为主，楚文化则以"尊凤"为主。凤是楚人的图腾。传说中楚人的祖先祝融死后，化身为凤凰。因此楚人有尊凤的习俗。在楚国的文物中，凤的图像、绣像和雕像不胜枚举，楚人衣服上的刺绣图案也以凤为主要内容。

在雷州出土的文物中，也常见龙凤图案纹饰。1984年，在雷城镇种子公司建筑工地上出土一件青铜洗（盆），口径35厘米，高9厘米，圈足，平沿浅腹，腹上部饰有云纹和10条浮雕龙纹。专家鉴定为战国时期的遗物，其形制与纹饰具有楚文化特征。由于传统文化的继承和发展，在雷州出土的宋元时期的褐彩瓷器上仍然常见凤鸟纹饰。这些瓷器多为"魂瓶"，在"魂瓶"上画凤鸟是受楚人认为凤鸟可以"引魂上天"的思想影响。直至20世纪90年代，不少雷州人房屋的脊檐、墙壁、木雕家具、丝棉织品等仍以龙凤图案为时尚，隐隐中受到

元雷州窑褐彩凤鸟纹荷叶盖罐（广东省博物馆藏）

---

① 骆国和：《湛江少数民族今昔》，《湛江晚报》2008年11月25日。

楚人"尊凤"之风影响。[1]

(二) 尚鬼信巫

楚人尚鬼信巫之风极盛。出土的文物和古文献的记载表明，楚人风行巫祭活动，祭祀的名目繁多，对象广泛。有研究者认为诗人屈原即是一名楚巫，而屈赋为巫祝之诗。至于楚国民间信巫的情况，在屈原的《楚辞》中有很形象的描写。楚人"信巫不信医"在战国时期尤为突出。楚国的巫往往就是医。《吕氏春秋》借孔子之口说道："南人有言曰：人而无恒，不可以作巫医。善夫！"所谓南人，实即楚人。[2]

雷州人尚鬼信巫之风也不亚于楚。万历《雷州府志》载："雷俗尚鬼信神。"北宋秦观被贬雷州时所写的《雷阳书事》和《海康书事》等诗篇中，对雷州人尚鬼信巫之风，有具体生动的描写。如《雷阳书事》（其一）：

> 骆越风俗殊，有疾皆勿药。
> 束带趋祀房，用史巫纷若。
> 弦歌荐茧栗，奴主洽觞酌。
> 呻吟殊未央，更把鸡骨灼。

《海康书事》中，秦观更把"尚鬼信巫"的海康人当作"荆楚人"来"大笑"，并指出此风是海康"先人"（荆楚人）传下来的风俗，由此可见楚文化尚鬼信巫的影响。

> 海康腊己酉，不论冬孟仲。
> 杀牛挝祭鼓，城郭为沸动。
> 虽非尧历颁，自我先人用。
> 大笑荆楚人，嘉平腊云梦。[3]

---

① 李建生、陈代光主编：《南海"海上丝绸之路"始发港——雷州城》，海洋出版社 1995 年版，第 66 页。

② 吴成国：《六朝巫术与社会研究》，武汉出版社 2007 年版，第 41—46 页。

③ 以上两首诗引自〔宋〕秦观撰，徐培均笺注：《淮海集笺注》，上海古籍出版社 2000 年版，第 232—240 页。

（三）端午习俗

楚地端午节民俗源远流长。成书于南朝梁的《荆楚岁时记》中就有五月五日竞渡的记载。[1] 在对荆楚文化的端午习俗的传承、发展和演变中，湛江地区也广泛出现五月节门楣插艾、熏艾沐浴的风俗。嘉庆《雷州府志》记载："五月朔旦，悬艾于门，制雄黄袋以佩。童子放纸鸢。是日竞渡，以竿悬银牌于船上，胜者得之，曰'夺标'。端午日，设酒肴祀家神及祖先。为角黍相馈遗。浴于溪，曰'流疡'。"[2]

1. 做"饺仑"

"饺仑"是雷州半岛地区对粽子的俗称。端午包粽子已有 2000 多年的历史。起初，粽子用于投喂水中生物。南朝梁吴均撰志怪小说集《续齐谐记》记载："屈原五月五日投汨罗而死，楚人哀之。至此日，以竹筒贮米，投水以祭之。"后来，人们担心粽子投入水中"为蛟龙所窃"，就改用楝叶包裹，以彩丝缠之（据说此二物皆为蛟龙所惮）。古时，湛江居民取粟米或糯米等制成粽子，习惯摘取露兜（即簕兜）叶去刺代替粽叶，把粽子编织成鸭姆、笔架、锅盖、橄榄、枕头等形状。雷州一带粽子较大，称为大粽；东海粽大且长，称为脚筒粽。

2. 流疡

古时，湛江居民用粽子及五花腩等拜祭祖先后，一家人聚餐度过节日。到五月初五，头插艾叶的乡间女子手拿饺仑，结队走到溪河去，把饺仑放入水中。儿童手持饺仑于溪河洗浴，去艾于水，叫作"流疡"。雷州半岛气候湿热，容易生疮，婴孩多生疮于头部。古人让孩子到溪水中洗浴，以期消除流疮流脓。

3. 悬艾于门

《荆楚岁时记》是我国最早的专门记载湖南、湖北地区（春秋战国时期楚国势力范围）时令、风俗的著作，内有端午悬挂艾草于门户的记录："五月五日……采艾以为人，悬门户上，以禳毒气。"古人认为，艾草插在门上可以招福驱邪，用艾水洗澡有益健康。在湛江地区，从农历五月初一开始，大街小巷卖艾枝、草药，用来插门楣及煮水洗澡。湛江先民认为端午节之后

---

[1] 〔南朝梁〕宗懔撰，宋金龙校注：《荆楚岁时记》，山西人民出版社 1987 年版，第 47 页。

[2] 〔清〕雷学海修，〔清〕陈昌齐等纂：嘉庆《雷州府志》，岭南美术出版社 2009 年版，第 118 页。

天气炎热，蚊虫滋生，易发传染病，因而在这一天，也用"天中五瑞"——菖蒲、艾草、石榴花、蒜头和山丹五种植物，来驱除毒害。

4．放纸鸢

端午节期间，湛江先民以放纸鸢（风筝）为戏，谓之"放殃线"。有雷州歌："五月来到好放鸢，鸢母嗷嗷在天上。你父有钱放八角，我父无钱放月娘。"万一纸鸢断线落在别人屋上，先民认为这是"殃线"，一定要"食鸢肉"，立即扯破风筝丢下碓臼用碓头舂几下。在旧时的海康县城（今雷城），北关的东岳庙每年都有端午纸鸢竞赛。每届端阳，北较场上人山人海，自朝至夕无虑千万。先由数十人牵引放飞一只特制的"筝母"（此为众筝之母，其形硕大，方可丈余，上系钩镰多把、鸣弓数张），接着各式纸鸢乘风而起，有鸟（鹊、鹞、鹰、燕），有兽（狮、兔），有虫（蝴蝶、蜈蚣、蜜蜂），有鱼（鳐、鲤）。还有八角、水桶、月娘担扫等，种类繁多。纸鸢被评为优秀者，放纸鸢之人被赏给银牌奖金。竞技者多，观奇者众。

5．赛龙舟

赛龙舟是端午节的主要习俗。龙舟竞渡早在战国时就有，在急鼓声中划刻成龙形的独木舟做竞渡游戏，以娱神与乐人，是祭仪中半宗教半娱乐性质的节目。在廉江安铺、雷州乌石、吴川博铺、遂溪江洪，端午期间均举行盛大的龙舟竞渡活动。原海康县（今雷州）南渡河自麻演至偶悦等沿河村庄，每年端午也举行龙船竞渡，后改为邀请姑娘歌艺人至此创设歌台，大唱"姑娘歌"。每到端阳节日，四方歌手云集麻扶，赛歌讴歌，相沿成俗。

三、南岛语在雷州半岛传播

遂溪鲤鱼墩贝丘遗址、雷州石头堰山岗遗址和英楼山岗遗址等出土的文物中，都发现石网坠，这证明早在8000—4000年前，湛江地区的先民已掌握了用网捕鱼的技术。这种渔猎模式，展现了原始海洋文化的特征。

岭南是我国海上丝绸之路起源最早、历史最长、规模最大、交往国家最多的地区，伴随海上丝绸之路开展的中外文化交流，对岭南文化产生深远的影响，留下深刻的历史印记。其中语言是这种交流的一个重要方面。海外语言传入，为岭南方言吸收成为自己的一部分，并世代传承、保存、使用至今。

古代海上丝绸之路正式开通，始于汉武帝，但民间文化交流，在更早之前已经发生。民族考古学者认为，岭南百越先民在新石器时代中晚期与南太平洋岛上一些说南岛语（又称马来—玻利尼西亚语）的民族有着共同的文化渊源，古百越部落的语言大部分与南岛语有着亲缘关系。我国不少语言学家通过语言材料对比，证实南太平洋岛屿上一些说南岛语的民族与我国百越先民操共同的语言。而与今菲律宾语、马来语为代表的南岛语和包括海南岛黎族在内的侗台语族各语言做比较，可发现它们同出一源，即我国南方汉语中有不少南岛语成分。民族学家推测，在楚威王灭越国、越族散居于江南海上时，有一部分古越族遗民乘船出海到马来群岛和马来半岛，逼走了当地的玻利尼西亚人，又征服了土著的小黑人（中国古籍称为昆仑奴），并吸收小黑人的血统，形成棕色的马来民族。原始马来族的迁徙路线，大致可分陆、海两线。其中海线由粤、闽、浙等沿海地带进入马来半岛、印度尼西亚群岛、婆罗洲和菲律宾。此后，一部分马来人经由越南境与中国岭南居民接触和发生关系。

另外，东南亚史专家发现，湛江地区居民有使用吹筒（即射筒）狩猎野兽或鸟类的习惯。有一传教士曾在遂溪江洪附近找到这种吹筒标本，长 3.97 米，吹矢长 58 厘米，矢镞用铁或木制成。而史籍上也记载了我国华南地区先民使用吹筒猎兽，这被认为是湛江地区乃至华南地区与使用同样器具的婆罗洲、马来半岛小黑人发生文化交流的证据。[①]

第五节　湛江地区青铜文化

湛江地区远离中原，青铜时代起步较晚。以湛江地区出土的铜鼓、青铜钺、青铜剑、斧、刮刀、匕首、铜洗等器物论证，湛江地区的青铜时代始于春秋战国，延续到汉代。铜鼓是青铜工艺的瑰宝，彰显湛江地区青铜文化特质的厚重底蕴。

---

① 许桂灵、司徒尚纪：《海上丝绸之路对岭南语言的影响》，广东海洋大学海洋文化产业研究中心主编：《海上丝绸之路》2015 年第 1 期，第 36—37 页。

一、青铜器具

新中国成立以来，广东地区发现大量西周至春秋战国时期的青铜器。湛江地区因远离政治、文化中心，目前尚未发现有商周时期的墓葬群。所见青铜器多为零星出土，且集中于春秋战国时期。其中最早发现的是 1975 年在硇洲岛扫屯村出土的 12 件青铜器，包括鼎 2 件、铍 1 件、剑 3 件、斧 5 件、削刀 1 件。鼎多用于上层贵族。湛江地区发现的铜鼎较少，说明当时用鼎不是很普遍。作为权力和财富的象征物，湛江地区更注重使用铜鼓。

1982 年，廉江出土青铜铲、剑各一把。1984 年，海康县雷城镇出土一件残损的春秋战国时期青铜洗器，腹部布有云纹和浮雕龙纹。1985 年，扫屯村村民掘出较大的陶盖罐 1 件。罐内藏有青铜器 4 件，包括矛 1 件，残存斧銎 1 块、匕首 2 件。扫屯村青铜器的形制与广东省罗定、德庆等地战国墓出土的青铜器物相似。考古工作者据此认为这些器物的年代属战国。[①]

2006 年，徐闻县渔民在南山镇三墩海域捕鱼时捕捞起战国时期铜甬钟一件。铜甬钟质地为玄锡黄铜，总重 15 千克，通高 62 厘米。钟顶称"舞"，长 26 厘米。钟体边棱称

战国双耳素身带盖三足铜鼎

硇洲岛出土的青铜铍

---

① 钟绍益：《湛江两次出土战国青铜器》，《中国文物报》1989 年 9 月 8 日。

"铣"，两铣间宽 38 厘米。编钟铸造精细，使用了"分范合铸"的方法。钟顶封闭，构成了合瓦式的钟腔结构，起到共振腔的作用。

雷州出土的青铜洗 　　　　　　徐闻渔民捕捞起的战国铜甬钟

青铜甬钟是我国商周以来流行的一种打击乐器。它们大小成编，配套使用，和青铜鼎一样，代表着一定的身份等级标准，几乎贯穿了整个奴隶制社会，见证了华夏民族绵延几千年的音乐史与"钟鸣鼎食"的灿烂文明史。

除上述青铜器，湛江地区发现和收藏的青铜器还有矛、戈、钺、刀币等。其中，发现最多的是青铜兵器。钺既是武器，也带有权杖性质；剑，除用于防身、刺击，也是身份、地位的象征。这些青铜器物的发现和收藏，表明当时的湛江地区已进入阶级社会。

战国云雷纹铜戈 　　　　　　　　战国人面纹铜戈

战国铜钺

战国铜钺

战国靴形铜钺

战国青铜矛

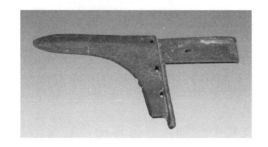

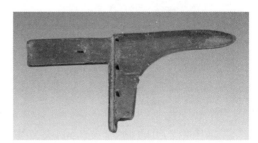

战国铜戈

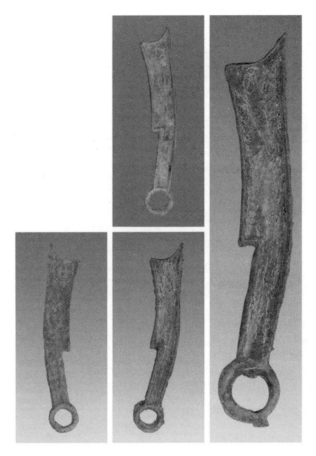

战国铜刀币

二、早期铜鼓

铜鼓是我国南方少数民族青铜艺术的瑰宝，广泛分布于广东、广西、海南、云南、贵州、四川等省区。湛江地区是广东出土铜鼓最多的地区，几乎每个县、市都有铜鼓发现。[①] 铜鼓除了用于娱乐，还有祭祀的用途，也曾被视为权力和地位的象征。

按照时代和地域特点，铜鼓可以分为八个类型：万家坝型、石寨山型、冷水冲型、遵义型、麻江型、北流型、灵山型和西盟型。在湛江地区出土的铜鼓以万家坝型和北流型为主。其中，万家坝型的铜鼓年代最早，形制也最

---

① 蒋廷瑜：《岭南铜鼓》，广东人民出版社 2018 年版，第 401 页。

为原始，以云南省楚雄市万家坝古墓葬群出土的铜鼓为代表。流行年代在前8世纪的春秋中期到前5世纪的战国中期。北流型铜鼓，以出土于广西北流的铜鼓为代表，流行于西汉到唐代之间。

（一）万家坝型铜鼓

万家坝型铜鼓鼓壁较厚，工艺粗糙，鼓面无花纹或花纹简单，胸大于鼓面，是迄今所知最早的铜鼓。

1998年，在徐闻迈熟村出土一面春秋时期万家坝型铜鼓。鼓面小，鼓胸特别外凸，鼓腰急束内收。鼓面中心有太阳纹与线条芒纹，绕着一圈勾连回形云纹。鼓身有六组网纹。鼓足有短竖线（即栉纹），并绕有一圈勾连回形云纹，纹饰古朴粗拙。鼓腰对称，各有两小耳，造型独特。迈熟村出土的万家坝型铜鼓是目前湛江地区出土时代最早的铜鼓。铜鼓上的太阳纹、云雷纹反映雷州先民对太阳神、雷神的崇拜，网纹记录了他们的渔猎生活。

徐闻迈熟村出土的春秋时期万家坝型铜鼓

广西、云南出土的万家坝型铜鼓，鼓面为几何长锐角芒纹，而徐闻迈熟村出土的万家坝型铜鼓为乱线条纹，接近足沿部有网络纹与勾连回形云纹，较为原始稚拙。铜鼓纹饰殊异，显示地域特色，足以说明湛江地区与广西、云南的地缘、亲缘关系及文化联系。

2000年，徐闻城北乡社朗村古墓出土一面万家坝型小铜鼓。鼓腰扁耳上端饰一只小蛙，鼓面中心饰太阳纹十芒。经碳十四测定，铜鼓大约铸造于春秋中晚期至战国初期。[①] 青蛙多子，象征生命的繁衍。这种对青蛙的崇拜，主要受西瓯人蛙崇拜和骆越人雷崇拜的影响。

（二）北流型铜鼓

北流型铜鼓以高大著称。迄今所知最大的北流型铜鼓残重299千克，被誉为"铜鼓之王"。北流型铜鼓另一个特征是鼓面大于鼓身。

1982年8月21日，在廉江石城镇飞鼠田村出土一件汉代北流型铜鼓。

---

① 吴凯：《徐闻铜鼓响咚咚》，政协徐闻县委员会文史工作委员会编：《徐闻文史》（第十三辑），2000年，第33页。

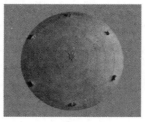

廉江飞鼠田村出土的六蛙四耳铜鼓

铜鼓面径 120.5 厘米，高 70 厘米，重 175 千克。鼓面太阳纹八芒，自内向外有六晕圈，由三弦分晕。一晕圈内中心饰阳芒纹与菱形雷纹，二晕圈内饰圆涡云纹，三晕圈内饰菱形雷纹，四晕圈内饰圆涡云纹，五、六晕圈内相间饰菱形雷纹、圆涡云纹、波连式云纹。鼓面立有六只青蛙，鼓身全都饰菱形雷纹。这个汉代北流型铜鼓是全国十大铜鼓之一。

1989 年，海康县英利镇覃典村出土一面汉代北流型铜鼓。鼓面直径 77 厘米，通高 43.5 厘米，重 38.5 千克。鼓面太阳纹八芒，自内向外有九晕圈，布满云雷纹，极为精细。鼓面有四只青蛙，两两相对。在雷州习俗中，四、八、九皆有吉祥之意。

雷州市英利镇覃典村出土四蛙四耳铜鼓

湛江地区出土的青铜器，深受骆越文化影响。古壮语"越骆"在汉语里有"铜鼓越人"的意思。这一意思正好与历史文献记载的"越骆有铜鼓，因得其名"相对应。所以，把骆越人称为善于制造铜鼓的越人，最为恰当。

商周时期，湛江地区的百越先民以铜鼓祭祀雷神，族中有事，敲鼓聚首，宴乐祭祀亦然，可见铜鼓先为乐器之用，后演变为权力的象征。铜鼓制作工艺精良，鼓面和鼓身饰有太阳纹、云雷纹、菱形纹、水波纹等集合图案，还有骑兽纹、鸟形纹、虫形纹等。铜鼓于庆祝、娱乐、作战等场合使用。百越先民不但拥有铜鼓，也拥有铸造铜鼓的工艺。铜鼓如此大而重，显示出这是他们族属的权威与财富，同时也反映了百越先民与邻近区域族属有着密切的关系。

第三章　秦汉时期的湛江地区

秦始皇三十三年（前214），秦平百越，自此湛江地区被纳入中央王朝统辖范围。秦末汉初，赵佗乘机在岭南建立南越国。汉元鼎六年（前111），伏波将军路博德率兵平定南越，在雷州半岛置徐闻县。东汉建武十八年（42），另一位伏波将军马援南征叛乱的交趾（今越南北部），路经湛江地区时，带领将士修筑城郭、开渠引水。汉武帝时，朝廷在雷州半岛开设徐闻港，徐闻港成为汉代海上丝绸之路始发港之一。南北文化、中外文化在湛江地区得到进一步汇聚交融。

第一节　政区建置

秦始皇平定岭南后，设南海、象、桂林三郡。其中象郡辖境包括今越南北部、中部以及广西西南、广东西部大部分和海南岛。湛江地区属象郡。前111年，汉平定南越，在雷州半岛建置徐闻县，隶属于合浦郡。郡县制的确立，推动了湛江地区政治、经济、社会、文化的发展。

一、秦时划入行政区域

春秋时，秦、晋、楚等国初在边地设县，后渐在内地推行。春秋末年以后，诸侯国开始在边地设郡，面积较县为大。战国时，诸侯国纷纷在边郡设县，渐形成县统于郡的两级制。秦统一六国后，将郡县制推广到全国。全国初分为三十六郡，后增加到四十多郡，郡下设县。郡县制最为核心的原则之一，就是在正常管理的情况下，推行兵民分治和军政分治制度，即郡县只管地方行政事务，军队归中央政府的军事机构专门管理。

郡的长官称郡守，掌管全郡事务；设都尉以佐郡守，分管军事、城防和治安；置郡监为朝廷耳目，主管郡县监察。另设郡丞一名，辅佐郡守管理行政及刑狱事务。县的长官，根据人口多寡有不同的称呼：万户以上的县，称县令；万户以下的县，称县长。另设县丞、县尉协助县官处理赋税征收、城防和治安等事务。郡、县长官均由中央政府任免。

公元前 221 年，秦始皇统一六国后，将千里之外的岭南也收归版图。秦朝在岭南设南海、象、桂林三郡。公元前 218 年，秦始皇派屠睢率领 50 万大军南征岭南。开始时，由于岭南土著越人各部互不统属，力量分散，装备精良的秦军占有明显优势，秦军长驱直下。经过几年征战，秦军打败了岭南的西瓯部族，并击毙其首领译吁宋。其后，越人集结起来，利用自己熟悉地形且善于越岭便舟的优势，反击秦军。秦军孤军深入，又不适应当地旷日持久的丛林战，疲于奔命，损失惨重，主帅屠睢被杀，粮草供应不继，几乎全军覆没。这使秦统一岭南的战争中出现了三年对峙的局面。

后勤保障是胜负的关键。为解决秦军的给养问题，秦始皇调集大批军民开凿灵渠，沟通湘江与桂江支流漓江之间的交通航道，使湘江水系与珠江水系得以相联系。秦军吸取了上次征战孤军冒进的教训，步步为营，筑城防险。第二次征战时，领军的任嚣、赵佗不但善于用兵，还善于与越人和睦相处，因而很快扭转整个战局，终于沿先前秦军入越路线，开抵目的地番禺，取得了战争的胜利。[1]

秦平定岭南后，马上着手在岭南建立郡县。秦始皇三十三年（前 214），秦在岭南地区设置南海、象、桂林三郡，雷州半岛属象郡[2]。当时湛江地区与桂西南同属一个政区。湛江地区被纳入中央王朝统辖范围，居民从此变为中央集权管治下的郡县编民。

二、汉置合浦郡徐闻县

秦末暴政激起人民的强烈反抗。公元前 209 年，戍卒陈胜、吴广起义，

---

① 张荣芳、黄淼章：《南越国史》，广东人民出版社 2004 年版，第 7 页。

② 〔明〕欧阳保纂，〔明〕韩上桂、邓桢辑：万历《雷州府志》卷一《舆图志》，书目文献出版社 1990 年版，第 15 页。

中原大乱。南海郡龙川（今广东龙川）县令赵佗，乘机兴兵割据岭南。公元前 204 年，赵佗在岭南建立南越国，自立为南越王，定都番禺（今广州），湛江地区归属南越国。

赵佗为了岭南社会安定和维持封建割据势力，在行政设置上沿用秦朝的体制，先后在岭南设置桂林、南海、交趾、九真四郡，又仿汉制分封王侯。对统治下的百越族群，赵佗采取"和辑"政策。赵佗建立南越国后，一方面同汉王朝保持臣属关系，推广中原的语言、文字、艺术；另一方面采取"和辑百越"政策，怀柔辖境内各民族，并实施一定的"越化"措施，促进百越各族之间的交流和融合。汉王朝初年对南越国的宽容和赵佗正确的政治经略，维持了岭南社会的相对安定，岭南经济、文化有了很大发展。

南越国建国时，正是楚汉争霸之际。汉高祖五年（前 202），刘邦击败项羽，建立汉朝。建国之初，汉对岭南地区的控制鞭长莫及。对赵佗割据一方的举动，刘邦决定采取怀柔政策。赵佗也接受汉朝授予的"南越王"封号，北面称臣。吕后临朝听政时，双方关系一度紧张。吕后去世后，赵佗及其后继者积极与汉朝修好。当南越国传至第四代南越王赵兴时，丞相吕嘉因反对南越王赵兴内属而发动叛乱。汉武帝于元鼎五年（前 112）秋兴兵南伐，元鼎六年（前 111）冬平定南越。南越王自赵佗始共传五世，计 93 年。

平定南越后，弃哨撤卡，南北畅通。中原的铁器农具和牛耕技术大量输入岭南，南方的土特产和外国产品，如铜器、象牙、犀角、宝石、水果等成批北运。南北人民加强了来往，岭南人民汲取中原地区的文明，落后风俗得以改造。[①] 地处大陆最南端的湛江地区，在中原的铁器农具和牛耕技术输入岭南后，逐步改变落后的生产力，促进了农耕改革，提高了铁铜器的制造技术，推进社会文明的发展进程。

汉朝建立后，地方行政仍沿用郡县制，只是郡的长官在景帝时由郡守改为太守。汉武帝平定南越后，将南越国原来的地域分置七郡：南海（治番禺，今广东广州）、合浦（治徐闻，今广东雷州半岛）、苍梧（治广信，今广西梧州）、郁林（治布山，今广西桂平）、交趾（治赢陵，今越南北部）、九真（治今越南清化）、日南（治西卷，今越南广治）。元鼎六年（前 111），

---

① 蒋祖缘、方志钦主编：《简明广东史》，广东人民出版社 1993 年版，第 67 页。

汉军乘胜追击，从合浦、徐闻渡海进入海南岛，追讨南越国残余势力。元封元年（前110），在海南岛上增置儋耳（郡治在儋县，今海南省西部）、珠崖（郡治在瞫都，今海南省琼山东南）二郡。至此，汉武帝在岭南地区设九郡。

汉在雷州半岛置徐闻县，隶属于合浦郡。据《广东通志》和《雷州府志》《徐闻县志》记载，汉武帝元鼎六年（前111）置徐闻县。清康熙《徐闻县志·疆域》："曰徐闻者，郡志云：徐闻迫海，涛声震荡，曰是安得徐徐而闻乎？此徐闻所由名也。"历史文献中最早提到徐闻的，是班固《汉书》卷二十八《地理志》中的记载："自日南障塞、徐闻、合浦，船行可五月，有都元国。又船行可四月，有邑卢没国。又船行可二十余日，有谌离国。步行可十余日，有夫甘都卢国。自夫甘都卢国船行可二月余，有黄支国……黄支之南，有已程不国，汉之译使自此还矣"。唐代李吉甫撰，贺次君点校的《元和郡县图志》记载："汉置左右候官，在县南七里，积货物于此，备其所求，与交易有利，故谚曰：'欲拔贫，诣徐闻'。"宋代另外两部著名的地理总志，王象之的《舆地纪胜》卷一一八雷州"风俗形势"条和乐史的《太平寰宇记》卷一六九雷州"土产"条，也有与《元和郡县图志》全部或部分相同的内容。

为便于监督各郡官吏，元封五年（前106），汉武帝设立十三个常驻监察机构，称为"十三州刺史部"。每州部设刺史一人，郡监一职撤销。刺史巡视所部郡（国）县，"省察治状，黜陟能否，断治冤狱，以六条问事"。[1]其中设在苍梧郡广信县的交趾部，专门负责纠核岭南九郡。《汉书·地理志》记载，合浦郡下辖徐闻、合浦、高凉、临允、朱卢五个县[2]，大致辖今广东新兴、开平市以西，广西容县、横县以南及防城港市以东地区。汉代徐闻县，包含了今雷州市、徐闻县、遂溪县及霞山区、赤坎区、麻章区（除硇洲岛外）等地；吴川市、坡头区、硇洲岛属高凉县；廉江市属合浦县。

东汉光武帝建武十六年（40），交趾郡征侧、征贰聚众起事，攻陷其所在郡后，南据九真、日南，北占合浦等"岭外六十余城"，并自立为王。建武十八年（42）夏，光武帝遣伏波将军马援，以扶乐侯刘隆为副，督楼船将

---

① 〔汉〕班固：《汉书》卷十九《百官公卿表》，中华书局2000年版，第652页。

② 〔汉〕班固：《汉书》卷二十八《地理志下》，中华书局2000年版，第1303页。

军段志等，带领两万军队和两千艘车船南下讨伐交趾。[①] 马援收复诸郡后，合浦郡治所迁往合浦县（今广西南部），保留徐闻县的县治在雷州半岛。东汉末年，交趾部改为交州，雷州半岛属交州合浦郡徐闻县。此时的州，已由监察机构转变为位于郡之上的一级行政区，地方行政制度从郡县二级变为州、郡、县三级。不同的州所辖地域，大小不一。东汉末年，一州可能相当于今天的一省或多省。州的长官一般称刺史，个别地区、个别时段称州牧。东汉末年以来，中央失去对地方的控制能力，刺史逐渐掌握行政权与军权。魏晋南北朝时期，战乱频仍，握有军政大权的刺史俨然一方诸侯。

汉代徐闻县治所在地，说法不一。按明嘉靖四十年（1561）黄佐主纂的《广东通志》，县治在今雷州城。按明万历《雷州府志》、清宣统《徐闻县志》，县治在徐闻讨网村。

第二节　两汉伏波将军南征

两汉时期，在湛江地区建立功勋的伏波将军有两位：一位是汉武帝时平定南越的路博德；另一位是光武帝时南征交趾的马援。两伏波将军南征，维护了岭南地区的稳定和统一，推动了中原先进生产方式在岭南进一步形成，有利于湛江地区的开发和建设。时至今日，湛江还有伏波祠、伏波庙。

一、西汉伏波将军路博德平定南越

路博德，西汉西河平州（今山西离石）人。汉武帝元狩四年（前119）随骠骑将军霍去病出征匈奴有功，封邳离侯。元鼎五年（前112）南越反叛，路博德被任为伏波将军，与楼船将军杨仆率兵平定南越。路博德后因犯法被贬官，改任强弩都尉。天汉二年（前99），奉命接应由居延出击匈奴的李陵军，不久去世。

元鼎五年（前112），南越国丞相吕嘉因反对南越内属于汉而公开叛乱。汉武帝调集十万楼船将士，分五路平叛。其中主力两路，一路是伏波将军路

---

① 〔南朝宋〕范晔：《后汉书》卷二十四《马援列传》，中华书局 2000 年版，第 560 页。

博德部"出桂阳,下湟水";一路是楼船将军杨仆部"出豫章,下浈水"。

汉军到达南越后,吕嘉凭借南越国的天险与其周旋,战斗十分激烈。元鼎六年（前111）秋,楼船将军杨仆率精兵攻破番禺（今广州）城北30里的石门,并据石门等待路博德到来。两军会师后,马不停蹄奔赴番禺。杨仆率军由东南面攻城,路博德则从西北面夹击。番禺城经多年修筑,十分坚固,汉军围城多日无法攻破。入夜时分,杨仆用火攻城,路博德则在西北面的兵营中大开营门,派人招纳南越降者,赐予印绶,并让降者进城去招降。南越军中久闻伏波将军路博德的威名,纷纷投其帐下。赵建德和吕嘉被擒,南越国的附属郡县纷纷归降汉朝。

平定南越后,汉武帝把南越国原来的地域划分为南海、苍梧、郁林、合浦、交趾、九真、日南七郡。七郡设定后,汉武帝又派路博德、杨仆南下海南岛。往海南岛,雷州半岛是必经之地。路经雷州半岛时,路博德驻水师于遂溪武乐水,驻步骑先锋于雷州将军驿。

武乐水,发源于遂溪县螺岗岭,原名未详,在路博德驻兵后改名"武乐水"流传至今。道光《遂溪县志》记载:"武乐水,自螺冈发源,南流转东入海,即库竹渡水也。汉时伏波将军路博德驻师于北岸,水声潮涌,与军中箛鼓之声音相答,因名'武乐'。"①《大清一统志·雷州府》记载:"城月水,源亦出螺冈,东流合武乐水,由库竹港入海。"②路博德率军来到雷州半岛,受到半岛上居民热烈欢迎,居民送牛、送酒犒劳汉军。汉军驻扎在武乐水北岸,其时军民同乐,载歌载舞,欢庆胜利,箛鼓之声与潺潺流水互为唱和。后人因此美其名曰"武乐水",流传至今。

将军驿,位于雷州市南部大牛岭西麓。汉军渡过武乐水后,南下途中于此安营扎寨。伏波将军南下平乱的浩荡阵势与赫赫军威给当地人民留下了难忘的印象。经世代传颂,后人于此建官舍驿站,名"将军驿"。雷州民间今有"雨落将军驿,输羊觅村谷种"的俗语。将军驿建成后,南来北往的官员

---

① 〔清〕喻炳荣、朱德华修,蔡平点校:《遂溪县志（清道光二十八年续修）点校本》,方志出版社2017年版,第338页。

② 〔清〕穆彰阿、潘锡恩:《大清一统志》卷三百四十九,上海古籍出版社2008年版。《大清一统志》是清朝官修地理总志,始修于嘉庆十六年（1811）,成于道光二十二年（1842）,又名《嘉庆重修一统志》。

于此住宿，方圆数里的雷州百姓于此集居，逐渐形成集市，叫"将军圩"。将军驿是雷州最早的驿站，是伏波将军路博德南下平乱时在雷州留下的历史遗迹。明成化年间，将军驿并入英利驿。

数日后，汉军来到雷州半岛南部今徐闻二桥、南湾村一带，在此补充给养，修补破损船具。路博德向当地居民打听海南岛上骆越人的情况，了解琼州海峡潮汛。休整后不久，汉军启航横渡琼州海峡。汉军抵达对岸的今海南岛铺前镇北部海滩时，路博德下令将部分渡海船只烧毁。原烧船地点附近有一座山，后人称为"焚艚山"。《旧唐书·地理志》记载："汉武帝元封元年，遣使自徐闻南入海，得大洲，东西南北方一千里，略以为珠崖、儋耳二郡。"宋代王象之《舆地纪胜》引刘谊《平黎记》说："汉武帝发兵，南来到雷州海岸，造艚船，渡兵过海，上岸。黎人并不出降，亦无兵粮。李将军于琼州海岸，焚舟而回。今号为焚艚。"

海南岛平复，汉军会师儋耳。汉武帝在海南岛建置儋耳、珠崖二郡，路博德安抚骆越居民，杨仆在儋耳修筑郡城，加强治理，当地居民无不驯服。

二、东汉伏波将军马援南征交趾

在西汉伏波将军路博德平定岭南一百多年后，另一位伏波将军——东汉伏波将军马援，也曾到过将军驿。

马援，字文渊，扶风茂陵（今陕西兴平东北）人。出身官宦世家，为战国时赵国名将赵奢之后。

东汉光武帝年间，交趾郡民众不满当地官吏为政苛刻，群起反抗。《后汉书·马援列传》记载，东汉建武十六年（40）春，交趾郡麊泠县（今越南永福）征侧、征贰两姐妹率兵叛乱，攻占交趾郡城，岭南九真、日南、合浦等郡民纷纷响应，很快就占领岭南65座城池，征侧自立为王。东汉建武十八年（42）夏，光武帝下诏遣伏波将军马援南下平乱。《后汉书·马援传》记载："于是玺书拜援伏波将军，以扶乐侯刘隆为副，督楼船将军段志等南击交趾。军至合浦，而志病卒，诏援并将其兵。遂缘海而进，随山刊道千余里。十八年春，军至浪泊上，与贼战，破之，斩首数千级，降者万余人……援将楼船大小二千余艘，战士二万余人，进击九真贼征侧余党都羊等，自无功至居风，斩获五千余人，峤岭悉平。"① 清嘉庆《雷州府志》记载："东汉建武十六年春，交趾女子征侧、征贰反"，"十七年冬，以马援为伏波将军讨交趾。十八年春三月，马援击征侧、征贰于浪泊，大破之。十九年夏，马援斩征侧、征贰，交趾平。是时，援略地至雷州"。② 据此，马援是在平息叛乱时经过雷州半岛的。

有研究者认为，雷州半岛地处北部湾东部海岸，是合浦郡治所在地，也是汉军楼船部队前往交趾郡的必经之地。虽然征侧、征贰的主力不在雷州，但由于"九真、日南、合浦皆应之"，因此必须先收复作为郡治所在地的雷州半岛，然后以此作为进攻交趾郡的战略后方。因此，马援率船队南下，到过今雷州市。如今，雷州城内遗留有伏波祠和伏波井（又名马跑泉）。据方志记载，伏波井是马援的战马用蹄子刨出来的。

汉军来到雷州半岛后，马援安抚当地土著，为进攻交趾郡加紧准备。同时，他修筑城廓，巩固汉官地位，开渠灌溉，兴修农利，从军事上和经济上保证合浦郡政治中心雷州半岛的稳固和繁荣。经过一段时间的休整和准备，马援准备启程奔赴交趾郡，此时突然噩耗传

伏波井亭，亭阁匾额石刻"神泉胜迹"，两旁石柱刻对联"铜柱誓时年已邈，汗驹跑处迹犹新"

① 〔南朝宋〕范晔：《后汉书》卷二十四《马援列传》，中华书局 2000 年版，第 560 页。

② 〔清〕雷学海修，〔清〕陈昌齐等纂：嘉庆《雷州府志》卷三《沿革》，岭南美术出版社 2009 年版，第 123 页。

来——"军至合浦,而志病卒"。光武帝下令马援"并将其兵",整合段志所率领的楼船部队。马援处理完段志的后事,便匆匆赶往雷州半岛西海岸的马留,指挥楼船部队北上。马援给侄子马严、马敦写了一封家书《诫兄子严、敦书》。据叶幼明《历代书信选》所注,这封信是"汉光武建武十八年(42),马援南征在前线时写"的,也就是南征交趾时所写的。清初屈大均在参观雷州伏波祠后所写《伏波祠》一诗中有"马流遗子姓,交趾奉旌旗"句,说明马援南征的"前线"可能是在"马留"村。马留村在雷州半岛西海岸,毗邻英利镇田头圩,"马留"意为"马援停留过的地方"。其后,马援率楼船部队从马留出发,沿雷州半岛西海岸北上,至今遂溪县乐民,然后西经今廉江安铺、广西北海、合浦前往交趾郡。

马援在浪泊(今越南河内)大战二征,斩首数千级,降者万余人。建武十九年(43),征侧等退至禁溪,最终为马援所杀。马援率军追击二征余党,交趾九真地区的叛乱基本被平定。

马援平定叛乱后,把二征占据的城池一一收复。所到之处,恢复郡县统治,申明汉律,建设城郭,兴修水利,安定民生。清嘉庆《雷州府志》记载,"东汉建武中,伏波将军马援筑徐闻城"。现雷州城内遗留有伏波祠和伏波井,旁有碑亭楹联:"铜柱誓时年已邈,汗驹跑处迹犹新。"后人为纪念伏波将军,在马跑泉旁建了伏波祠。关于雷城伏波祠的修建年代,方志不详,只说古已有之。据清嘉庆《海康县志》记载,宋神宗元丰五年(1082),马援已有"忠显王"之封,则北宋之时祠已存在。徽宗宣和二年(1120)加封"忠显右顺王",其诰文有"峤南万里,遗爱犹存;庙食千年,英风尚凛"[1]的说法。由此推敲年份,伏波祠应在东汉之时就开始修建。

三、两伏波的历史影响

汉两伏波将军南征,对岭南乃至湛江地区历史进程产生了深远的影响。千百年来,两位伏波将军的英雄事迹和爱国精神在岭南沿海地区广为传颂,伏波庙遍布沿海一带。广东、广西等地人民为伏波将军立庙塑像,拜为"伏波神",伏波庙常年香火旺盛。

---

[1] 〔清〕谢启昆修,〔清〕胡虔纂:《广西通志》(点校本),广西人民出版社1988年版,第4053页。

路博德平南越后，始置徐闻县，且以之为合浦郡治，第一次把湛江地区划入县级行政区域，开了在湛江地区置县的先河，也第一次让湛江地区成为周边地区的政治中心。马援平息交趾叛乱，为防再出现"九真、日南、合浦蛮夷皆应"的局面，把合浦郡治移去合浦县方便监督，保留徐闻县治在雷州半岛。

从促进岭南与中原地区的沟通来看，两位伏波将军都留下深久而长远的影响。路博德打通五岭南北，便利交通往来与文化交融。而马援"所过辄为郡县治城郭，穿渠灌溉，以利其民。条奏越律与汉律驳者十余事，与越人申明旧制以约束之。自后骆越奉行马将军故事"，[1] 大大推动了当地的治理及发展。岭南自古族群繁多，互不统属。《汉书·地理志》中"百粤杂处，各有种姓"，正是这种情况的反映。汉武帝欲兴兵伐闽越时，淮南王刘安上书，提到："越，方外之地，剪发文身之民也……自汉初定以来七十二年，吴越人相攻击者不可胜数。"[2] 闽越是古越人的一支，秦汉时分布在今福建省境和浙南、赣东北部分地区及福建沿海岛屿。闽越情形，与岭南地

雷州伏波祠局部

---

① 〔南朝宋〕范晔：《后汉书》卷二十四《马援列传》，中华书局 2000 年版，第 561 页。

② 〔汉〕班固：《汉书》卷六十四上《严助传》，中华书局 2000 年版，第 2098 页。

区大致类似。汉初，赵佗虽立国为王，但他不施中原法度，只因袭岭南蛮俗。他为巩固自己的统治并未积极推行郡县制，而采取"因俗而治""和辑百粤"的政治策略，依靠岭南的土著望族吕嘉为相。吕嘉把持南越国政权长达数十年，令岭南地区长期处于落后状态。路博德平南越后，汉置九郡，但这不过是在秦朝三郡的基础上增搭架子，岭南地区的政治、经济情况并无太大变化。直到马援推动古代岭南地区实行郡县制，才真正让封建制生产方式进入岭南。

南征之前，交趾郡太守锡光、九真郡太守任延移风易俗，推广农耕，取得民族融合的显著效果，"知耕以来，六百余年火耨耕艺，法与华同"[1]。平定二征，马援沿袭了锡光、任延两位太守的方针。生产力的提高、社会生产方式的变化，对更大范围内的社会合作提出新要求，例如修建水利、道路、城池等，这不是一两个村落或几个部落能完成得了的，往往要集一县或数县的力量才能完成。这就体现出郡县制的优越性。马援在岭南推进郡县制，进一步推动了南北交流，对改变岭南先民生活条件和文化风俗起到了关键作用，促进了古代岭南各民族的团结。

时至今日，伏波祠、伏波庙遍布我国岭南沿海各地，其所传播的爱国精神、守土意识，成为促进湛江地区人民爱国、团结的精神力量。

湛江地区百姓供奉伏波将军，除缅怀其平息叛乱、维护统一的丰功伟绩外，也跟他们的封号有关。伏波，即"伏波平息"之意，与渔民渴望的"海不扬波"心理需求吻合。

第三节　中原汉人南迁

秦汉时期，中原汉人多次南迁，湛江地区人口有了较大幅度的增长。中原汉人在与湛江地区百越人交往杂处过程中，潜移默化地推动了中原文化与骆越文化、荆楚文化融合。

---

① 〔北魏〕郦道元著，陈桥驿校证：《水经注校证》，中华书局 2013 年版，第 803 页。

一、秦朝徙民戍边

秦始皇平南越时，岭南地区，尤其是南方边陲的雷州半岛地旷人稀，所以秦朝把岭南作为强制移民的一个目的地。《史记·南越列传》记载："秦时已并天下，略定杨越，置桂林、南海、象郡，以谪徙民，与越杂处十三岁。"①

秦朝派军徙民戍边，一是为了补充兵源，一是为了削弱六国反秦势力。被强制南迁的中原人主要包括：第一批是在秦始皇三十三年（前214），把曾经逃亡过的罪犯、上门女婿、商人发配到岭南地区，据记载有五十万之众，其中最多的是商人。第二批是在秦始皇三十四年（前213），贬斥那些不能公正听讼断狱的官吏，让他们去戍守南越。此外，赵佗曾"求女无夫家者三万人，以为士卒衣补，秦皇帝可其万五千人"②。这批女子同留戍岭南的秦军官兵结合成一个个小家庭，为中原文明扎根岭南作出了积极的贡献。

这是中国历史上中原人的第一次大规模南迁，他们来到岭南后，"与百越杂处"，其中有部分进入湛江地区。大量移民的涌入，带来了充足的劳动力，也带来了先进的生产方式和文化，无疑有助于岭南地区与中原的经济文化交流，对促进岭南的开发起到了积极作用。

二、两汉时期的移民

汉元鼎六年（前111），伏波将军路博德平南越，自此又有大批中原人迁入湛江地区。他们南迁的情况分几种。一是汉武帝通过"移民实边"，让上门女婿、商人、地方豪强等进入岭南地区。这些移民具备一定的技术和文化，客观上为先进生产方式和文明在岭南传播作了贡献。二是汉军留戍落籍。例如东汉初年青州人黄万定随马援南征，留家合浦。今雷州市英利镇马留村，因马援南征时官兵落籍而得名。三是贵族、官僚的流放。岭南地区远离中原，人烟稀少，经济、文化落后，不少地区瘴疠丛生，成为朝廷首先考虑流放政敌和罪犯的场所。史载最早被贬徙岭南者，为西汉成帝（前32—前

---

① 〔汉〕司马迁：《史记》卷一百一十三《南越列传》，中华书局2000年版，第2265页。

② 〔汉〕司马迁：《史记》卷一百一十八《淮南衡山列传》，中华书局2000年版，第2348页。

7）时京兆尹王章的妻子、女儿。① 西汉末年至东汉前期，贬徙岭南者密集出现，且都是"徙合浦"。这些被贬的人中有不少被安置到雷州半岛。四是中原居民主动南迁。这主要发生在西汉末年、东汉之初。当时中原地区长期混战，土地荒芜，民不聊生。为躲避战乱，大量中原人南迁。当时的徐闻县、合浦县盛产珍珠，加之徐闻港是古代海上丝绸之路始发港，是对外贸易和文化交往的门户，附近一带十分繁华，故有谚云"欲拔贫，诣徐闻"②。就移民的规模来看，这个时期的移民比汉武帝时要多，不少中原人流入雷州半岛安家立业。北宋末期，苏轼路过雷州时，撰《伏波将军庙碑》，中有："自汉末至五代，中原避乱之人，多家于此。"③

两汉时期，因为移民的到来，湛江地区人口有了较大幅度的增长。根据《汉书·地理志》和《后汉书·郡国志》中对两汉时期岭南诸郡户口统计，东汉时期岭南地区各郡的户口数均有较大的增长。其中，交趾郡增长最为显著，达到707%；其次是苍梧郡，增长502%；其余各郡也都有200%—400%不等的增长。这反映出东汉时期中原民众南迁规模庞大，这一时期是南迁的集中期。

三、汉合浦郡徐闻县循吏

（一）徐闻令陈褒

自汉武帝元鼎六年（前111）置徐闻县，至220年东汉灭亡，历时331年。因为史料缺失，关于徐闻县令的介绍寥寥无几。根据考古发现和史书记载，陈褒和士䖏是目前所知可以确定的两位徐闻令。

1990年6月，广西合浦黄泥岗发现了一个叫陈褒的徐闻令的墓葬。汉墓出土徐闻令印（滑石印章，高2厘米，边宽2.3厘米）和龟形纽陈褒铜印。此墓随葬品保存完好，计有铜器、陶器、玉石器。铜器包括剑、镜、灯、壶、碗、釜、蒸酒器和明器仓、灶、井等；陶器有罐、壶、罍和陶屋；玉器有出廓璧、母子带钩、蝉形玲、蟠螭纹珮；还有玻璃杯、琉璃串珠、水晶串

① 〔汉〕班固：《汉书》卷七十六《王章传》，中华书局2000年版，第2418页。
② 〔唐〕李吉甫撰，贺次君点校：《元和郡县图志》，中华书局1983年版，第1087页。
③ 〔宋〕苏轼著，张志烈、马德富、周裕锴主编：《苏轼全集校注（文集三）》，河北人民出版社2010年版，第1852页。

珠、玛瑙串珠、琥珀串饰、金花球串饰、金带钩、"货泉"铜钱等。经鉴定，这些器物年代在东汉早期。可证该墓为东汉墓，墓主为东汉早期人。

该墓出土两颗印章，一颗为滑石质、瓦纽冥印，高2厘米，边宽2.3厘米，阴文反刻"徐闻令印"四字。另一颗为铜质、龟纽私印，阴文篆书"陈褒"。可证墓主生前曾任徐闻县令，名字叫陈褒。秦统一六国后，在全国推行郡县制，万户以上的县设令，秩千石至六百石。汉承秦制，边地县不满万户亦称令。据《汉书·地理志》载，西汉时合浦郡的人口有"户万五千三百九十八，口七万八千九百八十"[1]，平均每县3078户、15796人。东汉建武十九年（43），合浦郡有"户二万三千一百二十一，口八万六千六百一十七"[2]，平均每县4624户、17323人。分别比西汉时期增加了1546户，1527人。陈褒墓随葬的物品十分奢侈豪华，结合其他史料，可知他生前管辖的地区相当富裕，海上交通商贸繁荣。陈褒身为徐闻令，却葬于合浦，很有可能他是合浦人，任满后叶落归根，归葬合浦。[3]

（二）合浦太守孟尝

孟尝，东汉会稽上虞（今属浙江）人，字伯周。孟尝的仕途起步于郡户曹史。户曹为地方官府下属机构，掌民户、祠祀、农桑等事务，以掾为长官、史为副手。其时，上虞县有个寡妇，赡养婆婆极为孝顺，左邻右舍视为孝女。寡妇的小姑心肠歹毒，竟在婆婆寿终正寝后诬陷寡妇毒死了她的母亲。地方官未加详察，给寡妇结案定了死罪。孟尝知道寡妇冤枉，将详情报告太守，但太守不当一回事，没去审理。孟尝在郡府门外哀哭诉讼，也没人理睬，寡妇最终含冤而死。孟尝不满地方官昏聩，便借口有病，辞去了公务。新太守殷丹到任，孟尝向他陈述寡妇被冤枉污蔑的事因，并结合以往东海孝妇遭冤致使当地大旱的案例，建议太守杀掉诬告者，以此来向亡者谢罪。

殷丹立刻重审寡妇案，确定为冤案后即刑戮诬告者，并祭扫寡妇的坟

---

① 〔汉〕班固：《汉书》卷二十八《地理志下》，中华书局2000年版，第1303页。

② 〔南朝宋〕范晔：《后汉书》卷三十三《郡国志》，中华书局2000年版，第1000页。

③ 蒋廷瑜、王伟昭：《黄泥岗1号墓和"徐闻令印"考》，《海上丝绸之路研究：中国·北海合浦海上丝绸之路始发港理论研讨会论文集》，科学出版社2006年版，第214—217页。

墓。这让孟尝的名声大增。不久，孟尝举茂才①，任徐县（今属江苏）令。后迁合浦太守。合浦郡盛产珍珠，民以采珠为业。因官吏贪赃，采求无度，珠渐竭尽，民食艰难。孟尝就任后革除旧弊，珍珠生产得以恢复，商货流通，百姓得其利。后以病去官，吏民攀车留之，乃乘民船夜遁。隐处穷泽，以耕佣为生。

汉桓帝时（146—167），孟尝的同乡杨乔八次向皇帝推荐孟尝，其书曰：

> 臣前后七表言故合浦太守孟尝，而身轻言微，终不蒙察。区区破心，徒然而已。尝安仁弘义，耽乐道德，清行出俗，能干绝群。前更守宰，移风改政，去珠复还，饥民蒙活。且南海多珍，财产易积，掌握之内，价盈兼金，而尝单身谢病，躬耕垄次，匿景藏采，不扬华藻。实羽翮之美用，非徒腹背之毛也。而沉沦草莽，好爵莫及，廊庙之宝，弃于沟渠。且年岁有讫，桑榆行尽，而忠贞之节，永谢圣时。臣诚伤心，私用流涕。夫物以远至为珍，士以稀见为贵。槃木朽株，为万乘用者，左右为之容耳。王者取士，宜拔众之所贵。臣以斗筲之姿，趋走日月之侧。思立微节，不敢苟私乡曲。窃感禽息，亡身进贤。

杨乔极力向桓帝推荐孟尝治政才华和为政爱民的高尚道德，赞扬孟尝安于仁爱，弘扬道义，行为高洁脱俗，是位出类拔萃的人才。但孟尝终未被朝廷起用。王勃《滕王阁序》中"孟尝高洁，空怀报国之心"即指此。孟尝辞官后，隐居村野之泽，甘于淡泊，躬耕垄亩，自食其力，不扬华藻于世。后以七十高龄，卒于家中。

（三）东汉名宦士黄

士黄是东汉末年交州合浦郡徐闻县令。清道光《广东通志》记汉朝徐闻县令："士黄，燮之弟，徐闻令。据吴书士燮传。"《三国志·士燮传》记载："燮乃表壹领合浦太守。次弟徐闻令黄，领九真太守。黄弟武，领南海太守。"

东汉末年，十常侍作乱，天下大乱，士黄偕二兄士壹、士燮等移居到偏

---

① 茂才，汉代察举重要科目。西汉称秀才，东汉避光武帝刘秀讳，改为茂才。建武十二年（36），诏三公举茂才四行各一人，司隶、州牧岁举茂才一人。

僻遥远的合浦郡徐闻县。长兄士燮举茂才，出任交趾太守。长兄任士䴰为徐闻令，二兄士壹任合浦太守。

士䴰施政有方，社会富裕稳定，人民安居乐业。士䴰威望很高，《三国志·吴书》记载："出入鸣钟磬，备具威仪，笳箫鼓吹，车骑满道，胡人夹毂焚烧香者常有数十，妻妾乘辎軿，子弟从兵骑，当时贵重，震服百蛮，尉佗不足逾也。"三国时期，士䴰升任九真太守。兄长士燮死后，孙权分割合浦以北为广州，任吕岱为刺史，合浦以南为交州，任戴良为刺史。孙权罢免士燮三儿子士徽交趾太守之职，改任安远将军领九真太守。士徽非常不满，仍以交趾太守之名，联合叔父士䴰、士壹与孙权军队抗衡。孙权派吕岱前往讨伐，遭到顽强抵抗。吕岱通过士徽兄长士匡劝说，若士徽投降，孙权将赦免他，并许诺"保无他忧"。后士徽开城投降。吕岱设鸿门宴招待士氏一族，当众宣读孙权诏书，将士徽斩首示众。孙权念士䴰和士壹功劳大，将两人贬为庶民，许重返徐闻定居。可惜几年后，士䴰"坐法"被诛杀，士氏几遭灭族之灾。

第四节　农耕经济与手工业发展

先秦时期湛江地区的农业生产仍处于"火耕水耨"的原始状态。秦汉时期，随着中原汉人的大量南迁，先进的生产工具和农业技术不断输入，湛江地区五谷种植、葛布织造、铜鼓炼铸、珍珠采集、窑炉陶艺等都有所发展。

一、农业的发展

秦汉时期，随着大批移民进入岭南地区与郡县制的确立，地区经济与文化联系日益密切，中原先进的农业生产技术与文化在岭南地区有了较为广泛的传播。岭南出现了民族大融合的局面，经济社会得到了长足的发展。中原汉人南迁，一方面为岭南地区输入了大批劳动力，另一方面将北方先进的农业知识、技术及生产方式带到了岭南地区，加速了岭南进入农业文明的进程。

徐闻县出土的汉代瓦当、陶罐、钵、豆、盆及纺轮、铜钺、铜刀、铜铺首等生产、生活用具和兵器，标志着湛江地区社会生产力的发展已伴随人口迁移和移民实边进入一个新阶段。秦汉时期，铁犁牛耕已经在中原地区的农业生产中获得了普遍的应用。其中铁器的应用是我国农业技术史上划时代的重大变革，而牛耕的应用则是农用动力的一次革命。铁器和牛耕代表着当时一种先进的生产工具和技术。中原人民移民到岭南，带来了铁犁牛耕的先进技术。在统治阶级的推广下，铁犁牛耕被迅速地应用到岭南地区的生产当中。

这一时期，作物的栽培技术也得到提高。据《汉书·地理志》记载，秦汉时岭南越族种植水稻已很普遍。个别地区出现了双季稻。岭南地区处于热带、亚热带湿润气候区，雨热充足，气候宜人，在中原移民的帮助下，精耕细作成为可能。除了稻米等粮食作物之外，当地还种植甜瓜、葫芦、生姜等经济作物。岭南地区也开始尝试种植荔枝、龙眼、柑橘、甘蔗、椰子、槟榔、香蕉等。其中荔枝和龙眼作为岭南的特色水果，经常被当作贡品送到中原地区，供皇室和达官贵人品尝。《汉书·地理志·南海郡》记载，朝廷曾在交阯郡设羞官，在南海郡设圃羞官，专掌岁贡果品。

由于岭南地区大多不生产铁制农耕工具，铁器大多来源于中原地区，这在一定程度上限制了岭南地区的农业发展。与中原地区的农耕相比，岭南地区仍处于落后地位。

二、手工业快速发展

（一）纺织业

秦汉以后，社会经济得到了长足的发展，手工业生产尤为显著。纺织业是百越的传统手工业。秦汉以前，越人就善于利用葛、贝等为原料进行纺织，纺织有着悠久的历史。秦汉时期，岭南纺织业在原来的基础上有所发展。一方面，纺织技术有新的改进，纺织品质量有所提高。另一方面，纺织原料及纺织品种类增多。杨孚《异物志》记岭南的芭蕉"叶大如筵席，其茎如芋，取镬煮之为丝，可纺绩，女工以为缔绤，今交阯葛也"。[1] 利用芭蕉茎织布是岭南百越的一大创造。原料增多，品种也就增多，主要品种有棉

---

① 〔汉〕杨孚撰，吴永章辑佚校注：《异物志辑佚校注》，广东人民出版社2010年版，第134页。

布、丝绸、绢、罗、荃、葛、绨纱、广幅布、练子布、𫄧布等①。

北方移民结合其掌握的纺织技术，利用岭南当地的特色植物资源，创造出花色多样、具有岭南特色的纺织品。其中一些纺织品以其独特的工艺及用料质感，成为向皇室进奉的贡品。东汉末年，交趾太守士燮统治交趾数十年，其弟士䵋曾任徐闻县令，士壹任合浦郡太守。交趾太守士燮向孙权进献的贡品中，就有"细葛"这种织品。《三国志·士燮传》记载："士燮每遣使诣权，致杂香细葛，辄以千数，明珠大贝、流离、翡翠、瑇瑁、犀、象之珍，奇物异果，蕉、邪、龙眼之属，无岁不至。"② 以产于岭南的特有植物为材料，经过精细的加工制成织品，质地比罗纨之类的丝织品还要柔软，细葛因而受到北方贵族的喜爱。

《汉书·地理志》记载，从中国南海输往南番诸国的商品有黄金、杂缯。"缯"是除棉织品以外的丝织物的总称。岭南地区的丝织品有葛布、苎麻等。徐闻港作为输出口岸，汉时的徐闻县及周边（即今湛江地区范围）就是这些物品的产区之一。屈大均《广东新语》记载："葛越，南方之布，以葛为之，以其产于越，故曰葛越也。"古代南越所产葛布种类繁多，质地精良，自古有"北有姑绒，南有女葛"之说。其中出于雷州之葛叫"锦囊葛"。《广东新语·货语》中有"雷葛为正葛"、"雷葛盛行天下"、"雷州贡葛"的记载。③ 考古人员在雷州企水镇潭态岭、雷州城郊石狗坡采集和出土了大量汉代陶纺轮。

雷州市出土的汉代陶纺轮（雷州市博物馆藏）

---

① 林蔚文：《古代越人的纺织业》，《民族研究》1985 年第 2 期。
② 〔晋〕陈寿：《三国志》卷四十九《士燮传》，中华书局 2000 年版，第 881 页。
③ 〔清〕屈大均：《广东新语》卷十五《货语》，中华书局 1997 年版，第 423 页。

（二）冶铜业

随着中原汉人南迁带来经济的发展，秦汉时期湛江地区的手工业，如冶铜业、矿冶业、煮盐业等，都在不同程度上获得了初步发展。铜鼓是古代南方地区创造的独具风格的瑰宝，从一个侧面反映了古代南方的经济、文化和历史。据铜鼓专家研究：在中国南方五省总共出土铜鼓1300多面，其中广西出土的铜鼓数量最多，有500多面。湛江地区也是出土铜鼓较多的地区，湛江市博物馆就收藏有15面。今廉江市石城镇飞鼠田村出土过一面北流型铜鼓，雷州市英利镇英良村、客路镇铜鼓村、杨家镇埋炉岭等地都出土过铜鼓。一些以铜鼓命名的村庄，或为古代铸造铜鼓的作坊。1989年，雷州英利镇覃典村农民在地头挖沙时挖出一面北流型铜鼓，经专家鉴定为汉至南朝时期俚族遗物。这些铜鼓制作工艺精湛，鼓面铸有四只或六只青蛙，四周绕以云雷纹，纹饰大方，雕镂精巧。这一时期的冶铜业较之前有进一步的发展。

（三）陶瓷的烧制

东汉时期，湛江地区的制陶业在原来的基础上继续发展，出现了对技术要求更高的瓷器。湛江的东汉墓中已有青黄釉陶器出土。到两晋和南北朝时期，瓷器更为精美。湛江市博物馆收藏了一件东晋的青釉连杯瓷盘、一件晋青釉瓷耳杯、一件南朝的青釉双耳陶鸡首壶。至迟在晋朝，湛江地区已掌握制造瓷器的技术。

东汉青黄釉陶簋

| 晋青釉瓷耳杯 | 晋青釉连杯瓷盘 | 南朝青釉双耳陶鸡首壶 |

瓷器由陶器发展而来，但烧制瓷器的要求更高：除了需要丰富的高岭土，还必须掌握上釉技术，并修建能够达到高温的大型瓷窑。雷州半岛东、西海岸线和南渡河中上游两岸，具有丰富的高岭土，为烧制瓷器提供了基础。湛江地区多丘陵，瓷窑依山而建通常有几十米长，高处比低处能高出10米左右，作用相当于高高的烟囱，能让体积很大的瓷窑长期保持高温。烧窑的柴火灰落到陶坯的表面时，与炙热的高岭土发生化学反应，能在高岭土陶坯的表面形成一种釉面。这种上釉方法后来被称为自然上釉法。[①] 三要素的具备，使湛江地区青瓷的烧制成为可能。青瓷器的出现，是我国陶瓷发展史上的一项重要成就，具有划时代的意义。湛江地区收藏的青瓷器，与南方其他地区的六朝青瓷类似，属于越窑系统。在形制、釉色、纹饰等方面，与广西、浙江、湖南出土的青瓷更为接近。青瓷烧制的技术，可能与移民的到来有关。

（四）舟船的制造

岭南地区雨量充沛，江河纵横，水网密布，先民通过实践，很早就创造出水上交通工具——船。汉代，徐闻成为著名的进出口港。马援用兵交趾时，"援将楼船大小二千余艘，战士二万余人"。[②] 这是一次规模很大的海上军事行动，按理湛江地区应有相当发达的造船业，建造适宜于沿海航行的大船。但是迄今尚未发现有关资料。

---

① 吴军：《文明之光》（第一册），人民邮电出版社2014年版，第180—181页。
② 〔南朝宋〕范晔：《后汉书》卷二十四《马援列传》，中华书局2000年版，第561页。

就考古所见，粤西地区发现的古船以独木舟为特色。鉴江的茂名化州段、高州段都发现过千年独木舟。2010 年 12 月，鉴江化州段"浮出"一艘独木古舟。2012 年 11 月，高州市博物馆工作人员在石仔岭荔枝圩河段河滩上挖出一艘古老的独木舟。2015 年 12 月底，吴川市黄坡镇的抽砂工人在黄坡大桥附近的鉴江出海口发现一艘独木舟。这些独木舟年代多在东汉至南朝间，距今有 1500 多年历史。吴川黄坡发现的独木舟，木质坚硬，木身巨大，长 4.25 米，宽 0.67 米，深 0.25 米，重 200 多千克。船壳较薄，船舷下部至船舱底部厚度逐渐增加。

三、采珠业

雷州半岛之西的北部湾过去被称为"珠母海"。这里出产的南珠，久负盛名。朝廷经常派出官员和太监到此采办珍珠，并设官收税。湛江地区历来有"南珠故乡"的美称，遂溪乐民珠池就是个中代表。

湛江地区在秦统一六国之前就已有珠民采珠。秦汉以来，珍珠被列为贡品，产珠区的珍珠由朝廷直接统制，政府在交通要道设关盘查，私人不得贩运。西汉刘向在《列女传·珠崖二义》中记载，珠崖令遗属奉丧过海关，误携珍珠为关吏搜出，几被处死（法令规定，藏带珍珠入关要判处死刑），后幸免。[①] 可见禁令之严。

合浦郡海出珠宝，当地沿海渔家多以采珠为生，因而被称为"珠民"。采珠的收益很高，官吏为了捞到更多的利益，不顾珠蚌的生长规律，一味地叫珠民去捕捞。珠民下海采珠时，用大绳绑住石头放下海底，珠民另用小绳拴在腰间，其中一端拴住大绳，需要浮上水面换气时，拉动大绳，船上的人知道后则转动绞车把珠民拉起水面。由于深海作业意外风险高，葬身鱼腹、绳断人亡者比比皆是。据考古发现，在雷州覃斗镇盐庭村西南一千米处发现一贝丘遗址，东西长 700 米，南北宽 300 米，面积 21 万平方米。贝壳堆积层厚达 2 米，经断定，属汉代贝丘遗址。从这一贝丘遗址可见汉代的珍珠采集量之大。

据《后汉书·循吏列传》记载，因为地方官员合浦郡守贪得无厌，极力

---

① 　张涛译注：《列女传译注》，人民出版社 2017 年版，第 232 页。

搜刮，强迫珠民无休止地采珠，致使珠民移往别处。孟尝到合浦当太守后，为官清正廉明，整饬纲纪，革除弊政，制止搜刮，后来珍珠复还。[①] 这就是流传后世、脍炙人口的"珠还合浦"的典故。这个民间故事，也从侧面反映了当时采珠之盛。

第五节　汉代海上丝绸之路与徐闻港

汉武帝平定南越后，开辟了从我国东南沿海至海外的海上丝绸之路。海上丝绸之路作为一个特定的历史概念，是古代中国与海外各地进行经济、文化交流的航海路线的总称。由于最初以丝绸贸易为主，故名。海上丝绸之路以我国东南沿海诸港口为出发点，向东到日本列岛、朝鲜半岛，往南到达南洋各国，也就是现在的东南亚，向西通过马六甲海峡到印度东、西海岸，甚至到波斯湾、红海、非洲东部的广大地区。这条海上航线，既是一条海上交通线，也是一条贸易商路，是东西方文明交流的载体。而汉代雷州半岛上的徐闻县港口，即汉代海上丝绸之路的始发港之一。

一、汉代海上丝绸之路始发港

汉代在雷州半岛置徐闻县，隶属合浦郡。西汉时开设的徐闻港，是我国古代对外贸易、中外文化交流的重要口岸。汉武帝曾派出黄门译长带领应募船员，携带黄金和丝织品，分别在雷州半岛和今合浦启航，前往东南亚各国进行外交和贸易活动。《汉书·地理志》对此有明确的记载：

> 自日南障塞、徐闻、合浦，船行可五月，有都元国。又船行可四月，有邑卢没国。又船行可二十余日，有谌离国。步行可十余日，有夫甘都卢国。自夫甘都卢国船行可二月余，有黄支国……自黄支船行可八月，到皮宗。船行可八月，到日南、象林界云。黄支之南，有已程不

---

① 〔南朝宋〕范晔：《后汉书》卷七十六《孟尝传》，中华书局 2000 年版，第 1672 页。

国，汉之译使自此还矣。①

以上所提及的都元国、邑卢没国、谌离国等地名，今天分属印度尼西亚、缅甸、印度、越南等国。由记载可知，汉代拥有日南障塞（今越南中部）、合浦（今广西合浦）、徐闻（今广东雷州半岛）三个海上丝绸之路的始发港。

（一）港址所在

湛江地区多江河、溪流，生存的需要造就了先民习于水性、善于用舟的本领。据文献记载，秦汉以前就有珠玑、犀角、象牙这些物品，或是从徐闻港等南方港口输

《汉书·地理志》对海上丝绸之路的记载

入。据《古本竹书纪年》记载，魏襄王七年（前312），越王使公师隅"献舟始罔及舟三百、箭五百万、犀角、象齿"。② 这些物品的主要产地在东南亚，大多是从海上贸易得来。湛江地区当时在楚国的势力范围之内，而硇洲岛出土的青铜剑、斧、削刀等，都证明湛江地区在政治、经济、文化上受到

①　〔汉〕班固：《汉书》卷二十八《地理志下》，中华书局2000年版，第1330页。

②　范祥雍订补：《古本竹书纪年辑校订补》，上海古籍出版社2011年版，第82页。《竹书纪年》，古代编年体史书，因原本写于竹简而得名。叙夏、商、西周、春秋时晋国和战国时魏国史事，至魏襄王二十年（前299）止。

楚国的影响。象牙等可能就是从徐闻港输入的。

徐闻港早在春秋战国时期已经形成[①]。据史籍记载,秦朝已在岭南以濒临南海的南海郡和象郡为依托,开始进行海上贸易交通活动。至汉代朝廷开始派遣官船从徐闻港、合浦港启航,航行到东南亚、印度半岛等地,徐闻港便成为"海上丝绸之路"的一个始发港。

关于徐闻港的港址所在,历来多说并存。有观点认为,港址在今徐闻县二桥、南湾、仕尾的半岛形岬角一带。也有观点认为,徐闻港即今雷州城南七里雷州港(古称港头)。还有观点认为,徐闻港并非固定某一个港口,而是泛指湛江地区港口群。根据考古及史料分析,汉时雷州半岛上已形成不少港口:雷州港、徐闻三墩港、沓磊浦、杨柑河港埠、旧州城、西厅渡、雷州大临港、雷州企水港等。

今徐闻三墩港,是由南湾、二桥、仕尾等地环绕的海湾,前有三墩为护卫,东可通粤闽,西北上合浦。汉代班固《汉书·地理志》记载:"自合浦、徐闻南入海,得大州,东西南北方千里,武帝元封元年(前110)略以为儋耳、珠厓郡。民皆服布如单被,穿中央为贯头。男子耕农,种禾稻、苎麻,女子桑蚕织绩。亡马与虎,民有五畜,山多麈麢。兵则矛、盾、刀、木弓弩、竹矢,或骨为镞,自初为郡县,吏卒中国人多侵陵之,故率数岁壹反。元帝时,遂罢弃之。"[②] 即从汉代徐闻县南部出发,可渡海至海南岛,表示这里是一个优良港湾。此地考古发掘出土了不少汉砖、汉代瓦当和几何印纹硬砂陶片,以及"臣固私印"等珍贵文物,被初步认定为汉代海上丝绸之路重要港口之一。二桥村,地处县西南海滨,前崎三墩,南临琼州海峡,北偎港头港。1990年5月,广东省考古学者在二桥村发现不少汉代遗址,有不少板瓦、筒瓦和戳印纹陶片。出土文物中有"万岁"瓦当。瓦当厚重,直径14.5厘米,中分四部分,正中为近似小篆的"万岁"二字,两边为云纹,与板瓦、筒瓦的质地、规格、风格一致,为典型的汉代遗物。2001年后,在二桥、南湾和仕尾范围内出土不少板瓦、筒瓦和石构件,多件"万岁"瓦当和卷云纹瓦当,另有生活陶器与龟纽"臣固私印"铜印。结合文献记载及地

---

① 杨少祥:《试论徐闻、合浦港的兴衰》,《海交史研究》1985年第1期。

② 〔汉〕班固撰,〔唐〕颜师古注:《汉书》卷二十八下《地理志》第八下,中华书局1962年版,第1670页。

理环境，有专家认为，这里应当是西汉时期徐闻港所在。

　　位于雷州城城南七里的夏江上的港口，当地人称为"港头"。其间有南浦津埠、夏岚埠、大埔埠、麻演埠、麻亭埠、麻沉埠、南渡埠、港头埠、夏江港埠、南亭埠、永安埠、建康埠等，出港头便是雷州半岛最大的内河——南渡河，溯港头而上接夏江、南亭溪，直抵雷州城下。民国初年尚有大轮船沿南渡河开进雷州城西的西湖。南渡河之北有通明河，素为雷州海防要塞，设有水军寨，至今尚存古炮台遗址。两河皆通雷州湾和雷州港。雷州湾东北是东海岛，东面是硇洲岛，两岛乃雷州港避风的天然屏障。从雷州湾可东通闽浙，南下琼儋，西控交趾，过琼州海峡便进入北部湾。北部湾是我国海外交通的前沿地带，是从广州、番禺前往东南亚必经之地，也是通往岭北各地

卷云纹瓦当

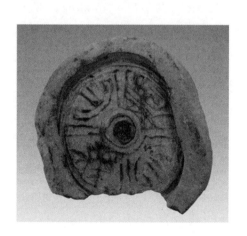

万岁瓦当

西汉"臣固私印"龟纽铜印

商路的起点。由雷州半岛溯鉴江或南流江而上，经玉林平原，入北流江、西江、缘海至番禺，皆可进入珠江流域；溯漓江而上，过灵渠，入湘江，进入长江水系。"港头"现被列入向联合国教科文组织申报海上丝绸之路世界文化遗产的60个史迹点之一，被初步认定为汉代海上丝绸之路重要港口之一。

沓磊浦，位于雷州半岛南部的徐闻县城东南10千米处，东倚楼墩岭，南临琼州海峡。港湾不远处有一小岛，名黄牛望月墩。相传其地多石，因名踏磊，开埠成商港后雅称沓磊。据1962年广东省文物考古队考察，沓磊村在汉代已形成港口，古码头遗迹、遗物尚存。

杨柑河港埠，位于遂溪杨柑镇杨柑河出海口至草潭镇一带的海滨河湾上，今遗存有大量的汉代几何印纹硬砂陶片，古港口遗址十分明显。广西海上丝绸之路调查组深入考证后，初步认定此为汉代海上丝绸之路在雷州半岛西海岸的一处重要港埠。

旧州城港埠遗址，位于雷州城北五里的附城镇榜山村至殿山村的山坡下，该地跟出土过石狗、陶纺轮的石狗坡接壤，村民称为"旧州城"。这里的农田池塘曾是海湾。在坡下的低洼地带，残留有汉代水波纹等硬砂陶片和宋代雷州窑釉下彩瓷片，其地应是瓷器堆放场，是一个古代港埠遗址。

西厅渡遗址，位于雷州杨家镇店前村北面的南渡河中游，始建年代久远。民国以前西厅渡是徐闻、乌石、北和等地进雷州城的必经之地，现南北两岸遗留有燕尾槽结构青石道200米，结构稳固，保存完好。宋元时期，西厅渡为雷州窑陶瓷出口汇聚货物的重要埠头。现被列为省级文物保护单位，也是向联合国教科文组织申报海上丝绸之路世界文化遗产的60个史迹点之一。

大临港，位于雷州调风镇大临、横山、土央、坎园等村的村前海湾，东有东海仔、东寮岛围抱，是阻隔台风直接冲击的天然良港。土央村的坡墩上遗存有大量的水波纹、米字纹、方格纹等几何印纹硬砂陶片。依地理位置而论，是汉代雷州半岛东部海滨一处重要的出海港埠。

有观点认为，汉代的徐闻港没有固定的码头，哪里方便装运货物就在哪里启航。有时在徐闻二桥一带，有时在雷州城下的港头一带，有时经北部湾沿岸返航或许就把船只停靠在雷州半岛西海岸的企水、乌石或杨柑河港埠一带的沿岸港口。廉江、遂溪一带的宋代雷州陶瓷窑址大都设在靠近北部湾海边，这里的陶瓷出口不可能用车载船运到雷州城或徐闻二桥再装船启运，而是在雷州半岛西海岸装运出口，汉代也应如此。雷州窑的窑址大都选在南渡河的中上游两岸，就是因为容易船运出口。

（二）贸易盛况

海上丝绸之路的起始时间，与陆上丝绸之路几乎是在同一时期，不晚于前2世纪。而雷州半岛上的徐闻港，是汉代海上丝绸之路的始发港之一。

据《汉书》记载，汉朝译使带去黄金、"杂缯"（各种丝织品）等，换回明珠、璧、琉璃、奇石异物等。这是我国南海海上对外贸易的最早记录，为后人探究古代雷州半岛对外贸易提供了极其珍贵的历史资料。

古代海上丝绸之路运送的主要是丝绸、瓷器、茶叶等传统的东方商品。以瓷器为例，种类繁多，如碗、盆、盘、壶、杯、坛、缸、盂、酒器、花瓶等。此外，香料、象牙、犀角、楠木、白银、铜器、铁器、硫黄、青盐、

徐闻二桥村出土的汉弦纹双耳陶罐

徐闻二桥村出土的青黄釉弦纹汉带盖陶壶

徐闻二桥村出土的汉衔环铜铺首

檀香、棉布、玳瑁、蔗糖、谷米、皮革等，也都是东西方贸易的主要商品。

中国对外贸易经过汉代以后方壮大发展，经后来各个历史时期不断扩大，商船到达西亚、南亚、非洲、红海地区，贸易交往有了世界性特征。中国是农业文明大国，除少数几种农作物如粟（小米）、水稻、黍（黄米）、高粱、大豆等是自己培育外，其他大部分农作物都是通过海陆贸易来往从国外引进的，如玉米、烟草、番薯来自美洲，西瓜、黄瓜、核桃来自西域。这也让湛江地区在农产品引种上担负起更重要的角色。

汉朝时，徐闻港商贾云集，交易繁忙。唐朝李吉甫在《元和郡县图志》中记载："汉置左右候官，在县南七里，积货物于此，备其所求，与交易有利，故谚曰：'欲拔贫，诣徐闻。'"西汉朝廷在徐闻港设有左右候官，接送来往港口官吏和客商以及海关一类机关人员，说明进出港商贾甚多，必须设置专门机构处理，同时，征收进出口税，这是重要财源。黄支国（位于今印度东南部）在西汉后期，天竺国（印度）、大秦国（罗马帝国）在东汉后期都曾派使臣到中国来。[1] 当时在徐闻港的商人更是数不胜数，有当地商人，也有朝廷商使，还有外来商贾。丝织品从四面八方汇集到徐闻港码头，由官方收购，然后再组织船队转运出口。据《汉书》记载：汉朝商使"所至国皆禀食为耦，蛮夷贾船转送致之，亦利交易"。[2] 这些船转送汉朝商使至徐闻港后，又以同船而来的香料、明珠、碧琉璃、奇石异物等，交换存放在徐闻港的杂缯、陶瓷等货物回去，港口交易十分繁忙。由于港口辐射，各行各业兴旺发达。

汉代徐闻港的繁荣，也可从出土文物中看出。徐闻汉墓主要分布于濒临北部湾弧形沿海东西长达 40 多千米的西连、大黄、迈陈、角尾、五里、海安等丘陵山岗坡地，以及向北纵深到距县城 2 千米、离海岸 6 千米左右的徐城镇、城北乡等近 10 个乡镇。至今已发现汉墓群 8 个：海安红坎墓群、城南乡槟榔埚墓群、城南海港石园墓群、城南北潭墓群、大黄华丰岭墓群、五里乡港头墓群、角尾乡角尾墓群、徐城镇南坛园墓群。据不完全统计，从 1962 年至 2002 年，徐闻发现了 350—400 座汉墓，先后清理发掘 150 多座，

---

① 蒋祖缘、方志钦主编：《简明广东史》，广东人民出版社 1993 年版，第 83 页。
② 〔汉〕班固：《汉书》卷二十八《地理志下》，中华书局 2000 年版，第 1330 页。

主要位于华丰岭、红坎村、槟榔垌、二桥村、港头村、南坛园和广安村等。徐闻汉墓多是小型的，随葬品也不多。较典型的如：1994年英斐村发现一座完整砖室墓，墓长4.1米，宽1.42米，出土罐3件，铜壶、铜盆、铜釜及铁剑各1件。1995年海安广安发现一座砖室墓，出土陶器5件、规矩纹铜镜1面、铜印1枚、"大泉五十"铜钱4枚。2000年徐城西门村发现一座砖室墓，长3.45米，宽1.62米，出土石珠6枚，水晶珠、玛瑙珠各1枚，铁带钩、铜项圈、铜镜、铜碗各1件，铜钱5枚，陶纺轮4个。据分析，墓主当为女性，珠饰全为舶来品。2001年，五里乡二桥村那涧堰发现一座汉墓，墓室长4.63米，宽1.6米，深0.8米处起券（拱），通高1.7米。墓底铺砖，两端有封门。此墓出土有两对相当精致的铜铺首衔环，五铢钱8枚，陶提桶、陶盆各1件和陶壶盖4个，还有陶灶、陶屋等。墓砖多印有几何花纹，墓主应有一定的社会地位。华丰岭、槟榔垌、红坎村三处汉墓群发掘的80多座汉墓出土的600多件随葬品中，有各种珠饰308颗，种类有琥珀、玛瑙、水晶、紫晶、琉璃、银珠、古玉、玉石、青金石、檀香珠等。其中，琥珀、玛瑙、琉璃、青金石、檀香珠等属舶来品。

徐闻县西门公坡汉墓出土珠饰

二、海上丝绸之路对湛江的影响及意义

汉代海上丝绸之路的开通具有十分重要的意义。在经济上，它是从我国东南沿海，经中南半岛和南海诸国，然后穿过印度洋，进入红海，最终抵达东非和欧洲的交易之路。这一条海上丝绸之路，成为古代中外贸易往来的连接纽带。在文化影响方面，海上丝绸之路传播了我国民族工艺以及儒道思想。文化在碰撞中升华、文明在交流中进步，海上丝绸之路在传播中华民族文化的过程中，推动了世界的进步和发展。湛江居民历代有到海外经商贸易的传统，通过徐闻港这个平台，沿着海上丝绸之路，将不少湛江特色文化传播到世界各地。

海上丝绸之路日渐繁荣，佛教或于汉代时就已传入湛江地区。《汉书·地理志》记载，"自日南障塞、徐闻、合浦航行"可到达"黄支之南"。据梁启超分析，黄支即玄奘《大唐西域记》中的建志补罗（位于印度东南部），佛教传入中国南方是以汉代海上丝绸之路始发港徐闻、合浦为中继站。[①] 在这一背景下，虽然缺乏汉代湛江地区上佛教传播的文献记录，但汉代海上丝绸之路的畅通，无疑为佛教传入雷州半岛制造了有利契机。

在岭南沿海地区考古发现一些造型奇特的陶俑僧，高鼻深目，颧骨突出，络腮胡子，裸或半裸，踞坐踞地，头上托钵或以手举钵，一看便知是南亚或西亚人。在广西贵港、梧州、合浦等地也出土过这类造型的胡俑，中外学者大多认为这是随海舶东来的行僧留下的凭证。在早期佛教传播过程中，尚未有经卷、佛像等法物，也未建佛塔、佛寺等建筑物，这些胡僧应是最早浮海入岭南的佛教徒，且时间上与由徐闻、合浦港出发的汉代海上丝绸之路吻合。

海上丝绸之路对维护南疆的繁荣稳定，起到至关重要的战略作用。湛江地区的海上贸易、渔业捕捞等行业发展，也带动了制船工业、编织手工业、织造业等上下游产业发展。湛江地区居民生活条件有所改善，更不愿意战乱发生，自发形成戍边卫国的意识。

海上丝绸之路的开通，对开发海南岛起着十分重要的作用。汉代在海南岛设置儋耳、珠崖二郡，将海南岛划入国家行政版图，得益于湛江居民摸清琼州海峡潮汐规律，夯实港口出海、渔船渡海等基础条件。且由于贸易、捕鱼等原因长期往返于雷琼之间，两地居民交往频繁，也为海南岛发展带去了内陆文化和先进的生产方式。

海上丝绸之路对后世湛江地区的海上交通、海外贸易产生的影响巨大而深远，尤其对雷州陶瓷的外销及陶瓷业的发展起到了重要的作用。雷州是我国古代岭南地区陶瓷的主要产地之一，雷州窑与潮州窑、广州西村窑并称宋代广东三大窑系。雷州陶瓷业形成于唐代，宋元时期发展至顶峰。

---

① 梁启超撰，陈士强导读：《佛学研究十八篇》，上海古籍出版社2019年版，第34页。

第四章　三国至隋朝时期的湛江地区

从东汉末年的天下三分，经两晋南北朝，直至隋朝复归一统，在这将近400年的历史时期内，中国社会频繁经历割据与统一、冲突与融合、战乱凋敝与休养生息。地处中国大陆最南端的湛江地区，建置分划兴废无定，社会动荡不安。战火连天的时代背景下，汉人南迁愈发频繁。湛江地区移民增多，人口增长，受汉族的经济文化影响亦越来越深。以冼夫人为代表的冯冼家族等地方豪酋顺应历史潮流，维护国家统一，推动了汉越融合。

第一节　政区建置

从三国开始到隋朝统一全国（220—589），政权更替频繁，战乱不断。东晋以后，统治力量南移，岭南地区与政治中心的距离相对缩短，受全国政局变动的影响相对提升。魏晋南北朝是我国历史上大动荡、大分裂的时期，岭南地区也出现政局大变动的现象。反映在政区变化上，最明显的莫过于旧的郡县不断更名改属，新的州郡不断增设。《宋书·州郡志序》对此有一典型概括："名号骤易，境土屡分，或一郡一县，割成四五，四五之中，亟有离合，千回百改，巧历不算，寻校推求，未易精悉"①。

一、三国时期建置沿革

元封五年（前106），汉武帝为了加强中央集权，以岭南九郡设立交趾

---

① 〔南朝梁〕沈约：《宋书》卷三十五《州郡志》，中华书局1974年版，第1028页。

刺史部。交趾原是郡名，设刺史而不称州，迥异于其他州。这一现象直到东汉末年才得到改变。建安八年（203），"张津为刺史，士燮为交趾太守，共表立为州，乃拜津为交州牧"，交趾刺史部始称"交州"。其后，士燮上表推荐他的三个弟弟分别任合浦、九真、南海太守。士氏家族，实际上已经成为雄踞岭南一方的统治者。对此，有心将交州收入囊中的孙权也只能采取倚重士燮的羁縻政策。

建安二十五年（220），孙权分合浦郡设高凉郡，下辖高凉、平山、兴道、昌平四县。同年，汉献帝被迫禅让于曹丕，曹魏正式取代汉朝，改元黄初。黄初二年（221），交州治番禺（今广州市），领郡八：南海、苍梧、郁林、高凉、合浦、交趾、九真、日南。其中，合浦郡治合浦（今广西合浦东北），领县六：合浦、徐闻、珠崖、平山、兴道、昌平。

黄初三年（222），孙权部将陆逊在夷陵之战中击败刘备，巩固了对荆州地区的控制；随后，孙权击败曹丕大军，巩固了对江东的统治，并自立为吴王，以黄武为年号。吴黄武五年（226），士燮去世。为削弱士氏的势力，孙权将交州一分为二：分南海、苍梧、郁林、高凉四郡立广州，吕岱为刺史；以交趾、九真、日南、合浦四郡为交州，戴良为刺史。在孙权的授意下，吕岱尽诛士氏子弟，随后将广州并入交州。吴黄武七年（228），改合浦郡为珠官郡。吴赤乌五年（242），孙权用兵海南，置珠崖郡、儋耳郡。[1] 珠崖郡名义上领徐闻、朱卢、珠官三县，其实仅领有徐闻一县。[2] 孙权之子孙亮在位时，珠官郡复为合浦郡，领合浦、昌平、平山等县。吴永安七年（264），孙吴政权第二次分交州置广州：南海、苍梧、郁林、高凉、宁浦属广州；交趾、九真、日南、合浦、珠崖属交州。

几乎与第二次交广分置同时，交趾郡吏吕兴杀太守孙谞，并派人向由司马氏控制的曹魏政权求援。曹魏末代皇帝魏元帝诏封吕兴为安南将军，都督交州军事。此后，孙吴与魏（后为晋）展开长达9年的争夺交州的战争。整体来看，这段时期内孙吴对交、广两州的控制相对魏晋有其优势。

---

① 汉武帝平定南越后，曾在海南设置珠崖郡和儋耳郡。因当地土著屡屡反抗，汉朝于初元三年（前46）废弃二郡。

② 详见胡阿祥、孔祥军、徐成：《中国行政区划通史（三国两晋南朝卷）》（上册），复旦大学出版社2014年版，第583页。

从汉末到孙吴统治结束，湛江地区除廉江、吴川属高凉县，其余大部分属徐闻县。以赤乌五年为分水岭，在此之前，徐闻县隶属合浦郡（黄武七年改名珠官郡）；在此之后，徐闻县隶属珠崖郡。

二、两晋时期建置沿革

265 年，司马炎逼魏主禅位，改国号为晋，史称西晋。西晋太康元年（280），晋军大举破吴，吴末帝孙皓出降，东吴灭亡。至此，孙吴统治数十年之久的岭南诸郡尽归西晋。

西晋平吴之后，对原属吴国的州郡设置进行了调整。其中，吴赤乌五年所置珠崖郡，被并入合浦郡，属交州；高凉郡移属广州。雷州半岛属交州合浦郡徐闻县，廉江、吴川属广州高凉郡高凉县。孙吴时出任交州刺史的陶璜，在晋朝继续留任。陶璜治理岭南三十年，史称其"威恩著于殊俗"。[1]接陶璜担任交州刺史的是吾彦。吾彦"在镇二十余年，威恩宣著，南州宁靖"。南州，包括今湛江地区大部。吾彦卸任交州刺史时值西晋末年，其时中原已是烽火连天。吾彦卸任后，顾祕接任交州刺史，史称其"有文武才干"。

自陶璜"威恩著于殊俗"，到吾彦"威恩宣著"，再到顾祕"有文武才干"，西晋在对待交州刺史人选上是注重其治理才能的。他们的到来，不但推动了交州地区经济、社会发展，也加速了中原文化在交州的传播，促进了交州地区的民族融合和文明进步。

晋武帝司马炎死后，西晋陷入混乱。始于 291 年的八王之乱，绵延达十六年之久，造成生灵涂炭，终于激起少数民族起兵，导致西晋王朝覆灭。317 年，司马睿在建康称帝，建立东晋。东晋偏安一隅，历 104 年而禅于宋。东晋疆域因边地战事利害而盈缩无常，大致北疆东线以淮河为界，西线以长江为界，东及东海，南达南海，兼有交趾。东晋之交州承西晋末政区格局，雷州半岛地区属交州合浦郡徐闻县，廉江、吴川属广州高凉郡高凉县。

三、南朝时期建置沿革

从 420 年至 589 年，是中国历史上的南朝时期。南朝是指宋（420—

---

[1] 〔唐〕房玄龄：《晋书》卷五十七《陶璜传》，中华书局 1974 年版，第 1561 页。

479）、齐（479—502）、梁（502—557）、陈（557—589）四个连续更替的政权。这一时期，政权更替频繁，行政区划变动也较大。

（一）刘宋时期

420 年，刘裕自立为帝，改国号为宋，国都仍在建康（今江苏南京）。刘裕建宋，承晋末疆域，东尽于海，北抵于河，西至潼关，南及交、广二州。

刘裕即位初，废高凉县，增置宋康县。元嘉九年（432），高凉郡广化、石门县移属宋康郡。其中石门县"疑即今高州府之石城县"。元嘉十六年（439）立海昌郡，领宁化、威宁、永建、招怀、兴定五县，"当在今高州府之电白、信宜、化州、吴川、石城境内"。① 今吴川、廉江也有部分地区刘宋时期属海昌郡。元嘉二十年（443）前，高凉郡增置平定、罗州等县。罗州县即今廉江市所在。"石城县，汉合浦郡合浦县地，刘宋以后为高凉郡罗州县地"②。如阮元所言无误，今廉江（旧石城）于刘宋时与罗州县并非无缝对应，而是分为高凉郡罗州县和宋康郡石门县所属。吴川大部属平定县。③ 泰始七年（471），移广州临漳，交州合浦、宋寿三郡新置越州，治合浦（今广西合浦县东北）。自此年起，今湛江地区的雷州、遂溪、徐闻三县（市）为越州合浦郡所领。合浦郡领七县：合浦、珠官、徐闻、荡昌、晋始、朱卢、新安。其中，徐闻县、珠官县均在今湛江地区，其他县在今广西境内。④

（二）南齐时期

刘宋昇明三年（479），萧道成废宋顺帝自立，改国号为齐，史称萧齐或南齐。或许是因为齐仅存在 24 年，尚来不及对行政区划做大幅度变动，南齐政区设置相对稳定。岭南地区仍置广、交、越三州。

南齐永明中（483—493），越州合浦郡所属徐闻县，独立出来另置齐康

---

① 〔清〕阮元修，〔清〕陈昌齐等纂：道光《广东通志》卷六《郡县沿革表四》，第 138 页。

② 〔清〕阮元修，〔清〕陈昌齐等纂：道光《广东通志》卷六《郡县沿革表四》，第 96 页。

③ 〔清〕盛熙祚修，〔清〕章国禄纂：雍正《吴川县志》，海南出版社 2001 年版，第 401 页。

④ 胡阿祥、孔祥军、徐成：《中国行政区划通史（三国两晋南朝卷）》（下册），复旦大学出版社 2014 年版，第 1015—1025 页。

郡，领乐康一县（后改为齐康县）。[①]"徐闻"作为政区名始于汉武帝元鼎六年（前111）。从南齐永明中改徐闻县为越州齐康郡齐康县起，徐闻作为政区之名中断了近150年。直至唐太宗贞观二年（628）才重新出现，但彼时之徐闻县不再囊括整个雷州半岛，而是与海康县、铁耙县为雷州半岛三属而存在。

根据《旧唐书·地理志》记载，南齐已置椹川县，治所在今遂溪县乌塘镇湛川村。南齐所置椹川、铁耙二县，应在永明中析置齐康郡之后。因椹川、铁耙二县地为宋齐时徐闻县所属，徐闻县既置齐康郡，则二县地必在齐康郡内。南齐永明中置齐康郡所领县仅齐康一县，则铁耙、椹川二县之置当在此以后。

（三）南梁时期

南齐中兴二年（502），雍州刺史萧衍迫使他拥立的傀儡皇帝齐和帝萧宝融禅位于己，正式在建康称帝，改国号为梁，史称南梁。梁是州郡数量急剧增长的时期，天监中（502—519）设置有23州、350郡，到了大同年间（535—546），州增至107。州郡之滥置，使一州一郡所辖地域大幅度缩小，固然有利于加强中央对地方的控制，但也给后人的整理造成相当难度。

据胡阿祥考证，萧梁时期岭南有28州，其中高州、合州、越州、罗州涉及今湛江地区。高州于大通年间（527—529），由合浦分立。大同八年（542）前置罗州。普通四年（523），齐康县改置合州（治今雷州），太清元年（547）改为南合州。梁大通中，今遂溪地区设扇沙县，椹川县改置椹县，属南合州。

（四）陈朝时期

梁太平二年（557），陈霸先废梁称帝，是为陈武帝。陈朝仅存32年，湛江地区的建置基本上因袭前朝。

---

① 胡阿祥、孔祥军、徐成著《中国行政区划通史（三国两晋南朝卷）》（复旦大学出版社2014年版，第1074页）记"乐康治今广东清远"，这是没有依据的。且与同书第1266页记"齐康郡，治齐康（今广东徐闻县南）"相矛盾。

四、隋朝建置沿革

(一) 隋文帝时期

北周静帝大定元年 (581),外戚杨坚夺取北周政权,建立隋朝。开皇九年 (589),隋军南下平定岭南。针对南北朝时郡县数量猛增、行政成本增多的现状,隋文帝杨坚罢天下诸郡,地方行政由州郡县三级改为州县二级。平陈后,隋文帝对全国政区进行整顿,许多州郡县被合并或撤销。其中与湛江地区相关的政区变动包括:

开皇九年 (589),废平定县,立吴川县,此为吴川得名之始;改南合州为合州,置海康县,此为海康得名之始。废齐康郡 (梁陈间并徐闻县入焉),改曰隋康县,属合州。在今遂溪地区另有椹县、扇沙、铁杷三县。开皇十八年 (598),改椹县为椹川县。

海康县,隋开皇九年 (589) 置,治所在今雷州市。清嘉庆《海康县志》序:"粤东以海名县者四,而此独以康名。康者康也,言近海而迪吉康也。"按此,命名"海康"是取"海疆康宁"之意。海康县自设立以来,无论地方建置如何变化,长期为雷州半岛治所。宋代,遂溪、徐闻一度被撤销,并入海康县。此后直到1959年,海康作为县一级建置,都得到保留。1959年,以南渡河为界,北部并入雷北县,南部并入雷南县。1960年雷北县改名雷州县,雷南县改名徐闻县。1961年撤销雷州县,复置海康县。1994年改设雷州市,海康县正式成为历史名词。

吴川的县名由来有二说。其一说由于境内有吴川水 (亦名吴水) 纳三川之水而得名。清光绪《高州府志》载:"自鉴江汇罗江至南巢入吴川界名吴川水"。清道光《吴川县志》与光绪《高州府志》据王象之《舆地纪胜》记载:"以县东吴川水为名,后因不改"。雍正与道光《吴川县志》都载:"吴水,从陵罗江合三江渡,分三川,绕县南而出限门"。《广东舆图》与《方舆纪要》亦载:"限门港在 (吴川) 城南三十里,纳三川之水于海"。乾隆《吴川县志》有较详细的记载:吴川"江水则三支合在梅菉:一支 (三丫江) 从 (电白) 浮山之麓发源,一支 (鉴江) 从信宜 (鉴山) 发源,一支 (陵罗二江) 从粤西博陆 (广西博白、陆川) 发源,皆由梅菉绕县治之西,名吴水者出限门,而纳诸海。其西有三川:一则 (乌泥河) 自山圩而来会于吴水，一则博棹（即板桥河）而来会于吴水，一则自塘塈（河）历平城江而来会于吴水，而后悉归限门以出海"。可见吴川县名由于吴水（亦即吴川水）纳三川而得名，是较为可靠的。另一说，吴川之名是由"五川"的谐音得来的。意思是境内有"五川"，即五条主要河流：鉴江（西江）、梅江（东江）、板桥河、塘塈河、乌泥河。五条河流合称"五川"，谐音吴川。1994 年 5 月 28 日，吴川撤县设市，改称吴川市（县级），由湛江市代管。

铁耙县县衙遗址（今麻章湖光镇旧县村）

（二）隋炀帝时期

仁寿四年（604），隋文帝杨坚去世，太子杨广即位，是为隋炀帝。隋炀帝即位后，加大对地方行政的改革力度。在继续省并全国州县后，大业三年（607），隋炀帝效仿秦始皇，改州县制为郡县制。隋炀帝"改州为郡"不只是名称之改，还伴随着一系列加强中央集权、分散和限制地方守令职权的措施。这一时期，与湛江地区相关的变动包括：

大业二年（606），椹川、摸落、罗阿、雷川诸县（摸、罗、雷置于梁）俱被裁撤，摸落、罗阿、雷川原有地域并入海康县。翌年，合州改为合浦郡，领合浦、扇沙、海康、铁耙等县；高州改高凉郡，领高凉、茂名、石龙、吴川等县。

第二节　地方豪族及官宦名人

三国至隋朝时期，家族势力及官宦名人对岭南历史、湛江历史的推动起到了重要的作用。特别是在中原战事不断之际，士氏家族加强对岭南的控驭，让包括湛江地区在内的岭南百姓，得以免受战火祸害，社会相对稳定发展。

一、士氏家族

三国时期，岭南在偏居东南的吴国管治下，曾保持数十年的相对安定局面。在东吴插手岭南事务前，士氏家族长期控制岭南，在士燮任交趾太守后，士氏家族达到鼎盛时期。

士燮，字威彦，苍梧广信（今广西梧州）人。祖籍鲁国汶阳（今山东泰安西南），西汉末年为避王莽之乱，其先祖迁移交趾。士燮之父士赐，汉桓帝时曾为日南太守。士燮生于东汉永和二年（137），少年时游学京师洛阳，师事颍川刘子奇，学《春秋左传》。士赐去世后，士燮举茂才，先在巫县（今重庆巫山县）任县令，后出任交趾太守。士燮弟士壹任交趾督邮[①]，士䵋任徐闻令。后士燮向朝廷请求任命士壹领合浦太守，士䵋领九真太守，䵋弟武领南海太守。士燮和三个弟弟士壹、士䵋、士武实际上已经雄踞交州。

地处僻远的交趾地方势力很大，上下级之间、官民之间关系不易处置，但士燮任交趾太守时达于理政，能把握局面，二十余年间疆场无事。士燮主政交趾郡时，中原和岭南士人入境避难者达数百人。交趾一度成为岭南的文化中心。局势安定、经济发展、移民的到来，使人口激增。据《汉书·地理志》和《后汉书·地理志》，交州州治所在的苍梧郡（东汉末年移至番禺），西汉时仅有 24379 户、146160 人，至东汉时猛增至 111395 户、466975 人，人口增幅为岭南诸郡之最。湛江地区所在的合浦郡，人口增长率虽不如苍

---

① 督邮，汉代郡的重要属吏，本名督邮书掾（或督邮曹掾）。职掌督送邮书，并代表太守督察县乡，宣达教令，兼司狱讼捕亡等事。每郡分两部、四部和五部，或冠以东、西、南、北、中，每部各有一督邮。

梧、南海，但也达到50.2%。在全国户口呈负增长趋势的情况下，这样的增幅是十分惊人的。[1]

士燮本人是一位学问优博的读书人。官事之余，他研读经书，对《春秋》三传及《尚书》都有相当精微的研究，以至于陈郡名儒袁徽在给尚书令荀彧的信中对士燮赞誉有加，可见他的学问之精、名气之大。他的弟弟士壹、士䵋、士武分别任合浦、九真、南海太守，皆学有成就，兄弟四人被时人称为"四士"。三个弟弟中，士武任南海太守，不久即病死。较为出色的是士壹。士壹初为苍梧郡督邮，后被举荐至京师任职。士壹到京后，颇为司徒黄琬看重。无奈黄琬与董卓不和，董卓擅权作乱，士壹只好逃回故里，由士燮举荐出任合浦太守。士氏家族势力的显赫和他们所处的地位，保证了岭南的安定，吸引大批北方士人来依附，有力推动了岭南儒家文化的发展。

建安八年（203），交趾刺史部改为交州，张津任刺史。不久，张津被部将区景所杀。荆州牧刘表乘机派赖恭为交州刺史。在曹操挟制下的东汉政权鞭长莫及，只好借重士燮势力去维持统一。汉献帝赐士燮玺书云："交州绝域，南带江海，上恩不宣，不义壅隔，知逆贼刘表又遣赖恭窥看南土，今以燮为绥南中郎将，董督七郡，领交趾太守如故。"[2] 士燮奉诏，为了表示忠于东汉政权，派张旻奉贡进京。当时中原战乱，道路断绝，士燮能够不废贡职，令朝廷喜出望外，因此，汉献帝又下诏拜士燮为安远将军，封龙度亭侯。当时，士燮不仅威震南疆诸族，而且还与胡人往来。这些胡人"应是通过海上丝绸之路到交州贸易往来的波斯、罗马等国之人"[3]，这也说明当时岭南的局势稳定，对外贸易来往成为常态。湛江地区众多港口，发挥了重要的外贸作用。

赤壁之战后，交州刺史赖恭与苍梧太守吴巨发生摩擦，被吴巨赶回零陵，刘表的割据势力为曹操所灭，孙权乘机将势力延及交州，派步骘为交州刺史。士燮审时度势，表示服从孙权，又协助步骘剪除刘表余党吴巨。为消除孙权的疑虑，士燮不仅将儿子士廞送到吴都为质，而且对东吴政权的贡赋

①　周长山、施铁靖：《广西通史》（第二卷·秦汉魏晋南北朝卷），广西师范大学出版社2019年版，第558页。

②　〔晋〕陈寿：《三国志》卷四十九《士燮传》，中华书局2000年版，第881页。

③　陈泽泓：《广东历史名人传略》，广东人民出版社1998年版，第7页。

从不间断。《三国志》记载，士燮每次派使者拜见孙权，贡品都很多，"杂香细葛，辄以千数，明珠、大贝、流离、翡翠、瑇瑁、犀、象之珍，奇物异果，蕉、邪、龙眼之属，无岁不至"。士壹则贡献马数百匹。[①] 为了控制和利用地方势力，孙权加封士燮为左将军，任命士廞为武昌太守。在士燮做交趾太守的40余年，岭南百姓得以免除战火之祸。

吴黄武五年（226），90岁高龄的士燮病逝，他的儿子士徽领九真太守。士燮死后，孙权立即将交州一分为二，合浦郡以北为广州，交趾郡以南为交州，任命吕岱为广州刺史，戴良为交州刺史，陈时为交趾太守，以此削弱士氏家族在岭南的势力。这一举动引起了士徽等人的不满，最终吕岱接受孙权密诏，率兵杀了士徽。至此，岭南地区的统治权方为东吴孙权所真正掌握。后孙权把士壹、士䴦、士匡和士廞免为庶人，几年后找借口把士壹、士䴦杀了。士廞病死。士廞无子，妻客居，孙权诏每月给俸米，赐钱40万，算是给士氏家族亲属的优待。盛极一时的士氏家族，至此彻底衰败。

二、吕岱

吕岱（161—256），字定公，广陵海陵（今江苏如皋）人。初为郡吏，避乱南渡，受孙权赏识，遂仕于东吴。延康元年（220）任交州刺史，降伏据守在高凉的吴巨余党钱博。孙权分合浦郡置高凉郡，辖今阳江、茂名、恩平一带。

吴黄武五年（226），交趾太守士燮去世，孙权以校尉陈时代燮。吕岱上表请求将交州一分为二：海南三郡为交州，以戴良为刺史；海东四郡为广州，吕岱自为刺史。

戴良与陈时上任时，士燮的儿子士徽举兵戍海口以拒戴良等。吕岱上疏请讨士徽罪，督兵三千人晨夜浮海。吕岱进军策略很清楚，即出其不意，攻其不备。最终，吕岱大破士徽，进封番禺侯。

吕岱平定交趾郡后，又进讨九真郡，斩获以万数；同时遣从事沟通与交州接境的扶南、林邑、堂明等国。诸国遣使奉贡。孙权大喜，封吕岱为镇南将军。黄龙三年（231），以南土清定，召吕岱还屯长沙沤口。

---

① 〔晋〕陈寿：《三国志》卷四十九《士燮传》，中华书局2000年版，第882页。

三、宁氏家族

南朝至隋朝年间，除了以冼夫人为代表的冯冼家族，岭南还有一股重要的地方势力——宁氏。

早在梁武帝前，宁氏作为一个强宗大族已经活动在岭南。梁武帝时（523—543），宁逵以定州（辖今广西玉林、北流一带，治今广西贵港）刺史总督九州诸军事，南朝陈时除授安州（治今广西钦州）刺史。宁逵去世后，长子宁猛力承袭安州刺史。为了拓展地盘和扩张势力，宁猛力利用当时安州附近的山区人民尚未编户入籍的空隙，派遣胞弟宁宣，领兵进驻今合浦县东北的大廉峒，将居住在那里的峒民纳入控驭范围，并设立大廉县。陈后主后来便任命宁宣为合浦郡太守，掌管今广西的合浦、北海、浦北、玉林、北流、陆川、博白一带的军政大权，辖安州的东北部和沿海地区。据《隋书·令狐熙传》："时有宁猛力者……在陈日，已据南海。"其中所说的"南海"，实际是指今钦州湾以至北部湾北岸一带。宁猛力亲自领兵到达安州西部的上思、崇左等称为"西原蛮"的山区做开拓动员工作。与其父宁逵一样，采取民族和睦政策，说服当地的少数民族首领，听从他的领导和指挥。《新唐书·西原蛮传》记载："西原蛮，居广容之南，邕桂之西，有宁氏者相继为豪。又有黄氏居黄橙峒（今广西扶绥县境），是其隶也。"

宁猛力奋力开拓广西西南部少数民族山区的势力范围，故钦州宁氏于南朝陈末至隋初，已拥有东至陆川、西至崇左、北接南宁、南临北部湾，东西1000余里、南北500余里的广大地盘，成为左右岭南西部、南部举足轻重的一股地方势力。

隋灭陈后，宁猛力一度拒不入隋，而隋兵又因瘴毒阻碍未能进入广西南部山区，致使隋朝一时未能统一广西。《隋书·令狐熙传》记载，"时有宁猛力者，与陈后主同日生，自言貌有贵相。在陈日，已据南海，平陈后，高祖因而抚之，即拜安州刺史。然骄倨，恃其阻险，未尝参谒"。①《新唐书》记，猛力"自以为与书宝同日而生，当代为天子，乃不入朝。隋师阻瘴，不能进"。② 直至隋开皇十七年（597）二月，朝廷派遣老成持重的令狐熙担任

---

① 〔唐〕魏徵：《隋书》卷五十六《令狐熙传》，中华书局2000年版，第927页。
② 〔宋〕欧阳修：《新唐书》卷二百二十二下《南平獠》，中华书局2000年版，第4794页。

桂州总管府总管，兼督十七州诸军事。① 令狐熙一反过去那种"以兵威相胁"的强硬做法，广施恩泽，以诚取信。令狐熙亲自写信给宁猛力，诚恳地提出与他交朋友。猛力母亲有病，令狐熙派人送去药物。宁猛力大为感动，亲自到桂州总管府谒拜令狐熙，表示愿意接受隋朝约束。宁猛力归附隋朝之后，广西西南部各溪峒的少数民族首领相率归附。由于宁猛力在隋朝统一广西工作中有功，隋文帝授予他开府仪同三司、安州刺史、安州诸军事、宋寿县开国侯等荣誉和职位。

朝廷派遣令狐熙为桂州总管十七州诸军事的同时，又派遣员外散骑侍郎何稠率军平定桂州俚帅李仕光叛乱。宁猛力在谒拜令狐熙之后，要求与何稠一起入京朝见隋文帝，以表他真心诚意归附隋朝。何稠见他病重，劝他先回安州，约定在八九月间，再到京都相见。何稠班师返京后，向文帝启奏猛力意欲随同进京朝见之事。文帝听后，对何稠不带猛力同来大为不满。当年十月，猛力病卒，文帝获悉后抱怨何稠。可见，隋文帝对宁猛力十分重视。当时宁猛力不但在广西南部沿海拥有相当大的势力，而且在各溪峒少数民族中最有威信，大家都听他的话。只要宁猛力真心归附，广西南部以至西南部的政治局势就稳定。

唐高祖武德五年（622）五月，李靖度岭至桂州，遣人分头招抚。宁长真（宁猛力之子）、宁宣等立即遣使谒见，并以宁越、郁林、合浦等地归附唐朝。宁宣遣使谒见李靖之后病逝，高祖任命其儿子宁纯担任新设置的姜州刺史，掌管封山、蔡龙、东罗三县，境域包括今浦北县大部、灵山县东南部。后宁纯迁任合州刺史，掌管海康、隋康、铁耙、扇沙、石城五县，境域包括今雷州、徐闻、遂溪、廉江等地，湛江地区便被纳入宁氏势力范围。同时，高祖又任命宁氏族人宁道明为越州刺史，掌管合浦、安昌、大廉、高城、大都五县，境域包括今北海市和浦北、博白两县南部。宁长真则被任命为钦州总管府总管，唐武德七年（624）继任钦州都督府都督，统领钦州、南亭州、玉山州等三州八县，境域包括今钦州市和防城港市（浦北、上思两县除外），而合州（雷州半岛）之境全归宁氏统管。

---

① 令狐熙（540—603），隋敦煌（治今甘肃敦煌西）人，字长熙。隋初以行军长史从元帅元谐攻吐谷浑，以功进上开府。后拜沧州刺史，在职数年，户口增加，州内大治。入为鸿胪卿，兼吏部尚书，号为明干。

　　唐武德六年（623）四月，先是南州刺史庞孝泰攻占宁道明为刺史的越州，高州首领冯暄与谈殿乘机占领越州，继而进攻姜州，"合州刺史宁纯引兵救之"。几个州一起互告谋反。《新唐书·南蛮传下》载，唐武德九年（626），唐太宗派韦叔谐、李公淹"持节宣谕"，冯暄归顺唐朝，南方遂定，湛江地区随之出现安定局面。

第三节　"中国巾帼英雄第一人"冼夫人

　　冼夫人生于梁武帝时（约512），卒于隋文帝仁寿年间（约602）。据《隋书·谯国夫人传》和高州冼夫人庙唐代碑碣所记，冼夫人为高凉人[①]。冼夫人富有韬略，在冼氏母族时，即能抚控部众，压服诸越。冼夫人作为南方少数民族首领，历事梁、陈、隋三朝，明大体、识大义，在维护国家统一和推动民族团结等方面功勋卓著、泽被岭南。她以忠孝之道维护国家统一，又以仁德信义、平等互爱处理民族关系。周恩来总理赞誉冼夫人为"中国巾帼英雄第一人"。时至今日，湛江地区多见奉祀冼夫人的庙宇。

一、冯冼家族崛起

　　南朝宋元嘉十二年（436），北燕国为北魏所灭，北燕王冯弘和臣子及其家眷等投奔到高句丽，图谋反攻复国未遂。冯弘命其子冯业浮海南下，投奔南方与北魏为敌的刘宋王朝。宋文帝念冯业有功，封冯业为怀化侯、新会郡（辖今广东江门、开平、台山等地）太守，自此冯业便在岭南定居。

　　梁天监六年（507），冯业孙冯融出任罗州（领廉江、吴川等县，今廉江、吴川尽在罗州境内）刺史。冯融的儿子冯宝（507—557）任高凉太守。冯氏在粤西四世为守牧，但身为北方汉人来到俚、僚聚居的百越地区，仍感号令多不行。

　　南朝时期，岭南粤西居住着俚、僚等民族。冼夫人为南朝梁至隋朝时期岭南百越民族的首领，其家族世为岭南俚人豪酋，是岭南地区拥有巨大的政

　　[①]　南梁时的高凉，在今广东江门恩平市以西到湛江市一带。见张磊主编：《冼夫人文化与当代中国》，广东人民出版社2002年版，第178页。

治军事影响力的大家族。《隋书·谯国夫人》记载："谯国夫人者，高凉冼氏之女也。世为南越首领，跨据山洞，部落十余万家。夫人幼贤明，多筹略，在父母家，抚循部众，能行军用师，压服诸越。"冼夫人享有很高的威望，深得越人的拥戴。罗州刺史冯融"闻其志行"，于大同初年（约535）聘为其子高凉太守冯宝妻。冯冼联姻后，冯宝入赘至冼家。婚后，冼夫人"诚约本宗"服从政令，又常协助丈夫断决案件，秉公无私，从此"政令有序，人莫敢违"①。

冼夫人在梁、陈两朝屡立功勋，得到朝廷封赏。陈朝封其子冯仆为阳春太守，晋封信都侯，封冼夫人为石龙郡太夫人。隋开皇十年（590），在隋军平定岭南的过程中，冼夫人领兵协助隋军平定王仲宣的叛乱。此后，冼夫人亲自出兵，将反叛部落逐一击败，使隋朝政府的权威在岭南得以树立。冼夫人及孙冯盎助隋平定岭南有功，隋文帝封冯盎为高州刺史，追赠冯宝为广州总管、谯国公，册封冼夫人为谯国夫人。"仍开谯国夫人幕府，置长史以下官属，给印章，听发部落六州兵马，若有机急，便宜行事。"②

隋唐之交，冯盎成为冼氏家族与冯氏家族的首领，一度拥有岭南的控制权。冯盎不听人蛊惑当南越王，唐武德五年（622），冯盎归降唐朝，将自己掌控的岭南之地献给唐主。唐主析其地为高、罗、春、白、崖、儋、林、振等八州，封冯盎为高罗总管，将冯盎之子冯智戴封为春州刺史、冯智彧封为合州刺史。冯氏两代人成为高雷地区的最高军政长官，冯冼家族控制了高雷之境。

二、冼夫人的历史贡献

（一）维护民族团结和国家统一

冼夫人一生历经南梁、南陈、隋三个朝代。这一时期，我国南北朝政权长期分立，人民饱受战乱之苦，人心思治。身为俚人首领的冼夫人顺应历史潮流，多次发兵平叛，坚持民族团结，为国家的统一做出了重大的贡献。

梁武帝太清二年（548），梁将侯景叛乱，广州刺史元景仲、高州刺史李迁仕先后步其后尘。冼夫人与丈夫冯宝智袭高州城，李迁仕败走江西宁都。

---

① 〔唐〕魏徵：《隋书》卷八十《谯国夫人》，中华书局2000年版，第1209页。
② 〔唐〕魏徵：《隋书》卷八十《谯国夫人》，中华书局2000年版，第1211页。

太清三年（549）三月，冼夫人带兵追击至赣石，与西江都护、高要太守陈霸先会师，擒杀高州刺史李迁仕。归高凉后，冼夫人告诉冯宝，"陈都督大可畏，极得众心。我观此人必能平贼，宜厚资之"①。冯宝自此与陈霸先交好。在粤西俚人的帮助下，陈霸先兴师北伐，平定了给江南造成浩劫的侯景之乱。557年，陈霸先建立陈朝，改元永定，即为历史上的南陈武皇帝，是中国历代王朝中唯一崛起于广东的皇帝。南陈的建立，给南方带来20多年的短暂和平，百姓得到休养生息。

平定李迁仕之乱后，冯宝成为粤西地区的首领，但不久冯宝病死，岭南大乱。冼夫人"怀集百越，数州晏然"。陈永定二年（558），陈武帝封冼夫人九岁的儿子冯仆为阳春太守，冼夫人实际上成为粤西土著的领袖，成为陈朝在岭南的重要支柱。陈太建元年（569）十月，广州刺史欧阳纥谋反。欧阳纥企图拉拢冯仆一同反陈。冼夫人得知后说："我为忠贞，经今两代，不能惜汝辄负国家。"遂发兵拒境，率领各郡酋长迎接陈将章昭达，内外夹击粉碎了欧阳纥的分裂阴谋。陈太建二年（570）春，陈宣帝封冯仆为信都侯，加平越中郎将，转石龙（今化州）太守；册封冼夫人为中郎将、石龙郡太夫人。

589年，南陈亡，岭南人奉冼夫人为主，号为"圣母"，负责保境安民。隋文帝派江州总管韦洸安抚岭南，被陈将徐璒阻于南康。韦洸至岭下，逡巡不敢进。晋王杨广命令被俘的陈后主写信给冼夫人，"谕以国亡"，让冼夫人归顺隋朝，并以冼夫人过去献给陈后主的扶南犀杖为信物。冼夫人见杖，确知陈朝已亡，召集众首领痛哭了一场，而后归顺隋朝。冼夫人派她的孙子冯魂带兵去迎接隋军，并以自己所管辖的八个州归附隋朝。隋文帝封冯魂仪同三司，册封冼夫人为宋康郡（南朝宋立，治今广东阳江市西）夫人。

隋立朝后，改广州为番州，除倚重冼夫人坐镇岭南地区外，还派赵讷为番州总管，综辖地方政务。但赵讷贪虐害民，导致岭南诸部多有亡叛。冼夫人遣长史张融上书朝廷，揭发赵讷的罪状，使赵讷得到制裁。文帝降敕委托冼夫人招慰反叛的部落，冼夫人不顾年高，亲载诏书历十余州，宣述圣旨，

---

① 〔唐〕魏徵：《隋书》卷八十《谯国夫人》，中华书局2000年版，第1210页。

抚慰当地民众。朝廷因冼夫人揭发赵讷及安抚民众有功，赐临振县（治今海南省三亚市）汤沐邑一千五百户，封冯仆为崖州总管、平原郡公。

隋开皇十年（590）春，番禺人王仲宣举兵反隋，岭南很多首领也起兵响应。王仲宣驻军衡岭，围攻韦洸于广州，韦洸中流矢而卒。冼夫人遣其孙冯暄领兵救援广州，冯暄与王仲宣的部将、泷水（今广东罗定）豪门陈佛智关系亲密，故意按兵不动，贻误战机。冼夫人发现后大怒，将冯暄问罪下牢，改派另一孙冯盎出讨叛军。叛乱平息后，冼夫人披甲乘马，亲自护卫隋招抚专使裴矩巡抚各州，所至各州首领纷纷出迎参谒归顺，岭南遂定。当时隋文帝对大臣高颎、杨素说："韦洸将二万兵不能早度岭，朕每患其兵少"，可见冼夫人的决断对全局影响之大。此时冼夫人已近八十岁高龄，隋文帝为冼夫人的举动赞叹，特降敕书慰劳，独孤皇后也赐她首饰及宴服。其孙冯盎因协助隋军平叛有功，封为高州刺史，次孙冯暄也被赦，还封为罗州刺史。冯宝被追授为广州总管、谯国公，冼夫人则被册封为谯国夫人。①

隋开皇末年（600），罗州刺史冯暄讨逆酋李大檀，平定了叛乱。隋仁寿初年（约601—602），冯盎任宋康令，潮、成等五州僚人叛乱，冯盎亲往京城长安，请求出兵讨伐。冯盎和左仆射杨素纵论叛乱形势，得到杨素"不意蛮夷中乃生是人"的赞赏。平定叛乱后，冯盎任汉阳太守。冼夫人令岭南安全延及五世，有德于民，有益于国家统一、民族团结，至今包括湛江在内的粤西各地百姓每年皆以年例习俗来纪念她。

（二）推动民族融合

至6世纪时，岭南地区虽已推行郡县制700余年，封建制逐步得到发展，但广大俚、僚等族聚居的僻远地区，仍存在奴隶制或者保留很浓厚的奴隶制残余。广州正是当时海外贸易及"生口"买卖的一个中心，冼夫人的家乡高凉郡恰是奴隶出口海外的传统供应地。越人豪酋及地方官吏通过贩卖奴隶可获得巨富，因而对奴隶的需要量很大。奴隶的主要来源之一便是靠战争掠夺，当时在岭南地区劫掠是夺取奴隶的一种普遍和重要手段，各部落之间，互相劫掠，攻战不休。《隋书·谯国夫人》记载，冼夫人的哥哥南梁州刺史冼挺，"恃其富强，侵掠傍郡，岭表苦之"。冼挺的暴行，破坏了地方社

---

① 〔唐〕魏徵：《隋书》卷八十《谯国夫人》，中华书局2000年版，第1211页。

会内部的团结，酿成动乱。冼夫人"宿有筹略"，对她的哥哥"多所规谏"，劝冼挺放弃攻掠兼并旁郡和其他部落，使越人互相攻掠、互相残杀的局面得以平息。冼夫人搞好越人内部和睦团结的举动，和其他越人豪酋不同。这在当时政治上是进步的，也是得人心的。从梁朝末年至隋朝，在冼夫人"和辑百越"的努力下，岭南部分地区赖以安宁达百年之久。

在冼夫人之前，冯氏家族大力倡导汉族文化，劝谕民众学习汉族先进的文化，改变俚人原来落后的生活习俗。《广东通志》记，"冯融每行部所至，蛮酋焚香具乐，望双旌而拜，迎者相望，辄戒其下曰：冯都老来矣，毋为不善以婴罪戮。'都老'，俚言官长称也。自是溪峒之间，乐樵苏而不罹锋镝数十年"，"能以礼义威信镇于俗，汲引文华，士相为诗歌，蛮中化之。蕉荔之圩，弦诵日闻"。[①] 冼夫人还多次巡抚岭南各地，传播汉族文化，促使俚人社会有较大的跨越性的发展。这无疑起到了加快湛江地区民族融合的重大作用。

（三）推动经济社会发展

冼夫人在岭南地区积极传播汉族的先进生产经验，教育百越各部落"尽力农事"，协助其夫君教民耕织，传播北方先进的生产技术。在冼夫人的推动下，铁器农具、牛耕代替了落后的刀耕火种，当地人民兴修水利，烧窑制陶瓷，种植果木和香木，开展对外贸易。

冯冼家族是古代南方海上丝绸之路的先驱者，特别是冯氏吸收朝鲜"浮海"南下的航海技术，结合世为南越首领的冼氏家族的经济实力，使海上贸易如虎添翼，足迹遍及东南亚乃至中西亚。其时东南亚扶南国（今柬埔寨）的顿逊成为东西方交会的主要贸易市场，扶南国的特产也销到了粤西，其中冼夫人献给陈主的犀杖就是扶南国的产物。[②] 通过贸易，许多有经济价值的植物被引入中国南方，如沉香、黄榄、黑榄、西瓜、胡椒等，尤以沉香影响最大。经过数十年的开发，岭南地区的农业、手工业，如纺织、铸铜、陶瓷制作、造船等等都有很大的发展。当时的海南，一年养蚕八次，收稻两次，十月耕田，正月收粟。

---

① 〔明〕黄佐：嘉靖《广东通志》卷五十四《冯融传》，广东省地方史志办公室 1997 年誉印本，第 1387 页。

② 〔唐〕魏徵：《隋书》卷八十《谯国夫人》，中华书局 2000 年版，第 1209 页。

（四）以身作则教育后代

1. 办学兴教，提高俚人文化水平

冼夫人在高凉郡内开办士林学馆，吸收俚人子弟入学读书，协助冯宝开坛讲学，向俚人传授汉人的先进文化知识。俚人地区"在汉晋之时，尚沿夷习。自隋唐以后，渐袭华风。逮至我朝，休明之化，沦洽于兹，椎跣变为冠裳，侏离化而弦诵，才贤辈出，科甲蝉联，彬彬然埒于中土"。① 冼夫人对于岭南地区的文化发展有着不可磨灭的贡献，而其中尤以海南最为突出。如今在海南黎族百姓咏史民谣中尚有"冯公指令读书诗"之句，说明当年冼夫人办学兴教所产生的巨大影响力和良好效果。

2. 冯智戴吟诗未央宫

冯智戴是冯盎的长子，勇而有谋，懂得收服人心，将士都愿意追随其出生入死，众俚人首领也都乐意归于属下。《旧唐书》记载，唐武德四年（621），冯盎以南越之地归顺唐朝，后来唐高祖"授（冯）盎上柱国、高罗总管，封吴国公。寻改封越国公，拜其子智戴为春州刺史"。贞观元年（627），有人诬告冯盎反叛，太宗准备讨伐，魏徵谏乃止，派散骑常侍韦叔谐前往安抚，盎派其子智戴入京侍帝。唐皇授智戴卫尉少卿。此年改合州为东合州。唐贞观五年（631）春，唐太宗再给冯盎发敕文，要求冯盎入朝。敕文云："如能悉朕虚怀，以取富贵，即宜驰传暂至京师，……委以南方，子子孙孙，长飨福禄"。② 冯盎上京朝见。不久，罗窦诸峒僚人叛乱，唐太宗诏冯盎平定之。冯盎率部落二万为诸军先锋。时有峒僚数万屯据险要，很难攻下。冯盎持弩对左右说："尽我此箭，可知胜负。"连发七矢，而中七人。唐太宗令冯智戴还乡省亲，自后赏赐不可胜数。其时，冯盎有奴婢万余人，辖地两千里，治理得法，民心信服，社会安定。

《旧唐书》记载，"贞观八年三月甲戌，高祖宴西突厥使者于两仪殿，顾谓长孙无忌曰：'当今蛮夷率服，古未尝有。'无忌上千万岁寿。高祖大悦，以酒赐太宗。太宗又奉觞上寿，流涕而言曰：'百姓获安，四夷咸附，皆奉遵圣旨，岂臣之力！'于是太宗与文德皇后互进御膳，并上服御衣物，

---

① 〔明〕曹志遇主修，〔明〕王湛同修：万历《高州府志》卷七《风俗》，书目文献出版社1990年版，第106页。

② 陈尚君辑校：《全唐文补编》，中华书局2005年版，第16页。

一同家人常礼。是岁，阅武于城西，高祖亲自临视，劳将士而还。置酒于未央宫，三品已上咸侍。高祖命突厥颉利可汗起舞，又遣南越酋长冯智戴咏诗，既而笑曰：'胡、越一家，自古未之有也。'"

《新唐书》记载，"智戴得与盎俱去。后入朝，帝劳赐加等。授卫尉少卿。闻其善兵，指云问曰：'下有贼，今可击乎？'对曰：'云状如树，方辰在金，金利木柔，击之胜。'帝奇其对，累迁左武卫将军"。由此可以看出，唐太宗非常欣赏冯智戴的才能。冯智戴身为边陲之人，能当廷吟诗，展现了初唐岭南文化的风采，足见多年来汉越融合与冼冯家族教化俚人之功。

3. 教育后代忠心报国

《北史·谯国夫人》记载，冼夫人晚年把隋独孤皇后所赐的首饰及宴服，盛于金箧，并将梁、陈赐物各盛于一库，每年开会陈列于庭，告诫子孙："汝等宜尽赤心向天子。我事三代主，唯用一好心。今赐物俱存，此忠孝之报也，愿汝皆思念之。"隋大业十四年（618），隋朝灭亡，冯盎与其子冯智戴逃返岭南，聚集各部首领，拥兵五万，守土防乱。唐武德三年（620），冯盎率兵平番禺、新州的高法澄、冼宝彻之乱。唐武德五年（622），行军总管李靖度岭至桂州遣人分道招抚，冯盎接受了李靖的檄文，

湛江特呈岛冼太庙

率领部属降唐，唐高祖李渊析其地为高、罗、春、白、崖、儋、林、振八州，任命冯盎为上柱国、高州总管，封吴国公，后改越国公，封其子冯智戴为春州刺史。不久，又改封冯盎为耿国公。此前曾有人劝冯盎说，唐才平定了中原，还无力顾及边远地区，冯家所管辖的二十州范围已超过汉代的赵佗，应当自称南越王。冯盎说，我家在此地定居已经五代了，此地的长官都由我的家人担任，已极尽富贵，常常怕承担不起重担，使先人蒙受耻辱，怎么敢效法赵佗称王一方？冼夫人始终维护中央集权和国家统一，反对分裂割据的行为，深深影响了她的后代，方有她的孙子冯盎坚决不称王割据，并归附唐朝。

冼夫人的一生历经梁、陈、隋三朝，为国家的统一和岭南的安定，作出了卓越的贡献，其历史功绩在世界女性中都极为罕见。她目光远大，胸襟宽广，勇对逆境，无论势力多么强大也绝不自封"南越王"，也绝不会因一己的权力欲望而牺牲百姓福祉。她流传至今的名言是："我为忠贞，经今两代，不能惜汝辄负国家。""汝等宜尽赤心向天子。我事三代主，唯用一好心。"隋仁寿二年（602），冼夫人辞世，谥为"诚敬夫人"。

第四节　民族融合与对外交往

三国至隋朝时期，大量中原汉人来到湛江地区，在冼夫人诫约俚人的影响下，汉越文化大融合。这个时期湛江地区土著居民俚僚中的一部分在与汉人相处中渐渐汉化，另一部分则渡海迁居海南，与俚人一起构成海南居民主体。从考古出土的文物中发现，这一时期湛江地区的对外交往较为活跃，中外文化在此相互交融。

一、俚人迁居海南

（一）俚人的演变史

湛江地区上古为骆越聚居之地。东汉开始，"骆越"的称谓起了变化，演变为"俚""僚""乌浒蛮"。有研究者认为，"俚"当由"骆"音转而来，俚人出现的地望在骆越活动的区域内，如汉代的合浦、交趾，故有"骆的后裔是里或俚"的说法。①"僚"原指西南少数民族，至南朝，岭南地区少数民族也用此称。魏晋以后，骆越成为历史名词，"俚"取"骆"而代之。粤西沿海一带多称"俚、獠"（音黎佬）。"俚"古音同"里"，与"黎"音谐。至唐代后期，文献上开始出现以"黎"代"俚"的记录。《新唐书·杜佑传》有"朱崖黎民三世保险不宾，佑讨平之"的记载，这是唐德宗年间（780—805）的事。唐昭宗时（889—904）任广州司马的刘恂，在他所写的《岭表录异》中，也有"儋（州）、振（州）夷黎海畔采（紫贝）以为货"的记载。而普遍以"黎"代替"俚""僚"作为黎族的专用名称则是在 11 世纪（宋代）以后。宋代的文献，如乐史的《太平寰宇记》、苏轼父子谪居海南岛时所作的诗文、范成大的《桂海虞衡志》、周去非的《岭外代答》、赵汝适的《诸蕃志》等均有用"黎"的名称。"黎"这一专用族名到宋代才固定下来，一直沿用至今。② 黎人逐渐向海南岛迁徙的同时，瑶、僮则逐渐向广西、粤北、湖南等地迁徙，原来居住在湛江地区的少数民族逐渐消失，代之而来的则是以福建移民为主体的族群。

（二）雷州半岛俚人移居海南

海南岛北隔琼州海峡，与雷州半岛相望。西汉武帝元鼎六年（前 111），伏波将军路博德、楼船将军杨仆等率师平定南越之乱。元封元年（前 110），在海南岛设置珠崖郡（治今琼山）、儋耳郡（治今儋州），隶交趾刺史部，标志着中央政权对海南岛直接统治的开始。此后至南北朝 600 多年里，海南政权的建置或罢废，反复无常。梁武帝大同中（535—545），冼夫人请命于朝，在海南置崖州，州治在今海南岛西北。此举意味着中央政权对海南的关系发生变化。这是冼夫人在国家统一问题上的历史性贡献。

魏晋南北朝时期，中原地区战乱频仍，海南因远离中原，交通阻梗，成为战争的避难所。南朝梁陈至隋唐将近一个世纪的时间里，在冼夫人及其子孙的治理下，海南岛没有发生过太多的叛乱，社会稳定发展，更多商贾、士卒乃至一般民户移民海南。在冼夫人的感召下，来自海南的俚人纷纷归附在她麾下。其中最大一次是梁大同年间海南儋耳千余峒俚人前来归附。按每峒 20 户计，这就是一支二万余户、上十万人口的集群。儋耳仅海南一隅，没有

① 钟文典主编：《广西通史》（第一卷），广西人民出版社 1999 年版，第 67 页。
② 《黎族简史》编写组编写：《黎族简史》，民族出版社 2009 年版，第 5 页。

这么多人口，其中一部分是来自雷州半岛的俚人。①

隋开皇十一年（591），朝廷赐临振县（今三亚市）1500户为冼夫人汤沐邑，赠冯仆为崖州总管。冯冼家族势力扩展到海南以后，带动了湛江地区俚人向海南迁徙。自东晋以来，也有部分俚人先后向大西南迁徙。经多次俚人内徙和汉人大移民，特别是莆田大移民，湛江地区俚人的比重越来越小。由于传统文化的碰撞、日益开发改变了居住环境等原因，俚人逐渐向外地本族人较集中的地区迁徙。这些从湛江地区迁到海南岛的俚人，被称为"熟黎"，又称"化黎"。范成大在《桂海虞衡志》一文中指出，"熟黎相传其本南、恩、藤、梧、高、化（州）人，……因徙长子孙焉"②。隋炀帝时，大业三年（607）改崖州为珠崖郡，后又析岛西南地区置临振郡。海南岛共设两郡（珠崖郡、临振郡）十县，珠崖、临振两郡，由扬州司隶刺史管辖。大业初，雷地属合浦郡，后分置为徐闻郡，领海康、隋康、扇沙、铁耙四个县，共2458户，比仅有1500户的临振一县的户口略多。这是以高凉等地的俚人南迁充实海南临振郡的一个结果，客观上促进了海南的发展。

《隋书·韦洸传》记载：开皇时，"番禺夷王仲宣聚众为乱"。《隋书·何稠传》同时提到几处俚帅之事：

> 开皇末，桂州俚李光仕聚众为乱，诏稠召募讨之。师次衡岭，遣使者谕其渠帅洞主莫崇解兵降款。……象州逆帅杜条辽、罗州逆帅庞靖等相继降款。分遣建州开府梁昵讨叛夷罗寿，罗州刺史冯暄讨贼帅李大檀，并平之，传首军门。③

隋大业九年（613）八月，俚帅陈真率众三万攻陷信安郡（今广东肇庆）；九月，俚帅梁惠尚率众四万，攻陷苍梧郡。其时，长沙、越南有梅氏俚酋；海南、湛江一带俚酋则多王氏、符氏、陈氏、杨氏、李氏；湖南一带有羊氏、陈氏；贵州一带有相氏、潭氏、詹氏；安南还有区氏、梅氏等。

---

① 司徒尚纪：《海南岛历史上土地开发研究》，海南人民出版社1987年版，第83页。

② 〔宋〕范成大：《桂海虞衡志》，转见《简明广东史》，广东人民出版社1993年版，第181页。

③ 〔唐〕魏徵：《隋书》卷六十八《何稠传》，中华书局2000年版，第1073页。

二、汉越文化融合

南北朝时期，岭南越人多被称为俚人或俚僚人。吴人万震《南州异物志》中有关于俚人的描述：俚人"在广州之南，苍梧、郁林、合浦、宁浦、高凉五郡中央，地方数千里，往往别村，各有长帅，无君主"[①]。居住在粤西和南路地区的俚人，占当地人口的很大比重。《晋书·陶璜传》称，"广州南岸，周旋六千余里不宾服者乃五万余户……至于服从官役，才五千余家"；《宋书·蛮夷传》记载，"广州诸山并俚僚，种类繁炽"，到梁朝，仅粤西冼氏统领的山洞部落就达十余万家[②]。从孙吴开始，统治者不断加紧对俚区的经济掠夺和武力征剿，对接受招抚的俚人也加紧控制。一方面在俚汉杂居的地方把俚人纳入郡县编户，征收赋税，又"以孝义训诲溪洞蛮俗"。另一方面，在俚人聚居之地（包括雷州半岛）设立"左郡"、"左县"（取孔子"微管仲，吾其披发左衽矣"），同时大量敕封俚人渠帅，允许他们以县令、郡守乃至刺史的名义统治本地区，以期达到"以俚治俚"。湛江地区在齐梁间所设立的摸落、罗阿、雷川（近今雷州，具体位置待考），就是这一时期的产物。

这种"以俚治俚"的政策，有利于少数民族在保持自身生活方式和文化习俗的同时，某种程度上被纳入中央政权的掌控当中。这种柔性统治，对民族融合及俚人地区向封建制发展发挥了积极的作用。这一时期在粤西地区促进汉越大融合，推动本地区向封建制发展方面做出重大贡献的主要是俚族首领冼夫人。

顾炎武在《天下郡国利病书》中说："隋唐之际，冯冼内属，荒梗之俗为之一变"[③]。由于以冯冼为代表的某些汉人长官和俚人渠帅的活动，有利于民族隔阂的消除及封建礼制的渗透，使俚人大量融合到汉人中去，越、僚等古代岭南少数民族的泛称，逐渐从史籍中消失。部分溪峒俚人则仍然保留自

---

① 〔宋〕李昉：《太平御览》（第八册）卷七八五《四夷部六·南蛮一》，上海古籍出版社 2008 年版，第 105 页。

② 〔唐〕李延寿：《南史》卷九十一《夷陌上》，中华书局 2000 年版，第 1301 页。

③ 〔清〕顾炎武撰，黄坤、顾宏义校点：《天下郡国利病书》，上海古籍出版社 2012 年版，第 3289 页。

身的特点，以瑶、壮、畲、黎等专称出现于典籍中。

三、考古发现的舶来品

三国两晋南北朝时期，中国和外国的航船制造与驾驶技术已有较大进步，海外贸易远比汉时频繁得多。《南州异物志》载："外域人名船曰舡，大者长二十余丈，高去水三二丈，望之如阁道，载六七百人，物出万斛。"万斛约当现在的千吨。[1] 当时广州是南方最大的港口，号称"捲握之资，富兼十世"[2]，前来贸易的外国商船，每年有几次至几十次。每当外船到来时，"外国贾人以通货易，……州郡以半价就市，又买而即卖，其利数倍，历政以为常"[3]。

由于造船、航海技术的局限，当时商船须沿海岸线航行，濒临北部湾的徐闻、合浦是通往南海贸易的必经航线，因此这些地方也是重要的贸易港口。到这里贸易的"海南诸国，大抵在交州南及西南大海洲上，相去近者三五千里，远者二三万里"。[4] 据万震《南州异物志》，发自中国的船只向西最远航行至加陈国。加陈国是古波斯文的音译，故地在今红海西岸厄立特里亚的马萨瓦港附近。[5]

雷州松竹镇塘仔北排坡古墓出土有三颗红玛瑙和一串黑石珠，以及陶器、银项链、银戒指、金戒指、石珠等文物。经分析，属六朝时期墓葬，这些随葬品皆为舶来品。

1984 年 9 月 29 日，遂溪县附城区边湾村村民在平整旧屋基地时，发现了一个带盖陶罐。罐藏金银器一批，包括波斯银币、鎏金盅、金环、银碗、金碗、银手镯、银环、银簪、银盒、金花等 10 多个品种共 104 件，重 7 斤多。波斯银币中，有萨珊王朝卑路斯一世（459—484）、伊斯提泽德二世（438—457）、沙卜尔三世（383—388）所铸银币。同时出土的其他金银器

---

① 〔宋〕李昉：《太平御览》（第七册）卷七七一，河北教育出版社 1994 年版，第 214 页。

② 〔南朝梁〕萧子显：《南齐书》卷十四《州郡志上》，中华书局 1972 年版，第 262 页。

③ 〔唐〕姚思廉：《梁书》卷三十三《王僧孺传》，中华书局 1973 年版，第 470 页。

④ 〔唐〕姚思廉：《梁书》卷五十四《诸夷传》，中华书局 1973 年版，第 783 页。

⑤ 沈福伟：《中西文化交流史》，上海人民出版社 1985 年版，第 54 页。

遂溪附城区边湾村出土的波斯银币

也是波斯风格①。工艺之精
美，数量之多，为国内所
罕见。南朝文物成为古代
东西方海上交往的重大发
现，为研究当时的岭南与
南海贸易提供了新的实物
证据。

遂溪边湾村出土萨珊王朝银镯

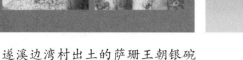

遂溪边湾村出土的萨珊王朝银碗

---

① 遂溪县博物馆：《广东遂溪县发现南朝窖藏金银器》，《考古》1983 年第 3 期。

遂溪边湾村出土的萨珊王朝鱼草纹鎏金铜器

四、与东南亚的交往

三国两晋南北朝时期，从海路经徐闻、广州等港口与中国交往的国家和地区，主要有扶南（今柬埔寨）、天竺（今印度）、师子国（今斯里兰卡），以及位于今印度尼西亚群岛上的诃罗陀、婆达、裟达等。

林邑位于今越南中南部，西汉时属日南郡象林县，汉末独立建国。林邑与中国陆海相连，商使往来不绝。三国时，林邑王遣使至吴，赠送金指环给孙权。南朝刘宋初年，林邑王范阳迈曾遣使入贡。随后，林邑一方面与南朝开展朝贡贸易，另一方面又出兵侵掠日南、九德、交州等郡（今越南北部及中国广西、广东的部分地区）。元嘉八年（431），交州刺史阮弥之受诏讨伐林邑，奋威将军阮谦之为副将。阮谦之领兵七千，三日三夜马不停蹄，最终大败范阳迈。兵败之后，林邑再度臣服于宋。

阮谦之，祖籍陈留（今属河南省开封市）。曾祖阮放官至交州刺史，有一子"居擎雷水上"。阮谦之出生于徐闻，"其子孙多居遂溪，今犹有阮家村"。阮谦之的仕途始于合浦郡功曹。功曹是州郡的佐官，掌管考察、记录功劳，握群吏升迁黜免之权，在郡守自辟属吏中地位尊显。累官至奋威将军。阮弥之为谦之从兄。①

---

① 〔明〕郭棐撰，黄国声、邓贵忠点校：《粤大记》，广东人民出版社 2014 年版，第 774 页。

第五章　唐朝至南汉时期的湛江地区

　　隋末天下群雄并起，617年，唐国公李渊晋阳起兵，次年于长安称帝，建立唐朝。唐太宗继位后开创贞观之治。唐朝共历21帝，享国289年，因皇帝姓李，故又称为李唐，是中国古代最强盛的朝代之一。唐至五代，岭南保持相对稳定局面，有利于地方经济发展。湛江地区结束过去建置混乱状态，首置"雷州"并沿用至今。在唐朝廷偃武修文、与民休息政策下，湛江地区经济取得空前发展，农业、手工业、海上贸易和交通事业发展兴起一个新高潮。随着社会经济的发展与学校科举的兴起，加之中原流寓人士到来，积极传播中原文化，湛江地区社会文化进入了一个新阶段。

第一节　政区建置

　　唐朝建立后，为巩固加强刚刚建立的政权，采取以招抚为主的策略，"量其诚效，授以官爵"，对偏远地区的州县官吏由所在都督府简择本地豪族、原有官吏或德高望重的乡贤充任。唐贞观五年（631），陈文玉举茂才荐辟东合州刺史。贞观八年（634），陈文玉上奏请求改东合州为雷州，其后修建雷州城。唐代雷州辖境相当于今雷州、遂溪、徐闻及赤坎、霞山、麻章等地。天宝元年（742）改为海康郡，乾元元年（758）复为雷州。

一、唐代建置沿革

　　隋义宁二年（618）三月，李渊废掉隋恭帝，建立唐朝，改元武德，定都长安。武德五年（622）七月，高州刺史冯盎以高罗、珠崖、苍梧之众归唐。唐高祖封冯盎为越国公、上柱国、高州总管，其子冯智戣任高州刺史、冯智戴任春州刺史、冯智彧任合州刺史、冯智僰任番州刺史。

武德六年（623）四月，高州首领冯暄与南州（今广西博白）刺史庞孝泰、南越州（今广西合浦）宁道明俱反，占领南越州，进攻姜州（今广西合浦西），合州局势严峻。冯氏家族失去唐高祖的信任，冯智戴受引长安为人质，除名智彧合州刺史，委任宁纯为合州刺史。宁纯率领合州官民抗击叛乱。宁纯联合钦州都督宁长真在东合州乡贤陈文玉的大力配合下击败冯暄，稳定了东合州的社会局势。武德七年（624），高州总管冯盎也对旁郡"侵不已，新州以南多被其害"。武德九年（626），唐太宗遣韦叔谐、李公淹"持节宣谕"，冯暄归顺了唐朝，南方遂定。[①]

唐高祖武德至太宗贞观年间（618—649），湛江地区行政区划置废兴替仍然无常，直至陈文玉主政，雷州建置才固定下来，为后世继承至今，成为湛江地区后来发展的行政区划基石。

（一）雷州辖半岛三县

唐贞观八年（634），陈文玉上奏请求改东合州为雷州。宋乐史《太平寰宇记》引房千里《投荒杂录》称："雷之南濒大海，郡盖以多雷为名。"雷州辖海康、铁杷、扇沙、徐闻四县。唐玄宗天宝二年（743），铁杷、扇沙合并，改置遂溪县。自此，雷州辖海康、遂溪、徐闻三县，成为雷州半岛政区主体。

"雷州"作为一个行政区划的名称，始于贞观八年。明庄元贞《雷祖志》记载："改东合州为雷州。徇刺史陈文玉之请。"唐房千里《投荒杂录》的"雷民图雷以祀者，皆豕首鳞身也"也可以为佐证。

雷州之所以名为"雷"，当与原住民的雷崇拜有关。春秋战国时期，雷州属百越族聚居之地。《隋书·南蛮传》载："南蛮什类，与华人错居，曰蜒、曰獽、曰俚、曰僚、曰㐌，俱无君长，随山洞而居，古之所谓百越是也。"三国万震《南州异物志》云："广州南有贼曰俚。"《隋书·地理志》云："自岭南二十余郡……其人俚僚。"秦汉时期，雷州为骆越所居。骆越族是百越族的分支，后演化为俚，敬雷尤甚。因此，雷州土著多有关于雷神之

① 方志钦、蒋祖缘主编：《广东通史》（古代上册），广东高等教育出版社1996年版，第434页。

传说，州内有擎雷山擎雷水，刺史为雷祖雷神雷王（见唐沈既济《雷民传》、宋丁谓《重建威德王庙碑记》），其民曰雷民。

南朝梁陈时期，今雷州地区设立雷川县。正是因为原住民崇雷的文化习俗与雷川县设立的历史范例，至唐初东合州刺史陈文玉便奏请朝廷改州名为"雷州"。

天宝元年（742），改雷州为海康郡；翌年，铁杷、椹川二县合并，改置遂溪县。据《雷州府志》记载，"遂溪"是取"溪水合流，民利遂之"之意。梁时遂溪地曾设扇沙县、椹县（一说南齐时置），属南合州。隋开皇十八年改椹县为椹川县。大业初改合州为合浦郡，并椹川县入扇沙县。唐武德五年（622）复置椹川县，属南合州。贞观二年（628）省椹川、扇沙入铁杷县，属东合州。天宝二年（743）改铁杷县为遂溪县（一说唐武德初省扇沙，复置椹川县，天宝元年并椹川、铁杷二县，改置遂溪县），属海康郡，县址设今麻章区旧县村。南汉乾亨元年（917）遂溪属古合州。北宋开宝四年（971）省遂溪入海康县，属雷州军。南宋绍兴十九年（1149）复置遂溪县，县治重设今遂城。遂溪元属雷州路，明、清属雷州府。据清道光二十八年（1848）《遂溪县志》记载，当时县境，除含今遂溪全境外，还包括今湛江市赤坎区、霞山区、麻章区（硇洲岛除外）、湛江经济技术开发区和雷州市的纪家镇、沈塘镇，以及今北海市涠洲岛（含斜阳岛）。

徐闻作为县名，始于汉元鼎六年（前111）。但雷州所辖三县中徐闻与汉代徐闻政区不一样，汉徐闻县囊括整个雷州半岛，而唐徐闻县是与海康县、遂溪县作为雷州半岛三县并行存在。乾元元年（758），海康郡复改雷州，仍辖海康、徐闻、遂溪三县。至此，雷州半岛设三县的格局正式形成。

（二）吴川与廉江

南朝宋明帝泰始七年（471）置罗州，唐武德四年（621）属高州石龙县，武德五年（622）复置吴川县，析石龙、吴川置石城、招义、零绿等11县，石城（廉江）始得名。

关于廉江名字的由来。据《石城县志》记载，以县有石城冈，其山如城，故名石城。而《新唐书·地理志》记载，则是"以石城水为名"，属罗州。唐武德六年（623）罗州州治移至石城县，州址位于今廉江市河唇镇，领有石城、吴川、招义、南河、零绿五县。石城县（治所东黄村，今廉江市石城镇上县村；后移至新和驿，即今廉江城）、招义县（后改名幹水县，治所在今廉江市雅塘镇）、零绿县（治所在今廉江市营仔镇）三县都在今廉江境内。唐天宝元年（742），以濂江河取名（濂江河在城东北五十余里，源出广西陆川入县界，东北向西南流，经石角过龙湖，至九洲江入海），石城县改濂江县。北宋开宝五年（972）废濂江县，划入吴川县。南宋乾道三年（1167），析吴川西乡复置石城县，属化州，元朝沿之。明洪武八年（1375）改属高州府，清朝沿之。民国三年（1914），石城县改名廉江县，即把濂江的"濂"改为"廉"。1949年11月1日，廉江县城解放后，县名沿用。1993年12月10日，廉江撤县设市，改称廉江市（县级），由湛江市代管。

吴川，五代南汉属罗州。宋开宝五年（972）废罗州，属广南西路辩州；太平兴国五年（980）改辩州为化州，吴川随隶化州。元属化州路。明洪武九年（1376）至清末属高州府。民国初属广东高雷道。1920年直属广东省。1952年和梅茂县合并为吴梅县，移治今吴川市梅菉镇。1953年改为吴川县。1994年改设吴川市。

（三）修建罗州城

罗州郡治原在今化州市，唐武德六年（623）迁今廉江市河唇镇龙湖村东南侧。

罗州城建于形势险要、水道交通发达之处。城北有后山鹤地岭，南有案山鸭岭，九洲江从城北流过，成为天然的护城河。城东北部靠着龙湖潭，潭水终年不涸。潭的东北两端有渠道，分别从东北和西北两面通往九洲江。罗州故城址朝向正南，平面作曲尺形，由几个独立城区联结形成，面积约6万平方米。主城为正方形，长约101米，东西宽约95米，面积约1万平方米。中央大街从北直通南门，现南门遗址清楚可辨，宽约1.75米。中央大街两侧分别设置东、西城区。遗址因年代久远而崩毁，仅剩3至5米高的残垣，地表上遗存有零碎的莲花瓦当、板瓦、筒瓦、饼足碗、环底碟等唐代的建筑材料和生活器物。

罗州故城遗址是广东省文物保护单位，对研究我国古城的选址、规划与布局有一定的参考价值。明代廉江进士高魁写诗赞罗州城：

悠悠城郭是何年，恰似巢湖地变迁。

犀卷劫灰留异迹，龙翻法物出重渊。

漫传云雨能苏旱，却怪沧桑欲问天。

世态浮沉俱往事，兴怀今古几流连。[1]

二、南汉政区建置

唐朝末年，久经宦官与藩镇割据的折磨，朝政日趋衰败不堪，社会矛盾日趋激化。唐僖宗乾符二年（875），王仙芝在长垣（今河南长垣县东北）聚众数千起义。曹州冤句（今山东曹县北）人黄巢聚众响应，起义军一度攻入广州，沉重地打击了唐王朝在岭南地区的统治。黄巢起义后，经过反复的较量，刘隐、刘龑兄弟以过人的智慧和卓越的政治、军事才能，最终扫平群雄，登上清海军节度使宝座，拥有岭南最强大的武装力量[2]。917 年，刘龑在番禺称帝，国号大越，翌年改国号为汉，史称南汉。湛江地区自此纳入南汉刘氏政权统治之下。

清嘉庆《雷州府志》卷三《沿革》记载："后梁开平二年以清海军节度使刘隐兼静海军节度使安南都护，隐尽有岭南之地，雷州属焉。三年进封刘隐平南王。乾化元年刘隐卒，弟岩嗣。贞明三年刘岩自称尊号，四年刘岩（龑）改国号曰'汉'。"

南汉的雷州半岛承唐制，以雷州领海康、遂溪、徐闻三县。南汉罗州领石城、吴川、招义、零绿、南河五县。乾亨年间（917—925）建府治于雷州城。清嘉庆《雷州府志》卷四《建置》记载："南汉仍迁特侣塘旧址，后又迁古海康县治"。海康县治在雷州城，即南汉府治城池因袭唐制，建州府于海康县治。

---

① 中山大学中国古文献研究所编：《全粤诗》（第十八册），岭南美术出版社 2016 年版，第 140 页。高魁，字斗仲，明天启五年（1625）进士。

② 方志钦、蒋祖缘主编：《广东通史》（古代上册），广东高等教育出版社 1996 年版，第 592 页。

第二节　经济发展

唐代是广东农业全面开发的时期，耕地开发从平原、河谷、山间盆地向山地、丘陵和沿海地区拓展。这一时期，粤西山区耕地开发规模较前为大，速度明显加快。[1] 加上牛耕的推广、水利兴修，唐至五代时期，湛江地区的农业、手工业等迎来了加快发展的好时机。

一、农业

安史之乱爆发之前，在唐太宗、武则天、唐玄宗的经营下，社会相对稳定，全国人口数逐步恢复到隋大业年间的水平。贞观十三年（639），雷州有2458户；天宝元年（742），雷州有4320户、20572人，高州有12400户。广袤的高雷土地，正是广大民众务农经商的有利资源。湛江地区因地制宜地大力发展农牧业和手工业生产，促进地方政治、经济和文化的发展。

（一）种植业

湛江三面环海，地处滨圻，东有吴川鉴江水系，西有廉江九洲江流域，两江中、上游为山地丘陵，下游为冲积、海积洋田。雷州半岛大部分为台地、丘陵，山沟低洼之处为坑田，沿坑田向山坡拓展的为山田。坑田、山田高低不齐，多种植水稻、薯、芋等粮食作物。坡地开垦为坡园，种植薯、豆类、甘蔗为主的农作物。闲置之地种植荔枝、龙眼、柑橘、香柚、阳桃等水果。山间盆地田，是冲积而成的，有岭北的调丰洋、麻章的迈龙洋、龙门的九斗洋、英利的青桐洋等，面积多为数千亩。雷州半岛东西两岸有多处海积平地洋田，有太平的东岸洋，北和的调和洋、鹅感洋，唐家的赤豆洋，纪家的曲港洋，营仔的大新围洋，面积达万亩以上。其中雷州东西洋田万顷，古称"雷州粮仓"。每坵田有土埂隔开，却相连为一片，有"万顷连云"之景。雷州东西洋是从海积平原中拓垦而成的，多为滩涂潮田，土地肥沃，需要淡水冲灌。

---

① 方志钦、蒋祖缘主编：《广东通史》（古代上册），广东高等教育出版社1996年版，第476页。

唐代统治者重视农业。贞观时唐太宗发布诏书："民有见业农者，不得转为工贾；工贾有舍见业而力田者，免其调。"对边远地区，统治者施行特殊税制，对夷僚户减半征税，有利于促进农业生产的发展。这一时期，农具也有明显改进。如遂溪地区原有铁杷县，铁杷便是一种农具。以农具为名，反映当地人民早已广泛使用铁杷平整田地。所谓"易耒耜而为犁，不问地之坚强轻弱，莫不任使"，这是说，以犁杷代替耒耜，提高了耕作效率。

秦汉时期，岭南个别地区出现了双季稻。到唐代时，双季稻种植地区增多。道光《琼州府志》引唐人徐坚（约669—729）《初学记》：

> 《广志》曰："南方地气暑热，一岁田三熟，冬种春熟，春种夏熟，秋种冬熟。"今惟琼郡则然。

日本真人元开所著《唐大和上东征传》记：天宝年间，鉴真和尚漂流至振州（治今海南三亚），目睹当地"十月作田，正月收粟；养蚕八度，收稻再度"。[①]

雷州半岛气候、地情与海南接近。到唐代时，雷州半岛双季稻的种植已有一定基础。

清嘉庆《雷州府志》记载：

> 田稻有十二月种至明年四月而熟者，有二月种至六月而熟者，谓之"早稻"。有二月种而十月熟者，有俟六月早稻熟后，复耕接种，曰"翻稿"，亦十月熟者，并谓之"晚稻"。早稻获自小暑而尽于大暑，晚稻获自立冬而尽于大雪。稻有秔有秫有占，而秔秫占又各分种类，名随地异，其实一物。坡稻四月种八月熟，米有赤有白。大半无田之家种于高原无水之地，惟望种后每月得雨一二次，即庆有收。俗以四月二十六日视有无北风以占其丰歉。云早北风利先种，午北风利次种，晚北风利后

---

① 〔日〕真人元开撰，梁明院校注：《鉴真和尚东征传》，中国旅游出版社、商务印书馆2016年版，第57页。《唐大和上东征传》系日本人淡海三船（721—784）根据鉴真和尚弟子思托的书用汉文写成，署名真人元开，叙述鉴真东渡日本事迹。

种。无北风则收成薄，此稻熟在田稻早晚二熟之间，民食大资接济。①

农民要依据季节种植稻谷，不误时节才有好收成，同时要时时观察气候以占丰歉。清嘉庆《雷州府志》记载：

> 四月二十六日有北风，其岁坡稻丰；五月有北风，其岁早禾生虫。谚曰："早禾忌北风，晚禾忌夜雨。"七八月间，初见西风则有雨，入则无雨。谚曰："一日西风三日雨，三日西风永无济。"惟寒露日全不宜风，有风则谷多粃，谚曰："寒露风，霜降雨，盖甚忌之。"
>
> ……………
>
> 雷之地宜春雨，春雨多处，其年大稔。四月初八日宜雨，曰"杀虫雨"，有雨则禾不生螟蟊。又宜白雨，白雨者，天色晴明，沛然下雨，点大而疏，日光穿漏其中，亦曰"白撞雨"。夏月有此最宜早禾，谚曰"半出日头半下雨，阿翁打锣阿婆舞"，喜之也。六月初六日宜雨，谚曰："六月六，淋淘强似曝。"立秋日宜雨，谚曰："立秋交秋，无雨堪忧。"

气候的变化，关系到农业生产的收成，关系到农民的生活，在落后的生产力状况下，农民百姓靠天吃饭。尤其是雷州半岛，自古十年九旱，农民观天象以占年岁丰歉，久而久之，总结出一套经验。

> 每于立秋日听雷以占岁事，先雷而后立秋，谓之"雷打秋"；先立秋而后雷，谓之"秋打雷"。谚曰："雷打秋，有作无收；秋打雷，谷实累累。"②

这阐述了季节气候对稻谷的影响，若是"雷打秋"，农民内心担忧；若

---

① 〔清〕雷学海修，〔清〕陈昌齐等纂：嘉庆《雷州府志》卷二《地理》，岭南美术出版社2009年版，第90页。

② 〔清〕雷学海修，〔清〕陈昌齐等纂：嘉庆《雷州府志》卷二《地理》，岭南美术出版社2009年版，第115—117页。

"秋打雷"，喜之无忧。

但由于唐代雷州河渠很少，缺乏水流灌溉，所以地多沙卤，农业耕作仍处于粗放阶段。北宋初年成书的《太平寰宇记》载：

> 州在海岛上，地多沙卤，禾粟春种秋收，多被海雀所损。相承冬耕夏收，号芥禾，少谷粒。又云再熟稻，五月、十一月再熟。

汉代以来，因海外贸易发达，雷州当地人并不十分重视农耕，日常所需之稻米，多通过交易获得。这一定程度上延缓了农业生产的发展。雷州半岛农业与其他地区相比，仍有一定差距。这种情形，一直延续到北宋时期。北宋末年，苏轼之弟苏辙被贬雷州，著有《和子瞻次韵陶渊明劝农诗并引》：

> 子瞻《和渊明劝农诗》六章，哀儋耳之不耕。予居海康，农亦甚惰，其耕者多闽人也。然其民甘于鱼鳅蟹虾，故蔬果不毓；冬温不雪，衣被吉贝，故艺麻而不绩，生蚕而不织。罗纨布帛，仰于四方之负贩。[1]

可见，唐代雷州半岛地区水稻种植效率仍然较为低下。这就需要种植其他作物来弥补。在宋代之前，当地普遍种植薯。

薯，有甘薯、大薯、白薯、翻拱薯、黎峒薯等，皆是雷州半岛及周边地区的农民百姓种植的食用作物，可当粮充饥。不过这些都是当地土生土长的薯类，植物分类上属薯蓣科。而后来广为种植的番薯，植物分类属旋花科。甘薯、大薯、白薯等，一般是十月收获二熟稻谷后，十一月就犁田种植，翌年二月收获，称"早田薯"或"二月薯"，可资青黄不接。坡园可从二月种薯，四月收获，称"四月薯"。也可五月种薯，八月收获，称"八月薯"。翻拱薯、黎峒薯等一般为二、三月种植，八、九月收获。甘薯、大薯、白薯等可以生煮成饭，也可刨成薯丝晒干，储存长期备用。古时生产技术差，稻谷产量低，交赋税后，所剩无几。甘薯、大薯、白薯与番薯（明末引入）等，是农民充饥度荒的主食粮；翻拱薯、黎峒薯等，是百姓充饥的副粮。

---

[1]　〔宋〕苏辙著，曾枣庄、马德富校点：《栾城集》（中），上海古籍出版社 2009 年版，第 1194 页。

葛是织葛布的原料。春秋战国时期的越族人用葛织布，称葛越。湛江硇洲岛盛产葛。农民用葛丝纺织葛布，优质的葛布进贡朝廷，一般的葛布为本地士民所用。因此，农民大量种植葛，一者保证织制葛布的原料，以增加家庭收入，二者葛的块茎根可磨粉充饥。

米豆产于雷州思灵岛。唐李吉甫撰《元和郡县图志》记载："米豆，枝叶似柳，花如乌，豆一种之后，数年收实，淮南子云'豆之美者有米豆'，此是也。"米豆是雷州农民早期种植的豆类之一，可煮为饭食。

湛江地区远在前3世纪已有种蔗制糖的历史。春秋之时，湛江地区是甘蔗野生种"割手密"和"五节芒"的产地。据屈大均《广东新语·草语》记载，在6世纪以后，出现了两个甘蔗品种，一种是蔗茎比较粗壮的热带种，在古代文献中被称为"昆仑蔗"，现代叫"黑蔗"；另一种是蔗茎比较细的中国种，文献称为"荻蔗""竹蔗"。但在后来，昆仑蔗演变为食用果蔗，竹蔗在中国几乎是唯一的榨糖用品种。本来昆仑蔗茎条粗大，糖分也高一些，作榨糖用出糖率会更高，而用竹蔗榨糖的出糖率会低一些。新植的甘蔗采用栽种甘蔗苗繁殖，栽种后不久即生根，长出许多嫩芽，形成丛状，收割时仅收割甘蔗茎，将根仍留在土壤内，即宿根，来年宿根重新分枝生茎。

唐代的湛江州郡县乡村利用低丘、台地、村庄周围与宅院旁边的空地，广泛种植荔枝、龙眼、橙子、柚子、菠萝蜜、黄皮、阳桃、橄榄等水果，自用之余，还供应市场，并通过海路运往外地销售，增加家庭财富，发展社会经济。荔枝是"南国四大果品"之一。唐代杜牧有诗："长安回望绣成堆，山顶千门次第开。一骑红尘妃子笑，无人知是荔枝来。"杨贵妃所欢心的荔枝，后称"妃子笑"，廉江、吴川盛产。除妃子笑，另有三月红、玉荷包、黑叶、桂味、挂绿、糯米糍、淮枝、尚书怀、元红、状元红、兰竹、元香、陈紫、丁香、黑大糙、水荔等品种。其中，桂味、糯米糍及挂绿有"荔枝三杰"之称。荔枝冬夏常青，果实大如鸡卵，壳朱肉白，核黄黑色，似半熟莲子，精者核如鸡舌香，甘美多汁，极为益人。龙眼，又称桂圆，廉江地多丘陵、山坡，黄红壤土质，故盛产龙眼。果品以荔枝为贵，而资益则龙眼为良，盖荔枝性热，而龙眼性和平，能归脾腑益人智。菠萝蜜，俗称"包罗"，唐时从印度传入，高雷地区盛产。果圆皮有刺，果肉色似金，味甘如蜜，因名蜜。或从旁根结实，地下熟而闻香乃知者，味更佳。果实分有干包、湿包之名，干包香美，湿包柔润，味甜气香。最佳的是"猪肚盅水包"，包肉丰腴有蜜水，甚为香甜。橘红，亦名柚橘，吴川、化州的土壤由页岩和花岗岩风化而成，宜种植柑橘。橘红对痰多喘咳、肝胃气痛的疗效尤著，历为医家所喜用。相传仙人罗辩种橘于石龙之腹，至今犹存，唯此棵在苏泽堂者最佳，清风楼者次之，红树又次之。其实皮厚肉酸不中食。其皮厘为五片、七片，不可成双。治痰症如神。清光绪《化州志》记载，"每片真者可值一金。每年结实循例报明上官，至期采摘批制。官斯土者亦不易得。"汉武帝有橘官长一人，秩二百石，主贡御。吴黄武中，土贡献十七实同一蒂，以为瑞异，群臣毕贺。柚子，俗称甘枹，柚树高大，枝干有刺，花白而香。柚生花于三月，果实成熟于每年的农历八月十五前后，味道甜香，是中秋节应景应味的佳果。柚子皮厚耐藏，一般可存放三个月而不失香味。柚子果实大，外形浑圆，象征团圆。柚子的"柚"和庇佑的"佑"同音，柚子即佑子，柚和"有"谐音，大柚有"大有"的意蕴，被人们认为有吉祥的含义。迎新春时，民间常把柚子摆放香火堂贺年，祈福大佑子孙、金玉满堂。柚子甚富有民俗文化底蕴。高雷多丘陵、山地，适宜种植柑橘，出产的柑橘品质优良。人们常把柑与橘合称为"柑橘"，实际上柑是柑、橘是橘。橘的果实比柑小，形扁而蒂稍凸，果皮薄而松，果皮和果瓣容易分开。柑的果实扁圆形，皮稍厚且松散，较易剥开，果瓣质优，味香甜。山稔，大部分为野生，也有栽培于山岭坡地的。高雷之地多台地丘陵，盛长山稔，以其食必倒捻，又名"倒捻子"。山稔花生于三四月，边生花边结果，果盛熟于五六月，至七月衰落，果实如莲子大。谚云："六月六，捻子熟，外紫内赤可生啖。"生吃鲜山稔果能生津止渴、回味甘甜，有补肾固精的功效。土人掘山稔根，削皮浸泡有胶质，可做颜料，用以染布，光呈黑色。

农家除了种植水果，还种植蔬菜，主要是白菜、萝卜、豆角之类。湛江地区农民种植的高良姜，为地方的特产、土贡品，因多出于古高凉郡（今广东湛江、茂名一带），故名高凉姜。后因谐音而称为"高良姜"。随着社会的发展、人口的增长，蔬菜从农家自用走向市场交易。

主要收集唐代奇闻逸事的《太平广记》，把沉香作为重要植物收录。据此书，唐太宗问高州首领冯盎曰："卿宅去沉香远近？"对曰："宅左右即出香树，然其生者无香，唯朽者始香矣。"唐代的达官贵人使用沉香成为一种时髦，连历史名君唐太宗也对它产生浓厚兴趣。高州山区至今还有不少沉香树，尤其是正洞村中，原来有一棵老沉香树，老树砍后长出的新树，现在也有一米多的树围胸径。在村后的山上，还有许多沉香树。

（二）水利建设

唐贞观年间，地方官员十分重视兴修水利，亲自督导农民开凿沟渠，引罗湖之水接崩塘之溪流，通过火炭坡北侧坑沿接西坑沟水，经麻扶出，灌溉新开垦的擎雷水港汉滩涂田与穷源、那耶坡坑田，以利农作物生产。至今，雷州市白沙村仍有唐代开通的沟渠遗址。尔后，唐代雷州地方官员常巡访郊原视察农事，若发现有未耕种的高坡园田，则指导乡民利用各地溪流堵堰建闸，疏渠导流，修筑陂塘，开沟灌溉山田园地。

（三）养殖业

唐代的湛江地区，畜牧养殖业得到了不同程度的发展。其中，养牛、水产、孔雀等有较大发展。

牛有黄牛与水牛两类。黄牛亦称沙牛，未阉的公沙牛称犦牛。唐李吉甫撰《元和郡县图志》记："海康县其地多牛，项上有骨，大如覆斗，日行三百里，《尔雅》所谓犦牛也。"[①] 牛主要用在山田、坑田、坡园的犁耙耕种与拉车。水牛主要用于坑洼水田的犁耙耕种，也在山地田园的耕种中使用，水牛不受旱热，要浸水保养。

唐代的岭南各郡都有收集鱼种从事淡水养殖的记录。据段公路《北户录》条记载："南海诸郡，郡人至八九月，于池塘间采鱼子，著草上者，悬于灶烟上，至二月春雷发时，却收草漫于池塘间，旬月内如虾蟆子状……鬻于市者，号为'鱼种'……育于池塘间，一年内可供口腹也。"从随季节、潮汐的捕捞作业，到围海蓄水养殖，是渔业的一大进步。

孔雀是我国野生鸡类最大的一种，全长在2000毫米以上，仅尾屏就有1500毫米左右。头顶翠绿，羽冠蓝绿而呈尖形；上体为辉亮的青铜和翠绿色，富有杂斑。尾上覆羽特长，形成尾屏，能展开如扇，称为开屏，故唐诗

---

① 〔宋〕王象之编著，赵一生点校：《舆地纪胜》卷一百十八，浙江古籍出版社2012年版，第2715页。李吉甫（758—814），赵州赞皇（今属河北）人，唐宪宗时两度出任宰相，力主加强中央集权，削弱藩镇。

有"屏开金孔雀"之誉。下体前部为青铜色，向后转为蓝绿色。雌鸟无尾屏，羽色暗褐而多杂斑，不若雄鸟艳丽。孔雀栖息于草丛、灌木丛而间有树木的开阔地带，在山区则栖息于山麓。秋季常成群飞翔山坡间，故有"栖游冈陵"之说。孔雀主要分布在东南亚地区。唐代，雷州、廉江地区仍可见孔雀出没，时人常至山野间捕捉孔雀。段公路《北户录》记：

> 雷、罗数州，收孔雀雏养之，使极驯扰。致于山野间，以物绊足，傍施网罗，伺野孔雀至，即倒网掩之，举无遗者。或生折翠羽，以珠毛编为簾子、拂子之属，粲然可观，真神禽也。[1]

捕捉到的幼雀，多"饲以猪肠及生菜，惟不食荽"。至于成年孔雀，"乃腊而食之"。[2]

二、手工业

唐代的湛江，手工业较为发达，主要有制陶业、制糖业、纺织业、蒲织业和制茶业，在生产中创造了新技术，使产品工艺显著提高，有的产品成为名产品，进贡京城，畅销海内外。

（一）陶瓷制造

唐代，湛江地区的陶瓷制造业已有很大的发展。考古发现的唐代窑址遗存30多座，数量之多，在广东省首屈一指。湛江地区的唐代窑，经广东省文物专家论证鉴定为"雷州窑"。雷州窑陶瓷以青黄釉细冰裂纹为主要特色。雷州市博物馆珍藏有丰富的雷州窑陶瓷，部分被评为国家级文物。

湛江地区古窑有龙窑、馒头窑两种。龙窑，因依山势倾斜砌筑，形状似龙而得名。馒头窑，窑室在地面上呈圆形，其上部逐渐往里收缩，窑顶为圆拱形，形如馒头。湛江地区发现的唐窑主要是烧制青瓷为主的龙窑；馒头窑仅发现一座，采用匣钵装烧。

考古发现，唐贞观年间，海康县已出现带有青黄釉细冰裂纹的碗、钵、

---

① 〔唐〕段公路：《北户录》卷三，中华书局1985年版，第2页。

② 〔汉〕杨孚撰，吴永章辑佚校注：《异物志辑佚校注》，广东人民出版社2010年版，第70—71页。

豆等瓷器。在通明河口岸边，发现有沈塘镇茂胆窑址、余下窑址、铺墩窑址、龙道窑址、卜格窑址等唐窑。这是典型的顺山势而筑的龙窑，长10—20米。这一地区发现的青黄釉细冰裂纹陶瓷，工艺精美，品种丰富，上可溯至南朝、隋代，下迄唐末。

雷州窑深腹饼足碗

廉江的唐代古窑址主要分布在今湛江西海岸（北部湾）畔，包括营仔镇的窑头山窑址、陂头洞窑址、车板镇的龙头沙窑址、长山仔窑址。位于廉江市车板镇的多浪坡窑址属馒头窑，出土有罐、碗、碟、盘、壶、瓶、杯、盏、网坠、烧垫等青黄釉陶瓷器物，比较特别的是有不少罐、瓶、盆、壶的外表模印回字云雷纹、双线"非字纹"和"卍"形纹等仿古纹饰。

吴川生产陶器始于唐代天宝年间（约742年左右），产地主要集中在梅菉附近的瓦窑村。唐末，佛山廖岭居民迁徙至此，将佛山石湾精湛的陶瓷工艺传入吴川。"吴川三绝"中的"泥塑"、独具岭南民间艺术风格的瓦窑陶鼓，也源于瓦窑村。瓦窑制作陶鼓始于唐朝。吴川地区发现的唐代古窑址有今湛江东海岸赤坎海湾的麻登龙王岗窑址、梁陶蟹口岭窑址等，出土器物包括碗、碟、盏、盘、钵、罐等。以碗居多，施青黄釉，器外施釉不到脚。其余品种多施酱黄釉或酱黄黑釉，质量较好。

遂溪唐代窑址主要沿着通明河岸延伸设置，有通明港（村）窑址、洋村窑址、里仁堂窑址与雷州西海（北部湾）岸的酒馆村窑址、雷州东海岸的赤坎海湾之黄略弯塭岭窑址等，出土有圜底碗、实足碗、杯、壶、钵、罐、釜、四耳罐等陶瓷器物，施青黄釉，器型丰富，与通明河口岸出土的青黄釉细冰裂纹陶器相似，具有唐代雷州窑陶瓷特色的共同风格。[1]

湛江地区唐窑生产的青黄釉细冰裂纹瓷器除供本地居民使用外，部分用

---

① 杨晓东、邱立诚：《雷州窑瓷器》，岭南美术出版社2003年版，第34—41页。

于出口。唐代，我国与东南亚及西方诸国海上交往日益频繁，输出的商品除了传统的丝绸之外，瓷器已开始成为重要的种类，海上"丝"路开始向海上"瓷"路转化。唐德宗建中元年（780），朝廷规定锦、绫、罗、绣等"不得与诸蕃互市"。禁止丝绸出口，进一步促进了中唐以后陶瓷业的发展与外销出口。到了中、晚唐，雷州半岛一带的陶瓷生产已呈现出一派繁荣昌盛的景象。当时，湛江地区相对稳定，社会经济稳定发展，窑址主要分布在雷州的通明河畔、雷州西海（北部湾）岸畔与东海岸畔的赤坎海湾，方便海外贸易。

遂溪窑六耳罐

（二）制糖业

岭南地区自古以来就是甘蔗重要产区，制糖业也同步发展。东汉杨孚的《异物志》和南朝时期陶弘景的《名医别录》等古籍中，都有岭南地区以蔗制糖的记载。湛江地区夏秋高温多雨、光照强，而冬季干燥，昼夜温差大，十分适宜甘蔗生长和糖分积累。且半岛水分和土壤条件优越，具备较好的制糖业基础，提高甘蔗单产和含糖率的条件比其他地区优越。自公元前3世纪的战国时期开始，遂溪就已有从甘蔗中取汁制糖的记录。

唐天宝年间，鉴真和尚流落海南岛，在返回大陆途中见甘蔗不绝于途，说明唐代湛江地区周边甘蔗种植已非常普遍。这一时期，制糖技术也得到发展。唐贞观二十一年（647），唐太宗遣使到印度学习熬糖法。在此基础上，唐朝人发明了用滴漏法制造白糖的技术，制糖水平得到提高。这种制糖法，自唐以降依然盛行。清光绪《石城县志》卷二《物产》对此有详细介绍：

> 糖有白糖片糖，本竹蔗造之。以二石相比如两磨，大石盘承其下，纳蔗于石中，用牛牵石榨之，液注石盘内，竹筒接流其液于大瓦缸。煮时撒以石灰少许，略成胶，把起贮瓦漏。漏径七八寸，高尺许，末有小孔可容指。糖凝漏内，上盖以土，下以小甕盛其余滴。十余日曝干，色

白如粉，是谓白糖。取液煮成膏，挹起敷竹簟上，俟凝结，切以刀成块，是谓片糖。所在多有，其利甚溥。①

古代甘蔗制糖用的石器

在唐朝，土糖寮、土糖房、小作坊式的制糖作坊，广泛地分布于遂溪、徐闻、海康、廉江等县地。遂溪土糖寮最多，其次是徐闻。一间土糖寮一日可生产蔗糖约5担，一者供应本地民众食用，二者可通过海陆之路运往外地销售获利，增加家庭收入，发展社会经济。

以湛江地区专门种蔗的农民的话来说，甘蔗的栽植有所谓的"春植""秋植"和"宿根"三种。"春植"，顾名思义是春天栽种的甘蔗，来年就可采收。第一次采收后的甘蔗根部留置在土壤内，让其发芽生长谓之"宿根"，它相当于"春植"，一年后就可采收。"宿根"蔗在湛江地区一般可收两轮，有留到5年宿根的，除非水土特别好并肥料充足，通常产量都非常低了。至于"秋植"，则是七月到十月这段时间种的甘蔗，当年不能采收，必须拖个一年半左右。如果当年雨水好，腊月下种也是有的，这就是"冬植"了。旧

---

① 〔清〕蒋廷桂修，〔清〕陈兰彬纂：光绪《石城县志》，光绪十八年（1892）刻本，第114页。

时采收甘蔗很辛苦，全是人工采收，经过砍蔗、削蔗、捆绑、扛出地头，然后用牛车运送到土糖寮榨汁制糖。明万历《雷州府志》记载："蔗有数种，腊蔗、牛脚蔗、乌脚蔗、莽蔗，可煮为糖。"

（三）纺织业

遂溪鲤鱼墩贝丘遗址出土的原始纺织工具陶纺轮，证明新石器晚期湛江地区的先民已掌握了纺织技术。2002年，雷州市英利镇那停村出土了一件3500多年前的带柄石拍，是目前国内外发现的最重的棍棒型带柄石拍。在徐闻县、雷州市的汉代遗址及墓葬中发掘出土陶纺轮达13个，说明汉代雷州半岛纺织已相当普及。

东汉时期，岭南地区已有种植蚕桑的记载。隋朝时，桑蚕术传入石龙（廉江隋为石龙县地）。唐代石龙荷村一带农民普遍种桑养蚕，硇洲种葛。明万历《雷州府志》卷九《田赋》中有"唐海康郡贡丝绢四匹"①的记载，是岭南诸郡县中唯一以丝绢作为土产进贡的。说明至迟在唐朝雷州丝绢已作为贡品。杜甫《出塞》诗"越罗与楚练，照耀舆台躯"，所云"越罗"，当包括了唐代海康的丝绢贡品。据《中国印度见闻录》记载，黄巢攻占广州时，"把那里的桑树和其他树木全都砍光了"，破坏了中国的丝绸生产。②雷州半岛远离战火，丝绢生产受影响较小。唐代湛江地区已有桑蚕养殖业，蚕织技术有所提高。雷州（海康）丝织业于唐代从岭南诸州中脱颖而出，是唐代岭南所有郡县中唯一以丝绢作为土产进贡的精品。海上丝绸之路的"杂缯"，不乏湛江地区及周边地区所产的丝绢。

（四）制茶业

唐代是我国茶业迅速发展的时期。陆羽（733—约804）所著之《茶经》，是中国同时也是世界上首部茶学专书，几乎涵盖了茶学的所有类目。在7000多字的篇幅里，陆羽构建了中国茶学和茶文化的体系，对后世产生了极为深远的影响。

湛江地区炎热、潮湿、多山地丘陵的地理环境，非常适合茶树生长。成书于南宋的《岭外代答》记述："雷州铁工甚巧，制茶碾、汤瓯、汤匦之属，皆若铸就。余以比之建宁所出，不能相上下也。夫建宁名茶所出，俗亦雅

---

① 〔明〕欧阳保纂：万历《雷州府志》，书目文献出版社1990年版，第262页。
② 穆根来、汶江、黄倬汉译：《中国印度见闻录》，中华书局1983年版，第96、140页。

尚，无不善分茶者。雷州方啜登茶，奚以茶器为哉？"① 宋代建宁府（今福建建瓯）所产茶甚为名贵，当地生产的"建盏"在全国负有盛名。雷州制茶器与之相比不相上下，可见技艺之精。雷州所饮为苦丁茶，本不需茶器，故周去非有此疑问。由此亦可知，雷州铸制茶器的历史悠久，唐代应达一定程度。

（五）采珠业

湛江地区在秦统一六国之前就已有珠民开始采珠。秦汉以后，统治者都把这里视为珍珠的主要产地，并把珍珠列为贡品，视为不可多得的宝物。五代十国时期，南汉统治者对采珠极为重视，不但强迫沿海居民去采珠，而且扩大了采珠范围，所以产珠数量巨大。

《南汉春秋》记载，南汉国主刘䶮晚年广筑宫殿。其中，昭阳殿华丽异常，屋檐梁柱上都饰之以银，殿下设有水渠，泡着珍珠。其余宫殿大致也如此，可见珍珠用量之巨大。南汉朝廷为此设立了专事采珠的"媚川都"，同时派兵数千驱使珠民采珠。采珠是在没有任何安全设备的情况下进行的，兵士以石缒索系珠民身上，让珠民沉入海中，溺死者不计其数。这些珍珠除了销售牟取暴利外，多是供统治者挥霍。

据宋应星《天工开物》记载："凡中国珠必产雷、廉二池"，"廉州池自乌泥、独揽沙至于青莺，可百八十里。雷州池自对乐岛斜望石城界，可百五十里"。可见明代以前雷州采珠海域与廉州相差无几。北部湾海域是中国"南珠"的重要产地，历史悠久，颇负盛名。著名的产珠区主要也在雷州与合浦之间的海域珠母海，雷州西海的江洪、包金、企水、海康港、盐庭、流沙等河口港湾均为环境合适的古珠池所在地。古珠母海域主要位置，东南角至遂溪江洪港，西南角至涠洲岛，西北角至冠头岭，东北角至安铺港。九洲江水及多条江河自东北方向经安铺港及铁山港注入珠母海，对海水起到一定的淡化作用，提供了供珠贝作饵料的丰富浮游生物。加上北部湾环流的作用，有珠母贝正常生长所必需的海水含氧量。这片海域珠池水深大多不足40米，水温在15℃—30℃，十分适宜合浦珠母贝（俗称"马氏珠母贝"）的生

---

① 〔宋〕周去非著，杨武泉校注：《岭外代答校注》，中华书局1999年版，第203页。《岭外代答》，周去非（1134—1189）仕于广西时撰，记载了岭南（含今广东、广西）的山川、古迹、物产资源，以及少数民族的社会经济、生活习俗等情况，具有多重史料价值。

长发育。断望池、平江池在安铺港、铁山港两股河口淡流交汇点附近，水质咸淡适中，所产珠特别洁白，为珠中上品。其他珠池水质较咸的，珠多泛黄。古珠池以产量论，则以杨梅、青莺、对乐三池为高。除合浦珠母贝外，有一种大珠母贝（俗称白蝶贝）也很适合在雷州半岛沿海生长。雷州半岛西部沿海有几处著名的古珠池：一为对乐珠池（明初改名乐民珠池），在今遂溪县乐民镇西面海中；一为麻水珠池，在今安铺港湾遂溪县境内，后珠少池废；一为涠洲珠池，涠洲岛旧属遂溪县，今属北海市，古名大蓬莱。清道光《遂溪县志》记载："对乐（即乐民）珠池，在遂溪县西南一百五十里，第八都乐民千户所城西海内，汉唐无考。自后汉刘铱置媚川都，宋开宝以还，遂置场司，或采或罢。"南汉时期，遂溪对乐珠池已发展为专事采珠的基地之一。

（六）造纸业

造纸术是我国古代"四大发明"之一，广东古代造纸业起步较早。唐代，广东韶州、罗州、雷州、南海等地已有纸张生产。其中，罗州、雷州一带生产的香皮纸别具特色。

《岭表录异》记：

> 广管罗州多栈香树，身似柜柳，其花白而繁，其叶如橘皮，堪作纸，名香皮纸。皮白色，有纹如鱼，雷、罗州、义宁、新会县率多用之。其纸漫而弱，沾水即烂，不及楷皮者。

段公路（840—895）《北户录》亦称，"罗州多栈香树，身如柜柳，其华繁白，其叶似橘，皮堪捣为纸，土人号为香皮纸。"[1]

据研究，这种栈香树当是瑞香科沉香属的沉香树，产于广东、广西、福建，其木质部分泌出树脂，可作香料，韧皮纤维可造纸。同属的白木香，又名土沉香，亦产于岭南，在中国有悠久历史，也可造皮纸，除花色为黄绿外，其余形态特征也与古书所描述的栈香树同。瑞香科树木中含有天然香味素，但在造纸过程中香味素已被除去，除非在纸上另加香料，否则是闻不到

---

[1]〔唐〕段公路：《北户录》卷三，中华书局1985年版，第42页。

香味的。①

（七）蒲草编织

蒲草为多年生草本植物，种类繁多，有三菱草、棍子草、大籽草等。湛江地区沿海滩涂和内地的陂塘，尤适宜蒲草生长。湛江地区先民使用蒲草编制器物的历史悠久，最早可追溯到新石器时代，至唐代已有五六千年的历史。

先民用蒲草编织成形状像篓子的盛物用具，名曰"蒲包"。用水沤过的蒲包，柔韧结实，可折叠掩口，较长时间保持盛物的水分。在没有现代保鲜设备的古时，多用蒲包储存食品、蔬菜、水果等。蒲包还可作为盛泥土器物，用于修掩体、筑堤坝。

三、海洋开发与海上贸易

（一）南海的开发

从先秦至五代，中国人开始了认识和开发管理南海的步伐。唐代以前，中国人多将南海称为"涨海"。东汉杨孚著《异物志》记："涨海崎头，水浅而多磁石"。三国吴万震著《南州异物志》内，进一步完善了对南海的认识："句稚，去典游八百里，有江口，西南向，东北行，极大崎头出涨海中，浅而多磁石"②。该书还记载"玳瑁如龟、生南海"，这是古代中国人在南海活动的记录。东晋（317—420）时高僧法显从印度返中国时，曾穿过整个南海。他撰写的《佛国记》记载了从印度、斯里兰卡到广州的航程，其中从爪哇取道南海只需50天。这表明中国人在东晋时已开辟了穿越南海的航路。

南北朝（420—589）已有大陆人民在西沙群岛一带活动。近年考古学工作者在西沙群岛的永兴和九礁等十一个岛屿和礁盘上发现南北朝（主要是南朝）的六耳罐、陶环及隋、唐、宋、元、明、清的陶瓷器（产地有广东、福建、江西等）2000多件。西沙群岛发现的点彩小碗，釉色、造型、大小规格均与雷州公益圩窑产品相同，这是雷州窑瓷器外销的证明。③

唐初，崖州设都督府，督率崖州、儋州、振州军事，振州即今三亚。安

---

① 潘吉星：《中国造纸史》，上海人民出版社2009年版，第179页。

② 〔宋〕李昉：《太平御览》（第八册），上海古籍出版社2008年版，第363页。

③ 邓杰昌：《广东雷州市古窑址调查与探讨》，《中国古陶瓷研究》（第四辑），紫禁城出版社1997年版，第217页。

史之乱后，陆上丝绸之路衰弱，东西方贸易更加倚重海路。刘恂《岭表录异》提到："每岁广州发铜船过安南贸易。"宋周去非《岭外代答》也提到："史称骆越多铜银。《交州记》曰：越人铸铜为舶。《广州记》曰：俚僚铸铜鼓。"说明这些铜船是骆越人所铸，并行驶于广州至安南航线。铜船航线必经雷州半岛，雷州半岛沿海港口自然成了停泊港。①

隋大业初年（605—606），隋炀帝派兵南平交州。隋水师沿雷州半岛南下，绕经北部湾沿海顺中南半岛东岸南下到达林邑，打败了林邑王梵志的象军，收复林邑地区。同时，隋炀帝派使臣常骏等人从广州出发，出使赤土国（位于今马来半岛）。这一次出使的船队没有绕经北部湾沿岸，而是沿雷州半岛东岸南下后取道海南岛东部的七洲洋前往。

在原有的海上丝绸之路的基础上，唐代开辟了从广州出发到波斯湾的"广州通海夷道"。这条路线从珠江口出海，经海南岛，出马六甲海峡，横断孟加拉湾，到斯里兰卡，再北抵南印度口。雷州半岛对开海域是必经之路。②在经过象石前往占婆岛时，航向稍偏南或遇台风极易误入西沙群岛。

自唐高祖武德七年（624）至中唐代宗大历七年（772）的148年间，仅粟特诸国通过广州通海夷道遣使唐朝的胡舶就有238艘次，形成常态化。胡舶来华者最大的为独樯舶，能载一千婆兰（约150吨位）；其次为牛头舶，约有独樯舶三分之一大小；再其次为三木舶及料河舶，大小约为牛头舶的三分之一。而唐代经常行驶于雷州与福建之间的粤闽大舶，载重大抵与胡舶的牛头舶相似。

（二）湛江地区与福建之间的海上交通

唐代，湛江地区与福建之间的交通相当频繁。万历《雷州府志》记载，陈听思在唐咸通初年（860）任雷州刺史，"常密遣人随海舶往来于闽，得海夷情形。阅兵防御间，攻其无备，寇不敢至雷，民安之"。③一个"常"字，可知当时雷州与福建之间海上交通已很方便。唐咸通三年（862）夏天，朝廷用兵南方，数万军队集结广州，由湖南供应军粮。由湘江、漓江逆流而上

① 陈立新、张波扬、陈昶编著：《湛江港与海上丝绸之路》，广东经济出版社2019年版，第80页。
② 陈立新、张波扬、陈昶编著：《湛江港与海上丝绸之路》，广东经济出版社2019年版，第76页。
③ 〔明〕欧阳保纂，〔明〕韩上桂、邓桢辑：万历《雷州府志》，书目文献出版社1990年版，第158页。

运粮，任务十分艰巨，因而屯驻在广州的军队缺少粮食。润州人陈磻石建言："臣弟听思曾任雷州刺史，家人随海船至福建，往来大船，一只可致千石。自福建装船，不一月至广州。得船数十艘，便可致三万石至广府矣。"又引刘裕海路进军破卢循故事，"执政是之，以磻石为盐铁巡官，往扬子院专督海运。于是康承训之军皆不阙供。"[1] "有司以和雇为名，夺商人舟，委货于岸侧。"[2] 30 艘船可以轻易从商人处夺得，说明当时这类大船是很多的，而且在海舶吨位中仅算次等而已。

由于航运的发展，唐代湛江地区已建立起督造船舰的场所"偃波轩"。清嘉庆《海康县志》记载，"偃波轩，在南亭溪两侧，明指挥使魏怀信指挥佥事凌晟相继建修，以为督造船舰之所"。

唐代湛江地区的港口众多，各有特色。

铁杷港位于铁杷溪出海口北岸，隋开皇十年（590）于此设铁杷县治（今麻章区湖光镇旧县村），隋唐两代此地均为铁杷县治，是雷州半岛的主要古港之一。

通明港位于武乐水与城月河汇合的出海口，西汉伏波将军路博德在此驻军，唐代雷州窑瓷器输出的主要口岸之一。通明村原名调蛮村，形成于隋，唐代瓷窑集中在其附近。明万历三十七年（1609），续蒙勋任白鸽寨水师钦依把总，携带家眷，驻扎白鸽寨，召集民居，扩大村落，修通渡头大道，增筑桥堤。海路四通八达，调蛮村改名通明村，调蛮与通明同时并称，民众俗称调蛮村。通明村旁通明河岸与铺墩村、余下村、茂胆村、龙道村等，唐代的瓷窑集中于此。

徐闻港即徐闻古港遗址，位于徐闻县西南五里乡的二桥、南湾、仕尾一带。西汉时期已是通往东南亚、南亚的重要的港口。隋唐作为补给港。

沓磊埠位于雷州半岛南部的徐闻县城东南 10 千米处，东距海安港 2 千米，东倚楼墩岭，南临琼州海峡。港湾不远处有一小岛，名黄牛望月墩。明代，朝廷把沓磊辟为驿站。据《海口市志》记载："南宋……在白沙口设星轺驿站，设置渡口，渡过琼州海峡，经徐闻沓磊驿，通衢京都，方便官宦使节往来，传递京师、省城文图。明洪武九年，创建递运所以递送物资、公文

---

① 〔后晋〕刘昫：《旧唐书》卷十九上，中华书局 2000 年版，第 443 页。

② 〔宋〕司马光：《资治通鉴》卷二百五十，中华书局 1956 年版，第 8106 页。

等，还有舟渡往徐闻沓磊驿，配备船 2 只"。①

南浦津埠的范围是从雷州市南渡河的双溪口至雷州城，其间三十里有南浦埠、夏岚埠、大埔埠、麻演埠、麻亭埠、麻沉埠、南渡埠、港头埠、夏江港埠、南亭埠、永安埠、建康埠等，是自汉以来海上丝绸之路位于雷州南渡河两岸的货物集散供给重地的港埠，东通闽粤，南下琼崖与东南亚诸国。

雷州港位于雷州半岛东海岸中部。雷州港兴起于汉唐，位于距雷州城 7 里的南渡河畔，俗称夏江港埠或港头埠，是雷州城最大的货物集散供给的商港，上通郡城，下通南海，可达闽粤琼海至东南亚诸国。

安铺港位于九洲江出海口，原名暗铺。唐代营仔窑头村已出现龙窑，生产的瓷器通过安铺港销往各地。

草潭港是唐代陶瓷疏运商港，在附近下六、酒馆村后山坎，发现两座被毁的唐窑窑址，遗物散布面积约 2500 平方米。

龙头沙港位于廉江车板墟南约 8 公里的龙头沙半岛南端，离凌禄古县城约 4 公里。此港附近发现有唐代长山仔岭龙窑 5 座，交通方便。

梅菉港属内河港，位于吴川（鉴江）水系中下游，从北往南纳窦江、罗江、凌水三江之水，又与东面的梅江、袂花江、三义江等三江汇合，然后流经黄坡、沙角旋归入南海，是鉴江水系陆海河运输的重要枢纽。素以水乡泽国著称的梅菉港市，唐代已出现在梅菉头，原名龙滘，又名铺脚。

芷寮港又名限门港，离吴川县旧县城吴阳南 6 里，纳吴川、凌水、罗水三川之水入于海。相传东汉伏波将军马援南征交趾时，曾重兵驻军限门港。芷寮是海上丝绸之路历代补给港之一。

（三）陆路与海路交通

湛江地区位于祖国大陆的最南端，秦朝兴师征百越，令史禄开灵渠，开辟了中原通往岭南的陆路交通。汉伏波将军路博德受命平南越始设郡置县，开辟海上丝绸之路。雷州半岛属无高山峻岭，为低丘陵和台地，平田沃土，三面环海面坡，海湾众多，港埠星罗棋布，有利于海上商贸，以物博易，形成了历史上陆海交通商贸的重要地位。

1. 陆地交通

自古官道为王政之所尚，湛江地区无高山峻岭，多为低丘陵和台地地

---

① 海口市地方史志编纂委员会编：《海口市志》（上册），方志出版社 2004 年版，第 407 页。

形。官道所经之地皆为沙土坦途，历史的尘埃已封盖，只有志册留其名。调丰银溪南畔的青石上，遗存的深深古车辙，任由历史的狂风骤雨洗礼，至今依然如故，这是一条重要的雷州主官道。

秦朝兴师征百越，史禄开灵渠，汉伏波马援、唐观察使李渤、刺史鱼孟威相继主修。灵渠自秦开凿之后，成为中原通往岭南乃至雷州的重要水道官路。当时贬谪官员赴海南，大致有四条路线：一为从苍梧登陆南下者，经郁南、罗定、信宜、高州、化州、罗州（石城）、新安、林东、东圩（遂城）、迈往、茅亭（调丰）、苏二、平冈、瑞芝、拱辰，到雷州府城、南渡、南兴、调亭、将军、平乐、淳化、英利、遇贤、三笃、濂滨、石门岭（今城北乡石岭村）、北草岭、麻鞋（今南山镇芒海村）乘船往琼州；一为从苍梧下岑溪起程，经信宜、高州、化州、石城、新安、林东、东圩、迈往、茅亭、苏二、平冈、瑞芝、拱辰，到雷州府城、南渡、南兴、调亭、将军、平乐、淳化、英利、遇贤、三笃、濂滨、石门岭、北草岭、麻鞋乘船往琼州；一为从藤县下北流江至容县起程，经杨梅至信宜、高州、化州、罗州、太安、永平、牌后、遂城、迈往、茅亭、苏二、平冈、瑞芝、拱辰，到雷州府城、南渡、南兴、调亭、将军、平乐、淳化、英利、遇贤、三笃、濂滨、石门岭、北草岭、麻鞋，乘船往琼州；一为廉州登陆南下者，经山口、息安、横山、赤凌、桥头、金钗、东圩、迈往、茅亭、苏二、平冈、瑞芝、拱辰，到雷州府城、南渡、南兴、调亭、将军、平乐、淳化、英利、遇贤、三笃、濂滨、石门岭、北草岭、麻鞋，乘船往琼州。为避溪河之阻，皆必经调丰官道之茅亭驿站至雷琼。

唐开元四年（716），张九龄开凿大庾岭通道。大中三年（849）正月，李德裕被贬潮州，途中再贬琼州。其赴琼路线：经大庾岭通道，从潮州乘舟至西江端州登陆南下，经新州、春州、高州、化州、笪桥、新安、林东、东圩（遂城）、迈往、茅亭、苏二、平冈、瑞芝、拱辰，到雷州城，经南渡、南兴、调亭、将军、平乐、淳化、英利、遇贤、三笃、濂滨、石门岭、北草岭、麻鞋等站，再乘船往琼山镇海村烈楼港登陆达崖州。汉唐以降，外籍官员进入雷州主官道，必经茅亭官道。调丰官道车辙至深之迹，古茅亭驿站之名，有力地印证其历史的久远。

史料记载主官道有"十里一铺五里一亭"的设置，有营兵巡管铺亭路段，确保安防。虽历史沧桑，铺亭变故更迭，仍有遗址可考。如今有遂溪县东坡岭、七星岭、调丰、迈往、龙架等地，雷州市附城镇旧铺村、山心村，客路镇仙居圩、山车烟墩。南兴镇擎雷山有一条高陡的深山路，山路南的北山村与水黎村前有一条凹凸不平的青石路通往南兴圩。将军圩是驿站，将军小学西边是将军圩的遗址，有一条青石车辙与将军溪石桥连接。从将军圩往淳化楼，田坑中也有一条青石车辙通向英利圩。

2. 海路交通

西汉伏波将军路博德平南越后设郡建县，雷州半岛属合浦郡徐闻县地。岭南沿海湾港星罗棋布，为开辟海上丝绸之路提供优越条件。湛江地区东有吴川的鉴江，西有廉江的九洲江，中部有雷州的南渡河，三条江河乃海上交通商贸的要道，南出琼崖，东通闽浙，沿江海湾港埠星罗棋布，为海上丝绸之路提供优越的商埠码头。尤其是雷州三面环海，北负高凉，有平田沃野之利，且风帆易顺，雷州城之南7里的夏江港是雷州的商贸大港。雷州城夏江港口是海上丝绸之路上南来北往的商船装卸货物的重要商埠。

海上丝绸之路主要是陶瓷之路，雷州窑是广东三大古名窑[①]之一，按地理位置划分为唐代的雷州通明河区域与遂溪、廉江的西海岸区域。这些区域内分布着雷州窑的200多座龙窑，且面临海湾河流，都设置港埠，利于陶瓷运输对外贸易。雷州窑的产品以青黄釉细冰裂纹实足深腹碗、褐彩陶罐、喇叭高足、豆环底碟、瓷枕等陶瓷器物为主，为陶瓷贸易提供丰富的产品。

唐代，雷州城是雷州半岛政治、经济和文化中心。对外贸易的商埠主要集中在南浦津埠至雷州城夏江港埠。南渡河双溪口的草洋村，古称南浦津。南浦津至夏江港埠，其间有夏岚埠、大埔埠、麻演埠、麻亭埠、麻沉埠、港头埠、夏江埠等埠头，主要货物除了陶瓷之外，还有雷城东西万顷良田生产的稻米、雷葛、南珠、蒲织品、土糖与果实等，以物博易，换回犀角、象牙、珊瑚、琥珀、玛瑙、珠玑、玳瑁、水晶、香药、杂锦等奢侈品。其中，雷州城夏江埠成为对外贸易货物集散的重要港埠，自汉唐以降的千余年中，是雷州半岛对外贸易的海上丝绸之路的"天南重地"。

---

① 广东三大古名窑，即潮州窑、广州西村窑、雷州窑。

第三节　唐代首任雷州刺史陈文玉

唐朝建立后，为巩固加强刚刚建立的政权，采取招抚为主的策略，"量其诚效，授以官爵"。对要州大郡，朝廷控制其官吏任命权，五品以上官由中书、门下委任，五品以下官由吏部选派；偏远小州及少数民族地区的州县官，由所在都督府简择本地豪族、乡贤充任。贞观八年（634），朝廷改东合州为雷州，陈文玉成为首任雷州刺史。

一、陈文玉的生平与贡献

明庄元贞修《雷祖志》是关于雷州雷神的第一本专著。据《雷祖志》，陈文玉（570—638），南陈太建二年（570）出生在齐康县白院村一个猎户家。少时貌相超群，明敏健壮；年长又涉猎书传，具有过人的才智和武功，在当地享有崇高的威望。陈、隋之世，他屡被荐举，都以双亲年老为由拒不出仕。隋亡唐兴，举国底定，但雷州半岛依然动荡不安。唐王朝不断遣派州县官前来，但都举步维艰，难施其政。贞观五年（631），唐王朝荐辟熟谙地方情况又素孚众望的陈文玉为东合州刺史。《雷祖志》记载："州旧有瑶僚与黎诸贼不时劫掠，一闻雷祖刺史，本州诸贼皆惧，遂自相率归洞远去矣。至莅任日，瑶老、僮老复来贡岁方物，求勿捕剿。自是雷无贼患，其教养并行，民皆富庶"。[①] 陈文玉平定傜僚僮侗黎诸族盗匪后，又以文德安抚诸族，刚柔并济、教养并行，瑶僚僮黎诸族和睦共处，化干戈为玉帛，实现了诸族有史以来的大团结。在任期间，陈文玉为政清明，精察吏治，经常巡视境内，了解民情，关心庶民疾苦，调解各族之间矛盾，使辖区内各族和睦相处。

贞观八年（634），陈文玉根据雷州多雷的自然现象，擎雷山、擎雷水的地理环境，雷民崇敬雷神的历史人文，奏请唐太宗改东合州为雷州。"雷州"得名始于此，沿袭至今。

其时，雷州族老向陈文玉提出：州府城乃楚时石城，年久多圮。如此海

---

① 〔明〕庄元贞修，〔清〕刘世馨编纂：《雷祖志》，光绪十一年刻本，雷州雷祖祠藏。

滨天南重地，今经刺史守土治理，振兴政绩懋著。以雷州之名造城，保障屏藩，势所必然。陈文玉认为族老的提议很有道理，遂捐出俸银，作为鸠工之资。开工之日，刺史亲临督造。州民踊跃响应，运石砖，担灰土，挖城基，夯墙体，皆言"自固吾圉"，理应奉献微力，无一人肯领工钱。历经五年的艰苦建造，雷州城终于告竣。《雷祖志》记载："贞观十二年正月十五日，（陈文玉）率文武僚属具题城工告竣。"

《海康县文物志》（初稿）中记述："一九八三年至一九八五年先后在旧参将府及府巷仔等地方发现有铭文的'雷郡城砖'二百多块。砖青灰色，长 35 厘米，宽 24 厘米，厚 4 厘米，侧边有'雷郡城砖'或'郡城砖鼓角楼第八甲'或'雷郡北城天皇楼砖

20 世纪 80 年代发现的"雷郡城砖"

第一甲'等隶字阳文。'雷郡'即海康郡。唐玄宗天宝二年（743）改雷州为海康郡，辖徐闻县、海康县。唐肃宗至德二年（757）改海康郡复为雷州，俗称雷郡。故是砖当唐代遗物，而府巷仔出土之'宪司公堂'篆书阳文砖，规格与砖色近乎前者，则'宪司'（即司法衙署），当亦是时之物。估计唐玄宗天宝或唐肃宗至德年间海康县城又大修一次。"① 志书记载和出土文物都印证，今雷城是唐贞观年间陈文玉建造的古城所在，城址就在今广朝北路一小与陈氏宗祠（党校）之间地带，即战国时楚建筑的石城古遗址。在这一地带还出土有隶字阳文"雷郡城砖北城第一甲""雷郡城砖南城第十甲"等砖及莲花瓦当，应是此时期建造雷城的遗物。据砖中铭文，城分东、西、南、北，规模宏大，布局合理，结构井然有序。明万历《雷州府志·例叙》记载："雷郡，在天下巨鼎中一脔耳。"

---

① 唐代以后，雷州称军、路、府，不称郡，但古人习惯沿用旧称，用"雷郡"称雷州军、雷州府。宪司，唐代是御史台（古代最高监察机构）的别称，宋代指提点刑狱司。

二、陈文玉的影响

陈文玉生于南陈太建二年（570）九月初二日辰时。陈朝南合州（隋改合州，唐贞观元年改为东合州）齐康县（隋初为隋康县，隋开皇九年改为海康县）白院村人，《雷祖志》有记："州西南七里有村曰'白院'，其居民陈氏讳鉷者。"清翰林院编修、兵科给事中陈昌齐撰《雷祖祠序》记述："原其住世则白院陈族之始祖也。"陈文玉自小明敏睿智，诵读诗书经传，过目不忘；精心勤学，恒兀兀于穷年。陈朝后主因淫侈醉乐而亡国，隋朝因炀帝暴虐奢靡而黩武，社会动荡不安。陈文玉壮志难酬，乃以猎耕为生，但他心存敬诚，怀抱孝义爱民之柔情厚意。他往深山僻壤打猎，遇着顽嚣欺负老弱者，爱打抱不平为人伸张正义，并以仁词谆谆导引于做人之理；发现家庭贫困者，乐善好施，济困救贫，广布仁爱之心；见有孤寡老弱之人，给予无微不至的关爱，尊老扶弱，为人忠义厚道；若有乡邻纠纷事项，善于苦口婆心劝解晓之道理，促成和谐言欢，仁德传播乡间。陈文玉秉承"仁、义、礼、智、信"的儒家思想，敏行传统美德。他孝行为先，躬赡父母，乡邻无不钦佩称羡。

贞观年间，唐太宗"重视吏治，慎择刺史"，采取以夷制夷的方略，任用地方贤良治理地方。陈文玉任职八年，勤政于民，巡访州境，敦促百姓发展生产；怀集峒落，促成民族团结，百姓安居乐业。据《旧唐书》载：雷州于唐贞观十三年（639）有户2458；天宝元年（742）有户4320，口20572[①]。他带领百姓兴修水利，开凿那耶（白沙麻扶）沟渠，引罗湖之水灌溉那耶西洋万亩良田；招垦荒地，带领百姓种植稻谷果蔬作物，广开财力殷实仓廪；兴墟市经商，通货物于偏远山乡，惠利庶民于丰衣足食。

陈文玉重师兴教，培育俊秀，启发文风，到宋初雷州已是"闾有塾堂，巷有校室"。清嘉庆《雷州府志》记载："鸿猷伟业，霞灿云蒸，雷虽僻在天末，然列荐牍登贤版者，代固多人。"清朝陈瑸赴任福建古田知县时，作《辞雷祖祠》诗："一炷心香格九天，如公名宦又乡贤。盟衷惟有神知我，出宰方期吏似仙。伯起清标非往事，刚峰强项至今传。倘邀默相循良绩，敬辑

---

① 〔后晋〕刘昫：《旧唐书》卷四十一《地理志》，中华书局2000年版，第1202页。

英灵续旧编。"

陈文玉不费民财自捐俸银，鸠工鞭石建造雷州城，历经五年而功成告竣。雷州的建置与雷城的建造，让陈文玉成为开创雷州历史的一代英杰。陈文玉逝于唐贞观十二年（638）正月十五日，享年68岁。据清嘉庆《雷州府志》记载，唐太宗在诰封中评价陈文玉，"养晦数十年，恶事非君。受职父母邦，德政彰明。为人不凡，为神必显。"统治者多次嘉赐褒封，咸表其德政彰明、功业懋著。陈文玉被后世尊奉为"雷祖"。

三、陈文玉与雷祖祠

雷祖祠在今雷州市附城镇榜山村，称"雷祖古庙"，是为纪念陈文玉而建造的祠堂。

雷祖古庙前身是石牛庙。石牛庙原有石牛碑、黎母碑等十二尊，今只幸存一尊较完整的牛鳄会盟碑。会盟碑石质为砂结岩，刻于战国时期，是楚灭越及"牛"部落、"鳄"部落融合的历史见证。据史志记载，雷州原为骆越族（"牛"部落）居地。公元前671年楚成王熊恽"受命镇粤"，公元前334年楚威王熊商灭越。这两次重大历史事件，成为中原部落南迁的社会背景。大约在这个时期，生活在扬子江的"鳄"部落南迁雷州。经过一段时期的民族冲突与交流，"牛""鳄"部落最终和解融合。[1]

自唐初立庙之后，雷祖古庙历代多有重修。现存主体建筑坐西向东，保持明清建筑风格。正殿居中是雷祖陈文玉，英山"石神"居左，西汉飞将军李广"李神"居右。这与嘉庆《雷州府志》所记"雷祖庙……东塑石神像，西塑汉李太尉像，列为三殿"并无二致。左配殿观音堂，保存有两块唐代佛堂石墩、一块观音菩萨莲花宝座石刻。右配殿三天宫，供奉雷公神、玄堂神和灵官神。雷公神，俗称雷首天君。每年元宵节榜山村举行隆重的游神活动，雷公神作为雷神的部将，带领五雷神将组成的游神小分队进入各家各户。

雷祖古庙建成后，流传下来的庙宇圣显事件众多。据清嘉庆《雷州府志》卷之八《坛庙》记载："雷祖庙，在郡城西南八里英榜山。古记，郡人陈文玉举茂才，为本州刺史，身后神灵显著，州人立祠祀之。旧在东北五里

① 牧野主编：《雷州历史文化大观》，花城出版社2006年版，第103页。

雷祖祠

英灵村，后梁乾化间夜风飘庙宇二梁于英山石神堂西，因徙庙焉。中为雷祖像，附两翼，盖神飞天时然也。东塑石神像，西塑汉李太尉像，列为三殿。置飞来铜鼓三，殿旁设侍从十二躯，应十二方位。左右偏图雷电风雨各司像及电车雷鼓电火等物。殿后为先代祠，殿前崇墀庭下，砌以石栏，栏上五石人跪焉。"即《雷祖志》所载，后梁开平四年（910），"神所收黎贼孟喜等所化也"。据民国《海康县续志》卷六《庙坛志》白院雷祖庙考："贞观十六年诏封雷震王，令郡官备料。即年八月建祠郡城西南隅，夜飓风飞二大栋白院石神座西，知神有择地而居之意，因作庙于斯。至后梁开平四年，黎贼发符孟喜等倡乱，都知司马陈襄伐黎，驻师于庙，屡战不胜，因虔祷出榜招兵，故名英榜山。"通过一系列不断显圣的事件，雷祖在民众心目中的形象愈加神圣。明《枣林杂俎》记："雷之神曰陈文玉，有庙甚威，犯者必死。庙门建二高标，每欲发声，或享祭时，必有红白二鸟飞集标上，怒气勃然，无不沮丧。庙中人云，庙后山有所窟也，皆藏土中，出则行天。其言如此。荣夫曰，一日郊行，忽数夫舁一物至，状类豚，体有斑点文。问之，曰此所谓雷公也……"①

---

① 《续修四库全书》编纂委员会：《续修四库全书 一一三五·子部·杂家类》，上海古籍出版社 1996 年版，第 93 页。

第四节　文化与教育

隋唐是我国封建社会的繁荣时期，湛江地区虽地处边陲，文化、教育也取得了一定的发展。在唐至五代期间，湛江地区尊崇儒学，进一步加快了对汉文化的吸收和融合。

一、尊崇儒学

汉武帝颁行"罢黜百家，表章六经"之旨，"推明孔氏"，使儒学成为传统文化的主流。孔子被尊为万世师表，敬崇备至。唐朝建立后，太宗对儒学采取大力提倡和尊崇的态度。贞观四年（630），太宗下诏各府、州、县设立孔庙，乡设文昌阁，尊孔重教蔚然成风。自唐以降，各州府县设立学宫，塑"先圣先师"孔子像以示朝廷恩典，同时鼓励士子向学，然后衣冠礼乐则彬彬焉。

今遂溪县原有铁杷县，始置于南齐永明中，治所崇礼乡（即今湛江市麻章区湖光之旧县村）。唐贞观年间，铁杷县府遵循诏令，设立学宫，内有青石莲花文塔。自唐贞观四年（630）至唐天宝二年（743）改铁杷县为遂溪县，县治仍在崇礼乡。延至南宋绍兴十九年（1149）遂溪县迁建今遂城，崇礼乡易名为旧县村。清学者陈昌齐提出另一种说法，认为遂溪学宫、徐闻学宫始于宋。南宋时孔庙久经风雨侵袭而渐废。南宋末年，旧县村士民于孔庙之北建置文昌庙，供学子瞻拜。

遂溪学宫遗存青石莲花文塔的部分构件

二、佛教的传入

佛教起源于公元前6世纪至公元前5世纪的古印度。东汉明帝永平十年（67），摄摩腾、竺法兰以白马驮佛经佛像，历尽千辛万苦到达河南洛阳。翌年，明帝建白马寺，请两僧讲经。相传此为中国汉译佛经之始，亦为佛教传入中国内地之始。

南朝梁武帝笃信佛，佛教在南朝大地蓬勃兴盛，至有"南朝四百八十寺，多少楼台烟雨中"。南朝宋末，菩提达摩一行从印度远涉重洋入华传播佛法。他们沿着汉代海上丝路，在海上颠簸了三年，终于到达中国合浦、徐闻至南海。广州刺史萧昂备设东道主的礼仪，欢迎他们，并且上表奏禀梁武帝。梁武帝看了奏章后，派遣使臣到广州迎请。菩提达摩到达金陵（即今南京），因与梁武帝话不投机，遂渡江而去。

雷祖祠内保存梁朝广教寺的莲花石础

之后，菩提达摩转道到达洛阳，下榻嵩山少林寺，面壁而坐，默不作声，静心潜修，不忘形骸，后人称其为"壁观婆罗门"。

菩提达摩在少林寺面壁十年，致力传授"直指人心，见性成佛，不立文字，教外别传"的禅定修行方式，成为禅宗的初祖。经二祖慧可、三祖僧璨、四祖道信、五祖弘忍、六祖慧能等大力弘扬，终于一花五叶，盛开秘苑，禅宗成为中国佛教最大宗门，后人尊少林寺为中国禅宗祖庭。

菩提达摩来华时，沿途传播佛法教义，合浦郡之合州（今雷州）受佛法影响而兴创佛寺。明万历《雷州府志》记载："广济寺，在雷庙之东，梁开山僧了容创建，名曰'广教'。"南朝梁代的雷州已创建有广教寺，开始传播佛教文化。明朝嘉靖间提学魏校诏毁广教寺，尔后就不再复兴，广教寺莲花石础收入毗邻的雷庙内保存至今。雷庙是供奉雷神雷公的庙宇，创建于南朝梁代之前。雷公的诞辰为农历六月二十四日，今供奉万天雷首邓天君，是雷民从敬祭自然雷神进入人神崇拜社会的见证。

隋朝末年，节孝祠创立紫竹庵。唐朝开元年间，在雷城东南隅（调会坊）创建具有一定规模的开元寺，雷州进一步建立佛寺而广开弘法之门。唐天宝二年（743），鉴真和他的弟子祥彦、道兴等第五次东渡日本，因遭受恶劣风浪的袭击，漂泊至海南岛振州（今三亚），返回扬州时经过雷州，住在开元寺开坛讲律授戒，弘扬佛法，促进了佛教在雷州的影响力。唐大历五年（770），开山岫山公在雷城西隅的罗湖（今西湖）岸畔创建天宁寺，弘扬南禅宗农禅并重的修行方式。唐宪宗元和元年（806）建造了天竺庵。唐时还创建了南山净行禅寺，明初并入天宁寺。唐代雷州佛教法门逐步增多，不断促进佛教文化在雷州发展。

1983 年，第二次全国文物普查时，雷州企水镇赏村唐墓中出土青釉褐彩驼纹镂空塔形盖罐。此罐通高 59 厘米、腹围 70 厘米、底径 21 厘米，分罐身、罐盖两部分，呈七级，罐腹分 8 行，堆贴驼头纹，四耳，乃佛教徒骨灰罐。在雷城西南的火炭坡也出土有唐代青釉褐彩驼纹镂空塔形盖罐。开元寺、天宁寺等佛寺也兴建于唐。

雷州赏村出土的青釉褐彩　　　　　雷城火炭坡出土的青釉褐彩
驼纹镂空塔形盖罐　　　　　　　　驼纹镂空塔形盖罐

（一）雷州开元寺

清嘉庆《雷州府志》卷八《坛庙》记载："开元寺，唐时建在南门外调会坊上，有石塔高五丈余。宋末寺废，元天历间重修，寻废。遗址为民居，惟塔巍然屹立。堪舆家谓'文笔蘸墨池，状元联及第'，郡人号是塔为文笔峰。明万历四十年，欧阳保即其地改建启秀塔。"雷州开元寺创建于唐开元年间，是《雷州府志》记载的具有一定规模的佛寺，传授禅宗"禅定"的修行方式。从唐开元时建至元天历间重修，约有 600 年的历史，其间经历了唐、五代、宋、元诸朝。元末兵燹之时，开元寺处于城南外，应是偏僻隅地，或因兵匪扰乱而毁圮，尔后废地为民居住，惟有石

遗存在三元宫内的唐代雷州开元寺莲花石柱础

塔存留至明万历四十年（1612），才为出生于堪舆世家的雷州推官欧阳保辟建启秀塔，人为地改变雷城东面平旷、西边群山叠翠的东轻西重之势，并在塔旁建公馆立文昌会，清康熙年间改建三元宫，宫内庭中保存着唐开元寺的莲花石柱础。雷州开元寺自元朝末期寻废，至今已有 600 多年，其间没有再兴。

（二）雷州天宁寺

唐代，是佛教兴盛的时期，形成佛教三论宗、天台宗、华严宗、净土宗、法相宗、律宗、密宗、禅宗等八大宗派，其中天台宗、华严宗、禅宗、净土宗之临济宗对湛江佛教有很大的影响。

其中，临济宗最早在高雷地区弘法利生。为弘扬禅宗教乘，扩大佛教的影响，岫公始于唐大历五年（770）创建天宁寺，成为禅宗在雷州天宁寺的开山祖。天宁寺初名"报恩寺"，又称"天宁万寿禅"，位于雷城西关外罗湖岸畔。禅宗主张传统坐禅，但发展到六祖慧能时，则不主张传统坐禅的修行方式，而是主张"顿悟"法门。南禅宗形成于唐代盛世，南禅宗教义的主要特色在于把中国"勤劳节俭"的传统美德与禅宗"觉悟"的思想相结合，提出"以农悟法"的农禅并重修行方式，逐步形成农禅制度的法门规章。岫公创建天宁寺，目的是在雷州大力提倡农禅修行的南禅宗教义，扩大南禅宗在天南重地雷州的影响力。他要求僧徒按照"信赖佛教，解悟义理，依教修行，证得圣果"的佛教四说法则，一边参禅学法，一边务农悟法，从中悟

雷州天宁寺

性，坚持修行，以修成正果。南禅系因"禅定""农禅"的修行方式为广大士民所接受而深入人心。岫公又以佛教融合道教与儒学思想，把释、道、儒有机地结合，悟出人生的真谛，符合广大士民"真善美"的人生观，以此促进佛教在雷州的发展。唐代的天宁禅寺，已居于雷州佛教法门的主流地位。

（三）鉴真和尚东渡经雷州之行

鉴真（688—764），俗姓淳于，广陵江阳（今江苏扬州）人，佛教戒律学说造诣高深的大师。

唐开元二十一年（733），日本遣僧人荣睿、普照随遣唐使来我国留学，他们受日本佛教界和政府的委托，延请高僧东渡日本传戒，为日本信徒授戒。天宝元年（742），荣睿、普照到达扬州大明寺，恳请高僧东渡日本传授"真正的"佛教。当时，大明寺众僧"默然无应"，唯有鉴真表示"是为法事也，何惜身命"，遂决意东渡。唐天宝二年（743）至六年（747），鉴真和他的弟子祥彦、道兴等四次东渡日本，由于海上风浪、触礁、沉船、遇难和扬州官府阻拦而失败。天宝七年（748），荣睿、普照再次来到大明寺恳请鉴真东渡。鉴真即率僧人14人和工匠水手等共35人，从崇福寺出发，第五次东渡日本。为等顺风，出长江后鉴真一行在舟山群岛一带停留了数月，直到11月才能出海。在东海上，遭到恶风怒涛的袭击，在海上漂了14天。鉴真一行上岸后，发现已漂流到海南岛的振州，幸得振州冯太守接济，在大云寺逗留一年多，后由冯派800名士兵护送，舟车劳顿，辗转登陆雷州。

鉴真一行到达雷州府城后，被开元寺僧众迎入开元寺居住。日本作家井上靖在其《天平之甍》中写道："鉴真一行跳上暌别已久的大陆土地，从雷州经罗州（今廉江）等地，再由梧州溯桂江到始安郡治桂林"。鉴真被雷州开元寺僧侣的盛情接待所感动，即为僧侣讲解佛经，传授戒律义理，为雷州佛教的发展奠定了基础。

（四）佛教文化的特点及影响

雷州自古信佛者众，各地多建有寺庵，遗存有古迹与文物。明万历《雷州府志》记载："广济寺，在雷庙之东，梁开山僧了容剙建，名曰'广教'。"南朝梁代开山僧了容创建广教寺，开始传播佛教。隋朝末年，续和创建节孝祠于雷城南关角，后皈依佛门为沙弥尼，改节孝祠为庵。唐代，尼本明、觉务、觉应法师住持重修，改名"紫竹古庵"。

唐大历五年（770），开山岫公创建天宁寺，如今仍然保存着唐代的莲花石础建筑构件，物与方志相合，有力地见证天宁寺的历史。元和元年（806）创建天竺庵。天竺庵地窖中出土过一尊多重叠莲花座的释迦牟尼佛宝像，这尊佛像腹中珍藏一幅锦葛朱砂书《心经》，书上模糊的字迹可见署名的"天"字派。另有一盏长明灯。珍贵的遗存是研究与认定天竺庵历史的重要文物。有唐一代，雷州不断扩建寺院，传播佛教义理，逐步推进佛教在雷州的发展。

自梁、隋、唐以来，雷州的佛教主要是禅宗，六祖慧能在韶州（韶关）曹溪创立南禅宗。他的禅学使佛经教义简单化、通俗化，容易为社会各阶层人士所接受。唐代南禅宗在雷州致力于"顿悟"法的传授，为雷州佛教寺庵推行农禅并重的禅修方式提供了佛法理论依据，有力地推进雷州佛教的发展。

三、民间风俗

（一）雷神崇拜

对湛江地区而言，瓯骆族群诸多自然崇拜中，雷神崇拜影响最大。古人对雷神的崇拜，源自多雷的自然环境与对祖先的纪念。

雷州地处热带，日照猛烈且时间长。雷州半岛地形呈龟背形，三面海风都很容易吹刮至半岛的腹地。雷州地表覆盖着颜色偏深的玄武岩和砖红壤，更容易吸收太阳辐射，产生强烈的空气对流，形成雷击。这一现象古人早有觉察。中唐李肇《国史补》云："雷州春夏日，无日无雷"。晚唐任高州刺史的房千里在《投荒杂录》中亦谓："唐罗州之南二百里，至雷州，为海康郡。雷之南濒大海，郡盖因多雷而名焉，其声恒如在簷宇上。雷之北，高亦多雷，声如在寻常之外。"北宋沈括《梦溪笔谈》也称："世传雷州多雷，有雷祠在焉，其间多雷斧、雷楔。"也正是由于雷州多雷，因此雷州早有雷神崇拜的习俗。晚唐昭宗时做过广州司马的刘恂在《岭表录异》中说："雷州之西雷公庙，百姓每岁配连鼓雷车。有以鱼彘肉同食者，立为霆震，皆敬而惮之。每大雷雨后，多于野中得霹石，谓之雷公墨。叩之铿然，光莹如漆。又如霹雳处，或土木中，得楔如斧者，谓之霹雳楔。小儿佩带，皆辟惊邪，孕妇磨服，为催生药，必验。"至迟在唐朝，已有文人根据民间传说将雷神的事迹用文字记录下来。屈大均对雷州之所以盛行雷神崇拜有如下之理解："雷州乃炎方尽地，瘴烟所结，阴火所熏，旧风薄之而不散，溟海荡之而不开，其骇气奔激，多鼓动而为雷，崩轰砰嗑，倏忽不常，故雷神必生于雷州，以镇斯土而辟除灾害也。"指出了雷神的产生与雷州的风土人情之间的密切关系。

雷州多雷，先民认为雷是自然界的主宰者，雷声是万物的福音，雷是生命之源，因此对雷既崇拜又敬畏，陈文玉的诞生就有"雷霹卵"神奇之说。

屈大均《广东新语·神语》记载："岁之二月，雷将大声，太守至庙为雷司开印；八月，雷将闭藏，太守至庙为雷司封印；六月二十四日，雷州人必供雷鼓以酬雷神，祷而得雷公之墨"。雷州人一年中"二月开雷"、"六月酬雷"、"八月封雷"的三次敬祭雷神与农耕时期先民的集体心理相关。进入稻作农业时代，先民祈盼稻作农业丰产。二月之春雷鼓动大地复苏，雷州先民举行开雷礼，祈祷雷神赐予一年风调雨顺，保障农作物丰产。六月二十四日是雷公的诞辰，也是夏收的季节，先民"必供雷鼓以酬雷神"兼庆祝丰产。八月谷物归仓，一年辛勤劳作已有所获，雷也回归大自然。雷州先民举行封雷祭祀典礼，答觎雷神，慰藉自我。

原始思维和对自然物的崇拜，创造了雷神的形象："人身牛头，黑面勾鼻，鸟嘴圆目，额角竖发，左手举斧，右手持凿，威武而强悍。"先民兼容多元文化，把崇敬的祖先与自然雷神合而为一，使之人格化。雷公成为万天的雷首，雷首公的宝像人格化，赫脸怒目，勾鼻鸟嘴，左手拿斧，右手举凿，传承了先民对自然雷神的意象。先民在鹰山（地形似展翅的雄鹰）建立雷公庙，奉为至尊。

雷首公宝像

伴随雷神崇拜产生的还有雷傩舞。在古代，先民无法科学解释雷电的产生，对自然雷神产生敬畏意念。雷鸣电闪，他们即跪求宽恕；雷发雨至，他们欢呼跳跃。把这些动作拼凑演绎成一套完整的敬祭仪式，即形成雷傩舞。

道教传入雷州后，先民将对雷神的崇拜具体化为设立庙宇供奉、祭祀。附城镇榜山村有一座雷祖古庙，原先是石牛庙，现庙中保存有一块砂岩石碑。碑的一面阳刻牛头纹，另一面阳刻鳄鱼纹。上古时代，雷神的形象接近牛。古人还往往把雷神同石、龙联系在一起。《山海经·海内东经》记述雷泽中有雷神，状如牛。《广东新语》中有："郁溪云：'天地之初，雷起于地，中则起于水，过中则起于石。'起于石，雷之最迅烈者，故曰'介于石，不终日'。介者，言乎雷起于石之介也。""石为雷，而龙常生石中，龙之生即雷之生也。雷以石为胎，其起也破石而出"。[1] 雷从石出，石牛图纹是人们蒙昧的思维对雷最早认识的原始图腾形象，鳄鱼也是最早的龙形。可见砂岩石碑上的牛与鳄的图形纹，是先民对雷龙崇拜的原始图腾符号，石牛庙是先

---

① 〔清〕屈大均：《广东新语》卷六《神语·雷神》，中华书局1997年版，第200页。

民对雷龙的原始思维认识的载体。

古代的雷州人崇拜自然雷神，雷的气魄化育着雷民，创造了雷文化，成为雷州传统文化的重要组成部分。随着社会文明的发展，外来文化不断涌入，但雷崇拜的文化仍通过种种民俗活动得到传承。如雷傩舞、雷坛斋等，都是雷神崇拜演绎的民俗信仰活动。透过这些民俗活动，可以看到上古时代先民对自然界所发生的怪异现象产生的原始思维，领略先民淳朴的情感、尚勇的气魄与奋争的精神。

（二）雷州石狗

雷州石狗是目前所发现的仅存于雷州地区的石刻艺术。散布于雷州民间的石狗有 1 万多只。雷州石狗之多，在全国一枝独秀。

雷州石狗起源于犬图腾崇拜，是图腾崇拜的产物。至唐代，湛江地区居民奉祀雷祖之时亦奉祀石狗，石狗被神像化。这标志着石狗功能从"图腾崇拜"向"呈祥报喜"的转变。据《雷祖志》记载，陈文玉的出生与狗密切相关，使石狗被视为"呈祥灵物"。旧时在雷祖古庙里挂有一块"九耳呈祥"牌匾，以志不忘雷祖的降世得助于狗的"先知先觉"。通过民俗手法为石狗信仰传播无形理念，雷州石狗信仰由此具备了广泛的社会基础。

雷州遗存造型最大的石狗

唐代石狗造型，也从过去的粗犷古朴、形简神肃、昂首朝天，向强调生殖器的刻画，注重结构、线条的表现转变，反映出祈子赐福的淳朴民俗。南朝至隋初，湛江地区俚人响应冼夫人倡议，迁往海南岛。南迁而来的闽南人带来汉族文化，石狗躯体纹理上已经出现了明显的类似汉雕石狮的图案。随着佛教文化在湛江地区的传播，雷州石狗的造型也加入了狮子、麒麟等富贵吉祥的形象与祥云、惠风、赤绳等纹饰，更具艺术性。

（三）雷州换鼓①

"雷州换鼓"出自明末小说集《警世通言》中《乐小舍拚生觅偶》：

> 从来说道，天下有四绝：却是雷州换鼓、广德埋藏、登州海市、钱塘江潮。这三绝，一年止则一遍；惟有钱塘江潮，一日两番。②

由于资料的缺失，对于何为"雷州换鼓"，产生了多种说法。有研究者认为，雷州换鼓即"到雷州去换鼓"。雷州并不是全国唯一产铜鼓的地方，但凭借天下独绝的雷神，得以吸引外地人士到雷州去换鼓。唐宋时期，雷州雷神天下闻名，广西少数民族的民歌、供奉的神灵、巫师的经文多见雷州雷神、雷州庙、雷州案。湖南衡阳、岳阳等地的瑶族有香火龙崇拜，传说这是为了纪念五海龙王，便在瑶山雷州府建立了一座雷州庙。云南瑶族祭祀歌《雷王歌》也歌唱雷州的"雷公"："雷王住在雷州庙，功曹得状去传声。"湖南、湖北等地区还出现了"铜鼓出在雷州府"的观念。湘西保靖县《请神歌》唱道："挖土锣鼓先请锣，锣儿出在苏州河……请了锣来又请鼓，鼓儿出在雷州府。"湖北土家族的《送锣鼓神歌》则是："送了边工神，再送锣鼓神。鼓儿送往雷州府，锣儿送往襄阳城。"可见，唐宋时期，雷州雷神的名声已传至广西、两湖、云南地区。

雷州雷神既有如此的威名，而铜鼓是雷州人民敬酬雷神的媒介，要想求雨灵验，必然借助雷州雷神的灵异，于是雷州的铜鼓就有了天下独绝的威名，甚至在小说《说唐》③中也有所反映。

---

① 本部分主要参考张应斌《雷州雷神之谜：广东古越人文化寻踪》，暨南大学出版社2015年版，第118—126页。

② 〔明〕冯梦龙：《警世通言》，岳麓书社2019年版，第217—224页。《警世通言》是明末文学家冯梦龙纂辑的白话短篇小说集，与冯梦龙的另外两本小说《醒世恒言》《喻世明言》，被后人合称为"三言"。《警世通言》收录了宋、元、明时期话本、拟话本共四十篇。题材包罗万象，婚姻爱情与女性命运、功名利禄与人世沧桑、奇事冤案与怪异世界交织，集中呈现了"三言"的思想、艺术的特色与成就。

③ 《说唐》是清代长篇章回体英雄传奇小说，以瓦岗寨群雄风云际会为中心，铺叙自北周武帝灭北齐、隋文帝平南陈，到唐李渊削平群雄、李世民登极称帝为止，主要叙述瓦岗寨好汉聚义反隋、辅唐开国的故事。

程咬金道："这也罢了，只是败了杨林，岂不是孤家福星齐天么？秦王兄，你可领孤家的旨，去雷州取龙凤鼓。"秦叔宝道："领旨。"……秦叔宝从雷州取鼓回来，远远见有人马正在扎营，吩咐从人将龙凤鼓藏在树林之中……①

明庄元贞修《雷祖志》记载：

至贞明三年九月间，空中飞来铜鼓一对，制高四尺五寸，围大丈余，革形金质，中空无底，剑垂四悬，欵制奇古，隐隐若卦文绕身，如纹如罗，扣之渊渊，若雷霆震。富者以金银为大钗，执以扣鼓，竟以遗庙祝，则增其禄。贵者以金银为大钗，执以扣鼓，竟以遗庙祝，则加其官。此铜鼓钗之所由名也。又联飞铜钟一对，围大八尺，高四尺五寸，身亦华美，声闻十里有奇。

及元皇庆二年，又飞铜鼓一个入庙，其制高三尺四寸，径四寸余，形模圆广，精巧完全，声闻十里有奇。历至延祐四年，岁次丁巳春，海康旱，嘉谦大夫、海北海南道肃政廉访使余琏……祈祷而雨应。夏又旱，再祷三日，岁乃大熟。有司以其精请于上将表章而褒赐之，未及，至泰定而褒封焉。

清嘉庆《雷州府志》卷十九《古迹·铜鼓》记载：

铜鼓有三，在英灵庙，古时飞来，围径五尺许。高亦如之。在左者面边蟆六，右者蟆五。其旁皆有两耳。每耳又分而二之。耳下有一兽，首反俯下足，尾入于郭。左者土花剥蚀，右者质理莹然，如碧玉。其面稍廉，中心微拱而平。其晕有十二圈，晕各一声。晕中夹平绨如波纹。两圈作连钱文。旁纹人字如莞簟。其绨作雷纹、方斗纹，色翠绿彻骨，有一线丹气。午后乘阴苍润欲滴，午前象褐色稍淡。蚀处如蜗篆。

---

① 〔清〕鸳湖渔叟校订：《说唐全传》，上海古籍出版社 2010 年版，第 182—183 页。

《广东新语》卷十六《器语·铜鼓》记载：

> 雷人辄击之以享雷神，亦号之为雷鼓云。雷，天鼓也，霹雳以劈历万物者也。以鼓象其声，以金发其气，故以铜鼓为雷鼓也。

蜗篆即云雷纹，雷纹、方斗纹、云雷纹铜鼓是敬祭雷祖酬神的重器。雷州地区出土的铜鼓多为云雷纹铜鼓。

根据资料，雷州换鼓的过程大致如下：（1）每年六月之前，雷州铸造新的雌雄铜鼓，为换鼓做准备。（2）六月二十四日前，各地拜祭雷神的巫师将旧铜鼓送回雷州。（3）每年六月二十四日（雷州雷神生日），在雷州雷神庙中举行祭祀雷神、祈求新鼓的大典。在仪式上，首先向雷神献上新鼓；其次，诵道教经典，请求雷神赐予新鼓符篆和威力。（4）取得新鼓后，各地巫师离开雷州，返回原籍。

雷州人用铜鼓敬酬雷神应延续至五代。这是因为五代后，中原避乱之人与闽南人大量迁雷，雷州俚僚傜苗黎人一部分汉化内属，一部分迁徙海南、广西、云南等地，善于铸造铜鼓的俚僚人远徙他方，雷州不再铸造铜鼓。至南汉以后，当地不用铜鼓敬祀雷神，改用布鼓敬酬雷神。

（四）石刻工艺

湛江地区的台地按岩性分有花岗岩台地、砂页岩台地、变质岩台地、红层台地、湛江组和北海组台地及玄武岩台地等六种。其中花岗岩、变质岩、湛江组和北海组的台地面积均居全省首位；而玄武岩台地为广东省所特有，面积3136平方千米，石材矿产资源丰富。

湛江地区花岗岩分布范围广，主要分布在今廉江市塘蓬、长山、青平，湛江市区官渡、龙头，吴川市塘塱、黄坡、中山一带，面积约3000平方千米，资源储量超过3亿立方米。花岗岩适合开采作建筑石料和雕刻石料，塘蓬、长山一带花岗岩、混合花岗岩花色品种较好，荒料率较高，适于加工制造中等建筑板材。雷州半岛是玄武岩、凝灰岩分布最广泛的地区，面积达5000平方千米。玄武岩俗称青石，在古代既可应用于建筑石料，也可雕刻成人物、动物、日常用具等。

早在7000多年前，生活在雷州半岛大地上的先民已制造出石斧、石锛、砺石、敲砸器、穿孔石器、束腰石网坠等，开始有了辉煌灿烂而又奇特的石雕石刻文化。

雷州市博物馆收藏的一座石雕女人像，材质为玄武岩。造像大腹便便，应是一名孕妇，呈坐态，两耳垂肩，口微张，脸部表情慈祥，四肢粗壮。据民俗专家考证，此为雷州先民膜拜的生育女神。年代可能为汉。①

到唐朝时，湛江地区的石刻工艺有了进一步的发展，石刻品种更加丰富。除了常见的石狗，石龟、石狮、石猫、石羊、石虎、石猴、石麒麟、石螺、石鼓、石础等石刻物层出不穷。

由于佛教的传入和发展，佛教艺术作品在石刻中占有相当的比例，如石狮。狮子非中国特产，狮子形象始于汉代，常与莲花一起，成为佛教的象征。雷州半岛现存石狗，按造型分为两类，

汉石雕女人像

一类为真正的石狗，约见于唐；一类为石狮，有西域风格，出现时间比真正的石狗要早，是东汉狮子的汉式"形象派"作品，可视为早期佛教传入雷州半岛的物证。

这一时期的人像石刻技术也达到较高的水平。雷祖祠现存石人像四座，每座高约 94 厘米。这些石像刻于后梁开平年间。民国《海康县续志》记载：后梁开平四年（910），黎族首领发符孟喜起事，钦差都知司马陈襄率兵平黎大胜，"置五石人跪于庙庭"。石人形象简洁，以极洗练的手法表现神态，是既罕且贵的石雕工艺品。

---

① 湛江市第一次全国可移动文物普查办公室编：《湛江珍藏 湛江市第一次全国可移动文物普查精品图录》（下），河北美术出版社 2017 年版，第 138 页。

雷祖祠中五代石人之一

第五节　豪族势力的衰弱与流人谪官的南来

一、豪族势力的衰弱

唐初，统治者对岭南地区的豪族冯氏采取羁縻政策，保留了他们的特权与统治地位。

唐武德六年（623）四月，高州首领冯暄与南越州（今广西合浦）刺史宁道明俱反，占领南越州，进攻姜州（今广西合浦西），合州局势严峻。冯氏家族失去唐高祖的信任，冯智戴受引长安为人质，除名智戴合州刺史，委任宁纯为合州刺史。宁纯率领合州官民抗击叛乱。不久，宁道明被州人所杀，冯暄与另一名叛乱者产生矛盾。武德九年（626），唐太宗遣使"持节宣谕"。之后冯暄归顺了唐朝，南方遂定。①

唐太宗晚年逐渐改变政策，开始削弱冯氏势力。到武则天时期，冯氏被抄家。经此变故，南朝以来岭南头号豪族便一蹶不振。高力士、杨思勖等出身豪族者，被迫入宫为宦官，即是豪族势力衰弱的一种表现。

（一）高力士

高力士（684—762），本名冯元一，祖籍潘州（今广东高州），唐代著名宦官，洗夫人第六代孙。曾祖冯盎、祖父冯智玳、父冯君衡，曾任潘州刺史。

唐长寿二年（693）因岭南流人谋反案，年幼的高力士被阉割，圣历元年（698）被岭南讨击使李千里进奉入宫。武则天嘉赏其聪慧机敏，年幼仪美，让他在身边侍奉，后因小过，被鞭打赶出。宦官高延福收为养子，改为高姓。高延福出自武三思家，高力士于是往来于武三思宅第。一年后，武则天复召其入宫，隶属司宫台，官府供给粮食。高力士身长六尺五寸，天性谨慎细密，擅传诏令，授官宫闱丞。

景龙年间，李隆基在藩国，高力士倾心侍奉，获得李隆基恩宠相待。唐隆元年（710），李隆基平定韦后之乱有功，被立为太子，李隆基便表奏力士进入太子内坊局，每日侍奉左右，授以朝散大夫、内给事。李隆基即位后，高力士参与诛杀萧至忠、岑羲等人有功，破格授官银青光禄大夫，任内侍省同正员。开元初年，兼任右监门卫将军。

因为忠心、谨慎和能干，高力士越来越得玄宗宠信和重用。有一段时间，百官的奏表，皆先呈送高力士，然后再上奏，有些小事则他自行处理。高力士成为风云人物，朝臣"若附会者，想望风采，以冀吹嘘，竭肝胆者多矣"。诸如宇文融、李林甫、杨国忠、安禄山、高仙芝等，皆"因之而取将相高位，其余职不可胜纪"。唐宗室也都怕他三分，太子与他称兄道弟，诸王、公主称他"阿翁"；至于驸马之辈，皆称他为"爷"。

天宝初年，高力士加官冠军大将军、右监门卫大将军，晋爵渤海郡公。天宝七载（748），加官骠骑大将军。高力士家资殷实丰厚，非一般王侯所能比拟。其于来庭坊建造宝寿佛寺，于兴宁坊修建华封道士观。宝殿珍台之宏

---

① 〔宋〕欧阳修、宋祁撰，陈焕良、文华点校：《新唐书》，岳麓书社1997年版，第3975页。

富，与国力相当。其于京城西北截取滻水建造碾坊，五轮同转，每日可碾三百斛麦子。当初，宝寿寺大钟铸成，高力士斋祭以庆祝，凡击钟者，敲一下给百千钱；有顺从其心意的，敲到二十下，少的也有十下。此后又有华州袁思艺，特别承蒙玄宗恩宠。然而高力士乖巧谨慎，人皆喜欢；袁思艺骄狂倨傲，人皆疏远惧怕。

天宝十四年（755），玄宗设立内侍省，有内侍监两名，官阶正三品，由力士、思艺分别担任。李隆基逃往蜀地，袁思艺跑去投靠安禄山，高力士则侍奉李隆基至成都，晋爵为齐国公。翌年，太子李亨在灵武登基，遥尊李隆基为太上皇，不久将李隆基迎接回长安。高力士因护驾有功，加官开府仪同三司，赐实封五百户。

上元元年（760）八月，李隆基移居太极宫甘露殿，高力士与宦官王承恩、魏悦等人，因侍从李隆基登长庆楼，被李辅国设计陷害，流放黔中道。高力士行至巫州，见其地荠菜多而人不食，感伤不已。

高力士一生忠心耿耿，累官至骠骑大将军、开府仪同三司，封齐国公。后人誉为"千古贤宦第一人"。宝应元年（762）三月，得知李隆基驾崩，高力士北望号啕痛哭，吐血而死。唐代宗李豫因他是耆宿长辈，曾护卫先帝，追赠扬州大都督，许陪葬于泰陵。

（二）杨思勖

杨思勖，字祐之，生于永徽五年（654），卒于开元二十八年（740）。罗州石城（今广东廉江）人，是有唐一代的重要人物，《旧唐书》《新唐书》均有传。据张说《颍川郡太夫人陈氏碑》，杨思勖的母亲是"雷州大首领陈玄之女，罗州大首领杨历之妻"，于开元九年（721）去世，赠徐国夫人。[①]

按杨思勖墓志铭与《杨思勖传》，杨思勖本姓苏，其高祖、曾祖、祖父、父亲皆为罗州大首领，杨乃其养父（宦官）之姓。

景龙元年（707），太子李重俊发兵诛杀武氏集团首领武三思，企图逼中宗退位。思勖保护中宗脱险，为平定兵变立下功劳。唐隆元年（710）六月，李隆基发动政变，杀韦后及其党羽，拥李旦重登帝位。杨思勖因参与政变有功，被李隆基倚为心腹。

---

① 〔清〕董诰：《全唐文》卷二百二十七，上海古籍出版社 1990 年版。

开元十年（722），安南蛮渠首领梅叔鸾等起兵反叛，自称"黑帝"，聚集了32州的兵马，外结林邑（今越南中南部）、真腊（今柬埔寨）、金邻等国，占据海南。40余万人围攻各州郡县，攻陷安南府（治今越南河内）。岭南按察使裴佃先奏章飞报朝廷，唐玄宗立即派遣杨思勖率兵进讨。杨思勖到达岭南后，招募首领子弟10万人，和安南都护府（治所在今越南河内，辖境包括云南的一部分，南及越南河静、广平省，东至广西西部等地）大都护光楚客一起，沿着东汉伏波将军马援所开辟的故道，由合浦沿海而进，随山开道，出其不意，攻其无备，杀向叛军。梅叔鸾闻听朝廷大军杀至，惊恐不安，束手就擒。杨思勖将他临阵斩首。其他叛乱分子见首领被杀，群龙无首，不战而散。杨思勖率领讨逆大军，将叛军杀得血流成河，尸积如山，尽诛其余党而还。招募的十万子弟，主力来自罗州及雷州。

开元十二年（724），五溪（今贵州、湖南交界处）蛮首领覃行章叛乱。唐玄宗再令杨思勖为黔中道招讨使，率军六万前往镇压，结果生擒覃行章，斩叛军三万余人。杨思勖以军功升任辅国大将军，俸禄、仆人均按二品官员待遇。按唐制，宦官品级不得超过三品，唐玄宗将他提升为二品，已是破格。唐玄宗采取宽大政策，赦免了覃行章的罪行，让他当洵水府（在今陕西商县境内）别将（从七品）。十一月，唐玄宗东封泰山，杨思勖因护驾有功，晋升骠骑大将军（唐代为从一品），被封为虢国公。

开元十四年（726）正月，邕州（今广西南宁）封陵峒僚人首领梁大海，率部攻占宾州（今广西宾阳县南）、横州（治所在今广西横县南）等地。二月，唐玄宗下诏让杨思勖率军镇压。经过长途跋涉，数月苦战，终于在十二月将叛乱平息，俘虏梁大海等3000余人。

开元十六年（728）正月，春州（今广东阳春）、泷州（今广东罗定）等地俚僚首领陈行范，广州大首领冯璘（又称冯仁智）、何游鲁联合起兵，攻陷四十余城。陈行范在泷州称帝，何游鲁称定国大将军，冯璘称南越王。唐玄宗再命杨思勖率军进讨叛乱。十二月，杨思勖率军到达春州后，将何游鲁、冯璘擒获，并斩首示众。陈行范见势不妙，便逃窜到深州云际（罗定西南）、盘辽二峒。杨思勖率部穷追不舍，生擒陈行范，将其斩首，并缴获马匹、金银、玉石数以万计。

杨思勖是一个充满争议的人物，他一生南征北战，为维护国家统一，开创大唐开元盛世立下了汗马功劳，堪称大唐的伏波将军；一方面又因性格凶狠，常以残忍手段对待俘虏而遭人诟病。据墓志记载，杨思勖一生"斩级二十万，京观八十一"。京观是用敌人头颅修成的高台，可见杨思勖杀伐之多。

1958年，陕西西安南郊等驾坡村发现了杨思勖墓，出土了大理石妆彩贴金武士石俑，其神色刚毅威猛，手握一刀，身佩一刀。石俑当是杨思勖形象的写照。[①]

二、流人谪官的南来

（一）唐代雷州刺史

武则天之后，岭南地区豪族势力虽有反复，但已无力对抗中央政权。朝廷逐渐掌握了对岭南地区地方官员的任免权。从有史记载的张采开始，雷州刺史都由外省人员担任。雷州在唐朝为下等州[②]，因而史籍中对雷州刺史的记载也较少。涉及政绩者，更是少之又少。

1. 张采

张采，曲江（今广东韶关）人，万历《雷州府志》记其祖父为张九章。张九章是玄宗朝名相张九龄（678—740）的三弟，初为广州南海县令，累迁至岭南经略节度使。根据《新唐书》所载，张采非张九章之孙，而是他的第五个儿子。张九章的二兄张九皋生于武则天天授元年（690），则张采生于开元年间（713—741）的可能性较大。张采以明经任雷州刺史，政尚宽宏，有古循吏良风。

2. 柳仲郢

柳仲郢（？—864），字谕蒙，京兆华原（今陕西铜川耀州区东南）人。"父公绰，累官兵部尚书，有忠孝大节。仲郢，元和末进士及第，为校书郎，牛僧孺辟置幕府，叹其有父风。"柳仲郢少年时勤读经史，对《史记》、《汉

---

① 张应斌：《雷州雷神之谜：广东古越人文化寻踪》，暨南大学出版社2015年版，第7页。

② 开元十八年（730），唐王朝按户口多寡定各州为三等：4万户以上为上州，2.5万户以上为中州，2万户以下为下州；边远地区3万户以上为上州，2万户以上为中州。县也分为三等；6000户以上为上县，3000户以上为中县，3000户以下为中下县；边远地区5000户以上为上县，2000户以上为中县。

书》及魏、晋、南北朝史做过深入研究，不仅熟读，而且手抄，与所抄其他经史三十多篇，合辑为《柳氏自备》。柳仲郢所著《尚书二十四司箴》一书得到著名文学家韩愈的赏识，从此声名大振。

唐宪宗元和十三年（818）进士擢第，初任秘书省校书郎，后任"监察御史，迁户部尚书，封河东县男，为山南西道节度使"。唐武宗李炎命令柳仲郢裁减冗官，他"条理旬日，减一千人员，时议为惬"，迁谏议大夫。

柳仲郢得宰相李德裕器重，被擢为京兆尹。当时的长安，已是一个人口众多、达官显宦集中、富商大贾云集的大都市，商业贸易发达。他出任京兆尹后，政令严明，以法治市。为了管理好东市和西市两大市场，颁布了市场规约，设置了标准计量器具，以监督那些短斤少两、坑害顾客的不法商贩。有一北司官吏在市场仗势欺人，买粟违犯了条约，他立即下令处罚。有一神策军小将纵马在市场横冲直撞，他令手下人当众杖杀。武宗责问他为何擅杀。他说："神策军校在闹市跃马，此乃轻陛下法典，不独试臣。臣知杖无礼之人，不知打神策将军。"当时的神策军仗势横行，地方官无人敢管，柳仲郢杀一儆百，使京城秩序从此安定，无人敢违犯条令，受到百姓称赞。中书舍人纥某控诉表甥、禁军小校刘诩殴打生母，仲郢不待奏下，便将刘杖杀。为此受到北司所谮，被改为右散骑常侍，权知吏部铨事。唐宣宗即位，李德裕被罢相，柳仲郢亦被出为郑州刺史。周墀入朝为相，知仲郢善治，擢为河南尹。月余，又召入拜户部侍郎。周墀罢相，他被左授秘书监。数月，复出为河南尹。在任以宽惠为治，安抚流民，救济贫寒，政声传闻。有人问他为何不同于在京兆之治，他说："京畿重地，弹压为先；郡邑之治，惠养为本。"唐大中（847—859）中期，转任梓州刺史、山南西道节度使。南郑县令权奕贪赃枉法，贿赂朝中权贵，前几任节度使无可奈何，仲郢责其有罪，将其诛杀，因而坐贬雷州刺史。

柳仲郢贬任雷州刺史，"至郡留心民隐，出所抄经书训士夫。"[①] 他勤政爱民，下民间访贫问苦，严肃政纪，体恤民生。同时，把儒家经典的义理向学子讲解。士民在雷州城以"柳絮巷"之名纪念柳仲郢，至今犹存。不久，"几迁太子宾客，分司东都"。大中十二年（858），罢节度使职务，任虔州

---

① 〔明〕欧阳保纂，〔明〕韩上桂、邓桢辑：万历《雷州府志》卷十五《名宦志》，书目文献出版社1990年版。

刺史。数月，以检校尚书左仆射充东都留守。后任郓州（治今山东东平县西北）刺史、天平军节度观察等职，改任刑部尚书。唐懿宗即位，在镇五年，召入为吏部侍郎，改兵部侍郎，为天平节度使，转任兵部尚书，加授金紫光禄大夫。相传柳仲郢每迁任，"鸟必集其第，五日乃散，及天平，鸟不复集"，咸通五年（864）卒于镇。

柳仲郢幼年嗜学，及长，则善于写文章。自称本人不读非圣贤之书，曾手抄"九经"、"三史"与司马迁、班固、范晔等人所著史书及魏晋以来南北史等书凡30篇，集为《柳氏自备》。旁录《瑜伽》《智度大论》等佛、仙、道经书甚多，皆以精楷字录之。藏书之处在长安，后迁至洛阳，藏书达万卷以上。著有《尚书二十四司笺》和文集30卷。

3. 陈听思

陈听思，润州（今江苏镇江）人。咸通初年（860）任雷州刺史。临政善断，以才能称著。曾稽询海道，常密遣人随海舶往来福建，因而了解沿海海寇情状。经常阅兵以防海寇，间或攻其不备。海寇不敢进犯，雷州百姓得以安居。唐之世，雷州为下等州，所置刺史见于纪传有政绩者，除了张採，只有柳仲郢、陈听思二人而已。

4. 韦保衡

韦保衡，字蕴用，京兆人。咸通五年（864）登进士第，咸通十年（869）娶懿宗女同昌公主，官至宰相。咸通十一年（870）八月，同昌公主病逝，韦渐失势。咸通十三年（872）五月被贬为雷州刺史，寻贬澄迈县尉，再贬雅州，后被赐自尽。

（二）雷州司户参军

唐制，州设司户参军事（简称司户参军），负责掌管户籍、计账、道路、重要关口、徭役、婚姻、诉讼等事务。上州置二员，从七品下；中州置一员，正八品下；下州置一员，从八品下。

在唐朝，担任过雷州司户参军一职的计有李邕、崔彦融、元琇等。三人均是以贬谪之身出任此职，因资料缺失，也无从得知他们在雷州时的更多事迹。

1. 李邕

李邕（678—747），唐代名书法家，亦善诗文，与李白、杜甫、高适等都有交往。李白作有《上李邕》，中有名句"大鹏一日同风起，抟摇直上九万里"。

李邕天资聪慧，幼承家学，少年时以擅长辞章而闻名。二十岁时，他去拜见内史李峤，说："有些书还没读过，希望能读一读宫廷藏书。"李峤说："秘阁有万卷书，哪是短时间就能读完的？"李邕再三恳求，让他暂任秘书。不久，李邕告辞。李峤很惊讶，试就秘本书及未公开的文章问李邕，李邕对答如流，李峤感叹道："你将来会成为名家。"在李峤与监察御史张廷珪的推荐下，李邕出任左拾遗（职掌供奉、讽谏），后历任户部员外郎、殿中侍御史、陈州刺史、括州司马、北海太守等职，人称"李括州"或称"李北海"。

李邕是书法名家，善行书，尤长碑颂。李邕的书法从"二王"（王羲之、王献之）入手，能入乎内而出乎其外。南唐李煜评价："李邕得右将军之气而失于体格。"恰道出李邕善学之处。《宣和书谱》说："邕初学，变右军行法，顿挫起伏，即得其妙，复乃摆脱旧习，笔力一新。李阳冰谓之'书中仙手'，裴休见其碑云：'观北海书，想见其风采。'"他的书法个性非常明显，书风豪挺，结体茂密，字形左高右低，笔力舒展遒劲，给人以险峭爽朗的感觉。传世作品有《端州石室记》《麓山寺碑》《法华寺碑》《云麾将军李思训碑》《云麾将军李秀碑》等。窦蒙《述书赋注》中说：时议云："论书则曰王维、崔颢，论笔则王缙、李邕，祖咏、张说不得预焉。"唐人说李邕前后撰碑八百首，得到的润笔费达数万之多。他尚义气，爱惜英才，常用这些润笔费来拯救孤苦，周济他人。杜甫《赠秘书监江夏李公邕》诗曰："干谒满其门，碑版照四裔"，"丰屋珊瑚钩，麒麟织成罽。紫骝随剑几，义取无虚岁。"

"书如其人"，李邕书法是他人格的写照，"骨气洞达，奕奕如有神力，斯亦名不浮于实也。"李邕去世后，杜甫作《赠秘书监江夏李公邕》，高度赞美李邕为人和才行：

忆昔李公存，词林有根底。
声华当健笔，洒落富清制。
风流散金石，追琢山岳锐。

情穷造化理，学贯天人际。

干谒走其门，碑版照四裔。

各满深望还，森然起凡例。

《新唐书·李邕传》记载，李邕拜左拾遗，在仕途上为人耿介磊落，不畏权贵。在朝堂上，他当着武则天的面，敢于同御史中丞宋璟指责武则天的心腹张昌宗兄弟以权谋私。李邕立阶下大声地说："璟所陈社稷大计，陛下当听。"武则天释怒，竟应允了宋璟、李邕的谏议。唐中宗时，汉阳王张柬之、扶阳王桓彦范、平阳王敬晖、南阳王袁恕己、博陵王崔玄韦五王为武三思所杀，李邕坐善张柬之，贬为雷州司户参军。

李邕远贬雷州，守土爱民，尊贤重教，以其耿直气质培育学子，民俗一时淳然成尚。韦氏之乱平定后，李邕获召回京拜为殿中侍御史，敢于揭发在任官员的错误。谯王李福谋反，李邕与洛州司马崔日知追捕余党有功，调任户部员外郎。玄宗即位，召李邕为户部郎中。张廷珪为黄门侍郎，与姜日交正得宠，共荐李邕为御史中丞。姚崇认为李邕险躁，左迁其为括州司马，后转为陈州刺史。唐天宝六年（747）正月，奸相李林甫以"交构东宫"的莫须有罪名，用木棍活活打死李邕，时年七十岁。

2. 崔彦融

崔彦融，字应求，清河武城人，登进士。父亲崔瑾是吏部尚书。崔彦融以父荫为刑部员外郎。唐咸通十一年（870），因公主病逝，唐懿宗迁怒于太医韩宗绍，准备将他和300多受牵连者诛杀，刘瞻上疏固争："宗绍穷其术不能效，情有可矜。陛下徇爱女，囚平民，忿不顾难，取肆暴不明之谤。"皇帝大怒，即日罢刘瞻相位，贬为荆南节度使。崔彦融因与宰相刘瞻关系密切而受株连，被贬为雷州司户参军。崔彦融贬至雷州，受雷州淳朴民风的感染，性情变得温厚，没有再出现过凌厉之举止。乾符二年（875），迁拜长安县令，晋为司勋郎中。后出为楚州刺史，逝世于任中。

3. 元琇①

元琇，河南人，唐代宗宝应元年（762），宰相刘晏掌财利，辟荐元琇为

---

① 万历《雷州府志》中误作王琇，根据《新唐书》，应是元琇。

左丞，累迁至容管经略使。建中三年（782），迁岭南节度使。兴元元年（784），召为户部侍郎管理朝廷财政，任诸道水陆运使，兼任诸道盐铁卖酒等事务。元琇善理财，在不增加百姓负担的前提下，保证了供应军队的物资及时到位。贞元二年（786），德宗将财政大权交付韩滉。韩滉和元琇在财政改革上有过冲突，不久，元琇被罢黜为尚书右丞。同年冬，被贬为雷州司户参军。在雷州，元琇会集官员调查仓库，审计库存粮食，赈救因年荒歉收而饥饿贫困的民众，雷州人民受其恩德而感谢不已。元琇的爱民之心，留芳青史。

第六章 宋元时期湛江地区的政治

北宋开宝四年（971），宋太祖平定南汉国，湛江地区收入北宋版图。至道三年（997），宋太宗将全国划分为十五路，包括广南东路与广南西路。湛江地区属广南西路，设化州、高州、雷州三州，下设吴川、海康等县，废徐闻、遂溪二县。南宋时期，湛江地区社会经济发展迅速，为加强管理，朝廷复置遂溪县和徐闻县，析吴川西乡增置石城县（今廉江）。两宋时期，朝廷在广南东西两路推行"摄官"制度，就地选拔人才，拓宽官员铨选渠道。

南宋德祐二年（1276），元军兵临临安城下，南宋朝廷奉上传国玺求降。诸大臣拥护赵昰、赵昺开启流亡生涯。景炎三年（1278），皇帝赵昰率诸大臣驻硇洲（今湛江硇洲岛），后殂于此。众大臣又拥立赵昺为帝，改元祥兴，并升硇洲为翔龙县。"二王行朝"在硇洲留下大量的遗迹。

元朝采取行省制度，将宋朝的广南西路划归湖广行省，下设海北海南道。海北海南道辖南海海疆5路4军州26县（包括今钦廉地区、雷州半岛和海南岛），其中雷州路领海康、徐闻、遂溪3县；化州路领石龙、吴川、石城3县；高州路领电白、茂名、信宜3县，管辖范围含今吴川部分区域。海北海南道宣慰司治所设在雷州路（今雷州），湛江地区作为南海海疆行政区域中心地位确立。

第一节 两宋行政建置

一、行政建置沿革

开宝四年（971），宋太祖赵匡胤派桂州道行营都部署潘美率师平定南汉。是年，改雷州为雷州军。军与州、府、监同为宋代路之下的地方行政单位。按宋制，地势冲要、户口少而不成州者，则设军。军一级地方长官称知某军事，简称知军，掌本军户口、户税、钱谷、刑狱、寇盗等公事。[①]

开宝五年（972），即宋军接收南汉全境后的第二年，以南汉宦官乐范为首，在南汉后主刘铱出降前将大批海船偷偷开走，在广东沿海一带及海南岛南部等地发动叛乱。潘美、尹崇珂等很快将叛乱平定。至开宝六年（973），岭南"群盗"悉数被平定。

宋平南汉之初，暂时仍把岭南作为一个地方行政区域，统称"广南"，一度称为广南道。至道三年（997），定全国为十五路（后有增加），并将岭南分为广南东路和广南西路。广东、广西之分，即始于此。广南东路和广南西路的地理分界是：北自贺州而南，经丰州（今封开境）、康州（今云浮、罗定境）至南恩州（今阳江、阳春境）而尽于海，这几州及其以东属东路，其西的雷州、高州、化州皆属西路。

南汉时期，州县设置颇滥。北宋对原州县进行裁撤、合并、调整及易名等。例如废潘州并入高州，撤销遂溪、徐闻县，并入海康县，"省遂溪入海康，废徐闻县为递角场"[②]；撤销罗州，其地并入辩州，隶属广南路。同时，吴川、廉江、干水、零绿四县合并，改名吴川县，县治今吴川市吴阳，隶属辩州。广南西路包括海南岛，号称"七州军"。

至元丰年间（1078—1085），今湛江地区的行政区划，涉及雷州、化州、高州等三州。其中化州（由唐的辩州改名）领县二，即石龙、吴川。高州领县三，分别为电白、信宜、茂名；雷州领县一，即海康。宋代将州县按照户口数划分为若干等级。[③] 湛江地区除吴川为中县外，其余均为中下县。

至大观元年（1107），广南西路共25州，其中雷州以及化州、高州所辖区分领域与今湛江地区大抵相当。

---

① 龚延明：《宋代官制词典》，中华书局1997年版，第537页。

② 〔清〕喻炳荣修，〔清〕朱德华、杨翊纂：道光《遂溪县志》卷二《沿革志》，岭南美术出版社2009年版，第147页。

③ 〔宋〕王存：《元丰九域志》卷九《广南路》，中华书局1984年版，第420页。关于州县等级的划分，《宋史·地理志》和《文献通考·职官考》记载：宋代的州县，分为十三个等级，即辅、雄、望、紧、上上、上中、上下、中上、中中、中下、下上、下中、下下。据李焘《续资治通鉴长编》卷一，建隆元年（960）定制：天下诸县，除赤畿外，有望、紧、上、中、中下五等。其中4000户以上为望，3000户以上为紧，2000户以上为上，1000户以上为中，不满1000户为中下。

南渡后，广南西路诸州没有大的变化，由于这一时期户口增加，社会经济发展，为便于管理，一些并废的旧县又重新恢复。绍兴十九年（1149），复置遂溪县，乾道七年（1171）复置徐闻县。乾道三年（1167），析吴川西乡增置石城县，因石城冈为名，也即今廉江市。

高州，唐代属于高凉郡，北宋景德元年（1004），并入窦州，移治茂名。三年，复置，领县三：电白、信宜、茂名。

两宋时期湛江地区行政建置表

州名	领县数	县名	元丰年间（1078—1085）户口	备注
化州	3	石龙、吴川、石城（南宋增）	9373	唐代辩州，太平兴国五年改为化州。吴川本属罗州，州废，开宝五年并入辩州。乾道三年，析吴川西乡增置石城县，因石城冈为名
高州	3	电白、信宜、茂名	11766	唐高凉郡。开宝五年，茂名自潘州并入高州。唐信仪县，太平兴国初改信宜。熙宁四年废窦州，并信宜县入高州
雷州	3	海康、遂溪、徐闻	13784	开宝五年，废徐闻、遂溪二县。绍兴十九年复置遂溪县。乾道七年复置徐闻

二、官员铨选

宋初，岭南转运使总辖广南东西两部。两路分开后，经略安抚使总理一路民财兵刑，其官署称为"帅司"。转运使除掌管一路或数路财政（田赋、钱粮等事宜）外，还兼领考察地方官吏、维持治安、清点刑狱、举贤荐能等吏治、民政职责，其官衔称转运使司，俗称"漕司"，实际上已成为一路之最高行政机关。之后，陆续增设主管狱讼、监察的提点刑狱司和主管市场、水利、民生的提举常平司，统称"监司"。

路以下州、府长官为权知州（或府）事，简称知州（府），副长官为通判。其下有录事参军、户曹、司法、司理参军等职。海南四州军成一特区，后由知琼州兼琼管安抚都监统管，隶广南西路安抚使。

州以下的各县长官是知县，其佐官与唐代基本相同，为县丞、主簿和县尉。县以下，承前代乡里制，部分地方的里改为都。

鉴于唐末五代武人跋扈之弊，宋以文臣节制武将，各级地方主要长官大多数以文臣担任，尤其是安抚使一职的任命，极大缓解自唐朝以来形成的武职控制地方军政，避免形成藩镇割据的局面，中央集权加强。

宋代，岭南地区人口较少，岭北士人不愿到此做官。但岭南地区科举出身的士人又很少，中央铨选任命官员十分困难，朝廷遂推行"广南摄官"这一特殊的文官制度。

摄是代理之意。广南摄官是指非经吏部（先为审官院）差道、无官品和正式俸禄的文职官员，包括知州、通判、知县、县尉、教官、监当（场务官）和少量武职（如后来的巡检）[1]。

据考，宋太宗太平兴国九年（984），已有广南摄官的记载。宋太宗雍熙四年（987）诏令：岭南缺官处，权用摄官，以后经考察，"稍可取即选用之"，三年无过、有劳绩，即可量才录用为正式的品官。摄官不得任用在岭南的岭北人，亦不得滥添。淳化二年（991），广南只限用摄官25人，后规定东西两路各准用25人，必须由地方通过乡举、考进士二次，考诸科三次未中的士人充任。神宗时又规定每两年由转运司差官考试，"取合格人差摄，不中者许再试"。铨选考试共考五场，内容为律令与判案。[2] 至此，广南摄官制度日臻完备。

王安石变法之后，州县掌管经济的官员增多，两广摄官人数随之增加。先是于两路"正额"摄官50人之外再增50人，徽宗时，两路再增摄官50人，名曰"额外"。之后，一段时间，广东摄官的定额达75名。

两宋时，雷州通过科举获取功名者唯有杨原兴、杨直、陈宏甫、纪应炎、王应容、程雷发、杨怿、庄嗣孙、王伦等人，但除荐辟、进士、乡贡等

① 〔清〕徐松辑：《宋会要辑稿》，上海古籍出版社2014年版，第3809页。

② 〔宋〕李焘：《续资治通鉴长编》卷二百一十八，中华书局1995年版，第530页。

正途外，另有掾吏①一项，其中海康 11 人，遂溪 4 人，徐闻 1 人。所任官职，均为广南地区知县、通判、经历等职，就是宋朝摄官制度的具体体现。

摄试举人是岭南当地举人，他们既是北宋岭南基层社会的管理人，又是岭南当地利益的代表人。摄试举人担任岭南基层官员，能够缓解"天下幕职、州县官期满无代者八百余员，而川广尤多无代"的问题。② 同时，摄试举人熟悉岭南社会风俗和地理环境，在对岭南地区的经济开发、社会治理中有着明显优势。

宋朝雷州考取摄官名录

籍贯	姓名	官职
海康	秦自明	令史忻县知县
	莫子纯	琼州经历
	陈惠章	陵水知县
	陈子武	直伦知县
	陈鉴	庆远经历
	廖文刚	徐闻知县
	赵国瑜	廉州路经历
	杨鉴	贵州知州
	吴玉友	普宁知县
	陈天玙	平乐知县
	林荣	廉州通判
遂溪	陈庐真	化州同知
	戴慈生	会同知县
	林瑜	交趾都事
	毛万程	交趾真和知县
徐闻	王绍	以军功任交趾指挥

资料来源：嘉庆《雷州府志》卷十五《选举》。

---

① 古代指分曹治事之属官。汉以后地方政府皆置掾吏，分曹治事。多由长官自行辟举。唐宋以后，掾吏之名渐移于胥吏。

② 〔清〕徐松辑：《宋会要辑稿》职官六二，上海古籍出版社 2014 版。

第二节　宋元易代与湛江地区

一、南宋在湛江地区的抗元活动

至元八年（宋咸淳七年，1271）十一月，元世祖忽必烈宣布改国号为"大元"。至元十一年（宋咸淳十年，1274）六月，元世祖向元军将士颁下灭宋诏令。

宋咸淳十年（1274）七月，年仅35岁的宋度宗病逝。四岁的恭帝即位，由太皇太后谢道清垂帘听政，贾似道、陈宜中主持朝政。德祐二年（1276）正月，元军兵临临安城下，南宋朝廷奉上传国玺求降。南宋作为一个政治体制完备的封建王朝已经解体，它最后的灭亡是在临安失陷三年后。

元兵逼近临安前夕，诸大臣拥护恭帝的兄长赵昰、赵昺，开启在华南沿海的流亡生涯。

德祐二年（1276）三月，陈宜中等大臣在福州拥立赵昰为帝，改元景炎；封赵昺为卫王，改福州为福安府；以陈宜中为左丞相兼都督，张世杰为枢密副使，陆秀夫金书枢密院事，是为"二王行朝"。景炎元年（1276）六月，元兵从江西进攻福建；十一月，元兵追逼至福安。形势严峻，二王登舟入海。赵昰由海道至泉州，不料驻泉州的福建招抚蒲寿庚已归顺元朝，行朝移至潮州。十二月，行朝再移至惠州甲子门（今陆丰境）。景炎二年（1277）四月，行朝辗转移驻官富场（今深圳西南）。是年秋，元军一路自江西逾大庾岭入广东；一路自泉州之西攻入广东。十一月，"元帅刘深以舟师攻昰于浅湾（今九龙荃湾），昰走秀山（今虎门大小虎山）"。因元兵已占领广州，故只能浮海西走。"十二月丙子，昰至井澳（大小横琴岛一带），飓风坏舟，几溺死，遂成疾。旬余，诸兵士始稍稍来集，死者十五。"[①] 纵有各地勤王将士勠力拼搏，仍不能敌。张世杰则集结所余舟师继续西走，元将刘深追至七洲洋（海南岛东北大海），俘虏宋国舅俞如珪而还。

---

① 〔元〕脱脱：《宋史》卷四十七《瀛国公纪》，中华书局2000年版，第634页。

此时，二王行朝欲从七洲洋直航占城，由陈宜中登扁舟先往联络。陈宜中道经吴川的极浦码头，留诗《如占城道经吴川》。诗云：

> 颠风急雨过吴川，极浦亭前望远天。
> 有路可通寰宇外，无山堪并首阳巅。
> 岭云起处潮初长，海月高时人未眠。
> 异日北归须记取，平芜尽处一峰圆。①

景炎三年（1278）二月，元军撤出广州。三月，文天祥取惠州，广州都统凌震、转运判官王道夫取广州，行朝复自海上东还广州境。同时，张世杰移舟师于雷州，拟在此建立根据地，但元军已招降雷、高、化三州②，只得移驻硇洲（今湛江硇洲岛）。当时宋进士、临安知府曾渊子被贬雷州，并实际掌控雷州。元兵欲劝降曾渊子，被严词拒绝。元兵攻占雷州，曾渊子率众奔至硇洲勤王，后追随皇帝至崖山。四月，赵昰在硇洲病逝，庙号"端宗"。"景炎帝既崩，官将欲散，独尚书陆秀夫不可，曰：'诸君散去可也，度宗一子尚在，将焉置此？古人有一成一旅兴者，今百官有司，军士亦且万余人。若天道未绝赵祀，此岂不可为国耶？'"陆秀夫表示：赵氏子嗣未绝，南宋尚未亡国，勤王之师，义不容辞！庚午，他率众大臣在硇洲岛，"乃相与奉卫王即位于枢前，改元祥兴"，"以陆秀夫为丞相，张世杰太傅，文天祥少保"。③"方登坛礼毕，御辇所向，有黄龙自海中见。既入宫，云阴不见。"④"乙酉，升硇洲为翔龙县。"⑤

因陈宜中已去占城，皇帝和大臣每天等候其还朝，不料陈宜中一去不复返。行朝去占城的希望破灭。于是，"张世杰秉政，而秀夫裨助之，外筹军旅，内调工役，凡有述作，尽出其手，虽匆遽流离中，犹日书《大学章句》

---

① 〔清〕毛昌善修，〔清〕陈兰彬纂：光绪《吴川县志》，上海书店出版社2003年版，第101页。
② 方志钦、蒋祖缘主编：《广东通史》（古代上册），广东高等教育出版社1996年版，第932页。
③ 〔元〕佚名：《宋季三朝政要》卷六《卫王本末》，中华书局1985年版，第634页。
④ 〔清〕毕沅：《续资治通鉴》（四），岳麓书社2008年版，第270页。
⑤ 〔元〕脱脱：《宋史》卷四十七《瀛国公纪》，中华书局2000年版，第634页。

以劝讲"①。

不久，近在咫尺的雷州被元军占领，直接威胁行朝安全。祥兴元年（1278）五月，琼管安抚使张应科与王用奉行朝之命攻打雷州。张应科三战皆不利，王用投降元兵。六月，张应科与元兵再战雷州，兵败身亡。张世杰率将士再围雷州城，而元军将钦、廉、高、化诸州粮食运来补给，张世杰功败垂成，退还硇洲。

宋时，硇洲一地，孤悬大海之中，岛上地狭人稀，民穷粮缺。行朝曾"遣人征粮于琼州，海道滩水浅急，艰于转运，别取道沓磊浦（徐闻古渡）以进，雷州总管蒙古特以兵邀击之"②。六月，帝昺和诸大臣乘船从海路离开硇洲，移驻崖山（今江门新会境内）。

祥兴二年（1279）二月，在元军南北夹击下，崖山宋军大乱，陆秀夫负帝昺投海而死，张世杰堕水溺死。宋朝彻底灭亡。

二、宋元易代对湛江地区的影响

（一）宋皇在硇洲的遗迹、遗事

宋元崖山之战是中国历史上极为悲壮的一幕，而硇洲、崖山二事相联。史籍对崖山多有记载，世人广为凭吊、咏吟、缅怀。但对硇洲的宋皇遗事，记载较少。经学者就正史、地方志、族谱多方考证和实地考察，证实古代硇洲就是今湛江的硇洲岛。③

硇洲岛，旧称硇洲、硇川，位于雷州湾东部海面、湛江港出海口处，该岛呈椭圆形，为火山喷发而成，面积约 53 平方千米，四面碧波环抱、礁石犬牙交错，为控制航道出入要冲。宋末二帝在硇洲时间不长，但却在此地经历了一帝岛上驾崩、一帝岛上登基的大事，硇洲岛因此升格为翔龙县。今尚存宋皇城、宋皇村、宋皇井等宋皇遗迹，当地流传民谣："唐时硇洲岛，宋末帝王都，幽境仙风在，不见宋王朝。"

宋皇城遗址位于今硇洲岛赤马村南。宋皇城毁于元末海盗之手，今仅留

---

① 〔清〕毕沅：《续资治通鉴》（四），岳麓书社 2008 年版，第 270 页。

② 〔清〕毕沅：《续资治通鉴》（四），岳麓书社 2008 年版，第 271 页。

③ 这方面文章可参阅刘佐泉：《硇洲考古》，政协广东省湛江市委员会学习文史委员会编：《湛江文史资料》（第 21 辑）；何增光：《南宋末代皇帝硇洲岛行迹考》，《黑龙江史志》2014 年第 19 期。

两段城墙遗址。其中一段为北面横向，长10米，宽5米，高0.9米，用不规则的青石筑垒，中间填土，墙体粗糙简单，是在元军大敌压境的情况下仓促筑垒而成。

宋皇井遗迹

宋皇村，也称宋王村。1278年，跟随赵昰、赵昺南下的朝臣、皇亲、宫女、太监及官兵、船民等十多万人登岛，行朝所在，必有造宫殿、盖兵营之举，"宋皇村"之名流传至今。时至今日，宋皇村大多数古迹已不存，仅有古墙残骸依稀可见。

宋皇井在宋皇村的南边，又称马蹄井。民国时，往来香港及东南亚各国轮船，多以此为中转站，在此汲取淡水。

居岛期间，宰相陆秀夫建翔龙书院以兴学。书院今已难觅其址，仅存有清朝吴川状元林召棠所书"翔龙书院"院名石刻。后人为了纪念忠君护主的陆秀夫，在宋皇城的西园、黄屋建陆秀夫庙，长年祭祀供奉。

（二）宋代遗民村落

宋朝灭亡后，部分追随宋皇转战南海的抗元志士及其家族在湛江沿海定居，形成许多遗民村落，枝开叶散，延续至今。

宋帝赵昺驻硇洲时，于赤马村一带设二马棚，南称"锦马"，北称"赤马"，赤马村名沿用至今。

南三镇田头村以陈姓居多，据《田头村陈氏中房上长房族谱》记载：田头村陈氏乃宋度宗朝状元、德祐朝枢密使陈文龙之后。陈文龙之孙八宣、汝楫于崖山勠力抗元，并率族人乘船南下，分散卜居于化州、吴川、石城。陈八宣第三子伯镇，元初以明经辟荐任石龙县儒学教谕，宦满后卜居吴川县乾塘而成为"陈氏大宗"。元中叶，传至第六世陈文禧时，从特呈岛迁田头村，是为"陈氏小宗"一支。陈文禧迁到田头村后百余年，族中人口越来越多，以至外迁者占到十之二三。

吴川市吴阳镇安泗村，原名雍泗，得名于南宋末年随军南下后卜居于此的一名叫雍泗的人；雷州市白沙镇草白村，南宋末年何淡之子曾于硇洲率军抗元，元灭宋后何氏家族避居此村；东海岛民安镇那何村，南宋末年琼州长史何真皋率部抗元战死，其子隐居于此，取名"禄呵"，隐"何"为"呵"，意为世代不忘曾受宋禄。[1]

宋末迁入湛江各县市的姓氏尚有：麻章区湖光镇程村的程姓、蔡屋村的蔡姓、仙村徐姓、南夏洪姓、洋村杨姓，民安镇何屋井何姓，遂溪县黄略镇支屋村支姓、遂城镇龙驾村先民，等等。

（三）历代有关宋皇遗迹遗事诗文

二王行朝在硇洲留下诸多事迹，王朝兴替的悲壮与惨烈在湛江风物、历史上留下深深烙印，令后世的文人墨客咏吟、凭吊。现列举一二：

陈惟中，字子敬，吴川那蒙村人，南宋宝祐四年（1256）文天祥同榜进士。宋末，元军自广州浮海追击宋室，时任海南文昌知县的陈惟中率部勤王，与吴川司户何时方"运饷艘至井澳，将趋硇洲"，路遇元将刘深的追兵，"亲冒矢石俱被创，力战"，后借助风力火烧敌舰，击退刘深。陈惟中作有《硇洲海战》诗一首，缅怀护驾旧事：

> 忽闻亚虏犯硇洲，投箸挥刀杀寇仇。
>
> 海面火攻鏖战急，反风助我逐强刘。

香山（今中山市）人马南宝曾献粮千石勤王，后在抗元中英勇就义。得

---

① 《湛江市地名志》编纂委员会编：《湛江市地名志》，广东省地图出版社1989年版，第53、90、213页。

知宋军兵败崖山，马南宝留下《吊祥兴帝二首》：

> 翔龙宫殿已蓬飘，此日伤心万国朝。
> 目击崖门天地改，寸心难与夜潮消。
>
> 黄屋匡扶事已非，遗黎空自泪沾衣。
> 众星耿耿沧溟底，恨不同归一少微！

明代"后七子"之一的吴国伦，嘉靖年间官兵科给事中，因得罪严嵩被贬为高州知府。著有《硇洲吊古两首》①：

一

> 一旅南巡瘴海边，孤洲丛樾系楼船。
> 从容卷土天难定，急难防胡地屡迁。
> 丹凤未传行在所，黄龙虚兆改元年。
> 当时血战潮痕在，长使英雄涕泫然！

二

> 海门鲸浪吸硇洲，诸将当年扈跸游。
> 赤岸至今迷御辇，苍梧何处望珠丘。
> 行朝草树三千舍，故国腥臊百二州。
> 争死崖山无寸补，独余肝胆壮东流。

雍正八年，吴川县令盛熙祚作《翔龙县赋》凭吊。

> 草草君臣噩浪中，难将成败论英雄。
> 当年马鬣无抔土，此地翔龙有故宫。
> 寡妇孤儿亡国恨，捐生取义古人风。

---

① 〔明〕曹志遇主修，〔明〕王湛同修：万历《高州府志》，书目文献出版社1990年版，第121页。

厓山仿佛英魂在，一体三忠祀典同。[1]

乾隆末，吴川县令沈峻作《翔龙县》：

> 乱石围孤岛，龙翔想故宫。
> 极天鲸浪黑，白日鲨帆红。
> 朝夕云烟变，蓬瀛远近通。
> 已无泉客泪，慎尔蜓船风。

1945 年，抗日战争胜利，法国殖民者撤离广州湾，湛江市首任市长郭寿华（字东山，广东大埔人）作凭吊诗：

> 最足令人凭吊处，硇洲宋室帝王城。
> 波光照耀城头月，一片忠魂万古晶。[2]

硇洲岛上的宋皇遗迹、遗事及相关吟咏诗作，事关宋元朝代兴替的重要史实，具有丰富的文化内涵，写就湛江历史上最值得追忆、缅怀的一幕。

三、海北海南道的设立

雷州一头枕陆，三面绕海，地理位置十分重要，是我国大陆南端的海防要塞。

在海面，从雷州半岛港湾向东，可通往广东、福建、浙江沿海。向南，雷州是琼崖出入大陆的咽喉。徐闻县属海安港更是官、民、商、渔、舟、车往来冲要，跟琼崖仅一水之隔，唇齿相依，互为犄角。守雷廉者不守此港，琼崖则门庭受寇。向西，北部湾一带历来是海防重地，沿着中南半岛南下，船只可以到达越南、泰国、马来群岛等诸多港口。

在陆地，雷州北部与高廉地区互为驰援，形成一道屏障。东西两路又可

---

[1] 〔清〕盛熙祚修，〔清〕章国禄纂：雍正《吴川县志》卷十《艺文》，海南出版社 2001 年版，第 61 页。

[2] 郭寿华：《湛江市志》，（台湾）大亚洲出版社 1972 年版，第 32 页。

直达宁州和永安（今广西蒙山县），与北部的陆路连成路网。遂溪县作为雷州的北部藩屏，它所属的湛川、涠洲、横山、乐民以及其他四十余隘之重地，自然成为三条陆路的门户，而海岸线上的锦囊、海安、海康、黑石、清道、宁海等隘所，也是海防线上的重哨。

元朝建立后，实行行省制度。这是我国地方行政区划制度的一次重大变革。为加强对沿海地区与少数民族地区的控驭，元朝特设了专门的管理机构。元初设五道，分别为浙东道、广东道、广西两江道、海北海南道、福建道。每道设宣慰使司都元帅府，负责掌军民之务。都元帅府领路、府、州、县，行省政令通过都元帅府布达于下，地方府州县有事则通过宣慰使司转达于行省。

至元十五年（1278），元朝在广州设立广东道宣慰使司，隶属江西行省。宣慰司是仅次于行省的地方行政区划，广东道下辖广州、韶州、惠州、南雄、潮州、德庆、肇庆等七路，英德、梅州、南恩、封州、新州、桂阳、连州、循州等八州，即通常所说的"七路八州"。至元十五年（1278），湖广行省平章政事阿里海牙南下征讨琼州、南宁军、万安军、吉阳军等"海外四州"，地处大陆南端的高州、化州、雷州、廉州等归附元朝。至元十七年（1280），设立海北海南道宣慰司，隶属湖广行省，下辖雷州、化州、高州、钦州、廉州五路与海南岛的乾宁军民安抚司、南宁军、万安军、吉阳军四军。[1]

元朝将宋朝时期的广南地区一分为二，原宋朝的广南东路部分划归江西行省管辖，原广南西路地区分属湖广行省管辖，分别下设广西两江道和海北海南道。海北海南道宣慰司治所设在雷州路海康县（今雷州城内），雷州在南海海疆行政区域中心地位凸显。

设在雷州海康的海北海南道"宣慰司称元帅府，兼统文武，皆辖海北海南道"，并设宣慰使、宣慰同知、宣慰副使、海北海南道肃政廉访司廉访使、廉访副使、廉访金事等职务。[2] 海北海南道宣慰司统辖南海海疆五路四军州二十六县，尤其是对海南四军州的管辖，其军事与国防意义重大。"军"的

---

① 李治安、薛磊：《中国行政区划通史（元代卷）》，复旦大学出版社 2009 年版，第 302—303 页。
② 〔明〕欧阳保纂，〔明〕韩上桂、邓桢辑：嘉庆《雷州府志》卷九《职官》，嘉庆十六年（1811）刻本。

建制始于唐，当时称军镇，属军事系统，多设在边区，只管军队不管民政。历经两宋至元，"军"演变为地方行政区划单位，中央政府派文臣管辖治理，但边防重镇的地位没有改变，尤其是元朝将宋朝海南岛三军增为四军，撤琼州为乾宁军民安抚司，领七县，足见元朝对南海海疆管辖与治理的重视。而将海北海南道宣慰司治所设在雷州路的海康县，也为之后湛江地区的海防要地地位奠定根基。

元朝，边境的管理曾实施"兵农合一"的军屯制。据载，元初，湖广行省下海北海南道内，"琼、高、化、廉、雷州立屯八十三户，田五百六十顷"①。

四、元代行政区划及其变化

路作为行政区划，源自两宋。但两宋的路仅为各司其职、分立并存的监司，并未形成正规的地方一级行政机构。元代承袭金朝，将路设为地方一级行政区划。元制，十万户以上为上路，十万户以下为下路。雷州路、化州路、高州路户数不足十万，均为下路。

县在元代仍是最基础的行政区划，依户数多寡分为上、中、下三等：上县为三万户以上，中县为一万户以上，下县为一万户以下。雷州、化州、高州三路中，除海康为中县，其他均为下县。下县设达鲁花赤一员，县尹一员，从七品；主簿一员，正九品；县尉一员，从九品。②

雷州路（治今雷州市），户数89535。至元十七年（1280），由安抚司升格为总管府，领海康、徐闻、遂溪三个县。其中海康县，在宋朝为下县，元朝升中县；徐闻县和遂溪县，仍为下县。与宋代雷州的行政建制比较，元雷州路地域范围未变，变动的是州升为路，户口则增加7万余户。

化州路（治今化州市），户数19749。元至元十五年（1278），立安抚司。至元十七年，升格为总管府，领石龙、吴川、石城三县。其中石龙县，宋时为下县，元朝不变。吴川县（即今吴川市）、石城县（即今廉江市），仍为下县。与宋朝化州比较，元化州路仍维持其领属石龙等三县的地域范围，变动的是州升为路。户口则增加1万余户。

---

① 〔元〕苏天爵：《元文类》卷四十一，商务印书馆1958年版。

② 李治安、薛磊：《中国行政区划通史（元代卷）》，复旦大学出版社2009年版，第9—16页。

元代海北海南道建置表

路（军）名	辖县	备注
雷州路	海康、徐闻、遂溪	
化州路	石龙、吴川、石城	
高州路	电白、茂名、信宜	
乾宁 军民安抚司	琼山、澄迈、临高、文昌、乐会、会同、定安	天历二年，改琼州路为乾宁。会同、定安两县为新增
南宁军	宜伦、昌化、感恩	
万安军	万安、陵水	
吉阳军	宁远	
钦州路	安远、灵山	
廉州路	合浦、石康	

资料来源：方志钦、蒋祖缘主编：《广东通史》（古代上册），广东高等教育出版社 1996 年版，第 937 页。

高州路（辖境含今吴川的部分区域），户数 14675。治所先是电白县（今高州市东北），大德八年（1304）移治茂名县（今高州市）。至元十五年（1278），立安抚司。十七年，升格为总管府，领电白、茂名、信宜三县。与宋高州相比，元朝的高州路沿袭其电白等三县的地域范围。变动也是州升为路，户口则增加近 3000 户。[①]

---

① 数据参考《元史》卷六十三《地理志六》、《大元一统志》卷十、《宋史》卷九十《地理志六》。

第七章　宋元时期湛江地区的经济与社会

宋元时期，湛江地区经济社会不断发展。地方官员率民众兴建水利工程，加强对水利设施的整治与维护，形成比较完善的水利管理制度，农业经济加快发展。闽人移民的迁入，带来先进的耕作技术。经过湛江地区民众的努力经营，雷州等地在南宋初期已成为粮食的重要产区，"雷州粮仓"得以形成。农业经济的发展，使湛江地区民众的饮食结构也发生变化。同时，湛江地区的手工业出现繁荣景象，其中陶瓷业进入全盛时期，纺织业颇负盛名，蒲草编织业也有所发展。

第一节　水利事业

一、水利工程建设

宋元时代，大批闽人来到雷州半岛，在半岛内部开荒种植，将滨海滩涂纳入土地利用范畴。万历《雷州府志》称雷州城附近，"宋始筑岸防海，以开阡陌"。[①]

雷州府所在的雷州半岛拥有诸多冲积平原，但三面环海，飓风时作，咸潮涨溢，对半岛造成巨大危害。雷州湾和南渡河出海口一带，土地肥沃，是农业生产的首选之地，但由于地势低洼、海潮侵袭，土地盐碱化，成为制约地方发展的主要障碍。清代广东学者屈大均指出："雷郭外，洋田万顷，是

---

① 〔明〕欧阳保纂，〔明〕韩上桂、邓桢辑：万历《雷州府志》，书目文献出版社1990年版，第189页。

曰'万顷洋'。其土深而润，用力少而所入多，岁登则粒米狼戾，公私充足，否则一郡告饥。然洋田中洼而海势高，其丰歉每视海岸之修否。岁飓风作，涛激岸崩，咸潮泛滥无际，咸潮既消，则卤气复发，往往田苗伤败，至于三四年然后可耕。以故洋田价贱，耕者稀少。故修筑海岸，最为雷阳先务。"①明万历年间任雷州推官的高维岳在《浚河记》中，指出雷州水利建设的关键所在："夫善治雷者，未有不重水利者也……不渠之疏之潴之浚之，未有得利者也；不堤之捍之排之障之，未有免害者也；不时渠之时堤之，不兼渠之兼堤之，未有有利无害者也。"② 由此决定了具有雷州半岛特色的水利建设技术，主要是筑堤开塘、堤渠并举、引淡去卤、引水灌田等。

宋时，雷州涌现出三位治水良吏，在开垦滩涂、筑堤、修渠上颇多建树。雷州的万顷洋田（海康县境）灌溉工程是广东古代规模最大、设计最完善的灌溉工程。该工程的初步建设始于宋朝，为雷州自宋元后逐渐变为广东粮仓奠定基础。

第一位是绍兴年间主政雷州的知军胡簿。宋初，雷州府城（海康城）城北不远有特侣塘，周 40 里；城西北半里有西湖；南面有擎雷水过西城外转东入海。北宋时期，已引特侣塘水灌田，后有淤塞。宋高宗绍兴二年（1132），胡簿在海康、遂溪沿海一带修筑捍海堤。他组织士民首筑西洋御潮堤围，历时十余年，完成捍卫府城东南部万顷洋田的三条大堤，即下坡渡到调排北洋、肖家洋至扶柳洋、白院渡至进德村大堤。其中白院渡至遂溪进得村一堤③，史称"胡簿堤"。堤与渠、塘联成网状排灌体系，是雷州东西洋田稻作农业的有力保障。

第二位是南宋雷州知军事何庚。绍兴二十六年（1156），何庚鉴于万顷洋田无水灌溉，在城东北引特侣塘水筑塘建闸蓄水，塘面广 48 顷，可灌田4000 余顷；又于城西北引西山溪涧诸泉水汇入西湖筑堤蓄水，并建东西二闸

① 〔清〕屈大均：《广东新语》卷二《地语》，中华书局 1997 年版，第 50 页。

② 〔明〕欧阳保纂，〔明〕韩上桂、邓桢辑：万历《雷州府志》卷三《地理志一》，书目文献出版社 1990 年版，第 184 页。

③ 〔明〕欧阳保纂，〔明〕韩上桂、邓桢辑：万历《雷州府志》卷三《地理志一》，书目文献出版社 1990 年版，第 187 页。

蓄水灌田。① 绍兴二十八年（1158），又开凿三道水渠：一自西湖西闸，由西山南流，灌白沙田；一自西湖东闸直下南亭，横经通济桥而注之东；另一水渠则出特侣塘水闸南流，与西湖水汇合，灌溉万顷洋田，史称何公渠。② 至此，"特侣、西湖二塘，堤通渠水，以灌东洋田万顷，民利赖之"③。

第三位是雷州知军事戴之邵。因"东闸水下流，不能东溉"，戴之邵对胡簿堤进行扩建，并另凿两渠，使雷州水利体系更为完善。④ 一是开辟"戴公特侣渠"，在何渠东另开一大渠，"导流而南会张熟塘水，至东桥与西湖渠水合"，将特侣渠、张熟塘与西湖相连。二是新修"戴公西湖渠"，于西湖东面另凿一渠，引渠水入城。该渠由圆通宝阁下过，向东与东渠水汇合，灌溉附郭高壤田，委流至东桥后，和特侣渠水汇合，亦可灌溉东洋田。该渠总长420丈，深9尺，阔7尺，"俱砌以石"。同时在渠上架石桥便民出行。嘉熙年间，薛直夫对水渠进行疏通。经此工程，特侣塘和西湖两大水系连在一起，形成围绕雷州城东西南三面的水利网络。

戴之邵还带领民众修筑了海堤，为万里洋田再筑防海长城。乾道五年（1169），"胡簿堤岸卑而且小，岁久浸坏"⑤，戴之邵在胡堤的基础之上增筑南北大堤，沿途共设涵洞99座，加长至23867丈，使得何公渠与戴公堤相辅相成，趋利避害，雷州半岛农业生产环境大大改善。嘉熙四年（1240），提刑张琮、通判赵希吕、知军薛直夫、孟安仁等官员不遗余力修筑海堤。此时已经形成三涵海堤。其一，自通明市路沿海而南投西，至擎雷渡北岸，计8800丈5尺；其二，自擎雷渡南岸投东向嘉禾渡，至杨消港北岸，10119丈

① 〔明〕欧阳保纂，〔明〕韩上桂、邓桢辑：万历《雷州府志》卷三《地理志一》，书目文献出版社1990年版，第176页。

② 〔明〕欧阳保纂，〔明〕韩上桂、邓桢辑：万历《雷州府志》卷三《地理志一》，书目文献出版社1990年版，第182—183页。

③ 〔明〕欧阳保纂，〔明〕韩上桂、邓桢辑：万历《雷州府志》卷一《舆图志》，书目文献出版社1990年版，第166页。

④ 〔明〕欧阳保纂，〔明〕韩上桂、邓桢辑：万历《雷州府志》卷三《地理志一》，书目文献出版社1990年版，第176页。

⑤ 〔明〕欧阳保纂，〔明〕韩上桂、邓桢辑：万历《雷州府志》卷三《地理志一》，书目文献出版社1990年版，第183页。

9尺；其三，自嘉禾渡南岸投东至那涌港，计2420丈。^① 元代，宣慰使张温继续修筑海堤。经过宋元时期地方官的努力，最终在海康、遂溪两县沿海筑成全长21320余丈的大堤^②，"民大获利"。^③ 另外，宝祐年间，知军孟安仁在海康县境内修筑柳子塘，灌溉周围良田60余亩。^④

宋元时期捍海堤、特侣塘、张熟塘、何公渠、戴公渠等重大水利工程的修建，纵横交错的水利灌溉网络最终形成。这些水利工程包括开渠、筑堤、挖塘、建闸、造桥，五者配合成套，堤以御潮于外，塘以蓄水于内，渠以排灌其间，闸以调控水量，桥以方便民生，实为宋元广东灌溉工程的伟大创举。雷民感其恩德，分称这些渠堤为"何公渠""戴公渠"等^⑤，今天，雷州城南医灵堂内设扬功阁，供奉何庚、戴之邵等古代贤吏，楹联是"堤固稻香歌戴德，渠平谷布颂何恩"。

二、水利设施整治与维护

除了水利工程的兴修和水利体系的完善，地方官员也十分重视对旧有水利设施的整治与维护。

雷州西湖，"合西山溪涧诸泉而统注之，屈曲南趋入于海"，但在宋以前"止灌近西之田耳，然犹未尽其利也。至东洋田，则彼此悬隔之甚"。^⑥ 因岁久湖水渐少，民众围湖造田时有发生。端平年间（1234—1236），地方官责令退田还湖，西湖曾"改名放生池"。咸淳八年（1272），陈大震环（西）湖建八亭，"西湖之盛始著"^⑦。元至顺年间，廉访司经历郭思诚至雷，"留意斯湖，督有司鞭石砌闸，以防湖决"，并"置舆梁以便行人，复建水月亭

---

① 〔明〕欧阳保纂，〔明〕韩上桂、邓桢辑：万历《雷州府志》卷三《地理志一》，书目文献出版社1990年版，第183页。

② 〔清〕阮元：《广东通志》卷一百一十八《山川略》，上海古籍出版社1988年版，第2265页。

③ 〔清〕屈大均：《广东新语》卷二《地语》，中华书局1997年版，第50页。

④ 方志钦、蒋祖缘主编：《广东通史》（古代上册），广东高等教育出版社1996年版，第811页。

⑤ 牧野主编：《雷州历史文化大观》，花城出版社2006年版，第345—346页。

⑥ 〔明〕欧阳保纂，〔明〕韩上桂、邓桢辑：万历《雷州府志》卷三《地理志一》，书目文献出版社1990年版，第176页。

⑦ 〔明〕欧阳保纂，〔明〕韩上桂、邓桢辑：万历《雷州府志》卷三《地理志一》，书目文献出版社1990年版，第176页。

于桥之西"。^① 在地方官的治理下，西湖不仅有灌溉洋田之功，更成为雷州名胜，"闻于海北"。^②

在宋代以前，水利工程的修建无论是资金、人力还是管理权，基本上是由政府掌控，地方官员是水利事业管理者。宋代以后，民间自发兴办水利，乡绅、地主甚至寺僧等纷纷参与水利工程的筹资、捐资、兴修与维护，协助官府有效组织和发动民众。例如，南宋嘉定十六年（1223），雷州天宁寺主持重修特侣塘的百丈桥。元至顺年间，雷州路廉访司郭思诚率众重修西湖惠济桥，天宁寺僧众参与其中。天宁寺也由此盛极一时。

元代地方官员继续对雷州东西洋防御海潮的海堤及塘渠进行修整改造。乌古孙泽于大德年间任海北海南道廉访使，《元史》收录了他在雷州兴修农田水利、发展农业生产的事迹：

> 雷州地近海，潮汐啮其东南，陂塘碱，农病焉。而西北广衍平衍，宜为陂塘。泽行视城阴，曰："三溪徒走海，而不以灌溉，此史起所以薄西门豹也"。乃教民浚故湖，筑大堤，竭三溪潴之；为斗门七，堤竭六，以制其赢耗；酾为渠二十有四，以达其注输。渠皆支别为闸，设守视者，时其启闭，计得良田数千顷，濒海广潟，并为膏土。民歌曰："潟卤为田兮，孙父之教。渠之泱泱兮，长我秔稻。自今有年兮，无旱无涝。"^③

史载："雷州守乌古孙泽教民浚故河，得良田数千顷。濒海广潟并为膏土。皆因地制宜，民获其利者也。"^④

三、特色水利管理制度

对水利工程的管理，保证用水的公平合理是地方官治理的一件大事。早

① 〔明〕欧阳保纂，〔明〕韩上桂、邓桢辑：万历《雷州府志》卷三《地理志一》，书目文献出版社1990年版，第176页。
② 〔明〕欧阳保纂，〔明〕韩上桂、邓桢辑：万历《雷州府志》卷八《建置志》，书目文献出版社1990年版，第244页。
③ 〔明〕宋濂：《元史》卷一六三《乌古孙泽传》，中华书局2000年版，第2560页。
④ 华北水利委员会张念祖编辑：《中国历代水利述要》，上海书店出版社1932年版，第71页。

在宋元时期，雷州就形成了相对完善的水利管理制度，实行塘长、岸长制度。塘长是指陂塘的主要负责人，又称塘甲；岸长是指海堤的直接负责人，又称统管。南宋嘉熙年间，雷州知军薛直夫便在所辖三县实行"堤岸主之统管，河渠主之塘长"制度。[①] 塘长、岸长往往由县级行政长官直接委任，或由地方自行推荐、政府审批考核，直接向政府负责。

宋代后，随着岭南西部一带社会经济发展，以儒家伦理为地方秩序维系的一般准则，基层社会逐渐形成，乡绅、地主在地方事务中发挥重要作用，他们往往家道殷实，受过一定教育，熟悉地情，且具有一定号召力。地方官对塘长、岸长的任用常从乡绅群体中遴选。例如，重开西湖渠后，特委任雷州进士、曾任学正的王应容为塘长。后又相继委任南门外的士绅或"上户"为塘长。塘长、岸长任期三年，在任职期间，可以享受"优免差役"的待遇。

塘长管理水闸钥匙，以时启闭，克服之前"郡属一官司之，无暇顾及"的弊病。而岸长主要负责管理和组织维护职责范围内的工程。塘长、岸长制度的推行益处明显。"堤岸稍有损坏，为统管者能拘食利户以修筑之。河渠稍有湮塞，为塘长者能率用水户以开浚之，兴利除害，虽千载如一日也"。如官员失职，遗祸无穷，因此对塘长、岸长的惩处也有具体规定。薛直夫的《渠堤记》明确记载："统管者徇私废公，而堤之损者不筑"，"为塘长者侥幸更替，而渠之塞者不浚"，可"籍没家产以谢被害之家"。[②] 据考，宋元时期吴川等地水利工程也有不少，也相应推行这种管理制度。相关管理制度的设置是我国古代水利史上的亮点。

宋元时期，雷州半岛众多的水利工程及完善的水利管理制度，保障了水利设施正常运转，对雷州地方社会产生了重大影响。

首先，水利工程的建设促进了农业的发展。据万历《雷州府志》记载，

---

① 〔明〕欧阳保纂，〔明〕韩上桂、邓桢辑：万历《雷州府志》卷三《地理志一》，书目文献出版社1990年版，第183页。

② 〔明〕欧阳保纂，〔明〕韩上桂、邓桢辑：万历《雷州府志》卷三《地理志一》，书目文献出版社1990年版，第183页。

元代雷州府官民田地塘已达到 5586 顷①，之后可垦耕地面积不断增加，粮食产量也随之增加，不仅可供应雷州地区，还销往外地。海疆军民屯田也有大面积增加。元代用兵海南，在海南（今海南省）、海北（高、雷、化）两道招募流民，分遣新附士卒，实行具有军事性质的屯垦，以为久驻之基。屯田由官府拨给耕牛，再收取屯户田租，以供军需。据统计，元成宗时，海北道雷、高、化三州的民屯户有 3357 户，民屯田 26500 亩。② 再加上军屯田，屯田总面积相对前朝有较快增加。

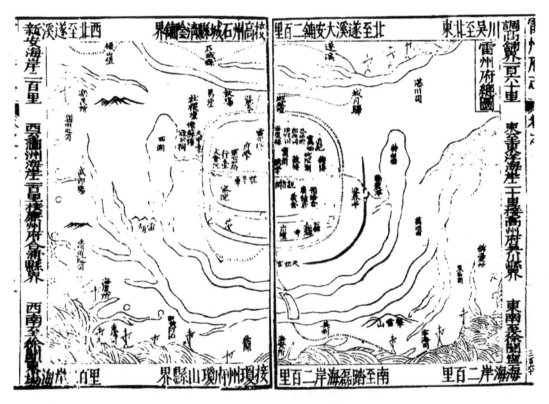

雷州河渠分布图（见万历《雷州府志》"雷州府总图"）

　　其次，随着水利的兴修，新物种引进，丰富了雷州半岛的物产品种。如蒲草等抗旱能力差的农作物品种也得以引入。大籽草为蒲草的一种，元顺帝时泉州商人自锡兰引进传入雷州，有植株高、纤维坚韧等优点，是蒲织的上

---

① 〔明〕欧阳保纂，〔明〕韩上桂、邓桢辑：万历《雷州府志》卷九《食货志》，书目文献出版社 1990 年版，第 262 页。

② 蒋祖缘、方志钦主编：《简明广东史》，广东人民出版社 1993 年版，第 180 页。

好原料。蒲草的生长对水分有较高的要求。雷州水利工程建成以后，水环境得到很大改善，大籽草在雷州地区大面积种植。宋元以后，蒲织品已渐渐成为雷州的大宗外销货物。

再次，水利工程的兴修促进运输网络的形成。一系列水利工程的兴修，构成围绕雷州城东、西、南三面的河道运输网络，装载粮食的舟楫可借助擎雷水等过西城外转东入海，销往外地。这在之前是很难想象的。

最后，水利工程的兴修对雷州州治的选址也有影响。宋代以前，特侣塘和西湖是两个独立的水源，分别灌溉附近少量土地。从梁大通年间到南汉乾亨三年（919），州治尽管有所变化，但选址都不会偏离特侣塘这个水源地。宋代以后，特侣塘和西湖两处水源之间的土地因水利工程的兴修得到开发。新水利的兴修解决了雷州城的用水问题，海堤的修建减少了风浪的袭击，新州治转移到两水源之间的开阔地带，并由此固定下来。随着州治的变迁，雷祖祠的庙址亦迁至新城西西湖水与白院渡水流的汇聚处——白沙洋田，其他相关的庙宇也布置在水利工程附近，城市化水平大为提升。

第二节　农业经济

一、"雷州粮仓"形成

（一）闽人南移带来先进耕作技术

早在东汉时期，岭南地区已培养出"七月火作，十月登熟""十二月作，四月登熟"的"两熟之稻"。魏晋南北朝时期，个别地区出现了三熟稻。毗邻广东的福建，在北宋大中祥符元年（1008）首先从越南引种占城稻。占城稻原是产于越南的一种水稻品种，具有早熟、耐旱等优点。到南宋淳熙年间（1174—1189），福建形成了早稻、晚稻两个系列。

福建莆田，是南宋雷州半岛大批移民的故乡。宝祐《仙溪志》（仙溪属莆田）记载当地的水稻品种："稻，种类非一，有一岁两收者，春种夏熟曰早谷，《闽中记》谓之'献台'。既获再插，至十月熟，曰秋。有夏种秋熟，曰晚稻，无芒而粒细曰占城稻。"

　　雷州半岛一带，地处低纬地带，气候炎热，具备双季稻甚至三季稻的成长条件。随着闽人大举迁入，双季稻技术很快也传入广南西部一带。宋朝时广南西路"稻岁再熟"① 已不新鲜，高州、雷州"相承冬耕夏收，号芥禾，少谷粒。又云再熟稻，五月、十一月再熟"。② 唐宋时期，琼州更有三熟之稻的记载。明朝，粤西一带已经是谷多稻多，"早稻""早粘""粳稻""粘稻"应有尽有。有一年一熟的"光芒稻"，有六十日便可成熟的"六十日"稻。"秫稻"在雷州又有雷公秫、虎秫、狗神秫、牛头秫、番秫等更多亚种。③比照宋时福建的稻作，可知莆田人南迁粤西时带来的技术与良种，在高州、雷州又有新的发扬，部分地区实现一年三熟。

　　宋代一系列滨海农田水利设施的建设，使得雷州农民借溪潭以收灌溉之功，生产积极性大大提高。元代则继续"浚故湖，筑大堤，竭三溪潴之，为斗门七，堤竭六，以制其赢耗；酾为渠二十有四，以达其注输。渠皆支别为闸，设守视者，时其启闭，计得良田数千顷，濒海广潟，并为膏土"④。耕地面积扩大，连作制度推广，土地生产率与粮食产量大幅度提高，每亩单产可达三四石。屈大均称雷州府的洋田："其土深而润，用力少而所入多，岁登则粒米狼戾，公私充足，否则一郡告饥。"⑤ 雷州万顷洋田的丰收与否，直接关系到粤西地区的百姓生活与社会安定。

　　徐闻、吴川、石城等地，也进行了一定的荒地开发和水利建设，农业经济发展，农业产量大幅增加。

　　（二）"东洋熟，雷府足"

　　经过雷州人艰苦卓绝的努力，雷州在南宋初期成为粮食的重要产区，东西洋田已成为雷州粮仓。有诗曰：

---

　　① 〔宋〕苏过著，舒大刚、蒋宗许等校注：《斜川集校注》，巴蜀书社 1996 年版，第 480 页。

　　② 〔宋〕乐史：《太平寰宇记》卷一百六十九，中华书局 2004 年版，第 3231 页。

　　③ 〔明〕欧阳保纂，〔明〕韩上桂、邓桢辑：万历《雷州府志》卷四《地理志二》，书目文献出版社 1990 年版，第 196 页。

　　④ 〔明〕宋濂：《元史》卷一六三《乌古孙泽传》，中华书局 2000 年版，第 2560 页。

　　⑤ 〔清〕屈大均：《广东新语》卷二《地语》，中华书局 1997 年版，第 50 页。

> 极目东洋万顷田，耕畴簇拥若云连。
>
> 长堤隔断咸潮水，曲堰潆回特侣泉。
>
> 几穗麦岐生晓浪，一蓑春雨踏晨烟。
>
> 前人水利心源活，捆载频闻大有年。①

粮食作物的巨大产量，基本解决了半岛民众的吃饭问题。宋时，"大率雷人饔餐，取给东洋田强半"②。民间也传诵着"东洋熟，雷府足"的谚语。这一盛况，一直延续至明清。雷州、高州、化州等地是清代广东的三大产粮区，大有之年常有余粮供应闽浙等地。

宋元时期，"闽地负山滨海，平衍膏腴之壤少，而崎岖硗确之地多"，加之闽浙一带经高水平开发，人口大幅增加。如与宋元时期湛江移民关系密切的福州，唐朝人口7.5万左右，到宋朝猛增至59.5万；莆田宋代人口14万，泉州唐朝人口16万左右，宋朝已达35.8万人③。福建人多地少的局面形成，粮食依赖外省调运。雷州粮仓及周边粮食生产基地的出现，则为本地农业商品化提供机遇。

当时，雷州半岛是广南西路主要的产粮区。福建路输入的客米主要来自广南和浙西，以广南米居多，"闽地狭田少，岁积广米，每患客舟不时至"④。广南米多以海船沿南海海岸运送至福建贸易。南宋时出知泉州的真德秀感慨："福、泉、兴化三郡全仰广米以赡军民，（如）贼船在海，米船不至，军民便已乏食，粜价翔贵"⑤，又言"福、兴、漳、泉四郡，全靠广米以给民食"⑥。莆田"虽甚丰年，仅足支半岁之食，大率仰南北舟，而仰于南者为最多"⑦。泉州当地"田少人稠，民赖广米积济，客舟至则就籴，倅

① 梁成久等纂修：民国《海康县志》卷三十八《艺文十四》，岭南美术出版社2009年版，第1379页。

② 〔明〕欧阳保纂，〔明〕韩上桂、邓桢辑：万历《雷州府志》卷三《地理志一》，书目文献出版社1990年版，第183页。

③ 〔明〕黄仲昭修纂：《八闽通志》卷二十《食货志》，福建人民出版社1990年版，第389—396页。

④ 〔宋〕周必大：《周益忠公文集》卷六十七《汪公大猷神道碑》。

⑤ 〔宋〕真德秀：《申枢密院乞修沿海军政》，《西山先生真文忠公文集》卷十五。

⑥ 〔宋〕真德秀：《中尚书省乞措置收捕海盗》《西山先生真文忠公文集》卷十五。

⑦ 〔宋〕方大琮：《铁庵集》卷二十《与何判官士颐》。

主军饷亦就籴焉"①。其时，泉州与雷州间经常有大海船来往。南宋时，朱熹在福建做官，为建宁府筹粮赈灾时，以"广南最系多米去处，常岁商贾运贩，舳交海中，今欲招邀，合从两司多印文榜，发下福州沿海诸县，优立价直，委官收罗，自然辐凑"。这段时间，二广之米不仅出口福建，更是"舻舳相接于四明（浙江宁波——引注）之境"。朱熹在浙江任职时，就"前去与知明州谢直阁同共措置，雇募海船收罗广米接续"②。

海南也是广南大米主要输出地。元丰年间，琼管报奏海南税法，指出"贾物自泉、福、两浙、湖、广至者，皆金银物帛，直或至万余缗；自高、化至者，唯米包、瓦器、牛畜之类，……故高、化商人不至，海南遂乏牛、米"③，请求"用物贵贱多寡计税"，确保海南粮食供应。

粮食产量的充裕，更带动了雷地海洋商业的勃兴，产生显著的经济效益。南宋王象之《舆地纪胜》"雷州"条指出："（雷）州多平田沃壤，又有海道可通闽浙，故居民富实，市井居庐之盛，甲于广右"④。

二、居民饮食结构变化

宋元以前，湛江地区旱地多，适宜薯类生长，加上人口稀少，劳动力不足，只能广种薄收。岭南先民普遍种植本地薯类，赖以为生。区别于明代万历年间引种华南的番薯，原生薯类主要有甘薯，属单子叶薯蓣科，海南岛土名"黎洞薯"，广州一带称"大薯"，雷州半岛称"红薯"。这种本地甘薯产量低，口感、营养价值也远非后来的番薯可比，在番薯未传入时，当地以薯蓣为主粮之一。宋代《清异录》载："岭外多薯，人多自食，未尝货于外"。

宋秦观被贬雷州，见当地用"山栏米"（刀耕火种生产稻米）酿酒。这种旱地稻，当地称为"坡稻"，"四月种，八月熟"，"大半无田之家，种于高原无水之地"，收成于早晚稻之间，"民食大接济"⑤。坡稻是当地民食来

① 〔宋〕刘克庄：《后村先生大全集》卷第一百四十三《宝学颜尚书》。
② 〔宋〕朱熹：《朱熹集》，四川教育出版社1996年版，第849—850、1060、1129—1135页。
③ 〔元〕脱脱：《宋史》卷一百三十九《食货志下》，中华书局2000年版，第3045页。
④ 〔宋〕王象之编著，赵一生点校：《舆地纪胜》卷一百十八，浙江古籍出版社2012年版，第2714页。
⑤ 〔清〕雷学海修，〔清〕陈昌齐等纂：嘉庆《雷州府志》卷二《地理》，岭南美术出版社2009年版，第90页。

源之一。直至明代，坡稻仍在雷州百姓的饮食结构中居重要地位。但当时稻作农业还未成规模，稻米不足食用，东汉杨孚《异物志》指出："甘藷似芋……南人专食以为米谷"[①]。苏轼《记薯说》云："海南以薯为粮，几米之十六"[②]。雷州虽也有早稻或薯、芋等杂粮，但没有哪种作物居主体地位。由此形成了湛江地区居民独特的饮食结构与饮食习惯。当时，湛江地区居民以吃粥为主，甚至一日三餐吃"糜"（稀饭），即以稻米煮粥，参以薯、芋等杂粮，贫苦人家尤其如此。邻里见面，打招呼多曰："吃糜未？"糜已成为平日人们社交礼仪的一个文化符号。糜铺在雷州当地也称"糜酒铺"，还有"先吃糜，后吃菜"的"第一口"说法，糜被视为饮食之先。

湛江地区居民偏爱食糜，除了气候和经济原因以外，还有历史遗存根源。雷州半岛旧为俚僚僮人居地，唐宋之前农业生产水平低下，粮食供给不足，最终形成这种吃糜传统。闽人移居湛江地区后也继承这一饮食习惯，进一步强化了半岛斯民吃糜的传统。

宋元时期大修水利，万顷洋田尽得浇灌。水田稻作经济地位大幅度上升，"雷州粮仓"诞生，一时间"居民富实"，就连"马豕之属，日食粥糜"[③]。稻米终于成为雷州一带的主粮，彻底从饮食、经济结构上改变了过去杂粮为主的局面，为雷州民系的开成、出现，奠定了坚实而有力的物质文化基础。

第三节　手工业

一、陶瓷业进入全盛时期

据元末汪大渊《岛夷志略》一书所载，中国商船到南海诸国贸易，所到之处，无不以陶瓷为主要销售商品。摩洛哥旅行家依宾拔都他（1304—1377）在至正七年（1347）左右到中国。他在游记中描述了在广州的见闻：

---

① 〔汉〕杨孚撰，吴永章辑佚校注：《异物志辑佚校注》，广东人民出版社 2010 年版，第 116 页。

② 李之亮笺注：《苏轼文集编年笺注（诗词附）》，巴蜀书社 2011 年版，第 623 页。

③ 〔明〕王临亨撰，凌毅点校：《粤剑编》卷二《志土风》，中华书局 1987 年版，第 75 页。

在广州，有着最大的陶瓷市场，商人由此"转运瓷器至中国各省，及印度、夜门"。中国人将泉州与广州的瓷器，"转运出口至印度诸国，以达吾故乡摩洛哥。此种陶器，真世界最佳者也"。[①] 与这种海上商贸相呼应，宋元时期，湛江进入陶器业生产的全盛时期。

自唐代开始，雷州南渡河两岸和遂溪东、西海岸，就开始建造窑场，烧制陶瓷。宋元时期，由于百姓日用和出口需求的刺激，陶瓷业生产十分兴盛。考古发掘显示，湛江地区逐步形成三大窑区——南渡河窑区、北部湾安铺湾窑区、雷州港湛江港窑区。现雷州市、遂溪县、廉江市、湛江市郊乃至市区内，仍可见唐、宋、元窑址100多座，多为龙窑，也有少数馒头窑。烧制的瓷器，以青瓷和褐彩瓷为主，包括日常生活用品和随葬冥器等各式产品。南宋时期烧制出独具雷州特色的青釉褐彩瓷器，即今称为"雷州窑"的瓷器珍品。大量的陶瓷产品，一部分内销本地，一部分凭借海上丝路沿线港口、海道的优势销往边远岛屿、广潮闽浙和出口外销。目前在西沙群岛和南洋群岛的一些地方，都发现了宋、元时期湛江地区窑场烧制的瓷器。

湛江地区陶瓷手工业兴起于唐，昌盛于宋元时期，这与海上丝绸之路的兴盛和雷州半岛古代主港口北移海康（雷州港）有密切关系。

廉江、吴川等半岛周边沿海地带，也是陶瓷器生产中心地区。廉江已发现唐至宋元的古窑址多处，以营仔、车板、横山、河唇等地为多。其中，窑头村古窑址，位于营仔圩西面约1.5千米处。窑群分布于三个山岗，面积约3000平方米。已发现六座砖砌龙窑，采集的遗物残件有碗、碟、杯、罐、盆、釜、壶、瓶、灯托、盏、砚、板瓦、碾轮、碾船、垫环、垫座、泥垫和网坠等。不少器物外表印有"回"字形雷纹饰和双线"非"字纹饰等。经鉴定，为唐至宋朝的古窑遗址。另有车板圩南约9千米处的龙头沙古窑址，共有龙窑六座，遍地布满陶缸、钵、盆、碗、碟、罐及其他陶瓷器碎片。据鉴定，为唐、宋期间遗物。吴川已发现古陶窑多处。其中，塘尾镇东隅旧村西北临河（鉴江）处，1986年7月发现古窑址四处。窑旁遗有古瓦、陶枕碎片。古瓦厚1.8厘米，底有布纹。陶枕底部残片阴刻"嘉祐二年刘怀白"

---

① 张星烺编注：《中西交通史料汇编》（第二册），中华书局1997年版，第69页。

字样，足证是宋窑（嘉祐为宋仁宗年号）。这些古窑口的发现，与宋元雷州窑的兴旺相呼应，也更进一步说明宋元时期湛江一带陶瓷业兴盛。

二、纺织业颇负盛名

纺织业是湛江地区颇具特色的行业。古时湛江地区森林茂密，可供制作衣料的植物纤维甚多。

棉花古称"吉贝"，东汉时期西南少数民族地区已开始种植，至迟在东晋时传入岭南。《旧唐书·食货志》载，吉贝多见于雷、化、廉（州）以及海南黎洞。《太平寰宇记》记：雷州"灶山，山上有炭坑，又有木棉树，一实得棉数两，冬夏花而不实"。[①] 宋代周去非《岭外代答·服用门·吉贝》云："吉贝木，如低小桑，枝萼类芙蓉，花之心叶皆细茸，絮长半寸许，宛如柳棉。有黑子数十。南人取其茸絮，以铁筋碾去其子，即以手握茸就纺，不烦缉绩。以之为布，最为坚善。……雷、化、廉州有织匹，幅长阔而洁白细密者，名曰慢吉贝；狭幅粗疏而色暗者，名曰粗吉贝。有绝细而轻软洁白，服之且耐久者。"[②] 故宋代雷州棉布已很出名。元代，雷琼棉布生产更上一层楼，崖州所产最负盛名，纺织家黄道婆即在此学得一手好技术，后返回到松江，使上海一带纺织业兴盛起来。雷州所产"雷被"，以白棉线织成，有红有紫，十分艳丽。[③]

湛江地区也是各类麻的产区。麻纤维细长坚韧，平滑有丝光，易染，所织麻布质轻、不粘身、透气，尤适于湛江地区气候下穿用。先秦时期，岭南先民就以麻为普遍衣料，在棉布未普及以前，人多穿麻衣。麻织品不仅是古越人衣料之一，也是一种手工艺品。宋代，雷州半岛属广南西路，王象之的《舆地纪胜》记琼、新、雷、连州和英德府都产麻布。长期以来，编织麻布一直是古代雷地女性的主要工作。史载，"徐闻女工以机织为快，当良宵白月，机声轧轧，响彻比邻，彼此怡情，咸有闺秀，林下风相传"，并有雷谣、土歌流传至今，"月光光，月圆圆，四娘织布在庭边，足蹈织机响轧轧，手

---

① 〔宋〕乐史：《太平寰宇记》卷一百六十九，中华书局 2014 年版，第 3232 页。

② 〔宋〕周去非著，杨武泉校注：《岭外代答校注》，中华书局 1999 年版，第 228 页。

③ 〔清〕屈大均：《广东新语》卷十五《货语》，中华书局 1997 年版，第 421 页。

合槟榔认同年"。[①] 形象生动地记述了旧时雷州妇女一边于月夜下纺织，一边与闺蜜、工友共叙友情的场景。雷州市博物馆收藏的雷州纺织的工具及由棉、麻、丝等制作的服饰，精巧异常，见证了自唐宋以来雷州纺织器艺文化的发展历程。

三、蒲草编织已成规模

湛江地区先民使用蒲草编织器物的历史悠久，最早可追溯到新石器时代，至宋元时期已有六千多年的历史，是上古以来本地居民为适应生产、生活需要的技术与发明。汉唐时期，海上经济、文化交流迅猛发展，海上丝绸之路航经雷州港口，蒲织的草席、草帽、草袋等产品供出口，或作为陶瓷器包装材料，或作为船帆材料，有力促进了蒲织生产的发展。宋元时期，雷州窑大批量生产、外销，而蒲草编织物又是最适合包装瓷器，产业发展已成规模。

湛江地区发展蒲草编织业条件优越。沿海滩涂和内地的陂塘，适宜水草生长。这些蒲草为多年生草本植物，种类繁多，有三菱草、棍子草、大籽草等。其中的大籽草由元代泉州商人从锡兰（今斯里兰卡）引种于雷州，具有株长、纤维坚韧等特点，为蒲织的首选原料。在日常生活的不可或缺需要和商业利益吸引下，民众纷纷种植蒲草，促使蒲织迈上新台阶，不但产量大增，技艺也日臻精湛。

蒲包是用蒲草编织成麻袋、篓子等形状的盛物用具，其大小随用途而异，可盛鱼虾、蔬菜、肉食等。用水涴过的蒲包，柔韧结实，可折叠掩口，较长时间保持盛物的水分，延长保鲜期。在没有现代保鲜设备的古代，多用蒲包储运食品、蔬菜、水果等。蒲包还可作盛泥土器物，修掩体，筑堤坝。时至今日，雷州市沈塘镇、附城镇、杨家镇、客路镇，遂溪县城月镇、建新镇，麻章区太平镇、湖光镇等地蒲织产业仍然为农村经济的一大主业，长盛不衰。

---

① 〔清〕王辅之修，〔清〕骆克良等纂：宣统《徐闻县志》卷一《舆地》，岭南美术出版社2009年版，第409页。

第八章　宋元时期湛江地区的海洋活动

宋元时期，湛江滨海地区的海洋渔业、制盐业、采珠业、造船业等得到较快发展。雷州港等沿岸港口航海贸易繁荣，外贸商品种类丰富。雷州窑随海上丝绸之路畅销海外。

元代，朝廷加强了对湛江沿海及南海海域的管辖。元世祖敕令郭守敬等候官在全国范围内开展天文测验，雷州是重要的测试地点。元军对安南、爪哇的战争，间接促进了湛江对外交通的改善。湛江地区涌现出"罗五节"式的海疆卫士，至今为人们所纪念。

第一节　海洋经济发展

宋元时期，湛江滨海地区的海洋经济已形成一定规模，主要有海洋渔业、海水制盐业和采珠业等诸多产业。

一、捕捞业

湛江地区渔业历史悠久。新石器时代晚期，已有人类在此从事渔猎活动。秦汉时期，湛江渔民已普遍扬帆出海，在沿海从事海产捕捞，使用的渔具也很多。可以说，湛江地区一直就是岭南渔业最发达的地区之一，海洋渔业自古以来就是主要经济来源。

唐宋时期，湛江的海洋捕捞业已十分著名。黄鱼，别名大黄花、黄花，中国特有鱼种，有"家鱼"之称，通常生活在水深60米以内沿岸浅海区域的中下层。黄鱼不仅肉质鲜美、口感好，而且全身都是宝，至今仍是海产高级经济鱼类。黄鱼自古以来就在南中国海沿岸形成鱼汛。《宋史》中记载的雷州港主要出口货物，除了米、谷、牛、酒外，还有黄鱼。[1] 可见湛江地区的民众早已掌握黄鱼汛期，大批量捕捞黄鱼，产量可观，并使海产品商品化。

两宋沿海居民增多，渔民也相应增多，水产品的消费市场不断扩大。北宋初年雷州的人口极为稀少，但北宋后期，海产品交易已十分可观。诗人秦观贬谪于此，有《海康书事》十首，其一后面四句曰：

> 粤女市无常，所至辄成区。
> 一日三四迁，处处售虾鱼。[2]

这是宋代雷州海产品市场甚为兴旺的写照。可见，当时的海洋捕捞已有一定规模，鱼虾已成为百姓日常菜肴。这种处处皆有虾鱼售卖的景象，绝非宋初能够比拟。南宋初，李纲被贬海南途中在雷州暂住。有感于雷州的所见所闻，李纲赋诗《九日怀梁溪诸季二首》，其中有："且把红醪尝紫蟹，何须白发对黄花？""山果海鲜多不识，却须传与北人夸。"[3] 也可洞见湛江地区沿海水产之丰富。

古代，由于渔业不占主流，统治者多实施"重盐"而"轻渔"的海洋经济政策。大多数时期，渔民社会地位极为低下。专门从事海上捕捞的水上居民即"疍民"，他们长期在海上生活，甚至没有户籍。但到宋朝，统治者相对开明，商业发展得到鼓励。随着雷州一带渔业经济的发展，疍民也渐渐走到社会的前台，为政府所重视。北宋《太平寰宇记》载，雷州海康县在唐开元年间共4300户，但至北宋初年，雷州户口锐减：主户101，客户5，疍户2。[4] 虽然疍民所占比例极低，但疍户已计入户籍，纳入政府管理范围。宋元易代，崖山之战时，有"乌疍船千艘救晷"[5]。这些乌疍船即是疍民的渔船，尤见当时广东沿海渔船之众，渔业之发达。

---

① 〔元〕脱脱：《宋史》卷一百八十六《食货下八》，中华书局 2000 年版，第 3055 页。

② 〔宋〕秦观撰，徐培均笺注：《淮海集笺注》，上海古籍出版社 2000 年版，第 239 页。

③ 〔宋〕李纲撰，王瑞明点校：《李纲全集》（上），岳麓书社 2004 年版，第 316 页。

④ 〔宋〕乐史：《太平寰宇记》卷一百六十九《岭南道》，中华书局 2014 年版，第 3230 页。

⑤ 〔元〕苏天爵：《元文类》卷四十一。

二、制盐业

（一）历史沿革

盐为日常生活必需品，古人认为盐乃"食肴之将""生民喉命"，有"无盐则肿"之说。盐税为国家重要财源，自古盐铁专卖于官府。

雷州半岛三面环海，河流少，气温高，风力大，水分蒸发量大于降水量，海水盐度高，平均达30.6‰左右，琼州海峡一带高达31‰—33‰，是制盐、晒盐的理想之地。事实上，粤西一带海水制盐业向来发达，是海洋经济产业之一。

唐时，"天下之赋，盐利居半"。唐乾元元年（758），第五琦制定盐法，在产盐区设立盐院，统一管理。宋时，雷州半岛壮、黎等族外迁黔桂琼等地，同时，北方汉人大批南迁，人员流动频繁，盐户较少，盐政放宽，政府"听民采盐，无明文征税"，"盐丁"制盐可以"领取工本，替官制盐"。此举刺激了盐丁的生产积极性，盐业生产发展很快。

据《宋史·食货志》记载，北宋时，雷州产盐已能自给。南宋时期，全国推行按户口配售食盐的政策。淳熙年间（1174—1189），广南地区也一度计口配售食盐：海康县每年主户一丁配食盐12斤，客户每丁6斤，每斤32文。遂溪、徐闻二县配售更多，价更高；坊、州、郭主户第一等，每户配售达84斤。绍熙年间，雷、化、高州配额均酌减。①

元朝，湛江地区的制盐业发达。其中，雷州城西六都武郎村盐场已颇具规模。为加强对盐业、盐丁的管控，并对产盐地区征收盐税，至元三十一年（1294），朝廷专设武郎场盐课司，属广海盐课提举司，并设盐场大使。同时，在遂溪县东南二十都马旗村设置东海场盐课司，属广海都提举司。② 遂溪县的盐厩有东海岛庵里、东山及平乐社的文墨等地；海康县有武郎、郡城等地。

今徐闻县西南方的港口毛练村，还保留着宋代递角场盐场的盐田遗址。这座已有1000余年历史的古盐田，见证了粤西滨海居民逐盐而居的历史。

---

① 〔清〕徐松辑：《宋会要辑稿》食货二十八之三十、三十一。

② 〔明〕欧阳保纂，〔明〕韩上桂、邓桢辑：万历《雷州府志》卷八《建置志》，书目文献出版社1990年版。

（二）技术改进

宋元时期，广南一带制盐技术已有很大提高，已从原来原始煮盐生产法发展成为成本低、产量高的煮卤成盐生产法。

早在唐朝，广东沿海地区就已"煮海为盐，远近取给"。所谓"煮海为盐"，就是改直接煎煮海水成盐，为晒沙土、淋滤制卤，再煮卤成盐。这是海盐生产的第一次变革。宋代广南西路盐户取卤、煎盐的方法，不见于宋代史料，但明代广东方志所载承袭宋元，可以说明广南西路一带煮卤成盐已十分普遍。

《湛江市志·制盐》总结古代"煮海为盐"技术，与以上古法十分相类。即："退潮后，在海上开垦一块沙庭，用木耙沙庭表土耙松，利用日光把沙土晒干，然后将干沙土收集，放在一个过滤坑内，再用海水浇灌获得浓度较高的卤水，后用卤水煮煎成盐，每月收沙两次，煮出的盐称'熟盐'"。①

煮海盐场景（引自宋代苏颂《图经本草》）

煮盐时，将大瓦罐、大瓦锅依次成排堆放海边，装满卤水，用柴火烧煮使之结晶。由于结晶盐往往只是底部一小块，为便于取出，制盐工具多制成尖底杯或圆底。因罐、锅易损坏，且产盐率低，后改用铁锅煮盐，效率有所提高。盐民熬盐，有在家筑灶的，有在海边搭工棚筑灶的，有一家一户搭一

---

① 湛江市地方志编纂委员会：《湛江市志》（上），中华书局2004年版，第700页。

个工棚的，也有几户合搭的。一副大灶（大锅两口）由 1—2 人轮流举火，一昼夜可出盐 200 千克左右，用柴草 500—750 千克；一口小锅举火一昼夜，可出盐 60 千克左右，用柴草 200—300 千克。[①]

宋朝，制盐方法发生第二次重大变革，即由煮盐法向晒盐法转变。晒盐较之煮盐，生产工序简化，成本降低，产量大又省工时，经济效益十分明显。滩晒有多种制卤方式，主要是掘滩晒盐和纳潮晒盐。二者取卤方式不同，但晒盐工艺无异。盐区海潮频繁涨落，滞留海水，蒸发浓缩，渗入地下，日久，卤水储量增大，盐民则在近海滩地掘井取卤，甚为便利。纳潮制卤则须整地开沟，引纳潮水，卤水饱和后方能灌池结晶。

据《徐闻县志》载，宋朝开宝年间，徐闻县沿海已有盐田，其工艺流传至今。在围堤内，按投资股份划分海滩面积，再由各人平整成大小不等的小漏号及一块块的水幅（晒水池）、结晶池（晒盐池）。当时水幅和结晶池规格不一，面积很小，一般只有 100—400 平方米不等。[②]

晒盐池（引自宋代苏颂《图经本草》）

虽然晒盐法在宋朝已出现，且有成本低、产量高等优势，但是直到明清，仍有很多盐场保留煮盐工艺，尤其是那些离海滩较远或地形不宜开滩晒

---

① 白福臣等编著：《湛江海洋经济史》，海洋出版社 2014 年版，第 70—71 页。

② 白福臣等编著：《湛江海洋经济史》，海洋出版社 2014 年版，第 72 页。

盐的地方，继续采用旧式煮盐法。"漉沙曝日而成，名为生盐；熬火成者，名为熟盐"①。生盐、熟盐，价格也各异。宋元时期，广南东路与广南西路所产食盐，品质不太相同，"广东盐味咸厚，故易售；广西盐味淡薄，顾难售"②。

（三）盐场分布

据《宋会要辑稿·食货》载，南宋绍兴三十二年（1162），全国有91个盐场。其中广南东路有盐场17个，主要分布在广州、惠州、潮州、南恩州等地；广南西路有盐场7个，但未记载分布情况。

南宋，广南东、西两路沿海各州皆有盐场，孝宗乾道年间年产量：广州11场160186石，惠州3场87150石，潮州3场66600石，南恩州2场17124石。广南西路所属高州的博茂、那泷2场7927石，化州茂晖、零绿2场81570石，雷州蚕村场39600石。共计24场，年总产量562750石（合2813.75万斤）③。由于南宋广东人口略有减少，汀、虔（今福建、江西、广东交界一带）贩私如故，上述总产量较北宋盛时要稍低一些。但从产盐地的分布上看，却比北宋合理，利于就近运销。

据《湛江市志·制盐》及相关文献记载，宋代在今湛江地区计有盐场如下：茂晖盐场，煮制熟盐，场官驻扎坡头镇沿海（今特呈岛一带）；海康县武郎场盐场，在今唐家镇五郎一带；吴川县有博茂、那陇2盐场，盐灶主要分布在覃巴镇、电白沿海；廉江县零绿场在今营仔镇附近；遂溪县蚕村盐场在今乐民港附近。另外，据新编《徐闻县志·工业》记载，北宋开宝四年（971），徐闻沿海已建盐田，但规模较小。元代，增置东海（岛）场，场官驻东海岛旗村（一说在武郎场设盐课司大使），吴川仍有博茂场、茂晖场，海康仍有武郎场，遂溪仍留蚕村场。④

两宋广南西路三州有6个盐场，各场均设盐官。元代盐场上升到11个，其中6个场与粤东各盐场同属广东盐课提举司管辖，设司令、司丞、管勾等职务，官阶从七品到从九品不等。而湛江地区的博茂、茂晖、蚕村、东海、

---

① 〔明〕汪砢玉：《古今鹾略》卷一。
② 〔清〕徐松辑：《宋会要辑稿》食货二十七。
③ 〔清〕徐松辑：《宋会要辑稿》食货二十三之十六，上海古籍出版社2014版。
④ 司徒尚纪：《雷州文化概论》，广东人民出版社2014年版，第200—201页。

武郎场则归入广海盐课提举司管辖。①

三、"南珠"与采珠业

（一）珍珠的采集与管理

雷州半岛是我国主要的珍珠产地之一。汉朝时，湛江地区所属合浦郡即以产珠而出名，以至有"珠还合浦"的典故。这里的珍珠统称"合浦珠"，也称"南珠"。屈大均这样描述合浦珍珠："合浦珠，名曰'南珠'，其出西洋者曰'西珠'，出东洋者曰'东珠'。东珠豆青白色，其光润不如西珠，西珠又不如南珠。"南珠具体产地："自雷、廉至交趾，千里间六池，出断望（池）者上，次竹林，次杨梅，次平山，至汗泥为下，然皆美于洋珠"。②

明清以前，北部湾的珍珠业主要是对天然珍珠的采集。

南汉对采珠业十分重视。媚川都的建立，是历史上由军队管理、官办珠池之始。

鉴于南汉奢靡腐化而亡国，开宝年间宋太祖"罢岭南采珠媚川都"，将媚川都卒改编为静江军，把青壮珠民编入静江军，调离本地区，老弱病残者放归乡里，不得再以采珠为业。雍熙元年（984），宋太宗下诏罢岭南采珠场③。之后南珠采集时断时续。

根据宋末元初马端临所撰《文献通考》，北部湾海域向朝廷进献的珍珠，"自太平兴国二年贡珠百斤，七年贡五十斤，径寸者三。八年贡千六百一十斤，皆珠场所采"。④ 这些珍珠主要由官采所得，实际上还是禁止民间私自采珠。而官采规模可从苏轼手书《移合浦郭功甫见寄》诗中窥探一二：

> 君恩浩荡似阳春，合浦何如在海滨。
> 莫趁明珠弄明月，夜深无数采珠人。⑤

① 司徒尚纪：《雷州文化概论》，广东人民出版社2014年版，第203页。
② 〔清〕屈大均：《广东新语》卷十五《货语》，中华书局1997年版，第414页。
③ 〔元〕脱脱：《宋史》卷四《太宗一》，中华书局2000年版，第50页。
④ 〔元〕马端临：《文献通考》卷十八《征榷考》。
⑤ 樊庆彦编著：《苏诗评点资料汇编》，山东人民出版社2019年版，第666页。

关于宋朝雷州、廉州等北部湾沿岸区域珠池的分布，蔡京之子蔡絛在《铁围山丛谈》指出："合浦珠大抵四五所，皆居海中间，地名讫宝，名断望者最，而断望池近交趾，号产珠，尤美大。父老更传，昔珠还时，盖自海际，珠母生犹山然，高垒数百千丈，甚或出露波涛上，雅不知得几何代也。"① 这些珠池地望，在雷州至钦州之间，其中断望池在今北暮至婆围海面，"在海中孤岛下，去岸数十里，池深不十丈。"② 这个海中孤岛可能为今涠洲岛。青婴池在今北海市龙潭至合浦西村海面，永安池在今山口永安海面，乌泥池在今廉江凌录至合浦英罗海面，白龙池离交趾最近，应在今北部湾中部今白龙岛附近海面，杨梅池在今福成东南海域，平江池在今南康石头埠海域。③ 乐民池在今遂溪乐民圩的西南部。

（二）疍民

疍民是古时以水为生、以船为家的群体。宋人周去非说："合浦产珠之地，名曰断望池，在海中孤岛下，去岸数十里，池深不十丈。疍人没而得蚌，剖而得珠。"④ 疍民是宋代贡珠采集的主力。雷州半岛、廉州府的海域均有大量疍民的活动踪迹。宋代范成大在《桂海虞衡志》中提到宋代的北部湾，雷州部分疍民即从事这种作业。宋李焘《续资治通鉴长编》记："广西转运司言：乞边海军州许土著富民养疍户，遇入海得珠，则约价以偿惠养之直。所贵疍户不为外夷所诱，从之。"⑤ 说明北部湾大片海区采珠业一直存在，主要为满足达官贵人对珍珠的需求。

据《太平寰宇记》，北宋初年，海康县"皇朝户主一百一，客五，疍户二"⑥。与主户、客户相比，疍民所占比例显然较低，但作为聚落、编户已记入志书，纳入政府管理范围。宋代把疍民分为几类，如以养蚝采蚝为主的蚝疍，在江海中采珠为生的珠疍。

采珠一业，险中求富，苦难多多。宋人描述疍民采珠："凡采珠必疍人，

① 〔宋〕蔡絛撰，冯惠民、沈锡麟点校：《铁围山丛谈》，中华书局1983年版，第99—100页。
② 〔宋〕周去非著，杨武泉校注：《岭外代答校注》，中华书局1999年版，第258页。
③ 吴水田：《岭南疍民文化景观研究》，中山大学博士学位论文，2011年。
④ 〔宋〕周去非著，杨武泉校注：《岭外代答校注》，中华书局1999年版，第258页。
⑤ 〔宋〕李焘：《续资治通鉴长编》卷二七六，中华书局1995年版，第6744页。
⑥ 〔宋〕乐史：《太平寰宇记》卷一百六十九《岭南道》，中华书局2014年版，第3230页。

号曰蛋户，丁为蛋丁，亦王民尔。特其状怪丑，能辛苦，常业捕鱼生，皆居海艇中，男女活计，世世未尝舍也。"①

正是因为持续增长的贡珠需求、过度采珠以及对蛋民的剥削，导致宋朝政府对采珠业的态度非常矛盾。南宋高宗绍兴二十六年（1156）冬，罢廉州贡珠，"珠池在廉州凡十余，接交趾者，水深百尺，而大珠生焉。蛋往取之，多为交人所取，又为巨鱼所害。至是，罢之"。② 再者，过度采珠，北部湾珍珠出现资源枯竭现象。为此，宋朝再次取消北部湾一带的贡珠制度，采珠业也不再受官方监督采捞，蛋民以船为家，靠打鱼、采珠维持生计。秦观《海康书事》之一，即反映宋代采珠业时有中断之现象。其诗云：

合浦古珠池，一熟胎如山。
试问池边蛋，云今累年闲。
岂无明月珍，转徙溟渤间。
何关二千石，时至自当还。③

元代，朝廷对珍珠的需求有增无减。元初专门在广东置采珠提举司，同时专门设立乌蛋户（采珠蛋民构成）采珠，且以采珠户4万赏赐巴延（即伯颜），其中即有雷州蛋民。

元代采珠时禁时弛。泰定元年（1324）七月，"罢广州、福建等处采珠蛋户为民，仍免差税一年"。不久又重开采珠，以供皇室之用。泰定三年，"谕廉州蛋户使复业"。至元六年（1340）二月，"罢广东采珠提举司"，官府采珠也断断续续进行。

宋元时期官方采珠政策的反复，折射出封建社会时期采珠行业落后的生产技术与蛋户生活的艰难，还有封建统治者对全社会奢靡浮华之风的担忧，这是在封建社会生产力条件下无法克服的发展困境与局限。

---

① 〔宋〕蔡絛撰，冯惠民、沈锡麟点校：《铁围山丛谈》，中华书局1983年版，第99页。
② 〔元〕脱脱：《宋史》卷一三九《食货志下》，中华书局2000年版，第3059页。
③ 〔宋〕秦观撰，徐培均笺注：《淮海集笺注》，上海古籍出版社2000年版，第232—244页。

第二节　海上丝绸之路

一、海上贸易管理机构

宋元两朝重视海上贸易，在唐代"广州通海夷道"基础上，海上丝绸之路进一步发展。据宋周去非所撰《岭外代答》、赵汝适著《诸蕃志》记载，当时与宋朝有政治、经济往来的国家和地区有 50 多个，而据元《南海志》《岛夷志略》记载，与我国交往国多达 140 多个，输往中国的商品多达 410 种以上。自宋代始，指南针用于航海，从广州出发的航线取道海南岛东部海域，直下南洋各地，湛江地区以其有利的海上交通优势，相关贸易也发展起来，有力地促进本地陶瓷业、制糖业、冶铁业、蚕桑业的土货商品化，雷州成为南海海上丝绸之路的重要节点，港市繁荣。

宋代在广州设市舶司，总揽海上贸易，雷州港（海康港）市舶事务归广州市舶司下的广南西路管辖。异地办公，给雷州港的外贸带来诸多不便。宋神宗元丰五年（1082），广西漕臣吴潜谏言："雷、化州与琼岛对境，而发船请引于广州舶司，约五千里。乞令广西濒海郡县，土著商人载米谷、牛酒、黄鱼及非舶司赋取之物，免至广州请引。"[1] 获批准后，雷琼地区海上贸易，免去到广州申请凭证之苦。同年，宋神宗特封马援为忠显王，寄意伏波将军护佑航运。雷州港由此成为重要的贸易港和中转港，商舶往来不绝。诚如被贬雷州的苏辙赋诗所言：

> 飓风不作三农喜，舶客初来百物新。
> 归去有时无定在，漫随俚俗共欣欣。[2]

秦观在《海康书事》（其八）中也反映了雷州港的活跃与繁荣：

---

[1] 〔元〕脱脱：《宋史》卷一百八十六《食货下》，中华书局 2000 年版，第 3056 页。

[2] 〔宋〕苏辙著，曾枣庄、马德富校点：《栾城集》（中），上海古籍出版社 2009 年版，第 1131 页。

> 畲土桑柘希，蚕月不纺绩。
> 吴绡与鲁缟，取具舸船客。
> 一朝南风发，家室相怅迫。
> 半贾鬻我藏，倍称还君息。①

当时的湛江地区，海面风帆浪舸，南来北往，一派繁忙景象。航海保护神——妈祖的庙宇也接踵而起。湛江地区保存至今的妈祖庙（天妃庙、天后庙、宣封庙等）约100座，雷州市区至今尚存5座始建于宋的天后宫，其中最著名的雷城南夏江的天后庙即建于宋，是当年雷州港海上贸易繁荣的见证。

元代对海上贸易及其所纳赋税颇为倚重，自至元十四年（1277）至至元三十年（1293），先后建立泉州、庆元、上海、澉浦、广东、杭州、温州、雷州八大市舶提举司，控制港口，大力推动官方贸易。

至元二十三年（1286），元政府改广东转运市舶提举司为广东盐课市舶提举司，隶广东宣慰司，旨在扩大商品贸易，加大管理力度。但是，对外贸易巨大的利益诱惑也在这一时期出现问题。元初，海北海南道一带人口掠卖境外的情况十分严重，实为元人在雷州的最高统治者直接操纵人口掠卖。

为适应雷州半岛外贸的急速发展和加强涉外监管，至元三十年（1293）九月，元政府在雷州设立对外贸易专门管理机构海北海南博易提举司，"税依市舶司例"。同年，制定市舶法则22条，特别规定："见令舶商去来不定，多在海南州县支泄细货，仰籍定姓名，仍令海南海北、广东道沿海州县镇市地面官司，用心关防。如遇回船船只到岸，常切催赶起离，前赴市舶司抽分。如官吏知情受略容纵，如或觉察得知，定是依条断罪。"② 海北海南博易提举司的建立，巩固了雷州在海外贸易中的枢纽地位，也确立了雷州在南海对外贸易中的区域管理中心地位，雷州与安南、广州、泉州等地贸易一片繁忙，八方商贾汇聚雷地。元海北海南宣慰使曾留远《题湖光岩》诗就有"天风吹送入闽船，来结游湖未了缘"的诗句。

在雷州附近海域出水的文物，也反映了元朝中外海上交易的盛况。如在

---

① 〔宋〕秦观撰，徐培均笺注：《淮海集笺注》，上海古籍出版社2000年版，第242页。

② 《中国海关通志》编纂委员会编：《中国海关通志》，方志出版社2012年版，第3789页。

徐闻外罗门海域出水一面大铜锣，上有"明州大德十年"（1306）字样，显系元朝江浙（明州即今宁波）航船航行至湛江水域的遗物。2000年，在硇洲岛海域出水长2.1米、最大径50厘米、重47千克的非洲大象牙。有论者认为可能是唐宋间非洲国家来华的贡物，今已成为湛江市博物馆镇馆之宝[①]。宋元时期，雷州港及其附近广阔水域恰恰是海上丝绸之路的必经之地。

元朝中后期，出于国家安全考虑，元统治者对外贸易政策极不稳定，对外贸易管理机构旋立旋废。海北海南博易提举司，在成立的第二年十一月便遭撤销。直至元末，海北海南博易提举司再也没有复置，但对港口的对外贸易并没有做出多少限制。元代雷州的对外贸易在前代的基础上又有很大的发展。

二、港口贸易

（一）雷州港及主要航线

湛江地区因其优越的地理位置，一直是我国海上丝绸之路的必经之地。早在秦汉时期，徐闻港作为我国海上贸易的"始发港"即闻名于世。

雷州港，古时又称夏江港，位于今雷州市东南，处雷州半岛中部雷州湾、南渡河出海口港头一带。雷州湾外有东海岛、硇洲岛等海岛为天然屏障，避风条件好；港内水域相通，港池开阔，航道水深，且有南渡河、通明河、武乐水三条内河通往港口。海运与内河航运相连，形成港口的条件十分优越。

隋唐以降，雷州附城海康县一直是海北海南政治经济中心。两宋，海南岛与雷州半岛通属广南西路。元代，海南岛仍与北部半岛通属湖广行省，由设在雷州的海北海南道宣慰司统辖。宋元时期，海康县始终是雷州军、雷州路治所。直至清代，这种格局一直没有变化，也意味着雷州港始终保持在南海海上交通中的重要枢纽地位。

宋元以来，湛江地区北方移民不断迁入，人口大增，经济繁荣，对外贸易活跃，雷州港十分兴旺。

唐宋时期，虽然广州、泉州已成为全国主要的对外贸易港口，雷州港的

---

① 陈立新、张波扬、陈昶编著：《湛江港与海上丝绸之路》，广东经济出版社2019年版，第122页。

地位无法与之相比，但雷州港仍然保持着外贸港口的特点。唐代雷州港往来广州、福建等地的商船频繁，大船的载重量达到千石。宋代，雷州"东至海岸二十里，渡小海抵化州界，地名硇州，泛海通南恩等州并淮、浙、福建等路"①。宋宁宗嘉定年间（1208—1224），雷州知军郑公明、赵伯栜先后因用铜钱博易番货而遭到罢免②，也从侧面反映当时雷州海外贸易的兴旺，其强劲的态势并未因政府相关政策的变化而停滞。

据《新唐书·地理志》记载，船舶从广州启航，经海南岛东北部七洲洋南下，往来于中南半岛、南洋、东印度洋、波斯湾沿岸诸国和地区。此所谓"广州通海夷道"，而湛江地区东海岸，仍是这条海上通道的必经之地。

唐贞观八年（634），改东合州为雷州，湛江地区主港口向北迁移到雷州治所海康县（今雷州市）南渡河口——南浦津。南津浦靠近雷州城，水道北向20里到城，沿途皆可停船。据万历《雷州府志》载，"南浦津埠，县南二十里，自闽广高琼至此泊舟，仍通郡城"③。一般进港船舶先到此停靠，然后溯河而上到雷州城。据《宋史·食货志》记载，这一时期雷州、化州等港的主要进出口货物是米、谷、牛、酒、黄鱼等。④ 另一方面，雷州半岛内接西南地区的驿道，内地土货在此装船，然后出雷州湾下南洋。可以说，自唐代至元代750年间，雷州港成为海上丝绸之路的前沿地段雷州半岛出口主港。其贸易对象，不仅包括福建、广州、高州、海南等沿海地区，还有中南半岛、南洋、印度、埃及、东印度洋、波斯湾沿岸诸国和地区。

宋元时期，素习航海经商的闽人，纷纷乘船来雷州经商甚至定居，湛江地区所产稻米经海路大举运往福建沿海诸粮食缺乏地区，一来一往，形成良性互动，遂使雷州经广州至闽南的航线更加繁忙，并派生出粤西沿海一系列新兴港口。北宋时，广南西路的高、化二州，随着经济发展，与海南岛有着经常的海上通商往来，二州运去的货物多为"米包、瓦器、牛畜之类"⑤。

---

① 〔宋〕乐史：《太平寰宇记》卷一百六十九《岭南道》，中华书局2014年版，第3230页。

② 〔清〕徐松辑：《宋会要辑稿》，职官七十四之四三、四五，上海古籍出版社2014版。

③ 〔明〕欧阳保纂，〔明〕韩上桂、邓桢辑：万历《雷州府志》卷八《建置志》，书目文献出版社1990年版，第255页。

④ 〔元〕脱脱：《宋史》卷一百八十六《食货下》，中华书局2000年版，第3055页。

⑤ 〔元〕脱脱：《宋史》卷一百八十六《食货下》，中华书局2000年版，第3045页。

粤西沿海的梅菉港、水东港、赤坎港等港埠，均是在宋元时期萌芽，继而发展壮大。

雷州港的兴旺甚至带动沿海地区商品经济形式的变化。"吴绡鲁缟"皆由商船贩运到雷州，商人们为了兜揽生意，扩大销售，甚至还将货物赊卖给当地人，下次再来时一并收取货价和利息。港口贸易中契约经济和金融服务可见端倪。

伴随雷州港长年不断的进出口贸易，民间船舶制造业崛起。

（二）港口贸易

据考证，两宋时期，广东各大港埠外贸进出口货物种类和数量都有较大的增加。进口货以犀、象、香药等为主，有记载者多达40余种。南宋绍兴十一年（1141），户部计开有市舶粗细货名色100余种，还加多了如天竺黄、蕃糖、苏木等新货。出口货，北宋时主要是金、银、铅、锡、杂色帛、丝绸、精粗瓷器、漆器，尤以土产陶瓷器为多。南宋时陶瓷出口量减少，新增了铁、酒、茶、大黄等名色。[①]

与广东宋元时期进出口的情况相对应，以雷州港为代表的湛江地区港口贸易也呈现出自己的特色。出口商品主要是粮食、海产品和陶瓷等，还有药物、铜钱和其他物品。

宋元时期，雷州窑陶瓷大规模生产，成为和广州的西村窑、潮州的笔架山窑齐名的广东三大窑口之一。窑口均设在南渡河沿岸及滨海地区，便于运至港口外销。代表性产品是青釉褐色彩绘瓷，虽为百姓日常所用的瓷器，却代表了当时中国民间制瓷的较高水平。器型多种多样，可满足人们日常生活中对器皿的需求，应是宋元时期海上丝绸之路的畅销货。雷州窑外销是宋元时期海上丝绸之路的一大亮点。

宋元广东沿海与浙江、福建、海南的贸易尤以米粮为大宗。南宋建炎四年（1130），临安仓廪欠丰，广东籴米15万石，海运漳、泉、福州，储之以待转输。绍兴二年（1132），绍兴府奏：两年来，凡闽、广等处运到钱物粮食，皆在本府余姚县境出卸，驳运临安。绍兴五年（1135），朝廷又命广东"市米至闽中，复募客舟赴行在"[②]。此后，临安仍常赖"苏、湖、常、秀、

---

① 王荣武、梁松：《广东海洋经济》，广东人民出版社2009年版，第67页。

② 〔清〕徐松辑：《宋会要辑稿》食货四十三之十八，上海古籍出版社2014版。

淮、广等处客来"。联系到此间雷州半岛及其附近高州、化州农业生产，尤其是稻作技术的巨大进步，雷州粮仓声名鹊起，粮食输出也是港口的主要业务。北宋时，海南缺粮，向由广南西路的高、化二州从海路供给。这一时期，二州运去的货物多为"米包、瓦器、牛畜之类"①。南宋海南缺粮严重，也由高州以东的广南东路沿海运往补充。②

宋代，对外贸易时铜钱外流严重，雷州一带港口也未能幸免。由于中国铜钱合金成分较为稳定，具有耐磨、海外购买力强等优点，各国商人竞相攫取，往往"以高大深广之船，一船可载数万贯文而去"。两宋广东所铸铜钟和铜钱，尤为外国人所喜爱。政府虽明令铜钱禁止外流，仍不免被大量私带出口。宋代常常发生钱荒。当时，铜钱外流主要有三条途径：一是回赐，二是博买③，最严重的是走私。朝廷对铜钱外流制定了相当严厉的法律。宋朝规定，出境时携带百文以上铜钱将会被定罪；若带五贯以上铜钱出境，则处以死刑。但如此严刑仍不能杜绝铜钱外流。雷州港市舶司管理相对薄弱，常常有蕃商"深入遐瞰"，交易铜钱，一些官员也参与其中获利。乾道二年（1166）五月二十五日敕："广南、福建、两浙路，通海去处，当职官任满，批书委无透漏见钱出外界，方许注授差遣。"④ 以离任审计有无走私铜钱为手段，杜绝官员走私或参与铜钱走私，但效果并不理想。据《宋会要辑稿·职官》记载：宋宁宗嘉定五年（1212），雷州知军郑公明、赵伯束曾使用铜钱"博易番货"而遭放罢。从此侧面，也反映出宋代雷州港铜钱走私贸易十分普遍。

雷州铸铁在南宋初年已十分有名，当时创办了本地较早的化铁炉，遗址在今雷州市。南宋周去非在《岭外代答》中称赞："雷州铁工甚巧，制茶碾、汤瓯、汤匮之属，皆若铸就。余以比之建宁所出，不能相上下也"⑤。宋代，建宁府（今福建建瓯）所产茶最为名贵，雷州制茶器与之相比不相上下，可

① 〔元〕脱脱：《宋史》，中华书局2000年版，第3056页。
② 王荣武、梁松：《广东海洋经济》，广东人民出版社2009年版，第71页。
③ 所谓"博买"，即宋朝规定凡禁榷货物，全部由政府收买。又称"合买"，也称"官市"。见关履权《宋代广州香药贸易史述》，《宋史研究论文集》，上海古籍出版社1982年版，第56页。
④ 〔明〕解缙：《永乐大典》卷一万四千六百二十，中华书局1986年版，第6509页。
⑤ 〔宋〕周去非著，杨武泉校注：《岭外代答校注》，中华书局1999年版，第203页。

见技艺之精。雷州所饮为苦丁茶,本不需茶器。随着我国茶叶依托海上丝绸之路大量出口西方,雷州茶具的出现正适应了这一需要。

两宋时期,雷州半岛内榨糖业规模扩大,采取"牛拉石辘,榨蔗取汁",并改变过去用瓦锅瓦罐蒸煮的方法,改用铁锅蒸煮、分蜜、制造土糖块,提高土糖质量,产量增长很快。除供应本地外,蔗糖也是当时出口的农产品。当时,闽广两路都有蔗糖出口,占城、三佛齐、单马令、真腊、佛罗安等国都从中国进口蔗糖,土糖还曾远销罗马和波斯。

南宋时期,海南有东船经广州向东南沿海贸易,与广东的贸易以牛和槟榔为大宗,"广州税务收槟榔税,岁数万缗"①。海南与湛江地区的物产极为相似,可以断定,雷州出口贸易的种类与之相似。《宋史·食货志》载,雷州港集散雷州半岛的谷、米、牛、酒、黄鱼等货物。苏轼经雷州时,发现"岭外俗皆恬杀牛"②。雷、高、化等州"牛多且贱",除了满足本地需要外,还销往邻近地区。宋元直至明清,雷州半岛的槟榔产量也很惊人。明朝万历年间,槟榔课税占雷州府课税大宗,在宋元应该也是外贸出口的大宗。

湛江地区地处热带滨海,热带动植物资源丰富,方志记载,明朝时该地生产的中药已达 50 多种,螵蛸、橘红、蛤蚧、良姜、海马③等更是本地特色,也是对外贸易的主要货物。

元代广东的对外贸易仅见于《大德南海志残本》卷七(该书记事至致和元年,即 1328 年),记与广州有使臣、贸易往来的国家与地区共达 140 余处,主要是中南半岛、孟加拉湾、印度半岛沿岸国家,直至红海海域、非洲西海岸的阿拉伯国家,海上丝绸之路航线已基本成熟,广东沿海各口岸更是肩负着沟通东西、友好往来的重任。元代,广东外贸出口的主要货物是陶瓷器、金银、铜及铜器、谷米等。因元政府禁海时间较长以及官船贸易的弊端较重,元代广东对外贸易不及宋代,但从雷州半岛所能提供的贸易货源看,雷州半岛的港口贸易依然活跃。④

① 〔宋〕周去非著,杨武泉校注:《岭外代答校注》,中华书局 1999 年版,第 293 页。
② 〔宋〕苏轼著,崔承运选注:《苏轼散文选集》,百花文艺出版社 1994 年版,第 275 页。
③ 〔明〕欧阳保纂,〔明〕韩上桂、邓桢辑:万历《雷州府志》卷四《地理志二》,第 199 页。
④ 王荣武、梁松:《广东海洋经济》,广东人民出版社 2009 年版,第 83 页。

三、"雷州窑"与海上丝绸之路

（一）雷州窑是海上丝绸之路重要的物质文化遗产

唐代中后期，北方战乱，陆上丝路不畅，对外贸易主要依赖海上丝绸之路。瓷器与丝绸不一样，易碎，更适合海路，因此，海上丝绸之路，也称"海上陶瓷之路"。

中国陶瓷历史的发展表明，中国瓷器在晚唐进入成熟阶段，至宋代，瓷业迅猛发展并达到很高的水平。宋瓷在世界上处于领先地位，深受世人喜爱，在西方工业革命来临之前，中国对外贸易中的丝绸和瓷器具备压倒性的优势。雷州人民顺应其时，以雷州窑的形式参与到海上丝路活动中。

据《宋史·食货志》载："嘉定十二年，臣僚言，以金银博买，泄之远夷为可惜。乃命有司止以绢帛、锦绮、瓷、漆之属博易"，鼓励民间以土货参与对外贸易，藏富于民。雷州百姓充分利用滨海之地利，福建移民带来了先进的制瓷技术，尤其是褐彩瓷技术的引进，大兴窑口建设，促成雷州窑系的形成。

南宋、元期间，东南沿海长期战乱，社会动荡，广东制瓷与浙江、福建窑竞争，潮州窑、广州西村窑相继衰落。唯有雷州窑，因偏居西南一隅，加上地处海上丝绸之路要冲的地缘优势，所产瓷器具有工艺水平高、产品种类齐全、规模效益大、海运成本较低等优势，成为外销瓷的走俏产品，历宋元250多年而繁荣依旧，奠定了雷州窑在我国海上丝绸之路中重要的历史地位。

宋元时期雷州窑瓷器及其窑址，与汉朝徐闻大汉三墩港——古代海上丝绸之路始发港一起，被国家列为申请联合国世界物质文化遗产"海上丝绸之路"（中国段）重要的史迹点。

（二）雷州窑专供外销

雷州半岛最大的河流南渡河（又称擎雷水）"三水合流，环绕郡治如带"，流入大海①。宋元时期，海康县南20里的南浦津正是南渡河出海口，

---

① 〔明〕欧阳保纂，〔明〕韩上桂、邓桢辑：万历《雷州府志》卷三《地理志一》，书目文献出版社1990年版，第178页。

"自闽、广、高、琼至此泊舟，乃通郡城"①。另外，有港头埠位于雷州市附城镇墨亭村的南渡河畔，是雷州港的外港，始建于汉代，坐西南向东北，港水深 20 米，可泊千吨巨轮。北宋朱彧《萍洲可谈》记广东出洋船舶："舶船深阔各数十丈，商人分占贮货，人得数尺许，下以贮物，夜卧其上。货多陶器，大小相套，无少隙地"②，可知，只有港头埠这类深水良港才足以停靠如此大的外贸商船，港头埠的陶瓷外销吞吐量和雷州窑的生产量相匹配。此外，现已发现的一系列窑口，大多选址在南渡河两岸或者海滨，所产陶瓷依托雷州港，进入海上丝绸（陶瓷）之路的航线，行销海外。

雷州窑各窑口历史堆积清晰可见，但国内考古发掘的瓷器成品少之又少，也未发现雷州窑向粤中、粤东地区销售的迹象。但在非洲、中南半岛等海上丝绸之路沿岸国家多有发现，如埃及尼罗河畔福斯塔特遗址出土的中国褐彩釉瓷，就是元代雷州窑制品。③ 在海南岛保亭、琼海等县与西沙群岛，乃至越南、泰国、印度等地，都有雷州窑生产的釉下赭褐彩绘瓷器出水、出土或传世，④ 表明宋元雷州窑属于外销瓷。雷州窑瓷器甚至对越南、泰国等中南半岛同时期的瓷业产生较大影响。⑤

雷州窑遗址及瓷器是雷州半岛滨海陶瓷贸易中文化创造精神的结晶，对宋元时期我国南海海上丝绸之路广大区域的陶瓷烧制技术、陶瓷工艺发生过重大影响。自唐至元，雷州窑蜚声海内外，在雷州文化史上留下了浓重的一笔。1994 年，雷州市博物馆馆藏 11 件釉下褐彩瓷器经国家文物局鉴定为国家一级历史文物。

明代中后期，海禁政策的实行，极大打击沿海陶瓷生产与出口，雷州窑逐步式微。

---

① 〔明〕欧阳保纂，〔明〕韩上桂、邓桢辑：万历《雷州府志》卷八《建置志》，书目文献出版社 1990 年版，第 255 页。

② 〔宋〕朱彧：《萍洲可谈》卷二。

③ 马文宽、孟凡人：《中国古瓷在非洲的发现》，紫禁城出版社 1987 年版。

④ 宋良璧：《广东的宋元彩绘瓷器》，《南方文物》1991 年第 3 期；刘成基：《广东海康釉下彩瓷及其相关问题初探》，《广东省博物馆集刊》1996 年版；邱立诚：《粤西"陶瓷之路"考识》，《岭南文史》2000 年第 4 期。

⑤ 杨晓东、邱立诚：《雷州窑瓷器》，岭南美术出版社 2003 年版，第 25 页。

（三）雷州窑规模巨大，分布半岛全境

经长期的考古发掘与研究证明，宋元时期雷州窑外销瓷器，多为南宋至元代延烧，统称"宋元窑址"。窑口主要分布于半岛东、西海岸线和南渡河中上游两岸高岭土丰富的地方，充分利用海、港、河优势，方便原料取给和产品运输。窑口集中的三个窑区：半岛中部南渡河及通明河窑区，半岛西北部海岸及安铺湾窑区，半岛东北部今湛江港窑区。计有唐、宋、元、明、清窑址（窑群作1处统计）105处（唐代窑址11处、宋元窑址73处、明清窑址21处），窑口225座。其中宋元窑口约占70%，主要集中在半岛中、北部的遂溪、雷州，计有156座，[①] 这是广东省内宋元窑址面积最大、窑口最多的瓷窑遗址。

雷州窑鼎盛于宋元，其产量在史籍中无具体记载。但据《雷州府志》载，明洪武二十四年，雷州府户45325、口225612，雷州路三县（海康、遂溪、徐闻）元代户91143。[②] 假设明朝户均人口数与元代差别不大，平均每户5人，则可推知元代雷州路三县人口约45万人，即元代雷州路三县平均约每580户、每2900人就拥有龙窑1座，数量可观。

此外，从明朝窑冶课税情况，也可估量宋元陶瓷生产的庞大规模。雷州府海康、遂溪两县自永乐十年（1412）至天顺六年（1462），"周岁窑冶课钞六十七贯七百八十二文，闰月加钞一十二贯九百六十文"（徐闻县无窑冶课钞）。尽管此时雷州窑已明显衰落，雷州府窑冶课钞仍相当于市舶课钞的五分之一，比酒醋课钞略少，比房屋地赁课钞略多。[③] 此后一直到清末，雷州府不再征收窑冶课钞，可以推断宋元时期窑冶课税是政府财政收入的重要来源，从中也反映出雷州窑兴起于唐宋，鼎盛于南宋、元朝，之后迅速衰退。

（四）雷州窑窑口与瓷器特征

宋元时期，供外销的雷州窑瓷品，采用本地特有的高岭土作为优质原材

---

① 上述窑群、窑址资料，见《海康县志文物志（稿）》《遂溪县文物志（稿）》《廉江县文物志（稿）》《湛江市区文物志（稿）》。

② 〔明〕欧阳保纂，〔明〕韩上桂、邓桢辑：万历《雷州府志》卷九《食货志》，书目文献出版社1990年版，第259页。

③ 〔明〕欧阳保纂，〔明〕韩上桂、邓桢辑：万历《雷州府志》卷九《食货志》，书目文献出版社1990年版，第264页。

料。多采用龙窑设计，瓷窑长度一般在 20—25 米之间，宽 1.2—2 米。窑口多采取坐北朝南、坐西北朝东南、坐西朝东的坐向。一方面，避开风口；另一方面，充分利用当地东北—西南季风特点，以风助烧，节约燃料，同时稳定窑内温度，控制火候，提高烧瓷效果。窑内多以匣钵叠烧技术扩大窑室空间，即便是单孔窑，产量也相当大，代表了当时国内先进的烧瓷技术。

元雷州窑釉下褐彩凤鸟纹荷花盖罐

位于雷州市杨家镇吉斗村东北向约 500 米处的吉斗村窑址，靠近土塘河支流，四座瓷窑并列，均为龙窑，长条形，西高东低，面积约 30000 平方米。遗址文化堆积层达 3 米，现尚存分布钵、擂钵、罐等碎片。考古鉴定为宋元民窑。

遂溪古窑址由杨柑镇马城、科港、海田等八大窑址群组成。其中规模较大的是杨柑镇新埠窑址群、下山井窑址群及东港仔窑址群。在约 900 米海岸线上现仍可辨见宋元窑 45 座。文化遗存丰富，陶瓷制品种类繁多。其中一碗范刻有"大德九年"（1305）字样，进一步证实为宋元窑。

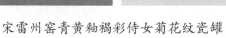

宋雷州窑青黄釉褐彩侍女菊花纹瓷罐　　宋雷州窑青釉褐彩"风清玉洁"花卉纹瓷罐

宋元时期雷州窑，主要生产日用瓷器。已经出土碗、碟、杯、盏、壶、罐、钵、盆、瓶、枕、砚、炉、网坠等 10 多种。以青釉瓷居多，少量为酱褐釉，个别为酱黑釉。器型多样，设计成熟，造型规整、端正，线条流畅，其中瓷罐、瓷枕、瓷棺制作形成自己的特点。在装饰上，将唐朝出现的釉下赭褐彩绘技术广泛应用，饰以花卉、卷草、弦纹、文字或人物、动物图形等，也有少量模印花鸟纹样。形象写实，风格清新。有的书写诗、文和"福如东海，寿比南山"、"长命富贵"、"金玉满堂"、"洞里桃花"、"担酒探亲，擎茶对客"、"祝海庆，赞元宵"等吉祥语或民谚，具有浓厚的雷州半岛民间风情和人文特色。

宋雷州窑青釉褐彩"福如东海，寿比　　　宋雷州窑青釉褐彩"积善之家，必有
　　南山"瓷罐　　　　　　　　　　　　　　余庆"瓷罐

为适应本土和海外市场的需求，在学习、借鉴广州西村窑、龙泉窑及北方磁州窑的工艺技术后，雷州窑成功创烧釉下褐色彩绘瓷器。雷州窑是磁州窑青釉彩绘瓷系在南方发展为分支的成功范例。

第三节　天文测量与军事活动

一、郭守敬在雷州的天文测量

至元十三年（1276）元军攻陷南宋首都临安（杭州）后，全国统一局面已定，元朝立即积极着手改历工作。元代疆域较以往大幅度扩大，为给制定历法提供数据，郭守敬奉元世祖之命在"东极高丽，西至滇池，南逾朱崖，北尽铁勒"的全国范围内进行了一次天文测量，史称"四海测验"。

四海测验涉及全国27个测量点。其中，涉及南海一带的测量点共三处，分别是雷州、琼州、南海。通过观测夏至的日影长度和昼夜的时刻数，郭守敬测得了北极的出地高度，即当地的地理纬度。南海、雷州、琼州三处的数值分别为：南海，北极出地一十五度，夏至景在表南，长一尺一寸六分，昼五十四刻，夜四十六刻。雷州，北极出地二十度太。琼州，北极出地一十九度太。①

四海测验中南海一带测量点数值

观测点	今对应地点	元测纬度（古度）	元测纬度（折合今度）	现测纬度
雷州	广东雷州市	二十度太	20°27′	20°54′
琼州	海南琼山	十九度太	19°28′	20°
南海	黄岩岛	十五度	14°48′	15°08′

资料来源：韩振华《由北极出地推算南海等地的纬度表》（韩振华编：《南海诸岛史地考证论集》，中华书局1981年版，第95—96页）。

四海测验后不久，郭守敬即编成《授时历》。《授时历》是中国历法史上的一座高峰。《授时历》的编制全部依照实测数据，打破了古来治历旧习，开创了后世新法之源。明朝所使用的《大统历》，实际上就是《授时历》，只是稍作改编而已。

四海测验中，南海测点正是位于今中沙群岛附近的黄岩岛。这说明，早在13世纪，中国已对该地拥有主权。雷州作为"四海测验"测试点之一，彰显其南海海疆重镇的地位。郭守敬亲抵黄岩岛测验，必经湛江以南广阔的中国南海洋面。湛江，尤其是雷州半岛位处大陆最南端，也是郭守敬南海测验得以进行的重要物质保障与地理依托。元政府依托湛江及其附近海域对南海海疆的探索与维护，具有极其重要的战略意义。

二、元军经南海远征爪哇与"罗侯信仰"

经崖山之战，南宋灭亡，元世祖忽必烈立即着手诏谕南海周边诸国：新朝底定，蒙元为中原大统，南海周边各国奉元正朔，恢复朝贡体制。此举得到大部分国家和地区的响应。作为南海周边的大国，爪哇国（亦称阇婆）一度与元朝交好，不绝于书。《元史》记载："至元十六年十二月，唆都所遣，

---

① 〔明〕宋濂：《元史》卷四十八《志第一·天文一》，中华书局1976年版，第1000页。

阇婆国使臣治中赵玉还";"至元十七年十月,遣使谕爪哇国及交趾国。至元十八年十一月,诏谕爪哇国主,使亲来觐";"至元十九年七月,宣慰孟庆元、万户孙胜夫使爪哇回,阇婆国贡金佛塔";"元贞元年九月,爪哇遣使来献方物";"大德元年十月,爪哇遣失剌班直木达奉表来降。二年九月,交趾、爪哇各贡方物";"大德四年六月,吊吉而、爪哇等国二十二人来朝,赐衣遣之"。唯有至元二十九、三十年,在湛江以南的南海洋面,元朝出师海上,与爪哇发生战争。

元朝建国时,在欧亚大陆纵横驰骋,攻城略地,在世界历史上留下深深的印记。但忽必烈发动的对外战争,除两次大规模征伐日本失利外,"海外诸蕃,见于征伐者,惟爪哇之役为大"。究其原因,至元二十九年(1292)初,忽必烈诏谕出征将士:"卿等至爪哇,明告其国军民:朝廷初与爪哇通使往来交好,后刺(元)诏使孟右丞(祺)之面,以此进讨。"

为确保远征成功,忽必烈诏福建行省授亦黑迷失、史弼、高兴为平章政事,特调拨远征军2万人,海舟千艘,费钞4万锭,给1年粮。至元二十九年九月,远征军约2万人会师庆元,"史弼、亦黑迷失领省事赴泉州,兴率军辎,自庆元登舟涉海。""十一月,福建、江西、湖广三省军会泉州。十二月十四日,自(泉州)后渚启行。"

战争初始,远征军与爪哇的领主土罕必阇耶联兵,平息了葛郎领主哈只葛当发起的内乱。经过激战,哈只葛当出降,并取其妻子、官属以归。之后,土罕必阇耶背信弃义,秘密组织抵抗元军。元军失利退兵。战争发生在爪哇王国的"畿辅",即现在的爪哇岛东部一带,最终元军且战且退,行三百里登舟回国。史载"行六十八日夜,达泉州"。[①]

尽管远征军出发与归国均在泉州,但整个行动的具体实施均在南海。《元史·史弼传》记载:"至元二十九年十二月,弼以五千人合诸军,发泉州,风急涛涌,舟掀簸,士卒皆数日不能食。过七洲洋、万里石塘,历交趾、占城界。明年正月,至东董西董山、牛崎屿,入混沌大洋橄榄屿,假里马答、勾阑等山,驻兵伐木,造小舟以入。"[②]《平爪哇露布》补充:"由橄

① 〔明〕宋濂:《元史》卷一百六十二《史弼传》,中华书局2000年版,第2538页。
② 〔明〕宋濂:《元史》卷一百六十二《史弼传》,中华书局2000年版,第2538页。

榄屿而过斗蜞屿，自昆仑洋而放沙磨洋。既逾吉利之门，遂抵熙陵之步。"①

比照后世所传《郑和航海图》可知，远征军前往爪哇所经行的海道航线与明代南海航线大抵一致②：其中，七洲洋位于今（海南）七洲群岛东南洋面，万里石塘屿即今西沙群岛。

就在这次远征期间，航路所在，元政府一直派出使节，与南海周边国家建立外交关系，加强海上贸易往来。《元史》载：

> 至元二十九年七月，阿里愿自备船，同张存从征爪哇军往招占城、甘不察，授阿里三珠虎符，张存一珠虎符，仍蠲阿里父布伯所负斡脱钞三千锭。

> 至元三十年，军次占城，先遣郝成、刘渊谕降南巫里、速木都剌、不鲁不都、八剌剌诸小国。

> 又遣郑洼招谕木剌予诸小国，皆遣其子弟来降。

> 至元三十一年十月，遣南巫里、速木答剌、继没剌予、毯（淡）阳使者各还其国，赐以三珠虎符及金银符，金、币、衣服有差。初，也黑迷失征爪哇时，尝招其濒海诸国，于是，南巫里等遣人来附，以禁商泛海留京师；至是，弛商禁，故皆遣之。

经我国南海周边人民的长期经营，我国自唐代就已经形成南海海上通道。在元朝，南海更是中国人长期生产、生活的水域。元时对南海航路的娴熟把握与运用，也反映了元朝时期我国对南海及南海诸岛的开发与管理且将之纳入版图的事实。此外，元朝南海用兵，也从侧面反映了中国自汉朝就已形成的南海朝贡制度仍具效力。

湛江地处南海之滨，是我国南海海疆的前哨阵地。位于祖国大陆最南端的地理分布特征，决定了湛江地区的发展与南海有着千丝万缕的联系。元初，为经略南海，湛江的军事地位举足轻重。

---

① 〔元〕方回：《桐江集》卷五，江苏古籍出版社1988年版，第351页。
② 向达整理：《郑和航海图》，中华书局1982年版，第40、43、44、49、45页。

唐宋时期，广州与高雷地区并没有陆上官驿。从广州到雷州须绕一个大圈：广州溯西江而上至广西梧州，再经郁林（今玉林市）的北流、陆川或廉州的合浦，重新进入化州路石城县。由此往南进入雷州半岛。据《析津志》载，此驿道自廉江新和驿，经桐油、城月、雷州、将军、英利、沓磊，然后渡海至海南岛白沙驿。西江路段水险，人迹稀少，常为盗贼所侵，来往十分不便。①

为配合元初经略南海，第一任广东道宣慰使塔剌海哈曾"又开西驿道以便步递"，并"立水旱站一十余所，水铺一十五起，盖仓库驿舍官廨等七百十余区"。新驿道由广州向西经肇庆，走南恩州，直通高雷以至琼州、钦州诸路。在之后的对占城、交阯、爪哇的战争中，这条交通捷径为传递军情、供官员往来使用，转运军饷、海舶货物等物资发挥重要作用，堪称元朝经略南海的后勤补给生命线。

在高雷地区，为保障这条军需补给线的畅通，元军与起义军、瑶族反抗者发生多次激战，为此付出了巨大的代价。其中，石城罗氏家族的事迹传诵至今。据《广东通志》《石城县志》等载：石城（今廉江）人罗郭佐一家多人死于护饷事上。"罗郭佐，古城人，其先世居汴。祖廷玉以文学仕宋，授武翼郎、石城簿，因家焉"，"宋季，从征南将军史八万讨平海北，以功授朝列大夫，寻授广州路总管，督运广东粮给饷海北军士，沿海遇贼而殁"。② 同时死难者有其长子、化州路管军把总罗震。其后，罗震次子罗奇、罗奇子罗元珪、罗奇孙罗仕显，分别世袭化州路判官、雷州路同知、廉州路同知等职，因护饷道，或剿海寇而亡，"一门父子、昆弟、子孙五人相继死节"，粤人称"罗五节"。后人感其忠烈，称罗郭佐为罗侯王。罗侯王信仰渐渐在粤西社会蔓延，罗郭佐成为地方社会保护神与海防官兵将士的保护神。时至今日，坐落在湛江港湾东岸的麻斜罗侯王庙香火极盛。每逢罗侯王庙会，当地举行游神活动，其中的海上巡游极具特色。坡头罗侯王庙会是广东省级民俗类非物质文化遗产，而罗侯王庙也被纳入湛江市文物保护单位。

---

① 颜广文：《古代广东史地考论》，中山大学出版社2007年版，第3—5页。
② 〔明〕戴璟、张岳等纂修：嘉靖《广东通志初稿》卷十三《宦绩下》，书目文献出版社1996年版，第264页。

第九章　宋元时期湛江地区福建移民与妈祖文化

宋元时期，外来移民大量进入湛江地区，尤以福建莆田人居多。福建移民来到湛江地区后，通常以家族为单位聚族而居，经过长期繁衍生息，形成村落。他们带来的农业、手工业技术，促进了湛江地区经济社会的发展。闽南文化也深深影响着湛江地区，主要表现为妈祖文化的广泛传播与流行；闽南方言传入湛江，与湛江地区原有官话、土著语言融合，雷州方言雏形渐显。

第一节　户口变动

一、人口大幅度增长

南汉时，岭南西部一带尚未全面开发，人口较为稀少，豪强士族势力强大，两广豪富人家甚至"多收买男女奴婢，黥面为记"。更有贫民典质妻女，向豪强、富民借贷以完纳所欠官赋。农民对地主的人身依附关系牢固，严重影响地方经济、社会发展。宋灭南汉次月，即下《禁广南奴婢诏》，"并令赦免"奴婢，"有敢不如诏旨者，当决杖配流"。[1] 开宝五年（972）四月，宋太祖诏令"禁岭南诸州略卖生口"。[2] 大量奴婢获得人身自由。宋灭南汉之后，严惩作恶多端的宦官，平息土豪叛乱，将土地分给佃农或其他农民，自耕农大量增加。

---

① 司義祖整理：《宋大诏令集》卷一九八，中华书局1962年版，第730页。
② 〔宋〕李焘：《续资治通鉴长编》卷十三，中华书局1995年版，第283页。

宋初统治者还注重兴修水利、官米平粜、赈济灾荒、查处贪暴等，这一系列措施改善了农民的境况，缓和了农村的阶级关系，促进了农业的发展。

据考证，宋平广南时，共得170263户。宋太宗太平兴国五年至端拱二年（980—989），广南东路（除贺州）有78970户（缺惠州户及广州客户），而雷州、琼州等七州军为4253户又4200口。若将广、惠二州所缺数估入，广东约12万至13万户。此后经过近100年，至宋元丰初年，广南东路（除贺州）有538048户，雷州、琼州等七州军增长至45189户。广东共有583237户，较前增加3倍多。

宋代将户口划分为主户与客户，有常产的（一般为田亩）称为主户，没有常产的民户称为客户，均编入户籍。从宋代主客户比例变化的数据，更能反映宋代广南西路的人口增长与人口流动变化。据成书于宋初的《太平寰宇记》载，北宋初，广东客户仅占13%，广西客户占34.6%。据成书于北宋元丰年间（1078—1085）的《元丰九域志》记载，北宋中后期，广东（含海南）户中，主户占61%，客户占39%；广西主户占67%，客户占33%。比较可知，宋代岭南户口增加主要是大量岭外人口南迁。宋代主客户以是否占有土地划分，即地主和自耕农为主户，无土地者为客户，而外来移民初来乍到，几乎是无土地的，均可视为客户。

一个民系真正定型，大量移民的凝聚至关重要，但还要考察其作为民族共同体的文化特质是否形成。按照民系划分的一条原则，即在一定时空背景下，某一稳定居民共同体的人口数量一般不低于土著居民即当地人口数量，这一居民共同体方可被视为一个民系。[1] 据《元丰九域志》载，元丰年间，广南地区客户最为集中的地区非常明显，客户占比总户籍超过50%的地区有：广州55%，端州56%，南恩州高达78%，梅州53%，惠州62%。雷州客户占69%，仅次于南恩州。而与雷州毗邻的钦州、高州、化州等从2%到36%不等。[2] 以上这些区域大批外来移民的到来，总量已超过土著居民。而他们所代表的新民系，已经具备人口数量的优势。再对照这些区域所展现的地方文化特征，可以说，宋元时期，岭南的广府系、客家系和雷州民系已初具雏形。

---

① 司徒尚纪：《雷州文化概论》，广东人民出版社2014年版，第97页。

② 梁方仲：《中国历代户口、田地、田赋统计》，上海人民出版社1980年版，第147—148页。

二、人口增长的原因

宋元时期，湛江地区的户口有较快增长。将广州、雷州、高州、化州、琼州在宋元时期的人口变迁做一比较，虽然广南西路各州的户数总体与广州差距较大，但雷州、高州在宋元时期户口增长速度很快。尤其是雷州在元丰年间的户数已远超邻近的琼州、高州，在广南西路位于前列。

宋元时期部分州军户数

单位：户

州别　　　年份	北宋太平兴国年间① (976—983)	元丰三年② (1080)	明洪武二年③ (1369)
广州	16059（缺客户）	143261	170216
雷州	108	13784	89535
高州	3122	11766	14675
化州	644	9273	19749
琼州（乾宁安抚司）	3515	8963	75837

资料来源：①《太平寰宇记》，②《元丰九域志》，③《元史》。

南宋初期，岭南广大地区遭受战乱的严重破坏，连、韶、南雄等州残破尤甚，广南东路的总户口比北宋时期均有减少。南宋绍兴三十二年（1162），广南东路有 513711 户，乾道八年（1172），广南东路有 526913 户，都比元丰年间略少。但广南东路的广州、潮州及广南西路的雷州等地户口却有较大增长。例如雷州在南宋绍熙年间（1190—1194）有 68309 丁，按宋每户平均不过 2 丁计，人丁数比元丰年间有成倍增加。而另有资料说明南宋雷州有 91134 户，高州在绍熙年间有 26486 户，亦比元丰年间增长一倍多。与此同时，海南岛等沿海州的户口也有增加。到元朝，岭南各地户口数大增，其中增长最为显著的是雷州，大致与南宋户口量持平。其中很大一部分原因，宋王象之《舆地纪胜》归结为宋元易代，南宋大批军民一路南下护驾勤王，崖山之战后，大批南宋遗民携家眷落户广南西路。

元朝，雷州半岛人口密度也有所增大。西汉元始二年（2）雷州半岛的人口密度仅1.4人/平方千米，到唐天宝元年（742）上升到2.6人/平方千米，元至元二十七年（1290）上升到15.7人/平方千米。[①]

宋元时期，雷琼地区的人口增长与当地农业发展有关。史载，南宋的雷州，"多平田沃壤，又有海道可通闽浙，故居民富实，市井居庐之盛，甲于广右"[②]。仅乾道年间（1165—1173），知军戴之邵在海康筑堤阻挡海水侵蚀，海滨耕地就增加了许多。海南四州军，绝大多数土地尚未开垦，但在地理环境和交通条件较好的地方，已修筑较多的渠堤陂塘，扩大水田面积。另一方面，大量福建等外地移民迁徙入广南西路诸州是直接原因。雷州半岛沿岸和海南岛是大量福建商船前往贸易之地。福建商船在此附近遭遇风暴沉船破产者，往往就地重操耕种旧业。出于其他原因落籍的移民也有不少。宋开宝五年（972），朝廷"拨徐闻、遂溪两县并归海康一县"。绍兴十九年（1149），知军王趯请求将"徐闻、遂溪二县依旧复置"。原因在于雷州半岛经过一百多年的发展，"比之开宝，人物百倍"[③]。人口增加，事务增多，需要细化行政管理，因而宋廷对雷州的发展予以首肯，分别在绍兴十九年和乾道七年（1171）恢复遂溪、徐闻两县建置。这也印证了宋元时期湛江人口增加的事实。

第二节　移民与社会发展

一、移民主力军

社会经济的发展与繁荣，离不开人口的迁徙与流动。人类社会发展其实就是一部人类不断迁徙与开发的历史。自秦划归中央政府管辖，汉代在徐闻

---

① 郭天祥：《外来移民与雷州半岛的土地开发》，《湛江师范学院学报》2000年第2期。

② 〔宋〕王象之编著，赵一生点校：《舆地纪胜》卷一百十八，浙江古籍出版社2012年版，第2714页。

③ 〔宋〕王象之编著，赵一生点校：《舆地纪胜》卷一百十八，浙江古籍出版社2012年版，第2713页。

港开辟了通往南洋的海上丝绸之路，雷州半岛为南来北往商旅的汇集地，海商贸易使雷地之富庶闻名遐迩，以至唐代有"欲拔贫，诣徐闻"的民谚，吸引了周边地区人口向雷州半岛迁徙。

宋元之际，经济重心南移，岭南沃土获大规模开发，尤其是海洋经济兴起，移民至此，可拓荒耕耘，也可渔猎为生。加之社会相对安定，再次吸引浙江、福建及广东东部沿海区域的人口不断向湛江地区迁徙。

宋元时期，福建是湛江地区移民的主要来源地。福建民众迁徙湛江地区并非始于宋元时期。早在唐朝，雷州即有海道通闽浙。伴随两地的商贸往来，闽人尤其是闽南在雷落籍者逐渐增多。海康县地名办在 1986 年对全县 494 个村庄进行调查，发现不少唐代移民形成的村落。就规模而言，大批福建移民进入湛江地区，是在宋元时期。宋时的福建人多地少，粮食不能自给时有发生。宋人谢履《泉南歌》[①] 云：

> 泉州人稠山谷瘠，虽欲就耕无地辟。
>
> 州南有海浩无穷，每岁造舟通异域。

这首诗真实反映了宋朝泉州人背井离乡的实际情况。当时，泉州人外地谋生的命运基本三种，或从事海商贸易，成为南洋华侨；或移民台湾；或迁徙雷州半岛乃至海南岛。[②] 北宋时期福建人大批移民雷州半岛，在史料中已有体现。宋哲宗绍圣四年（1097），被贬雷州军的苏辙在《和子瞻〈次韵陶渊明劝农诗〉小引》曰："余居海康……其耕者多闽人也"。[③] 到了南宋，移民更成规模。据《湛江市地名志》，遂溪县支屋村因南宋景炎年间首先迁居于此的福建莆田支姓得名；寮客村得名于南宋初莆田人在此搭寮定居。南宋后期，福建沿海居民到赤坎经商，促使赤坎港形成，因福建居民较多，赤坎有福建街。[④]

① 〔宋〕王象之编著，赵一生点校：《舆地纪胜》卷一百三十，浙江古籍出版社 2012 年版，第 3021 页。

② 刘正刚：《唐宋以来移民开发雷州半岛探析》，《岭南师范学院学报》2015 年第 4 期。

③ 〔宋〕苏辙著，曾枣庄、马德富校点：《栾城集》（中），上海古籍出版社 2009 年版，第 1194 页。

④ 吴建华：《雷州传统文化初探》，天津古籍出版社 2000 年版，第 57—62 页。

北宋后期和南宋末年，因金人和元人南侵，大量中原、江南的士民迁移到相对安全的岭南。湛江地区接纳了其中部分移民。北宋靖康年间（1126—1127），祖籍温州府永嘉县的陈京山在琼州通判任满后，卜居今湛江市麻章区太平镇后头村。其弟陈京海、陈京湖带领家族泛海到雷州，分别定居遂溪县陈村和琼州。① 今浙江移民后裔遍布雷州半岛数十个村庄。

徐闻县东南清湾港，有韩公碑，记北宋名相韩琦曾孙韩约"贬琼南，携三子，留二子于白沙家焉"，韩琦七世孙韩显甫"刊公'戒子孙诗'于墓前"。② 今海南文昌韩氏以韩显卿为渡琼始祖。韩显卿和韩显甫应是同辈兄弟。据考证，南宋庆元三年（1197）韩显卿从海康县举家渡海。韩显卿后人中有名韩教准者，因过继给宋姓舅父而改名宋嘉树。③ 宋嘉树即宋庆龄的父亲。

南宋咸淳三年（1267），河南开封籍的陈惟善任雷州教授，因宋元交战而卜居今杨家镇安苗村。其后人分居良村和今湛江市麻章区畅侃等村，至20世纪末人口有一二万之多。

随着福建移民的增多，闽人渐渐成为雷琼地区的主要族群，闽音方言成为雷州半岛最主要的方言，闽文化在半岛大地流布。直至今日，若问雷州当地人祖籍何处，通常都会回答"福建莆田"。雷州城南始建于宋代的天后庙门挂着"闽海恩波流粤土，雷阳德泽接莆田"的对联，反映了八闽文化和雷州文化的深刻渊源，这也是闽人南迁雷州结下的文化硕果。④

二、移民的原因

海康县地名办于1986年对全县18区494个村落的地名进行普查后，得出这样的结论：该县90%以上的姓氏来自福建莆田和福清两县。其中，陈、黄、吴、李等18个姓氏大多来自莆田，时间跨越东晋到明朝，宋元时来此

---

① 吴建华：《雷州传统文化初探》，天津古籍出版社2000年版，第67—68页。又见陈祝栋《跨省跨界，根盘雷州——也谈湛江人的根》，湛江市政协文史资料研究委员会编：《湛江文史资料》（第十八辑），第83页。

② 〔清〕王辅之修，〔清〕骆克良等纂：宣统《徐闻县志》卷一《舆地志》，岭南美术出版社2009年版，第413页。

③ 郭胜强、刘朴兵、郭旭东：《宋庆龄祖籍在安阳》，河南人民出版社2012年版，第87页。

④ 司徒尚纪：《雷州文化概论》，广东人民出版社2014年版，第99页。

的占 11 姓。宋元时期，外来民众迁徙湛江地区，原因主要有以下四种。

1. 躲避战乱

南北宋之交，金兵大举南下，一度进入浙江与江西二路。受此影响，福建境内频繁发生动乱。南宋定都杭州后，对福建的倚赖加重，朝廷在福建的赋税大增，民众不堪重负，动乱时有发生。元军进入福建后，八闽大地的反元起义如火如荼，一直延续了十六七年，福建成为元初反元起义坚持最久的区域。[①]

为躲避战乱，不少移民选择湛江地区作为定居地。如南宋嘉祐年间，有莆田人为避战乱迁居吴川塘马村。元初，莆田郑姓迁入吴川中山郑屋村；至正年间（1341—1368），莆田许姓移居遂溪许屋村。

2. 改善境遇

南宋时期，福建人口大幅度增加，而福建地形以山地、丘陵为主，适宜耕种的土地稀少。在当时的生产力条件下，福建已出现大量的过剩人口。这些人或转入农业之外的其他行业，或移民人口密度较低的广南西路。[②] 如广东的钦州："钦民有五种：……四曰射耕人，本福建人，射地而耕也，子孙尽闽音"[③]。据《岭外代答》，宋代海南已汉化的"熟黎"其实大多数来自湖广、福建，虽"供赋于官，而阴结生黎以侵省地，邀掠行旅、居民"，大抵反映了北方移民南迁岭南的事实与艰难。[④] 莆田等地移民雷州半岛，要么开发海洋农业，要么耕海为生。

在福建部分地区，出现贫富两极分化严重的现象。如泉州晋江县的大地主刘君辅拥有 36 座田庄，而占人口大多数的农民被迫出卖土地之余，还要承担田赋。为生活所迫，泉州人移民广东者不在少数。[⑤] 其中部分移民至湛江地区。

3. 因官移居

官员在湛江地区任满后迁居当地的也不在少数。宋开宝年间，莆田人雷

---

① 徐晓望主编：《福建通史》（第 3 卷），福建人民出版社 2006 年版，第 149 页。

② 徐晓望主编：《福建通史》（第 3 卷），福建人民出版社 2006 年版，第 201 页。

③ 〔宋〕周去非著，杨武泉校注：《岭外代答校注》，中华书局 1999 年版，第 144 页。

④ 〔宋〕周去非著，杨武泉校注：《岭外代答校注》，中华书局 1999 年版，第 70 页。

⑤ 徐晓望主编：《福建通史》（第 3 卷），福建人民出版社 2006 年版，第 100 页。

州府正堂黄勋，宦满后定居于遂溪县城内的平衡村；太平兴国年间（976—983），莆田吴保以进士历官光禄大夫，晚谪高凉参军，遂占籍吴川为上郭村吴姓始祖；宝庆元年（1041），莆田柯姓官至高州通判，落籍吴川。南宋初，莆田人迁居遂溪寮客村（以祖辈曾为幕僚，故名）；隆兴元年（1163），莆田林兰屿迁居吴川霞街；乾道年间（1165—1173），莆田陈境在化州为官，次子陈混卜居吴川平城；淳熙年间（1174—1189），莆田杨姓宦游吴川，先居博铺，后迁居大山江镇东埇村。①

据《铁杷彭氏族谱》，旧县村彭氏先祖彭医正，江西庐陵（今吉水）人，南宋淳祐年间（约1244）来雷州任儒学司，"相雷风景之宜居焉，遂于铁杷县崇礼乡置田立宅焉"，卸任公职后落居旧县。元延祐六年（1319），莆田举人黄昱任石城县尹，致仕后定居廉江上县村，其次子黄思温在广西博白教谕任满后移居吴川。②

宣统《海康县续志》中收录了较多因官移居雷州的人物："吴日瓒……府城东关人，先世系出八闽，始祖宋淳熙初官雷州通判，因家焉"，"邓仁爽……闽人也，发迹于福州潮阳里，为宋进士，官光禄大夫，继掌雷州路。性癖山水，择得郡西南七十里而家焉，庄名潮阳，殆不忘其祖乎"。同书《英公亚崖祠田跋》："余系自莆（田）之武盛里，十一代秦公判高凉，卒于官，其子因家焉。季有冬公迁雷，盖宋理宗末年也。"《陈韫之先生墓志铭》："其先闽人也，始祖以宋进士官于琼，有政绩，任满，卜居于雷之北隶，延世滋长，乃迁岭东乾塘村。"

4. 随军移居

宋末元初，随南宋小朝廷南下的军队和平民多达十数万，其中部分定居湛江地区。如被南宋小朝廷拜为枢密使的陈文龙（祖籍福建莆田）身死后，其后人卜居湛江市郊乾塘村，成为乾塘陈氏始祖。③ 琼州长史何真（江苏扬

---

① 陈立新：《湛江人的根——湛江古代开发与莆田移民》，《湛江市文史资料》（第十八辑），第79—82页。

② 陈立新：《湛江人的根——湛江古代开发与莆田移民》，《湛江市文史资料》（第十八辑），第79—82页。

③ 陈立新：《湛江人的根——湛江古代开发与莆田移民》，《湛江市文史资料》（第十八辑），第79—82页。

州人）率部抗元战死，其子隐居东海岛，取村名"𡷶禄"（今民安镇那何村），隐何姓为"𡷶"，意为世代不忘曾受宋禄[1]。

三、移民的影响

移民的到来，为雷州半岛提供了丰富的劳动力。在技术变革缓慢的古代，劳动力的增加，往往意味着生产的发展。尤其是闽浙地区的移民，掌握了先进的农耕技术，他们的到来使雷州的农业开发进入新阶段。

宋朝之前，雷州湾和南渡河出海口一带，地势低洼，常遭海潮侵袭，因而未被开发利用。在筑岸防海上，闽人拥有丰富的经验。万历《雷州府志》称雷州城附近，"宋始筑岸防海，以开阡陌"[2]。在移民和土著居民的协同努力下，雷州半岛沿海大面积滩涂成为开发对象，水稻种植面积不断增加。

移民的到来不仅促进了农业的发展，也开启了雷州半岛一带海洋经济发展的阀门。移民充分利用当地优越的海洋资源，或从事"鱼鳅蟹虾"的捕捞、贩卖，或从事海上商贸，对外交流频繁，使宋代雷州社会、经济呈现出陆海、农渔并重的局面。在南宋中期王象之编纂的《舆地纪胜》中，雷州已是"地多平田沃壤，又有海道可通闽浙，故居民富实，市井居庐之盛，甲于广右"[3]，雷州半岛亦然跻身广南地区经济较发达区域的行列。依托海洋地理区位及其资源，所形成的渔农并举的发展模式，在造就雷州半岛迅速发展的同时，也在不断吸引闽浙及本省潮州移民迁徙雷州。

移民迁入后多聚族而居，海康县地名办1986年的调查显示：陈姓分布在184个村，黄姓、吴姓分布在93个村，李姓分布在67个村，何姓分布在33个村，周姓分布在30个村。[4] 这种"聚族而居"的分布形式，更方便彼此沟通，产生较强凝聚力，是地域文化和民系形成的强大动力。

---

① 《湛江市地名志》编纂委员会编：《湛江市地名志》，广东省地图出版社1989年版，第50页。
② 〔明〕欧阳保纂，〔明〕韩上桂、邓桢辑：万历《雷州府志》，书目文献出版社1990年版，第189页。
③ 〔宋〕王象之编著，赵一生点校：《舆地纪胜》卷一百十八，浙江古籍出版社2012年版，第2714页。
④ 吴建华：《雷州传统文化初探》，天津古籍出版社2002年版，第58—60页。

第三节　妈祖信仰与闽方言的传入

一、妈祖信仰的传入

妈祖信仰源于福建莆田的湄洲岛。妈祖的原型是一名叫林默的女性。林默生于宋建隆元年（960），在世时常以医术救人。相传她羽化升天后，多次显灵救护遇到灾难的渔民和客商。南宋以来，妈祖作为海上救难女神受到供奉。经统治者褒封，妈祖也被称为"天妃""天后"。明清以后，妈祖信仰传到东南亚、日本、朝鲜等地，形成一个庞大的"妈祖文化圈"。

雷州半岛三面环海，居民大多以海洋农业、渔业为生，具有典型的海洋性社会特质，与福建莆田一带的自然环境、人文环境极为相似。唐宋以来，雷州作为海上丝绸之路上的重要港口，吸引大量闽人尤其是莆田人迁居。随着移民的大批到来，妈祖信仰也流入雷州半岛。这一时期，各港埠、渔村妈祖庙大量出现，妈祖信仰迅速在雷州半岛扎根，流布四方。

妈祖信仰传入后，渔民、商人扬帆出海皆先祀妈祖，祈求神灵保佑，并在船上供奉神位。现存雷城街道关部社区的天后宫始建于宋，门联："闽海恩波流粤土，雷阳德泽接莆田"。元代以后雷州妈祖信仰更为普遍。据有关研究成果显示，海康有 11 间，徐闻有 5 间，遂溪有 9 间，共 25 间。[1] 据有关方志统计，广东存在天后庙 100 多间[2]，基本上继承明清时所建。如此一来，则雷州半岛的妈祖庙数量占广东 1/4 左右，而半岛的面积只占广东 4.5%，说明雷州半岛是广东妈祖庙高度密集分布区，当地对妈祖的崇拜可见一斑。

二、闽南方言与雷州话

语言或方言是文化最基本的构成要素与载体。以福建闽南人为主体的雷州移民在宋元时期大量进驻雷州半岛一带，必然对雷州文化、雷州方言以及

---

[1]　参见冼剑民、陶道强《试论明清时期雷州民间神庙文化》，广东炎黄文化研究会等编：《岭峤春秋——雷州文化论文集》，中山大学出版社 2003 年版，第 121—126 页。

[2]　张鼎主编：《雷州胜景》，青海人民出版社 2000 年版，第 26 页。

未来雷州民系产生重大影响。

宋元时期，广南西路一带，居于乡野的主要有原"骆越"后人，也即俚、僚、蛮等土人，说壮语以及俚、僚等部族语言；再者即"居城郭，解汉音，业商贾"的客户或北人；第三种就是福建人，他们"杂处乡间，解闽语，业耕种"。

北宋时，文学家苏辙就在其被贬雷州所作《和子瞻次韵陶渊明劝农诗》小引云："予居雷州……其耕者多闽人也。"已经证实北宋以来相当数量的福建人在雷州一带活动。而有关雷州方言最早的文字记载，恰恰也在宋朝。据成书于宋代、现已佚失的《雷州图经》所载，宋代的雷州：

> 实杂黎俗，固有官语、客语、黎语。今语言之间，官语则可对州县官言也，客语则平日相与言也，黎语虽州人或不能尽辨。[1]

宋代开始，雷州半岛一带，所谓"官语"，指通行于士人、官员之间的"中州正音"；"客语"，也即福建人的语言。由于大量福建人填充雷州半岛，他们杂处乡间，人数众多，除官府内讲中州音，"客语"则成为百姓日常生产生活"相与言也"，福建闽音已经成为雷州方言的主流，且代代传承。至于"黎语"，有两种可能，一是历史文献中"俚"通"黎"，指少数民族语言；一是指闽人迁入海南岛后，在闽南方言基础上衍生出的海南方言。福建商船常常往来于东南沿海直至东南亚贸易，常遇海难，闽人多会随海潮漂流至雷州半岛或海南岛安家耕种，不再回到闽地家乡。正是因为福建商人这一习性，在海南岛、雷州半岛落地生根的人士日益增多，包括"客语""黎语"在内的福建方言，逐渐成为雷州半岛和海南岛的"乡音"。

从广东省方言的形成与分布看，秦汉至唐宋，两广汉族居住区相继形成四大方言：粤方言，以广州和珠江三角洲为核心，分布于粤中、粤西和桂东、桂南；潮汕方言，以潮汕为核心，分布在粤东一带；客家方言，以梅州为核心，分布于粤东北部和粤北；海南、雷州方言，分布在海南岛和雷州半岛及附近沿海。

---

① 骆伟、骆廷辑注：《岭南古代方志辑佚》，广东人民出版社2002年版，第448页。

第十章 宋元时期湛江地区儒学及教育发展

宋元时期是湛江地区儒学的肇启和发展时期。

南宋时，理学传入广东，产生一定影响。张栻与朱熹齐名，是南宋理学分支"湖湘学派"的领军人物，他与粤西地方官交往颇深，对理学在粤西的传播发挥重要作用。元朝时期，粤西地区出现了本土理学家，陈杞是其中的代表。

这一时期，湛江文化教育事业较之前大有进步。雷州州学、县学等官办学校相继创办并得到发展。书院也开始出现，较著名的有遂溪文明书院。

随着教育的发展，湛江地区的科举人才也崭露头角。北宋时期吴川籍鞠杲成为湛江地区首个进士。南宋淳熙五年（1178），海康籍府学生杨原兴、杨直同时高中进士，首开雷州府进士及第的纪录。遂溪籍进士纪应炎，历任海南琼山簿、南海知县，为官清廉，勤政爱民，后人尊称为"南海先生"。同时，乡举数量大增，从侧面印证了教育的发展和科举的繁盛。

第一节 理学传播与儒学教育兴起

一、理学传播

宋明理学是儒、释、道三教长期争论和融合的果实。汉儒治经重名物训诂，宋儒则以阐释义理、兼谈性命为主，故有此称。理学实际的创始人为周敦颐、邵雍、张载、程颢、程颐，至朱熹始集大成。理学对中国社会、政治、文化、教育及伦理道德都产生了深远影响。

宋代理学以周敦颐为开端，继分濂、洛、关、闽四派。但由于种种原因，除濂派周敦颐的学术，其余三派学说终北宋之世未在广东地区传布。至南宋朱熹（1130—1200）创闽派理学起，理学在广东的传播和影响进入新阶段，传播始广。

张栻（1133—1180），南宋时期宣扬理学的重要人物。他与朱熹齐名，世称南轩先生，是理学分支"湖湘学派"的领军人物。他长期在广东学习交流，对理学在广南西路的传播发挥重要作用。

张栻与雷州的交集，源于其曾祖张纮曾于至和元年（1054）以殿中丞知雷州。乾道年间，张栻在给雷州知军戴之邵的回信《思亭后记》中道明了张栻与雷州的渊源。

北宋皇祐四年（1052），西南少数民族地区发生大规模起义，波及雷州半岛[1]。朝廷以张纮"久佐四边，熟兵事，急命往守"，张纮"自四明以数百兵转海，至寇盗平息"。这位张栻的曾祖主政雷州期间，十分关注雷州的社会文化进步。闲暇之时，"延见长老诸生，条教"，"以长幼之序，亲疏之仪，悉革其旧"，"又为增治城垒，行田积水为长久计"。[2] 时隔百年有余，张栻表达了自己作为张纮后人，对先祖主政过的地方的关注。

戴之邵久闻张栻之名，适逢其为振兴雷州，兴建府学，特请张栻作《府儒学记》，张栻欣然应允，并在文中力倡崇儒，张栻说："今使雷之士，讲明孝弟之义，于是学而兴，孝弟之行于其乡，则雷之俗，其有不靡然而变者乎？岂特可以善其乡，充此志也，放诸四海而皆准可也。然则戴君之所以教者，宜莫越于是矣。"[3] 阐明其理学要义在于：崇儒学，"明人伦"，行孝悌，非如此雷州不可文明开化。

淳熙四年（1177），雷州知军李茆重修州学宫，张栻作《府学明伦堂记》。张栻还作有《雷州学记》《钦州学记》。州学的建成，为理学思想的传

---

① 北宋皇祐四年，西南壮族首领侬智高起兵反宋，"陷邕州，又破沿江九州，围广州，岭外骚动"。

② 〔清〕雷学海修，〔清〕陈昌齐等纂：嘉庆《雷州府志》卷十八《艺文》，岭南美术出版社2009年版，第498页。

③ 〔清〕雷学海修，〔清〕陈昌齐等纂：嘉庆《雷州府志》卷十八《艺文》，岭南美术出版社2009年版，第499页。

播、广南西路文风的改进，提供了坚实的载体。

随着理学的传播和影响力的扩大，湛江地区逐渐出现本土理学家，陈杞是其中的代表。陈杞，字楚材，海康人。少小失孤，从学于舅氏王景贤。他淹贯群籍，博览群书，元延祐年间（1314—1320）受荐举，但"不乐仕"[1]，反而归隐山中，传道授业，教训生徒。在学问上，"究性命之学"，"海之南北学者咸受业其门"。陈杞还是雷州半岛民间兴办教育——社学的鼻祖。相传，陈杞在城东南淡水社淡水村后山筑庐教授。

以陈杞为代表的本土理学家的出现，意味着湛江地区正逐渐告别蛮荒，走向本土文化的自觉。

二、儒学教育兴起

宋初，全国官学甚少。庆历四年（1044）三月，经范仲淹、欧阳修等人倡导，宋仁宗在全国颁发兴学诏令："诸路州府军监，除旧有学外，余并各令立学"。"新政"还规定，只有在学校里学习三百天以上的人，才有资格参加科举考试。兴学诏下，广东各地闻风而动，雷、琼、高州等地方官纷纷主导兴办"府学"、"县学"，统称"儒学"。主要工作包括修建学官，供奉先哲，聘请教授、师长授课，筹集资金经费，招募子弟入学，应科举。

据万历《雷州府志》记载，雷州儒学的发轫，正是在宋庆历四年（1044），位于城外西湖之东。"自南汉据有岭南，至是诏，天下府、州、县，俱立学。雷学始此。"[2]

北宋嘉祐八年（1063），知军林昆有感于"海康濒海之郡也。地域虽远，风俗颇淳，圣训涵濡，人多向学"，隆重修建州学。余靖为之撰碑，提到"谨贡条，精里选，广生员，敞黉舍，讲经义，崇儒术"，儒学中供奉着先圣、先贤之像。靖康元年（1126），知军李域迁州学于天宁寺西。

南宋绍兴十年（1140），知军胡宗道重修儒学，复徙州学于寺西北，"中建宣圣殿，东西列两庑，以绘先贤。四隅辟四馆，以延师长。左右六斋，以

---

① 〔明〕欧阳保纂，〔明〕韩上桂、邓桢辑：万历《雷州府志》卷十七《乡贤志》，书目文献出版社1990年版。

② 〔明〕欧阳保纂，〔明〕韩上桂、邓桢辑：万历《雷州府志》卷十《学校志》，书目文献出版社1990年版。

为诸生肄业之所"，遂使"濒海遐陬变邹鲁之风"。乾道六年（1170），戴之邵重修州学。戴之邵认为，雷州偏远，士人"不得与中州先生长者接，于见闻为寡，而其风声气习，亦未有能遽变者"，这是"雷俗未知礼"的原因①。他试图通过发展儒学、振兴教育等方法，移风易俗，让更多雷州士民可以得到儒家思想的熏陶。其时，雷州城西有一废弃的佛寺，戴之邵用钱一千万，将之修筑成学宫。他亲请理学名家张栻，作《思亭后记》《府儒学记》《府学明伦堂记》镌刻于校内。在州学引领下，理学在岭南西部地区传播开来。

戴之邵之后，雷州地方官员陆续完善教育设施。至南宋淳熙八年（1181），雷州人陈宏甫进士及第，被誉为"雷之破天荒者"。雷州州学教授郭梦龙，特作《雷州府学登科题名记》。他感慨经过这些年历任地方官的努力，雷州的文教面貌为之大振。

比年以来，雷之文士日益振，乡曲之英，联镳西驰，殆风作而气使之。岁在丁未，州学正陈宏甫果以经学第进士，是正郡博叶梦材典教也。越明秋，叶郡博成满，梦龙以及瓜至。视篆甫一月，宏甫亦以衣锦归，桑梓与有荣焉。同志者念余曰："是雷之盛事也，欲镂石以纪氏名，可乎？"余跃然曰："昔刘蜕首以荆州乡举取科，邦人称之为破天荒。既而，举不乏人。今宏甫亦雷之破天荒者，继自今，源源相续，其视丁未进士榜犹增光焉。合碑于学，以待来者。"②

郭文中将陈宏甫进士及第系年于丁未（即淳祐七年，1247），万历《雷州府志》则记淳熙八年（1181）。郭梦龙任职雷州是在淳祐八年，按此，陈宏甫应是淳祐七年进士。

宋代推行重文抑武的政策，这就需要选拔更多的文人进入仕途。在统治者的推动下，地方的州学、县学等教育机构数量显著增加。遂溪、徐闻县学即建于宋代，海康县学则迟至元至顺三年（1332）才创立。海康生员只得在

①〔明〕欧阳保纂，〔明〕韩上桂、邓桢辑：万历《雷州府志》卷十《学校志》，书目文献出版社1990年版。

②〔宋〕郭梦龙：《雷州府学登科题名记》，曾枣庄、刘琳主编：《全宋文》（第346册），上海辞书出版社2006年版，第227页。

遂溪县学或雷州州学就读。①

遂溪县学，初建于县西郭，因地势低洼且潮湿，乾道四年（1168）迁于县旁，宝庆元年（1225）再迁登俊坊。元朝沿袭。②

徐闻县学，始建于讨网村（旧县治）。元至正年间因县治迁往宾朴，教谕（县学设教谕一人，掌教诲生员）陈瑜白，就势在县治以西的李氏家塾建学宫。元至正八年（1348），海康县尹郑开重修。③

吴川、石城二县，宋时也有儒学，但无史料记载。"元至正九年，吴川县主簿唐必敬、教谕吴仲光建儒学"，石城县"儒学，旧在江头铺，元皇庆间迁于高峰铺东黄村，天历间迁于新和驿左"。④

三、书院的发展

书院起于唐代，宋代达到鼎盛时期，出现了白鹿洞书院、岳麓书院等著名的书院。元代书院呈现衰败之势。有别于官学的教育系统，书院是私人或官府所设的聚徒讲授、研究学问的场所。

（一）文明书院

宋代遂溪县境的书院有三所。遂良书院，位于今遂溪县城内；东瀛书院，位于今湛江市郊东海岛；还有一所文明书院，位于乐民镇。这三所书院，在遂溪县境呈鼎足之势，为遂溪的儒学教育发挥了积极作用。其中，文明书院位于雷州半岛西北部遂溪县境内北部湾海岸边，其创立涉及苏轼在雷州的一段经历，在半岛文明开化的历史中显得尤为重要。

古代遂溪的北部湾海边是人迹罕至的荒凉之地。到了宋代，才有移民前来，渐渐形成村落。有兴廉村者，三面环海，交通便利，农业、渔业和贸易都比较兴旺，百姓生活相对宽裕，但教育滞后。

---

① 〔清〕郑俊修，〔清〕宋绍启纂：康熙《海康县志》中卷《学校志》，岭南美术出版社2009年版。

② 〔清〕喻炳荣、朱德华修，蔡平点校：《遂溪县志（清道光二十八年续修）点校本》卷三《学校》，方志出版社2017年版，第67页。

③ 〔清〕王辅之修，〔清〕骆克良等纂：宣统《徐闻县志》卷五《学校志》，岭南美术出版社2009年版，第451页。

④ 〔明〕曹志遇主修，〔明〕王湛同修：万历《高州府志》卷一《公署》，书目文献出版社1990年版，第19页；〔清〕杨霁修，〔清〕陈兰彬纂：光绪《高州府志》卷十三《政经》，（台湾）成文出版社1967年版，第192—193页。

元符三年（1100），被贬海南的苏轼遇赦北归。他于六月二十五日离开雷城，行至距城西北四十五里处的遂溪兴廉村净行院，因遭遇台风大雨，便住宿下来。当地百姓对苏轼这位声名在外、命途多舛、怀才不遇、屡遭贬谪的大文豪甚为仰慕，于是盛情款待，热情挽留。起初，流寓海疆边陲的诗人心情是寂寞、寥落的，有《雨夜宿净行院》为证：

> 芒鞋不踏利名场，一叶轻舟寄渺茫。
> 林下对床听夜雨，静无灯火照凄凉。

苏轼留宿兴廉村期间，与教书先生陈梦英一见如故。苏轼天性豁达，得村民热情接待，心情豁然开朗。苏轼写下在遂溪的另一篇诗作《自雷适廉宿于兴廉村净行院》：

> 荒凉海南北，佛舍如鸡栖。忽此榕林中，跨空飞栱枅。
> 当门洌碧井，洗我两足泥。高堂磨新砖，洞户分角圭。
> 倒床便甘寝，鼻息如虹霓。僮仆不肯去，我为半日稽。
> 晨登一叶舟，醉兀十里溪。醒来知何处，归路老更迷。

据万历《雷州府志》，苏轼观看山川形势后，对乡民陈梦英说道："斯地景胜，当有文明之祥"。苏轼离开数月，果然"瑞芝生其地"。众乡儒一番商议，决定在此兴建书院，匾曰"文明书院"。[①]

宋末，文明书院毁于兵乱。元泰定元年（1324），提举卢让复建文明书院，但"未就而去"。至顺二年（1331），"彭从龙重修殿堂斋庑，立山长，置学田，春秋祭礼咸备"。[②]

宋元后，遂溪文明书院的存在，在雷州三县中确实起到学风引领的作用。明嘉靖《广东通志》记载，宋乾道七年（1171），徐闻、遂溪先后在行政建置上从海康分离建县，两县儒学的设立却早于海康县。"海康县儒学在

---

① 李之亮笺注：《苏轼文集编年笺注（诗词附）》，巴蜀书社 2011 年版，第 454 页。

② 〔明〕欧阳保纂，〔明〕韩上桂、邓桢辑：《雷州府志》卷十《学校志》，书目文献出版社 1990 年版，第 301 页。

府治东、卫制西。宋附于郡庠，其后寄于遂溪文明书院"。唐代，"遂溪、徐闻乃古铁杷、递角二盐场也，后以户口日众，遂分海康、遂溪、徐闻为三县，二县皆有学，而海康附于郡学，庙祭在遂溪书院"①。由于古代"官学"、"学宫"一体，既是祭孔之地（孔庙），又是学校，可见，宋代，遂溪文明书院也是海康学子祭孔之地，地位很高，是遂溪县引领雷州三县文化教育的标志。

明清以来，雷州士民出于对苏轼莅临雷州启蒙的感恩，出于对文化教育的重视，对文明书院多次重修。

（二）茂山书院

茂山书院，位于吴川市博铺街道，历为名士隐居、著述、教学育人之所。清光绪《茂名县志》卷三《经政·书院》记载："茂山书院，在县南一百三十里博铺村，即古博茂城旧址。世传晋楼船将军王濬谪居博茂，初立书院，以诗书化俗，故名茂山。今书院有将军像刻石，春秋祀典存焉。"②

王濬（206—286），西晋名将，西晋咸宁五年（279）率兵伐东吴，次年兵围吴国都城建业（今江苏南京），迫使东吴后主孙皓投降。唐代诗人刘禹锡的名句"王濬楼船下益州，金陵王气黯然收。千寻铁锁沈江底，一片降幡出石头"，所指的正是这段历史。按《晋书》记载，王濬灭吴后，屡遭当权者排挤，因此志书有"王濬谪居博茂"之说。但《晋书》无王濬谪居的记载，且晋武帝司马炎为人宽厚，将王濬贬谪远地的可能性较小。因此光绪《茂名县志》又记："或疑为晋高凉太守杨方著书处，讹为王将军祠。……若本传则直书方以司徒参军，不愿久留京华，求补远郡间居著书。上从之，遂补高凉太守。故疑为杨方也。"③

杨方，生卒年不详，东晋初年司徒王导辟为掾，转东安太守，迁司徒参军事。杨方素有文才，在高凉太守任上，著《五经钩沉》，更撰《吴越春秋》。杨方著书之所，可能就在博茂，著书之余并课诸生讲习。杨方老年回到故里，著书所则保留下来，经过后人修葺、完善，终成茂山书院。

清光绪《化州县志·宦绩》记载："耿著，绍兴间以直言为时所忌，谪

---

① 〔明〕黄佐：嘉靖《广东通志》卷三十七《礼乐志》，广东省地方志办公室誊印本，第908页。

② 〔清〕郑业崇修，〔清〕许汝韶纂：《茂名县志》，上海书店出版社2003年版，第109页。

③ 〔清〕郑业崇修，〔清〕许汝韶纂：《茂名县志》，上海书店出版社2003年版，第109页。

位于吴川博铺镇的茂山书院旧址

儋州，寻改化州，迁博茂村王将军濬故址居住，以诗礼化俗，祀名宦。"①

　　据邓广铭《岳飞传》，耿著为南宋抗金名将韩世忠的部将，绍兴十一年（1141）遭秦桧、张俊等诬陷"鼓惑众听，希图生事"，后得韩世忠向宋高宗求情，被判决"杖脊，刺配吉阳军牢城"。② 宋时吉阳军即唐之振州，位于今海南三亚，近《化州县志》所记儋州。两个耿著应是同一人。

　　自宋朝至清朝，当地官员、乡贤等多次重修茂山书院，以兴教化。清代之前，茂山书院所在地之博铺属于高州府电白县；民国以后，博铺划属吴川县。《茂山书院地址建置录》记载，清代，当地官员和乡贤捐资入院，本乡生童入学、会试、做官赴任，俱发给宾兴银（即奖学金）。茂山书院宾兴条例规定：凡举人赴京会试，支宾兴银六十两，贡生朝考及贡监赴北闱三十两，乡试廪、增、附、五贡俱十两。新进庠生，支花红银十两，补廪十五两，五贡二十两，举人四十两，进士六十两，点中书加二十两，翰林加四十两，榜眼、探花加一百两，状元加一百五十两。由于茂山书院积极嘉惠后学，奖励人才，博铺文风盛开。据《茂山志》记载，明清两朝出自茂山的秀

　　① 〔清〕彭贻荪、章毓桂：光绪《化州县志》卷七《宦绩》，岭南美术出版社 2009 年版，第202 页。

　　② 邓广铭：《岳飞传》，生活·读书·新知三联书店 2017 年版，第 320 页。

才、廪贡、举人、进士达 230 人，其辉煌可见一斑。《茂山书院地址建置录》记载："迄今制，正殿一大所，东庑正厅'名宦祠'，西庑正厅'乡仔祠'，中厅讲亭一，大所天阶下仪门、大门一，大所左右房舍共十二间"。茂山书院为土木红砖建筑，悬山顶，进深 30 米，面宽三开间共 27.1 米，中间天池宽 10.5 米，两庑各宽 8.3 米，右边空地一块，总面积 970 平方米。清同治年间维修时，清代礼部左侍郎、驻美国第一任公使陈兰彬书"茂山书院"额匾。民国年间，博铺乡绅捐资改建前门楼，原貌大变，外观已改为近代学舍建筑，高拱门，左右厢。但内部两院，仍为晚清建筑。茂山书院成为湛江地区教育事业发展的重要见证。

第二节　宋元时期的湛江科举

一、科举盛况

科举制初创于隋，既是一种选拔官员的制度，也是一种笼络士人的手段。宋朝科举制度趋于完备、成熟，包括贡举、武举、制举与词科、童子举等；贡举又分为进士、明经、诸科等科目。其中，贡举中的进士、诸科两科取士人数最多、持续时间最长，影响也最大。自宋太宗时起，每科进士比唐代约 30 人之额增加数倍。宋英宗时定为三年一科，此后每科进士增至数百人或近千人。

宋元时期，随着湛江地区人口增加，外来移民大批到来，崇尚学问的风气渐次形成。雷州府"衣冠文物渐非夷越之旧"，流寓此地的学术大家余靖称雷州半岛"人多向学"，苏辙则赞誉雷州"海夷似齐鲁"，史载"雷州人知向学，人才盛于宋而振作于明"[1]。北宋元符三年（1100），吴川籍鞠杲成为科举制度实行以来湛江地区首个进士。南宋淳熙五年（1178），海康籍杨原兴、杨直首开雷州府中进士的记录。

---

① 〔清〕吴盛藻修，〔清〕洪泮洙纂：康熙《雷州府志》卷七《选举》，岭南美术出版社 2009年版。

宋代湛江地区进士名录[1]

姓名	籍贯	中式时间	备注
鞠杲	吴川县稳村	元符三年（1100）	志书作元祐六年（1091）
杨原兴	海康县	淳熙五年（1178）	
杨直	海康县	淳熙五年（1178）	
陈宏甫	海康县	淳祐七年（1247）	志书作淳熙八年（1181）
王应容	海康县	嘉熙二年（1238）	
陈惟中	吴川县	宝祐四年（1256）	文天祥榜
纪应炎	遂溪县	宝祐四年（1256）	文天祥榜，第2甲第11名进士
杨怿	海康县	宝祐四年（1256）	文天祥榜，第4甲第28名
程雷发	遂溪县	宝祐四年（1256）	
吴颐	吴川县上郭	咸淳元年（1265）	特奏名进士，任光禄卿
庄嗣孙	遂溪县	咸淳七年（1271）	状元张镇孙榜

资料来源：龚延明、祖慧编：《中国历代登科总录·宋代登科总录（第3册）》，广西师范大学出版社2014年版，第1630页；吴川市地方志办公室编：《吴川县志》，中华书局2001年版，第1092页；万历《雷州府志》卷十四《选举志》，书目文献出版社1990年版。

元朝，科举长期停顿。据统计，元代科举共取士1300左右，湛江地区无中式记录。

宋代科举分解试、省试、殿试三级。解试又称"发解试"，是科举考试中取得解送礼部参加省试资格的初级考试。取得解状赴京应进士试者俗称乡贡进士。如赴京应试未及第者，乡贡进士便成了一种身份。元代省试下第者，时人亦以乡贡进士称之。宋元时期，志书中列为乡贡进士者如下表所示。

---

[1] 〔明〕曹志遇主修，〔明〕王湛同修：万历《高州府志》卷五《选举》，书目文献出版社1990年版，第73页；〔清〕杨霁修，〔清〕陈兰彬纂：光绪《高州府志》卷十三《政经》，（台湾）成文出版社1967年版，第192—193页。

宋朝湛江地区乡举名录

姓名	籍贯	时间	备注
林兼山	吴川	嘉定十五年（1222）	湖广解元
林可生	吴川	嘉定十五年（1222）	湖广解元（解试多类，每类第一名皆称解元）
李凌云	吴川	淳祐六年（1246）	
林秀甫	吴川	咸淳三年（1267）	与林仲甫兄弟同榜
林仲甫	吴川	咸淳三年（1267）	与林秀甫兄弟同榜
王伦	雷州	咸淳四年（1268）	

资料来源：吴川市地方志办公室编：《吴川县志》，中华书局2001年版，第1093页；万历《雷州府志》卷十四《选举志》，书目文献出版社1990年版。

元代湛江地区乡举名录

姓名	籍贯	时间	备注
林容	吴川	延祐五年（1318）	
黄半山	吴川	至正年间	
王震	海康	延祐年间（1314—1320）	
陈杞	海康	延祐年间	
王景贤	海康	延祐年间	
陈嘉谟	海康	延祐或至大年间	
莫士纯	海康	延祐年间	任吴川县尹
梁特卿	徐闻	延祐年间	湖广解元
吴正卿	遂溪	延祐四年（1317）	
王绅	海康	元统年间（1333—1334）	化州学正
周政	海康	延祐年间	任钦州路判官
李熙伯	海康	至正年间（1341—1368）	
郭云龙	海康	至正年间	
陈慈卿	遂溪	至正年间	徐闻教授

资料来源：万历《雷州府志》卷十四《选举志》，书目文献出版社1990年版；万历《高州府志》卷五《选举》，书目文献出版社1990年版。

宋元时期，朝廷在科举取士的同时，保留了始于西汉的荐辟制。荐辟，即荐举和征辟：荐举，指地方官员向朝廷推荐人才；征辟，指朝廷主动征聘人才。受荐辟者，多局限于贤良方正、孝廉、明经等名目。宋元时期，湛江地区因荐辟而载于志书者如下表所示。

宋元湛江地区"征辟"为官者名录

姓名	籍贯	时间	职官	备注
陈彦德	海康	宋	参军	
陈元鼎	海康	宋	不详	
陈子全	吴川	宋宝祐年间	庐陵丞	陈惟中兄
陈九思	海康		总管	
冯思温	海康		学正升贵州知州	
王武震	海康		儒户任高州学正	
唐子钟	海康		儒户任本县知县	
梁鹗飞	海康		儒户任化州路教授	
唐洪	海康		儒户任高州路教授	
唐旗	海康		南宁军学教授	
唐仲珪	海康		琼山县主簿	
唐子锡	海康		雷州录事判官	
黎景文	遂溪		雷州府教授	
杨顺	遂溪		海康知县	
陈以谦	徐闻		武略任雷州沿海管军千户	
林成甫	吴川	元	明经举琼州府教授	
陈景昌	海康		朝奉大夫、吉阳知事	
陈光大	海康		雷州府教授	
王昆迪	海康		学正任石城知县	
陈兴子	海康		儒户任本路教授	
卓应元	海康		儒户任化州路教授	
曹韬玉	海康		雷州路总管通判	

（续表）

姓名	籍贯	时间	职官	备注
冯时溥	海康		徐闻知县	
唐梦牛	海康		衡州教授	
孙希武	遂溪		儒士任贺县尹	
唐尧咨	遂溪		教谕任兴业知县	
张应荐	徐闻		石城县尹	

资料来源：此表根据万历《雷州府志》和万历《高州府志》记载整理。志书编纂者认为每个地方能被荐辟者不过数人，雷州地处边陲，数量如此之多，启人疑窦，其中有冒充者也未可知。

二、科举名士

（一）鞠杲：北宋进士第一人

北宋元祐六年（1091）吴川人鞠杲进士及第，成为湛江历史上第一位进士。[①] 鞠杲的故居位于吴川县北十一都温口村（地方志中也叫温村）。乾隆《吴川县志》明确记载："进士鞠杲墓在温村"[②]。2017 年，在吴川市黄坡镇稳村（也叫"弯村"）发现鞠杲古墓。村名中温、稳、弯的变迁，应是古越语、俚语的过渡，也把鞠杲在湛江的活动勾勒出来。

鞠杲，其先为鞠咏之后。鞠咏，河南开封人。鞠咏父鞠励，曾任广南转运使。鞠咏举进士，试秘书省校书郎，知钱塘县。仁宗朝任监察御史，以敢于直言而闻名。[③]

吴川在北宋隶属广南东路。鞠砺所担任的广南转运使，总管两广地区财赋和监察。北十一都温口村正处广南东路漕运的要道上。

鞠杲颇有其先祖鞠咏遗风，登科及第不久，即上书弹劾朝中权贵章惇、

[①] 吴川地方志书认为鞠杲是元祐六年进士。阮元《广东通志》、宋元之间成书的《宋史全文》记为元符三年（1100）进士。

[②] 〔清〕沈峻、欧阳梧等纂修：乾隆《吴川县志》卷四《茔墓》，海南出版社 2001 年版，第108 页。

[③] 〔元〕脱脱：《宋史》卷二百九十七。

蔡卞"以奸邪罗织善类""妨贤欺国之罪",由此获罪,"迁谪坎壈终身"①。

据鞠氏族谱记载,鞠杲后从吴川举家迁到南昌石岗,为其祖鞠仲谋守灵。再后,鞠杲的后人鞠朝柱,从石岗直接迁到西山万寿宫(位于今南昌新建区),号称"西山金田鞠氏"。

(二)遂溪进士纪应炎

纪应炎,生于南宋嘉定十一年(1218),字伯明,遂溪县湖光下埠村(今湛江市麻章区湖光镇下步村)人。宝祐四年(1256)进士,与文天祥、陆秀夫、胡三省等同榜。初任澄迈(今属海南)主簿,后调任南海知县,后人尊称"南海先生"②。

在海南任县主簿期间,他一度主理县政,力倡兴学,建学宫于县治之东。为使该地学风不辍,纪应炎"募民塞海,造田千亩,充当学费"③。此间,他尤以廉政而得名,"有以白金馈者,潜置米中,觉即遣还之"。在南海县任上,"有富民触法,贿其婿,以请应炎,不许,竟置于法"。④纪应炎长于诗赋,《宋诗纪事补选》收录他的一副对联:"三年南海清心坐,一任东君冷眼看。"原来,纪应炎主政南海县后,与南海经略冷觉斋政见不合,他毫不避讳,自书此联直抒胸臆,表现出传统士人的铮铮风骨。最后,连冷经略本人也佩服他的耿介不阿,一时传为佳话。

《遂溪县志》记载,纪应炎少年时代读书勤奋。他家在湖光岩附近,内中乐懒岩,正是他苦读处。他清早踏着晨露而来,晚上披星戴月而归,历数寒暑,风雨无阻。这里是苏轼贬谪南地活动过的地方,纪应炎仰慕苏子为人为文,自号"后坡"。时至今日,著名风景区湖光岩狮子岗上仍保留有乐懒岩。如今,湖光镇下步村附近有座石桥,当地称为"状元桥",相传纪应炎去湖光岩学习路经此桥。下步村旁还有旗杆田,因纪应炎中了进士后在村旁竖立旗杆而得名。

---

① 〔清〕李高魁、叶载文修,〔清〕林泰雯纂:道光《吴川县志》卷八《人物》,道光五年(1825)刻本。

② 《宝祐四年登科录》卷二;正德《琼台志》卷三十。

③ 海南省澄迈县史志编纂委员会:《澄迈县志》,海南出版社2008年版。

④ 〔清〕喻炳荣、朱德华修,蔡平点校:《遂溪县志(清道光二十八年续修)点校本》,方志出版社2017版,第223页。

纪应炎去世后，乡民有感于他的人品与事功，专设乡贤祠祭祀。其墓地坐落于遂溪县东南 50 里那甜山旗竿岭（今湖光岩附近的新坡水库侧畔）。

（三）其他科举人才

南宋淳熙五年（1178），杨原兴、杨直二人首开雷州高中进士的纪录。杨原兴还是淳熙五年解元。

李凌云，吴川县人，淳祐六年（1246）解元。先祖为福建人，家族世居吴川县城中街。李凌云年少时就擅长文墨。长大后厚重寡言，素以博学笃行。虽高中解元，但淡泊名利，不屑于仕途，以教书为业，曾在吴阳城内建极浦亭，为设奖教学之地。南宋景炎二年（1277），丞相陈宜中奉旨到占城（今属越南）请兵，经吴川，宿极浦亭，题诗壁上，有"颠风急雨过吴川，极浦亭前望远天""异日北归须记取，平芜尽处一峰圆"之句，后人取为吴川八景之一。

陈惟中，字子敬，吴川人，宝祐四年（1256）进士（文天祥同榜），任文昌知县。景炎中，南宋小朝廷流亡硇洲，陈惟中奉诏勤王。他转移装载物资的船只到井澳，准备去往硇洲接应宋皇。恰遇元将刘深率水兵追击，张世杰前锋败阵退却，刘深纵火焚烧战舰。当时，陈惟中正与吴川司户何时、方朝吃饭，闻讯即放下筷子起身迎敌。三人带伤力战敌军。正值海面刮起反向大风，宋军船舰处在顺风向，陈惟中迅速反击，纵火烧舰，刘深带兵逃走，宋军得以喘息。而陈惟中奋勇勤王的事迹也载入史册。

吴国鉴，海康县人。宋绍圣年间（1094—1098）担任太庙斋郎（掌郊庙祭祀杂务的小吏），后致仕还乡。绍圣四年（1097），苏辙被贬雷州。因担心受苏辙政敌迫害，无人为其提供住所。吴国鉴却不畏强暴，毅然将自己的房舍让给苏辙居住。后来果然被诬害告罪，但他也毫不后悔。嘉靖《广东通志》卷五十六载：

> 吴国鉴，雷州海康人，绍圣中为太庙斋郎，后退居于家中。先是寇准谪雷州，人有舍之者为丁谓所害。自是无人敢舍迁客。及辙安置雷州，莫谋所止，国鉴慕义而不顾害，特创一室馆之，辙与之立僦券。

王景贤，海康人，元明举人。历邕州教授、天河县令、清江路推官。后因年迈体弱辞官。元文宗尚未继位时，出居海南，中途经过雷州（约1321）。王景贤以诗进言，元文宗大悦，亲手写"愚谷"赐给他。他的外甥陈杞，深究性理之学。

孙希武，字立夫，遂溪人。元朝时由儒士考为宾州判。在临桂、贺县任上，守己廉洁，言行谨慎，所到之地皆有口碑。当地少数民族尚未归化，不服官府管束，孙希武作诗规劝、招抚，最后，瑶人为之所动，全部归附。

陈渊，徐闻人。平素勤修品行，尤其笃信孝悌之义。元至正年间，被举荐为乾宁安抚司儒学教授，因不满元朝统治而不去就任，时人高度赞扬其气节。明洪武初年方才步入仕途，官至国子监学录。

吴正卿，字素臣，遂溪人。延祐四年（1317）举人，曾任平湖书院山长，曾官至南宁（今海南儋州，明初复改为儋州）知军。他为官廉政清明，杜绝徇私受贿；体恤民生，拿出自己的薪俸周济乡里，家里不留一点余钱。元统年间（1333—1335）任合浦、临桂尹时，海北、广西两院认为他为官清廉，是个人才，最应提拔，曰："人才，国家之元气，风纪之耳目。必元气充而耳目明，斯国家隆而风纪振"。后果然任御史。任期届满，封其父朝进如其官，时年81岁。同乡们以诗祝贺：

> 未饶官贵文章贵，不独亲荣闾里荣。
> 青史旧书吴太守，素臣新传左丘明。

《全元诗》收录了吴正卿的两首诗，即《待友人》与《山村即事》。

待友人

丁巳赴湖广乡试，晓发城月驿，待友人周景沂不至。诗以督之。

> 画角声残月影横，邻鸡多事管人行。
> 滟杯满引防岚重，新句慵编爱驶轻。
> 一宿蘧庐仁义熟，三生败石梦魂清。
> 故人不至予怀渺，长笑出门天地明。

山村即事

青山历历水粼粼，望眼空明诗料新。

雅背日妍初过雨，马蹄风软不惊尘。

馔无肉味知城远，邻有书声爱俗淳。

明日江头重问渡，野人笑我是知津。①

---

① 杨镰主编：《全元诗》（第三十五册），中华书局2013年版，第249页。不少文章将这两首诗归入纪应炎名下，其实大谬。《待友人》记"丁巳赴湖广乡试"，而纪应炎是宝祐四年（1256）进士，岁在丙辰，翌年才是丁巳年。纪应炎不可能进士及第后再参加乡试。诗中的丁巳是元延祐四年（1317），距离纪应炎中进士已过去一个甲子。

第十一章　宋元时期湛江地区
流寓名贤与文化传播

宋时，计有十位当朝名贤谪居或贬经湛江地区，这些人中有彪炳史册的寇准、苏轼、秦观、李纲等名臣、文豪，后人称为宋代"十贤"。十贤贬雷，传播中原文明，扮演着促进湛江地区与中原地区文化交流的"桥梁"角色。十贤在湛江地区留下了大量的历史文物，这些文物保存在十贤祠、真武堂、寇公祠、西湖公园、天宁寺、伏波祠和苏公亭等地。他们的文学作品、轶事传说，更为后人留下了宝贵的文化遗产。

第一节　宋代"十贤"与雷州文化

一、"十贤"在雷州留下的历史遗迹

宋代"十贤"的称谓起源于南宋咸淳九年（1273），时任知雷州军事的虞应龙在雷州西湖兴建"十贤堂"，并请好友文天祥撰写《雷州十贤堂记》。十贤指宋代的寇准、苏轼、苏辙、赵鼎、李纲、王岩叟、胡铨、秦观、李光、任伯雨等十人。① 这十贤大多曾谪居或贬经雷州，后人感其品行，建祠纪念。

明代，十贤堂专祀寇准，后因战乱一度圮毁，被并入旌忠祠。清乾隆年

---

① 〔明〕欧阳保纂，〔明〕韩上桂、邓桢辑：万历《雷州府志》卷十一《秩祀志》，书目文献出版社1990年版。

十贤祠

间"堤崩湖涸堂废",嘉庆九年（1804）迁址重修①。今存十贤祠为二进四合院，风格端庄简朴，大门两边有清代雷州举人李绍绎的题联："十里湖山千里月，贤人踪迹圣人心。"见证宋代十贤在雷州巨大的影响力。

雷州有关十贤的遗迹众多。真武堂是宋代贤相寇准创建的，也是寇准在雷州唯一的遗构。寇准贬雷住城内桂华坊时，有流星坠于篱前池塘。他从中找到一块陨石，在房前创建此堂②。该堂南宋时曾两次搬迁，明代万历年间两次重修，1989 年再次重修。现建筑及"南合武当"石坊均为明万历年间古迹。

寇公祠又名"旌忠祠""莱公祠"，位于城西西湖内，专祀寇准。始建于北宋天圣元年（1023），北宋乾兴元年（1022）四月，寇准为权相丁谓所陷，贬至雷州充任司户参军，初居天宁寺西馆，后居桂华坊，第二年闰九月病逝。雷人以西馆立祠，纪念他在雷州的功德。寇准死后被封为"莱国公"，

① 〔清〕刘邦炳修，〔清〕陈昌齐纂：嘉庆《海康县志》卷二《建置》，岭南美术出版社 2009 年版，第 177 页。

② 〔清〕刘邦炳修，〔清〕陈昌齐纂：嘉庆《海康县志》卷二《建置》，岭南美术出版社 2009 年版，第 175 页。

雷人便将他谪居西馆东侧时常用以汲水的水井，称为"莱泉井"。

雷州西湖，原名雷湖（又称罗湖），宋绍圣四年（1097）五月，苏轼被贬海南，途经雷州，与被贬雷州的弟弟苏辙寓居湖上，曾泛舟湖中，赋诗唱和，后人为纪念其贤踪，便将雷湖改为西湖。苏公亭，位于雷州西湖上。明嘉靖十八年（1539）创建，清嘉庆年间重修。初名与众亭，又叫湖心亭、信芳亭、二苏亭，或苏公亭。名称屡易，而雷州人怀念苏氏之情始终不渝。

天宁寺又称"天宁万寿禅寺"，坐落于雷州城西湖畔，是雷州第一古刹。自宋始，贬谪海南海北的名臣文人如寇准、苏轼、苏辙、秦观、李纲、海瑞等几乎都曾寄居天宁寺。寺藏历代石刻甚丰，最著名的是苏轼所题"万山第一"和海瑞"天宁古刹"匾题。

天宁寺"万山第一"匾额

伏波祠，位于雷州城区西南，为纪念汉代平乱有功于雷州的路博德、马援两位伏波将军。始建于东汉，现祠为清康熙二十二年（1683）重建。苏轼赦归经雷州时，曾拜谒徐闻海安伏波庙，并写就《伏波庙记》。

十贤所过之处，均有故事流传，如遂溪文明书院、廉江松明书院的始建与发轫，均有苏轼的启发与影响；随处可见的"东坡井"、"莱公井"、"东坡岭"地名与风物，遂城"苏二村"有与苏轼的一段佳话；建新镇"寇竹（库竹）"渡口有关寇准的传说，都寄托了雷州人民对先贤们高风亮节与博学笃行的崇敬与思念。

二、"十贤"与雷州的历史渊源

（一）寇准

寇准（961—1023），字平仲，华州下邽（今陕西渭南）人，北宋政治家和诗人。

寇准十九岁时进士，是同榜中最年轻的。他为人刚直，多次直言进谏。宋太宗为寇准的才华和耿直所折服，曾言："朕得寇准，犹文皇（唐太宗）之得魏徵也。"[①] 宋真宗景德元年（1004），寇准拜相。时值辽（契丹）军大举南侵，寇准力排众议，力主抵抗，促宋真宗往澶州（河南濮阳）督战，与辽订立"澶渊之盟"，维持边疆和平数十年。

乾兴元年（1022），宋真宗去世，刘太后主政。政敌丁谓串通太后迫害寇准，寇准蒙冤几度遭贬，终贬雷州司户参军。这是一个负责地方户籍、赋税、仓库的小官。寇准于当年四月抵达雷州，先居住于天宁寺西馆。寇准在雷州生活了 18 个月，最后病倒在雷州府城桂华坊寓所。天圣元年（1023）闰九月，病逝于雷州。

诚如文天祥所言，雷州人民"敬贤如师，疾恶如仇"[②]，热诚接纳了这位名相。寇准百感交集，力有所及，造福雷州百姓。鉴于雷州地处边陲，文风不盛，尤其是当地方言与中州音相异太甚，交流不便，他收徒授艺，主动教雷州人中州正音，甚至还教授北方木偶戏等。据嘉靖《广东通志》记载，寇准还曾在雷州开渠引特侣塘水灌东洋田万顷，活民无数。

寇准胸襟开阔，以德报怨，颇有"厚德载物"的大家风范。他在雷州的一段经历为世人广为传颂。寇准被贬雷州不久，陷害他的丁谓被南贬崖州。到崖州须路过雷州。寇准闻讯，"遣人以一蒸羊逆境上"。丁谓提出与寇准相

---

① 〔元〕脱脱：《宋史》卷二百八十一《寇准传》，中华书局 2000 年版，第 1071 页。

② 〔明〕欧阳保纂，〔明〕韩上桂、邓桢辑：万历《雷州府志》卷二十《艺文志》，书目文献出版社 1990 年版。

见，寇准断然拒绝，理亏的丁谓黯然就途海南。此时，寇准"闻家仆谋欲报仇者，乃杜门，使纵博毋得出，伺谓行远，乃罢"①。

作为一位诗人，寇准暇时游览雷州山水园林、人文胜景，留下一些诗作，成为流寓文学瑰宝。如《海康西馆有怀》即为其初到雷州惆怅落寞心情的写照：

> 风露凄清西馆静，悄然怀旧一长叹。
> 海云销尽金波冷，半夜无人独凭栏。

居雷期间，忽有陨石从天而降，落于寇准寓所附近。寇准亲领民众挖出陨石，在寓舍旁建真武堂。真武又名玄武，为道教司水之神。在广东地区，真武崇拜有着广泛的影响。

宋仁宗天圣元年（1023）闰九月初七日，寇准突然病逝于雷州桂华坊寓所。皇祐四年（1053），宋仁宗谥寇准"忠愍"，复爵"莱国公"。故后人多尊称之"寇忠愍"或"寇莱公"。

当寇准灵柩离开雷州，北上归葬西京（河南洛阳）时，雷州百姓倾城而出，纷纷路旁拜祭，哭送于道。据说，护送灵柩的队伍沿官道行至遂溪滨海古驿库竹渡时，风雨骤至，持幡相送之村民插竹幡于地护柩。后竹幡繁殖成林，雷州人民又将渡口称为"寇竹渡"，并在渡口南岸建仰莱亭，立碑纪念，至今地名尚存。

寇准殁后，雷州百姓在雷城西湖之东建祠祭祀，俗称"寇公祠"，又将他曾汲水饮用的水井称为"莱泉井"，寄寓饮水思源。宋度宗咸淳八年（1272）雷州知军陈大震建"三贤堂"，祀寇准、苏轼、苏辙三贤。翌年，雷州知军虞应龙建"十贤堂"，纪念寇准及其后贬雷州或途经雷州的十贤。

（二）苏轼

苏轼（1037—1101），字子瞻，号东坡居士，四川眉山人，宋仁宗嘉祐二年（1057）进士，官至礼部尚书，为北宋杰出文学家和书法家，"唐宋八大家"之一。

---

① 〔元〕脱脱：《宋史》卷二百八十一《寇准传》，中华书局 2000 年版，第 1070 页。

苏轼仕途坎坷，宋神宗时，因反对王安石新法连遭贬谪。宋哲宗即位后，又因反对旧党全盘否定新法再度被贬。绍圣四年（1097），主持新法的章惇诬陷他无视朝廷，"托诗词以肆诬诋"，再贬为琼州（今海南琼山）别驾、昌化军（今海南儋县）安置。元符三年（1100），哲宗去世，徽宗继位，大赦天下，苏轼获赦内迁，移廉州（今广西合浦）。无论南迁还是北返，雷州半岛都是苏轼的必经之地。苏轼流寓雷州半岛的时间甚为短暂，却产生了深远影响。

1. 苏轼南迁海南时在湛江地区的活动

苏轼于绍圣四年（1097）四月十七日接朝廷贬海南之诰命，四月十九日离开惠州。先此，其弟苏辙被贬化州（今广东化州）别驾、雷州安置。苏轼行至广西梧州时，听说苏辙已到藤州（今广西藤县），便加速赶到藤州。五月十一日，兄弟二人在藤州相遇，然后同行到雷州。

苏轼进入雷州境后，曾住宿在遂溪县调丰村景兰阁，游赏七星岭，并题石"七星拱秀"。调丰乃古官道驿站，南贯雷属三县，横渡可入琼州；北跨广西、广东之灵渠通达湖南，北上京华。调丰地处东坡岭、仲伙、志满、铁耙县、库竹渡、庄家渡、茶亭、城月等地之间。据《千年石官道记》（遂溪调丰村石官道碑）："苏东坡自惠贬琼，经此道宿村中景兰阁，故阁前遗有东坡井、东坡塘，遐迩驰名也。"

苏氏兄弟六月五日到雷城，六月十一日渡海相别。苏轼《和陶止酒》引言："丁丑岁，予谪海南，子由亦贬雷州。五月十一日，相遇于藤，同行至雷。六月十一日，相别，渡海。"[①] 又《与林济甫》："某与幼子过南来，余皆留惠州。生事狼狈，劳苦万状，然胸中亦自有翛然处也。今日到海岸，地名递角场，明日顺风，即过琼矣。"[②] 由此知苏轼六月十日已至徐闻海岸渡口。六月五日到雷州，六月九日启程往徐闻，苏轼在雷城只有五天的时间。此间，他拜谒天宁寺，题"万山第一"的匾额。罗湖毗邻天宁寺，也是宋代雷州城屈指可数的景观、风物，苏轼、苏辙二人作为风雅文士，既到天宁

---

① 〔宋〕苏轼著，张志烈、马德富、周裕锴主编：《苏轼全集校注（诗集七）》，河北人民出版社2010年版，第4839页。

② 〔宋〕苏轼：《与林济甫二首之一》，李之亮笺注：《苏轼文集编年笺注（诗词附）》，巴蜀书社2011年版，第727页。

寺，也必去游玩。后雷州民众为纪念二苏居留雷州，遂将罗湖改为西湖。①

苏轼在雷州停留期间，得到雷州知军张逢、海康知县陈谔礼遇。入城时，两人亲到门首迎接，第二天"延入馆舍，礼遇有加"。苏氏兄弟离开时，张逢亲送于郊，并派人护送到徐闻渡口。苏轼后给张逢信中对此感激不尽，曰："兄弟流落，同造治下，蒙不鄙弃，眷待有加。感服高义，悚佩不已"，对张逢"差人津送，极得力，感感"。②

2. 苏轼北归时在湛江地区的活动

元符三年（1100），苏轼遇赦北归，于六月二十日渡海。《六月二十日渡海》中有："九死南荒吾不恨，兹游奇绝冠生平。"

苏轼自海南回雷州的渡口在澄迈。经澄迈驿时登通潮阁，有《澄迈驿通潮阁二首》诗。苏轼南下登船、北归登陆地点都在徐闻递角场。苏轼《与林济甫》有言，绍圣四年（1097）六月十日到海岸，地名"递角场"。苏轼北返渡海前给秦观写信也说在递角场登岸。万历《雷州府志》载，"宋太祖开宝四年，平南汉，改为雷州军，属广南西路，并遂溪入海康，以徐闻为递角场。"③乾道七年（1171），复置徐闻县。此间，递角场一直是徐闻的县治。早在唐贞观二年（628），徐闻县治便迁往麻鞋村（今徐闻芒海村一带），并稳定下来。递角场当在附近。

平安抵岸后，苏轼以为有神灵庇佑，即到伏波庙拜谒，并作碑文，"以答神贶"④。

宋苏轼伏波庙记

　　汉有两伏波，皆有功德于岭南之民。前伏波邳离路侯也，后伏波新息马侯也。南粤自三代不能有，秦虽远，通置吏，旋复为夷。邳离始伐

①　张学松、彭洁莹：《苏东坡雷州行迹考辨》，张学松主编：《流寓文化与雷州半岛流寓》，中国社会科学出版社 2013 年版，第 178—197 页。

②　〔宋〕苏轼：《与张逢六首之一》《与张逢六首之二》，李之亮笺注：《苏轼文集编年笺注（诗词附）》，巴蜀书社 2011 年版，第 618—619 页。

③　〔明〕欧阳保纂，〔明〕韩上桂、邓桢辑：万历《雷州府志》卷一《舆图志》，书目文献出版社 1990 年版。

④　〔明〕欧阳保纂，〔明〕韩上桂、邓桢辑：万历《雷州府志》卷十一《秩祀志》，书目文献出版社 1990 年版。

灭其国，开九郡。然至东汉，二女子侧、贰反，岭南震动六十余城。时世祖初平天下，民劳厌兵，方闭玉关、谢西域，况南荒何足以辱王师？非新息苦战，则九郡左衽至今矣。由此论之，两伏波庙食于岭南，均矣。古今所传，莫能定于一。自徐闻渡海，适珠崖，南望连山，若有若无，杳一发耳。舣舟得济，股栗魂丧。海上有伏波祠，元丰中诏封忠显王，凡济海者必卜焉。曰："某日可济乎？"必吉然后敢济，使人信之，如度量衡石，必不吾欺者。呜呼，非盛德其孰能然？自汉以来，珠崖儋耳，或弃或否。杨雄有言，珠崖之弃捐之之力也，否则介鳞易我衣冠，此言施于当时可也。自汉末至五代，中原避乱之人多家于此。今衣冠礼乐盖班班然矣。其可复言弃乎？四州之人，以徐闻为咽喉。南北之济，以伏波为指南。事神其敢不恭。轼以罪谪儋耳三年，今乃获还海北。往返皆顺风。念无以答神贶者，乃碑而铭之。铭曰：至险莫测海与风，至幽不仁此鱼龙。至信可恃汉两公，寄命一叶万仞中。自此而南洗汝胸，抚循民夷必清通。自此而北端汝躬，屈伸穷达常正忠。生为人英没愈雄，神虽无言我意同。①

苏轼于二十二日或二十三日启程前往海康。

苏轼北归途经雷州最重要的活动是六月二十五日与秦观晤面。秦观于绍圣四年（1097）谪贬雷州，元符三年（1100）诏命量移衡州，闻苏轼移廉，相约在雷晤面。史载："六月二十五日，苏公与先生相会于海康。先生因出自作挽词呈公，公抚其肩曰：'某尝忧逝，未尽此理，今复何言！某亦尝自为志墓文，封付从者，不使过子知也。'遂相于啸咏而别。"② 苏轼《书秦少游挽词后》："庚辰岁（按即元符三年）六月二十五日，予与少游相别于海康。"

苏轼六月二十五日离开雷城北上，遭遇大雨，住宿在距城西北四十五里处的兴廉村净行院。宋书《舆地纪胜》载："净行院：在敬德门外西湖之西北隅，旧号西山寺。有人窃兴廉村净行院东坡先生所书院碑来，遂以为额。

---

① 〔明〕欧阳保纂，〔明〕韩上桂、邓桢辑：万历《雷州府志》卷十一《秩祀志》，书目文献出版社 1990 年版。

② 徐培均：《秦少游年谱长编》，中华书局 2002 年版，第 211 页。

东坡自雷适廉宿净行院有诗，诗题曰'兴廉村'"①。苏轼在净行院停留期间作了《自雷适廉宿于兴廉村净行院》《雨夜宿净行院》两诗。从这两首诗来看，他在净行院住了两个晚上。

六月三十日，漂泊于石城官寨前大海上。苏轼《书合浦舟行》曰："予自海康适合浦，遭连日大雨，桥梁尽坏，水无津涯。自兴廉村净行院下，乘小舟至官寨。闻自此皆涨水，无复桥船。或劝乘蜑舟并海即白石。是日六月晦，无月。碇宿大海上，天水相接，疏星满天。""六月晦"即六月三十日。

七月四日，苏轼抵廉州。不久又受命北上。翌年卒于常州。

苏轼两次经雷州，前后不过20日，但以他在政坛、文坛的知名度、影响力，仍给湛江地区留下宝贵的精神财富。受他影响和为纪念他而建的文化遗迹遗址、凭吊他的诗文，以及由他衍生出的传说、故事非常多，如文明书院、松明书院、苏二村、苏公楼、苏公亭、怀坡堂（在天宁寺内）等，还有他与遂溪乡民陈梦英交往，留下汉石渠阁墨砚的传说等。姑勿论真实性如何，但作为苏轼路过当地的文化遗存，具有一定纪念意义。另有一些村落祠堂也将苏轼奉为神明。如遂溪调丰村程氏祠堂文章阁，即供奉苏轼塑像，旨在教育程氏子弟虚心向学。

苏轼在雷州留下的诗作不多，但都是佳作，在宋流寓文学中占有一席之地。如《六月二十日夜渡海》反映了苏轼乐观豁达的胸襟。尾句"九死南荒吾不恨，兹游奇绝冠平生"至今仍不时为人引用。

> 参横斗转欲三更，苦雨终风也解晴。
> 云散月明谁点缀，天容海色本澄清。
> 空余鲁叟乘桴意，粗识轩辕奏乐声。
> 九死南荒吾不恨，兹游奇绝冠平生。

苏轼往返海南取道雷州的每一个脚印、每一件遗物、每一处遗迹，都深深地印刻在雷州人的心田，成为雷州文化的瑰宝。

（三）秦观

秦观（1049—1100），字少游，一字太虚，号淮海居士，江苏高邮人。

---

① 范祥雍：《范祥雍文史论文集（外二种）》，上海古籍出版社2014年版，第255页。

文辞为苏轼所赏识，是"苏门四学士"之一。

秦观与苏轼过从甚密，很快被卷入党争之中。北宋元符元年（1098）九月，秦观被贬到雷州。秦观在雷州谪居共一年半左右。此间，他虽属编管之人，行动受到约束，但一经安置，即深入民间了解疾苦，留心民风民情，坚持写诗填词，其中许多珍贵史料，至今仍不失其价值。

宋时，湛江地区"百越"遗风颇浓，但具体情况如何，时人记述较少。秦观《雷阳书事》（三首）就形象逼真地为后人记录下诸多奇特的文化现象。其中一首写雷州以巫代医的习俗：

> 骆越风俗殊，有疾皆勿药。
> 束带趋祀房，用史巫纷若。
> 弦歌荐茧栗，奴主洽觞酌。
> 呻吟殊未央，更把鸡骨灼。

又一首描写雷州丧俗，透露出诗人的冷漠情绪：

> 一笛一腰鼓，鸣声甚悲凉。
> 借问此何为，居人朝送殇。
> 出郭披莽苍，磨刀向猪羊。
> 何须作佳事，鬼去百无殃。

宋时的雷州，儒风未起，婚嫁仍循旧俗，男女交往充满奔放本性。在秦观笔下，雷女形象活灵活现：

> 旧传日南郡，野女出成群。
> 此去尚应远，东门已如云。
> 蚩氓托丝布，相就通殷勤。
> 可怜秋胡子，不遇卓文君。

在《海康书事》（其五）中，秦观特别赞赏了雷州妇女：

> 粤女市无常，所至辄成区。
> 一日三四迁，处处售虾鱼。
> 青裙脚不袜，臭味猿与狙。
> 孰云风土恶，白州生绿珠。①

诗人笔下的女子勤劳贤惠，不仅能干农活，而且走街串圩，四处做海鲜生意，看似缺少闺阁女子的温婉，却有乡间女子特有的劳动之美。诗人慨叹，谁说这里是烟瘴之地，明明有绿珠般美丽的女子②，这是对古代粤女的高度评价。而后人透过这些社会风俗的描写，也可了解宋时雷州半岛一带的社会、经济情况。

元符三年（1100）二月，苏轼因徽宗大赦天下而量移廉州。五月中旬，苏轼离开海南之前，即致书秦观，相约于雷州一见。秦观被贬雷州内心悲苦，曾效仿陶渊明自作挽词。与亦师亦友的苏轼久别重逢，让秦观百感交集，由《江城子》可见一斑：

> 南来飞燕北归鸿，偶相逢，惨愁容。绿鬓朱颜，重见两衰翁。别后悠悠君莫问，无限事，不言中。
> 小槽春酒滴珠红，莫匆匆，满金钟。饮散落花流水各西东。后会不知何处是，烟浪远，暮云重。③

八月，秦观行至藤州（今广西藤县），中暑醉卧，于十二日逝世④。苏轼闻耗，"大哭不已，两日为之食不下"，慨然长叹："哀哉！世岂复有斯人乎"。⑤

秦观文、诗、词俱佳，被称为"苏门四学士"之一。在流放期间，文风

---

① 以上四首诗引自〔宋〕秦观撰，徐培均笺注：《淮海集笺注》，上海古籍出版社2000年版，第232—239页。

② 绿珠（？—300），西晋人，石崇宠妾，善吹笛。据北宋乐史撰《绿珠传》，绿珠姓梁，白州博白县（今属广西玉林）人。

③ 〔宋〕秦观撰，徐培均笺注：《淮海居士长短句笺注》，上海古籍出版社2008年版，第66页。

④ 徐培均：《秦少游年谱长编》，中华书局2002年版，第579页。

⑤ 李之亮笺注：《苏轼文集编年笺注（诗词附）》，巴蜀书社2011年版，第472、586页。

更浑朴苍劲，尽脱铅华。在雷州期间，写有《雷阳书事三首》《海康书事十首》《饮酒诗四首》《自作挽词》《精思》《江城子》《和陶渊明归去来辞》等诗作。其中不少作品通俗质朴，涉及当地风土人情、吏治等内容，可补史志有关宋代雷州记述之不足，后收入《淮海集》传世。

秦观作为诗人个体，南贬雷州是不幸的，但因其雷州之行所带来的文化艺术熏陶与成果，却在中国文学史上新添瑰宝；雷州人民的生产、生活也因诗人的创作，载入史册。古代雷州文化开始进入人们的视野，为世人所关注，因此，雷州人民是幸运的。故此，雷州人民对秦观十分尊崇，将秦观与苏轼同列为"宋代先贤"，永久怀念。

（四）李纲

李纲（1083—1140），福建邵武人。北宋政和二年（1112）进士。靖康元年（1126），金兵围攻汴京（开封），李纲任四壁守御使，团结军民，击退金兵。李纲曾力谏阻钦宗迁都，反对向金割地求和，但后主和派占上风，开封被攻破，北宋灭亡。南宋初立，主战的李纲一度为相，但主政仅七十五天便遭罢免。

建炎三年（1129），李纲贬万安军，秋至雷州。适遇海南黎族起事，用兵正亟，因而滞留雷州天宁寺累月。在一丈见方的禅房内，李纲著《易传外篇》十二卷，创作诗歌 20 多首，堪称宋代流寓诗佳作。其中一首《次雷州》，是李纲奔赴贬谪之地的启程之作，大有风萧萧兮易水寒的悲壮与苍凉！诗云：

> 华夷图上看雷州，万里孤城据海陬。
> 萍迹飘流遽如许，骚辞拟赋畔牢愁。
> 沧溟浩荡烟云晓，鼓角凄悲风露秋。
> 莫笑炎荒地退僻，万安更在海南头。

另有《阇提花盛开三绝》①：

---

① 〔宋〕李纲撰，王瑞明点校：《李纲全集》（上），岳麓书社 2004 年版，第 315 页。

未渡鲸波寇盗深，中原回首涕成霖。
清愁万斛无消处，惟有幽花慰客心。

深院无人帘幕垂，玉英翠羽灿芳枝。
世间颜色难相似，晴雪初残未堕时。

冰玉风姿照坐寒，炎荒相遇且相宽。
缟衣纻带平生志，正念幽人尚素冠。

诗中，长期习佛的李纲借庙里洁白的阇提花，抒发其忧国忧民的情怀，排遣去国离乡的愁绪。李纲以阇提花自比，勉励自己即便身临绝境，也要像"晴雪初残"却依然绽放的花朵，虽不明艳照人，风光无比，但永葆"冰玉风姿"，素雅幽香。组诗婉约中不失坚毅豪放，炫彩中见清雅淡泊，展现了作者坚毅而高洁的思想境界，寓意深刻，隐约禅意。

建炎三年（1129）十一月二十六日，海南事态平息，李纲和儿子渡海抵达琼州（今海南海口）。仅过三天，即接赦书听还，复渡海移居雷州，仍寓天宁寺。在这期间，经历了琼州海峡惊涛骇浪的李纲，参观雷城伏波庙，作《伏波庙碑阴记》，原文如下：

故翰林学士承旨苏公谪儋耳，既北归，作伏波将军庙碑，言两伏波皆有功于岭表。庙食海上，为往来济者指南。词意瑰玮，自作碑，迄今逾三十年未克建立，盖阙典也。纲以罪谪官万州，行次海滨病，故不果谒祠下。遣子宗之摄祭，病卧馆中，默祷于神。异时倘得生还，往返无虞，当书苏公所作之碑，刻石庙中，使人有所视，以答神贶。时建炎三年十一月二十有四日也。既得吉，夜半乘潮南渡。翼日次琼莞，恬无惊忧。后三日只奉德音，蒙恩听还，疾良愈，躬祷行官卜以十二月五日己丑北渡，不吉。再卜六日庚寅吉。己丑之昼，风霾大作，庚寅乃息。日中潮来，风便波平。举帆行，安如枕席。海色天容，轩豁星露，不一时以达岸。乃知神之威灵，盼响昭著如此。苏公之言，信不诬也。次雷阳，书碑施金，委郡守董侯总其事。大书深刻，垂之无穷。且叙所以蒙神之休者，志碑阴，式告观者，正庙新息马侯也。初封忠显王，宣和中诏加佑顺王。别庙，邛离路侯也，宣和中诏封忠烈，皆在作碑之后。故并记于此。建炎三年冬，李纲阴记。①

在雷州停留期间，李纲缅怀当年金兵围攻汴京时，发起抵抗请愿的太学生陈东、欧阳彻。宋室南渡后，二人又上书高宗，要求罢免秦桧、黄潜善等奸臣，迎被掳的徽宗、钦宗，触忌而被杀，后宋孝宗给陈东等平反，恢复名誉。李纲为这位爱国志士欣然命笔，赋诗四首。其一首曰：

> 平昔初无半面交，危言几辨盖宽饶。
> 幽冥我已惭良友，忠愤君应念本朝。
> 故国遥看云杳杳，新阡何处草萧萧。
> 抚孤未遂山涛志，谁继骚人赋《大招》。

李纲在雷州期间，饱览雷州山川名胜，并与白云岩楞严寺僧琼师结下深厚友谊。其时，琼师居湖光岩，李纲欣然题下"湖光岩"三字。"湖光岩"名胜由此诞生。

李纲赠琼师二首诗，均被收入《雷州府志》《海康县志》，依于湖光岩，为山色增辉。1961年春，郭沫若游湖光岩，将李纲题字入咏。诗曰：

> 楞严存古寺，点缀岩光湖。
> 一亭编炮茂，几树洁檀殊。
> 惜无苏轼迹，但有李纲书。
> 拂壁寻诗句，三韩有硕儒。

宋高宗绍兴十年（1140），李纲在福州病逝。李纲留给世人的除了临危不惧、为国为民的高尚情操，还有他的学术、诗文。其诗文雄深雅健，以喜谈佛理而为南宋诸儒所不及，有《靖康传信录》《梁溪集》传世。李纲谪居

---

① 〔明〕欧阳保纂，〔明〕韩上桂、邓桢辑：万历《雷州府志》卷十一《秩祀志》，书目文献出版社1990年版。

海南、雷州，为当地带来宝贵的精神财富，尤其是他的民族气节和磊落襟怀，为雷琼人民所敬重。在海南万宁东山岭，建有李纲祀庙，李纲也是海口"五公祠"和雷州"十贤祠"奉祀的重要先贤。

（五）苏辙

苏辙（1039—1112），眉州眉山（今属四川）人，嘉祐二年（1057）进士，官至尚书右丞、门下侍郎。与父苏洵、兄苏轼同列"唐宋八大家"。北宋绍圣四年（1097），苏辙因反对变法被责授化州别驾，雷州安置。此时，苏轼也被责授琼州别驾、昌化军安置。五月十一日，兄弟二人相遇于藤州，六月五日抵达雷州。六月十一日，二苏诀别于海滨，苏辙则留居雷州。元符元年（1098），迁循州（今粤东惠州、梅县、汕头一带）。

据统计，苏辙被贬雷州一年的时间里，留下诗歌、文章约 30 篇，为后人了解宋代雷州的民风、生态等提供了宝贵的资料。苏辙离开雷州后，"毛当时慕其风烈，即其故居"，建苏颖滨先生祠。

（六）任伯雨

任伯雨（1047—1119），四川眉州人，北宋元丰年间进士。元符三年（1100），因施政有方，政绩突出，召为大宗正丞，继而擢升为左正言。任伯雨在政治上倾向旧党。宋徽宗初政，任伯雨多次上疏弹劾支持新法的章惇、蔡卞、蔡京、曾布等人。崇宁元年（1102），被贬雷州，安置昌化军（今海南儋州），三年而归，往返皆经雷州。

（七）赵鼎

赵鼎（1085—1147），山西解州闻喜人。崇宁五年（1106）进士。绍兴初年两度为相，荐用岳飞收复襄阳。后因反对对金议和，为秦桧等投降派所构陷。绍兴十四年（1144）贬吉阳军（今海南三亚）。赵鼎知秦桧必欲杀己，自书铭旌曰："身骑箕尾归天上，气作山河壮本朝"，乃不食而卒。史载，赵鼎南下途经雷州，知军王趯慕其大名，热情接待，"比行，假肩舆以送"，用轿送至徐闻渡口。秦桧闻知此事，遂贬王趯于广西全州[1]。宋孝宗即位后，追封赵鼎为韦国公，赠太傅，谥忠简。

---

[1] 〔明〕欧阳保纂，〔明〕韩上桂、邓桢辑：万历《雷州府志》卷十五《名宦志》，书目文献出版社 1990 年版。

（八）李光

李光（1078—1159），浙江上虞人，与赵鼎为同年进士。绍兴八年
（1138）拜参知政事（副宰相）。因在高宗面前指斥秦桧"盗弄国权，怀奸
误国"，受秦桧不断打压。绍兴十四年（1144）贬琼州，后谪至昌化军（儋
州）。秦桧死后，官复原职。所著《庄简集》，不少地方涉及雷州。

（九）胡铨

胡铨（1102—1180），江西庐陵（今吉安）人，宋高宗时进士，官至枢
密院编修。因绍兴八年（1138）上疏力主抗金，并请求朝廷斩秦桧、王伦、
孙近等佞臣，屡遭打压。十八年（1148）谪移吉阳军（今海南三亚），途经
雷州，得知军王趯礼遇。绍兴三十二年（1162），宋孝宗即位，方获起用。
历任国史院编修官、兵部侍郎。谪居海南期间，曾应雷州知军赵伯柽之请，
两次驻足雷州。他曾登雷州城楼览胜，挥笔写下《筑雷州郡城记》，赞雷州
城垣"雉堞隐然，虽古所谓蠹若长云，屹若断岸，殆不能远过。真一郡之壮
观，千古之宏规也，顾不伟哉！"[①] 胡铨贬海南时，其次子胡文亭留在雷州
城，后卜居今雷高镇坑营村，其后裔繁衍至今。

李纲、赵鼎、李光、胡铨并称"南宋四名臣"，对宋代政局变迁具有举
足轻重的作用。四人都因被贬海南而莅临雷州，他们在雷州半岛的事迹、文
章诗赋及谊友往来，对雷州半岛的文明影响深远。

（十）王岩叟

王岩叟（1043—1093），大名府清平县（今山东高唐）人。嘉祐六年
（1061）状元。哲宗时任监察御史、侍御史、开封府知府、起居舍人、中书
舍人、签书枢密院事等职。元祐年间，西夏攻占质孤、胜如二堡（今甘肃兰
州附近）。这两个地方土地肥沃、位置显要。苏辙主张弃守，王岩叟力主不
可："形势之地，岂可轻议弃也？不知既与，保其后不更要否？""不可一向
示弱。"在王岩叟的坚持下，城池得免陷于敌手。王岩叟在政治上反对变法，
司马光去世后，与刘挚同为朔党领袖。元祐七年（1092），罢知郑州。去世
后，追贬为雷州别驾。

宋代十贤中只有王岩叟生前未到过雷州，而是在去世后被"追贬"为雷

---

① 〔明〕欧阳保纂，〔明〕韩上桂、邓桢辑：万历《雷州府志》卷八《建置志》，书目文献出
版社1990年版。

州别驾。即便如此，雷州人民为其人格气节所折服，仍尊奉他为十贤之一。

第二节　"十贤"对湛江的影响

十贤贬雷，至今已有八九百年之久。虽时过境迁，十贤事迹至今仍在湛江地区百姓中时时传颂。

十贤南贬对促进中原与雷州的信息交流，起到桥梁、媒介的作用。宋时雷州为海滨边陲之地，朝廷重臣贬谪雷州，与当地官员、绅士、庶民广泛接触，议论政事，宣扬教化，传达了来自中央的政治信息，使雷州士民开阔眼界，增长见识，进一步加强与中原王朝的联系。同时，这些谪居的官员、文士在雷州游历山川，采风问俗，通过文学作品的广泛传播及与家人、友人书信往来，也使世人始知昔日的"南蛮之地"，已成为南海海滨欣欣向荣之地。例如，十贤贬雷的诗作、文章，记录了雷州的风土、人情、习俗、景致。秦观的《雷阳书事》，有对宋时雷州半岛渔家、渔业的描述，有对雷人婚丧嫁娶礼俗、宗教信仰的描写等等。时至今日，这些作品仍是人们研究、探索古代雷州社会历史变迁的珍贵材料，也是先民筚路蓝缕开发雷州、创立湛江文化的见证。

十贤南贬，通过施教、著述、议政、游历等方式，身体力行传播中原文化，促进整个雷州半岛文化氛围的凝聚，也为明清以来雷州半岛一带人心向学、人文鼎盛的局面奠定了坚实的文化基础。十贤无一例外，均是士人中的精英，文豪、名相比比皆是，其人文思想、文学作品也堪称中华瑰宝。他们在湛江地区留下的诸多足迹、事迹，无论是苏轼天宁寺"万山第一"的题书，还是李纲对"湖光岩"的命名，无论是胡铨的《筑雷州郡城记》，还是秦观的《雷阳书事》等等，都为古代湛江士人所追随与崇尚。于是，文明书院、松明书院应运而生，州县学人文蔚起，莘莘学子无不以贤哲之风相激励，雷州半岛之人文风气自此开启。

宋代十贤南贬，这一群体所展现的"直言""正气"等崇高品质，为本土文化的兴盛注入了宝贵的精神内核。十贤南贬表面看来是仕途受挫，实则是对士人刚正不阿的人格、"家国"情怀的坚守,是爱国主义精神的悲壮彰显。当辽、金入侵,他们力主抵抗、反对投降而被贬谪南荒,他们因与妥协派政见不和而饱受排挤、诬陷,但铁骨铮铮,忠心耿耿。赵鼎"丹心未泯,誓九死而不移"的精神①、李光"富国先要除国蠹,利民须急去民蟊"的吏治思想,李纲"负天下之望,以一身用舍为社稷生民安危"②的品质、"古来圣贤犹如此,我泛鲸波岂足悲"的旷达情怀,随着十贤南贬的事迹广为传颂,在古代湛江人心中烙上深深印记,也标志着以忧国忧民、尊师重教、追求高尚品格为核心内容的儒学精神在湛江地区生根发芽。湛江人民见贤思齐,追慕先贤,将这些优良品质凝结于正在孕育的本土文化之中。到明清时期,湛江地区人才辈出,走出了一批儒家知识分子,众多"廉吏""清官""好官"誉满天下。前朝流寓湛江的先贤事迹与文章激励,功不可没。

与十贤南贬相关的踪迹、轶事、传说,极大丰富了湛江地区的历史文化内涵。一方面,这是一笔巨大的物质遗产。雷城寇公祠、真武堂、十贤祠、伏波庙等名胜古迹作为宋代流寓文化的物质载体,已经成为湛江本土文化的重要标志,因其中凝聚着宋代先贤的精神与痕迹,更显深沉与隽永。同时,这是一笔宝贵的精神财富,长期滋养着人们的心灵,造就了湛江地区坚忍不拔、积极进取、弘扬正气的精神风貌。寻觅十贤踪迹,无论是遂溪苏二村苏轼与村民的一段佳话,还是有关寇准寇(库)竹渡口的传说,都已成为人们发扬爱国主义精神、宣扬民族正气的精神动力。

---

① 〔宋〕赵鼎:《忠正德文集》卷四,上海古籍出版社 2019 年版,第 74 页。
② 〔元〕脱脱:《宋史》卷三百五十九《李纲传》,中华书局 2000 年版,第 1272 页。

第十二章　宋元时期湛江地区宗教与文化艺术

宋元时期，湛江地区的宗教、民间信仰与文化艺术都有发展。宋元时期，湛江地区佛教寺院星罗棋布。北宋时期，名僧琮师在湖光岩修建了楞严寺，他对湛江地区佛教的发展有较大的推动作用。北宋时期道教盛行于北方。南宋以后，南北道教皆出名宗。南方道教南宗由张伯端创办，传至五祖白玉蟾时，他主修"内丹"，确立了金丹派南宗，使其道法发扬光大。

宋元时期湛江地区民间信仰与民间艺术也有发展，湛江傩舞是闽人迁雷的产物，既传承古越文化遗风，同时又吸纳了中原文化特色；木偶戏由外来移民传入吴川，独具地方特色。

第一节　宗教

一、佛教

（一）佛寺

湛江地区是佛教传入岭南最早地区之一，历史上保存下来的遗迹分布甚多，佛教文化景观较为多见。

宋元以前，岭南尚未全面开发，雷州半岛自然环境恶劣，灾害频仍，人们崇尚超自然力量，希望从中得到解救，为佛教流行提供社会基础。隋代，当地俚僚人开始以"撮土为庵"方式选址建庵，拜祭神灵，湛江湖光岩楞严寺即以此定其地基，后发展为著名禅林。唐代，雷州半岛已是岭南一大佛教文化中心。明嘉靖《广东通志·风俗》载，雷州半岛"自梁唐以来，寺观庵堂半民居"。宋元时期，雷州半岛佛教由海康南传徐闻，半岛佛教达到兴盛。这一时期，雷州半岛的寺院，见诸方志记载的有开元寺、天宁寺、广教寺等。①

开元寺，唐时创建，位于雷州府城城南调会坊（今三元塔一带）。宋末寺废。

天宁寺，又名天宁万寿禅寺，唐大历五年（770）由开山祖岫公创建。宋代，苏轼被贬琼州曾旅居于此，并题"万山第一"四大字于门额。宋末毁于兵燹。元朝时，石心师德玑重建，天宁寺再次复兴。此间，包括宋代十贤在内的贬官、文士，但来雷州，大都驻足或居住在天宁寺，更使天宁寺名声大振。这些文学巨匠的人生际遇和诗作名篇与天宁寺紧紧联系在一起，愈发提升天宁寺在岭南佛教丛林中的地位。

广教寺，在雷祖庙之东，南朝梁开山僧了容创建。寺庙离城十里，与雷庙并峙。寺后有英山，寇准等名士游此者咸有题咏。宋元时期，广教寺香火鼎盛。

圆通宝阁，即观音阁，宋咸淳间创建，元廉访使卜达世礼重修。坐落在雷城参将署前中正坊的阜民桥上。上有铜佛三尊、铜罗汉十八尊、铜观音一尊。

元朝泰定年间（1324—1327），在城内恺悌坊浴堂之西有普庵堂。元大德间（1297—1307），刘成章亲往韶关禅宗祖庭南华寺，请六祖慧能像，在城南门外调会坊建六祖堂安祀。

宋咸淳间，遂溪县僧刘宗成，在县南八十里庄家渡募缘修建济通石桥，跨渡之上建通济庵。庵因桥名，一度香火不断，延续至明代。

宋绍定年间（1228—1233），徐闻僧人在县东澄清坊内建圆通寺。元至正十四年（1315），僧人石心师德玑重建广德寺。

（二）名僧琼师

坐落在今湛江市西部、雷州半岛北端的湖光岩玛珥湖，古称"陷湖"

---

① 〔明〕欧阳保纂，〔明〕韩上桂、邓桢辑：万历《雷州府志》，书目文献出版社1990年版，第458—460页。

"净湖"，"唐宋之末，避世者多往依之"。[①]北宋末年，琼师在湖光岩主持佛寺，对湛江地区佛教的发展有推动作用。

琼师，遂溪人，俗姓孙。宋靖康元年（1126），琼师学佛归来，在湖光岩一带结草为庵（取名"白云禅庵"，后人以佛教有《楞严经》改禅庵为楞严寺）。湖光岩距城数十里，远离尘嚣，琼师得以专心研习佛法，"灌拔流俗，足不入城市"。

南宋建炎三年（1129），李纲被贬万安军（今海南万宁），路经雷州，寄住天宁寺。李纲幼年常跟随父亲聆听佛法。登进士第后，他仕途坎坷，公事之余常倾心佛禅，佛学修为逐渐提升。居雷期间，他饱览半岛山川名胜，并与琼师结下深厚友谊。

琼师与李纲同游净湖山水，相谈甚欢，欣然题下苍劲有力的"湖光岩"三字，赠予琼师，后勒刻于寺顶摩崖石壁上，至今犹存。

万历《雷州府志》和《李纲全集》收录多首李纲为琼师所作之诗。其中一首《李纲赠琼师》如下：

> 万里谪居来海峤，眼中衲子见绝少。
> 方袍圆领动成群，与俗不同只其表。
> 琼师乃是雷阳人，遍历丛林参学饱。
> 归来卜筑瘴海滨，十里湖光岩洞小。
> 深居不复踏城市，宴坐惟知侣猿鸟。
> 惠然顾我意良勤，野鹤孤云自轻矫。
> 风姿已含蔬笋气，语论更将藤菖绕。
> 黄茆深处见篁筠，使我困怀欲倾倒。
> 为君聊复恋幽栖，访旧终须乘济渺。
> 烦师飞锡过天台，为问了翁何法了。

诗中，李纲不以自己出身仕宦自居，却以丛林中人的情怀，对雷州佛僧琼师遍游佛教名刹，自甘寂寞，修法弘法，大为赞赏。同时，湛江有关琼师

---

① 〔明〕欧阳保纂，〔明〕韩上桂、邓桢辑：万历《雷州府志》，书目文献出版社1990年版，第180页。

这位佛教先驱的记载较少，从此诗可加深对其身世、佛法道行的了解，也可洞见宋代湛江地区佛教传播情况。

李纲离开雷州时，琼师特赴遂溪城月驿，为其饯行。李纲再赠《还至城月驿别琼师》二首，依依惜别，情意深重。诗云：

> 衲子来参去不辞，更劳飞锡远追随。
> 赠师银布劳收取，便是金襕嘱付时。
>
> 好住湖光摄此心，有缘终会有知音。
> 梁溪老去孤峰顶，月白风清难更寻。

据载，李纲与琼师相约他日于天台山重逢，后"李纲复退居天台，琼往寻之，竟圆寂于彼"。[①] 如此相知相交，后世传为美谈。

二、道教

道教是我国土生土长的宗教。道教创立后，民间崇拜的诸多神灵大多归入道教，如城隍、土地、门神、灶神、雷神，等等。宋代统治者对宗教采取了较为开明的政策。宋真宗利用道教造神，改国号为"大中祥符"，继而在全国建道场、修道观。上行下效，全国掀起信奉道教的热潮。到宋徽宗时期，皇帝自号教主道君大帝，道教获得了长足的发展。

汉代至唐代，相信服食成仙的神仙道教占主流地位。宋代道教与唐前道教有明显区别：唐前文人士大夫重外丹服食，而宋代文士转向内丹炼养。前代很多人因为服用丹药付出生命的代价，道士对外丹术加以反省，并寻觅新的、更加有效的途径，由此长生延年，甚至得道成仙。由此，道教内丹术兴起。其中，后世尊为南宗五祖的白玉蟾与雷州有着不浅的渊源。

（一）道观

道教在北宋时盛行于北方，道观多而宏丽。在广东，唯广州天庆观可与北方道观匹敌。雷州也有一所天庆观，坐落于府城内的镇宁坊，旧名紫薇

---

① 琼师介绍参见〔明〕欧阳保纂，〔明〕韩上桂、邓桢辑：万历《雷州府志》，书目文献出版社 1990 年版，第 180 页。

观，宋时现名天庆观，元时改名玄妙观。宋朝的董世龙、余天麒，元朝的张图南等地方名人对道观有专文介绍。

南宋洪迈创作的志怪集《夷坚志》，内有一篇《雷州病道士》，这名得了怪病的道士即出自天庆观。

除天庆观，见于万历《雷州府志》记载的还有崇贞观。崇贞观建于南宋景定年间（1260—1264），位于徐闻县西登云坊。

（二）白玉蟾与雷州

1. 白玉蟾生平

南宋以来，南北道教皆出名宗。道教南宗创始人为张伯端（984—1082），号紫阳真人。传人石泰，称翠元先生，是为二祖。再传僧道光，姓薛，后为道士，号紫贤真人，是为三祖。再传陈楠，字南木，号翠虚真人，是为四祖，以其常捻土疗病，人称"陈泥丸"。南宗五祖为白玉蟾，他主持的南宗不尚"丹鼎符箓"，主修"内丹"，因此，白玉蟾为道教金丹派南宗实际创立者。

白玉蟾，原姓葛，名长庚，祖籍福建闽清，其祖父葛有兴，父亲葛振兴。绍兴年间，其祖父到海南担任琼州学教官，后举家迁往琼州。据雷州地方志载，白玉蟾，字如晦，号琼琯，宋时人。他"本姓葛，家于琼，及长至雷，继白氏后，因姓白"。[①] 据白玉蟾弟子彭耜于嘉熙元年（1237）所撰的《海琼玉蟾先生事实》载，白玉蟾原姓葛，讳长庚，字白叟。因"母氏梦食一物如蟾蜍，觉而分娩"，故有玉蟾之名。"时大父有兴，董教琼琯，是生于琼。盖绍熙甲寅三月之十五日也。"白玉蟾年幼时父亡，母改适雷州，继白氏后，改姓白，名玉蟾，字以阅、众甫，号海南翁，别号琼山道人、蠙庵、武夷人、神霄散史、紫清真人等。[②] 两相印证，其身世与雷州颇有渊源。白玉蟾虽出生于海南，但过继于雷州白氏，算是半个雷州人，在雷州颇负声望。

史载，白玉蟾天资聪颖，髫龄即能赋诗，吐语不凡，人称神童。十岁赴

---

① 〔清〕雷学海修，〔清〕陈昌齐等纂：嘉庆《雷州府志》卷二十《仙释》，岭南美术出版社2009年版。

② 〔宋〕彭耜：《海琼玉蟾先生事实》，《白玉蟾真人全集》（下册），第349—351页。又见白玉蟾原著，陆文荣统筹，六六道人辑纂：《白玉蟾真人全集》，海南出版社2016年版。

广州应童子科，考官令赋"织机诗"，他应声赋云：

> 大地山河作织机，百花如锦柳如丝。
>
> 虚空白处做一匹，日月双梭天外飞。

他"天资聪敏，喜飞腾变化之术，当时士大夫欲以异科向皇帝举荐"，"弗就也"①。相传他在雷州居住，盘桓数年，后去向不明。

因家境贫寒，白玉蟾未能耕读传家，少小即出家学道，四处云游，浪迹东南。开禧元年（1205），在广东罗浮山遇道士陈楠（号翠虚，亦号泥丸真人），拜其为师，学习外丹、内丹与雷法，凡九年，尽得其道。修道期间，他跟随陈楠浪游各地，还"从师游海上，号海琼子"。嘉定六年（1213）陈楠去世之后，白玉蟾云游四方，"独往还于罗浮、霍童、武夷、龙虎、天台、金华、九日诸山"②。据记载，白玉蟾于嘉定九年（1216）至江西龙虎山；嘉定十一年（1218）至临安，讲道玉隆观，有旨召见，不赴，遁去。四年后又至京，"伏阙言天下事"，被捕，一日而释。当时有朝臣上奏，说他"左道惑众，群常数百人"。十余年间，其足迹遍于南宋境内诸名山，遍及今广东、福建、江西、湖南、湖北、四川等地。

2. 白玉蟾道教修炼理论与活动

白玉蟾在我国道教文化中具有很高地位，最重要的贡献在于他确立了金丹派南宗，将道法发扬光大。两宋时期，中国南方出现了一个以修炼内丹为主的道教派别，后世称为金丹派南宗（以别于北方的北宗全真道），其开山祖师为北宋的张伯端，依次传石泰、薛道光、陈楠，再传白玉蟾。白玉蟾之前，南宗基本上是秘密传授，传播范围很窄，门徒很少，且无本派祖山、宫观，故未形成群众性的教团。白玉蟾云游天下，广收门徒，著名的就有彭耜、留元长、陈守默、詹继瑞，其他留下姓名者众，再传弟子更多。南宗五祖还广泛推行以"靖"为修道传教据点的组织制度，扩大道教影响，从而使道教南宗很快成为一个有一定传教地域、较有规模的教团，时至今日，仍有

---

① 〔清〕雷学海修，〔清〕陈昌齐等纂：嘉庆《雷州府志》卷二十《仙释》，岭南美术出版社2009 年版。

② 〔元〕赵道一：《历世真仙体道通鉴》卷四九。

影响。白玉蟾堪称道教南宗的实际创造者。

白玉蟾在道教修炼理论和方法上也有较大成就。他所学的道法，虽含"五雷法"和祈雨、治病之术，但主要是炼内丹。在修炼内丹的同时，兼修"雷法"，他自称天上雷部神谪降人间，自号"神霄散史"，据说能呼召风雷，求雨禳灾。相传他可以"啸命风霆，出有入无，披发佯走"①。在这方面也有若干著作行世，其著作被道教神霄派奉为经典，他本人也被尊为一代祖师。

白玉蟾以居福建武夷山时为多，但曾多次至罗浮山，所传弟子"郑翠、房孺、张湛然、月窗，皆住罗浮者"②。因其学识渊博，故有"出入三氏，笼罩百家"③ 之誉。他的道教著述颇丰，卒后，其弟子彭耜校勘遗作，纂成《海琼玉蟾先生文集》，共 40 卷。今存明《重编海琼白玉蟾文集》六卷、续集二卷，内有少量道教理论、炼内丹法及神仙之说，大部分为诗、文、赋之类。除《老子注》，还有多种道教著作，例如《上清集》《玉隆集》《武夷集》《静余玄问》《金华冲碧丹经秘旨》《太上老君说常清静经注正误》《九天应元雷声普化天尊玉枢宝经》。其门人编《海琼白真人语录》《海琼问道集》《海琼传道集》。诸多著述被编入《道藏》。

3. 白玉蟾的艺术成就

白玉蟾没有受过正规教育，也不是科举出身，却是宋代海南人中唯一有诗文传世者。④ 他不仅对道教理论有独特的贡献，而且精于诗、书、画。后人评价白玉蟾"平生翰墨半天下"，"世间有字之书，无不经目"，儒释道三教之书"靡所不究"。他多才多艺，凡诗词歌赋文论，都能自如地流于笔端，是岭南最早的词人之一，也是南宋以来道流中的文学巨子。其诗歌辞赋多以葛长庚之名流传至今，大约有 200 首，集于《琼馆白真人集》《白真人语录》中，《全宋诗》收录 100 多首。他虽在道门，却从不烧香礼拜，"所吟所赋，

---

① 〔清〕雷学海修，〔清〕陈昌齐等纂：嘉庆《雷州府志》卷二十《仙释》，岭南美术出版社 2009 年版。

② 檀萃：《楚庭裸珠录》卷三《留紫元》。

③ 《重编海琼白玉蟾文集》卷首，《海琼玉蟾先生文集序》。

④ 周伟民、唐玲玲：《海南通史》（宋元卷），人民出版社 2017 年版，第 181 页。

类皆凄苦之辞"①。其诗词作品，时而空灵自在，时而惆怅情深，或写放浪形骸的生活经历，或写白云深处的幽静山道，或写浩瀚大自然的绚丽景观，或写对远方师友的情谊。如其所作《水调歌头·江上春山远》：

> 江上春山远，山下暮云长。相留相送，时见双燕语风樯。满目飞花万点，回首故人千里，把酒沃愁肠。回雁峰前路，烟树正苍苍。
>
> 漏声残，灯焰短，马蹄香。浮云飞絮，一身将影向潇湘。多少风前月下，迤逦天涯海角，魂梦亦凄凉。又是春将暮，无语对斜阳。

白玉蟾在琴棋书画方面也颇有造诣，尤其工书擅画，是广东有记载的最早的宋代书法家和画家。他为人豪爽侠义，狂饮而不醉，常乘酒兴即席挥毫，所作草、篆、隶俱佳，尤以草书驰名。所画人物、梅竹，恣肆超妙，奇拔俊逸，在江南一带颇有影响。近代一些书画家的梅花、草书亦源于白氏。其书法作品《足轩铭》藏于北京故宫博物院。其绘画作品，知名者有《修篁映水图》《竹实来禽图》《紫府真人像》《纯阳子像》等9件，评论家称其所画人物有吴道子风韵。

第二节 民间艺术

一、傩舞

傩，是古代一种迎神以驱逐疫鬼的仪式。傩的历史久远，《周礼·夏官》中记载古代舞傩："方相氏掌蒙熊皮，黄金四目，玄衣朱裳，执戈扬盾，帅百隶而时难，以索室殴疫。"《后汉书·礼仪志》记有"先腊一日，大傩，谓之逐疫"。作为一种具有宗教、艺术色彩的社会文化现象，傩起源于先民的自然崇拜、图腾崇拜。作为一种神秘而古老的原始祭礼，傩在周代已被纳入国家礼制。北宋末期，宫廷傩礼采用新制，傩向娱乐化方向发展。同时，《论语·乡党》中记载的"乡人傩"一直在民间延续，并与宗教、文艺、民

---

① 《重编海琼白玉蟾文集》卷一《送朱都监入闽序》，卷二《日用记》。

俗等结合，衍变为多种形态的傩舞、傩戏。傩舞是举行大傩仪式时所跳的舞。傩舞在我国各地流传，只是因地区的风土民俗不同而内容形式各异。傩舞最大的特点是"面具舞"，表演者"戴上面具是神，摘下面具为人"，以达到祭神驱灾的目的。

湛江地区上古之时属百越，古越人尚武，巫术流行。南迁汉人在开发雷州半岛时，将自身文化与之后的俚僚文化碰撞、融合，最终保存了"傩"这一宗教仪式。

宋人秦观贬谪雷州，其诗作《海康书事》就有这样的描写：

> 海康腊己酉，不论冬孟仲。
> 杀牛挝祭鼓，城郭为沸动。
> 虽非尧历颁，自我先人用。
> 大笑荆楚人，嘉平腊云梦。

宋时雷州半岛一带傩舞已很流行。经元明清各代传承，最终形成湛江傩舞，至今乃流传于麻章区的湖光、太平，雷州市的南兴、松竹、杨家、白沙、附城、沈塘，吴川市的黄坡、博铺，廉江市石角等镇、乡村。

嘉靖《广东通志》载："雷州府于元宵鸣锣鼓，奏管弦，装鬼扮戏，沿街游乐。"明万历《雷州府志》、清嘉庆《雷州府志》都载："自十二日起，曰'开灯'，连至十五夜，每夜彩灯，或三四百为一队，或五六百为一队，放爆竹，烧烟火，妆鬼判诸色杂剧，丝竹锣鼓迭奏，游人达曙，城中为最，各乡墟间有之，是曰傩。谓之遣灾。亦有至二十八日或二月十二日乃傩者。"[①] 整个过程包括游神、祭神、游傩等活动，而傩舞是其中核心组成部分。

宋元时，大批移民进入湛江地区，不同的民间信仰也随之而来。外来的信仰与湛江地区的原始宗教信仰相互融合影响，赋予傩舞新的内涵与意义，进一步促进湛江区域共同体意识的形成与加强。

傩舞的称法在湛江各地有所不同。流传于雷州市南兴、松竹、客路、杨

---

① 〔清〕雷学海修，〔清〕陈昌齐等纂：嘉庆《雷州府志》卷二《地理》，岭南美术出版社2009年版，第105页。

家等地区的称"走清将""走成伥";流传于湛江市麻章区湖光、太平的称"考兵";流传在吴川市大岸村的称"舞二真";流传在吴川博铺镇的称"舞六将"。

雷州半岛的傩舞,多以雷首公与东(青)、南(赤)、西(白)、北(黑)、中(黄)五方雷将为主体,依一定音乐节奏及特定的舞步而进行,俗称"走清将""走成伥""舞巫""考兵"等。据老艺人陈玉林(1913年生)所言,雷州松竹镇塘仔村的走成伥傩舞及面具,是其先祖从福建莆田迁居雷州时带来的。走成伥又名"舞户",意为舞者到各家各户舞蹈游傩。每逢元宵或神诞,农户在庙堂及家中敬祭"雷神",以驱邪遣灾。

流传于湛江市麻章区湖光镇旧县村的傩舞考兵,据传是南宋宝祐年间由当地彭姓始祖从江西传入。考兵傩舞所供奉的神祇和吴川的舞二真一样,都是北宋抗辽名将康保裔。旧县村的古庙泰山府,原称东宫,供奉康皇(即康保裔),每逢神诞乡民前往祭拜。当地的傩祭或有可能是宋元易代时随北方军队南下而入。

舞二真中的"二真",指康保裔麾下的车、麦两员大将(当地称真君)。每年农历正月初八至十五,吴川大岸村举行舞二真傩祭活动。

舞六将的演出以打击乐贯穿始终。六将指北帝部下的六大将帅:赵公明、马华光、关云长、张节、辛环、邓忠。表演者头戴面具,手持兵器,最先上场后,六将轮流上场。除了共同的基本步"踏三戈"外,每人都有自己的动作和套路。

在唐代,雷州便有了道教活动场所,宋时道教进一步发展。傩具宗教性,活动往往由道士主持。道士先在庙前设坛,向神灵燃烛、焚香、烧纸宝、供三牲;接着颁令、颁符,敬请五色旗队、八音、锣鼓班、傩舞队等各路兵马到坛前扎寨练兵;随后,傩舞队到各家各户赶鬼驱邪,以求遣灾纳福;然后开始游神,队伍浩浩荡荡到村镇各土地公管辖境界敬祭。游神之后,队伍回到神庙广场前,再次举行祭神仪式。

面具是傩舞中的重要组成部分,湛江傩舞有木质傩面具、橹罟质傩面具、牛皮质傩面具及彩绘傩脸谱等。

湛江地区是广东省至今唯一存在傩活动的地区。1958年,在全国艺术科学规划小组主持下出版的《中国民族民间舞蹈集成》(广东卷),收进41个舞蹈节目，湛江入选 9 个，其中傩舞 4 个，即"舞二真""舞六将""考兵""走成伥"。2008 年，湛江傩舞入选国家级非物质文化遗产名录。湛江地区的傩舞不少于 30 种，除上述几种，廉江石角傩戏"斩鬼邪"也颇具特色。

二、吴川木偶戏

木偶戏起源于汉代，最早称为"傀儡"。王国维《宋元戏曲考》载：至宋而傀儡最盛，种类亦最繁，有悬丝傀儡、走线傀儡、杖头傀儡、药发傀儡、肉傀儡、水傀儡各种。[①]

北宋末年，金兵大举南下，北宋皇室、贵族纷纷南逃，中原移民也随之南下。在首都临安（今浙江杭州），统治者"直把杭州作汴州"，"勾栏""瓦舍"等娱乐场所林立，表演艺术荟萃，其中就有傀儡戏。从事这一职业者颇众，甚至建有行会"傀儡社"[②]。此间，广南西路与上述地区存在经济往来，木偶戏可能由此传入。宋末元初，南宋小朝廷流亡至湛江地区，大批军人及其家属在粤西定居。吴川的木偶戏，或是在这个时期传入的。

单人木偶戏，优点是装备简单、轻便，方便艺人挑着担子流动演出。但由于是单人演出，对艺人要求极高。他既要操作木偶，又要演唱、念白，还要敲锣、打鼓，甚至随时给木偶像更换服装。久而久之，又发展出双人木偶戏、大型木偶戏。

这一民间艺术形式保留至今，是湛江市非物质文化遗产。

---

① 王国维：《宋元戏曲史》，上海人民出版社 2014 年版，第 255 页。

② 龙登高：《南宋临安的娱乐市场》，《历史研究》，2002 年第 10 期。一说木偶戏于明代由闽南商人传入吴川。

第十三章　明代湛江地区行政建置与政治军事

1368 年，明太祖朱元璋建立明朝，定都南京。同年，明军入粤，廖永忠、朱亮祖统兵取廉、雷。明初沿元制，在中央设中书省，在地方设行中书省。洪武九年（1376），为加强中央集权，行省改为承宣布政使司，广东承宣布政使司将廉州（今广西合浦地区）、雷州半岛及海南岛一道并入广东辖境，确立了今湛江地区从此隶属广东的行政建置。原属海北海南道的高、雷、廉、琼四府正式划归广东承宣布政使司管辖。明代，广东行布政使司（习惯仍称省）、府、县三级地方行政体制。雷州府仍辖海康、遂溪、徐闻三县，府治海康。石城、吴川两县划归高州府管辖。

明廷在广东内地和沿海设置卫所，其中雷州卫及其下设锦囊、海安、海康、乐民、石城千户所，在南海海防中作用巨大。卫所实行兵农合一、农垦实边的军屯制。

第一节　行政制度与建置

一、行政制度

洪武元年（1368）初，朱元璋在派徐达率兵北伐的同时，即着手平定岭南的军事部署。明军分三路南下，其中东路以汤和为海运提督，廖永忠为征南将军、朱亮祖为副，率水师由福建沿海入广东；中路在赣州卫指挥使陆仲亨、副使胡通率领下，由江西经韶州（今广东韶关）南下；西路军由湖广行省平章杨璟、左丞相周德兴等率军由湖南取广西。

征南将军廖永忠、副将军朱亮祖攻克福州，顺取广州后，即率军溯西江而上，剑指粤西。明军一路直下，进攻粤西的高州、雷州、廉州等地。同时，令指挥张秉彝、戍守同知余麟孙"开设府治，领海康、遂溪、徐闻三县"。明军所到之处，"大小衙门俱送印信，赴朱参政军门投款，给授新印"。洪武元年（1368）六月，元海北海南道都元帅罗福遣使以雷州城降，海南分府元帅陈乾富相继降附。[①] 八月，明军摧枯拉朽，攻入大都，元亡。十二月，杭州指挥同知耿天璧取海北海南各州县，海北海南道告平。

明万历《雷州府志》载："洪武元年春，罗福以全城归附。改路为府，广东布政司属海北道。二年，遣副将军参政朱亮祖镇之，师次雷州。九年增廉州、石康、灵山、钦县入雷州。十四年，改廉州为府，领石康、灵山、钦县，而海、遂、徐三县仍隶雷州治"[②]。据此，雷州府一度兼有廉州等地。

元在岭南的行政区划，将粤东、粤西一分为二，分属不同行省。一置广东道宣慰使司，治广州路，属江西行中书省。一置海北海南道宣慰使司，治雷州路，属湖广行中书省。

朱元璋即位初，各级行政机构沿袭元制。中央设中书省，由左、右丞相总理吏、户、礼、兵、刑、工六部事务；地方上设行中书省，由左、右参政统管地方的军政事务。中书省总揽政事，直接领导六部事务，高踞于百官之上；地方上的行中书省总揽一省之政事，权力集中，与高度集权统治严重冲突。明朝建立后，为加强中央集权，明太祖频繁改变行政区划，加强对岭南地区的控制。洪武二年（1369）三月，以海北海南道属广西行中书省；四月，改广东道属广东等处行中书省；六月，以海北海南道所领并属广东等处行中书省。洪武四年（1371）十一月，置广东都卫，与行中书省同治。八年（1375）十月，改都卫为广东都指挥使司。九年（1376）六月，改行中书省为承宣布政使司。广东承宣布政使司领府10、直隶州1、属州7、县75。由此可知，雷州府（元雷州路，属海北海南道宣慰司，属湖广行中书省）在洪武二年（1369）三月，以海北海南道属广西行中书省；四月，改广东道，属

①　刘耀荃编，练铭志校补：《〈明实录〉广东少数民族资料摘编》，广东人民出版社1988年版，第1页。

②　〔明〕欧阳保纂，韩上桂、邓桢辑：万历《雷州府志》卷一《舆图志》，书目文献出版社1990年版，第25页。

广东等处行中书省；六月，以海北海南道并入广东等处行中书省。至此，雷州府重新划入广东行省。吴川、石城二县同时划入广东。

洪武四年（1371）起，朱元璋进行大规模行政改革，分割地方的权力。这一年，明廷在广东置都卫，与行中书省同治；八年（1375）十月，改都卫为广东都指挥使司。洪武九年（1376）在全国范围内改行中书省为承宣布政使司，除南京直辖区（称南直隶）外，全国共分十二布政使司。广东承宣布政使司下辖廉州、雷州半岛及海南岛，基本确立了以后广东地区的轮廓。洪武十三年（1380），废除中书省及丞相制，权力统归六部，六部尚书直接向皇帝负责。

行中书省废除后，省级地方行政设承宣布政使司、提刑按察司、都指挥使司，合称"三司"。承宣布政使司掌一省民政、财政，提刑按察使司掌司法、刑狱，都指挥使司掌军政。三司分治，彼此互不统辖，权归中央，听命于皇帝。广东布政使司设左、右布政使，左、右参政和左、右参议等职。布政使是一省的最高行政长官。下设粮储、屯田、清军、驿传、水利等分守道。永乐年间，广东设分守道。其中，岭西道（驻高州）管理湛江地区行政事务。洪武十四年（1381），在广东提刑按察使司下设分巡道。其中海南道，治琼州府及海南等卫；海北道，治高州、廉州、雷州三府。

洪武二年（1369）正月，置广东海北盐课提举司，掌广东海北盐生产、税课、行销之政。设提举一人，从五品；同提举一人，从六品；副提举无定员，从七品。另设各场盐课司、各盐仓大使、副使等职。所产盐行销广东西部及广西全省。粤西各府所属海北提举司下属十五场，岁办盐二万七千九百二十二引有奇，每引重四百斤[1]。高、雷、廉、琼四府自此归属广东省。

二、行政建置

明朝建立后，对地方行政层级和行政区划均做了较大幅度的调整。具体做法包括：废除行省制度，改置布政使司作为地方最高行政区划；改路为府；简化行政层级，将元代的行省、路、府、州、县五级行政层级调整为布政使司、府（州）、县（州）三级与四级并存的复式政区层级。

---

[1] 《明太祖实录》卷三十八。

明初，广东全省实行布政司、府、县三级地方行政体制。洪武初，改广州、肇庆、韶州、南雄、惠州、潮州、高州、雷州、廉州为府。雷州府，广220里，袤450里，东、西、南均至海岸，北至高州府石城县界。辖海康、遂溪、徐闻三县。府治海康。《明史·地理志》载：

> 雷州府（元雷州路，属海北海南道宣慰司），洪武元年为府，领县三，东距布政司千四百五十里。海康，倚东滨海，南有擎雷水，自擎雷山南流，东入于海。西有海康守御千户所，洪武二十七年十月置。西南有清道，东南有黑石二巡检司。
>
> 遂溪，府北。东西滨海。西南有乐民守御千户所，洪武二十七年十月置。西北有湛川巡检司，治故湛川县，后迁县东南故铁杷县。又西南有涠洲巡检司，治海岛中博里村，后迁蚕村。
>
> 徐闻，府南。东西南三面滨海。西有海安守御千户所，东有锦囊守御千户所，俱洪武二十七年十月置。西南有东场，东有宁海二巡检司。又西北有遇贤巡检司，废。

贞观八年（634），因该地有擎雷水，改东合州为雷州，雷州大名自唐贞观年始。至唐肃宗至德初年，海康郡复为雷州，领海康、遂溪、徐闻，属岭南道。宋太祖开宝四年（971），行政区划改为雷州军，属广南西路七军州之一，其间将遂溪县并入海康，改徐闻县为递角场。南宋恢复三县建置。有宋一代，雷属三县为常态。元沿宋制，雷州路仍领海康、徐闻、遂溪三县。

高州府，元至正年间改为高州路，明朝改为高州府。东至肇庆府阳江县界，西至合浦县界，南至大海，北至广西省岑溪县界。其中所属吴川县，汉代为高凉县地；隋置吴川县，属高州；唐初属罗州，后属招义郡；宋初属辩州，后属化州；元朝仍旧。其中所属石城县，本汉高凉县地，南朝宋分置罗县属高凉郡；唐置石城县，为罗州治，天宝初改廉江县；宋省入吴川县，乾道初复置石城县，属化州。

雷州半岛历经多次改朝换代，直到明代时雷州"一府三县"的地域概念日趋明确。明代高州府附属两县——吴川县与石城县，即今湛江地区所属吴川与廉江，也在宋元之后的行政区划变迁中逐渐稳定下来。明代，化州"其南七十里，有吴家之地，三川之水，故曰吴川"，"其西百有余里，地饶，奇石四面环绕如城，故曰石城"。吴川、石城二县与"三雷"之地一衣带水，联系密切，在之后的区域社会经济发展中互动频繁，为未来区域一体化的到来奠定了基础。

明代，府设知府（正四品）一人，同知（正五品）、通判（正六品）无定员，推官（正七品）一人。知府全面负责民政、财政、司法审判和督促生产等事务，同知、通判则分别管理清军、赋役、巡捕、治农、水利等工作。推官设于洪武三年（1370），是明政府设置的最低一级的专门的司法官员。县下设知县（正七品）一人，掌一县之政，主要职责是：宣扬教化，征收赋税和金派徭役，编造册籍，检查与督促生产，处理诉讼，维护地方治安，施行赈恤。

第二节　雷州卫的建置与军屯

一、雷州卫的建置

明朝在京师和全国各地实行卫所制。卫、所既是一种军事组织，也是一种地理单位。卫的全称是卫指挥使司，长官为卫指挥使；所的全称为千户所，长官为正千户。大体而言，5600人为一卫，下辖5个千户所，每个千户所1120人，每个百户所112人。卫所和都指挥使司，直接由中央设立的中、左、右、前、后五军都督府管理；兵部对军队和武职官员有任免、升调和训练之权，但不领兵；五军都督府对军队没有调遣权，调遣权由皇帝直接掌握。每有重大战事，由皇帝亲自委派专人充任总兵官或副总兵官，统率卫所军队出征。战事结束后，总兵缴还将印，军队回归卫所。卫所实行屯田，战耕结合。卫所的设置，一在抵御外侮，一在镇抚民变，成为加强皇权的重要措施。

明代高雷廉琼卫所

卫所	设官（名）	旗军（个）	设置时间
神电卫	26	1058	洪武二十七年
守镇阳春后千户所	4	214	洪武二十六年
双鱼守御千户所	4	277	洪武二十七年
宁川守御千户所	5	457	洪武二十七年
高州守御千户所	2	327	洪武十四年
守镇石城后千户所	5	234	正统五年
雷州卫	33	1380	洪武五年
雷州卫左千户所			洪武五年
雷州卫右千户所			洪武五年
雷州卫前千户所			洪武五年
雷州卫后千户所			洪武五年
雷州卫中千户所			洪武五年
锦囊守御千户所	3	235	洪武二十七年
海安守御千户所	6	181	洪武二十七年
海康守御千户所	5	323	洪武二十七年
乐民守御千户所	8	345	洪武二十七年
廉州卫	25	952	洪武二十八年
永安守御千户所	9	390	洪武二十八年
钦州守御千户所	2	217	洪武二十八年
守镇灵山后千户所	4	254	正统六年
海南卫	23	1378	洪武五年
清澜守御千户所	2	487	洪武二十四年
万州守御千户所	5	469	洪武二十年
南山守御千户所	3	215	洪武二十七年

（续表）

卫所	设官（名）	旗军（个）	设置时间
儋州守御千户所	6	484	洪武二十年
昌化守御千户所	2	352	洪武二十五年
崖州守御千户所	7	418	洪武二十七年

资料来源：《明史》卷七十六《职官志》。

广东地处中国的南部，远离京都，又濒临大海，有海盗、山寇经常侵扰，是明王朝南海海疆的忧患所在。同时，明初广东沿海已经有倭寇的侵扰，"故各设军备之"。[①] 因此，明代设在南海海疆的卫所，其主要的国防任务是打击沿海海盗、山贼，维护地方治安，抗击倭寇，确保海疆国家安全。

洪武七年（1374），全国卫所建置趋于成熟，明政府规定卫所建置职官、职能及品序：卫设指挥使司，置指挥使（正三品）一人、指挥同知（从三品）二人、指挥佥事（正四品）四人、镇抚（从五品）二人。千户所设正千户（正五品）一人、副千户（从五品）二人、镇抚（从六品）二人。百户所设百户（正六品）一人。洪武二十年（1387），又命各卫立掌印、佥书，专职事理，以指挥使掌印，同知、佥事各领一所。[②]

早在南汉时期，雷州半岛就兴建了一系列沿海防卫设施。宋开宝年间，潘美平南汉，始置雷州军，在雷城东北隅，立澄海、清化两翼指挥，统兵镇守，卫自此始。元至元年间，在雷州设海北海南宣慰司，改澄海、清化两翼军为万户府，后改为都元帅府，属湖广行省。明代雷州半岛的滨海军事建置正是在此基础上不断加强完善。

洪武元年（1368）明军平定岭南后，朝廷下诏建雷州卫，治所在海康城内元宣慰司旧址，并命指挥张秉彝率千户王清、欧阳昌镇守。洪武五年（1372）雷州卫隶属于广东都司，先后建立左、右、前、后、中五个千户所。洪武十四年（1381），调前所于廉州，守御石康；调后所于高州，守御石城。

---

① 张晰：《明代广东的卫所屯田与地方社会》，广东省社会科学院 2007 年学位论文，第 11—13 页。

② 方志钦、蒋祖缘主编：《广东通史》（古代下册），广东高等教育出版社 2007 年版，第 50—51 页。

洪武二十一年（1388），调千户杜福等领军镇雷，兼统五所。①

明洪武二十七年（1394），广东都指挥花茂奏于沿海增设所军防海。是年，安陆侯吴杰、都督马鉴，偕花茂至雷垛，进丁夫充军额，兴建海康、海安、乐民、锦囊四守御千户所，规模巨大，号为"所城"，咸隶于雷州卫，称为"外所"，"于是，旗军而外复有城，守之民壮斥堠之表"②。至此，雷州卫海防防御体制基本建成，蔚为壮观，这些防御设施一直沿用至清代，发挥着重要的海防作用。

海康所城，建于明洪武二十七年，时倭寇骚扰东南沿海，由安陆侯吴杰督办创建，位于海康县九都湾蓬村，所城周围 473 丈，高 1 丈 3 尺。开四门，门外设濠。③ 清康熙八年（1669）又重新修葺使用。

海安所城，又称"海宁守御千户所"，在徐闻县城南二十里的博涨村，洪武二十七年安陆侯吴杰督办创建。城周围 517 丈，高 1 丈 3 尺，距海 3 里，渡海即是琼州。弘治十四年（1501）迁往宾仆村，"始筑石城"，正德五年（1510）增修。因其重要的战略地位，清康熙元年（1662）、雍正七年（1729）、乾隆五年（1740），先后对海安所城进行修葺，甚至到嘉庆六年（1801）又进行了大规模的修筑，至今遗迹尚存。④

乐民所城，亦为安陆侯吴杰督办修建，在遂溪县八都蚕村。城周围 480 丈，高 1 丈 3 尺，门濠制与海安所同，在清代海防中，属于"雷州右营城外委驻扎所，在郡西一百二十里，西通硇洲"。

锦囊所城，即锦囊守御千户所，亦吴杰创，在徐闻县二十八都新安村。城周围 480 丈，高 1 丈 8 尺，门濠制与以上三所同。城内由千户王颙建廨宇。万历三十二年（1604），地震城颓。四十年（1612），申府请修，勤谨节费，

---

　　① 〔明〕欧阳保纂，〔明〕韩上桂、邓桢辑：万历《雷州府志》，书目文献出版社 1990 年版，第 341 页。

　　② 〔清〕杜臻：《粤闽巡视纪略》卷一，第 12 页。

　　③ 〔明〕欧阳保纂，〔明〕韩上桂、邓桢辑：万历《雷州府志》卷十二《兵防志一》，书目文献出版社 1990 年版。

　　④ 朱堪志、潘建义：《清代雷州的军事机构设置纪略》，湛江市政协文史资料研究委员会编：《湛江市文史资料》（第四辑），第 141—142 页。

筑砌坚固，城宇屹然一新。① 清代沿用为海防堡垒，隶属雷州左营。

嘉靖年间，倭寇犯边，开始设专镇（水师）备倭。首设雷廉参将一名，驻雷州水营。万历初年，又设白鸽寨水营参将一名、守备一名，涠洲水营游击一名。原卫所体系"加以水哨之游巡，大将居中操臂指之，权守极密矣"。② 白鸽寨，明朝称为"白鸽寨钦总司"，作为全省备倭六大水营之一，坐落于城东北 30 里通明港的调蛮村内。白鸽寨东与东海岛隔海相望，南临浩瀚的南海，西接涠洲，战略地位十分重要，有"雷郡藩篱赖之""城郡左臂"之称。万历三十七年（1609），把总续蒙勋携家亲扎通明防御，招集民居，遂成村落。续蒙勋捐俸重修堂宇、班房、书室，建罗星亭、问津亭、济川亭，筑埠头东西路，砌石闸，阨塞海潮，重造天妃宫、关圣庙，筑菩提桥。白鸽寨规制得以改观③。直至康熙四十二年（1703）设立硇洲营后，白鸽寨始裁撤，至今仍存遗迹。

成化二年（1466），都御史韩雍奏留"达官"，充实边防，"分隶粤西诸卫所，雷州因有达官"。达官即鞑官，指在明朝任职的鞑靼武官。他们分别担任指挥使、千户、百户等职务，进一步提高沿海卫所的海防能力。直到明万历年间，雷州卫共辖九所一司。

明代前期湛江地区卫所军事体系的构建，以洪武二十七年（1394）为界分为两个阶段。第一个阶段，主要包括雷州卫（内附左、右、前、后、中五个千户所），另有廉州守御千户所。卫所设置的目的是控制要害，加强对地方的控制。第二阶段，雷州卫增设海康、乐民、海安、锦囊四大沿海千户所，又升廉州守御千户所为廉州卫。明制，一般 5600 人为一卫，但雷州卫九所兵员在万人以上，差不多拥有两个卫的兵员编制。明万历四十一年（1613），徐闻有军户"二千六百三十九户"（一户大约五人），如此则徐闻有军人及眷属在万人以上。由此可见，湛江在南海海疆的军事地位举足轻

---

① 〔明〕欧阳保纂，〔明〕韩上桂、邓桢辑：万历《雷州府志》卷十二《兵防志一》，书目文献出版社 1990 年版。

② 〔清〕卢坤、邓廷桢主编，王宏斌等校点：《广东海防汇览》，河北人民出版社 2009 年版，第 30 页。

③ 〔明〕欧阳保纂，〔明〕韩上桂、邓桢辑：万历《雷州府志》卷十二《兵防志一》，书目文献出版社 1990 年版。

重。有明一代，湛江地区形成廉州卫和雷州卫两个军事重心，辅以沿海千户所的卫所系统，北部湾地区沿海卫所军事体系建构基本完成。

二、军屯制的实行

卫所往往镇守边塞要地，平时不容易招徕平民垦作，故卫所行战耕结合的军屯制，既开发边地，又确保军事供给自给自足。军屯成为有明一代的基本国策。

雷州属于广东西路海域，乃海防要地。洪武三年（1370）十二月，雷州卫指挥同知张秉彝在上疏中提出，"雷州之地当广海之冲要，城池水寨，守御之势不得不重"，强调雷州卫首要军务是"预造战船以防海道之寇"，并请求"增兵屯雷州，以为钦、廉诸州缓急之援"，同时指出"本州粮储不足以给兵食"。[1] 明代中后期，除了山海之间的盗贼、倭寇之外，西方殖民势力也渐渐渗透。防倭防寇必赖重兵驻防与防守，屯田也十分必要。此时，雷州半岛尚未全部开发，也为军屯垦荒种地提供了可能，而雷州卫内外九大千户所的海防哨所布局及其大量驻防军人的存在，又为军屯制实施提供了人员保障。

雷州府的卫所屯田自洪武二十八年（1395）始。据万历《雷州府志》载："屯田之设，大约各卫所军士，以十分为率，半城守而半种屯，或互为多寡，随地异也。"雷州屯田内五所各拨 500 户全伍，外四所各拨 300 户全伍，合 9 所 3700 户，计 4144 名屯田军。每人给田地 20 亩、种子 1 石，军 2 名给牛 1 只。按当时的农业生产力水平计算，每人每岁种田 20 亩，约收稻 46 石，扣除自存稻 30 石、存种 1 石，该纳细粮 6 石（2.5 石稻谷得米 1 石）。全雷州卫总计应得粮 30264 石。[2] 之后，这一军屯制度得到具体落实。

根据郭棐《粤大记》的记载，明朝广东总设 15 卫和 100 余千户所，每所必有屯田。雷州卫仅海康县屯田就达 42 处，分别是茂林、迈四、镇福、司马（属右所）；陈和、押草、新田、三板、麻廉、窖东（属左所）；那隐、保宁、边万、地坡、调延、那余、石井、凑乙、林家、禄祐（属右所）；斜

---

① 俞旭、廖林子、孙湘云等编：《明实录类纂·广东海南卷》，武汉出版社 1993 年版，第 506 页。

② 〔明〕欧阳保纂，〔明〕韩上桂、邓桢辑：万历《雷州府志》，书目文献出版社 1990 年版，第 341 页。

离、草洋、三板、冯公、迈梅、石壁、广都、马生、迈合、那贡（属中所）；东叶、东濠、讨律、庄荣、那落、那逞、那宋、莫村、调亭、高畔、那扶、清水（属前所）。海康所屯田5处，分别是庄荣、平场、石井、朗头、迈寨。民乐所屯田7处，分别是塘饭、调礼、郭家、金钗、官长、勤肥、东洋。海安所屯田5处，分别是讨窑、讨哨、张畴、宾板、迈东。锦囊所屯田6处，分别是那旺、担捍、东零、迈黎、迈咬、连村。另外，高州吴川县屯田3处，分别是白沙、平城、漳木（属神电卫）①。

大量史料表明，这一政策得到具体落实。雷州的军屯，每百户112人，"一人赋田二十亩"，合计每一百户所屯田2240亩。为加强屯田管理，永乐二年（1404），令"各处卫所，凡屯军一百名以上者，委百户一员；三百名以上，委千户一员；五百名以上，委指挥一员提督。若屯军不及一百名者，亦委百户一员提督"。

明代，随着国家卫所制度的建立健全，军屯制得以广泛推行，并且贯穿整个明代近300年历史，属于封建国家边疆政策的重要内容，具有重大的国防意义。一是实行"兵农合一"，维护国防安全；二是移民实边，开发边疆，促进边地社会、经济发展。

到明朝晚期，军屯制实施时间既长，出现弊端。万历年间，雷州军屯难以为继。首先是每人每岁耕种20亩，需纳6石细粮的田赋规定，这就必须保证粮食亩产3石以上，而这是宋元以来南方稻作的最高产量。过高的指标，导致军屯纷纷抛荒逃亡。其次，军屯的不稳定性也是军屯不能长久的一大原因，如天顺年间，雷州府瑶民起事，屯种旗军回城守御，田给民众，升科收籍。待成化年间，复立屯，但屯久废，耕者逃亡过半。再次，制度实施时间长，难免因循守旧，屯田制管理混乱。所分田地往往"父而子，子而孙。或更与异姓，或鬻于民间，听其私相授受，历数十年，莫有稽考"②，其结果是，万历年间，雷州卫外四所屯田，清丈无册，管理人员肆意作弊。加上屯田被内监、军官和豪势之家占夺，屯军受到严重剥削，被迫逃亡，屯法遭到破坏。

---

① 〔明〕郭棐著，黄国声、邓贵忠点校：《粤大记》（下册），广东人民出版社2014年版，第888页。

② 〔明〕欧阳保纂，〔明〕韩上桂、邓桢辑：万历《雷州府志》卷十二《兵防志一》，书目文献出版社1990年版。

第十四章　明代湛江地区经济社会

明初，统治者推行奖励垦荒、兴修水利等重农务本政策。湛江地方官员积极劝导乡民开垦荒地，组织兴修水利，使农业生产得到发展。随着粮食产量的提高和经济作物的广泛种植，纺织、制糖、制盐等手工业也得到了发展。

第一节　重农政策的推行

一、奖励垦荒

明太祖朱元璋积极倡导"重农务本"。他强调"农为国本，百需皆其所出"，"农桑衣食之本"，指出"年谷丰登，衣食给足，则国富而民安，此为治之先务，立国之根本"。

发展农业，首在垦荒。洪武元年（1368），朱元璋下诏："各处荒闲田地，许令诸人开垦，永为己业，与免杂泛差役；三年后，并依民田起科租税。"明确规定谁开垦，谁拥有，并免三年赋役。洪武五年（1372）令："流民复业者各就丁力耕种，毋以旧田为限。"十三年（1380）又诏："民间田地，许尽力开垦，有司毋得起科。"二十四年（1391）再诏："令公侯大官以及民人，不问何处，惟犁到熟田，方许为主。但是荒田，俱系在官之数，若有余力，听其再开。"明成祖朱棣继续推行重农政策，他告诫百官："国以民为本，民以食为天。今四方甫定，民尚贫苦"，必须做到"一财不妄敛，一民不妄差，劝课农桑，填固封守"。在朝廷的严厉督促下，全国各地方政府积极贯彻重农之本，恢复和发展生产，卓有成效。

洪武年间，湛江地方官员积极招抚流民，鼓励垦荒，劝课农桑。万历《雷州府志》收录的明初名宦，多有兴修水利、发展农业生产之举。如明朝首任雷州同知余麟孙、遂溪知县王渊，在招徕流民垦荒种地之余，注重陂塘、堤岸等设施的修筑和维护。余麟孙将建于南宋绍兴年间的特侣塘加以修缮，同时和王渊协力修筑沿海堤岸，以预防台风、咸潮侵袭。徐闻知县武亮、石城县丞倪望到任后，也都采取休养生息、招民垦荒的措施，使地方农业生产得到恢复。① 为发展生产，洪武二年（1369）出任海康知县的陈本、洪武十七年（1384）任雷州知府的秦时中，积劳成疾殉职于任上。②

据地方志书，明朝初年涌现出一系列注重农业发展的地方官员，包括：

余麟孙，洪武元年同知府事，开设府治，创立衙门公廨，修治特侣陂塘，增筑沿海堤岸。

王渊，洪武初任遂溪知县，"安集流移，订图籍，定税赋，辟草莱，课耕耨，修筑塘堰，灌溉田亩，民咸利之"。

陈本，洪武二年知海康县事，"优恤孤老，流移者悉为之所，远近归附七十余家"，"堤渠圩岸，靡不修筑"，"农桑、徭役尤加之意"。

武亮，洪武三年知徐闻县事，"招辑流离，披荆棘，筑陂塘，使民获保生业"。

倪望，洪武初任石城县丞，"廉以律己，仁以惠下，劳来扶绥，各使归业，民免流离。"县旧无城，"望率民筑土城，计二百五十丈零石，藉以捍卫。秩满去，士民怀之，请祀名宦。"

李希祖，洪武七年任雷州府通判，"整堤渠，垦荒秽，使民乐业"。

秦时中，洪武十七年知府事，"修复陂塘，民沾其利"，"卒于官。民追思之，立祠祀焉"。

朱元璋去世后，重农政策作为祖宗之法被后来的统治者所继承。永乐年间，民间垦荒继续发展的同时，卫所的屯田也取得明显成效。景泰四年

---

① 〔清〕蒋廷桂修，〔清〕陈兰彬等纂：光绪《石城县志》卷五《职官》，清光绪十八年（1892）刻本。

② 〔明〕欧阳保纂，〔明〕韩上桂、邓桢辑：万历《雷州府志》，书目文献出版社1990年版，第235、242页。

（1453），代宗敕令各地镇守巡抚等官：各地农村"除士、工、商贾并在官供役之人，其余悉令务农，及时耕种。若有荒闲田地，令无田及丁多田少之人开垦，或缺牛具种子，于有力之家劝借，收成后量为酬给，若原系税额，俟三年后征收"。为奖励垦荒，防止官吏、豪强需索科敛，应"慎选廉正官员设法整理，……使奸弊不生，农政修举"。[①] 嘉靖二十四年（1545）二月，世宗再次"命天下有司，招抚流移复业，给与牛具种子，候年丰抵还。有能开垦闲田者，蠲赋十年"。[②] 到明中叶，全国各地耕地面积大幅增加，农业经济得以复苏，百姓得以休养生息，明朝迎来社会经济的较大发展。至万历元年（1573），雷州地区耕田面积由元朝的"五千五百十六顷二十三亩增加到一万二千五百八十九顷六十亩四分"。[③]

二、一条鞭法的推行

明初，赋税制度的改革，旨在简化赋税程序，减轻百姓赋役负担，确保国家财政稳定，为一条鞭法的实行打下坚实基础。

万历初，内阁首辅张居正柄政，在全国主要地区迅速推行一条鞭法。广东南海人庞尚鹏是推行一条鞭法的先锋，率先将广东经验向全国推广，又把自己在浙闽地区的实践经验反馈于广东。

一条鞭法是按人丁多少征收丁税，按土地多少征收地税，打破以往以户为单位的传统征税方式，实行按人丁和田亩征银。户在税收中不再作为征税的单位，意味着劳役征派的结束，以财产占有多寡为依据的征税制建立起来，克服了地主豪强千方百计降低户等以免除劳役，把赋役负担转嫁于贫农的弊端。

随着一条鞭法的推行，赋役全部折征白银，徭役不论力差、银差，完全实行纳银于官，由官府雇人充役。赋役的催征、收纳与解运，也由官府直接统筹办理，不再由民间的粮长、里长轮流充役。"令民亲自称纳，投柜封锁，毫厘不干里长之手。"确立起官收官解的制度，大大简化赋税征收手续，解除了追征解运的劳苦。为推行一条鞭法，官府在全国清丈田亩，于官则避免

---

① 李国祥、杨昶主编：《明实录类纂·经济史料卷》，武汉出版社1993年版，第43页。

② 李国祥、杨昶主编：《明实录类纂·经济史料卷》，武汉出版社1993年版，第33页。

③ 林臣勇：《明清时期雷州地区的农业经济》，《湛江文史》（第十七辑），1998年，第114页。

土地流失，产额田有保障，打击诡名寄产、偷税漏税；于民则厘清税责，减轻负担。

广东省除长宁、龙川、四会、恩平、花县、罗定州等少数州县迟至天启、崇祯年间才推行一条鞭法，粤西一带的雷州、高州等绝大部分县在万历年间实行。[①] 由于丈量土地后定赋的原则是"田有增减，俱以原额粮米均派"，大多数州县的田赋相对减轻。实行一条鞭法，田赋本色、折色仍然保持，丁役根据人丁的多少与田亩多少征收，民田交税较官田税率低，正役、杂役统一折算，纳银抵差大大降低农民缴纳赋税的额度，简化交税服役程序，农业生产力得到充分释放。

一条鞭法规定城镇的工匠、商人因无田而得到免差，也激发更多劳动力进军手工业、商业等行业。

一条鞭法是明中叶以来经济制度变革发展的产物，广大劳动人民摆脱落后而苛刻的生产关系束缚，劳动力得到不同程度的解放。明朝中后期，全国城乡社会经济的发展，带来了传统农业、手工业、商业发展的勃勃生机。广大粤西地区，尤其是雷州半岛一带，在有明一代社会经济取得长足发展，本土文化日益鲜明而独立，很大程度上得益于政府在全国推行的经济制度变革。

三、水利设施建设与维护

水利乃农业发展之命脉，加强水利建设，也是"重农务本"的根本要求。元至正十八年（1358），朱元璋攻下集庆（今南京）就委派富有农业生产经验的将军康茂才充任营田使，专司水利，修筑堤防。

明初，太祖诏"所在有司，民以水利条上者，即以陈奏"，又"特谕工部，陂塘湖堰可蓄泄以备旱潦者，皆因其地势修治之"，同时"遣国子生人才分诣天下郡县，集吏民乘农隙修治水利"。他号召百官："嗣后有所兴筑，或役本境，或资邻封，或支官料，或采山场，或农隙鸠工，或随时集事，或遣大臣董成。终明世水政屡修，可具列云。"[②] 在政府的组织下，许多大规模的水利工程得到修建。在粤西地区，地方政府也进行了一系列农田水利建设。

---

① 方志钦、蒋祖缘主编：《广东通史》（古代下册），广东高等教育出版社 2007 年版，第 379 页。

② 〔清〕张廷玉：《明史》卷八十八《河渠志六》，中华书局 1974 年版，第 2145 页。

（一）防海防潮堤坝的扩张

"雷地滨海，平畴万顷。飓风时作，咸水逆流，田庐尽伤。"宋元时期大规模建设的水利设施，到明朝因年久失修，功能降低。明朝的水利工作重点，首先是兴建新陂塘、重修固有陂塘，其次是加固、延长堰坝和海堤。正所谓"夫善治雷者，未有不重水利者也"[①]。

地方官也身体力行，履行了父母官应尽的义务。洪武四年（1371），同知余麒孙、海康知县陈本、遂溪知县王渊协议大规模修筑沿海大堤，率领民工，保卫万顷洋田。此水利工程浩大，"以海康分为南北二岸：北岸以十八宿为号，分二十处。起自白院渡，止于河南村。长九千七百五十四丈，高一丈四尺，阔八尺。南岸以千字文四十字为号，分四十处闸口，自擎雷渡南，止于那涌港，长八千七百二十四丈，高阔如前。遂溪以天干为号，分十处，起自第三都村，止于通明港口进得村，长四千五百二丈，高一丈三尺，基址阔一丈六尺，面六尺。"[②]

由于飓风、咸水等自然灾害频发，工程屡建屡废，但地方官锲而不舍，及时修护、加固。嘉靖元年（1522）六月，飓风大作，咸潮淹至东南城南北二洋，数千居民流离失所，淹死数千人，知府罗一鹗调三县民夫修筑堤坝。隆庆四年（1570），风潮又作，海岸崩塌数十丈，知府唐汝迪率众修补"张字岸"，将堤岸移高改直。

（二）明代雷州水利工程技术

明代雷州府水利建设的技术水平不断提高。各州县联动，做到共同修建，共同受益。洪武二年（1369），海康知县陈本，"导水以灌东泽之田，增筑圩岸以防斥卤"。洪武初年，遂溪知县王渊，"修筑塘堰，灌溉田亩"。特别是雷州府城以北的特侣塘，乃万顷田之司命，因年久失修，"值恒雨则溢，值恒旸则涸"，蓄泄不畅。前人于东南卑下隅立11闸，十分紧要，但有近塘居民随意挖凿，造成"渠淤塘废"，农田灌溉受影响。雷州同知余麟孙重修

① 〔明〕欧阳保纂，〔明〕韩上桂、邓桢辑：万历《雷州府志》卷三《地理志一》，书目文献出版社1990年版。

② 〔明〕欧阳保纂，〔明〕韩上桂、邓桢辑：万历《雷州府志》卷三《地理志一》，书目文献出版社1990年版。

此塘，"以免斥卤之患"。工程完工，州县各地"民咸利之"。①

地方官员注重水利工程结构改进和整体协调，使工程设施功能最大化。万历三十二年（1604），雷州府推官高维岳改造特侣塘，最先"采石砌筑第十一闸，设立闸板，定为上中下三则，以时启闭，而十闸未之及也"。动工之后，发现原特侣塘"十一闸之中，逼东第一闸，地势最高。内则塘水即泛滥，不及于闸。外则荒莽不能疏通，无田可受闸"，居民联名呈告，认为修此一闸，"疲民力以筑无用"。高维岳审时度势，经实地勘察调研，发现此工程最大弊端在于"新砌九闸内第七、第八二闸，形势最卑，水易冲决"。为确保整体工程有效，特对此二闸"加工倍砌"，取石通融，用之第十一闸之倾圮者，并修之附闸。为确保此二闸根基坚固，"集夫附近取土，增卑培薄，墁以草块，植以竹茨。最卑湿处加石加桩"，使各闸口势均力敌，固若金汤。最终，此工程自第一闸至第十一闸，长积 1764 丈，阔 2 尺，高 9 尺，蔚为壮观。高维岳还将特侣塘最关键的第十一闸改用石砌，置闸板，定出蓄水与泄水的上中下三等水则，以时启闭，便于调控蓄水与泄洪，更便于调节灌溉水源。万历三十六年（1608），地方官将特侣塘的第二闸至第十闸改用石砌，遇到旱涝都按照上中下三等水则来调控蓄水与泄水量。②

第二节　农业生产的发展

一、粮食生产的不平衡发展

经过长期的垦荒和水利兴修，明代湛江地区的耕地面积显著增加。加上大量劳动力和双季稻种植技术的流入，粮食产量较前代有了明显的增长。就单产而论，雷州府的腴田亩产高达三四石。③ 有的地方利用冬闲再种一季其

---

① 〔明〕欧阳保纂，〔明〕韩上桂、邓桢辑：万历《雷州府志》卷三《地理志一》，书目文献出版社 1990 年版。

② 〔明〕欧阳保纂，〔明〕韩上桂、邓桢辑：万历《雷州府志》卷三《地理志一》，书目文献出版社 1990 年版。

③ 〔明〕霍韬：《霍渭崖家训·田圃第一》，《涵芬楼秘笈》二集。

他农作物，形成一年三熟制。如高州府种植黍、粟、麦、豆、薯、芋、芝麻，雷州府种植芝麻、鸭脚粟、狗尾粟、黄黍、牛黍、小麦、绿豆、大豆、红豆。

作为五谷之一，小麦主要在我国北方种植，南方原先很少种麦。南宋初年，北方人大批迁移到长江中下游和福建、广东等省。北方人习惯于吃麦，麦的需要量突然增加，因而麦价大涨，刺激了麦的生产。到明代，小麦种植已经遍布全国。早在唐朝，广东就开始种植小麦，但由于气候、地理、技术等方面原因，未能种植成功。入宋后，随着中原人口的南迁，小麦种植技术被引进广东，小麦种植终获成功。其中，雷州的小麦可谓广东省最佳，"九月种，二月熟。徐闻最多，岭南麦罕佳者，惟雷最名"①。

明中叶，玉米和番薯等物种从国外引进、推广，"高、雷、廉、琼多种之"，大大增加粮食产量。由于粮食产量的大幅度增长，粤西成为粮食输出地，除了供应广东东部地区，还有福建商船前来贩运。万历二十六年（1598）五月，"有闽商五舟往吴川买米"。②吴川境内的梅菉墟和限门寨海港，常年有福建商人前来购米，采购量往往"岁以千余艘计"，"以货易米，动以千百斗"。梅菉墟专设米行埠头，成为与广州、潮州齐名的商品粮主要销售地。限门寨海港，"每岁三四月中，闽艚贩籴数百人，如风雨之骤至"③。粤西粮食外销闽浙，由此形成专门的海运航线。"往者海道通行，虎门无阻，闽中白艚、黑艚盗载谷米者，岁以千余艘计"④，从侧面反映出闽商每年从广东大量海运贩籴米谷至福建。粮食生产商品化，是商品经济发展的结果。粮食市场的发展，也促使农业生产技术不断进步，在农业生产中逐渐出现经营地主。

由于土地质量不同，湛江地区农业呈现出发展不平衡的特点。遂溪县"地旷人稀……弃荒泽"，徐闻西北土地贫瘠。而台风、干旱、水灾等自然灾

① 〔明〕欧阳保纂，〔明〕韩上桂、邓桢辑：万历《雷州府志》卷四《地理志》，书目文献出版社1990年版。

② 〔明〕陈大科、戴耀修，〔明〕郭棐纂：万历《广东通志》卷四，万历二十九年（1601）刻本。

③ 〔清〕顾炎武撰，黄坤、顾宏义校点：《天下郡国利病书》卷一百二《广东》。

④ 〔清〕屈大均：《广东新语》卷十《食语》，中华书局1997年版，第372页。

害，往往造成农业歉收。万历四十六年（1618）夏，本是富庶之地的化州吴阳遭遇旱灾："大火酷且蒸，飞禽争避宿。一望黄如金，疑是田禾熟。按辔近为看，黄苗焦已秃……。去年连苦风，飘扬拔我屋。今年连苦旱，处处皆枵腹。"

明中叶以后，自然灾害日趋频繁。为赈济灾民、安定社会，官民大修粮仓。雷州在城西设预备仓，在雷城内贵德坊建广积仓，乐民所城、锦囊所城、海安所城也设仓。万历年间，吴川县设广积仓、预备仓，石城县设永丰仓、预备仓。① 除官仓之外，另有社仓、义仓。社仓多建在"村落适中之处"，储谷百石至千石不等。义仓多设置在城镇。嘉靖十一年（1532），遂溪县设二义仓，"一在二十一都城月村，一在二十二都土札村"②。徐闻也有义仓两处。万历二十四年（1596），海康县大饥荒，"民穷饥病死者几半"，官府在东、西、南、北关内各置一义仓，每仓储谷六百石。

二、经济作物的广泛种植

明初，开国皇帝朱元璋大力倡导种植经济作物，规定"凡农民田五亩至十亩者，栽桑、麻、木棉各半亩，十亩以上者倍之，其田多者率以是为差……惰不如令者有罚，不种桑，使出绢一匹，不种麻及木棉，使出麻布、棉布各一匹"③。立国后，又颁《教民榜文》，要求百姓"宜用生理，以足衣食，如法栽种桑、麻、枣、柿、棉花，每岁养蚕，所得丝绵，可供衣服；枣、柿，丰年可卖钞，俭年可当粮食"。洪武二十七年（1394）再令，"天下百姓，务要多栽桑、枣……违者发云南金川充军。"④《大明律》明确规定："人户亦计荒芜田地，及不种桑麻之类，以五分为率，一分笞二十，每一分加一等，追征合纳税粮还官。"之后又令"益种棉花，率蠲其税"，栽种桑果树者，"不论多寡，俱不起科"。国家规定地方官负有劝督之责，每年要

① 〔明〕曹志遇主修，〔明〕王湛同修：万历《高州府志》卷一《建置志》，书目文献出版社1990年版，第18—19页。

② 〔明〕欧阳保纂，〔明〕韩上桂、邓桢辑：万历《雷州府志》卷八《建置志》，书目文献出版社1990年版。

③ 《明太祖实录》卷十五。

④ 方志钦、蒋祖缘主编：《广东通史》（古代下册），广东高等教育出版社2007年版，第111—112页。

把自己所辖地区栽种的经济作物数目，造册上报中央，作为考绩的重要指标。

明代，百姓在当朝统治者的大力提倡下，新的生产经营观念有所萌动。嘉靖十三年（1534），御史戴璟巡按广东，针对岭南的自然条件，写下了《劝立本》一文，力劝岭南人培植多种作物。他向广东官民积极推广相关农业种植技术，如"治陂渠""时稼穑""储灰粪""滋牛牸""艺麻絮""栽桑柘""调蚕火""精丝缲""殖油种""繁果树""培材木""养竹笋""备蜂巢""广牲畜"等。凡此种种，开阔了岭南乡民视野，改变了岭南地区广大百姓的生产经营观念。

明代，广东经济作物种植的最大宗首推甘蔗，广东是全国产蔗最多的地区。宋应星在《天工开物》（卷上）说："凡甘蔗有二种，产繁闽、广间，他方合并得其什一而已。"广东从琼州府到韶州府都种植甘蔗。明初，雷州半岛北部（今遂溪、廉江一带）也开始大面积种蔗制糖。"有数种，蜡蔗、牛腿蔗、乌脚蔗、莽蔗，可煎为糖。"①

岭南又称香国。琼州府、高州府、廉州府、广州府、肇庆府、罗定州都是产香地。岭南也是中药"南药"的生产地，明代，湛江地区种植中药达50多种，益智仁、何首乌、半夏、荆芥、白丁香、麦门冬、车前子、益母草、香附子、橘红、薄荷、百合、乌药、山栀、白芨、茴香、良姜等等，应有尽有。② 益智仁、橘红、良姜等药材，时至今日，仍是本地特产。

湛江地区盛产水果，荔枝"产徐闻者大而美，俗尚蒸酒"③，"廉州龙眼，色味殊绝"④，龙眼"产遂溪、北海者最甜"。由海外引进的菠萝蜜，到元明时也成为常见之物。在徐闻，菠萝蜜除用于浸泡制成菠萝蜜酒，也被用来配成偏方以治疗腹痛等常见疾病。⑤

---

① 〔明〕欧阳保纂，〔明〕韩上桂、邓桢辑：万历《雷州府志》卷四《地理志二》，书目文献出版社1990年版。

② 〔明〕欧阳保纂，〔明〕韩上桂、邓桢辑：万历《雷州府志》卷四《地理志二》，书目文献出版社1990年版。

③ 〔明〕欧阳保纂，〔明〕韩上桂、邓桢辑：万历《雷州府志》卷四《地理志二》，书目文献出版社1990年版。

④ 〔清〕屈大均：《广东新语》卷二十五《木语》，中华书局1997年版，第627页。

⑤ 胡文亮、王思明：《菠萝蜜在中国的引种推广及其动因探析》，《中国农史》2016年第5期。

同样从海外引进的槟榔对湛江地区的经济、社会产生了深远的影响。槟榔，原产东南亚热带低地，很早便传入中国。到南宋时，槟榔种植在福建和广南西路已经比较普遍。周去非称："自福建路下四州（福、兴、漳、泉）与广东西路，皆食槟榔者。客至不设茶，惟以槟榔为礼。"① 在雷州"贩易惟槟榔、鱼、菜。寻常相过，先荐槟榔，主宾以此成礼"②，槟榔融入当地社会生活，成为社会交往的媒介。万历十九年（1591），汤显祖被贬徐闻，常向当地人请教种植槟榔、椰树、木瓜、香蕉等热带作物，并作《槟榔园》诗。③ "雷城细民，倚榔为活"，在雷州府城海康墟甚至设有槟榔交易的专业市场。④ "雷阻山海，商贾不凑，独无税焉"，但雷州一带少有的贸易税中竟有"槟榔税"⑤，"绵税纤瑟不足论，牛税稍裕，榔税倍之"，"曩时榔税充饷额"⑥，足见槟榔买卖利益之大。

明代，湛江地区已生产芝麻。芝麻四月播种，九月收成，可用来制作香油，遂溪种的最多。另有苎麻、青麻、黄麻，皆作布用。

明代，湛江地区经济作物的大规模种植，表明人们物质生活水平的普遍提高，也为手工业的发展提供了更多的原料。由于种植经济作物获利远超粮食作物，于是"农者以拙业力苦利微，辄弃耒耜而从之"，"人多务贾与时逐"，全社会商品经济意识普遍增强。此外，社会生产分工细化，商品交换频繁，使单纯经营香、果、蚕桑等品成为可能。自嘉靖以后，白银流通更为广泛，赋役折银与一条鞭法的实行，促使货币经济逐渐浸润自然经济。湛江地区经济作物的广泛种植也是全国商品经济发展的一个缩影。

---

① 〔宋〕周去非著，杨武泉校注：《岭外代答校注》，中华书局1999年版，第236页。

② 〔明〕欧阳保纂，〔明〕韩上桂、邓桢辑：万历《雷州府志》卷五《民俗志》，书目文献出版社1990年版。

③ 司徒尚纪：《雷州文化概论》，广东人民出版社2014年版，第146页。

④ 〔明〕欧阳保纂，〔明〕韩上桂、邓桢辑：万历《雷州府志》卷四《地理志二》，书目文献出版社1990年版。

⑤ 〔明〕欧阳保纂，〔明〕韩上桂、邓桢辑：万历《雷州府志》卷九《食货志》，书目文献出版社1990年版。

⑥ 〔明〕欧阳保纂，〔明〕韩上桂、邓桢辑：万历《雷州府志》卷九《食货志》，书目文献出版社1990年版。

三、新作物的引种

明代，雷州半岛得海上交通之便，成为番薯、花生、玉米、烟草等新作物较早登陆的地区①。新作物的引种，推动了湛江地区农业的发展。

（一）番薯

美洲是番薯、玉米、马铃薯、烟草、花生、辣椒等农作物的原产地。1492 年哥伦布发现新大陆，打破了美洲与世隔绝的局面，一些美洲原产的农作物开始向世界各地传播，对世界也对中国产生了重大影响。

明代中期，番薯从交趾传到湛江地区。番薯的引进，改变了湛江地区的农产品结构，也改变了湛江人的饮食结构，在湛江农史中写下了重要的一章。清光绪年间成书的《粟香随笔》记：

> 相传番薯出交趾。吴川人林怀兰善医，薄游交南，袖之以归，种遍于粤。不必沃土，不劳农力，广虽凶旱，无死徙者，薯之力也。电白县霞洞有怀兰祠，题曰番薯林公庙。②

湛江人在番薯引种中国的过程中发挥了重要的作用。

（二）花生

花生是结荚的植物，属于豆科落花生属，一年生草本植物。因它开花受精后，子房柄迅速延伸，钻入土中，发育成茧状荚果，亦名落花生。国际上一般认为，其原产地为美洲。我国史志中，对花生最早的记载，始见于弘治十六年（1503）《常熟县志》："落花生，三月栽，引蔓不甚长，俗云花落在地，而子生土中，故名。霜后煮熟可食，味甚香美"。③ 这是 16 世纪初传入的小粒花生。乾隆年间成书的《滇海虞衡志》还提到，早期引进的小粒花生"性宜沙地，且耐水淹，数日不死"。因为对自然环境的极强适应力，最初引种的福建，花生多种植在贫瘠的丘陵沙质土壤中。

---

① 司徒尚纪：《雷州文化概论》，广东人民出版社 2014 年版，第 105 页。

② 金武祥：《粟香随笔》，凤凰出版社 2017 年版，第 609 页。

③ 〔明〕杨子器修，〔明〕桑瑜纂：弘治《常熟县志》卷一《土产》，弘治十六年（1503）刻本。

《滇海虞衡志》对花生有更详细的记载："落花生，为南果中第一，以其资于民用者最广。宋元间与棉花、番瓜、红薯之类，粤估从海上诸国得其种，归种之"①。由此推断，花生的传入与广东商人的外贸活动有关。至迟在16世纪初，即明弘治年间，花生已传入我国东南沿海，然后逐渐引至他省，逐渐发展为我国重要的油料植物。

花生的引种给广大百姓带来诸多好处，可以说改变了人们的生活方式和生活品味。花生从海外引进后，在沿海广泛种植，形成较大规模的商品化生产、运输，带动了饮食文化的变迁。乾隆年间成书的《粤东闻见录》记，"高、雷间尤多，……用以榨油，其利甚溥，名为番豆"。直到清宣统年间，徐闻人仍称花生为"番豆"②。

（三）玉米

玉米传入中国的途径大致有三条：西北路由中亚细亚的丝绸之路传入中国西北地区；西南路由欧洲传入印度、缅甸，再传入中国西南地区；东南沿海一路，经中国商人和葡萄牙人由海路传入中国东南沿海地区。③

在中国东南沿海各省份中，广东、福建是最早引进玉米的地区。④ 清初，屈大均《广东新语》里就有玉米的记载："玉膏黍，一名玉膏粱，岭南少以为食，故见黍稷，往往不辨"。⑤ 万历《龙川县志》、康熙《电白县志》均称之为"珍珠粟"。

在湛江地区，玉米虽然传入很早，但一直未能占据主粮位置而与番薯齐名。《广东新语》记载，玉米仅做酒的原料，或者作为果蔬类食品。这与湛江人不好食用粗粮的习惯有关，也与清代雷州半岛即使缺粮，也有比较稳定的外来稻米供应有关。可以说，玉米的粗粮性质限制了玉米在湛江

---

① 〔清〕檀萃辑，宋文熙、李东平校注：《滇海虞衡志校注》卷十《志果》，云南人民出版社1990年版，第253页。

② 〔清〕王辅之修，〔清〕骆克良纂：宣统《徐闻县志》卷一《舆地志》，岭南美术出版社2009年版，第402页。

③ 中国农业百科全书总编辑委员会农业历史卷编辑委员会、中国农业百科全书编辑部编：《中国农业百科全书》（农业历史卷），农业出版社1995年版，第394页。

④ 郭松义：《玉米、番薯在中国传播中的一些问题》，《清史论丛》（第七辑），中华书局1986年版，第402页。

⑤ 〔清〕屈大均：《广东新语》卷十四《食语》，中华书局1997年版，第377页。

地区的推广种植。

（四）烟草

明代文献多处提到的"淡巴煎""淡巴菰"，即烟草。据郑振铎考证，最早记载烟草进入中国的史料，是明万历年间姚旅撰写的《露书》，"吕宋国出一草，曰淡巴菰，一名曰醺。以火烧一头，以一头向口，烟气从管中入喉……有人携漳州种之，今反多于吕宋，载入其国售之。淡巴菰，今莆中亦有之，俗曰金丝醺。"①

明代张介宾《景岳全书》记载，烟草"近自我明万历时，始出闽、广之间。自后，吴、楚间皆种植之矣"。明末清初，文学家谈迁的《枣林杂俎》提到金丝烟"出海外番国"，"流入闽粤"。清代《本草纲目拾遗》卷二引《粤志》说，粤中烟草，"其种得自大西洋"。《古今图书集成·草木典·杂花草汇考》"高要县"条说："烟草出自交趾，今所在有之"。明崇祯《恩平县志》也记载，明末，当地"烟草所在有之"。

有资料显示，烟草最先引种闽广，再传入内地。明代杨志聪所撰《玉堂荟记》也提到，天启年间，明朝调用广东士兵在辽东打仗，由广东兵将烟草带到北方。

清阮葵生记载，"烟，一名相思草，满文曰淡巴菰。初出吕宋，明神宗时始入中国，继而北地多有种者，一亩之获，十倍于谷，后乃无人不用"，崇祯皇帝"禁甚严"②。

烟草传入亚洲大约在 16 世纪，西班牙、葡萄牙等国向东方殖民时率先传入东南亚国家，继而传入我国。烟草传入广东，是在明代万历年间。传播途径有三，一是由陆路从越南传入，一是自海路从南洋传入。还有一途径是明万历以后，从吕宋传到福建、台湾，再由福建传到广东。

到明末，湛江地区已普遍种植烟草。烟草的传入，既丰富了当地的经济作物种类，也为农人带来可观的经济收入，吸烟渐渐成为一些人的生活习惯。光绪《石城县志》载：

　　菸，俗名烟，性苦辛，能杀虫。茎高三四尺，叶长尺许，大四五

---

① 〔明〕姚旅著，刘彦杰点校：《露书》，福建人民出版社 2008 年版，第 261 页。

② 〔清〕阮葵生：《茶余客话》，上海古籍出版社 2012 年版，第 482 页。

寸。一茎十数叶,叶背有毫。冬至前后种,清明前后收。采其叶纳于疏眼竹笪,夹而暴之至干,抉去叶中粗骨,束以绳细,刨成丝,加油焙,谓之熟烟。用竹管吸之,能去雾辟烟瘴,田夫野老嗜之者,几同菽粟。邑西北多种之,以塘蓬长山一带所出名山叶为佳,又名古冈顶最上。收时,商贩达雷、廉、琼各处,获利非小。[①]

时至今日,粤西民间仍吸一种竹筒做的水烟,独具特色。

第三节　高度发展的手工业

一、雷葛盛行天下

葛,别名甘葛、葛藤、葛麻、粉葛等,属于豆科藤本植物,其根可食,是为葛根;其藤长可达 8 米,含有丰富的纤维素,可作纺织原料。

现代葛属植物种类无论野生或引种种植,均集中分布在北纬 42°至南纬 25°以内、东经 70°以上至西经 70°以上广大地区。我国主产于湖南、浙江、河南、广东等地。

古代,葛的茎叶纤维制成的织物叫"葛布"。由于葛纤维吸湿性好,质地细薄,适合作夏服,葛布俗称"夏布"。葛纤维是中国古代先民较早的衣料纤维。葛、葛布在古代典籍中还有一些称谓,《本经》称为"鸡齐",《说文解字》中叫作"绤绤草"。由于葛具药用价值,还称作"鹿藿""黄斤"(《别录》),《天宝本草》中叫作"黄葛藤"。周代设有"掌葛",专门管理葛布生产,南方质薄凉爽的夏布也传至中原地区。

葛布作为岭南一带土产,长期作为贡品进献朝廷,唐宋时期日趋流行。不过,葛布虽精致、高贵,但葛纤维产量低,且费工,"日采只得数两","丝缕以剪不以手",产量不高。到宋元时期,葛布始终是广东特色手工业

---

① 〔清〕蒋廷桂修,〔清〕陈兰彬等纂:光绪《石城县志》卷二《舆地志》,清光绪十八年(1892)刻本。

品，也是与中原地区贸易的大宗商品，甚至传至海外。①

明万历《广东通志》记载，南雄、韶州、潮州、肇庆、高州、雷州、廉州、琼州等均生产葛、麻、蕉等多种纺织材料。葛、麻、蕉等夏布的生产遍于乡间，全为手工操作，是广大农村的家庭副业。广东葛布种类繁多，"而雷葛为正葛，其出博罗者曰善政葛；……出潮阳者曰凤葛；以丝为纬，亦名黄丝布；出琼山、澄迈、临高、乐会者，轻而细，名美人葛；出阳春者曰春葛……凡此皆绖葛也"。② 其中，雷州葛布最为精美。"唯雷葛之精者，百钱一尺，细滑而坚"，"颜色若象血牙，名锦囊葛者（应是徐闻锦囊所城附近的葛布），裁以为袍直裰，称大雅矣！"一时间，"雷葛盛行天下"③。

明代，雷州著名的土产大概为"绤绤菽谷有余于地，鱼盐唇蛤取饶于海"，葛布居其首。雷州不产葛，"葛产高凉、硇州，雷人制为布，甚精。旧入贡"，明朝才废除布贡。屈大均言："雷人善织葛，其葛产高凉、硇州，而织于雷。""葛者，妇人之所有事，雷州以之"，"雷州妇女多以织葛为生"，"为绤为绤者，分村而居"。他还盛赞雷州妇女手艺精湛，"地出葛种不同，故女手良与沽功异焉！"

屈大均为雷州的女工赋诗多首，描述当时粤西织女辛勤劳作的场景："雷女工绤绤，家家卖葛丝"，"雷女采葛，缉作黄丝，东家为绤，西家为绤"，"蛮娘细葛胜罗襦，采葛朝朝向海隅"。④

当时，葛布产业已成规模，凡织葛者称为"细工"，"女子皆以剪丝之"，"干捻成缕，不以水绩"，做工考究，所织葛布"弱如蝉翼，重仅数铢"。由于本地不产葛，采集工作多在周边地区完成，"葛产绥福都山中，……采者日得数勐"，"城中人买而积之，分上中下三等为布"⑤。它反映了葛布的专业性生产区域已经形成，产业分工细致，原料已不是自己采摘，而

① 林巨勇：《明清时期雷州地区的农业经济》，湛江市政协文史资料研究委员会编：《湛江文史资料》（第十七辑），第123页。

② 〔清〕屈大均：《广东新语》卷十五《货语》，中华书局1997年版，第423页。

③ 〔清〕屈大均：《广东新语》卷十五《货语》，中华书局1997年版，第423页。

④ 〔清〕屈大均：《广东新语》卷十五《货语》，中华书局1997年版，第424页。

⑤ 〔清〕屈大均：《广东新语》卷十五《货语》，中华书局1997年版，第425页。

是从市场购买。①

　　除了葛布，粤西一带其他纺织品生产也十分活跃。明万历年间，雷州"货多布，多皮，有丝，有用物，有食物"。棉布生产也很普遍，踏匜布、苎麻布、青麻布、黄麻布等都有生产。② 高州棉布，"吉贝所成，名'家织布'"，"苎麻成者洁白，青麻成者坚致，黄麻成者粗涩，只农家用。兼有精细者曰黄麻绸"，"菠萝麻成者，暑月最适体。又有蕉麻布，蕉丝织成，然不多"。诸多纺织材料满足广大粤西群众的生活需要。其中，苎麻是中国特产，有"中国革"之称，虽不似葛布金贵，却更能反映明朝粤西一带人民生活水平的普遍提高。万历年间，雷州已是"稻粱蔬菽有余于腹，一苎一葛有余于体，家给人足，而不待于外"。③

　　雷葛之盛行，也带来一些负面影响。雷有葛，"旧以充贡，纤匀修阔，甲于他处"，时人竞相购买，甚至奇货可居，"每一缣，领帑金三两有奇，价颇裕"，故"有司鬻买"，"贪吏以为贿赂"，地方则"风尚奢靡"。隆庆元年（1567），"诏罢雷州贡葛"④。久之，百姓生活简朴如初，"土多布多麻，而葛为上，丝间有之。而粗常服止棉葛，非庆贺不服绸绢。"⑤

二、制糖业

　　明朝，蔗糖已经成为广东百姓生活必需品，并呈商品化趋势。"大抵广人饮馔多用糖，糖户家家晒糖，以漏滴去水，仓囷贮之。春以糖本分与种蔗之农，冬而收其糖利。旧糖未消，新糖复积，开糖房者多以是致富"⑥。

---

　　① 方志钦、蒋祖缘主编：《广东通史》（古代下册），广东高等教育出版社2007年版，第428页。

　　② 〔明〕欧阳保纂，〔明〕韩上桂、邓桢辑：万历《雷州府志》卷四《地理志二》，书目文献出版社1990年版。

　　③ 〔明〕欧阳保纂，〔明〕韩上桂、邓桢辑：万历《雷州府志》卷十四《选举志》，书目文献出版社1990年版。

　　④ 〔明〕欧阳保纂，〔明〕韩上桂、邓桢辑：万历《雷州府志》卷一《舆地志》、卷四《地理志二》，书目文献出版社1990年版。

　　⑤ 〔明〕欧阳保纂，〔明〕韩上桂、邓桢辑：万历《雷州府志》卷五《风俗志》，书目文献出版社1990年版。

　　⑥ 〔清〕屈大均：《广东新语》卷十四《食语》，中华书局1997年版，第389页。

甘蔗是制糖的重要作物。雷州地区种植的甘蔗包括腊蔗、牛腿蔗、乌脚蔗、荓蔗数种。随着甘蔗的广泛种植，制糖业进一步发展。明初，雷州半岛已大规模种蔗制糖，尤以徐闻为最，"一年之间，糖蔗得利，几与谷相半"[1]。

种蔗面积的扩大、产蔗量的提高，促进了制糖业的发展，糖类品种明显增多："其浊而黑者曰黑片糖，清而黄者曰黄片糖，一清者曰赤砂糖，双清者曰白砂糖，次清而近黑者曰瀵尾。最白者以日曝之，细若粉雪，售于东、西二洋，曰'洋糖'。次白者售于天下。其凝结成大块者，坚而莹，黄白双间，曰'冰糖'，亦曰'糖霜'。"

唐朝发明了用滴漏法制造白糖的技术后，这一制糖法一直沿用至明清。制糖的第一道工序是榨糖，"以荔枝木为两辘。辘辘相比若磨然，长大各三四尺。辘中余一空隙，投蔗其中，驾以三牛之牿，辘旋转则蔗汁洋溢。辘在盘上，汁流槽中"。[2] 第二道工序是煮糖。先将蔗汁倒在铁锅里煎熬，放少许石灰中和糖汁酸性。煮到一定时候，倒到其他铁锅煮。每过一锅，水分蒸发，糖分愈浓。与此同时，撇去糖液上的浮泡，控制糖汁的浓度和火候，直至熬成糖浆，再盛至箕锅中，用棒条拖薄，使之均匀。待糖浆冷却凝固变硬成糖，最后分割成片糖。[3]

专职榨蔗制糖的作坊被称作"糖寮"。明代雷州半岛的糖寮多由私人经营，较富裕的农户独家经营，中等农户四五家合作经营，较贫困或劳动力少的农户可能十多家合作经营一家糖寮。明末，湛江地区出现了兼有收买主和手工作坊主双重身份的糖户，每年春天贷款给蔗农种蔗，到冬天则收蔗开寮榨糖，反映了雷州半岛糖业的商品化趋势。

三、制盐业

宋元时期，湛江制盐技术已有很大提高，有的地方已从原始煮盐发展成为成本低、产量高的海水晒盐，并形成雷州半岛沿岸多处盐场。

明代，广东行省是盐业大省，粤西地区则占有较大份额。《明史》载：

---

① 〔清〕雷学海修，〔清〕陈昌齐等纂：嘉庆《雷州府志》卷二《地理志》，岭南美术出版社2009年版，第92页。

② 〔清〕屈大均：《广东新语》卷二十七《草语》，中华书局1997年版，第690页。

③ 〔清〕屈大均：《广东新语》卷二十七《草语》，中华书局1997年版，第690页。

"广东所辖盐场十四，海北所辖盐场十五，各盐课司一"①。全省共设两个盐课提举司，阳江以东设广东盐课提举司，下辖 14 个盐场，电白以西（包括海南岛）设海北盐课提举司，治所先在雷州府海康县，洪武初年迁往廉州府石康县，下辖 15 个盐场。各场置盐课司大使管理。明末，裁撤海北盐课提举司，盐务归各府海防同知兼理。明代湛江地区及附近主要盐场分布如下：

明代湛江地区及周边盐场

盐场	属地	附注
博茂场	高州府茂名县	明初置，崇祯中改建博茂营
茂晖场	高州府吴川县（今特呈岛）	明洪武二年置
官寨场、丹兜场	高州府石城县（今廉江西）	接合浦界
白沙场、白石场、西盐场、白皮场	廉州府合浦县	白沙、白石建于洪武年间，位于县东南，且相邻（清代并为白石场）；西盐场，洪武年间建，在县西南一百里钦州界；白皮盐场，明置，在钦州东南陆栏岭外
东海场	雷州府遂溪县	元代已有（属广海都提举），明洪武二十五年改隶海北盐课提举司。位于今东海岛
蚕村场、调楼场	雷州府遂溪县	二场相邻，后合并。位于今乐民港、调楼山海滨
武郎场	雷州府海康县	海康县西，北通遂溪乐民所。明初置，崇祯三年裁

资料来源：嘉靖《广东通志初稿》、嘉庆《雷州府志》、嘉庆《大清一统志》。

明代，湛江一带盐场产量很大。据记载，洪武二年（1369），仅武郎一场官定每年盐额为 890 引又 360 斤（一引合 400 斤）。同时，这一地区的滨

---

① 〔清〕张廷玉：《明史》卷八十《食货四》，中华书局 1974 年版，第 1934 页。

海制盐法也有新的发展。就生产工序而言，熟盐也即煮盐，费工多、成本高、耗燃料；滩晒者为生盐，生产周期短、投资少、占地少、成本低。明朝中后期，晒盐法先在粤东出现，后向西部各州府盐场推广。① 煮盐的主要生产资料是盐田和草荡。晒盐的主要生产资料是盐田（又称"卤地"），归官府所有，由官府分给盐户使用。郭棐在《粤大记》中提到："盐用火煎，故曰熟盐，煎法不同，故盐有高下。淡水等场生盐不煎，值晴日多晒，其色白；雨日多湿，其色青，价亦随之。"② 一般"水居之民喜食熟，山居之民喜食生"，广东各大盐场供应生产的份额为"生三熟七"，且"熟贵生贱"。

洪武和弘治年间，广东各大盐场主要以生产熟盐为主，煮盐不用铁锅而用竹锅。竹锅用篾细织而成，表面先施以蜃灰，再涂上泥，使锅弥密无缝。锅大八尺，深四尺，叫牢盆。一口锅可盛卤二十余石，用柴火昼夜煎煮，可成盐十六石。晒盐用池，池底用石砌成，池大一丈，深三寸。晴天，将卤注入池中，夏秋季节，一天可成盐两石左右，冬春季节，一天可成盐一石左右。最好的盐田，每一漏一年四十收，可得盐二百石。③

明代，盐户编入灶籍，称为"灶户""盐户"，编制方法"照依黄册，十年一次更造，永为定规"。灶籍世袭，不得随意变更。灶户将所产之盐交给官府，称为"盐课"，是封建时期政府征收的重要赋税之一。

明代的食盐行销仍为官方专卖。从万历四十五年（1617）开始，官府不再收盐，改由盐商自行向灶户购盐运销。商人从水客处买盐往他处发卖，必须到指定地点"纳堂"，即办理纳税、领取引纸等手续，方可成行。据《明史》载，粤盐的销售区域如下：广东盐课提举司"盐行广州、肇庆、惠州、韶州、南雄、潮州六府"，海北盐课提举司"盐行广东之雷州、高州、廉州、琼州四府，湖广之桂阳、郴二州，广西之桂林、柳州、梧州、浔州、庆远、南宁、平乐、太平、思明、镇安十府，田、龙、泗城、奉义、利五州"。广东盐和海北盐"岁入太仓盐课银万一千余两"。④

---

① 〔明〕黄佐：嘉靖《广东通志》卷二十六《盐法》，广东省地方志办公室誊印本。

② 〔明〕郭棐著，黄国声、邓贵忠点校：《粤大记》（下册），广东人民出版社 2014 年版，第 888 页。

③ 〔清〕屈大均：《广东新语》卷十四《食语》，中华书局 1997 年版，第 382 页。

④ 〔清〕张廷玉：《明史》卷八十，中华书局 1974 年版，第 1934 页。

第十五章　明代湛江地区海防与港口

以郑和七下西洋为标志，明朝把海上丝绸之路贸易推向高峰。但因倭寇、海寇、民间走私等问题，明洪武年间首开海禁，后逐渐强化，海洋经济在海禁的夹缝中艰难生存，百姓苦不堪言。

湛江沿海一带受倭寇、海寇侵扰不断。明朝整饬海防，加强沿海军事部署，建立以沿海卫所为中心的军事防御制度，在雷州、高州、廉州、琼州等沿海战略要地，设置系列千户所、巡检司，多次有力打击了倭寇、土匪的入侵与骚扰。在海禁与弛禁政策交替之间，湛江地区沿海港埠仍取得不俗发展，一度成为番舶来泊之所，并建成了两家滩港、芷寮港、梅菉港等商贸名港，以及通明港等军事要塞。

第一节　海禁与南海海防

一、海禁政策实施及其消极影响

海禁政策自洪武时期开始实施，并逐渐强化。永乐时期，虽有郑和下西洋的壮举，但实际强调的是朝贡贸易对宗主国的政治意义，经济诉求并不强烈，故海禁政策似松实紧。海禁政策的实施，带来极坏的社会影响。

对国家而言，巨额的海外贸易税因海禁而丧失，政府财政收入锐减。对百姓生活影响更是巨大，大量原本安分的沿海居民生活无着，陷入贫困。大量以外贸为主的手工业萎缩，更加剧了人民生活的困苦。

海禁政策并未真正起到防范倭乱的作用，有时甚至加剧了"倭患"，

"逼民为盗"。研究发现，"倭寇"其实多是中国人，他们因海禁不能从事正常的海外贸易，且沿海地少、贫瘠，无法依靠农业生存。迫于生计，这些人转向走私，转为海盗，或假借"倭寇"名义骚扰沿海地区。

海禁政策导致民间武装走私猖獗，南海海防压力巨大。至明代中期，政治因循守旧，海防建设废弛，朝贡贸易衰弱，在巨大的经济利益驱动下，民间不惜铤而走险，走私贸易从未终止，反而越演越烈。"成、弘之际，豪门巨室间有乘巨舰贸易海外者。"[①] 正德九年（1514），广东布政司参议惊呼"近许官府抽分，公为贸易，遂使奸民数千，驾造巨舶，私置兵器，纵横海上"[②]，海上走私阵容之强大，令人咋舌，这也意味着明代海防任务之艰巨。

海禁政策的长期实行，民间外贸非法，加之官方贸易逐渐萎缩，明政府将对东亚、东南亚、南亚等地区的海外贸易权拱手让与他国。其实，明代海禁政策的消极影响并不仅限于此。清代沿袭明代的对外政策，实行完全封闭的锁国政策，致使中国长期游离于世界大势之外。西欧强国完成向外扩张的"大航海"与"地理大发现"，开启了欧洲列强主导世界的时代，而中国繁荣一时的海上丝路衰落了……此时，葡萄牙、荷兰等已侵扰我国东南沿海，之后不久，中国将面临西方资本主义踏海而来的殖民侵略，广东沿海首当其冲，最先接受挑战。

二、明代海防

明代，伴随着我国航海计划的大规模实施，依托海路的对外贸易大发展，导致明代出现一系列社会问题。元至正二十七年（1367），适逢朝代兴替，元军与明军在北方大战，明代开国皇帝朱元璋就已在南方设立市舶司，管理对外经济关系，到了洪武四年（1371），他开始颁布一系列诏令实行海禁政策。

洪武四年十二月，"诏吴王左相靖海侯吴祯籍没方国珍所部温、台、庆三府军士……隶各卫为军，仍禁濒海民不得出海"。

洪武十四年（1381）十月，"禁濒海民私通海外诸国"。

洪武二十七年（1394）正月，"禁民间用番香、番货，先是上以海外诸

---

① 〔明〕张燮：《东西洋考》卷七《饷税考》，中华书局1981年版。

② 《明武宗实录》卷一百一十三。

夷多狡诈，绝其往来。唯流球、真腊、暹罗斛入贡，而缘海治人往往私下诸番，贸易香货，用诱蛮夷为盗，命礼部严禁绝之。敢有私下诸番互市，悉治重法。凡番香、番货皆贩鬻，其见有者，限以三月销尽。民间祷祀止用松柏枫桃诸香，违者罪之。其两广所产香木听土人自用，不许越岭货卖，虑其杂市番货，故并及之"。

从洪武四年（1371）直到明代最后一个皇帝崇祯，明政府全面实施海禁政策，张弛频繁，共经历了近 300 年时间。

实施海禁政策，最主要的目的是抗倭。终明一朝，无论是朝贡贸易还是民间贸易，都同海外番邦存在往来，倭寇始终是明代海防最大祸患。

明初，在广东沿海（包括今海南省）设潮州、惠州、碣石、南海、广海、神电、雷州、海南等 8 卫及大成、澄海、蓬洲、海门、靖海、海丰、甲子门、捷胜、平海、东莞、大鹏、新会、香山、新宁、海朗、双鱼、宁川、乐民、海康、锦囊、海安、永安、钦州、海口、昌化、崖州、南山、清澜等28 个千户所，设巡检司 53 个，属前军都督府广东都司。洪武十七年（1384）安陆侯吴杰、都督马鉴受命巡视雷州，在雷州沿海设置海康、海安、乐民、锦囊 4 个守御千户所及石城千户所（隶雷州卫）。洪武二十七年，在高、雷沿海设置清道、黑石、椹川、涠洲、宁海、东场、遇贤、零绿等巡检司，防御倭寇海盗，并随着海上贼情变化，不断增减。

明代洪武年间建立的以沿海卫所为中心的军事防御制度，是中国历史上首次沿全国海岸线构筑较完整的海防体系，在明代海疆维护的近 300 年历史中，发挥着至关重要的作用。

三、海禁与滨海社会

明代海禁政策始于明太祖朱元璋。洪武四年十二月，"诏吴王左相靖海侯吴祯籍没方国珍所部温、台、庆三府军士……隶各卫为军，仍禁濒海民不得出海"。洪武十四年（1381）十月，禁濒海民私通海外诸国。洪武三十年（1397）四月，申禁人民不得擅出海与外国互市。但海禁越严，越激发海寇、倭寇铤而走险，雷州半岛沿海告急。

洪武六年（1373），雷州卫千户王清在硇洲杀死海陵贼 200 余人。洪武二十四年（1391）九月，倭寇聚贼船数十艘，自海康武郎场登岸，大肆焚劫掳杀。雷州卫右营所镇抚陶鼎领兵抗击，百户李玉、镇抚陶鼎战死。

诚如嘉靖年间福建巡抚谭纶所言："海上之国，方圆千里以上者多至不知其数。无中国绫锦丝棉之物则不可以为国。海禁愈严，中国货物价值愈厚，而奔趋贸易者愈众。私通不行，则伴以攘夺。"海禁政策制约了刚刚兴起的海上贸易，也加速了中国私人海商、日本倭寇和葡萄牙殖民者的联合。有识之士指出："海滨之民，疲弊甚矣！官司之所困，征役之所穷，富豪之所侵，债负之所折，怨入骨髓。"① 种种因素把大批平民推到了"下海"这条生路上，而海禁起到推波助澜的作用。

海禁政策之下，湛江地区的滨海社会呈现如下风貌：

一是海上走私屡禁不止。

为加强雷州半岛的沿海保卫与口岸管理，正统二年（1437）十一月，特设雷州府徐闻县遇贤巡检司，② 但未能遏制广东、雷州半岛一带沿海的走私现象。正统十四年（1449）正月，"雷州府徐闻县男妇四人为人掠卖于安南国，至是挈家泛海来归"③。景泰三年（1452），广东备倭指挥佥事王俊将贼赃番货 300 余担私运回家，后王俊坐罪被砍头示众。景泰七年（1456），再发生"都指挥张士纵家奴下海，私易番货"之事。④ 成化十七年（1481），暹罗贡使在归国途中窃买人口及私盐，朝廷特派官员戒谕诸番国不得从事走私活动。弘治二年（1489），又发生广东总兵、征蛮将军、安远侯柳景因"私通夷交易番货"被治罪事。⑤ 嘉靖十九年（1540），明代最大的海上走私集团王直、叶宗满部在高州造大海盗船，"巨舰联防，方一百二十步，容二千人，木为城为楼橹，四门其上，可驰马往来"⑥，海上武装走私声势浩大。嘉靖三十五年（1556）八月，由于十多年没有从国外进贡龙涎香，嘉靖皇帝不得不责令户部差官四出驰往福建、广东等处，会同原委官"于沿海番舶可通之地，多方寻访，勿惜高价"，克期购买，迟则重罪。⑦ 可见，官府也默认

---

① 〔明〕霍与瑕：《平广东倭寇议》，载《皇明经世文编》卷三百六十八。

② 《明太祖实录》卷三十六。

③ 《明英宗实录》卷一百七十四。

④ 《明英宗实录》卷二百一十九、卷二百四十八。

⑤ 《明孝宗实录》卷三十一。

⑥ 《明世宗实录》二年三月条。

⑦ 《明世宗实录》卷四百三十八。

走私贸易的存在，并颇为倚重。

由于东部沿海地区受倭寇侵扰日盛，广东市舶司被迫南移。"先是暹罗、占城、爪哇、琉球、渤泥诸国互市俱在广州，设市舶司领之。正德三年时，移于高州之电白县。"其时，暹罗（今泰国）、占城（今属越南）、爪哇（今属印度尼西亚）、佛郎机（今葡萄牙）等国商人，常到电白港、莲头港等处互市，也进一步带动这一时期粤西区域的海上走私活动。

嘉靖二年（1523），明政府实行海禁，惟存广东市舶司。据《明史·职官志》记载："给事中夏言奏，倭祸起于市舶，遂革福建、浙江二市舶司，惟存广东市舶司"，史称"一口通商"。当时，每天在中国海岸活动的海盗船多达 1000 多艘，海上走私势头不减。

二是地方特色手工业迅速凋敝，海洋经济在海禁的夹缝中艰难生存。

最典型的例子是雷州窑的衰亡。雷州窑出现于唐朝，兴盛于宋元，以产品大量外销而形成产业，至明初仍有发展。如廉江窑、遂溪窑生产有酱褐釉、青釉或青白釉瓷器，遂溪窑还有生产仿龙泉釉瓷器。但海禁后，外销断绝，缺乏广阔的海外市场，昔日闻名海上的雷州窑迅速淡出国内制瓷业，雷州瓷业衰落。

在海禁政策时松时紧的空隙，湛江地区的海洋经济与对外交往仍在进行。嘉靖十年（1531），雷州知府黄行可"修西湖旧渠，引湖水直至桥下以通舟楫，省负载之力，商民便之"①。这是说地方官员发展水路交通以利通商。这期间，著名的占城稻"占米"也从占城（今越南中部）引进雷州。正德四年（1509），朝廷准许番舶无论有无勘合②，只要经市舶司抽分，都可来华贸易，各地甚至出现了沿海民船冒充番舶骗贸之事。

隆庆初年，开放海禁，"准贩东、西二洋"，以征收商税。东南沿海地区商品性农业和手工业有所发展，为资本主义萌芽提供了有利条件。岭南对外贸易急剧发展，出海者十倍于昔，来华番舶也大为增多。出海贸易者，均须经当地海防同知批准，领取"引票"，到指定地区贸易，并在规定的期限回港。对前往贸易的国家和地区也有一定限制，日本即在禁止通商之列。另

---

① 〔明〕欧阳保纂，〔明〕韩上桂、邓桢辑：万历《雷州府志》卷八《建置志》，书目文献出版社 1990 年版。

② 勘合，明政府发给番舶有关准许来华贸易的证明文书。

外，对出口货物的品种也有所限制。据《徐闻县志》记载，早在明代以前雷
州半岛的农村就已开办土糖寮，蔗糖为雷州半岛重要出口商品。从明末开
始，雷州半岛渐趋稳定，特别是朝廷取消海禁后，各县励行屯垦，更积极奖
励糖业，从福建和海南引进蔗苗，改良制糖方法，蔗糖产量因之大增，且大
部分是外销。

三是"海氛不靖"，滨海一带社会动荡，百姓苦不堪言。

明洪武年间，已有多批倭寇登陆雷州半岛侵扰。天顺至成化年间，雷州
半岛战祸不断，海上多事。天顺二年（1458）二月，海寇攻破宁川（在今吴
川）守御千户所，知县王麒奋率民兵御瑶人于那柳村，大战一日，中矢而
殁。天顺四年（1460）二月，海康县民康子旺聚众流劫，雷州卫镇抚顾云率
军民千人，生擒康子旺及徒众 80 人。天顺七年（1463），广西参将范住接受
瑶人贿赂，放纵瑶人越境流劫，雷、康、高诸州被寇掠。明代，政府因"倭
患"长期禁止日本商人到中国贸易，尤其是正德、嘉靖以后，葡萄牙、西班
牙、荷兰、英国等西方商人闯入东南沿海，与猖獗的海盗活动纠缠在一起，
东南海域长期不得安宁。明代始则厉行，继而实行有限度的开放，走私成为
贸易的主流，安南、占城、暹罗等地成为中国海商对日本、菲律宾、马六
甲、巴达维亚等地的走私贸易基地和转口贸易中心，形成了"北有日本，南
有葡萄牙"的走私和海盗船队，尤其以福建、浙江倭祸最为严重。广东亦常
受其害。

嘉靖三十九年（1560），倭寇进犯徐闻锦囊城，遭官军抵抗，无法得逞。

嘉靖二十年（1541）和二十七年（1548），"琼黎煽乱"，明军调众十万
渡海讨伐，假道于雷，"取税于雷"，"雷因其害不可胜纪"。[①]

隆庆二年至六年（1568—1572），海贼曾一本勾结倭寇屡次进犯雷州、
徐闻等地，攻城略地，"掳掠男妇，地方几破"，军民奋勇抗击，"夜战达
旦"[②]，卫所将士多有牺牲。倭患范围之大，震惊朝野。《明史》载："广东
巨寇曾一本、黄朝太无不引倭为助。隆庆时，破碣石、甲子诸卫所。犯化州

① 〔明〕欧阳保纂，〔明〕韩上桂、邓桢辑：万历《雷州府志》卷一《舆图志》，书目文献出
版社 1990 年版。

② 〔清〕喻炳荣、朱德华修，蔡平点校：《遂溪县志（清道光二十八年续修）点校本》卷二
《纪事》，方志出版社 2017 年版，第 32 页。

石城县，陷锦囊所、神电卫，吴川、阳江、茂名、海丰、新宁、惠宁诸县，悉转焚掠，转入雷、廉、琼之都境，亦被其患”①。

万历二十九年（1601）春三月，“倭贼自硇洲淡水登岸，据龙郁村。官兵进战多为贼所伤，署参将臧国光退缩不出。知府叶修募兵防御，东山参将邓钟督兵讨之，雷境以安”②。四月，倭寇窜扰吴川，围城甚急，分守岭西道的盛万年募集乡勇，擒获骁贼，余贼始逃。

天启五年（1625），海寇烧掠吴川边海居民房屋，贼船泊乌坭江10余日才离去。

崇祯二年（1629），福建海寇李魁奇率170余艘大船开入吴川限门，乘势登岸，直逼吴阳城，海防同知廖彀组织壮丁乡勇日夜防御，月余始退去。

崇祯五年（1632），福建海寇刘香老入限门后大肆劫掠。四月，刘香老攻掠白鸽寨，“遂溪震恐”，城中戒严。总兵郑芝龙派遣部将陈鹏来援，大破贼军，刘香老遁去。崇祯七年（1634）三月，刘香老复入限门，掳掠沿江男女勒赎，不赎者杀死或劫往海岛。次年，都御史熊文灿檄总兵郑芝龙率兵会剿，歼刘香老，“余党悉平”③。

四、沿海倭患严重

雷州府“三面距海，北负高凉，有平田沃壤之利，且风帆顺易，南出琼、崖，东通闽、浙，亦折冲之所也”④，具有重要的战略地位。虽雷州突出海中，三面受敌，但遂溪、椹川、涠洲、乐民等多处卫所险隘“固为合冲”，又有海安、海康、黑石、清道、锦囊等隘所可以“合防海澳”。卫所所设，可控制入海水路，从州东至海三十里，渡海抵化州、吴川县之洲。加之雷州三面环海，风帆顺易，交通四通八达，无论是从此处到达广州，抑或是通往闽、浙地区，都十分便利，因此自然不会被倭寇忽略。

---

① 《明史》卷三百二十二。

② 〔清〕喻炳荣、朱德华修，蔡平点校：《遂溪县志（清道光二十八年续修）点校本》卷二《纪事》，方志出版社2017年版，第32页。

③ 〔清〕喻炳荣、朱德华修，蔡平点校：《遂溪县志（清道光二十八年续修）点校本》卷二《纪事》，方志出版社2017年版，第32页。

④ 〔清〕顾祖禹：《读史方舆纪要》卷一百五，中华书局2005年版，第4747页。

明代，雷州半岛地处帝国东南边陲，"廉以犬牙势孤错于粤西，左瀚海，右梧鬱，偏处日南"。地形复杂，山海交错，北接广西，西邻安南，"民夷错居，多寇盗"，社会动荡不安。这一地区距日本可谓遥远，以备倭为目的的海防相较广东其他地区薄弱，却给倭寇入侵以可乘之机。洪武元年（1368），倭寇来犯雷州，令人大为震惊。"雷三面阻海，倭奴东伺，交夷西窥，而盗珠之雄，高樯巨舶连艘衔尾，公然出没于鲛宫蟂室之内，少有不戒，肆行剽劫"，"洪武二十七年，始命备倭"。①

倭寇大规模入侵湛江滨海边防地区，分别发生在洪武、永乐、隆庆年间。从明初两次交战记录来看，明代卫所官军对阵倭寇，艰苦卓绝，绝非易事。第一次倭寇入侵发生在洪武二十四年（1391），倭寇驾船数十艘在武郎场登岸，雷州卫百户李玉、镇抚陶鼎率官军抵御，初战告捷，倭寇被迫回帆海上。数日以后，倭寇泊船于马湖塘诱明军出战。明军中计，陶鼎率军出击，最终中伏战死。此次对倭作战，雷州卫百户李玉也一同阵亡。第二次倭寇入侵发生在永乐八年（1410），倭寇攻陷廉州，廉州府学教授王翰骂贼而死。明前期倭寇入侵北部湾地区的次数并不多，但每次都能重创官军，甚至攻陷城池，给当地社会秩序造成严重破坏。隆庆年间，倭寇纠集海盗曾一本联合作战，规模大，持续时间长，多地区联合作战，终为明军平定，但其破坏力也大。隆庆元年（1567），曾一本引寇入惠州府、琼州府、高州府、雷州府和潮州府等地。次年，曾一本再引倭寇入境，官兵不得治。顾炎武《天下郡国利病书》记载："隆庆元年，贼曾一本、何乔等掠文昌，犯临高、陵水，十月，指挥石子方以计擒何乔。"② 康熙《新安县志》记载："隆庆元年，曾一本入寇，官军追剿至雷州港，守备李茂才死之。"③ 乾隆《潮州府志》记载："曾一本，诏安人，吴平党也。隆庆元年丁卯，聚众数万，攻掠闽、广，旋丐抚，许之。……三月复叛，犯省城，屯海珠寺，俞大猷击走

---

① 〔明〕欧阳保纂，〔明〕韩上桂、邓桢辑：万历《雷州府志》卷一《舆图志》，书目文献出版社1990年版。

② 〔清〕顾炎武：《天下郡国利病书》（第七册），上海古籍出版社2012年版，第63页。

③ 〔清〕靳文谟修：康熙《新安县志》卷十一《防省志》，岭南美术出版社2009年版，第127页。

之。明年，引倭夷寇琼、崖、高、雷、碣石、大埠诸处，卫所官御之无功。"① 曾一本于隆庆元年引寇乱，惠州府、琼州府、高州府、雷州府和潮州府等多地为其所扰。

隆庆五年（1571）九月，李迁升为南京工部尚书，以广西巡抚殷正茂代其提督两广军务。十月，倭寇进犯高、雷等地，提督军务侍郎殷正茂率兵征讨。向来广东倭患，以潮、惠最为惨烈，潮、惠之民，深受其害，自卫稍严，官军也在此处严密设防。这次倭寇进犯的高、雷地区，防备力量较弱，"倭寇所至，相继失陷，远近惊骇"后明军攻克倭巢，俘斩1075人，高、雷地区的倭患基本平息。② 据万历《广东通志》记载："隆庆五年冬十月，倭犯高、雷境，提督侍郎正茂讨平之。往年倭患惠、潮为甚，民遭涂炭而严备之，而有司防守加密，故倭遂西向。神电、锦囊相继陷没，遐迩大震，正茂莅苍梧狭旬，即帅兵而东。议者以倭难敌，欲调狼兵③，正茂曰：'势已燃眉，远需何济？'遂邀总兵张元勋等引兵赴之，各道帅所部以从，金事李材监其军，贼披靡四奔，官军穷其所往，斩首千余级，倭患悉平。"④

隆庆五年十二月，倭寇再掠雷州。万历《雷州府志》记载："隆庆五年冬十二月晦，倭贼突掠雷西南郊"，"隆庆五年十二月，倭贼攻高州"。万历《高州府志》记载："隆庆五年冬十一月，倭贼攻电白县，城陷之"，"隆庆五年十二月，倭贼攻高州，知府吴国伦、参将陈豪击走之。又攻化州、石城，皆不克。巡道李才、总兵张元勋及陈豪率兵追至雷州，尽剿之。"⑤

隆庆六年（1572）二月，倭寇犯化州、石城县，攻锦囊所，陷神电卫。《明穆宗实录》记载："隆庆六年二月戊子朔丙申，倭寇分道犯广东化州、石城县，攻破锦囊所，杀千户黄隆，又陷神电卫县城，一时吴川、阳江、高州、海农等遭焚劫。而山寇黄朝太等复起，势甚猖獗，官兵不能御。提督军

---

① 〔清〕周硕勋：乾隆《潮州府志》卷三十八《征抚》，岭南美术出版社2009年版，第932页。

② 范中义、仝晰纲：《明代倭寇史略》，中华书局2004年版，第311页。

③ 狼兵，明中期壮族土司组建的地方武装。

④ 〔明〕陈大科、戴耀修，〔明〕郭棐纂：万历《广东通志》卷六《事纪》，万历二十九年（1601）刻本，第149页。

⑤ 〔明〕曹志遇主修，〔明〕王湛同修：万历《高州府志》卷七《纪事》，书目文献出版社1990年版，第112页。

务侍郎殷正茂以闻，并自劾待罪，兵部以正茂初致任，宜赦勿问。"① 《明史》记载："二月丙申，倭寇广东，陷神电卫，大掠。"② 又载"二月，倭寇攻双鱼千户所，陷之，趋电白，总兵张元勋、参将梁守愚来剿，破之于五蓝，斩首五百余级，随追入山中，悉擒之"③。

除了洪武、永乐、隆庆年间的三次入侵之外，文献中还有倭寇及其他海寇入侵的记载，现罗列如下：

嘉靖十三年（1534），海寇许折桂侵扰雷州，被指挥王守臣平息。

嘉靖三十九年（1560），倭寇进犯徐闻锦囊城，遭官军抵抗，无法得逞。

万历四年（1576）十一月，倭寇攻廉州永安所，后及海川营；十二月，副总兵张元勋破之于香草江。《天下郡国利病书》记载："万历四年冬十一月，倭寇攻永安所城，指挥张本守之，遂及海川营，新寮开海兵备佥事督兵御之，势益猖獗。杀狼目常真，官军不能制。十二月，副总兵张元勋追倭贼于廉州香草江，大破之。"④

道光《广东通志》记载："盛万年，字伯恭，秀水人，万历进士，授刑部主事，历迁广东参政，分守岭西。辛丑四月，倭寇吴川邑，故滨海凭限门为天险。闽有海舶，名'白艚'者，往来贸易，奸徒勾倭藏其中，入限门登陆焚劫，万年购义勇，配狼兵，协力出战，贼宵遁。五月，贼大举寇雷州，万年在高州闻报，曰：'高、雷相去六百里，从陆往，贼必知之，非拒则遁。若从海道，一日可至，出其不意，必成擒矣。'乃料战舰六十艘，扬帆抵雷。倭方据民庐聚饮，官从市口撤屋而焚之，倭贼奔不能出，殚焉。六月，倭寇廉州，万年又令游击黄某拒之，俘获五十，沉其艨艟二，自是贼不复寇粤。"⑤

明代广东沿海一带，尤其是湛江沿海一带倭寇、海寇警情不断。明初统

---

① 台湾"中研究"历史语言研究所校印：《明穆宗实录》卷六十六"隆庆六年二月丙申"，第1587页。

② 〔清〕张廷玉：《明史》卷十九，中华书局1974年版，第258页。

③ 〔明〕曹志遇主修，〔明〕王湛同修：万历《高州府志》卷七《纪事》，书目文献出版社1990年版，第112页。

④ 〔清〕顾炎武：《天下郡国利病书》（第七册），上海古籍出版社2012年版，第25页。

⑤ 〔清〕阮元：道光《广东通志》卷二百四十四《宦绩录十四》，岭南美术出版社2009年版，第3927页。

治者整饬海防，沿海军事力量得到加强。明天启元年（1621），雷州府海康县甚至有红毛番大炮 20 余门，被兵部调用。[①] 但每遇倭寇登陆作乱，军民奋起抵抗，仍不能抵御，边防军民牺牲不少。

五、打击匪寇

明代厉行海禁，国人下海通番要受严厉的处罚，但沿海地区百姓，受地理环境限制，一向"视海为田，以舶为家"。"既然片板不许下海，居民迫于生计，或奸猾之徒贪于厚利，不得不甘冒禁令，私越兴贩。"靠海为生的沿海之民无以为生，只能铤而走险，"逼良为盗"。当时，"顾海滨一带，田尽斥卤，耕者无所望岁，只有视渊若陵，久成习惯。富家征货，固得稇载归来；贫者为佣，亦博升米自给。一旦戒严，不得下水，断其生活，若辈悉健有力，势不肯缚手困穷，于是所在连结为乱，溃裂以处。"[②] "安土重迁的中国百姓，飘零海外也是无奈选择。"[③]

洪武三十一年（1398）四月，广东地区被禁止通番。朝廷颁奖赏告发、惩罚包庇之法，使外出通番贸易变得更加艰难，许多沿海居民为求生计下海为盗，甚至勾结倭寇进行侵扰。

从辽东半岛到广东、海南，纵横驰骋在数千里海岸线上的，一是中国方面与官府对抗的绿林，即岛寇，一是日本方面的武装走私力量。这些势力中以吴平及其同伙林道干、曾一本、黄朝太最猖狂，在福建、广东海上及沿海城市抢劫商旅，有时也出没于台湾、澎湖一带。所谓"岛寇、倭夷，在在出没"。

除海寇外，粤东粤西还有山寇、流寇，以及少数民族反抗者。时人纵论粤东粤西形势："余观粤以东崇冈巨浸，内则山寇巢穴，累千百计，外则海寇侵突，借日本诸岛夷为爪牙。流劫纵横，民多废业，踪迹诡秘，兵难驰骋……盖海上之寇，每结山寇为心腹，故欲剿海寇，当先除山寇，欲除山寇，当整齐约束齐民。夫两广山峒联结，民瑶杂处，往往勾连固结，恣肆猖獗，焚劫杀掳，岁无宁日。"[④]

---

① 《明熹宗实录》卷十六。

② 〔明〕张燮：《东西洋考》卷七《饷税考》，中华书局 1981 年版。

③ 雪珥：《大国海盗》，山西人民出版社 2011 年版，第 7 页。

④ 〔明〕张瀚：《松窗梦语》卷八《两粤纪》，中华书局 1985 年版，第 126—163 页。

明天顺至成化年间，雷州半岛既有海寇入侵，又有瑶族山民的反抗。天顺年间瑶民侵境，海康县民文带率民兵与瑶民大战于白沙坡，战亡。成化元年（1465），广西瑶族首领胡公威起事，进攻雷州城，州民俱奔入城中躲避。相持日久，瘟疫流行，因疫死者十有六七，致使户口顿减，田野荒芜。成化二年（1466）七月，"广西流贼入广东界，被官军杀败，溃散下海。官军追追至徐闻县沙头洋，又至特呈海，生擒五人，斩首四百七十二级，夺回被虏男、妇一百八十四人，获器仗三百一十六事，贼船一十八艘，贼徒被伤，赴水死者无数。"① 成化八年（1472），海康屡遭瑶患，人民流离失所，人口仅存四五成。

广东沿海多"蜑贼"。早期文献称他们为"游艇子""白水郎""蜑"等。他们终生漂泊于水上，以船为家。明代中后期，"广东雷、廉之间有蜑户盗珠为患久矣，其酋长不一，惟苏观升、周才雄、罗汉卿、曾国宾最著，皆来自安南，阻岛垠多浪为险，日夜习水战。舟楫或八橹或十橹，诸贼能自操舟，乘风行波涛，殆若闪电急，辄走入水……梁本豪者，广东蜑酋也。先曾一本雄海上，豪诱导入城中。本既死，豪窜于海曲，其党渐集至千余人，结东倭西番，将寇省城，已有约为内应者矣。"② 他们与安南有着千丝万缕的联系，尤其擅长海上作战。历史上有记载的还有：成化十一年（1475），安南黎灏侵犯广东琼、雷珠池；万历五年（1577），蜑户苏观升、周才雄聚众数千抗拒官军，活动于雷、廉间，不久被李锡讨平。

由于倭寇、海寇、山寇、流寇、匪盗一并猖獗，明代，滨海卫所虽以抗倭为防务主题，但始终不能杜绝滨海沿岸各路盗匪登陆袭扰官民。这也是明代一直采取"守土防御、海岸防御、防民出海"等以"防民为主"的消极海防措施的原因。直至清末，打击南海海寇始终是传统海防的核心内容。这一局面，直至鸦片战争后新式海军的出现才开始改变。

---

① 《明宪宗实录》卷三十二。

② 〔明〕朱国桢辑：《皇明大事记》卷四十一，上海古籍出版社 2002 年版，第 121—122 页。

第二节 主要港埠

海洋经济在明朝廷海禁与弛禁政策交替之间仍顽强地发展，湛江地区沿海港埠数量众多，一度成为番舶来泊之所，并形成了两家滩港、芷寮港、梅菉港等商贸名港，以及通明港等军事要塞。

一、港埠

明朝统治者推行海禁政策，封锁沿海各港口，湛江地区的港口也因此深受影响。但严厉的海禁政策，也阻止不了民间贸易的兴起。加上海禁政策时禁时弛，为湛江地区港埠的兴起创造了条件。

所谓"港"，是指适合停泊大船的江海口岸，于地方政治、经济、军事更具战略意义；所谓"埠"，多指有码头的城镇、墟市，事关百姓民生，如"商埠"。湛江古港埠多在江河、溪流出口之处，而江河源流大小亦影响到港埠的规模，港口分河口型和半岛型两种。到明代，已有许多港口、商埠分布在半岛曲曲折折的海岸线上。当然，鉴于海疆的特点，诸多港埠所在都与海防要塞交错，或建兵寨以防守，或筑炮台以御敌，或置津渡以交通，或设场市以贸易，或创书院以传教，或立庙祠以祀先贤。这些大大小小港口、埠头，大多沿用至今，留下了湛江人向海谋生、对外交流、守卫海疆的足迹，形成宝贵的人文景观。

明代徐闻港埠

港埠名	方位	备注
青桐港	县西 30 里	又名青铜港，接北山溪，为河口港
干窖港	县西 40 里	自海口入观昌村
东场港	县西 50 里	自海岸入东山。万历间，设东场巡检司署
那黄港	县西 20 里	曾设那黄河舶所、关楼火候
博涨港	县东南 20 里	今海安港。前身是汉代沓磊驿。唐宋时，凡去海南者，均从此渡海。明时建海安所，博涨港为卫所大港

（续表）

港埠名	方位	备注
麻崙港	县东南 30 里	"风涛泊天，寇舟不敢入"
青湾港	县东南 30 里	设清湾埠
北门港	县东 100 里	设于锦囊所城一带

本表及以下表格资料来源：万历《雷州府志》、万历《高州府志》所载港口、埠头统计，并参考道光《广东通志》、《大明一统志》、《大清一统志》、光绪《高州府志》、光绪《吴川县志》。

除以上港埠，万历《雷州府志》载明代徐闻埠口尚有：白沙埠、清湾埠、博杆埠、聚英埠、那黄埠、旧县埠、麻鞋埠、斋仑埠、招摇埠、赤坎埠、调黎埠、博鸡埠、七莲旧埠、南蕉埠、东松埠、地郎埠、麻丰埠、东西场埠、透海埠。

明代海康港埠

港埠名	方位	备注
调陈港	县东 50 里	上接端旺坑。清代犹在
头港	县东 8 里	上接草刺坑，东邻双溪港
新庵港	县东南 100 里	又名调岭港。上接九州坑
石港	县西南 120 里	又名海康港。因港屈东南过海康所城，故名。接下埠
翁家港	在县西南 170 里	今流沙港。又名老沙港、谢家港。旧时有翁姓在此居住，故名。与徐闻县交界，南为青桐港
离蓬港	城西 40 里	通南渡河，但非河口港
洪排港	县西 160 里	今企水港
房参港	县西南 150 里	今乌石港。有房参台，故名

万历《雷州府志》载明代海康埠口尚有：南浦津埠、大埠、麻沉埠、黑石埠、龙门埠、英散埠、海宅埠、湾蓬埠、英岭埠、英隼埠、禄州那打埠、英兜埠、翁家埠、老沙埠、新场埠、英罗埠、武郎埠、西山埠。

明代遂溪港埠

港埠名	方位	备注
平乐港	县东40里	
蚕村港	县西160里	今乐民港。近有乐民所城，是明清海防重镇。西通涠洲
抱泉港	县西南44里	又名文体港。明设有文体营，近暗铺港
博格港	县西南220里	
调神港	城西南180里	明朝设有调神营
麻洋港	县南50里	
通明港	县南150里	隆庆年间设水师，防御倭寇
水丹港	县南100里	即今库竹港。港水源为城月水，此渡为通雷州之古驿道，亦称"官路"。清朝曾设库竹汛、炮台
麻澳港	县南170里	

万历《雷州府志》载明代遂溪埠口尚有：平乐埠、北里埠、调鸡门埠、文体埠、旧县埠、廖村埠、通明埠、调神埠、麻廉博潭埠、穷涌埠、博郎埠、调楼埠、博灶埠、博蒲埠。

明代石城港埠

港埠名	方位	备注
官寨港	县西南130里	以近官寨盐场，故名。港东属本县，港西属合浦县
零绿港	城西南120里	又称凌禄港。明初置巡检司，清朝因之
佛子港	城西100里	又名江头港。港水流合零绿港，为石城关隘
急水港	城西70里	居凌禄港与暗铺港之间
两家滩港	城南50里	在今湛江港湾内吴川、遂溪滨海交界处
暗铺港	与遂溪县西海岸分界处	近鲤鱼潭、安铺墟、暗铺山。今安铺港

明代吴川县港埠

港埠名	方位	备注
限门港	城南 30 里	鉴江河口港，经限门村，故称限门港。古汛有茂晖场盐课司署
芷寮港	县西南 10 里	河口港，在限门内。"实控高凉化电诸水入海之总口，其处沙角交牙，非大潮熟道，舟不敢入。故置水哨舟师扼其地"
五里港	县南 40 里	去新场村五里
石门港	县南 80 里	应为今湛江港
新场港	城南 60 里	在新场海，即茂晖盐场一带
梅菉港	城南 15 里	内河港

二、两家滩港

雷州半岛及周边地区，地理、地貌构成独特，有漫长的海岸线和众多的港湾，尤以湛江港湾（旧广州湾）[①] 为天然良港，这里水深且深入陆地，可通大船，又可避风，明代已逐渐成为番舶来泊之所。

据考证，至迟在明万历年间，今湛江港湾内已形成数个港埠。如平乐步（"步"通"埠"），即平乐码头，至今犹在，万历《雷州府志》记此埠在遂溪县城"东五十里二十二都平乐村，自吴川等海至此泊舟，路西通本县"。旧县步（在今麻章区内），在遂溪县城"东南七十里二十二都旧县村，自调鸡海（硇洲岛附近洋面）至此泊舟，路北通县城"。此外，还有遂溪县东七十里二十二都的博灶步和宝满埠，"自吴川海行舟至此登岸，路南通郡城，西通本县"。[②] 这两个码头在何处待考，但可以肯定均在湛江港湾内。还有北

---

① 广州湾，地名，最早出现于明嘉靖十四年（1535）的《广东通志初稿》；明万历九年（1581）《苍梧总督军门志》中的"全广海图"第四图有载。泛指吴川县南限门港外，今南三岛周边海域。明海防名篇《筹海图编》中也有标注。1899 年，签订《广州湾租界条约》，将遂溪、吴川两县属部分陆地、岛屿及两县间的麻斜海湾划为法国租界，统称"广州湾"。二战结束后，中国收回主权，湛江市诞生。20 世纪 80 年代，湛江市政府将原广州湾水域，重新命名为湛江港湾。

② 〔清〕宋国用修，〔清〕洪泮洙纂：康熙《遂溪县志》卷二《建置志》，岭南美术出版社 2009 年版，第 37 页。

艾头、广州湾等可供泊船的港址。

众港埠中，原属石城县的两家滩港，尤为重要。嘉靖四十年（1561），明朝驻防东南沿海的最高将领胡宗宪主持、郑若曾编纂的《筹海图编》是我国历史上重要的海防专著，是研究军事史、海防史、中日交通史不可多得的宝贵文献。《筹海图编》卷三《广东沿海总图》中，标有"通明河泊所""黑石巡司""宁海巡司""锦囊所""海安所""石城县新河驿""凌绿巡司"等海防据点。① 《筹海图编》载："故高州东连肇、广，南凭溟渤，神电所辖一带海澳，若连头港、汾州山、两家滩、广州湾，为本府之南翰"②。两家滩即今廉江市新华墟，两家滩港则在廉江市新华镇，即今湛江港湾海域内的五里山港海面，地处雷州半岛东北部，为原广州湾西北角良垌河的入海口，是小船避风停泊的良好港湾。据史料记载，此地明、清时期已形成民间运输小港。

《筹海图编》中收录了郑若曾绘制的《万里海防图》，标注了从辽东到广东沿海的海防据点，并附有大量的文字说明。第一幅《正南向图》，主要标注海南岛与雷州半岛海防点。在"两家滩"旁边注："番舶多在两家滩，乃遂、石二县要害，宜严防"。万历三十三年（1605），吏部考功司徐必达根据《万里海防图》重绘《乾坤一统海防全图》，雷州府局部图上，在湛江港湾位置上注有"两家滩海湾为石城、遂溪二县要害，番舶多泊于此，遇警轮……"等字句。这类附注在明代海图上并不多见，说明明代时"两家滩"是番舶往来的重要口岸，也是海防要地。

明廷将石城营兵设在两家滩，以防走私。万历《高州府志》记载："石城之营曰两家滩"，并注："县东南海粤巡捕军壮轮守"。③ 万历《雷州府志》引嘉靖九年（1530）两广巡抚林富《乞裁革珠池市舶内臣疏》，提及"若自来不曾通贡生番，如佛朗机（葡萄牙）者，则驱逐之"，又说番舶"所过地方且多烦扰，引惹番商"。④ 可见当时来泊的不仅有东南亚的番舶，还有来自

---

① 陈国威：《明代中外舆图中的雷州半岛及其海交史初探》，《南海学刊》2019 年第 1 期。

② 〔明〕郑若曾：《筹海图篇》卷三《广东事宜》，明嘉靖四十一年（1562）刻本。

③ 〔明〕曹志遇主修，〔明〕王湛同修：万历《高州府志》，书目文献出版社 1990 年版，第 31 页。

④ 〔清〕梁廷枏总纂，袁钟仁校注：《粤海关志校注本》，广东人民出版社 2002 年版，第 50 页。

西方的商船。

番舶多泊于两家滩港，除了该地是天然的避风良港外，也是贪图其不易防守。高、雷二州明代丝织品及棉织品皆较发达，盐场、陶窑也很多，乐民池珍珠、雷州中官正旦笺更是贡品。番舶泊此除了窃买私盐、收购织物与瓷器及易换铁器等外，也不排除走私舶来品。《明史》有这样一段记载："黄光升迁广东海北副使。番舶税重，商人百计求免，光升为奏减十之六，商乃乐输。"说明当时雷州半岛一带番舶贸易确实很兴盛。

三、海防重镇通明港

通明港又称调蛮港，在今湛江市霞山区西南34千米处，是雷州半岛开发较早的海港，在历史上更以其重要的军港地位著称。

通明港地处雷州湾海岸线的中心，临海多险阻，地理位置十分险要。港口广约有3里，呈半岛形，东通大洋，向设炮台，为雷城东北藩篱。白鸽寨据其口，三面环海，海面辽阔。时人称："东起北津，西接涠洲，西南与白沙相望，南临大海。上下八百余里，实海外巨防也。"[1] 从通明港、白鸽寨登陆可通雷城，俨然雷州城门户。此地又是防范倭寇东袭高州梅菉墟等鱼米之地的军事基地，是明代水师重镇。

明初，倭寇劫掠中国沿海，雷州东西两侧受到交趾、倭寇的侵扰，所谓"东倭西交，突如其来"。雷州卫辖9所，分别为左所、右所、中所、前所、后所、海康守御千户所、海安守御千户所、乐民守御千户所、锦囊守御千户所，每个千户所兵额1120名，全卫9所额定旗兵共10080名，但各所兵员均严重不足，每每逃亡者十之七八，抗倭之力稍逊。隆庆年间（1567—1572）倭寇曾进犯雷州城，攻陷锦囊所，凸显防倭军事布置的不足。于是，明朝在原有卫所的防御体系下，在通明港调蛮村设立白鸽水寨，添设"钦依把总"一员驻扎防守，专司海上备倭，此即白鸽寨钦总司。因其海防地位高，该司直接由兼水陆统帅的雷廉参将管辖调度。据《岭海舆图》载，通明港设通明火候和通明河舶所。明万历《雷州府志》载，创建之初，"原额战船四十三只，募兵一千四百零五名，岁支银一万二千五百三十八两二钱三分"。到万

---

① 〔明〕欧阳保纂，〔明〕韩上桂、邓桢辑：万历《雷州府志》卷十三《兵防志二》，书目文献出版社1990年版。

历四十一年（1613），白鸽寨拥有大型的福江船两只（可载 46 名捕兵），艚船、哨马船等备倭船共 37 只。[①]

因白鸽寨近海多险，官员视此为畏途。但在几任把总的努力下，白鸽寨的防务逐步完善。先有张良相重修白鸽水寨，后有万历十四年（1586）童龙建天妃宫。万历三十七年（1609），把总续蒙勋携家人住扎，招民来居，遂成杂姓村落，并重建天妃宫。天妃宫中殿祀天妃，后殿祀关羽。一庙祀二神，反映出此地既是沿海渔村，又是海军驻地的特点。续蒙勋还"捐俸重修堂宇、班房、书室，建罗星亭，渡头建问津亭、济川亭。筑埠头东西路、砌石闸，陻塞海潮。……筑菩提桥。皆汛后督兵修创，规制改观"。明代水师驻通明港的白鸽寨长达 240 年，白鸽寨享有雷州"左臂"之称，"雷郡藩篱赖之"。

明之后，清沿旧制，仍在通明港驻军。直至嘉庆十五年（1810），水师移驻东海岛，通明港、白鸽寨渐荒废。如今，当地仍有明建天妃庙、明开六角井、明清碑刻和炮台遗迹，还出土过明崇祯年间（1628—1644）雷州卫所官员铁铸灭虏铳。

四、芷寮商港

芷寮，原名"纸寮"，位于湛江吴川市吴阳镇的西南方鉴江出海口附近，是一个河口港，纳吴川、凌水、罗水三川之水入海于"限门"，芷寮港又称限门港的内港。据考证，芷寮元末成港，明代最盛，清末衰落。

据明末清初吴川人陈舜系记载，元代时，文天祥后人避难于此，盖草寮造纸于岭头，当地人称为纸寮。光绪《吴川县志》中有类似的记载。今芷寮一带的谭屋村《谭姓族谱》也记：其始祖谭芝轩于南宋绍定六年（1233），航海经商到芷寮港，因见此处风俗淳厚，交通方便，气候宜人，搬家来此定居。

明代芷寮港的发展相当可观。清雍正《吴川县志》载："芷寮为海口市泊所集，每年三月后，福、潮商船咸泊于此"。史载，至万历年间（1573—1619），"闽广商船大集"，"来自漳、泉者多住芷寮"，"创铺户百千间，舟岁至数百艘，贩谷米，通洋货"。吴川本来只是一个小县，但芷寮港带来的

---

① 〔明〕欧阳保纂，〔明〕韩上桂、邓桢辑：万历《雷州府志》卷十三《兵防志二》，书目文献出版社 1990 年版。

税收以万千计，吴川遂为"六邑（指高州所辖六县）之最"。①

限门港、芷寮街都建天后宫，规模很大，史载"每岁福、潮商船泊其下，祈祷甚众"②。梁桂全主编《广东历史人文资源调研报告》称：明代芷寮是福建、广州、潮州的大商船集散之地，十分繁华。号称"两街"、"三巷"、"三会馆"、"六行头"。分别是正街、曲街两大街，秀清巷、广成巷、牛儿巷三巷，福州会馆、广州会馆、潮州会馆三大会馆，沙螺行、蟹行、谷行、虾蛋行、壳灰行和番薯行六大特色商行。当时的芷寮，商贾云集，茶楼、饭馆齐全，仅正街就长达二里多，砖铺路面，两旁都是商铺，有的商铺门面一直保留至今。③ 吴川一带，历来有"金芷寮、银赤坎"之说。而赤坎的兴起则是清朝的事了。

明代，芷寮港是高州主要港口，在官方的记载中也可见一斑。万历十九年（1591）三月，抚臣曹参曾请"贩广商船，许至高州"，获朝廷批准。④从侧面反映出自发的民间贸易对政府商业政策的影响。为加强管理，万历九年（1581），政府设高州宁川巡检司于此。⑤ 据吴川县 1982 年文物普查资料，芷寮一带有吴姓家谱记载："始祖吴浩今，因仕途险恶，于明嘉靖年间（1522—1566）自福建迁居芷寮，弃官从商，货船往返东南亚及太平洋彼岸。一次，从越南贩回黄藤一船，往美洲，途中遇难，葬身大海。"⑥ 时至今日，芷寮南侧斗门村还有一口古井。方志记载："昔有番鬼泊船于此，浚而汲泉……，味甚清"，故当地人称为"番鬼井"⑦。这些史料证明，早在四百多年前，芷寮港已是个通航东南亚乃至美洲的商港。

---

① 中国社会科学院历史研究所：《明史资料丛刊》（第三辑），江苏人民出版社 1983 年版，第234 页。

② 〔清〕毛昌善修，〔清〕陈兰彬纂：光绪《吴川县志》卷三《政经志》，上海书店出版社 2003 年版，第 101 页。

③ 梁桂全主编：《广东历史人文资源调研报告》，社会科学文献出版社 2008 年版，第 494 页。

④ 《明实录闽海关系史料》，台湾文献丛刊第二九六种。

⑤ 〔明〕曹志遇主修，〔明〕王湛同修：万历《高州府志》卷一《公署》，书目文献出版社 1990 年版，第 19 页。

⑥ 梁浩福：《吴川古代商港——芷寮》，《吴川文史》（第二辑），1984 年。

⑦ 〔清〕李高魁、叶载文修，〔清〕林泰雯纂：道光《吴川县志》卷四《古迹》，道光五年（1825）刻本。

五、梅菉墟与梅菉港

梅菉港，位于鉴江水系的中游。上接高州、化州、信宜山区，东连茂名，经电白直抵阳春，西北可经支流赴广西北流。从北到西南，纳窦江、罗江、凌江三江之水，又与东面的梅江、袂花江、三叉江的三江水汇合，奔向鉴江下游经芷寮港、黄坡港注入南海。作为鉴江水系的运输枢纽，可以说是"东通广肇，西达廉琼"。明万历年间，梅菉港以其"水陆交驰"的地缘与区位优势，成为地方良港。

梅菉港的形成与梅菉墟有着密切关系。据《梅菉志》记载，早在唐代，因梅姓和陆姓两大家族联合办墟，就在今梅菉（通"陆"）头一带形成墟市，"梅菉墟，初设梅菉头，明万历年间乃设龙滘墟，今仍称梅菉，不称龙滘，复其初也。"墟市最初主要是坐贾的贸易活动，"各方商贾辐辏，坐肆列市，迁有无"，"南北商贾聚此交易"。随着明代岭南西部地区农业生产力水平大幅提高，这里成了全省粮食的转运基地，福建、粤东、琼崖等地行商常常出入其中，进行粮食和其他商品的长途贩运。《梅菉志》载："吴川县之侧有墟曰梅菉，生齿盈万，谷米、鱼盐、板木、装具等皆立聚于此，漳人驾白艚春来秋去，以货易米，动以千百计，以此墟之富，甲于西岭"。

由于贸易量不断扩大，梅菉墟甚至引领市场价格，"货征贵贱，若梅之调鼎而禄斯昌"①，梅菉墟已俨然港城，连带附近的黄坡港生意亦为大盛。贸易的繁盛甚至引来沿海倭寇、海盗的窥伺，万历《雷州府志》卷十三载："高、雷之交有地名梅禄墟，商民辐辏，鱼米之地，贼所垂涎。"此地也成为白鸽寨水师营保护的主要地界。万历年间，朝廷更议设海防同知驻梅菉，加强管控。②

梅菉墟以二、五、八为墟期。而在墟期的前一天，从鉴江水系内河各地前来的趁墟客货船只络绎不绝，把梅菉周围的江面挤满。在当时文人的作品中，更形象地描绘了墟镇的繁荣。招汝恩《茂名竹枝词》云：

---

① 〔清〕梁兆罂编纂：光绪《梅菉志》卷六《金石》、卷八《杂录》，吴川市地方志办公室2009年内部编印版。

② 〔明〕曹志遇主修，〔明〕王湛同修：万历《高州府志》卷一《公署》，书目文献出版社1990年版。

二五八墟趁梅菉，鲥鱼载得一船归。

吴河光《梅菉竹枝词》云：

居民近水多为贾，生计难凭负郭田，
梅菉黄坡忙不了，江村日日趁墟船。

作为岭西对东南沿海的物资转运要港，梅菉墟是高雷地区大米外销的中心之一，与东南亚不仅有贸易往来，而且有文化交流。时人黄炉《梅菉赋》注云：明季有淮澜人林某赴交阯，获得番薯，带回吴川故乡。其后，番薯开始在广东广为种植，梅菉是我国最早引进番薯的地方。

黄坡的船民有句俗语："上走下走（行船），不离梅菉与海口。"梅菉商业发达，海路运输畅旺，也带动造船业的兴起。明朝官方在梅菉开设造船厂，打造海防兵船。一般三、五、七号艚船与七号哨马，俱在广州打造；而七号艟艚（每只舵兵 19—20 名不等）、八号尖船（每只舵兵 16—17 名不等）、桨船（每只舵兵 13 名）则在梅菉就地打造，供给全省海防之用①。

---

① 〔明〕欧阳保纂，〔明〕韩上桂、邓桢辑：万历《雷州府志》卷十三《兵防志二》，书目文献出版社 1990 年版。

第十六章　明代湛江地区城乡社会发展

　　明代，湛江地区广设桥梁、津渡、驿站、急递铺等，便利雷州半岛陆路、水路交通，进一步促进商贸发展。

　　经多次修葺、改造、扩建，雷州府及各县的城镇功能逐渐完善。而雷州西湖、湖光岩等风景名胜的开发与建设，既改善城市生态环境，又增加人文底蕴，城市风貌焕然一新。此外，湛江各地纷纷兴修风水宝塔等景观，带动地方学风，激励本地青年才俊发奋图强。

　　明中叶以后，随着人口增加、城市发展，湛江地区墟市数量显著增多，城乡商品经济活跃。

第一节　水陆交通建设

一、水路交通建设

　　明代，高州、雷州、廉州地区，主要有南渡河、漠阳河、鉴江、九洲江等河流。其中漠阳河，发源于云浮，流经新兴、阳春，于阳江注入南海。鉴江，发源于信宜，流经高州、化州、茂名、电白，于吴川注入南海。九洲江，则属于南海北部湾水系，发源于广西陆川县，经博白进入廉江，最终注入北部湾，是廉江最长和支流最多的河流。南渡河则是纵贯雷州半岛最大的河流，发源于遂溪县坡仔，在雷州府双溪口入海。其流域与雷州半岛西部干旱地区接壤，对雷州农耕事业发展贡献卓著。这些江河源远流长，奔腾不息，浇灌千里沃土，培育了雷州半岛文明。

这些河流虽可通航，但都不相汇，独流入海。明初湛江航运并不便利，内河水运未能通抵肇庆、广州等地，产品外销多靠海运，严重制约粤西一带的对外贸易。

明中后期，高雷廉三府对内河水运进行整治。鉴于"雷郡壤涸燥，无川流之泽，商舶之利"，嘉靖十二年（1533），雷州知府黄行可循西湖旧渠修广堤岸，浚沟成港，直抵溪南（南渡河）。溪长400丈，深1丈，宽6丈，决淤者10余里。工成，雷城一带"以通舟楫，省负载之力，商贾便之"。[①] 万历年间，雷州同知伍士望，浚万金溪，通舟楫。崇祯十一年（1638），雷州府推官关应春开南门外新河，"引潮绕抱府城"。[②]

明代，粤西最大的水路交通建设，当数成化五年（1469）广东按察司副使、分巡岭西道陶鲁从高州府电白县凿河以达省城的工程。"电白枕山滨海，舟楫不通，与会城隔绝，货贿不至。陶鲁召父老咨询地理高下之势，泉流通塞之宜，知可浚河达阳江通省。于是鸠工兴役，浚之。自梅菉以达水东入于小海，以达城西。乃于城西集坝以蓄咸水，场之水入于西濠，绕通南港，西来舟船至此集扎。即于南海开通麻茂，过校场前至东坝以达麻西，而上海头，而五蓝渡，而儒峒，而漂竹，而太平，而直陇，而白宿，抵步头场以入阳江，由恩平岘冈竟至省。时开浚后，其舟楫自省城五昼夜可抵电白，所艰者止一二高浅之处耳。"[③] 这一工程的建设，不仅惠及高州等广大地区，也极大便利了雷州半岛士民奔赴省城。

桥梁与津渡是水路交通不可缺少的组成部分。明代广东地区的桥梁、津渡建筑可区分为官建与民建两种形式。一般来说，大型和部分中型工程多由官府出面筹措资金，动员人力并主持建筑；而小型和部分中型的工程，因攸关民众利益，非政府组织也承受得起，多由民间自筹资金建设。

古时凡河海流经或者靠近河海的城市、墟镇、商埠，多设有津渡。明代津渡分为官渡与民渡。官渡由州县编佥徭役，民渡亦称野渡、私渡，由民间

① 〔清〕雷学海修，〔清〕洪泮洙纂：嘉庆《雷州府志》卷十八《艺文》，岭南美术出版社2009年版。

② 〔清〕雷学海修，〔清〕洪泮洙纂：嘉庆《雷州府志》卷三《沿革》，岭南美术出版社2009年版。

③ 〔清〕杨霁修，〔清〕陈兰彬纂：光绪《高州府志》卷四十八。

经营。官渡为长年渡,而民渡既有长年渡,又有非长年渡。

明代湛江地区桥梁、津渡建设变迁统计表

单位:个

县名	嘉靖十四年(1535)前		万历三十年(1602)前	
	桥梁	津渡	桥梁	津渡
海康	22	24	33	24
遂溪	9	10	10	10
徐闻	8	2	17	4
吴川	6	6	8	6
石城	10	6	5	8
合计	55	48	73	52

资料来源:方志钦、蒋祖缘主编:《广东通史》(古代下册),广东高等教育出版社 2007 年版,第 481—482 页。

明代,雷州府遂溪县的百丈桥远近闻名。百丈桥在县南 130 里第三都特侣塘中,宋高宗绍兴年间(1131—1161)道人冯氏兴建;后雷州知军事俞冷等捐金重修;嘉定十六年(1223),知军事陈斌命僧人妙应募缘重修。明正德十一年(1516),"知府王秉良重砌,叠石墩十五,通水道十四,架以石版,长阔如故。因其基长,故名百丈"[①]。此桥原为方便特侣塘水灌溉洋田而建,数百年来,官府与民间不断扩修。清代,遂溪进士洪泮洙曾作《百丈通律》诗,描写百丈桥风光及其便民、利民气象。

阵阵风清百丈长,苍茫天降水云乡。
飞沙堆碛埋归路,断石横坡迎夕阳。
周道当年歌砥矢,畏途此日庆康庄。
逢人多少农家子,牛背吹笙引凤凰。

二、驿站的设置

驿站在古代担负着信息中转、传递的重要任务,多建于交通要道。驿站

---

① 《遂溪县志(清道光二十八年续修)点校本》,方志出版社 2017 年版,第 100 页。

的设立，折射出道路交通的情况。驿站通常设有驿长、驿史、驿夫，配备驿屋、驿厩、驿舍等设施及驿马、车辆等。

明朝在元朝的基础上建立起规模庞大的驿道交通网，水陆驿站遍及全国。明初，广东设驿站78个，正统年间增至118处，构成以广州为中心，通至粤北、粤西、粤东、南路和海南岛的驿道交通网。其中，雷州府7处，吴川、石城共3处。驿站与驿站之间的距离，一般在60—80里。高州、雷州、琼州诸府，因地广人稀，驿站距离在90—130里。

明代驿站分水驿、马驿（水陆合设称水马驿）、递运所、急递铺数种。陆驿由军卒承担运输任务，水驿则由船户负责。递运所则是专门运送军需物资和上贡物品的运输机构。

明代湛江地区驿站

府别	驿站名	位置	附注
高州府	三合	石城县北60里（今廉江市北合寮）	成化年间由吴川迁往石城
	息安	石城县西60里	
	新和	石城县东一里（今廉江市内）	正统十三年（1448）建
	三合递运所	石城县丰三都	
雷州府	桐油	遂溪县西北二十五都桐油村，后迁至县西北郭内拱辰坊（今遂溪县遂城镇）	元代已有，洪武五年再建
	城月	遂溪县南二十一都城月村，今遂溪城月镇	
	新安	遂溪县东二十二都下（步）村（今旧县村）	洪武二年建，弘治间裁撤
	雷阳	府治东，北门南坊（今雷州市雷城街道）	洪武九年建
	将军	府城东南60里（今雷州市龙门镇）	成化十九年并入英利驿

（续表）

府别	驿站名	位置	附注
雷州府	英利	徐闻县北十六都（今雷州市英利镇）	嘉靖年间建
	沓磊	徐闻县东南 29 里渡海处。旧在海安所城内，后迁出天后宫旁	水马驿

资料来源：万历《雷州府志》、万历《高州府志》、嘉靖《广东通志》。

古代湛江地区地处边陲海疆要地，军事讯息传达必多，驿站设置尤为重要。如海南有军情，则从海南岛琼山县北海口的白沙驿和递运所出发，渡海至雷州府徐闻县沓磊驿，经廉州府、高州府、肇庆府的驿路而至广州城。

明朝除设有遍布全国的驿站系统之外，还设有专门传递公文的急递铺。明制，十里设一铺，每铺设铺长十名。接力传送，昼夜不停，是急递铺通信的显著特点。按要求，急递铺一昼夜须行三百里。观察明代驿站公文及急递铺的分布与数量，可以洞见湛江地区作为南海边陲要地的战略地位。

明代湛江地区急递铺

属地	数量（个）		人员结构
	嘉靖年间	万历年间	
雷州府	1	—	
海康县	38	13	募兵 39 名，哨官 1 员
遂溪县	28	21	募兵 60 名，哨官 1 员
徐闻县	32	11	募兵 32 名，哨官 1 员
石城县	18	18	
吴川县	10	10 或 13	

资料来源：万历《雷州府志》、万历《高州府志》、嘉靖《广东通志》。吴川县急递铺未见于明代资料，康熙《吴川县志》卷一记有急递铺10，道光《吴川县志》卷二记有急递铺13。

明代中晚期，自肇庆以南，地广人稀，加上朝政废弛，本要求五日之内送达的公文，往往拖至半月甚至一月才可送达。加上缺乏保密措施，以致紧要事件尽被暴露。万历四十年（1612），雷州府推官欧阳保"并铺归营，募兵充铺"。① 这正是从嘉靖年间到万历年间急递铺减少的原因。

第二节　城乡建设

一、府城、县城的建设

宋元时期，岭南大部分地区有县无城。一些县虽有土城或砖城，但大多规模较小，且在元末战乱中多被毁坏。

洪武年间，在地方官员主持下，雷州府城与石城、遂溪、吴川县城得到初步建设。至正统年间（1438），徐闻也开始筑城。

（一）雷州城的建设

据《城邑考》可知，雷州府城的营建始于南汉乾亨（917—924）年间。城甚隘，后圮。北宋至道二年（996）筑子城，周一里。② 南宋绍兴四年（1134）筑外城，辟四门，十一年（1141）改为砖甃，十三年（1143）竣工。

明洪武七年（1374），地方官员在旧城基础上，加高加大，由东南沿西北垒石甃砖，周围五里又三百步，仍开四门：东曰"镇洋"，西曰"中和"，南曰"广运"，北曰"朝天"，各建串楼、警铺。至翌年夏竣工。③ 修缮后的雷州城，周1050丈，高2丈，面积约是一般县城的两倍。城墙高大巍峨，建材考究，护城河、城门、街道等附属建筑齐全，堪为府城。

---

① 〔明〕欧阳保纂，〔明〕韩上桂、邓桢辑：万历《雷州府志》卷一《公署》，书目文献出版社1990年版。

② 〔清〕顾祖禹：《读史方舆纪要》卷一百四《广东五》，中华书局2005年版，第4747页。

③ 方志钦、蒋祖缘主编：《广东通史》（古代下册），广东高等教育出版社2007年版，第133—134页。

明代雷州府衙前"天南重地"木匾

洪武年间题南门石额"广运"

雷州古城西门石额"中和"

成化二十年（1484），雷州知府主持伐石铺砌城内通街，计自南至北2里，自东至西1里。弘治十七年（1504），海北道佥事方良永改建四门重楼拱门，上铺以板。正德十二年（1517），知府王秉良始用砖石拱甃。嘉靖年间，在距四城门百步处各建楼捍守：东为"安东"，西为"靖西"，北为"巩北"，南为"镇南"。嘉靖四十四年（1565），筑南门外城。①

（二）县城的建设

明初，石城、遂溪、吴川等县开启了县城的建设，多为土城。明中后期，改用砖石砌筑城垣者越来越普遍。

吴川县城始建于洪武二十七年（1394），初为土城。永乐元年（1403），

---

① 方志钦、蒋祖缘主编：《广东通史》（古代下册），广东高等教育出版社2007年版，第490页。

改为以砖石筑城池。成化三年（1467），建成东西南北四城门：东曰"镇海"，西曰"通川"，南曰"永和"，北曰"朝天"。门上有门楼，城墙上共建窝铺 16 个，瞭楼 4 座、大小水闸 5 个。周围 580 丈，高 1 丈 8 尺，池深 1 丈 5 尺，广如之。①

石城县旧无城池。洪武二年（1369），县丞倪望率众筑土墙。正统五年（1440），通判马文饶"甃筑以砖石"。周长 527 丈，高 1 丈 5 尺。设三城门，东曰"望恩"，西曰"镇夷"，南曰"威武"。门上建楼角楼 3 座、敌楼 6 座、窝铺 12 座。隆庆六年（1572），"寇燹焚圮"，知县韦俊民进行修缮。城墙增高 3 尺，深 1 丈 5 尺，广加 1 丈。②

遂溪县，初治旧县村（今湛江市麻章区湖光镇旧县村）。南宋绍兴二十年（1150），迁治所，但未建城。明洪武七年（1374），知县元太初始筑土城。正统四年（1439），知县苏观改筑石城，周围 470 丈，高 1 丈 5 尺。城墙上共有 40 座瞭墩、16 个窝铺，东南北城楼 3 座，城外浚以濠堑。成化初，瑶民起事，东门被堵塞。后兴工筑浚城池，开东门，设墟市于城门外。成化十九年（1483），受台风侵袭，石城倾圮，知县班佩复修。嘉靖十年（1531），知县张惠复修。隆庆六年（1572），署县推官郑国宾增修，周围增高 3 尺，广 5 尺。万历二十年（1592），知县陈廷诗建三城门及月城③门楼，东曰"崇阳"，南曰"仁济"，北曰"朝天"。万历二十五年（1597），知县罗继宗关闭北门，另开西门，名"金德"。直到崇祯十二年（1639），知县慎思永仍在重修。④

徐闻，初治县西北之讨网村。元至元二十八年（1291）迁于宾村。徐闻长期都没有县城城郭。正统三年（1438），始筑土城。天顺中（1457—1464）迁海安所城。弘治十四年（1501），复迁宾村，始筑石城。正德五年（1510）及嘉靖年间，主政者多次增修。

---

① 〔明〕曹志遇主修，〔明〕王湛同修：万历《高州府志》卷一《城池》，书目文献出版社1990 年版。

② 〔明〕曹志遇主修，〔明〕王湛同修：万历《高州府志》卷一《城池》，书目文献出版社1990 年版。

③ 月城，即瓮城，古代城外所筑的半圆形的小城，作掩护城门、加强防御之用。

④ 〔清〕喻炳荣、朱德华修，蔡平点校：《遂溪县志（清道光二十八年）点校本》卷三《建置志》，方志出版社 2017 年版，第 63 页。

明代湛江地区府城、县城建设表

府县名	兴建时间	城周（丈）	城高（丈）	城门（个）	附注
雷州	洪武七年（1374）	1050	2	4	南汉时有城，明扩建，嘉靖间建南门外城
石城	洪武二年（1369）	527	1.5	3	无旧城，后不断扩建、重修
遂溪	洪武七年（1374）	470	1.5	3	无旧城，后不断扩建、重修。万历年间建月城，周六十丈有奇
吴川	洪武二十七年（1394）	580	1.8	4	无旧城，后不断扩建、重修
徐闻	正统三年（1438）	600	1.8	4	无旧城，后不断扩建、重修

二、雷州西湖

明朝，社会经济发展，城乡居民生活水平大大提高。与此同时，政府主导下的城市建设也颇有成就。雷州西湖，这一著名城市景观逐渐形成。

雷州西湖，位于雷州府城西，发源于"拱辰诸坡岭，合西山溪涧诸泉而统注之"，流经雷州城，最终"屈曲南趋入于海"①。唐宋时期，西湖之水主要用于灌溉农田，尤其在宋代，为开发东、西洋田，地方官员大兴水利，西湖成为整个洋田引水、筑堤、灌溉工程的一部分。

宋绍兴年间，知军何庚始筑堤潴水，建东西二闸。西闸引水，由西山坡坎灌白沙田。闸上置桥，名"惠济"。东闸引水南流至通济桥，转与城北的特侣塘水合，灌东洋田。二桥以时启闭。南宋乾道五年（1169），知军戴之邵再次疏浚西湖，凿水渠引西湖之水进雷州城。从此，西湖之水除了灌溉，更具有城市景观的意义。

---

① 〔明〕欧阳保纂，〔明〕韩上桂、邓桢辑：万历《雷州府志》卷三《地理志一》，书目文献出版社1990年版。

南宋嘉定、端平年间，因府学等教育设施就在西湖附近，知军郑公明拨西湖种田，以充学田。直至南宋咸淳八年（1272），知军陈大震环绕西湖建八亭，"西湖之盛始著"①。元至顺间，在湖西建水月亭，与八亭中的横舟亭东西并峙。西湖景观进一步丰富。

经过多任地方官员的复修、增建，西湖可供休憩、游览的景观日渐丰富。文人、士子的吟咏、诗刻，更为西湖增添人文内涵。嘉靖时期，"西湖拥翠"已被雷州士民列为雷阳八景之一。

万历年间，西湖再次筑新堤，开五闸，以通诸水入湖。又建架流、旒魁等亭，又于信芳亭后建台八楹。为满足游人驻足、观景、歇停的需要，甚至把东西二小亭改造为宴饮住宿的"庖湢之所"，"置艇于湖，以便往来"，一时间"南游冠盖，往往属目。诗篇赠答，溢于缃帙"，各方文人骚客驻足雷州，诗咏雷州风物。市井百姓逢年过节也把游西湖作为一项重要活动。

关于雷州西湖的命名，万历《雷州府志》载"西湖，原名罗湖"，又载"以在城西，故名"②。雷州西湖名称的由来，亦与宋时被贬岭南的苏氏兄弟相关。北宋绍圣四年（1097），苏轼、苏辙在雷州短暂相聚。在雷州逗留期间，兄弟二人舟游罗湖，拜谒天宁寺，苏轼题"万山第一"的匾额。苏

雷州西湖苏轼立像

轼主政杭州、颍州、惠州期间，以修西湖而闻名天下。后人为纪念这位大文

---

① 〔明〕欧阳保纂，〔明〕韩上桂、邓桢辑：万历《雷州府志》卷三《地理志一》，书目文献出版社1990年版。

② 〔明〕欧阳保纂，〔明〕韩上桂、邓桢辑：万历《雷州府志》卷三《地理志一》，书目文献出版社1990年版。

豪曾居留雷州，或改湖名附会这段佳话，西湖之名渐渐流行。

明清以来，经雷州士民的不断维修、规划布局，西湖的景观规模逐渐扩大，加之自宋以来雷州府城的主要人文景观往往围绕西湖而建，西湖的人文景观价值凸显。

雷州西湖

雷州西湖北部，与千年古刹天宁寺比邻，寇公祠、濬元书院、十贤祠等庙宇、祠堂萃于其中。北宋寇准贬雷州，初寓于天宁寺，天圣元年（1023）秋病逝于雷城桂华坊寓所。雷人在西湖边建"莱公祠"纪念。南宋咸淳八年（1272），陈大震在寇祠西馆建"莱泉书院"。元初，雷州人取苏东坡"西湖平，状元生"的谶语，在此建平湖书院（清嘉庆年间改名濬元书院）。时至今日，在寇公祠东北角仍存一口古井，传说寇准曾饮用此水，故雷人名之为"莱泉井"①。

十贤祠为雷州西湖又一处古迹，由知雷州军事虞应龙于咸淳十年（1274）创建。虞应龙是南宋抗金名将虞允文曾孙，因感于寇准贬雷之后，

---

① 〔清〕郑俊修，〔清〕宋如启纂：康熙《海康县志》，岭南美术出版社 2009 年版，第 154 页。

贬至或贬经雷州的名贤还有苏轼、苏辙、秦观、王岩叟、任伯雨、李纲、赵鼎、李光、胡铨，故建十人之堂于西湖之滨，以表景仰。虞还请文天祥作《雷州十贤堂记》。文天祥在记十贤事迹后，教育后人须承先贤精神，学会"敬贤如师""嫉恶如仇"，培育高风亮节！清嘉庆九年（1804），广东按察使秦瀛来访西湖。秦瀛乃十贤之一秦观的裔孙，看到古祠荒废，遂委托雷州知府宗圣垣重建，并拿出家藏文天祥所作《堂记》，请广东学使、状元姚文田书石，嵌于壁上①。

三、湖光岩

湖光岩是湛江著名风景名胜，位于遂溪县东南 70 里处。据地质专家考证，该湖系距今 14 万—16 万年火山爆发后形成的火山湖。当时，地层深处炽热岩浆向地表入侵，穿透水层，形成过热水产生大量蒸汽，岩浆冲破岩石与土层发生爆炸后遇水冷却下沉，形成湖泊，留下了神奇景观。在地质学上，湖光岩为

湖光岩（宋代李纲题字）

---

① 梁成久等纂修：民国《海康县续志》卷六《庙坛》，岭南美术出版社 2009 年版，第 67 页。

世界罕见的两个玛珥湖之一（另一个在德国玛珥地区），以其奇特的自然风貌而著称。在半岛历史上，更因得宋代丞相李纲命名而名闻天下。

湖光岩玛珥湖

关于湖光岩的形成，"白牛"神话在雷州半岛一带广为流传。据清《石城县志》载，"宋开宝间，罗州在此，当时有白牛出，系之数日，竟无觅主，遂杀之，城陷为湖"，因此又称罗湖、龙湖。万历《雷州府志》、道光《遂溪县志》载："湖之先为宁、托二村。有白牛至，宰而食之，村陷为湖，惟老妪不食，存焉。因名陷湖。以水中皆黑沙石，至清无垢，没肩尚可数足指纹，故亦名'净湖'。"阮元《广东通志》总结道："陷湖凡四见，一为遂溪湖光岩，一为雷城西湖，一为石城龙湖，一为吴川旧州湖；其实皆一事。"联系到地质学家在雷州半岛一带发现多个火山湖遗址，阮元所谓"陷湖"多见是可信的，"湖光岩"是其中的典型且保存完好者。可见，各地"白牛陷湖"只是民间传说而已，但却反映了这类湖泊特殊的形成方式与独特风貌。

湖光岩自然景观优美、奇异，"自湖母岭而南，突起高峰中为湖，广十余里，环绕峭壁中嵌如室者数处"，"湖深无底，大旱不涸，淋雨弥月亦不溢。相传有欲开此水以灌田者，凿渠及水，越宿而水下许尺，人以为奇"。① 湖水清澈，至清无垢，周边湖岸也即火山唇上绿树成荫，清幽凉爽，万历《雷州府志》如此形容："陷为湖，深不计寻丈。……一境清幽，真洗耳之地。"②

---

① 〔清〕喻炳荣、朱德华修，蔡平点校：《遂溪县志（清道光二十八年续修）点校本》，方志出版社2017年版，第44页。

② 〔明〕欧阳保纂，〔明〕韩上桂、邓桢辑：万历《雷州府志》卷五《民俗志》，书目文献出版社1990年版。

宋代之前，湖光岩四周岩石高耸，"绝壁参天"，"宛若城门，人迹罕至"，唐宋之末"避世者，多往依之"。靖康年间，名僧琮师居湖光岩，"灌拔流俗，足不入城市"。他结草为庵，改"灵感侯祠"为"白云禅庵"，后人再改名"楞严寺"。建炎三年（1129），丞相李纲贬谪途中路经雷州，拜访琮师，同游湖光岩，李纲"爱其景致，题'湖光岩'三字，与琮师勒于石壁"①，从此，这一片湖光山色正式命名为"湖光岩"。宋代遂溪人纪应炎的家乡就在附近，他曾矢志苦读于湖光岩乐懒岩与白衣庵，后考中进士，更为湖光岩增添人文气息。时至今日，湖光岩狮子岗上的"乐懒岩"依然健在。之后，为追随进士学风，"后人相沿率馆于此"，并在此建书院、办社学。

至明朝，湖光岩成为粤西颇负盛名的自然人文景观。嘉庆《雷州府志》载："遂溪踞山，斜离前崎，射马后屏，古塘左抱，清渊右旋。地旷土腴，农桑乐业。湖光灵岩，湛影漾碧，亦一邑之胜也。"② 明末清初雷州著名学者洪泮洙，曾偕友游览湖光岩，作《湖光岩山水记》："吾家去岩三十余里，时逐队往还，朝则行，暮则止，乘舆而游，力倦而归"。从中可知，游览湖光岩已经成为雷州士人的一大风尚。明朝举人张鸣谦作《游湖光岩》曰："宋贤书法留遗迹，多少游人着意看。"③ 可见当时湖光岩游人如织。因其浓郁的自然与人文内涵，洪泮洙将此湖"与王摩诘之辋川、柳州之钴鉧、杜甫之浣溪、元结之浯水"相比，"并足千古"④。

四、城镇风水塔的兴建

塔原是佛教的一种建筑形式。从 14 世纪开始，随着风水学说的发展，塔融合风水文化，形成一种新的象征性建筑——风水塔。

---

① 〔清〕喻炳荣、朱德华修，蔡平点校：《遂溪县志（清道光二十八年续修）点校本》，方志出版社 2017 年版，第 324—325 页。

② 〔清〕雷学海修，〔清〕陈昌齐等纂：嘉庆《雷州府志》卷二《地里》，岭南美术出版社 2009 年版，第 66 页。

③ 〔清〕喻炳荣、朱德华修，蔡平点校：《遂溪县志（清道光二十八年续修）点校本》卷十二《艺文》，方志出版社 2017 年版，第 336 页。

④ 〔清〕喻炳荣、朱德华修，蔡平点校：《遂溪县志（清道光二十八年续修）点校本》卷十二《艺文》，方志出版社 2017 年版，第 303 页。

风水塔的兴建大抵出于以下几个目的。一是古人认为可以通过建塔来弥补风水上的缺陷，起到镇山、镇水、镇邪等作用，进而达到风调雨顺、物阜民丰的效果。一是塔具有标志性与象征性，寄托了人们的某种理想追求，成为古代一种重要的文化建筑形式。古人一般将风水塔修在一邑一郡一乡的水口，将高塔作为一地地标。随着科举制度在全国推行，一地开科取士的盛况往往代表其文明开化的水平。明代中后期直至清代，各地兴建风水塔的目的，更多是为了改变风水，振兴学运，希望当地人才辈出，多中科举，保佑来此祭拜者文运昌盛、官运亨通。要之，祈祷多出人才（科举时代表现为多中科举）、弥补风水上的缺陷、作为地方标志性建筑，是古人修建风水塔的主要原因。

明代，雷州半岛一带社会经济繁荣，城市、乡村社会生活丰富多彩，加之闽浙移民源源不断在此安家落户，楼堂会馆拔地而起，乡村则聚族而居，卜居建宅蔚然成风，于是，风水之学盛行，几乎所有的乡镇都建有风水塔。

明代，湛江地区著名的风水塔首推雷州府城东三元塔。

雷州三元塔

万历三十九年（1611），雷州府推官欧阳保以府城之西，"西湖至天宁寺一带，突拥高阜，势如覆釜，气聚局正"，但府城"东隅平旷"，形势单寒，建议在城东建塔，以补自然之缺。经征得知府同意，万历四十二年（1614），建塔工作正式启动。翌年落成。塔本名"启秀"，意"开启文秀"，又以地名称"调会"，后命名为"三元"，意三元及第。

三元塔纵向九级楼阁，高57米。塔腔为穿壁式绕平座结构。内楼17层，楼内架木铺板，外廊绕以栏杆。每层有拱券门，东入西出，南进北升，拾级而上，可至顶层。砖塔工程宏大，造型雄伟，挺拔壮丽，工艺精美，反映了明代湛江地区高超的建筑技艺。

三元塔建成后，雷郡形胜大为改观，从此，三元塔成为古雷州的标志性建筑，文人墨客赞美题咏不绝。因有"鼎峙琼南添一指，联翩雁字豫题名"的诗句，以"雁过留名"预示雷州人金榜题名，文风大盛。久之，"雁塔题名"成为雷阳八景之一。清代海康籍进士、福建巡抚陈瑸有诗赞曰："登临几度生秋兴，烟尺身依日月光"。该塔是广东省著名砖塔之一，属于广东省级重点文物。

明代湛江地区知名的风水塔还有徐闻登云塔。该塔坐落于徐闻城东门外，叠七级。万历四十三年（1615）由知县赵一鹤奠基，天启三年（1623）知县应世虞兴建完工，工程延续八年之久，登元塔成为我国大陆最南端一处标志性人文景观。伴随着徐闻港口的兴盛，又在塔

徐闻登云塔

边建登云会馆。海南文昌的学子渡海奔赴省城参加科考，纷纷栈于此，也取"一步登云"的好兆头。① 登云塔保留至今。

---

① 〔清〕雷学海修，〔清〕陈昌齐等纂：嘉庆《雷州府志》卷四《建置》，岭南美术出版社2009年版，第48页。

吴川双峰塔

科举时代，整个岭西地区出了唯一的状元林召棠。而在他的故乡吴川市吴阳镇，也有一座著名的文笔塔。因有两山峰与之对峙，故名"双峰塔"。万历二十七年（1599），县令周应鳌应邑人之请建塔。吴川人认为，本县风水，鉴江自西进入县城，"直趋于海"，"地气不蓄"，导致黎民困苦、"士罕脱颖"于科举。因此，决定在县西南限门内三里、江海交汇处建塔，为一邑砥柱，名曰"笔塔凌霄"①。塔成之后，周应鳌在塔前建江阳书院。

双峰塔为平面八角形，七层，高23.15米，首层直径9.8米。塔身为壁内折上式，各层设假平台。塔基雕花石板，高1米。塔身至今保存完好。

今廉江石城镇谢鞋村旁，有一座面积超过1300亩的谢鞋山。明永乐二十二年（1424），石城县人杨钦登进士第，授翰林院庶吉士。杨钦后来辞官回乡，把家后的狮子山改为谢鞋山，在此与当地儒生交流。后人在此建文秀

廉江文秀塔

① 〔清〕毛昌善修，〔清〕陈兰彬纂：光绪《吴川县志》卷三《建置》，（台湾）成文出版社1967年版，第40页。

塔，寄意多出杨钦这样的中举者。塔共九层，高约 51 米，塔座直径 26 米。

明清两代，朝廷屡屡告谕地方兴修风水宝塔，地方官员也把修塔作为造福地方的大事，一些富裕的乡村乃至名门望族也纷纷修塔以振兴文风。湛江的一些村子，至今仍保存不少此类建筑。号称雷州第一村的邦塘村曾有文笔塔；顺治朝雷州进士丁宗洛的家乡调铭村也建文笔塔，惜已圮；龙门镇横山村文笔塔，至今矗立于村中，保存完好。

第三节　城乡墟市繁荣发展

一、府县市场与新兴市镇

明中叶以后，广东省一批府县的市场和新兴市镇脱颖而出，在城乡市场网络中发挥区域性商品集散基地的功能。

当时，"粤贸迁百货，随地流通，凡名镇巨都，货物丰赢，商贾辐辏，即谓之'市'。其或统远近村庄，于适中之所，定期而会，以求日用饔飧之资，晨聚而午罢，则谓之'墟'"①。各府县一级的墟市数量增多，是明中后期广东商业经济发展的一大特点。据黄佐《广东通志》记载，嘉靖年间广东各地共有墟市 431 个。其中广州府最多，有 136 个；肇庆府、琼州府次之，各 65 个；高州府 52 个，潮州府 41 个，廉州府 19 个，雷州府 41 个。

明朝中后期，广东下四府尤其是高州、雷州一带，经济突飞猛进，城镇化水平不断提高。雷州府城海康县，作为州府一级区域中心城市，人口相对较多，又依托南渡河、雷州港等交通要地，对外交往活跃，集市发展呈现出数量大、层次高的特点。万历年间，海康县城内已出现固定地点的专业市场，如猪羊市、鸡鹅市、鱼盐市、米谷市、槟榔市、布帛市等，区别于一般城镇小"墟"。又有拱辰墟，雷州府"委官于此，抽收牛税"②，已然专业牛

---

① 〔清〕蒋廷桂修，〔清〕陈兰彬等纂：光绪《石城县志》卷三《建置志》，清光绪十八年（1892）刻本。

② 〔明〕欧阳保纂，〔明〕韩上桂、邓桢辑：万历《雷州府志》卷四《地理志二》，书目文献出版社 1990 年版。

市，足见明中叶雷州半岛府县一级专业市场的成熟。

明中叶，湛江地区涌现出一些由墟而市的新兴市镇。这些市镇多位于水陆交通要道，即所谓"市必凭要津"，商品以本地消费为主。

安铺镇，位于石城（今廉江市）西南部，始建于明正统九年（1444），初称"暗铺"，因位于九洲江入海口，水陆交通便利，聚而成市。每月二、五、八日趁墟，行商坐贾云集，后逐渐上升为行政"都坊"。清代，粤海关专在此设厂"征收船商货物"。清末，安铺镇曾与中山小榄镇、顺德容奇镇、东莞石龙镇并称为广东四大名镇。

明朝中后期，湛江最著名的新兴市镇当数梅菉。梅菉地处高州府茂名、吴川两县交界处。起初仅是梅、陆两姓创建的乡村墟市，万历间迁到龙滘，又叫龙滘墟。隆庆、万历年间，因水陆交驰的优势，梅菉港兴起，吸引大批闽浙、潮汕、海南商人来此贸易，一时间，"四方十五国之人，托处聚庐……此墟之萃美而称名乎一小都会。……泉刀贝布，瑃瑁犀象，靡不罗列。"[①] 冒起宗《宁川所山海图说》谓：梅菉"生齿盈万，米谷鱼盐，板木器具等皆立聚于此"。梅菉墟发展为海港大市，是以港兴市的典型代表。

两家滩，又称"梁家滩"，今廉江市新华墟。两家滩位于石城、遂溪、吴川三县交界处，再加上天然的避风良港，因可停番舶，走私盛行，曾为明代海防要地。明清以来，港口活跃，刺激土货贸易，至清代粤海关再次设立贸易口岸，两家滩由墟而成市镇。

芷寮，原名"纸寮"，位于湛江吴川市吴阳镇西南鉴江出海口附近，纳吴川、凌水、罗水三川之水入海。万历年间，闽广商船大集，"来自漳、泉者多住芷寮"，"创铺户百千间，舟岁至数百艘，贩谷米，通洋货"，新兴市镇渐起。吴川一带有"金芷寮、银赤坎"的说法。

二、乡村墟市大量涌现

墟市亦称"墟（虚）"，是传统中国南方农村的定期市集。广东乡村的墟市在南朝刘宋时期已经出现，唐宋两代发展较快，至明中后期进入一个新的高峰，无论是墟市数量，还是趁墟的时间都大大增加。城镇、乡村墟市的

---

① 〔清〕梁兆礜编纂：光绪《梅菉志》卷六《金石》，吴川市地方志办公室 2009 年内部编印。

出现，是乡村商品经济繁荣的体现。

墟市多成长于水陆交通要道上，销售的商品以本地消费为主，既满足家庭的正常需求，又集散本地物产，在整个市场网络中属基层一级。墟日的确定，一般按农历旬日编排，如三日一墟、四日一墟。

明万历年间湛江地区墟市统计表

地区	墟	市	备注
海康县	拱辰墟、冯富墟、陈家墟、山门墟、泉水墟、杨家墟、山坡墟、鹩哥墟、调风墟、马生墟、北河墟、潭斗墟、沈塘墟、调洋墟、纪家墟、歇官墟、河头墟、架秋墟、谭黎墟、乌秋墟、那霜墟、蒙山墟、禁山墟、那里墟、特浪墟	猪羊市、鸡鹅市、鱼盐市、米谷市、槟榔市、布帛市	拱辰墟，专业牛市
遂溪县	海头墟、叙满墟、麻丰墟、麻漳墟、石桥墟、城月墟		叙满墟，宋朝已有，嘉靖年间复设
徐闻县	东关墟、大黄墟、迈稔墟、石桥墟、石牌墟、英利墟、龙蓦墟、东莞墟、何家墟		大黄墟，人居稠密，墟集甚众
吴川县	南门墟、水街墟、白沙墟、丁当墟、寮陇墟、乾唐墟、大园墟、山虚墟、川窖墟、塘塈墟、寮窜墟		
石城县	东门墟、南门墟、西门墟、急水墟、江头墟、合江墟、山口墟、横山墟、南桥墟、梁家滩墟、息安墟、五营墟、新墟、青平墟、花石墟、龟子墟、清水墟		

资料来源：万历《雷州府志》、万历《高州府志》、道光《石城县志》。

第十七章　明代湛江地区本土文化

　　明代，福建莆田及周边地区民众迁徙至雷州半岛，与半岛上原居民不断发生文化互动，促进了雷州方言的成熟。分布于吴川、廉江一带的广府文化在语言、生产生活模式及宗教信仰方面也不断发展，加之客家人陆续迁入北部山区，为湛江社会发展注入新鲜活力，湛江地区雷州文化、广府文化、客家文化与土著文化不断发生文化互动，相互包容，融合发展，文化认同感不断加强。

　　随着大量莆田人的迁入，儒学之风熏染湛江，汇聚成为湛江地区的文脉，培养出湛江地区尊师敬教的学风。经过长期的民族融合与文化积淀，湛江地区居民渐渐形成共同的生产模式和生活方式。

第一节　莆田移民与本土文化

一、莆田移民

　　今湛江地区主要包括雷州半岛及半岛以北部分地区和周边岛屿，按照行政区划界定，包括明清时期的雷州府三县和高州府的吴川、石城（今廉江）两县。秦汉时期，这里人烟稀少。唐代，朝廷有计划地"徙闽民于合州"（唐合州辖今徐闻、雷州、遂溪等县市），开始了闽民开发雷州半岛的历史。两宋时期，中原、闽浙等民众大举南迁，半岛一带开始形成诸多莆田人卜居的村落。移民与土著在共同的生产劳动中不断融合，湛江地区本土文化开始孕育、成长，并走向成熟。

　　明代，闽人尤其是莆田人迁居湛江的移民仍在继续，且规模巨大。据统计，至万历朝，在湛江为官的莆田籍官员位高而人众，计有：海北巡道（驻廉州，辖雷廉二州）方良永、陈伯璵、方万策、游伯槐。雷州知府黄行可（嘉靖十年到任）、林民止、林廷升，同知朱子宣，推官李文献，通判方山、康日章、陈宗虞等。莆田籍县级官员有海康知县王诰、陈璲、林齐圣，典史郑桂、陈大辉、陈科、胡秀；遂溪知县柯重光，县丞陈朝政；徐闻知县郑普、康云程，同知林应骢，典史黄镗、郑一庸、苏朝举，经历黄大会、朱杞；黑石巡检郑昭，宁海巡检余芳，东场巡检萧良；雷州府儒学教授朱阴石、训导王正；徐闻儒学教谕李天民、王鏷等等①。此外，漳州、晋江、同安、闽县等福建籍来雷州为官者所在多有。明代雷州 75 位外籍官员中，福建 18 人，占近四分之一。其中雷州知府 27 人，福建 7 人，也近四分之一。②雷州半岛巨大的开发潜力，吸引大量莆田籍官员来湛供职，也带动了又一波移民浪潮。

　　据《吴川县志》载："吴川巨族，吴、林、陈、李几家而已……自闽入粤。"③据调查，由莆田及周边地区迁居的，约有：东海岛丹蓼（今作丹寮）村林姓，西山村沈姓；遂溪洋青陈屋塘陈姓；徐闻曹家村曹姓，北英村蔡姓，北注村先民；雷州南罗村雷姓；廉江平村黄姓，龙湾肖村肖姓；吴川杜村杜姓等。明中叶，莆田陈启赴任琼州知府，宦满后卜居于遂溪桃溪。莆田大井村人许福明正德年间任高雷武职，其子许耆英为五品荫生，嘉靖十五年官广西宣化营守备，后举家定居坡头博立村，成为博立及木棉村许姓始祖。④雷州邦塘李姓，始祖曰德重，明时由莆田迁海康，遂卜居今村⑤。清人宋鑫著《惠凫集》中《明始祖王封公由闽迁雷卜居宋家村考》云："公讳王封……由福建兴化府莆田县迁雷，卜居于海康之麻廉洋，名其村曰'宋家村'。"

---

　　①　吴建华：《雷州传统文化初探》，天津古籍出版社 2000 年版，第 67 页。

　　②　张应斌：《雷州雷神之谜　广东古越人文化寻踪》，暨南大学出版社 2015 年版，第 169 页。

　　③　〔清〕毛昌善修，〔清〕陈兰彬纂：光绪《吴川县志》卷十《记述》，（台湾）成文出版社 1967 年版。

　　④　陈立新：《湛江人的根——湛江古代开发与莆田移民》，湛江市政协学习文史委员会编：《湛江文史》（第十八辑），1999 年，第 79—81 页。

　　⑤　梁成久等纂修：民国《海康县续志》卷二十《人物志》，岭南美术出版社 2009 年版。

据《湛江市地名志》，明代由莆田人迁入建村者比比皆是：湛江市赤坎区黎田村，相传陈姓于嘉靖年间从莆田迁入。文丹村尤姓始祖于明永乐三年任官儋州，期满归闽，船至东海避风，见此地土地肥美，风景秀丽，遂于此定居。西山村，明中叶莆田沈姓往海南经商，遇风船沉，就此定居。明崇祯年间，冼姓从闽入粤，卜居吴川县梅菉镇西南冼村。

二、莆田移民对本土文化的影响

宋元时期，闽民对本土文化的积极作用主要体现在物质文明、先进生产技术的输入。莆田移民将先进的稻作技术带来本地，使湛江一带告别刀耕火种，摆脱依赖旱地作物为生的生活方式，实施一年两熟，甚至一年三熟的水稻耕作，农业经济大发展。莆田移民以海为生，移民雷州半岛后，发扬海洋经济传统。从此，海上丝绸之路上出现粤西海商的身影，海上丝绸之路上有了雷州窑的一席之地。

明代，闽地移民对湛江本土文化精神层面的影响逐渐显现。首先是莆田方言与本土语言融合发展，最终演变为湛江本土方言——雷州话。雷州话基本保留了莆田话的语音和语法习惯，在雷州半岛独树一帜。

湛江地区北部的吴川、廉江一带居民，属广府语系，其语言融合中原汉语、古越语、宋元时期闽南方言，至明朝时，形成具有特色的吴川、化州方言。二者虽属不同语系，但都受到八闽文化的熏染。

随着莆田人的南迁，当地的风俗习惯、民间信仰也被带到了湛江。明代，发端于莆田的妈祖信仰流布东南沿海，妈祖庙遍布雷州半岛。湛江诸多村落有康皇信仰，也是由北人南迁时把这一民间信仰先传入莆田，再传入湛江。湛江是武术之乡，湛江乡村流传最广的洪拳、蔡拳等，溯其源流，均与福建南少林有关。而湛江木偶、人龙舞、吴川飘色、梅菉泥塑等文艺形式与载体，都有莆田文化的影子。

明代，闽人尤其是莆田人对湛江本土文化最重要的贡献，就是将当地儒学之风传入湛江。理学大师朱熹曾多次造访莆田，与当地名流士子交流。在朱熹影响下，莆田儒风颇盛，世俗以读书为故业，领理学研究之风头。莆田还是闽学的发源地之一。据美国学者贾志扬《宋代科举》一书统计，福建宋代有进士（不含特奏名、诸科等）7144 名，排名全国第一。其中，仅兴化军（辖今福建莆田、仙游等市县）正式录取者342人，加之特奏名、诸科、恩赐进士700多人，兴化军共有进士1100多人，远高于第二名福州，在福建全省又是遥遥领先。①

莆田移民纷至沓来。至明代，这些莆田后裔，不仅延续了莆田人好学的风气，更直接成为新家园培养人才、科第折桂的中坚力量。

第二节　雷州文化与雷州民系②形成

一个民系的形成，根本在于民系内部因共同的生存空间、共同的语言、共同的文化风俗乃至共同的民族心理的相互认同。至明清两代，雷州半岛一带的各族民众广泛参与民族大迁移，致力于国家海疆的建设与保护，历经长时间相互融合，其文化特色已彰显出来。

一、雷州方言在明代形成

语言是地方文化最基本的符号与标志，而方言特殊的发音与特殊的内涵及情感表达，也是一地文化区别于其他文化的基本特征。

雷州方言的产生是历史上湛江本土语言与外来语言融合的产物。历史上的多次人口迁移使湛江地区语言发生重大改变。一方面，秦汉以来，中原人南迁，骆越、瑶、僮（壮）、俚（黎）、僚等族的"俚语"被中原汉话渐渐同化。俚人南迁海南岛，更削弱了它在雷州半岛一带的影响，语言的影响力自然受到限制。如古壮人的语言，属壮侗语系，称母亲为"那"。吴川地区现在仍有人称母亲为"那"；雷州话称祖母为"呢"，也与"那"音相近。今两广一带，把雌性动物称为"嬷"，如鸡嬷、鸭嬷、牛嬷、老虎嬷等等。这些都或多或少地体现了古壮语的遗风。这种语言的融合最集中保存在当地

---

① 转引自陈春阳：《莆仙科举文化盛况、特色及成因探析》，《莆田学院学报》2014年第3期，第95页。

② "民系"的概念，在20世纪30年代由中山大学历史系教授罗香林率先提出，指一个民族内部的分支。分支内部有共同或同类的地域空间、语言、文化、风俗，相互之间互为认同。20世纪90年代后，民系也被称作族群。

地名中。雷州半岛村落名称多"那"字，如那界、那良、那艮、那角、那柳、那郁、那练等，以"那"命名之村在百村以上。在古壮语中，"那"除母亲之意外，也指田地。"那"接形容词，形容该村田地特色，如"那良"，就是拥有良田之村。特侣塘、特呈岛中的"特"字，在古壮语中也是"地区"的意思。① 另一方面，随着宋元以来闽人大举南迁，迅速填补俚人南迁的空间，闽南方言在雷州半岛强势流行，并上升为雷州语言的主体和代表，即雷州方言或雷州话。②

明万历《雷州府志》载：明朝中叶，"雷之语三：有官语，即中州正音也，士大夫及城市居者能言之。有东语，亦名客语，与漳、潮大类，三县九所乡落通谈此。此有黎语，即琼崖临高之音，惟徐闻西乡言之，他乡莫晓。"③ 其中的"官语"只在上层社会、城市中使用，不是当时雷州半岛广大民众的通用语言。因此，当时的"官话"不是雷州话。黎话，即"琼崖临高之音"。据《中国大百科全书·语言文字》，"今日的黎话属汉藏语系壮侗语族黎语支，分布于中国海南省黎族苗族自治州各县"。④ 黎族，也就是历史文献记载中的"俚"，曾是海南岛的原住民，也曾在岭南一带分布。黎语特点，在现代汉语、雷州话中无法体现，因此，可以肯定，宋代《雷州图经》所载"虽州人或不能尽辨"的"黎语"，也就是南宋周去非《岭外代答》所载的海南"熟黎"（多是福建人）所说的语言，⑤ 既不是雷州话，也不是黎族的黎语，而是闽南方言分支——海南话。

万历《雷州府志》中谈到的"惟徐闻西乡言之，他乡莫晓"，据宣统《徐闻县志》："又谓西乡之语别为一种，以今考之，黎语即土音也。土音所习，一邑皆然，未尝有分畛域"⑥，可知"黎语即土音"。海南话和雷州话同

---

① 庞观灿：《那字地名何其多》，《湛江晚报》2012年3月11日。

② 司徒尚纪：《雷州文化概论》，广东人民出版社2014年版，第107页。

③ 〔明〕欧阳保纂，〔明〕韩上桂、邓桢辑：万历《雷州府志》卷五《民俗志》，书目文献出版社1990年版，第55页。

④ 中国大百科全书出版社编辑部：《中国大百科全书·语言文字》，中国大百科全书出版社1988年版，第254页。

⑤ 〔明〕周去非著，杨武泉校注：《岭外代答校注》，中华书局1999年版，第70页。

⑥ 〔清〕王辅之修，〔清〕骆克良等纂：宣统《徐闻县志》卷一《舆地志》，岭南美术出版社2009年版，第408页。

属闽方言，故徐闻人能听懂。至清末，随着雷州方言在半岛的普及，徐闻西乡已无"别为一种"的语言了。

明代雷州半岛三县九所乡落通谈的"东语"，即今雷州话。它的特点是"与漳、潮大类"，即从语感上可辨知"东语"跟闽南的漳州话和粤东的潮州话大体上相同。宋以来，"东语"又称"客语"。以地理论，漳州和潮州都在雷州之东；以历史论，讲雷州话的居民多为闽中、闽南移民来雷的"客人"。宋代时，雷州半岛的闽人已占多数，久之，闽人由客变主。其中，部分闽兵、闽商及流民入居半岛成为"熟黎"，所操方言被称为"黎话"，与当时的"东语"大体相通，这也是雷州话又被称为"黎话"的原因。在宋代，各类闽语在雷州、廉州流传。所谓"雷地尽东南音……东语已谬，黎语益侏僇"，正是闽方言不同分支在雷州一带的真实写照。到明朝，"与漳、潮大类"的"东语"，发展成为海康、遂溪、徐闻"三县九所乡落通谈"的雷州话。①

再比较同时期与雷州比邻的廉州。明王士性《广志绎》记："廉州中国穷处，其俗有四民：一曰客户，居城郭，解汉音，业商贸；二曰东人，杂处乡村，解闽语，业耕种；三曰俚人，深居远村，不解汉语，惟耕垦为活；四曰疍户，舟居穴处，仅同水族，亦解汉音，以采海为生。"② 可知，明朝的廉州，也有相当一部分是说闽南方言的"东人"。成书于明末清初的孙承泽著《春明梦余录》亦载："廉州人作闽语，福宁人作四明语，海上相距不远，风气相关耳。"③ 廉州人的闽语和福宁人的四明（今浙江宁波）语，同属闽浙一带方言，但又各自有特色。这也意味着，闽人迁入岭南西部后，闽方言与当地方言融合，雷州方言在明代以前已经从闽方言中分化出来，成为相对独立的分支。④

漳州话是闽南话的代表方言之一，因此，可以推断"与漳、潮大类"的

① 李新魁：《广东的方言》，广东人民出版社1994年版，第421—424页。
② 〔明〕王士性撰，吕景琳点校：《广志绎》卷四，中华书局1981年版，第103页。
③ 〔清〕孙承泽著，王剑英点校：《春明梦余录》，北京出版社2018年版，第864页。孙承泽（1592—1676），字耳北，号北海，山东益都（今山东寿光）人。明崇祯进士，官给事中。入清，官至吏部左侍郎。
④ 司徒尚纪：《雷州文化概论》，广东人民出版社2014年版，第109页。

东语——雷州话，在现代汉语方言的分类上属于闽方言。闽方言又称闽语，是汉语七大方言（官话方言、吴方言、湘方言、赣方言、客家方言、粤方言、闽方言）中语言现象最复杂、内部分歧最大的一个方言。闽方言主要通行于福建、广东、台湾三省，浙江省南部，江西、广西、江苏三省（区）的个别地区。闽方言按其语言特点大致分为五个方言片：闽南方言、闽东方言、闽北方言、闽中方言和莆仙方言。更确切地说，雷州话更多地来源于闽方言中的莆仙方言，语言特征更偏向莆田话。[1] 同时，无论语音、词汇，还是语法，雷州方言又有自身的发展，明显具有雷州地方色彩。

与福建莆田人大举迁入雷州半岛的史实相对应，雷州话在语音上与漳州话、潮州话和莆田话比较，更接近莆田话。如漳州话、潮州话都有相当数量的鼻化元音的韵母，雷州话没有鼻化元音，莆田话也没有鼻化元音。雷州话的声母、韵母、声调的数量和读音与莆田话大同小异，每个单字音义的结合也大同小异。尤其是声母中有边擦音，这是莆田话的一个主要特征，漳州话、潮州话则没有，但遂溪、廉江的雷州话就有边擦音声母，如"三、四、是、使"声母。雷州、徐闻的雷州话因受海南话的影响，边擦音声母已变成清擦音声母或塞音声母。

到清代，雷州方言亦然独树一帜。清乾隆《粤东闻见录》载：高、廉、雷、琼之间，益侏僚难解。官司听讼，恒凭隶役传述。至于吏、礼、户库，往往呼此而彼应，即胥役亦不甚辨。幸近奉功令，士子应试皆先学习官音，庶臻同文之盛云。[2] 这一热闹的场面也反映了这一事实：清代广东高、廉、雷、琼下四府已形成各自方言，外来者难以听懂，社会交流甚是困难，非当地找人翻译不可。官府已察觉这一奇特的文化现象，乾隆时清廷推广官音，类似今日的普通话，士子非学（官音）不好应试。

今天，雷州话以雷城镇居民所说的话为代表。这是因为雷城是古雷州府城，是雷州半岛政治、经济、文化的中心。今天流行于雷州半岛各地的雷剧，湛江市的雷州方言广播，以及各地的雷州歌创作，也都采用雷城话。[3]

[1] 吴建华：《雷州传统文化初探》，天津古籍出版社2000年版，第231页。
[2] 李新魁：《广东的方言》，广东人民出版社1994年版，第424页。
[3] 蔡叶青：《雷州方言》，岭南美术出版社、广东人民出版社2013年版，第2页。

二、雷州民系形成

宋元时期，汉人已成为雷州半岛居民主体，经明、清两代更多的闽人迁入，使用雷州话的居民已占半岛人口绝大多数，为雷州民系形成奠定了共同的语言基础。

明代，雷州府辖海康、遂溪和徐闻三县作为稳定的政区建置从此固定下来，地域概念日趋明确，三县的政治、经济、文化结合更加牢固有力，为雷州民系的形成铸就广阔而稳定的地理空间。

至明代，雷州半岛居民已经形成共同的农业经济为主、海洋经济为辅的生产、生活模式，雷州文化的特征旗帜鲜明地展现出来。首先，雷州城外东西洋田，是雷州人与海争地的胜利，也是耕海的一种形式。经宋元时期的围垦、冲淡和土壤熟化，到明代，水田稻作经济地位大幅度上升，成为雷州最重要的经济支柱，也是当地人基本的生产生活方式。其次，雷州人民的耕海到明清时达到新的高度。雷州人常年在沿海作业，甚至驱驰于深海，从事捕鲸作业。海洋渔业经济蔚为壮观，加之雷州人民依托海洋大力发展海外贸易，形成独具特色的海洋经济形式。

一个民系的成熟，深层文化结构在于本族群心理素质的形成，外在表现于风俗和信仰，其中神明崇拜是一个重要指征。据统计，明清仅雷州府三县各类庙宇共125座，其中雷神庙12座，天后庙（妈祖庙）26座，关帝庙12座，伏波庙6座，共56座，[1] 约占庙宇总数45%，反映出雷州人对水神、海神、财神的崇拜，折射出雷州文化中的海洋文化、商业文化之光。徐闻三面环海，港湾渔村罗布，天后宫特别多，但各自不同。据统计，仅徐闻境内自新寮、海安、五里、角尾、西连、石马一带沿海，就有20多座妈祖庙。其他如土地神、各类人神等也居于重要位置。诸神庞杂，来源广泛，既反映了雷州移民文化的深厚，显示了雷州人对土著文化、外来文化包容、共生的态度。妈祖、伏波将军等已演化为雷州人民全民性神祇，并凝结为雷州人共同的文化符号，把雷州人民牢牢地凝聚在一起。最终，以农业为本的生产和生活方式培育出了一种集体主义的生存策略和相应的精神理念或文化品格，并

---

① 冼剑民、陶道强：《试论明清时期雷州民间神庙文化》，广东炎黄文化研究会等编：《岭峤春秋——雷州文化论文集》，中山大学出版社2003年版，第121—126页。

在那种以集体力量同大自然作斗争的过程中，生成一种和合的智慧。反映到文化性格上，便是中国农民那种谦恭、敦厚、勤俭、平和的品质①。

形成于元明，成熟于清代的雷州民系，主要的文化个性为：以雷州话为主导性方言，以雷州三县所辖之地为共同生产、生活的地域空间，渔农并重兼及海上商贸的共同经济生活模式，并以独具特色的风俗信仰为标志，形成重农、重商的文化传统。这些都使雷州人在岭南族群文化上独具一格，有异于其他民系。②

雷州半岛可以划分为一个民系，称为"雷州民系"或"雷州人"，就像广府系（广府人）、客家系（客家人）、潮汕系（潮汕人）一样，成为今广东四大民系之一。

第三节　多元文化融合发展

一、广府文化在湛江

广府民系即广府人，指以白话为母语的汉族族群，以珠江三角洲为中心，分布于粤西、香港、澳门、广西小部、海南乃至海外。广府民系属下有多个分支，最显著的标志是以粤语为母语。研究表明，吴川、廉江一带方言既从属于粤语白话语言体系，同时又因本地多元文化的融合而具有自己的语言特色，还因与毗邻的雷州民系及方言平行发展，文化略有不同。

雷州半岛北部鉴江流域以东地区，即宋元时期的高州（路）、化州（路），明清的高州府所辖之地，主要包括今茂名、化州、电白、吴川、廉江（又称石城）。鉴江流域、九洲江流域南段以高州为政治、经济、文化中心，该区域内部关系紧密，更由于地理区位偏于一隅，非兵家必争之地，政区建置稳定，自成一地理单元③，主要使用粤方言，即广州话、白话，在广东语

---

①　陈立新、卢凌日：《湛江人文化性格区域板块说》，《湛江晚报》2011年3月22日。

②　司徒尚纪：《雷州文化概论》，广东人民出版社2014年版，第110—113页。

③　刘琦：《鉴江文化研究》，中国评论学术出版社2011年版，第107页。

言地图上属粤语高廉片①。"宋南渡后自中州来者，语音明白易晓，故名白话"。在廉江又称客话，其中祖辈由顺德迁来的仍带顺德音，由东莞迁来的仍带东莞音。光绪《高州府志》总结道："高凉自冯氏浮海北来，世捍南服，驰声上国，风气日开。南渡以后，中州士大夫侨居岭表，占籍各郡，乡音参合，言语随方可辨而悉矣。高郡方言大概与会城相仿，且音稍重而节略促。吴川较清婉而过于柔，石城则参以廉州"②。会城指省城，这是说高州府的方言与广州话接近。

《广东新语》中所列举粤方言词语，与现代粤方言的说法完全一致。如普通人曰"佬"、妻子曰"夫娘"、新妇曰"心抱"、聪明曰"乖"、鸡蛋曰"鸡春"、漂亮曰"靓"等，与吴川、廉江一带方言有相通之处，但有异于雷州话对同样的内容的表达。雷州人称妻子曰"娘"、漂亮曰"妍"、鸡蛋曰"鸡菜"等③，这说明高州和雷州是两个方言亚区，使用这两种亚方言的群体，也与他们所在区域相对应，各有特定的分布范围。

仔细梳理吴川、廉江操白话方言居民的发展脉络，主要源于四个方面的文化影响。

其一，中原文化的影响。秦汉时期，中原王朝对岭南实施中央集权封建统治，北方移民将中原地区的语言、文字带到岭南西部，北方文化也传播到粤西一带。唐宋时期，北方文化再度南下。在吴川名镇梅菉头的古树下，仍保存着梅菉诸多族群共一祖庙——康王庙。当地民谚是这么说的："先有康王，后有祖庙，先有祖庙，后有梅菉。"梅菉祖庙供奉的康王即北宋抗辽名将康保裔。史料对这位祖籍洛阳的中原名将大加浓墨，蔡东藩的《宋史演义》中还有《康保裔血战亡身》的回目。康王庙，一般都集中在中原地区，而吴川等地比比皆是康王庙，应与西晋以降多次衣冠南渡，士族大举南迁有关。

其二，吴川、廉江等地的地理位置正是秦汉时期广信文化的南渐之地。古广信位于今梧州、肇庆、云浮一带，元封五年（前106），汉武帝将交

① 李新魁：《广东的方言》，广东人民出版社1994年版，第26页。
② 〔清〕杨霁修，〔清〕陈兰彬纂：光绪《高州府志》卷六《舆地六》，（台湾）成文出版社1967年版，第84页。
③ 吴建华：《雷州传统文化初探》，天津古籍出版社2000年版，第255—256页。

趾刺史部移治苍梧郡广信县，作为监察部门，统辖岭南的苍梧等 9 郡，广信成为岭南要地。直至汉献帝时，交州州治改为番禺，广信作为岭南行政中心 300 多年。历史上，广信是两广之宗，无论是唐分岭东、岭西两道，宋设广南东西两路，均以广信为界。史志记载及考古发现证明，从广信出发，南有北流江、南流江出合浦港；东可取道西江下番禺，或取道南江下鉴江，是秦汉时期楚人和中原人进入雷州半岛出徐闻的要道。到明代，鉴江流域与广信地区一衣带水，例如，兴起于明朝万历年间的芷寮、梅菉等商港就位于鉴江入海口，鉴江水系沟通广信与粤西，山货源源不断随江运至梅菉、芷寮，古华南山区文化的重要代表——广信文化，随江交融到吴川等地，因此，这一地区又有山区文化的精神特征。

其三，秦汉进军岭南，经广信下岭南，也是一种移民行为，这包括两次军事行动留驻军队和家属、罪犯、商人、未婚女子等。研究表明，岭南"秦末移民数应在 10 万—15 万之间"[1]。广东语言学者根据粤方言演变历史，认为粤语是中原移民带来，形成于古广信。[2] 可见，古代华南山区文化的重要代表——广信文化，随鉴江流布到化州、吴川、廉州等地，带来粤语方言，也赋予人们刻苦、忍耐、勤奋、上进的精神特性。

古越文化对吴川、廉江、茂名等地也有影响，具有强悍、和纳、团结的地域文化特点。长岐镇梧山岭贝丘遗址揭示，早在新石器时代，吴川、廉江一带便有先民繁衍生息。吴川、廉江秦属象郡，汉属南越国，三国至南朝宋、齐时期，先后属于广州、高凉郡、高凉县。万历《雷州府志》载："唐武德五年，高州总管冯盎以地降。拜盎子智或东合州刺史，即南合地。盎于三年击新兴贼冼宝，彻禽之，遂有番南、珠崖地，自号总管。"[3] 之后，冯冼通婚，高州是隋唐俚人、巾帼英雄冼夫人的出生地和统治中心。冼夫人"和睦汉俚"、"统纳千洞渠帅"，号称"岭南圣母"。冼夫人崇拜、冼太夫人庙在这一带分布广泛，香火不断。因此，吴川、廉江等地与稍北的高凉一带犬牙交错，文化共同性强，都是古南越文化的分支，与之后的粤西土著——俚、

① 葛剑雄、吴松弟、曹树基：《中国移民史》（第二卷），福建人民出版社 1997 年版，第 73 页。
② 罗康宁：《粤语与珠江文化》，中国评论学术出版社 2005 年版，第 24—25 页。
③ 〔明〕欧阳保纂，〔明〕韩上桂、邓桢辑：万历《雷州府志》卷一《舆图志》，书目文献出版社 1990 年版，第 165 页。

僚等部族具有深刻的关联。至今，吴川等地仍有不少宗族称自己源自高凉。此外，考古发现这里有铜鼓，吴川的年例风俗，以及当地人普遍尚武，均有古越遗风。

其四，吴川、廉江一带，三江交汇，一面临海，耕海自然而然成了当地人的传统。历史上的两次闽人南迁，使以泉州为中心的闽南海洋文化迅速在这一地区得到秉承和发扬。第一次是南宋皇族遗裔为逃避元兵追杀，由闽入粤，由雷入琼，护驾的数万福建军民在粤西大量散落。第二次是明朝海禁，耕海的闽人被迫上岸，流落高雷者不少。中国古代海洋文化的典型象征——妈祖，在民众中得到普遍的尊崇。海洋文化的秉承和光大，开放、开拓、兼容、创业的精神特性及商贸能力在吴川人身上得到体现。吴川、廉江、化州等本属于高凉之地，其粤方言在融合俚僚语言后，又与闽南话进行长时间的摩擦与交流，最终形成广府文化中粤西白话浓郁的地方口音。

在粤西广府文化内部，吴川板块和廉江板块又有细微差别。吴川板块，包括今吴川市及湛江市坡头区、南三岛等，地处鉴江下游滨海地区，鉴江及其支流几乎遍布全境，多台地平原，地势较平坦，海岸线长，适宜农耕和渔业。梅菉、吴阳、芷寮等地开放很早，除了福建移民，还有大量的广府移民，受中原文化、莆田文化、广府文化影响较深。源头文化的多元化使之既呈现农耕文化，又兼具商业文化特点。吴川山多田少地瘠，很多地方农耕不足以自供，因此需要多种的谋生手段来保证生存，于是，从事手艺、经商营生者比比皆是，由此形成流动性强、视野较为开阔的人文环境，人的思想观念也相对开放、灵活、善变。[①] 廉江北部为山地，中部为丘陵，南部为平原阶地，经济形态以传统农业为主。明万历《高州府志》称"石城简讼而尚俭"，更多具有山民的特征。

二、客家人的迁入

据《关于广东客家人分布情况的调查》（1987）统计，湛江市客家人共9万，零星分布于遂溪县、徐闻县、吴川市、雷州市境内。廉江市有客家人46万，主要分布在石颈、河唇、长山、塘蓬、和寮、高桥、青平、龙湾、雅

---

① 陈立新、卢凌日：《湛江人文化性格区域板块说》，《湛江晚报》2011年3月22日。

塘、吉水、石岭、新民、横山、车板、石角等镇。[①]

湛江地区客家人口比例

县（市）区	户籍人口数	客家人数	客家人比例（%）
湛江市区	1518074	136017	8.96
廉江市	1635835	785200	48
遂溪县	1038986	23896	2.3
徐闻县	724303	7243	1
雷州市	1631474	7342	0.45

资料来源：詹坚固：《广东客家人分布状况及其对客家文化发展的影响》，《探索》2012 年第 4 期，第 90 页。

直至今日，粤西地区客家人的分布区域一般呈点状分布，成为植入粤西广府人传统分布区域内的一个个移民据点。究其原因，从宋代开始，政治、经济、文化中心南移，中原移民大量进入赣南、闽西、粤东地区，经长期的艰苦创业、生息繁衍，人口大增，客家民系形成。

史载，明代，廉江一带"言语不一，有客话与广话相类，其余有哎话、雷话、地獠海獠话，大抵土音各异，习俗亦殊"[②]。其中，讲"哎话"者，就是客家人。据记载，晚清，高州府"诸县中间有一二乡落与嘉应语音类者，谓我为哎，俗谓之'哎子'，其言谓之'哎话'"[③]。可见，大约在明、清两代粤西一带开始有客家移民定居，廉江成为客家人西迁的乐土。

廉江地处广袤之西南、雷州半岛的北部，东连茂名市的化州，北边和西边分别与广西的博白、陆川、合浦三县接壤，南面是湛江市郊和遂溪县，西南面是出海口——北部湾的安铺镇。地势北高南低、南宽北窄，南半部是浅海沉积平原和缓坡低丘陵地带，占全县总面积的七成左右，其余三成为北部丘陵山区。这些山区开发较晚，人口较少，成为吸引历代客家人迁居于此的重要因素，也是廉江近一半是客家人口的主要原因。洪武十四年（1381），

---

① 侯国隆：《关于广东客家人分布情况的调查》，《广东史志》1991 年第 3 期。

② 〔清〕蒋廷桂修，〔清〕陈兰彬纂：光绪《石城县志》卷二《舆地志》，光绪十八年（1892）刻本，第 114 页。

③ 光绪《高州府志》卷六《舆地六》，（台湾）成文出版社 1967 年版，第 84 页。

廉江共有居民2700多户、4700多人；万历年间，实户2176，人口5257。①有明一代，人口未有大的增长。由于有了历代客家人的加盟，如今的廉江是人口大市，据1985年统计有人口104.98万，其中约有一半为客家人，主要居住在北部和西部丘陵山区的10多个乡镇的2324个自然村里。

这些客家人的主要特征是讲"哎话"（𠊎话），属于客家方言。讲"哎话"的移民来源与广东省客家人分布格局基本对应，最早是宋朝以后，来自福建西部旧汀州府和粤东旧嘉应州的客家话地区。由于迁来较晚，所以多聚居在北部、西部的山区。到明清之际，续有客家居民迁入，他们定居以后，村落多连成片，内部交往频繁，故其方言变化较慢。虽然如此，由于迁入时间不同，来源亦有差异，故此，如今廉江的"哎话"出现了多个语音有明显差别的地方，如塘蓬、长山、和寮、石颈的"哎话"，就跟石角一带的有较大的差别。但是，清代迁入者来时更晚，大多从事商贸活动，比较集中在雷州半岛北部城镇、商埠，适应迁徙地的能力更强，影响之大甚于早期迁入者，今廉城镇、安铺镇等地的客家人，除使用客家方言，还会说粤语白话。

由于长期与雷州民系、广府民系交往交流，在多元共生的自然与人文环境中，相当比例的客家人会操其他族群的语言，在对外交往时使用粤语、雷话，在群体内部使用客家话，一些客家人开始淡化客家人身份，甚至认同自己是广府人，这是明代湛江地区多元文化融合发展的典型事例。②

三、多元文化的融合

到明代，以雷州半岛为核心的雷州民系共同体意识不断加强。因与半岛及其东、北部周边地区，也即高州府、廉州府等相邻地区长期的政治、经济文化交往，整个雷州半岛一带呈现多元文化融合发展的局面，甚至出现你中有我、我中有你的文化现象。再者，自宋元以来，随着儒家文化在岭南的广泛传播，进一步整合此地的文化资源，至明代，雷州方言片与白话高廉片齐头并进，相互促进。

---

① 〔清〕蒋廷桂修，〔清〕陈兰彬纂：光绪《石城县志》卷四《经政》，光绪十八年（1892）刻本，第188页。

② 詹坚固：《广东客家人分布状况及其对客家文化发展的影响》，《探索》2012年第4期，第92—93页。

　　雷州方言与粤西白话高廉片方言分布绝非泾渭分明，而是相互融合，互有渗透。时至今日，湛江说白话的区域集中在市区的赤坎区、霞山区、吴川市大部、廉江市部分地区及麻章区、雷州市、遂溪县、徐闻县的少数地区。明清时期，南三岛隶属吴川县南三都，岛上居民讲白话。而与之仅一个水道之隔的硇洲岛，明清时期的行政区划隶属吴川县南四都，但岛上居民几乎全部讲雷话，其生活习俗也与雷州民系更为相似。此外，吴川最东部滨海的吉兆村所讲语言，与白话大不相同，曾被当地人认为是神秘的"海话"。光绪《高州府志》载：临近吉兆湾的茂名、电白，方言与高州诸县"大异，与福建、潮州同俗，谓之海话"，又"正海旁声，音近雷琼，曰海话"①。可以推断，海话其实属于雷话范畴。另有研究表明，和雷州半岛极为类似，吴川、廉江一带宋元以来人口，主要是由西迁的闽南人融合当地土著俚人而成，古时应讲古闽南语。后来不断受到周边强势的、早期形成于鉴江、漠阳江一带的高阳粤语影响，最终形成如今以粤语系统为基础、带有浓厚闽南语色彩的吴川、化州一带的粤语方言，在广东方言中又被定义为"粤语吴（川）化（州）片"。明万历《高州府志》对这一现象有描述："高州在汉晋之时，尚沿夷习。自隋唐以后，渐袭华风。逮至我朝，休明之化沦洽于兹，椎跣变为冠裳，侏俪化而弦诵，才贤辈出，科第蝉联，彬彬然埒于中土，进而展采者功在苍赤，望重云霄"②。道出吴川等地的粤语方言与古越各族、闽南话的渊源，以及与雷州话的相互影响。在以客家人居多的石城，也有相当部分人讲黎话、白话。当地人将同时会说白话、雷州话、倨话者，称为"三合土"。

　　明代，雷州民系与吴川、廉江一带的经济形态、风土民情大抵相同。万历《高州府志》载，高州所辖各县，"至于耕而食，织而衣，婚礼定以槟榔，丧礼辄用鼓吹。地饶鱼稻，故尠桂玉之忧；人惮商贾，则无素封之产"③。与上节所述雷州三县之渔农经济、社会风俗几乎没什么区别。

---

　　① 〔清〕杨霁修，〔清〕陈兰彬等纂：光绪《高州府志》卷六《舆地六》，（台湾）成文出版社1967年版，第84页。

　　② 〔明〕曹志遇主修，〔明〕王湛同修：万历《高州府志》卷七《风俗》，书目文献出版社1990年版，第106页。

　　③ 〔明〕曹志遇主修，〔明〕王湛同修：万历《高州府志》卷七《风俗》，书目文献出版社1990年版，第106页。

　　在两大区域文化中，虽然民间信仰各有侧重，但仍有相互影响与共同之处。如吴川、廉江一带旧属高凉，冼夫人崇拜盛行，而雷州半岛也有冼夫人信仰。史载，雷州英利墟建有冼太庙一座，始建时代不明，明正德年间曾重修，[①] 至今香火不断。雷州半岛大多为福建莆田移民，普遍供奉来自家乡莆田湄洲岛的妈祖（天后），而吴川、廉江一带因其福建移民的背景，加之滨海渔民、海商的生产、生活需要，也多敬奉海神妈祖。万历《高州府志》载："鉴江之东有天妃宫"。同书《吴川县图》中限门以南双峰塔旁，一座天妃宫赫然耸立。[②] 光绪《吴川县志》载，县内天后宫 8 座[③]；光绪《石城县志》记载，不包括各村的神庙，仅县城内就有 5 座天后宫[④]。至于伏波将军崇拜，两者都十分虔诚，两地各有多处庙宇祭祀。

　　明代中晚期，雷州半岛一带雷州文化、广府文化、客家文化等多元文化融合共生，还体现在俚、僚人也在高、雷地区拥有自己的族群、部落。吴川、廉江等地直至明清还有僮（今之壮族）、瑶等村落与族群，地方志中列有迥异于雷州话和白话的僮、瑶语言。

　　据记载，明末石城（廉江）的"山瑶""聚居谿峒，蔓衍日繁"，分为"东山瑶"与"西山瑶"两部。清初，东山瑶主要分布于石塘村、黎竹村、章伞村、江口木头塘村、石龙村、文洪村、山塘村、白石村、平田村、下山村等地，共 150 多人；西山瑶，分散在河潭村、卢村、杨金村、香山村、茅垌村、油麻村、坡头村、枕头山村、大山村、那李坡村、独碑村、丰九箔村等村庄，共 370 多人。[⑤] 瑶、汉两个兄弟民族，长期共同生活，互相交往，互相影响。在与汉族的长期融合共生中，瑶族深受汉族经济、思想、文化熏陶。至成化年间（1466—1487），瑶族在生产方式、生活习俗、语言服饰等方面，进一步受到汉族的影响，差异逐步缩小。至清代，瑶民"凿井耕田，

---

　　① 牧野主编：《雷州历史文化大观》，花城出版社 2006 年版，第 108 页。

　　② 〔明〕曹志遇主修，〔明〕王湛同修：万历《高州府志》卷八《诗抄》，第 115 页；卷一《分野》，第 7 页。

　　③ 〔清〕毛昌善修，〔清〕陈兰彬纂：光绪《吴川县志》卷三《政经》，（台湾）成文出版社 1967 年版，第 86—87 页。

　　④ 〔清〕蒋廷桂修，〔清〕陈兰彬纂：光绪《石城县志》卷三《建置志》，光绪十八年（1892）刻本。

　　⑤ 〔清〕梁之栋修，〔清〕黎民铎纂：康熙《石城县志》卷三《武备》。

与民无异"①。

明代，雷州半岛经济发展，人口增加，不仅雷州民系在这一时期完成族际认同，族群共同体意识不断加强，而且雷州三县联系日趋紧密。同时，雷州文化、广府文化、客家文化、俚僚文化等多元文化更进一步融合互动，湛江地区农业、商业、社会发展进一步提速，为湛江本土文化的形成打下坚实基础。

---

① 〔清〕梁之栋修，〔清〕黎民铎纂：康熙《石城县志》卷二《兵防》。

第十八章　明代湛江地区人文蔚起

明中叶后，湛江地区文化教育进入鼎盛时期。除了社学普及与府州县学规模扩大完善外，书院的数量较明初大量增加。随着教育的发展，通过科举成为举人、进士的数量，较前代大大增加。

明代也是我国方志发展史上的重要时代。从正德年间开始，雷州共修府志四部。其中，万历年间由雷州府推官欧阳保主持编纂的《雷州府志》，是现存最早的《雷州府志》，具有较高的历史价值。

第一节　教育与考试的发展

一、教育体系与考试制度

（一）教育体系

明朝统治者对学校教育极为重视，强调学校教育对于实行教化、稳定统治和选拔人才的重要作用。朱元璋在建国之初，就将学校教育的推广和完善作为巩固自身统治的重要手段。早在洪武元年，就在京师恢复建立了国子监。洪武二年（1369）十月，发布上谕曰：

> 治国之要，教化为先，教化之道，学校为本。今京师虽有太学，而天下学校未兴，宜令郡县皆立学，礼延师儒教授生徒，以讲论圣道，使人日渐月化，以复先王之旧，以革污染之习。此最急务，当速行之。①

---

① 台湾"中研院"历史语言研究所校印：《明太祖实录》卷四十六"洪武二年十月辛巳条"，第 923 页。

随即下诏"命郡县立学校",并对各级地方学校建立的具体事项做了详细规定。① 广东省各州县积极响应,雷州、高州、廉州等府学重建重修。各县学也很快恢复。粤西地区的府州县学等官学,均依国家规定招生办学。明朝的教育制度分为民间教育和官方教育两个方面。官方学校包括国子监、府州县学及卫学等官学。除此之外,都属于民间教育范畴。

明朝政府规定,府学设教授 1 人、训导 4 人、生员 40 人,州学设学正 1 人、训导 3 人、生员 30 人,县学设教谕 1 人、训导 2 人、生员 20 人。

入府州县学生员,由各府州县于民间及官员子弟选充,要求人才俊秀,容貌整齐,年龄 15 岁之上,已读《论语》《孟子》等"四书"者方许入学,其年 20 岁之上愿入学者听便。生员"日给廪膳,免其家差徭二丁"。由于求学人多,生员额数太少,洪武二十年(1387)令增广生员,不拘额数。宣德三年(1428)进一步增广生员。

明初,官学教育的基本目标是"行教化,育人才",教学内容以程朱理学为正宗,生员须明经史,知孝、悌、忠、信、礼、义、廉、耻,通晓古今,识达时务。生员学习课程安排为:清晨讲明经、史学、诗词、格律,饭后学书、学礼、学乐、学算。如有余暇,愿学诏、诰、表、笺、疏、议、碑、铭、传记者,听从其便。官学内纪律严格,"务求实材,顽劣不率者黜退"。

(二)考试制度

明代规定:"科举必由学校,而学校起家可不由科举。"也就是说,在明朝所有的读书人都必须通过科举考试或学校考试,才能当官。如此规定使科举与学校牢固而有机地结合起来。此后,科举成为官办教育的轴心和导向,无论是国子监,还是府、州、县学教育,都完全以科举为导向。特别是洪武二十六年(1393)制定的府、州、县学教官考核法,专以科举成绩和通经与否作为考核教官称职与否的依据,更在制度层面上把府、州、县学教育完全纳入以科举为中心的轨道。

官办教育教学内容完全以科举考试科目为中心,科举考生也以学校生员为主体,明后期甚至几乎完全来源于学校,从而使科举考试真正成为以学校

---

① 范玉春、蓝武:《广西通史》(明代卷),广西师范大学出版社 2018 年版,第 2129—2130 页。

教育为基础的考试。

在宋、元科举三级考试的基础上，明代形成了五级考试体系。正统九年（1444），在乡试之下增加由各省、直提学官主持的科考，作为科举的最低一级考试，规定各省应试生儒，只有科考中式，方能获得参加乡试的资格。永乐二年（1404），增加了在殿试之后从二、三甲进士中选拔庶吉士的考试，以培养和储备高级人才。这不仅进一步提高了科举考试的难度和规范程度，而且为提高选才质量提供了条件，成为明代对科举制度的重要发展之一。[①]

洪武三年（1370），明朝诏开科举，以当年八月为始，使文武官员皆由科举进，并在京师及各行省举行乡试。这次乡试选贡名额规定广东25人。洪武十七年（1384）制定科举成式，命礼部颁行各省，"三年大比，永为定制"。从此，科举考试成为明代选官取士的主要途径。除科考和选拔庶吉士的考试，考试程序分为三级："三年大比，以诸生试之直省，曰乡试，中式者为举人。次年，以举人试之京师，曰会试，中式者，天子亲策于廷，曰廷试，亦曰殿试。分一、二、三甲以为名第之次。"考试内容，以儒家经典为主，"专取四书及《易》《书》《诗》《春秋》《礼记》五经命题"，以"八股文"为格式，包括破题、承题、起讲、入题、起股、中股、后股、束股八部分。"乡试分三场，初场试《四书》义三道，经义四道。二场试论道，判五道，诏、诰、表、内科一道。三场试经史时务策五道"。乡试第一称"解元"。

洪武三年首次全国性乡试，广东应试儒生320人，取李初、孙蒉等14人。雷州、高州无人入选。但到明朝中期以后，随着广东西部地区政治稳定，经济发展，文风凸显。之后历次科考，录取人数显著增多。永乐二年，全国会试，取中472人，广东中式者达36人。高州、雷州、琼州、罗定州等偏远地区也才俊辈出，其中高州府中进士者8人，雷州府、琼州府各有4人。

二、地方教育的发展

（一）府学、县学

府学和县学，在明清时指设于府治和县治的中等学校，一般将学习儒家

① 郭培贵：《中国科举制度通史》（明代卷），上海人民出版社2015年版，第5—6页。

经典的学校与祭祀孔子的机构结合在一起，实行"学庙合一"。"学宫""孔庙"等都是基本建筑。因此，雷州历代官学都非常重视学校选址和建设。

雷州府府学最早建于宋庆历四年（1044），位于城外西湖之东、天宁寺一带。乾道六年（1170），知军戴之邵迁府治西（今雷州城西）。至明代，雷州府学的地址固定下来。洪武三年（1370），同知余麟孙修葺府学。成化二年（1466），知府黄瑜、推官秦钟建戟门及棂星门，"皆柱以石"；成化十四年（1478），"奏并海康县学于府学"；成化二十年（1484），知府魏瀚重建云章阁，改扁曰"聚奎堂"，"为堂二十四楹，穿堂六楹，高广深邃，彩绘烨然"，颇具规模，"诚郡学之伟观"！经多任地方官员扩建，府学规模不断扩大，教学条件得到改善。嘉靖十一年（1532），雷州府学经过修缮，"高爽坚丽倍之。堂左右翼四斋一十二间，共三十二楹，并时鼎造，轮奂翕然"。①

与此同时，县学也发展壮大。

海康县学，宋以前未建，生徒就遂溪之文明书院为学，儒籍则附诸府学，海康县学始建于元至顺三年（1332），洪武三年（1370）迁于府学之西。②

遂溪县学，学宫建于宋，宝庆元年再迁登俊坊，元朝沿袭。明朝开国，尊师重教，洪武三年，知县王渊、县丞诸道宏重修。建戟门、棂星门，后设明伦堂，又设两斋于堂之左右，左曰"日新"，右曰"时习"。厨廪廨舍悉备。③ 之后，虽经历变乱兵灾，但向学之风不减，不断扩建。崇祯九年（1636），知府朱敬衡、知县陈时瑞重修正殿两庑、棂星门及明伦堂。清随明制。

徐闻县学，宋始建于讨网村，洪武三年拓地重建。天顺六年（1462），因海盗侵袭，县学迁海安所城。成化十四年（1478），因瑶民起事造成雷州人口锐减，生徒稀少，海康县学难以为继，经地方官奏请，将海康县学与雷

① 〔明〕欧阳保纂，〔明〕韩上桂、邓桢辑：万历《雷州府志》卷十《学校志》，书目文献出版社1990年版。

② 〔清〕刘邦柄修，〔清〕陈昌齐纂：嘉庆《海康县志》卷二《建置志》，岭南美术出版社2009年版。

③ 〔清〕喻炳荣、朱德华修，蔡平点校：道光《遂溪县志》卷三《学校志》，方志出版社2017年版。

州府学合并。直至弘治九年（1496），才恢复海康县学。[①] 弘治年间，迁复宾朴旧址。经正德、嘉靖、隆庆、万历年间的不断修缮，大成殿、棂星门、戟门、启圣祠、名宦祠、乡贤祠、射圃亭、学员号舍等次第修建完成。[②] 至万历年间，"学之规制始备"[③]。

明代，隶属高州府的吴川、石城两县教育也有长足发展。吴川学宫在县治右西向，元至正九年（1349）主簿唐必达、教谕吴仲元修建。洪武十四年（1381），县丞旺季清重修。经正统、嘉靖年间历代修葺，规模不断扩大。[④] 万历年间，有学田 7 顷 8 亩，维持县学招纳青年才俊，笃学应试。石城县学初在江头铺南，元皇庆年间随县迁于高峰铺，明洪武年间重修，嘉靖年间改建于县西，万历年间复迁于北街旧址。学田 1 顷 53 亩多，年纳租 8730 文，贮县库，以给贫生[⑤]，尤见当时县学之盛。

府学、县学，即官办学堂，也称"学宫"。一般为一进或二、三进四合大院。府县学大小规模不一，但学校形制、格局略同，一般设戟门、大成殿、棂星门、崇圣祠、明伦堂、尊经阁、乡贤祠。左右设两斋，或为教室，或为生员宿舍，厨廪廨舍悉备。如保存至今的吴川县学原为五座建筑，沿中轴线依次为戟门、大成殿、崇圣祠、明伦堂、尊经阁等。

明代各级政府十分重视教育，各级官学所派教官，府儒学设教授、训导等职，县学设教谕、训导等职。这些学官均具有功名，大部分为举人出身，直接纳入各府州县的官僚体系。府学教授、训导官职品级为从九品，月俸 5 石。

府学附属地产，称学田。学田所收钱粮，部分用于救济贫困生员。万历

---

① 曾国富：《明代粤西地区的瑶民起事及官府的治瑶策略》，《广东史志》（2018 年合订本），第 25 页。

② 〔清〕王辅之修，〔清〕骆克良等纂：宣统《徐闻县志》卷五《学校志》，岭南美术出版社 2009 年版，第 451—452 页。

③ 〔清〕阎如玳修，〔清〕吴平修纂：康熙《徐闻县志》，岭南美术出版社 2009 年版，第 123 页。

④ 〔清〕杨霁修，〔清〕陈兰彬等纂：光绪《高州府志》卷十三《学校》，（台湾）成文出版社 1967 年版。

⑤ 〔清〕杨霁修，〔清〕陈兰彬纂：光绪《高州府志》卷十三《学校》；又见〔明〕曹志遇主修：万历《高州府志》卷一《公署》，书目文献出版社 1990 年版。

十年（1582），徐闻县知县蔡宗周丈出欺隐土名吴家庄田 500 亩，"归学赡贫士"。万历年间，吴川县学学田 7 顷 8 亩。① 石城县学学田 1 顷 53 亩多，年纳租 8730 文②。

府学、县学生员在校学习，主要目的是参加定期的乡试、会试，考取功名。学额固定，但随着国家、地方需要也相应作出调整。有中式举人者，也可根据"荐辟"直接出仕做官。明朝时各官学"科目以登进之，荐举以旁招之"，但无论科举还是荐举，各地府学、县学都是培养人才的摇篮，并带动整个社会积极向学，文明开化。

（二）社学

社学是设在基层的初级学校，始设于元至元二十三年（1286）。元制，50 家为一社，每社设学校一所，择通晓经书者为社师，农闲时令子弟入学，读《孝经》《小学》《大学》《论语》《孟子》。明承元制，府、州、县皆设社学，教育 8 岁以上 15 岁以下之幼童；教育内容增加《御制大诰》《大明律令》及冠、婚、丧、祭等礼节。

嘉靖初年，广东提学副使魏校大肆捣毁寺观淫祠，将腾出的庙宇、宗祠，择其宽敞者改建社学。在魏校大力督促下，广东各地纷纷兴建社学。至嘉靖末黄佐编纂《广东通志》时，全省社学多达 556 所。其中，雷州一府设社学 24 所，分别为府城 7 所、海康 6 所、遂溪 7 所、徐闻 4 所。③

社学属于童蒙基础教育，湛江地区社学的普遍设立，对于普及文化知识、提高教育水平及移风易俗起了积极作用。

（三）书院

明初，因政府不提倡在官学之外另办书院，书院长期沉寂。明中叶后，官学日趋衰落，科举之弊日盛，士大夫复倡讲学，书院因此大量出现。书院分官办与私立两种，广东书院以官办书院居多。在陈白沙、湛若水等大儒的影响下，广东私立书院以讲学为主。

这一时期，雷州旧有书院相继重建，新的书院纷纷出现。正德十三年（1518），海康县创办怀坡书院；嘉靖二十三年（1544），办崇文书院。

---

① 〔明〕曹志遇主修，〔明〕王湛同修：万历《高州府志》卷一《公署》。

② 〔清〕杨霁修，〔清〕陈兰彬等纂：光绪《高州府志》卷十三《学校》。

③ 方志钦、蒋祖缘主编：《广东通史》（古代下册），广东高等教育出版社 2007 年版，第 655 页。

万历十九年（1591），汤显祖贬谪徐闻期间倡建贵生书院，是为徐闻第一所书院，对当地教育产生长远影响。继贵生书院后，万历三十年（1602），雷州创办文会书院。崇祯九年（1636），雷州知府朱敬衡创办雷阳书院，院址选在天宁寺侧。

遂溪旧有崇文书院，万历初改作他用。万历四十二年（1614），知县欧阳豪捐俸买民房改为书院，雷州府推官欧阳保题为"起秀书院"。

吴川的两所书院——江阳书院和正疑书院，创办者均为吴川知县周应鳌。周应鳌，江西泰和人，万历十四年（1586）进士，万历二十五年（1597）被贬为吴川知县。周应鳌在吴川三年，尤为注重教化。江阳书院、正疑书院与双峰塔即建于周应鳌任上。其中，江阳书院与双峰塔同时建成于万历二十七年（1599）。万历二十八年春，御史樊玉衡过访周应鳌，受邀游江阳书院、登双峰塔，作《江阳书院即景诗》二首。正疑书院位于县城内部东南，后经数次重建，今为吴阳中学一部分。正疑书院建成后，官府置田租五十石，以为书院日常运行的资费。江阳书院和正疑书院的创办对吴川地方教育的发展、人才的培养起到了重要作用。清初江阳书院废，当地人在旧址建双峰寺，塑周应鳌遗像奉祀。[①]

万历年间湛江地区社学、书院统计表

地区	社学	书院	备注
海康	东关内社学 东关外社学 南关内社学 南关外社学 西关外社学 北关内社学 北关外社学 卫社学	平湖书院 怀坡书院 崇文书院 文会书院	

---

① 蔡平：《周应鳌任吴川令时期的事功——以清代〈吴川县志〉为考察对象》，《湛江师范学院学报》2013年第5期。

（续表）

地区	社学	书院	备注
遂溪	城西社学	文明书院 起秀书院	城西社学，设于成化年间（约1473）
徐闻	崇德社学 广业社学 复初社学 明善社学	贵生书院	贵生书院，万历十九年（1591）汤显祖与徐闻知县熊敏捐资倡建
吴川		江阳书院 正疑书院	
石城	江头铺西社学 养正社学 新和社学	松明书院	养正社学在新和驿西。新和社学在驿左，明知县谢璿建。松明书院在凌绿，离城120里。据《石城志》载，宋元符三年，苏轼从儋州北归经此，燃松枝以照明，后人建松明书院

资料来源：万历《雷州府志》、万历《高州府志》、光绪《高州府志》。

第二节　明代湛江地区科举

明代是科举制度发展的鼎盛阶段。这一时期，科举成为官办教育的轴心和导向。官办教育教学内容完全以科举考试科目为中心，学校生员也以科举考生为主体。随着湛江地区教育机构的增多和办学条件的完善，明代湛江地区迎来科举兴盛的新局面。

一、科名鼎盛

明代雷州、高州地区文风大振，雷州府举人 145 名、进士 10 名，高州府举人 249 名、进士 14 名，[①] 高、雷二府亦因此跻身广东文化名府的行列。湛江地区一带民众普遍尚武，具有强烈的家国情怀，表现出驻守海疆的使命感和责任感。明代雷州三县和廉江、吴川中武举者颇多。

宋元时期的 400 多年间，湛江地区出了 10 位进士，本土培养的科甲人才更是少之又少。及至明代，湛江地区政治、经济发展，人口增长，外来移民不断流入，尤其是莆田移民将"耕读传家"的风气传入湛江地区，促成当地民智大开，文风顿起。

陈姓是高、雷一带第一大姓，以莆田玉湖陈氏等大家族迁居湛江的曲折经历，便可管窥湛江在明清时期科名鼎盛的深层原因。

南宋时期，福建莆田一带，因比邻京畿，得风气之先，"大儒、君子接踵而出"；科举考试及第者不胜枚举，有"十室九书堂，龙门半天下"之美誉。绍兴八年（1138）的状元黄公度、榜眼陈俊卿同为莆田人。陈俊卿官至尚书左仆射、同中书门下平章事兼枢密使，是南宋敢于谏诤、力主抗击外侮的贤相。

陈俊卿秉持莆田人传统，一生重视家学教育。一是延请学者艾轩到莆田讲学，四乡从学者每年达几百人，登科显仕者众。陈俊卿与之交游 40 年，形成"艾轩学派"。二是在白湖（即玉湖）南面对壶山建私塾，延请朱熹教授子弟。其子陈守、陈定、陈宓，次孙陈址等都是朱子入室弟子，陈宓尤为朱熹所器重。他官事之余，曾拜谒朱子，并在朱熹重修的庐山白鹿洞书院讲学。陈宓为官一任，造福一方，先后创立延平书院、沧洲草堂，与诸生讲学，所至之处均以兴学为民立久远之图，陈宓终成一代名儒。

陈宓谆谆教导子孙要勤奋读书，为国家建功立业。他亲自制订了《仰止堂规约》和《仰止堂乡约》，积极倡导儒家"修齐治平"的思想，中有"君子喻义，小人喻利""理本无形，惟物是格""近而修身，远而家国"等语，不少成为传诵后世的格言。

陈俊卿次孙陈址有志于学，乃抗金将领岳飞的孙女婿，可惜英年早逝；从孙陈均乃太学生，奉诏编辑《宋编年举要》《备要》二书（后者收入《四库全书》），有诗名。

---

① 据道光《广东通志》统计。转引自方志钦、蒋祖缘主编：《广东通史》（古代下册），广东高等教育出版社 2007 年版，第 666 页。

南宋咸淳四年（1268），陈俊卿五世从孙陈文龙蟾宫折桂，高中状元。陈文龙官至参知政事（副宰相）兼权知枢密院事。德祐二年十二月（1277年元月），元军大举南下，陈文龙归守兴化军（辖莆田、兴化、仙游等县）抗元，不屈身死。其叔陈瓒倾家财300万缗，助张世杰军抗元，知陈文龙就义后，发民兵攻复兴化军为陈文龙报仇，被宋廷封知兴化军事。元兵复来进攻，他力尽被执，坚决不降，被元将车裂，壮烈殉国。陈瓒之子陈若水又被张世杰召为督府抗元。陈文龙的子孙陈八宣、陈汝楫等则率族人乘船同辅帝昺，从福建走硇洲岛，再至崖门，直至宋亡。

陈氏家族虽遭遇国破家散之难，但求学问道、建功立业的家风不坠。陈八宣、陈汝楫率族人沿海南下，除一部分留在新会外海（今属江门市）外，其余的散居化州、吴川一带。陈八宣生三子：正、宝、经（伯镇）。陈正卜居坡头米稔村。陈宝后人迁居廉江案乾村。陈伯镇，元初任石龙（今化州）教谕，晚年卜居湛江市郊乾塘村，成为乾塘陈氏始祖。其后人中著名的有被明末郑成功委任为高廉雷总兵的抗清将领陈上川；清康熙三十二年（1693）进士，历任台湾知县、刑部主事、福建巡抚的陈瑸；清咸丰三年（1853）进士，历任翰林院庶吉士、留美学生监督、查办古巴华工事务专使、中国首任驻美国西班牙秘鲁公使、兵部右侍郎等职的陈兰彬；清咸丰十一年（1861）举人，诗人、岭南派画家、教育家陈乔森等。陈汝楫的子孙迁居吴川、海康，后人中最著名的是十世孙、清乾隆三十六年进士陈昌齐。

元明交替，对湛江地区科名教育颇有影响的还有石城县（今廉江市）上县村黄姓。黄昱，福建省兴化府莆田人，28岁中举人。元天历元年（1328），来广东高峰铺东（今上县村）任石城尹。后迁县治于新和驿（今廉江廉城）。为官28年，实施德政，石城百姓有口皆碑，至今上县村始祖祠里还保留着绅民所赠"甘棠遗爱"匾题。任职期满，百姓攀辕挽留，遂举家定居黄村（今上县村）①。黄昱育有三子，均学有所成。长子黄凯珊，以岁贡任国子监学录；次子梅珊，获赠文林郎（散官，七品），任博罗县教谕；三子柏珊，曾任广西陆川县训导。黄凯珊之子黄充，洪武间任职山西道御史。永乐年间，同村黄萌中举人。景泰朝（1450—1457），黄氏子弟黄信以

---

① 〔清〕蒋廷桂修，〔清〕陈兰彬等纂：光绪《石城县志》卷五《职官志》，清光绪十八年（1892）刻本。

举人任泉州府知府①。之后，上县村黄氏子弟成功考取功名者，屡屡见诸方志之中，在粤西一带传为佳话。

另有吴川霞街林氏家族。霞街村迁始祖林永（林兰屿），乃福建莆田人、唐端州刺史林苇第十五代孙，南宋淳熙年间，以明经任琼州府儋州教授，宦满卜居吴川。林永三子均获"乡举"，其中林兼山、林可山同年高中解元。南宋咸淳三年（1267），林家第四代林秀甫、林仲甫堂兄弟同时中举。明弘治三年（1490），林廷瓛高中进士，历任温州永嘉县知县、苏州府建昌同知；成化四年（1468），林廷瓛兄林廷璋中举，拣选知县；同族的林廷珪、林廷玉等分获贡生资格②。宋明时期，吴川霞街林氏家族常年教育办学，培养家族子弟，林氏子弟中举人、贡生者不计其数，直至清代道光年间，集聚文风而厚积薄发，林召棠获"癸未一甲第一名状元及第"，授翰林院修撰③，终成粤西一带文明气象。

二、名宦辈出

明代的湛江地区文风大振，涌现出一大批品学兼优的青年才俊，他们肩负报国使命，考取功名，在各个领域施展抱负，建功立业，向世人展示湛江地区厚积薄发的文化底蕴和人文风度。就其才学品德与主要事功，可分为以下几种。

（一）出仕有作为，官场留政声

明代湛江籍出仕为官者，颇多"以治行见者"。

黄惟一（1346—1407），字诚斋，雷州大埔村人。出仕前曾在大埔村溪西建木桥，方便村民往来。明洪武五年（1372）举孝廉，就任河南道御史。他在任上，勤政爱民，清正严明，秉公办事。明宗室贺王把女儿（郡主）嫁他为妻（其坟在大埔村西的西坡地，现存遗址）。任职期满后，他不慕荣华

---

① 〔清〕蒋廷桂修，〔清〕陈兰彬等纂：光绪《石城县志》卷六《选举志》，清光绪十八年（1892）刻本。

② 〔清〕毛昌善修，〔清〕陈兰彬纂：光绪《吴川县志》卷六《选举表》，（台湾）成文出版社1967年版，第213页。

③ 〔清〕杨霁修，〔清〕陈兰彬纂：光绪《高州府志》卷三十《选举》，（台湾）成文出版社1967年版。

富贵，带郡主还乡，过着清贫的生活。当时，雷州东洋海潮泛滥，淹没农田，威胁东洋百姓的生命财产安全。黄惟一奏疏朝廷，恳请支持修筑雷州东洋防海潮堤坝。朝廷果然拨款建筑。黄惟一还奏请在徐闻县筑东溪清水堰闸（遗址尚存），以灌溉农田。

黄本固（1384—1436），字宁区，雷州白沙村人。父黄惟经，乃黄惟一兄弟，岁贡生，曾任学政。长兄本立、次兄本绍，均为州庠生。胞妹嫁本县进士、御史何炫烨。永乐二年（1404），黄本固高中进士，翌年出任安徽省休宁县知县，任期满后调任广西省马平县（今柳州市）知县。任上，亲临监狱处理冤情，通夜查阅案卷，第一年就清完累年积案。他为政清廉，常以"人命关天，笔下冤魂"警示自己秉公办案。民称为"再生父母"。他敬贤如师，疾恶如仇，不畏权势，执法如山，曾疾书劾奏贪赃枉法、仗势欺人的冯内侍，后因此事反被削职还乡。马平县百姓知道后，挑选30名后生护送其回乡。黄本固从此鞠耕于雷州东洋。数年之后，冯内侍贪赃枉法的事迹败露，黄本固重获起用。因积劳成疾，黄本固不久便去世，葬在柑山。朝廷封其为"文林郎"。道光十六年（1836），族人将黄本固坟墓迁往白营山，与黄惟一合葬，至今坟墓尚存。

冯彬，字用先，号桐冈，雷州卫籍，居海康。他"性颖悟，神采俊发，自少便以孝友闻名于乡"。嘉靖四年（1525）乡试，得中举人。嘉靖八年（1529），赴京应考，金榜题名成进士，被派任浙江省温州府平阳知县。之后，任松江府上海知县。冯彬在平阳、上海任职期间，"廉能有断"，"狱无冤情"。上海县六百里地，"繁剧最难治"。冯彬至，"汰杂征，省里费，覈诡异，审粮役，俱深中窾"。当时，华东地区"俗多用火化，有化人亭。（冯彬）见，立毁之，谕以率从礼葬"。他同情妇女，禁"民溺女"陋习。他治理上海时间不长，但是政绩卓著，有声朝野。冯彬满腹治国韬略，嘉靖年间，以荐召为监察御史，首疏《备边策》，得到皇帝特旨嘉纳。后"出按广西，振扬风纪，抚辑洞蛮，恩威大著"①。

冯彬在家乡海康为母亲守孝期间，十分关心水利兴修。当时，雷州西湖年久失治，湖废潮渐，堤坝俱毁。嘉靖十二年（1533）冬，知府黄行可组织

---

① 〔明〕黄佐：嘉靖《广东通志》卷六十二，广东省地方志办公室1997年誊印本，第1615页。

重修、拓宽堤岸，建东南二桥及桥闸。次年春，二桥闸告成后，冯彬特撰《湖潮记》，介绍西湖水利的历史沿革，赞扬黄行可为雷阳之发展所做贡献。冯彬任官，虽"多惠政"，但因其为人刚直，不久即被解职。解任后，他回到家乡，仍心系雷地民生。嘉靖三十一年（1552），雷州飓潮为虐，乡民溺死者万计。冯彬出资掩埋尸骨。他精于理学与词赋，有《桐冈集》，曾修嘉靖《雷州府志》，惜已遗佚不存。因其作为，雷州人祀为乡贤。

莫天赋，字子翼，海康人，"赋性介直"。嘉靖二十八年（1549）领乡荐，四十一年（1562）高中进士，次年出任莆田知县。当时，莆田屡遭倭患，经济残破，民无宁宇。《莆田县志》载，莫天赋安置流民数千人，各给牛种，迨二年后乃稍征田赋，"竭意抚徕，复种土地"。他忙于公务，食不甘味，体恤百姓，关注民生。对于贫困潦倒之人，"不能具冠服"者，他"辄捐俸给之"。三年过后，莆田治行大振。莆人思之，祀诸祠。不久，拔擢南京刑部主事，晋郎中，出守云南大理。大理地处西南边陲，难于治理，莫天赋"因俗为政"，颇有成效。"有矿输，当事者按牒取，盈峒不堪命。"莫天赋"力请裁减，得蠲额十之四，民以获苏"。因其政绩显著，后升为广西右江道兵宪，便道归，卒于家。

邓宗龄，字子振，徐闻县人。出身书香门第，祖孙三代多人中举为官，家学深厚。他自少颖悟绝人，博综群籍，万历四年（1576），年仅十九岁以儒士登乡举。万历十一年（1583），邓宗龄再接再厉，以进士登第，选为翰林院庶吉士，补检讨，名震玉堂。他少精举业，善于诗文，早年尝著《舟中草》文集，"海内诵之"[①]。他与汤显祖既是同年进士，又是同门，均拜沈自邠为师，沈氏赞其文章"老手不辨"，并刻意提携。在翰林院期间，邓宗龄受明神宗委任重刻《资治通鉴》，他借鉴春秋手法著写《拟御制重刻资治通鉴纲目序》，旨在弘扬孔孟之道与儒学正统。书成后，神宗皇帝给予高度评价。此外，邓宗龄还是明神宗前期政坛上叫得响的政治家，《谕朵颜三卫属夷檄》《春王正月辨》即出自他手。内阁首辅王锡爵在翰林院诗文馆课汇编《增定国朝馆课经世宏辞》中表彰邓宗龄，并以其事迹作国子监教材，勉励学生以邓宗龄为榜样。

---

① 〔明〕欧阳保纂，〔明〕韩上桂、邓桢辑：万历《雷州府志》卷十七《乡贤志》，书目文献出版社1990年版。

邓宗龄"体貌魁伟,有逸度","人咸谓其有公辅之望",惜三十余岁英年早逝。著有《吹剑斋文集》《玉堂遗稿》与《舟中草》。邓宗龄虽以学问而居庙堂,但对雷州家乡的建设处处关心,留下了有关湛江的一系列文章,如《遂溪学名宦乡贤祠记》《新筑东河记》《雷州天后庙记》《平南碑记》《陈侯去思碑记》等,弥足珍贵。

(二)为官倡清廉,造福济乡里

明代雷州学风日盛,加上雷州人特有的耿介与执着,促成此间涌现出一系列为政清廉、为民请愿的地方官。

周德成,洪武十三年(1380)以明经荐擢休宁(今安徽休宁县)知县。任职前,休宁县官吏贪赃枉法,不法之徒乘机作乱,社会治安不靖。周德成上任后为官清廉,依法惩处违纪的基层官员、吏员;事务躬亲,各种公文都亲手书写,而不假手书吏;遇事立决,即使上司也不能使他更改。曾有丁姓无赖横行乡里,杀害人命,官府拘捕严讯则极力抵赖。及至周德成审案,此人折服于周德成为官清廉,竟对自己的罪行如实招供。周德成的清廉威名传遍休宁县,连附近诸县民众都闻其名而敬其人。周德成任休宁知县七年,兴利除弊,深受民众爱戴。当他蒙冤被捕时,当地民众多以身家担保其清白。虽然最终真相大白,周德成获释,但他身心俱疲,以至病逝于途。休宁百姓将遗体运回休宁,葬于城南。

陈贞豫(1369—1425),字奋扬,遂溪县附城陈村人。永乐三年(1405)进士,任监察御史。他忠于职守,深得皇帝器重,被晋升为都察院交阯道巡按御史。贞豫上任后,廉洁自律,不畏强暴,为民解困除害。他在家乡暗访中得知,石城、遂溪二邑常遭流寇骚扰,于是奏请朝廷在横山设堡,两地治安得到保障①。陈贞豫也因此得罪贼寇,后在廉江私访时不幸被贼首苏观彩杀害。明仁宗深为惋惜,追封其父为都察院交阯道巡抚、监察御史,其母亦受诰命,以彰其功。陈贞豫本人也以为官清廉名垂青史,嘉庆《大清一统志》特收录其传,赞许有加。

李璿,海康人。永乐年间乡荐,授教职,升知县,后擢监察御史,以廉洁而知名。景泰初年(1450),黄萧养在广州起事。李璿协同征讨,诛杀黄

---

① 〔明〕欧阳保纂,〔明〕韩上桂、邓桢辑:万历《雷州府志》卷十七《乡贤志》,书目文献出版社1990年版。

萧养。后升为江西按察司佥事，不久辞官回乡。他两袖清风，自甘清贫，惟喜读书，至老未尝释卷。

林凤鸣，海康人，"幼敏慧，负蕴藉"。弘治十七年（1504）乡荐第七名。曾任湖广分考官，后拔擢国子监助教，参与编纂明实录。后外任南宁通判、道州、知州。为官期间，"兴学校，率孝悌，令誉赫然"。为官30多年，退休还乡，行李萧然，"清介不污"，"人甚高之"。

林思贞，海康人。嘉靖中由郡庠贡入太学，授福建连江知县。历任几三载，政尚廉平。当时邑多发水灾，生员杨莹一家溺死者6人，林思贞治棺以葬，余溺者悉捐俸瘗之。士论颂德。

冯鉴，雷州卫人，任湖州通判期间，以公廉自矢，到任首革粮长馈遗之弊；在永州任职时，"征收羡余，竟无所染"，"声誉赫然"。母亲病逝离职服丧时，"郡守赆以金，比出境，封以还之"，传为佳话。[①]

（三）淡泊荣与利，归隐教与学

明朝是专制皇权高度发展的朝代，朱元璋、朱棣更以残暴而著称。到了明朝中后期，宦官专权，朋党林立，正直不阿者难以施展抱负。湛江地区不少科举及第者，因对现实政治不满，或弃官回乡，或耕耘田地，或闭门著述，或教书育人，甘守平凡，成为地方楷模、乡里贤士，表现出读书人的气节，也体现了湛江人朴实重义、刚毅不屈的性格。最为突出者，当为明代石城（今廉江市）三进士——李泽、杨钦、高魁。

李泽，石城县人，永乐四年（1406）进士，历官至转运使。他生平重道义，淡泊荣利。时"中官及权要皆喜逢迎，稍疏辄征诸色"，李泽认为"拙性不能也"，遂告归田里，"杜门著作，不履公庭。继诏起用，力辞不就"。景泰七年（1456）冬十二月，广西龙山贼陷城，被执，不屈而死，家口并遇害。崇祀乡贤。

杨钦，字谢山，石城县人，据方志所载，他少颖悟，勤诵习，事亲孝。弱冠补诸生，领永乐甲午乡试第二。虽三上"公车"不第，科举之路坎坷，但矢志不改，益博采群书，研究精理，最终于永乐二十二年（1424）

---

① 黄惟一、黄本固、冯彬、莫天赋、周德成、李璿、林凤鸣、林思贞、冯鉴事迹参见〔清〕刘邦柄修，〔清〕陈昌齐纂：嘉庆《海康县志》卷六《人物志》，岭南美术出版社2009年版，第257—258页。

进士，授翰林院庶吉士，散馆擢为编修。后辞官归养，"结社于谢鞋山巅，文史自娱，缊袍素食，晏如也"，常常"延见诸儒生，相与讲说经义，亹亹不倦，隐然以兴起海滨斯文为己任"。所著诗文多散失，相传有《归山咏》《适志咏》。谢鞋山是杨钦的故乡。杨钦荣归故里时承蒙皇帝赐鞋一双。杨进士深感皇恩浩荡，遂将大山改名谢鞋山。《石城县志》载"荔枝产于大山者名生枝，谢鞋山为最多"，当地传有"谢鞋山荔枝熟天下贱"的说法。

谢鞋山树林茂盛，遮天蔽日，空气清新，素有"天然氧吧"美称，是中国内陆唯一可考证最大的野生荔枝群落。山上有荔枝、沉香、山竹、黄榄、黑榄、香樟等植物 332 科、424 种，极具欣赏、科研价值。而关于谢鞋山的民间传说甚多，诸如《翰林编修杨钦轶事》《杨钦与谢鞋山荔枝林》等，至今仍然脍炙人口。

高魁，字斗仲，出身书香门第，弱冠举茂才。万历年间，领乡荐第七名。当时，石城县为交通要道，夫役繁扰，百姓生计困难，高魁慨然陈请各属协助减免徭役，并"建议编丁随粮，永为世便"，邑人对之倍加尊崇。之后出仕为清远教谕，在当地振兴教育。进士及第后，历官内阁中书。时值魏忠贤当权，朝廷内外多趋炎附势。高魁独守正不阿，屡疏时政，后颇感仕途艰难，遂谢病归。①

林廷瓛，字公器，世居高州府吴川县霞街。年轻时受业于新会陈白沙（献章）。陈白沙，明代心学奠基者，广东唯一一位从祀孔庙的大儒。林廷瓛师从这位理学名家，受益匪浅。今留存有二人互赠诗二首。弘治三年（1490）登进士，初任永嘉（今属温州）知县，任上致力于地方文化教育事业。后迁升建昌府同知，"廉敏公慎"，未几，因丁忧离职，任苏州同知，"严革织造陋规，大苏民困"。②

詹世龙，海康人，嘉靖年间以选贡任桂林府训导，嘉靖十九年（1540）中广西乡试，转任文昌教谕。按规定，在学生员由公家发放津贴。文昌县却

---

① 〔清〕蒋廷桂修，〔清〕陈兰彬等纂：光绪《石城县志》卷七《人物志》，清光绪十八年（1892）刻本。

② 〔清〕毛昌善修，〔清〕陈兰彬纂：光绪《吴川县志》卷七《人物传》，（台湾）成文出版社1967年版，第265页。

将此津贴用来抵税，生员多年未有津贴。詹世龙申请将此不合理规定废除。在上思（今属广西）知州任上，建城辟路，兴学恤民，民戴之。

第三节　地方志的编纂与万历《雷州府志》

明代是我国方志发展史上的重要时代。这一时期，修志体系不断成熟，修志制度进一步完善。明代也是广东方志发展史上的重要转折点。明代广东修成各类志书 167 种，其中通志 3 种、府志 37 种、州志 6 种，县志 121 种。[①]在这样的历史背景下，湛江地区地方志编修也出现了新的局面。

一、地方志的编纂

根据文献记载，宋代雷州地区已开始修志。永乐年间（约 1421）文渊阁大学士杨士奇编纂的《文渊阁书目·旧志》中，列有《雷州志》（二册）、《雷州府图志》（二册）；《文渊阁书目·新志》中列有《雷州府并属县志》《廉州府并属县志》《高州府并属县志》。明人所谓的旧志，指明以前所修的志书；新志则始修于明。《雷州志》《雷州府图志》《雷州府并属县志》均已失传。其中，《雷州府并属县志》很有可能修于洪武初年。

正德年间（约 1511），雷州知府赵文奎主持纂修《雷州府初志》十卷，开明代湛江地区修地方志之先河。正德十二年（1517），知府王秉良以赵文奎志为基础，请南海名士方献夫将志书修订、增补至十五卷。嘉靖二十三年（1544），知府叶尚文再修《雷州府志》。遗憾的是，这三部志书也都失传了。目前所能见到的最早的《雷州府志》，由雷州府推官欧阳保于万历四十三年（1615）纂修。

二、万历《雷州府志》的编纂过程与特色

欧阳保，豫章新建（今江西南昌）举人，万历三十九年（1611）任雷州府推官，掌管一府刑狱。因雷州知府缺任，欧阳保受命署理。

---

①　黄苇、巴兆祥、孙平：《方志学》，复旦大学出版社 1993 年版，第 185 页。

万历年间，雷州早年的地方志已经失传，来湛就任的地方官欲览方志以资政、管理地方，却无稽可考，大为苦恼。欧阳保抵任，读到万历十六年（1588）成书的《肇庆府志》，"慨然以编摩为己任"，遂于案牍余闲开局修纂。①

万历四十年（1612）夏，欧阳保专设编纂机构，以雷州府教谕徐应乾任总纂，采访旧闻，佐证史籍。仅数月，至冬而成初稿。翌年，又延请番禺举人韩上桂及友人邓桢一起修订。其中，韩上桂有"万历间岭南第一才子"之称。韩、邓二人加盟，更确保编纂质量。《雷州府志》经韩上桂等一番修订，数月而稿成。至万历四十二年（1614）冬，欧阳保复阅前稿，仍觉"亥豕尚多，挂漏间出"，遂再次修订。前后三易其稿，至万历四十三年（1615）终于定稿付刻。

万历《雷州府志》科目编排科学、全面，节序归类更趋合理、清晰，是一部"全史"。宋元以来的传统志书，基本遵循"经、纪、表、志、传"或"纪、表、志、传"等编目范式，不免分类过大、记述单薄。万历《雷州府志》在体例上突破既有编目限制，增加民俗、艺文、古迹等志，可谓横陈"百科"，纵述历史，更多元、更全面反映宋元以来雷州半岛一带政治、经济、文化、社会的发展与变迁。万历《雷州府志》专设兵防志、学校志、古迹志，详加记述。清代所修乾隆、嘉庆两部《雷州府志》，均沿袭此志书的编目，可见万历《雷州府志》对后世雷州地方志的编纂起到重要的引导作用。

万历《雷州府志》修纂者记述地方事务，史论结合，秉笔直书，绝不媚俗，堪称"信史"。修纂者既严格遵循"史笔"的记述原则，对史实进行最大发掘与收录；又突破方志编修"述而不论"的条条框框，针砭时弊，扬善揭恶，多有倡议，体现了传统士人的道义与担当。明代中晚期，吏治、军事、教育等因循守旧，弊端重重。万历《雷州府志》也有真实、详细的记录。如《兵防志》中就军官世袭、军人素质低下、克扣军粮军饷、戍卒逃亡等现象披露颇多，批评明末边防"所养非所用，所用非所养，纨绔只为赘旒，戍卒仅同土偶"，发出了"举一雷而天下可知，世道隐忧，端在武矣"

① 〔明〕欧阳保纂，〔明〕韩上桂、邓桢辑：万历《雷州府志》，书目文献出版社1990年版。

的感叹①。字里行间，充满忧国忧民之情怀。针对明代海防建设的诸多弊端，修纂者提出严格程序、严加勘验、杜绝中饱私囊及偷工减料、提高兵船质量的建议，以提高海防兵船战斗力。②

万历《雷州府志》作为现存有关湛江地区、雷州半岛一带最早的方志，弥足珍贵。

三、存史价值

志书的价值在于存史。作为今见最早的雷州府志，加之纂修者具有杰出的史识、史德，对明代雷州社会、文化、经济关注广泛，记述全面，万历《雷州府志》在许多地方弥补了其他史志记述的不足，是很可贵的地方历史文献。

秦汉至唐宋时期，湛江地区社会、经济虽有发展，但与珠三角一带相比，仍较为落后。历经宋元渐进式的开发积累，到明代形成大的飞跃。但一直以来，由于资料缺乏，湛江地区的发展情况只能部分地见诸其他史籍。万历《雷州府志》中，编志者以独到的史识与长远的眼光，将唐、宋、元、明以来，雷州府户口、田赋、贡税、丁役、盐钞、杂税等详尽记载，给后来官吏治理雷州提供了翔实的数据，也为我们考察湛江地区经济与社会发展提供重要历史依据。万历《雷州府志》载明代从洪武元年（1368）至嘉靖四十二年（1563）近200年间事条共55条，其中战事类20条、灾害类25条。对明代战乱与灾荒的记载，有助于后人了解、理解封建时期雷州一带先人开发、生产之艰辛与努力。

明代中后期，商品经济获得发展，乡镇墟市的多寡是主要标志。嘉靖《广东通志》列雷州府7个墟市，③ 万历《雷州府志》中详列雷州府47个墟市，④ 大大填补嘉靖省志记载之不足。从嘉靖《广东通志》到万历《雷州府志》，刊刻时间相距50余年，墟集发展如此迅猛，反映了这几十年中雷州人

---

① 〔明〕欧阳保纂，〔明〕韩上桂、邓桢辑：万历《雷州府志》卷十二《兵防志一》。
② 〔明〕欧阳保纂，〔明〕韩上桂、邓桢辑：万历《雷州府志》卷十三《兵防志二》。
③ 〔明〕黄佐：嘉靖《广东通志》卷二十五《民物志六》，广东省地方志办公室1997年誊印本。
④ 〔明〕欧阳保纂，〔明〕韩上桂、邓桢辑：万历《雷州府志》卷四《地理志二》。

口的增长及商品经济的发展。

　　万历《雷州府志》中《民俗志》详细记载明代雷州一府三县的风俗习惯和语言组成。尤其是《民俗志》对雷州方言的概说："雷之语三。有官语，即中州正音也，士大夫及城市居者能言之。有东语，亦名客语，与漳潮大类，三县九所乡落通谈。此有黎语，即琼崖临高之音，惟徐闻西乡言之，他乡莫晓。大抵音兼角徵，盖角属东而徵则南也。雷地尽东南音，盖本诸此耳。东语已谬，黎语益侏俪，非正韵，其孰齐之。"① 这段记述传递着重要的历史信息：从宋至明代，雷州地区三语并存的语言格局没有改变，至于其中东语、黎语、客语等种种语言的流变，为研究、探索雷州民系（或称族群）的形成与演变提供重要线索。

　　该志还留存了一批地方特色的史料。如雷州古为产珠之地。该志记载明代中前期近200年间大事55条，其中采珠业占了9条。志中还载入一些与采珠业相关的文献。凡此种种，皆可说明该志史料价值所在。

---

　　① 〔明〕欧阳保纂，〔明〕韩上桂、邓桢辑：万历《雷州府志》卷五《民俗志》。

第十九章　明代湛江地区流寓英才

　　明代，流寓文化仍不断滋养湛江这片土地。文学家汤显祖创立贵生书院，教导湛江地区人民"天下之生皆当贵重"；"四铁御史"冯恩坚守道义，慷慨奔赴贬谪之乡；翰林学士解缙遭贬后，不以物喜，不以己悲，赋诗湛江，赞美祖国大好河山；秉直清正之官樊玉衡，戍守雷州，仍不忘表彰贤良，弘扬正气；明代高僧憨山充军雷州，"带枷讲经"于天宁禅寺，振兴岭南佛教丛林。在流寓湛江的文人志士的影响下，本土文化内涵更加丰富，高尚的人文精神处处彰显。

第一节　内阁首辅解缙诗赋湛江

一、解缙生平

　　解缙（1369—1415），江西吉水人。六岁能诗，有神童之称，洪武二十年（1387）参加江西乡试高中解元（乡试第一名），翌年联捷三甲第十名进士，授庶吉士。朱元璋非常器重他，命其常在身边。解缙曾上万言书，主张简明律法、赏褒善政。朱元璋读后，称赞其才。不久，改解缙为监察御史。

　　明成祖即位后，解缙与黄淮、杨士奇等人入直文渊阁，参与机务，明朝内阁制度由此开始。朱元璋废丞相后，另设华盖殿、谨身殿、武英殿、文华殿、文渊阁、东阁等大学士，为皇帝顾问。成祖即位，命官品较低的翰林院编修、检讨等官入午门内文渊阁当值，参与机务，以其地处内廷，故称"内阁"。其中，首席大学士职权最重，主持内阁大政，亦称"首辅"。解缙也是明朝历史上首位内阁首辅。

永乐初年，解缙奉命总裁编撰《明太祖实录》与《列女传》。书成，朱棣赏赐银币。其后又主编《永乐大典》。《永乐大典》正文 22877 卷，共11095 册，约 3.7 亿字，是迄今为止世界上最大的百科全书，堪称世界文化遗产的珍品。

解缙为人耿直，刚正不阿，对他人的好恶从不顾虑忌讳，廷臣多因其受宠而嫉恨。解缙因此屡遭贬黜，最终以"无人臣礼"下狱，永乐十三年（1415）冬被埋入雪堆冻死，卒年 47 岁。直至成化元年（1465）宪宗继位，赠朝议大夫，谥"文毅"。

永乐初年，储君未定，明成祖在长子朱高炽和汉王朱高煦中犹疑不决，密询解缙，解缙称："皇长子仁孝，天下归心。"朱棣不置可否。解缙又拜首称："好圣孙（朱瞻基）。"朱棣闻听此言，决定立朱高炽为太子，储君之事遂定。朱高煦得知解缙进言，忌恨不已。永乐四年（1406），朱棣兴兵安南。永乐五年（1407），朝廷于交趾设立郡县。关于征战之事，解缙不甚赞同，上书劝谏："自古化外之民，反复不常。但令奉正朔，效贡职，羁縻之而已，不可以为郡邑"①。朱棣对解缙的劝谏甚是反感，认为他是忤旨，故而赏文渊阁黄淮等人二品纱罗衣，独独没有解缙。当时太子虽立，朱高炽表现并不令朱棣满意，朱高煦更受隆宠，礼秩超过亲王标准。解缙再次谏言。朱棣大怒，称解缙是在离间骨肉。永乐五年，解缙被贬广西，不久改贬交趾（今越南），督饷化州，遂与湛江结缘。

二、解缙在湛江行迹与诗作

解缙被贬化州，有关湛江地区的诗歌共有 3 首，颇显其才学渊博，文风飞扬。其诗作在感慨人生际遇、抒发报国之志的同时，更关注南疆风土、地利民生，也是探究明朝湛江地区经济发展、社会文明的宝贵资料。

过三合驿

荔枝子结虫窠绿，倒黏花开女脸红。

① 〔清〕纪昀：《影印文渊阁四库全书》（第 1236 册），北京出版社 2012 年版，第 846 页。

望见石城三合驿，便分歧路广西东。

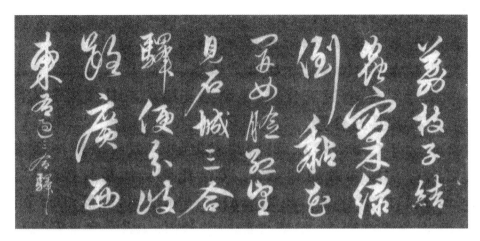

解缙手书《过三合驿》（现藏北京故宫博物院）

《过三合驿》是解缙初来广东旅途中所作，地点在广东石城县（今廉江市）三合驿。解缙从广西而来，目的地是广东化州。他先坐船从桂林出发，顺漓江下到梧州，再沿北流江而上，经藤县到达北流县，后经陆川县，一路向南，进入广东石城县。再向东不远就是目的地化州。明代的石城县，属广东布政使司高州府管辖。三合原是一个小村，位于九洲江支流三合水南岸，元代在此设置三合驿站。明成化年间又在此筑城驻军，设三合堡。

"荔枝子结虫窠绿，倒黏花开女脸红"，其中"虫窠绿"是荔枝的一个晚熟品种，结果时犹如小姑娘的脸庞，可以感受到诗人完全陶醉在岭南的美景与风物之中。解缙在永乐八年（1410）回到南京时，留给侄儿的一幅书法长卷，共书写了四首七言绝句和三首七言律诗，其中就有这首《过三合驿》。这七首诗从一个侧面真实记录了他遭贬后的实际经历和心路历程，也为后人研究解缙和欣赏他的书法艺术提供了难得的第一手资料[①]。

湛江市霞山区东南约3千米有一特呈岛，与湛江港隔海相望。特呈岛面积约3.6平方千米，明清两代隶属高州府吴川县，名"特呈山"。"特呈，城西南六十里，山势秀拔，耸立海中，山北有茂晖场产盐"[②]。明洪武二年

---

① 赵冬堂：《明代翰林学士解缙赋诗湛江》，湛江市政协文史资料研究委员会编：《湛江文史资料》（第二十八辑），第423页。

② 〔清〕毛昌善修，〔清〕陈兰彬纂：光绪《吴川县志》卷一《地舆志》。

（1369），特呈山北部新置茂晖盐场，为海北盐课提举司所辖15个盐场之一，特呈山建盐场官署——温通阁。

永乐五年（1407），解缙登上特呈岛，写了七言律诗《题特呈山温通阁》。诗中描写特呈岛的煮盐场景，给特呈岛留下了珍贵的史料。

题特呈山温通阁

峰濯沧溟应斗魁，波澜绕翠浪头排。

火烟光起盐田熟，海月初升渔艇回。

风送潮声平乐去，雨飘山色特呈来。

地灵福气生天外，自有高人出世才。

据《大明一统志》载，解缙这首诗题写在温通阁的"阁壁间"，直接书写于白墙上。清康熙年间茂晖盐场被裁，并在坡头以南的海边建设新场，特呈山上的盐场官署连同温通阁一起被废弃。

《吴川望海》作于吴川县城（今吴川市吴阳镇）极浦亭①，时间不详。

吴川望海②

吴川望海水溟溟，万斛龙骧一羽轻。

沙碛煮盐凝皓月，潮痕遗贝丽繁星。

硇洲夜露金银气，神电晴岚鹳鹤鸣。

玉节南来入北极，安边归颂海波平。

解缙既在化州任职，或有可能在邻县吴川活动。这位诗中称为"玉节"的官员从此经过，前往京师，解缙在此接待并写诗相送。《吴川望海》是解缙接待官员的应酬之作，并明显带有歌颂升平的意味。但其内容，言简意赅，将吴川的山川形胜描述清晰，把南疆的地理要冲一笔概括。

---

① 道光《吴川县志》卷四《古迹》载：极浦亭在城西南江边，宋邑人李凌云乡举，不乐仕，居教授，建为憩息之所。后人因取"极浦渔归"为吴阳八景之一。宋景炎间丞相陈宜中经此有题咏。今尚存。

② 道光《吴川县志》卷十《艺文》。

第二节　"四铁御史"冯恩贬谪雷州

"四铁御史"冯恩是明嘉靖年间进士，以"直言敢谏"著称，嘉靖十一年（1532）因弹劾奸臣获罪被贬雷州。冯恩谪雷是明王朝治乱兴衰的折射，它反映了庙堂斗争的历史风云。

冯恩（约1496—1576），字子仁，号南江，南直隶松江府华亭县（今上海松江）人，嘉靖五年（1526）登进士。嘉靖七年（1528）九月，王阳明用兵广西后返程途中经过广州，朝廷派冯恩以使者身份慰军。完成公事后，冯恩拜王阳明为师，成为王阳明的关门弟子。冯恩以直言敢谏而著称，曾上章谏阻分建"南郊"（祭天）、"北郊"（祭地），后拔擢南京御史。其间，锐意改革，恪尽职守，要求刑部尚书具牒通报由御史移转到刑部办理的案件，以便了解案情始末，相互检查研核。他与同样"正直敢言"的重臣夏言肝胆相照，却也因此卷入朋党纠纷。

嘉靖十一年冬，冯恩上疏论大学士张璁、方献夫及右都御史汪鋐罪状。张璁、方献夫、汪鋐三人为嘉靖帝所重用，冯恩上疏后，嘉靖帝大怒，以为此议非专对三臣，而是针对自己，便将冯恩逮下锦衣狱。锦衣狱也称诏狱，所监禁者多为钦犯或奸盗重犯。人犯入此狱，拷讯最惨。在狱中，冯恩受到严刑拷打，几度濒临死亡边缘。面对拷打，冯恩始终不屈，与汪鋐对簿公堂时，更一一列举汪鋐受贿之事。士民赞叹冯恩"非但口如铁，其膝、其胆、其骨，皆铁也"，因称"四铁御史"。

万历《雷州府志》详细描述冯恩在庭审上的表现，不愧"四铁御史"称号：

> 狱上移法曹，柄事者媚鋐，当恩大辟。癸巳年会审，阙下鋐例主议，操笔东面坐，诸囚踞西面。恩独北面。列校牵使西，恩厉声曰："吾此膝跽朝廷耳，岂为鋐屈耶！"鋐怒推案诟曰："汝屡疏杀我，我今杀汝矣！"恩大呼曰："圣明在上，生杀皆天断。岂容权臣无忌惮至此！"鋐攘臂跳踉，若将下殴者。恩益大呼曰："汪鋐擅权，我恨不能手刃以报

上!"左都御史王廷相慰恩曰:"冯御史毋动气。祖宗百六十年来,未有杀谏官者,讵令今日有此?"又正色谓铉曰:"汪先生,宜为国惜体。如先生言,是以私意杀人矣。"铉愈怒,遽书情真而起。恩囊三木挺身出长安门,士民聚观者如堵,啧啧言曰:"是御史若口、若膝、若胆、若骨,皆铁也。"相与称四铁御史。①

嘉靖十三年(1534)冬,冯恩年仅十三岁的长子冯行可划破手臂,写下血书,乞求皇帝饶恕冯恩。冯恩八十多岁的老母也向皇帝求情。经多位官员力保,冯恩以发配雷州得免一死。

嘉靖十四年(1535)六月,刑部衙门领了公文,押着冯恩走向雷州戍所。当冯恩走出京城时,一大群至亲好友为这位"直声布天下"的四铁御史设宴饯行,赋诗赠别。

得知冯恩贬谪雷州,冯恩同年、都御史谈恺作《送冯南江同年戍雷州》,其中有"皇家结网密,天恩复浩浩。归来承明庐,再献金光草",希望时来运转,期盼冯恩平安归来。松江府同乡、嘉靖进士张承宪,赋《奉送冯南江先生谪戍雷阳》。戏曲家何良俊作《雷阳歌送冯南江赴戍》《送冯侍御谪戍雷州二首》,中有:"海上孤城迥,春深瘴疠屯。抗言怜直道,涉险向南奔……穷荒传谏草,翰海接词源。直跨苏公垒,卑看寇氏垣。他乡多胜事,远道亦何论。"一方面表现出对冯恩被贬南方瘴疠之地的担忧,另一方面又把他与苏轼、寇准并列,称赞他"抗言直道",虽贬犹荣。

徐阶与冯恩,二人同乡,前后届进士,他在《赠冯侍御南江戍雷州》中写道:"缘知上帝有主宰,世界不为人谋倾。"以天道自有公论鼓励和安慰冯恩。接着又说:"岭南自昔佳胜地,秋田满眼肥可耕",指出今非昔比,雷州已是鱼米之乡,坚定冯恩亲赴贬谪地的决心,相信"困龙不久还当亨"!

冯恩在雷州约六年的时间,并未留下事迹。万历《雷州府志》中有"冯恩假馆高要,竟被赦还"②。贬谪地的官员对冯恩则十分敬重。太史邹守

---

① 〔明〕欧阳保纂,〔明〕韩上桂、邓桢辑:万历《雷州府志》卷十六《流寓志》,书目文献出版社1990年版。

② 〔明〕欧阳保纂,〔明〕韩上桂、邓桢辑:万历《雷州府志》,书目文献出版社1990年版,第311页。

益、罗洪先、程文德等题"四德流芳"卷赠，赞美冯恩一家"君仁臣直母慈子孝"。六年后，冯恩获赦还乡。隆庆帝即位后，冯恩以年逾七十的高龄拜大理寺丞。

雷州地处海滨，唐代以来不少官员被贬至此，雷州也成为王朝治乱的晴雨表。文天祥在《雷州十贤堂记》中慨叹："正邪一胜一负，世道以之为轩轾。雷视中州为远且小，而世道之会，乃于是而观焉！"[1] 宋代如此，明代亦然。以冯恩为代表的儒家知识分子眼中的忠臣，他们身上所具有的刚正不阿的精神，对明清时期雷州本土文化崛起与诸多正直之士的出现起到榜样与激励的作用。

第三节　戏曲家汤显祖贬谪徐闻

一、汤显祖与徐闻贵生书院

汤显祖（1550—1616），字义仍，号海若、若士、清远道人，江西临川（今抚州）人。他出身书香门第，早有才名，不仅精于古文诗词，而且通天文、地理、医药、卜筮诸书。万历《雷州府志》称他"雅负才名，淹贯文史"[2]。万历十一年（1583），汤显祖进士及第，因不肯趋附权贵，故仅能在南京任太常寺博士、詹事府主簿和礼部祭司主事等闲职。

万历年间，皇帝懒政，朝臣多陷于朋党之争。万历十九年（1591），汤显祖上《论辅臣科臣疏》，将矛头直指内阁首辅申时行，甚至对万历皇帝登基20年来的政治都有抨击。神宗大怒，将汤显祖贬为徐闻典史。典史是流外的低级官吏，掌缉捕狱囚等事。

汤显祖来徐闻后，徐闻的有识之士仰慕其才学，"摄衣冠前来拜谒者"络绎不绝，汤显祖为徐闻人的求学诚意打动，赞扬"此邑士气民风，亦自惇雅可爱，新会以南为第一县"[3]。他不负众望，"延引士类，海之南北从游者

---

① 曾枣庄、刘琳主编：《全宋文》（第359册），上海辞书出版社2006年版，第193—194页。

② 〔明〕欧阳保纂，〔明〕韩上桂、邓桢辑：万历《雷州府志》卷十六《流寓志》。

③ 张学松：《流寓文化与雷州半岛流寓文人研究》，中国社会科学出版社2013年版，第280页。

甚众"。汤显祖遂把办学的想法同知县熊敏商讨，熊敏大为赞赏，两人共捐资俸，兴办贵生书院。汤显祖自任教师，"训诸弟子"，特请好友勒石作记，申明"贵生"之深意。①

汤显祖稽留徐闻不足一年，万历二十一年（1593）春，奉命调任浙江省遂昌知县之际，写下《徐闻留别贵生书院》：

> 天地孰为贵？乾坤只此生。
> 海波终日鼓，谁悉贵生情。②

此诗不仅抒发了汤显祖对徐闻、对贵生书院的依依惜别之情，而且表达了他振兴徐闻教育的殷切期望。汤显祖又作《贵生书院说》，阐述设立贵生书院背后的思想精髓。

贵生书院说③

天地之性人为贵，人反自贱者，何也？孟子恐人止以形色自视其身，乃言此形色即是天性，所宜宝而奉之。知此则思生生者谁。仁孝之人，事天如亲，事亲如天。故曰："事死如生，孝之至也。"治天下如郊与禘，孝之达也。子曰："天地之大德曰生，圣人之大宝曰位。"何以宝此位？有位者能为天地大生广生，故观卦有位者"观我生"，则天下之生皆属于我；无位者止于"观其生"，天下之生虽属于人，亦不忘观也。故大人之学，起于知生，知生则知自贵，又知天下之生皆当贵重也。

然则天地之性大矣，吾何敢以物限之？天下之生久矣，吾安忍以身坏之？《书》曰："无起秽以自臭。"言自己心行本香，为恶则是自臭也。又曰："恐人倚乃身。"言破坏世法之人，能引百姓之身邪倚不正也。凡此皆由不知吾生与天下之生可贵，故仁孝之心尽死，虽有其生，正与亡等。况于其位，有何宝乎！

吾前时昧于生理，狃侮甚多。受命以来，偶读至伊尹曰"天之生斯

---

① 〔明〕欧阳保纂，〔明〕韩上桂、邓桢辑：万历《雷州府志》卷二十《艺文志》。
② 〔明〕汤显祖著，徐朔方笺校：《汤显祖集全编》（二），上海古籍出版社 2016 年版，第 683 页。
③ 徐朔方笺校：《汤显祖全集》（二），北京古籍出版社 1999 年版，第 1225—1226 页。

民也，使先知觉后知"，乃叹曰："谓之天民，当如是矣。"始知"君子
学道则爱人"。故每过郡县，其长吏及诸生中有可语者，未尝不进此言。
而徐闻长熊公，爱人者也。此邑士气民风，亦自惇雅可爱，新会以南为
第一县。且徘徊于余，不忍余去也。故书《贵生说》以谢之。

《贵生书院说》短小精悍，所推崇之"天地之大德曰生""天下之生皆
当贵重"，蕴含着儒家敬奉天道、尊重生命的价值观。直到今天，仍有相当
的价值。

贬谪徐闻也成了汤显祖一生中重要的转折，对汤显祖之后的戏剧创作产
生深远影响。有学者指出，汤显祖戏剧《邯郸记》中"瘴疬活人"的情景
与思想表达，即是儒家"自强不息""生生不息"理念的传递，与汤显祖在
徐闻的亲身经历有关，也与汤显祖创办贵生书院的宗旨契合。①

贵生书院

离任后的汤显祖始终关心贵生书院的修建与办学，多次写信给徐闻士绅
政要，叮嘱将书院办好。

贵生书院自建成至万历三十五年（1607）夏因地震崩废，存在不到15
年时间。清朝道光元年地方士绅重新选址建设，后又多次重修，规模不断扩

---

① 王小岩：《汤显祖贬谪徐闻与他的〈贵生书院说〉》，《中国社会科学院研究生院学报》2013
年第3期。

大，格局则仿当时儒学、县学形制，内设博学、审问、慎思、明辨、格物、致知、笃行、诚意、修身、正心、治国、齐家等12间课室。从保存至今的《院规条》碑文上可知其对聘师、择生、考试、奖罚等都有严格规定。有清一代，贵生书院兴学之风不坠，汤显祖创办书院所主张的"学道""爱人""天下之生皆当贵重"的思想已深入人心。

二、汤显祖被贬期间部分诗作

汤显祖作为明代杰出的剧作家、文学家，在中国和世界文学史上都有重要地位，曾被誉为"东方的莎士比亚"，是联合国教科文组织评选的100名世界文化名人之一。其戏剧作品《紫钗记》《南柯记》《牡丹亭》和《邯郸记》合称"临川四梦"，《牡丹亭》更被视为世界戏剧艺术的珍品。汤显祖同时也是一位杰出的诗人，诗作有《玉茗堂全集》四卷、《红泉逸草》一卷、《问棘邮草》二卷。

贵生书院内汤显祖塑像

汤显祖被贬徐闻，作为朝廷命官可谓仕途坎坷，但因此得以游历万里海疆，将中国传统儒家思想传播海隅，教化四方，对于明代雷州先民却是一大幸事。贬谪途中，汤显祖有感于祖国大好河山及边域风情，常常赋诗记载沿途所见所闻，再现明朝广东沿海风貌，颇具文化价值。在湛江地区，汤显祖留下了多首诗作。

明神宗万历十九年（1591）五月十六日，汤显祖遭贬，九月大病初愈后，他收拾好行囊，踏上了赴徐闻的旅程。到广州后，留下五言律诗《广城》。在诗中，广州海港都会的磅礴气势与诗人落寞的心境形成鲜明对比：

临江喧万井，立地涌千艘。

气脉雄如此，由来是广州。

书题小雪后，人在广州回。

不道雷阳信，真成寄落梅。

汤显祖由香山经恩平到阳江，再由阳江出海乘舟到琼州海峡。其间，他游兴勃发，表现出对雷州采珠业的极度关注。船过徐闻未靠岸，驶往几百里外的涠洲岛才停泊。汤显祖经斜阳岛登上涠洲岛。斜阳岛在涠洲岛东南9海里，两岛被喻为"大小蓬莱"。岛上有珠池，养殖珍珠贝以供御用。汤显祖夜宿涠洲，参观过珠池才到徐闻。在涠洲珠池时，汤显祖写了《阳江避热入海，至涠洲，夜看珠池作，寄郭廉州》，诗云：

春县城犹热，高州海似凉。

地倾雷转侧，天入斗微茫。

薄梦游空影，浮生出太荒。

乌艚藏黑鬼，竹节向龙王。

日射涠洲郭，风斜别岛洋。

交池悬宝藏，长夜发珠光。

闪闪星河白，盈盈烟雾黄。

气如虹玉迥，影似烛银长。

为映吴梅福，回看汉孟尝。

弄鮹殊有泣，盘露滴君裳。①

此诗先用大量笔墨描述大海苍茫及海中珠池的恶劣环境，真实反映采珠疍户艰难的生存、作业状态。接着，作者通过颂扬汉时合浦太守孟尝和南昌县尉吴梅福的德行，辛辣地讽刺了主管珠池的贪官污吏，对珠民的苦难寄予深切同情。

汤显祖留下《徐闻泛海归百尺楼示张明威》一首：

① 〔明〕汤显祖著，徐朔方笺校：《汤显祖集全编》（二），上海古籍出版社2016年版，第677页。

417

> 沓磊风烟腊月秋，参天五指见琼州。
> 旌旗直下波千顷，海气能高百尺楼。①

徐闻沓磊港南临大海，是可远眺琼岛的小港湾，自宋元开始，一直是琼岛北渡的重要驿站。汤显祖亲临其地，一览海峡奇观，为我们再现明朝时沓磊港海浪滚滚直下琼州的雄伟气象。

万历十九年（1591）冬，曾任随州知州的徐闻人陈文彬曾陪汤显祖乘船在琼州海峡游玩。汤显祖离别徐闻后，特赋《寄怀徐闻陈公文彬旧游》一首留念，以表达对热情好客的徐闻人的感激之情。诗云：

> 雷蠢天飞海色青，一时风雨滞炎溟。
> 石门望罢星河绝，犹记浮槎旧勒铭。②

万历二十一年（1593），汤显祖调任浙江遂昌县知县，一任 5 年，政绩斐然，却因压制豪强，触怒权贵招致非议，终于万历二十六年（1598）愤而弃官归里，潜心于戏剧及诗词创作。汤显祖被贬徐闻期间有关海洋文化的见闻，对其戏剧创作也有一定影响。

第四节　忠节之士樊玉衡 "永成雷州"

一、樊玉衡曲折宦途与 "忠节" 之名

樊玉衡，湖北黄冈人。明万历十一年（1583）进士，由广信府推官征授为御史。因性格刚直，曾被谪无为判官，后任全椒知县。

万历二十六年（1598）四月，鉴于明神宗 "立储" 之事久而未决，樊玉衡上疏请求册立太子，并批评神宗宠溺郑贵妃。不久，发生匿名人士借《忧危竑议》一书散布政治流言的事件，是为 "妖书案"。樊玉衡被牵连其

---

① 〔明〕汤显祖著，徐朔方笺校：《汤显祖集全编》（二），上海古籍出版社 2016 年版，第 681 页。
② 〔明〕汤显祖著，徐朔方笺校：《汤显祖集全编》（二），上海古籍出版社 2016 年版，第 696 页。

中，"永戍雷州"。直至明光宗朱常洛即位后，樊玉衡才得以离开谪居22年之久的雷州。明光宗惊叹樊玉衡的忠义之举，打算让他担任南京刑部主事。樊玉衡以年老而婉拒，不过依然向明光宗"疏陈亲贤、远奸十事"。明光宗诏答之，同时力邀樊玉衡出仕，"寻命以太常少卿"。樊玉衡致仕不久，卒于家中。

樊玉衡学识渊博，多年的宦海浮沉，使他对人生、社会皆有深刻洞察，也使他比一般士大夫对晚明所面临的严峻形势和棘手问题有更深入的思考和认识。他以历史人物和故事为素材，撰成笔记小说《智品》，寄托了他的政治、社会和人生理想。

二、樊玉衡戍守雷州及其影响

樊玉衡谪居雷州时，雷州及周边廉州、阳江、电白的学子仰慕樊先生学术、道德，"多游其门说古讲艺不辍"。广东的督抚对他也颇为照顾。樊玉衡在雷州长达20多年，对湛江地区人文风气的形成、儒学教育的传承，具有一定影响力。

有关樊玉衡在雷州期间的政治、思想活动，详细事迹很少。万历《雷州府志》收录的《御史樊玉衡郡丞万煜去思碑记》（以下简称《去思碑记》）与1986年发现的《琼太守师弘李公爇香亭记》（简称《爇香亭记》）石碑，是难得的两件关于樊玉衡的地方文献，对研究樊玉衡的思想有一定的价值。

樊玉衡贬谪雷州的第三年——万历二十八年（1600），雷州同知（知府的副官，古人写文章惯用旧时职位代称）万煜离任，雷州父老称赞他是"雷州的青天"，为他立碑纪念，特请谪居雷州的樊玉衡作记。

据《去思碑记》，万煜在雷州任上，敬畏法纪，廉洁从政，便民利民，造福雷州三县。雷州虽地处边陲，"然珠香、玳翠、金布之凑，一都会也"，一些官员肆意搜刮，引为囊中之物，不知律法为何物。万煜却能做到"不见可欲于民"，"绝不以意行法，遇事斧断理解，吏惴惴不敢舞一钱"，"旱而祷，大夫雨之；饥而赈，大夫活之；鸿隙莲芍坏而无以溉，大夫复之"。[①] 樊玉衡认为，像这样的地方清吏，在明末社会已是十分罕见，应大力提倡张

---

① 〔清〕雷学海修，〔清〕陈昌齐等纂：嘉庆《雷州府志》卷十八《艺文》，岭南美术出版社2009年版。

扬。这一碑文从侧面见证了樊玉衡虽隐于边陲之地，但仍不忘弘扬正气，效忠朝廷。

《熰香亭记》作于万历二十九年（1601），石碑于 1986 年 8 月发现，现存于徐闻海安城内北关。碑文记载了琼州知府李师弘烧毁檀香，不接受馈赠的事迹。据碑文可知，李师弘，名多见，师弘为其号，福建莆田人，万历二年（1574）进士。李师弘曾因病赴海安所城治疗，发现行囊中有家人私藏的海南沉水香数斤，竟将沉香烧毁。北宋包拯曾任职端州（今肇庆），其地盛产端砚，包拯离任时却不曾带走一方端砚。李师弘以包拯事自勉，樊玉衡有事到徐闻，闻得此事，欣然为之撰记。

樊玉衡认为：历来在海南为官者，贪赃枉法大有人在，李师弘实为世之良吏，堪称"士修廉恭节"的典范。李师弘父李弦靖在龙川长乐令上，不受乡绅馈金，而为人称道，当地为之建却金亭。今日李师弘继承家风，有熰香之举，值得褒扬。

樊玉衡被贬雷州期间，十分关心湛江地区的文教事业，留有《雷州府学记》一篇。万历二十八年（1600）二月，樊玉衡受邀至吴川江阳书院，留下诗作《游双峰塔》。①

春日过访，周章南使君招游江阳书院，登双峰塔，还饮水月楼时，张学博、钱都闻、吴孝廉在座，即席赋，万历庚子二月也。

驺荡春风拂荔香，天涯名胜恣徜徉。
楼开水月空今古，塔涌云霄接混茫。
宾主东南千气象，乾坤漂泊任行藏。
酒酣击节千年事，江汉秋阳此一堂。

除《游双峰塔》，樊玉衡被收入《吴川县志》的诗文还有：介绍吴川江阳书院的散文《水月楼记》；盛赞江阳八景的诗歌《洲渚浮玉》《江楼待月》《沙屿飞白》《海洋散雪》。②

① 故宫博物院编：雍正《吴川县志》卷十《艺文》，海南出版社 2001 年版，第 37 页。
② 故宫博物院编：雍正《吴川县志》卷十《艺文》，海南出版社 2001 年版，第 46 页。

其中，《江楼待月》诗云：

> 江上高楼尺五天，楼前皓月印通川。
> 三三两两人来去，万万千千月缺圆。
> 坐把清光瞻顾兔，闲窥真际到飞鸢。
> 些儿识得程周趣，浩唱狂吟继往贤。

其诗写出月有阴晴圆缺，人有悲欢离合。楼上赏月，不是时时都候到明月当空。可谓借赏月寄情，言简意赅，将人生哲理刻划得淋漓尽致。

康熙《雷州府志》评价樊玉衡："性疆直敢任，屡劾权贵"，其生平"直节抱伟"。因其"节义凛然贯日，孤忠凌霜傲雪"，得以入祀雷州府名贤祠，并传入府志。①

第五节　明代高僧憨山德清

一、憨山德清生平

憨山德清（1546—1623），俗姓蔡，字澄印，号憨山，名德清，南直隶全椒（今安徽）人。受母亲笃信佛教影响，德清自幼向佛，九岁读《观音经》，十二岁习大乘诸经，立下"行遍天下，自由自在，随处有供"的宏愿。出家于南京大报恩寺，从华严名僧无极明信习华严，并受具戒。二十岁从法会结禅于天界寺。隆庆五年（1571），德清开始行脚远游。先至京师，听讲《法华》和《唯识》，并向名僧遍融真园、笑岩德宝请教禅要。

万历元年（1573），与好友妙峰同上五台山驻锡，经过苦修，多有证悟。五台山东北有一座怪石嶙峋、风景秀丽的山峰，名憨山。德清爱其景色奇秀，便以此为号。万历九年（1581），憨山与妙峰在五台山建无遮法会，修五台山塔院寺舍利宝塔，奠定其在佛教丛林中的地位。其时，万历皇帝生母

---

① 〔清〕郑俊、宋绍启纂：康熙《海康县志》，雷阳印书馆 1929 年刻本。

李太后派内臣到五台山请佛僧为王才人祈求后嗣，憨山便将法会与祈储合为一体。与此同时，万历皇帝却派内使到武当山请道士为自己宠爱的郑贵妃求嗣。"皇上遣内官于武当，阴为郑贵妃祈嗣，祈之道士也。圣母遣内官于五台，阴为王才人祈嗣，祈之和尚也。各有崇信，各有祷求"。① 翌年，王才人先于郑贵妃诞下皇子。求嗣成功为憨山赢得了名声，但由于万历皇帝宠幸的是郑贵妃，而郑贵妃生子于后，这为后来的宫廷斗争埋下了隐患，也让皇帝对憨山产生了不满，为其日后获罪埋下祸根。

因担心"大名之下，难以久居"，万历十一年（1583），憨山远蹈东海崂山修行。万历十四年（1586），万历皇帝敕颁《大藏经》15部"散施天下名山"，李太后特送一部至东海崂山，并施财修建海印寺，鼓励憨山建寺藏经。崂山是道教名山，憨山在此宣扬佛法，信众日多，因此引发佛道矛盾。万历二十三年（1595），当地道士以憨山侵占道院为由上告，官司直接打到皇帝那里。万历皇帝早就对皇太后为佛事耗费巨资、内使送书崂山、憨山私建寺庙等心存不满，加上之前求嗣之事，遂以"私创寺院"的罪名将憨山遣戍雷州。从此，憨山在岭南整整度过二十年的充军生活。

憨山德清一生著述颇丰，达数十种之多，包括《法华经直解》《圆觉经直解》《观楞枷经记》《大乘记信论直解》《金刚决疑》《肇论注略》《庄子内篇注》等。其弟子释福善、释通炯等将其著作整理为《憨山老人梦游集》55卷、《憨山语录》20卷等。在佛学思想方面，憨山主张禅教一致，提倡禅、净双修，鼓吹三教合一。在雷州，憨山提出"学三要"主张，即"不知春秋，不能涉世"，"不精老庄，不能忘世"，"不懂参禅，不能出世"，成为我国17世纪"三教一体"信仰的名言，对后世禅宗及美学产生积极影响②。憨山德清与云栖袾宏（别号莲池）、紫柏真可、蕅益智旭并称晚明佛教四大高僧。

二、憨山德清传播弘扬佛法

在雷州，身为罪囚的憨山，以蔡德清为名，以非僧非俗的身份，一边著书立说、开坛讲学，一边涉俗利生、关注民间疾苦。在充军雷州的路上，憨

---

① 释福征：《憨山大师年谱疏》，弘化社1934年版，第47页。
② 司徒尚纪：《雷州文化概论》，广东人民出版社2014年版，第272页。

山见"道路崎岖，行人汗血"，于是嘱咐一行者"立舍茶庵"，劝一道者"修路"，以方便行人。

万历二十四年（1596），高雷地区连续两年大旱，"赤地千里，庄稼枯死，民多茹树皮延活，饿死者万计……只鹅只换三升谷，斗米能求八岁儿"。① 就在这一年，憨山经广州至雷州，住在雷州三一庵。② 他在年谱中记道："时岁大饥，疫疠横发，经年不雨，死伤不可言。予如坐尸陀林中……域之内外，积骸骨露"。憨山毅然"劝众收拾、埋掩骸骼以万计"，并建济度道场，超度亡灵。③ 他还举行祈雨法事，"天即大雨，平地水三尺，自此疠气解。"④ 雷州百姓对其肃然起敬，信佛之风益盛。

遣戍雷州期间，憨山即使身着囚服，仍戴枷在天宁寺讲授《楞严经》。当地许多寺庵纷纷效仿天宁寺规仪，极大推动雷州半岛的佛教传播和佛寺发展。⑤ 当他发现"粤俗固好杀，遇中元皆杀牲祭先，市积牲如积薪"，便举办盂兰盆会，"讲孝衡钞，劝是日斋僧放生，用蔬祭"，从者甚众。自后，凡遇丧祭大事、父母寿日或祈禳、拜忏之事，多选择"放生斋素"。未几，放生会"在在有之"。⑥

万历二十四年（1596）始，广东发生旱灾，粮食匮乏。当时福建的艚船经常到广东采购粮食，广东人怕米谷涨价，因此每当福建艚船到来时，"时以为乱"。万历二十八年（1600），福建籍新任广东军门之子乘海船由闽来粤，有福建艚船也在此时来粤，有传言此系军门之子来粤抢粮，"顷刻聚数千人，投砖石打公子舟，几破"，军士也持戈相向，情况危急。德清正云游来到惠州，"念地方生灵"，不顾危险前往劝说，谓："诸君今所为，欲食贱米耳。今犯大法，当取死。即有贱米，谁食之耶？"众人听后愕然，"围即解，惠城遂以宁"⑦，得以化解民变。

① 湛江市志总编室编：《湛江两千年》，广东高等教育出版社1993年版，第19页。
② 覃召文：《岭南禅文化》，广东人民出版社1996年版，第88页。
③ 《憨山老人年谱自叙实录（卷下至卷末）》，北京图书馆编：《北京图书馆藏珍本年谱丛刊》（第53册），北京图书馆出版社1999年版，第3页。
④ 《憨山老人年谱自叙实录（卷下至卷末）》，北京图书馆出版社1999年版，第3页。
⑤ 胡巧利：《德清雷州事迹述评》，《广东史志》2003年第3期。
⑥ 《憨山老人年谱自叙实录（卷下至卷末）》，北京图书馆出版社1999年版，第13页。
⑦ 卢忠帅：《憨山德清广东事略》，《广东石油化工学院学报》2016年第4期。

万历二十六年（1598），明神宗以宦官李敬（一说李凤）为采珠使负责在雷州采珠。采珠者多为疍户，平日深受官府压榨，迫于生计沦为海盗的不在少数。憨山德清利用李敬信佛的契机，说服他"采船急设约束期，往来过限以罪"，由是"山海地方，一旦遂以宁"。[①] 宦官停止采珠，原因自然不光在于信佛。但憨山敢对倚仗皇权作威作福的宦官予以劝说，也是尽己所能减轻官府对百姓的压榨。

憨山还是一代诗僧，诗风清隽、高古。在雷州期间，著有《从军二十首》，从中更能体会到憨山在雷州时的心境。道光《吴川县志》收录憨山《题茶亭八首》（茶亭在遂溪县），其中有一首五言诗，表现其万里投荒来到岭南的旅途愁苦及救民于水火的境愿与决心：

> 行脚原吾事，担簦故所能。
> 心悬万里月，肩荷一枝藤。
> 旅食愁蛮语，安禅喜俗僧。
> 降魔空说剑，今日始先登！[②]

憨山德清复兴佛教最重要的举措莫过于复兴曹溪禅宗祖庭。

憨山是一位学问僧，其禅学思想与六祖惠能一脉相承，尤注重自性体悟，认为"一切远为，明明了知，皆从自心流出"，一切善恶因果，皆由心起。"佛性"即"吾人本有知觉之性"，彻悟此性就是佛，迷失此性就是众生。在修持方面，既重参禅，也倡念佛，且身体力行，昼夜念佛不辍，故对曹溪禅宗祖庭尤为看中。但明代晚期，南华寺"四方流棍，集于山门，开张屠沽，秽污之甚，积弊百余年矣。坟墓率占祖山，僧产多侵之。且勾合外棍，挟骗寺僧，无敢正视者"，全然凋敝之象。

见曹溪衰败之景，憨山决心予以复兴，完成与另一高僧紫柏真可"往浚曹溪，以开法脉"的夙愿，这一主张得到岭南广大官僚与乡绅的支持。万历二十八年（1600），憨山应南韶观察史祝以豳之请到禅宗祖庭曹溪主持南华

---

① 《憨山老人年谱自叙实录（卷下至卷末）》，北京图书馆出版社 1999 年版，第 20 页。

② 〔清〕李高魁、叶载文修，林泰雯纂：道光《吴川县志》卷十《艺文》，道光五年（1825）刻本。

寺的修复与振兴。入主曹溪后，憨山重修祖殿，整饬佛规，使南华寺面貌大为改观，后人誉之为曹溪中兴祖师。万历三十六年（1608），憨山发心修曹溪大殿。憨山募得经费，亲自携款到粤西，购买修殿用的铁梨大木。不料却因拆迁僧房，发生冲突，最后只好诉诸按院打官司。几名主谋又联名上告说德清在曹溪期间，曾"侵常住八千余金"。虽然最后真相大白，但几经挫折，憨山对复兴曹溪"心已厌倦"①，加之年高体弱，复兴曹溪之举至此作罢，后憨山德清离开曹溪，在庐山五乳峰下扩建道场，清修讲学。天启二年（1622），憨山受请回到曹溪南华寺，为众说戒讲经。翌年，圆寂于此。因而，憨山也被称为"曹溪中兴祖师"。至今，南华寺还保存有憨山的真身。

憨山在谪雷期间多次往返广州、韶州、新会、罗浮弘扬佛法，其德音流及岭南的大部分地区，促进了广州与粤西、粤北等地的佛教文化交流。由此可见，岭南佛教的发展离不开憨山的佛事推动。纵观憨山一生的活动，尽管他行脚四方，但主要活动在岭南，在岭南禅文化的发展中，憨山是一位关键性的人物。②

---

① 《憨山老人年谱自叙实录（卷下至卷末）》，北京图书馆出版社 1999 年版，第 579—580 页。
② 黄陆希：《德清与岭南禅学》，广州大学 2013 年硕士论文，第 8 页。

湛江通史

中卷

《湛江通史》编委会 编

SPM 南方出版传媒 广东人民出版社

·广州·

第二十章　清初动荡的湛江地区

清军南下，南明政权在湛江地区的抗清活动此起彼伏，湛江地区一度成为各路反清势力的大本营。被清军镇压后，部分抗清志士坚持"不事清廷"，率部奔赴海外，在中南半岛等地开疆拓土，发展经济。为防止海上抗清力量的集结与进攻，清初，朝廷在南部沿海实行严格的"海禁"与"迁界"政策，严重阻碍了湛江地区的海外经济贸易发展，给沿海百姓带来深重灾难。

清初，在湛江地区设置道一级行政建置，道下为府，府下设县（州）。在军事、海防建置上，沿用明朝卫所制度，以镇为最高军事建置单位，派绿营、八旗军分兵把守，另外，专设海防，定期巡海。

第一节　南明政权在湛江的抗清活动

一、南明政权在湛江

明崇祯十七年（清顺治元年，1644）三月，李自成农民军攻克北京，推翻明王朝，驻守山海关的明朝总兵吴三桂降清，清军乘机大举入关。李自成农民军迎战失利，放弃北京，向陕西撤退。同年十月，清顺治帝从沈阳迁都北京。紧接着清军集中兵力攻克西北重镇西安，继而挥师东下，顺治二年（1645）五月攻占南京，消灭了南明弘光政权。顺治三年（1646），清军势如破竹，先后攻破鲁王朱以海在绍兴的鲁王政权、唐王朱聿键在福州的隆武政权。

清军攻占广州后，总督佟养甲和提督李成栋，攻陷定惠、潮、广府，分兵三路向广东西部、北部和南部进军。西部由李成栋率领，进攻肇庆，直指梧州；北部由总兵叶承恩率领，进攻南雄、韶州二府；南部由总兵徐国栋等率领，进攻高、雷、廉、琼四府。

顺治四年（1647）二月，清军大兵压至雷州，明将蔡奎投降，清廷遂任命原明朝降将澄海人黄海如为总兵，汪宗宏为副总兵，南镇雷州。①

随着大局向有利于南明的方向发展，黄海如早已秘密联系永历皇帝，再次起义反清。史载："永历帝幸桂，海如至雷，密使通行在。九月，永历帝命都督孙时显，监军古萧帅狼兵（广西少数民族军队）攻高、雷，进围雷州城。黄海如乘机与（孙）时显合兵攻城，另潜通城守参将蔡奎为内应（奎亦明将，降于清者），陷之。"② 义军占领雷州后，副总兵汪宗宏宵遁，清知府赵最、推官李国宣被杀，永历皇帝遂"命（黄）海如就镇雷州，加（授）太子少保（武阶正二品）"③。同时，本地起义军陈仕陞、张彪等部队纷纷来附，减免田租赋，去除杂饷④，雷州得以维持南明的统治。与此同时，永历皇帝任命原广东西山副将李明忠为"太子太傅高雷廉琼军务"，挂宁武将军印，封"海康伯"⑤，长期活动在粤西广大地区，于是"高州府义师逐清所置官，复其城"⑥，归附南明。

顺治五年（1648）四月，风雨飘摇的永历政权命运出现转机，一是清朝统治集团内部满汉矛盾激化，二是东南地区人民群众奋起抗清，三是明末席卷全国的大顺农民军也联明抗清，从西南东进策应南明政权，形势为之一变。

四月（1648年5月），清广东提督李成栋在广州反清归明，奉永历年号，并胁迫清两广总督兼广东巡抚佟养甲也投降南明，永历政权恢复对广东全境的统治。李成栋派代表赴广西南宁迎接朱由榔回肇庆。

---

① 〔清〕刘邦柄修，〔清〕陈昌齐纂：嘉庆《海康县志》卷一《疆域志》，嘉庆十七年（1812）刊本，第8页。

② 〔清〕郑俊修，宋绍启纂：康熙《海康县志》上卷《舆图志》，雷阳印书馆1929年版，第8页。

③ 陈梅湖总纂：民国《南澳县志》卷七《宦绩十二》，1945年版。

④ 〔清〕刘邦柄修，〔清〕陈昌齐纂：嘉庆《海康县志》卷一《疆域志》，嘉庆十七年（1812）刊本，第8页。

⑤ 〔清〕温睿临：《南疆逸史》卷四十六《李明忠传》，中华书局1959年版，第391页。

⑥ 〔清〕倪在田：《续明纪事本末》，《台湾文献史料丛刊》第五辑，（台湾）大通书局1980年版。

是年，黄海如控制雷州半岛，并于雷州率领水师赴潮州支援当地义军攻占府城；顺治六年（1649），黄海如又与南明的定国公郑鸿逵、镇国将军刘公显兵复潮阳、揭阳两县。双方长期处于胶着状态，难分胜负，十二月十七日，又迎南明招讨大将军延平王郑成功至揭阳，加之林胜、洪进、甘辉、翁文贤等义军共二十四镇，每镇五百人，集中在粤东西诸府的广阔水陆地域与清军抗衡。

永历政权当时已拥有两广、湖南、江西等地域，与闽浙郑成功、张名振、张煌言等抗清义军遥相呼应。加之清朝统治区的广大民众抗清力量迅速壮大，牵制大量清军，为永历政权的巩固加强创造了有利条件。

顺治五年（1648）五月，清廷命都统谭泰率领大军南下，一路上攻城略地，进伐江西，攻下南昌。同月二十一日，湖南全失。顺治六年（1649）二月二十六日，李成栋于信丰战败，渡水溺死。永历政权遂以其副将杜永和代领其军为两广总督，驻守广州，广东再次面临清军的直接威胁。

顺治六年（1649），清平南王尚可喜、靖南王耿继茂已率满汉兵数万人攻陷广州，西宁王李定国救援尤切。黄海如旋即率兵泛海回雷坐镇，未至，雷州先为清总兵闫可义所占。听闻黄海如前来，闫可义陈兵迎击。二月，清军败黄海如军于平冈坡，黄海如不得已收拾残部转战雷州半岛周围海域，据说遇飓风，覆舟死去，雷州地区最大一支抗清力量消逝。至顺治八年（1651），平南王尚可喜、靖南王耿继茂平定广州大部分地区。这年夏天，清师至雷州，雷州又为清政府控制。顺治九年（1652），靖南王统兵至雷州，南明高雷总镇、海康王李明忠退守高州，进而又退往钦州龙门岛，耿继茂以其父与李明忠是旧交为由多次劝降，但李明忠不为所动，"以明室遗臣尽力而死"[1]，终为清军杀害[2]。

雷州人王之瀚等，拒不接受清朝"薙发"令，建立割据武装，占据西海

① 〔清〕温睿临：《南疆逸史》卷四十六《李明忠传》，中华书局1959年版，第392页。
② 〔清〕刘邦柄修，〔清〕陈昌齐纂：嘉庆《海康县志》卷一《疆域志》，嘉庆十七年（1812）刊本，第9页。

一带地方五六年。①

顺治八年（1651）闰二月，明末西北农民起义余部来到广东等地，与南明实现联合，为南明抗清再次带来一线生机。此间，大西政权张献忠部下孙可望、李定国、刘文秀、艾能奇等率领余部，在西南地区开辟了抗清基地。

从顺治九年（1652）到顺治十一年（1654）四月，李定国先后三次进军广东，收复广西全境以及粤西四府广大地区。顺治九年八月，李定国命马宝率兵数万，进攻广东，连克阳山县及肇庆、高州、向州、雷州诸府。接着，李定国率领部队大败清军于湖南衡州，清政府十分震恐。当时清统治者曾有放弃湘、粤、桂、赣、川、滇、黔七省，并与南明议和的打算。顺治十年（1653）三月，李定国由柳州再进军广东，广东的抗清义军王兴、陈奇策、宋国相等部密切配合，郑成功也派水师来到潮州助战。可是，由于南明党争又起，清军乘机出击，连败农民军，南明在湖南及广东所收复的府州县相继丧失。

顺治十一年（1654）初，李定国第三次出兵广东。三月，"定国自广西柳州入高州，道经雷廉……破雷州"，五月，攻下高、雷、廉三府及罗定、新兴、阳江、阳春、恩平等县。六月，又派总兵陈武渡海，攻克琼州的昌化、临高等县。同年十二月，李定国部与清廷平、靖二藩王协同将军朱玛喇统领的十万大军对决于广东新会河头。李定国军中瘟疫流行，郑成功的援师迟迟未到，最终李军在十二月十四日（1655 年 1 月 21 日），遭遇清军重创，"清军用火箭破其象阵，定国大败，结筏而渡，奔回广西"。② 当时"民间男妇老幼、饥兵病卒共六七十万人从之"③。广东的高、雷、廉三府，肇庆、罗定所属三州十八县全部沦为清军之地。"定国力屈不能复出，西南之业衰实。"

广东抗清大势已去，但仍有王兴、陈奇策、萧国龙、邓耀等人所率残

---

① 〔清〕郑俊修，〔清〕宋绍启纂：康熙《海康县志》上卷《舆图志》，雷阳印书馆 1929 年版，第 9 页；又见〔清〕刘邦柄修，〔清〕陈昌齐纂：嘉庆《海康县志》卷一《疆域志》，嘉庆十七年（1812）刊本，第 9 页。

② 〔清〕刘邦柄修，〔清〕陈昌齐纂：嘉庆《海康县志》卷一《疆域志》，嘉庆十七年（1812）刊本，第 9 页。

③ 刘彬：《晋王李定国列传》，郭影秋编著：《李定国纪年》附录，中华书局 1960 年版。

部，在粤西沿海新宁县文村、下川岛，以及阳江沿海和北部湾钦州一带的龙门岛坚持斗争，而粤西地区的抗清运动一直延续至顺治十八年（1661），由此也演绎出一系列湛江地区反清复明的重大事件。

二、吴川的抗清义军

明末清初，在粤西地区清军与南明政权相持之时，高州府吴川县曾经爆发十万民众的抗清运动。

清顺治三年（1646），佟养甲、李成栋率兵下广东，破广州。随即分兵三路向粤南、西、北部挺进。进攻粤西的是徐国栋，高、廉、雷、琼四府归顺清朝。顺治四年（1647）春，清廷高州总兵方国泰和副将赵国威、周朝等统领大军，占领高州，知府黄朝元等亦同时抵达府治。四月，委派吴川知县陈培亨赴任，又派海防同知戴文衡移镇吴川。清统治者除按明万历四十八年（1620）则例征收粮食和赋税外，还向百姓“编派猪酒等物，以备来往官兵”，“每差官下县，索里长供应，日需银四五十两（银）”；兼之县丞、巡捕不住衙宇，强令里长为之“租赁民房，买办修整”，甚至是“三日一换，两日一替”。至此，“富者倾家，贫者典妻鬻子，流徙逃窜，民不聊生”。[①]清廷又以高压方式施行“剃发令”，由此引爆以欧光宸为“盟主”的吴川反清起义。

欧光宸（？—1653），字戴皇，原籍吴川县博铺乡（今博铺镇），明天启七年（1627）丁卯举人。顺治四年（1647），“〔清〕大兵定高州，新官履任，下薙发令，欧光宸不从，与其欧弟光宙及茂山书院生徒谋起兵”。“是时，明桂王建号永历，在广西与高州通声气。”六月十日，“光宸率吴川、茂名之勇敢者，攻陷梅菉墟及吴川城，高州官兵复之。未几，明兵破高州，光宸则练兵结寨于博铺。明桂王授（欧）光宸海南监军、道按察司副使”。[②]

当时，南明政权吏部侍郎洪天擢授高州军门，招兵前往海南以图“恢复吴川”，吴川杨浮八（塘鸡村人）、姚起岩和茂名周冕等率众百余人，“不甘

---

①　〔清〕毛昌善修，〔清〕陈兰彬纂：光绪《吴川县志》卷十《事略》，光绪十四年（1888）刻本，（台湾）成文出版社1967年版，第371页。

②　〔清〕杨霁修，〔清〕陈兰彬等纂：光绪《高州府志》卷三十七《列传·人物十》，光绪十五年（1889）刊本，第29—30页。

剃发，同往海南"①。他们在途中联络郑淑真、龙泉剑、陈其素、陈彝典等，"并起义兵"，"陟倡起义"，且联络信宜、茂名、遂溪等地"聚众数千人"，"倡乱复明"。

六月初八日，龙泉剑、杨千秋等义军集中"三百余人，手执竹器木枪"，攻打吴川县城（吴阳）。同时，欧光宸与从弟欧光宙也率领茂山书院生徒起兵反清，各路反清义军，欧光宸被推为"盟主"②。清廷守备"带营兵四百"，将之"驱散"。初九日，"梅菉商民杀清官"，同时，"沿门催赶"投靠清廷之人，"不出者焚其屋"，义军再次"聚数千人"，由梅菉杀奔县城，又遭清廷营兵斩杀，死亡数百人。初十日，义军继续组织队伍冲击，"通邑百姓拥十数万人围城，喊杀震天"。破县城后，清廷知县、海防、巡捕、县丞、教官等尽皆被杀。义军"破狱开仓"，声势极盛。清水师游击汪齐龙由高州率兵驰援，义军"抢船渡河"，由"塘基头凭潦水，用火焚攻"，双方大战于梅菉，义军战败，清军方可解围。南明永历帝特授欧光宸为"海南监军道按察司副使"，欧光宸则以家乡博铺为义军的练兵结寨基地，坚持抗清。

是年七月，以施尚义、叶标为首的义军，拥众由广西入粤，支援广东的抗清斗争，"破化州、困高（州）城"，相持数月不下，兵临吴川县内，清雷州镇黄海如与汪齐龙在吴川芷寮一带把守，吴川遂分属两个政府，"上自大坡营，下至公子渡，山圩、塘塅俱属明，县分东西，水东为清，西为明"③。不久，清将汪齐龙因内讧被杀，至是，吴川全县复归于明。

明清双方在吴川及附近战场展开拉锯战。总计吴川自顺治四年（1647）二月首次归清算起，至顺治十二年（1655）正月，在此八年离乱时期，先后经历明守道黄兆穰占据吴川；明林察兵入芷寮、梅菉；清李成栋反清，派闫可义攻破吴川城；明海康伯李明忠控制吴川；施尚义、叶标为首义军的长期军事活动；等等。吴川地区社会变乱，民不聊生。明清易代，吴川共经历八

---

① 〔清〕陈舜系：《离乱见闻录》卷中，《明史资料丛刊》第三辑，江苏人民出版社 1980 年版，第 250 页。

② 〔清〕陈舜系：《离乱见闻录》卷中，《明史资料丛刊》第三辑，江苏人民出版社 1980 年版，第 250 页。

③ 〔清〕毛昌善修，〔清〕陈兰彬纂：光绪《吴川县志》卷十《事略》，光绪十四年（1888）刻本，（台湾）成文出版社 1967 年版，第 372 页。

度反复，即四度"归清"，四度"复明"。直至顺治十一年（1654），清平南王尚可喜部属副总兵陈武、参将李之珍，"发兵剿化（州）、吴（川）"，吴川反清起义最终失败。当时，上自旺岭、牛湾、双牌、梅菉、博铺，下至吴（川）之东西水，散捉乱抢，十室九空。[①]"杀死男妇千余人，捉去大小男妇数千。""自遭此难，吴（川）、化（州）人物十去其七"[②]，吴川抗清起义最终失败。

在这次战役中，吴川抗清盟主欧光宸奋力抵抗，势穷被执，押至高州城。清兵"勒（索）银八百（两）准赎"，欧光宸不屈，被陈、李定以"谋叛"罪，在高州就义[③]。乡人崇仰他的英勇爱国事迹，缅怀其忠贞义烈情怀，在博铺的茂山书院内长期供奉其长生禄位。

三、王之瀚兄弟、邓耀、杨二的抗清复明斗争

（一）王之瀚兄弟率先反清

早在顺治初年，清军南下，明清易代，雷州人王之瀚率先拉起队伍，与弟王之鉴等占据西海地区（时人称雷州半岛以西为西海，以东为东海），并与杨二、杨三等"海盗"相呼应，义不事清，造成清朝在粤西多年无法建立稳固的统治。史载："雷人王之瀚入山，不薙发，征之不能克。瀚在北笋巢，瀚弟之鉴丙港巢，左营陈杰乌叫巢，右营黄占三方家巢，王礼士、梁州牧、黄宽等各聚党劫杀，占据西海一带地方，垂五、六年。"[④]

永历八年（顺治十一年，1654），清朝廷派遣御史张纯熙巡抚广东，张单骑进入雷州城，招徕流民，"宣布王仁"，两次派人前往西海招抚王之瀚。顺治十三年（1656），王之瀚就抚，但以病老不就仕，随其归附的部下男女

① 〔清〕陈舜系：《离乱见闻录》卷中，《明史资料丛刊》第三辑，江苏人民出版社1980年版，第258页。
② 〔清〕毛昌善修，〔清〕陈兰彬纂：光绪《吴川县志》卷十《事略》，光绪十四年（1888）刻本，（台湾）成文出版社1967年版，第374页。又见陈舜系：《离乱见闻录》卷中，《明史资料丛刊》第三辑，江苏人民出版社1980年版，第260页。
③ 〔清〕陈舜系：《离乱见闻录》卷中，《明史资料丛刊》第三辑，江苏人民出版社1980年版，第260页。
④ 〔清〕郑俊修，〔清〕宋绍启纂：康熙《海康县志》上卷《舆图志》，雷阳印书馆1929年版，第9页。

5400 余人,① "西海一带皆受约束，愿输纳为良民"。但到顺治十四年（1657），王之鉴复"据西海地方为乱"，南昌人郑昌加入其中且为头目。清朝廷派总兵栗养志提督高、雷、廉三府，进军征讨，郑昌投降，并引领清兵袭击、擒获王之鉴。随后，清军击败黄占三等同党，夺取西海、海康一带，乘胜进击广西十二山二十八寨②，粤西反清力量受到沉重打击。直到顺治十七年（1660），南明将领邓耀占据（西海）龙门，以安南为奥援，坚持抗清，他"治舟缮甲，煮海屯田，以为恢复计"。康熙时马世禄《请设龙门协营议》称："我朝定鼎以来，钦廉于顺治十三年始入版图，……三十余年间，海寇邓耀、杨二等攻城掠野，蹂躏四郡，荼毒不堪"③，也从侧面反映出清政府对粤西沿海反清运动头痛不止。

（二）王兴、萧国龙、邓耀抗清

李定国撤出广东后，广东抗清大势已去，但在粤西漫长的海岸线上，尚余王兴、陈奇策、萧国龙等坚持抗清，史称"广东三将军"抗清，坚持到顺治十八年（1661）。他们先后退居新宁县的文村和下川岛，再到阳江永丰寨，最后退守北部湾的钦州龙门岛。其中，与"三将军"并列的有粤西邓耀领导的龙门岛抗清，成为广东抗清的最后一支力量。

在文村，明朝宗室、遗臣及抗清志士多往依投，滇中永历政权和郑成功海上义师的信使往来，都以文村为中途站④。顺治十三年（1656）春，尚可喜发兵3万进攻文村，在王兴的正确指挥下，义军成功坚持三个月，消灭清军7000余人。陈奇策部自下川岛驰援，清军败退。但陈奇策主动撤出下川岛，移师北部湾的钦州，与邓耀合作，与大西军贺九仪部联合，转战于十万大山一带，后兵败被俘，不屈而死。顺治十四年（1657）八月，尚可喜发兵十万从水陆进攻文村，王兴部坚持抗战13个月，消灭清军数万人，缴获战

---

① 《巡抚御史张纯禧（熙）招抚西海疏》，〔清〕郑俊修，〔清〕宋绍启纂：康熙《海康县志》下卷《艺文志》，雷阳印书馆1929年版，第49页。

② 〔清〕宋国用修，〔清〕洪泮洙纂：康熙《遂溪县志》卷三《勋烈志》，康熙二十六年（1687）刻本，第52—53页。

③ 〔清〕张允观纂修：《重修北流县志》卷十一《奏议志》，故宫博物院编：《广西府州县志》第9册，海南出版社2001年版。

④ 〔清〕屈大均撰，叶恭绰校：《皇明四朝成仁录》卷十二（第三册），明文书局1982年版，第219—220页。

马 590 余匹。但城中食尽，王兴命令"兵、民散出就食"，而他自己及其妻妾自焚殉难。[①] 顺治十五年（1658）八月文村失陷。

再是明将萧国龙分聚南江县永丰寨坚持抗清。顺治十八年（1661）八月，尚可喜派水师总兵张国勋率军进攻永丰寨。萧国龙"掘壕加堑"，命兵士坚守阵地。清军强攻不能取胜，乃筑"长围"以困永丰寨，同时分兵进剿亨峒诸寨，各个击破，使永丰孤立，九月二十四日（11 月 15 日）永丰寨陷落。义军坚持抵抗两个月，阵亡 1400 余人，萧国龙投水殉节。[②] 至此，南明在广东的抗清势力全部被消灭。

此间，被永历皇帝封为靖氛将军的邓耀，退守粤西龙门岛，坚持抗清。邓耀，吴川梅菉人，顺治七年（1650），作为海盗占据龙门[③]。龙门岛坐落于北部湾北部，北距钦州城水程 60 里，"孤悬海外，界接粤西，西临交趾，通滇南"，地理位置十分重要，该岛"中央平旷，可立营寨，为泊船操兵之地"。[④] 为配合安西王李定国从广西进驻广东抗清，邓耀早已长期经营此地。南明反清武装力量失去了北部湾西海，不得不向西部海域转移，以龙门为据点，安南为奥援。

邓耀自吴川发动反清复明起义后，一直在明朝海康伯、高雷廉琼四府军门李明忠麾下抗清。李明忠牺牲后，邓耀将李明忠家眷 80 余口解救到龙门，又带领余众驻守牙山，退守龙门。"虽边裔绝岛，独存正朔，衣冠避难者多依之。"[⑤] 邓耀部进据后，"装船缮甲，煮海屯田，以为恢复之计"[⑥]。文村失守后，永历政权出入海上，派出使臣皆以龙门岛为中途站。此间，邓耀率部

---

①〔清〕屈大均撰，叶恭绰校：《皇明四朝成仁录》卷十二（第三册），明文书局 1982 年版，第 221 页。

②〔清〕屈大均撰，叶恭绰校：《皇明四朝成仁录》卷十二（第三册），明文书局 1982 年版，第 227—228 页。

③〔清〕陈舜系：《离乱见闻录》卷中，《明史资料丛刊》第三辑，江苏人民出版社 1980 年版，第 257 页。

④〔清〕杜臻：《粤闽巡视纪略》卷一，四库馆 1868 年版，第 28 页。

⑤〔清〕屈大均撰，叶恭绰校：《皇明四朝成仁录》卷十二（第三册），明文书局 1982 年版，第 224—225 页。

⑥〔清〕屈大均撰，叶恭绰校：《皇明四朝成仁录》卷十二（第三册），明文书局 1982 年版，第 225 页。

多次出兵，袭击廉、高等地的清军。顺治十七年（1660）八月，尚可喜调集水陆大军进攻龙门岛。二十三日清海北道方国栋、总兵张伟清剿龙门"海贼"，两军决战于岛口，邓耀军溃败，龙门岛沦陷。一说是邓耀妻，疍女也，先于邓耀战死，葬于龙门；一说是邓耀败走安南，逃入广西千隆山佛寺，削发为僧，为官兵擒获，于次年六月于广州"不屈而死"[①]。其余诸将更"负险不屈"，主要有驻守彭嘴牙山的符德义等人和那略的黄国林，大岽山则有陆顺明等，或被俘或被杀，"往往数十人或数百人同全发以死"[②]，壮怀激烈，可歌可泣。

（三）杨二抗清

明末清初，粤西一带的反清复明运动，时间最长，斗争最为持久，他们大多以海上活动——"海盗"为主要斗争形式，一直延续到乾嘉时期。当时活跃于北部湾到中南半岛海域的华南海盗，大多来自粤西沿海，这些海盗有些是真海盗，但相当部分是沿海民众，尤其是疍家、渔民等，更有不少是与清朝对抗，被清廷称为"西贼""海盗"的南明政权武装或反清力量。其中，尤以杨二为首的"西贼"坚持抗清最为著名。

邓耀抗清失败后，其部下杨二再举反清大旗。杨二，实为明朝在广东镇守龙门水陆等处地方总兵官杨彦迪，他兄弟多人参加反清运动，历史上以杨二、杨三著称。邓耀牺牲后，他们以龙门岛为据点，仍拥戴永历皇帝，拥有数十艘大船，纵横北部湾一带（西海），多次打败清军，"困巡海大人于琼海，清军始终不能挫其锋"[③]。杨彦迪与明郑政权联合，为郑成功部将。顺治十八年（1661），杨彦迪率部占据广西防城县的江山半岛，活跃于钦州、防城港一带，自称杨王，被郑经封为礼武镇总兵[④]。"三藩之乱"爆发后，杨彦迪奉明郑王朝首领郑经之命，与冼彪一起，先从台湾率舟师数千人，乘船

---

① 〔清〕陈舜系：《离乱见闻录》卷下，《明史资料丛刊》第三辑，江苏人民出版社1980年版，第263页。

② 〔明〕屈大均撰，叶恭绰校：《皇明四朝成仁录》卷十二（第三册），明文书局1982年版，第230页。

③ 〔明〕屈大均撰，叶恭绰校：《皇明四朝成仁录》卷十二（第三册），明文书局1982年版，第229页。

④ 中国海外交通史研究会、福建省泉州海外交通史博物馆：《泉州海外交通史料汇编》，1983年内部编印，第20页。

80 艘，回师粤海，再次出兵攻占龙门岛，"结巢作乱"，进击钦州等沿海地区。康熙十八年（1679）春，清军调兵遣将，追击杨彦迪，并成功夺取龙门。同年十二月初三日，清总兵蔡琼、琼州水师副将王珍等领水陆官兵于山墩地方也曾大败杨二，双方长期胶着而战，难分胜负。

康熙十四年至康熙十七年（1675—1678），清高州总兵、原明朝降将祖泽清屡降屡叛，雷协副将谭捷元带领白鸽寨官兵响应，"纵兵劫掠居民，沿海村落寨兵屠劫尤甚"。康熙十七年春三月，史载，清军"额将军率师平之，雷协副将谭捷元遁西山，寻归投诚，病死。祖党土贼杨二、梁羽鹤等阻雷南渡（河）作乱，沿海劫掠"。① "杨二代领其众，阻险为窟，官兵莫敢谁何。"② 可见，杨彦迪等也参与这次康熙朝的反清复明运动。康熙十九年（1680）夏六月，杨彦迪又与谢昌、李积凤等海上势力以东头山岛为据点，"东海作乱，雷郡大震"。康熙二十年（1681）春三月，清水师总兵蔡璋、副将张瑜"率舟师自海道大破贼于海门，追至龙门，尽破诸巢。杨二遁，海贼悉平"③。此役，"协镇蔡璋勒兵剿捕，（杨）二力战，自午迄日中不退……"后因起东风，清军"因纵火焚贼舟俱尽。（杨）二乘走逸入交趾，龙门遂虚"④。

此时，吴三桂中风而死，"三藩之乱"顿时失去核心力量，台湾郑氏势力日见衰弱，眼见反清复明已无希望，杨二等率领龙门部众 3000 余人，乘战船 50 余艘，南下北部湾，浩浩荡荡驶往交趾沱灢港（今岘港）。当时，越南为阮氏政权的广南国。杨二等到达顺化后，自说是明朝遗臣，义不事清。阮主阮福濒准许其引龙门兵弁船艘，进驻湄公河三角洲一带，以及后来的东浦—美湫（Mi-tho）地方，起筑房舍，招集华夷，结成廛里⑤。这支部队遂成为越南华侨的重要组成部分，开始对越南南方（南圻）进行大规模开发，并在未来广南国征服真腊国（柬埔寨）的过程中扮演重要角色。

---

① 〔清〕宋国用修，〔清〕洪泮洙纂：康熙《遂溪县志》卷一《舆图志·事纪》，康熙二十六年（1687）刻本，第 13 页。

② 〔清〕杜臻：《粤闽巡视纪略》卷一，四库馆 1868 年版，第 29 页。

③ 〔清〕宋国用修，〔清〕洪泮洙纂：康熙《遂溪县志》卷一《舆图志·事纪》，康熙二十六年（1687）刻本，第 13 页。

④ 〔清〕杜臻：《粤闽巡视纪略》卷一，四库馆 1868 年版，第 29 页。

⑤ 戴可来、杨保筠校点：《岭南摭怪等史料三种》，中州古籍出版社 1996 年版，第 221—222 页。

四、陈上川抗清复明及其对广南的开发

明清易代，作为反清复明最后战场的湛江地区，因其对中华文化的传承，涌现出一大批精忠报国的英雄，他们纵横南海，誓死抵抗清军。也因其在南海海疆的特殊地理位置，还诞生了一位中国在东南亚一带最早的华侨领袖陈上川。

陈上川，号义略，广东高州府吴川县南三都田头村人（今湛江市南三岛田头村）。越南人郑怀德《题陈将军庙》注云："陈，大明总兵，名胜才，广东高州府吴川人。"[①] 他生于明熹宗天启六年（1626）九月四日，卒于清康熙五十四年（1715），享年90岁。田头村为陈姓大村，其始祖可追溯到宋末元初"义不降元"的宋朝名臣陈文龙。宋亡，陈文龙孙陈八宣第三子伯镇，卜居吴川县乾塘而成为"陈氏大宗"。元中叶，陈氏家族枝开叶散，传至第六世，陈文禧开始从特呈岛迁居田头村，是为"陈氏小宗"的一支。陈上川是田头村"陈氏小宗"的第十七代孙。

据《田头村陈氏南房长支族谱》记载，陈上川家境颇丰裕，其兄长从事商业，迁居海南。陈上川少年聪敏，学制艺，善诗能文。明崇祯十四年（1641）考试生员，录入高州府学。次年父母染疫双亡，后随舅辅读于肇庆府学，本是个读书科考的文人。然而，顺治元年（1644）清军入关，战事频仍，彻底打乱了他登科及第、入仕报国的人生规划。清顺治三年（1646）十一月，明广西巡抚瞿式耜、两广总督丁魁楚、湖广总督何腾蛟等，拥桂王朱由榔在广东肇庆即皇帝位，改元永历。年仅20岁的陈上川加入了南明政权的抗清行列。之后，肇庆失守，陈上川率部扶桂王朱由榔奔桂林；复奔肇庆。顺治七年（1650），肇庆再度失守，陈上川扶桂王奔南宁，据守南宁长达九年。其间，陈上川与台湾郑成功从福建挥师南下，打败闽南清军，攻取福建漳浦、云霄等地，曾收复广东的揭阳及周边许多山寨。顺治十六年（1659）春，南宁失守，陈上川与明故旧官兵扶桂王出奔缅甸。顺治十八年（1661）春，陈上川率所部从缅甸撤回广东钦州，暗中训练兵马和水师，继续坚持抗清斗争。

---

① 〔越〕郑怀德：《艮斋诗集》，陈荆和：《清初郑成功残部之移殖南圻》（下），《新亚学报》1968年第八卷第二期，第468页。

康熙元年（1662），永历皇帝被俘；同年七月，与永历政权合作抗清的农民起义军首领李定国病逝于云南孟腊；反清复明运动的重心转移到台湾。康熙二年（1663）冬，清军攻入南三岛田头村，抄没陈上川家产，陈上川未婚妻许蕙兰殉节自尽。陈上川被驻守台湾的郑明政权委任为高、廉、雷总兵。康熙三年（1664），陈上川率部驾船奔袭钦州，打败尾追的清军，再次占据了钦州湾龙门岛，"并不时巡航南海，出入东京、广南及高棉之港口，以保护郑氏航商"①。陈上川等人率领的这支水师，在长达十五年的时间内，以龙门岛为根据地，长期驰骋在广东西海（今北部湾）一带，"一方面保护台湾郑氏政权派往东南亚各地贸易的商船，另一方面则配合响应吴三桂所部在两广的军事行动"②。

清康熙十八年（1679），清军平定"三藩"和统一台湾的事业即将成功，陈上川眼见"力尽势穷，明祚终"，但又"义不事清"，即和副将陈安平，会同明龙门总兵杨二，副将黄进，率领 3000 余士兵，战船 50 余艘，投奔越南南部顺化朝廷阮主福濒。阮主获悉原委后，下令设宴慰劳和嘉奖陈上川等人，并各授以官职，然后命陈保持原水师队编制，开往尚属柬埔寨的东浦地区，从事垦殖开发。③ 其中，"彦迪、黄进兵船驶往雷腊海口驻扎詹美萩。上川、安平兵船驶往芹滫海口，驻扎于盘辚"。④ 从此，陈上川、陈安平等率部进入边和，在农耐河的大铺洲开辟闲地，建造铺舍，开始了长达十年的开发活动。

关于陈上川等在边和的开发，郑怀德曾这样描写："农耐（或称鹿野，今边和）大铺，在大铺洲西头。开拓初，陈上川将军招致唐商，营建铺街，瓦屋粉墙，岑楼层观，炫江耀日，联络五里。经画三街，大街铺白石甃路，横街铺蜂石甃路，小街铺青砖甃路，周道有砥。商旅辐辏，洋舶江船，收风

---

①　蔡相辉：《陈上川》，（台湾）华侨协会总会编：《华侨名人传》，（台湾）黎明文化事业公司 1974 年版。

②　温广益主编：《广东籍华侨名人传》，广东人民出版社 1988 年版，第 18 页。

③　张登桂等：《大南列传前编》卷六《陈上川列传》，王柏中辑：《〈大南实录〉中国西南边疆相关史料辑》，社科文献出版社 2015 年版，第 20 页。

④　张登桂等：《大南列传前编》卷六《陈上川列传》，王柏中辑：《〈大南实录〉中国西南边疆相关史料辑》，社科文献出版社 2015 年版，第 2 页。

投锭，舳舻相衔，是为一大都会，富商巨贾，独此为多。"① 经过陈上川等人的努力开发，当地"中国华风已渐渍，蔚然畅于东浦矣……"② 二十年内，人口骤增，至1698年越南阮氏政权把东浦列入版图时，这片曾经人烟稀少的沃野，居民已经超过4万户③。

1688年，黄进杀杨彦迪，率领龙门部众纵兵掠劫柬埔寨。阮主先派兵击败黄进，乘胜攻打柬埔寨国王匿翁秋。陈上川率部协助阮主作战，兼领龙门部众，匿翁秋兵败求和，阮主军队和陈上川部众共同留驻柬埔寨，"诸将分兵僻地以耕"④。1690年，陈上川则仍旧拥众留驻瀛洲（今越南永隆），与柬王协议互不攻击，致力于开垦湄公河口一带长达八年之久。

1698年，越南阮氏政权把原属柬埔寨的东浦地区强行纳入版图，置嘉定府，柬王匿翁秋反抗。阮主福凋（明王）命阮有镜统率平康、镇边二营和陈上川的龙门将士（当时已编入镇边营）攻柬埔寨。此时已被阮主提升为"统兵"的陈上川，再次率队随越军攻打柬埔寨，连战皆捷，迫使匿翁秋乞降，从而确保东浦地区为越南阮氏政权所拥有。

1714年，柬埔寨内乱再起。匿翁秋之子匿深起兵攻打副王匿翁嫩之子匿淹。匿淹向越南藩镇、镇边二营求援。此时已被提升为藩镇营都督的陈上川，第三次卷入越柬冲突，奉命率军移驻柴棍（今越南堤岸），配合阮主军队协助匿淹。在驻军柴棍期间，陈上川仍然组织当地人积极参与对柴棍的开发，建立铺市，招徕商贾。1715年，匿深战败，匿翁秋被迫让位于匿淹，匿淹受阮主封为"真腊国王"。同年秋，陈上川因积劳成疾而死。长子陈大定袭统兵之职。1732年，陈大定冤死广南狱中，陈上川等带领到越南南部达半个世纪的队伍终于解散。

陈上川率领龙门岛抗清部众在越南南方共三十六年，以中国人特有的勤

---

① 〔越〕郑怀德：《嘉定通志》卷六《城池志·边河镇》，戴可来、杨保筠校注：《岭南摭怪史料三种》，中州古籍出版社1996年版，第219—220页。

② 〔越〕郑怀德：《嘉定通志》卷三《疆域志·定祥镇》，戴可来、杨保筠校注：《岭南摭怪史料三种》，中州古籍出版社1996年版，第219—220页。

③ 张登桂等：《大南实录前编》卷六《己巳二年》，王柏中辑：《〈大南实录〉中国西南边疆相关史料辑》，社科文献出版社2015年版，第4页。

④ 张登桂等：《大南实录前编》卷六《己巳二年》，王柏中辑：《〈大南实录〉中国西南边疆相关史料辑》，社科文献出版社2015年版，第4页。

劳、智慧，垦殖开发边和的农耐大铺和柴棍，促进越南经济发展，促进中越文化交流。同时，协助越南阮氏政权拓土保疆，屡立战功。他生前由先锋而统兵，而都督，死后阮主追赠他为"辅国都督"，封上等神，享春秋二祭。他至今仍被后人立祠奉祀，受到当地人民和华侨、华裔的爱戴和尊崇。

陈上川侨居海外后，仍不忘故土，根据《田头村陈氏南房长支族谱》可知，陈上川在越南"娶谢、冼二氏，俱无所出，合葬狪狔岭"。曾经"奉金归本，创建大宗"，族人传当时陈上川派船十艘，载木石材料和金银回故里建祠，中途遇风，十船沉其九，一船载木石和少量金银到达，资金不足，乃在本村建"小宗"，也就是今田头村内陈氏小宗。再者，族谱记载，陈上川传位（越南爵位）予族弟陈圣音，他曾建立安庆寺于狪狔港口。陈圣音生三子：瑞祯、瑞昌、瑞祥；又娶杨氏，生二子：瑞蕃、瑞道。瑞祯传圣音位，不仕，曾回田头村，旋复回越南。次子瑞昌又世袭安南职务。这些史实均在光绪《吴川县志》的记载中得到印证：陈圣音长子瑞祯曾经回吴川为各类生员，但不幸病殁，于是次子瑞昌"复袭安南职"。陈瑞昌有一子名绍璿，又名南来，是安南举人，嘉庆年间曾归吴川，留有诗集《南来集》。①

五、莫玖在河仙镇建"港口国"

明末清初，抗清到底的明朝官兵以及不堪忍受清朝统治的东南沿海民众，大批漂洋过海来到柬埔寨湄公河三角洲地区（即"下柬埔寨"地区）。特别是明末清初大批有领导有组织的华人到来，柬埔寨华侨社会开始形成。其中，1671 年，以莫玖为首的一批中国侨民首先来到柬埔寨。②

莫玖（1655—1735），明末清初广东省雷州府海康县黎郭社东岭村人，中国最早旅居海外的华侨之一。

康熙十年（1671），他年方 17 岁，就率领眷属及随从四百余人，分乘战船十艘，从雷州港口出发，渡海南航，最先驶抵中南半岛南部的真腊国南荣府（今柬埔寨首都金边一带）。就地安顿眷属及随从人员后，带少数侍卫前

---

① 〔清〕毛昌善修，〔清〕陈兰彬纂：光绪《吴川县志》卷十《杂录》，光绪十四年（1888）刻本，（台湾）成文出版社 1967 年版，第 395 页。

② 关于莫玖移居柬埔寨的时间，据武世荣《河仙镇莫氏家谱》所载为 1671 年（康熙十年），郑怀德《嘉定通志》则说是 1680 年（康熙十九年）。此从前说。

往乌东，拜会柬埔寨国王，受到国王的优待和信任。莫玖向国王说明率众南迁的原因：明亡，他不服大清初政，留发南投。柬埔寨国王见他勤劳勇敢，有创业精神，不仅同意莫玖一行定居蛮衾，还委任莫玖为蛮衾地区的最高长官——"屋衙"（即镇守或地方长官）[①]，并把经商贸易等事也委托给他办理。当时，真腊与邻国经常发生战争，莫玖所辖之地常遭侵扰，莫玖便带领族众离开南荣府，迁徙到柬埔寨最南端、濒临暹罗湾的柴末府芒坎村（河仙地区），招集流民落户垦荒。相传此地常有仙人出没于河上，莫玖便将地名改成河仙。他率领中国侨民同当地的柬埔寨人和其他各族人民一道，披荆斩棘，开垦荒地，兴修水利，使昔日荒原成为"膏腴之地"；他还注重对外贸易，开辟港口以便商船停泊；他兴建方城以保障安全，把河仙建设成为一个著名的港口城市；他甚至"招越南流民于富国、陇棋、芹渤、沥架、哥毛等处，立七社村"，进行有效的管理。[②] 经过华人数年的开发，河仙人烟稠密，商旅辐辏，"海外诸国帆船连络而来"，逐渐成为中南半岛上的"小广州"，在今磅逊湾到金瓯沿海的 200 多平方千米的土地上，也逐渐建立起了以莫玖为首的华人政权。

但繁荣的河仙已被暹罗觊觎。1679 年，暹罗入侵真腊，由于河仙缺乏应有的防御工事，加之真腊王不救，河仙失守，大批妇孺被掳，就连莫玖本人也被掳去暹罗。1700 年，莫玖趁暹罗国内政变逃回。为河仙地区的长治久安，莫玖听从谋士建议"南投大越，依为急援之助"。1708 年秋，莫玖上书越南阮氏集团，表明河仙一带已被他征服，"求为河仙长"，阮主福凋"嘉其忠诚，敕为属国，名其镇为河仙镇，授之以总兵官，颁赐印绶，又命内臣饯之都门外，人皆荣之"[③]。为表诚意，河仙莫氏家族从此改为"郑"姓，以与偏安中越边境的莫姓王朝相区别。河仙镇虽为阮氏王朝的附属位置，但任由郑氏自治。在郑玖治下的三十年里，河仙从一个原属真腊的小渔村发展

① 《大南实录前编》卷八，王柏中辑：《〈大南实录〉中国西南边疆相关史料辑》，社科文献出版社 2015 年版，第 7 页。

② 〔越〕郑怀德：《嘉定通志》之《疆域志·河仙镇》，戴可来、杨保筠校注：《岭南摭怪史料三种》，中州古籍出版社 1996 年版，第 151 页。

③ 张登桂等：《大南列传前编》卷六《诸臣列传四·一至三》，王柏中辑：《〈大南实录〉中国西南边疆相关史料辑》，社科文献出版社 2015 年版，第 18 页。

成为富庶强大的边镇。这里外贸发达，人烟稠密，经济繁荣。

1735 年，鄚玖去世，享年 80 岁，阮主充分肯定他的功绩并对其高度评价，赐予"开镇上柱国大将军武毅公"的称号。鄚玖去世后，其子鄚天赐继袭为河仙镇都督，在发展河仙地区的经济与贸易上更进一步。阮氏政权对河仙免征赋税，并允许其开设铸钱局；进一步优化行政机构和军队体制，仿中国政治建置，设立衙署，分设文武官职，训练海陆军队；新建了多座城堡，区划街市，社会经济井然有序。在鄚天赐的治理下，河仙地区组织完备，政治清明。

鄚天赐模仿中国太学，建立了河仙的学衙机构——"招英阁"，大举聘请福建和归仁等地的名儒、文人"十八英"，创办河仙学宫。一时这里文风蔚然，文化昌明，河仙成为中国传统文化前哨。政务之余，鄚天赐及其"招英阁"与广东"白社"之间进行诗歌唱酬活动。1736 年，广东诗人朱璞、陈自香等 25 人以及越南的郑连山、鄚朝旦等 6 人以河仙镇（今属越南建江）十景为题进行诗歌唱酬活动，鄚天赐等"日与讲论唱和，有《河仙十咏》，风流才韵，一方称重"。[①] 其共 320 篇诗，可谓汪洋恣肆，名噪一时，在文学史上，是与当时越南北方汉文学兴盛相呼应的一枝南国奇葩，也是研究河仙历史文化的珍贵文献。由于此诗集中的诗词多为鄚天赐首唱，其他诗人和韵，因此，鄚天赐往往借景抒怀，其诗人情怀充分展现。

1757 年，河仙的疆域空前辽阔，共有三道五府二镇，囊括今日从柬埔寨贡布到越南湄公河口的全部疆土。"大铺皆鄚琮公旧辰经营，胡同穿贯，店舍络绎，华民、唐人、高棉、阇疤类聚以居，洋舶江船往来如织，海陬之一都会也"[②]，欧洲人和清朝称之为"港口国"（Cancao）。

之后，鄚天赐为求得河仙的持久繁荣，在诸侯纷争的中南半岛，夹缝中

---

① 张登桂等：《大南列传前编》卷六《诸臣列传四·三至十一》，王柏中辑：《〈大南实录〉中国西南边疆相关史料辑》，社科文献出版社 2015 年版，第 19 页。《河仙十咏》，又名《安南河仙十咏》，越南史书中关于《河仙十咏》的记载不少，《大南列传前编》卷六《鄚天赐本传》云：当时有鄚天赐将治下的河仙十景，分别命名为金屿拦涛、屏山叠翠、萧寺晨钟、江城夜鼓、石洞吞云、珠岩落鹭、东湖印月、南浦澄波、鹿峙村居、鲈溪渔泊。此次诗词唱酬活动，旨在赞美河仙美景，在越南文学史上留下了灿烂的一页。

② 〔越〕郑怀德：《嘉定通志》之《城池志》，戴可来、杨保筠校注：《岭南摭怪史料三种》，中州古籍出版社 1996 年版，第 226 页。

求生存，既要维持与北部阮氏政权的宗藩关系，还要保持与前宗主国真腊的和平局面，并时刻警惕暹罗国的入侵。先后经历 1739 年脱离真腊的战争；拥戴真腊国王的战争；1771 年，反抗暹罗侵略柬埔寨、河仙镇的战争；在北上勤王阮氏王朝的军事行动中，最终成为中南半岛各部落集团权力争夺的牺牲品，鄚氏家族大多遇害，鄚天赐自杀。19 世纪初，继承暹罗王位的郑信与越南阮氏王朝为争夺河仙地区相继任命鄚天赐的后代为河仙镇守，河仙成为暹越双方的共管地。1810 年，越南趁暹罗拉玛一世去世、鄚子添去世之际，废黜暹罗派遣的鄚公榆，改命吴依严接收镇政，任命阮文善为河仙镇守。此举迫使暹罗将河仙地区的管辖权完全交与阮朝。

第二节　清初的"海禁""迁界"

一、"海禁"与"迁界"

明末清初，为阻止海上抗清力量的集结与进攻，清军在南下统一全国的过程中，开始实行严格的海禁政策。据《雷州府志》《高州府志》及有关县志记载，湛江地区的清初海禁有据可查的有七次之多：第一次为顺治十二年（1655），"严洋禁，无号票及文引私制二桅以上大船往外洋贸易者，俱置重典"。第二次为顺治十七年（1660），"申严洋禁，禁海滨双桅沙船，不许民间私造，违者视通贼律"。第三次为顺治十八年（1661），"禁沿海官兵不准出界贸易"。第四次为康熙元年（1662），命内大人科尔坤、介山与平南王等"巡视滨海居民，令徙内地五十里，（并）赈贫之不能迁者"。《合浦县志》载："康熙元年壬寅诏迁海界，令民徙内地五十里，设排栅，严出入，以杜接济台湾之患"。① 第五次为康熙三年（1664），"再迁海"。第六次为康熙十年（1671），"严申洋禁，止令木筏捕鱼，不准小船出海"。第七次为康熙五十六年（1717），开海后又恢复海禁，"严申洋禁，商船不许私往南洋贸易。有偷往潜留外国之人，督抚大吏行知外国，解回正法。其已出洋在康熙五

---

① 广西壮族自治区水产局编：《广西农业志水产资料长编》，广西水产局 1990 年内部编印，第 72 页。

六年以前者，准其载回原籍"。最后一次海禁虽是局部，只限制往南洋贸易，未禁止对日本、西洋贸易，但高、雷、廉三府主要从事对南洋的贸易受影响最大。

二、"海禁""迁界"的严重后果

海禁、迁界窒息了沿海地区的社会生活，极大阻碍这些地区的社会经济发展，海外交通贸易断绝，沿海居民遭受前所未有的苦难。主要影响是：

第一，大量土地荒芜，渔盐之利全无，生产力遭到极大破坏，百姓无以为生。

广东西部各县迁海界失田数量表如下：

粤西州县	迁海划界失田	排名
遂溪	三千二百六十九顷	1
阳江	三千一百零六顷	2
海康	一千二百八十五顷	3
徐闻	一千一百一十一顷	4
合浦	一千零九十八顷	5
吴川	七百一十顷	6
钦州	四百七十一顷	7
石城	二百五十二顷	8
电白	一百二十六顷	9
茂名	四十九顷	10

资料来源：〔清〕杜臻：《粤闽巡视纪略》卷一、卷二，四库馆1868年版，卷一第24、35、53、57、44—45页，卷二第1、5、9页。

其中，遂溪县在迁界时失去土地最多，受害最重。当时规定，"东迁自遂溪石门至特侣塘，迄于徐闻之海安所；西迁自遂溪之横山路，达于徐闻"。连嘉庆《雷州府志》都慨叹："惟遂溪迁之太甚，仅存粮六百石。"迁界时，遂溪的"腹地大半山饶砂薄，惟东海一隅，土厚地衍，鱼盐鳞集，诚一邑之沃壤也"，但迁界以后，东海遂为弃土，遂溪百姓直至康熙二十三年（1684），"毋论界外，就是东海也不敢越津飞渡。即已展之界内，犹恐（清军）巡逻紧密，误罹法网"。造成百业俱废的局面："樵牧者束手，耕种者裹足。而沿海灶丁无敢庐舍聚居。间有煎晒，势必朝去夕还，风雨飘荡。即有内港采捕，悉畏防弁搜求。""小民有望洋之叹，客人多闻风之惧"。① 康熙二十二年（1683），工部尚书杜臻巡视海疆，到达海疆重镇白鸽寨时，东海被迁居民，"叠叠拥马首，泣诉求复故业。"②

吴川的情况也是如此。康熙元年（1662）三月，清廷派大臣科尔坤、介山巡海界，凡山东、浙江、江南、福建、广东近海一带，拟迁去民居三十里。吴川迁界范畴：自限门天妃庙起，横至坡头、博立、其硇洲及南三都俱为界外。吴川田米八千七百石，已迁二千余石。③ 癸卯康熙二年（1663）春，不断有巡海官员来到粤西沿海，由芷蓼渡河。下令"再迁界"。划定迁界范畴：自沙模过尖山抵石门，以平释江为界，米容、枚陈、平城，下蓼尚在界内，计迁三百五十三村。二次共迁五百八十六村，男妇数万口，哭声载道，去田米四千余石，禁采捕鱼虾。④

第二，迁界是强制性军事措施，不容延误，清军对待沿海百姓十分残酷。

清廷规定，界外禁止通行，民房全部拆毁，田地不准耕种，禁止出海捕鱼，除盐工准许单身出界熬盐，早出晚归外，凡越出界外者立斩。于是，清政府遂在"东起饶平，西迄钦州防城的延边划界，筑墩台，树桩栅，派重兵防守"⑤。

迁界是强制性军事措施，不容延误，如若违抗迁令，立遭杀戮。康熙元年（1662）迁界时，限期三日，"尽夷其地，空其人"⑥。以致沿海人民仓皇逃难，"多弃其赀，携妻挈子以行"，野栖露处，死亡载道。康熙三年

---

① 〔清〕喻炳荣、朱德华修，蔡平点校：道光《遂溪县志》卷二《纪事志》，方志出版社 2017 年版，第 34 页。

② 〔清〕杜臻：《粤闽巡视纪略》卷一，四库馆 1868 年版，第 59 页。

③ 〔清〕陈舜系：《离乱见闻录》卷下，《明史资料丛刊》第三辑，江苏人民出版社 1980 年版，第 264 页。

④ 〔清〕陈舜系：《离乱见闻录》卷下，《明史资料丛刊》第三辑，江苏人民出版社 1980 年版，第 265 页。

⑤ 〔清〕阮元修，〔清〕陈昌齐等纂：道光《广东通志》卷一百二十三《刘秉权传》。

⑥ 〔清〕屈大均撰：《广东新语》卷二《迁海》，中华书局 1997 年版，第 57 页。

（1664）再次迁界，深入人烟稠密、田庐连比的地区，沿海人民生命财产遭受重大损失。遂溪全县"仅存粮六百石"；康熙元年第一次迁界，巡海大臣由吴川下雷州、廉州亲临现场，地方镇守陪同，"兵丁遍村搜捉，虏幼男女无算"①；吴川县则"县中十六都，半属邱墟"②；吴川芷蓼"康熙癸卯迁为界外田地、邱墟，人民十死八九"③；被迁出的数十万难民，流离失所，生计全无，或鬻子卖妻，"或合家饮毒，或尽帑投河"④。

第三，百姓迁界与海防戍兵、营务内迁同步进行，加重沿海居民的劳役与赋税负担。

清初的海禁，影响最深的是康熙元年（1662）的迁海划界，界外居民一律迁入内地，外戍兵亦移之内地。据杜臻的《粤闽巡视纪略》和有关地方志记载，当时，副都统觉罗科尔坤奉旨行定海疆，勘定自福建至广东的分水关。最西抵防城，接于广西，划界3700里。

此一划界，成百上千个乡村、聚落、港口、商埠划为界外，尽为废墟，百姓则流离失所。针对沿海居民向内地迁界30里，以及之后的二次迁界又30里，清政府重新确定海疆后，迅速修建沿海炮台，修建海防所城、营寨，树立防民桩栅，派重兵把守。雷州"沿海居民既迁，设五里一墩，十里一台。巡海使者，分巡其界"。⑤吴川县康熙元年（1662）迁滨海居民归内地，自里湿岭至麻斜一路，立界墩22处。康熙三年（1664）再自里湿岭至石门路，立界墩17处。迁海划界以后，大臣每年都来巡界。⑥凡此工程必耗费巨大人力、物力，加重沿海百姓的赋役负担。康熙七年（1668），广东巡抚王

---

① 〔清〕陈舜系：《离乱见闻录》卷下，《明史资料丛刊》第三辑，江苏人民出版社1980年版，第265页。

② 〔清〕李高魁、叶载文修，〔清〕林泰雯纂：道光《吴川县志》卷二，道光五年（1825）刻本。

③ 〔清〕毛昌善修，〔清〕陈兰彬纂：光绪《吴川县志》卷十《杂录》，光绪十四年（1888）刻本，（台湾）成文出版社1967年版，第391页。

④ 〔清〕屈大均：《广东新语》卷二《迁海》，中华书局1997年版，第57页。

⑤ 〔清〕雷学海修，〔清〕陈昌齐等纂：嘉庆《雷州府志》卷三《沿革》，嘉庆十六年（1811）刻本，上海书店、巴蜀书社、江苏古籍出版社2003年版，第129页。

⑥ 〔清〕毛昌善修，〔清〕陈兰彬纂：光绪《吴川县志》卷十《杂录》，光绪十四年（1888）刻本，（台湾）成文出版社1967年版，第391页。

来任《展界复乡疏》指出："设重兵以守其界内，立界之所筑炮台，树栅，每年每月又用人工土木修整，动用之资不费公家丝粟，皆出之民力，未迁之民，日苦派办，流离之民各无栖址，死丧频闻！"[1] 康熙年间的诸次迁界，苛捐杂税蔚为可观，吴川"李县听谗暴虐，征已赦之旧粮。不完者捉，灌以烟汁、桐油、靛颠茄水，沟渠垭，又不准前任粮单而复押粮差"[2]，民生困苦不堪。

第四，清廷官兵乘机搜括，百姓祸上加祸。

迁界在即，难民撤离之时，兵丁趁机恣意抢物，逼迫难民凡车谷一石以五斗作为脚费；沿海居民屋舍抛界外者，其财物则任兵搬拆焚毁。只因此一项，迁界官兵大发其财，"回广州时，捆载累万，扛死无数民伕"。更有甚者，"饥民出界盗采，兵取人钱七八文，有先取钱，回取不得竟杀之者；有兵诱彼出界，采得鱼虾等物，竟杀夺之者"。[3]

迁界初，县中十五都的富家巨族纷纷贿赂迁界官员，呈界内田为界外，名之曰"飞米逃差"，"诡寄田产"，有侥幸"飞米"数石、数十石者，后经告发，有豫先诡寄后果迁去者，有仍又捉回当差者，费加数倍者，田财两空。

每逢四季官方巡界，每季文武百官供应动数百金，士兵亦要送花红，兵饷半扣，兵亦多逃。同时，勒令居民每家出木桩数十围界，不十余日，又为界兵薪柴，曲卖修补，害不胜言。迁民不堪其苦，纷纷起义，遍及化州、吴川、石城三县。广东巡抚王来任亦承认："内地被迁逃海之民，相聚为盗。"

康熙十七年（1678），吴川"附郭一带竹木屋宇什物被愈吉兵毁夺，家家掘深三尺，甚于劫盗……院村、横山及附城夜夜杀人烧屋，官兵困守孤城，百姓死者无数"。[4] 直至康熙二十二年（1683）七月，清廷平定台湾之后，才宣布废止"迁界令"。次年元月，广东大吏再行布告通知被迁百姓全

---

① 钟喜焯修，江珣纂：民国《石城县志》卷十《纪述志（下）》，1931 年铅印本，第 13—14 页。

② 〔清〕陈舜系：《离乱见闻录》卷下，《明史资料丛刊》第三辑，江苏人民出版社 1980 年版，第 265 页。

③ 〔清〕陈舜系：《离乱见闻录》卷下，《明史资料丛刊》第三辑，江苏人民出版社 1980 年版，第 265 页。

④ 〔清〕陈舜系：《离乱见闻录》卷下，《明史资料丛刊》第三辑，江苏人民出版社 1980 年版，第 274—275 页。

部迁复原籍，并允许渔民出海捕鱼。但高、雷迁民死亡惨重，雷州一府三县的百姓能生还原籍的不到原有人口的四分之一，大量田地荒芜。清廷申令，准许迁来的百姓自行垦荒，所垦田地归自己所得，三年不纳税。于是，人多地少的福建又一次出现向高、雷的移民现象。海禁给高、雷人民带来重大灾难，生产、贸易受到严重破坏，海外贸易自此一蹶不振，长期得不到恢复。

三、复界开海

康熙元年（1662）迁海划界之后，迁民流离失所，"以致渐渐死亡，十不存其八九"。这对地方官吏也有压力。福建总督姚启圣、两广总督吴兴祚、提督万正色合词奏请允开海禁，言"一开界，上可以增国赋，下可以遂民生，并可收渔盐之利以饷新兵，安投诚之心永无反侧，又可使台湾之众望风来归"①。朝廷政策开始松动，"闽界稍开"，康熙七年（1668）冬十二月，两广总督周有德巡视雷州，办理展复迁民海界；康熙八年（1669）春二月，高州恢复沿海居民旧业，官府"许迁户仍归旧地"，百姓"靡不踊跃欢呼"。"民得复业，造得煎盐，捉采鱼虾得用竹筏。"当然，这只是局部地区的初步展界，东海等地仍在界外，整个东南沿海地区仍然禁海，不准与海外交通贸易。

康熙二十二年（1683）台湾郑氏政权被廓清，全国平定。为确保包括台湾在内的地区安全，粤东督抚、将军联名保题，再次疏请于广州、惠州、潮州、肇庆、高州、雷州、廉州七府迁界地区，招民耕垦荒地。不久，兵部议请开界②，这年清廷宣布废止"迁界令"。康熙命大臣分头巡视海疆，大规模勘核复界开海。工部尚书杜臻、内阁学士石柱奉命巡视粤闽沿海。杜、石二人于康熙二十二年十一月离京启程，二十三年（1684）五月竣事复命。他们到广东会同总督吴兴祚、抚军李士桢等议定勘界途程，于是，从钦州之防城出发向东行，历经合浦、石城、遂溪、海康、徐闻、茂名、吴川、电白、阳江、恩平，然后入广州府新宁县，了解沿海地区的生产、生活情况。于康熙二十三年正月初二日（1684 年 2 月 16 日），正式贴出布告通知乡民复界。按迁户原产，"给还原主，或有原主已亡无从查觅者，听情愿垦荒之人，量

---

① 〔清〕杜臻：《粤闽巡视纪略》卷一，四库馆 1868 年版，第 3 页。
② 〔清〕杜臻：《粤闽巡视纪略》卷一，四库馆 1868 年版，第 3 页。

力承种，总俟三年起科"。并准许渔民驾驶无篷桅小船、筏子出海捕鱼。这次复界恢复农田 316 万多亩，历时 23 年的迁界至此结束。

工部尚书杜臻在雷州特赋诗两首，从诗中可窥见当时雷州一带海禁、迁界、复界情况。

出雷州东门阅白鸽寨并双溪炮台[1]

> 十里雷东道，清时氛祲消。
>
> 楼船白鸽盛，锁钥锦囊遥。
>
> 孤塔凌城堞，双溪带海潮。
>
> 耕耘春正好，生计及渔樵。

同李抚军登家山岭望西海[2]

> 为览雷西胜，中丞共使车。
>
> 家山开宿雾，海道接流沙。
>
> 抵掌筹边切，披图对景赊。
>
> 还期荒野外，编户尽桑麻。

注：白鸽寨、锦囊所为明清时期雷州半岛东海的海防重镇。双溪炮台，在广东省雷州市（原海康县），位于雷城东南 25 里处，因该地地处南渡与下坡渡（即南渡河与花桥河）两水道的汇合处，并设有炮台，故有此称。宿雾，当时菲律宾群岛一大港口，今为菲律宾第二大城市；流沙，雷州半岛西海岸流沙湾内一大港埠，天然渔港；家山，流沙港北一处小山。

展界后，沿海渔民可以出海打鱼，"惟海禁如旧"，仍然不许商民进行海外贸易。康熙二十三年（1684），康熙宣布废止"禁海令"，实行开海贸易，以广州、漳州、宁波、云台山为对外贸易港口，允许外国商船前来互市贸易。并于次年相应设粤海关、闽海关、浙海关和江海关，下设相应贸易关

---

① 〔清〕喻炳荣、朱德华修，蔡平点校：道光《遂溪县志》卷十二《艺文》，方志出版社 2017 年版，第 325—326 页。

② 〔清〕喻炳荣、朱德华修，蔡平点校：道光《遂溪县志》卷十二《艺文》，方志出版社 2017 年版，第 326 页。

口，全面管理对外贸易，抽取贸易税。

清初湛江海关总口及管辖范畴表

粤西海关总口	稽查范围	下辖分口
梅箓总口	阳江、水东沿海各港口	水东口、硇洲口、芷寮口、暗铺口、两家滩口、阳江口
海安总口	雷州半岛及钦廉沿海各港口	东西乡口、白沙小口、博赊小口、南樵小口、对楼小口、田头小口、锦囊小口、雷州口、赤坎口、乐民口、廉州口、山口小口、钦州口

资料来源：邓端本：《鸦片战争前的粤海关》，《岭南文史》1984 年第 2 期。

直至鸦片战争爆发之前，清代的航海行商并不顺利。清政府陆续出台了很多条条框框，如不许大船出洋；不许商船往南洋、吕宋等处贸易；不许将船卖给外国；不许多带口粮有越额之米；出洋后不准留在外国等等。为了令行禁止，清政府派出水师巡查，违禁者严拿治罪。如对将船卖与外国者，造船与卖船之人皆立斩；而对所去之人留在外国的境况，他们将知情同去之人枷号 3 个月，同时行文外国，令其将留滞之人抓捕后立即斩首等等。

清初粤西开埠通商，对外贸易仅仅出现短暂繁荣。尽管湛江滨海对外贸易受限，国内贸易的海洋运输仍是十分活跃，加之湛江诸港口作为广州粤海关的分口仍然间接参与对外贸易，促进了湛江滨海经济的繁荣。

<h1 align="center">第三节　清初行政军事建置</h1>

一、行政建置

顺治四年（1647），清政府在广东建立地方政权组织。最高军政长官为两广总督，管辖广东、广西两省。

清代地方政府分省、道、府、县（州）四级，省一级行政长官设巡抚、布政使、按察使、学政等各一人。巡抚掌管一省之军事、吏治、刑狱，其余为督抚属官；布政使别称藩司，主管一省户籍、田赋、财政、税收；按察使别称臬司，执掌一省的司法刑狱和驿传事务；学政掌管一省学员、学务、考试。

省下为道。道有"分守道"与"分巡道"之分。清初，以布政使司参政、参议任职者称分守道，分理收纳钱粮诸事；以按察使司副使、佥事任职者称分巡道，分理地方刑狱诉讼诸事。广东有分守岭南道，高肇兵备道，分守、分巡岭东道，南韶兵备道，分守岭西道，罗定道，分守、分巡海北道，琼州道等。道的长官称"道员"。由于粤西地区地域辽阔，战略地位重要，海北道既设分守道，又设分巡道。此外还有按事务专职而设的道，有督粮道、屯田水利道、盐运使（与道同级）、驿传道、巡海道等，各设道员一人对全省实行专业管理。之后的道一级行政区划又有微调：康熙二十二年（1683），将"分巡雷廉道"全部纳入"琼州道"，统称"雷琼道"；[①] 雍正八年（1730），又改设分巡道，一是设"高雷廉道驻高州，统辖三府"；一是"改雷琼道为海南道，专辖琼州"，一律加兵备衔；乾隆二年（1737）再次将海南道改为雷琼道。[②]

乾隆十八年（1753）道员由临时差使改为实官，多加兵备衔，管辖府、州，并节制都司以下武官，正式成为省与府之间的一级行政区长官。乾隆以降，今湛江地区由高廉分巡道和雷琼分巡道管辖。其中，前者管辖高州、廉州二府，常驻高州；后者管辖雷州、琼州，常驻琼州。[③]

道下为府。府设"知府"，乾隆十八年（1753）定为从四品官员。掌管府所属州县赋役、诉讼事务，上报一府兴革、吏治事宜，呈准督、抚后执行。其佐贰官有"同知""通判"，员额无定，分掌粮务、缉捕、海防、江防、水利诸事。乾隆朝定制，广东全省分为十府三直隶州，粤西地区设有高州府、廉州府、雷州府、琼州府，因其地理位置与风俗民情的相关性，之后统称为"广东下四府"。

府下为县（州）。县长官为知县，正七品；州长官为知州，从五品。县

① 〔清〕喻炳荣、朱德华修，蔡平点校：道光《遂溪县志》卷二《纪事志》，方志出版社 2017 年版，第 34 页。

② 〔清〕喻炳荣、朱德华修，蔡平点校：道光《遂溪县志》卷二《纪事志》，方志出版社 2017 年版，第 36 页。

③ 谭其骧主编：《中国历史地图集》（清时期），中国地图出版社 1987 年版，第 44—45 页。

也设吏、户、礼、兵、刑、工六房，凡州、县内之赋役、户籍、诉讼、缉捕、治安、文教、农桑、工商、赈济诸政无不综理。知州、县令均有佐贰官和属官。佐贰官，州有州同、州判，县有县示、主簿，皆依事繁简而设，无定员。同官，州有学政、吏目，县有教谕、典史等。佐贰官和属官协助知州、知县分掌诸职，分房办事。^① 乾隆朝至道光二十年（1840），广东全省有州县87个，其中州7个，县80个。

清代，廉州府下辖的钦州、合浦、灵山仍属广东省行政区划，并与今湛江地区存在地缘、血缘、业缘的渊源，因此，明清以来粤西地区的反清复明运动，就围绕在北部湾（当时所谓"西海"一带）的三府交汇地区，也是清廷平定"三藩"后，加强对这一地区行政管理与军事控制的根本原因。

二、军事建置

清初，驻守广东的军队有绿营兵和八旗兵。

绿营兵，因用绿色军旗和以营为基本编制单位而得名，其编制是标、协、营、汛，分别由两广总督、广东巡抚、提督、总兵所统辖。除在广州、肇庆、惠州、虎门分别驻有督标、抚标、提标外，还在"岩疆重镇关塞要害之地"设立兵防七镇，由镇标驻守，因当时粤西地区历经"高雷廉道""雷琼道"的建置存在，故与今湛江地区军事建置有关的"镇"有：琼州镇，驻琼州；高州镇，驻高州。之后又设有"高雷镇"，乾隆二十七年（1762）改设"雷琼镇"^②。各镇设总兵一人，统辖本标官兵及所隶分防各营，设副将、参将、游击、都司、守备、千总、把总、外委等官职。按其军事编制，副将所领军队称"协"，参将、游击、都司、守备所领军队，都称为"营"，千总、把总、外委所领军队，都称为"汛"。嘉庆间，涉及今湛江地区的协有：高州协、雷州协、海口协、龙门协（驻钦州龙门城）、阳江协等。全省陆路和水师共有95营，其中陆路60营，外海水师27营，内河水师8营。全省有

---

① 方志钦、蒋祖缘主编：《广东通史》（古代下册），广东高等教育出版社2007年版，第747页。

② 〔清〕雷学海修，〔清〕陈昌齐等纂：嘉庆《雷州府志》卷十三《海防》，嘉庆十六年（1811）刻本，上海书店、巴蜀书社、江苏古籍出版社2003年版，第338页。

1500 多个汛①。

清政府除绿营兵驻守各省外，又派八旗兵驻防，由各省驻防将军统辖。不过，八旗军虽号称精锐，但广东省八旗军人数较少，多集中于省府，"广州将军"的官阶为从一品，与两广总督同，但实权不如两广总督大，对地方治理影响不大。

雷州，"负山环海"，地理位置十分重要。明朝，雷州半岛最高军事建置为"雷州卫"。清初，沿袭明朝地方军事建置"卫所制度"，之后，因地因时或延或改前朝制度。首先，革除明朝"卫指挥"的军事长官建置，代之以绿营军"副总镇"，其驻署则仍为明朝雷州卫的旧制，驻守雷州的军事长官初为"副将"。清初，清政府对雷州的防务颇为重视。杜臻的《粤闽巡视纪略》中记载，顺治七年（1650）时，加强沿海军事力量，在广州设提督，潮州、碣石、高州设总兵，惠州、雷州设副将，廉州设参将。于是，雷州府就设有副将1人，都司2人，守备2人，千总5人，把总8人，士兵1400人。乾隆三十年（1765）因承平日久，雷州军制又裁副将、改参将，撤掉都司，级别稍有下降。其次，具体驻防建置上，在陆路，"则筑炮台，分营、汛，棋布星罗"；在水军，"则衔尾连樯，乘风破浪"。② 汛地下设海防、陆防的具体兵站，包括炮台、所城、塘、烟墩、台、驿铺等，派兵把守。

清嘉庆时期雷州绿营水陆路营汛表

雷州五营	各级军职配额				兵额	汛	营汛属性
	守备	千总	把总	外委			
雷州左营（参将下辖）	1	2	5	5	696	陆路6汛：中伙汛、草堂汛、堵要头汛、山口汛、河头讯、曲界汛 水路汛：海康所汛、洪排汛、沙坡汛、淡水汛、博赊汛	专属陆路防御

---

① 〔清〕阮元修，〔清〕陈昌齐等纂：道光《广东通志》卷一百七十五至卷一百七十七《政经略·营汛疆里》。

② 〔清〕雷学海修，〔清〕陈昌齐等纂：嘉庆《雷州府志》卷十二《兵志》，嘉庆十六年（1811）刻本，上海书店、巴蜀书社、江苏古籍出版社2003年版，第327页。

（续表）

雷州五营	各级军职配额				兵额	汛	营汛属性
	守备	千总	把总	外委			
雷州右营 （参将下辖）	1	3	5	4	701	陆路10汛：遂溪汛、新圩汛、里八山汛、石桥汛、司马汛、留褑沟汛、桐油汛、界炮汛、城月汛、山车汛	水陆各半
遂溪营 〔康熙二十四年（1685）裁，但建制犹在〕 （参将下辖）	1	3	6	1	655	雷州沿海东路汛：遂溪汛、白鸽寨、库竹汛、城月汛、石门汛、海头汛、旧县汛 雷州沿海西路汛：乐民汛、文体汛、马蹄井汛等（以上由雷州右营派兵驻守） 东山营①，嘉庆十五年（1810），由遂溪分出，隶属硇洲营管辖	水陆各半
徐闻营 （参将下辖）	1	1	1	1	241	陆路3汛：英利汛、濂滨汛、石板汛	专属陆路防御
东山营 （硇洲都司辖）	1	1	2	1	249	东山塘、激沙塘、麻参塘、极角塘	专属海防
海安营 （硇洲都司辖）	1	2	4	6	896	沿海营汛：海安港汛、锦囊汛、乐民汛、流沙汛、乌石汛、东场汛	专属海防

---

① 〔清〕喻炳荣、朱德华修，蔡平点校：道光《遂溪县志》卷六《兵防志》，方志出版社2017年版，第135页。

注：东山营：在遂溪县东南东海岛上，行政区划属于遂溪县。清初，东山营属于雷州右营外委1员协防。嘉庆十五年（1810），总督百龄剿平乌石二等海盗后，奏请在广东沿海增设水师提督，驻扎虎门，节制中东西三路水师。阳江镇统辖西路水师，移雷州右营守备1员、千总1员，把总2员，外委1员驻扎东山营，东山营从此脱离雷州参将管辖，就近归硇洲都司管辖。①

海安营：徐闻县南20里，原设副将1员，中军都司1员，专管水师。乾隆八年（1743）裁副将改游击，并都司归雷州协节制，统归高雷镇管辖。乾隆二十七年（1762）改归雷琼镇，嘉庆十五年（1810），隶属于新设的海防镇——阳江镇，光绪年间又改归高州镇。

资料来源：〔清〕雷学海修，〔清〕陈昌齐等纂：嘉庆《雷州府志》卷十二《兵志》，嘉庆十六年（1811）刻本，第3—5页，上海书店、巴蜀书社、江苏古籍出版社2003年版，第328—329页。

清光绪年间高州三营营汛表

高州三营	各级军职配额					兵额	汛	营汛属性
	都司	守备	千总	把总	外委			
吴川营（高州镇下辖）	1	1	1	4	4	400	东炮台汛、西炮台汛、茂晖汛、麻斜炮台、博立汛、塘塝汛、蓼陇汛、田头汛、宿江汛、窑头汛、板桥汛、长坡汛及大坡汛、龙起滘汛	专属陆路防御
硇洲营	1		1	3	5	384	津前炮台、淡水炮台、那娘炮台、南港炮台、北港炮台、潭埠汛、簕竹汛、梓桐汛	

① 〔清〕喻炳荣、朱德华修，蔡平点校：道光《遂溪县志》卷六《兵防志》，方志出版社2017年版，第137页。

（续表）

高州三营	各级军职配额					兵额	汛	营汛属性
	都司	守备	千总	把总	外委			
石城营	1		2	1	1	177	山口汛、坡头汛、两家滩汛、乌石洞汛、蓝靛汛等 17 处汛（塘归驻城右哨把总管辖）金花洞汛、横山圩汛、鹿仔坑汛、白泥洞、堡下、青平、龙湾、沙田峒汛等 20 处汛（塘归石城左哨把总管辖）	

资料来源：〔清〕杨霁修，〔清〕陈兰彬等纂：光绪《高州府志》卷十七《经政五·兵防、海防》，光绪十五年（1889）刊本。

雷州营是近海的陆军营，它与水师各营"呼吸相通，严势联络"。雷州营分为左右两营。雷州左营驻在雷州府城。它"东至海滨平洋十里，西至沙坡汛九十里，南到徐闻营英利汛九十里，北至右营头塘二里"。它担负着锦囊所城、海康所城、博赊汛、流沙炮台和青桐炮台等地的防务。雷州右营跟雷州左营一样，都属陆路营制。它原是水陆兵各半的营制，自嘉庆十五年（1810）移水兵往东山，改为东山营后，雷州右营尚有的陆兵就移驻遂溪县白沙塘。雷州右营"在雷州府西北一百三十里，东至遂溪海头炮台一百六十里，西至遂溪草潭埠三十五里，南至海康县雷高圩一百七十里，北至遂溪太安塘分界村一百三十里"。它担负着文体、雷州府城、城月、遂溪、通明炮台、库竹炮台、双溪炮台、海头炮台、乐民等地的防务。

徐闻营驻在徐闻县城。《广东海防汇览》中载道，徐闻营"东至雷州左营山门铺五十里，西至雷州左营青桐汛石井村一百里，南至海安营那黄社五里铺仔十五里，北至雷州左营淳化塘分界石牌九十二里"。虽然徐闻营汛防务不多，但任务艰巨，如英利汛防务就有十一汛防务，如英利塘、南包塘、遇贤塘、三笃塘、镰滨塘、兰滩塘、中伙塘、二铺塘、头铺塘、徐闻县塘、石板汛。

徐闻营与雷州营左右二营一样，原隶属高州镇，乾隆二十七年（1762）后又归琼州镇管辖。另外还值得一提的是白鸽寨，在东山营还未营建之前，白鸽寨是海外水师重寨。据清郝玉麟《广东通志》载，顺治十三年（1656）

江起龙任雷州水师参将，驻扎在白鸽寨通明港，认为此地是"郡城出入之海口，为雷州左臂，无白鸽寨则无雷州"。可白鸽寨"无城堑可守"，于是"捐资立营寨，招居民屯聚为圩市，商货毕集，声势与雷城相联络"。起初也曾设守备1名，千总2名，把总4名并士兵840名驻守白鸽寨，直到移驻东山营止。

清代，陆防和海防有具体分工，但清朝中后期，尤其是嘉道年间，华南海盗一度形成气候，沿海一带匪情不断，严重威胁清政府的海防安全，百姓深受其害。于是，清政府加强海防，在沿海军事布局中，相互参差，陆防与海防并重。首先，沿海兵防建立炮台；其次，海防建置还配备哨船，定期巡海。

清代雷州地区海防重要炮台表

炮台	所属营辖	将官（人）		兵勇（人）	炮（门）	炮重量（斤）				
		把总	外委			二千	一千	五百	三百	二百
流沙炮台	雷州左营	1		50	8	2	2	4		
双溪炮台	雷州右营	1		40	8	2	2	4		
库竹炮台	雷州右营	1		30	4		1	2	1	
海头炮台	雷州右营	1		50	8	2	2	4		
通明炮台	雷州右营	1		34	4		1	2	1	
青桐炮台	雷州左营		1	30	4		1	2	1	
博涨炮台	海安营	1	1	30	8	2	2	4		
白沙炮台	海安营		1	30	3			1		2
三墩炮台	海安营		1	30	3			1		2

资料来源：朱堪智、潘建义：《清代雷州的军事机构设置纪略》，湛江市政协文史资料研究委员会编：《湛江文史资料》第4辑，第143页。

乾隆年间，海安营配备军船多为篷艍船、拖风船、艟艚船、内河橹船等，嘉庆年间，为应对南海海盗，逐步淘汰"笨重而不能出海追捕匪船"的艍船，代之以船型大，速度快的小中大各型"米艇"，嘉庆十五年（1810），海安营共有7艘，兵员350名，在西路洋面巡海缉盗。

海安营联合崖州、龙门副将每年实行巡海。巡哨分两班。每年三月、五月，上班共派 30 艘米艇船，由崖州参将为统巡，本营守备为分巡；下班由龙门参将为统巡，本营游击为总巡，于九月、十一月出巡。上班每月巡至吴川洋面，与东海兵船会哨；下班每月巡海至龙门白龙尾洋面。平时则在海口、乌石、草潭、涠洲、沙桁及琼州等处洋面，常行巡缉。①

---

① 〔清〕雷学海修，〔清〕陈昌齐等纂：嘉庆《雷州府志》卷十三《海防》，嘉庆十六年（1811）刻本，上海书店、巴蜀书社、江苏古籍出版社 2003 年版，第 340 页。

第二十一章 清代湛江地区经济状况

康熙初年，清政府制定一系列政策，鼓励开荒，招民复业，兴修水利，湛江地区农业经济发展迅速，稻谷品种多，经济作物广泛种植，并形成了精耕细作的农作制度，农业技术进步与推广处于全省领先地位，同时，农业商品化程度越来越深。清代湛江地区手工业发达，制糖业飞速发展，传统纺织业依旧繁荣，制盐业的生产技术提高，特色手工业如造船业、蒲织业等，在经历战乱后重新振兴，得到很大程度的发展。

第一节 复界后农业生产恢复

一、招民复业，奖励垦荒

高、雷、廉等广东西路一带，是南明政权抗清的基地之一，其间清军反复入粤争夺，加之多次迁界，"尽夷其地，空其人"，蒙受了空前的浩劫，残破的社会经济亟待恢复。

平藩战争后，康熙帝重申"与民休息"，并下旨招民复业，开垦荒地，减轻赋役，以恢复农业生产，奖励垦荒。

在沿海复界地区，清政府规定：有主荒地给还原主，无主荒地听任承种，"总俟三年起科"，① 自康熙二十三年（1684）起，各地的复界、免税、招民复业，鼓励垦荒逐渐活跃起来。遂溪县知县宋国用安抚流亡，"捐给牛

---

① 〔清〕杜臻：《粤闽巡视纪略》卷一《广东复界招民告示》，四库馆1868年版，第9页。

种，劝垦迁税二百余顷"，① 实现迁界失地复耕，完税。徐闻县知县孙挹，"力除烦苛，劳心抚字，招民开垦，田畴日辟"。② 同时，清朝廷颁布一系列诏令，减免田赋、丁税以及几千的赋税。康熙年间，全省有 3 次普免，8 次积欠蠲免③。影响较大的则有：康熙二十九年（1690），蠲免琼州府属澄迈、临高 2 县积欠地丁银 71900 两零；蠲免高州府属吴川县积欠地丁银 42470 两零，米 41358 石零，④ 改善了当地生活和生产条件，有利于恢复农业生产。

雍正、乾隆期间，继续实行垦荒政策。雍正五年（1727），署两广总督阿克敦奏报，广东省因豪强占夺、胥吏需索，资本不敷，百姓畏日后之升科，报垦之数无几，提出"定疆界以绝争端，禁需索以宽民力，借籽种以助工本，轻升科以示优恤，广招徕以尽地利"。他还指出，"粤省在俱有可耕之土，惟惠、高、雷、廉四府荒地更多"。⑤ 雍正七年（1729）三月，署广东布政使王士俊复以广东垦务上疏，建议开捐筹款开垦肇、高、雷、廉等府荒地。同年四月，朝廷对各省垦荒问题作出重要决定："著各省督抚各就本地情形，转饬有司细加筹划，其情愿开垦而贫寒无力者，酌动存公银谷，确查借给，以为牛、种、口粮，俾得努力于南亩。俟成熟之后，分限三年，照数还项；五六年后，按则起科。"⑥ 这道上谕，极大推动粤西地区的招民垦荒运动。

为了加速垦荒进程，广东当局委派专人督率其事，其中，高、雷、廉三府垦荒事宜由粮驿道陶正中和高雷廉道毛世荣共同负责，雷州府也由该知府王铎督办执行。

雍正十二年（1734）五月，广东巡抚杨永斌拟定"严禁争夺新垦条例"，规定：凡久荒之地，除有古塚周围 4 丈外，听民间愿垦者报垦。官方派员勘查，如其地原有业主，即着其垦熟起科；如其地无主，则先给承垦者

---

① 〔清〕喻炳荣、朱德华修，蔡平点校：道光《遂溪县志》卷二《纪事志》，方志出版社 2017 年版，第 34 页。

② 〔清〕阮元修，〔清〕陈昌齐等纂：道光《广东通志》卷二百五十九。

③ 〔清〕郝玉麟修，〔清〕鲁曾煜等纂：雍正《广东通志》卷七，雍正九年（1731）刻本。

④ 〔清〕郝玉麟修，〔清〕鲁曾煜等纂：雍正《广东通志》卷七，雍正九年（1731）刻本。

⑤ 雍正：《朱批谕旨》第四十八册，雍正五年（1727）七月署两广总管阿克敦奏折及批谕。

⑥ 《清世宗实录》卷八十。

执照，准其管业，照例起科。"如有垦后捏称祖业争讼者，照侵占他人田地律"，从重治罪。若率众抢割稻谷者，分别首从重轻治罪①。通过法律，限制豪强势家对农民劳动果实的侵夺，保护了农民利益，提高农民垦荒积极性。雍正年间广东地区取得了可观的开垦成绩：广、肇二府开垦荒地 210130 余亩，韶州府开垦山田 870 余亩，雷州府开垦荒地 62900 余亩。②

乾隆五年（1740），朝廷特颁谕旨："命开垦闲旷地土"，"凡边省内地零星地上可以开垦者，嗣后悉听该地民夷垦种，免其升科。并严禁豪强首告争夺"。③ 乾隆十一年（1746）闰三月，广东高、雷、廉三府查出可垦山场荒地 7 万余亩，令该地民人垦种，"一概免其升科，并令地方官给与印照，永为世业，以杜纷争强占之弊"。乾隆十八年（1753）八月，琼州府查出有可垦荒地 250 余顷，着照高雷廉之例，招令土著贫民开垦，"免其升科，给与印照，永为世业"。④

由于持续垦荒和借给农民垦荒工本以及解决县荒地的产权，垦荒实效显著。至乾隆三十一年（1766），广东全省民田共 33696253 亩⑤，超过明代万历二十八年（1600）广东耕地面积最高纪录 33417071 亩⑥。

自唐宋后，岭南西部地区一直是北方民众南迁的目的地之一。清初，从中央到地方一系列的"休养生息""招徕垦荒"优惠政策，使得高、雷、廉地区在经明清易代的长期战争后，开始逐渐焕发生机，农业经济渐渐恢复，岭南西部地区的农业生产力水平大大提高，再次吸引大批移民的到来。从以下雷州府官民田地塘数额变化的规律看，康熙、乾隆年间，湛江地区垦荒卓有成效，但直到嘉庆年间，官民田地塘数额仍未达到明万历四十一年（1613）水平。

---

① 雍正《朱批谕旨》第五十二册，雍正十二年（1734）五月四日署广东巡抚杨永斌奏折。
② 雍正《朱批谕旨》第五十六册，雍正十二年（1734）五月四日广东总督鄂弥达奏折。
③ 《清高宗实录》卷一百二十三。
④ 《清高宗实录》卷四百四十五。
⑤ 〔清〕刘锦藻编纂：《清朝文献通考》卷四《田赋考·田赋之制》，浙江古籍出版社 1988 年版。
⑥ 〔清〕郝玉麟修，〔清〕鲁曾煜等纂：雍正《广东通志》卷二十一《贡赋志》，雍正九年（1731）刻本。

明末与清前期雷州府官民田地塘数额变化表

单位：顷

时间	雷州府	海康	遂溪	徐闻	备注
万历四十一年（1613）	13013	5674	4136	3202	
康熙三年（1664）	13013			3286	雷州府以万历田亩数为课税基础，无实际开垦记录
康熙十一年（1672）	2467	1472	512	377	
康熙十二年（1673）至乾隆五十八年（1793）			2848	1661	
康熙十二年（1673）至嘉庆十五年（1810）	5910	1401			

资料来源：〔清〕雷学海修，〔清〕陈昌齐等纂：嘉庆《雷州府志》卷五《赋役》，嘉庆十六年（1811）刻本，第46—74页。

二、减免赋税

"蠲免赋税"是清朝恢复农业生产采取的重要措施之一。康熙帝亲政后，随着清政府的财政收入全面改善，户部库藏增加（如康熙二十五年即1686年户部库存银2600余万两[1]），下诏蠲免赋税次数更多、数量更大。蠲免项目包括田赋、丁银和积欠的赋税。康熙朝除灾年灾区照例赋税全免不计外，全省有3次普免，8次积欠蠲免。[2] 其积欠蠲免数目较大的则有：康熙二十九年（1690），蠲免琼州府属澄迈、临高二县积欠地丁银71900两零；蠲免高州府属吴川县积欠地丁银42470两零，米41358石零。[3] 这两项积欠"皆系丁逃地荒"无法完纳的赋税。长年"仍行征比"变成了额外苛征，使官民交困。康熙帝亲自过问此事，下诏予以蠲免，"七分蠲免业户，以三分蠲

---

① 《康雍乾户部银库历年存银数》，载《历史档案》1984年4期。
② 〔清〕郝玉麟修，〔清〕鲁曾煜等纂：雍正《广东通志》卷七，雍正九年（1731）刻本。
③ 〔清〕郝玉麟修，〔清〕鲁曾煜等纂：雍正《广东通志》卷七，雍正九年（1731）刻本。

免佃种之民"①。因此，佃户的负担有所减轻，多少改善了生活和生产条件，有利于恢复农业生产。

三、兴修水利

为了促进农业生产的恢复，清政府大力支持民间兴修农田水利，采取委官修筑，或官府督修，或民间自修等各种形式，修复了溃决和埋塞的堤围陂塘，也新建了一批农田水利设施。

雷州半岛濒临南海，地多台风。南宋时，海康、遂溪二县已修筑海堤，抵御台风海潮。康熙三十五年（1696），福建巡抚雷州人陈瑸，以雷州海堤"岁久崩陷，奏请修筑"。经康熙帝批准，朝廷拨款 5324 两购料兴工，"大加补筑"。②康熙五十六年（1717），陈瑸再次奏请加固修筑雷州海堤，并捐养廉银 5000 两购买木料砖石助修。于是"易土塘以木石，堤乃巩固"③。这项修筑工程于次年四月竣工，④海康、遂溪二县"万顷洋田"由此受到保护。

康熙年间，广东农田水利兴修以修复为主，新建次之，且多属小型工程。因为受当时的财力物力所限，不论官民都不可能兴办大型的水利工程。尽管如此，各地修复和新建的水利设施对农业生产的恢复起了促进作用。

粤西雷州属海康、遂溪两县海堤，自康熙年间重修后，复被海潮冲崩多处；到乾隆十六年（1751）两广总督陈大受兴工修复，并立下定例：以后逢小工程，由乡民自修，大工程则由官府负责。⑤乾、嘉年间，乡民修筑海堤之事屡见记载。

---

① 《清圣祖实录》卷一百四十六、卷一百四十七，中华书局 1986 年版。

② 〔清〕喻炳荣、朱德华修，蔡平点校：道光《遂溪县志》卷二《水利》，方志出版社 2017 年版，第 57 页。

③ 〔清〕喻炳荣、朱德华修，蔡平点校：道光《遂溪县志》卷二《纪事志》，方志出版社 2017 年版，第 35—36 页。

④ 《清圣祖实录》卷一百一十八，中华书局 1986 年版。

⑤ 〔清〕阮元修，〔清〕陈昌齐等纂：道光《广东通志》卷二百五十五《陈大受传》。

第二节　农业经济发展

一、精耕细作农业形成

清代，湛江地区农田耕作技术的进步表现在以下三个方面：

一是稻谷品种增多。根据不同的风土条件，各地因地制宜地培育出不少适宜于本地的水稻品种。康熙《海康县志》载，雷州有十五种稻种：早稻、早黏、秋稻、光芒稻、长芒稻、粳稻、古杭、珍珠稻、香杭、黏稻、百稑稻、黄穤稻、芮稻、红芒稻、乌芒稻。谷物种类的增多，不仅可以提高单位面积产量，而且为水稻种植提供更多的选择，对推广二熟或三熟农作制起重要作用。二是稻田精耕细作。这体现在实施农业肥料多样化，以及防治病虫害、改良土壤等方面。三是精耕细作的农作制度形成。广东省水、光、热资源丰富，有利于农作物生长。大部分地区两造水稻，加种一造越冬谷类作物，农作物可一年三熟。如琼州府有一年三熟之稻，但普遍水田一年二熟，旱田一年一熟。

湛江大部分耕地适宜种植双季稻，但仍有小部分耕地是单造田。清代，广东农家实行早晚谷种间作"套种制"，改造单造田，以求取得再熟。早晚谷种间作"套种制"，广东俗称"挣稿"。而雷州、高州等地因其所处纬度较低，农作物所需日照与温度条件更好，套种更为灵活，被形象地称为"翻稿"。清初，雷州种植水稻已经采取"翻稿"制度，"田稻有十二月种至明年四月而熟者，有二月种至六月而熟者，谓之'早稻'；有二月种而十月熟者；有俟六月早稻熟后复耕接种曰'翻稿'，亦十月熟者并谓之'晚稻'，早稻获自小暑而尽于大暑，晚稻获自立冬而尽于大雪，稻有杭、有秋、有占，而杭、秋、占又分种类，其实名随地异，其实一物"[①]。由于自然条件好，农作制度的执行随天时、地利、稻种不同随机安排，灵活机动。粮食产量大大增加，据《徐闻县实业调查概略》记载，徐闻县水稻每亩下种1斗，

---

① 〔清〕雷学海修，〔清〕陈昌齐等纂：嘉庆《雷州府志》卷二《地理志·土产》，嘉庆十六年（1811）刻本，第48—49页。

地谷 3 石。此外，高州、雷州地区山区还有长在旱地高原的"坡稻"，虽然靠天吃饭，端赖雨水浇灌，但在早晚稻之间成熟，"民食大资接济"。①

二、经济作物广泛种植

清代前期，广东商品性经济作物种植迅速扩大，主要经济作物有甘蔗、荔枝、龙眼、蚕桑、花卉、烟草、茶叶、槟榔、蒲葵等，农业商品贸易繁荣。湛江地区果品种植如龙眼、荔枝、黄皮果、麻子、柠檬等也有种植，但产量不大，仅供本地销售。但在甘蔗、槟榔、花生、烟草、菠萝等作物的种植与销售方面表现突出。

明代，雷州半岛北部（今遂溪、廉江一带）大面积种蔗制糖；清代更广泛种植，成为当地土地利用最主要的方式之一。嘉庆《雷州府志》称，雷州种植甘蔗有两种：一种是昆仑蔗（因明清时越南南部有昆仑岛，此种可能自越南引进），也称乌脚蔗，浆多而性寒，可榨糖；另一种有拇指粗，浆少味甘，称之为"茅蔗"，可榨"黑白糖"。其中白糖更为珍贵，是雷州人婚嫁必须之礼，因此"糖价和米价等"，至于种植甘蔗，则"糖蔗之利，几与谷相半"②。康熙《海康县志》记"历年产糖甚多，且有货至苏州、天津等处"。清光绪元年至三十四年（1875—1908）雷州半岛每年输出国内外土糖达 60 余万担，以徐闻县种植最盛，亩产可达 2—2.5 吨。③ 遂溪县种蔗规模很大，到 1935 年种植面积近 10 万亩，几占雷州半岛种植面积 81.43%。④ 以后历经社会动乱和政策影响，甘蔗种植业兴废相间，曾一度沉寂。

菠萝原产南美洲巴西、巴拉圭等地，后由欧洲殖民者引入东南亚，继向我国传播。由于菠萝粗生，对土地不择肥瘠，均可芃芃高长，且用途广泛，故特别适宜在雷州半岛栽培。据载，19 世纪中叶，菠萝先后引种于海南岛和雷州半岛，并首种于徐闻曲界、下桥等地，当地称之为"麻籽"。这种菠萝

---

① 〔清〕雷学海修，〔清〕陈昌齐等纂：嘉庆《雷州府志》卷二《地理志·土产》，嘉庆十六年（1811）刻本，第 49 页。

② 〔清〕雷学海修，〔清〕陈昌齐等纂：嘉庆《雷州府志》卷二《地理志·土产》，嘉庆十六年（1811）刻本，第 52 页。

③ 湛江市地方志编纂委员会编：《湛江市志》，中华书局 2004 年版，第 793 页。

④ 湛江市地方志编纂委员会编：《湛江市志》，中华书局 2004 年版，第 793 页。

果小，渣多，味酸，鲜食带微毒，故不为人所重。但其叶长厚重，富含大量粗纤维，宜加工纺织使用，是当时种植菠萝的主要目的所在。

到近现代，经不断引进新品种与农技革命，菠萝成为岭南热带水果的主打品种。

湛江地区的槟榔种植与消费在明清已成规模。屈大均《广东新语·木语》中专设"槟榔"条，提及"熟而干焦连壳者曰枣子槟榔，则高、雷、阳江、阳春人嗜之"。乾隆时期，范端昂《粤中见闻》所记"槟榔"也指海南有种植，食用则有雷州半岛。雷州半岛仅徐闻有少量出产，但其地接海南，槟榔贸易和消费却为大宗，明代，雷州府城已设专营槟榔买卖专业市场，"在南关外文富坊"①。清初，海南是槟榔最大产区和输出地，第一站是雷州半岛沿海各港，雷州港南亭街日渐成为槟榔商号集中地。

乾隆年间（1736—1795），雷州港"槟榔行"有商号50多家，专营槟榔批发零售，"槟榔税"成为政府收入重要来源。民国《海康县续志·地理志·民俗》记，雷州常年从海南贩槟榔互通有无，府城南亭街销售，因利益丰厚，欺行霸市行为时有发生，引起官府注意，进行干预，甚有效果，商贩满意，后建"新革榔税牙行碑亭"以作纪念。明清时，槟榔生意遍及雷州半岛城乡，徐闻县城外即有专卖槟榔小街，小贩云集，"槟榔青""槟榔红"等招牌林立，以广招徕。至今，徐闻南山镇有槟榔村，遂溪洋青镇也有槟榔村，以及"槟榔塥""槟榔园"等地名，应是当地种植槟榔或贩卖槟榔留下的痕迹。

明末烟草传入，清初吸烟蔚为社会风气。烟草具有与槟榔相类似功能，但抽烟方便，胜于槟榔。加之清中后期，吸食鸦片兴起为时尚，槟榔消费大受打击，种植和消费日渐式微，加工和贸易也每况愈下。到近世则日渐萎缩，唯个别地区保持槟榔消费习惯，如台湾，海南黎人，湖南湘潭，长沙等地。雷州半岛已远离这个商贸圈。但历史遗留下来的槟榔在礼仪、敬神事鬼、风俗活动以及社会往来等方面的文化功能仍长期保留，成为雷州传统文化一大内容。

---

① 〔明〕欧阳保纂，〔明〕韩上桂、邓桢辑：万历《雷州府志》卷四《地理志二·墟市》，万历四十三年（1615）刻本，书目文献出版社1990年版，第203页。

第三节 湛江地区手工业

一、手工业发展

明末清初，经历了几十年战乱，尤其是顺治、康熙初的"海禁"和"迁界"，广东手工业一蹶不振。自康熙二十二年（1683）平定台湾后，逐步减轻商税，开放海禁，废除匠籍制度，手工业者获得更多独立生产的自由。清代前期广东手工业出现了新的进展。乾隆二十二年（1757）广州对外独口通商，全国出口产品汇聚广东，为广东手工业的发展创造了良机。海外贸易的拓展，为广东手工业产品提供了更为广阔的海外市场，清代广东手工行业无论是经营方式，还是产品质量和数量都超过明代。从康熙中后期到雍正、乾隆期间，广东手工业生产达到了历史最高水平。其中以矿冶业、冶铁业、陶瓷业、纺织业、制盐业、造船业、制茶业的发展最为突出，一些行业中资本主义萌芽有了进一步的发展。

清代前期，广东手工业的分布与它的自然地理环境密切联系，渐渐形成山区与平原两大系统，具有"北重南轻"的特点。广东地势北高南低，北依五岭，南临南海，境内山地、平原、丘陵交错。粤北山区矿产、林业资源丰富，是本省重要的矿冶基地。粤东、粤中、粤西沿海平原农业经济发达，经济作物广泛种植，加之海洋经济不断发展，手工业种类较多。

清代的湛江地区，雷州北部地接五岭山区，同时地处滨海平原，农业发达，因此，手工业行业较多。当时，高州、雷州冶铁业具有一定规模；吴川一带葛麻纺织小有名气；高州一带、海康、遂溪、廉江等地仍有部分陶窑，所生产的陶瓷制品均属百姓生活用品，满足两广一带市场需求。随着海上对外贸易的兴旺，包装所用蒲席、蒲包供不应求，雷州、海康、遂溪三县，尤其是太平、沈塘一带人们看准这一新生产业，利用当地生产蒲草的优势，大力发展蒲织业；此外，雷州半岛滨海沙地盛产花生，于是，榨油业也兴旺起来；高州一带还出现造纸业，并有造船业的传统。清代，湛江地区最有特色，最具规模的手工业产业当属制盐业与制糖业。吴川、海康、遂溪、徐闻周围古盐场众多，制盐产量非常大，是广东制盐的两大基地之一。清代，雷州半岛大面积种植甘蔗，糖寮林立，尤其是徐闻、海安，手工制糖外销蔚然成风，粤海关在海安专设分口对蔗糖外销收税。

二、传统手工业

（一）制糖业迅速发展，规模巨大

清朝，雷州半岛与海南是广东制糖业重要地区，其中雷州、徐闻是主要产糖区。嘉庆《雷州府志》载："糖名颇繁，不外乌、白二种。乌者糖块，白者糖霜，霜有三：曰结粉、曰上洋、曰水赤。块有厚有薄。雷人婚嫁之礼必须糖，故糖价与米价等。雷之乌糖其行不远，白糖则货至苏州、天津等处。"[1] 清中叶，蔗糖出口成为雷州大宗。

清代湛江制糖技术也有了进一步的提高。手工作坊具有一定规模。光绪年间，徐闻制糖作坊——"糖寮"一般有屋两间，一作伙房，一作熬糖屋（制糖房），茅草屋底部约五十尺，高约三十尺，内部以麻竹支撑，屋顶以茅草、稻草或甘蔗叶等铺盖而成，是压榨甘蔗的地方。熬糖屋（制糖房）内排列孔明鼎，是煮糖的地方。糖寮雇佣工人日益增多。一间糖寮一般用工5人，其中煮糖师傅1人，榨蔗1人，管牛1人，烧火1人，杂工1人。生产设备比较简单，主要装置有：转盘（由成块方石刻制成）；石辘（榨蔗主要设备，状如狮子鼓）；顶板（似门字形，木制）；制动杆（又称牛担、碾围、绞拱）；炉灶（长方形，泥砖砌成）；煮糖锅（三锅相连成品字形，后一字形排列）；滚糖板（竹制，方形）。榨糖过程以牛为动力带动榨糖机械，并总结出"九制糖法"的特色工艺[2]。

糖坊的产糖率有所提高，如清光绪年间，徐闻"每地一亩约可制糖三百余斤，得利六七千文"，每百斤甘蔗"可制糖六七斤"[3]。

与清代整个广东制糖业发展水平相适应，湛江地区出现新的经营方式和发展趋势：从小农户的自营产销向产销分离、商人包买转变；从自给自足生

---

① 〔清〕雷学海修，〔清〕陈昌齐纂：嘉庆《雷州府志》卷二《地理志·土产》，嘉庆十六年（1811）刻本，上海书店、巴蜀书社、江苏古籍出版社2003年版，第89页。

② 〔清〕何炳修：《徐闻县实业调查概略》，香港中文大学档案馆藏。

③ 〔清〕何炳修：《徐闻县实业调查概略》，香港中文大学档案馆藏。

产发展为主要面向市场的商品生产；从小规模的多农户合资建寮，发展为银号、糖商、蔗农的联营产销。仅徐闻一县，制糖户 2000 余家，糖厂约 700 家。当时除小部分由蔗主直接用船运往外地销售外，大部分运至海安街，潮州人和广府人纷纷前来开设"九八行"（即中介行、糖行），从事土糖输出。当时雷州半岛几乎由海安街的悦来、维记、协和、源成、庆丰、悦记、合成和遂隆等八家大型的糖行或商栈代销。从清雍正年间开始，海安港就因雷州半岛糖业的兴隆而设立粤海关的分关，对外贸易发达，该港蔗糖输出量丰年 10 多万包（每包 20 千克），一般年景 7 万多包，歉年 4 万—5 万包。《粤海关志》记载：海安、雷州、琼州等口岸有黄糖和白糖出口，广东食糖行销东西二洋和西方国家[1]，海安港作为著名的食糖转运港，为广东省五大港口之一，素有"甜港"之称。

光绪年间（1875—1908）雷州糖业进入历史盛期，年输出土糖 50 万—60 万担（2.5 万—3 万吨），所产之糖，有"五色糖、白糖、冰糖、洋糖"之分。中日甲午战争日本侵占台湾后，洋糖充斥市场，土塘受冲击，本地糖业日趋衰微。

（二）传统纺织业依旧繁荣

清代，纺织业是广东重要的手工业行业，广泛分布于城乡，并形成作坊和机房的专业生产区。广州和佛山是广东两个纺织中心，粤西一带的雷州等地区也是重要的纺织基地。

明朝时期，"雷葛甲于天下"，它吸湿散热性能好，质地细薄，尤宜作夏服。其品质之精良，成品之华贵，一度成为雷州进贡皇帝的贡品，受到国内达官贵人追捧，也成为对外贸易的畅销货，尽管"隆庆元年，诏罢雷州贡葛"[2]，但直到清代，雷葛依然盛行。

海南、雷州也是我国最早的棉花产区，古籍记载中的吉贝，多指草棉。[3]

---

① 〔清〕梁廷枏主纂，袁钟仁校注：《粤海关志》卷九《税则二》，广东人民出版社 2002 年版，第 201—202 页。
② 〔明〕欧阳保纂，〔明〕韩上桂、邓桢辑：万历《雷州府志》卷一《舆图志·事纪》，书目文献出版社 1990 年版，第 168 页。
③ 彭世奖：《岭南人与衣用纤维植物的开发利用》（上），《岭南文史》1992 年第 1 期，第 61 页。也有人认为吉贝指木棉，即红棉，为高大乔木。

明代，雷州所产"雷被"，以白棉线织成，有红有紫，也很艳丽，历久不衰。

明清时，雷州可输出的商品首推"布"，方志记载，雷州"货多布，曰棉布。曰葛布。曰踏匾布。曰苎麻布。曰青麻布。曰黄麻布"①。这类植物纤维手工艺为城乡妇女主要副业，雷州流行一首民谣："月光光，月圆圆，娘子织布在庭边，脚踏弦机响乙乙，手合槟榔认同年。"记述了雷州妇女在月夜下纺织的情景，也是雷州的手工纺织业曾经发达的佐证。

晚清，为适应国内外市场需要，雷州徐闻还引进一种新的植物，从中提取纤维，用以纺织。据记载，菠萝麻子"其叶刮以为麻，纺织作布，名菠萝麻，今以代雷葛"②。在离徐闻县城60—70里外的曲界盛产这种叫做菠萝麻的特产作物，其外形似今之菠萝植株，但无果，取其叶片榨麻，为当时纺织品的高级原料，徐闻当地人称之为"高麻"，潮州商人大量收购，主要通过中国香港、澳门及东南亚等地大量对外输出高麻。据说，此麻织布，耐用、美观、销路宽广。由于有了外贸通路，曲界当地不少农户、商户依靠"高麻"致富。

（三）海盐的生产与运销

清代中后期，雷州半岛一带诸盐场虽熟盐、生盐均有生产，但总的趋势为逐渐由"煮盐"向"海滩晒盐"的盐法变革。

据记载，乾隆二十一年（1756），沿海地区晒盐方法有三：一为板晒，采卤方法与煮制相同，取卤后放入晒板，2—3日后成盐。二为晒盐，采卤方法与煮制相同，取卤后将卤水引入结晶池内蒸晒，待卤水起小气泡后，撒下盐种，加速盐粒凝固，2—3天后可成盐。三为水晒，在平坦的海滩上垦围盐田，涨潮后将海水引入田内蓄水池中，用水车抽上第一幅（蒸发池），蒸晒1—2天后引至第二幅，经8—9天后，蒸晒成饱和卤，然后灌入结晶池蒸发成盐。操作技术分为：纳潮、扬水、制卤、灌池子、续池子、活盐、扒盐、抬盐、驳盐、苫盖等。

咸丰五年（1855），雷州半岛的徐闻、海康、遂溪等地盐民均全部试行

---

① 〔明〕欧阳保纂，〔明〕韩上桂、邓桢辑：万历《雷州府志》卷四《地理志二·土产》，书目文献出版社1990年版，第198页。

② 〔清〕刘邦柄修，〔清〕陈昌齐纂：嘉庆《海康县志》卷一《疆域·物产》，嘉庆十七年（1812）刻本，第87页。

晒卤制盐技术，并出现第一个初具规模的海水滩晒盐田——乌石盐场。雷州盐民结合本地实际，经过长期实践，总结出一套"生态海盐制法"，形成12道古法晒盐技艺，其具体流程为：古法建池、晒伯观潮、选时纳潮、三段滤卤、松卤动盐、三段结晶、量池备晶、调和保卤、扒盐归垛、悬台滤卤、精晒除杂、生态存储等。依此古法制盐技术，晒制出的海盐天然纯净、洁白晶莹、质优清新、回味甘咸，为优质食盐。这一海盐古法晒制技艺已经成为广东省非物质文化遗产。

关于盐场分布，至清嘉庆年间（1796—1820），东海岛场改为蚕村调楼场东场，其熟盐灶分布在文墨、海头、塘北、临海、寮村、东海、吉山等地滨海。

吴川县境内的茂晖场熟盐灶分布在乾塘、窖积、寮陇、博立、瑶贯、莫村、谭思、石角等地沿海；晒水盐田分布在东海、南三、硇洲三岛沿海，以东海最多，硇洲最少。熟盐灶则分布在南三岛北部的莫村。清代后期，博茂场署迁电白县水东堡。清代前期，在石城县置丹兜场，后裁丹兜场，并归白石场（今属合浦）。

清代，海康县武郎场熟盐灶分布在武郎、覃斗、马留、郡城、乌石、龙滚、新寮（今属徐闻县）等地滨海及岛屿上。徐闻县清初置新兴盐厂，煮制熟盐，场官驻在今海安镇附近。嘉庆年间（1796—1820），增建锦囊、角尾盐厂。道光年间（1821—1850）徐闻县内分东厂和西厂两大盐区。东厂熟盐灶分布在白沙、博赊、锦囊、北门、六极、那板、水头等地沿海，西厂熟盐灶分布在那练、青桐、北箕、那宋、东场、海猪、竹仔山等地沿海。此外新寮沿海也有熟盐灶（其时属海康县的武郎场）。咸丰五年（1855），在县西南部的英岭村沿海建成晒水盐田，晒制生盐，随后附近的三教、那澳等村也建成晒水盐田。光绪年间（1875—1908），盐田逐渐增多，西部沿海多地建成晒水盐田，晒制生盐。

康熙三十三年（1694），实行食盐销售制度改革。户部议准琼州府盐场"免其配引"[①]，皆由灶丁自煎自卖，只由府州县就灶征课报解。官方退出盐业的经营，仅"核其盐数，算其盐价，收其税课"，由国家垄断经营的"榷

---

① 〔清〕阮元、伍长华纂修：道光《两广盐法志》卷五《引饷一》。

盐"制变为"改埠归纲"的股份经营制。但海南岛琼州府是一个独立的系统，湛江地区也不同：雷属3场，自乾隆二十一年（1756）裁去埠商，将场埠均归各县输课银，亦归县征解，乾隆五十四年（1789），停止帑盐，改令商人收购场价。直到嘉庆十一年（1806），才将埠务召商承允，场务仍归县办。①

为了对各盐场进行监督管理，清代前期湛江的海矬、双恩、电茂、博茂、茂晖、香山、丹兜、蚕村调楼、武郎、新兴等10个盐场中，前5个场设置盐课司，大使1人，正八品。后5个场未设场员。后期裁撤香山、丹兜、蚕村调楼、武郎、新兴等5个场，茂晖场因在法租界广州湾内，亦裁撤。海矬场改为上川司，由巡检治理场务。清末广东西部仅有上川、双恩、电茂、博茂等4个场（司）。

朝廷为了统一控制食盐的行销，防止私盐，在产盐的场地直接配运，称为"场配"。各场设有巡丁，由场员督率，在要隘处所查缉不纳税的私盐。食盐的运输主要分为珠江水系、韩江水系、高雷地区和海南岛4个系统。琼州较为特殊，所产盐没有额收无配运，只供本地区食用。清代中期，粤西盐区兴建大量盐仓，据《两广盐法志》记载，茂晖场盐仓共26间。雷州下属的各盐场有场收、场配，但只行销于海康、遂溪、徐闻三县。广州、惠州、肇庆、高州所产的盐则配运于各省，有场收、场配，有场收省配，有场收桥配。

清代湛江地区盐场食盐配运销售表

	盐场	配运销售埠口
广东南柜	茂晖、博茂场配	广东：茂名埠、电白埠、信宜埠、化州埠、吴川埠、石城埠
		广西：北流埠、陆川埠
	武郎场配	广东：海康
	调楼场配	广东：遂溪
	新兴场配	广东：徐闻

资料来源：〔清〕阮元、伍长华纂修：道光《两广盐法志》。

高州、雷州地区的盐产大都在场配后输至本地区各埠，以短程水运和陆

① 〔清〕阮元、伍长华纂修：道光《两广盐法志》卷九《场课》。

运为多。其中最远运至广西北流、陆川等埠，是从茂晖场配盐运至梅菉过秤，另换小船至渔阳，再走陆路雇挑夫运至岑峒，后用竹排运至北流、陆川。[1]

三、特色手工业

(一) 造船业

雷州半岛三面滨海，海外贸易发达，港口林立，造船技术自然不会落后。史载，南宋自高宗开始，便在化州、高州、雷州设立造船厂以打造兵船。清初，因对付台湾郑氏和南明遗民的抗清斗争，朝廷海防意识不断加强，官方开始打造兵船，制造大批双桅出海战船。

顺治七年（1650）三月，总兵许尔显就已督造并修大小战船229艘。[2]道光《广东通志》记，康熙前广东官方所设的内河船"座站""快小粮差"等船已有226艘，康熙三年（1664）造河船130艘，康熙四年（1665）造河船98艘，十八年（1679）广东省内已共设内河船454艘。这是官方拥有、部咨有案记录的内河船数据。

至于外海战船，广东省原设137艘，有缯船、锯船、拖风船、膨仔船、乌（舟皮）船、哨船等种类。为稳定海防，保护航道无阻，广东政府迫切需要发展和强化水师船队，官办船业不断改进和发展。

雍正三年（1725），广东政府设立河南（广府厂）、庵埠（潮州府厂）、海口（琼州府厂）、芷寮（高州府厂）四厂。这四大船厂是广东省官营造船业的支柱，体现了广东造船的最高水平。除四大船厂外还有运司厂。粤西的高州船厂一向承担较重的造船任务，但因芷寮附近船材供应不足，故于乾隆二年（1737）在龙门另设子厂，承修龙门协的战船。乾隆十八年（1753），又把芷寮厂原来负担的海安营雷州协战船修造任务归琼州海口厂，吴川、电白、硇洲三营战船修造任务割归省城河南厂。至此，芷寮船厂的规模大大缩小。

五大船厂的主要任务是修造出海缉捕的战船。据嘉庆二十年（1815）两广总督蒋攸铦等奏议："遵查粤东省出海缉捕额设米艇一百四十只，系派在

---

[1] 方志钦、蒋祖缘主编：《广东通史》（古代下册），广东高等教育出版社2007年版，第921页。
[2] 〔清〕尹源进：《平南王元功垂范》卷上，广东省中山图书馆油印本1957年版，第28—29页。

中西东各路巡缉，如遇年限届修损坏等项，先经分定运、广、潮、琼、高五厂就近承修，以专责成。内运厂派定应修二十五只，广州府厂派定应修四十五只，潮州府厂派定应修三十只，琼州府厂派定应修三十只，高州府厂派定应修十只。"①

（二）蒲织业

明清时，雷州蒲织品大量出口东南亚市场。品种有草席、草袋、草扇、草帽等，尤以草席为大宗，占有很大市场份额。《高州府志》载："蒲草，即莞类，可织席，可为履。"②《海康县续志》记载，"蒲草……拔起晒干，男女手织，大者曰席，小者曰苞，商人运售香港澳门及外洋各埠"③。到20世纪50—70年代，雷州蒲织通过技术创新，"穿边"取代"织边"，"煮染"组合"色席"。编织须经选草、舂草、杂草、起头、织花、织角、穿边等工序，成为全雷州尤其海康县的一个传统工艺品牌。

20世纪初，资本主义商品经济发展，湛江蒲织产业达到历史高峰期。雷州蒲包用途很广，货轮用作垫仓，一艘货船需要几千张蒲席，有人就30年代雷州输往香港的蒲包进行调查统计，1935—1936年每年均达40万枝（蒲包是每枝合82张，合计3000多万张）以上。蒲包可用作商品包装，特别是生盐和原糖的装运更非它不可④，抗战时期，由于广州湾海关的特殊地位，作为商品包装的雷州蒲包需求数量大增，从业人员达10万人，年产各类产品近2000万件，销往海内外。其中，以雷州市沈塘镇编织草席闻名。这不仅是一项传统手工艺产品，而且凝聚了手工艺人的审美、设计、装潢等智慧和技巧，堪称具有湛江特色的手工艺品。2012年，雷州蒲织技艺被列入广东省非物质文化遗产名录。

① 〔清〕阮元修，〔清〕陈昌齐等纂：道光《广东通志》卷一百七十九《船政》。
② 〔清〕杨霁修，〔清〕陈兰彬等纂：光绪《高州府志》卷七《舆地七·物产》，光绪十五年（1889）刊本，（台湾）成文出版社1967年版，第92页。
③ 梁成久等纂修：民国《海康县续志》卷五《食货志二》，雷阳印书馆1929年版，湛江市人民政府地方志办公室编：《湛江历代方志集成》雷州府部（三），第521页。
④ 陈基：《解放前的雷州蒲包行业简述》，湛江市政协文史委编：《湛江文史资料》第6辑，第156页。

第二十二章　清代湛江地区
海洋经济与海洋社会

　　清代实施"闭关锁国"政策，时禁时弛。在湛江地区设置总口一级的海关机构，总口下辖多个著名港口，先后开辟了诸多国内、国际航线。在各港口、码头形成了大量商人会馆。自迁界、海禁取消后，湛江地区的海洋捕捞业得到恢复发展。其造船技术、捕捞技术、捕捞渔具发展水平更是居于国内外领先地位。乾、嘉时期，湛江滨海岛屿一度成为海盗集聚之地，海盗活动猖獗，给沿海百姓生命财产造成严重损失。这既是清政府禁海、迁界等一系列消极政策的结果，又与湛江海疆的战略地位、滨海地理环境以及海上居民特点有关，同时，也与西方殖民势力踏海而来，打乱南海原有海洋秩序有关。

第一节　"海禁"政策下的海洋经济

一、行政管理

　　康熙二十三年（1684），台湾郑氏政权内附，清代正式开海，准许百姓对外贸易，并在"粤东之澳门（一说广州）、福建之漳州府、浙江之宁波府、江南之云台山"分别设立粤海关、闽海关、浙海关、江海关，海关成为继前朝"市舶司"，专司对外贸易和征收关税的机构。

　　清代，粤海关治所设于广州，因"自海禁既开，帆樯鳞集，瞻星戴斗，咸望虎门而来，是口岸以虎门为最重"。其次，"濠镜一澳（门），杂处诸番，百货流通，定则征税，故澳门次之"。余如惠、潮，如肇、高、雷、廉、琼，各有港汊，亦各设口岸征榷。粤海关总共有广州一大关和澳门、（潮州）

庵埠、（惠州）乌坎、（高州）梅菉、（雷州）海安、海口等6总口，还有遍布全省沿海的大小口岸75处。至于粤海关对地方各口的管理，乾隆三十八年（1773），粤海关设总口委员7人，其中雷州口、高州口所在地的雷州府同知和高州府通判均属委员之一；各口的人员设置，光绪三十四年（1908），雷州总口设总办1人，分办1人，司事1人，巡丁8名，护勇、管役6名，打杂等若干。①

粤海关下辖各口，依其吞吐量及重要性分为3种，分别是正税口、稽查口、挂号口。"正税之口"行使征税权利，共31口，其中琼州10口，潮州9口，惠州4口，广州、雷州、廉州者各2口，肇庆、高州各1口。"稽查之口"则"去路来源，胥资稽查"，不直接收税，如清政府在新兴的港口赤坎设立海关稽查口，隶属雷州正税口，所有货物仍归雷州口"输税册报"②。此类口岸共22个，其中雷州者8口，广州、高州者各5口，惠州者3口，廉州者1口。"挂号之口"应是履行进出口贸易货物登记，共有22个，其中潮州者10口，广州者9口，惠州者3口。涉及湛江地区的主要口岸如下：

清代粤海关湛江地区口岸及隶属布局

总口	正税口	县属	稽查口	县属	挂号口	县属
梅菉总口	梅菉总口	吴川县	水东口	吴川县	安铺口	石城县
	两家滩口	石城县	硇洲口	吴川县	芷寮口	吴川县
	阳江口	肇庆府				
海安总口	海安总口	徐闻县	白沙口、田头口 博赊口、南樵口 对楼口、锦囊口	徐闻县		
	雷州口	海康县	赤坎口、乐民口	海康县	麻章口	海康县
	廉州口	合浦县	山口口	合浦县		
	钦州口	钦州				

资料来源：〔清〕梁廷枏总纂，袁钟仁校注：《粤海关志》卷五《口岸》，广东人民出版社2002年版，第96—108页。

---

① 湛江海关志编撰办公室编：《湛江海关志（1685—2010）》，2011年内部编印，第12页。

② 〔清〕梁廷枏总纂，袁钟仁校注：《粤海关志》卷九《税则（二）》，广东人民出版社2002年版，第212页。

从乾隆二十二年（1757）十一月，撤销江、浙、闽三海关，独保留粤海关，规定"夷船只许在广东收泊贸易"，粤海关存在到道光二十年（1840），长达 156 年之久。广东各个口岸独得进出口权，繁盛可见一斑。加之清政府规定，杂货免征税，"沿海贸易小船照数免征，兴贩大洋者，仍照征收"，湛江地区沿海贸易畅旺。据记载，梅菉总口向外输出的大宗业务主要有粗纸、烟草、薯苓、土碗；海安总口则主要有黄白糖、花生、豆油、油楂等。据载，同时期来廉州贸易的商船，以东南亚暹罗和安南为多。进口以大米为大宗，出口以本地特产的生丝、牛皮、海产品为主。①

道光年间，梅菉正税总口每年额征税银 2300 两，芷寮口 300 两，暗（安）铺口 100 两，两家滩口 300 两，阳江口 1000 两。海安正税总口每年额征税银 3200 两。雷州正税口 3000 两，廉州口 500 两，钦州口 200 两。②

康乾时期的开海贸易，直至广东一口通商，规模都是持续上升的。据有关统计资料显示，康熙二十四年至乾隆二十二年（1685—1757）的 72 年中，欧美各国到广州的商船为 279 艘，占来华商船总数的 89%，国籍有英国、荷兰、丹麦、瑞典、普鲁士等。乾隆二十二年（1757）撤销江浙闽三省海关，仍保留广东的粤海关，来粤商船成倍增加。乾隆十四年至道光十八年（1749—1838）的 89 年间，到广东贸易外船共 5622 艘。国籍在原有基础上又增加了美国、法国、西班牙、意大利。出口商品种类以茶叶占首位，依次是生丝、绸缎和土布。进口商品以毛织品为主，依次是棉花、鸦片、白银。以雍正七年至乾隆二十一年（1729—1756）粤海关进出口贸易总额 2.275 亿两为指数，到道光八年至十七年（1828—1837）贸易总额 7.849 亿两，指数增加为 345。③

鸦片战争后，中国被迫五口通商，为与新海关有别，原工关、户关均改称常关。同治十二年（1873），清政府在廉州北海（常）关设立钦州、电

① 黄家蓁：《古南海与合浦口岸对外贸易史》，北海市地方志编纂委员会：《北海史稿汇纂》，方志出版社 2006 年版，第 629 页。

② 〔清〕梁廷枏总纂，袁钟仁校注：《粤海关志》卷十《税则六》，广东人民出版社 2002 年版，第 213 页。

③ 黄家蓁：《古南海与合浦口岸对外贸易史》，北海市地方志编纂委员会：《北海史稿汇纂》，方志出版社 2006 年版，第 629 页。

白、廉江、遂溪、海康、吴川分卡。

清政府在镇压太平天国时，各地封疆大吏允许自设税务机构，"办卡抽厘"。咸丰六年（1856），水东设厘金局，抽出入口货物厘金，出口则米、油，入口则棉花、烟土最多。同治十一年（1872）粤海关部在水东、两家滩、赤坎、千洲设卡征收鸦片税。

粤海关虽屡经中国社会发展与历史变迁，但此机构一直延续到新中国成立。

二、港口发展

清代，由于海上贸易十分兴旺，海关均设在沿海重要的港口码头，也形成南路下四府著名的港口与码头。

粤海关高州总口（梅菉总口）所在地，是明代以来就已闻名的梅菉圩。梅菉圩在明末清初的王朝更替战争中，屡遭兵燹，直到康熙时期才渐渐恢复元气。之后，港口内福建船、海南船、潮州船鳞次栉比，其对外主要是与潮州、福建的大米贸易，以及从琼州府北上的槟榔产品，本地芷寮土碗、各圩片糖、海产品、铁锅、海南椰子、椰器、烟草等土特产均是港口交投活跃之物①。梅菉圩清代被称为"小佛山"，当地会馆汇集，福建商人在那里专设"漳州街"，一度成为"岭西一大都会也，南北商贾聚此交易"。而光绪《高州府志》卷末《补遗》记载，时人盛赞梅菉圩"富丽甲下粤，舟车凑若辐"。梅菉圩是粤西地区著名的商品交易集散地。道光十年（1830）吴川县教谕黄诒谷在《梅菉墟义冢碑》记载："梅菉墟为阖属大市镇，广氓来贸易者常近千人。清廷曾设高州通判一，治梅菉。"

清代，粤海关"雷廉总口"又称"海安总口"，是广东七大总口之一，其他雷州口、廉州口、钦州口等都是它的子口。

据《粤海关志》记载，清代雍正年间就在此设立海安海关，故址位于现海安村的南端。"埠因海兴，海因埠旺"，当时，这里呈现出"帆樯蔽海、人货辐辏，日夜不绝"的繁荣景象。佛山镇的瓷器，珠三角平原和越南、广西的大米，潮州、福建的名茶，江浙的丝绸，海南槟榔、沉香、木材和徐闻的

---

①　〔清〕梁廷枏总纂，袁钟仁校注：《粤海关志》卷十三《税则六》，广东人民出版社2002年版，第266—268页。

土糖、海盐、南药都在这里集散。埠上金钱行、糖行、秤馆、老杉场、酒楼、茶行、鱼行、米行、肉店、烟店、货栈码头、会馆、驿站等等，比比皆是。潮州、珠江三角洲各州县，广西、澳门、湖北等商人云集，海安街各式商号荟萃，长达一里多。清末，海安埠是一处专营徐闻特产土糖为主的商埠，同时兼营粮、盐、渔生意。每年农历二三月是乡富（各乡村的糖客）、糖行、水客等商洽土糖交易最活跃的时间。单是糖厘一项，就成为雷廉总口税收的一项重要收入。据《海康县续志》记载，两广总督张之洞曾拨海安糖厘充作雷阳书院的经费。清廷曾设雷州同知一员，治海安所城，后废。现有遗存的碑文可证。

宋元时期，雷州半岛的重要港口雷州港，明清时期依然兴旺。雷州口位于雷州雷城港头，地处南亭溪侧，"波恬浪静，帆樯任其遨游"，"道路康庄，商贾随心辐辏"，是船只和货物的集散地。乾隆年间，清政府就在雷州设立海关，关部街亦因而得名。雷州口，也称海关部税馆。馆舍旧址在雷城镇关部前街 119 号和关部后街 127 号，即今雷州市雷城镇关部街康皇庙之右，始建于清康熙年间，历经修葺。雷州口下辖赤坎、乐民稽查口及麻章挂号口。

雷州口负责管理来往商船，收购专卖品、征收关税和缉私等事宜，官员也多由粤海关委任。雷州口设立初期，洋货不多。主要进口商品是印度的棉花、暹罗的大米及东南亚一带的香料、木材等，还有欧美进口的毛纺织物，执行粤海关大税征收管理制度，"惟遵章向常关纳税而已"。实行"包税制"，按年完成粤海关下达定额税赋。税种主要有货税和船钞两种。货税从量计税计征，是按货的精粗及重量征收税款。船钞即船税，按照船大小分为三等征收："一等大船，征钞自一千百多两不等；二、三等中小船，征钞八百多两不等。"雷州口大船很少，主要征收二、三等中小船的船税。除船钞、货税之外，还有"规礼银"及"百分之六"的附加税等，名目繁多。

清末，广州湾一带洋面、码头兴旺。尤其是 1899 年（光绪二十五年）11月 16 日，法国强迫清政府签订《广州湾租界条约》，广州湾区域亦沦为法租界。这一带的商贸活动更活跃，史载："广州湾在东海岛之北，吴川、调神岛之南，是船从赤坎、西营出大洋之门户，水石环列，形势天成。法国租为泊船之所。"①

广州湾迅速崛起的港口、商埠莫过于赤坎港。据1942年《大广州湾》记载："赤坎初为一僻静小镇，甚少船只驶至。清康熙末年，有福建商人方某载货到此贸易，颇与土人相得，寻且陆续招致其同乡到赤坎经营。"嘉庆年间，清代赤坎埠已经是"商船蚁聚，懋迁者多""商旅攘熙，舟车辐辏"②。当时，赤坎商船乘潮可直泊街边，原赤坎最早形成的街道海边街和古老渡街即为古码头旧址。其后为大通街，大通街乃来往各地的货物集散地。今赤坎区民主路至大通街之间，仍存清代石砌踏跺式渡头遗迹10处。

乾隆年间，福建商民到此经商定居者不断增加，出现了福建村、福建街等地方。潮州、广州及高雷地区商民也纷纷加入这一贸易行列，在赤坎一带生活、贸易，行商坐贾充斥港埠。据光绪六年（1880）赤坎《乐善堂碑记》和光绪二十一年（1895）《乐善堂石碑记》捐款名次看，广府会馆均排在第一，以下依次为潮州、漳州、高州、雷阳等会馆。可见，赤坎埠的各路商人的慈善捐款均为各地会馆龙头。所属商人认捐、筹款，办理商埠公共事宜，赤坎港的兴起与繁荣，与省内外商人的活动密不可分，而商人的云集也是当地经济社会发展的结果。③ 据嘉庆《澄海县志》卷九《生业》记载，每年秋季，由苏州、天津"贩棉花、色布回邑，下通雷琼等府，一来一往，获息几倍"。也从侧面印证赤坎港的商贸繁荣。

赤坎港不仅是国内商人经商来往的港口，也是对外交往的口岸。湛江赤坎出土的134枚（18世纪）西班牙银币上，多数银币戳有中国钱庄之类的中文标记，表明在流入中国后亦长期流通使用。

有关清代湛江地区的海上航线的记载，最早见于康熙二十二年（1683），清廷宣布废止"迁界令"，工部尚书杜臻、内阁学士石柱奉康熙命巡视粤闽沿海。杜臻在雷州半岛西海岸流沙港有诗《同李抚军登家山岭望西海》，其

---

① 《遂溪县采访员第一、第二报告册》，方志强《湛江古港埠》，中国人民政治协商会议湛江市委员会文史资料研究委员会编：《湛江文史资料》第14辑，1995年内部编印，第203页。

② 〔清〕雷学海修，〔清〕陈昌齐等纂：嘉庆《雷州府志》卷十三《海防》，嘉庆十六年（1811）刻本，第3页。

③ 刘正刚、刘军：《明清冼夫人崇拜与地方经济变迁》，《海南大学学报》2006年第2期。

中"家山开宿雾,海道接流沙"① 一联,"家山"指流沙港北一处小山,"宿雾"则是当时菲律宾群岛一大港口,今为菲律宾第二大城市。可见明清之际,雷州半岛已与菲律宾群岛通航。

乾隆十八年(1753),广东人丁增长很快,从广西运进的粮食供不应求,"粮价亦增,市值频昂",此时,安南(今越南)、暹罗(今泰国)等国产米颇丰,大量出口。安南国王黎维祎主动示好愿与中国贸易。广东请求朝廷准许前往安南易米获准。乾隆帝谕令,"商民自有资本,领照赴安南等国运米回粤,崇济民食者,即照闽省商人由暹罗等国运米回粤之例"酌量奖励。"运米2000石以上至4000石者,监生给予吏目职衔,民人给予九品顶带",刺激官僚、商人经商运米积极性。加之,廉州沿海一带,在明代已开辟通安南海东府、海阳府、太平府、新兴府的直达航线,一时,广东沿海潮汕、广州、惠州、雷州、琼州的商船纷纷汇集廉州沿海港口前往安南贩米。

"一口通商"后,西路港口主要有梅菉、芷寮、赤坎、海安、雷州和海口,大小口岸几乎遍及广东沿海各地及部分内河沿岸。其中,乐民口岸虽处北部湾北部,但在道光年间,常有40—50艘风帆船往来于海南、北海、涠洲、防城、钦州、合浦、广州湾(今湛江市区)、广州和东南亚各国港口,这些航线一直延续到民国时期。②

道光十年(1830),从广东的潮州、海康、惠州、徐闻、江门、海南,福建的厦门、青城,浙江的宁波,江苏的上海、苏州等地出发,驶往日本、菲律宾群岛、苏禄群岛、西里伯群岛、马六甲群岛、婆罗洲、爪哇、苏门答腊、新加坡、马来亚等地的航路已非常普遍。

清光绪年间,湛江地区租借"广州湾"为法国租界,当时广州湾内的赤坎(今湛江市赤坎区)为贸易集散地,与澳门、江门三地往来贸易。从赤坎口岸进口的货物以棉纱、洋布、鸦片为大宗,出口则是生油、草席(在南方作打包及蒲帆之用)两项为最。光绪三十年(1904),有法国邮船"于爱"号每两星期往返香港—海口—北海—海防,为广州湾定期国际航线,还有德籍"海南"号及"德利臣"号不定期往来其间。③

---

① 〔清〕杜臻:《经纬堂诗集》卷四。
② 湛江海关志编撰办公室编:《湛江海关志(1685—2010)》,2011年内部编印,第84页。
③ 湛江海关志编撰办公室编:《湛江海关志(1685—2010)》,2011年内部编印,第85页。

三、会馆

会馆为明清以来建立于通都大邑的地缘性或业缘性组织，一般有自己的建筑物作为联络情谊或办公地点。会馆虽有多种功能，但随着明清时期商品经济的发展，会馆作为地域商人活动中心的意义越来越大。会馆数量和分布在一定程度上也反映了某地区商业贸易发展程度，是其商业文化的一个佐证。湛江地区物产丰富，农业经济发达，依托半岛诸多港埠、口岸，积极参与对内对外贸易，会馆遍布各州县、港口、码头，形成独具特色的人文景观。湛江地区的会馆，一部分是外地商人在半岛商埠所立，另一部分是高、雷两府商贾远赴外地经商，客居他乡所设，都为明清时期湛江地区海上商贸发展的标志。刘正刚《广东会馆论稿》一书显示，这一时期，外地商人在雷州半岛所立会馆有12间，占清代广东全省约90间会馆的13.3%，客观反映了湛江地区在广东全省的商贸份额以及繁荣程度。

（一）吴川会馆

吴川梅菉的广府会馆，建于乾隆五十六年（1791）。据嘉庆七年（1802）《新建梅菉广州会馆碑记》曰："梅菉当雷、廉、琼孔道，吾广人富民众……十居八九，使不有会集之所，居言无与言欢，行者无以节劳，众咸曰非便。乾隆辛亥（1791）择爽口地建会馆，讫嘉庆壬戌（1802）孟春月告成。"另据道光十年（1830）《梅菉墟义冢碑》记载，"梅菉墟为阖属大市镇，广氓来贸易者常近千人。年中间有客死兹墟，未能归葬者，咸寄埋墟外原野。"① 梅菉的广府会馆为广州帮商人活动的一个主要场所，既有行商也有坐贾，人数庞大，甚至有长期客居于此、死后也埋骨梅菉者，他们已视梅菉为第二故乡，商业繁盛，修建会馆理所必然。

吴川县芷寮港兴建会馆。芷寮为明清时期的大商港，闽粤商人云集。广州帮商人在此建有广府会馆，潮州帮商人建有潮州会馆，商业活动频繁。只是晚清以后，芷寮港式微。《吴川县志》称"芷寮为海口，市舶所集，每岁正月后，福（建）潮（州）商艘咸泊于此。近则货船聚于水东、赤坎，而

---

① 《梅菉墟义冢碑》，《吴川县文物志》，中山大学出版社1988年版，第18页。

芷寮寂然矣"①，这也是商业竞争背景下港市隆替的一个实例。

（二）赤坎会馆

赤坎因其地处广州湾北部水域，便于停泊贸易，在晚清异军突起，商贸发达。赤坎港自康熙末年作为海港兴起以后，以闽商为主体的各地商贾接踵而至，在此定居、经商，于是出现福建村、福建街等闽人聚居地。潮州帮、广州帮商人也不甘于后，络绎前来。赤坎埠"商船蚁集，懋迁者多"，满眼望去，"商旅攘熙，舟车辐辏"②，并跃居半岛海港城镇之冠。各地商人多长期逗留于此，建立会馆之多令人惊叹。

赤坎一带，潮州会馆最为古老，建于清乾隆中期，位于今赤坎福建街30号，为潮州商人所建。会馆所用瓷雕、砖雕、木雕等材料，有的采自佛山，有的专门从潮州雇来工匠制作，现仍保存至今的有乾隆四十八年（1783）和五十八年（1793）会馆扩建碑，门前抱鼓石、100斤重石秤砣等，为明清潮商在雷州地区经商的佐证。

赤坎闽浙会馆，又称福建会馆，建于清乾嘉年间（1736—1820），乃福建、浙江到赤坎商贾、士绅、船户聚首议事之所。福建商人还于嘉庆二十四年（1819）在赤坎购地建小港，直接取福建地名为云霄港、漳浦港、诏安港，以不忘桑梓之情。嘉庆二十一年（1816）《诏安港客商船户出名次开列碑记》罗列了到赤坎经商的闽浙商人45户及船户、出海人姓名，从中可知，乾嘉以来赴赤坎经商者来源之广泛。如今湛江市博物馆除保留上述碑记以外，还有嘉庆二十四年（1819）《云霄港碑记》、光绪三年（1877）《漳浦港瓦铺碑》、光绪七年（1881）《云霄港瓦铺碑》等，记录了闽浙商人在赤坎活动的史实。

赤坎雷阳会馆，建于清嘉庆年间（1796—1820），为雷州府属遂溪、海康、徐闻三县商人集资所建，故址在今赤坎关帝庙街6号，1921年重修，1985年拆除。馆内原存《会馆田园产业碑》《迁建武帝庙题捐碑》，以及会馆柱础、抱鼓石、石斗拱、雕花垫木和部分梁柱等均藏湛江市博物馆。

赤坎高州会馆，建于清咸丰三年（1853），位于今赤坎高州街25号，

① 〔清〕毛昌善修，〔清〕陈兰彬纂：光绪《吴川县志》卷二《地舆·风俗》，光绪十八年（1892）刻本，湛江市人民政府方志办编：《湛江历代方志集成》，第299页。

② 刘正刚：《广东会馆论稿》，上海古籍出版社2006年版，第194页。

1923 年重修，为高州府地区士绅、商贾所建，供商帮议事、联络等使用。馆额"高州会馆"，门联"旅馆盍簪同敬梓，海波澄镜到搏桑"，特请道光三年（1823）状元、吴川人林召棠题赠，具有珍贵的文物价值。该会馆兴建级别之高，高、雷二府商人南海商贸规模之大，可见一斑。

赤坎广府会馆，原为赤坎五大会馆之首，当时的商业和公益活动非常活跃，这与广州帮商人财力雄厚、生意殷盛有关。现保存下来的文物有光绪六年（1880）《乐善堂碑记》、光绪二十一年（1895）《乐善堂石碑记》等。

（三）徐闻会馆

徐闻县与海南岛隔琼州海峡相望，海安港是进出海南门户，也是海防要塞。康熙二十四年（1685）粤海关在徐闻县设海关总口，为广东七大海关之一，引来商贾云集，交易兴盛，徐闻境内会馆也不少。主要会馆有：

广府会馆，建于乾隆五十二年（1787），为广州等地商人在徐闻经商驻所，故址在今徐城镇民主路 43 号，清末迁址城外东关龙尾街。今存会馆碑文云："徐闻于雷州为属邑，距广州千余里，地分山海之间，田畴膏沃，物产丰美，四方之市麻卉者、荃葛者，卒萃于此土。而吾广人相与谋曰，吾侪贸迁斯也。"真实反映这些广府商人们踏海而来，就地经营的实际情况。

徐闻潮州会馆。据记载和考证，潮州商人在徐闻设会馆有三处：一在县城今民主路 120 号，建于清代，时间不详；二在海安港；三在县东部曲界，因曲界清末种植一种"菠萝麻"的纺织原料，潮汕一带需求量极大，于是潮州帮商人干脆"逐所贩商品而居"，在曲界建会馆。他们吃苦耐劳，无处不到，也在地缘、血缘、业缘等与雷州有深厚渊源。

徐闻文邑会馆，也称海南会馆。建成于清咸丰七年（1857），为海南商人在徐闻活动基地。现存《文邑会馆常住铺续捐姓名碑》，记载会馆建设曲折历程。为使会馆运营正常，会馆还向诸客商倡捐购置商铺出租，也从侧面反映当时的徐闻码头、街市熙熙攘攘，十分红火，吸引海峡两岸不少商贸前来经商。另在乾隆末年，各地商贾曾集资于海安港建天后庙，后多次重修。据《水井天后庙碑》记，捐款修庙的商人来自广府、潮府、顺德、钦州、澳门（福和庄、隆盛号）、海口、北海、番邑、南关、博涨、海安、徐闻、田头、顺邑、口州、疍家、白沙赤鱼（船）、曲界、纲艇、北和、潮州、水井、公安等 23 处，涉及珠江三角洲、潮汕、钦廉、海南岛、澳门等范围，反映徐闻海安港的都会性质，也表现清代各地海商已有联合经营的发展趋势。此外，徐闻还有琼州会馆。[1] 海南岛在徐闻至少有两处会馆，为两地海上贸易发展的一个必然结果。

除上面所述会馆外，明清时期雷州府城，是雷州半岛最大的政治、经济中心，城中也有会馆，其中最大者为广州商人建的"仙城会馆"，因广州别称羊城、五羊城、仙城等，遂以"仙城"命名。

（四）外埠会馆

雷州半岛的商人也到外地经商，把生意做到利润所在之地，足迹所到之处也建立会馆。不过，这些会馆比较分散，已知的在北京有雷阳会馆（在今北京宣武区裘家街，由陈昌齐建）、徐闻会馆各1所[2]，高州在北京有高州会馆和高郡会馆。琼州府治海口，有潮州、广州、高州及福建等4所异乡会馆。其中，海口的高州会馆成员主要由小商人、挑夫所组成，原因在于乾嘉年间，高州商人主要从高州、廉江安铺等地把大米运到海南销售，同时把槟榔从海南运到外地销售，其中有富商巨贾，也有小本经营。其间，雷州人还远涉鲸波，在东南亚一带从事商贸活动，1890年和1908年分别在马六甲创建雷州会馆，是为海外会馆的代表。

第二节　海洋渔业

一、海洋捕捞规模空前

明初，湛江地区的海洋捕捞业已发展到鼎盛时期，专职渔民（时称疍户）众多，作业齐全，产业巨大。仅从明代雷属三县鱼课米税征收情况看，海洋捕捞重点县为遂溪，次为徐闻，再次为海康，渔业产量巨大。

明代中叶后，"海贼""倭寇"的骚扰不断，嘉靖年间始行海禁，"各埠船只俱毁"。清顺治、康熙年间，更是海禁、洋禁不断，又多次"迁界"，滨海渔民悉徙内地达80里，"禁采捕鱼虾"，"片帆不许出海，违者罪至死"。

---

① 〔清〕周家楣、缪荃孙编纂：光绪《顺天府志》卷十四《坊巷志》，北京古籍出版社1987年版。
② 胡春焕、白鹤群：《北京的会馆》，中国经济出版社1994年版，第43—44页。

雷州半岛被迁甚众。渔民与海隔绝，海捕渔业几不复存。至雍正末年，徐闻等县竟"疍户逃绝，全荒不征"。清乾、嘉、道年间，朝廷采取了一些嘉渔措施，渔民纷纷复业，其间陆续有大批福建渔民远航并迁居雷州沿海，渔业复苏。

清朝中后期，海洋渔业逐步兴旺起来，特别是海洋捕捞技术实现突破，海洋拖网渔业发展迅速。

拖网俗称"拖风"，因作业时靠风鼓帆船，拖网曳行，故名。口碑资料证明，其发展过程是自北向南，由东向西推进。明万历十二年（1584），东海岛出现单船作业拖虾业，清乾隆时已有"拖风船""外海拖风船"用作巡海船记载。至道光年间，硇洲岛、徐闻县的公港村等地，对船作业的拖风业已很盛行。时渔船载重5—10吨，每对7人。至同治年间，拖风业迅速发展，仅徐闻县就有拖风船14对，渔船为载重40—50吨的三桅船。其后，拖风渔船逐步趋向大型化，成为渔港地区的主业。清末民初，始于硇洲的密尾船"长六丈，广一丈五尺，载鱼十万斤，船上有三桅……如遇顺风，其速率可比轮船"，时称"头号密尾船"，号称全省最大型渔船①。至于各渔港的拖风船队规模，但从零星史料可见一斑。清光绪三十一年（1905）八月三日飓风，企水港损失大型渔船40艘。宣统三年（1911）秋，流沙港有30余对拖风船从海上驶往涠洲岛避风，因不堪岛上封建势力勒索，急驶回流沙，途中全部被风浪击沉，致流沙港拖风业走向衰落。②

发达的海洋捕捞业，催生出五花八门的捕鱼工具与技术，流传至今。据1982年对雷州半岛渔业非物质文化遗产调查统计，雷州半岛海洋捕捞的捕鱼技术，有拖网、围网、刺网、钓业、张网（定置网门）、推网、陷阱、地拉网、敷网、抄网、掩罩、刺耙、笼壶、潜捕等14类50余种。③按作业规模排序，依次为拖网、刺网、钓业和围网等4种作业文化意义最大，其余作业规模小，多为半农渔地区使用。其中雷州湾、遂溪直至吴川湾滨海，被称为"东海"一带，海洋渔具更具代表性、经济性和特殊性，收入《广东省海洋渔具图集》的有11类19型22种，收入《中国海洋渔具图集》的有5类7

---

① 湛江市地方志编纂委员会编：《湛江市志》（上），中华书局2004年版，第857—858页。
② 湛江市地方志编纂委员会编：《湛江市志》（上），中华书局2004年版，第865—866页。
③ 湛江市地方志编纂委员会编：《湛江市志》（上），中华书局2004年版，第862页。

型7种,^① 此中也见证了湛江地区明清以来海洋渔业文化之深厚。

二、捕鲸业

明清时期,雷州半岛海域是鲸活动频繁的地区。唐代刘恂《岭表录异》载:琼州海峡"海鳅鱼(一说鲸鱼)即海上最伟者也。其小者亦千尺,吞舟之说,固非谬矣。每岁广州常发铜船过安南货……舟子曰……此鳅鱼喷气,水散于空,风势吹来若雨耳。……交趾回人,多舍舟,取雷州缘(沿)岸而归,不惮苦辛,盖避海鳅之难也"^②。明初,雷州半岛捕鲸已很出名。当地人称之为"鳍鱼(鳍音鳅)""海龙翁""海公"等。鲸鱼脂肪非常丰富,厚达十几至几十厘米。渔民们很早就会用鲸脂制油,用鲸油点灯照明,无烟无臭而且耐用,是最受宫廷官员欢迎的贡品,在京城也只有皇室和贵族才能使用。因此,明清两朝,雷州鱼油(鲸鱼油)作为渔业实物税之一长期存在,进贡朝廷。鲸鱼经济价值很高,"其肪可为油,其骨可为器,筋为海错上品"。^③

雷州半岛海面,鲸类主要分布在半岛东部海域。从琼州海峡沿雷州湾、湛江湾到吴川湾,西部海域由琼州海峡到流沙湾,形成环半岛捕鲸渔场。直至清末民初,徐闻外罗、新寮、城内、白茅一带普遍可见捕鲸船(当地称之为渔公船),为专业性捕鲸队,他们往往在鲸回游季节出海,盛时这种船多达百艘,由此可知,明清时期,雷州半岛的捕鲸业应处于当时世界领先水平。嘉庆《雷州府志》、光绪《高州府志》记载当地疍户联合捕鲸的宏大场面,十分罕见。

海鳍鱼,俗名海龙翁,亦曰海公。小者亦千余尺,声如雷,气如风,喷沫如雨雾,望之,若阻海之山者。乃背脊耸嶐,逆激波涛之状,行海者遥见,即避。每出,多以子随,子之大,亦若海中岛屿。蛋户聚船数十,用长绳系铁枪击之,谓之下标,三下标,乃得之。次标最险,

---

① 湛江市地方志编纂委员会编:《湛江市志》(上),中华书局2004年版,第864页。

② 〔唐〕刘恂著,鲁迅校勘:《岭表录异》卷下,广东人民出版社1983年版,第28—29页。

③ 〔清〕毛昌善修,〔清〕陈兰彬纂:光绪《吴川县志》卷二《地舆下·物产》,光绪二十三年(1897)校订重印本,第50页。

盖首标尚未知痛也，末标后，犹负痛行数日，船而尾之。俟其困毙，连船曳绳至水浅处，始屠。无鳞，皮黑色，厚寸许。身有三节痕，首下标者得头节，次得中节，三得尾节。一鱼之肉载十余船，货钱百万，不数年，辄有标而得之者。[1]

新编《湛江市志》更详尽地记述捕鲸工具、过程和队伍组织，堪为捕鲸文化一段珍贵资料，其志云：

捕鲸方法称为"突刺法"。

（一）渔具：大小帆船9—10艘（1953年徐闻外罗捕鲸最大船载重30余吨）。

鲸镖：俗称"海公钩"，为一种带索镖，由镖头、镖标、缆绳组成。镖头，以铁煅成。有大、中、小三种型号，分别名为头钩、二钩、三钩，重量在4—7千克不等。钩锋面锐利，外形似无柄大刀，锋背面焊接一段略呈弧度铁管，用来套入镖杆。管口附近处开对称小孔二个，用以插入铁柱，活结固定带镖杆，连接缆绳。镖头规模尺寸随型号不同而异。镖杆用质坚而重的木制成，呈正棱柱体，长1.5—2米，重10千克左右。套入镖头端钻一小孔与镖头管口小孔相对应，连结镖头。缆绳用艾、竹篾、藤条等材料绞成，长度不限。缆绳一端系在船上，另一端一分为二支缆，主缆系镖头，副缆系镖杆。

（二）渔法：出猎前，每船上装配好各种型号鲸镖若干枚，每枚两人配合，一人托镖，钩锋面向上，一人持缆绳，负责松缆，还有专职瞭望者。当发现鲸后，各船徐徐驶近猎物，目测距鲸2—3庹（一庹约5尺）长距离时，按规定，先捕小鲸，后捕大鲸。头钩开始投掷，一旦头钩脱落，其他船随即补投。接着投二钩、三钩，一时数钩齐下，纷纷命中目标。投中目标后，镖头没入肌肉，由于鲸负痛挣扎和水的阻力作用，镖头和镖杆的活结松开，分离，镖杆浮于水中，又增加了水的阻力。此时，渔者因势利导，松长缆绳，让其拖游。待其疲劳后，即抽紧

---

① 〔清〕雷学海修，〔清〕陈昌齐等纂：嘉庆《雷州府志》卷二《地里·土产》，嘉庆十六年（1811）刻本，第63页。

缆绳，把鲸拢近船边缚好，拖回岸边。

（三）收获：售鲸所得，有约定规矩，按实际中标船数及部位有别分配，每船再按贡献大小处置。按惯例，每年 5 月，捕鲸的渔区会大演海公戏，唱姑娘歌、拜神，祈求来年更好收成，这种风俗文化，一直延续到 20 世纪 50 年代，鲸类资源衰竭，捕鲸业停止生产。[1]

三、渔民、渔港及渔业

历史上，广东沿海将一类"水上人"称之为疍家、疍户、疍民。他们"以海为生"，"披发文身，以像鳞虫""号为龙种"，历史学者罗香林认为"水上人"是古越族后裔，他们是典型的渔民。清光绪《崖州志》载："疍民，世居大疍港、保平港、望楼港濒海诸处。男女罕事农桑，惟辑麻为网罟，以鱼为生。子孙世守其业，税办渔课。间亦有置产耕种者。妇女则兼织纺为业。"[2] 潮州疍人有姓麦、濮、吴、苏、何、古，以蛇为神，世以舟为居，以捕鱼、装载供食，岭东河海各处均有。宋代范成大《桂海虞衡志》载，北部湾仍是珍珠采集地，雷州部分疍民即从事此类作业，采珠疍民称为"乌疍户"[3]，从元朝到清朝很长的一段时间里，疍民备受欺凌，他们没有聚落，没有田地，以海为生。岸上的原住民规定疍民不准上岸居住，不准读书识字，不准与岸上人家通婚，没有参加科举考试的资格。他们虽以打鱼为生，但没有大船，无法远航，只能在近海捕鱼，退潮时，他们下笼下网，捕些鱼虾，生活随着海浪潮汐变化而变化，甚至渔港里也没有他们的一席之地。这种局面贯穿整个中国封建时代。直到 1949 年新中国成立，疍家、疍户等才在政府的组织领导下，上岸居住，进行集体渔业生产，渔民的社会地位才彻底改变。

湛江地区新型渔民的大规模出现，则是在明清时期。明初，东南沿海

---

[1] 湛江市地方志编纂委员会编：《湛江市志》（上），中华书局 2004 年版，第 870 页。

[2] 〔清〕张嶲、邢定纶、赵以谦纂修，郭沫若点校：《崖州志》卷一《舆地志一·风俗》，广东人民出版社 1983 年版，第 34 页。

[3] 〔宋〕范成大撰，严沛校注：《桂海虞衡志》卷十三《志蛮》，广西人民出版社 1986 年版，第 119 页。

"海防"实行卫所制度。为御外侮，在海安、锦囊、乐民、通明等港口、要塞，修筑千户所城，戍兵把守。同时，大批福建移民涌入，聚集卫所、港口，这些地方遂成为渔民聚居地。清代方志记载，"吴川滨大海，耕三渔者七"，无富商巨贾，但渔者常多①，渔民的增多促成大规模海上捕捞业的兴起。清代，硇洲、乌石、江洪、草潭、梅菉、企水等一些渔港已具相当规模。

湛江地区得天独厚的滨海地形地貌以及气候条件，注定此片海域盛产多种名贵海鱼，名优海产品闻名天下。例如，早在清朝时，当地百姓就流传着这样的谚语："第一鳠，第二鲳，第三第四马膏郎"，言其美味。其中"鲳鱼"今人仍用其名，"马膏郎"即马鲛鱼。而鳠鱼，就是本地特色海产珍稀鱼类，广州方言、雷州方言读"芒"音。《南海鱼类志》却未见收列。《吴川县志》记载该鱼"长数尺，背青腹白，大者七八斤，无刺，腹多黄肪，鱼之最肥美者"。但它"与姜同煮则臭"，它"美味异常，骨软，肉嫩，脂而不腻，无腥臭，香脆爽口。因其稀有，市场罕有售，若捕到，多为渔者自食"。② 时至今日，湛江海鲜市场仍可看到鳠、马鲛鱼、马友鱼、白鲳、金鲳等等的身影，仍是公认的美味。著名的还有鳘鱼，"状如石首而大，黑色多鳞，巨者鳞如海镜，眼如碗大，重数十斤，可脯可醢。腹内白鳔中空如泡，无比大者破而干之，以为货。岭南人谓之鱼肚，以为上馔"③，明清以来，鳘鱼一直是本地上交的贡品。渔业的发达，带动渔产品加工业的兴起，流传至今的湛江鱼干制作技艺，已被列为广东省非物质文化遗产。

明清时期，海水捕捞已不能满足人们对海产品的需要，于是，海水养殖出现。湛江市海水养殖最早见于投石养蚝和鱼塭养殖。明末清初，今湛江市郊、坡头区、海康县一带，人们已普遍利用沿海港湾、港汊或沿岸滩涂、低洼地，经以筑堤、开沟、建闸，通过潮汐的涨退套纳鱼苗、虾苗，进行养

---

① 〔清〕毛昌善修，〔清〕陈兰彬纂：光绪《吴川县志》卷二《地舆下·风俗》，光绪二十三年（1897）校订重印本，第2页。

② 〔清〕毛昌善修，〔清〕陈兰彬纂：光绪《吴川县志》卷二《地舆下·物产》，光绪二十三年（1897）校订重印本，第52页。

③ 〔清〕毛昌善修，〔清〕陈兰彬纂：光绪《吴川县志》卷二《地舆下·物产》，光绪二十三年（1897）校订重印本，第51页。

殖、装捞，称之为"半流埂"（大潮期浸顶的埂）生产，兼具捕捞与养殖性质，主要产品有鲻鱼、梭鲻等鲻科鱼类和鲷科鱼类，还可生产白虾（墨吉、长毛对虾）、沙虾（刀额新对虾、近缘新对虾等）和锯缘青蟹等。这种"半流埂"生产技术一直沿用到民国时期。[1]

明清时期的珍珠采集与养殖，仍如宋元前朝。"雷州之对乐池，高州石城（今廉江市）之麻水池，旧多产珠"，所产珠称"南珠"，圆白光莹，小巧玲珑，素有"西珠不如东珠，东珠不如南珠"之美誉[2]。宋元以来，南珠主要是深海采集天然珍珠，明洪武二十七年（1394），明太祖钦派安陆侯吴杰在遂溪县西南75里处建"乐民所城"，并派珠官监宁珠池，专事采珠，后因滥采，至明末已无珠可采。但诸多史料表明，明清时期的南珠仍然存在，只是生产方式发生变化。

明清时期，北部湾采珠由所谓采珠（潜水捕捞）向借助工具取珠过渡。一是采用铁耙取珠法，铁耙为手的延长，海中探珠，但收益甚微。二是发明兜囊取珠法，即将麻绳织成兜囊状系于船两旁，沉入海底，乘风行舟，蚌碰到兜囊入内，满则取出蚌，割蚌得珠。嘉靖《广东通志·民物志》对此有详细记载。三是小舟拉网取珠法，这更适宜浅海滩涂作业。民国《合浦县志》云："珍珠产于白龙海面，其间有珠池曰青婴、白龙、杨梅、乌泥，采珠者于二三月间至六七月，以三小舟沉网横罗之，所得珠蚌或螺蛤不等。蚌肉可食，珠价奇昂。"[3] 相信这种方法同样用于雷州半岛珠池。如此一来，自古沿袭的入海采珠法得以结束，无论采珠还是滩涂利用都迎来一个新的时代。

早在宋代，由于珍珠产业巨大的利益，人们已经开始人工养殖珍珠。宋代庞元英在《文昌杂录》中记载：元丰年间，"有一养珠法，以今所作假珠，择光莹圆润者，取稍大蚌蛤，以清水浸之，伺其开口，急以珠投之。频换清水，夜置月者，蚌蛤采月华，玩此经两秋，即成真珠矣"。[4] 这种养殖法与现代的育珠技术非常相似，明清之后，这一技术也得到推广，海水珍珠产业揭开新的一页。

---

① 湛江市地方编纂委员会编：《湛江市志》（上），中华书局2004年版，第870页。
② 〔清〕屈大均：《广东新语》卷十五《货语·珠》，中华书局1997年版，第413页。
③ 廖国器：《合浦县志》卷五《实业志·渔业》，1942年铅印本。
④ 〔宋〕庞元英：《文昌杂录》卷一，中华书局1958年版。

第三节　波谲云诡的海洋社会

一、乾嘉之交，海盗猖獗

雷州半岛，位处天南，海疆辽阔，岛屿众多，自古以来，百姓或捕鱼，或海外贸易，或设灶晒盐，靠海为生。清初，从顺治到康熙年，清政府为剿灭沿海抗清势力，连续多次命令滨海百姓"迁界"内地，并"申严洋禁""禁海滨双桅沙船"，严禁沿海"私制二桅以上大船往外洋贸易"①，致使雷州半岛广大居民无以为生，沿海破产、失业的渔民疍户、盐民、水手等常常下海为匪，最终在乾隆、嘉庆时期，酿成大规模的海上反清斗争。

这一时期，广东沿海各地盗贼如麻，声势浩大，而据一些地方志记载，"洋匪大半皆系雷州府遂溪县"②。嘉庆《雷州府志》曾记载："海盗，非别有种类，即商渔船。是商渔非盗也，而盗在其中，我有备则欲为海盗者，不得不勉为商渔，我无备则勉为商渔者，难保不阳为商渔而阴为海盗，久之而潜滋暗长，啸聚既多，遂立帮名，抗官军，居然自别于商渔，而濒海居民乃大受其扰。粤洋分三路，高、廉、雷、琼为西路，雷又为高、廉、琼之卫，自来蜑氛难靖，皆随起随伏，守土著不甚加之意，因循日久，骇浪复兴。"③海上生活艰辛而穷困，海上谋生充满机动性与冒险性，都使商渔之人与海盗的身份转换轻而易举，如，官方就曾记载，时有遂溪渔民陈亚辉，从决定当海盗到次日首次参与劫掠一条私人渡船，仅用一天时间。④

雷州半岛水道纵横交错，在漫长的海岸线上，港埠林立，船只可以自由

---

① 〔清〕雷学海修，〔清〕陈昌齐等纂：嘉庆《雷州府志》卷三《沿革》，嘉庆十六年（1811）刻本，第19页。

② 〔清〕明谊修，张岳松纂：道光《琼州府志》卷一九（下）《海黎志（四）·防海条议》，道光二十一年（1841）修，光绪十六年（1890）补刊本。

③ 〔清〕雷学海修，〔清〕陈昌齐等纂：嘉庆《雷州府志》卷一三《海防》，嘉庆十六年（1811）刻本，第1页。

④ 〔美〕穆黛安著，刘平译：《华南海盗（1790—1810）》，中国社会科学出版社1997年版，第27页。

往来，加之近海大大小小多个岛屿可供栖息藏身，乃是海盗最理想的聚集之地。正如陈伦炯论沿海形势中所说："岛屿不可胜数。处处可以樵汲，可以湾泊。粤之贼艘，不但艚艋海舶，此处可以伺劫，而内河桨船橹船渔舟，皆可出海，群聚剽掠。粤海之藏污纳垢者，莫此为盛。"① 清朝，珠江口外的香港、大屿山、老万山，尤其是雷州半岛的硇洲岛、东海岛等，东西洋面的田洲岛、涠洲岛，都是著名的海盗巢穴。广东最大的海盗首领郑七、郑一，都在东海岛盘踞过。

据方志记载，乾隆五十五年（1790），海盗首次在雷州上岸，劫掠遂溪县杨甘市。"自后近海村庄，在三四十里内者，被劫无虚日。"② 这一时期，本地最有名的海盗，当属雷州市西海岸乌石村的麦有金，人称"乌石二"，他与胞兄乌石大（麦有贵）、堂弟乌石三（麦芝吉）等在嘉庆元年（1796）揭竿海上，在本地秀才黄鹤的帮助下，举起了抗清义旗。他们踏浪而来，御风而去，高呼"红旗飘飘，好汉任招；海外天子，不怕清朝"的口号，活跃在南海海面上，以"劫富济贫"相标榜，劫掠沿海商船和村镇，给沿海人民的生命财产带来极大破坏。"嘉庆七年秋，海盗劫海山村乐民汛，把总李春荣御贼……救兵不至，贼擒而肢解焉。"③ 嘉庆十四年（1809）己巳冬十月，"海匪乌石二等肆逼郡城，参将德兴署海康县知县，陈邦燮御却之。乌石二联船七十余艘，突入南渡港内，大肆焚掠近港村庄，受害甚惨。兴与邦燮率兵丁、乡勇出城堵御，亲冒枪炮十有余日……贼惧而退。"④ 有记载称，嘉庆十年（1805），乌石二辖有 160 艘帆船，一分为二，分别活动于雷州半岛以东、以西洋面（也即半岛人称的东海、西海、广州湾一带），一度成为雷州半岛的主宰者，由于他对乡民多有照顾，较为公平，因此，给养充分，战斗力最强。

① 〔清〕陈伦炯：《天下沿海形势录》，贺长龄等编：《清经世文编》（下），中华书局1992年版，第2028页。

② 〔清〕雷学海修，〔清〕陈昌齐等纂：嘉庆《雷州府志》卷三《沿革》，嘉庆十六年（1811）刻本，第42页。

③ 〔清〕雷学海修，〔清〕陈昌齐等纂：嘉庆《雷州府志》卷三《沿革》，嘉庆十六年（1811）刻本，第44页。

④ 〔清〕雷学海修，〔清〕陈昌齐等纂：嘉庆《雷州府志》卷三《沿革》，嘉庆十六年（1811）刻本，第44页。

嘉庆年间，驰骋于东南沿海的几支盗帮互相呼应，聚众数万人、大小船舶 1000 多艘，烧杀劫掠，沿海居民苦不堪言，也成为清廷的心腹大患，历史上称其为"华南海盗"。他们前后历时十多载，屡败清军，两广、闽浙的统治者坐卧不安，清朝皇帝大为震惊，责成有司务必肃清。

二、越南西山军起义与华南海盗出现

乾嘉之交，广东海盗崛起与越南西山政权有很大关系。18 世纪 70 年代，越南（当时称安南）北方黎朝日趋衰微，统治越南南方的阮氏政权，朝政腐败，官僚地主强取豪夺，民不聊生。1771 年，归仁府阮文惠兄弟发动西山农民起义，史称西山军，驱逐黎朝皇帝，阮文惠立国（清廷准其改名为阮光平），乾隆帝封其为安南国王。但是，西山政权的建立，并没有实现越南的统一，南方阮福映在法国人支持下，与西山政权展开了十几年的战争。

西山军为战胜对手，不惜招募中国海盗编练海军。封以官爵，授以印记，令其招濒海亡命，资以兵船，劫内洋商舶以济兵饷，夏至秋归，踪迹飘忽，为患粤地。如当时遂溪人莫官扶"被盗掳捉入伙"，后又受陈添保引诱，投往安南，"受封伪职总兵、东海王"，成为著名盗首。据查，当时广东方面盗首受封官爵的还有：陈添保、莫官扶、梁文庚、樊文才、冯联贵、郑七、郑维丰（郑七之子）、乌石二、梁保、梁贵兴、郑流唐、谭阿招等。

西山军向海盗提供避风港，江坪、顺化、归仁、河内等地都是著名的海盗巢穴。西山军向乌石二等提供的武器十分精良，包括五千斤大炮、火药等，船上装备火炮，使海盗作战能力加强，在与清军水师以及西洋侵略者的对阵中占据有利地位。广东海盗在西山军庇护下，每年于春夏之季，乘南风窜入粤洋，于秋冬之季，乘北风驶回越南。其从越南到粤洋主要有两条线路：一是由北部湾白龙尾岛而入廉、雷各洋面；一是由顺化港而入琼州洋面。

西山政权不仅利用中国海盗，甚至直接指使西山军到中国沿海劫掠。嘉庆二年（1797），粤省地方官员在审讯盗犯罗亚三时得知，"安南乌艚有总兵十二人，船一百余号。并据起获印记，是此项乌艚艇匪，皆得受该国王封号"。据《清仁宗实录》载，清政府不得不作出反应：以后"遇有外洋驶入夷匪，无论安南何官，即行严办"。

嘉庆七年（1802）上半年，西山军在与阮福映的战斗中连连失利，尤其是在洞海保卫战中，西山军惨败（当时郑七匪股约有40艘帆船被征派保护该港口）。阮福映于7月攻入河内，俘获光缵皇帝，控制越南局势达30年的西山军最终失败。阮福映得国，"会安南旋为农耐阮福映所灭，新受封，守朝廷约束，尽逐国内奸匪，由是艇贼无所巢穴"①，阮福映还将前一年俘获的莫官扶、梁文庚、樊文才等缚献清廷，郑七等盗首被迫退回雷州府遂溪县东海岛。接着，在一次剿捕中国海盗的战斗中，海盗巨魁郑七被俘杀，海盗老巢江坪也遭到彻底清剿。失去西山政权庇护的华南海盗，大多转战回国，不得不与清军正面对抗，虽危机重重，但又开始酝酿更大的行动。

三、海盗结盟，纵横华南沿海

嘉庆八年（1803），湛江地区洋面极不太平。先有西来的洋海寇同列所尼（欧洲人）踞广州湾，同时，海盗郑一、乌石二等在广州湾洋面作乱。当时，驻吴川总兵黄标带领士卒围攻，反被洋海寇击溃，曾因缉捕海盗多次立功受赏的总兵黄标"愤懑成疾"，不久去世。次年，海盗郑一等又踞泊广州湾之东海岛、硇洲岛，肆劫商船，焚掠近海乡村，掳妇女勒银取赎。

嘉庆九年（1804），"海寇愈炽"，闽盗蔡牵帮已成为东南海上最强大的势力，与"朱濆等啸聚海上，兵至十万，于（嘉庆）乙丑（十年）冬，突入台湾"。是时，广东各股海盗与福建蔡牵帮遥相呼应，寄信相约合流。乌石二等甚至入闽与朱濆合扰闽海，清廷震动。闽督玉德奏请由其护理金门镇总兵渡台助剿。

嘉庆十年（1805）初，东南沿海海上势力格局已定。据闽浙总督玉德拿获的艇匪陈杨得交代，"艇匪共有四帮：一系乌石二为首，一系郑一为首，一系总兵宝为首，一系林阿发为首。福建洋面，系林阿发、总兵宝二帮，连土盗朱濆附和之，船共一百余号。其乌石二、郑一两帮尚在广东洋面。又广东会匪首李崇玉平日与艇匪相通，混在林阿发帮内……"② 嘉庆皇帝极为震惊，著那彦成等即速饬杜魁光带领所管舟师前赴闽省追剿艇匪。

---

① 〔清〕魏源：《嘉庆东南靖海记》，《圣武记》卷八，岳麓书社2011年版，第351页。

② 〔清〕程祖洛续修，〔清〕魏敬中重纂：《福建通志》之《台湾府·诏谕》，同治十年（1871）刊本。

广东沿海各大小匪股明显意识到来自官府的压力，嘉庆十年（1805）六月，广东 7 大盗首郑文显、麦有金（乌石二）、吴智清、李相清、郑流唐、郭学宪、梁宝等共同签订《广东海上武装麦有金等公立约单》，实现大联合，更为有组织地与官府对峙。①

参与订立"合约"的共有 7 位帮主，几乎都是西山政权时的老相识。其中，郑流唐在订约后不久，在一次内部争斗中，半边脸被砍伤，遂带领人船投降了清廷，故以后广东海盗实有 6 帮。后来的史料里，一般以各帮所用旗色加以区别，据南海县参与抗击海盗的朱程万《己巳平寇》记载，郭婆带（番禺人）一股"领船百余，号众万余人，旗色黑，曰黑旗帮"；张保（即张保仔）原是郑一部下，郑一死后，与郑一嫂共掌郑一余部，"领船二百余号，众二万余人，旗色红，曰红旗帮"；梁宝一股，"船差少，附于张保，旗色白，曰白旗帮"。以上三股，"分据东中两路，有急则互相救护，互为首尾者也"。西路则有吴智清"黄旗帮"、李相清"绿旗帮"、乌石二"蓝旗帮"，此三者均是雷州半岛人，其中蓝旗帮乌石二势力最大，"敛财物岁计银不下十万两，而涠洲、硇洲孤悬海外，遂据为巢穴。李相清、吴智清又朋比以益其势，由是东中西三路俱扰。中外商民不安业者弥年矣！"②

海盗各帮概况如下：

嘉庆年间广东海盗帮简况表

帮主姓名	旗色	人船最大规模	主要匪目	各帮结局
郑文显（郑一）	红旗	船艇 600—1000 艘，人数 2 万—4 万人	梁破保、香山二、萧步鳌、郑国华、亚选嫂、大炮腹	投诚
郭学宪（郭婆带）	黑旗	100 余艘，1 万余人	冯用发、张日高、郭就善、王亚三、亚甘	投诚

① 《朱批奏折》，中国第一历史档案馆档号 1058/2，嘉庆十年（1805）十一月廿二日。又见叶志如整理：《广东海上武装麦有金等公立约单》，《历史档案》1989 年第 3 期，第 19 页。
② 〔清〕朱程万：《己巳平寇》，〔清〕郑梦玉修，〔清〕梁绍献等纂：《南海县志》卷十四《列传》，同治十一年（1872）刻本，（台湾）成文出版社 1967 年版，第 262—263 页。

（续表）

帮主姓名	旗色	人船最大规模	主要匪目	各帮结局
梁宝 （即总兵宝）	白旗	船 50 艘左右，人数不明	温亚鸪、叶亚五、梁亚康	溃散
麦有金 （乌石二）	蓝旗	至少 160 艘船，人数 1 万人左右	乌石大、乌石三、郑耀章、杨片容、周添、龙运登	剿灭
吴智清 （东海霸）	黄旗	人船数不详	李宗潮、游国勒、林阿发	投诚
李相清 （金牯养）	绿旗	人船数不详	冯联贵	溃散，可能遭风溺死，余部附黄旗
郑流唐 （郑老同）	不详	人船数不详（投降时随带 388 人）	不详	投诚

注：各种资料对匪目匪众姓名、绰号的记载多有不同，如郭学宪（又称郭学显、亚婆带、郭婆带），吴智清（又作吴知青、东海王、东海霸、东海仙、东海八），李相清（金牯养、蛤蟆养）等。

盗帮中规模最大、力量最强的是郑一所领红旗帮。郑一出身于海盗世家，其堂兄郑耀煌即巨盗郑七。郑一早年住在广州湾南端的东海村，娶粤妓石香姑为妻（即郑一嫂），后曾投入西山军打仗，返回广东后，领有 200 多艘帆船，与乌石二联合行动，势力迅速壮大，最终促成了广东海盗的联合。到嘉庆十二年（1807）时，单是在香港鲤鱼门地区就有他的大小 600 艘船只活动。然而到嘉庆十二年冬时，郑一身故，一说他是遭风溺死，一说他是在为西山余党打仗时中炮身亡的。郑一死后，红旗帮权力落入郑一嫂及其情夫张保仔手里。张保，原是渔民之子，15 岁时被郑一掳逼为盗，因有胆识，被郑一收为养子，在匪股中地位不断提升。《己巳平寇》记载："张保居郑一部下，……保每劫掠，不前者手斩之，得财瓜分不私蓄，虏人不妄杀，赏罚仍请命于郑一妻石氏。或云张与石阳主仆，实夫妇也。"[①] 在张保、郑一嫂的

---

① 〔清〕朱程万：《己巳平寇》，〔清〕郑梦玉修，〔清〕梁绍献等纂：《南海县志》卷十四《列传》，同治十一年（1872）本，（台湾）成文出版社 1967 年版，第 262—263 页。

统率下，红旗帮取得了前所未有的发展。张保仔声称要做"郑成功第二"，推翻清皇朝，建立汉族的新皇朝，赢得了不少民众的支持。张保仔率领红旗帮活动于澳门、香港和广州湾（今湛江地区）一带海面，早期曾经一次击沉葡萄牙海军18艘军船。

广东海盗实行联合后，广东海盗进入鼎盛时期，在短短的时间里就达到5万—7万人。海盗联盟所辖2000艘帆船中有200艘洋船，每艘可搭载300—400名战士，并装有20—30门火炮，坚固的结构可抵御枪炮的射击[1]。他们开始采取大规模的集团化行动，特别是进入张保仔、郑一嫂时代，广东海盗活动异常活跃，成为当时与闽浙海盗蔡牵齐名的海盗势力。

结盟后的海盗集团进一步发展壮大。首先，分别建立广州湾（今湛江湾内东海岛、硇洲岛一带水域）和大屿山两大基地，其中，乌石二蓝旗帮长期劫掠电白盐场盐船以及经过琼州海峡的货船。盗帮不择手段地袭击大小商渔船只，劫船夺货，绑票勒赎，严重破坏沿海居民的生产生活，甚至严重阻碍中外往来。就绑票勒赎来说，不仅绑活人票，而且绑死人票，据乌石二供词称："在洋劫掳拒伤事主、官兵，均不能记忆次数，每年收取打单银五六万两不等……并发掘绅民坟墓，匿棺勒赎银两。"[2] 北部湾海域涠洲岛原属雷州府遂溪县地，涠洲岛鳄鱼山的鳄鱼嘴巴位置的"贼佬洞"在离海水不远处。嘉庆年间，以乌石大、乌石二兄弟为首的一群海盗曾盘踞这带海域，经常抢劫商船、渔船，民间传说此洞曾是他们藏宝之处。

除了劫掠城镇外，还绑票勒赎，并且连洋人也成为绑票的对象，1806年至1810年，南海洋面发生多起西洋商船劫持事件，最后，只得经粤海关、中国公行甚至两广总督斡旋，历时半年磋商，三方交付巨额赎金方可放人。例如：嘉庆十五年（1810），粤洋海盗绑架了一位英国船员理查德·格拉斯普尔，粤洋海盗透过广东海关官员、广东公行的商人来与英国东印度公司和两广总督谈判，最后粤洋海盗取得了4320银元现款，以及价值3078银元的

---

① 〔美〕穆黛安著，刘平译：《华南海盗（1790—1810）》，中国社会科学出版社1997年版，第95页。

② 台湾"中央研究院"历史语言研究所：《明清史料》（庚编，上册），中华书局1987年版，第487页。

鸦片和两捆平纹细布。①

一时间，广东海盗所向披靡，称霸南海。

四、华南海盗覆灭

广东海盗活动日趋猖獗，直接威胁华南地区的安全与百姓生活，清政府下决心平定叛乱。嘉庆九年（1804）腊月，嘉庆皇帝任命军机大臣兼内阁大学士那彦成为两广总督，南下广东。

那彦成克服广东水师人船俱缺、财力不足的困难，修造战船，训练军队；呼吁渔民与官府合作，共同遏制海盗活动，在滨海渔村实行"澳甲"（类似保甲），编练团练打击海盗。嘉庆十年（1805），发起一场针对广州湾的海盗西线总部的战役。官军动用80艘炮艇组成舰队，全力组织进攻。打头阵的为左翼镇总兵林国良、署香山协副将许廷桂和海口营参将何英。此外，吴川县丞、海康知县和东阳同知领兵扼守广州湾入口，此外还有吴川和遂溪乡勇负责守卫税关。9月5日清晨清军与海盗交火，在广州湾，清军击沉匪船7艘、俘获3艘。总兵林国良乘胜追至硇洲岛，许多匪船起火燃烧，另有4艘匪船被官军俘获，甚至俘获联盟首领郑一的弟弟郑三②。之后，战场转移电白兴平港海面，9月20日最后一战以清军胜利告终。共击毁匪船18艘，俘获匪船8艘，俘获海匪200余人，但那彦成认识到如此战果与强大的海盗势力相比，九牛一毛，决定采取"招抚"策略荡平海盗，却因此以"抗令不遵"之名被发配新疆伊犁③。如此，海盗们越发自信满满，主宰南海。

嘉庆十二年（1807），福建海盗蔡牵窜入广东，嘉庆皇帝更为震惊，十分担心"闽、粤洋匪同一劫盗，安知不声息暗通、同恶相济？现在粤洋盗首如郑一、乌石二等著名巨憝，尚在稽诛，设蔡逆匪船入粤后，该逆等容留合

---

① 〔美〕穆黛安著，刘平译：《华南海盗（1790—1810）》，中国社会科学出版社1997年版，第95页。

② 〔清〕那彦成：《那文毅公奏议》卷十二，嘉庆十年（1805）九月二日，（台湾）文海出版社1973年版，第90—92页。

③ 〔清〕那彦成：《那文毅公奏议》卷十三，嘉庆十年（1805）十一月十六日，（台湾）文海出版社1973年版，第54—59页。

伙，岂不又增其羽翼？"于是命李长庚带兵到粤，尽力缉捕，广东一带海域仍不得安宁。

嘉庆十四年（1809），两广总督张百龄上任，一面整顿军队，筹饷练水师，加强海上军事力量；一面裁撤沿海商船，连运盐也都改为陆路，坚壁清野，封锁海港、禁止商船往来，以断绝海盗从陆上获得水米接济和到陆上销赃，同时谋求备受海盗侵扰的葡萄牙人在澳门至虎门一带配合中国水师攻剿海盗。

嘉庆十五年（1810），朝廷责令两广总督不惜任何代价"扑灭此獠"。同年，清军坚持与诸海盗抗争，经大屿山战役，黑旗帮主郭婆带投诚为朝廷"招抚"海盗打开缺口，张百龄又多方派人向张保仔劝降，张保仔等最终率领 1.6 万名部众和 5000 名妇女向清廷就抚，同时，上缴配备 1200 门火炮的 270 余艘船只，被清廷授为"千总"的官职。

嘉庆十五年（1810）庚午夏五月，两广总督张百龄调遣水陆大军分驻高、雷、琼、廉四州，控制大局，本人则坐镇高雷，东中两路外洋、内河派师船"严行巡组"，取守势，西路雷州半岛与琼州洋面取攻势，亲自指挥围剿乌石二。

据方志记载，起初，乌石二自南渡退出后，张百龄曾遣张保仔招降，"许以不死"。但乌石二恃其船只之多，海面之广，不肯奉命，于是在琼州各港口抢劫如故。也有说，乌石二也曾派人联络张保仔向清军投诚，张保仔却隐匿消息，引得官兵进剿。最终，张百龄亲至雷州督战，命提督童镇升、总兵黄飞鹏率舟师百余艘，带领张保仔出海剿灭西路最大蓝旗帮海盗。当清军水师行至琼州海面，与乌石二、符九家等船相遇。"张保仔计诱乌石二等船入雷州双溪口，童提督、黄总兵以大兵扼其后，乌石二进退无据，仓皇欲走，而大兵已逼近贼舟。最后，乌石二、乌石大、符九家等因就擒或发充或赦宥，俱按律究办"。[①] 据清史资料记载，五月十三日这一天，清水师与乌石二大帮在新英港外相遇，童镇升等"挥令兵舡奋力赶，四面围攻，用大炮连环轰击……贼匪落海淹毙者无数"，乌石二率众抵死拒敌，时有白底开波船一只，直前扑敌。张保认系乌石二坐船，立即首先跳过，杀死贼匪数人，将

---

① 梁成久等纂修：民国《海康县续志》卷四十五《前事志·国朝》，雷阳印书馆 1929 年版，第 17 页。

乌石二即麦有金擒获。① 其余兵将擒获乌石大、乌石三、郑耀章等。"彼时，另帮盗首东海霸即吴智清带领匪舡二十四只，头目游国勒等男妇大小四百三十六口……驶来乞降"。②

五月十四日，清军水师又招降乌石二余部 3000 余名，此战，共击沉、烧毁匪船 24 艘，拿获 25 艘，收缴 89 艘，投降者男女大小共 4243 口，俘虏 561 口，击杀淹毙者更不在少数③。乌石二、乌石大等匪首在海康枭首示众。至此，在广东沿海活动十余年的海盗基本肃清。此时，留在香港等地的帮众尚数以万计，大小船只千余艘，不肯归附。他们走投无路，纷纷扬帆奔向菲律宾、北婆罗洲、马来亚等地，这是在近代契约华工出现之前，流向海外最多的一批华人。

---

① 台湾"中央研究院"历史语言研究所：《明清史料》（庚编，上册），中华书局 1987 年版，第 486 页。

② 台湾"中央研究院"历史语言研究所：《明清史料》（庚编，上册），中华书局 1987 年版，第 487 页。

③ 台湾"中央研究院"历史语言研究所：《明清史料》（庚编，上册），中华书局 1987 年版，第 487—490 页。

第二十三章　清代湛江地区人文昌盛

　　清代，湛江地区府学、县学建设运营，学制、考录制度及生员管理制度日趋完善，主要教授经、史、性理书及时文等儒家正统之学。同时，民间学风大盛，书院教育欣欣向荣，私塾、义学蔚然成风，对启发民智、教化文明意义重大。历经长时间的兴学教育、精心培育，湛江地区人才辈出。尤其是在科举考试方面，登科及第者颇多，诞生了粤西唯——位状元。这些通过科举入仕的学子，有的成为清官、廉吏，勤政爱民，造福一方，赢得世人的尊重与赞许；有的担当大任，事功卓著，为国家建设作出巨大贡献；有的甘心教育，为岭南学术翘楚，为湛江地区增添更深厚的人文底蕴；更有在近代抗外敌入侵、捍卫海防的爱国将领。可谓文治武功，人才济济。

第一节　教育事业繁荣

一、府学、县学的建设与运营

　　清代，湛江地区在教育方面，府学、州学、县学体系完备，社学、书院遍及城乡各地。雷州府学、高州府学，以及海康、遂溪、徐闻、石城、吴川县学，或重建，或修葺，或迁建，或增饬。历康熙、雍正、乾隆、嘉庆迄至道光各朝，各地修建学宫，史不绝书。

清代湛江地区官学一览表

学　校	校址	创办及办学时间
雷州府学	海康	始于宋庆历四年（1044），康熙四年（1665）重建
海康县学	海康	始于宋代文明书院，康熙四年（1665）重建
遂溪县学	县治	始于宋，顺治十七年（1660）重修
徐闻县学	县治	始于宋，讨网村，康熙九年（1652）重修
吴川县学	县治	始于元至正九年（1349），明因之，康熙二十五年（1686）重建，雍正重修，同治年间扩建
石城县学	新和驿	始于元皇庆年间，后迁，康熙二十年（1681）迁此地。光绪年间重修，办学

资料来源：〔清〕杨霁修，〔清〕陈兰彬等纂：光绪《高州府志》卷十四《经政·书院义学》，光绪十五年（1889）刊本；又见〔清〕廷臣修：嘉庆《重修一统志》之《雷州府》，商务印书馆1934年版；又见〔清〕雷学海修，〔清〕陈昌齐等纂：嘉庆《雷州府志》卷四《学校》，嘉庆十六年（1811）刻本。

清代学制与明代基本相同，府学、州学、县学与科举考试密切相联。童生参加入学考试，取得秀才资格的才成为府学、州学、县学的生员。生员有规定的名额，在额内的生员可领取廪饩银，称为廪生；在增广名额之内的称为增生，无廪饩银，但可补廪生缺额。此外还有附学生员。廪生名额，按各地文风高下、钱粮丁口之多寡以为差，时有增损变更。一般府40名，直隶州30名，县20名。增生名额与廪生相等。廪生岁发廪饩银4两，在本府、州、县儒学署领取。

各府、州、县俱设有教官，府学曰"教授"，直隶州厅学及单州厅学曰"学正"，县学曰"教谕"，其副者皆曰"训导"。府学、州学、厅学、县学皆一正一副。课程教材主要为经、史、性理书及时文等，如"五经"、《性理大全》、"四子书"、《大学衍义》、《朱子全书》、《御制性理精义》、《文章正宗》、《古文渊鉴》、《御制律学渊源》、《资治通鉴纲目》、《历代名臣奏议》及《钦定四书义》等，都是应行修习之书。教官主要任务为考校，有月课、季考，"四书"之外，兼试策论。

生员入学以后，国家即给予许多优厚的待遇。如享受食廪，免除丁粮，而且受到地方官的礼遇，其身份高于庶民百姓。但清廷对府学、州学、县学士子防范管束很严。顺治九年（1652）仿明制颁行"新卧碑"八条，宗旨是防止士人萌发反抗思想。康熙时颁行"圣谕十六条"，雍正时又演为"圣谕广训"。其主要内容是要求生员敦孝弟、笃宗族、和乡党、重农桑、尚节俭、黜异端、明礼让、息诬告、完钱粮、联保甲等等。

清代府学、州学、县学属于正式的国家教育系统，"惟乡社之学不列于官"①，属于非官方教育体系。

二、书院教育

（一）书院概况

清初湛江地区各地书院，在明代兴盛的基础上，仍然呈现较快的发展态势。自顺治十一年到雍正十年（1654—1732），广东新创书院 102 所，其中官立 90 所，私立 12 所。官立书院占绝对优势，清初广东各地官吏是书院创建的主力。雍正十一年至道光二十年（1733—1840），广东新创书院 192 所，其中官立 145 所，私立 47 所，数量急剧增加，私立书院所占比重上升，是此期书院发展一大特点。清代广东书院，有官立、私立之别。按其功能性质，又可划分为如下三类：一是纪念宦贤的书院；二是会文讲约的书院；三是纯为讲学课士的书院，这是严格意义上的正规书院，数量也最多。讲学书院最初止于省会设立。"国朝令申直省立书院，府州县立义学、社学。"② 久之，府、州、县也有书院创设。书院学生，普遍以生、童区分。"生"为贡生、廪生、增生、附生、监生等，"童"为未入学者。

清代书院发达，"粤省所建最盛"③。著名的粤秀书院，康熙四十九年（1710）由总督赵宏灿等捐建，先后任院长、主讲席者，皆海内名流，如梁无技、何梦瑶、杭世骏、冯成修、宋湘、陈昌齐等。故粤秀书院"为粤东人才渊薮，岁入肄业者数百人，郡邑聪秀之士，咸萃于斯"④。一时人才辈出，

---

① 〔清〕陈树芝纂修：雍正《揭阳县志》卷七，雍正九年（1731）刻本。

② 〔清〕郑梦玉修，〔清〕梁绍献等纂：《南海县志》卷十一，同治十一年（1872）本。

③ 〔清〕阮元修，〔清〕陈昌齐等纂：道光《广东通志》卷一百三十七《建置略十三·学校一》，道光二年（1822）刻本。

④ 〔清〕梁廷枏：《粤秀书院志》卷十一，道光二十七年（1847）刻本。

"登甲榜中俊之彦，指不胜屈，大魁鼎甲，卓出其中"①。高州高文书院，清初改建，后因公费不敷，日渐残废。乾隆十九年（1754）分巡道王概"清查旧项，捐添膏火，重修学舍，规模丕变。嗣后文风骎骎日盛，丙子乡试，获俊八人，为百年之创见"。②

湛江地区也不甘落后，纪念宦贤的诸多书院如文明书院、松明书院、濬元书院等重新恢复，坚持办学。也兴办了诸多"讲学课士"的正规书院。如：兴建于明末的雷阳书院，招生办学延续整个清朝，达 300 年之久；吴川县的正疑书院，知县宋世远兴建，从康熙三十五年（1696）直至光绪年间，办学未曾间断，坚持"百年树人"；吴川集成书院，原名忠肃祖祠，坐落于今坡头区坡头镇，是吴川县乾塘陈姓族人为纪念先祖南宋状元、南宋枢密院参知政事陈文龙而建，始建于清乾隆四十年（1775），清翰林院庶吉士、二品顶戴前署礼部左侍郎、兵部右侍郎、都察院左副都御史陈兰彬少年时期曾在此就读。陈兰彬出使驻美公使回乡休假期间，见书院破旧不堪，捐俸银三百两并主持重修，曾在该书院任教。

此外，清代的湛江百姓十分重视教育，条件较好的乡村也办书院，让农家子弟有受正统教育的机会。吴川县蓉镜书院位于坡头区官渡镇麻俸村，始建于清朝同治年间，麻俸村及邻村许多学童前来蓉镜书院求学。还有吴川县黄坡圩乡民集资办川西书院，是民国时期著名的川西中学的前身。石城县塘蓬村创办蓬山书院等等。

清代湛江地区书院办学一览表

县属	名称	地址	办学情况
吴川	正疑书院	吴阳镇	康熙三十五年（1696），知县宋世远兴建，延续至光绪年间，又称吴阳义学
	集成书院	南二都坡头镇	始建于清乾隆四十年（1775），坚持办学，延续至清末
	江阳书院	县南 20 里	乾隆年间兴办，前学校，后寺庙
	川西书院	黄坡圩	道光十七年（1837）邑人兴建办学

---

① 〔清〕梁廷枏：《粤秀书院志》序，道光二十七年（1847）刻本。

② 〔清〕黄安涛等修，〔清〕潘眉纂：道光《高州府志》卷四，道光七年（1827）刻本。

（续表）

县属	名称	地址	办学情况
吴川	翔龙书院	南四都硇洲岛	始于明，咸丰年迁建于县署
	蓉镜书院	官渡镇麻俸村	始建于清朝同治年间，直至清末
	双江书院	县文场后	光绪元年（1875）知县兴办
	镇文书院	北三都大寨乡	光绪五年（1879）乡人琼州镇总兵彭玉兴建
	敦睦书院	北三都奇艳乡	
石城	松明书院		始于宋，康熙五十年（1711）重修办学，后历经迁址重修，至同治朝仍办学
	同文书院	安铺圩	道光七年（1827）知县王德茂与乡绅捐献兴学
	文中书院	县北石岗嶂	光绪七年（1881）兴办
	蓬山书院	塘蓬村	光绪九年（1883）兴办
海康	雷阳书院	县治	始于明崇祯九年（1636），延续整个清代
	濬元书院	县治	
遂溪	文明书院	乐民所	始于宋，明因之，清朝恢复办学
	遂良书院	城西北城隍庙	乾隆四十五年（1780）知县范孝曾兴建

资料来源：〔清〕杨霁修，〔清〕陈兰彬等纂：光绪《高州府志》卷十四《经政·书院义学》，光绪十五年（1889）刊本；又见〔清〕廷臣修：嘉庆《重修一统志》之《雷州府》，商务印书馆1934年版；又见〔清〕雷学海修，〔清〕陈昌齐等纂：嘉庆《雷州府志》卷四《学校》，嘉庆十六年（1811）刻本。

（二）雷阳书院

清代，雷州半岛最著名的书院非雷阳书院莫属。有方志明确记载：雷阳书院创建于明崇祯九年（1636），雷郡士民为雷州知府朱敬衡立祠，朱氏有感于"雷诸书院废，士子无课业所"，抱愧雷州，于是"捐俸以佐"，倡议在府城创办书院，选择城外"天宁古刹""怀苏楼"之北（即现在大殿之后）为院址，后经士民赞助盖起三栋讲堂，左右两庑书舍数间。"西望西湖，东揖郡城"，风景优美。① 书院大门冠以郡名"雷"字，"雷"主东方，

① 〔清〕郑俊修，宋绍启纂：康熙《海康县志》中卷《学校志》，雷阳印书馆1929年版，第12页。

"阳"为阳明之象，取其"昌明博大，蒸蒸然士气日上"之意，因名为"雷阳书院"①。

该书院虽兴起于明朝末年，然雷阳书院之名始于元。据记载："考书院之名，始唐开元时之丽正，然只为修书而设。若以名教授之所，则自五代时河南之嵩阳，至宋，诸儒讲学，立白鹿洞、石鼓、应天、岳麓四大书院。后日增月益，所在有之。官设之书院，则掌教以官名，掌教为山长。则始（于）元至元，雷州之府书院曰雷阳"②。可见，雷阳之名始于元至元年间，即公元1264—1294年，雷州府的府办书院，称作雷阳书院。又有雷州《府书院记》碑文云："院系以书，自唐置丽正书院始，洎乎宋元，由省及郡县，皆立书院。选郡县之秀，聚之一区，设之师曰山长。"从元至清，四五百年过去，雷阳书院重得此名。足证该地学风长盛不衰，人才辈出。

清初，兵灾频仍，至清雍正初年，旧书院只剩下一片基址，知府叶思华移建书院于城内南隅之高树岭，新建校舍，书院布局坐东向西③。乾隆十一年（1746），知府黄铮，倡捐重建，增广旧制，书院格局抵定。书院建筑主体分三部分，前为门廊，中为大堂（三栋），后为重楼。左、右配有两庑，皆为书舍（图书馆），藏书十分丰富，出门廊往东为书院大门，匾曰"雷阳书院"。往南有一建筑，题曰"第一山"。正室奉祀寇准、苏轼、苏辙三位先贤，楼上设梓潼帝君像。

书院中建讲堂，前建南北二斋，匾曰"博文""约礼"；后建文昌殿，自文昌殿两翼庑厢穿讲堂之南，东折又有东斋舍五间，西折又有西斋舍七间。穿讲堂之北，折东有斋舍五间，折西有厨房三间。讲堂前建魁星阁，叠三层，高数丈，阁前建厅一座，三间厅南、北各有斋舍数间，再前为二门，左建礼贤馆五间，右建碑亭并茶房，更前为大门，立高大的桂华坊，形成"长树照墙为云路"的景观。

又循魁星阁北，建讲堂一座，雨廊堂后筑射圃，起立箭亭，堂东建醒心亭，屏刻"程子四箴"于讲堂，"白鹿洞规条"于课堂。知府黄铮"捐俸购

---

① 梁成久等纂修：民国《海康县续志》卷十二，雷阳印书馆1929年版。

② 梁成久等纂修：民国《海康县续志》卷七《学校志一·序》，雷阳印书馆1929年版。

③ 陈允偕：《雷州师范校史鳞爪》，湛江市政协文史资料研究委员会编：《湛江文史资料》第4辑，第126—127页。

经史子集各书共五千余卷，贮于博文斋"①。

后经乾隆十六年（1751）知府李珏添建南北二轩；乾隆四十五年（1780）知府杨长林修南北二轩；乾隆六十年（1795）知府陆维垣重修；嘉庆五年（1800）知府五泰合绅士捐修；九年（1804）署府宗圣垣改课堂为"十贤祠"，书院楹栋材新，门墙基固。当时，书院有学田2105田垱，共税1506多亩，共租谷994石②，足以供给莘莘学子，备战科举功名。至清光绪年间，张之洞总督两广，感慨雷阳书院孜孜育人，卓有成效，遂将它与广州的广雅、粤秀、越华、羊城以及肇庆的端溪等书院并列为广东六大书院，并拨海安糖厘充作书院经费。③

雷阳书院300年文脉不衰，得益于清朝陈昌齐、蔡宠、陈乔森等多位岭南文化巨子执掌书院。他们博学多才，获取功名后，不忘桑梓之进步，甘当园丁，以书院为基地，耕耘雷州文化沃野，培育雷州新锐，促进粤西文明开化。

其中，大学问家陈昌齐接受聘请在雷阳书院任教长达五年之久。课堂上，他论文课士，讲求实学，谆谆教诲弟子要"立品笃行为先"；休闲时，他教学相长，饱学无数，著书立说，雷阳书院因其设坛讲学，在清代广东文化教育界占有一席之地。蔡宠（1771—1843），字惧三，号兰臞，雷州府海康县（今雷州市客路镇乐只村）人。道光壬午（1822）进士，陈昌齐女婿，曾任山东省即墨知县。道光九年（1829）卸职归故里，在雷阳书院担任主讲。他一生赋性耿介，为人正直，他教诲雷州子弟要自我反省，自己勉励自己。他谦恭退让，乐善好施，助人为乐。他在文学方面，擅长撰写骈俪体文，内容深沉广博，词藻华丽，讲究对偶，写了许多绝丽佳作。蔡宠身教胜于言教，因有传承，雷州学子人才辈出。

同治、光绪年间，陈乔森为雷阳书院山长，主持书院三十余年，他鼓励学生读书，既不要逡巡于传统"入孝""出悌"等陈词滥调，也不要株守

① 〔清〕雷学海修，〔清〕陈昌齐等纂：嘉庆《雷州府志》卷六《学校》，嘉庆十六年（1811）刻本，第27页。

② 〔清〕雷学海修，〔清〕陈昌齐等纂：嘉庆《雷州府志》卷六《学校》，嘉庆十六年（1811）刻本，第28页。

③ 梁成久等纂修：民国《海康县续志》卷四十五《前事志》，雷阳印书馆1929年版，第24页。

"先王之道""致用本穷经"等老一套说法，要观察时政，顺应晚清变局。他不仅提出"士气云蒸，伫听雷声从地起"的口号，激发青年破旧立新的勇气与智慧；且以苏轼"西湖平"而"状元生"的谶语为依据，对学生寄予殷切期望："文澜海涌，行看湖水一时平"。① 他知人善任，大胆启用有识之士来校任教，亲手栽培雷州教育界的新生力量，涵养雷学根基。光绪末年，他请从广雅书院回乡的宋鑫在书院当职员，后提拔为教席的故事便是一显例。② 此间，雷阳书院越办越出色，雷阳学生青出蓝而胜于蓝，举人、进士辈出，"雷士之肄业于兹者，皆宁静不佻，勤学不息"，学风向好。③

自明至晚清，雷阳书院在雷州半岛广袤的红土地上，传播中华传统文明，浸润濡化儒家文化，是雷州文化的重要发源地与传承地。

光绪三十年（1904），清朝政府在朝野舆论压力下实行"新政"，其中有"立停科举以广学校"。这样，不仅官办的府学、州学、县学宣告停业，而且自宋代以来，社会办学最重要的组织形式——书院，就此宣布终结。④ 但雷阳书院却以新的形式顺应时代变迁，延续文化传承。

三、私塾、义学蔚然成风

清代广东社学，以雍正为界，可分为前后两期。雍正以前，清廷对社学政策摇摆不定。顺治九年（1652）"题准，每乡置社学一区"，提倡兴办社学，但其时广东全省仍处于战乱，政令难行。康熙二十五年（1686），"议准，社学近多冒滥，令提学严行查革"，对社学采取压缩和限制政策。广东社学因此基本停办。康熙五十二年（1713），"议准，各省府州县，令多立义学，延请名师，聚集孤寒生童，励志读书"⑤。顺、康二朝，广东社学以义学

① 睿深：《陈乔森事迹纪略》，湛江市政协文史资料研究委员会编：《湛江文史资料》第8辑，第115页。
② 睿深：《陈乔森事迹纪略》，湛江市政协文史资料研究委员会编：《湛江文史资料》第8辑，第115—116页。
③ 睿深：《陈乔森事迹纪略》，湛江市政协文史资料研究委员会编：《湛江文史资料》第8辑，第116页。
④ 陈允偕：《雷州师范校史鳞爪》，湛江市政协文史资料研究委员会编：《湛江文史资料》第4辑，第127页。
⑤ 〔清〕昆冈：《清会典事例》卷三百八十九，中华书局1991年版。

名义得到恢复，体制、内容多沿明代之旧。

雍正元年（1723），"议准，州县设学，多在城市，乡民居住辽远，不能到学。照顺治九年例，州县于大乡巨堡，各置社学。择生员学优行端者，补充社师，免其差役，量给廪饩。凡近乡子弟，年十二以上，二十以内，有志学文者，俱令入学肄业。仍造名册，于学臣案临之日，申报查考"①。此后，广东社学进入蓬勃发展时期。

据雍正《广东通志》记载，当时广州府社学达到306所，数量最多。肇庆府居第二位，75所。惠州府58所，潮州府47所，韶州府44所，高州府32所，廉州府30所，琼州府27所，雷州府17所，南雄府16所，连州9所，罗定州6所。社学以珠江三角洲最多最密集，也最为发达，其他地区数量不一，分布不平衡。总的来说，较前朝都有大幅增加。社学创建者情况各异：有些是地方长吏，有些是当地乡绅，如徐闻县英利社学于嘉庆七年（1802）士绅等捐建，也有吏绅共创。社学建置规模参差不齐。社学经费，或来自田产，或靠捐俸银，或筹款发商生息。

城乡社学本为古小学遗制，但到了清代后期，不少社学性质有所转变，不再单纯为训课子弟之所，而逐渐演变为文会和讲约公所。社学属基础教育。雍正间曾令"每社动支存留库项二十两，以给廪饩"，有将社学纳入官办系统的意用。以后虽然奉裁廪项，但各乡增建，不因是稍懈，说明民间对社学有兴办热情。而社学的兴起，满足了广大童蒙的学习渴望，普及了文化知识，提高了当地的文化水准，尤其是偏远落后的穷乡僻壤，更受益匪浅。

清代湛江社学、义学一览表

县属	名称	地址	办学情况
吴川	上郭乡学		
	霞街乡学	霞街村	
	十甲乡学	黄坡圩	

---

① 〔清〕昆冈：《清会典事例》卷三百九十六，中华书局1991年版。

（续表）

县属	名称	地址	办学情况
吴川	文林义学	北六都上杭村	嘉庆年间易氏合族共建
	育英义学	北五都北潭村	咸丰年间生员吴位三、举人吴懋清共建
	梅李家学	北五都北潭村	咸丰年间吴氏合族共建
石城	本城义学	本城西关外	乾隆年间建成
	安铺义学	安铺圩	
	洞泙村义学		同治六年（1867），罗氏合族共建
遂溪	城月驿社学	新安、西坡	康熙二十五年（1686）知县宋国用兴建
	湖光岩社学		康熙二十五年（1686）知县宋国用兴建，旧县、平乐2社及东海子弟就学
	城西社学		乾隆四十四年（1779）新建办学
徐闻	昌明社学	县城	乾隆九年（1744）创办，嘉庆十年（1805）重修办学
	徐阳义学	县城	乾隆四十六年（1781）新建办学
	海安所社学	海安	乾隆五十三年（1788），同知陈国勒与海安士民共建
	英利社学	英利	嘉庆七年（1802）岁贡与市绅捐资创建

资料来源：〔清〕杨霁修，〔清〕陈兰彬等纂：光绪《高州府志》卷十四《经政·书院义学》，光绪十五年（1889）刊本；又见〔清〕廷臣修：嘉庆《重修一统志》之《雷州府》，商务印书馆 1934 年版；又见〔清〕雷学海修，〔清〕陈昌齐等纂：嘉庆《雷州府志》卷四《学校》，嘉庆十六年（1811）刻本。

四、科举盛衰

清代十分重视科举取士，选拔人才。早在顺治初年，即陆续恢复了乡试、会试；同时，宣布承认明朝的举人、秀才资格，允许他们参加清朝各级科考，以笼络汉族知识分子。清代科举考试，沿袭明制，分小试、乡试、会试（包括殿试）三级。小试即童子试，俗称为考秀才。考生为童生，考试入选者，则称秀才（或称生员），中者可入府学州学县学。乡试每三年举行一次。参加考试者，必须是生员或出了贡的生员，没有考上生员而以其他方式取得监生资格的，也可以参加考试。乡试录取名额，依各省文风高下、人口多少、丁赋轻重而定。中式者即为举人。

会试，即全国举人集中会考，地点在北京，由礼部主持，每三年一科。参加会试的，必须是乡试中式的举人。会试录取名额不定，每科以应试举人的实在人数，参照上三科的中式人数，请旨钦定中额。大约平均每科录取236—246 人。① 会试中式的称为贡生。清沿明旧制，第一名称"会元"。会试后贡生再参加殿试，分三甲。第一甲赐进士及第，第二甲赐进士出身，第三甲赐同进士出身。一甲只限三名，称状元、榜眼、探花。此外，清代文举之外，复有武举。清代还特设制科，由皇帝特诏举行，有博学鸿词科、孝廉方正科、经济特科等。

清代，广东第一次乡试于顺治八年（1651）举行，取正额 86 名，加额10 名，共 96 名。其中广州府 50 人、潮州府 16 人、肇庆府 7 人、罗定州 4人、惠州府 3 人、韶州府 2 人、南雄州 1 人，另 13 人不详。② 广东西部所谓"下四府"榜上无名，这主要由于雷州半岛及周边地区是反清复明的主要活动区域，战事不断，科举考试受到很大影响。但到清中叶，下四府已迎头赶上。道光《广东通志》选举表，从顺治八年（1651）至道光二年（1822），广东西部下四府乡试中式人数如下表：

顺治八年（1651）至道光二年（1822）广东西部下四府乡试中式人数统计表

地区 时期	高州	琼州	雷州	廉州
顺治	1	2		1
康熙	21	30	13	8
雍正	4	14	3	2
乾隆	54	64	31	10
嘉庆	39	8	8	2
道光	5	3	2	
总计	124	121	56	23

---

① 陈茂同：《中国历代选官制度》，华东师范大学出版社 1994 年版，第 391 页。

② 〔清〕阮元修，〔清〕陈昌齐等纂：道光《广东通志》卷七十八《选举表十六》，道光二年（1822）刊本。

乾隆九年（1744），护理广东巡抚、布政使托庸奏："粤东通省额中举人七十八名，其广、南、韶、惠、潮五府，连、嘉二州，文风稍优，每科获中六十余名。至肇、高、雷、廉、琼五府，罗定一州，文风稍次，每科仅中十一至十五、六名不等。"①

清代进士科考试仿明制。各府州进士科中式人数之多寡，基本上反映各地文化教育水平之高下。湛江地区作为广东省较晚开发的地区，文风相对滞后，这种文化差距始终存在。但在清末，湛江地区历经宋元明清长期的文化积累以及坚持不懈地兴办教育，不仅在乡举、进士科中式人数普遍增加，清道光三年（1823），吴川霞街林召棠（1786—1872）第三次参加会试，被取中28名，在殿试上更拔为一甲，高中癸未科状元，标志着湛江地区达到封建时期以儒学科考为标志的文化成就最高峰，皇帝阅其卷朱批："今科得一佳元，一字笔误偏旁，非关学问。"授职翰林院修撰，充国史馆纂修官。

顺治九年（1652）至道光二年（1822）下四府进士中式人数统计表

时期 州府	琼州	高州	雷州	廉州
顺治			1	
康熙	1	1	1	1
雍正	4	2		
乾隆	11	5	1	2
嘉庆	2		1	缺
道光				
总计	18	8	4	3

科举制度是我国封建社会选拔官吏的重要途径。但到清末，科举制度程式化，缺乏创新，广大知识分子为谋取功名，沉迷八股，以程朱理学为正宗，以登科出仕为正途，使士人汲汲于个人福利而无真才实学，脱离实际，多为庸才。随着中国沦为半殖民地半封建社会，新学不断出现，这一选拔人才的

---

① 广东省地方志编委会办公室：《清实录广东史料》（一），广东省地图出版社1995年版，第486—487页。

制度已难发挥其选拔有用人才、经邦济世的作用，1901 年（光绪二十七年）9 月清廷实行"新政"，1904 年清廷颁布《奏定学堂章程》，将育人、取才合于学校一途。清廷诏准自 1906 年开始，所有乡、会试一律停止，各省岁科考试亦即停止，并令学务大臣迅速颁发各种教科书，以便推广学堂，至此，在中国历史上延续了 1300 多年的科举制度最终被废除，科举取士与学校教育实现了彻底分离。

第二节　英才辈出

一、"清世人龙"洪泮洙

洪泮洙，字献统，号垂万，为广东雷州府遂溪县（今湛江市太平镇庐山村）人，明末清初雷州著名学者。

洪泮洙生于明万历三十九年（1611），卒于清康熙四十三年（1704），其人生跨明清两朝。其父洪化龙乃明末雷州府庠生，他从小在父亲的"课督"之下勤奋苦读，力求上进。明崇祯十五年（1642）中乡试第 8 名举人，清顺治十三年（1656）任琼州府琼山县代理教谕。清顺治十五年（1658）会试中第 78 名进士，任通政司观政，他是清朝雷州半岛的第一位进士。

洪泮洙自小受孔孟"仁政"思想影响，为官后也力求践行孔孟"仁政"之道。中举人后，他出任广东琼州府琼山县教谕。中进士后，赴任安徽省休宁县知县。在任期间，他体恤百姓，从不以严刑酷法治理地方，百姓犯罪，"多晓谕，遣之归，启其知耻清本源"；对地方豪强，"事系风教，虽强御必力摧之"，一心为民。正如洪泮洙认为县令必须秉承自己的良心办事，以有利于民为第一准则。"爱吾民，则官之得失则勿问，忠于事，则人之是非可勿恤。夫事有益裨国者，则断然行之，不务名而遗实，不阳奉而阴违。"他任休宁知县期间，"政尚宽简……休人颂之"[1]，政声远播，广东学政陈肇昌为其题赠四字匾额"清世人龙"。

---

[1]〔清〕喻炳荣、朱德华修，蔡平点校：道光《遂溪县志》卷九《列传》，方志出版社 2017 年版，第 225 页。

康熙八年（1669）洪泮洙告老回乡卜居，在拜访老友吴日赞时，遇到小有名气的陈瑸。陈瑸对洪泮洙早有耳闻，在他心中，洪泮洙前辈是他学习的榜样。二人一见如故，交谈甚欢。洪泮洙慧眼识俊才，作诗"岁序频催前辈老，江山留待少年雄"①，勉励陈瑸发愤图强。陈瑸也对这位老前辈极为尊重，写下了《赠洪垂万先生》诗回赠，诗中写道："泰山北斗韩吏部，立朝正色王沂公。晓对湖光开绿墅，千年渭水一渔翁。"极赞其出仕则积极作为，不畏权贵；归隐则寄情山水，怡然自得的高风亮节。

康熙二十三年（1684），"东洋大水，堤岸溃决"，宛若"石龙震怒、海若凭凌，禾稼之区荡为巨浸，沿海之众颗粒罔收"，东西洋万顷良田危在旦夕。陈瑸主持募捐修堤，洪泮洙体恤百姓，在旁边摇旗呐喊，在《堤岸序》中呼吁全郡士民："敢告当事名卿大夫，广施仁政，轸念民依，协力赞成，毋曰滨海之地，难比中土，要荒之服，无与神畿，遂膜外视之，庶不负陈子一段婆心也。"②最终，全郡民众为陈瑸、洪泮洙所感召，一齐努力，一条长达22998丈的海堤得以修成。方志记载，泮洙"与瑸倡修海堤，环海田庐，永利赖焉"③。两人的相知与相交一时传为佳话。也正是洪泮洙的影响，陈瑸不断向他看齐，后来成为康熙帝称赞的"清廉中之卓绝者"。

雷州有俚语："中状元，书债完。"古人把苦读诗书当作还债，还前世欠下的读书债，功名成就，债已还完，大可束之高阁。但洪泮洙告老还乡后，犹手不释卷，"书债"不止，著书不停。康熙十二年（1673），63岁的洪泮洙应知府吴盛藻聘请，与之主持编纂了康熙《雷州府志》（吴盛藻修、洪泮洙纂），成为继万历《雷州府志》之后，又一传承记载雷州历史文化的重要史志。康熙二十四年（1685），75岁的洪泮洙老当益壮，主持编纂康熙《遂溪县志》（宋国用修、洪泮洙纂），为家乡的文化传承作出了突出贡献。其间，洪泮洙擅长诗文，他热爱自然，寄情家乡山水，并留下一系列的诗文，如有《湖光岩山水记》《游西湖记》《堤岸序》等文，有《忆湖光岩》《伏

---

① 梁成久等纂修：民国《海康县续志》卷二十一《人物二》，雷阳印书馆1929年版，第43页。

② 〔清〕雷学海修，〔清〕陈昌齐等纂：嘉庆《雷州府志》卷十八《艺文志》，嘉庆十六年（1811）刻本，第24页。

③ 〔清〕喻炳荣、朱德华修，蔡平点校：道光《遂溪县志》卷九《列传》，方志出版社2017年版，第225页。

波庙》《寇公祠》等诗。《遂溪县志》有载洪泮洙留下的《陆泉冰心》《百丈通津》《鹿潆莲洲》《东海波恬》《蓬莱花仙》《七星拱秀》《石门双峙》《湖光镜月》等诗。还有《平雷功绩记》《县令论》《郡守论》（上、下）等二十几篇政论文章著作，自成体系。

洪泮洙生于明末清初，也许是受到朝代更替的影响，连任六年休宁知县，却退于任上，寓居雷州府城古楼巷。民间有人为其扼腕，认为洪泮洙若非前朝举人，则中进士后便会入翰林。但两朝士子洪泮洙却心胸豁达，淡泊名利，性格宽厚，冲和温雅。对于辞官退休一事，曾作一首幽默诙谐的雷歌，一笑了之："辞官不做回家乡，牵孙逗童巷过巷；书债未完交给子，酒不满埕问老婆。"夫妻二人相濡以沫，一直活到94岁，在老妻先他一步驾鹤西去时，他也没有过度伤感，又作一首雷州歌悼念亡妻："公婆双寿九十四，婆死在前公第二；腰痛不能奠得酒，只在灵前烧纸钱。"夫妻二人情感质朴，但感情深厚，可见一斑。

纵观洪泮洙的一生，既有心系百姓的情怀，又乐观豁达，不慕名利。他具有赏识人才的胸襟，也具有强烈的家国情怀，心系桑梓，为雷州半岛的人文教育做出巨大贡献。

二、清官典范陈瑸

陈瑸，字文焕，号眉川，雷州府海康县大埔社东湖村（今雷州市附城镇南田村）人。他生于顺治十三年（1656），幼年家世寒素，多年于府县学内潜心儒学。康熙三十二年（1693），乡试中式举人，次年高中进士。康熙三十九年（1700）任福建省古田县知县，尔后历任台湾知县、刑部主事、刑部员外郎、兵部郎中、四川提督学政、台厦兵备道以及偏沅巡抚、福建巡抚（兼摄闽浙总督）等职，卒于康熙五十七年（1718），享年63岁。陈瑸一生勤政清廉，去世后被朝廷追授礼部尚书，赐谥"清端"，入祀京都贤良祠。

陈瑸入仕近二十年，长期做地方官，本着儒家积极做事的精神，颇有政治作为，实干兴邦，政绩斐然。康熙三十三年（1694）中进士后，授福建古田知县。古田"素称难治"，"多山，丁田淆错，赋役轻重不均，民遁逃迁徙，黠者去为盗"。陈瑸上任，雷厉风行，清查丁税、田赋，重新核定赋税徭役，百姓得以休养生息。针对古田吏治不清，戾气太重，"蠹书蠹役盘踞

陈瑸纪念馆

衙门，最为民害”，陈瑸裁汰不良吏胥，公开招聘德才兼备者入职公干，严格管束官吏队伍。陈瑸用一年半时间，采取"清积欠、清丁田、均差徭、建义学"等举措，革除弊政，盘活古田政局，社会风气为之一振，社会秩序稳定，百姓安居乐业。他"清操绝俗，慈惠利民"[1]，政治才干凸显。

之后，陈瑸平调台湾，当时，台湾刚从荷兰殖民者手中夺回，经济、文化都很落后，"民骁悍不驯"。陈瑸上任伊始，改革政治，革除弊端；体察民情，清廉正直。尤其着力于"兴学广教"，"建学设塾"，甚至亲临学校，授课解惑，"公务之暇，时引诸生考课，与谈立品敦行。夜自巡行，询父老疾苦；闻织读声，则叩门入见，重予奖赏；或有欢饮高歌者，必严戒之"。[2] 由于陈瑸长期的以身作则、耳濡目染，广大百姓逐渐接受王化，"民知礼让"。逢"岁祲"，陈瑸积极组织"发仓以赈"，"穷黎感其德"。[3] 陈瑸在台五年，深受百姓拥戴，海疆治理井井有条。

康熙四十二年（1703），名臣李光地称赞他政绩卓著，屡次交章保奏，

---

① 〔清〕徐文仪：《续修台湾府志》卷三《官职·列传》，（台湾）大通书局 1984 年版，第 178 页。

② 〔清〕连横：《台湾通史》卷三十四《列传六》，商务印书馆 1983 年版，第 653 页。

③ 〔清〕连横：《台湾通史》卷三十四《列传六》，商务印书馆 1983 年版，第 653 页。

康熙皇帝授陈瑸刑部主事，继被任命为四川提学道佥事。在此期间，他"清介公慎，杜绝苞苴"，在官场已有口碑，以至于康熙皇帝下诏戒饬"四川官吏加派厉民"时，"特称瑸廉"，以陈瑸为清廉典型告诫其他官僚①。康熙四十八年（1709），陈瑸充当会试分校，旋任四川提学道。

陈瑸就任不久，康熙四十九年（1710），台湾又发生民变，官兵久战不能平。福建巡抚张伯行向朝廷力荐陈瑸，挽回台湾颓局。他在奏章里特别强调："为四川学政觅人易，为台湾道得人难！"陈瑸的政治才能被高度肯定。清廷立即补授陈瑸为台湾厦门兵备道，率兵回台。消息传来，台湾民众奔走相告，居然不费朝廷一兵一卒，"民变自平"。陈瑸迅速采取巩固措施，"新学宫，建朱子祠于学右，以正学厉俗，镇以廉静，番、民帖然"。②

陈瑸不仅勤政，而且善政。他出生滨海，对南海海防颇有研究，为官期间，最大的政绩体现在对台湾的治理上。早在首次入台时，他就总结出一套治理海疆的施政方针。主要包括：设立府学、县学，兴办各坊里社学，以重根本，以广教化，培养人才；"宜举乡饮之礼，以厚风俗"，使乡民"知礼让"，减少争斗狱讼；完善社仓赈济制度，置社仓以从民便，橐积谷以济民食；解除海禁，鼓励澎湖等岛屿"通商贩粟"，发展渔业经贸，"以济军民"；革除"水丁"等课税，"以苏民困"，确保良民不因拒缴苛捐杂税而沦为海匪；取缔"修仓"等市政科派，崇节俭"以惜民财"；取缔市场杂役，怀柔远人，"以安商旅"；清保甲，逐游手之徒，"以靖地方"③。优抚高山族等土著，"革官庄""除滥派""苏番困""保番产""教番童"④ 等等，这些海疆治理措施，至今仍可借鉴。

针对康熙朝时台湾海峡海贼猖獗，陈瑸上疏提出应对之策："防海贼与山贼异；山贼啸聚有所，而海贼则出没靡常。台湾、金、厦防海贼，又与沿

---

① 〔清〕赵尔巽等撰：《清史稿》之《列传六十四》，上海古籍出版社、上海书店1986年版，第9917页。

② 〔清〕赵尔巽等撰：《清史稿》之《列传六十四》，上海古籍出版社、上海书店1986年版，第9917页。

③ 〔清〕陈瑸：《条陈台湾县事宜》，邓碧泉编选、校注：《陈瑸诗文集》，人民日报出版社2004年版，第65—79页。

④ 〔清〕陈瑸：《条陈经理海疆北路事宜》，邓碧泉编选、校注：《陈瑸诗文集》，人民日报出版社2004年版，第93—97页。

海边境不同；沿海边境患在突犯内境，而台、厦患在剽掠海中。欲防台、厦海贼，当令提标及台、澎水师定期会哨，以交旗为验。商船出海，令台、厦两汛拨哨船护送。又令商船连环具结，遇贼首尾相救，不救以通同行劫论罪。"众人认为"繁琐"不予采纳，但康熙帝对此颇为赞赏，"命九卿再议，允行"①，打击海匪渐有成效。

陈瑸从知县入仕，官至总督、巡抚一级封疆大吏，笃信"为官清廉"为地方治理之根本，对官场腐败深恶痛绝，严格吏治，社会风气清明正义，尤其是在台湾期间，为本地番、民信服，为之建"去思书亭"，"诞日，台人犹张灯鼓乐以祝"，称之为"海疆治行第一"。②

陈瑸身体力行，体察民情，清廉正直，爱民如子，以"清廉"闻名天下。早在赴台湾任之时，陈瑸家书中写道："汝父此行，不但不知有身家，并躯命亦付造物矣。"表示此去台湾，定要做到"国而忘家"。他常以"官吏妄取一钱，即与百千万金无异"为戒，坚持操守。在台湾县时，"官庄（官营耕地）岁入三万两，悉以归公，秋毫不染，其廉介如此"，令人钦佩。③ 任四川提学道时"一切陋规却弗受"；调台厦道，"旧例有应得银二万两，（陈瑸）悉屏（除去）之"；赴任偏沅巡抚，"一老苍头幞被自随，单骑之任"；只用一间房办公、居住，"草具蔬粝"，唯一的享受就是"口含老姜少许"；康熙五十六年（1717）"奉命巡海，自赍行粮，屏绝供亿"④；后改巡抚福建，"益厉介（耿直）节，疏请拨巡抚公用银充兵饷，（朝廷）不允；仍请并所积俸银解（送）粤，为（雷州）郡东洋修筑海堤公费"；他在外为官，从不携家眷，孑然一身，轻装简从，平日"衣御布素，食无兼味"，"官厨惟进瓜菜，清风苦节，视前弥励"，清苦一生。

康熙五十四年（1715）十二月，陈瑸进京觐见康熙皇帝，陈瑸告知康熙，如果没有原抚臣、总督所给盘缠，陈瑸无法赴京师面见皇帝，并奏皇

---

① 〔清〕赵尔巽等撰：《清史稿》之《列传六十四》，上海古籍出版社、上海书店 1986 年版，第 9917 页。

② 〔清〕徐文仪：《续修台湾府志》卷三《官职·列传》，（台湾）大通书局 1984 年版，第 179 页。

③ 〔清〕连横：《台湾通史》卷三十四《列传六》，商务印书馆 1983 年版，第 653 页。

④ 〔清〕赵尔巽等：《清史稿》之《列传六十四》，上海古籍出版社、上海书店 1986 年版，第 9917 页。

帝："人所以贪取，皆为用不足。臣初任知县，即不至穷苦，不取一钱，亦自足用。"言辞虽朴实无华，拳拳赤子之心可鉴，令康熙皇帝大为感动，皇上目送陈瑸退朝，感慨道："此苦行老僧也！"①

陈瑸堪称"清廉中之卓绝者"。当时，全国赋税收缴地丁银另加"火耗"一项，名为碎银提炼损耗，实为百姓一项杂税，多留用地方政府办公费，但常常为贪官染指。一次，康熙皇帝问陈瑸福建的火耗征收情况，陈瑸奏曰："台湾三县无之。"皇帝体恤地方官办公经费短缺，行政艰难，特别嘱咐陈瑸："火耗尽禁，州县无以办公，恐别生弊端。"又曰："清官诚善，惟以清而不刻为尚。"告诫陈瑸做到清廉而不苛刻，同时，也着实为陈瑸之清廉操守所折服。康熙皇帝对左右大臣讲："朕见瑸，察其举止言论，实为清官。瑸生长海滨，非世家大族，无门生故旧，而天下皆称其清。非有实行，岂能如此？国家得此等人，实为祥瑞。宜加优异，以厉清操。"②

陈瑸严于律己，清正不阿，且对家乡的民生疾苦感同身受，为家乡建设不遗余力。康熙年间，"广东雷州东洋塘堤岸，海潮冲激，侵损民田；瑸奏请修筑，即移所贮公项及俸钱助工费。堤岸自是永固，乡人蒙其利"③。

为了修筑东洋海堤，保护东洋万顷良田不受海潮侵害，使乡亲安居乐业，陈瑸早在康熙二十三年（1684），就倡议捐修东洋海堤。正如他在《募修堤岸后跋》中写道："千里长堤，为万顷洋田而设，民非田不生，田非岸不护。乃岸之失修也，岁坏一岁；致田之被浸也，年甚一年。""瑸所以妄不自度，而募捐，为修筑也。"康熙三十三年（1694），他中进士后，又倡捐修海堤，亲往琼州（当时海康县隶属雷琼道管辖）禀求道台派捐，并陪道台党公视堤。他在《上刘府尊书》中写道："雷民之灾于火者，幸得我公见而恤之也。""夫今不为筑岸，来岁患复如斯，而此一方孑遗奚以保也？即寒士一家，亦奚能久处斯土也？因是航海南渡，见道台迫切陈之，盖不及待我公来

① 〔清〕赵尔巽等：《清史稿》之《列传六十四》，上海古籍出版社、上海书店1986年版，第9917页。

② 〔清〕赵尔巽等：《清史稿》之《列传六十四》，上海古籍出版社、上海书店1986年版，第9918页。

③ 〔清〕赵尔巽等：《清史稿》之《列传六十四》，上海古籍出版社、上海书店1986年版，第9918页。

尔。荷道台怜念残黎，遽发捐金，且送到公堂上，东洋一带不啻骨起而肉生矣。""某以一介书生为无可如何之计，学浮屠家数，募钱雇役修筑。曾于去岁九月间发张字岸二百余丈，雇役修筑。议定每岸一丈工钱二千文，或一千五百文。甫一月而雇钱尚未完给，而二百余丈之岸，已筑高四五尺矣。但募钱有限，即更有领岸之人，亦不敢发散。"可见陈瑸为捐资修堤事而到处劳苦奔波，但因经费不足而未果。康熙五十四年（1715），陈瑸向朝廷上书，在奏章《题修雷阳堤岸疏》中写道：

> 雷州城东有洋田万顷，为海康、遂溪二县民田交错，因逼近海潮，设有堤岸包围……只因岁久失修，各号岸闸崩塌过半，致海潮溢入，损坏民田，岁收失望。被灾小民，无从呼吁；地方有司以工费浩繁，不便干请。伏睹皇仁如天，率土遍覆，凡在濒江附海堤岸，通令修筑，保固民田。独臣乡雷郡附海之堤，崩坏如故，难免向隅。臣生长天末，幸叨恩遇，敢昧死奏闻：可否听臣题请，敕下修筑，俾濒海赤子得免潮灾，克遂田庐室家之乐，歌咏尧天舜日于万斯年矣。

奏章赢得了朝廷的支持，康熙皇帝欣然同意。陈瑸又在《题将公费捐修堤岸疏》中写道：

> 据雷琼道呈报：修筑雷郡东洋堤岸，需用工料银五千三百二十四两零。除先奉发修堤岸银二千四百两现贮海康县库外，尚不敷银二千九百二十四两零；应请公捐，以勤厥事……若议公捐，势必又需时日。……即将旧贮公费银内动支二千九百二十四两，委员赍交雷州府，分发海康、遂溪二县承领，购料、雇匠择日兴工具报。……臣查雷郡东洋塘堤岸，界连海康、遂溪二县，地方辽阔，工程本属浩大，恐非五千三百余金可以完此大工……仰请圣恩轸念边海黎民格外休养，允臣将前项公费银两内动支五千两，差员解交粤省督臣转发，添买木料砖石以及匠工等项，坚固修筑。则费多工固，堤岸可得久远。

可见陈瑸在福建巡抚任内，除争取到朝廷拨款之外，还取得朝廷允许，将他多年节约积攒的七千九百二十四两银捐献给家乡雷州修筑海堤之用，造福桑梓。陈瑸梦寐以求修筑东洋海堤的夙愿终于达成。

"知谋国而不知营家，知恤民而不知爱身"，人们给陈瑸的评价恰如其分。

康熙五十七年（1718），陈瑸积劳成疾，卒于巡抚任上。遗书中仍上疏"以所贮公项余银一万三千有奇，充西师之费"。康熙皇帝下令，以其中一万佐饷，余三千两银给其子作为葬具。又谕诸大学士曰："陈瑸居官甚优，操守极清，朕所罕见；恐古人中亦不多得也。"① 这是最高统治者对一位大臣最高的赞誉。②

康熙皇帝赐陈瑸诗匾

清代的雷州半岛人才辈出，其中为官清廉者层出不穷，出现陈瑸这一清廉典范，仕宦楷模，举国闻名。究其原因，主要在于明清以来，湛江一带民风向学，府学、县学纷纷创办，民间社学教育振兴，科举考试得标者众多，尤其是儒学、理学的广泛传播，儒家所倡导的"为政以德"思想、儒生"修身为本"思想潜移默化，深入人心，借此，创造了封建时代雷州半岛人文鼎盛的辉煌，也培养出陈瑸等为代表的经典儒家人才，他所践行的为官"清正廉洁"之风，时至今日，仍可借鉴。

---

① 〔清〕赵尔巽等：《清史稿》之《列传六十四》，上海古籍出版社、上海书店 1986 年版，第 9918 页。

② 吴茂信编著：《清官典范——陈瑸》，中国文史出版社 2018 年版，第 151—153 页。

诚如同样做过闽浙总督的晚清名臣左宗棠对陈瑸（陈清端公）所作评价："邱海徽风昭岭表，程朱道学有根源！"

三、清廉守正黎正

黎正，讳正，榜名桢，字端伯，号建峰，石城（广东廉江）县治人。生于清康熙十七年（1678）戊午正月二十四日，终于乾隆八年（1743）癸亥三月二十三日，享年 66 岁。黎正是有清一代石城县唯一通过科举考试被录取的进士。

黎家乃书香门第，据《黎氏族谱》记载，石城黎氏一族，"肇自端州高明县罗俊乡"。明万历十五年（1587），高祖黎敬（逸居）创居于石，为邑孝廉。曾祖黎觉于（民铎），明崇祯年间举人，率族卜居石城汶塘。《石城县志》记载，黎觉于著述颇多，在石城颇有威望。至黎正已有五代。受家学影响，黎正自幼"性孝友，沉潜好学，醇厚中敦气节，遇事守正不阿。历官户部员外郎，上官欲中伤之，遂谢病归，杜门却扫，日手一卷，至老不倦。"

黎正于康熙五十九年（1720）庚子科谢学圣榜乡试中式举人，排名第三，为"经魁"①。接着，黎正又在雍正二年（1724）中甲辰科陈悳华榜进士。其挚友、同年王安国赐进士及第第一甲第二名，也就是"榜眼"。黎正殿试第三甲第 86 名进士，赐同进士出身②。

高中进士后，黎正就任福建龙溪县知县。因其久居岭南，了解地情，对粤北以及高雷廉琼的社会治理素有观察。雍正七年（1729）四月，上书朝廷《陈请增兵驻扎瓮峒山奏折》，疏陈：广东肇庆府瓮峒地方，界连九县，荒辟险阻，昔为盗贼巢穴。虽在康熙年间设绿营诸汛把守，但各营汛相隔较远，人员缺乏，防守不利，特请（朝廷）另增兵一营，驻扎瓮峒山内，以资防守，则"广肇二府之人民皆赖安堵，即高雷廉琼四府之商旅，亦永保无虞矣"。雍正帝"奇其奏，改留（黎正）部曹"。并就肇庆增设营汛之事"发

---

① 〔清〕蒋廷桂修，〔清〕陈兰彬纂：光绪《石城县志》卷六《选举志》，湛江市人民政府地方志办公室编：《湛江历代方志集成》之《高州府部四》，第 160 页。

② 江庆柏编著：《清朝进士题名录》，中华书局 2007 年版，第 1442、1591 页。

部议，允行"。后瓮峒一带果然"地方宁谧，居民赖之"，① 足见其从政智慧与擅政才能。之后，雍正皇帝"特简授（黎正）民部主政，职司山东粮课，兼统天下酒务，后晋升户部（山西司）员外郎"。黎正的从政经历比较简单，在户部任职五年，最高做到户部山西司员外郎，秩从五品，授奉直大夫诰命②。

黎正为官清廉。在朝廷任职期间，他淡泊名利，"洁己裕民"。他"性孤高恬淡，不许干谒"，"人以私事相托，必拒绝之"。对官场上假公济私，吃喝应酬十分反感，"遇事守正不阿"。朝廷不少缙绅外巡或还乡，赫然自大，乘车骑，拥仆从，夸耀乡间，而黎正则截然不同，不论是会见地方官员还是亲故往来，他都"偕行缓步"。未谋面者，不知他就是户部山西司员外郎。正因如此，他耻与弄权者为伍，遭权贵排斥，史载："上官欲中伤之，遂谢病归。"③

辞官还乡后，他常农耕劳作，一如平民。黎正坚守书生本色，锐意研读儒学经典，他自建草庐书斋，命名"宛在轩"，"杜门却扫，日手一卷，至老不倦"。正如他在自作的七绝《宛在轩》④ 中写道：

轩外环池池外城，红尘隔断水盈盈。
有时夜静同鱼乐，一叶浮空趁月明。

坐对青山面碧池，此中真趣有谁知。
飘然一我全无物，八极神游自在时。

这两首诗反映他晚年的心境，虽两袖清风，却怡然自得，正如王安国所言：黎正"城府一如山林，器尘不染"。

曾经做过都察院左都御史、刑部尚书、礼部尚书、吏部尚书、兵部尚

---

① 廉江市汶塘黎氏续修族谱理事会组编：《廉江市汶塘黎氏族谱》，2003 年内部编印，第 723 页。

② 张荣芳：《清代石城县黎正进士考论》，《广州文博》第 9 辑，文物出版社 2016 年版，第 33 页。

③ 廉江市汶塘黎氏续修族谱理事会组编：《廉江市汶塘黎氏族谱》，2003 年内部编印，第 722—723 页。

④ 廉江市汶塘黎氏续修族谱理事会组编：《廉江市汶塘黎氏族谱》，2003 年内部编印，第 749 页。

书、广东巡抚的朝廷重臣王安国，对其同年登第的年家黎正十分敬重。在任提督广东肇高学政期间，曾三次探访赋闲在家的黎正，《黎氏族谱》载："（安国）尝数造庐，寒暄之外，（黎正）即系民瘼，未尝中语及私。"二人只谈民间疾苦，从不谈及私事。黎正"居处服食，不改寒素""平昔不治生产"，这与一向为官"孤介廉洁"①的王安国心有灵犀，彼此敬重，并结下毕生深厚的友谊。王安国给黎正以很高的评价："公尊严庄重，卓立如鸡群之鹤，稠人广众中，一望而知其为端人也。"②这也是身居高位的王安国能亲自撰写《户部黎公墓志》的原因，他给黎正的挽联曰："当户锄兰悲彼美，满梁落月照遗颜。"

乡试为"经魁"的黎正，学问渊博，贯通经史，王安国在《户部黎公墓志》中说："余与公系年谊，同朝数载，深知公学养兼优，体用俱备。"③又在《桢公母陈太夫人寿文》中说："叩其学，贯通经史濂洛关闽诸书，他如兵营钱谷，律历阴阳，靡不穷究，余心折服。"足见黎正不仅对宋明理学诸学术流派全面掌握，研究精深，足以与当时的理学大家切磋学问，甚至擅长诸多经世之学，是儒家培育"修身齐家治国"人才观的践行者，也是王安国虽居庙堂却将黎正奉为知己的深层原因。在野的黎正，因其学问与品格，不但有王安国这样的知己，康熙时理学大家、朝廷重臣朱轼也视其为"学问相同，有世代之交"④，三人由同僚而挚友，难能可贵。

雍正十二年（1734），黎正辞官离京回乡，至乾隆八年（1743）去世，在家乡生活十年。其间，王安国奉朝廷意旨，多次请他复出。他以侍奉老母亲为由婉拒。王安国回北京，出石门山，赋诗《石门山别友》，寄予桢公赠别。其中有"北接梅关道，南连穗石城""惜别思投辖，铭心若断缨。为公歌此曲，感激意纵横"⑤等诗句，情真意切。

黎正在家乡做了几件事，一直为百姓所怀念。

---

① 《清史列传》卷一七《王安国传》，第 1311 页。

② 张荣芳：《清代石城县黎正进士考论》，《广州文博》第 9 辑，文物出版社 2016 年版，第 40 页。

③ 廉江市汶塘黎氏续修族谱理事会组编：《廉江市汶塘黎氏族谱》，2003 年内部编印，第 773 页。

④ 张荣芳：《清代石城县黎正进士考论》，《广州文博》第 9 辑，文物出版社 2016 年版，第 36 页。

⑤ 钟喜焯修，江珣纂：民国《石城县志》卷七《人物志下》，（台湾）成文出版社 1931 年版，第 652 页。

兴办学校，培养后代。黎正曾在家乡建"建峰学舍"，亲任教习。"近构别墅，课训儿孙，后学来谒，与讲经史，较文艺，昼夜勿休"。其中，黎正子道炳，用功学习，乙卯科拔贡，为国子监生员，后任广州府龙门县儒学教谕，就是在他的教育下成才的，建峰学舍带动石城一带学风。

黎正热爱桑梓，以其极高的社会威望，尽己所能做好诸多公益事业。黎氏一宗枝开叶散，分宗多处，他亲修族谱，"追及水源木本，建家庙，修先茔，睦族敬宗，无间远近"，有利于营造良好的社区环境，邻里守望相助。他在石城城西二里河村仔处，曾捐资创建"建峰桥"，方便行人来往。据《黎氏族谱》记载，黎正曾主持本族义田的设立，并亲自撰文《建峰公批紧水仔义田照文》以严格执行："始祖逸居公，生下六房子孙，旧置田产无几，今端伯出力承此项海地开垦，定议成熟后，捐为合族义田。所获租粒，尽归公用，递年完粮修祠、辨祭、子弟读书、膏火，并族中极贫而婚丧不能举者，酌量周济。……端伯亲笔。乾隆四年十一月二十日批。"[①] 这是黎正在家乡举办公益事业的见证。

王安国高度评价黎正："去七松处士，五柳先生，亦复不远！"[②] 黎正晚年在家乡的生活的确是田园牧歌式的。农闲时分，他手不释卷，勤于著述，有《光霁堂诗文集》等著作传世。

四、"粤中第一学者"陈昌齐

陈昌齐（1743—1820），字宾臣，号观楼，又署噉荔居士，广东海康（今雷州市调风镇南田村）人。史载他"赋资颖绝，至性过人"[③]，在家乡有

---

① 廉江市汶塘黎氏续修族谱理事会组编：《廉江市汶塘黎氏族谱》，2003 年内部编印，第775 页。

② "七松处士"：唐人郑薰，文宗大和二年（828）登进士第，翰林学士。任户部员外郎、郎中、漳州刺史等职，"性廉正，将史不喜，共谋逐之，薰遂奔之扬州"。郑薰能诗善文。"既老，号所居为隐岩，莳松于庭，号'七松处士'"，《新唐书》有传。五柳先生：陶渊明（约365—427 年），字元亮，又名潜，号五柳先生，梁代萧统为陶渊明作传，曾说："渊明少有高趣，博学，善属文。颖脱不群，任真自得。尝著《五柳先生传》以自况，时人谓之实录。"他曾做过几年小官，后因厌烦官场辞官回家，从此隐居，田园生活是陶渊明诗作的主题。

③ 〔清〕钱仪吉、缪荃孙、闵尔昌、汪兆镛编：《清代碑传全集》卷八十八，上海古籍出版社1987 年版。

神童之称。乾隆三十年（1765）膺拔贡，乾隆三十六年（1771）成进士，入翰林，充三通、四库馆纂修官。

乾隆三十七年（1772），为编纂《四库全书》，大学士刘统勋等建议清理《永乐大典》，并从中辑集佚书。陈昌齐充任纂修兼分校官之一，与姚鼐、王念孙、纪晓岚等著名学者同事，"从明代《永乐大典》中辑出三百八十五种佚书收入《四库全书》，另一百二十七种佚书作为'存目'，此为《四库全书》编纂之始"①。之后，陈昌齐全程参与《四库全书》的编写，足见其学问功底之深厚。

乾隆三十九年（1774）担任湖北典试主考官，乾隆四十年（1775）分校礼闱，所拔多知名士。乾隆四十九年（1784）任中允职，乾隆五十年（1785）以廷试三等降至编修。乾隆五十五年（1790），转为河南道御史补兵科给事中，不久，丁外艰服阕，改刑科给事中。嘉庆九年（1804），嘉庆皇帝视察翰林院，"陈昌齐以旧词臣与宴，蒙赐味馀书室全集、九家集注杜诗、笔砚、缎绢各种。是年，外补浙江温处道"②。嘉庆十四年（1809）以审案延迟而被部议降职归里。

陈昌齐为官任上，励精图治，清正廉明，勤政爱民。在河南道御史补兵科给事中任上，他"巡视中西二城，风规肃然，奸宄屏迹"③。其间，我国东南沿海海氛不靖，海匪猖獗，陈昌齐生长海邦，"洞悉边要"，"上疏切言洋匪会匪情形，请设法剿捕。明年（1791），复条陈防海剿盗事宜，疏入，召对称旨"④，其治边战略受到朝廷重视。乾隆五十五年（1790），他初到温州时，海寇蔡牵骚扰闽浙，他主持"修战舰，简军伍，细绘诸洋全图，昕夕披览，了如指掌。每接见武弁，必加意礼待，而关报稍有不实，辄指斥之。

---

①　林子雄：《陈昌齐及其著作》，广州市雷州文化研究会、广东省立中山图书馆编：《陈昌齐诗文集》，广东人民出版社 2016 年版，第 1 页。

②　〔清〕阮元修，〔清〕陈昌齐等纂：道光《广东通志》卷三百《列传三十三》，广州出版社 2015 年版，《广州大典》第 35 辑《史部方志类》第十九册，第 138—139 页。

③　〔清〕阮元修，〔清〕陈昌齐等纂：道光《广东通志》卷三百《列传三十三》，广州出版社 2015 年版，《广州大典》第 35 辑《史部方志类》第十九册，第 138—139 页。

④　〔清〕阮元修，〔清〕陈昌齐等纂：道光《广东通志》卷三百《列传三十三》，广州出版社 2015 年版，《广州大典》第 35 辑《史部方志类》第十九册，第 138—139 页。

虽百里外，事如亲睹"①，事必躬亲，严阵以待，尽职尽责，有效地遏制了海寇的骚扰。他为官近四十载，"不媚上官，不罔私利，遇民生国计事，必侃侃而谈。初在翰林时，大学士和珅欲罗致之，昌齐以为非掌院无晋谒礼，卒不往"。② 在温处道时，皇帝曾命令巴图鲁一等侯德楞泰视察闽浙，此人"风采威厉，人皆震悚"，陈昌齐不卑不亢，怡然进谒，"侯谕以严设海禁，盗可自毙"。陈昌齐却直抒胸臆，坦言："闽浙民多以渔为业，海禁出则渔户百万无聊生，患且不测，非策也。"德楞泰听后，"改容称善"，视察结束后，德楞泰"欲为奏留，昌齐谢之，萧然归里"。③ 陈昌齐在温处道任职五年，民众拥戴，离任时，民众排长队送行，政声良好。

　　他归里之后，一方面，潜心学问，一方面，书院讲学，致力于岭南教育事业。"历主雷阳、粤秀讲席，论文课士，娓娓不倦，尤谆谆诲人立品，敦行为先，学者宗之，称观楼先生。"④ 他以儒家经典的修身、齐家、治国之道教育学生。他在《戒雷阳书院诸生书》中以"四戒""二预防"与诸生共励：一戒骄傲、二戒轻薄、三戒忿怒、四戒强酒，预防近赌、预防近色。还讲求君臣、父子、夫妇、兄弟、朋友之道。他在《与诸生讲实学书》中说："于君臣，则无论在朝在国在草野，皆有一腔忠爱蕴蓄于寝食之间；于父子，则无论为富为贵为贫贱，皆有无穷孺慕流溢于形色之表；于昆弟，则以爱以睦无刻薄鄙吝之偶萌；于夫妇，则以肃以雍无脱辐反目之贻患；于朋友，则以劝以规无便僻善柔之招损。而又各以其类推之。凡在我之上我之下我之前后左右者，莫不使之各得其分。愿尽伦以造道，造道以希圣，无虚假无间断尔。"⑤ 他主持雷阳、粤秀书院期间，培养了不少优秀人才，对广东的教育事业做出了不可磨灭的贡献。

　　① 〔清〕阮元修，〔清〕陈昌齐等纂：道光《广东通志》卷三百《列传三十三》，广州出版社2015年版，《广州大典》第35辑《史部方志类》第十九册，第138—139页。
　　② 〔清〕阮元修，〔清〕陈昌齐等纂：道光《广东通志》卷三百《列传三十三》，广州出版社2015年版，《广州大典》第35辑《史部方志类》第十九册，第138—139页。
　　③ 〔清〕阮元修，〔清〕陈昌齐等纂：道光《广东通志》卷三百《列传三十三》，广州出版社2015年版，《广州大典》第35辑《史部方志类》第十九册，第138—139页。
　　④ 〔清〕阮元修，〔清〕陈昌齐等纂：道光《广东通志》卷三百《列传三十三》，广州出版社2015年版，《广州大典》第35辑《史部方志类》第十九册，第138—139页。
　　⑤ 〔清〕陈昌齐：《陈昌齐诗文集》之《与诸生讲实学书》，广东人民出版社2016年版，第206页。

陈昌齐在家乡，投身广东文教事业，先后主持修纂了嘉庆《雷州府志》《海康县志》，并受阮元聘请修纂《广东通志》，担任首位总纂。《粤秀书院志》卷之十五中说："志既开局，门目灿然，按条采访，即可荟萃编辑。然时积事杂，体例颇繁。当时称简明完备，不漏不冗，皆先生与为商榷及分手排撰，各视所长，而全编悉归总纂，稿粗定，不及见。"① 言语之间，足见其为修省、府、县志呕心沥血、艰苦卓绝。

同时，他为人正派清明，讲信修睦，不谋私利，德高望重，深受家乡群众爱戴。陈昌齐虽为缙绅官宦，但平素崇尚节俭，"自奉最薄，食不过粗粝，衣不过麻布，虽补缀不弃"。却在处理家乡南田村与禄切村的利益纷争时，一句"有千年禄切，无百年观楼"的至理名言，倡明"和为贵"的宗旨，为后人处理乡里矛盾起着率先垂范作用。

嘉庆二十五年（1820），陈昌齐在家辞世。道光二年（1822）九月，"缙绅合词请祀于先贤堂"。②

广东自清乾嘉年间始，学术研究之风鼎盛，尤以汉学、朴学研究为最。而汉儒治经之学的一个流派，注重考据训诂，风格质朴，因而称之为朴学。由于乾嘉年间朴学研究成果丰硕，学者才华横溢，后世便以朴学专指"乾嘉学派"。

广东的朴学研究风气自陈昌齐始。他认为，经是道的质，道是经的心。只讲道，易沦为空谈虚泛、玄乎又玄的道学，扰乱真正的圣人之道。经即为常理法规，如果潜心研究，知其所以然，从而可以适圣人之道，最终达到通经达道的境界。他身体力行，除了著有《陈子遗书》外，对"《大戴记》《老子》《荀子》《吕览》《淮南》皆有校注。"其对古代经典的考证，"皆有以发前人所未发"③。其著《〈经典释文〉附录》，汇集了自汉魏以来二百多家对《周易》《尚书》《毛诗》《周礼》《论语》《老子》《庄子》《尔雅》等经学典籍的音义训诂文字共六百九十条，对陆德明《经典释文》作了大量补

---

① 〔清〕梁廷枏：《粤秀书院志》卷十五《传二》，《广州大典》第34辑《史部·方志地理类》第二十一册，广州出版社2015年版，第601页。

② 〔清〕梁廷枏：《粤秀书院志》卷十五《传二》，《广州大典》第34辑《史部·方志地理类》第二十一册，广州出版社2015年版，第601页。

③ 〔清〕陈昌齐：《陈昌齐诗文集》之《赐书堂集钞序》，广东人民出版社2016年版，第1页。

充。其经学修养和功力，非其他学者可比。堪称"广东治汉学、朴学第一人"。

陈昌齐不但精于考据之学，参订经籍，多所辨正，而且对地理学、天文学、方志学、数学、文学、书法等，均具有很深的造诣。他著作等身，除《陈子遗书》于嘉庆二十四年（1819）刊行外，还有大量书稿散失（据说因邻家失火殃及被烧毁）。计有《历代音韵流变考》《〈大戴礼记〉正误》《〈老子〉正误》《二十子正误》《〈荀子〉考证》《天学脞说》《天学纂要》《地理书钞》《营兆约旨》《囊玉秘旨别传》等，这是学术界的重大损失。①

陈昌齐的著作涉及多门学科，学术价值很高，博得了当时学林俊彦和后来学界名家的赞誉。

国学大师梁启超在《近代学风之地理分布》一文中说：

> 吾粤自明之中叶，陈白沙、湛甘泉以理学倡，时称新会学派，与姚江并名，厥后寖衰矣。明清之交，士多仗节死国，其遗逸则半遁空门，或以诗文显，而学者无闻焉。惟新会胡金竹（大灵），力学自得，时以比白沙。康熙末，惠半农督广东学政，始以朴学历士，其秀者有惠门四君子之目；然仍皆文士，于学无足述者。粤中第一学者，推嘉庆间之海康陈观楼（昌齐），观楼学甚博，于《大戴记》、《老子》、《荀子》、《吕览》、《淮南》皆有校注，又善算学，今著述存者甚希。然大儒王石臞为其文集序，称其考证为能发前人所未发，石臞不轻誉人，则观楼之学可想也。②

梁启超是大名鼎鼎的大学者，他推崇陈昌齐是"粤中第一学者"，可见陈昌齐在学术界的显著地位，陈昌齐以其卓越才华及在学术上的成就跻身中国学术史行列，是有清一代雷州半岛人才辈出的杰出代表。

2016年，由广州市雷州文化研究会和广东省立中山图书馆编，以清嘉庆二十四年（1819）刻本《陈子遗书》原刊本为底本，整理、编校、影印陈

---

① 陈海烈：《尘封二百载，秘籍显新容——〈陈昌齐诗文集〉影印出版简述》，《岭南文史》2016年第4期。

② 梁启超：《近代学风之地理分布》，《清华学报》1924年第一卷第一期，第35页。

昌齐流传于世的著述，名为《陈昌齐诗文集》，作为《岭南文库》丛书之一种，由广东人民出版社出版。对学术名家陈昌齐学术文献的整理与发掘，具有重要的学术与文献价值，必将推动学界对陈昌齐及其著作的深入研究，其中也折射出明清时期雷州文化兴盛之光芒，激励后人发扬光大陈昌齐的治学精神。

五、"清介不苟"丁宗洛

丁宗洛（1771—1841），字正叔，号瑶泉，雷州调风镇调铭村人。该村历史悠久，丁氏家族世代书香。清代，小小的调铭村居然出过7位举人，文教之风繁盛。丁宗洛高祖丁鸿猷，附生；曾祖丁兆启，举人；父亲丁居诚，增贡生；到丁宗洛这一代，文风不坠。嘉庆十三年（1808），丁宗洛37岁以廪贡生考中顺天府恩科举人。嘉庆二十四年（1819），丁宗洛48岁选授山东济宁直隶州州同，当年九月莅任，先后历署昌邑、乐陵、曲阜等县知县。

丁宗洛在济宁直隶州任职达22年，《济宁州志》载：他"清介不苟，安贫嗜学"，曾为济宁百姓"百里祈雨、烈日捕蝗"，"簿书之外，讨论古今，历年代理县缺，有政声……"①寥寥几笔，勾勒出丁宗洛的为官风格，那就是为官清廉，不计较功名利禄；勤政爱民，与百姓同甘共苦；勤于学问，重视教化，他是百姓心目中的好官。

在济宁任职期间，丁宗洛曾在州署衙门写下一副楹联："吏民莫作长官看，法律要与诗书通"，勉励官吏善待百姓，体恤百姓，在实施法制的同时关心百姓疾苦，重视教化，提高百姓的整体素质，反映了丁宗洛的吏治思想，他身体力行，将这一理念贯彻落实到工作生活中。

做官后的丁宗洛总是要求周围百姓不要把自己当官来看待，生活简朴，"旧袍古帽"，"客舍荒落殊甚"，室内"旧书满颓案，法帖文墨狼藉而已"，他"俭朴如布衣，醇谨如耆儒，讲理学，谈道艺如老师傅"。

一年，济宁大旱，丁宗洛辅佐知州抗旱救灾，为祈雨，"躬诣绎山取水"。灾后，农业歉收，丁宗洛毫不犹豫，把老家祖产一百亩地变卖，所得银两用来救济灾民。有一年，济宁发生"蝗灾"，丁宗洛不顾年老体弱，顶

---

① 〔清〕徐宗干、许瀚：道光《济宁直隶州志》卷六《职官》，《中国地方志集成》之《山东府县志辑》76辑，凤凰出版社2008年版，第79页。

着烈日，带领群众"捕蝗"，以上"百里祈雨，烈日捕蝗"成为佳话，到处传颂。他大公无私，胸怀百姓，"州之人爱之、敬之"。

丁宗洛之所以为官清明务实，一个重要原因是自己的雷州老乡、康熙朝大清官陈瑸的榜样激励。丁家与陈家是世交，丁宗洛之曾祖父丁兆启（号万山）与陈瑸情意契合。丁兆启做湖北巴东知县时，陈瑸正在京师任部曹，二人常有书札往来。丁宗洛自小以为榜样，遂成鸿鹄之志。弘扬清官文化首在清官事迹的传颂，在担任济宁州同期间，丁宗洛自嘉庆二十二年（1817）开始，广搜博采陈瑸（清端）"一生德行、政事"，"自国史、家传以至各省志乘，蒐讨靡遗"，六年后《陈清端公年谱》（2卷）问世，好友评价他"力学好古、追踪往哲，固将以数卷书寄一瓣香也"①。辽阳学者王朝干在序中说：丁宗洛"竭数年精力，举公之一言一行，无不搜集，蔚成巨编，俾览者于此如亲见清端公之状貌，而聆其议论，究其行事。在公固无憾然，则丁君之为人，亦可知矣。丁君之作吏，亦可概见矣！"② 此书对陈瑸事迹记述完整，真实可靠，成为世人了解陈瑸的必备材料。丁宗洛借此抒发自己的吏治思想，践行自己的清官之道，同时，也让陈瑸的精神流布人间，令世人高山仰止，尊为楷模。丁宗洛另收集有《陈清端公诗集》10卷。

丁宗洛在勤于政事的同时，不忘书生本色，"刓书博古"，考订经籍，学问深厚，笃志著述。其中最"用心之专，用力之勤"的就是对《逸周书》的增补校订。《逸周书》原名《周书》，历记周文王、周武王、周公、成王、康王、穆王、厉王及景王时事，实为信史，十分珍贵。但流传至清，残缺不全。古人研究《逸周书》，多"苦残缺之难补，慨讹谈之莫更，求一善本不可得"，丁宗洛知难而上，搜寻千余残卷，增补缺漏、纠正错误、订正讹误，历时十余年，写成《逸周书管笺》16卷，"诠释至二十余万言"。《逸周书》经其考订，"词显义明，足与百篇中《周书》并重天下"。③ 他以《逸周书管笺》一书与王念孙、俞樾、孙诒让、刘师培一起，跻身清代著名学者之列，

---

① 〔清〕杨嗣曾：《陈清端公年谱序》，梁成久等纂修：民国《海康县续志》卷二十五《艺文一》，雷阳印书馆1929年刊本，第31页。

② 〔清〕王朝干：《陈清端公年谱序》，梁成久等纂修：民国《海康县续志》卷二十五《艺文一》，雷阳印书馆1929年刊本，第30—31页。

③ 梁成久等纂修：民国《海康县续志》卷二十五《艺文一》，雷阳印书馆1929年刊本，第47页。

在《周书》研究中占有重要一席。丁宗洛儒学功底扎实，思想深邃，还著有《大戴礼管笺》13卷，自言"此书无愧往哲"，留世著作还有《五经经义》《四书余义》《古合外志》《连阳丛话》《连阳余闻》《余闲挥汗录》《不负斋文集》等，文才了得，老友评价他"其貌似迂，其行实介；其口似讷，其心实慧"①。

除了著书立说，丁宗洛还喜欢吟咏诗词，擅长书法。他曾肄业于粤秀书院，向冯敏昌太史学诗，著有诗集多卷，如《一桂轩诗钞》《梦陆居诗稿》《梦陆居诗话》《梦陆居课艺》《顾瓵集》《驿春集》等等。书法则致力于隶书，著有《学隶说》，书中对于历代隶书的特点、流派及"学书之道"均有精辟论述，深受书法家的赞誉。

丁宗洛虽远离家乡，长期异地为官，但从不忘为雷州之文教事业出力。嘉庆十七年至十八年（1812—1813）间，丁宗洛待试"南宫"，听说续修《雷州府志》大功告成，然"阖群议论沸腾"。他仔细研读《雷州府志》之后，针对具体情况，扬长避短，增订《雷州府志》。"广求载体，屡更体裁"，经过30年孜孜不倦的努力，修成《增订雷州府志》，另集自古雷州艺文，成《雷阳黎献集》缀其后②，为后人留下雷州诸多珍贵资料。

丁宗洛闲时不忘教书育人，从学者众。在《示从学刘君延庆》中，他激励学生勤学苦读，终有得道之时，思想才能升华到更高境界。

道光二十一年（1841）十一月，丁宗洛病逝于济宁官署，终年70岁，葬于济宁城北郊外的赵村。

为官数十年的丁宗洛，勤政爱民，清正廉洁，两袖清风，深受百姓爱戴。既是德行统一、政绩显著的廉吏，又是著作等身的学者，真正做到立德、立功、立言"三不朽"，翰林院编修王赠芳（江西庐陵人）赠以"文政有声"之匾，是士民社会对丁宗洛德、能、才的充分肯定。

六、"抗英名将"窦振彪

湛江地区历经长时间的人文积淀，有清一代，人才辈出。不仅在科举考

---

① 梁成久等纂修：民国《海康县续志》卷二十五《艺文一》，雷阳印书馆1929年刊本，第31页。

② 梁成久等纂修：民国《海康县续志》卷二十五《艺文一》，雷阳印书馆1929年刊本，第17—19页。

试中表现突出，府学、县学人才济济，进士及第、攀蟾折桂者较之前朝人数倍增，而且各种人才脱颖而出，尤其是武备人才纷纷涌现。由于湛江地处祖国南疆，家乡水土养育了一大批识水性、懂海洋、重海防的军事人才，肩负起保卫祖国海疆的重任，"一提督三总兵"就是其中的杰出代表。"一提督"指的是窦振彪。

窦振彪，字升堂，硇洲岛那甘村人（现在硇洲那甘村已湮没），硇洲岛民间尊称他为"升堂公大人"。生于清乾隆五十年（1785），卒于道光三十年（1850），享年65岁。他生于南海之滨，终身服务于国家海防。他英勇抗击英国侵略者，大举歼灭海匪海盗，在我国近代国家海防史上作出了重要贡献。

嘉庆三年（1798），年仅13岁的窦振彪父母双亡，随姑母长大。15岁开始随船出海打鱼，水性极好，对海事颇为熟悉，为其后报效国家海防事业奠定基础。农闲之际，常常到武馆习武，"能弓善射"，成为当地武功精英。17岁，窦振彪应招到硇洲都司当差，因高大威武，能文善武，水上功夫娴熟，深得上司器重，"由行伍历千总"。①

乾嘉年间，雷州半岛东西海匪猖獗，东南沿海海防吃紧。窦振彪秉性刚强，光明磊落，胆略超人，多次出征讨伐海寇，屡立战功，不断擢升。嘉庆十九年（1814），29岁的他被提拔为水师提标中军守备，历任提标中军参将、水师副将。嘉庆二十四年（1819）升海口协中军都司，道光二年（1822）升广海寨游击，道光九年（1829）署琼州镇水师总兵。道光十年（1830）五月，两广总督李鸿宾保奏窦振彪"熟习海洋，巡缉明练，堪胜水师总兵之任"，九月，窦振彪升任福建金门水师总兵，来到晚清海防最前沿，成为东南海防的主力军②。

嘉庆、道光年间，闽、粤一带沿海常有人私造船只，沿海肆劫，来往商船常受其害。道光十二年（1832），台湾嘉义县土豪张丙、陈办等人起事，民不聊生，朝廷命官嘉义知县邵用芝以及郡兵多人惨遭杀害。台湾知府闻

① 〔清〕毛昌善修，〔清〕陈兰彬纂：光绪《吴川县志》卷七《人物·列传》，光绪二十三年（1897）校订重印本，第51页。

② 〔清〕毛昌善修，〔清〕陈兰彬纂：光绪《吴川县志》卷七《人物·列传》，光绪二十三年（1897）校订重印本，第51页。

报，率兵勇 200 人前往支援，亦被杀掉。窦振彪奉闽浙总督命于十一月率金门、漳州、海坛、闽安各标 2000 多名水师将士渡台，十二月抵达嘉义城，会同福建陆路提督马济胜、广东提督刘廷斌合剿，分路截击，直捣其巢穴，擒拿贼目，翌年初平定骚乱。因获道光皇帝颁旨赏戴花翎①。接着，窦振彪返厦，同厦门巡道周凯等水陆并进，对同安县潘涂、杏林、柏头等乡海盗进行围捕，火烧贼窝，捉获海贼 170 多名，缴获船只 30 多艘，缴获枪械一批。又搜剿晋江莲埭、白崎、惠安海匪。在南安大盈、朴蔚等乡，"获巨盗吕石"等近百人，又渡海至大坠岛，"获奸匪无数"。当时，最彪悍的海盗江扁雀、陈双喜，"屡为振彪所窘"，被迫投降。窦振彪前后镇守金门十年，"日夜在洋巡哨，先后获洋道以千计"，缉盗安民，战功卓著，海峡两岸、闽、粤海疆平靖无患，他本人也拔擢福建水师提督，坐镇厦门。②

道光年间，以英法为首的西方殖民主义者踏海而来，东南沿海鸦片贸易猖獗，国家海防形势严峻。海防猛将窦振彪在反对外来侵略的斗争中大有作为。

据《金门志》记载，早在道光十七至十八年（1837—1838），中英在南海就鸦片贸易冲突不断，窦振彪还在金门总兵任上，就十分警惕，严阵以待。"闻海氛告警，振彪属诸绅士团练乡勇，布置严密，人情大安。"③ 道光十九年（1839），钦差大臣林则徐在虎门销毁鸦片 2 万多箱，战争爆发，英国殖民者屡次进犯我国边境各洋。

在福建滨海，窦振彪率领水师将士英勇迎战。"道光十九年，英夷兵船于十月、十二月屡犯大坠洋面及梅林各洋，振彪督舟师击之；二十年二月，夷船复游驶梅林洋面，振彪令哨船截攻，以炮火联络，击断夷船帆索，英夷旋遁。……六月，于穿山洋面击毁夷船一只，又于虎屿洋面击沉舢板船一只。"④ 窦振彪率装备远远落后于敌的晚清水师，不畏强暴，誓死保卫边疆，打击当时最先进的英国舰艇，屡立奇功，在当时朝廷上下畏敌如虎的氛围

① 〔清〕林焜熿：《金门志》卷七《武功》，（台湾）大通书局 1987 年版，第 165 页。
② 〔清〕林焜熿：《金门志》卷七《武功》，（台湾）大通书局 1987 年版，第 165 页。
③ 〔清〕林焜熿：《金门志》卷七《武功》，（台湾）大通书局 1987 年版，第 165 页。
④ 〔清〕毛昌善修，〔清〕陈兰彬纂：光绪《吴川县志》卷七《人物·列传》，光绪二十三年（1897）校订重印本，第 53 页。

下，大振人心，大鼓士气。闽浙总督邓廷桢多次在奏折中褒奖窦振彪，道光皇帝朱批："所办认真，可嘉！"① 道光二十年（1840）七月，英国远征军首次进犯厦门，窦振彪部属陈胜元、林建猷奋战英军，再获道光皇帝颁旨嘉奖。不久，窦振彪亲自督率金门镇水师及时赶赴战场，在海战中右臂负伤，血染战袍，仍沉着指挥，率船队炮击敌舰，"夷船见势不敌，随即逃窜"。

道光二十一年（1841）一月，英军攻陷广东多处炮台，虎门炮台也已失守。广东水师提督关天培在海战中壮烈牺牲，窦振彪临危受命接任其职，于二月出任广东水师提督，担负抗英重任，此时，他已56岁。但未及上任，清廷已与英军签署停战协议，于是将他转调福建水师提督。道光皇帝语重心长，委以重任，谕曰：虽英军获得"准予通商"权后停战，但"仍应加意防范，厦门为省垣关键，今昔情况不同，必须因地制宜，量为变通"，"着窦振彪等详察地势，细心讲求，妥议章程"。不久，英国军舰再次游驶入闽，窥伺厦门，道光再次申命窦振彪"密加防范，相机办理"。②

窦振彪于国家内忧外患之际，一直坚守在福建水师提督的岗位上，战功显赫。道光二十四年（1844），缉拿泉州陈头山等多处盗匪；道光二十六年（1846），拿获柏头盗匪；道光二十七年（1847），亲率福宁镇总兵曹三祝等分兵驾兵船于霞浦外洋拿获萧大才海盗集团；道光二十八年（1848），督师出洋浙江渔山，摧毁闽浙一带洋匪聚集的巢穴。道光三十年（1850），竟不幸去世于任上。

道光皇帝对窦振彪是这样评价："出师剿办台湾逆匪，著有劳绩"，"简擢提督巡缉操防甚属认真"。下旨追任为"太子太保"，赐谥"武襄"，赐"祭葬如典礼"。③ 据《湛江郊区简志》记载，窦夫人吴氏根据窦将军遗愿，把将军灵柩运回家乡硇洲安葬。御赐祭文盛赞他"素谙龙虎之韬，名驰岭表；久习鹳鹅之阵，声振炎方"。诰封为"振威将军"，并在硇洲岛上街建

---

① 〔清〕毛昌善修，〔清〕陈兰彬纂：光绪《吴川县志》卷七《人物·列传》，光绪二十三年（1897）校订重印本，第53页。

② 〔清〕毛昌善修，〔清〕陈兰彬纂：光绪《吴川县志》卷七《人物·列传》，光绪二十三年（1897）校订重印本，第53页。

③ 〔清〕毛昌善修，〔清〕陈兰彬纂：光绪《吴川县志》卷七《人物·列传》，光绪二十三年（1897）校订重印本，第53页。

"宫保坊"以示旌表。吴川县梅菉圩也见"宫保第",遗址和碑石迄今犹存,受人敬仰。

窦振彪本人虽行伍出身,但文韬武略兼而有之,每到一处,与文官武职都能相处,也借此堪称帅才。另据《金门志》记载,他任人唯贤,"振彪平生以造人材为先,知人善任",如其麾下的大将林建猷、林向荣等都官至提督;陈胜元、韩嘉谟、薛师仪官至总兵;其他如吴青华、陈显生、彭夺超等升职参将、游击,他们"均水师能员",以武功高强得窦振彪的赏识,均得提拔。其中不少"以死勤事",建功立业,足见窦振彪的知人善任与领军风范。①

名世武将除了"一提督",还有"三总兵",他们是招成万、陈辉龙和杨元超。

招成万,祖籍电白。据《清代官员履历档案全编》《清实录》及《南澳镇志》《电白县志》记载:清初,招氏举族迁居硇洲岛招屋村。招成万乃行伍出身,长期在东南沿海海防卫所效力,因功绩优著,为清廷委以重任。乾隆二十九年(1764),任广东碣石镇标中营守备。乾隆三十四年(1769),任广东澄海协中军都司,后任碣石镇左营游击。乾隆三十八年(1773),任闽浙督标水师营参将。乾隆四十二年(1777),任福建澎湖水师副将。乾隆四十六年(1781)三月二十三日,福建南澳镇总兵员缺,着招成万补授。乾隆四十九年(1784)十月,钦命镇守闽粤漳潮南澳等处地方总兵官。乾隆五十年(1785),为清南澳镇的第三十五任总兵官(正二品封疆大员),授"武显大夫"。一直以来,南澳岛在南海海防中的战略地位最重,招成万一生致力于此处海防事业,堪称乾隆时期著名的水师将领,乾隆皇帝曾称赞他"水师泒(派),伶俐"。现硇洲岛招屋村东北边旁有"南澳总兵招成万墓","二品夫人周氏墓",另有"招总兵府",香火敬祀。

陈辉龙(?—1854),字灵川,该家族于宋末卜居硇洲岛孟岗陈屋村。清道光二年(1822),陈辉龙行伍于硇洲都司营。道光六年(1826)调吴川营任左哨把总,后因战绩卓著,由把总、千总、海安营中军守备、香山营中军都司、广海寨游击等,升至参将。咸丰元年(1851),任澄海营参将署大

---

① 〔清〕林焜熿:《金门志》卷七《武功》,(台湾)大通书局1987年版,第165页。

鹏协副将。咸丰三年（1853），升山东登州镇总兵。此时，来自广东的太平天国起义军在长江一线纵横驰骋，咸丰四年（1854）六月，湘军等地方团练在湖南、湖北一带集结，双方展开激烈对抗。当时，"前任礼部右侍郎曾国藩、湖南提督塔齐布等督舟师沿江进剿"，"陈辉龙奉调带广东兵船随往"，七月，一举攻下岳州（今湖南岳阳）。太平军尤其擅长水师作战，陈辉龙率广东兵船抗击。史载，"陈辉龙偕升用道褚汝航、同知夏銮等剿城陵矶下游贼匪，辉龙自乘拖罟船，率所属水师弁兵先进，褚汝航等督军继至，值贼宗出队意图上窜，辉龙等排列战舰并力合攻，殪贼多名，毁贼船数只，贼披靡向下游败走，游击沙镇巩跟踪追击，辉龙督催拖罟船策应，时风色不利，乘舟胶浅，贼蚁集来迎，适湖港贼船由两岸后纷纷拥至，水军驰往救援，舟被风阻不得进，贼船四面环击，兵勇陷入重围遂失利，辉龙死之"①。曾国藩等奏闻朝廷，咸丰皇帝谕曰："此次阵亡之山东登州镇总兵陈辉龙奋勇杀贼，因船胶浅以致捐躯，殊堪悯恻，著交部照例议卹……予谥壮勇。""赏骑都尉世职，袭次完时，给予恩骑尉世袭罔替。"

杨元超（？—1843），祖籍吴川塘㙍，该家族于宋末迁居硇洲岛孟岗杨屋村。清道光八年（1828），杨元超从军于硇洲水师营，道光十年（1830）升水师营管带，道光十四年（1834）调任吴川营把总，道光十九年（1839）升崖州水师营参将，后升福建金门镇总兵，授武功大夫、晋授武显大夫。《吴川县志》记载："杨元超，硇洲人，未达时在邑城为铁工，城中老人梦土地神曰：'杨大人终日在吾庙前打铁，令吾不敢坐。子盍为我建照墙于庙门乎？'老人从之。未几，元超从军，积功至金门镇总兵官，至今人犹呼打铁杨云。"②

七、"粤西唯一状元"林召棠

林召棠（1786—1873），字爱封，一字荪南，号蓉舟，晚年别号行脚僧，谥文恭，吴川吴阳霞街人。他是广东历史上9位状元之一，是清代广东第2

---

① 〔清〕毛昌善修，〔清〕陈兰彬纂：光绪《吴川县志》卷七《人物·列传》，光绪二十三年（1897）校订重印本，第69页。

② 〔清〕毛昌善修，〔清〕陈兰彬纂：光绪《吴川县志》卷十《记述·杂录》，光绪二十三年（1897）校订重印本，第9页。

个状元，也是广东西部地区唯一的状元。

林召棠出生于科甲名宗、书香门第。其父林泰雯，为贡生，长期担任广东东安县（今云浮市）教谕。林召棠天资聪颖，尽得家学，自小随父就读，后入县学、府学，成绩优异。嘉庆八年（1803），年方十八岁的陈召棠赴高州府院试，中秀才第一名，当时的主考官正是广东学政状元姚文田，他对林召棠评价甚高，称其为"海滨俊才""常教之以谆谆"。之后，林召棠"拔补弟子员，七试皆优等"，为参加乡试做准备。① 嘉庆十一年（1806）应岁试补，嘉庆十七年（1812）参加广东学使程国仁主持的考试，岁试、科试均为第一，受到程国仁的关注，"得其卷以大器目之，选充癸酉科，拔贡生，命入官署肄业"。② 程国仁以"必入翰林"激励这位贡生，并代林召棠北上求学。之后，林召棠在通过乡试、考取举人的进程中却屡受挫折，曾先后6次乡试落榜，但他坚韧不拔，益加勤奋，且讲求学习方法，勇猛精进，嘉庆二十一年（1816），终于顺天乡试中举；再接再厉，道光三年（1823）癸未科中进士；殿试时，就道光皇帝所拟教育、崇俭、纳谏、治水等策问，林召棠一篇书法上乘、文采飞扬的《对策》，阐述自己的见解与主张，既发自肺腑颂扬盛世国政，又引经据典针砭时事，紧扣"考之于古，验至于今，何去何从，孰得孰失"的策问主题，古今通识，见解精深，"皇帝得卷，朱批'今科得一佳元！'""遂拔一甲第一名及第，受职翰林院修撰。"③ 他38岁金榜题名，才华尽显，奏响清代湛江地区人文教育的精彩乐章。

林召棠中状元后，被授予翰林院修撰之职。充国史馆纂修官，参与撰拟诏书、编修国史，虽为散官，但林召棠十分珍惜，刻苦勤政，有所作为。他发挥自己滨海出生、熟知海事的优势，积极协助户部尚书兼掌院学士英和、封疆大吏陶澍、魏源等推动漕粮运输改革，将已弊政多多的河运漕米改为海运漕粮，道光皇帝称赞这一改革工程经费省、时间短、所运漕粮米质好，被

① 〔清〕毛昌善修，〔清〕陈兰彬纂：光绪《吴川县志》卷七《人物中》，光绪二十三年（1897）校订重印本，（台湾）成文出版社1967年版，第287页。

② 〔清〕毛昌善修，〔清〕陈兰彬纂：光绪《吴川县志》卷七《人物中》，光绪二十三年（1897）校订重印本，（台湾）成文出版社1967年版，第287页。

③ 〔清〕毛昌善修，〔清〕陈兰彬纂：光绪《吴川县志》卷七《人物中》，光绪二十三年（1897）校订重印本，（台湾）成文出版社1967年版，第287页。

后人誉为"东南拯弊第一策"。其次，陕甘选材，堪称伯乐。道光十一年（1831），林召棠外委为陕甘乡试正考官。抵达西安后，他召集考官严肃考纪，确定选拔人才标准，要求评阅试卷"为其理之是而不任私心；为其文之醇而不拘一格，"① 营造公平、公正的考试环境，最终他选取 65 名举人，先后有 11 人考中进士，史载："呼延庶常甲、张文毅芾、牛廉访树梅、路河道慎庄，皆其所得士。"② 林召棠慧眼识人、秉公择才的非凡才干，为道光皇帝所欣赏，受封加二级奉直大夫。

作为一名科甲正途出身的经典儒生，林召棠认为："长材任重，以勋绩著于世，为第一等人"，但他仕途并不顺利。道光五年（1825），因父林雨屏病逝，告假返家丁忧；道光八年（1828）到京复职，次年经考试，任一等汉书修撰；道光十一年（1831）任陕甘乡试正考官；但到次年，京城官场腐败复杂，加之自己一贯淡泊仕途，性情至孝，林召棠以侍母尽孝为由，毅然辞官返粤。道光十三年（1833），应两广总督（制军）卢厚生之聘，林召棠受聘端溪书院山长，教书育人，一干就是十五年。

当时，端溪书院为全国 26 所省属官办书院之一。为确保省属书院的学术权威，培养国家栋梁之材，清廷规定："凡山长充补必请朝廷，特重其事"，足见其地位至高。林召棠出任山长经年，成就斐然，桃李天下。"珠江端溪书院凡十五年，与诸生研究经义，务为实学，一时英燕多出其门下。"③ "朝廷有尚书、御史等文武官员 30 多人，出其门下。"④ "栽培士类如：顺德罗尚书惇衍、高要冯侍郎誉骥、同郡梁庶常巍、刘大今汝新等，皆所赏拔。"⑤ 其中，冯誉骥中进士，官至陕西巡抚，"学术渊通，清望重一时"；罗惇衍进士，官至户部尚书、工部尚书，崇尚宋明理学。于道光、咸丰之

---

① 吴川市吴阳镇霞街村编辑组：《状元林召棠著作拾遗》，林卓才：《斗南一老：岭南状元林召棠传》，广东人民出版社 2011 年版，第 84 页。

② 〔清〕毛昌善修，〔清〕陈兰彬纂：光绪《吴川县志》卷七《人物中》，光绪二十三年（1897）校订重印本，（台湾）成文出版社 1967 年版，第 287 页。

③ 林诒薰：《先考翰林院修撰芾南府君行略》，林卓才：《斗南一老：岭南状元林召棠传》，广东人民出版社 2012 年版，第 105 页。

④ 卢成奕：《状元书迹砚铭永流芳》，《广东省社会主义学院学报》2008 年第 3 期。

⑤ 〔清〕毛昌善修，〔清〕陈兰彬纂：光绪《吴川县志》卷七《人物中》，光绪二十三年（1897）校订重印本，（台湾）成文出版社 1967 年版，第 287 页。

际，中国形势严峻，推举林则徐、曾国藩、骆秉章、袁甲三等重臣挽救时局。咸丰六年（1856），爆发第二次鸦片战争。次年他在广州任督办团练大臣，甚至亲率团练乡勇抵抗外敌入侵，名标《清史稿》列传。团练乡勇都对林召棠非常尊重，在做事做人方面，也深受这位状元老师的影响。

林召棠的一生，因道德、文章闻名一方，为人师表，赏识俊才。在家乡，早在金榜题名之前，长期从教，慧眼识珠，发现学生陈兰彬，悉心培养，最终陈兰彬中进士，入翰林，从吴川海边走出这位晚清首位派驻美国的大使、外交重臣。在端州，着力培养"小神童"李小岩，此人中式举人，后来成为晚清岭南著名诗人。晚年在家乡更倡办"宾兴"（助学金），大兴学风，被皇帝旌表其里为"高贤里"，立坊作纪。

道光十九年（1839），虎门销烟成为全国关注的焦点，林召棠虽不在朝野亦不忘家国之志，力主禁烟。当时，主禁派代表林则徐"奉旨来粤查禁鸦片，以先生（林召棠）为桑梓敬重，对民生吏治多所咨询，先生也以禁烟清源为林公勖勉"，对林则徐虎门销烟高度评价。[①] 此外，林召棠与在朝廷上《禁烟疏》的鸿胪寺卿黄爵滋为同榜进士，交往甚密；他还支持家乡好友孙祖怡写《鸦片烟赋》，对禁烟抗英起到舆论动员作用；他的挚友陈其锟进士在广州大力收缴烟土，背后都有如林召棠等广大士民的支持。

林召棠主张禁烟抗英，其爱国情怀在其诗作中也多有体现。

《肩舆行山中乘高忽见海》一诗，自注说："近禁洋烟，绝英夷互市。"诗云：

> 春气暖将蒸沆瀣，霞光晴欲晕珊瑚。
> 蛟涎蜃雾宜清廓，近已金鹅射贡输。

诗中将鸦片贸易比作"沆瀣""蛟涎蜃雾"，坚信廓清非法的鸦片贸易，必将带来国家对外贸易的繁荣。《鲍逸卿同年石溪听泉图》又云：

---

① 林晋堃：《林召棠年谱》，陈广杰、邓长琚《广东历代状元》，广州文化出版社 1989 年版，第 56—57 页。

丈夫生才贵有用，右挈雕戈左俎豆。

安得水犀万强弩，末派龟鱼齐馘首。①

林召棠致力于传承中华文明，亲身垂范，堪称清中叶之"南天一斗"。他尊师重教，与恩师程国仁情同父子，传为佳话；他严守孝悌人伦，孝敬父母不遗余力；他身教言教并行，撰写《家训》，于天伦之乐中传达儒家精神，主张"教家以孝友勤俭为主，训子以谨身慎行读书务本为要"②；他为官清廉正气，辞官淡泊名利，在家乡倡"宾兴"办教育、建"义仓"救济贫困、修宗祠……造福乡里。晚年，他归隐家园，交游甚广，常常与门生后学、文人雅士邀约聚会，煎茶斗韵，把酒品花。其间，留下诸多佳作，彰显状元诗人的本质，现存有其孙林晋堃抄本《心亭亭居诗草杂存》、广东省立中山图书馆藏《心亭亭居诗草杂存》以及《状元林召棠著作拾遗》等共400多首诗词，内容丰富，艺术性高，在当时岭南诗坛具有突出的地位。此外，林召棠的书迹墨宝也在书法界占有一席之地，擅长楷、行、草书三体，是清代中叶著名的帖学书法家，作为典型的学者书法家，"时人以得其片字而宝贵视之"。

同治十二年（1873），林召棠享87岁高寿辞世。

友人两广总督林则徐曾赠联给他："綵衣荣似三公衮，坷第祥留五色云。"同馆翰林高树勋赠联给他："度八砖而爱日，高一柱以擎天。"

八、"铁徐州"王梦龄

王梦龄（1798—1865），字雨山，今雷州市调风镇禄切村人。他出身于书香门第，家中数代为官，祖父王定章，附贡生，曾任山东省长山县知县；父亲王琅，国学士，曾任山东省荏平县知县；伯祖父王定九，解元，铨授四川省中江县知县；堂兄王镇，国学士，曾任山东省东光、灵寿、房山、南和等县知县。王梦龄从小在良好家风的熏陶下，勤奋学习，博览群书，很早便参加了童试，青年时就步入仕途，先后做过江苏知县、淮安知府、苏州知

---

① 〔清〕林召棠：《心亭亭居诗草杂存》，林卓才：《斗南一老：岭南状元林召棠传》，广东人民出版社2011年版，第125页。

② 林卓才：《斗南一老：岭南状元林召棠传》，广东人民出版社2011年版，第135页。

府、徐州兵备道、江苏按察使、江宁布政使、漕河总督。

咸丰元年（1851），53 岁的王梦龄出任徐州兵备道。上任时正值徐州水灾过后，王梦龄在视察灾情时，看到徐州境内一片灾后破败景象，万户萧疏，百业凋零，百姓流离失所，无家可回。于是，立即上奏朝廷，减免赋税，同时，积极组织官兵救灾，并亲自督促赈灾机构，务必妥善安排灾民生活，在王梦龄的带领下，"灾黎得以安集"[1]。

徐州毗邻山东、安徽、河南三省，夙为匪徒出没之区，王梦龄新官上任，立即解决这一棘手问题。首先，他倡办团练，并制定章程，有组织、有计划地训练士勇，"每于望朔，躬督训练"。其次，针对乡民们自我保护意识薄弱，无心训练，王梦龄"周历乡间，晓以大义"，最终徐州市民"民志团结，同仇敌忾"。此外，王梦龄在徐州"城乡遍编保甲"，在乡村按户设立保甲，设立门牌，填注户口，并设置监督稽查机构，安排专员负责稽查户口，发现可疑人立即送往司法机关，"按刑论处"。

咸丰三年（1853），徐州遭遇了一次灾荒，流寇又趁机打家劫舍。王梦龄得悉敌情，挑选出精壮人马并亲自督战，对进犯徐州城的流寇进行打击和追剿，经过三个多月的浴血奋战，"渠魁授首，余匪尽歼"。咸丰四年（1854），叛军攻打徐州，徐州城警报叠急。当时官兵被调遣在关外，城内能聚集的武装力量不多，王梦龄当机立断，急传檄令，招募乡勇万余人，"躬督进剿"，叛军从丰县屡犯徐州界，但王梦龄率领民军以城墙为屏障，坚守徐城，使得叛军累攻不下，最后只好撤兵，王梦龄因此赢得"铁徐州"的名号[2]。

咸丰六年（1856），徐州又遭受饥荒。王梦龄以身作则，带头给灾民捐款，从而带动了徐州上下的达官贵人们纷纷为救济灾民而捐款捐物。官府筹得粮饷后，首先给徐州境内的居民发放粮食和衣物，之后还支持他们恢复生产以自救。此外，在铜山、萧山两县要隘，设置关卡，既阻止灾民外流，以防在途中因饥饿或疾病造成死亡，又能维护城内治安，防止流寇趁火打劫。

正是由于王梦龄的练兵有方、剿匪得力、救灾有效，使得徐州城几年内

---

① 梁成久等纂修：民国《海康县续志》卷二十一《人物二·先正传下》，雷阳印书馆 1929 年版，第 16 页。

② 梁成久等纂修：民国《海康县续志》卷二十一《人物二·先正传下》，雷阳印书馆 1929 年版，第 17 页。

便免除了战祸与流寇的骚扰，百姓得以休养生息，逐步恢复生产建设，经济也得到了发展，其事迹广为人们称赞。

为了更好地防御外敌入侵，面对年久失修破败的徐州城墙，王梦龄大力推动城墙的修缮工作。城墙竣工后，新加固起来的土坝比黄河的堤坝还要高，如此雄伟壮观的城墙吸引了城外四境的百姓迁居至城内居住。想到以前流寇进犯徐州城的时候，城外百姓都是四处逃命，人走室空，王梦龄又在城外四境修筑围墙，并设立了东、南、西、北四个关卡，每个关卡均派官兵驻守，从而确保徐州城百姓的安全。

除了修缮城墙，王梦龄还不忘兴修水利。

由于黄河下游在清口与淮档交汇东流，由云梯关以外入海，丰水期容易造成洪水泛滥决堤，而位于黄河下游的徐州，周围河道又淤塞不通，常年涝灾连连，危害很大。为此，王梦龄亲审浚通河道方案，着令筑高防洪堤坝，督促治河工精心整治，以坚固之堤，通畅之河道抗御水灾泛滥。

在徐州任职期间，王梦龄不仅重视维护社会治安，改善民生，对于百姓的教化事业，也不曾忽视。

铜山县有一云龙书院，原先是一个很出名的书院，后来因为社会动荡，缺乏经费，便萧条了下来，成为一个杂草丛生的荒凉之地。王梦龄上任后，主动为书院筹集资金，并主持了书院的修建，还为书院招揽贤能人士来此讲学。不出几年，云龙书院不仅恢复了教学秩序，还一跃成为当时全国十大书院之一。王梦龄认为，"士为四民之首，端士子，即所以厚民风清盗源"。王梦龄又下令各乡县自立义塾，教化百姓都能知书达理。

王梦龄在任十年，始终坚持着"诬告者治罪，冤屈者平反"的原则，不论案件大小，一律"虚衷研鞫"，使冤屈者平反之，株连者释之，捏陷者罪坐之。徐州从当时的"讼狱之多甲于全省"到后来的讼风锐减，离不开王梦龄这么一位"再世包青天"。

咸丰十年（1860），62岁的王梦龄被提升为江苏按察使，即授江宁布政使兼署漕河总督。1862年，同治皇帝即位后，旋即下旨任王梦龄为候补五品京堂，未及赴任，同治四年（1865）王梦龄因病逝于淮安旅邸，终年67岁。王梦龄逝世后，徐州府翰林编修段广瀛等人呈请奏准，在徐州敕建王梦龄纪念祠，并入祀徐州的"名宦祠"。

九、外交先驱陈兰彬

陈兰彬（1816—1895），字荔秋，吴川市黄坡村人。他自幼聪慧好学，在府学、县学研读经世之书，20 多岁拔贡，咸丰元年（1851）中顺天举人，咸丰三年（1853）中进士，选翰林院庶吉士，充国史馆纂修。后出任刑部候补主事，长达十余年。咸丰十年（1860），母逝回籍丁忧，应邀在高州府高文书院（今高州中学）讲学，并倡捐重建高文书院。同治三年（1864）陈兰彬服母丧期满回京补原官。同治九年（1870）朝廷派陈兰彬办理冀南赈务。

同治十一年（1872），陈兰彬以监督身份率领大清国第一批留学生前往美国。光绪元年（1875），陈兰彬回国，协助总理衙门与各国公使议办华工章程，同年底，清政府任命陈兰彬为首任驻美国、西班牙、秘鲁公使。光绪二年（1876）补任太常寺卿。光绪四年（1878），陈兰彬正式出任美国大使。光绪七年（1881），陈兰彬奉召回国，深得朝廷器重，受赏二品顶戴，任宗人府府丞，擢都察院左副御史，充任总理各国事务大臣，兼任礼部左侍郎、兵部右侍郎等职。光绪十年（1884），68 岁的陈兰彬告老还乡，再次主讲高文书院，撰修府志、县志，著书立说。光绪二十年十二月十四日（1895 年 1 月 9 日），陈兰彬与世长辞，享年 79 岁。

陈兰彬仕途一生，适逢晚清时代大变，他本人顺潮流而动，为国效力尽职尽责；政绩突出，不负使命。其生平主要事迹，可归纳为：

其一，经世致用，办理洋务。

同治八年至同治十一年（1869—1872）陈兰彬入曾国藩幕府办理洋务。此间，黄河堤决，泛滥成灾。他深入黄河泛区赈灾，救治灾民数十万。亲赴黄河两岸考察，后著《治河刍言》8 卷，为治理黄河，献计献策。针对有人"于临清至黄河口岸另挖新河，建新闸"的建议，认为不妥，主张"用古人转搬之法方善"，"派有漕运人员驻扎交替处所料理，并递年将各闸修理及挖积淤乃善"，这样既可节省工帑，也可确保运河不废。同时，根据河北永定河、滹沱河、大清河相邻三河决口、改道、泛滥等灾情，主张治河必须统一规划，"筹全局"，忌各自为政，"诚以治水不筹全局，使获归墟第，枝枝节节而为之，非善策也"。① 具体提出复原滹沱河故道、与大清河联合整治等办法，由于其治水主张是在实地考察基础上提出来的，颇有科学见解，受到各方面重视。

陈兰彬明于治乱，精于吏治，在曾国藩幕府又被派往直隶清理积案。清末吏治败坏，各地"积狱太多，羁累无辜"，直隶地区尤甚。据曾国藩于同治八年（1869）所言，直隶地区积压的同治七年（1868）以前案件达1.2万余件②，但实际远不止此数。陈兰彬上任后认真分析案件，不畏权贵，排除一切阻力，使一些冤假错案得以昭雪。至同治八年，经陈兰彬之手，共结清同治七年以前旧案12074宗，同治八年以来的新案28121宗，仅剩旧案95宗，新案2940宗。③ 足见陈兰彬的才干、勇气和胆识非同寻常。

同治九年（1870）5月，发生震惊中外的天津教案。西方列强强迫清政府惩处天津地方官员和犯案群众，对外交涉复杂棘手。主理此案的曾国藩心力交瘁，将陈兰彬带到天津，协助处理相关案情。陈兰彬深谙洋情，一方面据理力争，争取法国人德克碑从中调停；另一方面，敦促曾国藩组织兵力备战，示洋人以不屈的决心，争取谈判获胜的筹码，终使天津教案得以了结。整个过程中，陈兰彬表现得处变不惊，足智多谋，任劳任怨，得到同僚赞赏。曾国藩评价他："该员实心孤诣，智深勇沉，历练既久，敛抑才气，精悍坚卓，不避险艰，实有任重致远之志。"④ 陈兰彬也自云："庚午夏，天津之役，调剂内外，费竭苦心。"⑤

第二次鸦片战争以后，各地兴办军用、民用工业蔚然成风，曾国藩是其中主力。天津教案平息后，陈兰彬被任命为江南制造局总办，协助曾国藩创办我国最早的机器制造厂，这是他正式办理洋务之始。陈兰彬延揽人才，轮船操练，制造火器、弹药、水雷等，样样办得有声有色。此间，其改革维新思想逐渐形成。他对比中西差距，一针见血地指出，中国大计"在兵与农"，

① 夏颖整理：《陈兰彬致朱学勤手札》，上海图书馆历史文献研究所编：《历史文献》第58辑，上海科学技术文献出版社2001年版，第163页。
② 〔清〕曾国藩：《曾国藩全集》之《奏稿》，岳麓书社1994年版，第6746—6749页。
③ 〔清〕曾国藩：《曾国藩全集》之《奏稿》，岳麓书社1994年版，第6746—6749页。
④ 梁碧莹：《陈兰彬与晚清外交》，广东人民出版社2011年版，第78—90页。
⑤ 梁碧莹：《陈兰彬与晚清外交》，广东人民出版社2011年版，第88页。

西方大计"在兵与商";西人不仅船坚炮利,且"上下同心,讲究军国重务""网利无遗",而中国"煤铁等矿虽多,而开办即虞掣肘,久办必成漏厄"。最后,中国社会风气,"习虚意虚文,第以名利羁縻,绝少忠诚孚结",而西人讲究的是"务真实"。经此比较,陈兰彬认为中国必须经过长期努力,做到"彼中之事,我无不知;彼中之技,我无不能"。为达此目标,关键在于风气的转变:"非有大力者转称风气,除冗滥而务真实,与彼度长絜短,胜而复发。"① 陈兰彬所谓治国之道,与同时代郑观应的"商战论"有异曲同工之处。陈兰彬后到李鸿章在上海创办的轮船招商局工作。他认为发展民族轮船、海运业意义重大,可打破外商对中国航运业垄断的局面;轮船平时运输,战时可作兵船;培养航海人员,也是作为中国水师后备力量;招商局船碰坏民船必须赔偿,体现法律公平性;轮船水运业从内河走向海外,既有利于商业,也利于向西方学习等等。这是生于海滨、深谙海洋文化的陈兰彬"以海兴邦"的真知灼见,就此上奏朝廷,西太后谕旨曰:"所奏不为无见。着李鸿章、沈葆桢体察情形,悉心会商,妥筹办理。"②

其二,带领首批幼童赴美留学,为近代教育之创举。

同治十一年(1872),由洋务派曾国藩等人倡导向美国派遣官费留学生,前后4批共120人,大部分是广东人,主要又分布在香山(中山)、番禺、南海、顺德等县,年龄最小的10岁,最大的16岁。他们回国后,多成为栋梁之材,对推动中国近代化进程,起了举足轻重的作用。陈兰彬被任命为"幼童出洋肄业局"监督,容闳为副监督。同治十一年八月一日,陈兰彬等带领第一批幼童30人,从上海出发搭乘日本轮船横渡太平洋,经28天航程抵达旧金山,后横跨美国东西大铁路,到达东部城市康涅狄格州的哈特福城学习。

陈兰彬在出洋肄业局任监督前后两年多时间,与容闳一起负责这批留美学生继续学习中文、安排住处、安排海外教育、经费管理等,使他们很快熟悉陌生环境,进入学习交流状态。但由于种种原因,这批留学生提前回国,陈兰彬也受到种种责难。但不管怎样,陈兰彬作为中国第一批留美学生主要

---

① 佚名辑:《晚清洋务运动事类汇钞》上册,中华全国图书馆文献缩微复制中心1999年版,第62页。

② 《清实录》之《德宗景皇帝实录一》,中华书局1987年版,第52、591—592页。

负责人，在中国教育史上写下崭新一页，也为以后留学运动的开展奠定了基础。

其三，驻节海外，维护侨胞和国家利益。

鸦片战争后，大量华工被卖"猪仔"到欧美等地，其中仅古巴就有华工数万人，从事非人劳动，受到种种苛虐，形成古巴华工问题。同治十三年（1874），陈兰彬奉命前往古巴调查华工情形，并在国际社会揭露古巴华工的悲惨境遇。经曝光后，中外震惊，最终促使清政府与西班牙政府签订《古巴华工条款》，极大改善华工处境，保护华工权益。光绪元年（1875），陈兰彬在担任驻美国、西班牙和秘鲁公使、美国大使期间，他致力于保护华工利益、促进中外经济文化交流，写成《使美记略》一书，为后人留下早期中美外交的第一手资料，非常珍贵。陈兰彬出使美洲，是近代以来清政府融入国际，开展现代对等外交的成功案例。

光绪十年（1884），68 岁的陈兰彬离开政坛，回到家乡。他关心家乡教育事业，再次主讲高文书院，培养人才；倡议兴建广州陈氏书院，即今之陈家祠；参加编修光绪《高州府志》《吴川县志》《石城县志》等地方志书，皆以材料翔实，记载精确，体例严谨，征引详博见称，具有重要的历史文化价值。陈兰彬又是一位学贯中西的学者，著作甚丰，计有《诗经札记》《同馆赋钞》《同馆诗钞》《治河刍言》《使美记略》《泛槎诗草》《毛诗札记》《重次千字文》《使美百咏》等，具有一定存史与文化价值。

十、"岭南才子"陈乔森

陈乔森（1833—1905），原名桂林，字一山、颐山、逸山、逸珊。作为清末广东名书画家，其所作书画，大多署名"木公"或"擎雷山农"。陈乔森原籍雷州府遂溪县，清同治初年，由东海岛迁居雷州府城东关。他年少时家境贫寒，无力读书，因其父是清"绿营"外委（八品武官），十多岁曾袭父职当过"绿营兵"，18 岁时得到同宗吴川进士陈丽秋资助始得入学。

陈乔森"聪颖不凡"，学识渊博。咸丰六年（1856），参加广东学使殷寿彭主持的科试，作《拟潘岳秋兴赋》和《拟柳子厚乞巧文》二赋，殷寿彭"诧为殊才"，重点培养，此二赋被人们远近传诵，陈乔森从此也名声大噪，赢得"岭南才子"的美誉。咸丰十一年（1861）陈乔森拔贡，并参加当年乡试中式举人，后几经波折，出任户部主事，后官至中宪大夫①。

陈乔森满腹才学，状貌魁梧，"大资高朋，雅好接纳"。在雷州期间，"诸先达无不过从，文字轰饮"。同治元年（1862）之冬至同治九年（1870），陈乔森四次赴京应春闱会试，文章虽为上乘之作，却因恃才傲物，不守"八股"文规，终名落孙山。在京应试、求职期间，旅居雷阳会馆，因其才学而知交者甚众，他与文昌籍部员潘存"归善"；与鸿胪寺卿邓承修，书法家、举人杨守敬等"尤契恰"，甚至与封疆大吏张之洞常豪饮唱酬，"诗酒往还，才名驰日下"，并与湘军首领彭玉麟、曾国藩等大员均有交往。②

此间，陈乔森作为一名博学多才的学者，遭逢清末社会黑暗、官场腐败，无以施展抱负，他既不愿与之同流合污，但又无力改变现状，于是，索性放下功名利禄，宦游归来，回乡从教，执掌雷阳书院达30余年之久，桃李满天下。

陈乔森是一个"开眼看世界"的有识之士。他执掌雷阳书院期间，新学涌现，他深谙近现代学术思想的大变革，坚持雷阳书院兼收并蓄、博采众长的治学传统，新学、旧学齐头并进，力倡学术论争与教育改革，形成学术自由的良好学风。一时间，雷阳书院成为文人墨客云集之所、雷州半岛的教育活动中心。陈乔森支持且认同孔子"和而不同"的思想，主张自由争论，希望众弟子能够养成思辨的好习惯，成为有用之才。陈乔森破除论资排辈的学界陋俗，不拘一格降人才。光绪末年，广雅书院毕业的雷州人宋鑫在陈乔森手下任职，有学生反对宋鑫上台讲课。陈乔森耐心劝解道："古语说'曾经沧海难为水'，诸君还未经'沧海'，又怎么知道难为其'水'？"待学生听过宋鑫课，被他的学识才华和生动表达所折服，宋鑫遂成为书院一位出色教师，并继陈乔森之后执掌雷阳书院多年。为激励学生学习，陈乔森建立雷阳书院奖励制度。课内生员成绩在前10名之内的，由雷州府出经费培养；山长月课生童，设一、二等奖2—5名，一等每人奖1000文，二等奖600文，

① 梁成久等纂修：民国《海康县续志》卷二十一《人物二·侨贤传》，雷阳印书馆1929年版，第44页。

② 梁成久等纂修：民国《海康县续志》卷二十一《人物二·侨贤传》，雷阳印书馆1929年版，第44—45页。

由此形成竞争机制，促进良好学风形成。此间，学子踊跃上学，可谓是"雷士之肆业于兹者，皆宁静不佻，勤学不息"。他所教过的学生数以千计，对每位学生的知识水平了如指掌。他常常根据学生接受能力及追求学问的态度因材施教，使先进与后进两皆受益，各有成就。

陈乔森是执掌雷阳书院时间最长的一位山长。他竭尽心力，颇讲教法，惠及雷州半岛莘莘学子。雷阳书院人才辈出，经陈乔森栽培科举折桂者有进士李晋熙，举人陈天叙、何沂、陈钟璋等等。除此之外，他还培养出吴天宠等一批近代留洋学生，更为洋务运动、戊戌变法、辛亥革命培养了不少新式人才。其门生梁成久、宋鑫、黄景星等均成长为雷州文史界的知名学者，为雷州文化的传承做出了杰出贡献。这些学子著书立说、参与国事，在社会上产生了一定影响，雷阳书院声名鹊起，成为清末广东书院教育在粤西的一面旗帜。

清末，因仰慕、钦佩陈乔森及其弟子，前来雷阳书院访学、游学者颇多。省内外封疆大吏、过往官员莅临考察的也不在少数。如广东巡抚许振祎、钱塘提学汪鸣銮、昆明提督马维祺、户部主事潘存等，都在雷阳书院留下足迹。而围绕书院办学，他与张之洞的友情更显深厚。清末，张之洞督粤，曾多次将其征至幕下，后见陈乔森专心教育，无心仕途，考虑到陈乔森在雷州"修薪菲薄"，张之洞聘请陈乔森"兼主广州黄埔水师学堂和潮州韩山书院讲席，又以海安蔗糖厘捐银千余元充雷阳（书院）'脩脯'（教师的酬金）及肆业者膏火费"，并列雷阳书院为广东六大书院之一，与广雅、端溪、粤秀、越华、羊城书院并称，后坚持"每年添筹雷阳书院脩脯二百金以赡之"[①]。

陈乔森博学多才，诗、书、画均有很高的造诣。他的作品大都融诗、书、画三者为一体，享有"千年翰墨，香溢岭南"的美称，在晚清岭南诗、书、画诸领域自成一家，独树一帜。首先，他擅长水墨画和指墨画，一般山水、花鸟等人文画都有涉猎。其所作《游庐山图》《画牡丹》《画竹》《菊影》《画梅》等皆为著名画作家所称赞，为世人所珍藏。晚清进士、文史大家李慈铭称赞他"画技细致，用墨尤佳"，曾请他作《湖塘村居》及《玉河秋泛》两图收藏。今湛江、雷州市博物馆收藏其书画作品 20 多件，堪为镇馆之宝。他生于海滨，尤善作芦蟹，惟妙惟肖，颇具生活气息。往往以三两枝芦，二三个蟹，构成一幅活灵活现的芦蟹图，再点缀一首小诗，更显清雅而逸趣横生。如雷州市博物馆藏《画蟹》中，所提诗句：

> 沙坦照晨日，芦林漾午潮。
> 圆匡藏不定，健爪走无罢。
> 怨避解家酷，恩怜悼女娇。
> 双螯能剪虎，此意那能描？

陈乔森的书法以魏碑入手兼之瘦金体为功底，骄纵潇洒而自成"丑书"一格。时而粗头乱服，苍莽自喜；时而洒脱自如，泼辣奔放；运用写意的笔法，显示出豪情壮逸的虚灵神韵，"丑"出独特个性"美"。

再次，其诗风高古、豪放，往往以诗言志，尤以题画跋闻名。光绪初年，他自北京南归，经江西九江，作《游庐山》诗传诵一时，两广总督张之洞誉之为"自欧苏以后，无此佳作"，世人称其画作乃诗、书、画三者之绝品。

陈乔森生前书、诗、画著述很多，逝世后由其门生宋鑫搜集整理，1919年编成《海客诗文杂存》五卷流传于世。

光绪二十九年（1903），清末新政，书院尽改学堂，陈乔森以其个人威望，仍为学堂总教习。光绪三十一年（1905）去世，享年 73 岁。

十一、"文章奇俊"李晋熙

李晋熙（1849—1910），字春卿，号芸友，海康县塘尾社邦塘南村（今雷州市白沙镇邦塘南村）人。

李晋熙出身书香门第。邦塘李氏自明代从福建莆田乔迁于此，耕读传家，代代不乏念书人，考取功名者众多，远近闻名。李晋熙的祖父和曾祖父都是岁贡生，父亲是廪贡生，曾任琼州府学训导，英年早逝。李晋熙童年时聪颖好学，祖父李暾曜对他寄予厚望。同治二年（1863），15 岁的李晋熙入学宫当附生。同治九年（1870）参加庚午科乡试，中副榜。次年，师从丁浩游学广州和琼州。但在科试中，主考官为山西学政谢维藩，对其文章、学问颇为欣赏，遂吸收他入幕府，甚至带李晋熙远赴山西办理考试、阅卷、校对等事宜，同时，继续学习应考，这段经历使李晋熙得到历练。

李晋熙于光绪十一年（1885）中举人，后又考取景山官学教习。光绪十六年（1890），登进士，同年五月，光绪皇帝引见新科进士李晋熙等人改翰林院庶吉士。散馆后，李晋熙被任命为工部主事、工商部主事。

李晋熙的仕途生涯平淡无奇，几乎做了一辈子京官。所谓虞衡司，是管理川泽、桥道、舟车、织造、券契、衡量之事的机关。主事是官名，相当于中央各部下的司级副职，记名仓场以知府用，是说记名候缺，等候地方知府职位有空缺后，便可出任知府。从以上资料推算，他42岁中进士，入翰林院当庶吉士，45岁散馆任职，任农工商部主事，同时候补当知府。此任一干就是十多年，直到宣统二年（1910），才得到一个安徽省滁州直隶州知州的官职。不幸的是，就在刚刚得缺，还未赴任时，接到母亲逝世的噩耗，他一时悲痛昏绝，苏醒后，就披头赤脚躺在地上，每天只饮白水，不肯吃粮食，奔丧回故乡。因为过度悲哀，在其母逝世不到百天也辞世，时年62岁。

李晋熙是传统儒家思想培养出来的典型儒生，首"孝悌"，尽孝道。他少小失怙，一生对母亲十分孝顺，对兄弟十分疼爱，家庭和睦。李晋熙与母亲在不到百天内相继辞世，其尽孝之至为人叹服，同乡京官曾习经等48人，曾录写其事迹，奏请将李晋熙列入国史馆孝友列传[1]。他清廉自守，"忠信"有加。他"廉隅自勉，门绝苞苴"，不接受贿赂，也不肯结交权贵。在京城关键部门效力十多年，始终没有提拔，他也从不在意，"处之淡如"[2]。他肚有诗书，好为人师，钟情教育。李晋熙当秀才时，就已替人校对文书、开馆授学，本地官员丁浩、张赓云都曾聘请他校对文艺。他还先后在遂溪县的潜移书院、徐闻县的贵生书院担任主讲。据传，他跟举人陈乔森曾争当雷阳书院山长，陈乔森说李晋熙曾向自己请教过一个字，李晋熙便以"一字之师"主动退让，可见其做人品格。

---

[1] 梁成久等纂修：民国《海康县续志》卷二十一《人物二·先正传下》，雷阳印书馆1929年版，第27页。

[2] 梁成久等纂修：民国《海康县续志》卷二十一《人物二·先正传下》，雷阳印书馆1929年版，第28页。

李晋熙具有强烈的忠君爱国思想。旧志载：光绪二十年（1894），"甲午中东之役（即甲午海战），朝廷议割台湾以和，晋熙愤国事日非，作诗寄慨，忠爱之忱，溢于言表。"和谈结束，康有为等提倡维新变法，进步官僚及士子纷纷响应，听讲者达九千人，康有为本想争取李晋熙这位广东同乡的支持，却被李晋熙"面折其非"，当面回绝，扫兴而归。光绪二十六年（1900），八国联军入京，庚子西狩，慈禧和光绪逃亡，朝廷官员纷纷"奔窜"逃避，唯有他还"效死勿去"，敬候两宫回銮，朝廷上下均佩服其忠孝至诚。[1]

李晋熙文采一流，以诗词著名。早在家乡学习时，府、县里的名人学者都称赞他。尤其是举人陈乔森特别赏识他，曾评价他文章"奇俊不可及"[2]。

其诗多为纪游与咏古之作。其中《燕京新乐府》8首为吟咏晚清北京风俗之作。而《火轮船》《轻气球》和《远镜》等分别吟咏轮船、气球、望远镜，为同类题材中之较早者，也反映了李晋熙顺应晚清变局，勇于学习西方先进事物的心态。当然，也有诗歌充满对鸦片战争西方殖民者入侵后的忧患意识，如《沪城感事》[3]之一云：

> 番舶如云沪上屯，吹来腥雾蜃楼昏。
> 贾生痛哭思陈策，漆室哀吟欲断魂。
> 释道教衰天主盛，衣冠品贱市儿尊。
> 江河不返滔滔下，谁信中流砥柱存？

此诗展示了帝国主义列强入侵上海后，城市社会、经济、文化的状况，慨叹纲常名教之丧失殆尽，表现出对国家命运的无比担忧。

李晋熙尤其擅长集唐宋名家诗句以为己作，故特别编写《集句诗》，足

---

[1] 梁成久等纂修：民国《海康县续志》卷二十一《人物二·先正传下》，雷阳印书馆1929年版，第27、29页。

[2] 梁成久等纂修：民国《海康县续志》卷二十一《人物二·先正传下》，雷阳印书馆1929年版，第26页。

[3] 马良春、李福田主编：《中国文学大辞典》第五卷，天津人民出版社1991年版，第2787页。

见其文学功底深厚，下录《咏怀八首》① 之一，以见一斑。

> 万重心事几堪伤（杜　牧），酒兴诗情大半亡（韩　偓）。
> 笔研不才当付火（徐　寅），功名无力愧勤王（羊士谔）。
> 谁将一著争先后（齐　己），只恐多言议短长（卢　钰）。
> 无限城池非汉界（顾非熊），海天东望夕茫茫（白居易）。

此诗巧用名句，连贯缀成，表达了诗人对国土沦亡，自己却无能为力的扼腕之痛，诗中流露出苍凉悲愤之情，表达得贴切自然，浑然天成。《海康县续志》说他"盖其学既淹博，又毕生精力尽萃于诗，对唐宋诸名大家集句，讽诵皆上口，储才宏富，时贯缀成，语若己出"。"所自作古体，则横奇突兀，山岳罗胸；近体则蹈厉发扬，意态雄杰，都非易才也"②。当时的进士、刑部侍郎贵恒特为其《漉云斋诗集》作序，评其诗曰："即景、咏古诸作，陶写性灵，发抒怀抱，温柔敦厚之意溢于行间；而集句则花团锦簇，组织精丽，如天工造就，无斧凿痕。"③ 他的老朋友黄诰说这些作品"都中传诵，倾倒士夫"④，造诣颇深。

李晋熙著作颇多，文稿多已散失，惟存有《漉云斋诗集》4 卷和《漉云斋集句》12 卷，现已很难找到。民国《海康县续志》录存有诗歌 166 首，摘句 18 则，集句诗 103 首，十分珍贵。

---

① 梁成久等纂修：民国《海康县续志》卷三十五《艺文十一·诗徵三》，雷阳印书馆 1929 年版，第 62 页。

② 梁成久等纂修：民国《海康县续志》卷二十一《人物二·先正传下》，雷阳印书馆 1929 年版，第 28 页。

③ 马良春、李福田主编：《中国文学大辞典》第五卷，天津人民出版社 1991 年版，第 2787 页。

④ 梁成久等纂修：民国《海康县续志》卷二十一《人物二·先正传下》，雷阳印书馆 1929 年版，第 29 页。

第二十四章　明清时期湛江地区宗教与文化

　　清初，佛教复兴，湛江地区新建寺观多达百余座。同时，重新修葺或兴建的道观也不少。天主教各派传教士涌入湛江地区，耶稣会和巴黎外方传教会是最主要的传教会。明清时期，本地宗教神庙广布，具有极强的影响力。其中尤以妈祖崇拜、雷神雷祖崇拜、伏波将军崇拜为最盛。

　　此间，湛江民间艺术发展迅猛，种类繁多，精彩纷呈，颇具地方特色。吴川南派粤剧艺术在明清时期趋于成熟，以其生动、奔放的艺术表现在粤剧舞台上，打响"下四府"粤剧的名号；从雷州歌到雷州歌戏最后到雷剧的形成与发展，使雷剧跻身为广东省内四大剧种之一；其他如吴川木偶戏、粤西白戏、湛江八音、客家山歌等，都表现出湛江民间艺术独特的艺术魅力，极大丰富了湛江民间艺术的内涵。明清时期，湛江地区民间民俗丰富多彩，技艺精湛。人龙舞、舞鹰雄、廉江白戏、雷歌、雷剧等极具特色。

　　明清时期，湛江文人诗兴起，成为岭南诗坛的重要一支。这些文人雅士为当地的庙宇、书院、宗祠、津渡等题写匾额、撰写楹联，佳句绝句不断，至今为人们所传诵，也促进了地方风俗的进化。

　　在明清形成的湛江民间风俗中，无论是岁时风俗，还是婚嫁风俗、送葬风俗，既遵循中国传统文化的一般规律，又有诸多鲜明的特色，如湛江元宵节又称为"年例"，湛江节庆与湛江特色美食的诞生，湛江清明节"拜山"之隆重，湛江"哭嫁"风俗等等，流传至今，并衍生出一系列非物质文化遗产，值得我们保护、继承与发展。尤其是湛江的娱乐风俗，如雷州换鼓、湛江傩舞、徐闻藤牌功班舞、湛江龙舞、湛江醒狮、湛江飘色、湛江洪拳等等，气势宏大，热情奔放，彰显湛江丰厚的历史文化底蕴。

第一节　宗教与民间信仰

一、佛教

自唐代开始，湛江地区一直是岭南地区的一个佛教文化中心。宋元时期，湛江地区佛教进入兴盛时期。

明代，因朝廷及皇室极力推崇道教，佛教发展时有起伏，尤其是嘉靖年间，世宗皇帝好长生不老之术，尊崇道教，抑制佛教，地方上也受到影响。府城内的佛寺"圆通宝阁"被毁，寺内"铜像发学铸造祭器，其田召人承佃"，"遗址占为民居"。① 其他如府城内的普庵堂、六祖堂等也相继被毁，天宁寺的寺田也被政府剥夺大半，晚明，虽有地方官民竭力重修、维护，但其发展曲折，香客甚稀，门庭冷落。

清初，佛教复兴，湛江地区倒塌的寺庵纷纷修复，重放佛光，新建寺观多达百余座，僧尼、居士数量猛增，晨钟暮鼓四处可闻，恢复其区域性佛教中心的地位。海康天宁禅寺、徐闻华捍寺成为雷州禅林基地，形成一派"家家有弥陀，户户有观音"的景观，其禅风之盛，甲于岭南其他地区。正是因为明清以来雷州半岛对佛教文化的涵养、承载与传播，使这一地区保存了许多极具本地特色的佛教文化。

一是以内江腔为主调的雷州佛乐流传至今，颇有特色。广东佛教音乐，以潮州和雷州两大佛乐为中心。雷州佛乐，作为岭南佛乐一个流派，本属禅宗，后为"净土宗"取代。明清以来，净土宗以高声念佛为主，大致从广西湘桂走廊和北、南流江一线传来，念佛却使用桂林官话。腔调则是二百年前由西江佛乐假道鉴江传入，与当地音乐相结合，形成天宁寺"内江腔"佛乐。因其风格融会贯通，故无论僧尼、居士、信众，还是平头百姓都乐于接受，自成流派，独立于岭南佛教乐坛。据1980年调查，仅流行于海康各寺庵的佛乐就有50多首，分赞、叹、颂、念、白等5种。它们的共同特点是

---

① 〔明〕欧阳保纂，〔明〕韩上桂、邓楨辑：万历《雷州府志》卷二十二《外志·寺观》，万历四十三年（1615）刻本，书目文献出版社1990年版，第460页。

古雅清静、庄严肃穆、优雅深沉，有独到的宗教氛围和修行作用。

二是独特的佛像雕塑艺术。雷州半岛不仅是佛教信仰中心，也是佛像雕塑艺术中心，在广东佛教中享有盛誉，与潮汕、香港并列为佛像三大制作中心。雷州的雕塑、雕刻艺术起源于魏晋，兴盛于唐。自宋至清，雕像代有其作，如宋代有冼夫人、妈祖塑像；明代有石狮、石狗和三元塔座石雕；清代有雷祖陈文玉像、牌坊雕像等，均有很高艺术价值。佛教融入寻常百姓家，佛像雕塑雕刻艺术因民间化得以流传。

明清时期，湛江地区寺院星罗棋布，著名寺院有：

开元寺。在海康县城南调会坊（今三元塔一带），唐开元年间建，有石塔高五丈余，虽在明朝已圮，但其石塔依然耸立。明万历年间，雷州府推官欧阳保在原开元寺旧址，就其石塔为文笔塔的寓意，再建九重秀塔，开元寺之名得以继续，直至清代。

天宁禅寺。位于海康县雷城，为雷州半岛历史最古老、延续时间最长、规模最大的佛寺，有"雷州第一刹"之称。古名报恩寺，又称天宁万寿禅寺，始建于唐大历五年（770），苏东坡誉其"万山第一"。

天宁禅寺初建时，拥有大量寺田和奴仆，且免交租税，还拥有一定政治经济特权，这种特权甚至保留到清中叶。受禅宗六祖惠能"顿悟"思想影响，初时僧徒不须坐禅苦行，居不愁寒暑，食可择甘肥，谈吐于菩提树下，扬眉于大殿之中，故入寺剃度者有增无已。明后期，天宁禅寺占有寺田"通共五十九顷九十八亩五分。坐落海康，三县以赡香灯"。[1] 据传，仅寺内租息1500石，常住僧侣100多人，进香朝拜者难以数计。既有宋元流寓雷州的文豪名臣提携，社会声誉极高。明代，享誉全国的高僧大德也来讲学，尤其是晚明高僧德清（号憨山）在此寓居一年又七个月，他带枷修持、讲经，感人至深，大批雷人来此修行念佛，香火旺盛。

据清康熙、嘉庆《海康县志》记载，从宋代到清代，天宁禅寺屡遭破坏，又多次重修、扩建或修葺。宋末元初，兵荒马乱，寺被焚烧，元代住持石心师重建，复其旧制；明代也有过三次修葺和扩建，规模、结构和布局较为完备；清代有6次重建、大修、加建或装饰，规模、结构和布局日趋完

---

① 〔明〕欧阳保纂，〔明〕韩上桂、邓桢辑：万历《雷州府志》卷二十二《外志·寺观》，万历四十三年（1615）刻本，书目文献出版社1990年版，第458页。

备、雄伟，声驰省内外。当时，"寺去城半里，并寇祠接西湖，丛林幽静，可接名士词人，羽客缁流，来往所经，题咏甚富。寺后有一览亭，高豁可望，山环水绕"①，亦郡之大观也。

雨花台。即宋元时期的"圆通宝阁"，供奉观世音菩萨，一度被废。但明万历年间，知县郭之蒙增砌基台于阁前，称为"雪花台"。清康熙十八年（1679）、嘉庆九年（1804）再次重修。②

高山寺。在雷城北门外，以背枕高山、前临南海而得名，也是雷州半岛千年古刹、为南国名胜之一。高山寺始建于宋末，重修于清初。清光绪年间（1875—1908）易地移建于山腰，易名华严寺，不断重修，至今香火不断。

天竺庵。在雷州城南门外龙应坊，建于明嘉靖元年（1522），为邑人李光玄所创，清同治四年（1865）重修。翌年，吴川状元林召棠游雷州，题"天竺庵"山门额，撰写楹联"前台花发后台见，上界钟清下界闻"和"仙露明珠"牌匾，高悬庵堂中央。另一位雷州文人李韶绛题联，为天竺庵增色。

永泉寺（庵）。在雷州府城北15里陆公泉旁。明嘉靖年间，"雷州知府陆瓒多惠政，觐行，士民送至此，得泉，因建亭立祠以祀，祠内并奉诸佛，僧主之"。清康熙三十六年（1697），雷州协镇徐奎重修。③ 其中，陆公泉因陆瓒的"清官"口碑而声名远播，湛江地区多部志书都有记载。

华捍寺。在徐闻县城，因寺傍捍水门而得名，但因其在城北，俗称北门宫。始建于明崇祯三年（1630），清康熙、乾隆年间曾重建，成为颇具规模的四合院式寺庙，寺庙由山门、庭院、前后两殿及两厢斋堂组成，寺前原有华捍井，涌水量大，水质清甘，供城内外提汲，旧志载入古迹。

护国寺。在遂溪县城内，原名南山古洞，建于北宋中期，原址在今湛江市麻章区湖光镇旧县村，后迁今址。明万历四十三年（1615），改称为关帝

---

① 〔明〕欧阳保纂，〔明〕韩上桂、邓桢辑：万历《雷州府志》卷二十二《外志·寺观》，万历四十三年（1615）刻本，书目文献出版社1990年版，第458页。

② 〔清〕刘邦柄修，〔清〕陈昌齐纂：嘉庆《海康县志》卷二《建置》，嘉庆十七年（1812）刊本，第25页。

③ 〔清〕刘邦柄修，〔清〕陈昌齐纂：嘉庆《海康县志》卷二《建置》，嘉庆十七年（1812）刊本，第26页。

庙。明崇祯四年（1631），扩建后殿，祀三宝，即佛、法、僧。佛指大知大觉者，法即佛说的教义，僧即继承或宣扬教义的人。同时取三国时关羽"护国保民"之意，易名护国寺。该寺曾称关帝庙，通常也被列入道教或民间崇拜范围，后又祀奉佛教，说明佛、道合流，雷州文化的包容性由此略见一斑。

楞严寺。也即宋元时期的湖光庵。明清以来依旧兴旺，为雷州半岛历史较古老佛寺，曾改名"白云禅庵"，后称楞严寺，取意于佛教《楞严经》，含佛法永固之意①。

明代，楞严寺处在风景秀丽的湖光岩畔，是佛家修身养性和游人赏心娱乐的大好去处。文人学士吟咏甚多，明永乐年间（1403—1424）进士、遂溪陈村人陈贞豫《再游湖光岩》诗，触景生情，有感而发，已不囿于佛理和修持，读来耐人寻味。其诗曰：

> 十载寒窗志未酬，湖光岩畔喜重游。
> 山僧老去碑犹在，玉女妆成镜未收。
> 高接云衢凭远眺，底通湖广理难求。
> 登临莫问前时事，空使沉魂恨白牛。②

民国时期，楞严寺组织念佛社，参加僧侣众多，念佛诵经，盛极一时，仅供奉佛像至达30多尊，声播省城。

古兴龙寺。在吴川吴阳镇霞街，始建于明崇祯十七年（1644），开山祖师为真帝、性莲，靠信徒集资建成。林召棠曾为寺引宋代王安石《书湖阴先

---

① 《楞严经》是6—7世纪兴起于印度的佛教部派密宗（又称密教或真言宗）经典。有研究显示，密宗曾在广州、潮州、循州（惠州）等地流行了两百年时间，主要由善无畏、金刚智和不空所谓"开元三大士"由海路抵广州等地弘法传人。唐开元二十九年（741），不空从广州出发，前往南洋诸国，虽史无记载他在雷州半岛是否停留，但从"楞严寺"与密宗关系判断，唐代密宗大有可能在雷州传播。彼时，密宗在岭南非常活跃，许多人参加灌顶，成为信徒。唐代雷州佛教甚为兴旺，理应在密宗弘法区域之内。保存至今的楞严寺，有可能是密宗留下的吉光片羽。参见司徒尚纪：《雷州文化概论》，广东人民出版社2014年版，第269—270页。

② 〔清〕喻炳荣、朱德华修，蔡平点校：道光《遂溪县志》卷十二《艺文》，方志出版社2017年版，第324—325页。

生壁》诗中两句："一水护田将绿绕，两山排闼送青来"，并题匾"文萃天下"。该寺所在，昔为吴川县城，商业殷盛，居民五方杂处，有资财支持寺院经济，保持众多信众。古兴龙寺虽历遭劫难，然历史影响仍未泯灭，是鉴江流域一处著名丛林。

二、道教

道教是我国本土宗教，它追求长生不老、得道成仙。道教是多神教，诸神庞杂，在民间容易流传。湛江地区僻处南疆，有俚僚文化残余，道教在当地有深厚的群众基础。东晋末年，五斗米道在南方发动起义，义军首领卢循曾攻克广州、始兴，后失利，残部退至交州，湛江地区已属五斗米道的活动区域。

唐宋时期，唐高祖、宋真宗、宋徽宗尊崇道教，道教一度成为国教。湛江地区也出现一些著名道观，甚至产生道教大师。南宋，雷州半岛诞生一位道教名家，他就是道教"内丹派"代表、道教南宗五祖白玉蟾。白玉蟾虽出生于海南，但过继给雷州白氏，也是半个雷州人。他多才多艺，深谙道教道法，其在道学、诗词、书法等方面成就杰出，多部道教著作被《道藏》收藏，为雷州人引以为荣。南宋嘉定年间（1208—1224），白玉蟾被敕封为"紫清明道真人"。

宋元时期，地方修建诸多道观。但历经朝代更迭，多圮。明清时期，湛江地区重新修葺或兴建的道观不少，志书中有记载的是：

玄妙观。在雷州府城内镇宁坊。旧有紫薇观，宋改为天庆观，元改玄妙观。岁久倾圮，明弘治九年（1496）太监陈荣重修，增广其制，有三清堂、城隍堂、道纪舍；嘉靖年间广东提学毁之；万历三十七年（1609）恢复，但逐渐衰败。

天福庙。在雷州府城东关外，旧有北府神祠，明万历四十一年（1613），乡民呈府准建天师庙，由头门和正殿三进组成。匾曰"福国庇民"。清顺治年间、康熙年间守道、知府倡捐修复，乾隆四十八年（1783），附近绅士、商民捐资重修。[①]

---

① 〔清〕刘邦柄修，〔清〕陈昌齐纂：嘉庆《海康县志》卷二《建置》，嘉庆十七年（1812）刊本，第21页。

玉皇庙。在海康县东城内安仁坊。元大德十年（1306），廉访使乌古孙泽、医学教授王廷安创建。

南海洪圣庙，在旧税课司侧。元末废。

显庆庙。在雷州府城南城内，元至顺年间赣人陈武山等建，祀石姓赣人有护国功。①

明清时期香火畅旺，流传至今的著名道观首推雷州府城真武庙和白沙医灵堂。

真武庙。真武大帝，又名玄武大帝，道教中为北方元冥水神，为从事农桑事者崇拜，雷州各县均有。府城真武庙为雷州较早道场，坐落于府城南关外宁国坊。此真武庙的兴建，与宋朝贬谪雷州的寇莱公有关。

此地为寇莱公寇准贬雷后的居所，"天圣改元，秋杪夜半，星陨南园池中"，寇准使人搜寻，得一陨石，大概是出于天人感应，寇准动议，"因即其地建真武堂。郡人钦奉之"②。建成，后迁天庆观（明代玄妙观）内，搬迁后，雷地多年"连岁不登"。南宋绍兴十一年（1141），雷州知军事胡宗道又主持迁回原址。明万历元年（1573）、万历三十二年（1604），乡民黄朴、生员陈瑾等人不断重修，"鸠金拓基，鼎建大堂，金饬神像"，推官高维岳亲自主持造神龛、香亭，后来，陈瑾和举人何起龙等建牌坊于大门，勒石"南合武当"四字，庙宇焕然一新。因雷州前身为南合州，湖北武当山为道教名山，声驰全国，真武堂号称"南合武当"，足见真武庙确为明清时岭南道教圣地。当时，此庙盛极一时，陈瑾买田60亩作为"香灯资"，庙内有道士住持，到清乾隆五十四年（1789），再次鸠金重建，保留至今③。真武庙历经宋元明清，至今香火不断，各朝代地方政府支持，民间不断重修，足见封建时期雷州半岛对"东西洋田"为代表的农业经济颇为倚重，人们衷心祈求司水之神眷顾乡里，五谷丰登。

---

① 〔明〕欧阳保纂，〔明〕韩上桂、邓桢辑：万历《雷州府志》卷二十一《古迹志》，万历四十三年（1615）刻本，书目文献出版社1990年版，第456页。

② 〔明〕欧阳保纂，〔明〕韩上桂、邓桢辑：万历《雷州府志》卷十一《秩祀志》，万历四十三年（1615）刻本，书目文献出版社1990年版，第314页。

③ 〔清〕刘邦柄修，〔清〕陈昌齐纂：嘉庆《海康县志》卷二《建置》，嘉庆十七年（1812）刊本，第21页。

医灵堂。在雷州府白沙镇，离府城五里地。此庙拜祭道教"慈济真人"。明万历二十年（1592），海康知县秦懋义"见民间多疫疠，苦无医，偶行郊野至白沙，登堂少憩。问之曰：'何神？'土人以'医灵'对。秦公欣然捐金为材，助以夫役，大加饰治，神灵遂妥，疫亦多愈者"。① 清朝再次重修，流传至今。②

慈济真人，又称吴真人，保生大帝，俗称大道公，是福建闽南、台湾地区传统民间信仰中香火旺盛的神祇之一。据传，慈济真人本福建同安县白礁村人，宋太平兴国年间生，生前医德高尚，慈惠济世，采药行医，活人无数，辞世后由神医变成医神。明清时期，雷州医灵堂的出现与发展，也从侧面见证了福建移民对当地民间信仰的影响。

宋代被贬雷州的秦观有《雷阳书事》诗云：

> 一笛一腰鼓，鸣声甚悲凉。
> 借问此何为，居人朝送殇。
> 出郭披莽苍，磨刀向猪羊。
> 何须作佳事，鬼去百无殃。

透过秦观诗句，可见宋代雷州道教活动很活跃，道教仪式隆重。

明嘉靖元年（1522）广东提学副使魏校"毁淫祠，办社学"，雷州境内玄妙观、普庵堂、三官堂等道观被拆除，道教备受打击。

但实际上，道教"斋醮"贴近百姓生活，城乡百姓都有需求。道家"斋醮"分吉凶两种，吉事指祈福求寿、酬谢神佛之类，如"打醮"、设"宝灵坛""雷坛"（还雷斋）等。凶事指送葬致哀、超度亡魂所作的"开门路""半夜吉"等法事，由道士主持，俗称"做斋"。清初，道教在海康、廉江等县兴建不少道观。后来，政府抑制，道教式微，但其组织、活动仍以各种形式在湛江地区存在。

① 〔明〕欧阳保纂，〔明〕韩上桂、邓桢辑：万历《雷州府志》卷十一《秩祀志》，万历四十三年（1615）刻本，书目文献出版社1990年版，第314页。
② 〔清〕刘邦柄修，〔清〕陈昌齐纂：嘉庆《海康县志》卷二《建置》，嘉庆十七年（1812）刊本，第25—26页。

清末至民国，道教多以替人念经超度、祈福、禳灾为主。我国道教主要分全真派和正一派两大教派。在雷州半岛活动的道教属正一派的斋醮、莒茅两个支派。斋醮派道班较多，做法事以文字（表、疏）"唱赞"见长，活动遍及全半岛。莒茅派道士以铃、刀、剑、戟等道具和"舞"为主，以半岛沿海地区为主要活动范围。

三、西方宗教

天主教传入湛江地区，最早可追溯到明代，而最早来雷州传教的是天主教耶稣会。

清初，天主教各派传教士涌入湛江地区，耶稣会和巴黎外方传教会是最主要的传教会。据法文《巴黎外方传教会资料》记载，清康熙四十三年（1704），葡萄牙耶稣会教士玛诺德来雷州传教。玛诺德以雷城为"据点"，首先在南门建立小教堂，在卜格村等地设立传教点，并逐渐到廉江和遂溪的乐民镇新埠村、东门港等地传教。《巴黎外方传教会资料》中还记载，雷城西面教徒坟场，仍有玛诺德的墓碑。徐闻县大黄乡那练村东岭曾出土康熙年间的天主教徒墓碑，可以推断，当时，徐闻、海康、遂溪、廉江等县均有天主教活动。

清雍正十二年至十三年（1734—1735）朝廷严厉禁教，所有耶稣会传教士撤离雷州。但从嘉庆五年（1800）开始，葡萄牙耶稣会经澳门教区，先后派遣华籍阮、陈、卢、刘、蓝、林和两位姓何的神父来湛江地区传教，长达50年之久。主要在海康、遂溪各点传教，后其教务拓展到廉江木拱桥村（约1800年）、墩仔（约1803年）和山寮村（约1805年）。但因入教条件严苛，如严禁多神崇拜，强令教徒毁掉祖先牌位等等，与中国本土宗教信仰发生冲突，入教者甚少。

清道光二十九年（1849），巴黎外方传教会传教士再次进入雷州传教。率先来雷传教者为法国人亚马多·伯多禄，先后到廉江县吉水镇墩仔村、木拱桥村和山寮村等地传教。后将海康县卜格村（今海康县沈塘镇卜格村）设为雷州临时传教中心，并在卜格村修建雷州首个天主教堂。咸丰八年（1858）八月，广州成立教区，由法国巴黎外方传教会掌握。从此，湛江地区天主教归广州教区管辖。外方传教会又派法籍德力格来廉江传教，同治二年（1863），亚马多神父因染霍乱，死于海康县卜格村。同时，广州教区贵罗明主教将雷州半岛、涠洲岛和海南划为粤西区，其中雷州传教区又形成雷城和石城两个中心传教区。海康县雷城、卜格、迈特、圣三、塘边和太坡都建立了规模较大的教堂。雷城教堂是天主教在雷州的传教中心。

天主教传入廉江县的历史较早。但到同治九年（1870），法籍陈德经神父才在山寮村建立规模较大的教堂。不久，木拱桥、墩仔村和安铺等传教点也有较大发展。遂溪县，在江洪港、通明港、东门港、六坑村和新埠村等地较早设立传教点，在海康的神甫常到各点传教。光绪十一年（1885），广州教区派遣华籍梁氏神甫来吴川梅菉镇传教，在梅菉镇建立一座较大的教堂，梁氏首任本堂神甫。

光绪二十五年（1899），法国租占广州湾，天主教也随之传入广州湾。至清末，教徒百余人，其中大部分是法国士兵以及北海、广州等地迁来的商人教徒，本地入教者不外 20 多人。

湛江地区主要教堂有：霞山天主教堂，又名维多尔天主教堂，坐落于湛江市霞山区绿荫路，是湛江市唯一的哥特式建筑，为湛江天主教区的中心。廉江县山寮天主教堂，坐落于廉江县石城镇山寮村，山寮天主教堂是该县规模最大的天主教堂。廉江县墩仔天主教堂，坐落于廉江县吉水镇墩仔村，清道光二十九年（1849）由巴黎外方传教会传教士亚马多·伯多禄创立，光绪十年（1884）后为山寮天主教堂分堂。海康县雷城天主教堂，坐落于雷城大新街，为外方传教会在雷城设立。海康县塘边天主教堂，坐落于沈塘镇塘边村，原为雷城教堂分堂，光绪二十二年（1896）成为独立堂口。海康县先锋天主教堂，原名圣三教堂，坐落于纪家镇先锋村（原叫圣三村，也叫教堂村），同治十一年（1872）外方传教会苏士神甫购买土地安置流浪教徒结群成村，教堂及附属房产最完整时，占地面积达 1799 平方米，是雷州半岛规模较大的教堂。

在我国，天主教与基督教教义基本相同。基督教专指马丁·路德宗教改革后的"新教"，又称为"福音教"或"耶稣教"。基督教进入中国晚于天主教，且规模小，影响不大。

四、民间信仰

(一) 神庙广布

湛江地区民间信仰的重要载体是神庙。据有关方志统计，明清时期，雷属三县民间神庙有 125 座，30 余种，[①] 还不包括遍布雷州乡间村落的土地庙等等。

按照神庙拜祭神仙的特征，明清时期湛江神庙主要分两种：一是崇拜自然神祇的神庙，一是人神庙。

自然神庙：包括土地庙、城隍庙、文昌庙、火雷圣母庙、火神庙、三官堂、三圣堂、真武庙、四帅庙、仓神庙、东岳庙、五岳庙等。这类神庙主管人间风调雨顺、祸福安危、功名利禄、生老病死。自上古越人到宋元移民都崇拜这些神祇，反映了雷州文化在中华民族多元一体格局中曲折发展的轨迹。

人神庙：包括雷神庙、关帝庙、天后庙、白马庙、伏波庙、冼太庙等。这些神庙所奉祀的神祇原为人，因有功于朝廷或当地，身后被晋升为神。这是对祖先、功臣和英雄的崇拜，是一种社会力量的表现，反映人们对适应自然、改造自然、改造社会力量的崇敬和怀念之情。

以上两类庙宇遍布整个雷州半岛。

明清时期雷州三县民间神庙统计表

地区	神庙名称 (附注：括号内为相同神庙数字)	数 (座)
海康县	医灵庙、灵山庙、镇海雷神庙、雷庙 (2)、伏波庙 (4)、城隍庙 (2)、英山雷庙、天师庙、关王庙、天妃庙 (11)、文昌庙 (3)、真武庙 (2)、天福庙、龙王庙 (2)、二元宫、三官堂、准提阁、显震庙、风神庙、马王庙、威德王庙，康皇庙、白马庙	42

---

① 参见冼剑民、陶道强：《试论明清时期雷州民间神庙文化》，广东炎黄文化研究会等编：《岭峤春秋——雷州文化论文集》，中山大学出版社 2003 年版，第 121 页。

（续表）

地区	神庙名称（附注：括号内为相同神庙数字）	数（座）
徐闻县	伏波庙（2）、土地庙、关帝庙（6）、火神庙（2）、天后宫（5）、文昌庙（2）、武庙、城隍庙（2）、马王庙、龙王庙（2）、玄坛庙、华光宫、太华庙、邬王庙、北府庙、雷祖庙（2）、真武庙（2）、白马庙（2）、五岳庙、三元堂、三官堂、火雷圣母庙、文武火雷庙	40
遂溪县	关王庙、天后庙（9）、仓神庙、城隍庙（2）、文昌庙（2）、真武庙（2）、龙王庙、风神庙、关帝庙（5）、火神庙、雷祖庙（4）、东岳庙、西仙宫、南天宫（2）、准提阁、三官堂、四帅堂、三圣宫（2）、广福庙（即旧东赤庙）、元坛庙、华光庙、康皇庙、三灵庙	43
雷州府合计		125

资料来源：参见冼剑民、陶道强：《试论明清时期雷州民间神庙文化》，载广东炎黄文化研究会等编：《岭峤春秋——雷州文化论文集》，中山大学出版社2003年版，第121—126页。

实际上，雷州半岛是泛神信仰区，明清时期，上述所列30多位神祇，在这一地区同时受到百姓尊崇，充分反映雷州神明文化的多样性和复杂性。其中最受人们崇拜的主要有妈祖（天妃）、雷祖、伏波神以及狗图腾等，现选取明清时期妈祖文化、雷祖崇拜、伏波庙神崇拜等记述。

（二）妈祖文化

明代以后雷州妈祖信仰更为普遍，万历《雷州府志》记："（海康）天妃庙在郡城外南亭坊，庙有银器，祀用，监庙者沿主之。"[①] "（遂溪）天妃宫在通明港调蛮村，万历十四年（1586）白鸽寨把总童龙建。""（徐闻）天妃庙，海安所南门外渡头，各官往来皆具牲礼，祭之。"[②]

---

① 〔明〕欧阳保纂，〔明〕韩上桂、邓桢辑：万历《雷州府志》卷十一《秩祀志》，万历四十三年（1615）刻本，书目文献出版社1990年版，第313页。

② 〔明〕欧阳保纂，〔明〕韩上桂、邓桢辑：万历《雷州府志》卷十一《秩祀志》，万历四十三年（1615）刻本，书目文献出版社1990年版，第315、316页。

清代，雷州半岛妈祖庙数量非常多，据各县志记载，海康有妈祖庙11间，徐闻有5间，遂溪有9间，共25间。① 此外，吴川县城内8间，石城县城内5间，② 其中不包括雷城夏江天后宫。此间，各乡都、村社以妈祖为村神，有村庙者，数不胜数。

明清以来，妈祖作为航海保护神，一直被湛江地区的海员、渔民、海商、民众等信仰和崇拜。各处的妈祖庙宇门前像后都刻有内涵丰富的楹联。例如：

湛江硇洲岛为航海要冲，明正德元年（1506）修硇洲岛津前天后宫，代有重修，属名庙。其天后像联云："呵护航行，雨化千年长在望；仰瞻石像，神通海岸合言欢。"吴川塘塅镇天后宫，始建于清初，光绪六年（1880）题刻石门联曰："慈海赖慈航皆登坦途，梦途威灵梦立指迷津。"又位于雷城天后宫，大门对联为："闽海恩波流粤土，雷阳德泽接莆田。"位于湛江赤坎文章湾天后宫，其正门对联更写道："湄洲分灵迁湛土，文田香火继莆田。"这些楹联既歌颂了妈祖保民平安的功德，又透露出湛江地区的民众大都来自蒲田的族群人脉，是妈祖文化在湛江地区的明显体现。

关于天后显灵、令人崇拜的传闻，也见于方志等书。

清初，遂溪县通明港的天后庙，"康熙间显圣，佑助官军收灭海匪，大臣请旨加封赐银存营，……以为春秋祭费。届期命官行礼，永为常例"。③ 据载，雷城天后庙："仕于雷者，每朔望必诣庙拈香，无敢忽。而仕宦之过琼，商贾之海运，亦必祷于庙。一遇风波呼之辄应，往往于洪涛巨浪中显其神以保无虞。以故郡之人敬之独深，事之维谨。而荐以馨香，犹必崇以庙貌也。"至清末，雷人对天后如此崇信，甚至爱屋及乌，由天后衍生出其姐，也列入海神崇拜之列。宣统《海康县续志·坛庙》云：考刘世馨《粤屑》云，浔州天后庙有碑记叙述天后世系言自莆田庙中抄出者，称天后有第三姐，亦修

---

① 冼剑民、陶道强：《试论明清时期雷州民间神庙文化》，广东炎黄文化研究会等编：《岭峤春秋——雷州文化论文集》，中山大学出版社2003年版，第121—126页。

② 〔清〕毛昌善修，〔清〕陈兰彬纂：光绪《吴川县志》卷三《政经志·坛庙》，光绪十八年（1892）刻本。

③ 〔清〕喻炳荣、朱德华修，蔡平点校：道光《遂溪县志》卷九《列传》，方志出版社2017年版，第88页。

炼成仙，同三婆婆有来历，非子虚也。甚至小孩取名，在雷州半岛也与妈祖相联系，例如在徐闻，有"生贵子，契婆妈"的习俗，婆妈就是妈祖。小孩取名妈生、妈二等，名中有"妃"字的也不少见，希望得到妈祖保佑，也是对妈祖崇拜的反映。

雷州城南夏江天后宫

明清时期，湛江地区妈祖崇拜之盛集中体现在各地妈祖诞的游神活动。雷州半岛最大的雷城夏江天后宫，位于雷州市雷城镇夏江韩公桥北，又名龙应宫。始建于南宋，明清两代各有重修。妈祖诞这天庆祝活动称"雷城三月春"。庆祝活动包括：三月十九日起封斋素食；三月二十日起游神三日，此间，家家户户奉祀全猪、全鸡，妈祖庙前，道士诵经，绅商士民敬酬，香烟弥漫，烛光辉煌，爆竹声声，善男信女顶礼膜拜。游神队伍中，妈祖神像高高擎起，彩旗宝幡飘扬，八音锣鼓不绝，舞龙舞狮跟随，浩浩荡荡，游遍雷城而归；二十三日贺表，持续整天，包括拜忏、诵经、敬祀等。

湛江硇洲岛为航海要冲，疍民甚多，对妈祖笃信尤甚。津前天后宫妈祖诞举行"三月坡"大祭典。此日，村民齐集津门港赤马村后岭坡共祭，将妈祖宝像从福主家中隆重请回天后宫，继而封斋，进行早忏、午忏、晚忏、宿夜忏，供奉茶、糖水、饭菜；道士诵经，历时三天才告结束。对妈祖可谓崇拜之至。类似的妈祖诞庆典遍布雷州半岛。雷州乌石港、企水镇、遂溪江洪镇举行"游坡";雷州南兴镇妈祖诞游神自明代兴起,称"三月市",至今已有600年历史。乐民城请天妃往关帝庙就座,两神共处同一神圣空间;徐闻县东莞妈祖诞期,这天湛江东海岛东头山村全村大巡游。

(三)雷神崇拜

湛江地区的雷祖崇拜,历经上古越人朴素的生命起源观对"雷"这一自然现象的认识,完成汉唐以来对"雷公"神性化的赋予,创造性地将雷神拟人化为雷州开府功勋陈文玉。到明清时期,雷祖雷神作为专司雷州半岛的专属神,备受雷州百姓敬仰,也受到来自官方的大力扶持,雷神崇拜成为清统治者"修其教,不易其俗;齐其政,不易其宜"的地方治理方略。清乾隆十九年(1754),雷神被敕封为"宣威布德"神,乾隆六十年(1795),再次敕封为"康济宣威布德"神,[①]雷神崇拜对安定半岛社会和实现民生福祉颇有积极意义。

坐落于雷州白沙镇的雷祖祠牌坊

明清时期,雷祖或雷神庙广泛分布在雷州城乡,除雷州城西英榜山雷祖祠以外,另有:雷州附城镇英山南村,为雷祖诞降处;雷州附城镇榜山村雷

---

① 陈志坚:《雷州文化》,香港科技大学华南研究中心2011年版,第153页。

祖古庙，始于汉代，祀陈文玉及其父陈鉷；雷州白沙镇麻扶村雷祖公馆，为陈文玉历年出游驻跸之所，后为当地居民端午赛龙舟集合之地；雷州附城镇龙头村的镇海雷祠；雷州城东门的天福庙，在清代曾建雷祖三殿，存祀雷祖；雷州附城镇北家村雷祖庙；雷州南兴镇山尾村雷祖庙；雷州白沙镇合兴墟英绿山雷祠三殿宫；雷州白沙镇白中村"三殿宫"。据嘉庆《雷州府志·坛庙》记载，除上述庙宇以外，尚有扶柳、东林、调爽、足荣、士礼、零甲等村设雷祖庙宇。此外，遂溪、电白也有雷祖庙。据说整个半岛雷祖庙（祠）有几十座。

明清时期，半岛上祭祀雷祖规模宏大，延续时间长，超过其他神祀，有"二月开雷""六月酬雷""八月封雷"等三次仪式。明代成书的《雷祖志》记载："逢上元日，齐候文武各官送入庙致祭，名曰'开雷'。又办酒席，银每年一十二两，燕享各官，俾官民同乐。"至于游神所用"雷公、电母、风伯、雨师、雷车、雷鼓、电火"等物，"各以板图藏于庙内，令郡民每岁当里役者依样修造"。

每年正月十一进行的雷城游神最为壮观。游神队伍从雷祖祠出发至麻扶雷祖公馆作早忏，再出发巡游，从城南出发登城楼，巡游四大城门，到东门天福庙做午忏，再遍游府城至西湖真武堂作晚忏，最终，"雷祖"回祠端坐，历时一天。雷祖游城后，从正月十二到十四日三天，轮到各方神圣游城，四乡土民进城观瞻，万人空巷。雷傩舞、铜鼓舞、蛙舞、雷龙舞等一齐上阵，盛况空前，为雷州祭雷、游神乐俗之高峰。[1]

正月十五，则官民同祭雷祖。官府规则，凡新任雷州府县文武百官必到雷祠祭祀敬告，以示履新报到，任满也要到雷祖祠告别。而雷州人士到外地为官任职，也要先到雷祖祠祭祀告知，求得雷祖保佑。雷州清官陈瑸任福建古田知县时，即往雷祖祠敬祭，为家乡神明激励，出仕作好官之决心可鉴。其《辞雷祖庙》诗云[2]：

一炷心香格九天，如公名宦又乡贤。

---

① 陈志坚：《雷州文化》，香港科技大学华南研究中心 2011 年版，第 123 页。

② 〔清〕陈瑸著，邓碧泉编选、校注：《陈瑸诗文集》，人民日报出版社 2004 年版，第 193 页。其中，"伯起"指东汉大臣杨震，清官，以"慎独"自律留名千古；"刚峰"，指海瑞，号刚峰。

> 盟衷惟有神知我，出宰方期吏似仙。
> 伯起清标非往事，刚峰强项至今传。
> 倘邀默相循良绩，敬辑英灵续旧编。

康熙十年（1671），分巡雷廉道程宪作《雷祖赞》诗，将雷神陈文玉的诞生与商周时代创世纪商族始祖并驾齐驱，足见明清时期，雷神在雷州人心目中的崇高地位。诗曰：

> 自昔玄鸟，实造有商。洛龟河马，古有其祥。
> 我雷之瑞，毕萃于王。九耳一动，神物遂彰。
> 生光邦国，归则神享。金容如见，庙貌肃庄。
> 雷鼓填填，雷车锵锵。风吹云走，不可思量。

据民国《海康县续志》记载，雷出万物出，雷入万物入，入然除弊，出然其利。这种原始朴素的生命起源观，是雷州半岛特殊地理环境的产物，并由此产生极富地域特色的"雷文化"。

（四）伏波神崇拜

伏波神，一指西汉武帝平南越国的伏波将军路博德，一指东汉光武帝征交趾征侧、征贰叛乱的伏波将军马援，他们为守卫祖国南疆做出重大贡献，路博德后被汉皇封为邳离侯，马援则被封为新息侯。有史料表明，两伏波将军途经雷州，至今留有遗迹。

明清时期，雷州半岛民众对伏波将军的崇敬与拜祭未曾减弱。明万历年间，在郡治西南一里许，伏波庙就已巍然耸立。清康熙十七年（1678），都司徐飞等在雷州海康拱宸一带打击海贼，祈祷伏波将军助攻，大败凶悍海匪。为感其护佑，康熙二十年（1681），徐飞偕同雷州知府、新息侯后裔马麟生重建庙宇，[①] 乾隆四十九年（1784），署府郑寅谷与地方乡绅再次重修，更重新找回马伏波的战马当年所刨之泉。此井沿用至今。几经重修，雷城伏波庙形制抵定。建筑面积 1300 平方米，分大门、前厅、正殿三进，按中轴

---

① 〔清〕刘邦柄修，陈昌齐纂：嘉庆《海康县志》卷二《建置》，嘉庆十七年（1812）刊本，第 20 页。

线布局，逐级升高，雄伟壮观，祀奉路、马两位将军。内有《重建伏波将军路马二公祠宇记》及《伏波井碑记》，尤其珍贵的是雷州半岛流传的马援给兄子严、敦的书信，清初由雷州右营都司徐飞刻制成碑，收藏于祠内。明清时期，伏波崇拜达到高峰。

清屈大均《雷阳曲》九首，其中第四首即写雷城伏波井（泉），诗曰：

南亭溪畔二桥前，椰叶阴阴带暮烟。
蛮女喜簪青茉莉，月明齐汲伏波泉。

明清以来，相对于其他民间神明，伏波将军崇拜更具有国家意识，也为封建统治者所推崇，所谓"惟伏波将军庙，其神大而正者"，《明一统志》和《大清一统志》都将其收录，作为雷州府建置的主要内涵。其云：伏波庙，宋苏轼伏波将军庙碑。在海康县西南一里许，南宋王象之《舆地纪胜》，有威武庙，祀汉两伏波将军。

路博德、马援都曾驻师徐闻，候潮渡海入琼，故徐闻也建有伏波庙。清宣统《徐闻县志》载："伏波庙在县南门内，苏轼、李纲有记。久圮。"因

雷州城伏波祠

苏轼贬琼时所写《伏波庙记》，李纲《伏波庙碑阴记》，以亲身经历，诉说伏波神灵验，均为此伏波庙而作。徐闻县另有伏波庙，在今徐城镇东南2千米的九坛铺（旧称观涛坡），清光绪二十三年（1897）重修，庙宇原曰"涛山寺"。宣统三年（1911）扩建，初具规模，民国以后庙宇渐废。

明清时期，伏波神崇拜凝结在百姓生活的方方面面。每年正月元宵节，雷州城内举行"伏波巡城"。伏波扮演者骑白马，头戴盔甲，着战袍，手持战戟，威风凛凛，从伏波祠出发，在群众拥簇下巡游雷城主要街道，街道两边锣鼓喧天，彩旗夹道，鞭炮齐鸣，欢声雷动，人们为两千多年前伏波将军的丰功伟绩倾情庆贺，恰如伏波祠楹联云："粤海山河从此靖，汉家人物到今传。"此外，雷州半岛有不少村落把伏波神作为村保护神，建庙祭祀，更有直接将"伏波"作为村名的，崇敬之情，可见一斑。

第二节　文化艺术

一、民间戏曲

（一）雷州歌

清代，屈大均在《广东新语·文语》说，"粤俗好歌，凡有吉庆，必唱歌以为欢乐"。其中孕育、形成于雷州半岛的民歌，称雷州歌，简称雷歌。

和其他地方民歌一样，雷歌是在古代先民的劳动过程中产生的，后口头创作成歌。雷州半岛为古越人的居住地，雷州英利镇出土了三四千年前制作树皮布用的石拍，雷州先民槌打树皮制衣时发出的节奏可能是最早的歌声。先秦时期，荆楚文化影响雷州，《荆楚岁时记》记载乞巧节的风俗与后来的雷州风俗有传承关系。而歌谣是地方风俗的一部分，同样受到地方方言的影响，雷州流行乞巧节的歌谣："七月七，盖敖牙（蜘蛛），七个嬏子跪平平；七支香，七盅茶，穿过针，鼻结茧，七个姐妹都作奶。"此歌谣声韵押字离不开雷州方言，但内有荆楚风韵[①]。

---

① 陈志坚：《雷州文化》，香港科技大学华南研究中心2011年版，第61页。

东汉时期，伏波将军马援平交趾郡征侧、征贰叛乱，凯旋回朝，路经雷州半岛，受到雷民夹道欢迎。有歌谣流传至今："田鸡沾，沾鸡瘟，点手指，平平分；水牛仔，赶将军，将军上，将军下，三百郎子放炮仗！"应是一首最古老的雷歌。古代雷州骆越人早有"骆田"，农耕文化萌芽，鸟图腾崇拜早已流行，这些古老的文化都以民间歌谣的形式传承下来。例如，雷州半岛至今仍流传着一首以雷州方言传唱的歌谣《燕鸟子》，其中唱道："燕鸟子，飞东溪，吃酒子，讲话多；不谷（拿谷）饲鸡叫饲饲，割草饲牛便田犁（拉犁犁田）。"为我们再现了古代先民们田园牧歌式的生活场景。

宋以后，闽南移民带来闽南民歌，与俚僚民谣相结合，并使用孕育中的雷州方言说唱，大体经历了"谚""谣""歌"三大阶段，雷歌逐渐成为一种独立的文艺形式。宋宝庆年间，雷州府学教授李仲元《重建御书楼上梁文》有"听取欢谣，敢陈善讼"之语，[1] 是宋时雷州人以对歌赞扬时政之证据；另外，明清时期，"雷州人编印《杂字》曾经有过'雷州歌谣，八百年号'的说法"[2]，据此可知，雷歌流传已有上千年历史。经有关论证，雷歌大约成型于明代，昌盛于清代，不仅是民间口头说唱，而且出现艺人创作歌本。据清宣统《海康县续志·坛庙》记载："明正统十一年（1446），知县胡文亮《天妃宫祀田记》碑在（天妃）宫门前戏台旁"，可见雷州歌登台演唱也有550多年历史。明万历十九年（1591），汤显祖贬徐闻，曾作《黎女歌》，描写当地男女文身、游乐情景。其中有"珠崖嫁娶须八月，黎人春作踏歌戏……歌中答意自心知，但许昏（婚）家箭为誓。椎牛击鼓会金钗，为欢那复知年岁"[3]。照此看来，雷歌对歌在明末发育成熟，已成为社会风尚。其时，市里乡间，姑妇翁童"出口成歌"，"以歌自娱"，甚至设擂台赛歌，蔚然成风。

雷歌最先的形式是乞丐歌，乞丐为达到目的，极力赞美祝福，以成歌谣。继乞丐歌之后接踵而起的是姑娘歌，因演唱者以女歌手为主而得名。凡歌谣必押韵，有的押阳平声，有的押仄声。押仄声韵的，可以诵，可以念；

---

① 〔明〕欧阳保纂，〔明〕韩上桂、邓桢辑：万历《雷州府志》卷二十《艺文志·序文》，万历四十三年（1615）刻本，书目文献出版社1990年版，第446页。
② 吴建华：《雷州传统文化初探》，天津古籍出版社2000年版，第276—277页。
③ 曾权主编：《汤显祖与徐闻》，中国文史出版社2005年版，第108页。

押阳平声的，可诵可念，进而能够曼声歌唱。到姑娘歌时，歌谣词意缠绵不绝，如藤之缠树，俗叫"歌藤"。此间，雷州姑娘歌流行于半岛各地，这是在雷州歌谣对唱基础上逐步形成的曲艺形式。

相传明隆庆年间（1567—1572），雷州府南边坡村姚姓人唱姑娘歌戏，受人（挑弄）鄙笑，唱歌姑娘当即回应："海康有座仕礼岭，人妃看高娘看低。调铭迈生两村子，跨过都无碰娘鞋。"村民认为受到侮辱，将唱歌姑娘打死，酿成命案。由此可知姑娘歌在明中叶已很流行。[①] 入清以后，斗歌之风更盛，涌现出不少对歌能手，如乾嘉年间遂溪县那仙村的阿莲以及老章、凤仔（女）、平兰姑娘；道、咸年间的维鸿、妃月（女）、蛤干；同治年间有廷尧、月彩（女）、妃凤（女）、官庆之、南兴二仔（女）；光绪年间出名的有陈守经、林芝忠、伍兰香（女）、张妃四、林桂英（女）、良玉、蒋必盛、黄干才、志和娘（女）、梁祝梅、何福金（女）、黄桂忠、四姑（女）、陈敬哉等。

每逢年例、神诞等风俗活动时，他们登台对唱，赢得大批观众，场面非常热闹，不少斗歌趣闻传颂至今。如遂溪姑娘林桂英唱：

> 境过境来坊过坊，遂溪更强你海康；
> 海康县无乜胜景，遂溪有个湖光岩。

海康陈守经也不是等闲之辈，他不慌不忙地对唱：

> 境过境来坊过坊，遂溪哪能比海康；
> 海康有个三元塔，塔胜过娘湖光岩。

此外，依其歌词内容，雷歌不断演绎出"情义歌"，有通过演绎古人今事教化、警醒世人的"劝世歌"，多种雷歌相互采借和融合，以舞台为演出形式，效果甚佳，拥有大量观众。后来"劝世歌"演变为戏曲形式，唱、做、念、打并举，并装备各种道具、场景，这样的演出团体称为"雷州歌

---

① 陈志坚：《雷州文化》，香港科技大学华南研究中心2011年版，第70页。

班"，演出歌本称为"班本歌"。"班本歌"在内容、情节、结构上比任何一种雷歌都丰富和复杂，已经具备戏剧雏形，大约在清道光年间，雷剧诞生了。[1]

（二）雷州歌戏、雷剧

清代，岭南地方戏基本形成四大剧种，即粤剧、潮剧、琼剧、汉剧，唯独没有提及雷剧。实际上，明嘉靖《广东通志·民物志·风俗》，已经并列记载韶州府、惠州府、潮州府、雷州府、琼州府的戏曲活动，其中"雷州府"条曰："元宵……是时鸣锣鼓，奏管弦，装鬼扮戏，沿街游乐，达曙。"这说明雷剧这种表演形式已有悠久历史。入清，雷州歌戏不断进步。经过文人、艺人不断开发精进，雷剧之名，日渐叫响。

雷剧之形成，经历了从乞丐歌、姑娘歌、榜歌、情义歌、劝世歌到班本歌等几个阶段，无论内容和形式，都不断有所革新和完善，日臻成熟。

明清时期，雷州半岛各地天妃庙林立，庙前多有戏台，为酬神答赆、娱神娱民、同庆升平演戏而建，有不少戏台保存至今，见证了雷剧的形成与发展。如雷城夏江天后宫戏台，前期演雷州歌戏，后为适应商贸发展，改演粤剧；雷祖祠前旧有戏台；雷城东北韶山村镇湖庵，清乾隆年间建戏台，供"年例"上演雷州歌戏；各地"年例"的重要内容也是演雷州歌戏；雷城东门外士龙河畔有迎春亭，每年知府官员到此扶犁迎春，设宴演戏，毫无例外是演雷州歌戏。这些尚存戏台及相关记载，进一步验证雷州歌戏的实际存在。

现存最早的雷剧剧本是清乾隆年间由进士陈昌齐从潮剧《三元记》改编的劝世歌本《断机教子》，广泛流行于雷州半岛。清同治年间，海康何家村一农民，根据本县进士符兆鹏任太湖知县时巧破一宗奸杀案的故事，写成《太湖城》，广为流传，这一经典剧本传演至今。

清末民初，雷州半岛、广州湾、雷城等城镇成为粤剧常履之地，受其影响，雷剧民间演出团体也成立"雷州歌班"，大量移植粤剧、潮剧、琼剧等兄弟剧种剧目，以粤剧最多，特别是流行于"下四府"（即高州府、雷州府、廉州府、琼州府）的粤剧成为移植的首选对象。移植、改编的剧目数以百

---

[1]　何安成：《雷歌文化》，岭南美术出版社、广东人民出版社 2013 年版，第 37—53 页。

计，大都取材于历史传说或民间故事。诸如《玉莲投江》《姻缘记》《千里姻缘》《樊梨花点兵》《五虎平西》等，皆为大型剧目。有些剧目经过改造，丰富了雷剧，如《金叶菊》《黄花山》等来自粤剧最古老的江湖十八本，而《三娘教子》《辕门罪子》《酒楼戏凤》等剧目来自粤剧大排场十八本。当然，雷州当地剧作者、艺人创作的剧目也不在少数，且代有其作，如道光年间开始上演的《黄狗告状》《雷打三皇》《铁镜团圆》就出自当地人手笔。据统计，清末民初，雷剧积累剧目达 300 多种，[①] 常演的有 100 多种，其中，有劝忠说孝以及神鬼佛道的剧目，如《忠孝顺》《左胁阴阳》等，约占 30%；有批判欺贫敬富、趋炎附势的，如《真假状元》《挟写离字》等，约占 20%；有历史故事及某些"公案"铺陈成戏的，如《孝子亲》《金大鳌》《花鞋记》等，约占 20%。此外，谈情说爱的感情戏如《姻缘记》《蓝桥别》等剧目约占 30%。[②] 如此多的剧目、剧本，奠定了雷剧作为一个剧种的基础。

雷州半岛原野辽阔、大地苍茫，民风淳朴，雷剧受此环境浸染，在舞台背景、设计、表演者动作、唱腔、使用乐器、伴奏音乐等方面都形成强烈动感，充满乡土气息，艺术风貌自成一格。雷州歌和雷剧一起，作为民间文学和传统戏剧的优秀代表，已列为国家级非物质文化遗产保护项目，不断发扬。

（三）粤剧南派艺术杰出代表——吴川粤剧

粤剧，又称"广东大戏"或者"广班戏"，是以广东方言演唱的地方传统戏剧。

粤剧源自"南戏"，是"南曲戏文"的简称，对应于"北杂剧"也称之为"南戏"，据考证，"南戏"兴起于赵宋南渡时期的江浙一带。这是我国最早出现的以虚拟写意为特征的戏剧表演风格；首创分场次、演员装扮的演出形式，形成唱、念、做、舞表演程式化，最终形成南曲的演出格局，是中国戏剧的雏形，并在明代形成南曲系统的海盐腔、余姚腔、昆山腔、弋阳腔的南戏四大声腔。

元明清时期，"南戏"不断向岭南、两广渗透。明代，南戏的弋阳腔已在广东流行，昆班、徽班及江西、湖南戏班经常出入粤地演出。明清时期，

---

① 牧野主编：《雷州历史文化大观》，花城出版社 2006 年版，第 247 页。

② 高诚苗主编：《雷州市雷剧艺术节》，岭南美术出版社 2007 年版，第 378 页。

南戏流行于广东十府、广西地区；本土戏班吸收南戏的演出形式，本土戏剧逐渐形成。大约在明嘉靖至万历年间，佛山、广州本地班已具规模，粤剧的同业组织"琼花会馆"建立。清雍正年间，广州有"土优"演戏时唱"广腔"。乾隆至道光年间，外省成百戏班入粤，本地班汲取声腔和表演的艺术养料。清道光时，"广东乐部分为二：曰外江班，曰本地班"。自明朝嘉靖始，经过不断的交流与发展，形成由弋阳腔、昆山腔与广东本地流行的南音、龙舟、木鱼、粤讴、咸水歌等民间曲调以及广东器乐、乐曲结合而成的戏曲体系。清末民初，逐渐演变为以故事情节为线索，以白话演唱，融集南北、中外唱腔的乐曲，糅合唱念做打、乐师配乐、戏台幕次、广东特色戏曲服饰、抽象的形体表演艺术，从而形成具有鲜明岭南特色、以"梆子""二黄"为主的我国南方一大剧种——粤剧。

粤剧在长期的发展演变中，又形成广东粤剧的分流。珠江三角洲、香港和澳门为广府粤剧，称"红船班""广府班""省港班"。此外，粤剧还有两个流派，一是流传于广西壮族自治区东南部的与邕剧近似的"广西粤剧"；一是形成和活动于下四府的粤剧称"下四府粤剧"，俗称"过山班"。因广东省在长期的地域划分中，有"上六府"和"下四府"的说法，地域不同带来的文化艺术特征也稍有差异，而流传至今的湛江粤剧，又称为"南派粤剧"或"下四府"粤剧，是早期所谓"高、雷、廉、琼"下四府流传的粤剧流派的余脉，并不断发扬创新，具有浓郁的地方特色，而湛江市的吴川，明清时期一直是在高州府治下，正是南派粤剧的发祥地与传承者。

中国戏剧源于祭神。明清以来，"下四府"演戏酬神之习俗广泛流传，特别是吴川、电白和雷州祭神民俗极盛。吴川风俗，凡有人的地方都有神，有神必祭。因此下四府早有戏剧活动是可信的。演戏酬神的习俗，是下四府粤剧的诞生、生存、发展的社会基础。明嘉靖《广东通志·风俗》中述"雷州府妆饰杂剧"。清光绪《高州府志》载：高州"武庙在城西街，明万历十八年，知府张邦伊建，原在城中。〔万历〕四十二年，知府曹志遇迁建今所。天启元年，知县谢周昊建牌坊一座。国朝道光五年，高州文武各官捐修（武庙），移戏台于庙门外"[①]。武庙即关帝庙，往往建在城中热闹地方，明代朝

① 〔清〕杨霁修，〔清〕陈兰彬等纂：光绪《高州府志》卷九《建置二·武庙》，光绪十五年（1889）刊本，（台湾）成文出版社1967年版，第110页。

廷多次加封表彰关帝这位军神，因而地方政府非常重视，将大戏台安置于庙门外。

明清时期，高州、雷州一带得到进一步开发，农业经济繁荣，同时依托诸多港口，对外贸易十分发达。滨海、江边的圩镇纷纷兴起，吸引各地商贾汇聚，市民风俗娱乐活跃，自然吸引各路戏班前来演出。南派粤剧大概在明朝中晚期出现，据光绪《吴川县志》载：万历年间，吴川芷寮"闽、广商船大集，每岁至数百艘，设铺千百间"。附近黄坡、梅菉生意大盛，每逢元宵、中秋、重阳或种种神会，"张灯结彩，还神演戏"。尤其是当时广东四大圩镇之一的吴川梅菉圩，"梅菉圩遇重阳节，客户各酿厚贳，搭篷厂野外，张灯结彩，迎神演戏，轰饮达昼夜，远近观者以万计，凡六七日而后止"①，盛况非常，在圩镇的中心登高坡，连同神庙、诗社、戏厂就达百十计！可见当时粤剧演出盛况。

两相比较，"上六府"粤剧重"文戏"，以表情表意、以情动人为能事，"下四府"地处粤西，与珠江三角洲（广州府）的戏班相比，颇有特色，故其表演技艺号称"南派"。所谓"南派"，一方面指部分武打的功夫技艺，另一方面指其传统"古老"的艺术风貌。早年，各种戏剧存在"北戏南移"现象，即"文戏"愈文，"武"戏渐失，即使剧情需要，其"武"戏多仿京剧等剧之"武"。但艺术来源于生活，粤西"下四府"受古粤土著文化影响，加之海洋文化的长期熏染，民风彪悍，当地百姓至今保留尚武传统，这些民族性格反映在南派粤剧的艺术表现形式上，就是粗犷豪放，勇猛逼真，火爆热烈又温婉柔情。

"粤剧南派艺术"更擅长文武场、武功戏，俗称"过山班"，特别注重武戏程式和排场，以彰显人物英姿勇猛。表演动作刚劲有力，张弛有度，有较规范的程式。唱腔以霸腔、梆王为主，牌子小曲为辅，又创"中板吊板""流水"等板腔，并增添念白类的"课子"，高昂、雄亮，道白铿锵有力；配以传统的高边锣、大钹、大笛、硬弓、短筒等器乐伴奏，使得舞台气氛激烈，声音高亢激越，方圆数里可闻，气势宏大。

"粤剧南派艺术"以做功见长，演员的园台功、身段功、把子功、毯子

---

① 〔清〕梁兆骘编纂：光绪《梅菉志》卷一《风俗》，光绪二十八年（1902）本，吴川市地方志办公室内部编印，第89—90页。

功都要过硬。以南方民间武术为基础身段，将龙、蛇、虎、豹、鹤、狮、象、马、猴、彪等武术套路融入舞台打斗动作中，逐渐形成一种适合舞台表演的武技，其静与动比例恰当，形神兼备，更具感染力。

"粤剧南派艺术"以粗犷朴实、勇武刚烈的风格著称。其"吊辫""过山""吐血""喷火""三上吊""踩跷""甩发""高台椅功""大过山""飞标""竹杠转肚"等南派武功，技巧卓绝，深受观众喜爱。

"粤剧南派艺术"是研究粤剧历史渊源、宗教信仰、程式武技、演艺流派的重要依据，在粤剧发展史上独树一帜，特色鲜明，具有较高的历史、文化价值，也是湛江地区明清以来多元文化融合发展，培育出的具有湛江文化特色的艺术精品。

（四）木偶戏、粤西白戏

早在宋元时期，吴川木偶戏已经出现，发展到明清，木偶戏吸收粤剧等戏剧的剧本设计、表演程式、服饰、道具、音乐、道白等，由单人木偶、小型木偶戏班，发展到 20 人左右的粤剧木偶班，广泛传播于吴川，石城（今廉江），高州府的化州、茂名等讲白话的地区，形成各自流派。

湛江市第四届"紫荆花奖"木偶戏类总决赛现场

清初，木偶艺人觉得小型木偶有局限，便把头像改大，操作也改由两人表演，表演技艺也有所改进，很受群众欢迎。

到清嘉、道年间，为适应群众的欣赏需求，进一步提高艺术表现力，木偶脸谱分行当，表演操作分角色，演员各有专长，并配以服饰、道具、布景、乐队等。从此，大型木偶班出现，演出体制也渐趋健全，表演程式渐趋成熟。到清末，木偶艺人苦心探索，把木偶制作成活眼、活口、活颈，还有的为适应剧情变化，增加木偶戏的吸引力，艺人们把木偶安装成极具夸张性的流血、断头等等形象，形象逼真灵动，深受人们喜爱。演员操纵木偶身上的主干竹、手竹及活动机关，形态万千，栩栩如生。

一般小班木偶戏班，为单人木偶戏，一个人从头到尾演出一台戏，唱、念、做、打一身当，装备简单，一担可挑，一张方台，撑起支架，演员坐在台上操纵行当就可演出。中班木偶戏班，一般为两至三人，其中一人掌板，敲打锣鼓钹兼演唱，两人在台前操纵木偶表演一样可唱可道白。大班木偶戏班，约20人，为木偶粤剧班，唱、念、做、打及排场均按粤剧台本演出。舞者兼唱，也有专人配唱，造型逼真，表演生动，配以布景及音乐伴奏，综合艺术完美统一。①

20世纪二三十年代，木偶艺术十分兴旺，一是木偶戏收费低廉，适应农村的经济状况；二是木偶戏用本地话演唱，念白、唱词口语化，群众易听懂，感到亲切有味。吴川木偶戏班遍布全市各乡镇，由于吴川方言较复杂，故各地小、中班木偶戏的演腔便有所不同。如吴阳、黄坡、中山、振文等地的方言为吴川正统方言，长岐一带邻近化州，说的话便近似化州方言，故演唱时近似化州腔；浅水、兰石、覃巴等镇邻近高州茂名，故那里的木偶戏班的唱腔就近似高州茂名腔了。他们多在农村包场演出，上演剧目很多，有《八才子》《薛仁贵征东》《薛丁山征西》《岳家将》《杨家将》《双枪陆文龙》《刘备招亲》《刘金杀四门》等等。

粤西白戏，实为"廉江白戏"，又称"安铺白戏"，俗称"白戏仔"，流行于廉江市西南以及毗邻的遂溪、雷州和广西合浦一带的部分地区，有200多年历史。

---

① 郑庆云：《略谈吴川木偶戏》，湛江市政协文史资料研究委员会编：《湛江文史资料》第16辑，第163—164页。

追溯其起源，始于清朝乾隆年间，最早在安铺一带出现。当时，安铺镇已成粤西重要商埠，经济发达，百姓文化日渐繁荣。距安铺镇六里的曲龙村人，以当时流行的杖头木偶戏为基础，创造了一种"竹筒戏"。这种戏，用本地白话民歌演唱，辅之以自制简易木偶，一般二至五人即可演出（一人主演，一人协助操纵木偶，一人敲击竹筒）。由于以竹筒配击节奏，声声清脆，百姓又称之为"木鱼班"，在当地流行开来，这是白戏的雏形。清嘉庆年间（1796—1820），曲龙村艺人到广西、云南等地当挑夫，受到各地戏曲的影响和启迪后，在演出时加进音乐伴奏，从此"竹筒戏"改称为"白戏"。清道光年间是白戏发展的兴旺时期，不但唱腔更新，乐器多样，音乐曲调丰富，而且演戏的人越来越多。仅曲龙一村，当时就有8个白戏班。白戏的迅速发展，引起了当时文化人的重视。曲龙村白戏艺人黄明中的孙儿黄成风，弃考功名，随班演出，他编演兼优，被称为"白戏状元"。道光后，该县白戏木偶剧团先后高达20多个，女子也进入白戏表演的行列，廉江白戏取代了吴川木偶戏演出在当地的地位。①

20世纪30年代，白戏木偶广泛吸收粤剧等各种表演形式，唱词以七字句、民歌为主，各种道白灵活运用，板腔、小曲、锣鼓都有展示，甚至形成自己独立的曲调。剧目也从民间传说的"即兴"演唱，出现《珍珠记》《春娥教子》《回龙国》等剧目。目前，"白戏"主要是杖头木偶戏，也有人物扮演的舞台剧和曲艺。唱词通俗，音乐、唱腔优美动听，伴奏乐器独特，木偶表演淳朴有趣，富有民间艺术特色，深为当地群众喜爱。此外，廉江还有"廉城白戏"，流行于廉城、石城、新民、吉水、良垌、新华、平坦一带，也是白话说唱，锣鼓奏乐。湛江木偶戏和廉江白戏，作为传统戏剧，均属于广东省非物质文化遗产。

（五）八音、哎歌、涩塘山歌

广东"八音"是广泛流行于我国南方的最古老乐曲种类，属于民间音乐，流传至今，形成各地地方特色。湛江各地均有"八音"。"八音"是中国古代乐器的统称。据《三字经》云："匏土革，木石金，丝与竹，乃八音。"笙、竽属匏类，埙属土类，鼓属革类，柷、敔属木类，磬等属石类，

---

① 廉江市地方志编纂委员会编：《廉江县志》，广东人民出版社1995年版，第634页。

钟、铃等属金类，琴、瑟属丝类，箫、管、笛等属竹类，此八类乐器选配，彼此不同，件数多寡各地有异。目前，"雷州八音"已被评选为广东省传统音乐类非物质文化遗产，确立传承人，加以保护。

"雷州八音"，又称"雷州音乐"，是指流行于雷州半岛的民间器乐曲。或叫"锣鼓班"。以吹打乐为主，因采用十件乐器，分别是大小唢呐4支、大小锣2个、大小鼓2面、大小钹2只演奏，所以又称作"十番"。这些所谓"锣鼓班"等民间音乐组织，往往与"狮子班"（武术班）一起，一文一武，遍布雷州半岛城乡。每逢盛大节日，双双出动表演，往往使节日气氛更加浓烈。①

湛江八音著名的还有"安铺八音"。"安铺八音"是诞生于古镇安铺的一种古老艺术，创立者是光绪年间该镇盛名的音乐爱好者李六朋，起源是在光绪三十二年（1906），已有100多年历史。② 李六朋琢磨"八音"含义，经评精整改，融会创新，采用如下适合地方特色的民族乐器，计有：手铃1对、小扣锣1个、小钹1对、木鱼1个、清磬1个、煞板1个、小鼓1个、横箫1支、洞箫1支、椰胡2架、高胡1架、二弦1架、三弦1架、沉胡1架、大筒1支、琵琶1架、月琴2架、秦琴2架，共21件，再谱入当地传统适宜的《到春来》《小桃红》《浪淘沙》《三仙会》等曲调，协奏起来，欢快清雅，袅袅动人。安铺八音队由21人组成，队员皆是当时文人雅士或音乐爱好者，平时躬自教练，元宵、端午节出演。

安铺八音游演时，人手一乐器，列队沿街而行。人人长衫马褂，个个衣冠楚楚。操音响者行于前，弄箫琴者随于后。乐器均缀彩带、丝带、绒球，五彩缤纷，雅丽夺目，行进徐徐，音韵飘逸。自李六朋去世后，戚维谦、黄晖轩继承发扬，从不间断，流传至今，为当地群众所喜爱。

由于廉江是湛江地区主要的客家人居住区，明清以来，也形成了客家特色的廉江"哎歌""哎戏"。"哎歌"是客家人在生产劳动过程中的文学艺术创作，又称山歌，有劳动歌，也有情歌，充满生活气息。如：

---

① 詹南生：《雷州音乐》，海康县政协文史组编：《海康文史》1985年第1辑，第38页。

② 廉江市地方志编纂委员会编：《廉江县志》，广东人民出版社1995年版，第636页。

今番又是粮满仓

山歌一唱飞出腔，飘过九坳十八岗。

这山唱来那山应，好比金鸡追凤凰。

歌声飘过柳溪旁，溪水蹦跳响叮当。

岸上鸡群逐虫蟛，溪中鱼虾嬉水忙。

歌声飞到大田庄，今番又是粮满仓。

有情亚妹针针扣（男）

黑布剪衫白布边，送给亚妹来针连；

有情亚妹针针扣，无情亚妹疏疏连。

绣过荷包两边红（女）

绣过荷包两边红，上绣鸳鸯下绣龙；

上面绣出哥名字，下面绣出妹真容。

　　"哎戏"用哎话演唱，腔调与白戏、粤剧大不同。仅用锣、鼓敲击伴唱，没有其他乐器伴音。既有人演"哎戏"，又有木偶哎戏，以木偶班为主，每班3—4人。流行于长山、塘蓬、石颈、石角、和寮、河唇一带哎话方言地区。

　　清雍正末年，起源于吴川坡头一带涅塘村的"涅塘山歌"，是以粤语吴川方言腔调为基础的民间口头文学，是以男女对唱为基本表演形式。每逢歌期，涅塘人用木搭设歌台，男（歌伯）女（歌妹）歌手登台献艺，先唱贺神歌，然后二人对唱。内容分为相思歌、古人歌、字眼歌、物件歌和成亲传、果子传、纺纱传、落南传（到南洋谋生）等等。唱完后进入对歌，台上歌伯或歌妹先唱，台下的歌手（或称歌搅）轮番以歌应和。每逢此时，台下歌手云集，场面火爆。

　　涅塘山歌的句式近似七言绝句，一、二、四句末字押韵，且规定押平声韵。但也往往不拘一格，较为自由，演唱时常会出现自由节拍，或二拍子里插入三拍子或其他节奏，一般是七字句，也有多字句或衬字，因内容需要而定。唱时根据歌意杂以平仄声韵，随时变化歌腔，或拖长或顿逗，或引吭或低吟，声调悠扬清逸，铿锵悦耳，十分动听。涩塘山歌成为一种独特的民间艺术，于 2009 年被湛江市人民政府列入第二批市级非物质文化遗产名录。

二、民间舞蹈

艺术来源于生活，民间艺术更是如此。明清时期，湛江民间舞蹈种类繁多，洋洋大观，极大丰富了市井百姓的娱乐生活，主要包括民间鼓乐、大型民间歌舞、宗教舞蹈、民间武术、杂技等等，具有非常明显的地域特征，在岭南民间舞台上堪为一绝。

（一）傩舞

如上文所述，宋时，湛江傩舞已很流行，规模很大，风靡城乡。明清以来，民间保留并不断加强这一艺术表演形式。傩面具是傩文化的一部分，而傩舞则是它的主体。旧县村仍保留明代傩舞面具，塘仔村的傩面具色调鲜明，以黄红色为主，上排单个为雷公，以红为底色，间有黑色。下排自左及右，分绿、淡红、黄、褐和红黄色。面具造型多为大形、大鼻子、突眼珠、浓眉毛，头顶结发，貌甚凶悍，傩具头部多饰螺纹或龙鳞纹。除雷公以外，其他傩面具均饰波浪纹，应与水神崇拜有关。

通过傩舞，娱人娱神。湛江傩舞主要有《开山》《和合》《舞二真》《钟馗》《舞六将》等，根据内容需要，有单人舞、双人舞、三人舞、群舞等区别。典型的如《舞六将》，情节中有戴雷公面具的雷神，穿红衣黄裤，后脑披褐布，腰系莲花瓣水波纹襟围饰物，手执斧、凿，随着简单的音乐节奏，跳打雷状舞蹈。动作简练凝动，质朴刚健，与面具相配合，宛如雕像，展示驱鬼避邪的傩祭，隐含驱除旱魃的情节。此傩戏实为雨祭，娱神因素多。也有以娱人为主要目的的，如《舞二真》，表演的是康公、东爷和麦爷三个人的传奇故事，有憎有爱，感情丰富，艺术性也较高，为湛江人喜爱的一个傩舞项目。

（二）徐闻东莞村藤牌功班舞

早在周代，就已出现武舞。用于郊庙祭祀及朝贺、宴享等大典，舞时手执斧盾，内容为歌颂统治者武功。之后，武舞也常被作为提高搏杀技术的训练方式，并以集体的武舞演练方式来增强军队的士气。

宋代，军中盾牌多用南方粗藤，赵彦卫《云麓漫钞》卷十二载："今之《舞蛮牌》即古武舞"，蛮牌指用南方粗藤做的盾牌，也就是藤牌舞。到明代，属于军队内流传的军事操练舞蹈。戚继光在东南沿海抗倭时，吸收古代民间"盾牌舞""舞蛮牌"等用以训练士兵。之后，这种武舞从东南沿海流传到粤西地区。

明洪武二十七年（1394），明朝廷委派安乐侯吴杰在徐闻一县沿海建成海安、锦囊守御千户所城，又在徐闻东场港设置了巡检司，加强海防，离此地不远的东莞村，属于军事要地，很可能全村属于军籍。明代中后期，徐闻"倭奴东伺，交趾西窥"，"少有不戒，肆行剽掠"。明天顺六年（1462），曾遭广西少数民族"狼兵"① 侵扰，徐闻县土城被破，县库遭劫，县城被迫迁往海安所城达39年。东莞村也深受其害。

明代，该村钟、郑两大姓都来自福建莆田，家族兴旺。其中，钟震国官至婺源县丞，郑姓一族先后出了4任知县，可谓人才济济。面对强敌，乡民们奋起练功习武，兵农合一，抵御外辱。地方驻军也积极参与传授藤牌舞，操演乡民，进行两军对垒破阵或两人出阵对舞击刺的练习，有力打击寇贼，保卫一方安宁。经过明清两代多年传习，东莞村民坚持利用农闲时操练，观赏性逐渐加强，久之，每年元宵节时集结巡回表演成为惯例，更使藤牌功班舞得以代代相传。

藤牌功班舞表演时，阵前，双方士兵手执刀、枪、棍、镰、铰等各式兵器，内分4大叉队。另一方士兵则左手拿藤牌，右手执短兵器半蹲状等待号令。鼓点一击，哨声一吹，队伍跃起。各分队兵士紧跟大叉开始列阵走形。阵式依次为：一字阵、双龙阵、圆山阵、四象阵、八卦阵、葫芦阵、剪刀阵、环龙阵。整个阵式变化由1人执旗指挥，3人持锣鼓以各种鼓点节奏合场操演。②

徐闻藤牌功班舞以藤牌、各式兵器为主要表演道具，进行不同类型的阵势转换，突出舞蹈编排效果，是一种集军事训练、武术对抗、音乐伴奏武舞为一体的综合性大型民间表演艺术。功班舞这种传统舞蹈的存在，反映了湛

---

① 狼兵：明中期壮族土司组建的地方武装。或为中央政府镇压地方叛乱所征用，或自为匪寇。狼刀为其军械。徐闻因与其地域相近，也有其文化遗迹。

② 吴凯：《徐闻班功藤牌舞》，《文明》2007年第5期，第14—15页。

徐闻藤牌功班舞表演

江先民自强不息、热爱乡土的精神，表达了百姓祈求平安和谐生活的愿望，堪称我国古代军旅文化的活化石。徐闻藤牌功班舞和浙江温州藤牌舞、江西省永新盾牌舞、湖南炎陵藤牌舞等之间，既有联系，又有各自特色。目前，徐闻藤牌功班舞已入选广东省传统舞蹈类非物质文化遗产名录，正在进行有效的挖掘、研究、弘扬和保护。

（三）人龙舞等节庆舞蹈

湛江人崇拜的动物图腾很多被赋予某种文化意义，许多成为民间舞蹈，走进百姓生活。雷州半岛龙舞与狮舞同样驰名。

人龙舞。雷地滨海，龙文化盛行。湛江东海岛和雷州沈塘为代表的人龙舞十分出名。所谓人龙舞，就是相对于我国大部分地区正月十五的舞龙灯，人龙不依赖任何材料制作，完全由十多个人用自己的身体相连，形成一条能够自由移动的龙，故名"人龙舞"。民国《海康县续志》记载："舞龙者，前一人为龙头，后为龙尾，次一人直卧手抱前者，脚挟后者，挨次递抬，向街直走。则念曰：'骑龙头，龙头落下水；骑龙尾，龙尾竖上头。'"人龙舞起源于明末清初，农闲时以人相搭，嬉戏取乐，渐成习俗，后演变为中秋节上演的人龙舞。相较于国内其他地区的舞龙灯，湛江人龙舞形象逼真，更富灵性与力量美，因其形象生动地展现中华民族图腾——龙的神韵，湛江人龙舞已被列为国家级非物质文化遗产，以发扬光大。

网龙舞。主要分布在湛江赤坎调顺岛，始形成于明，盛于清代。源于岛上村民苦于贫困，无力购买锦布龙具欢度元宵佳节，后以破渔网扎成龙形，配以当地出产的莞草经染色织成网龙。龙头呈牛角状，龙体像渔网，象征农渔两旺，实为海洋农业文化现象。舞龙风俗一经形成，便在湛江各地不断发展演绎，明清时期，除人龙、网龙之外，又衍生出雷州南门高跷龙舞，赤坎文章湾村簕古（橹罟）龙舞等等，标新立异，独具特色，成为广东省珍贵的历史文化遗产。

狮子舞。狮子虽不是岭南古越人图腾，但却是百兽之王，被广东人誉为"醒狮"，属于国家级非物质文化遗产，近来为全国人民所关注。舞狮子成为历史上民间娱乐的大项目。清道光《遂溪县志》记，"上元，张灯结彩，舞狮象、杂剧、游戏，做火树，放花炮、烟火，打秋千，猜灯谜。士庶欢游达旦。"广东狮属南派狮，体大，重在狮头，表演者两脚着地，灵活多变。有单狮和群狮之分，广东醒狮又分地面狮和高桩狮两大类，既生动活泼，又惊险刺激，具有强烈的艺术感染力，湛江醒狮和佛山醒狮在全省最为出名，是一门集武术、舞蹈、乐器于一体的综合性艺术。湛江醒狮以遂溪醒狮为代表，遂溪醒狮表演，始于明清时期，其中尤以黄略龙湾、文车、许屋醒狮为最高水平。遂溪县的醒狮制作也十分有名，其狮头彩扎工艺已入选广东省非物质文化遗产保护项目，得到保护与传承。

舞鹰雄。鹰和雄（雄性鸟类）被雷州人视为吉祥鸟，传说能驱魔镇妖，应是古代楚人鸟图腾崇拜的遗风。后人们仿效它们嬉戏相斗的神态，创造了舞鹰雄这种舞蹈形式，流行于廉江、雷州、遂溪及吴川部分地区，成为经常性的风俗活动。目前，这种传统舞蹈已成为广东省非物质文化遗产项目。

此外，流行于湛江的动物舞蹈还有徐闻县乌石港一带驱邪镇疫的蜈蚣舞，吴川梅菉招财进宝、开运辟邪的貔貅舞等等。

（四）宗教舞蹈

"粤俗尚鬼，未有如雷之甚者。"得上古越人、魏晋南北朝时俚僚遗风，加之半岛海洋文化的特质，明清时期，道教对百姓生活影响很大，保留下的特色宗教舞蹈有：

目莲舞，由民间传说《白蛇传》中的"目莲救母"（或称"宝莲灯""秋香打洞"）故事演绎而成，后又融入道教驱鬼仪式和活动。目的是追荐女性死者亡灵，抚慰家属，劝世行孝、报恩等。以诵咏形式引导跳舞，声调悠扬，动作优美轻快，目的是祈求神明保佑平安，主要流行于雷州附城韶山村等地。

散花舞，为道教的一种超度亡魂仪式，目的是通过赞颂神明功德，祈求神明庇佑。宋元时从江西、浙江等地传入，后演变为一种舞蹈。主要流行于雷城附城、白沙、南兴、松竹、沈塘等乡镇农村。

屯兵舞，亦称"兵马舞"，是道教"正一颁符屯兵科"活动中所跳的舞蹈。流行于徐闻县大黄乡、雷城附近、东里等沿海村落，为典型祭祀仪式，在徐闻有一百余年历史。据传起源于"军傩"，秦汉传入雷州半岛，后被道教吸收。每年正月，信仰道教的家庭，请道士上门设坛点将，每户一兵，集中安营操练，称之为屯兵，各屯兵得法令，誓师，出行到各家中巡兵驱鬼。屯兵科有六项程序：建坛请神、启师、涂符入罡、请水点罡、外庭屯兵、辞神。① 音乐有《启师》《三台》《打四门》《请神》《将军令》《练兵》《辞神》等乐曲，伴奏有小鼓、锣、小锣和唢呐。唱词有说白、念通、清唱、打句、长声等表演形式。屯兵舞，杂糅武术、戏曲招式，以传统舞蹈形式为民消灾祈福，节奏鲜明，气氛热烈。2013 年，徐闻屯兵舞被列入省级非物质文化遗产名录。

三、诗作与楹联

（一）诗作

我国古典诗歌自明代开始衰落，而岭南诗坛却反而兴盛，清代更加繁荣。鸦片战争后，以黄遵宪、丘逢甲、康有为、梁启超等为代表的"诗界革命派"在中国诗坛独树一帜。作为岭南诗词的重要一支，从明代开始，湛江诗坛空前活跃，涌现出罗章、冯彬、陈贞豫、邓宗龄等大批本土诗人。一些诗歌在书院、民间中传诵，一些结集出版，海康人罗章《宜阳唱和集》、冯彬《桐冈集》、徐闻邓宗龄《玉堂遗稿》等，是湛江本土文人诗的先驱之作。

罗章，明成化四年（1468）乡荐，曾任袁州（江西宜春一带）府学训导，50 岁回归梓里，以吟唱自娱。其诗风高古，色彩明快，咏史伤时，慷慨

---

① 梁伦主编：《中国民族民间舞蹈集成》（广东卷），中国 ISBN 中心 1996 年版，第 513—536 页。

激昂，大有南疆边塞诗的气韵。如《题伏波庙》诗：

> 汉室功名两伏波，身平南粤定山河。
> 常驱汗马威风振，仰视飞鸢瘴雾多。
> 北海楼前曾布列，南郊铜柱尚嵯峨。
> 遐方庙食彰灵贶，千载功名永不磨。

冯彬，雷州卫籍，嘉靖进士，其诗词以写景抒情、意气纵横、生动活泼著称。如《观弈》，以楚汉相争、护璧归赵和六国对秦作战为背景比拟对弈，看似闲暇娱乐，却是对古今兴衰的感慨，充满家国情怀。诗云：

> 自从楚汉割鸿沟，海宇纷纷未息谋。
> 背水风云推赵璧，入关车马报秦仇。
> 眼前势局纵横变，指下机关磊落投。
> 坐我几回消世虑，闲中一博胜封侯。

清代，湛江文人诗歌进入全盛时期，可谓人才辈出。仅海康一县，由进士、举人、乡贡、大学士出身的官员、学校教谕即达114人，涌现出洪泮洙、陈瑸、丁宗洛、王梦龄、王定九、陈昌齐、李晋熙、陈乔森、蔡宠、梁成久、宋鑫等诗人，在岭南诗坛占有一席之地，有的甚至声驰全国。这些诗人植根于湛江地区的文化土壤，成就自己诗风和品格。他们或以诗会友，或抒情言志，或描写风土人情，或披露社会黑暗、民生疾苦，展示了湛江一带文人士子的精神风貌与价值追求，也使湛江地区在明清时的飞跃发展昭示于人，蔚为文坛风气。

洪泮洙一首《陆泉冰心》，对明代雷州知府陆瓒勤政爱民的政绩大为赞颂，代表了百姓的心声。诗曰：

> 天生南守辟荒烟，高谊反将北斗悬。
> 象海环瞻新岁月，扇沙无改旧山川。

> 清心如水几人似，遗泽垂棠此地传。
> 谁道远来多瘴疠，炎方尚有陆公泉。

　　陈瑸诗，一如其廉洁恤民的政治理念，突出反映民生困苦，具有高度的现实主义精神和熟练的写作技巧。如《诉灾》诗，披露雷州水灾之严重，百姓蒙受之苦难。诗曰：

> 水灾见惯被东洋，忍见今遭更可伤。
> 万顷新苗归赤地，千村残月梦黄粱。
> 隔年归燕巢林木，得势翻虬泼水乡。
> 明府殷勤犹下问，孑遗何计度凶荒。①

　　陈瑸也是山水诗高手，在他笔下，祖国山川风物了然在目，情景交融，激起读者无限感慨。如在北京近郊写《芦沟晓月》，诗云：

> 纷纷车马暮云边，历遍高山涉大川。
> 壮丽欣瞻丹禁下，驰驱突过白沟前。
> 题桥人指长安近，问月宵从碧汉悬。
> 为爱停骖舒远眺，尘襟洗尽见光天。②

　　陈昌齐既是一位学者，又是一位科学家。其诗作既有严谨、深入、细致的一面，也有感情充沛、热情澎湃的一面。他擅写竹枝词，有《雷州竹枝词》传世，其一写椰子：

> 椰树今年结子稠，剖开两半恰如瓯。
> 手持椰肉凭郎啖，莫饮椰浆恐白头。

---

① 〔清〕陈瑸著，唐有伯、龙鸣整理、点校：《陈瑸全集》（中册），广东人民出版社2020年版，第486页。

② 〔清〕陈瑸著，唐有伯、龙鸣整理、点校：《陈瑸全集》（中册），广东人民出版社2020年版，第664页。

其二写槟榔：

> 自拣棉花白似脂，一绚络得几多时？
> 回头频啖槟榔汁，恐有余红污素丝。

椰子、槟榔都是湛江特产，民间交往信物，尤其槟榔寄意深刻。这两首竹枝词处处语带双关，人物形象跃然纸上，呼之欲出。

林召棠，吴川诗人，道光年间状元，一生诗作甚丰，有《心亭亭居诗草杂存》留世。其诗开张博大，意气纵横，不同凡响。嘉庆十九年（1814）其乡试落第，随山东按察使程国仁同行，写《楚霸王墓》诗，热烈赞扬项羽气节，实以自况。其中一首诗云：

> 三户亡秦日，重瞳霸楚时。
> 气雄吞巨鹿，力尽泣乌骓。
> 豁达鸿门宴，骁腾巩洛师。
> 江东羞不渡，到底是男儿！

陈乔森作为一位书画家，诗歌也很出色，晚年入居雷城，嗜酒如命，经常对客挥毫，辄成佳作。如《晓感》诗云：

> 愁心何处起？一夜又将阑。
> 檐雨泻残夜，窗风吹薄寒。
> 艰难常念友，学问未忘官。
> 咄咄空期许，东山卧谢安。

罗鼎（1848—1923），遂溪罗屋村人。清光绪十一年（1885）中举，初任罗州同训，后任遂溪知县。工诗善画，著作甚丰，墨迹遍及遂溪、广州湾等地。罗鼎拥护康梁变法。变法失败后，他也离开官场，闲居故里，但仍不忘国事，唯充满无奈，其《幽斋漫成》诗可见一斑：

少年怀抱匡时愿，垂老蹉跎博士官。

国事维新安拙钝，公厨尽减耐清寒。

名缰久厌横身缚，世局今当袖手看。

占断闲缘谁省得，幽斋睡足日三竿。

吴川陈兰彬，不仅是一位出色的外交家，也是一位文学造诣深厚、才华横溢的诗人，是晚清雷州乃至整个岭南的高产诗人。如《赋得文山正气歌》：

正气燕都写，辞堪继九歌。

悲吟元岁月，悽恻宋山河。

只手支残局，忠肝冠大科。

事嗟天下去，节数古人多。

论到三纲立，看来百沴过。

衷怀无谬巧，文字不消磨。

寒暑经如此，乾坤赖有佗。

再披衣带赞，仰首一长哦。

陈兰彬描写外国的诗，内容是域外风情、西方文明、华侨在海外生活、中华文化在海外传播等，他看到西方科技进步和物质文明，有感而发"须识百般工艺术，根原还是读书高"，该是他"科学救国""教育救国"思想的表白。

明清时期，湛江文人诗歌更从民歌、雷歌中吸取丰富养分，语言清新，朴素自然，具有浓郁乡土气息，湛江诸多戏曲与诗歌可谓是湛江文学双璧，熠熠生辉。

（二）楹联

自古文人居庙堂则建功立业，捍卫国家江山社稷，回归乡里则研修儒学，兴办教育，造福百姓，引导社会风俗进步。明清时期，湛江这批杰出的儒家人才，通过为湛江庙宇、书院、宗祠、津渡桥梁等大型公共设施撰写楹联、匾额，留下诸多经典佳作，于内容弘扬教化，于文风气势恢宏，堪称湛江风物之绝佳诠释与张表，深深影响百姓生活，促进社会风俗进步。现采摘一二，以飨读者：

陈瑸为雷州通明港宣封关帝庙题联

生蒲州，事豫州，守徐州，战荆州，万古神州有赫；
兄玄德，弟翼德，释孟德，擒庞德，千秋至德无双。

陈瑸为雷城真武堂三教阁厅题书

圣神天纵，忠义天生，曰孔夫子，曰关夫子；
郅治用文，戡乱用武，山东一人，山西一人。

陈昌齐为雷州天宁寺题书

似无奇观，苏学士也经评许；
尽有幽趣，石头陀于此栖迟。

众生若干心，皆为非心，心空性见；
如来所得法，实无有法，法尽果圆。

林召棠雷州天竺庵题联

前台花发后台见，
上界钟清下界闻。

林召棠梅菉药王庙题联

生民万古绝疵病，
本草一书齐索丘。

陈兰彬书湖光岩楞严寺原寺门楹联

湖水苍茫，客到路从花外问；
岩山寂历，僧归门向月中敲。

陈乔森湖光岩楞严寺题联

洞口留仙眠石榻，
门前送客步云梯。

陈乔森题龙头村镇海雷祠

镇圭南奠离明海，
雷斧东开震索祠。

吴应铨为雷城伏波祠题书

东西辅汉勋名著，
前后登坛岭海遥。

湛江赤坎文章湾天后宫楹联

湄祖分灵迁赤土，
丈母香火继莆田。

陈瑸梅菉祖庙题联

未立墟场先显圣，
重修庙宇更英灵。

陈瑸为梅菉卓氏宗祠题联

左长山，右大山，正接土地山，三面有山皆顾祖；
前河水，后海水，旁引池塘水，四围无水不朝宗。

陈兰彬集成书院题联

集义景前徽，毗忠汉寿以营祠，刚大即今存浩气；
成仁昭钜节，并义文山而报国，渊源自昔报宗功。

陈兰彬题林南峰书院

三千里外路出莆田，曾瞻坊树霞街，山水回环俨同北地；
四百岁前道传公甫，尚有诗楼茅笔，师生讲授可想当年。

陈兰彬塘塍通津桥题联

通道来自题柱客，
津桥定有授书人。

陈乔森为天成米店题写楹联

天地为炉，铸出几多贤圣；
成周发粟，济活无数生灵。

四、民间武术与技艺

（一）武术

武术，在我国又称国术、国技或武艺。湛江人俗称"打功夫"。

湛江武术，源远流长。《汉书》有载："粤之俗，好相攻。"湛江地区所处的雷州半岛为广东省陆地最南端，滨临南海，属于亚热带气候，丘陵居多，热带雨林植物茂盛，大量野兽在此栖息繁衍。史书有载"高雷廉三郡多虎"，严重危害人畜安全。雷州半岛古为百越之境，生活在此蛮荒之地的各类原籍人，都深知勇猛和力量是生存的根本，因而自古尚武成风。

雷州半岛自秦始设郡为治，一直是国家的边陲要塞，历代各朝皆派兵戍守。秦始皇三十三年（前214），秦帝派兵平定南越，留军守戍，军队和随军进入的部分北方人，成为雷州半岛最早的外来居民；汉元鼎六年（前111），伏波将军征伐百越，又留下相当数量的官兵平乱；唐朝为加强边域统治，"徙闽民于合州（即雷州）"，大批汉人涌入，形成卜居村落；宋朝末年，更有众多残军与百姓逃亡到硇州岛一带；元朝建立，幸存的宋人与当地居民融合，发展成为雷州半岛主要居民；明清以后，雷州半岛的政治、军事、经济地位日显重要，朝廷在各海域设寨驻扎水师，警戒海疆，陆上军队的驻防不断加强。古往今来，戍边的军人，习武就是本职，经过历史的积淀和地方风气的潜移默化，形成湛江地区崇武习武的自然传承。这，既是湛江地区武术发轫的主要脉络，也是湛江地区尚武文化的精神起源。

湛江地区武术的历史沿革，大致经历如下四条主要轨迹：

一为历代的驻军。

雷州半岛历代驻军的主要将领和部队，多为从连续征战的北方中原调入。这样，便将彪悍惯斗的北方武技和源远流长的中原武术，带入僻远的中国大陆最南端。特别是驻军每年秋季都要进行一次大比武式的"都试"，如后来流传于雷州半岛民间的"阵操""对练""实用进攻与防御""十八般兵器的使用"等精辟实用的武术，正是由此而出。

二为历代朝政在民间村落设立的团练。

团练有固定的组织架构，派往掌教的，多是军队中的骨干或是官府、乡绅从南来北往的武学精深者中选出。授教内容多为实用的进攻和防御等近身武术以及武术器械的使用，言传身教，耳濡目染，广泛地影响和促进了各村落的民间武功传授和发展。团练的最成功彰显，莫过于清末海头、黄略、东菊、麻章和坡头等各乡间民众一呼百起的武装抗法斗争，如追随爱国将领广西提督冯子才出镇南关援越抗法的冯绍琮，后来被推举为家乡麻章团练总指挥，成为遂溪人民武装抗法的主要领导者之一。

三为长期以来各地习武之人开办的武馆。

武馆开班授艺于众，开馆的任教者一般都有几道独家"散手"，集精粹武术而传。当年在广州反清御洋名头甚响、授徒无数、流传甚广的"广东十虎"中，独创以柔制刚"软绵拳"的周泰与融合南北武学自成一派"侠家拳"的谭浪筠两位坐馆，就分别是广州湾和遂溪人。雷州半岛地域广阔，民间武馆星罗棋布，趋学者众，以点带面，影响深远，是湛江武术传授和发展的主要渠道。

四为古代实行武举制。

特别是明清时期，习武晋仕之风较盛，激发民间习武者崇尚投考追求功名，大大促进了民间武术的发展。清康熙三十五年（1696）至光绪十五年（1889）近200年间，海康县就先后有40人考中武举。唐家镇杜陵村人吴国栋于光绪九年（1883）考取武进士，诰封二品武功将军。清代吴川县共有17人为武科举人，上杭人易中于乾隆四年（1739）登虎榜，为吴川第一开甲科武进士。徐闻县清代出武举人18人，进士3人。武举应考对湛江武术的发展起到了一定的激励作用。

明清湛江武术赖以发展的载体，主要是民间武馆。

湛江过去的民间武馆有两种形式：一种是以乡村为单位的民间业余练武

场所，多在乡村的祠堂、庙宇或禾堂、学堂进行。师傅由本乡村懂得武术之人任教，或请外来俗称"功夫头"的武师当师傅，活动多在农闲时候。另一种是城镇带有专业性传授武术的武馆，又叫国术馆。设在有较宽阔场地的屋宇，一般由有一定武术基础和影响力的人自任教头设馆，招收学徒，收取一定佣金，学徒来自社会各阶层。有的武馆教头还有跌打医术专长，也兼看病卖药。

上述两种武馆都以健身自卫为宗旨。拜师时举行一定仪式，乡村武馆向列祖列宗神位跪拜；城镇武馆向关公画像或华光神膜拜。发誓习武不欺弱小，不做坏事，不为非作歹，不伤天害理。武馆中备有古代的刀、矛、剑、戟、藤牌等兵器供学徒练习，此外还有土制的石砣、石担、沙包、沙袋练臂力。武馆逢年过节，都会参加当地庆祝活动，持枪佩刀集众随行于游神庙会队伍中，表演拳脚、舞枪、耍棍、跳跃等拿手的武术节目，显示武馆威风。逢年过节或民间喜庆，武馆还派出狮班取青，取青是各武馆较量实力和大显身手的重要项目。所谓青者，是用红纸包若干钱银及生菜一束，挂在高处，让舞狮人撷取。有的青高达二三层楼，技能高的狮班，可叠几层人梯，表演高难舞狮动作取青，从而提高武馆知名度，扩大影响。武馆也有教习舞龙、舞鹰雄、舞貔貅、舞蜈蚣等，这些集技艺、队形、舞姿、打击乐于一身的民间仿动物武技，也是湛江武术独具的地方特色。知名民间武馆主要有：

雨花台，宋朝咸淳年间创办。地点在雷州府参将署前阜民桥，古称古园通宝阁。主要传授少林拳、李纲铜等。

功班，明末开办。地点在徐闻乡间。主要传授阵操、对练、集体进攻与防御等。

徐闻英武堂，清光绪十二年（1886）开设。地点在徐闻县海安水井埠。聘请外地武师执教，主要为教习出海船工练武抵御海匪侵袭。20世纪30年代，英武堂用土枪、土炮等打败"雷州大盗"石友三等匪徒；1944年5月，英武堂成员驾驶木船，近海袭击日寇；1950年4月，在解放军解放海南岛战役中，英武堂派出30多人当艄公，支持大军渡海作战。

高山武馆，清光绪二十年（1894）开办。地点在雷州城南门市。掌门人高山公传授洪、蔡南派两家拳术及器械武术，独创高跷龙舞流传至今。

狮子会，清末开办。地点在吴川隔塘和大塘（梅菉头）一带。主要传授洪、刘、李、蔡、莫南派五大家拳术的十大形中的前五形：龙、蛇、虎、豹、鹤，以及由此演变的器械武术和武术醒狮（传统地狮）。

英武堂，清末开设。地点在廉江清平。创办人李英才，主要教授散手（即从南派拳术中拆卸而出的实用性进攻与防御徒手武术）、各种武术器械使用（其中并夹杂有从广西流传而来的一些太平天国时期太平军惯用的勾头扫腿实用武功）。

明清时期，湛江武术（包括仿动物武术舞技及民间武术绝技），分拳术和器械两大类。

主要拳种是洪家拳和蔡家拳，李、莫、佛等流派亦有之。主要器械有棍、大刀、护环短刀、叉、剑、戟、藤牌、燕尾牌、三节棍、两节棍、大关刀、朴刀、七星刀、月牙铲、马刀、铁尺、双飞蝴蝶刀、缨枪、流星锤、铁链、软鞭等。

洪拳：湛江民间武术流传最普遍、最普及的项目。洪拳居南派洪、刘、李、蔡、莫五大门拳术之首。相传始创于明末清初反清复明的地下秘密组织洪门。套路打法经福建南少林将中原北派武功中的十大形改革发展成更适合南方人的特点，突出快捷、沉实、刚劲。用得最多的套路是前五大形"龙、蛇、虎、豹、鹤"。功夫要求长桥大马（架势大，动作舒展）、稳扎稳打，以硬重和防护身体为主，其口诀是"有桥寻桥、无桥找桥、静中爱动、动中爱静、他动我静、他静我动"，做到龙行土力，有浮沉吞吐之势；蛇行水力，有旋风指喉之毒；虎行火力，有迎风接风之威；豹行木力，有移身挨傍之架；鹤行金力，有起脚抓尾之猛。

蔡家拳：南派武功五大门拳术中的一门，为清末番禺人蔡李佛所创。蔡家拳较洪拳更沉稳和深藏不露，下盘尤稳，舒展开来，柔中带刚，故武术界又称"儒蔡功夫"。主要套路有上六连、下六连、缠肘、鹰爪、耕牛、四梢、五家庄等。功夫一高一低、一挑一拔、闪身离打，以标腿为主，马法以低以阔为主。

太极拳：传说为明朝武当派功夫掌门张三丰所创，沾练粘随，引进落空，用巧劲和潜力攻击对方。打法轻柔飘逸，盘腿推手变幻无穷。特点以柔克刚、借力打力，为中原北派武学中突出一项。武术界有"形意拳的手、太极拳的腰、八卦拳的腿"之说，极为讲究腰力。1928年，吴云卓在南京获全国武术大赛冠军，时受赤坎商会聘请到湛江赤坎任教，为湛江武术界传授太极拳第一人，太极拳始在湛江广为流传。

（二）民间技艺

明清时期，湛江一带社会经济发展较快，百姓娱乐生活丰富多彩，涌现出诸多民间技艺，"民间绝活"，主要包括民间竞技、游艺、游戏等内容，充分表现在民间风俗、游神和各种表演会上，但更多是以独立或少数群体方式进行，带有一定惊险性，故能吸引大批观众驻足观看。雷州半岛上拥有多种这类民间技艺，往往与节庆、游神等活动同时出现，带有神秘主义色彩。

爬刀梯：亦称上刀山，为湛江一种很古老的风俗活动，主要流行于湛江麻章区太平镇麒麟村。据传兴起于明末，该村建庙奉祀的是为斩除妖魔、为民立功的张兴武将军。每年农历二月十一、十二为当地年例节，在庆祝活动中逐步形成这项特技，迄今已有400多年历史。刀梯用锋利的钢刀扎于两支木柱上，梯高18米，36把钢刀，刀刃向上，级距约40厘米，组成梯级。活动分祭梯、立梯、爬梯、收梯四个部分。祭祀礼仪结束，众人合力紧拉8根大绳，将刀梯徐徐升起。10多个手脚敏捷的青年，赤脚踏钢刀登上顶层，然后迅速下梯，再度攀登，周而反复。代表全村企盼驱邪消灾，祈福平安。

穿令：也称穿令箭，是雷州半岛流传已久的一种"年例"活动，属于敬拜、祭祀神灵的"傩技"，十分惊险，充满神秘色彩，以雷州市北和镇洋家村与麻章区旧县村的穿令箭习俗最具代表性。穿令习俗是傩俗、巫俗、崇龙俗、崇雷俗相结合的产物。穿令时所用的"令箭"隐喻"龙须"。令箭用金属特制，一米左右，长短不一，表演者用令箭由一边脸颊穿进口腔，再从另一边脸颊穿出，用手扶着外露部分，游神展示数个小时，待令箭拔出，其脸颊完好无损，令人称奇。穿令箭出游，显示有神灵庇佑，平安保障，逢凶化吉。

翻刺床：也是节庆、游神时一项特殊风俗活动。将长80厘米的毛冷刺密植于80厘米×50厘米×60厘米的木凳上，上铺红纸，称为"刺床"。道士施法念咒后，将光身小孩在刺床上反复翻滚，丝毫无损，以为神迹。此俗流行于雷州雷高村、万山村、东岭村，湛江麻章太平镇山后村，湖光镇旧县村、下埠村、西岭村，遂溪县建新镇苏二村等。

下火海：流行于雷州白沙镇东岭村雷麦陈庙的"下火海"，也堪称一绝，护佑陈王的4人得其道法，光身、赤脚直奔火堆之上，反复6次踩火毫发无损。

飘色：雷州半岛以吴川梅菉的吴川飘色和海康雷高镇雷高村的飘色最为闻名。吴川飘色起源于清末梅菉黄坡乡。由若干人推一色板，上立活人，巧为装饰，他们依靠看不见的色板支撑，人物在空中表演，飘然欲飞，故名飘色。飘色多由2—6岁儿童出演，打扮成戏剧人物，道具有一板一层，有一板2—3层，俗称地色，集戏剧、魔术、杂技于一体，形成大型综合性空飘造型。每年元宵节五光十色的飘色队伍大游行，大街小巷观众如云。飘色与吴川泥塑、花桥一起，被称为"吴川三绝"。

第三节　民间风俗

风俗文化是文化系统中最基层、最具传统的层面。《汉书·地理志》曰："凡民函五常之性，而其刚柔缓急，音声不同，系水土之风气，故谓之风；好恶取舍，动静亡常，随君上之情欲，故谓之俗。"千百年来，人们"相沿成风，相习成俗"，中华文明就在其中孕育、濡染、形成并凝聚，构成物质与精神的基本内核。基于长期的热带临海自然环境和汉俚的民族文化碰撞、交融，明清500多年的积淀，雷州半岛民间风俗形式多样、多姿多彩，在岭南风俗文化地图上卓然独立，自成一格，是雷州民系存在的一个重要依据。

司马迁说："礼从宜，事从俗。"东汉应劭在《风俗通义》序中明确地指出："为政之要，辨风正俗最为上也。"民风民俗折射出中华文明形成与发展的脉络与轨迹。

一、岁时风俗

明清以来，雷州半岛"节序与广东大同"[1]。与我国"二十四节气"相对应，主要包括春节、元宵、清明、端午、乞巧、盂兰、中秋、重阳、冬

---

[1] 〔清〕郑俊修，〔清〕宋绍启纂：康熙《海康县志》上卷《风俗》，雷阳印书馆1929年版，第40页。

至、除夕等，大抵约定成俗。又因其特殊的气候条件和地理位置，岁时风俗表现为节令数量多，部分节令称谓不同，活动内容独特，群众参与程度高，古风尚足，更彰显自己的原生态特性。

（一）元宵节与"年例"

明清时，雷州半岛的春节，也称元旦，与广东其他地方的春节大同小异，基本上"夙兴祀祖，礼毕乃拜所亲，出贺闾里亲友。是日酌柏酒、烧爆竹"。[①] 正月间，湛江最有特点的节日却是元宵节。

元宵节是春节的继续和高潮，又称上元节。早在明万历年间，雷州府城的正月十五已经非常热闹、隆重："上元先数日，作灯市，剪彩为花，献神庙寺观，遍悬公署。每夜设火树秋千、放爆竹烟火、妆鬼判杂剧、丝竹，锣鼓迭奏，游人达曙。十六夜，民间妇女或走百病。"[②] 这种风俗一直延续至清朝。吴川梅菉"元宵灯市甚盛，装灯栅作匾联，挂红缯……灯剪红白纸，缀成玲珑万眼，光彩夺目"，"上元夜，设秋千于石桥上，梁如牛握，三丈有奇"，百姓讲"女子摹之，必生男子"。[③] 于是大家争相荡秋千。今遂溪北坡一带的元宵节活动，还保存着元宵节"游鱼"的风俗，其上元灯市乃清一色的"鱼灯"，种类繁多，寓意连年有余（鱼），具有滨海之地特色，有300多年历史的遂溪北坡元宵节"游鱼"已成为广东省非物质文化遗产项目。

元宵节本在正月十五，但传入湛江地区，尤其是吴川、海康、遂溪、化州，乃至电白一带，却无定例。当地人从大年初二到二月底，各村自定一天为本村独有的节日，称为过"年例"。相对其他地区的元宵节，是一种文化变异。

"年例"是以宗族、村落为单位，通过民间敬神、游神、祭祀社稷，以祈祷风调雨顺、百业兴旺、国泰民安的活动，清代已十分流行。民国《石城县志·风俗》为我们描述了"年例"的场面："上元前后，各乡族皆庆灯，

①〔明〕欧阳保纂，〔明〕韩上桂、邓桢辑：万历《雷州府志》卷五《民俗志·节序》，万历四十三年（1615）刻本，书目文献出版社1990年版，第205页。

②〔明〕欧阳保纂，〔明〕韩上桂、邓桢辑：万历《雷州府志》卷五《民俗志·节序》，万历四十三年（1615）刻本，书目文献出版社1990年版，第205页。

③〔清〕梁兆琛编纂：光绪《梅菉志》卷一《风俗》，光绪二十八年（1902）本，吴川市地方志办公室内部编印，第86页。

祖祠、社庙燃灯张乐。族内举男者，名曰'灯头'，设馔宴飨族属宾客。各墟、市、村落奉其本处所祀之神出游应贺，张灯结彩，鼓乐喧阗，杂剧之戏络绎不绝。是夜，游灯，烧花炮，士庶嬉游达旦，谓之'庆元宵'。乡民产男亦于各村社庙燃灯。儿童鼓乐喧闹，自初十至十五乃止。"① 此间，各家妇女多往园圃偷采葱菜，谓之"偷青"，以为吉利。吴崑源竹枝词，再现"年例"情景：

> 元宵风景正清和，士女如云逐队过。
> 夜半归来闻笑语，小姑争胜得青多。

穿令游行图

在粤西名镇——吴川梅菉，元宵活动又叫"逛花桥"，呼朋唤友，万人空巷，全镇欢乐在一片花的海洋。

梅菉圩在二月间，也有本圩年例，此间，设"平安醮"，请"巫者拥神疾趋，依次祷祀"，"神号康王……乡人傩，沿门逐鬼，唱土歌，为之年例"。② 人们还售卖各色泥塑，节后统统推入池塘，曰"送泥鬼"，寄意新的追求和开端。年例期间，拜祖拜神驱鬼是主要内容，祈求祖宗庇佑，本村村神保护整个家族平安，当地有"年例大过春节"的说法，常年外出的人，过年可以不回家，但年例时必须赶回家乡。

自宋元以来，闽浙移民多举族南迁，卜居雷州半岛一带，开疆拓土，枝开叶散，村寨林立。也因其筚路蓝缕创办家业之艰辛，村村都设一个或多个

---

① 钟喜焯修，江珣纂：民国《石城县志》卷二《舆地志下·风俗》，（台湾）成文出版社 1931 年版，第 149 页。

② 〔清〕梁兆鳌编纂：光绪《梅菉志》卷一《风俗》，光绪二十八年（1902）本，吴川市地方志办公室内部编印，第 87 页。

村神，寻求庇护，久之，通过兴办自己的时令节气，祭祖拜神，以团结部族，以凝聚人心。吴川年例以其独特的年节风俗，已经成为广东省非物质文化遗产。

（二）二月二与土地公生日

农业文明的点点滴滴均在时令节日中有所体现。二月初二，春回大地，万物复苏。雷民认为是龙抬头时间，要在居屋周围撒灶灰如龙状，称"引龙"，以祈祷吉祥，故这天又是雷州"青龙节"。

二月二又是土地公生日。土地是农民的命根子，雷人对土地神的崇拜尤甚。凡村头、地头、大树下、大路边都有土地神坛、小庙等，供人拜祭。二月二这一天，雷州家家以酒肉饭菜祭祀，俗称"敬土地"。清光绪《石城县志·岁时民俗》称"仲春'主日'，祀土以祈年"；在吴川，"二月，祭社分肉，小儿食之使能言"。[1] 在海康，"二月上戊，乡民祭社祀谷，欢饮。是夕，击鼓逐疫"。[2] 大抵整个雷州半岛"二月上戊日，祭社祈谷，欢饮竟夕"。[3] 土地公生日已成为雷州全民性祭礼活动，杀猪分肉到户，集体畅饮，驱除瘟疫，祈求丰收，沟通乡人、宗族感情。

在雷州半岛，二月初二还是太阳神勾芒生日。《礼记·中庸》云："致中和，天地位焉，万物育焉。"太阳神生日这天称为"中和节"。雷民认为太阳是天地万物生长能量之源，明万历《雷州府志》记："（雷州）关内小民各办杂剧，俟祭勾芒神习俗。"至清康熙时，《海康县志》仍记录这一习俗。

一年之计在于春。二月初二，立春之时，万物复苏，春耕即将开始。雷民有"打春"习俗，"先一日，所属有司晨至东门外迎春，公署关内小民各办杂剧，俟祭勾芒神，毕，诸色人等前导迎春以入，老稚咸集通衢看土牛。（有的人）或洒以菽稻，名曰'消疹'。是日啖春饼、生菜"。所谓看土牛，指州县官员自雷城观稼亭"迎春"至州衙门，沿街打土牛，即"大春牛"，祈求丰收。州县官员还要依例在观稼亭扶犁耕植，以示劝农，故这天又为

---

① 〔清〕毛昌善修，〔清〕陈兰彬纂：光绪《吴川县志》卷一《风俗》，（台湾）成文出版社1967年版，第50页。

② 〔清〕郑俊修，〔清〕宋绍启纂：康熙《海康县志》上卷《风俗》，雷阳印书馆1929年版，第40页。

③ 〔清〕雷学海修，〔清〕陈昌齐等纂：嘉庆《雷州府志》卷二《地理·风土》，上海书店、巴蜀书社、江苏古籍出版社2003年版，第116页。

"春耕节"。

（三）清明节与三月节

越人尚鬼，最敬重祖先。故广东清明节扫墓最为隆重。明清时，这一习俗更为流行。道光《遂溪县志·礼仪民俗》记载较详："清明日，折柳枝悬厅，并插两鬓，曰'明目'。设席祀祖先，前后数日，载酒肴登墓祭扫，男女俱行，挂纸培土，祭燕而归。其尝产广者，多宰猪分胙。"吴川称这一活动为"拜山""铲山"或"压纸"，电白曰"扫墓"或"扫山"；雷州全府则曰"培墓"等，称谓稍有不同，但程序基本一样，即先在家中设席祭祖，然后"插柳于门"，"男女俱簪柳枝"，携酒肴上坟，铲除杂草，挂纸培土化纸，燃放爆竹后而归。

雷州半岛春天来得早，三月气温迅速上升，万物欣欣向荣，这时扫墓、祭祀先人，最合时宜，借此郊游，亦一美事。故人们又称清明节为"三月节"。另据民国《海康县续志》记载，清明节时"取谷数升，投锅中炒坼，以卜年岁丰歉"。曰："'炒虫脚'，卜者边炒边祷：'三月三，炒虫脚，炒草死，炒禾青。'"其意在消灭稻田杂草，保护禾苗，祈求丰收。

（四）端午节与水鬼生日

"五月端午，龙舟竞渡"乃南方古越人传统习俗。湛江地区也是越人故乡，这种风俗自古有之。明万历年间，这种风俗已经广泛流传，"端午，众往西湖塘观竞渡。好事者悬银钱于竿，龙舟竞夺之，谓之'夺标'。各乡溪港中俱同"。此外，端午这一天，"设菖蒲酒，束角黍祀祖，闾里相馈遗，悬艾虎于门，童子斗百卉"[1]。吴川一带还有"画朱砂符""采莲"活动，把竞渡称之为"扒龙船"[2]。雷州乌石渔港，因其滨海，至今流传一种海上龙舟信仰。

清嘉庆时，这一风俗仍在延续。《雷州府志》曰："五月朔旦，悬艾于门，制雄黄袋以佩。童子放纸鸢。是日竞渡……端午日，设酒肴祀家神及祖先，为角黍相馈遗。浴于溪，曰'流疡'。"小孩且浴且歌，曰："流脓、流脓，流去东海觅别童。"祈求小孩无病痛，健康成长。

---

① 〔明〕欧阳保纂，〔明〕韩上桂、邓桢辑：万历《雷州府志》卷五《民俗志·节序》，万历四十三年（1615）刻本，书目文献出版社1990年版，第205页。

② 〔清〕梁兆罄编纂：光绪《梅菉志》卷一《风俗》，光绪二十八年（1902）本，吴川市地方志办公室内部编印，第87页。

在雷州,端午节又为"水鬼生日",实是水神崇拜的反映。因雷州半岛三面临海,溺亡者多见,人们认为溺水者会化为水鬼,扰乱人类,故每至端午,将往水里投放粽子,以飨水鬼,仿如过其生日。水鬼在端午节享受人间香火,水鬼生日甚至成为端午节的另称,是其海洋文化的一个特征。关于端午节吃粽子,湛江人也演绎出具有湛江特色的美食,雷州人把一种称作蛤蒌的植物叶子,放入糯米中,包出的粽子自带植物清香,称之为"蛤蒌粽",此技艺流传至今,成为广东省级非物质文化遗产保护项目。

再者,湛江地区端午节放风筝,而不是重阳节间放风筝,也是其民俗一大特点。盖因端午的半岛秋高气爽,北风轻吹,适逢开镰收割之前,适宜郊游放风筝。嘉庆《雷州府志·岁时民俗》曰:"童子放纸鸢";道光《遂溪县志·礼俗》载:"童子以风筝为戏,谓之'放殃线'";民国《石城县志·礼仪民俗》更备述其详:"自(初)一至五日,童子以纸鸢戏,谓之'放殃'。偶线断落入屋,必破碎之,以为不祥。"寄托了百姓对美好生活的向往。如一首雷州歌唱道:

> 五月来到放风筝,筝母嗷嗷在天上。
> 你父有钱放八角,我父无钱放月娘。

端午节放风筝,丰俭由人,老少皆宜,广大群众普遍参与,形成风俗。如今,雷州风筝节这一民间风俗已成为广东省非物质文化遗产项目,加以保护,继续传承。

(五)中秋节与拜文昌

八月十五中秋节,是我国主要节日之一,湛江地区也不例外。清朝,海康县的中秋,"家设酒肴,蒸芋,赏月"[1]。吴川一带,"八月望夜赏月,剥芋擎柚,谓之剥疵癞儿……"[2] 团圆、赏月、祭月、吃月饼、蒸芋头、敬老赏月是中秋最主要的一项活动。其间,年轻女子比赛以针试杯中水,针能浮

---

[1] 〔清〕郑俊修,〔清〕宋绍启纂:康熙《海康县志》上卷《风俗》,雷阳印书馆1929年版,第41页。

[2] 〔清〕梁兆罊编纂:光绪《梅菉志》卷一《风俗》,光绪二十八年(1902)本,吴川市地方志办公室内部编印,第89页。

水者胜，名曰"浮针"。针浮于水上时，视浮针在月光下的投影论吉凶，是雷州先民月亮崇拜的一种形式。晚清，城乡生活水平普遍提高，中秋之夕，雷州各县城镇，锣鼓喧天，醒狮队伍穿梭往来，商铺大户应接不暇，醒狮表演完毕衔"利是"而去。嘉庆《雷州府志·岁时民俗》载，"中秋，各乡塾祭文昌"。道光《遂溪县志》也有同样记载。嘉庆《海康县志》也说："中秋，各乡塾祭文昌"①，文昌帝，即文曲星。道教中，他掌管人间功名、禄位，举凡应考士子，无不祈求于这位神明，以期考试顺利，获取功名富贵。雷州中秋节各教育机构拜文昌，应是雷州中秋较之广东各县的一大特点。原因在于雷地自宋以来，风俗颇淳，人多向学，蔚然成风。

随着社会发展，人民生活水平的提高，中秋节吃月饼成为节日中最重要的内容，湛江美食又增添一大品牌——吴川月饼，驰名省内外。目前，吴川月饼制作工艺已被列入广东省级传统技艺类非物质文化遗产保护项目。

（六）重阳节与登高节

湛江地区的九月已属深秋，尤宜野外活动。农历九月九日重阳节，当地也称为登高节，登高和郊游是最主要的活动内容，登高、郊游、赏菊、饮菊花酒之风一直流传至今。早在清康熙时，海康县人在重阳节"携榼于楼台会饮"②，到嘉庆时期，海康人"重阳登高，俗于是日采药作酒曲"③。雷州半岛只有浅丘而无高山，故登高去处还得有高峻楼台。每逢此时，雷州启秀塔（三元塔）、西湖，吴川梅菉登高坡即为重阳登高或游览的首选。同治年间（1862—1874），本地名人陈乔森曾啸侣命俦，齐集启秀塔下，张灯结彩，题写对联，观者如堵，好不热闹，传为佳话。吴川梅菉，商业殷盛，重阳节更为隆重。"梅菉墟遇重阳节，商户各醵厚赀，搭棚厂野外，张灯结彩，迎神演戏，轰饮达昼夜，远近观者，以万计，凡六七日而后止。"④ 甚至组织赛诗

① 〔清〕刘邦柄修，〔清〕陈昌齐纂：嘉庆《海康县志》卷一《疆域·风土》，嘉庆十七年（1812）刻本，第84页。

② 〔清〕郑俊修，〔清〕宋绍启纂：康熙《海康县志》上卷《风俗》，雷阳印书馆1929年版，第41页。

③ 〔清〕刘邦柄修，〔清〕陈昌齐纂：嘉庆《海康县志》卷一《疆域·风土》，嘉庆十七年（1812）刻本，第84页。

④ 〔清〕梁兆罴编纂：光绪《梅菉志》卷一《风俗》，光绪二十八年（1902）本，吴川市地方志办公室内部编印，第89—90页。

活动，五月开始策划题目，参加者按题赋诗作对，八月汇总，九月初一文人学士和群众齐集登高坡"诗社厂"，张贴诗词对联，评选优秀，故当地又称重阳节为赛诗节。

（七）冬至与男人节

冬至，自古以来就是我国最受重视的一个节令，在广东更不例外。冬至这天白昼最短，其后白昼渐长。故有"冬至阳生"之说，在雷州尤甚。另外，冬至秋收既毕，人们借此节气，感恩上苍，休息庆贺，亦一美事。因此，在雷州半岛，冬至又有"亚岁""小年"之称，有"冬至大过年""肥冬瘦年"的俗谚。

嘉庆《雷州府志》曰："冬至，有司夙兴，拜圣节毕，各官交贺。是日凡家祠各祀祖先。"① 冬至拜祖寓意较平时深刻。首先，凡新生男孩，家长准备三牲、酒、饼等物到宗族祠堂祭祀，办入祠手续，此所谓"入冬节""入冬祭"。接着是祭祖仪式，届时族中男丁齐集祠堂，按"贤""老"为序，论资排辈，依次拜祭列祖列宗。最后，各家按男丁资格分领胙肉，男丁各有一份，但年老（通常为50岁以上）者，或有功名者（指秀才以上）可多领一份。

雷州有歌曰：

> 月尾冬至节，祠堂景色多。
> 一姓人都齐，猪牛羊设祭。②

在雷州，冬至活动事关本村、宗族发展大计，几乎全以男人为中心，故又称"男人节"。冬至这天通常杀鸡杀鸭加菜招待宾客，还有吃煲姜饭的习惯，当地人认为冬至吃姜可暖胃防病，有益健康。

二、婚嫁风俗

湛江地区婚嫁风俗传统久远，且有其特定内容和形式，有些仍然传承

---

① 〔清〕雷学海修，〔清〕陈昌齐等纂：嘉庆《雷州府志》卷二《地理·风土》，嘉庆十六年（1811）刻本，上海书店、巴蜀书社、江苏古籍出版社2003年版，第116页。

② 牧野主编：《雷州历史文化大观》，花城出版社2006年版，第209页。

至今。

（一）不落夫家

汉代，岭南土著越人还处在族外群婚阶段，湛江地区更不例外。随着南来汉人不断增多，中原婚礼传入，这类族外群婚才渐渐消失。但开发雷州半岛的过程，就是一个中原文化与俚僚文化的互动与融合过程，直到明清，岭南某些地区婚俗仍有其特色，最典型的就是"不落夫家"。

不落夫家是指女子出嫁后，除了年节、庆贺、吊唁等红白喜事以外，长住娘家，时间从二三年至十年八年都有，有的即使回夫家也不与丈夫同居，甚至相互不认识，直到怀孕生小孩，始回男家定居，才正式确定夫妻名分。在此之前，女子还有一定性自由。这是母系社会到父系社会过渡期的婚姻遗俗，曾广泛流行于我国南方和西南地区，尤以少数民族地区最为普遍。宋周去非《岭外代答·蛮俗门·入寮》云："婿来就亲，女家于所居五里之外，结草屋百余间与居，谓之入寮。婿家以鼓乐送婿入寮，女家亦以鼓乐送女往寮……入寮半年，而后妇归夫家。"[1] 宋代雷州属广南西路，这种男女互入寮就是不落夫家的一种形式。不落夫家之俗在雷州长期存在，当地称"住外家"，有些女子可在娘家住数年之久，唯过年节或生孩子才回夫家小住。这一婚俗一直保留到20世纪70年代才逐渐消失。

（二）哭嫁

女子哭嫁是岭南自古传承至今的一种婚俗。至迟宋代，雷州半岛一带已流行此婚俗。哭嫁分两段。前段是女子接到男子娶亲"日子书"，有十余天或一个月待嫁时间。女子深居简出，听从婶嫂教练婚礼仪式，练习哭嫁歌。其内容大意是骂媒人为自己撮合婚姻，以致今日离乡别井，同时也感谢父母养育之恩、婶嫂教诲之情。这种哭嫁，通常一天早晚一次，地域不同，各有特点。东海岛女子哭嫁，叫"东海嫁"，南三岛的叫"南三嫁"等等。雷州哭嫁歌包括《骂媒歌》《梳头歌》《接轿歌》《洗面歌》《穿衣歌》《缚裙歌》《叹轿夫歌》等数十首。哭嫁歌往往采取赋比兴手法，每段大意相同，反复吟咏，以诉衷肠。以下二首哭嫁歌曰：

---

[1] 〔宋〕周去非著，杨武泉校注：《岭外代答校注》卷十《蛮俗门》，中华书局1999年版，第418页。

（一）

平时相聚，妹呀，姐妹情深，妹呀！

咋下分别，妹呀！孤雁离群，妹呀！

（二）

偌多姐妹来送嫁，吵吵哄哄到三更；

识哭就哭多几句，未识哭个只呀呀。

明清时期，生活在雷州半岛的疍民，其海上族群婚俗也有自己的特点。婚嫁程序一般较之陆上居民简单。疍男疍女由亲戚熟人介绍见面，父母同意，即为定亲。如果三天内没有出现损坏家具、渔具事件，即视为通过听兆，继双方年庚合命，男方给女方"压命钱"，便可择日娶过门。但也有哭嫁形式，如一首哭嫁渔歌曰：

小小尼尼捱尽苦，

如今呵，

你苦尽甘来有好夫；

二人相惜去作海，

网网啊，

网网搬来是大鱼。

婚礼多在夜晚举行，疍女由疍艇送到男家，还搭水上歌台相对唱，围观疍艇云集，欢歌达旦，别有一番风情，充满海洋文化色彩。

（三）婚庆习俗

据《梅菉志》载："冠婚之礼，将娶延宾，加冠命子，聘礼重槟榔，盛以朱盒，饰以彩红，缀以银盏。又多备果饼乡糖之属，娶之前一日，盛陈猪酒，灯彩鼓吹前导，婢仆盛饰以往迎，妇舆至门，婿揖以入。其夕同牢而食，别设筵邀亲友醋饮，众集新房中看新妇，曰'闹房'。诘朝见舅姑亲属，献币帛帨履，曰'荷惠'。男女婚嫁以二十岁内外为率，细民或有童婚者。"①

据《石城县志》载："婚礼，通庚后行聘，用槟榔、饼饵等物以当委聘，富者有钗镯、金银，贫家不能备礼，只用聘书。临娶始行冠礼，不行亲迎，娶日采旗鼓乐前导，女家奁妆从厚，于归之明日拜舅姑，行庙见礼。"

当然，明清时期，湛江地区一带在婚嫁方面也有一些陋习。

一直以来，"南方盛热，不宜男子，特宜妇人"。长期女多男少，"城郭虚（圩）市，负贩逐利，率妇人也。而钦之小民，皆一夫而数妻。妻各自负贩逐市，以赡一夫"。这种一夫多妻的风俗习惯，至明清时期仍有残余。但从另一个侧面考察，妇女成为主要劳动力，也使她们较其他地区妇女享有更高的社会地位。

婚姻关系也是某种社会经济关系的体现。明清时期，因贫家嫁娶惜费，还有"抢亲"习俗；明清时期，童婚、童养媳现象也时有发生。光绪《吴川县志》载："男女婚嫁以二十岁内外为率，细民或有童婚者，长始合卺，谓之'鸡对'。"② 雷州半岛以北的高州也流行此俗，"细民或有童婚者。……又或以庚帖委媒索配，往往落奸人套中"。③ 此中发生的诈骗行为不在少数。

另外，本地妇女重"守节"，除非"家实贫穷，无以为活，不得已而再嫁"，"间有室无亲人，遗孤乏养（男子），招人入赘，谓之上门（女婿）"④，与国内其他地方大体相同。

三、丧葬风俗

丧葬风俗通常包括葬法、葬式、葬风等。丧葬风俗深受地理环境、民族历史、政治、伦理、宗教等因素影响，涉及范围甚广，内涵很复杂。同时，

① 〔清〕梁兆鳌编纂：光绪《梅菉志》卷一《风俗》，光绪二十八年（1902）本，吴川市地方志办公室内部编印，第79页。

② 〔清〕毛昌善修，〔清〕陈兰彬纂：光绪《吴川县志》卷二《地舆风俗》，光绪十八年（1892）刻本，第2页。

③ 〔清〕杨霁修，〔清〕陈兰彬等纂：光绪《高州府志》卷六《舆地·风俗》，光绪十五年（1889）刊本，（台湾）成文出版社1967年版，第82页。

④ 〔清〕梁兆鳌编纂：光绪《梅菉志》卷一《风俗》，光绪二十八年（1902）本，吴川市地方志办公室内部编印，第81页。

政府指导和民间习惯对此影响很大。雷州半岛历史上多个民族杂居，各种伦理道德、民间信仰庞杂，反映在明清以来的丧葬风俗方面，既受制于岭南葬俗的总体格局，又有自己的个性。

（一）土葬与火葬并存

受灵魂不灭论影响，古代雷州半岛居民非常重视人死后遗体处理的方式，很讲究殡葬。在雷州半岛遂溪鲤鱼墩新石器时代遗址中，发现半岛最早较古越族居民均采取土葬。在 600 平方米范围内，发现 8 座屈肢墓，既有蹲式、卧式、仰卧式，也有侧卧式葬式，是我国目前所知屈肢葬墓分布的最南界，时代距今约 6000 年。时至今日，这种屈肢葬土葬风俗仍在广大西南少数民族、台湾高山族中有残余。在雷州半岛西部、广西的贝丘遗址中发现屈肢葬墓超过 100 座。此外，考古发掘，雷州境内最早墓葬为西汉墓，属土坑墓。徐闻今二桥、南湾、仕尾一带即出土大量西汉墓，而东汉墓为砖室墓，在今雷州城附近有大量发现。这都是历史早期雷州半岛流行土葬的凭证。雷州半岛的先民一开始就选择了土葬，此后延绵不断，直至近现代，仍保持这种葬法。清道光《遂溪县志·礼俗》载，明清时期，"丧重殡葬，卒哭，大小祥咸有陈奠，亦信青鸟（风水）家言，葬择吉壤。送葬用巫祝，鼓吹明器，竞为巧饰"[1]。光绪《吴川县志》同记："葬信青鸟家言，有迟之又久始葬者，葬时必请显者诣坟所点主，而后载主以归。"[2] 这样，土葬成为雷州半岛葬法主流。与整个岭南地区一样，"入土为安"基本观念占了上风，成为土葬伦理的根据。

火葬，又称火化，佛教主张火葬，认为肉体只是承载灵魂的皮囊，精神的永恒与肉体无关，人应该追求精神的超脱，最终升入西方极乐世界。唐代，佛教大规模传入我国，岭南又为首途之区，有助于火葬推行。特别是雷州半岛唐代佛教兴起，"自梁唐以来寺观庵堂半民居"，相信无论僧俗两界，火葬人数不少。宋代，尤其是南宋，民间纷纷采纳僧人葬法，火葬在广东盛行，并成为一种社会风俗。考古发现雷州半岛也有不少火葬墓，如雷州白沙

---

① 〔清〕喻炳荣、朱德华修，蔡平点校：道光《遂溪县志》卷十《礼俗志》，方志出版社 2017 年版，第 282 页。

② 〔清〕毛昌善修，〔清〕陈兰彬纂：光绪《吴川县志》卷二《地舆风俗》，光绪十八年（1892）刻本，第 3 页。

镇赤坡铺，1983 年文物普查发现面积约 20 万平方米墓葬群，其中大部分为宋代火葬墓[①]。1982 年在雷州白沙镇官茂村出土一个宋代青釉褐彩花卉葫芦钮盖罐，内盛人骨灰[②]。在徐闻，宋代也盛行火葬，并以坛醢殓骸骨，同是一种二次葬，这都是火葬的直接见证。由于火葬与儒家礼教不合，因此元、明、清三朝都有禁止汉族火葬的法令。但在雷州同样收效甚微。[③] 明初，统治者曾严厉法律制止火葬，火葬大为减少，但仍有一些地方坚持火葬，如三水"亦有火葬者"，潮州"细民火葬"，雷州"贫者或有火葬"。[④] 与雷州比境之廉州也"葬多焚尸"，[⑤] 说明火葬在雷州附近地区颇为流行。入清以后，火葬只限个别地区，土葬仍是普遍葬法。

（二）流行一次葬和二次葬式

雷州半岛和其他省区汉族一样，最为流行葬式首推仰身直肢一次葬，即人死亡后直接入土安葬，死者仰面朝天，四肢平放，为死者生前最自然仰卧状态。此后这种葬式历代沿袭，至今仍为人们习用，已成为最普遍和最基本的葬式。

但在岭南最具特色的是二次葬式。它通常在人死入土三年以后，待人体软组织完全腐烂、分解，再打开棺椁捡骨，用白酒洗净，然后按人体结构，头在上，脚在下，屈肢装入陶瓮（罐），重新埋入地里，这就是二次葬，也称为洗骨葬或捡骨葬。盛骨的陶瓮称为"金罂""金塔"或"金城"。"金罂"不一定在原地下葬，而选择风水更好的所谓吉地下葬。如果一时找不到这样的吉地，则将"金罂"搁置在田边或岩穴间，择时再葬。

战国作品《墨子》载："楚之南有炎人国，其亲或死，朽其肉而弃之，然后埋其骨，乃成为孝子。"这是关于二次葬的最早记载。战国时期雷州半岛受楚文化影响，也可能出现二次葬，但雷州半岛气候炎热，风化壳很厚，尸骨不易保存，故尚未发现这种出土事例，而历史文献记载二次葬的量不少。新编《湛江市志·民俗风情》载："乡下人死后，则在本村（本族）土

---

① 牧野主编：《雷州历史文化大观》，花城出版社 2006 年版，第 87 页。
② 牧野主编：《雷州历史文化大观》，花城出版社 2006 年版，第 87 页。
③ 〔明〕黄佐修撰：嘉靖《广东通志》卷二《风俗》，嘉靖四十年（1561）刻本。
④ 〔明〕黄佐修撰：嘉靖《广东通志》卷二《风俗》，嘉靖四十年（1561）刻本。
⑤ 〔明〕黄佐修撰：嘉靖《广东通志》卷二《风俗》，嘉靖四十年（1561）刻本。

地范围内择一较好的地方，挖穴安葬。安葬之后，如两三年内，家人平安无事，甚至兴旺发达，就认为墓地风水好，即永久葬于此地。如果发生不吉之事，则认为墓地不好，便有进行第二次安葬。但多数是一次葬。"①

雷州半岛采用二次葬，一是半岛气候炎热，土壤水分少，细菌活跃，尸骨不易保存，选择风水好的吉地，必须进行二次葬才能达此目的。二是雷州半岛旧为古越人居地，后为俚僚人居地，他们与壮族属于同一民族和文化渊源。壮族和西南不少民族至今仍流行二次葬。② 二次葬作为一种文化遗存，对后来者或多或少有影响。三是在雷州半岛的居民中，宋元以来迁入的闽人和客家人最重视二次葬，到了新居地，也将此葬法带来。乾隆《潮州府志》就有记，从闽南迁入的潮汕人"葬后十年或十余年，则易其棺而贮骨于瓷罂，名曰'金罐'。骨黄者，复瘗原穴；骨墨者，另觅佳城"。据光绪《嘉应州志》载兴梅客家地区，"俗父母葬十年皆议改葬。改葬者以罂易棺，捡骨而置之"。总之，"粤东洗骸已成结习"。雷州旧时盛行二次葬大有其地理、历史和文化根源。

（三）殡葬礼仪

在传统社会礼俗中，丧葬礼俗受到高度重视。丧葬程序往往十分烦琐，人们期望简化丧葬仪节。宋代，朱熹《家礼》对此已有节略，明代文渊阁大学士丘濬在朱子的基础上进一步将仪礼简易，"窃取文公家礼本注，约为仪节，而易以浅近之言，使人易晓而可行，将以均诸穷乡浅学之士"③。明清地方士绅所遵《家礼》大概是这样的通俗本，清代，又有影响最大的礼书《家礼帖式》以及后来陈鸣盛的《家礼帖式集成》，经民间地方绅士推广，顿成风气，各地殡葬礼仪程式化。主要流程为：报丧、入殓、祭祀、吊唁、哭吊、佛事、出殡、送葬等。还有，葬礼时，"必盛肴馔以待送客"。

清光绪《梅菉志》记载吴川一带的"丧礼"："有用乐，如苏轼所讥钟鼓不分哀乐事者。诸属暴富家，或沿未变。近来士夫，悉遵邱濬《礼仪节》矣。俗祭用七至四十九日而止，其子孙朝夕哭至百日，亲戚谏奠，主人报礼元，志所谓丧葬必盛肴馔以待送客是也。俗尚佛事，虽有识者，间不为之，

---

① 湛江市地方志编纂委员会编：《湛江市志》，中华书局2004年版，第1974页。
② 黄现璠、黄增庆等：《壮族通史》，广西民族出版社1988年版，第713页。
③ 〔明〕丘濬：《家礼仪节》，《四库全书存目丛书》之《经部》第114册，第431—432页。

而俗不以为是。……丧礼既殡，七日一奠，或作佛事，早晚集功缌服属奠而悲哭，戚友亦致奠焉，葬日妻妾子妇与戚友兄弟送至葬所。"① 还规定，"出嗣子，出嫁女，均三年斩衰，是风俗之厚者"。大意是守孝三年，婚嫁之事禁止。

光绪《石城县志》所载丧礼和葬礼与吴川略同："丧礼，殡殓从厚，贫者不能要，皆不失临丧哀惨之意，于死者就瞑之日，七七四十九日内，每计至七日，即备牲醴至奠，或遇三、五、七期，用鼓乐延僧道礼忏，谓之修荐。亲友谋奠，多用猪羊酒果挽幛，主人报礼。葬礼，妻妾子妇与戚友兄弟，必送至葬所，但富家颇惑风水之说，间有停柩多年而未葬者。"②

<hr>

① 〔清〕梁兆罃编纂：光绪《梅菉志》卷一《风俗》，光绪二十八年（1902）本，吴川市地方志办公室内部编印，第81—82页。

② 廉江史志编纂委员会办公室点校：光绪《石城县志》卷二《舆地志（下）·风俗》，中国社会出版社2014年版，第70—71页。

第二十五章　鸦片战争后湛江地区
行政沿革及经济社会状况

鸦片战争后，由于中国社会整体环境的变化，湛江地区的经济社会状况也发生了较大的变动。无论是自然条件，还是来自外部的压力，都对湛江地区的社会状况产生了巨大影响。一方面，中国逐步沦为半殖民地半封建社会，西方商品的涌入使中国自给自足的自然经济面临破产，依靠自然经济生活的广大民众则陷入极度的贫困之中；另一方面，伴随着西学东渐，中国传统社会朝着根本性变化的方向发展，特别是思想文化领域的转变，"开眼看世界"成为各地有识之士的共同认知。广大民众则不甘于双重压迫，多次发动武装起事，动摇了清政府的统治基础，其中太平天国运动影响最大。在太平天国运动的影响下，广东爆发洪兵起义，该起义几乎席卷整个广东省。湛江地区虽地处偏远，亦受其一定程度的波及。

鸦片战争后，湛江地区的传统社会变化突出表现在两个方面：一是以埠头、圩市经济为明显特征的城乡经济缓慢发展；二是鸦片战争后，自然灾害频繁对湛江地区经济活动产生了深刻影响。

第一节　鸦片战争后湛江地区行政建置与沿革

鸦片战争至清朝灭亡，湛江地区的行政区划仍大致维持旧制，即吴川县（今吴川市）和石城县（今廉江市）属高州府（府治在茂名县）；海康、遂溪和徐闻县则属雷州府（府治在海康县），又称"三雷"。时人多以"高雷"称呼以上地区，高州、雷州、廉州和琼州又合称"广东下四府"和"广东南路"。清政府为了加强海防,曾因事而设"高廉道"和"雷琼道"等职,既有军事性质,亦有行政职能。

清光绪二十四年(1898)法国侵占广州湾,次年11月中法签订《广州湾租界条约》,以海湾为界,把吴川县的一部分陆地和南三都、硇洲等海岛,以及遂溪县的一部分陆地和东海岛划为租界,行政首府初设麻斜,1910年迁西营(今霞山),以上区域脱离原有的府县管理。

辛亥革命后,同盟会分派人员前往高雷各县建立政权机关,但为时甚短。民国政府废除府制,吴川、廉江(1914年石城改名)、海康、遂溪、徐闻各县设知事,由省政府任命,省以下无常设行政机构。为加强地方治理,广东省政府1914年设高雷道,辖高州、雷州和阳江各县,王典章为首任道尹,继任者有林俊廷、张锦芳、朱为潮等,与此同时,又设高雷镇守使主管军事,王纯良、隆世储、林虎等人曾担任此职。

1920年广东革命政府成立,裁撤高雷道尹和高雷镇守使,设高州善后处、雷州善后处等机构,同时推行县长民选。1922年"六一六"兵变后,军阀割据高雷地区,混战不已。1923年以邓本殷为首的将领成立"高雷罗阳钦廉琼崖八属联军"(又称"南路八属联军"),在高州设立行署。

1925年国民革命军南征,同年11月设南路行政委员公署,甘乃光为首任行政委员。1926年梅菉市成立,直属于省政府。1928年广东省政府改设"南区善后委员公署",次年裁撤。1932年设南区绥靖公署。1936年,又分设第七和第八行政督察区,委派公署专员。吴川和廉江属第七行政督察区,海康、遂溪和徐闻属第八行政督察区。1939年11月,广东省设南路行政公署,辖第七、八、九行政督察区,罗翼群为首任主任。

1945年抗战胜利后,中国政府收回广州湾租界,改设湛江市。李月恒筹备市政,后由郭寿华任市长,1946年1月正式开府办公,继任者为柯景濂、张仲绛、何荦。湛江市辖境与原广州湾租界相同,全市划分赤坎、西营、坡头、潮满、北渭、东山、东简、硇洲、新鹿、通平10个区。湛江市初隶属于第七行政区,1948年改隶第八行政区。1949年广东省重划行政区,第十四区辖廉江、遂溪、海康、徐闻县和湛江市,吴川县和梅茂县(1947年梅菉市改设)属第十三区。中华人民共和国成立后,实行新的行政建置和行政区划,从此进入湛江历史新的一页。

第二节　沿海城乡经济缓慢发展

一、埠头与圩市的发展

在近代意义上的"海关"出现以前，以粤海关对我国最为重要。它与市场经济存在着极为重要的逻辑关联，它的设置意味着所在区域市场经济发达。早在清康熙二十四年（1685），粤海关就在广东西部设置有两个正税总口：梅菉（高州）总口和海安（徐闻）总口。两个正税总口下设正税口、稽查口和挂号口等共计 18 个关口。由于海关各种关口所承担职责不同，所以各港口的商贸地位也有差别。正税口负责检验进出口货物及征收关税，挂号口负责检查进出关（境）手续及收纳挂号费、销号费等，稽查口负责缉查走私。道光十八年（1838），湛江地区的梅菉总口下辖正税口两个：两家滩、阳江；挂号口两个：芷寮、暗铺；稽查口两个：水东与硇洲。这些税口是雷州半岛最主要的埠头与圩市。埠头，有港口与商贸二者合为一体之意。圩市，即是集市，"圩"是岭南对集市的称谓。岭南地区的平民百姓到乡镇集市进行日常商品交易往往也称为"趁圩"。埠头、圩市的变化，最能反映岭南地区的区域经济状况及变化特征。

"金芷寮，银赤坎"是雷州半岛广为流传的民谚。芷寮与赤坎是明清时期湛江地区的重要埠头与集镇，民谚以最为通俗的形式反映了这两个商贸埠头的变化。芷寮，在明代即是吴川县境一重要埠头集镇。据地方志记载，明朝万历年间，福建、广州等地商船纷纷来到芷寮，每年到这里进行贸易的商船有几百艘，致使当地"创铺户百千间……贩谷米通洋货。吴川小邑耳，年收税饷万千计，遂为六邑之最"。集镇给地方带来的繁盛由此可见，地方政府也随之受益。清中期后，随着贸易航路的改变，圩市也产生了变化，因货船多聚于水东、赤墈（赤坎）两地，芷寮渐趋衰落。[①] 同治十一年（1872）

---

① 〔清〕毛昌善修，〔清〕陈兰彬纂：光绪《吴川县志》卷二《风俗》条，（台湾）成文出版社 1967 年版，第 50 页。

二月间，粤海关在水东、两家滩、赤坎、千洲设卡征收鸦片税。[①] 芷寮仍不在关口名列，赤坎却位列其中。地方史籍记载，道光二十九年（1849），在赤坎注册的商船已达400余艘，足见其规模已不小。"商船蚁集，懋迁者多；洋匪不时劫扰，商旅苦之。"[②] 鸦片战争后，赤坎作为一个重要的圩市商埠频繁地出现在史册上。随着商业的兴起，各省客商船户纷至沓来，会馆也陆续在赤坎建成。咸丰三年（1853）赤坎建成高州会馆，馆址位于高州街。在此之前，广府会馆、闽浙会馆已相继建成。后陆续建成的会馆还有雷阳会馆、潮州会馆。资料记载，至咸丰年间，赤坎已有10多间石料加工、木材制作、工艺雕刻等作坊、加工场。同治至光绪年间，赤坎涌现出5间饼厂和2间肉类加工场。光绪十五年（1889），赤坎牛皮街（今新民街）办起2间鞋店，或为自家人生产经营，或雇请一两名帮工。[③] 商业发展了，金融业也应运而生。如典当业，就有妥信、宏泰等20多家典当行。赤坎的典当业以门店规模、资本大小和当期长短划分当铺、按店、押、小押等4个等次。当铺规模较大，按店规模次之，押和小押则规模更小。光绪十九年（1893），赤坎开设了该地区最早的钱庄——大丰钱庄。赤坎留存有十大码头遗址，在今赤坎民主路至大通街之间。而位于村庄东南海边、距离赤坎不远的大埠村，也于光绪二十四年（1898）建起码头。大埠村码头在后期广州湾城市兴起中发挥一定作用。

赤坎埠海港外景（1906年由Fang-Tong-San拍摄并发行为明信片）

北海关大阜分卡前的港口（大阜即大埠村）

① 湛江海关志编撰办公室编：《湛江海关志》，2011年内部编印，第81、85页。
② 〔清〕喻炳荣、赵钧谟等纂：《遂溪县志》卷六《兵防》，岭南美术出版社2009年版，第232页。
③ 黄柳坚主编：《赤坎古商埠》，中国文联出版社2013年版，第80页。

　　两家滩是遂溪与石城交界处的一圩市埠头。它大致形成于清前期,主要是承接来自石城的贸易。同治年间,清政府于此设置关口征收鸦片税,说明当时两家滩已是一个大的贸易集散地。但随着大埠、赤坎等地贸易港口的崛起,两家滩贸易受到严重挑战。据宣统二年(1910)《广州常关工作报告》记载,粤海关在广州湾周边设有海安、大埠、雷州、石门、暗铺、黄坡、高州、水东、织贡等9个常关关卡。两家滩关口在海关文献中消失。贸易集散地已转移到了不远处的门头埠。民国时期《遂溪县采访员一、二次报告》记录:"门头埠……商店约有六七十间。港颇深,出口货油、糖、生猪为盛,入口货咸鱼为盛。帆船辐辏,常有数十艘不绝。"门头埠即是同治年间所说的北海关下属粤西六关口之一的"石门头"。

　　鸦片战争后,圩市经济突出者还有梅菉镇。该镇自晚清以来素有"小佛山"之号。梅菉,又有"梅禄""梅麓""梅陆"等别称,地濒南海,介电白水东港和广州湾之间,旧时外洋货物多在此集散,内连东、西两江,溯江而上,可通化州、信宜、高州、北流等地,交通便利,商业兴旺,是重要集镇。目前保存下来的碑文载曰:"吾粤十郡,高与广相距千里,而不离疆域中。梅菉去高郡仅数十里,均非外省窎远者。比广州会馆曷为而建?……梅菉当雷、廉、琼诸郡孔道,吾广人寓居夥,而贩者什居八九,使不有会集之所,居者无与言欢,行者无以节劳,众咸曰非便。""广民来贸易者,常近千人"。[1] 但根据文献,不难发现,梅菉集市商贸发展并未达到顶端。如方志地图显示,清前期,镇内的龙滘祖庙右侧尚有"夜字号白地一段",这说明西华街(又称戴屋街)附近的街道与后期相比,尚处于更为初级的阶段。清中叶梅菉街道的密度还没达到晚清时期那样的细密程度。其后,在海外贸易、山区开发等因素推动下,市场的整合度越来越高,梅菉的商业聚落应运而生。晚清方志曰:"梅菉圩,在茂名县西南,接吴川县界,为雷琼通衢,商旅极盛。""水陆交驰,陆则东出大山塘,以通电白;南则出登高坡,以下吴川。水则北溯三桥河,以通电白,溯三义河以通化州;西则溯鉴江而北以通化州;溯鉴江而南以通吴川,实为高凉咽喉之地。"[2] 高雷两地交界的地理位

---

　　① 谭棣华、曹腾騑、冼剑民编:《广东碑刻集》,广东高等教育出版社2001年版,第477—478页。

　　② 〔清〕梁兆骘编纂:光绪《梅菉志》卷一《形胜》,光绪二十八年(1902)本,吴川市地方志办公室2009年内部编印,第100页。

置，促使梅菉成为晚清时期粤西重要的粮食集散中心。光绪十年（1884），"梅菉，地方烟火稠密，商贾辐辏，在高属中最称繁庶。东西两江谷船，萃聚于此。郡属谷价，常视梅菉谷船之多寡为起落。每当青黄不接及水旱偏灾，上游谷船，稍有壅滞，则谷价骤增，人心惶惶，匪徒因而煽诱，别酿事端。其有关于阖郡民生利害者甚巨。"① 到光绪十三年（1887）春，政府"办洋米平粜，设局在漳洲街"。据清晚期的《梅菉志》记载，其时梅菉各区境，皆有商业味道很重的街道名存在。东街乡有豆腐行（河滂境）、粉汤行（太后北）等，南街乡则有皮鞋街（永丰境、青云境）、铁街、鱼行街（田塘境、化龙境）等，中街乡则存在广货行（三胜坊、儒林坊）、京果行（快子境）、打铜街（蟠桃境、处顺境、海福境）等，西街乡却是另一番街景：漳洲街（广福境、下广福境、广嗣境）、老竹行（河滂境）、新竹行（西盛境）、灰炉街、营盘街（观澜境），北街乡似乎民俗气息更浓，有木屐行（文昌境、福德境等）、槟榔行（上街、隆德社、正街、河滂境）等。

安铺，旧称"暗铺"，始建于明朝，前身是一个很小的村子，因它靠近九洲江边，又在石城横山圩与遂溪县界炮圩等集市之间，往返行人多在此停歇，一些小商贩也在此摆设摊档和建一些矮小铺子，邻近村民亦到这里经营生意，因当时很多人于此贩卖豆豉，故当时把这个村称为"豆豉村"。随着店铺的逐年增加，居民点也逐步增多，豆豉村逐渐发展成为圩镇。这个时间点大约在晚清时期。也正是由于它兴盛的贸易概况，在晚清，安铺与中山小榄镇、顺德容奇镇、东莞石龙镇并称为广东四大古镇。民国《石城县志》载道："商贾之业，邑中如市廛，不过作小贩，卖为民间日用所交易而已。城内及安铺虽各有商会之设立，而经营大商业者卒鲜。当铺向有十余间，今仅寥寥一二焉耳。"鸦片战争前安铺的商贸已有一定的发展，道光十八年（1838）粤海关挂号口名录中便有"暗铺"之名。据方志记载，道光二十一年（1841）七月，安铺即建有广府会馆，地址在中大街；会馆里面供奉天后元君，后有天然池塘（邑人称之为养龙池）。同治元年（1862）八月，上六府人创办安铺第一间酱园——永和酱园。商业的发达，让商税成为政府关注的对象。针对商税漏收的状况，政府曾布告商贾，漏税重罚，刻碑竖于镇上

---

① 〔清〕梁兆罂编纂：光绪《梅菉志》卷五《纪事》，光绪二十八年（1902）本，吴川市地方志办公室 2009 年内部编印，第 275—276 页。

的武帝庙，以示告诫。商税的丰盛，促使关心教育的官员考虑利用商税作为教育经费。如，同治四年（1865）石城知县尹绍鉴关心地方办学，上报省署，经核批，拨安铺元白茶规钱给同文书院作经费，使这所始建于道光年间的书院延续地方文脉有了一定的保障。同治七年（1868）秋，安铺再建华光庙；同治八年（1869）冬，镇上再现康公庙；同治十年（1871）七月，天后宫重修；光绪三年（1877）冬，邑人修建了财神庙；光绪五年（1879）秋，镇上观音庙重修。如此繁多的庙宇重修与建立，反映出安铺商贸的兴盛。光绪元年（1875）夏，安铺始建第一家茶楼——奕华栈，地址在今天的瑞南街。该茶楼设早晚茶市，整天有面食和粥饭供应。光绪十三年（1887）十月间设立步岸电报局。不久，镇内更是出现业务邮政，说明与外界交往的频繁。光绪三十二年（1906）春，雷州人到安铺开设道源印务局，首启机器铅字印刷业。宣统二年（1910）《广州常关工作报告》中，"暗铺关"名列粤海关粤西地区 9 个常关关卡之中。在金融业方面，主要以当铺为主。隆安当是安铺最早的一家当铺，地址在南大街，始办于道光初年，由石岭区陀村人开设。鸿兴当地址在南街旧农具社，老板陈兰彬，吴川人。该当铺规模较大，有栅门三道，内有花园。1931 年卖给同伦老板续办，更名为同按当。民福当在东街，老板江始宗，良垌区岐岭人，清末开业（具体年份不详）。安泰当在镇内耙仔行，清末开业，亦为石岭区陀村人办。作兴当在中华街，光绪初年开办。典当业的兴旺反映了市场对资金的需求和流通情况，从侧面说明自然经济在逐步走向破产。商贸的兴盛，甚至促进慈善事业的发展，如光绪十三年（1887）秋，镇上建起瞽目院。

安铺港属于日潮港，每天一涨一退，航道常年水深 1 米，潮涨时可通百吨以上的风帆和机船。优越的沿海条件，无疑为安铺成为繁华的集贸中心奠定了基础，成为两广边界的商贸集散地。据了解，清光绪年间，安铺已建有镬厂 2 家，一家是在中山公园东侧，叫义和镬厂，月产铁镬 1000 多只；另一家在瓦窑村，月产铁镬 2000 多只。产品多数在本地销售，小部分销至遂溪、海南等地。规模较大的吉利陶器厂建于光绪二十二年（1896），厂址在瓦窑村，设备有模具转盘 70 副，主要产品是陶器和碗碟，有碗窑一条，全靠手工操作，日产碗、碟 4 万多只。有陶器窑一条，每月产大缸 1000 多只，瓦煲、盆钵 2 万多只。有部分产品在本地销售，大部分销至中国海南、港澳地区和新加坡等地。此外，清末民初，安铺已有船舶维修业，那时航运比较发达，进入安铺港口停泊船只较多，破旧的船只常常有维修需求。当时安铺、欧家围、中间村、白面港等地的木工匠联合起来，在九洲江（安铺河段）河滩上修理船只。[①]

鸦片战争后，除上述赤坎、梅菉、安铺等外，还有徐闻的海安也获得较大的发展。海安关在清代是广东全省海关七大总口之一，名曰雷廉总口。埠头因海而兴，海因埠旺，海安在清晚期呈现出"帆樯蔽海、人货辐辏，日夜不绝"的繁荣景象。当时，佛山镇的瓷器，珠三角平原和广西、越南的大米，潮州、福建的名茶，江浙的丝绸，海南槟榔、沉香、其他木材和徐闻的土糖、海盐、南药都在这里集散。埠上金钱行、糖行、秤馆、老杉场、酒楼、茶行、鱼行、米行、肉店、烟店、货栈码头、会馆、驿站等，比比皆是。潮州、珠江三角洲各州县、广西、澳门、湖北等地商人云集，各式商号荟萃的海安街，街长一里多。海安埠是以经营雷州半岛特产土糖为主要商品的商埠，是雷州半岛蔗糖的集散地，潮州人和广府人开设有"九八行"（即中介行），有悦来、维记、协和、源成、庆丰、悦记、合成和遂隆等8家大糖行及货栈从事代销蔗糖输出业务。这些潮州人和广府人每笔生意收取手续费2%，故称"九八行"。每年二、三月是乡富（各乡村的糖客）、糖行、水客等商洽土糖交易的最活跃时期。海安埠的糖厘成为雷廉总口税收的一项重要来源。据民国时期梁成久在《海康县续志》记载，两广总督张之洞曾拨海安糖厘充作雷阳书院经费。海安埠除经营糖外，同时兼营粮、盐、渔等大宗商品。

除了商业因素外，兼有海防因素，海安出现了电线和电报等现代文明成果。光绪十一年（1885）张之洞奏请朝廷在钦廉雷琼架设电线，他在《展设钦廉雷琼电线片》中说："由廉州作线，东行经遂溪、海康、徐闻至雷州属海安所、二塘港口，入海作线，南行渡海至琼州属海口迤西之天尾村登岸，东行达琼州府城，东抵海口，中间海、港、溪河分设水线数处，计水陆线路共五百一十六里，海线四十七里有奇。琼口海线上岸处，择于水浅地僻处所。即有兵事，不致为敌所断……分设廉州、北海、雷州、琼州、钦州局各

---

① 廉江县安铺镇志编纂小组编：《安铺镇志》，1986年内部编印，第66页。

一……"由于穿越琼州海峡之海线是趁台湾战事吃紧时赶设的，故于光绪十年（1884）十月中旬先成；横廉线于同年十二月十九日竣工；廉钦线、廉琼线和龙州幕府新线则分别于光绪十一年（1885）二月初十、二月二十九和五月底竣工。"饬委员沈嵩龄自岸步设机，历石城、化州而抵高州，计线路二百四十里"，于光绪十二年（1886）十一月初四竣工，"即在高州设立子局一所，并将雷州子局移设岸步，仍在雷州设一报房"。① 光绪十年（1884）徐闻开始架设有线电话，并在县城南门城楼处建电报局。光绪三十一年（1905）徐闻县城至海口已能互通电报，县城还安装了火花式无线电收报机1台，为国内先期电台之一。② 像徐闻这样级别的县城架设电线之举，在当时的国内并不多见。

英利有两大集市的传统，据方志记载：英利市位于县北九十里，民国之前只有下市，至民国初年，又创上市。③ 下市是旧市，称英霞市，隶属徐闻县管辖；上市是新市，称英凤市，归属海康县管辖。这种奇特的建置一直延续至整个民国时期，新中国成立后才将两市合二为一。英霞市集日为"寅、午、戌"（后来改为二、五、八添十），英凤市集日为"申、子、辰"（即一、四、七日），两市每月共有21个集日。据记载，清代英利，商业十分发达。两市分行设市专卖，计有化龙行（鱼行）、化生行（屠宰行）、西天行（葱菜行）、牛行、烧猪行、竹行、铁器行、纱布行、凉果行、糖房等专卖行。规模较大的店铺计有：酒米店9间、油坊7间、纱布行4间、百货店8间、凉果店6间、药店11间、烧猪铺5间。此外，还有当铺2间，妓院5间，鸦片馆2间，钱庄2间并高、廉、琼会馆各一间。④

随着地方经济社会的变动，湛江地区的埠头、圩市经济也发生了一定程度的变化，也有部分圩市废弃。民国时期《石城县志》记载："江头圩在城北四十里，今废。……安和圩，在城西北百一十里，今废。龟子圩，在城西

---

① 〔清〕张之洞：《展设钦廉雷琼电线片》，王树枏编：《张文襄公全集》卷十一《奏议十一》，中国书店1990年版，第1058—1060、1864—1870页。

② 徐闻县志编纂委员会：《徐闻县志》，广东人民出版社2000年版，第12页。

③ 〔清〕王辅之修，〔清〕骆克良等纂：宣统《徐闻县志》卷一《舆地》，岭南美术出版社2009年版，第378页。

④ 吴康健：《雄鹰留下的轨迹——天南古镇英利历史文化散记》，（香港）华夏文化艺术出版社2009年版，第102—103页。

北六十里，今废。庙山圩，在城西七十里，今废。"埠头、圩市的存废反映了经济社会的重要变动，赤坎、梅菉、安铺、海安等地的发展，毫无疑问都有其近海的因素，这极大程度上突显了沿海经济带的特色。

二、自然灾害对地方社会的影响

自然灾害是自然、经济、社会的综合反映。它的发生及其成灾强度和频度，既取决于自然环境的变化，也受制于人类活动的影响，二者形成交互作用，对经济社会产生一定的影响，地方社会感受至深。民国《石城县志》给出了十分明确的答案："树艺之业，民间多种稻粱，但收获不丰，只足敷邑内口食，一遇岁歉，饥荒在所不免，故穷民必栽番薯以补助之盖，可节省谷食三四也。邑中出产以烟叶为大宗，运销于琼州，至多间及雷廉，岁获利在百万之谱，然惟塘蓬长山有之别区，则无次如蒜头出产颇饶，岁获利不下数十万。然亦惟吉水一隅之地，始有别区绝鲜。至于甘蔗柑橙出息，较种稻为胜，但出产亦非甚多。竹蔗各区皆种，用以榨汁煮糖，获利仍未大旺。向时以种番豆，榨油出息最巨，农家无有不种者。近来土质变异，出产渐形缺乏，故坡地多有荒弃。"[1] 百姓生计受自然环境影响较大，人们往往会采取趋利避害的办法来求得生存。

鸦片战争前后，恰逢地理学上所称的"小冰期"寒冷时期。此间，雷州半岛气候异常，自然灾害频发，风灾、水灾、旱灾、虫灾等极为常见。自然灾害的频发，对湛江地区无论是经济还是社会秩序都产生极大影响。

自然灾害往往会导致农业歉收，如果灾害足够严重，势必造成饥荒，饥荒会进一步破坏社会秩序，盗匪、抢劫、农民举事便会接踵而至，最终使地方政权受到冲击，广大百姓遭殃。社会失序必然加剧社会动荡，人口逃亡，田地抛荒，地方经济陷入衰败，直至下一个轮回。道光二十六年（1846）石城境内发生虫灾，"秋虫伤禾稼，是岁饥"。道光三十年（1850），"簕竹实，岁大旱，饥民食竹实"。不久石城又遭到刘八领导的农民起事队伍的侵扰，其"势猖獗，众至数万，流劫四乡"。咸丰三年（1853）再受虫灾，史载："竹实尽，大雨雹，草木杂稼多伤。秋蝗飞蔽日，伤禾稼，县主悬赏捕之，

---

[1] 钟喜焯、江珣纂：民国《石城县志》卷二，1931年铅印本，第58页。

乡民亦鸣锣击鼓驱逐，数日飞适别境。"随之而来的是"朱十四寇境，知县张书玺督师剿败之"。

梅菉地方会党活动同期深入民间社会，究其起因则与庄稼歉收有关。道光二十二年（1842），梅菉地方"先是早稻歉收，饥民劫取杂粮或劫庐舍衣物，有奸民倡添弟会（《高州府志》称作'天地会'）煽惑愚顽，诱以结盟拜会，可免劫夺。知府马丽文忧之，谕饬各乡推公正干事者为正副团练长，约束子弟，捐置军械，守望相助，奸谋殆无所施"①。

中国是传统的农业社会，靠天吃饭，农业生产往往受制于自然条件。频繁的自然灾害出现，更多是影响雷州半岛的粮食产量。有关资料显示，清代中期之前，雷州半岛与外界交易的大宗物品仍为谷物。如顾炎武《天下郡国利病书》引用冒起宗的《宁川所山海图说》指出："县之侧有圩曰梅禄，生齿盈万，米谷鱼盐板木器具等皆丘聚于此。漳人驾白艚春来秋去，以货易米，动以千百计。故此圩之富庶，甲于西岭。宜乎盗贼之垂涎而岁图入犯也。"② 但鸦片战争后湛江地区对外贸易情况出现明显变化，据文献所载，出口更多的是经济作物。光绪二十五年（1899）署理遂溪知县李钟珏曾对地方经济发展情况进行过深入调查，他指出："查赤坎出货以油、糖、麸三项为大宗，三十年前，商务繁盛，每年销货价值千余万，每关榷税三四万；近来花生连岁歉收，油麸两宗大减，糖亦愈出愈少，每年出口总不过二百余万，关税仅征数千，商务之疲，难望起色。其进口货以火水、匹头、洋纱为大宗，然终岁所销，不过二三十万。"③ 这里所说的三十年前，即同治八年（1869），自然灾害比较频繁的时期。

道光二十六年（1846）闰五月七日，吴川县境出现"大风，拔树破屋"。道光二十七年（1847），石城县境"大风雨，坏民居庐舍，高岸有变为谷者"。道光二十八年（1848），雷州府徐闻县境出现"大旱，田尽涸，秋熟百不得一二，虽富户亦嗟廪空"。道光三十年（1850），不仅吴川出现旱

① 〔清〕梁兆玙编纂：光绪《梅菉志》，光绪二十八年（1902）本，吴川市地方志办公室2009年内部编印，第243页。

② 〔清〕顾炎武撰，黄珅等校点：《天下郡国利病书》，上海古籍出版社2012年版，第3251页。

③ 李钟珏：《遂良存牍》，中国科学院历史研究所第三所编：《近代史资料》总11号1956年第4期，科学出版社1956年版，第28页。

灾，"山田歉收"，石城亦是大旱。咸丰三年（1853），石城县境出现"大雨雹，草木杂稼多伤"①。咸丰四年（1854）四月，梅菉则是"飞蝗蔽天，损禾稼"。咸丰六年（1856）夏季某日，石城"有大黑鸟飞坠署前，旋毙，衙役赍弃北城隅。后三日，风雨大作，即从弃鸟处圮堞十余，并坏民舍甚多"。同年六月，高州府"大水。自四月阴雨日久，六月十六日，江水陡溢，郡城水涨丈余，文庙书院及各文武衙署淹塌过半，城内外淹塌民房铺户二千余家，沿江上下游一带村庄房舍毁于水者不胜其数。水旋退旋涨。继以阴雨连绵，至八月始见晴霁。其时田谷未收皆长芽不可碾，斗米千钱，官绅捐款赈恤，父老相传此次大水为百年未有之奇变云。时信宜德亮围山崩出玉，土人制为器，略少润泽。化州之大桥、塘寮、吴川之三江堤俱溃"。同一时期，归属吴川管辖的南三岛上则是"风雨大作，洪水淹没田地，摧毁房屋……饿殍遍地"②。咸丰六年（1856）春、夏季节，吴川不仅有水灾，而且还有寒潮，鱼多死。同期，梅菉镇"大雪，河鱼冻死"。咸丰七年（1857）春、夏两季，吴川又出现"大旱，谷价昂，每石价钱三千余"。咸丰八年（1858），石城发生地震。咸丰九年（1859）秋，吴川"大水，沉香湾堤溃"。咸丰十年（1860）正月初三，石城、吴川发生地震，"屋宇摇动有声"。咸丰十一年（1861）正月初三，梅菉镇也发生地震。同治二年（1863）八月十五日，吴川"飓风，潮溢。九月二十四日，大水，三江堤溃，咸潮泛涨，潮田无收"。同治二年（1863）八月十五日，海康县境也是"飓风大作，海堤崩溃，东西两洋田舍悉被漂没，居民淹死者约数千人"。同治三年（1864），徐闻县境遭遇了大疫和飓风的多次侵袭，成为重灾之年。③ 同治三年正月，吴川、梅菉天气寒冷，"冻毙牛马"；石城则遭遇"大雨雪，伤杂稼"。同治七年（1868）七月初七、初八日，石城县府"连日大雨，平地水深数尺，沿河居民坏庐舍，城厢内外尤甚"。光绪三年（1877），吴川县境"冬十一月，北风霰雪，杀薯"。④ 相关的记录不胜枚举，自然灾害对地方社会的破坏可谓

---

① 梁必骐主编：《广东的自然灾害》，广东人民出版社 1993 年版，第 64 页。

② 湛江市南三岛志编委会：《南三岛志》，中央文献出版社 2003 年版，第 31 页。

③ 徐闻县志编纂委员会：《徐闻县志》，广东人民出版社 2000 年版，第 83 页。

④ 此节相关灾害史料除特别注明外，其余皆据广东省文史研究馆编：《广东省自然灾害史料》，广东科技出版社 1999 年版，第 91—129、338—344、417—420、528—630 页。

是触目惊心。

鸦片战争后的二三十年间，湛江地区自然灾害频发，灾害种类繁多，水灾、旱灾、风灾、虫灾、地震等轮番甚至叠加出现，破坏力极强，人员伤亡及财产损失严重，地方社会的生存压力加大，这种自然环境的异常变化对粤西经济社会产生了深远影响。

三、清末民初的贸易

鸦片战争后，湛江地区的贸易也发生了一定程度的变化，呈现出缓慢发展的趋势。

湛江地区盛产糖、盐，历史悠久，无论是生产还是销售，在地方经济中均占据重要地位。《徐闻县志》曾详细记载了当地土榨糖的情况："漏内糖液徐徐流下，（徐闻）土人称此糖为'糖仔'，每漏可得'糖仔'约1.5千克，用为蒸酒之用。光绪年间，徐闻县土糖除小部分由蔗主直接用船运往外地销售外，大部分运至海安街，由日悦来、日维记、日协和、日源成、日庆丰、日遂隆、日悦记和日合成等8家糖行或商栈代销，商行（九八行）收手续费2%。当时上等糖每包（20千克）售得银元6至7元，中等糖每包4至5元，下等糖每包2至3元。输出量，丰年10多万包，一般年景7万多包，歉年4万多包。上等糖每包纳税银四分八厘六毫八丝五忽，中等糖每包纳税银三分一厘四毫。"[1]

遂溪县出产的糖，种类更是丰富，并远销北方各省。早在道光二十九年（1849），遂溪糖便有五色片糖、白糖、冰糖、洋糖、赤砂糖等品种，最远销售到天津附近各省份。

除了糖，湛江地区的另一重要商品是食盐。早在宋代便有蚕村盐场（今遂溪乐民港附近）、化州茂晖盐场（今坡头南三一带）、零绿场（今廉江西岸下洋村）等三大盐场，盐产量占广南西路盐额一半以上。此后，历经元明清各朝代，数百年不衰，其中茂晖盐场至法国租借广州湾之前，仍然是粤西地区重要的盐场。有关资料显示，茂晖盐场岁额（官定每年产盐数额）为生盐1060包（每包150斤），但在实际生产过程中，产量一般比岁额多。法国

① 徐闻县志编纂委员会：《徐闻县志》，广东人民出版社2000年版，第314—315页。

侵占广州湾后，为了掠夺地方资源，不仅茂晖盐场的盐田被法国人控制，南二、南三的其他盐田，也尽为法国人占领。而且食盐作为生活必需品，需求量较大。其后，徐闻县盐田被开发，乌石盐场也被开发出来，成为接济全省销盐的重要产地。民国初年，乌石盐场为专商广益公司蔡永年、大裕公司蔡国祥两商专运回省济销。

湛江盐场的制盐方法，最初是煎晒并举，以煎为主。其后改煎为晒，最后是发展到滩晒生盐。湛江地区三面环海，地处热带，光照充足，这为制盐业提供了天然的条件。"西南沿海一带盐产甚富（盐灶百余，多于第四区），为石岭、吉水、塘蓬各方之所仰给，博白亦恒购盐于此。"① 湛江地区生产的食盐，除供应本地外，还销往省城及广西的大部分地区。

糖、盐可谓是生活必需品，出口畅旺，为湛江地区创造了不少财富。而蒲包与花生油的出口，则显示了湛江地区商业贸易的多样性。

蒲草，当地人称之为节草，又称香蒲，为雷州半岛特产，栽培甚古，利用亦久。中国的蒲草90%产自广东省，其中85%又产于雷州半岛，肇庆产出剩余部分。雷州每年所产蒲草大约500万担。但是把蒲包作为一种商品进行销售却是在晚清时期。商品贸易迅速发展，国际的频繁交往，对商品包装物的需求迅速增大，当时雷州半岛外销的土糖与生盐的包装多用蒲草袋，因其耐磨与价廉而备受青睐，于是对草袋及包片的需求量猛增。蒲包的用途很广，货轮用作垫仓，商业用作商品包装，当时生盐和土糖的装运就非用蒲包不可。一些商人见有利可图，纷纷雇工种植和编织蒲包，大户人家也加入购买和圈占水田的行列，广种蒲草，着力培植蒲包市场。梁成久在《海康县续志》中说："种草致富不知凡几，即或无田贫民，男女织席、织包，亦可糊口度日。"② 民国时期岭南大学的学者通过调研也发现："现在海康县城贩运蒲包商号，达十余家，均在民国纪元前后开始营业者。"③ 据有关资料统计，海康、遂溪两地人口大约是50万，"其中靠种草织席，贩卖及运输蒲包，以谋生活者，达十万人。雷属一切教育费、警察费，悉赖于此"。由此可见蒲包业的兴旺。

---

① 钟喜焯、江珣纂：民国《石城县志》卷一，1931年铅印本。
② 梁成久等纂修：民国《海康县续志》之《地理二》，1938年铅印本，第60页。
③ 邵尧年：《雷州特产蒲草之栽培》，广州私立岭南大学出版委员会1928年版，第1页。

花生油也是湛江传统的经济产品，为广大百姓普遍接受。"花生俗名番豆……春种秋收，碾米榨油，出息最巨。""竹蔗各区皆种，用以榨汁煮糖，获利仍未大旺。向时以种番豆，榨油出息最巨，农家无有不种者。"① 种植面积的扩大，使花生很快成为百姓经济收入的支撑产品。

鸦片战争后，一些新兴的工业品随之进入中国市场，这些货物也在不同时期进入湛江地区市场。《湛江海关志》记载："鸦片战争后，各种日用洋杂品输入渐多。主要有：洋针、洋烟、洋酒、洋药、牙刷、牙粉、洋遮（雨伞）、番鬼皂（肥皂）、番鬼糖（糖果）、钟表、玻璃制品等。"② 这些外国商品，除直接输入湛江地区外，还从邻近的五邑地区输入进来。《新会乡土志》记载："面粉，为英、美物品，皆由香港运入本境，每年约值银一百万元，销于本境者十之八，余则分销于高、雷、琼、阳、恩、开、宁、鹤各处。""火柴，多是日本物品，由香港运入本境，每年约值银一百四十万元，销于本境者约十之二，余则由高、雷、琼、阳等处采运。""纸，由佛山、陈村等处运入，每年约值银四十万元，销于本境者十之六，余则由高、雷、琼、阳等处采运，近来亦渐有德国纸输入者。"当然除了一些舶来品之外，其他区域的中国货物也在鸦片战争后进入湛江地区市场。"杉竹，由佛山等处运入，每年杉约值银八十万元，竹约值银二十万元，共约值银一百万元，行销本境者十之三，余皆由高、雷、琼、阳、恩、开、宁、鹤各处采运。""丝绸，由省、港及顺德等处输入，每年约值银一百六十万元，销于本境者半，余则由高、雷、琼、阳、恩、开、宁、鹤各处采运。""竹器，每年出入值银五十万元，内为本境制成者十之二，行销于本境者亦十之二，余则由佛山、古劳西南等处运入，输出于高、雷、琼等处。"③ 在众多舶来品中，鸦片是最为特殊的商品，也是列强打开中国国门的借口。两次鸦片战争后，鸦片贸易合法化并很快充斥中国市场，湛江地区自然不能免于其外。随着鸦片的大规模输入和吸食人群的增加，社会各界亦逐渐对其危害有了一定的认识，甚至采取禁

---

① 〔清〕蒋廷桂修，〔清〕陈兰彬纂：光绪《石城县志》卷二《舆地·物产》，岭南美术出版社 2009 年版。

② 湛江海关志编撰办公室编：《湛江海关志》，2011 年内部编印，第 84 页。

③ 〔清〕谭镳纂修：《新会乡土志》卷十四《物产》，戴鞍钢、黄苇主编：《中国地方志经济资料汇编》，汉语大词典出版社 1999 年版，第 730—731 页。

烟措施以抵御鸦片对地方社会的毒害。咸丰九年（1859）《茂莲宗祠敦俗碑》（碑存于雷州茂莲宗祠）要求本村族民不能"开窝煎煮鸦片私卖，引诱子弟"，否则给予责罚。① 上述茂莲地区，今属雷州沈塘镇管辖，民国之前，该村落一直是雷州半岛南部北上的主要通道。宗祠里载有鸦片禁语，说明鸦片已侵入湛江民间社会。法国租借广州湾之后，鸦片更是大规模输入雷州半岛。鸦片与走私、娼妓、赌博和土匪成为损害湛江人民的五大害。法国租借广州湾不久，因租界当局财政问题，鸦片便被确定为所谓"广州湾商贸发展的引擎"，以助租界当局提高税务收入。光绪二十六年（1900），广州湾第一任总公使古斯塔夫·阿尔比（Gustave Alby）以 2310 皮阿斯特的一揽子底价将鸦片专营权临时转让给广州湾本地的一名鸦片贩子（至今尚不知其汉语姓名，法文档案中被记为 TchengKo-Tcheng）。此后数年间，广州湾成为广东和广西两省鸦片走私最猖獗的地方。据不完全统计，宣统二年二月至宣统三年十月（1910 年 4 月至 1911 年 12 月），在短短的 20 个月内，一个鸦片贩子进口的生鸦片数量就不少于 1659 箱。② 广州湾时期的地方实力派人物陈学谈在 20 世纪初期通过鸦片贸易发家的历史，早已为邑人所熟知。

第三节　湛江地区的社会动荡

鸦片战争后，中国社会传统的自然经济逐渐解体，农民、手工业者纷纷破产成为游民，清政府在历次战争后又大批裁减官兵，导致游民数量不断增加，这些人为了生存，大批投入帮会，各地帮会得以迅速发展和蔓延。在当时活跃的帮会组织中，长江流域哥老会势力最大；两广地区天地会最盛。在湛江周边乃至湛江地区也接踵出现农民起事，领导起事的有广西博白人刘八、湛江地区吴川塘㙍的庞培政、石城安铺的刘芝草等，这些都进一步加剧了地方社会的动荡。

---

① 谭棣华、曹腾騑、冼剑民编：《广东碑刻集》，广东高等教育出版社 2001 年版，第 552—554 页。
② 〔法〕安托万·瓦尼亚尔著，郭丽娜、王钦峰译：《广州湾租借地：法国在东亚的殖民困境》上卷，暨南大学出版社 2016 年版，第 121、124、179、185 页。

一、湛江周边农民起事

道光三十年（1850）正月，广西博白人刘八聚集数千人在粤桂边界起事，声势浩大，官兵闻风溃散。博白隶属广西郁林州（今广西玉林市），东南与石城县境毗连，为广西较大的客家人聚集地。刘八起事时吴川"县境戒严"。① 据方志记载，刘八的队伍极具战斗力，直接导致清政府的"马兵（邹）应龙、曾福与步兵张鸿韬、杨培光、杨正光、曾瑞麟六人同时阵亡"；随后刘八进扰石城辖地的青平。刘八的队伍"众至数万，流劫四乡。时太平日久，一旦被寇，人心惶怯，奔窜流离"。同年十二月十八日，刘八队伍一部"分股劫石岭"，地方兵勇迎战不敌。刘八的队伍"大肆掳掠"之后，退回青平。同期，与洪秀全等人有密切联系、同为客家人的信宜人凌十八则攻占罗定。与上述两地毗邻的吴川更是"县境震动"，迫使两广总督徐广缙亲往高州督剿。刘八的队伍万余人，在扫荡石城后进入博白县。咸丰元年（1851）六月十六日，刘八在合浦被俘，后被杀。② 队伍四散，起事失败。

频繁的自然灾害和沉重的税捐，令广大人民的生活异常艰苦，民众的反抗时有发生。咸丰三年（1853）七月，广西人朱十四寇境，知县张书玺督师剿败之。同月，朱十四再率党徒数千，于该月十一日劫石角、三合等圩，知县张书玺请兵高廉道尹伊霖，调守备陈瑞麟督兵勇进剿失利。潮勇吴昌、李臣、林雄阵亡。八月二十二、二十三日朱十四至急水石岭，大肆焚掠四乡，居民不胜荼毒。九月初，石城兵勇进营合江与战，又不克。随后，朱十四的队伍转战青平，在青平被围剿。③

咸丰三年（1853）八月，博白人朱德安"纠党千余"，"踞青平流劫白路岭"，后被击败。十月，又有来自广西的起事队伍，"纠党数千由仰塘入寇安铺，抵圩"，后被击退。咸丰六年（1856）四月，广西人"徐十五、大谢八、大邱大等率党数千踞禾寮塘、新屋场等处，大肆掳掠。二十三、二十四等数日窜入石博交界之丹兜、那纳、环理、天鹅根等村焚劫。附近练勇与

① 吴川市地方志办公室编：《吴川县志》，中华书局 2001 年版，第 16 页。

② 《广西大事记（清之五）》，《广西地方志》2002 年第 6 期，第 48—50 页。

③ 〔清〕蒋廷桂修，〔清〕陈兰彬纂：光绪《石城县志》卷九《纪述、事略》，光绪十八年（1892）刻本，第 48—49 页。

战，不克。队长彭玉瑞、武生郭文光及其子郭亚九、练丁陈观养、陈十三等阵亡。二十八日知县敖翊臣督兵进剿，歼贼数百名，斩首五十二级，割耳、辫无算，生擒三十五名，贼惧，奔回西地。后线拿匪首大谢八，解省正法"。咸丰八年（1858），再有广西人"朱十一、李六等率党寇石湾村。十七日窜扰蒙村等处，知县聂尔康谕附贡生黄选青督勇进剿"。双方在石岭圩鏖战；后起事队伍转移到塘蓬圩。不久又退回广西的阴桥圩，起事失败。

上述波及石城、吴川的主要来自广西的起事队伍，更大规模的影响则来自广东洪兵起义。

咸丰四年（1854）大规模的洪兵起义首先在广州爆发，随后蔓延至香山、东莞、新会、顺德、南海、番禺北部、佛山、潮州、肇庆、惠州、韶州等地。同治年间《南海县志》记载："旬日之间，西至梧州，北至韶州，东至惠、潮，南至高、廉，贼垒相望，道途梗塞。"① 范围之广，蔓延之速前所未有。

咸丰四年（1854）秋间，受广州、肇庆红巾军起事的影响，吴川县城有千余人响应，起事者相约"九月二十六夜劫城。某为知县，某为都司，杀某仇，抢某家，有成议矣。胥役多为内应者"。结果由于消息泄露，吴川县城城门紧闭，县勇、团练四面埋伏，加上"内应悝怯窜伏"，起义计划受创。但起事者随后决定从水路进攻。起事队伍抵达芷寮时被伏兵打散，其中起事者梁秀和、黄亚庆被捕杀，其余被捕获者"刑讯坚不承"。② 咸丰十一年（1861），原本在清远地区起义的一支洪兵义军——陈金钉部在转战粤湘之后，自岑溪进入广东信宜县境，到达水汶，"信宜县城大震"；一月下旬，陈部分兵进入高州府辖境。三月，陈金钉部攻克信宜。不久，"陈金钉分股扰太平店，逼近（石城）县治"，迫使当地乡绅"先出赀筹办军实"。至同治二年（1863）间，陈金钉以信宜为根据地，积极向四周扩展，势力所及，包括高、廉二府及罗定州所属的信宜、罗定、阳江、阳春、茂名、化州、电白、吴川、石城和广西的容县、岑溪等众多州县。他们在所控制的地区征收

① 〔清〕郑梦玉等修，〔清〕梁绍献等纂：同治《南海县志》卷二十六《杂录下》，岭南美术出版社2007年版。

② 〔清〕毛昌善修，〔清〕陈兰彬纂：光绪《吴川县志》卷十《事略》，（台湾）成文出版社1967年版，第386页。

田赋，名曰"洪租"。陈金钲起义军的声势不断壮大，粤桂边界各地的天地会义军纷纷来附，发展为大成国失败后最大的一支天地会起义队伍。同治二年（1863）陈金钲遣郑金、刘超率军南进化州、石城与清军交战，屡屡获胜。

陈金钲部的洪兵活动迫使清政府不得不改变作战策略。曾任曾国藩幕僚的郭嵩焘向清政府建议，由海道进攻洪兵，才能击中要害。他指出："查高、廉、雷、琼四府，属广东西南边地，自贼据信宜以后，分窜阳江、阳春，与客匪勾联，四府陆路文报遂致阻隔。故必由海道进兵高州，制贼之要害，而固四府之藩篱，以不至惟所窜越。"① 同治二年（1863）十月，由于陈金钲部下郑金、刘超暗中投靠清军，陈金钲被谋杀，天地会这支在粤西最具影响力的起义队伍遂遭失败。

二、三点会与农民起事

三点会，即天地会的别名，是清代民间秘密结社组织。天地会对内称洪门，在外称三点会、三合会。广东、福建等地多有三点会的分支。湛江地区处于清政府统治的边缘地带，其管控力量薄弱，三点会活动比较普遍。湛江地方文献常使用"会党""纠党""率党"等词句进行事件的描述，这是三点会活动的重要例证。《徐闻县志》记载，咸丰三年（1853），"广西博白县'三点会'首领，先后潜入县城、外罗等地，秘密搞反清复明宣传活动"。②

三点会多以拜会的形式出现，对地方社会渗透极深，甚至成为地方民众分层的依据。主政遂溪的地方官员对此有相当程度的认识："查高廉雷属三点会由来已久，历经查办，终未能绝根株。稍一疏虞，即暗长滋蔓延至不可收拾。遂邑东连吴川，北接石城，西界合浦，拜会之风渐染颇深。愚民罔知禁令，被诱入会习以为常。凡入会者曰做三点，不入会者曰做百姓，以一县计之，大约三点有四成，百姓尚有六成。然亦迭为消长，视乎禁令之张弛而已。"③ 40%甚至更高比例的三点会成员，对于地方官员来说，简直就如不

---

① 广东省文史研究馆、中山大学历史系编：《广东洪兵起义史料》（上册），广东人民出版社1992年版，第29—32、602页。

② 徐闻县志编纂委员会：《徐闻县志》，广东人民出版社2000年版，第12页。

③ 李钟珏：《禀陈地方情形》，《遂良存牍》，《广东历史资料》1959年第2期，第65—66页。

定时的炸弹，随时都可能引爆而冲击地方社会秩序。

光绪八年（1882）十二月，茂名莫毓林（称钟英王）"在梅菉聚党会盟"。光绪二十年（1894）吴川庞培政领导的农民起事对地方社会的影响较大。

庞培政，吴川塘㙍连寻村（今属板桥镇）人，民间又称其为"癞渣尾"。光绪二十年（1894）二月，他与在当地结交的杨炳章、李球、李蕃、林炳荣、陈大兕、易阿祥等人一道集结拜会人员及各路民众 3000 多人，宣布起事，反抗清政府的统治。庞培政打出"立大正盛，天下太平""铲除满清""劫富济贫"等口号，自封为大正盛王，并改大清年号。起事后率众向梅菉进发，沿途依附加入者众多，人数一度达 5000 人。二月十六日，起事者以浩大声势攻占梅菉，通判王光达、千总张开甲闻声潜逃。占据梅菉后，庞培政等人一方面出示"只取军火，不杀不淫，不掠人家财物"等禁约，另一方面发布安民告示，释放被抓开明官吏，稳定地方人心。对于起事成员闯入民房抢劫财物的行为予以严厉处理，据说，庞培政"获化州匪数人，杀于登高坡"。高州总兵闻讯后，随即调派茂名、化州、吴川等县官兵及各乡团练赶往梅菉会剿。官兵逼近梅菉时，发现庞部声势很大，乃暂缓进剿，回报上峰等待支援力量。庞培政等人因而轻敌，只留千余人守梅菉外，将主力 3000 多人交军师杨炳章进占吴川县城。获军火辎重后，队伍渡江经黄坡返回塘㙍，试图向化州、高州进攻。由于力量分散，加上博茂各乡团练兵勇支援官兵，庞部与官兵乡勇在梅菉近郊的几次作战均失败。在败逃中又遭乡勇截击，庞部损失惨重，参与起事的数位小头目均在梅菉被杀。后来，庞部攻打化州，围困清官兵。为解围，官兵调来了使用洋枪的军队。庞部使用冷兵器更是难以抵挡，死伤甚众。进攻高州的计划宣告失败后，庞部残余势力只好退回化州西南及吴川塘㙍一带活动，以躲避官兵的追击。其后，庞的妻儿及部下均被官兵抓获或捕杀，庞培政逃脱后，隐居广西陆川。同年九月，庞培政因内奸出卖被捕并押至高州被杀。庞培政领导的农民起事失败。[①]

尽管 19 世纪 50 年代三点会的起义失败，但革命的种子已播下，天地会仍有极强的生命力，在适当的时间必将再度爆发。与此前不同的是，由于西

---

① 〔清〕梁兆鳌编纂：光绪《梅菉志》，吴川市地方志办公室 2009 年内部编印，第 286—287 页。

方列强的侵略，民族矛盾的上升，湛江地区的三点会成为抵御外侮的一支重要力量。其中最为重要的即是光绪二十四年至二十五年（1898—1899）的抗法斗争。据遂溪县平石群众回忆，在平石的抗法斗争中，本邑人郑拾（即郑景全）召集250人组成"平石营"，50人组成一营，共五营，并选出哨官郑章印、郑乔山、郑清吉、李良田、郑子诗等统带。参加平石营者的郑元益即是三点会会员，他们的会首是红坎仔村的郑光泰，郑光泰领导的三点会会众有500多人。[①] 黄略是当时抗法的主要乡村，"黄略的三点会领导者是王如瑞、王康、王营、王宰等人，参加群众有数百人，无分等级，有钱人不得入会。……王如瑞和其他许多会员（如王春源），都参过抗法斗争。"[②] 特别是会首们参加抗法斗争，对其成员加入起到带动作用。另据石盘乡三点会的陈标回忆，当时石盘乡还存在着以李元亮为会首的一二百人规模的三点会，里面会员许多都参与了当时的抗法斗争。[③]

光绪二十三年（1897），石城安铺刘芝草率三点会民众举事，也是湛江地区规模较大、影响较深的一场农民起事。

刘芝草，原名吉六，安铺镇西街人，是安铺地区三点会的主要首领。他在安铺开有一间名曰"芝草"的山草药店，医治外科疮疖。因为自己坏了一只眼，安了一只假眼，药店也兼擅眼科。刘芝草喜欢阅读小说，又能作文且健谈。遇到有困难的客人，他总是资助旅费和招待食宿；他还乐于替群众说话，为群众办事，所以安铺人有大小事情、红白喜事都愿意请吉六哥办理。正是因为他疏财仗义的江湖气派，所以来往客人对他很是敬重。这样，刘芝草便有了秘密联系群众的基础，他也自然成为群众的领袖，是安铺三点会中威望最高的人物。

在他的领导下，安铺三点会得到迅速发展和壮大，但也引起了当地土豪劣绅和清政府官员的注意，在震惊和恐慌之余，他们组织力量镇压安铺三点会。当时清政府在安铺的地方官府有把总、安铺汛台、安铺电报局等。这些机构官吏联合带头纠集了几十人的团勇在安铺关帝庙长期驻守。团勇的头目

---

① 《平石乡抗法老人座谈会纪录》（1957年2月8日），《广东历史资料》1959年第1期，第78—79页。

② 《第二次访问纪录》（1957年2月7日），《广东历史资料》1959年第1期，第71—72页。

③ 《臬东村访问纪录》（1957年2月10日），《广东历史资料》1959年第1期，第83—84页。

叫毛其勉，是安铺附近北坡仔村人，武秀才出身，也颇有些身手，惯常使用的武器是一把120斤重的大刀。毛其勉上任后对三点会展开了极为凶残的镇压，他自恃是熟悉情况的地头蛇，经常进入各村搜捕和杀害三点会会员，三点会会员对其恨之入骨。光绪二十三年（1897）三月二十日晚，三点会会员上万人云集安铺附近的扫把岭以"开总台"的方式举事。会员们来自四面八方，有的来自塘蓬、石岭、青平、车板、龙湾、石角等地，也有的来自遂溪，甚至有从北海、山口方向赶来的。"开总台"最严肃和庄重的仪式是"过五关"，即忠义堂、英雄大会、饮血、誓师、斩奸定国等五关，旨在动员全体会员齐心协力、为民除害，矛头直指毛其勉。会上，会员们一致推举最有威望的刘芝草为"老披"。到了二十三日，气氛越来越紧张，三点会的武装力量已经封锁和控制了整个安铺镇，誓言要砍掉毛其勉的人头。当日上午，团勇驻扎地点——关帝庙被数百三点会武装人员攻入，团勇死伤十多人，却未见毛其勉的踪迹。直到入夜后，才得知，毛其勉消息灵通、老奸巨猾，已闻讯逃入了汛台官所驻的城堡里。三点会会员们随即包围汛台官城堡，由于城堡坚固，急攻不克。愤怒的人们将城堡围得水泄不通，在一片报仇的呐喊声中，会员们最终攻入城堡，生擒毛其勉，通过"开总台"仪式，控诉其罪状、恶行后，宣布处其死刑并执行。擒杀毛其勉标志着三点会举事取得初步胜利。举事者执行严明纪律，对安铺居民的铺面、财产秋毫无犯。第二天各商户均照常开门营业，地方百姓无不交口称赞。

三点会暴动后，清政府地方官吏急电上报，两广总督慌忙调兵遣将。四月初八，先期调派高州、廉州两镇台兵勇近千人，后又从琼州调来配备洋枪的海军，还从高州、雷州、钦州、廉州等州府所辖各县调集兵勇数千人。大军来势汹汹，以"办善后"之名，行镇压之实。其时，三点会队伍的装备既简陋又严重不足，根本不具备与正规军正面对抗的条件，于是决定四散隐蔽。清官兵到达后，即分兵对安铺附近乡村进行大肆搜捕，找到三点会会员便加以杀害。他们将三点会会员的辫子，两个结成一对，再以大绳或长竹串成一串，如同马牛一样驱赶。捕杀手段残忍至极，吊头、火烙、钳手、钳脚……种种酷刑无所不用其极。几乎每天都有一批三点会会员被杀害，其中也包括不少无辜的百姓。清政府强逼村民交出三点会的领导人刘芝草，声言如若不然将把会员斩尽杀绝。

　　刘芝草在会员和当地百姓的帮助下逃到了广西博白县境内，当他得知清政府为得到他的下落，对三点会会员进行逮捕和严刑拷打，无数兄弟姐妹被残杀的情况时，他感到万箭穿心，怒火中烧。为了拯救无辜的百姓，和生死患难的会员兄弟休戚与共，刘芝草毅然从广西返回，自动投案。百姓和会员们听闻此事，深感刘芝草的勇义，都为之不平和扼腕叹息！

　　地方政府对刘芝草以及他在群众中的威望十分忌惮，刘芝草就义当天，沿途重兵陈设，严阵以待，如临大敌。解赴刑场时，刘芝草不受绑缚，昂首阔步走在刽子手前面，态度从容镇定。就义前，刘芝草痛斥清政府的黑暗腐败和官员的丑恶嘴脸，满怀深情地同乡亲们道别。街道两旁为他送行的群众无不内心感佩、黯然垂泪。刘芝草被清政府施以极刑，被砍杀而死。

　　刘芝草所领导的安铺三点会起事因遭到严酷的武装镇压而最终失败了，但他们英勇斗争的故事和刘芝草坚贞不屈、舍生取义的精神，被载入史册。

第二十六章　法国侵占广州湾与抗法斗争

　　法国侵占广州湾之前中法两国已有较长的交往历史，主要通过陆路和海路两种方式实现，中法交流以文化艺术、科技经贸为主，特别是17、18世纪，以法国传教士来华为载体，更是掀起两国文化交往的初次高潮。至鸦片战争前，中国作为当时世界上的强大帝国之一，在中法交往中始终占据优势。鸦片战争后，随着清政府的国势逆转，中法之间的冲突不断，以致兵戎相见。法国从强迫清政府缔结不平等条约到伙同英军发动第二次鸦片战争直至向中国开战，两国关系被推到了一个极不平等的地位，法国开始成为欺凌中国的侵略者。

　　法国占据越南后，中国的西南门户洞开。此后，法国海军在中国西南出海门户的近海地区活动频繁。甲午中日战争后，法国借清政府新败和所谓三国干涉还辽"有功"，试图将其在远东的势力从越南扩展至中国，并控制作为交通要冲的琼州海峡及西江出海口地区。处于高、雷两府交通要冲的广州湾遂成为法国觊觎的区域。清光绪二十四年闰三月初二（1898年4月22日），法国海军强行在遂溪县海头汛登陆。此后，法军擅自在当地建造栈桥、营房，广掘壕沟，毁坏附近的房屋、坟墓，继则肆意扩大占领范围，遭到遂溪官民的激烈抵抗，抗法斗争坚持20余月。后法国强迫清政府于1899年11月16日签订《广州湾租界条约》，租期99年。

　　法国强租广州湾后，将其划归法属印度支那管辖，由越南总督任命广州湾官员，对广州湾实行殖民统治。从本质上看，法国占据广州湾是近代西方列强的殖民扩张政策所致，其目的显然并不是他们宣传的所谓"文明使命"，而是对财富的掠夺，对租界人民的奴役，他们通过治安、司法和税收等各方面的举措，来达到他们侵略的目的。

第一节 法国侵占广州湾

一、"广州湾"名称的来历

广州湾位于中国大陆南端、广东省西南部、雷州半岛东北部，东经110°24′，北纬21°12′。法国租借之前的"广州湾"，指的是高州府吴川县南三都（今南三岛）的几个村落和附近海面，陆地面积约20平方千米。《中法互订广州湾租界条约》签订后，租界内地域与今湛江市市区范围大致相同。

广州湾是一个历史地名。1899年以前，"广洲湾"作为地理名词已存在数百年，它不是指今湛江海湾，也不是指整个湛江市区，更不包括五个县，而是指特定地域。

"广洲湾"一词，最早出现于嘉靖十四年（1535）《广东通志初稿》，系指高州府吴川县所属六个渡口之一。[①] 还有记录"广洲湾"这一地名的书籍——明朝郑若曾所写《筹海图编》卷三《广东事宜》载："高州东连肇广，南凭溟渤，神电所辖一带海澳，若连头港、汾州山、两家滩、广洲湾，为本府之南瀚。"该书于嘉靖三十五年（1556）印制。"广洲湾"在行政上归吴川县管辖，在海防上归神电卫（设于电城镇）管辖。[②]《高州府志》对此地名还特别加以订误，指出"此洲在吴川县境，字从水旁，乃洲诸之洲，凡写作一州郡之州者，皆误"。后来，这一水域名称泛指今湛江海湾。

另，南三岛又有"广洲湾"村坊，因而得名。古时，朝廷给地方设府、县、乡、都、图、里建制。高州府吴川县南部有南一、南二、南三、南四等四个都。"都"相当于今乡镇行政区域，其中南三都管辖18个坊都（即村落），当中有个广洲湾坊都。清《吴川县志》记载：广洲湾坊都位于县城吴阳"南六十五里，殷、曾、陈杂居，分四、五村"。

---

① 戴璟等纂修《广东通志初稿》卷三十八记载，渡口有合江、南巢、调高、硇洲（今磁洲）、麻练、广州湾。

② 阮应祺：《广州湾—湛江市》，中国人民政治协商会议湛江市委员会文史资料研究委员会编：《湛江文史资料》第1辑，1984年内部编印，第9页。

1901 年，清政府与十一国签订丧权辱国的《辛丑条约》，完全沦为帝国主义统治中国的工具，变成洋人足可以欺负的朝廷。1899 年法国强迫清政府签订《中法互订广州湾租界条约》，划租界的范围远大于"广洲湾"，包括遂溪、吴川两县部分陆地 518 平方千米及两县间水域 1932 平方千米，并将"洲"作"州"，将租界统称"广州湾"。一字之差，改变中国历史上一个地理概念，并从此形成稳固地名。

自此，广州湾先租于法，后沦于日，至 1945 年交还，前后共 46 年都统称广州湾。在法国殖民者绘制地图与规划图纸之上，则以 Kuang-Tcheou-Wan 或 Kuang-Chou-Wan 的字样标识。法国人为纪念 Bayard 舰船把广州湾的中心城市西营称为"白雅特城"（Fort Bayard）。

明清两代文献志书对广州湾的文字记载，除前述《广东通志初稿》外，在其后的海防、军事及地理著作中多有记述，如明代郑若曾在其经略海疆的名著《筹海图编》中记载："高州东连肇广，南凭溟渤，神电所辖一带海澳，若连头港、汾州山、两家滩、广州湾，为本府之南瀚，兵符重寄，不当托之匪人，以贻保障之羞也。"[1] 这里明确说广州湾是一海澳，并认为这里应当成为海防要地。明代岭南儒学大家黄佐主持修撰的《广东通志》十七卷《关梁、津渡》条目中，广州湾仍被记载为吴川六渡之一，并注明在县南方位。顾炎武在《天下郡国利病书》中明确说："吴川县广洲湾在南三都地方"，是广东沿海"海道江道哨兵"驻防地之一。[2] 顾祖禹《读史方舆纪要》引述《海防考》中的记载说，吴川"县南四十里有广州湾，海寇出没处也"[3]。可见，最初的广州湾是作为地理名词用来表示渡口或海澳名称的。由于不断有海盗出没此地，才逐渐成为海防信地。

众所周知，明朝中后期起，东南沿海倭寇猖獗，海防形势严峻。整个广东沿海被划分为东路、中路和西路三路来防御倭寇，与倭寇冲突首当其冲者为东路，其次是中路，再次才是西路；不过，也有明朝学者认为西路防御虽为次要，但西路所属三郡临近越南、暹罗、马六甲等东南亚诸国，防守不可

① 〔明〕郑若曾撰，李致忠点校：《筹海图编》卷三《广东事宜》，中华书局 2007 年版，第 245 页。
② 〔清〕顾炎武撰：《天下郡国利病书》原编第二十册《广东上》，续修四库全书编纂委员会编：《续修四库全书》史部地理类第 597 册，上海古籍出版社 2013 年版，第 326 页
③ 〔清〕顾祖禹撰，贺次君、施和金点校：《读史方舆纪要》，中华书局 2005 年版，第 4744 页。

掉以轻心，稍有松懈，就会造成肘腋之患，以致"滋蔓难图"。正是基于海防形势的变化，广州湾的地位才得以提升。

相对于文字描述，广州湾在舆地图上的标识稍有差别，如黄佐《广东通志》二卷《高州府图经》所附《高州府舆地图》中，在府城正南方位的海面上标有广州湾字样，在二十一卷《海道江道哨兵》中叙述了广州湾的位置和驻兵情况，说到吴川县的广州湾，在南三都地方，东南滨海，离县四十里；宁川所旗军七十七名，民壮百名（电白县四十名、吴川县六十名），驾哨船二只防海寇。这些记载反映了广州湾作为海防哨所的基本历史事实。

二、法军侵占广州湾

中国在中日甲午战争中失败后，清政府腐败虚弱的本质已彻底暴露，特别是《马关条约》割让大片领土给日本，极大地刺激了其他列强觊觎中国领土的野心。在殖民扩张政策的驱使下，法国成为争夺中国利权的急先锋，在第二次鸦片战争法国曾伙同英国打进北京而取得了各种在华特权后，又一次暴露了他们趁火打劫的本性。法国公使施阿兰在回忆录中写道："尽管李鸿章同日本全权代表正在马关进行和谈，我则通过中日战争所带来的重重困难和惶恐不安，甚至在最危急的时刻，成功地进行谈判，在主要问题上达成了协议。"[1] 法国趁机强迫与清政府达成《续议商务专条附章》，取得在云南、广东、广西开矿的优先权，同时还将势力向中国西南地区渗透，要求开放广西龙州和云南蒙自、思茅、河口4个通商处所，允准法国派驻领事馆驻扎，并取得这一地区土货出口的各项税收优惠。1897年2月，法国又迫使清政府宣布海南岛不割让他国，承认法国在海南岛有特殊权利。[2] 法国企图将该岛作为"停船囤煤之所"。法国的一系列举动，引起了其他列强的警惕，为了消除国际影响，1898年2月间，法国外交部部长哈德诺特意对外发表声明，声称法国无意"效法德国而在中国攫取一个海军基地"[3]。事实上，这是法国方面的瞒天过海之计，法国政府口是心非，不足月余，便于3月13日，

---

① 〔法〕施阿兰：《使华记（1893—1897）》，商务印书馆1989年版，第63—64页。

② 王铁崖编：《中外旧约章汇编》第一册，生活·读书·新知三联书店1957年版，第697页。

③ 〔美〕马士：《中华帝国对外关系史》第三卷，商务印书馆1960年版，第120页。

指使法国公使吕班以四端利益向总理衙门要挟，包括"中国不得把云南、广西、广东等省让与他国；中国邮政局总管由法国人充任；法国修筑自越南至昆明的铁路；在南省海面设立趸船所"等要求，这里提出要设立趸船所的地方意在琼州。4月9日，法国公使突然推翻前议，首次提出租借广州湾，此稿由吕班拟定，并声言不得更改一字，限第二天答复，清政府总理衙门不敢违抗，第二天照复法使，原则上同意他们的要求，只是就租借范围及租价等问题要求留待双方查勘后另议。同时也做出一定限制，坚持"应订明将广州湾一处租与法国，作为停船趸煤之所，不得泛言南省海面，将来亦不得另换他处，并叙明租价字样，以副名义"①。

法国的一系列动作，既强硬又快速，令英国倍感不安。光绪二十三年（1897）春，英国以与法国势力相均衡为由，迫使清政府订立新协约，规定中国开放广东三水、云南腾越等5处为通商口岸，允许英国在这些口岸设立领事馆。清政府同意租借广州湾给法国后，英国随即提出租借九龙半岛作为"补偿"。总理衙门也不得不接受此项要求，只是希望英国不在九龙山上构筑炮台。英国公使提出"中国租广州湾与法国以危香港，故英租九龙以为抵制，其为军事之设备固不待言。若中国能拒法国租广州湾，英亦不租九龙"②。清政府既已答应租借广州湾给法国，自然也无力抵制英国对九龙的租借要求，遂于光绪二十四年四月二十一日（1898年6月9日），与英签订《展拓香港界址专条》，英方的要求得到了完全满足。

得到允准租借要求的法国，很快便决定派兵前往"接收"广州湾。光绪二十四年二月二十一日（1898年4月13日），法国外交部敦促海军部上将贝斯纳尽快派兵进驻。4月20日，法军派出旗舰"帕斯卡尔号"率领巡洋舰"狮子号""惊喜号"和"云雀号"前往广州湾海域，开始水文测量和航标设置。22日下午，在法国远东舰队分队司令拉·比道里爱尔的率领下，共计3艘军舰，士兵500余人，抵达广州湾海域并在向陆地延伸的麻斜河右岸海头汛炮台登陆。据道光年间修撰的《遂溪县志》记载，海头汛炮台"东与

① 〔清〕王彦威纂辑，王亮编，王敬立校：《清季外交史料》卷一百三十一，书目文献出版社1987年版，第4—5页。

② 刘彦：《帝国主义压迫中国史》上册，上海太平洋书店1928年版，第214页。

吴川麻斜炮台对峙，外通东头山、广州湾等处洋面"①。因其内控高、雷两府，地理位置十分重要。清政府初建炮台时，曾设右营把总一员防守，并配备第二号快船一只，后奉文改为陆路管理，其船只亦被裁汰变卖。鸦片战争后，清政府进行了善后防务建设，防务重点主要落实在修建炮台工事上，借以加强陆路的纵深防御。但经过中法战争和中日战争对中国海疆的冲击，中国江海岸防炮台已徒有虚名，加上军备废弛，各地守兵早已不再具备战斗能力。

法军上岸后随即占领海头汛炮台，还举行了庆祝仪式，升起法国国旗，鸣炮 21 响。这次登陆行动由海口副领事甘司东担任舰队翻译官，基于对中国情况的了解，甘司东敏锐地觉察到围观舰队人群的不满，特别是没有地方官员按惯例前来与接收部队进行接洽。在当地官员看来，法军登陆的地方并不叫广州湾，法军的强占行为实际上就是赤裸裸的侵略，可地方官员手上并无一兵一卒，只能将这些情况逐级上报以听候朝廷裁决。与官员态度形成鲜明对比的是被侵占了家园的广大百姓，他们很快组织起来，以实际行动保卫自己所依赖的生存空间，轰轰烈烈的抗法斗争由此展开。

第二节 遂溪人民抗法斗争

法军的入侵行为激起了遂溪人民的愤怒和反抗，乡民们团结起来，以各种形式开展武装守土保卫家园行动，反侵略斗争持续近两年，谱写了一曲爱国主义乐章。这些轰轰烈烈的武装反抗斗争，既包括吴川、遂溪等地人民自发的抵抗斗争，也包括遂溪黄略、麻章、文车、平石等地人民有组织的抗法斗争。涌现出以吴邦泽为代表的抗法英雄，体现了高雷人民反抗外来侵略的坚强决心和不屈意志。

一、民众的自发抵抗斗争

法军占据海头后，随即构筑兵营，增派兵力达 1200 人，他们不仅"踞

---

① 〔清〕喻炳荣、朱德华修，杨翊纂：《遂溪县志》卷六《兵防》，道光二十九年（1849）刻本，第 4 页。

炮台，挖壕沟，拆民屋，毁坟墓"，还控制航道，搜查来往商船，抢夺货物，殴打百姓，强奸妇女，役使民工筑造码头，致使"百民号哭于道路，群骸狼藉于野草"。侵略者的蛮横，激起民众的强烈愤慨。反抗侵略、守土保家的战斗首先在海头、南柳一带爆发。

1898 年 5 月初，麻斜海边发生群众性抗法武装示威，来自南一、南二、南三的群众 1000 多人，带着锄、镰、棍、叉、刀、矛，集中到烟楼岭，面对停泊在海面上的法国军舰，齐声呼喝，抗议法军暴行。南三武秀才陈跃龙与霞瑶村文秀才陈竹轩等人组织各村坊乡绅、代表在田头陈氏小宗开会共商抗法事宜，提出有钱出钱，有力出力，誓抗法夷。各村坊纷纷组织抗法民团投入抗法斗争。南三各村坊民众 1000 多人手持木棍、长矛、月叉、锄头等到红坎岭法国军营，一连数日举行示威抗议，强烈要求法军离岸回舰。一小队法军士兵不顾麻斜村民反对，强行登岸进行勘测活动，被愤怒的群众包围起来，最终不得不狼狈逃回军舰。为了报复村民的反抗，法军派出 120 名士兵包围反抗的村庄，强行带走 17 名村民，在一艘军舰上对其中的 6 人进行残酷虐待，并抽打了 20 鞭子。[①] 村民并没有被法军的嚣张气焰所吓倒，麻斜河两岸民众以各种方式阻止法军行动。特呈岛群众加固原来的抗倭土墙，布置土枪土炮，防止法军登岛，还在海底埋木桩、拉铁索，试图阻挡法国军舰行动。海头村民吴玉海独自埋伏在村口，用火枪袭击入村骚扰的法军士兵。村民吴大积身藏利刀，伏于村边，把一名企图入村窥探的法军士兵杀死。村民吴大隆带领几位青年偷偷潜入法军兵营袭击敌人而负伤，随即回老家南柳村召集救兵，准备进行更大规模的抵抗。

南柳村位于海头汛炮台西南 5 华里处（即今湛江火车南站处），吴姓聚族而居，素有团结武勇风尚。法军的迫近，让南柳村已经没有了退路，村民们目睹土地被侵占、同胞被杀害的事实，他们义愤填膺，主动向族长提出联络各村、打造武器、攻打法军兵营、设法把侵略者赶跑的主张并得到赞同，族长愿意动用宗族财产打造武器，供给作战伙食，抚恤伤亡，并规定 16 岁以上 50 岁以下的青壮年男子，都要参战。他们一边打制刀、叉、矛、镖等进攻性武器，搜集用来防御使用的藤牌、短棍等，一边联络附近村庄的村

---

① 甘司东致阿诺托，1898 年 5 月 15 日，甘司东致法国公使团，1898 年 5 月 21 日。〔法〕外交部档案/政治商贸信函（1897—1918），中国，NS 208，第 97—99 页。

民，以壮大声势。南柳、海头等 30 多个村庄被召集起来，组成抗法队伍，少的二三十人，多的 100 余人，其中以南柳村最多，有 200 多人。为了鼓舞士气，表示抗法决心，南柳村在祖祠内集会，然后到后坡山晒谷场上召开抗法誓师大会，出席誓师大会的除了南柳村村民之外，还有调丰、坎坡、东山、海头港等村庄的抗法志士四五百人。青年农民吴邦泽、吴大隆和本族族长吴经通、吴邦华等人歃血誓盟，表达了齐心杀敌、征战沙场和保卫家园的决心。吴邦泽（1874—1898），南柳村人，时年 24 岁，为人正直，会武艺，擅长使用木棍。当法军逼近南柳村时，他率先提出打造武器、联络各村进行抗法斗争，保卫南柳等主张。在誓师大会上，各村抗法志士公推他为"棍头"（相当于战斗指挥者），负责带队攻打法军兵营，大家约定信号，以他手中那条一丈二尺的木棍所指方向为进退。6 月 19 日，南柳、海头、洪屋港、菉塘、那划等村抗法志士 500 多人，在吴邦泽、吴大隆率领下，以土制刀、叉、矛、镖猛攻法军海头兵营，由于缺乏作战经验和武器落后，30 多人牺牲，他们被迫撤退。

7 月 11 日，抗法志士在南柳村上林寺前歃血立誓，几百人的队伍再次集结并誓师抗法。受南柳村民抗法的影响，遂溪县东南沿海的龙潮、新村、宝满等十几个村庄也陆续加入抗法行列。

7 月 12 日，各村抗法队伍集中到坎坡岭，议定分三路进攻，吴邦泽带领南柳村 170 多人为中路，新村、菉塘、宝满、麻丁、龙潮、坎坡、海头、后沟头等十多个村庄的队伍分为左右两路进发，他们还用牛车拖来了两门铁炮。吴邦泽的中路队伍首先到达法军兵营正面，与法军展开对抗，左右两路相继赶到，也迅速投入战斗。法兵原本在兵营外树荫下乘凉，被民众打得措手不及，急忙退入营房，开枪抗拒，军舰上的法军士兵亦上岸增援。但交手之后，村民武装进攻即刻暴露出短板，他们所用的土制武器，只适宜近身搏杀，不能远距离杀伤敌人，土铁炮也未能发挥威力。而法军则是训练有素的正规军，除枪炮猛烈外，又有兵营围墙作掩体，致使抗法志士们完全无法接近目标，他们虽多次冲锋，仍然不能攻破兵营，为此村民们付出了巨大牺牲，先后牺牲 60 余人。吴邦泽观察战场形势，自觉无法取胜，立即把木棍后指，示意各路撤退，自己率领中路殿后掩护。正当队伍后撤时，法军兵营内排枪打出，吴邦泽腰部中弹，鲜血涌出。为了不影响队伍后撤，他忍受极大痛苦，咬牙屹立，继续举棍向后，直到各队全部撤离危险地段才倒下。牺牲时，他的右手仍然紧紧握着指挥战斗的木棍。村民们见状，派人冲过去，抢回他的遗体，后葬于东山岭上。

海头、南柳村民打响抗法第一枪，表现了乡民不屈的爱国主义精神，他们不怕牺牲，勇于战斗，极大地鼓舞了地方民众抵御外来侵略的决心。

法军在海头、南柳的侵略行动遭遇抵抗后，随即向清政府总理衙门施压，要求清政府对两广总督谭钟麟发出训令，要他维护这一地区的秩序，确保法国军队能够"和平占有"租让给他们的地域。谭钟麟只能秉承谕旨，急忙从海南调来 500 名勇营，开到海头以"保护法人，弹压土民"。遂溪知县熊全夔亲往南柳村做"规劝"工作，一些族老、绅士见状，思想上有些动摇，不过，地方百姓并不理会这一套，依然加紧备战。

10 月 21 日，法军再犯南柳村，被早有准备的村民团团围困在坎坡岭，不能走脱。直到雷州参将陈良杰带兵丁前来解围，法军士兵才逃回海头军营。法国侵略者见有人保护，更加嚣张，中午再出动 400 多人进攻南柳。此时，南柳抗法队伍已经集结退守村前沙沟，在村头的石桥上架起两门铁炮，在田间小路上撒布三角铁钉和圆竹筒，严守以待。法军首先登上坎坡岭，安置开花大炮，乱轰一通，然后全队人马冲向沙沟，企图攻入南柳村。走在前面的军马踩着圆竹筒狂嘶跃起，不能前进，并把军官掀翻在地。守在沙沟村头石桥边的土炮手吴那福、吴那禄兄弟，立即点火发炮轰击，打得法军队伍大乱。埋伏在沙沟后面的抗法队伍一跃而起，冲过石桥，在村前广阔田野上同法军展开搏斗，双方互有伤亡。法军士兵因不熟悉道路陷入了"竹筒阵"，被困挨打。战至下午 3 时左右，坎坡岭上法军大炮开始轰击南柳村，打死村民吴那立等 8 人，伤村民 30 余人受伤，村前树林也燃起大火。此刻，在沙沟战场上苦战的南柳抗法队伍，正凭借沙沟布阵进行死守。双方相持到黄昏，法军始终不能冲过沙沟，不得不收兵退回海头。

沙沟大战后，法军不敢正面进攻南柳，就采用村后突袭的办法。10 月 24 日，再次出动 800 人，以驴马驮着许多罐汽油，收买汉奸带路，从村后偷袭南柳。由于绅士及宗族长老的动摇，抗法队伍过于分散，加之疏于防备，致使法军未受阻截就攻入了南柳，南柳村遭受重大损失，草屋 400 多间被烧毁，瓦屋也有 300 多间毁于炮火，村庄沦陷。在府县官员的压服下，南柳附近几十个村落的地方士绅长老与法军谈判，表示以后彼此相安无事。南柳人民的抗法斗争遭受了极大挫折。

在此次与法军的对抗问题上，遂溪知县熊全尊胆小怕事，只知打压地方百姓。遂溪人民目睹法军凶暴和官吏的无能，义愤填膺，群情汹涌。他们公推麻章绅士冯绍琮，代表地方人民去广州，向两广总督谭钟麟、广东巡抚鹿传霖请愿。请求撤换熊全尊，并要求组织武装，抵抗法军侵略。谭钟麟、鹿传霖在人民的压力下，撤了熊全尊职务，派李钟珏为遂溪知县并授命其组织地方团练。

二、李钟珏与遂溪团练

李钟珏（1854—1927），江苏宝山（今上海宝山区）人。原名安曾，又名平书，号瑟斋，晚号且顽。光绪十一年（1885）优贡生，朝考以知县分发广东，先后署陆丰、新宁、遂溪等县知县。署理遂溪县时正值法国入侵广州湾，在两广总督谭钟麟的支持下，李钟珏积极筹办地方团练，对法国的入侵进行抵抗。其后，他虽因此事被革职，却深得遂溪民众爱戴，在晚清官场也博得声望。

1899年1月，李钟珏受命署理遂溪知县。对此任命，同乡诸友皆为李钟钰抱不平，纷纷劝他不去就职。李钟珏并未因此退却，往见制台、中丞后（"制台"指两广总督谭钟麟，"中丞"指广东巡抚鹿传霖），即慷慨赴任。2月1日，李钟珏携家眷沿海道赴遂，4日在赤坎埠登岸，7日到遂溪县接篆视事。到达遂溪的第二天，他便雷厉风行地赴赤坎和海头附近察看形势。综合各方面的信息和观察，他断定遂溪内地已岌岌可危，法国军队的入侵强占已经成为当时遂溪的"切肤之患"，仅仅靠谈判远远不能阻止法军对遂溪内地的侵占。同时他也看到，虽然南柳的抵抗失利，但遂溪内地各村百姓和全县多数绅士，正在聚议死守，决心抵抗。况且，在他来遂溪前夕，谭钟麟曾示意他到任之后可迅速筹办团练，训练武装力量以抵挡法军的进一步入侵，保卫遂溪内地村圩。李钟珏因此心中有了底气，筹办团练遂成为他主政地方的第一要务。利用团练来抗法守土，既顺应了广大民众的要求，又符合民族利益，因此得到遂溪县普通百姓、绅士、富人的广泛支持，地方上也广为流传"穷人行要命，富人行要钱"的说法，劳动群众踊跃报名当义勇，富绅富商也纷纷认捐经费。

依据规定，凡有家资满一万贯者，捐钱三百千文，多者递增，少者递减；大姓祖产和当铺资财，亦照此例。凡是 16 岁至 50 岁男丁，除三点会会员及吸食洋烟者外，其余一律选为团丁，造册登记，然后在团丁内挑选体格精壮者作为练勇，发给武器进行训练。此即所谓"丁""勇"，分别指预备队和实战队。由于遂溪各界的普遍支持，原定捐钱 5 万贯，结果 10 天之内就认捐了 6 万贯，确保了组建团练的经费。报名当练勇的百姓也十分踊跃，甚至出现父子相勉、兄弟争相报名的场景。

练勇选定后，李钟珏雇请教习加以训练，逢一、三、四、六、七、九日为训练日期，教步法、队形、枪法。练勇们训练时，5 人一行，8 行为一队，每队设队长 1 人，什长 4 人，旗手 1 人。团练官、勇，平时每月有薪饷，操练期间，每日加发伙食津贴，队长铜钱 140 文，什长、旗手 120 文，练勇每人 100 文。对于操练认真、步伐整齐、技艺进步显著的，另有奖赏。

李钟珏筹办团练，十分重视发挥武器的作用。他决心拿出筹款总额的80% 用于购买军火，共购买前膛抬枪 500 支，单响毛瑟枪 200 支，士乃得枪300 支，而且配备了相当数量的弹药，仅毛瑟枪弹就有 2 万多发。这些半新式武器，与传统的冷兵器刀、叉、矛、镖相比要精良得多，也使团练的战斗力明显增强。

团练经过 4 个月的训练后，已初步练成一支堪与法国侵略军一战的武装力量，这便是以黄略村为中心的遂溪团练。团练共计 1500 人，以营、哨、队为编制，设置 6 个营，营部分布在黄略、麻章、文车、平石、志满、仲伙，每营义勇 250 人。营下面设左、右、前、后、中五哨，每哨 50 人。哨下面设 5 队，每队 10 人。团有团总，营有营官，哨有哨官，队有什长。团练总部设在黄略村潜移书院内，团总（即团长）由麻章在籍绅士冯绍琮担任。冯绍琮（生卒年月不详），广东雷州府遂溪县人，光绪初年以监生身份报捐巡检，分发广西试用。自光绪五年（1879）起，便随同督办越南军务的广西提督冯子材，先后征战越南、海南等地，参与剿灭地方土匪，并积累了一定的作战经验，后擢升为直隶州知州留原省补用。遂溪团练的举办，恰好给了冯绍琮进一步施展才能的机会。

团练义勇平时在各营所在地训练，每月集中黄略会操 2 次，遂溪知县李钟珏亲往检阅，发表讲话，激励斗志。据黄略村参加过抗法团练的王春元、王进老人回忆，李钟珏曾教义勇们如何使用枪支，他看到义勇们体格很健壮，十分高兴。当时有一首雷歌非常流行，也颇能反映团练的训练情况，歌词写道："联络各地人众起，壮丁报名靠自己。日夜学兵练武艺，黄略案前竖战旗。"

遂溪团练6个营布局以黄略为中心，左有平石、文车，右有麻章、志满，后有仲伙，面向遂溪县东南沿海，组成一条前凸弧形防线。1899年8月，新建成的遂溪团练各营义勇、团丁和群众有2000人，在距黄略村东南6里的麻章赤泥岭上，举行声势浩大的抗法誓师大会，饮酒立誓，决心杀敌保家。李钟珏前往检阅队伍，勉励大家勇敢杀敌，守卫乡土，宣布能割取敌人首级一个，赏钱十千，割敌耳朵一双，赏钱五千，受伤者给钱治伤，阵亡者给钱埋葬，名列祖祠，县官亲临吊祭。会后，举行抗法武装示威游行，沿途高喊口号，从赤泥岭出发，一直抵达赤坎附近。此后，由官方组织并经过一定训练的团练义勇，迎战步步入侵的法军，并取得了一定的战绩。

三、遂溪抗法

（一）新埠之战

知县李钟珏的上任，特别是遂溪团练的组建，让驻守海头、赤坎各地的法军如芒刺在背，无时无刻不想迅即绞杀团练。1899年10月8日，法军放出谣言第二天攻打麻章。次日清晨，法兵300人从沙湾百姓岭营房大队开出，在赤坎附近渡河西行，做佯攻麻章姿态，行至福建村、东山村附近，突然转向北面，直扑黄略村。此时，黄略义勇正拟援助麻章，行到新坡村，发现大队法军迎面而来，断定是企图偷袭黄略，立即回村守卫。法军见阴谋败露，首先开枪，黄略义勇回枪还击，枪声大作。附近东山村、福建村、岭仔村的群众团丁，拿起锄头、刀叉、棍棒，齐出助战，同时飞报各营。相持之间，各营义勇也纷纷赶到，投入战斗。法军支持不住，败退双港村，接着再退到新埠。义勇和百姓乘势追击，把法军围困起来。新埠村近海，法军退无可退，慌张的法军士兵只好借埠后矮墙蹲身还击。李钟珏得此消息，立即率众赶往冲突地点弹压，无奈行至万年桥时，被逃难出来的百姓阻滞。李钟珏随即派总局绅士生员郑贤相前往设法开导民众，并传令绅士约束练勇，不准穷追逞杀，以免酿成大的外交交涉。双方相持数时直至傍晚，停泊在赤坎港内的法国军舰开来接应，他们见义勇、百姓人多势盛，不敢恋战，掩护败兵逃回军营，练勇也收队回团。新埠之战从士气上压倒了法军士兵，双方各有伤亡。此战击毙法国军官 2 名、士兵 5 名，打伤 11 名，淹死 23 名；遂溪各团练勇当场被打死 2 人，伤 15 人，伤重不治死 4 人。[①] 次日，法国舰队司令向海军部发出急电，惊呼情势严重，要求增兵。法国总统召开国务会议，决定派兵增援，法国驻海头陆军统带四划官龙基写信给李钟珏，为侵略行为辩护，甚至"托词游历，不认攻打黄略"[②]，同时，还发出种种威胁，声称要用开花炮扫平黄略各村。李钟珏大怒，复函龙基，严正宣布"界务未定，尺土皆我华界"，指出战事是由于法军有意挑衅而起，如果法军不作收敛，继续侵扰遂溪内地，遂溪团练义勇、百姓和李钟珏他本人，将同法军周旋到底。遂溪团练义勇和群众，在新埠之战后，又取得了东菊大捷。

（二）东菊大捷

1899 年 11 月 5 日（十月初三）拂晓，两艘法国军舰乘着浓雾驶入赤坎鸭嘴港，开炮轰击麻章，连续发炮 262 响，打穿麻章当铺高墙，打塌民房 5 间，压伤百姓 3 人。接着法军 400 多人向麻章进攻。麻章位于赤坎西南，也是遂溪团练另一活动中心，有团练麻章营把守，义勇 250 人。

麻章营部属于遂溪团练六个营部之一，设在麻章坪鱼亭西街武帝庙。该庙平时是居民祭祀的场所。法国侵略者侵入遂溪内地后，该庙成为抗法的议事、练武、歃血誓师场所。麻章营官由遂溪团总冯绍琮兼任。麻章练勇由麻章、文章、长布、坑排等 28 个村庄自愿报名的优秀青壮年组成。麻章坪附近一带村庄，16 岁至 50 岁的男丁还组成预备队，称为团丁，自备武器，随时准备加入抗法队伍。

在隆隆炮声中，麻章义勇迅速集队上阵，出村迎战，同时飞报总部，安排团丁及百姓严守村口，烧水做饭，支援战斗。麻章义勇擂鼓举旗开到东菊村，即与法军相遇。东菊村周围坡地开阔，无山头，无密林，只有地面上一道道牛车路坎可以用作掩体。义勇熟悉地形，全部埋伏在牛车路坎之内，同

---

① 阮应祺：《抗法斗争史话——湛江人民反抗法帝侵略纪实》，湛江新闻出版办公室、湛江日报社 1990 年内部编印，第 13 页。

② 中国科学院历史研究所第三所编：《近代史资料》总 11 号，科学出版社 1956 年版，第 35 页。

法军展开战斗。

法军开枪射击，子弹从牛车路坎飞过，义勇镇定伏守，没有伤亡。法军使用的是无烟洋枪，放枪之后，人形毕露，义勇看得清楚，用抬枪和毛瑟枪瞄准射击，给法军以很大杀伤。由于义勇使用抬枪，装入的是黑色有烟火药，发射铁镖、铁砂、铜钱等物，射击面大，放枪后烟雾弥漫，遮蔽阵地，法军看不清义勇埋伏在何处，不敢轻率前进。双方对峙，打到中午，法军从百姓岭兵营和鸭嘴港军舰上开炮助战。因双方已经十分逼近，法军炮弹只是向远处发射助威，并不能起到杀伤作用。义勇伏在牛车路坎之中，屹然不动。自早晨至中午，法军不能推进。午时过后，黄略、文车、平石、志满、仲伙各营义勇赶到，进入东菊战场。麻章、草苏、陈铁各村百姓和团丁，也来助战，后方汤水饭菜也源源送到。东菊战场上的形势发生了根本性变化，抗法队伍人多势盛，士气大振，抬枪火炮密集向法军射击，浓烟滚滚，响声震天。法军死伤增多，阵脚开始动摇。突然，一声巨响，鸭嘴港内法国军舰上的一门大炮，自动爆炸，守在大炮旁边的士兵被炸飞身亡。这时候，东菊战场上喊声大起，千余义勇和数百团丁、群众，跃出牛车路坎，拼命进逼。法军支持不住，大败而逃。义勇追击数里，直至百姓岭兵营前面，才收兵返回麻章。东菊一战，义勇和群众不怕牺牲，充分发挥群力和才智，同侵略者奋战半天，获得大胜，此战法军死伤五六十人，其中一画军官1人，大炮爆炸伤亡10余人。麻章、黄略各营义勇和百姓，伤9人，其中2人重伤，没有阵亡练勇。对于团练而言，可以说这是较为轻微的代价，极大地鼓舞了士气和坚定了当地团练抗法斗争的决心。11月10日，李钟珏向两广总督禀报战况，随即见诸广州报刊，后《申报》转载，一时之间，"抬枪胜洋炮"传为美谈，人心振奋。

遂溪人民的抵抗经报界披露后，引起湖广总督张之洞的注意。李钟珏被革职后，张之洞派人遍寻他的踪迹，最终将李氏召往武昌成为其幕僚。李钟珏在回忆录中详记其事："往见抚台于次棠，中丞见则垂问遂溪民团与法人争界事甚切，并云：闻此次交绥，抬枪竟胜于洋枪。余言抬枪断不及洋枪之致远。十月初三麻章之役，因团练与法兵距离较近，练勇伏沟中，敌人居高地，洋枪无烟药，子弹在沟面越过，放后探视清楚，抬枪用黑药，向近处射击，易于命中。放后烟雾弥漫，望不见练勇所在，故获利耳，非抬枪之胜洋枪也。中丞闻余言，似不谓然。"[1] 作为领导洋务运动的地方大员，张之洞一向重视西方的军事技术，特别是西方洋枪洋炮的威力情况，及时了解此事的详情或可借鉴，或可改进军事。麻章东菊之战的影响于此可见。

就在遂溪团练与法军交战之际，一起意外事件使抗法斗争形势发生了彻底变化，同时还加快了勘界谈判进程。这就是平石事件。

（三）平石事件

道光年间修撰的《遂溪县志》记载，遂溪县东三十里有石门岭，流经县城的东溪水与西溪水在此合流入海，海岸有山，自西跨东，石壁耸峻，障断河流，中阙若门，以通海潮之上下，故名石门。遂溪、吴川两县以石门河为界，河宽一里许。石门对面即是平石村，这里临近海湾，是遂溪县的出海门户，地理位置十分重要。

1899年11月12日，法国海军中尉让·古拉旺和约瑟·库姆越过石门海湾前往平石村附近执行地形测量任务（法国官方有意掩盖真相，将二人的军事侦察行为说成是散步、游历。后来的法国研究者倾向于认为是执行巡查任务），为平石练勇所发现，遭伏击后被砍杀，愤怒的练勇还割掉了他们的头颅。法国舰队司令高礼睿听到这个消息，非常震惊，随即采取报复行动。首先是下令门头炮台的指挥官向停泊在此海湾内的中国炮舰"广玉"号兵轮开炮，不但摧毁其防御能力，还俘虏炮舰上的官兵并押至法国军舰，其中包括雷州参将陈良杰、雷琼道台周炳勋。在未经严密调查的情况下，高礼睿便认为，伏击事件由当地官员主使和挑起，周炳勋即是始作俑者，因此将周炳勋扣押为人质不予释放，并提出捉拿凶手取其首级为其被杀的两位官弁复仇的要求。其次是由海军陆战队马罗中校指挥6个步兵团和2个炮兵连进攻黄略，炮击麻章，造成广州湾地区抗法力量和广大民众的重大伤亡。再次，将该事件上升至外交层面并以此对清政府进行要挟，加速广州湾租借条约的签订。

事件发生后，遂溪知县李钟珏作为属地官员自然不会置身事外，而是在第一时间进行了妥善处理。当练勇拎提被杀法弁首级到县府领赏时，李钟珏不仅向练勇申明其中的利害关系，还令家人取银50元，命令练勇购买棺材

---

① 李钟珏：《且顽七十岁自叙》，《近代人物年谱辑刊》第五册，国家图书馆出版社2012年版，第510页。

装殓法弁尸体，并将首级缝合完整，防止事态进一步扩大。同时，他及时将情况通报给省府督抚宪台各级主管官员及负责广州湾交涉的勘界大臣苏元春。李钟珏认为，平石村遭到法军的炮击和渡河侵犯，才导致法弁被杀，并请求苏元春查明真相与法军进行相关交涉。对于法弁被杀一事，李钟珏在给友人的信函中明确表示："此乃自来送命，大快人心。"法国人借此扣押朝廷命官，则纯属无理取闹。这是李钟珏对法军肆意扩张行为的强烈不满和怒斥。

法国在进行军事报复的同时，还进行外交施压。12月4日，法国驻华使臣毕盛接本国训条，就法弁被杀一事向总理衙门提出四项要求："（一）广州湾勘定租界，即行批准；（二）事由遂溪县主使，即作凶犯看待，应将该县知县并团丁凶首，均即正法；（三）被害法弁首级尚在遂溪县署，应以礼送还；（四）广东省交涉积案妥速办竣。"①

把平石事件和勘界签约捆绑起来，毫无疑问，这不仅给勘界大臣苏元春造成了极大压力，也给李钟珏带来巨大冲击。李钟珏被法方认为是这一事件的主谋，要求清政府杀掉李钟珏。两广总督谭钟麟对于这样一位忠于职守的心腹爱将自然是极力保奏开脱，不得已只能忍痛割爱，将其"撤任"免死。但是，总理衙门认为谭钟麟对李钟珏的处罚过轻，谭钟麟则回应总理衙门说"法弁被杀，实所自致。平石距遂溪数十里，该县（李钟珏）不能任保护之责。欲予参处，无词可措，仍由总署酌办为便"，以此来表达自己的极大不满，于是，他一面拖延不办，一面通知李钟珏迅速离开遂溪，从内地返回省城，同时要预防路上被人暗算。事隔月余，清廷下旨将李钟珏革职。对于谭钟麟的保护与关爱，晚年的李钟珏在回忆录中表达了他的感激之情："自到遂溪，所上电牍，无不邀准，深感知遇。至于维护属僚，竟以一身任过。此种风谊，实所罕闻。我于谭公没齿不忘矣。"②

关于抓捕"凶犯"的问题，李钟珏任上并未执行，更没有买"假凶"抵命。12月25日，清廷下旨说"李钟珏着即行革职，仍勒拿本案正凶，务

① 〔清〕王彦威纂辑，王亮编，王敬立校：《清季外交史料》卷一百四十一，书目文献出版社1987年版，第10—13页。

② 李钟珏：《且顽七十岁自叙》，《近代人物年谱辑刊》第五册，国家图书馆出版社2012年版，第506页。

获从严惩办"①，可见此时尚未拿获凶犯，距离李钟珏离开遂溪也已半月有余。

李钟珏因支持遂溪人民的抗法斗争而被革职丢官，深得人民的同情。据参加过抗法斗争的老人回忆，李钟珏离开遂溪时，百姓和绅士哭送于途。路过高州时，家家户户施放爆竹，地方名人士绅争相设席饯行。他的同僚也都替他抱不平，余盛莹等人在《李君平书先生六十大庆序》中说："中枢与划界武臣，一则畏敌，一则媚外，电令落职，可谓功罪倒置。"

（四）黄略保卫战

平石事件发生后，民众与法军的冲突骤然升级，界务谈判进程加快。同时，法军也在策划一场试图绞杀遂溪团练的新进攻。11月15日晚，苏元春派人带信给团总冯绍琮，信中说："界务已定，赤坎归法，黄略、麻章属华，即日勘界。各团不得执械出队，致滋事端。"②冯绍琮未加细察，随即连夜转知各村团练"各守各营"，静候事态发展，就连平日的巡逻队伍，也暂时不要开到赤坎附近。没想到的是，次日法军突然发动对黄略村的袭击。首先炮轰麻章，同时用小队兵力作佯攻，以牵制麻章营，另派一部分兵力沿海边北插，阻截可能从平石、文车方向开来的团练援兵，而以大队800人，配上驴马百余匹，驮着开花大炮、弹药和汽油，从中路猛袭黄略村。时值秋收农忙，加之黄略营昨晚接到"各守各营"的通知，因此缺乏作战准备，以为十四日无事，义勇和群众一早下田割禾。得到法军大队来攻的消息，才纷纷收拾农具回村，鸣锣集众，出队迎敌。当时黄略村的作战力量，仅有一营义勇250人，加上有武器的团丁和群众，总计不过400人，兵力仅及法军的一半，武器也相对粗劣。但黄略义勇和群众，已置生死于度外，同强敌展开壮烈的黄略保卫战。战斗在赤坎附近打响，黄略抗法队伍同法军激战了2个小时，退守双港、新坡、陈川济一线，他们埋伏在泥沟炮垒里面继续阻击敌人。稍后又退守二层案，苦战到接近午时，再退守头层案。二层案、头层案实际上是黄略大本营的两道防御线，头层案后即是黄略村，团练总部所在地。抗法志士们一致立誓，同敌人展开浴血战斗，保卫黄略，保卫家园。战斗极为艰苦激烈，抗法队伍人数少，武器劣，不少义勇已牺牲在战场上，受伤者不下

---

① 龙鸣、景东升主编：《广州湾史料汇编》第一辑，广东人民出版社2013年版，第249页。

② 中国科学院历史研究所第三所编：《近代史资料》总11号，科学出版社1956年版，第37页。

火线，未伤者继续冲在头层案上，一时间喊声震天，烟尘滚滚。战场上虽然死伤枕藉，但抗法志士们仍然誓死坚守，寸步不让，打退了法军的多次进攻。中午过后，黄略村内锣声大震，16 岁以上 50 岁以下青壮年男丁，拿起土制武器，投入头层案战场。可谓"有勇力者，人人出仗，全村动员，人人争光，个个向敌拼命，不愧勇敢精神。以一乡之民，抗全国之师，虽感寡不敌众，弱不胜强，然犹视死如归，守土为重，死伤遍野，然犹举刀指房"[1]。战斗一直进行到下午 3 点钟，抗法队伍由于伤亡惨重，被迫退入黄略村内。遗憾的是如此激烈的战斗，黄略营却无法得到救援。据当年参与抗法的老人回忆，当时团练的领导人之一、黄略公局长王辑堂前往廉江向驻守该地的官兵求援，到了廉江却发现马介堂的官兵已换防他处。由于王辑堂缺乏与李钟珏的沟通，结果其擅离职守直接导致黄略团营因缺乏统一指挥而受挫。麻章营因受法军牵制，平石、志满、仲伙各营则受限于"各守各营"通知，亦未出队救援。只有文车营义勇 31 人，由哨官杨秀桐带领出村巡逻，听到黄略方向激烈的枪炮声，随即赶来救援。可是，队伍在中途被法军阻截。这一支 31 人的队伍，同法军展开肉搏战斗，战死 22 人，负伤 9 人。哨官杨秀桐亦身负重伤，晕跌在地，所幸他死里逃生，至晚上才被自己人救回。危急间，李钟珏赶到万年桥，请求驻扎在那里的高州镇总兵马介堂带防军前往救援。据后人回忆，防军"失于时间之故，一经抵村，而敌人已进至本村下田岭头二层案山，只得用枪扫射数排火而走，击毙敌人驴马数只于下田岭石桥之下，死伤者亦有不少"[2]。黄略抗法义勇和群众面对优势之敌，孤军奋战，死守乡土，直至弹药用尽，仍然拼命搏杀，在极端危急的情况下，他们首先把全村儿童、妇女、老人疏散，又坚守到黄昏，才向县城方向撤退，全村数千男女，无一人留下。黄略村被法军攻下后，惨遭法军士兵焚抢。这场保卫战，黄略营义勇战死 39 人，负伤 34 人，文车营伤亡 31 人。黄略房屋被焚毁60%，大小 1000 多间，烟火冲天，三日乃熄。法军虽然攻入黄略，但不敢长期驻守，次日一早便退回赤坎。

遂溪知县李钟珏在法军进攻黄略期间，积极协调救援行动，并随时准备

① 阮应祺：《抗法斗争史话》，湛江市新闻出版办公室、湛江日报社 1990 年版，第 20 页。
② 《列强在中国的租界》编辑委员会编：《列强在中国的租界》，中国文史出版社 1992 年版，第 488—491 页。

遂溪人民抗法纪念碑

死守遂溪县城，一旦城陷，自己则愿尽忠报国。其临危不乱、心怀大义的精神与勇气可嘉。黄略保卫战是遂溪官民合力抗击外来侵略的历史见证。

黄略保卫战是一场惨烈的大屠杀，造成无数中国人死伤，法军方面也有2人死亡和14人受伤。

黄略、麻章等村人民的抗法斗争，是一场维护民族尊严、保卫乡土的群众性爱国抵抗运动，向法国侵略者展示了中国人民不怕牺牲、不畏强暴的勇气和实践精神，有效遏止了法军继续扩张的图谋，使其缩小了租界范围，从最初拟定的遂溪城外万年桥为界，退至离城40里的赤坎河为界。这是中国人民取得的重大胜利，极大地鼓舞了民族士气。

第三节　法国强租广州湾

自清政府被迫将广州湾租借给法国后，清政府便失去了在两国有关界务交涉问题上的主动权，特别是法国方面采取了先期占领，再要挟谈判的方式，无疑是一种拙劣的霸凌式行为。值得注意的是，地方民众的抗法斗争成为界务谈判中一个变量。事实证明，广大民众在法国强租广州湾的侵略行径中，不畏强暴，坚持抗争。

一、界务谈判

法国得到租界后，便急不可待地要在广州湾建立其管理机构，随即以接收租界为名，于 1898 年 4 月 22 日派军舰抵达广州湾海域，并强行在雷州府辖地的海头汛登陆。

对法军的侵占行为，清政府总理衙门致电巴黎，指出法军的错误，明确说广州湾是麻斜河左岸隶属于高州府的地方，而不是右岸雷州府的属地。[①]也就是说，法国的占领已经突破了总理衙门的承诺，地方政府在没有得到上级指示的情况下，对法军的侵略行径采取抵制态度完全在情理之中，也是地方官员应该秉持的基本态度。6 月 27 日，法国外交部部长德尔卡塞致函法国驻华公使毕盛说："鉴于当地居民对于我们表示着敌对情绪，尤其是雷州知府的态度，因此我不得不烦你请求中国政府对两广总督立即发出训令，以使他注意维持这个地区的秩序，同时也请求中国政府保证我们和平占有租给我们的地域。"[②] 这说明，法军的非法占领，遭到了地方官民的一致反对。显然，中法双方需要进一步就界务问题进行交涉，以便形成法律条文作为其租占的法理依据。

广州湾界务谈判可分为两个阶段：第一阶段是清政府委派地方道员潘培楷前往会勘界址；第二阶段则是广西提督苏元春被任命为勘界钦差大臣与法国进行界务交涉。由于中法两国政治局势的演变以及广州湾地方民众的抵制，界务谈判延迟不决，一度成为国内外舆论的焦点。

1898 年 4 月 25 日，两广总督谭钟麟督派钦防候补道员潘培楷前往广州湾，会同地方道府官员办理界务事宜。潘培楷迅即前往执行公务，但是到达广州湾后，却未能见到法国方面的谈判代表。潘培楷及时向地方官员了解法国海军粗暴的侵略行径，如不照会地方官、强行登岸占据炮台、竖立法旗、建桩筑桥等。对挖掘坟茔、入村骚扰、施放枪炮伤毙民命等暴行，他提出强

---

① 《总理衙门电》，1898 年 5 月 7 日，法国外交部档案/政治商贸信函（1897—1918），中国，NS 208，第 72 页。

② 龙鸣、景东升主编：《广州湾史料汇编》第一辑，广东人民出版社 2013 年版，第 393 页。

烈抗议和斥责。而对于百姓自发的抵抗运动，潘培楷并未给予支持。其时，两广总督奉行保守政策，一方面责令地方官弹压滋事民众，尽量不引起外交争端；另一方面也通过外交渠道要求法国方面严格约束兵丁，催促法国方面派员前来勘界。潘培楷在广州湾等候20余日，始终不见法国方面派员前来，潘因公务返回钦防候补道官署，法国官员却突然乘轮而至，待中方人员匆忙赶回，法国官员又返回安南海防。法国官员还将逾期的责任完全推到潘培楷身上，其后法国方面以此为借口一味推迟界务谈判。可见，法国方面完全没有谈判的诚意，而是正静观中英关于"新界"问题的谈判、中德关于胶州的谈判，法国方面希望以英国、德国与中国达成的协议为范本，取得同等的权益。此时，法国当局无意迅速勘定租界的界限，为的是最大限度地占领中国土地。

当中国南北海疆陷入领土危机的时候，清政府内部也发生了一场惊心动魄的变革。6月11日至9月21日，光绪皇帝在康有为等人的推动下发起百日维新运动，运动失败引发清政府权力动荡，光绪皇帝被幽禁，慈禧再次垂帘听政。此间，清政府搁置了各种谈判。广州湾的界务谈判也于9月底无果而终。潘培楷明确告诉法国人，他负责的谈判，必须得到两广总督的支持。这时期，地方民众的顽强抵抗，也使得法国方面觉得界务谈判完全不可能在地方层面加以解决。他们相信除了与北京直接交涉之外，别无他法；为了增加谈判的筹码，博蒙率驻守在广州湾的军事占领人员一边要求法属越南方面提供军队，一边继续扩大占领战略据点。博蒙甚至提议相关人员要各司其职，即外交官负责谈判，海军和士兵负责占领地盘。这一提议得到了法国外交部和海军部的赞同。这种蛮横的做法事实上影响了中法之间达成任何协议的可能。

中国方面从中央到地方并非一味软弱，两广总督谭钟麟、广东巡抚鹿传霖等并不完全同意清政府的意见。他们背后支持地方民众的抵抗运动，很快成为抵抗运动的灵魂人物。

早在法军登陆海头汛不久之后的5月14日，谭钟麟便致电下属，指示他们不能让法国在雷州府所属地域麻斜河右岸建立据点。在他的授意下雷州府县地方官员一致对法国采取行动，示意当地居民坚持拒绝向法国海军提供军需，切断法军粮草供给等不合作的做法。其后，谭钟麟选派自己的得力干员李钟珏前往遂溪县就任，直到1899年12月被罢官之前，他一直支持李钟珤举办团练与外来侵略作斗争。

中法谈判的进度在光绪二十五年（1899）相对加快，推动谈判的决定性事件是法国方面的人事调整，2月1日，博蒙的副手高礼睿准将（Lecontre-amiral Courrejolles）取代博蒙出任法国远东舰队司令。高礼睿与中方打过多年交道，非常了解中国的国情。值得注意的是，高礼睿是租界扩张的积极推动者。2月18日，他在呈交给海军部部长的报告中指出："我不认为海军能从租界获得所要承担任务的回报。我个人认为，如果时间还来得及，我将请求外交部门斡旋，尽力将广州湾换成一处与东京联系更加紧密的地方。"① 可以看出，法国方面急于解决勘界问题。因此，博蒙在离任前的几个月向海军部呈交了3种划界方案。②

第一种方案占领地域面积最小，大概为1800平方千米，包括海湾入口处的硇洲和东海两大岛屿。在麻斜河右岸，界线南起扼住进入港湾的通明港，北至门头。门头是内河航运的终点，有船只锅炉所需的淡水资源，因此从海事管理角度看是必不可少的。在左岸，地域应该一直划到吴川河岸，推至自然"边境"处。

第二种方案占领地域面积最大，大约为3800平方千米。东面的界线保持不变，但西面的地域进一步扩大。博蒙以海南海峡航运存在风险和需要从东京（印度支那）进口煤炭为借口，提议租界内部应包括一条贯穿雷州半岛直达东京湾（今北部湾）安铺港的宽阔地带，修建一条蒸汽电车轨道或窄轨铁路轨道，以便将煤炭安全地从安铺运到海头。不过博蒙也深知，这种方案难以被总理衙门接受。即使总理衙门认同法国的通行权而愿意给予补偿，这种方案也势必造成雷州半岛和大陆分隔的后果，所以难以兑现。

第三种方案是折中方案，在保留第一种方案的基础上，法国享有修建和开发海头到安铺铁路的专权。

海军部和外交部在比较了其他外国租借地之后，迅速接受了第三种方案。1899年3月1日，德尔卡塞指示法国驻北京公使以第三种方案为基础和北京进行谈判，务求在最短时间内解决问题。总理衙门也希望尽快了结此

---

① 《高礼睿呈海军部长报告》，1899年2月18日，法国海军部历史服务处，BB4，1320。

② 《毕盛致德尔卡塞的信件》，1898年11月20日，法国外交部档案/政治商贸信函（1897—1918），中国，NS 209，第234—239页。

事，但并未答应法国驻华公使毕盛的要求，理由是1898年4月9日照会中提及的租界范围没有这么大，也未预计到要修建铁路。至于海湾入口的两大岛，中国没理由让与法国。此后，中法谈判再度陷入僵局，归根到底是法国方面的贪欲所致。

直到光绪二十五年（1899）夏天，谈判才重新启动。清政府总理衙门坚持在地方进行谈判和交涉，这样法国不得不回到广州湾与地方当局谈判。7月12日，法国政府授权高礼睿负责勘界。8月13日，清政府任命广西提督苏元春为广州湾勘界问题的全权代表。

10月18日，苏元春抵达遂溪辖地并登陆海头，开始与高礼睿一起勘定地界。10月24日，高礼睿得到法国方面的指令，"可在不危及海头及周边地区安全的情况下做出一切让步。但海岛一定要归我们所有"①。29日，中法谈判代表在博蒙提出的第三种方案基础上达成意向，高礼睿放弃对赤坎北部地区的无理要求，而苏元春则同意租让南部两岛，在修建通往安铺的铁路问题上，苏元春不敢擅自做主，没有北京的授意，他无法做出承诺。

广州湾的谈判取得初步进展后，特别是外海两岛的出让，在朝野上下引起巨大震动。首先是总理衙门反对，拒绝租让硇洲和东海两岛。其次是两广总督谭钟麟反对。谭认为苏元春既没有据理力争，也没有与地方官员协商，悉数答应法国方面的索地要求，遂电奏清廷弹劾苏元春，要求立即废除他与法国人谈判的条款。中法谈判骤然中断。形势急转直下，当地居民在谭钟麟的支持下与法国军队展开对抗，先后引发中法军事冲突，双方分别在新埠、麻章东菊交手，互有伤亡。

1899年11月12日，驻守门头要塞的法国军官海军少尉古尔拉旺（Gourlaouen）和古恩（Koun）外出执行测量及侦察任务时，越海到达平石村，遭遂溪团练伏击，后被杀死。这一事件成为勘界谈判的转折点，为了避免更大规模的冲突，清政府指示苏元春向法国方面妥协。界务谈判至此画上句号。

---

① 《海军部长致高礼睿电报》，1899年10月24日，法国外交部档案/政治商贸信函（1897—1918），中国，NS 211，第160页。

二、《广州湾租界条约》的签订

1899 年 11 月 16 日，高礼睿和苏元春签署勘界协议，并附地图一张，作为凭证。双方均接受照会的主要内容，但具体细节留待北京再议。对于这份协议，毕盛认为，高礼睿太过于关心舰队的自由行动权，勘界草率，随随便便地向中国人做出让步，没有向清政府攫取更多土地，所以他竭力劝说德尔卡塞策划占领雷州地区。[①]　于此不难看出法国的贪婪。

12 月 10 日，地界基本划定。清政府几乎答应了法国公使的所有要求，包括无偿提供修建到安铺港铁路所需的土地，高州、雷州、廉州三地的矿产将让与法中合资公司共同开发；李鸿章接任两广总督，谭钟麟被召回北京，罢黜遂溪知县，归还两名法国军官的头颅并赔偿家属 5 万两银（约折合 17.5 万法郎）。最后，被杀神父伸德辉（LePèreChanès）[②] 也获得高达 8 万皮阿斯特（约折合 20 万法郎）的赔偿。直到此时，法方才释放雷琼道台。

《广州湾租界条约》主要内容如下：

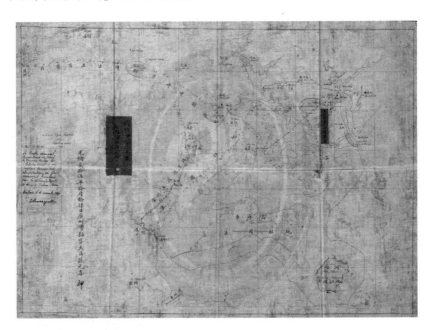

广州湾租界划界图

---

① 《德尔卡塞致毕盛电报》，1899 年 12 月 1 日，法国外交部档案/政治商贸信函（1897—1918），中国，NS 212，第 148 页。

② 广东博罗柏塘教案中被杀的法国传教士。

（1）广州湾租借期限为九十九年。

（2）东海、硇洲两大岛租让给法国，法国只是退出麻章、黄略、新埠三村，与吴川县属黄坡、石门、三柏等村。赤坎、新圩、志满皆划入租界。

（3）所租地域归法国一国管辖。

（4）法国在广州湾内可筑炮台、驻兵并设备防守。

（5）准法国由赤坎至安铺建筑铁路，铁路沿线所用土地，由法国给价，凡铁路及电线所抵之处，准许法国在水面岸上，停船造屋。

1900年3月2日，光绪皇帝批准租约。

三、万年桥与寸金桥

万年桥，始称"乐善桥"，是位于遂溪县城东南一千米处西溪河上的一座石桥。相传建于同治六年（1867），由一位摆渡老人拿出撑船积蓄购置石料，聘请石匠架起一道宽三四尺、长十余丈的石板桥，供行人过路之便。①

1898—1899年间，在遂溪人民掀起轰轰烈烈的抗法斗争中，万年桥声名鹊起，一度成为中法两国界务交涉的边界地名。

1898年4月，法国海军在海头汛登陆后，便擅自在当地建造栈桥、营房，广掘壕沟，毁坏附近的房屋、坟墓等，当地居民试图阻止法军的侵略行为，却遭到法军的拘捕、毒打。法军凭借其军事优势，不断炮击村落，打死打伤附近村民。愤怒的民众聚众数千，誓与法人拼死一战。当地官员唯恐开启衅端，急忙派兵弹压。法军则继续扩大占领范围，不久还占领广州湾以南的东海、硇洲二岛。法军的侵占行为完全不具有法理依据，中法之间的划界谈判也未能有效地开展。

1899年四五月份，法国军官多次率兵登岸，强行抵达各处绘制地图，试图为其界务谈判提供依据，他们拟将租占范围由赤坎扩大到麻章，再由麻章拓展至万年桥，逼近遂溪县城，又向东将黄略、平石等各大村落囊括进去，最终抵达吴川县门头。5月14日，法国军官在赤坎潮州会馆放风说，遂溪划界已有成议，以万年桥为限，数日内法军即在赤坎沙湾岭建造兵营，以有效管控划界过来的区域。遂溪人民听闻法国人要占据万年桥，百姓"无不

---

① 王水：《万年桥》，中国人民政治协商会议遂溪县委员会编：《遂溪文史》第五期，第88页。

切齿奋臂，欲与决一死战"。地方
士绅，纷纷要求署理知县李钟珏转
禀督抚，"速谋抵制之方"，并要
求调派刘永福大军前来遂溪，用来
震慑法国侵略者。为了求证法国军
官的说法，李钟珏随即致电院宪，
查明总署寄来的界图中有无万年桥
字样。后得院宪复电，总署寄图并
无万年桥字样。这自然增加了李钟

寸金桥

珏与法国人周旋的底气。此后，李钟珏密切关注与万年桥相关的动态信息，
他多次赶往万年桥处理中法之间的突发性事件。为了防止事态恶化，高州镇
总兵马介堂率领的清政府官军先锋营两哨也驻扎此地。一时间，万年桥已成
为舆论关注的焦点和控制地方局势的要津。

在与法人议租广州湾的范围问题上，中法双方先后进行了三次会商。按
照法国人的设想，他们试图索取的地盘范围北至吴川的三水、门头，遂溪的
乌蛇岭；东界则到吴川所属的坡头、黄坡。终因索占面积太广而无法达成协
议。8月6日，法国准将高礼睿允准让出黄坡，主张西界至遂溪所属万年桥，
但由于地方官民的强烈抵制，高礼睿不得不做出妥协，声言让出万年桥及遂
溪通往雷州的大路。但向南则极力索占硇洲、东海二岛。在李钟珏看来，法
人"索地太广，断难遂其所欲"。因此，李钟珏主张保内地，保生灵，安地
方，提请勘界大臣苏元春设法斡旋。[1] 他坚决反对将万年桥作为租界的西界。
由于遂溪官民的共同抵制，法国的划界图谋未能得逞，不得不后撤至四十华
里外的赤坎埠西侧的一条小河旁，也就是后来所称的寸金桥边界。毫无疑问
这是遂溪官民不畏强暴、拼死抗争的结果。

寸金桥，始称"文章桥"，也称赤坎桥，位于赤坎文章河上。作为赤坎
与麻章两地的分界河，1921年始在河上建桥，以连通两地，初建时为木桥，
不久改为砖桥。1925年由麻章绅民捐资另建石桥。为了纪念二十五年前遂溪
人民的抗法斗争，取"寸土寸金、寸土不让"之意，改称寸金桥。[2] 此后，

① 中国科学院历史研究所第三所编：《近代史资料》总11号，科学出版社1956年版，第32页。
② 谭启滔：《史话寸金桥》，湛江市赤坎区政协编：《赤坎文史》第一辑，第67页。

寸金桥名声远布，成为租界进入中国内地的必经关卡。1940 年 3 月，遂溪县提请上级部门在寸金桥设市。^① 试图利用广州湾赤坎的商贸活动来带动寸金桥作为发展地方经济的窗口。寸金桥周边很快发展起来，邻近地方设有临时性中、小学校，如南强中学，地方士绅还创办寸金桥公共医院，改善广州湾内外中国人的医疗卫生条件。知名的《大光报》粤南版也在寸金桥发行，遂溪县邮政局在此设立办事处，寸金桥呈现出热闹非凡的景象。1943 年 2 月，日军占领广州湾后，严密控制寸金桥，将寸金桥一带划为军事区域，由日军宪兵队驻守，并伴有大批特务四处活动，他们在境内任意劫掠商户财物，逮捕人民，毫无法纪。^② 日军的入侵破坏了寸金桥数年间形成的地方社会秩序，衰败局面直到广州湾收回后才有扭转。

中华人民共和国成立后，党和国家领导人周恩来、董必武、郭沫若、陈毅等前来湛江视察工作时，对湛江人民抗法斗争给予很高的评价。1959 年，湛江市人民政府为纪念抗法斗争六十周年，扩建寸金桥，并在西桥头立纪念碑志一方，记载抗法斗争事迹始末。郭沫若、董必武等同志先后为这一段英勇斗争的历史写下了激情的颂诗。郭沫若的诗句是："朝过赤坎闻传说，夕听南腔演艺林。法帝入侵凭傀儡，义民激愤沥肝心。千家炮火千家劫，一寸河山一寸金。不与奴才甘卖国，至今遗恨尚难任。"董必武的诗句是："不甘俯首听瓜分，抗法人民组义军。黄略麻章皆创敌，寸金桥隔自由云。"董必武还亲书"寸金桥"题字，供后人观瞻。

值得强调的是寸金桥自诞生起，便与遂溪人民的抗法斗争密切联系在一起，并逐渐成为湛江人民的历史记忆，无时无刻不承载着那段英勇抗争的光辉历史。

第四节　法国对广州湾的殖民统治

法国租借侵占广州湾后，将其划归法属印度支那管辖，由越南总督负责

---

① 《大公报》（重庆版）1940 年 3 月 20 日。
② 《大公报》（重庆版）1943 年 6 月 17 日。

派出管理广州湾的各级行政长官，从而建立起一套殖民统治体系，通过治安、司法和税收等各方面的举措，来达到他们对租界财富的掠夺和当地人民的奴役，对于当地人民的抗争则采取残酷镇压的措施，给广州湾人民造成了极大的伤害。

一、殖民统治体系的建立

《广州湾租界条约》签订后，广州湾遂成了法国单独管辖的租界，从此中国失去了对广州湾区域作为南中国海优良港口的控制。1900 年 1 月 5 日，法兰西共和国总统埃米尔·卢贝签署法令，将广州湾划归印度支那总督府管辖，同时保留其租界地位。随后，印度支那总督颁布关于广州湾行政总公使的敕令，租界的行政权归印度支那总督府，时任总督的保罗·杜美正是极力主张占领广州湾的背后推手。同年 3 月，光绪皇帝批准租约，法国方面则因庚子事变爆发，没有立即批准该约，并企图对其进行更有利的修订，后则忽略此事，始终没有予以批准。尽管该约有"应由画押之日起开办施行"的规定，但也明确规定该约须经中国皇帝和法国总统批准，并在北京换约。该约没有完成批准、换约的缔结程序，因而并未生效。因此，从法理上讲，法国对广州湾的殖民统治并不符合国际法规。不过，发现条约未完成缔结程序也是数年之后，加上"弱国无外交"的现实窘境，这一重大错误并未能得以纠正。

法国人在广州湾统治的最初十余年间，其管理法令经历了数次调整，但基本机构及管理框架未变。

广州湾设立行政总公使署，行政总公使署下保留中国市镇组织，在各市镇设公局（Kong-Hu）进行有效管理，公局以下是村级组织或街道，这种三级制管理模式基本上贯穿其殖民统治的整个过程。

1900 年 1 月 27 日，广州湾行政总公使署成立。初期，租界的区域划分成为三个行政区，每区均设公署，各有一名来自印度支那内政部的官员管理，他们对广州湾行政总公使负责。2 月 9 日，首任广州湾行政总公使阿尔贝与此前管理广州湾事务的法国五画官统带马露进行交接并向当地百姓出示晓谕，在广州湾管辖界内划分为三区，每区设置一名帮办公使。第一区由麻斜河右侧至通明港，公署设在赤坎；第二区由麻斜河左侧至坡头一带，公署设在坡头；第三区管理东海、硇洲二岛，公署设在硇洲大街。规定所有界内圩市村庄事务归各官公署办理。[①] 不久，为了加强统治与管理，公使署对统治区进行新的区划调整，分为二城（麻斜和西营）三区（赤坎、坡头和淡水），各区由当地的警卫军（蓝带兵）执行管理职能并负责维护治安。

公使署由广州湾行政总公使领导，行政总公使从印度支那政府内政部产生，集立法、司法、行政于一身。总公使代表印度支那总督行使对广州湾的行政权，并直接向总督汇报工作，执行总督决定。广州湾行政总公使自觉在该区域采取行政及治安措施，并向总督汇报；负责保证公共秩序，领导当地防卫队，且可以命令军队；向总督签字确认他认为任何扰乱公共秩序的因素，并向总督汇报提出他认为可以采取的措施；可与中国当局就边界防卫问题作必要的沟通。广州湾行政总公使对该区域所有部门的工作人员有监督权；可自行裁定停职以下处罚并实施，停职及其以上的处罚，并向总督提议，总督根据法规所规定的形式宣布所采取的处罚。

法国租借广州湾殖民初期，行政总公使的权力看似极为广泛，甚至一并拥有军事权和外交权，但也有不少地方受到印度支那总督的制约。1911 年 7月，广州湾行政总公使萨拉贝勒向总督提出一套整改方案，要求赋予广州湾行政总公使更为直接的权力，以管理整个广州湾地区的所有行政事务，特别是独立的行政权、司法权，以便进行合理的行政区划调整和削减人事开支，直至和这个区域相称的开支比例。萨拉贝勒认为，广州湾无论是面积还是人口，都不及任何一个印度支那联邦的小省。相对法国在海外设立的殖民总督而言，广州湾行政公使署的级别过低，各种社会资源无法实现高效配置，便出现财政问题。显然，不解决财政问题，广州湾难有出路。

广州湾地方行政具有代表性的组织是由乡绅组成的委员会，即公局。公局通过乡绅会议管理市镇，进行司法裁决，并对法国政府负责。乡绅会议负责维护整个市镇的公共秩序。公局长由华人担任并通过选举产生，他还要向法国当局预报将发生或者可能发生的任何骚乱。如有必要，他甚至可以召集当地防卫队保卫市镇免受任何外来危险，以维持或重建内部秩序。公局成为实际上法国在租界内实行殖民统治的重要机构，成为沟通法国统治者与广州

---

① 《1900—1903 年的记载》（法国档案文献资料），卷宗号 3578，藏于法国埃克斯海外资料中心（CAOM）。

湾民众之间的桥梁。另外还设有咨询委员会，每 10 人一组，参与当地的行政活动，不过，其权限仅限于经济和财政领域。

广州湾的司法体制实际上从属于 1900 年 1 月 5 日印度支那总督颁行的广州湾行政总公使敕令，广州湾行政总公使署成立时已经初步构建了广州湾的司法管理体系，此后经过了多次改组。其中比较全面的改组有 3 次，分别是 1911 年 7 月、1930 年 11 月和 1935 年 5 月的司法改组，但总体看来，这些司法命令有一个前后沿袭的过程，以保证这些法令的连续性。

广州湾法国公使署

广州湾首府设立混合法庭，处理广州湾管辖范围内市镇居民的法律纠纷，主要涉及当地人所犯罪行至监禁的妨碍治安诉讼，以及轻罪、重罪违法行为诉讼。法庭审理成员由广州湾行政总公使指派，由 1 名来自印度支那内政部的官员做主席，两名来自当地乡绅的陪审员组成。法庭判决时一方面强调遵循当地人的法律及其风俗习惯，另一方面又说法国的司法是唯一适用于任何领域的，以此凸显法国作为殖民者的地位。所有判决都要得到审判委员会的批准方能执行。对于上诉案件则必须在规定的期限和条件下诉讼至印度支那上诉法院，也就是说必须到河内才能上诉；死刑判罚要经总督批准方可执行。①

二、法国在广州湾的军事力量及其对民众的镇压

法国在广州湾的军队主要有红带兵、蓝带兵和绿衣兵等 3 种武装兵种。

红带兵即是法国国防军。最初是从越南调派而来，设营级建置。初期兵力 300 人，后增至 350 人左右，其中法国人 150 名，越南人 200 名。职衔级别俗称为四划（团级）、三划（正营级）、二划（副营级）、一划（正连级）、百长（排级）、十长（班级）、五长（副班级），在广州湾的红带兵最高官员是四划官。红带兵穿尼布制服，上衣袖子处缝有黑里金边布条，让人看上去有几条布条就知道是几划官。裤子很短，裤脚只盖到膝盖处。红带兵平时戴头盔执行军事任务，每逢举行大庆节日时，人人还有一条红布从右肩臂横挂到左腰，因而得名"红带兵"。红带兵武器装备比较精良，配有机关枪、步枪、短枪、右轮驳壳枪等。营部设在西营市区。红带兵营归法国驻越南军队领导，主要是驻守市区，一般情况下不到市郊以外的地方活动。

蓝带兵即法国的警卫军。蓝带兵是法国殖民统治者组织的一支地方部队，穿蓝色制服，裤子很长，头戴编织帽，主要任务是保卫地方，维持地方治安。设营级建置，职衔级别与红带兵类似，他们的高级别官员为三划 1 人，二划 3 人，都是法国人，一划是越南人。中国人在蓝带兵中只能当百长、十长和五长，也有极少数中国人当上一划。总兵力为 300 至 350 人，士兵主要来自越南芒街和中国当地人，以当地人为主。中心兵营设在西营（今霞山区）。此外，在淡水、东山、太平、志满、铺仔、坡头、赤坎、新圩仔、西涌尾、烟楼岭、三合窝等地也设有兵营，相当于军事据点。各地配备兵力多少不等，实行轮换制度。各地名义上由二划官员管理，但他们实际上懒政，常常住在西营，地方事务实由百长、十长负责。遇到重大事情，二划才去巡视一下。法国还配有 3 艘机船，来往于设有蓝带兵的淡水、太平、南三、三合窝、麻斜、西营等地的海面，进行海上巡逻和作为其人员海上来

---

① 法国档案文献资料：CARTON 53，DOSSIER 625，藏于法国埃克斯海外档案资料中心（CA-OM）。

往、行政交通之用。

蓝带兵与红带兵一样，士兵退伍后享受吃公粮（即"太平粮"，由官方供给）待遇，直至死亡为止。两种兵种常保持部队所规定人员总数，士兵不管是退伍或死亡，都要及时补充兵员，少一个补充一个，并按顺号排列。从光绪二十四年（1898）至1945年法国人完全撤出广州湾时止，蓝带兵最后一个编码是2078号。由此可见，蓝带兵的规模并不大，其任务也多属常规性的治安管理。

绿衣兵即地方警察，有兵力100人左右。分别在西营、赤坎设立两个机关，各有50名警察。最大头目各有二划官一人，由法国人或越南人充当。一划以下乃至士兵全是中国人。如当地人吴正聪、黄生二人曾先后当过西营机关的一划官，吴正才当过百长。陈振挺当过赤坎机关的一划官。绿衣兵配备短枪（又称盒子枪）、皮鞭、警棍等武器和警械，主要任务是协助监狱武装人员看守监狱，捉拿犯人。在遇到重大事情，进行突击行动时，如捉拿犯人需要大队伍出动时，绿衣兵要配合出警。有时也从蓝带兵中抽一些持长枪的士兵协助执行任务，当地人将这部分蓝带兵的头目叫做绿衣头，士兵叫做绿衣仔。由于他们有一定的执法权力，尽管人数不多，但气势很凶，与村民之间的矛盾较深。

法国在广州湾殖民统治初期，法国当局着力"绥靖"，以强力镇压手段建立社会治安秩序。公局与混合法庭组成两级司法体系，公局须将涉案金额较大的刑事案件转交混合法庭审理。在司法改革方面，首任行政总公使阿尔贝将中国法律中的鞭刑和打板子等肉体惩罚改为罚款或监禁，但仍保留终身劳役和死刑等处罚，犯人不能向混合法庭以上的法院提起上诉。由于华人乡绅陪审员处于从属地位，因此法国官员做出的司法裁决常常过重和不公，损害华人权利。[①] 驻守赤坎区的副公使列诺（Légeot）就是司法不公和残酷虐待华人的典型。1904年8月28日，200多名三点会会员袭击太平蓝带兵营，杀死一名公局局绅和两名局兵。两天后列诺为了报复，带人到太平圩逮捕两名商人和一名村民，施以严刑拷打，致人死亡。这一残酷镇压行为于次年被越南报刊揭露，迫使印度支那总督府派员到广州湾调查，列诺畏罪自杀，数

---

① 〔法〕安托万·瓦尼亚尔著，郭丽娜、王钦峰译：《广州湾租借地：法国在东亚的殖民困境》上卷，暨南大学出版社2016年版，第238—239页。

名蓝带兵营官和士兵被起诉。列诺事件反映了法国对广州湾殖民统治普遍存在的集体暴力行为和刑讯逼供恶习。

法国在殖民统治广州湾时期,在行政首府西营居住的法国人一般仅有百余人,越南职员、军人及其眷属也不过数百人。他们人数上居于劣势,往往就要使用严刑峻法来威吓华人,以维持殖民统治。行政首府由麻斜迁到西营后,主要监狱设在今霞山区民有路,与蓝带兵营为邻。老革命陈以大根据少年时的亲身见闻回忆,1927年关押在牢的犯人有100多名,轻刑者戴着五六千克重的枷锁,重刑者还要加上手脚镣铐。他们被判处徒刑的原因不一:有负债无钱偿还的,有乡下流浪城市行乞的,有误踩法国人花圃的,有劫偷富户财物的,等等。在押囚犯都要服劳役,包括修筑道路和清扫街道,他们上街劳动时肩负枷锁,脚系铁链,两人一组相连以防逃跑。正如不少华人居民和旅行者所见所感,西营的整洁美观,都是建立在法国人的压迫之上。至于押解犯人上街劳动的守卫,通常是一名绿衣头(警官),一名越南红带兵和两名华籍蓝带兵。1927年初夏,两名被判处20多年徒刑的陈姓和吴姓中年犯人不愿继续忍受囚禁,于是发动难友偷偷收集白天劳动配发的工具,某夜里暗中凿墙挖洞,企图越狱逃跑。但天亮尚未挖通,陈、吴两人担心事败牵连甚众,于是趁着犯人在避风塘和洪屋街修筑公路之时,率先击倒守卫,打开事先破坏的枷锁,分散逃入乡间。广州湾行政总公使其后派兵追捕,60多人被法军杀害,余者大都被抓回。

广州湾租界在押囚犯街头做工(图片来自马托特著,李嘉懿、惠娟译:《白雅特城:法兰西帝国鸦片销售时代的记忆》)

广州湾混合法庭的审判往往判刑过重，犯人又不能上诉或要求重审，使得监狱人满为患。光绪二十九年（1903）麻斜监狱关押 314 名囚犯，7 人被处决，3 人越狱，85 人死于狱中，25 人刑满释放，84 人转到越南服劳役。1904 年 1 月至次年 7 月，330 名囚犯中竟有 181 人染病身亡或冻毙，可见监狱环境之恶劣。

辛亥革命至第一次世界大战爆发期间，法国人为了维持殖民统治，应对越南民族主义者和中国革命者的"威胁"，不断加强对广州湾的监控和镇压。1912 年初，印度支那总督府联合法国在华南的各领事馆建立了一个情报网络，并在广州湾设置一个据点，监视潘佩珠领导的越南维新会和孙眉领导的中国同盟会的活动。1914 年前后，潘佩珠的多名支持者在广州湾被逮捕，引渡越南受审。而薛岳、林直勉等为反对军阀龙济光，潜伏在广州湾招募民军和革命者也曾遭法国军警逮捕，被押往越南囚禁，后经孙中山和越南华侨的努力营救才得获释。

广州湾法国当局和国民党反动派勾结，捕杀在广州湾从事秘密活动的共产党人。1927 年 4 月 12 日，蒋介石在上海发动反革命政变。不久，广东当局也派林云陔回到南路组织南路"清党"委员会，纠集黄河沣、戴朝恩等反共分子开展"清党"。1928 年 12 月，由于叛徒告密，广州湾法国当局警察逮捕了中共南路特委领导人黄平民、朱也赤和党员龙少涛等十多人，后引渡给国民党反动派，这十多人分别被押到吴川县和高州城遭杀害。

三、殖民经济掠夺和"广州湾惨案"

法国殖民统治者为了进行经济掠夺，通过东方汇理银行在广州湾发行货币"皮阿斯特"——越南币（也称西贡币），明文规定凡向广州湾法国当局纳税、缴交各项费用和交纳罚款，均须使用越南币。法国当局征收各种苛捐杂税，经常征收的税目有土地税（市区）、田亩税（也称米粮税）、盐田税、门牌税、街市税等，还特别征收赌馆、妓馆、鸦片馆的权益税。田亩税每年分两造征收，按田地的肥瘦纳税，一般每亩每造收越南币 1 元（1936 年以前，1 元越南币折合毫银 2.6—2.8 元）。盐田税的税额比田亩税高五六倍。商店开业，则按商店大小定期征收门牌税，小店征收越南币几元、十几元，大店则征收几十元甚至上百元。小贩摆卖要缴纳街市税，按商品出售额的一定比例征收。经营鸦片的烟馆则要缴纳"一等门牌税",每馆一个月要缴纳给法国当局越南币500元。20世纪20年代中期,国际提倡禁烟(鸦片),从印度和波斯湾来的烟源短缺。法国当局为了保证其对鸦片的巨额税收,极力支持筹办鸦片专卖公司。在陈学谈的组织下,1928年"三有公司"成立,独家垄断鸦片经营。他们派人到印度和云南等地采购鸦片烟土,走私偷运,受到法国当局的庇护。"三有公司"一年给法国当局缴纳税款最多时达650万元越南币(包括进口税和批发到外地及在广州湾境内销售给各烟馆的税收在内)。法殖民统治者还从赌馆、妓馆搜刮得大量税款。"两利"俱乐部和"万利"俱乐部(赌博场所)每年各交给法国当局赌税达100万元越南币。法国殖民统治者还通过各种罚款搜刮民财。1916年5月20日公布的《广州湾市政警政管理条例》有92条,市民稍微不注意就违例。违反该条例者轻的受罚款,重的受监禁。条例规定:猪上街,主人要受罚款;居民口角相争,双方都要受罚款;有垃圾在门口,户主要受罚款;……罚款的数目不等,少则罚越南币几角,多则几元、十多元甚至几十元。

20世纪30年代初,广州湾经济面临困难甚至陷入衰退,法国当局的财政也因为取消鸦片专卖制度而大幅减少,只好从开征其他税项和减少支出两头并进维持财政平衡。1930年广州湾法国当局开征汽车通行税、钓鱼执照税和通航执照税等新税项,年收(法国越南农行的纸币,称西贡纸,简称西币)入数万元。法国当局甚至故伎重施实行赌博专营制,年收入可达4万至6万元西币(法国在越南发行的纸币,称西贡纸,简称西币)。陈学谈和国民党地方政治人物戴朝恩是赌业垄断的主要专营商,赌业仍然为他们和政府带来大量财政收入。随着中法政府因为海关缉私和越界筑路等问题屡生矛盾,加上连年风灾等恶劣环境,民众的不满逐渐累积。据印度支那总督府派来的视察员调查,1936年广州湾每亩耕地的田税达3元西币,而且民间流通的广东毫银相对贬值,使得剥削加重,但法国当局并无推出民生舒缓措施。坡头等地受风灾影响,农作物失收,而且管理当地的蓝带兵营官殷多东有意隐瞒实情,使得时任广州湾行政总公使戴士多有借口继续推出"义务工役法"——要求18—60岁的成年男性每月有4日参与修筑公路等建设工程,自备伙食和工具,不去者需要缴交代役金每日4角西币。

对此,民众强烈抵制。因为他们认为并无义务为法国人服劳役,而所谓

"代役金"等于人头税，也不是中国法律所规定的税项，他们不愿缴纳。1936年三四月间，法国当局任命的各村"乡议员"在民众压力下，数次前往坡头营盘和广州湾行政总公使署请愿，请求取消义务工役法，均无效果，反而遭到扣押。民众见到体制内的抗议无效，便联合民间社团力量，于4月21日在租界外围的乐安塘村聚会，成立"广州湾民众被逼自救会"。前十九路军军官、坡头米稔村人陈保华任会长，其余十几名领导层人员也多是乡绅或在乡军政人员，有陈致力、李志毅、陈永祥和许善甫等。

1936年4月23日，自救会组织了超过3000名民众前往坡头游行示威，包围营盘和公局。在对峙中，蓝带兵百长卢文廷下令开枪，打死民众5人，伤12人。群情激愤的民众仍不愿散去，直到法国官员从西营赶来调停，与自救会达成暂停调查户口和善后赔偿的口头约定。流血冲突发生后，自救会积极争取国内舆论的关注，寻求国民政府援助，"广州湾惨案"多次见诸各大报刊，《申报》还进行了追踪报道。陈致力等人前往广州和南京等国民政府部门，要求政府提出交涉，从而向广州湾行政总公使施压，回应严惩开枪官兵、取消义务工役法和赔偿死伤者等民众要求。外交部向法国驻华大使递交照会，前后两任两广外交特派员甘介侯和刁作谦也向法国驻粤领事交涉，诚如《中央周报》所言："弱国无外交，抗议等于徒然，终难得直。"虽然广州湾行政总公使戴士多于6月被撤换，殷多东和卢文廷等也被调离坡头，但法国当局态度仍然强硬，继续推行义务工役法，甚至下乡追捕自救会成员，搜刮其家产。同年夏"两广事变"发生，广东省政府对自救会的支持减少，新任行政总公使沙博力变本加厉打击自救会，民众纷纷逃入吴川避难，自救会形容他们陷入"生不生而死未死"的境况。虽然自救会拥有若干枪械，但为了顾及国民政府交涉的"大局"，他们只好被动承受法国当局的种种打击，劝喻民众守秩序。11月15日，广东南区绥靖专员周景臻与沙博力在租界的边界会面谈判，周景臻保证惩办自救会头目，沙博力则同意"撤销苛捐虐税，抚恤死难家属，释放被捕民众，发还被劫财物，停止缉捕搜刮"等要求。① 但双方仅作口头协议，广州湾法国当局仍然打压民众。次年2月，国民政府官员刁作谦宣布"广州湾惨案"已取得"圆满结果"。事实上，这

---

① 郑庆云：《坡头群众被逼自救会》，中国人民政治协商会议湛江市委员会文史资料研究委员会编：《湛江文史资料》第2辑，1985年内部编印，第109—112页。

只是中法两国在外交上的妥协，而不是真正为民众争取公义。广州湾华人受到法国殖民统治者压迫的境况，并没有真正得到改善。

法国殖民统治者为了刺激经济的发展，加强经济掠夺，把广州湾辟为自由港，允许各地船只、车辆自由进出广州湾。不少商人见有机可乘，进行走私活动。广州湾的走私有进口走私和出口走私。进口走私主要是"洋药"（鸦片烟）、煤油、火柴、布匹为大宗。在生活资料方面，煤油走私占比很大。德士古、美孚、亚细亚三大石油公司，都在广州湾设有机构和仓库。他们运载大批煤油入广州湾，然后再分散偷运至内陆地区销售。出口走私主要是桐油和战略物资钨矿。抗战期间，投机商用船只从阳江、阳春等地把钨矿偷运入广州湾，然后转卖给日本人。还有私运"猪仔"（指被贩卖出国的华工）出口。西营的"锦纶泰"、赤坎的"大成行"是经营买卖人口的商号。"猪仔"被从高州、雷州所属各县载来广州湾，然后被转卖给洋人，远去南洋一带做苦工，倍受压榨。

四、殖民统治下的"四害"

法国殖民统治下的广州湾是藏污纳垢之所，贩毒、娼妓、赌博、土匪构成"四害"。

一是烟馆。广州湾法当局怂恿华人走私和贩卖鸦片，贻害国民。为了扩大毒品的销售，法国当局教唆一些人领取贩毒牌照。一些只知有利可图、不顾祸国害民的华人，向法当局高价领取"一等门牌"（即贩卖鸦片执照），开设烟店。在赤坎、西营两地，经营鸦片烟店有20多间。其中西营有"标记""三泰利""昌兴"等数家；赤坎则数量众多，如大通街便有"裕源""生源""广宏安""广宏泰""福成""福隆""公德发"等店号。鸦片由印度走私运来，分发给以上各商号出售，以门前公然张贴"公茶发客"的方式经营。后来国际上实行"万国禁烟"，鸦片来源也日趋紧张，担任赤坎公局长的陈学谈与陈学森、简绍初，以及澳门高可宁等人集股成立了"三有公司"，进行独家专营。公司开设在赤坎二马路（今和平路），派人专程前往云南采运鸦片回广州湾，经营生膏批发，或煮成熟膏分发给西营、赤坎两地烟店零售。广州湾"烟害"严重时，大小烟馆有70多间。烟馆内设置床位，诱人吸毒。比较大的档口有：赤坎新街头（今中兴街）的"林记""澄香"，镇台街（今三和街）的"泗来"等。西营的烟馆则在和平戏院附近一带。烟馆还遍及各圩镇及乡村，广大民众受害至深。鸦片之毒不但使人形销骨立，难于劳动，而且家财散尽，贻害子孙。

二是妓馆。法国当局唆使纵容无耻之辈开设妓馆，只管收纳"妓馆税""妓女税"，完全不理会社会风气的败坏。1916 年 5 月 20 日公布的《广州湾市政警政管理条例》中规定：年满十八岁之女子，只要其愿操妓业，即可名曰公妓。公妓分两种，第一种是住于各散馆者，第二种是居于特殊旅馆者。娼妓每人每月缴税 2 元越南币。1939 年，赤坎、西营有大小妓馆 100 多间。"妓院（馆）多设于麦那街（今兴汉路），上等者筑香巢于大酒店中，次者标立艳旗于镇台街（今三和街），又次者寓牛皮街（今新民街），此外猪笠街（今娱乐街）与怡乐街（今娱乐街）俱为下乘娼寮所在。"[①] 一些圩镇也设有妓馆。广州湾的明娼暗妓达两三千人。由于妓院的开设，拐卖妇女、贩卖少女的罪恶活动嚣张，社会污染严重，影响极坏。

三是赌馆。广州湾法国当局把设赌馆作为搜刮民财的一个门路，公开定期招标，给予中标者开设赌馆的专利权，他们从中牟获巨额标款。中标者都是当地势力雄厚的大人物，得合法开设赌馆，在赤坎设赌博总公司，在西营设分公司，专司赌博勾当。赌博成风时，赌馆（场）遍及广州湾的圩镇，大小赌馆有二三百间之多，参与赌博的人一旦成瘾，往往是"上了赌博场，不认爹和娘"，多人因此倾家荡产，甚至卖儿卖女，家破人亡。一些人因为赌博破产，铤而走险，沦为土匪，危害乡里。

四是土匪。广州湾是土匪的"安乐窝"。"白头婆""肥兰""妃肥"（李福隆）、杨陈仔等土匪抢掠财物和"人口"，随时进入广州湾销赃，任意上烟馆、进赌馆、入妓馆，尽情挥霍，法当局不予干涉。土匪日益猖獗，以致毗邻广州湾的各县屡遭抢劫，治安混乱，人民遭殃。20 世纪的一二十年代，土匪给广州湾附近乡镇的人民造成极大的危害。

---

① 中国人民政治协商会议湛江市委员会文史资料研究委员会编：《湛江文史资料》第 9 辑，1990 年内部编印，第 79 页。

第二十七章 清末民初湛江地区政局演变

广东是近代民主革命的策源地之一。宣统二年（1910）孙中山胞兄孙眉（1854—1915）在广州湾设立同盟会机关，培养骨干成员，策动高、雷两府人士参加革命，及时支援防城、钦廉、上思等地起义，并在辛亥革命后委派同盟会会员在当地建立革命政权。但由于守旧势力反扑和地方权力斗争，龙济光势力遂于1913年趁机占据高雷，此后龙济光的济军和广西的桂军轮番攻略，间有滇军驻防，战祸不断，民生艰难。

1920年，粤军总司令陈炯明奉孙中山之命率领粤军从福建返回广东，打败盘踞广东的桂系军阀，重建广东根据地。1921年初，孙中山和陈炯明重返广州，召开非常国会，推举孙中山为中华民国政府非常大总统，并建立革命政权。陈炯明提倡"粤人治粤"以推动地方自治，各县自治得到一些地方人士的响应。粤桂战争后，高雷地区不再有外省客军进驻。但是1922年陈炯明发动兵变反对孙中山，以邓本殷为首的广东军阀成立南路八属联军，割据广东南路，与国民政府为敌，使地方不得安宁。1925年国民革命军南征，次年统一广东全境，既解决了北伐的后顾之忧，也为政府重建高雷地区的地方秩序打下基础。

从清末同盟会策动的多次武装起义，到中华民国建立后的两次护法战争、粤桂战争及北伐战争之前的东征和南征等，均在广东境内发生。特别是军阀混战，消耗了大量人力物力，致使地方社会动荡不安。高雷地区尽管远离政治中心广州，但亦深受地方政局变动的影响。

第一节　光复高雷及军阀混战

广州湾位处高雷两府之间，与各县水陆相通，并有轮船航班连接中国香港、海口及北海和越南海防等港埠。而且广州湾是法国租界，中国官府不能直接跨界抓捕，因此便于革命者传递信息、运输物资和进行秘密活动。辛亥革命前后，以孙眉为首的革命者在广州湾设立同盟会机关，有力策动了高雷地区乃至钦廉地区的革命活动。

一、同盟会革命活动

辛亥革命前夕，孙眉曾受同盟会指派前往广州湾，以经商为掩护发展同盟会会员，策动高雷光复，为辛亥革命作出巨大贡献。早在光绪二十七年（1901），孙中山就已经注意到广州湾的战略价值，曾向法国方面提出在广州湾进行革命活动，以避开清廷干涉。1910年2月广州新军起义失败后，孙眉鼓励孙中山继续革命。同年5月，黄兴在《复孙中山书》中提出继续进行革命活动的对策，打算选择广州湾作为训练兵卒、接收武器的地方，同时作为广州的革命外援，"现广州湾已查得一地，可向法人批租。其地为旧公园。目下有一法人垦之不利，该处之公使亟欲弃之，价不过三千余金，又有房屋多间（有一大洋楼），另给千余元均可得。又李应生亦有地在该处，伊祖父给之使其自营者，亦可为之开辟。又张静江兄亦有意在该处垦地。如一得款，可由李、张、甄等出名至该处领地，藏数千人，势亦不难"①。黄兴提议租用广州湾法国当局荒弃的麻斜城区［光绪二十六年至宣统二年（1900—1910）作为行政首府］，说明孙中山等人希望在广州湾建立武装基地和军火基地，筹备起义。

孙眉担任同盟会南方支部副支部长，与同村好友杨德初一起潜入广州湾，化名黄镇东、刘汉生，以广州湾三泰利号为通信处进行革命活动。史载，广州新军起义失败后，"（孙眉）在九龙一带，渐与秘密会党交结。辛亥

---

① 湖南省社会科学院编：《黄兴集》，中华书局1981年版，第18页。

年春更大开门户，广事招徕，从者日众，当地政府乃下令使之离境。于是德彰遂以农场还诸少白，自与杨德初赴广州湾，易名黄镇东，以广州湾三泰利号为通信处。尝致函加拿大温高华埠《大汉日报》冯自由求助，冯以小款济之。德彰居广州湾时仍宣传革命，大招党人，高雷土人入会者，踵趾相接。至是岁九月粤省光复，始返国"①。据查考，孙眉他们用来做掩护的三泰利商号，主营洋杂货，老板是广州湾绅士郑耀琳。早在宣统二年（1910）孙眉等就已进入广州湾开设店铺，也曾借赤坎佑生药房做掩护，以躲避法国当局和清廷的监视。

在广州湾开办机关期间，孙眉积极发展同盟会会员，响应者主要在高州地区和广州湾临近的遂溪县。② 遂溪县文车村人杨益三（1873—1924），年轻时曾做过雇工，后在赤坎大通街开设"荣兴号"经商，为人诚恳，诚信经营，因而在广州湾商界博得较高名望，辛亥革命前被同行选为广州湾商会董事。经孙眉介绍，杨益三秘密加入同盟会，在广州湾的机构中负责经理财政和筹款事宜。辛亥革命后，杨益三不愿从政，继续经商至老。杨益三去世后，其墓地篆刻的《杨君益三墓碣》称："清末政治窳败，君痛炎胄之将陵夷，乃绝意仕进，退而隐于商，时同业推为广州湾商会董事。当总理提倡革命，密令同志孙眉在广州湾组织机关，相机行事。君慷慨慕义，毅然加入同盟会。"③ 可见杨益三积极支持孙眉的革命活动，并在其中负责财务。现在麻章西塘村保留有杨益三墓园，其子杨柱国在赤坎泰安街杨益三旧居侧建造纪念堂。

吴川县人陈鹤舫（1872—1945）经朋友引荐认识孙眉，两人一见如故，结拜为兄弟，陈鹤舫尊称孙眉为大哥。陈鹤舫与当地绿林、会党多有联系，通过宣传革命道理，吸引了其中不少人加入民军参与光复高雷行动。清政府官员摸清陈鹤舫反清活动之后，命令信宜知县将他抓起来并施以酷刑，孙眉等革命党人想尽各种办法均未能成功营救。直到武昌起义后，高州同盟会会员林云陔等领导的民军才将陈鹤舫解救出狱。

---

① 冯自由：《革命逸史》上册，新星出版社 2009 年版，第 199 页。

② 钱源初：《辛亥革命时期的孙眉与广州湾》，《岭南文史》2019 年第 4 期，第 13—18 页。

③ 阮应祺：《同盟会员杨益三事略及其墓志铭》，《湛江文史资料》第 6 辑，1987 年内部编印，第 98—100 页。

孙眉在高雷活动期间，曾随陈鹤舫到吴川，将陈家的"擢秀书室"作为高州革命据点，在此召开会议，发动了陈玉臣、杨爵堂等人加入同盟会。宣统三年（1911）冬天，年仅17岁的吴川人李汉魂（1894—1897）经湖南籍同盟会会员黄元员介绍加入同盟会。高州人梁海珊（1881—1941）与孙眉志趣相投，直接由孙眉在广州湾主持加入同盟会。以孙眉为首的革命党人在广州湾开展的反清活动，突显了广州湾对辛亥革命的贡献。

高雷籍同盟会成员内外呼应，对资产阶级民主革命多有贡献。原籍吴川县上蒙村（今属坡头区）的庞雄（1891—1911），青年时投身广东新军，宣统元年（1909）冬秘密加入同盟会，次年参加广州新军起义，失败外逃。宣统三年（1911）同盟会再次在广州发动起义，庞雄不幸被捕后遭杀害，是黄花岗七十二烈士的一员。同为高州府人士的同盟会会员江瑔（1888—1917），廉江良垌人，在日本留学期间得知庞雄被杀噩耗，奋笔呵成《庞雄传》，讴歌壮士，字字铿锵。江瑔被推举为广东省临时省议会议员和国会议员，1915年坚决反对袁世凯称帝。他撰写著名的《丙辰感言》，京津各报竞相登载，反响强烈。他还辞去国会议员以示反袁，直至袁世凯死去后，才恢复议员职务。辛亥革命前同盟会陆匡文、林云陔和梁海珊通过广州湾秘密输入革命书籍和枪械，武昌起义消息传来后，他们组织民军攻入高州城，率先光复高州府地区。而在雷州府地区，清廷官员弃职潜逃，雷州士绅公推岁贡生陈伯常（陈乔森之子）维持秩序，并派人到广州湾赤坎联系孙眉，请求派人接管。现存的雷歌对此有记述："时逢九月地反正，粮缺城危又无兵。民心惊动官走净，逼着闩门调防营"；"同心公议去赤坎，代表去查总机关"；"人事听天乜好讲，机关派来陈发初"。[1]

宣统三年（1911）年底，孙眉派遣陈又民率领200余人入雷州，委任前清雷州知府朱兴沂为民政长，陈发初任军政长，陈又民任财政长。陈发初籍贯廉州灵山县，入主雷州期间得到百姓的拥护。1912年2月2日《香港华字日报》刊登了一篇署名为"雷州平心人"的亲历见闻，称："雷人自闻粤垣独立，即有意反正，特举代表到赤坎机关求孙寿屏（孙眉）画策。见孙时，

---

① 陈伯常：《监中叹》，民间油印本。

始知已委任陈发初、陈又民等，由吴川带领民军进驻安抚，到达雷城，各界开城欢迎，沿途燃炮升旗。翌日，绅商学界开会公举朱兴沂为民政长，陈发初为军政长，陈又民为财政长，分三部协同办理，舆论翕然。所可恶者，海康县柳谦挟款先逃，海关经理又去，朱兴沂见此情形亦潜往广州湾。后由孙公查知，发给扎委劝朱兴沂回雷办事。"但是朱氏借故滞留香港，于是"孙公扎委陈崇迈暂行署理"。由此可见，辛亥革命后雷州的权力机关成员主要由外来革命者和前清官员组成，未得到雷州士绅广泛支持，也为之后革命政权的颠覆埋下隐患。

1912 年年初，朱兴沂借故前往香港，随后寄信辞职。无奈之下，孙眉只好委派陈崇迈接任。不久，陈福祥率领民军入雷骚扰，制造事端，与陈发初发生冲突。海康人陈炳炎（1887—1950）得到陈福祥和雷州富商温兆祥的支持，在雷城西南白沙坡伏杀陈发初，并杀害跟随陈发初的革命党人，夺取雷州政权。其后，陈炳炎还得到陈炯明的任命。1913 年 4 月，同盟会改组后成立的国民党在雷城宾兴祠成立海康分部，设总务科、政事科、文事科、交际科和理财科等机关。

二、讨伐军阀龙济光

民国鼎革，广东都督胡汉民宣布废除清代遗留的府、州、厅建置，将地方建置划分为省、道、县三级，全省共设 6 个道，其中高雷道辖原高州府、雷州府和阳江直隶厅下属的 11 个县，道治设在高州城，1914 年首任道尹王典章。

"二次革命"爆发后，广东革命党人宣布讨伐袁世凯，龙济光接替被免去都一职督的胡汉民担任广东宣抚使，奉袁世凯命令督饬各师旅镇压革命党人，1913 年 8 月，龙济光被任命为广东都督兼民政长，并授陆军上将。把持广东政权后，龙济光派驻大批军队进驻高雷地区。袁世凯称帝失败后，孙中山发起"驱龙"运动，在滇、桂护国军和广东民军的军事压力下，1916 年 10 月龙济光宣布下野，以"两广矿务督办"之名率其振武军退守海南，桂系军人陆荣廷和莫荣新等开始主政广东。

护国战争期间，负责广东军事的朱执信派遣薛岳、李海云、谭惠泉等革命党人潜入高雷各县和广州湾活动，秘密策动民军北伐，后因袁世凯暴卒而搁置计划，[①] 而地方政权多由民军领袖占据。1916 年 9 月，桂系将领林虎率护国军第六军进驻雷州。林虎进驻雷州之后，一方面，出示陆荣廷任命他为高雷镇守使的密令，以交接之名解除车驾龙等地方武装；另一方面，林虎属下营长李宗仁带兵拘捕曾署理雷州县政的海康人杨学绅。后来指控杨氏"盗窃据雷城，勾结绿林，重兵残杀，案如山积，三属办团自卫，根据正当理由，高雷道尹邹武借查办为名与杨贼通，实皆杨贼通谋。及招绿林军回城，杀伤多人"等数项罪状[②]，高雷地区遂被旧桂系军人占据。

民国初年的军事攻伐对雷州地方社会造成极大的伤害，匪盗蜂起，满目疮痍，地方士绅期待官兵剿匪。然而败走琼州的龙济光并不甘于失败，1917年 11 月其在被北京政府封为"两广巡阅使"后，即派兵袭扰粤西沿岸，图谋牵制护法军政府反对北洋政府的军事行动。12 月初，龙济光在琼州就任两广巡阅使，分兵三路在广东各处登陆进攻护法军政府。其中一路"振武军"由李嘉品率领进攻雷州半岛，一度围攻雷城并最终占领。1918 年 1 月李嘉品与高雷镇守使隆世储在化州城决战，后者战败身亡。同年 3 月驻粤滇、桂军在孙中山号召下反攻讨龙，龙济光节节败退。

战败后，龙济光和李嘉品等 1000 余名残军败将逃入广州湾寻求法国人庇护。广东都督莫荣新通过法国驻粤领事向广州湾行政总公使进行外交施压，被解除武装的龙济光部只得离开广州湾，经海路辗转到达京津投靠北洋政府。由于龙济光余部拒不投降，讨龙军曾围攻雷城达数月之久，其后渡海攻占海南岛，旧桂系把持高雷地区。由此，龙济光在广东的势力方告消灭，但曾为他效力的土匪此后继续在高雷地区肆虐多年。

第二节　南路八属联军割据与国民革命军南征

邓本殷、申葆藩军阀集团是第一次国内革命战争时期盘踞在广东南路的重要政治军事势力，邓本殷是陈炯明的嫡系，任琼崖善后处处长。其奉陈炯明之命，踞驻琼崖，并于 1923 年 7 月间涉足高、雷、钦、廉、罗、阳，与申

---

① 倪文达：《高雷青年对国民革命的贡献》，《广东文献》1999 年第 108 期。

② 《杨学绅为众矢所集》，《香港华字日报》1916 年 9 月 29 日。

葆藩、黄志桓、吕春荣、苏廷有等人组建南路八属联军，自任总指挥。这支联军盘踞高、雷、钦、廉、罗、阳、琼、崖八地，并与陈炯明勾结，对广东革命政府构成了巨大的威胁。1925 年，国民革命军南征，南路八属联军覆灭，为国民革命军北伐打下了良好基础。

一、南路八属联军的形成

南路八属联军的割据，肇因于 1922 年"六一六兵变"后孙中山和陈炯明两派势力的互相争斗所形成的地方乱局。经过一番混战，南路八属由多位军事将领占据，实际则是各自为政。当时广东南路情形极为复杂，形成群雄割据的局面。在政治态度上，有表面上属于孙中山的讨贼军系统的，如申葆藩、黄明堂、吕春荣、林树巍、梁士锋等；有属于陈炯明系统的，如邓本殷；也有态度暧昧，模棱两可的，如余六吉、苏继开、徐东海等。他们各据一方，霸占税收，争夺地盘，互相残杀，闹得四分五裂，民众痛苦不堪。

1923 年 3 月，败退惠州的陈炯明宣布下野，与其关系密切的邓本殷却占据军事优势，4 月邓本殷及其支持者接受北洋政府任命为"琼崖镇守使"，向申葆藩等人提出合作，同年 8 月通电成立南路八属联军，以常驻海口的邓本殷任总指挥，申葆藩任副总指挥，黄志桓为总参谋长，苏廷有为右翼指挥官，其他实力较弱的将领则各据一县。南路八属联军为了筹措经费，在高州设立行署，下设民政处和财政处，预征田赋和开征苛捐杂税；1924 年起在海口和北海开厂铸币，强迫商民使用成色不足的毫银；此外，南路八属联军又开放赌禁，并派兵护送鸦片。凡此种种倒行逆施行径，激起各界反弹。此外，1922 年曾任遂溪县县长和雷州善后处处长的陈学谈乘机出任"雷州民团总办"，但 1924 年陈学谈与邓本殷派驻雷州的部下邓承荪为争夺地盘发生冲突，随后陈学谈又退回广州湾。

邓本殷，广东钦州（现属广西）大直乡人，是粤军头目陈炯明的嫡系部将，陈炯明背叛孙中山后，他追随陈炯明反对孙中山，被陈炯明任命为琼崖善后处处长，驻军琼崖（海南岛）。此后他依靠琼州海峡这一天然屏障及当时的混乱形势，割地为王，自成局面。这是邓本殷、申葆藩军阀集团形成的最初基础。

申葆藩，钦州龙门人，原是旧桂系陆荣廷的部下，很想觅一地盘独立发展。1922 年，孙中山令滇、桂军下广东驱逐陈炯明，申葆藩即借此机会派人与孙中山联络，伪投孙中山。孙中山委申葆藩为广东讨贼军南路总指挥，令其出兵南路，与南路的讨贼军黄明堂等部合作，讨伐陈炯明的同党邓本殷。申葆藩得孙中山委任后，乃率部离开广西，以"讨贼"为名，于 1923 年 1 月进兵广东南路的钦州，占据钦州、防城两县。这是申葆藩盘踞钦州的由来。

在南路地区，拥护孙中山或陈炯明的各派军人亦展开征战。申葆藩投靠孙中山，原只是为了借名义而夺地盘。当他取得钦、防两县后，即企图以此为根据地，向外扩张势力。而当时南路的混乱局面也为他的扩张提供了条件。他首先看中了与钦州相邻的廉州和北海，因为若能夺得此两地，那么不仅可以使他的势力范围扩大一倍，而且可为他日后的进一步扩张打开一条通道。于是，他于 1923 年 7 月以"黄明堂将攻打钦州"莫须有的罪名为借口，派兵攻打孙中山任命的广东讨贼军南路总司令黄明堂部。黄部兵力较少，向孙中山求援。孙中山连电讨贼军吕春荣、林树巍等出兵助黄，但吕春荣、林树巍却坐山观虎斗，不肯出兵相助。结果申葆藩在旧桂系林俊廷援军千余人支援下，打败了孤立无援的黄明堂，占领了黄部驻地廉州和北海。

申葆藩攻占廉州、北海，引起了琼崖方面的邓本殷的注意和重视。邓为避免日后遭到申的攻击，且想引申为己助，以壮大自己的势力，好与孙中山的革命政府相对抗，乃派其参谋长黄志桓到廉州会晤申葆藩，要求联合起来，组织高雷钦廉琼崖罗阳八属联军。由于双方利益上的需要，因而几经协商，即达成了合作协议。1923 年 8 月，邓、申联名发出通电，宣布南路八属联军总指挥部成立，由邓本殷任八属联军总指挥，申葆藩为副总指挥，黄志桓为总参谋长，苏廷有为联军右翼指挥官。他们在通电中标榜"自治"，声称南路八属联军目的在于"保境安民"。

南路八属联军总指挥部的成立，标志着邓本殷、申葆藩军阀集团的形成。这两股势力的联合，壮大了他们的力量，为他们吞并整个南路地区创造了条件。此后不久，邓、申即联合出兵高、雷、罗、阳，先后打败了孙中山任命的讨贼军吕春荣、林树巍、梁士锋等，收编了余六吉、苏继开、徐东海等部，完全占有了南路八属。于是，邓、申军阀集团在南路声势大震，成了广东境内一支不可忽视的政治军事力量。

二、国民革命军南征

1924 年年初，孙中山将其部下粤军改组为"建国粤军"，许崇智担任总司令。1925 年 7 月，驻粤军队再改为国民革命军，建国粤军也被包含其中。孙中山领导下的国民党积极推行党政，1924 年 1 月召开的国民党一大，确立了国民革命纲领。11 月，孙中山接受段祺瑞、冯玉祥等人邀请北上和谈，商谈建立统一政府等事，次年 3 月 12 日病逝于北京。其后代行大元帅职权的胡汉民勉力维持大元帅府的运作，革命队伍出现分裂，驻粤滇、桂军拒不服从指挥，试图争夺权位。1925 年 6 月，国民党中央举行全体会议，议决改组大元帅府为国民政府，并出兵击败滇、桂军。为了推动革命和促进统一，国民政府还必须解决广东省内的割据势力问题。

1925 年 2 月广东革命政府发起第一次东征，仅两个月便击败陈炯明军队，攻占粤东多地。1925 年 7 月广州国民政府成立，为了彻底肃清各路敌对的军事势力，统一广东革命根据地，同年秋决定进行第二次东征并同时南进征讨邓本殷。国民革命军与南路联军在开平一带对峙，1925 年 10 月，南路联军集中兵力万余人准备发起进攻，以策应东江战事。此次征讨由国民革命军第四军第十师担任主力，由陈铭枢师长兼任南路警备司令，统率李宗仁、黄绍竑和陈章甫各部包围南路联军。南路八属各县推举一名国民党员组成南路宣传团，随军出发。① 邓本殷曾有意与许崇智商谈收编问题，"廖案"发生后，蒋介石借处理廖案夺取了广东革命政府的军政实权，政府内的粤籍军政要人尤其是许崇智随即失势，南路联军不愿听命于蒋介石，只能表面上声言反对"赤军"，② 邓许洽谈的可能已不复存在，接下来唯有一战。

南路联军与国民革命军的战斗呈一面倒之势，开战不久便节节败退。10 月 25 日，苏廷有等部 8000 多人围攻南征军所驻的开平单水口，与蒋光鼐部发生激战，陈铭枢调派军队支援。战至 28 日，南路联军不支败走。国民政府军事委员会又调北路朱培德部约 6000 人开赴江门，加入南征。30 日，国民革命军第二军加入南路作战，与原南征军组成总指挥部，由朱培德为南征总指挥，分兵多路驱逐当面之敌，然后会攻阳江和阳春，最后反攻高、雷、

---

① 丁身尊等编：《广东民国史》上册，广东人民出版社 2004 年版，第 493 页。
② 《南路战事之将来》，《香港华字日报》1925 年 11 月 19 日。

钦、廉，直捣琼崖。① 11 月 7 日，第一路陈铭枢部占领阳江。10 日，南征军三路进攻阳春，守军弃城逃跑，又于高州和雷州布防，企图拒守。19 日，南征军重新部署，决定分兵四路进攻高州，在高州督战的邓本殷已提前借口出巡逃至安铺。南征军第一路陈铭枢部由电白攻击高州之东，第二路王均部由阳春攻高州之北，第三路戴岳部由罗定出信宜攻高州之西，第四路俞作柏部由化县攻高州之南。20 日，邓本殷部向钦州和廉州方向逃跑，南征军占领高州。23 日，南征军再占廉江城，邓军残部分别向钦、廉、琼崖方向溃退。30 日，南征军陈铭枢部会同俞作柏部收复廉州城。12 月 7 日，桂军胡宗铎部由广西截击邓军，占领钦州，南路联军所占据之地仅剩雷州半岛和海南岛。

随着高州、遂溪和安铺失守，申葆藩、林俊廷和苏廷有等或投降或逃走，南路联军土崩瓦解。邓本殷原拟固守雷州，等待北京政府派遣"海容号"等军舰支援。但国民革命军进展顺利，并调派在东征战场获胜的军队向南路开进，12 月 26 日攻克雷州城，邓军向南退却至徐闻，陆续渡过琼州海峡转赴琼崖。② 在雷州半岛取得军事胜利的南征军总指挥李济深一边在雷州一带清剿土匪，一边等待张发奎和陈济棠等友军南下会合后向琼崖进攻。

张发奎的第四军十二师抵达雷州半岛时，邓本殷主力已逃往海南岛，因此雷州半岛无战事。与陈济棠的十一师会合后，为了准备渡海击败邓本殷，参谋部还在广州湾设立情报机构，派遣商人或农民到海南岛侦察情报，张发奎还到广州湾会见当地豪强陈学谈，以争取支持。

为了应对北洋舰队对琼州海峡的封锁，国民政府组建南征舰队，以中山舰等 6 艘军舰充任。1926 年 1 月 15 日，李济深令各部渡海进攻海南岛，17 日分兵三路登陆，先后攻下临高、文昌、儋县和陵水等港埠。22 日，张发奎率领十二师先后攻占琼山城和海口，邓本殷登上军舰逃往上海。此后南征军继续围剿逃入山区的邓本殷残部，至 2 月底结束战事，南征取得完全胜利。

国民革命军南征的胜利不仅使国民政府统一广东，还推动两广的统一，从而使革命根据地得以稳定和巩固，国民政府也受到全国瞩目。南征的胜利也宣告南路地区多年军阀混战局面结束，为国民革命军北伐打下了良好基础，为南路地区社会秩序的稳定创造了条件。

---

① 丁身尊等编：《广东民国史》上册，广东人民出版社 2004 年版，第 494 页。

② 《南征军进兵雷南》，《香港华字日报》1926 年 12 月 11 日。

三、南路行政公署建立

就在国民革命军南征之际，广东省政府已着手创建南路行政公署。1925年11月，广东省政府根据国民党中央政治委员会设计，将广东划分为6个行政区。南路行政范围包括高州六属、雷州三属、钦廉四属、两阳（即茂名、信宜、电白、化县、吴川、廉江、遂溪、海康、徐闻、灵山、合浦、钦县、防城、阳江、阳春15个县）和梅菉1个市，称为广东南路。学者型官员甘乃光①被任命为南路行政委员，负责南路行政公署，被派往阳江开设办公机关。

甘乃光奉命开设南路行政公署，意在实施一系列政策以重建社会秩序，实现"剿灭土匪、刷新吏治、整顿交通、组织民众、改良民生、严订法守"等目标。他以行政委员的身份，在《广东南路各属行政委员公署公报》（以下简称《公报》）刊登多篇文章。

《公报》展示了甘乃光重建地方秩序的政治理想和注重效率的行政工作计划。他要求南路各属县长着力清剿匪盗，设立"绥靖委员会"和"除暴安良会"等机构来推动剿匪工作。甘乃光还命令高州"绥靖委员会"督促姚之荣、吕春荣和陈济棠等部清剿高州六属之匪，雷州"除暴安良会"督促陈济棠部清剿雷州之匪。②南路行政公署还提出："肃清匪盗，除武力外，且应用政治工作，尤应使民众参加此种工作。而对于剿匪军队，更当施以相当之政治训练。"③

为了改善南路地区连年军阀割据造成的民生凋敝状况，甘乃光主张从改善社会组织和发展经济入手。南路行政公署提出刷新民政、财政、教育、交通和实业等计划，促进民众改良民生。

1926年元旦，军政当局在雷州城举行盛大的祝捷大会，庆祝收复雷州和

---

① 甘乃光（1897—1956），广西岑溪人。1922年毕业于岭南大学经济系，1924年任黄埔军校政治教官，历任国民党和政府公职。担任南路行政委员后不久，甘乃光于1926年1月转任国民党中央青年部部长。

② 《张发奎肃清琼属土匪》，《广州民国日报》1926年4月27日。

③ 《广东南路各属行政委员会议纪事》，《广东南路各属行政委员公署公报》1926年第1期，第47—48页。

击败南路八属联军。参与集会的民众打出"推翻反动势力"和"打倒帝国主义"等口号，并封锁对广州湾和香港的交通，有力支援了轰轰烈烈的国民大革命。然而当军阀覆灭后，驻守当地的军政人员也发生内部人事矛盾，尤其体现在遂溪县和海康县县长等职位的争夺。随着社会局势趋于稳定，省港大罢工宣告结束，高雷地区的商贸往来得以恢复，并颇有增长。

第二十八章　民国湛江地区匪患虎患及垦荒

从 1916 年至 1933 年，雷州半岛匪乱持续 18 年之久，人民群众遭受空前浩劫，雷州地区经济社会受到极其严重的破坏。匪乱期间，雷州三县（徐闻、海康、遂溪）、一租界（广州湾）的人民被匪杀死、饿死者达 40 万余人。徐闻受害最惨，20 世纪 20 年代，徐闻人口由 20 多万锐减到 5 万人，被匪杀害的群众 19 万人[1]，房屋几乎被烧光，以致商绝市、旅绝途、学绝教、农绝耕，田园荒芜，哀鸿遍地。匪患问题与近代政局动荡密切相关，雷州半岛各路军阀割据、法国租界广州湾的庇护，都是匪患反复难平的原因。20 世纪 20 年代初，粤军黄强剿匪取得成效，后因为陈炯明兵变而中断。大革命时期国民革命军南征打击匪盗，余匪大多逃入徐闻山中。集广东党政军大权于一身的陈济棠执政广东时期，派兵南下，1933 年基本平定匪患。

晚清至民国初期，徐闻虎患严重，老虎经常出没袭击民众，造成很大危害，成为地方一大祸患。20 世纪 30 年代起，徐闻县政府与民众想方设法防虎打虎。

第一节　匪患成因

一、军阀混战

军阀混战，败者为寇，是匪患产生和蔓延的重要社会原因。民国初期，

---

[1] 《南路办事处会务报告》，《中国农民》1926 年 7 月第六期、第七期合刊，第 3 页。

帝国主义进一步对中国进行侵略和瓜分，各自扶植一些军阀充当走狗。在侵略者操纵和煽动下，袁世凯夺位称帝，张勋复辟，"二次革命"失败，北洋军阀争权割据，国内政权迭变，社会秩序混乱。

在这期间，军阀连年混战。占据广东的各大小军阀，对南路重要城镇——雷州城，你争我夺，互相角逐。军阀邓本殷、邓承孙、龙济光等先后占据湛江地区，在他们镇守和统治时期，土匪在湛江各地杀人放火，抢劫财物，无恶不作。他们不但不剿土匪，而且还借助土匪力量，维持统治，巩固地盘，扩充势力，以打击敌对力量。一些军阀打着招安的旗号，收编土匪为己所用，委予匪首官职，匪众越多，匪首获官越大，军阀与土匪坐地赢利，兵匪混合。败军中的土匪乘机恢复原来面目，散兵游勇也常加入匪伙，雷州半岛土匪在军阀混战中不断发展。

1915年春，胡汉民委任陈侠农（海南文昌县人）为琼崖讨袁军总司令，令其回琼崖组织讨袁军。陈侠农回海南后，招兵买马。他组织的讨袁军初具规模时，就遭到海南"保皇党"人文昌县知事胡熹和琼崖镇守黄志桓率部的围攻。陈侠农寡不敌众，遂派部下吴伯前赴广州湾，通过有关人员与法当局联系，动员李福隆率领匪众一千多人，到琼崖协助讨袁，打击对抗势力。李福隆率领匪众到达海南的文昌县境，见当地物产丰富，故不服从陈侠农的指挥，在文昌县的铺前、锦山、波罗、那豆、三红等二十多个坪镇和乡村大肆洗劫，收缴当地民团大批枪支，赚取一笔后逃回雷州老巢。

1917年春，占据琼州的军阀龙济光从琼州渡高雷，土匪在徐海之间作乱，他置之不理，还沿途招收土匪作为他的耳目。1918年春，龙济光由琼崖派其第一军军长李嘉品率部占驻雷州城，准备伺机向广州进军。李部在雷城休整后，向吴川、电白、阳江等县进发，到达电白至阳江的途中被李烈钧指挥的滇、桂军击溃。李嘉品率部退返雷州城。这时李福隆股匪已经拥有匪众2000多人，在雷州大肆作乱。李嘉品为了加强力量，重整旗鼓，伺机反扑，便收编了李福隆股匪，封李福隆为雷州游击统领，由李福隆率领他的匪众作为外围力量，驻守徐闻、遂溪、廉江等县。同年秋天，广西军阀陆荣廷部派来林虎、沈鸿英、刘志陆等5个军的兵力，将李嘉品部围困于雷州城，一直攻打了3个多月，李部因久困无援，粮绝弹尽，率领残兵突围逃窜到海口市。战争打响之后，李福隆及其匪众在雷城外围，坐山观虎斗，不但毫发不损，还在城外趁机洗劫。战后胜者占据雷州，败者退走。李福隆率部重当土匪，李嘉品部余下的散兵游勇携带武器加入李福隆的匪伙。

1921年，李福隆股匪从原来的两千多人发展到三千多人。李福隆在澳门被刺身亡后，他的匪众由杨陈仔率领。粤军第八路司令黄明堂收编杨陈仔股匪，封杨陈仔为第三统领，会同一、五路军联合进攻广西龙州的壶关，被守关的桂军击退。杨陈仔匪性不改，率领他的匪徒脱离黄明堂部，不久又窜回广州湾。因在广州湾驻足不易，后率众潜入徐闻山林。

1921年秋，粤军司令陈炯明派军攻打广西军阀陆荣廷。为巩固广东后方，陈炯明招安造甲三股匪。那时造甲三股匪在广州湾附近同法当局对峙，受到法当局请来的滇军的围捕，伤亡不少，由原来的2000多人减少到七八百人。造甲三处境困难，接受招编。陈炯明封他为广东虎门要塞守备队队长，原有的匪众由陈振彪率领。

1922年，陈炯明背叛国民政府，退居惠州。这时陈振彪匪性复发，率领匪众及陈炯明部的逃窜散兵，携带守备队的全部武器，窜进徐闻山林，重干土匪勾当。不久，陈振彪股匪从七八百人枪增加到近两千人枪。

八属军阀邓本殷占据雷州时，勾结雷州匪首陈伯烈，强征暴敛。邓军把陈伯烈封为雷州的地方首领，由他率领匪众到处横行霸道。国民革命军南下讨阀邓本殷时，陈伯烈断定邓军必败，便率领匪众数十人逃离雷州城，继续为匪。邓军败后，逃窜到广州湾，法当局收集枪支卖给土匪。邓部溃退时，不少士兵加入匪帮。

兵变匪，匪变兵，兵匪互变，散兵逆党不断加入匪伙，使土匪得以迅速繁衍和发展。诸股匪在军阀混战之后的1922年至1924年，由原来的四五千人增加到六七千人。为对付官兵的剿捕，各股匪先后从广州湾和海康、遂溪等地转入徐闻山林。1923年至1924年间，号称"万三三"的徐闻山匪，就这样出现了。

二、殖民统治

殖民统治，也是土匪产生和发展的主要原因。黄学增《广东南路各县农民政治经济概况》指出："民国五年以后，广州湾成了土匪的大本营，土匪可以成群驻扎在赤坎各处。土匪劫杀凶品——枪弹特别是驳壳枪弹，可以从香港购回或广州湾法帝国主义者之成千成万供给，土匪所劫之物件、人口可以在广州湾发卖吊赎。因此，土匪之多，枪弹充足，所向无敌。"雷州与广州湾比较接近。民国初期，占领广州湾的法殖民主义者，为了加强对中国人民的掠夺，利用广州湾租界招降纳叛，采取"以华制华"的策略，土匪成为了他们掠夺和扼杀中国人民的工具。雷州半岛股匪在殖民主义者的扶植和支持下一哄而起。

民国初期，雷州出现的李福隆股匪，在形成的初期，人数很少，武器不足，只干拦路抢劫客商、拿人吊赎、抢劫小村富户等小勾当。后来匪众增加，破坏面渐广，才引起国民党广东当局的注目。为了抵挡官兵的围剿，李福隆带着匪众一千多人，从海康窜入广州湾法租界，与法殖民主义者勾结。李福隆和法当局定下了秘密协约：一、只许李福隆抢劫唐界（指广州湾租界以外的地方），保护洋界（指广州湾法租界内属地）；二、李福隆股匪所需的枪支弹药，由广州湾法当局供卖和接济；三、指定广州湾的赤坎"西更楼"作为李福隆股匪堆藏物件和销售赃物的地点，李福隆及其匪众可以在广州湾租界自由出入，可以上烟馆、进赌场、入妓院，不受法当局干涉等。以上协约签订之后，赖泽乘机从国外和港澳等地运来大批武器弹药，转卖给匪首李福隆，大发横财。这时法殖民主义者在广州湾的代理人、当地豪强陈学谈、陈禹铸、陈宅中等人也同时与土匪勾结，经营军火生意，从中牟取暴利。如陈学谈，匪乱期间从香港、澳门等地私贩大量的长短枪支、弹药、鸦片以及其他物资，运返广州湾后出卖给土匪，再从土匪手中廉价换取从徐闻、海康、遂溪等地抢来的金银、人口、牲畜和其他物品，运到香港、澳门、南洋等地转卖。他还在广州湾开设烟馆、赌场、妓院、当铺等，大发其财。陈学谈等人的"轮转经营"使他们在匪乱期间很快发迹。此外，法帝国主义者还将邓本殷、龙济光在雷州战败后留在广州湾的枪支、弹药大批变卖给李福隆。1916年以后，李福隆股匪借广州湾为逃遁地，不断得到法殖民主义者及其势力的接济。至1918年，这股匪从原来的一千多人，增加到两千多人，发展成为雷州最大的悍匪。

另一个罪恶滔天的匪首陈振彪，见李福隆悍匪在广州湾法当局支持下势力不断填充扩大，甚是眼红。他反其道而行，利用广大民众对法殖民主义者的憎恨心理，打着"劫富济贫""只抢洋界，不抢华界"旗号，招兵买马。

遂溪、海康县一些村庄的不少贫苦农民，纷纷投奔陈振彪。1917 年至 1919 年两三年时间内，陈振彪股匪从原来的七八百人发展到两千多人。人数增多后，便派人到香港与港英当局联系，从香港购买回大批枪支弹药，武装匪众。

雷州半岛土匪在法当局的直接支持下不断发展和壮大。李、陈诸匪势力扩大之后，进一步与徐闻山匪头目陈堪慈、吴明介等勾结合伙。1919 年，他们攻陷和占领了徐闻下桥乡北山、王家、二桥、沟尾、信桥、迈埚、坑子等十多个村庄。此后，他们盘踞徐闻山林，结草为庐，四处劫杀。

三、横征暴敛

匪患始于清末民初。其时，腐败无能的清政府，对外卖国求荣，苟且偷安；对内横征暴敛，以供挥霍。据有关史料记载："清政府在最后的 10 年时间内（1901 年至 1910 年）把朝廷赋税增加三至四倍。"随着朝廷赋税的增加，地方的贪官污吏和地主阶级也乘机以各种手段对广大农民进行掠夺。当时，土地大部分掌握在地方官吏和地主阶级的手里，他们却把朝廷增加的田粮税转嫁给农民，不断提高地租。无地和少地的农民租种地主的土地，饱受苛刻的地租剥削。此外，农民还不得不缴交种种苛捐杂税。灾荒年月或遇上红白大事时，农民还得向有钱人家借贷，惨受高利盘剥。贪吏劣绅作威作福横行乡里，对稍不如意的人家，随意捏造罪名捕捉刑辱。不少人被逼破产而自杀；有些人卖儿卖女或逃荒他乡；走投无路者，也有人沦为窃贼。早在晚清时期，在广州湾法租界就有"曲手"、"老花生"、黎进时等小股盗匪的出现。雷州半岛各地也有三五成群的盗贼，夜间爬墙撬锁，暗中行窃。白天拦路抢劫财物的事件也常有发生。不过，那时还未有大帮山匪出现。

广州湾原是广东南路的重要通商口岸，是个比较繁荣的商埠。法殖民主义者占领广州湾后，除了开设烟馆、赌场、妓院等，腐蚀和毒害中国人民，还征收各种苛捐杂税（如船头税、人口税、门牌税、田亩税、盐田税、市场税等），榨取民脂民膏。此外，法殖民主义者与港英当局在广州湾联合开设商埠，运来大批洋货，大米、面粉、白糖、洋纱、布匹、石油等日用品和工业品倾销市场，当地原有的民族工业、手工业和农业经济受到了严重的冲击和破坏，不少工厂倒闭，工人失业，农民破产，危机四伏，流亡无产者大批出现。

民国初期，占据广东南路八属（高、雷、罗、廉、钦、阳、琼、崖）的旧军阀邓本殷、龙济光等，勾结广州湾的法帝国主义以及地方的贪官污吏、封建势力头子，残酷地压迫和剥削雷州人民。《广东南路各县农民政治经济概况》指出："民国五六年间，龙济光、邓本殷压迫农民最厉害的就是设立各种苛捐杂税。人头税、甚至猪、牛、鸡、鹅、鸭等也设有税，并造出伪币。农民损失尤甚，尤不止此，法帝国主义者复使一班走狗、军阀强迫农民种鸦片，不种就杀头，农民在此强威之下，更不敢不种鸦片。因种鸦片，所以闹出大饥荒，当时农民被饿死者不下十余万人。"邓本殷占据雷州时还把田粮税提前 15 年征收，受害最深的是雷州农民。邓本殷为了勾结地方封建势力，加强统治，在地方普遍设立团局，县设总局，区、乡各设分团局，这些团局均由地主和土豪劣绅把持。购买枪支的经费全向农人摊派，名为保护地方，实则只保护官僚地主和土豪劣绅的利益。团局常以抗租、抗粮、抗税为名，大打出手，敲诈勒索财物，使人民不得安宁。湛江地区人民在帝国主义、军阀、贪官污吏和封建势力的层层剥削和统治下，饥寒交困，饱受煎熬，惨死者不计其数。不愿坐而等死者则铤而走险，上山为匪。民国初期出现的雷州著名匪首李福隆就属这种情况。一些社会上的无业青年和破产农民因经受不了统治阶级的折磨便投奔李福隆，加入匪伙。1914 年，李福隆股匪很快发展到 1000 多人。

第二节　土匪暴行

土匪作乱的 18 年，是雷州半岛人民特别是徐闻县人民惨遭杀戮的 18 年，是经济、文化全面崩溃的 18 年。在匪乱期间，土匪犯下的罪行惨无人道，令人发指。

一、部分匪首和匪巢

（一）部分匪首

李福隆（？—1921），别名妃肥，海康县企水圩人，家庭早年经营小食摊。清末民初，社会赌风盛行。李福隆嗜赌如命，不久就把家当输光。于是他纠合一班赌棍和圩上同他要好的游民，抢劫商旅，掳人勒赎。1909年，他加入以陈耀邦为首的"雷州三点会"。辛亥革命后"雷州三点会"被当时政府解散，李福隆便率领解散后的会员100多人流窜各地行劫，还与法租界广州湾当局勾结。至1914年，匪伙发展近1000人枪。

1915年春，胡汉民任命陈侠农为琼崖讨袁军总司令，令其回琼崖组织讨袁军。李福隆率匪众加入胡汉民属下的讨袁军，被封为讨袁军第一军军长。李福隆率众进入文昌县不久，因不甘约束，盗心复发，兴众洗劫文昌县一些地方后，擅自离开陈侠农部，返回雷州老巢。

1918年春，李福隆又接受龙济光派驻雷州的李嘉品部收编，被封为雷州半岛游击统领。同年秋，李嘉品部被广西桂军林虎联合五个军团合围打败，李福隆收集李嘉品部残兵枪械，再度潜入徐闻山为匪。1920年春，李福隆率匪众3000人攻陷遂溪县城，继而进犯雷州城。幸好雷州城防坚固，李匪无法，便在城南门街及近郊洗劫烧杀，后退据徐闻山林老巢。

1921年，李福隆的势力益加壮大，需要更多的枪械弹药装备补充。他嫌广州湾法当局枪械价格昂贵、品种单调落后，亲自到香港、澳门等地入货。当年秋，李福隆在澳门置枪械时遭暗枪毙命。

陈振彪（？—1925），别号造甲三，又叫石合三以，遂溪县太平圩造甲村（该村曾划归广州湾法租界辖属）人。陈振彪家境寒苦，曾在太平圩一家饭摊打短工。一次，因打伤法国当局蓝带兵头目，被抓入狱坐牢，几个月后才保释出狱。因此他对法殖民主义者恨之入骨。民国初期，军阀混战，生灵涂炭，雷州地方此军败退彼军复来，旧税未完新税又催。早已无法维持生计的陈振彪便试着涉足徐闻山林。入山林不久，他又辗转到吴川县龙首山，同那里的招卓华合伙，打着"劫富济贫"的旗号，高喊"只抢洋界，不扰华界"的口号，到处笼络人心，招兵买马。招卓华死后，陈振彪自为首领，继续发展势力。

陈振彪股匪曾于1919年夏在遂溪县乐民区埠头村与李福隆火拼，也同法当局蓝带兵战过几役。1920年11月下篢之役，滇军被他截击，覆没一营。他又在徐闻下桥路段伏击陈炯明部的蔡炳寰团，缴获了一个营的军械。陈振彪股匪最旺盛时有2400人枪，在徐闻等地肆意劫、烧、杀。为了进攻法租界或重点圩镇，陈振彪纠集多股匪众合伙，大造声势号称"万三三"。他不但憎恨国民政府军，也憎恨跟随政府军的地方官民，与政府军有瓜葛的人都在他的打杀之列。

1922年，陈振彪率匪众围攻驻英利的雷州善后守备队黄薰南营，打死营长黄薰南，并收缴全营军械。

1925年国民革命军第十二师张发奎部受命进驻雷州，张发奎用计引诱陈振彪出山，称将其改编为国民革命军，陈振彪不知有诈，率匪众于海康县沈塘圩郊旷坡上，列队接受改编，落入圈套，当场被击毙。

杨陈仔（？—1922），又名陈仔、陈学昌，海康县东山村人。他本姓陈，少年时叫陈仔，后化名杨陈仔，出身贫家，因经受不了地主的盘剥与各种苛捐杂税的勒索，铤而走险投身李福隆匪帮。

杨陈仔性格强悍、凶狠，博得李福隆的赞赏，入伙后，不久就成为李福隆的得力助手。李福隆在澳门被暗杀后，李手下股匪统由杨陈仔率领。他照样勾结法广州湾当局，专抢华界不伤法租界。

1921年，驻雷州的粤军第八路司令黄明堂（黄原是广西十万大山匪首）为扩充实力，亲自出马拉拢杨陈仔，收编杨陈仔为第二统领。后两人合伙进攻广西龙州时，杨陈仔进攻壶关受挫，匪帮伤亡惨重。他恼羞成怒，收拾残兵六百余人，沿途劫掠溜回徐闻山林老巢，重操故伎。

1922年春，粤军总司令陈炯明派粤军第七路司令黄强，坐镇雷州征剿山匪。黄强曾留学法国，懂法语，法当局不敢小看，加上法当局想"以华制华"，因此同意黄强派兵进入广州湾法租界剿办。黄强除了对山匪大力施加军事压力外，又使用招安手段招降了一些匪徒，并派出士兵伴同受招安者，假扮各业人员进入赤坎、西营（今霞山）等地捕人。杨陈仔担心被同伙出卖，不敢在广州湾和徐闻山林驻足，潜逃安南（越南）海防，后来仍被黄强查悉。黄通过安南法殖民总督将杨陈仔逮捕押解回雷州，行刑后尸体"悉为乡人分割殆尽"①。

蔡海清（？—1925），海康县山家村人。父亲早亡，没有妻室，曾来往于徐闻、海康之间，经营牛羊生意。

---

① 黄强：《黄莫京将军自述（三）》，《大成杂志》1979年第67期，第78页。

他于 1919 年伙同刘梓和打出"抱打不平"的旗号，串连了一些人打家劫舍。一年多后，渐渐发展为数十人。至 1921 年蔡海清股匪已达 200 人枪左右。他投靠陈振彪，是陈振彪辖下匪帮的一小股，后与陈振彪分道扬镳，自立为草头王。

蔡海清常带匪众出没迈陈、英利之间。1923 年四月廿八日，他亲带股匪参与攻打新地，极尽凶残；后又在英利的黑青辣村同陈奂部激战，被陈奂部属击中嘴巴，幸有陈永富（陈堪慈）医治才愈，可是歪了嘴，匪众便称他"歪嘴"。

蔡海清也常带匪众驻足徐闻城周围，威胁城内官民。1921 年，徐闻县长舒秉戎因惧怕蔡股匪，丢官弃城而逃。1923 年，蔡率匪众进攻曲界歼驻防军邓本殷部第二旅第二团，邓本殷派兵救援失利而归，团长叶培兰战死。1924 年，蔡再次集结匪众于英利圩，同雷州善后处陈奂部大战，陈奂部几乎全军覆没。1925 年，邓本殷受任琼雷善后处处长，坐镇雷州。邓用计招安蔡海清，封其为统领，原匪众仍归他统辖，驻徐闻县城。蔡海清本人驻徐城"济和"当铺。邓本殷与陈炯明联成一气，对抗国民革命军，1925 年 10 月陈炯明兵败惠州，12 月 25 日国民革命军克复雷州城，邓军从雷州退守海口，蔡海清被邓本殷部属邓承孙（旅长）诱至海口市，在酒楼内被击毙。[①]

陈永富（？—1925），又名堪慈，别名"教拳"，徐闻县和家村人。贫苦农民出身，配偶徐城潘氏，生二子。潘氏病逝后，陈续娶五里村翁彩云（代县长）侄女翁氏为配，再婚不满周年陈便上山为匪。陈永富初以赌博、宰牲口为业，后到徐闻西区泗寮村师从丁昭公学武艺。1917 年，陈自到东海岛开馆主教武艺达三年。回乡后，耍流氓，到处行骗与奸污妇女，还拉拢社会上游手好闲之徒欺凌弱小。他的恶行曾遭北插村贡爷李邦清指斥。他不但不听，反嚣横日厉，后被徐闻县国民政府发文缉捕。陈永富消息灵通，官府一时无法缉拿他归案。一天夜里，他纠合同伙十数人，前往贡爷李邦清家报复。幸得李邦清当夜不在家未遭毒手，而李的家财则被洗劫一空。次日陈永富即入山投奔吴明介股匪。陈在此之前曾自筹资金，并请示翁彩云拨款建筑炮楼一座于和家村以备抗盗，炮楼工程未竣工，陈就摇身一变，成为盗贼。

---

① 一说，蔡海清于 1925 年冬，受陈济棠十一师黄振球团、邓世增团打击，捣其巢穴，继而又受十二师张发奎部复剿，蔡海清一败涂地，孤身落在海康县英豆村，被当地民团捕获击毙。

陈永富初入吴明介小股匪伙，他设计杀死吴明介后带股匪投奔陈振彪，由于他有武艺，又懂草医，深得陈振彪的赏识，成为陈振彪的得力助手。1925年，陈振彪接受张发奎的假招安，陈永富不为所动，规劝陈振彪不从，遂带一批匪众分道扬镳，后又收编陈振彪死后的散匪残匪，伙同蔡海清、蔡阿兰围攻曲界圩等地。英利圩一役，他们曾打死驻防军营长黄薰南，气焰嚣张。后邓本殷坐镇雷州，软硬兼施，招降蔡海清，陈永富也自行回乡从事生产。但仅一月左右，陈又上山为匪。1925年末，国民革命军十二师陈济棠部进剿徐闻山匪，陈的参谋长李扬敬买通陈永富的部属，以招安送鸦片烟入山引见为名，进入沟尾匪寨，布下天罗地网，陈永富终被击毙。陈永富死后被砍头带返徐闻城，挂在南门塘道口石碑上示众。

蔡阿兰（？—1932），又名兰仔，海康县禄址村人，出身农民家庭。他好赌瘾吹（吸鸦片），当家几年就把家产荡尽，加上当时地方连年兵燹匪祸，他铤而走险纠合一些无业游民，干起拦路劫商的勾当，且愈干愈大，盲从者也越来越多，仅几年工夫，他的手下就拥有100多人。后来他投奔陈振彪匪伙。由于他有小股匪众的实力，且在打村劫舍中凶顽突出，故得到陈振彪的赏识，成了陈的得力助手。1925年、1926年，陈振彪、蔡海清、陈永富先后被陈济棠部、张发奎部斩首，徐闻山的残匪便统由他率领。不甘败亡的蔡阿兰再度重整旗鼓，垂死挣扎，企图东山再起。

1929年，蔡阿兰匪伙又发展到七八百人枪。他凭借徐闻山深林密、道路迂回、易守难攻的有利条件，负隅顽抗，先后几番同黄质胜师、区寿年团、张君嵩团及陈济棠属下的钟继业团、刘起时团、张文韬团、梁国武团拼战。1931年，刘起时团驻防迈陈市的第二营，竟由于蔡阿兰的运作而发生一连兵变，随蔡为匪。

1932年2月13日，蔡阿兰出山抢劫东区锦囊、外罗一带后，拉队沿徐闻东海岸东下，在下洋圩滨海地方遭到当地民团及森林警队伏击，双方各伤亡一人。他即指挥匪众进村杀戮，下洋圩四周村庄顿时变成火海，村民死伤甚众。傍晚蔡阿兰继续拉队前行，一直拉至东区下坑村一带，才安营扎寨。翌日晨，又进犯前山乡的海南村，受挫后引队归山。

1932年9月14日蔡阿兰被国民政府梁国武团击毙。

以上股匪遍及雷州半岛，而徐闻山林是土匪的主要巢穴。随着股匪的迁徙和演变，在各个不同时期匪区的分布也有所不同。

1916年至1917年间，匪首李福隆、陈振彪活动于广州湾和徐海之间。其间，在徐闻则有小股匪伙300多人，由匪首陈永富等率领汇集于迈门仔等处，与李、陈诸匪遥相呼应。尔后，则伏于徐闻的密林地带剪刀湾（大水桥水库）、深井山（黄定附近）、老宿地（北良附近）、迈草山（石板附近）、三品斋（旋安附近）等处安营扎寨。1918—1919年间，李、陈诸匪以法租界广州湾为大本营，常常全队驻扎于广州湾赤坎埠各处。他们在广州湾至徐闻沿途之海康县属的客路、雷城、南兴、龙门、英利及徐闻县属的下桥、徐城、曲界、石板、愚公楼、龙圹等小圩设立联络点以搜集情报和推销物品。1921年冬，广州湾大本营被围剿，匪首杨陈仔等率匪逃往安南。杨陈仔被捕正法后，余党蔡海清等率其残匪约数百人潜返雷州半岛，全数汇集徐闻山。1925年，匪首蔡阿兰把徐闻山林划分为东西两部分，共设黄定、前山、沟尾、迈老塪四个匪巢。他与助手冯虎山占据沟尾、迈老塪匪巢，指挥东西两山之匪。1926年后，匪巢陆续扩展，不断增多，计有四方山、老宿地、北合、竹林、桃园、迈老塪、仙桥、三品斋、安马、沟尾、白沙山等大小匪巢数百座。各个匪巢人数不一，多则四五百人，少则只有十多人。而形势险要、人数众多的为四方山匪寨。实力较强的为北合匪寨。为方便生活和相互呼应，匪寨一般设在四周有开阔地和傍沟的密林地带，每隔四五公里就有一座。匪寨中间建有匪巢，多见为土坯墙的茅棚或尖顶三角形的茅寮（独脚寮）。匪巢内层为土匪的生活区，都有水井、砻碓、炉灶等生活设施。匪巢四周层层设闸：外围第一层多以溪流、山沟、荆棘（或棘竹）为天然屏障；第二层用栏栅围固；第三层加筑壕堡、陷阱、壕堡多以草皮土虚掩其面，内置竹签、暗器，以抵御官兵的征剿。匪寨附近的闸口内外辟有田园，指定一些匪徒从事耕种，以补充其生活所需。

匪徒的劫掠多出没于夜间。时而倾巢出动，时而劫、守轮番。各股匪都规定了自己的联络暗号，有挂标志的，有用手语的，有说黑话的，也有用鼻孔嗅音为凭的。除此之外，各股匪之间不论股匪大小都得共同遵守一条协约：如果某股土匪抓了人员已作了吊赎，可以写条子放行，另一股匪则不得再次强行敲诈。

（二）匪乱末期的主要匪巢

四方山匪巢位于老宿地（北良附近）一带的四方山中。该地山深林密，素称徐闻山之要隘。匪巢筑于其中，四面挖壕设闸，防御很密。西北闸外半里许有溪流环绕，形成天堑。该匪巢在匪乱末期由匪首黄启利、亚福仔、陈亚凹等率领男女匪徒200多人，叛兵排长黄夏卿、廖云阶及叛兵七八十人盘踞驻扎。该股匪持有驳壳100余支、步枪30多支、曲尺20余支、手榴弹一批。加之叛兵入股充实驳壳枪五六支，步枪70多支，使该股匪成为徐闻山股匪中实力最强者。

桃园匪巢位于北插山以西的桃园附近。股匪凭借山深林密的天然要险，在山中建棚寮百余间以作巢穴。该股匪有土匪200余人，叛兵100多人，一共持有七九步枪200余支、驳壳手枪100多支、左轮曲尺约60支。这股土匪归属于匪首黄启利指挥。他们常常活动于徐闻全属及海康一部，大肆劫掠。

竹林匪巢位于北插山东南麓的纵深地带。这里树木深密，霞雾障天，竹林成片，荆棘丛生，羊肠小道曲折迂回。匪巢四周层层布防，设有九道闸口和岗哨。巢外毗邻北合、安马、沟尾、大本塅等匪巢相互沟通、相互接济。该巢有茅寮30多座，匪徒300余人，驳壳枪、步枪共200余支。总头领为陈亚凹、黄启利，得力助手有吴元海、蔡奇标、亚福仔、知醒、挡牛三等。巢规严格，活动能力大。联络时以鼻孔嗅音为号。

北合匪巢是徐闻最大的匪巢。其人数之多、粮草之足、枪械之好、实力之强，让其他匪巢望尘莫及。这股匪总头目为陈亚凹、蔡奇标，匪徒300多人，纳叛兵100余人。该巢多次被剿，陈亚凹被捕、蔡奇标被击毙后，匪众仍有100多人，为黄启利所统辖。他们化整为零，小股行动，分散劫掠。

老宿地匪巢是徐闻土匪的大本营。它以沟东湾为中心，直贯东村、三满圹、新村、湾仔、胜桥、竹头桥、竹头、那永、上马桥、下马桥、愚公楼等13个村庄，纵横约十里。匪巢最外围以荆竹为天然屏障，还挖了13条壕沟，设了13道闸口，布防非常坚固。

二、实行"烧杀抢"

攻打村镇，实行杀光、抢光、烧光，是山匪的主要罪恶行径。山匪的经济来源主要靠抢劫。起初，匪势较弱，一般只拦路行抢；后来匪势大了，就明火执仗地公开抢劫。他们下山行劫时，若遇人抵抗，一旦攻陷村镇，不管男女老幼统统杀光，财物抢光，房屋烧光。据不完全统计，徐闻县被山匪抢劫过的村镇达 800 多个，被毁灭的圩镇有孤廉、大水、高坡、水马、麻芎等，至于被毁灭的村庄就无法计算了，仅黄定一带就有 36 个村子被毁。下桥镇后塘、信桥、迈塌一带，匪患发生前有 101 个村庄、3 个圩，人口一万多。匪患结束时仅存 50 余户，共 68 人。

1919 年春，匪首李福隆、杨陈仔、陈振彪、四公、朱尚卿、陈子娘等带领六股土匪 1000 余人，从广州湾南下，在徐城一带骚扰抢劫，气焰嚣张。当时徐闻县长陈隆猷派县兵前往截击，但土匪人多势大，县兵失利，一名队长和十多个士兵被匪打死。土匪气势汹汹地拉队到锦囊圩驻扎。翌日，这批匪徒分散到邓宅、东门下、金钱窝、北港、龙榜、边榜、沟西、洋尾等村庄行劫、抓人、强奸。一部分群众逃出村外，躲在山林里避难。匪徒到处搜索、诈喊，结果不少人上了当。匪徒把各村庄洗劫一空之后，再回到锦囊集中，杀牛宰猪，大吃大喝。他们喝得酩酊大醉后，把抓来的群众一百余人全部杀掉，并纵火烧屋。烈火连续烧了三天三夜，锦囊圩变成一片焦土。

1920 年 5 月 25 日，徐闻县长蔡荣春带兵外出未归，而聚居于剪刀湾的股匪 100 多人乘虚而入，围攻县城。当时，10 多个商兵（专保护商界的）驻守在城南的登云塔上，只鸣枪警戒，不敢出击。几个匪徒先潜入城里，趁机打开城门，把匪徒全部引进。匪徒进城后，肆意抢劫、强奸、纵火、杀人，30 多名居民被杀害。土匪还打开监狱，放走在押犯人（多为匪徒），又把抓来的 100 多名居民关进监狱，并埋下雷管炸药，准备把他们炸死。蔡荣春闻讯后带兵回救，匪徒才退走。

1920 年夏，杨陈仔、四公、陈子娘带领一批匪徒窜到曲界圩附近村庄行劫。头堂村李卫伍率领锦囊（今和安）下水、那楚各处民团进守曲界。他们在三河一带同匪交锋，初战告捷。李卫伍以为土匪败退了，便带队回曲界"庆功"。不料夜里几百名匪徒突然包围了曲界，用机枪疯狂扫射；民团措手不及，死亡 100 余人。李卫伍带领部分战士退守当铺炮楼，据险抵抗，坚持战斗至天明。翌日，下洋、前山、仙安援兵（民团）赶到，呼喊他们从炮楼里冲杀出来，以便里应外合，消灭顽匪。但李卫伍难辨虚实，故不敢突围冲出。尔后，援兵也被匪徒击溃。当天夜里，土匪从墙底挖洞钻进当铺炮楼后炸毁炮楼，30 多名民团战士壮烈牺牲。李卫伍不幸被捕，被剖腹而死。曲界被攻陷后，匪徒实行大屠杀，400 多名群众惨遭杀害。

1922 年五月初三，李福隆部匪徒 1000 多人从赤坎仔登陆，奔袭前山圩，实行惨无人道的"三光政策"。当时，卫卿带领民团 20 多人据险抵抗，以掩护居民转移。最终民团由于人数少，装备又差，无法制敌，只好撤走。结果几百名居民被匪徒抓获。土匪盘踞前山 27 天，70 多名居民被打死。县里派人来招安，承诺政府将给予妥善安排。但遭匪徒拒绝。招安失败后，县派兵进剿。当地商人劳自告奋勇给县兵带路。县兵攻进前山圩与土匪激战了几个小时，终因匪徒众多而失利，只好撤退。劳在撤退时不幸被擒，被绑在墓碑上剖腹而死。匪徒撤走时，纵火烧屋，把前山圩变为火海。

1922 年 6 月，匪首蔡海清、刘梓和带领匪徒 1000 余人从海康来到徐闻西区，驻扎于迈陈、角尾、许家寮、放坡一带，四处劫掠。当时，西连、石马一带人民为了自卫，组织了武装队伍。土匪知道后，为扼杀抗匪力量，于 8 月 14 日清早，分两路进攻西连、石马。一是从海路进攻，400 多名土匪乘木船 32 艘，从放坡、潭鳌出发，直抵流沙港，截断西连、石马通往海康的水道，从西北面包围西连；二是从陆路进攻，600 多名匪徒从角尾、迈陈启程，洗劫瓜藤、乐琴、大井等村后，直袭西连、石马。西连民众奋起抵抗，但因匪势大，西连圩终被攻陷。一部分群众逃往流沙港，遭遇早已埋伏在港边的土匪，结果全被杀害。另一部分群众逃往石马村，但在途中被土匪夹击，死者无数。土匪血洗西连之后，四面包围石马。石马及邻近几个村庄的群众浴血奋战，但因武器不足，又缺乏作战经验，于下午 5 时村被攻陷，2000 多群众被杀害。与此同时，西连、石马附近的东湾、北湾、坡尾、昌世、西山、北坡等村也被匪毁灭。

徐闻西区的新地村，是有名的抗匪村庄。该村抗匪民团 200 余人，有长短枪 100 多支，碉楼两座。由于群众团结战斗，曾两次击溃土匪的进攻。因此，匪徒把新地视为眼中钉、肉中刺，时时伺机报复。1924 年四月二十八日，土匪头子蔡海清、刘梓和勾结济匪分子陈廷居（后被政府处决），利用陈玉英（许家寮人）被害事件，挑拨许家寮群众对新地村群众不满，并诱骗一些不明真相的人同匪徒一道，分陆海两路夹攻新地村。该村民团联合北海仔、新地仔、提姑、对流、官田、把伍、东港等邻近村庄群众共同抗匪，血战 3 个多小时，因弹尽无援，村庄被攻陷。新地与邻近村庄共 3000 多名群众惨遭杀害，8 个村庄几千间房屋全被烧毁。

1934年，徐城"崇善堂"李乔芳等人发动群众乐捐700多块大洋，雇人收拾徐闻境内被害者骸骨100多牛车，合葬于大水桥南边，命名"冤塚"。墓地有拔贡谭昌朝的长联："茶余想乱世惨民，一片荒丘埋白骨；亭前待文人骚客，千秋洒泪吊冤魂。"

徐闻山匪人数之多，活动范围之广，作乱时间之长，为害之惨烈，在广东历史上空前罕见。

第三节 平定匪患

自1920年始，有闽粤军陈炯明部、八属联军邓本殷部、国民革命军第十一师陈济棠部、第十二师张发奎部等陆续派兵进剿徐闻山之土匪。直到1933年，陈济棠任总司令时又调派他的总部中将参事陈章甫剿匪，才基本平定匪患。

1920年，盘踞东江的军阀陈炯明驱逐了桂系军阀许荣新，窃据了广东省长的要职并兼任粤军总司令，掌管广东省的军政大权。他为扩大其地盘，巩固其统治地位，首次调兵遣将来徐剿匪。是年11月，陈调派其部属的蔡炳环团一个团的兵力浩浩荡荡地挺进徐闻山，打算一举歼灭徐闻山之土匪。岂料被土匪获知，匪首陈振彪立即采取对策。当蔡炳环团的大队人马开至下篱时，匪徒一拥而上，拦路截击。在这紧急关头，蔡团只好奋起抗敌，仓皇逃出伏击圈，匆忙溃退。是役，蔡团有一个营被匪消灭，损失巨大。此后，匪势更炽，匪众趁机进攻雷城，毁掉了南亭街后扬长而去。

1921年秋，匪首李福隆为扩充势力，亲自前往香港、澳门等地购械而遭暗算毙命。同年11月，粤军总司令陈炯明调派第七路司令官黄强兼署雷州善后事宜。黄强坐镇雷州半岛之后，与广州湾总公使秘密商讨清剿、围捕各路股匪。12月22日夜，黄强率部从遂溪县城出发，在恶劣天气中行军140余里。23日凌晨3点，广州湾赤坎公局长陈学谈率公局兵在黄略村南与黄强部会合，一起在路边察看地图商讨围捕办法。其后，黄强将公局兵分配到各营连带路，每兵发麻绳一根用于绑匪。清晨5点半到达赤坎外围，在法国驻军的配合下，黄强分兵多路开始抓捕行动，进展颇为顺利。至8点许，匪徒和人贩1000余名被抓后大多数在郊外处决。

不久之后，黄强再次进入广州湾，将在广州湾定罪监禁的百余名匪徒送上越南驶来的轮船运往海防，再转送到非洲充当苦工，永远不许回国。为了避免匪首杨陈仔从海防潜返雷州半岛为患，黄强通过广州湾总公使与印度支那当局和法国驻龙州领事沟通，将杨陈仔逮捕遣送雷州，包括杨陈仔等五名匪徒在雷州被处决。

黄强在广州湾的缉匪行动初战告捷。1922年2月9日，雷州商绅民众举行数年未办的提灯会，以庆贺黄强荡平匪寇。令人遗憾的是，1922年3月黄强回广州述职，随后不久就发生"六一六"兵变，陈炯明与孙中山正式决裂，湛江地区也随之陷入攻伐乱局，剿匪工作因此中断。

1925年底，李济深率领的国民革命军第四军击败南路联军，随即部署剿匪工作。张发奎率领的第十二师抵达雷州半岛，将师部设在遂溪县，多次清剿海康和徐闻的土匪。渡海歼灭南路邓本殷联军后，国民革命军第十一师回防雷州剿匪。为方便向匪区进军，陈、张两师官兵不畏艰难险阻，开山伐林，修筑通道。为了有效地歼灭匪伙，一方面第十一师（陈济棠师）负责捣其巢穴，使匪徒无法藏匿；另一方面第十二师（张发奎师）负责拦路截击、清剿分散之匪。仅两个月之举，第十一师就把老宿地、迈老埚等主要匪巢捣毁。匪首陈振彪的得力助手蔡海清、陈堪慈等被就地枪决。第十二师师长张发奎以收编为名，约定陈振彪把匪众拉到指定的地点——海康沈塘。结果陈振彪中计，匪徒几百人被当场枪决。匪首蔡阿兰漏网脱逃。此举使匪势大受挫折。1926年11月，第十一师因北伐战争等缘故被调走，剿匪工作再度中断。

1932年春，陈济棠任粤军总司令时又调派他的总部中将参事陈章甫为广东南区绥靖委员，在雷州海康城设立南区绥靖公署，并派遣他的直属第三独立师第二独立团钟继业部、第三独立团张文韬部、第四独立团刘起时部先后集中于海康、徐闻两地，进剿徐闻山匪。为了便于清剿，不久，又调派第一独立团（也称第三独立师教导团）梁国武部加入进剿。

夏天，广东南区绥靖公署委员陈章甫召集各独立团团长及徐闻、海康、遂溪等县县长开剿匪会议，确定：第一独立团（梁国武部）负责进攻徐闻山之匪巢；其余第二、三、四独立团会同雷州半岛各县的地方警卫队，围剿徐闻山的四周，截击和防止土匪向外流窜。

1932年8月14日，匪首汇集于沟尾山寨集会。梁国武团长得到这一消息后，立即派人侦察实情，经查实，土匪们将在8月14日集聚于沟尾匪寨举行会祭。梁团长认为这是歼灭土匪的好机会，于是对土匪发起突袭，击毙了匪首蔡阿兰。

1931年"九一八"事变后，鉴于时局转折、形势急剧变化和第三独立师部分被抽调北上抗日，粤军总司令陈济棠电令务于1933年3月底肃清徐闻山之残匪。同时，采取了积极的措施，又调派教导师二团（梁公福团）加入加强进剿，归南区绥靖委员会委员陈章甫统一指挥。教导师第二团开进徐闻山之后，南区绥靖委员会公署拟出了《剿灭徐闻山匪之方案》，对全军做了明确的部署：

实行分区布战。以教导师第二团、独立师教导团为基干，海、徐两邑地方警卫队、森林连、海巡队、剿匪队等配合清剿。在清剿范围上，以乌石、流沙经田头、下桥、横都、竹林、安马、迈老、北良、大本埗、龙门、曲界、锦和、外罗为界分南北两区。界以北为北区，界以南为南区。北区由教导师第二团海康警卫队负责进剿，由团长梁公福指挥；南区由第三师教导团及徐闻县警卫队、森林连、剿匪队等负责进剿，由团长梁国武指挥。在界线之间各村庄，由乌石至北良划入北区；由大本埗至外罗划入南区。南区绥靖委员会本署设行署（行营）于英利（青桐洋），由委员陈章甫统一指挥南北两区的剿匪军警。

妥善全面地部署兵力。教导师第二团除控制一连在南兴附近预防土匪窜扰海康边境时相机截击外，并酌派其兵力位于下桥市、三品斋、新村、北插、高田、北良、青桐等处，以断绝匪之交通及窜逃方向。部队先向官司塘、东坑桥、安马、竹林之匪进剿。海康县警卫队位于英利、桔仔头、佛堂、田头市、流沙、乌石等，以防止土匪窜扰并断绝匪之交通接济为主要任务；独立师教导团控制优势之兵力于和家、愚公楼、曲界一带，以防止窜匪入东山。其余编为游击队，先由迈门仔、深井仔、王家向迈老埗、沟尾一带之匪巢进剿。森林连、剿匪队位于迈彰、金满堂附近，徐闻县警卫队分驻迈陈市、那屯、锦和、外罗一带，以防止土匪窜扰和断绝其交通接济；游击队进山清剿之时，每攻陷一巢穴，除留一部分兵力占领外，其余的则跟踪追击；海巡队活动于乌石、流沙、海安、白沙、外罗等港口的附近海面上，断绝匪之交通接济，防其向海上逃窜。

制订了围捕之步骤。为了有效地还击匪徒，他们决议：第一步攻进徐闻山；第二步以连排为单位入山搜剿；第三步分配兵力向海、遂、徐、廉各属，一致动作，协同搜剿窜逃之匪。于是，在1933年1月10日正式入山进剿。①

在大兵团开始攻入徐闻山匪巢的同时，南区绥靖委员会公署实行了清乡（在徐闻山附近的徐、海、遂、廉各县实行保甲制，采取10家联保方法以杜绝通匪、济匪、窝匪之举，并对通匪、济匪、窝匪者予以正法）、招安（招收求降之叛匪，整编队伍，以匪诳匪，以匪剿匪）和封锁匪区（封锁陆地、海口之关隘，以杜绝窜逃之路）等种种妙策，对匪类予以肃清。

经过剿匪军警的一致努力，截至1933年3月31日，先后攻破了仙桥、靳安、桃园之匪及竹林匪区、自沙匪区、四方山（老宿地附近）之匪区、三品斋匪区和分散于徐闻一带的匪巢数百座。击毙和生擒了匪徒300多人，击毙匪首陈亚凹、要匪陈妃二等。1933年4月3日，剿匪部队于雷城北门头外将匪首黄启利、吴仁海、亚福仔、扛轿、剐牛三、林妃泰、剐牛仔、三王、妃九、林家春、骆妃三、洪得华等十多人及其党羽陈妃二等215人处以极刑。

经过3个月的剿匪，梁公福宣告土匪肃清，延续18年的匪患至此基本结束。为纪念剿匪取得的胜利，雷州民众分别在运动场和中山公园建造"章甫亭"和"公福亭"，以示对两位剿匪功臣的敬意。

第四节　近代徐闻虎患与垦荒

明代之前，湛江地区原始森林密布，森林内野生动物众多，明清时期随着人口的增加和土地的大量垦殖，华南虎的栖息地受到威胁，大批老虎下山袭击周围百姓，造成了很大危害，成为地方一大祸患。百年来，徐闻当地政府与民众为了生存，想方设法剿灭老虎。

---

① 徐闻县县志办公室编：《徐闻匪患始末》，1987年内部编印，第101—103页。

一、徐闻虎患

雷州半岛南部多为丘陵台地地貌，地属热带，气候温暖，树木茂盛，野生动物众多，自古以来，一直是华南虎良好的栖息之地。上古时期，老虎并未威胁人类的生存，相反人们还将老虎视为农业生产的保护神，每年冬季腊祀时，老虎还是人们祭祀的重要对象之一，其原因就是虎能捕食野猪，具有保护庄稼的作用。《礼记·郊特牲》中便有"迎虎，为其食田豕也"的记载。

明清时期，虎患日渐频繁。据宣统《徐闻县志》记载，顺治十年（1653）虎伤人民，死者殆尽。清人屈大均在《广东新语》记载，"高、雷、廉三郡多虎"。雷州半岛老虎的活动范围大多局限在徐闻一带。徐闻县的热带雨林面积占全县陆地面积的60%以上，尤其是东部和北部，原始雨林纵横幅度达50公里，常有黄猄（赤麂）、野猪、虎、巨型蟒蛇、穿山甲、原鸡等野生动物出没。老虎体型不大，却身手猛捷，扑力犀利无比，因其生性凶残，"吃人不吐骨头"而令人"谈虎色变"。徐闻出没的老虎为华南虎，藏于原始丛林中，白天蛰伏，夜晚出游，伤人害畜，当地人称之为"夜游神"。清末民初，群众发现徐闻老虎达20多只。1933年，全县老虎不少于100只。

关于虎患的问题，我国的史书上少有记载。据《中国地方志集成》收集的华东、华南地区五省一市479种地方志中的虎患资料记载：雷州半岛虎患的出现，大抵是由于本地人口的繁殖和外来人口的大量迁入，原有耕地不足敷用，开垦新地挤占了老虎的生存空间所致。清朝末年，位于雷州半岛南部的徐闻县偏处一隅，农业生产较为稳定、人口激增。《徐闻县志》记载，清末徐闻县人口已达28万人。而随着人口的大量增殖，需要大量的耕地，各地的垦殖规模不断扩大。垦辟的直接后果就是破坏了植被，使老虎失去了栖身之所。生存条件发生改变后，老虎不得不离开深山，窜入城乡。1916—1933年间，徐闻土匪为患，肆意杀人，并弃尸荒野莽林，老虎吃惯人尸，觉得人味香甜，就寻人充饥。随着土匪的猖狂、村庄的荒废、人口的减少，老虎也在不断增多，老虎伤人、危害家畜的事件也层出不穷。

1928年夏，由于天气过于炎热，徐闻前山和家村村民蒋银准等3人在自家院里夜睡，不料老虎穿墙入院，3人俱被老虎咬死，其中蒋银准被老虎吃掉，只剩下一只鞋子，破碎的衣服、碎骨散落在院中。

东乡（曲界以东）的高山岭附近，山深林密，老虎群集。20 世纪 30 年代的一个夜晚，田洋村一位农民用两头大水牛拉着一辆载着数坛咸鱼的车经过，7 只老虎突然围了上来，农民坐在车上进退不得。幸好拉车的牛是长角大水牛，老虎无可奈何，只是蹲在路边张牙舞爪。人吆喝得声嘶力竭；水牛用鼻孔喷气，以助威势。老虎扑过来，水牛就用角刺老虎，从上半夜一直折腾到天将亮。幸得一群挑鱼到曲界圩卖的鱼贩从这里经过，他们点着火把，举起扁担，大声吆喝，老虎才退走。

老虎怕大水牛，是因为水牛有长角，力气又大。但是骑在水牛身上的人并不安全。有时老虎伏在路边，出其不意跳出来，牛身一颤，人便落地，老虎一扑，人就丧命。离高山岭不远的调晓村农民郑妃纪的第三个儿子，是个二十多岁身强力壮的青年人，他骑着大水牛从猫狸坑回家时，就被伏在路边的老虎伤命了。

徐闻前山山尾村因靠近丛林屡遭虎害，不少人葬身虎腹。虎口余生者陆续搬走，原来近 30 户人家的村庄，在中华人民共和国成立前夕已成废墟。类似的还有县城西北门附近的粽铺村，同样因虎害致村民搬迁而荒废。

老虎不但在村庄为害，甚至敢穿街过镇，招摇过市。老虎从南门闯进县城也发生过多次，20 世纪 30 年代，有一次县长陈桐傍晚办事归来，碰上县衙门前有一只老虎正趴坐在那里伸着懒腰。由于距离远且夜色朦胧，陈桐一开始没在意，以为是牛。当认出是虎时，陈桐大惊失色。幸而县衙有很多偏门，出身桂系军阀的他训练有素，慌忙从一个偏门闪进院内，方幸免于难。

据徐闻县商会统计，20 世纪 30—40 年代，全县每年死于虎口的有 300 多人。

二、防虎打虎

老虎为害惨重，人们为了生存，纷纷起来与老虎作斗争。居住在林区附近的人，一般都懂得防虎。因老虎怕火光，夜晚单独外出者，常提着一盏三角灯驱虎，遇上老虎拦路不退，行者以器物或双足猛磕地，地若震动，往往可吓走老虎。林区附近的人爱用水牛拉车，因为老虎不敢欺负水牛。不少村庄约定，老虎进村时，发现者敲锣为号，听见锣响，家家户户得跟着敲锣或呼喊，此起彼应，因老虎怕响音，常会被吓跑。

但这并不能从根本上杜绝虎患，人们渐渐从消极防御转向对老虎进行主动打击，不少村庄先后组织打虎队，当时的国民政府给大部分打虎队添拨枪支。1938年，国民党县长陈桐号召组织打虎队，至1941年，县内较有名的打虎队有10多支，如西北门、石岭、和家、北松、谭家等村。打虎队一般有二三十人，国民政府拨给枪支弹药，还免打虎队员兵役。打虎队的装备除步枪盾牌外，还有虎网、铁叉、铁锤、大刀、铁夹、炸药等，常见的打虎方法是枪击、锤击、叉刺、棍打、刀砍、箭射、网围、设陷、安装铁夹、埋炸炮等。

在旷日持久的打虎活动中，出现了许多打虎的动人事迹。1932年下桥乡迈老埚村陈氏父子三人，经常上山猎虎出卖，曾名噪一时。他们常常先拿买虎者的订金，才去打虎，称为"卖朦虎"。打虎时父子三人十分讲究策略，互相配合，并肩战斗。他们各带一张老红藤编织成的大盾牌和一柄短铁锤，布成三角形阵势朝老虎包抄过去。接近老虎时，一人先上，挥起铁锤，猛击老虎；虎扑过来时，人立即蹲低或曲卧下去，用大盾牌遮护住身子，另二人则扑过来用铁锤猛击老虎脑部和嘴部。这样反复多次，直至把虎打昏致死。

1938年，附城北门境成立打虎队，由北门、西门、沙糖寮、上寮、西埚等村组成，人员共30多人。他们集中训练，请人教武功、学射击。打虎队捕杀了不少老虎，但猎虎者也常会被老虎所伤。一次西北门打虎队在华丰岭猎虎两只，但一名队员被虎咬死，两名负了重伤。石岭打虎队一次猎虎时，一名队员跟一只猛虎同归于尽，死时队员还紧紧抓住老虎的尾巴。20世纪50年代，编号为01117的农场组织人去追杀一只猛虎，连轻重机枪、手榴弹都用上了。最后虽然老虎被打死了，但打虎者也一死二伤。当地人对老虎的捕杀坚持不断，仅在1953年，徐闻县就有17只老虎被打死。

"虎能吃人，亦多死于人"，相当长时间里，徐闻人为了生存，一直在与老虎搏斗。1960年春，徐闻县还发现有老虎，但从此以后，就见不到老虎踪迹了。

三、垦荒

1933年，匪患平息后，广东省政府留下少数部队，继续维持地方治安，并帮助农民恢复生产。政府移民垦荒的第一步就是恢复匪区的农业生产，首先是开垦徐闻县匪区。为此，广东省政府制定了《徐闻中心垦殖农场计划》，准备投资开办费 26 万元，每年投资常用费 12 万元，用来发展垦殖事业。政府在适中地点创设中心垦殖农场，利用军队力量进行垦殖。待有相当成效后即召回军人，将农场交由人民垦殖。开垦之前，省政府又制定了《开垦雷州半岛徐闻山章程》。章程明确规定：开发南路荒地的目的是为了救济失业人民；承垦人分为农户和生产有限合作社两种形式，均以"中华民国"人民为限，农户为有家属的农民，生产有限合作社至少须有社员 9 人以上，方得设立；承垦人请领垦地时，须填写承领书，呈交徐闻县政府核准后划拨土地，并发给承垦证书。章程还规定每一农户承垦地的面积不得超过 50 亩，每一社员承垦的面积不得超过 20 亩；在开垦时限上，规定承垦人受领承垦证书后 3 个月内，须在承领地设立界标，开始垦殖。如承垦人受领证书后 1 年，尚未从事开垦工作者，即撤销其承垦权，但遇天灾等情况不在此列。承垦人在垦竣后 5 年，须按垦竣亩数缴纳地税。

　　徐闻县是当时著名的匪区，政府在组织灾民垦殖荒地、重建家园的时候，为防止匪徒的骚扰，准许在农村中心建设炮楼，并由建设厅拨款补助当地灾民购械自卫，待地方秩序恢复后，再将枪械缴还。据统计，1932—1934 年广东省建设厅先后拨款补助徐闻县械弹的情况如下：下桥市六八式步枪 40 杆，子弹 4000 颗；上东区金满堂村建筑碉楼费 2000 元，配子弹步枪 40 杆；西区戴黄圩及附近乡村拨款 4000 元，配子弹步枪 40 杆；下东区北龙村及附近乡村配子弹步枪 40 杆；中区迈樟村配子弹步枪 20 杆；合流村拨建筑碉楼费 3000 元，配子弹步枪 30 杆；上东区百亩村配子弹步枪 40 杆。徐闻山垦殖场经过一年多的移民垦殖，出现了以大水桥为中心的第一中心垦殖场。至 1934 年 7 月底共垦地 2000 余亩，其中种植糖蔗达 800 余亩，木番薯及花生各 200 余亩，番薯 60 余亩，水稻 40 余亩，茶油子 400 余亩，苗圃 100 余亩。广东省政府为继续扩大垦殖规模，后又积极筹设第二中心垦殖场。[①]

　　民垦在徐闻如火如荼地进行，让省政府认识到了垦辟事业的重要性。随后，又在距离下桥圩西 4 公里的那里村附近设立军垦农场。军垦农场有几十

<hr/>

　　① 唐富满：《陈济棠主粤时期广东省的社会救济事业研究：以政府救济为中心》，暨南大学出版社 2011 年版，第 98—99 页。

亩水田和数百亩蔗地，并创办有一间机榨糖厂，购进机械自动榨糖机一部，首次利用电力机械进行生产，当时在琼州海峡两岸受雇佣的工人和技师、技工上百人，成为这一地区最早的现代产业工人。军垦农场生产稻谷和赤砂糖。经常有一连兵百余人，轮流从事农作。他们使用拖拉机耕地，还从省甘蔗试验场引来良种甘蔗。

军垦农场以种甘蔗为主，种植爪哇 2878 和 2875 两个良种。这两个品种粗生，宿根，生长好，高产，一般亩产 3—4 吨，是当时最好的甘蔗良种。徐闻历史上盛产糖、高良姜和菠萝麻（一种制作优质布料的原料），也是徐闻县重要的出口商品。徐闻种蔗产糖，历史非常悠久。但过去所种的甘蔗，全是竹蔗（茅蔗）。竹蔗虽有清凉解热的功能，可是蔗茎小，产量低，亩产最多只有 2 吨左右。竹蔗和爪哇蔗比较，产量悬殊。只几年时间，竹蔗全被淘汰。

军垦农场带头后，部队又在曲界愚公楼和公家楼（曲界圩西 3 公里）设立军垦分场，利用剿匪时所建的炮楼和房屋作为驻地。这两个分场经常驻有四五十名军人，并有农业技术人员和机耕手，有拖拉机 2 台和联合收割机 1 台。机器都是美国制造的，有两个美国人帮助安装和维修。在坡地上种旱稻（俗名坡稻），耕地用拖拉机，收割用联合收割机。由于这里土地肥沃，且早上有雾，土地湿润，坡稻获得很好的收成。徐闻垦殖场的创办，对组织和扶持因匪患而流亡的百姓重整田舍、恢复和发展徐闻的农业生产，起到了积极的作用。

陈济棠调任国民政府农林部长后，军垦农场由李汉魂派兵接办。军垦农场主管农务的是中山大学毕业生云雄杨（海南人），此人素有专长，精通农艺，对引进良种和传播种蔗技术作出一定的贡献。不久抗战全面爆发，军垦农场随之停办。

军垦农场的开办，虽然只有数年时间，却给徐闻人民带来了不少好处。一是淘汰了产量低的竹蔗，全面栽种高产的爪哇蔗，并传授种蔗新技术，使徐闻的蔗糖生产量成倍增加，尤其是在产品加工上将块糖改为赤砂糖，这是徐闻制糖工业的一项重要改革。二是使用拖拉机、收割机等现代机器农具，极大地开阔徐闻人的视野。据说，当时方圆几十里的大人小孩都争着来公家楼看机器割稻和脱粒。三是军垦农场也派兵打虎，为消除虎患作出了一定贡献。

　　抗战全面爆发后，中国沿海自北向南大部分地区沦陷，广东沿海也面临着严峻的形势。1938 年，广东省地政厅官员黄公安前往雷州半岛视察，并撰写《雷州荒地视察与开垦意见》，详细统计了雷州三县的荒地田亩数。7 月，省政府曾经起意派十万无家可归的渔民到雷州垦荒。[①] 10 月，广州及珠三角地区沦陷，省府各机关迁往粤北曲江，许多计划因此而搁浅。

　　抗战结束后，雷州半岛移民垦殖再次提上议程，善后救济总署广东分署制定了开发的初步计划。1946 年，广东救济总署设立雷州半岛移民垦殖区，开垦遂溪县属麻章乡、笔架乡等多处荒地，准备银行贷款，实施垦殖，后因国共内战而停止。

---

① 《粤省南路十万渔民入雷州垦殖》，《华美晨刊》（华美晚报晨刊）1938 年 8 月 1 日。

第二十九章　中共组织在
湛江地区创建及活动

1919 年的五四运动揭开中国历史新的一页，中国从此进入新民主主义革命时期。近代广东，素得风气之先，易于接受各种新思潮。在五四精神的感召下，学生运动、工人运动和社会主义学说在广东各地不断传播和发展。

1921 年 3 月，在新文化运动的倡导者之一、中国共产党的创始人和早期的主要领导人之一陈独秀的领导下，谭平山、陈公博、谭植棠等人建立了广州共产主义小组。7 月，陈公博被派为代表参加上海中共一大成立大会，其后共产主义小组改为中国共产党广东支部。一场新的革命风暴席卷南粤大地。

湛江地区虽处南粤大地的偏远地带，但仍有一批热血的年轻人，他们不避艰险，走出高雷，接受新知，然后再返回家乡，传播马克思主义并开始创建共产党的地方基层组织，成为带领雷州半岛人民反抗压迫、改变生活的核心力量，积极推动湛江地方社会的进步和向前发展。

第一节　马克思主义在湛江地区传播

五四运动时期，广东地区就出现了一种宣传马克思主义的思想潮流。其中最为系统的传播者是广东香山的杨匏安，另一位重要人物是陈独秀的学生刘伯垂。在北京大学读书的广东籍学生谭平山、谭植棠、陈公博等人，也通过书信和传寄进步刊物的方式，向广东本地的学生传播新思想。[1]

---

[1]　方志钦、蒋祖缘主编：《广东通史》（现代上卷），广东高等教育出版社 2014 年版，第 23 页。

湛江地区的马克思主义思想传播路径主要是本地青年走出去，接受新思想，然后回到家乡，向家乡更多的年轻人传播新思想，努力寻找改变家乡贫穷落后面貌和反抗殖民压迫的方法，从而踏上社会变革的征途。

在这场巨大的社会变革中，谭平山、黄学增都是关键性的人物，各种进步团体的成立，是马克思主义理论在湛江地区传播和开花结果的突出表现。

一、高雷走出一批新青年

清末民初，中国社会变动剧烈，是近代中国社会转型的重要时期。地处广东西南部的高、雷两府，亦屡遭社会变故。中日甲午战争后，法国趁机强租两府辖地广州湾为租界，夺取中国南方海域优良港湾，进而行殖民统治之实，再到民国初年因政局动荡引发的匪患、兵祸，前后持续近二十年，致使地方破败不堪，民生艰难，难以为继。面对地方多灾多难的困境，湛江地区的许多新青年勇敢地走出家乡，以各种各样的方式，寻找救国救民的理论和办法。他们是雷州半岛的"盗火者"，也注定成为地方社会变革的希望。

谭平山（1886—1956），原名谭鸣谦，广东高明人。中国共产党的早期领导人之一，中共广东党组织、团组织创立者之一，也是第一次国共合作主要参与者和领导者。清宣统二年（1910）他从两广优级师范学校毕业后不久，即到雷州半岛的雷州中学从事教学工作。教学之余，他向广大师生进行了革命的民主主义教育。谭平山等先进人物来到雷州半岛，为雷州半岛新青年的产生奠定了一定思想基础。

1920年12月29日，应陈炯明之邀，陈独秀来到广州担任教育委员会委员长。随后他创办广东省立宣讲员养成所，该校是当时广东省政府管辖的7所高等和中等学校（简称"中上七校"）之一。广东省立宣讲员养成所最早具有党校的雏形，创造了共产党人通过办学来培养理论宣传干部的先例。其明确的目标是培养具有共产主义理论知识的人才，培养向广大工农群众进行革命宣传、传播马克思主义知识的宣传员。用陈独秀的话来讲就是："为了宣传和普及马克思主义，造就将来开展群众工作的干部。"[1] 因此，这个养成所对广东共产党组织的发展具有重要意义。

---

[1] 谭天度：《回忆广东的"五四"运动与共产主义小组的建立》，中共广东省委党史研究委员会办公室、广东省档案馆编：《"一大"前后的广东党组织》，1981年内部编印，第142页。

在宣讲员养成所同学录中，有不少来自高雷籍的学员，他们大多是20岁左右的热血青年，他们虚心问道，探求真理，学习马克思主义理论，祈求从中寻找救亡图存的方法，希望能为家乡、为国家贡献自己的智慧和力量。这份同学录中就有后来成为广东农运领袖之一的黄学增，遂溪籍学生还有梁学渊、陈球光，海康籍学生则有苏钟仁、王士清、何鸢鸣、李春炫，廉江籍学生有陈杞材，如果范围扩大到南路县区则还有邵振均（电白）、吴廷松（电白）、龙宗正（化县）、梁联清（化县）、黄元（茂名）、黄宗培（茂名）、梁建邦（阳江）、冯炜（阳江）、曾广词（阳江）等。这些有志青年后来大多加入了中国共产党、中国社会主义青年团，成为粤西地区早期的党员、团员。

1924年中国国民党第一次全国代表大会召开，会议同意共产党员以个人身份加入国民党，共同开展国民革命，标志着第一次国共合作正式实现。国共合作开始后，以广州为中心，汇集全国的革命力量，很快开创了反对帝国主义和封建军阀的革命新局面。共产党致力于促进工人运动的恢复和发展，同时，也关注农民运动的发展。为了培养农民运动的骨干，经共产党人提议，国民党中央执行委员会决定自1924年7月起开办农民运动讲习所。先后由共产党人彭湃、阮啸仙、毛泽东等主持，培养了一批农民运动的骨干力量。在国民革命中扮演着重要角色。在农民运动讲习所求学的雷州半岛青年有黄学增（遂溪籍，第一届）、黄杰（海康籍，第二届）、陈钧达（遂溪籍，第二届）、黄广渊（遂溪籍，第三届）；第四届农讲所雷州半岛籍的学员有余华柱（遂溪）、苏天春（遂溪）、祝君（即钟竹筠，女，遂溪）、陈阿隆（遂溪）、陈荣封（海康）、陈业遵（海康）、刘坚（遂溪，旁听生）、何青魂（女，海康，旁听生）；第五届农讲所的高雷学员包括刘坚（遂溪）、吴协民（遂溪）、陈克醒（遂溪）、谭作舟（阳江）、敖华衮（阳江）、吴铎民（阳江）、梁本荣（信宜）、容杰庵（茂名）等人。

1927年2月，广东地方武装团体训练员养成所开办，在其第一期中，也有遂溪籍学员，他们分别是梁树本（别号邦基）、周固山（别号秀森）、周□尧（别号敏卿）、陈亚登（别号伯钟）等。

国共合作之初，长期从事武装反清的孙中山就意识到国民党手中没有武装力量的弊端，在苏联和中国共产党的帮助下，决定在广州黄埔设立陆军军官学校（后改为中国国民党陆军军官学校、中央军事政治学校）。因校址位于黄埔长洲岛，人们通常称之为黄埔军校。黄埔军校首期学生于 1924 年 4 月开始招生，6 月 16 日正式开学。从第六期起，黄埔军校改名并将一部分学员转到南京。

黄埔军校第一期至第五期（1924 年 5 月至 1927 年 8 月）高雷籍学员名单

第一期高雷籍贯学生 10 人

姓名	籍贯	姓名	籍贯
黄彰英	化县	邓经儒	电白
梁汉明	信宜	薛文藻	遂溪
甘达潮	信宜	梁文英	茂名
黄 煜	化县	甘清池	信宜
陈 沛	茂名	吴 斌	茂名

第二期高雷籍贯学生 5 人

姓名	籍贯	姓名	籍贯
谢卫汉	化县	祝夏年	徐闻
武鸿英	化县	吴传一	海康
陆士贤	廉江		

第三期高雷籍贯学生 23 人

姓名	籍贯	姓名	籍贯
王者须	化县	姚毓瑂	阳江
王树烈	遂溪	黄 赓	遂溪
田迺英	遂溪	黄学伦	遂溪
李征期	化县	黄德五	化县
李炳耀	遂溪	黄宗寿	遂溪
林崇安	阳江	黄成美	遂溪
胡于定	茂名	汤建温	信宜
姚毓琛	阳江	曾国俊	化县

（续表）

姓名	籍贯	姓名	籍贯
陈炳璜	化县	黄正兴	化县
张国土	化县	刘学明	遂溪
黄恩堂	化县	刘丕基	化县
黄学家	遂溪		

第四期高雷籍贯学生21人

姓名	籍贯	姓名	籍贯
莫宴琦	化县	何 庄	电白
梁名钦	阳江	吴孟庄	茂名
谢卸群	信宜	李渝明	遂溪
丁龙起	茂名	苏琼元	化县
罗雄寰	信宜	邓应南	茂名
谭 斌	阳江	彭俊英	化县
刘其宽	信宜	梁冠雄	海康
陈 燊	信宜	高川惠	电白
黄 纯	廉江	杨正鎏	徐闻
丁迪辉	遂溪	彭晋芳	化县
谭 竞	阳江		

第五期高雷籍贯学生7人

姓名	籍贯	姓名	籍贯
李 熙	化县	左新中	阳江
莫凌狮	阳江	庞一洸	化县
张翼飞	高州（茂名）	谭 天	茂名
刘 玉	茂名		

　　除黄埔军校外，广东省立第一甲种工业学校（以下简称"甲工"）也是广州的一所重要学校，因鼎鼎大名而有"红色甲工"之称。从五四运动到大

革命时期，"甲工"培养出一群出色的学生，其中有刘尔崧、阮啸仙、张善铭、周其鉴等4人。他们在俄国十月革命的影响下，在五四运动的革命洪流中，领导了广州的反帝反封建斗争，使"甲工"成为广州革命活动最活跃的学校和广州学生运动的中心。在"甲工"中仍有一批湛江籍青年，据《省立第一甲种工业学校教职员同学录》可知，遂溪籍学员有黄荣、陈祥临、梁维楹、韩盈、金常理。韩盈，笔名寒萤，遂溪县遂城镇南门圩人，1922年于甲工就读。在校就读期间，韩盈思想活跃，积极参与革命活动，如1922年三四月份，韩盈在广州地区组织"交还广州湾期成会""收还广州湾讨论会"，策划收回广州湾租界。他还在中共广州组织机关报《广东群报》上发表时评《收还广州湾期成会成立了，我们应表示如何态度》，力争收回广州湾主权。1924年，韩盈作为广州农工绅商代表，向国民党提案"为广州湾法政府捕禁雷籍学生事，请求提出交涉案"。1925年4月15日与23日，韩盈继续在《广东群报》分别发表时评文章《介绍帝国主义者在殖民地的功德》与《什么话》。他笔锋犀利，在社会上产生强烈反响。

省立一中与"红色甲工"一样，也为先进的文化气氛所熏陶，1925年省立一中曾一度被称为"共产党大本营"，共产党人"在校内发展党团员，建立支部、小组"。1924年起，遂溪青年陈荣福就在该校求学。

除了上述雷州三属外，还有其他地区的先进青年也走出封闭家乡，寻找救家救国之道。黄平民（又名横虹、式民、式文），清光绪二十六年（1900）出生于廉江县塘蓬乡八莲塘村，长大后到茂名高州中学求学，其间，他开始攻读马列著作和进步书刊，并修习法文，后到巴黎勤工俭学。1921年，黄平民与巴黎中国勤工俭学学生400多人，齐集中央广场，然后到北洋政府驻法国公使馆，参加反帝爱国运动；还抗议北洋政府以国内工矿企业经济权益作抵押，向法国政府举借外债；向法国政府请愿，要求解决中国留法学生的求学权、求职权、吃饭权等问题。1922年冬，黄平民加入由周恩来、赵世炎、陈延年组建的中共旅欧支部。1924年秋，黄平民到莫斯科东方劳动者共产主义大学学习马列主义和俄国革命胜利经验。

除上述之外，海康县的冯克，廉江县的黄孝畴、刘英智等人前往广州读书；廉江县的关锡斌前往法国巴黎勤工俭学；徐闻县的程赓到香港环球旅店当工人；廉江县的陈信材（陈柱）和吴川县的张炎到广州参加粤军；等等。

湛江地区的年轻人走出去，不断接受新思想的洗礼，为其后改变家乡打开一扇门窗，不久他们便返回家乡，创建进步组织，开展轰轰烈烈的革命斗争，他们中有的人为了实现理想，不惜献出了自己的生命。

二、进步团体的成立

五四运动时期，各地学生先后组织起来，以各种各样的方式与北洋政府及地方各级政权相抗争，这些团体组织无疑给社会带来了强大的示范效应。特别是省城广州成立的各式各样的进步团体，为走出高雷的青年学生提供了很好的参照。雷州青年同志社就具有典型意义。

雷州青年同志社是黄学增在省城读书期间利用返乡休假的时机创办的。1922 年夏，黄学增利用返乡的机会，联络同乡黄广渊、黄宗寿、黄成美、王树烈、刘靖绪等数十名青年，组织青年同志社，借以号召同志，团结力量，反抗恶霸。黄广渊是遂溪乐民海山村人，同村的还有黄宗寿等人，在他们的影响下，海山村后来成为"海山暴动"的重要据点、遂溪农军的根据地。遂溪县第一个乡农民协会——海山乡农民农会也是在该地成立的。加入青年同志社的青年还有：薛文藻（乐民下乡仔村人，原为雷州沈塘人，后来搬迁过来）、王树烈（河头红心塘村人）、刘靖绪（河头镇人）、黄成美（乐民下坡村人）等。这些人所在村庄距离黄学增的家乡敦文村都不远，有些青年还与黄学增同一宗族。

雷州青年同志社成立后，即对乡村传统势力进行挑战，青年与旧乡绅之间的代际冲突随之发生。他们首先挑战穷凶极恶的陈河广（时任六区双村村长和历充六区伪区长、伪团总等伪职），将其控诉于雷州防军司令部，致其被抓。但传统的乡绅势力还是比较大，陈河广随后利用各种关系逃脱出来。获释后的陈河广怀恨在心，施以报复，利用当时当地匪患猖狂的形势，诬告雷州青年同志社通匪，迫使雷州青年同志社大部分成员不得不逃离家乡，北上广州，或求学，或开展革命活动。组织迁移至广州后，雷州青年同志社队伍不断扩大，韩盈、黄斌、陈荣福、陈荣位、田遁瑛、陈均达、陈光礼等同乡邑人相继加入。1924 年 8 月，在黄学增的主持下，雷州青年同志社召开大会，议订章程，并选出黄学增、韩盈、黄斌、陈荣位、黄广渊、陈荣福、陈尊魁 7 人为执行委员，陈材幹、田遁瑛、余冕 3 人为候补委员，复由执行委员互选韩盈为主任，黄斌为书记，陈荣位为会计，分执日常社务，其组织情形及章程，已报请国民党中央执行委员会及省长公署备案。获得合法身份的雷州青年同志社在广州国民革命中更加活跃，纷纷参加各类革命活动。

1925年9月，黄学增奉命从广州秘密回到遂溪，协助已提前回到雷州半岛的韩盈、黄广渊等建立雷州青年同志社乐民分社。雷州青年同志社乐民分社成立后，第六区姑寮村人何元余加入，随后奉命前往江洪一带组织渔工运动；1926年3月成立江洪港渔业工会，不久成立工团军，带领渔民反对当地奸商盐霸，维护当地渔民利益。1925年12月初，国民革命军光复雷州半岛，雷州青年同志社在雷州半岛的活动由秘密转为公开。12月15日，雷州青年同志社公开发表对雷州善后的宣言，代表雷州一般民众提出11项最低要求："一、铲除贪官污吏劣绅土豪；二、肃清散兵土匪；三、废除苛捐杂税；四、严禁烟赌；五、救济失业农民；六、扶助工农团体之发展；七、保护青年之一切利益；八、改良盐务；九、振兴实业；十、整顿教育；十一、提倡女权。"①

1926年5月30日，在"五卅"运动纪念大会上，雷州青年同志社遂溪分社又发出《"五卅"惨杀案敬告民众书》，揭露帝国主义屠杀上海工人的罪行，号召民众"联合一致"，"向帝国主义、军阀、贪官污吏、大地主进攻"，为死难同胞报仇。② 敬告书中明确指出："现帝国主义者，横行我国，他们天良已丧失了。而国内军阀、贪官污吏、大地主，就不惜我们的生命，互相勾结，狼狈为奸……惨无天日，而良心又安在呢？""我们最亲爱的同胞们！帝国主义、军阀、贪官污吏、大地主，现在命运快终了，我们的解放时期已到了，应即一致奋起反抗！"6月23日，雷州青年同志社连同遂溪县农民协会联合散发《纪念沙基殉难烈士告各界同胞》传单，揭露帝国主义屠杀广州爱国群众的罪行，号召民众"联合起来，继承先烈的革命精神，猛烈向英、法帝国主义进攻，铲除其工具——吴佩孚、张作霖，以完成革命事业"。③

同年5月，农运人员程赓遭国民党贪官劣绅杀害，雷州青年同志社遂

---

① 中共广东省委党史研究室编：《南粤英烈传》1992年第7辑，第27页。

② 中共遂溪县委党史研究室编：《中共遂溪县党史大事记（1921—1949）》，1991年内部编印，第15页。

③ 中共遂溪县委党史研究室编：《中共遂溪县党史大事记（1921—1949）》，1991年内部编印，第16页。

溪分社在时任广东省农民协会南路办事处主任黄学增等人的指示下，连同国民党遂溪县党部、遂溪农民协会等机构社团向国民党中央执行委员会等部门发出通电，要求惩治凶手。雷州青年同志社一系列抗争活动，代表了广大贫苦民众的利益，与劣绅地主阶层水火不相容。为此，遂溪部分地主豪绅组织起雷州革命同志社与雷州青年同志社争斗。1926年6月，国民党广东省党部为消除地方的争斗，决议将两组织同时解散。这种"各打五十大板"的做法，也反映出国民革命中国民党人的妥协性和对代表人民群众利益组织的警惕。

除雷州青年同志社外，在国民革命前后，湛江地区还有其他进步社团。早在1923年间，就读于广东高等师范学校的廉江籍进步学生黄孝畴、刘英智、刘尚德等，先后加入了中国共产党或社会主义青年团，并于同年夏秋间，利用暑假回乡的机会，将带回的一批进步书刊送给部分青年学生传阅，向家乡的有志青年宣传马克思主义和革命思想。次年春，在广州参加广东革命军的廉江青年吴绍珍返回廉江中学读书，在学生中宣传广州的新思想、新文化运动、青年学生运动、工人运动和革命形势等，使就读于廉江中学的一批青年学生深受影响和鼓舞。不久，关泽恩、江刺横等发动该校进步学生，在廉江县城发起成立了廉江学生联合会。至此，廉江县的进步青年学生开始在该会的统一领导下，有组织、有计划地阅读进步书刊，学习马克思主义，宣传反帝、反封建、劳工神圣等革命思想。1925年春，关泽恩、吴绍珍、罗自琦、刘汉东、李家祥、梁中天等人，以廉江学生联合会的成员为骨干，在廉城发起成立了廉江青年同志社，负责人关泽恩、吴绍珍。不久，文绍光等人也在廉江县安铺镇组织成立了安铺青年同志社。该县青年同志社和学生联合会联合组织了一个宣传队，深入廉江城镇和乡村，向青年学生和农民群众宣传广州等地革命运动的开展情况，秘密传播马克思主义等革命思想。[①]

上述各地青年同志社的成立及活动，逐渐使湛江各地成立的中国共产党地方组织有了思想基础和群众基础。

---

① 中共湛江市委党史研究室：《中国共产党湛江历史》第一卷（1921—1949），中共党史出版社2011年版，第30、36页。

第二节 中共地方组织创建及活动

一、雷州特支成立

自五四运动始，马克思主义在中国得到广泛的传播，随后经过与无政府主义、改良主义等论争，马克思主义得到一批改造中国社会的进步青年的认可。他们深深认识到马克思主义这一理论的科学性和真理性，然后迅速投入到宣传马克思主义和创建马克思主义政党——中国共产党的行动中去。还是在广东共产党早期组织成立不久，湛江籍的一批有志青年即加入该组织，并投身于马克思主义的理论宣传与实践活动。资料显示，其中黄学增在 1922 年已是中国共产党党员，成为广东最早的 32 名党员之一。1922 年下半年，韩盈也加入党组织；不久，黄广渊、黄杰、陈光礼、薛文藻、陈均达、黄斌、陈荣位、陈荣福、余冕、田遒英等一批湛江籍青年相继加入。这批广东南路的早期共产党员成为湛江地区党组织的创建者及革命活动的带头人。

1924 年 11 月，黄杰、陈均达在广州农讲所结业后，受国民党中央农民部派遣秘密返回海康开展农民运动，先后在第一、第四、第六区的 41 个乡组织了农民协会。后因为当地土豪劣绅集团的打击，陈均达转移到遂溪，黄杰以"雷州改良蒲包会演说员"的身份为掩护，继续深入各乡村宣传组织农民协会。在这个活动过程中，黄、陈二人物色了不少农民运动积极分子。到了 1925 年 6—7 月，韩盈受共产主义青年团广东区委的派遣也回到雷州，在遂溪第六区乐民一带秘密开展革命活动。7 月间，第三届农讲所学员黄广渊以农民部特派员的身份回到遂溪，从事农民运动。9 月，薛文藻受广东国民革命军第四军代表罗汉（共产党员）的派遣返回雷州，在雷州地区的民军中秘密活动。同月，农讲所第四届学员苏天春以农民部见习员身份也回到雷州地区开展农民运动。9 月，黄学增奉中共广东区委之命，从广州秘密回到遂溪，协助韩盈、黄广渊等，建立雷州青年同志社乐民分社，以协助国民革命军南征。8月7日，黄学增与王文明在广州成立"八属①各界团体联合会"，动员组织一批革命青年随军出发，到南路、琼崖各地开展政治工作和群众工作。② 如此之多党团员回到雷州半岛，大大促进了雷州半岛党团建设的步伐。1925年10月，中国共产主义青年团雷州特别支部（简称"雷州特支"，代号"雷枝"）在遂溪成立，联络处设在遂溪县城怡兴号。青年团雷州特别支部书记为韩盈，成员有黄广渊、薛文藻、苏天春等人。

雷州特支是中国共产党在雷州地区建立的第一个基层组织。在它初创时，虽然雷州地区已有多名共产党员和共青团员在当地开展活动，但由于当时革命军正挥师南下讨伐盘踞在广东南路的军阀邓本殷，地方战事在即和当地政局动荡，在短时间内难以联络他们等原因，致使这些党、团员没有一起参与组建雷州特支，因而在成立初期只有4名成员。雷州特支负责统一领导雷州地区的共产党员和共青团员开展各项活动，其任务不同于一般的共青团组织（主要任务是开展青年运动和学生运动），担负着全面发动当地的国民革命运动，以及参与改组国民党地方党部等工作任务。因此，它在成立后所开展的各项工作，既要向中共广东区委负责，又要向共青团广东区委以至团中央负责，是一个隶属于党、团双重领导的特别支部。③

据统计，在1925年底，雷州特支只有7名成员，④ 次年1月至2月增至13人，3月才发展到25人。

成立雷州特支的会议结束后，支部各成员按照会议的分工并结合各人的原有任务，立即分散到各地工作。其中：黄广渊返回遂溪第六、第七区一带，宣传发动农民，秘密组织农民协会；薛文藻、苏天春前往海康，负责策动民军，以牵制邓本殷部，策应革命军光复雷州地区；韩盈前往广州，向团粤区委汇报成立雷州特支的有关情况，并于1925年10月27日至29日参加

---

① "八属"系指高州、雷州、钦州、廉州、琼州、崖州、罗定、阳江。

② 中央档案馆、广东省档案馆编：《广东革命历史文件汇集》，1992年内部编印，第31页。

③ 中共湛江市委党史研究室：《中国共产党湛江历史》第一卷（1921—1949），中共党史出版社2011年版，第40页。

④ 《团粤区委总报告（续）——各地方、各特别支部的概况》（1926年1月6日），中央档案馆、广东省档案馆编：《广东革命历史文件汇集》〔群团文件，一九二六年（二）〕，1982年内部编印，第46页。

了共青团广东区代表大会。① 经过努力，雷州特支在海山、乐民秘密建立了5 个乡农民协会，成立了 70 多人的"联乡武装自卫队"（即农民自卫军）。同时，协助雷州青年同志社成立了雷州青年同志社乐民分社和纪家分社，发展社员 100 多人。虽然人数不多，但在当地国民革命中却发挥一定的作用。如在国民革命军光复雷州地区后，雷州特支成员分头组织演讲队，在雷州各地召开大会，宣传建立农会的意义，号召群众起来反对贪官污吏、土豪劣绅、流氓政客执掌地方政权，提出铲除贪官污吏、废除苛捐杂税、保护农民利益的要求。同时，雷州特支在工作中注意物色对象，培养农民中的骨干分子参加党、团组织。又如，1926 年 1 月 10 日至 11 日，雷州特支为了团结、争取各界进步力量，进一步发展革命统一战线，迅速掀起各项革命运动，通过国民党遂溪县府召集，举行了遂溪县人民代表大会。大会名义上是由国民党遂溪县府召集，实际上是共产党人主持。韩盈在会上作了对农民运动具有指导性和鼓动性的政治报告。

1926 年 1 月 25 日，鉴于当时形势发展，雷州特支向团中央和团粤区委请示关于机构分设的问题，建议雷州特支分为两个支部：一个在遂溪城，一个在雷州城。同年 4 月，雷州特支关于机构分设的请示获得批准，于是遂溪县支部（代号"遂枝"）和海康县支部（代号"雷枝"）正式成立，遂溪县支部书记黄广渊，海康县支部书记陈荣位。同年 4 月，"雷枝"共有团员 25人；6 月，陈荣位因工作退任书记后，改由邓柏垣担任。其时，遂溪县大部分区乡已建立基层党、团支部或小组，党、团员各有 400 多人。② 在雷州特支等的带动下，1926 年 4 月，廉江也建立了共青团支部，罗慕平任书记。至1927 年四一五反革命政变前夕，廉江有共青团支部 22 个，团员 320 人。

二、中共湛江地方组织创建与发展

对广东南路地区的党组织建设产生巨大影响的事件是 1925 年底黄学增

---

① 《团粤区委报告》（第二号）（1925 年 11 月 6 日），《团雷州支部关于第二次临时会议的情况报告》（1925 年 11 月 30 日），中央档案馆、广东省档案馆编：《广东革命历史文化汇集》〔一九二五（二）〕，内部编印，第 247 页。

② 中共湛江市委党史研究室编：《中共南路党史大事记》，广东人民出版社 1996 年版，第 16、32 页。

等人的到来，他们的到来促进了整个广东南路党、团组织建设工作的全面展开。1926年初，中共广东区委南路特派员黄学增派中共党员陈信材到吴川开展农民运动和建党活动。陈信材是黄学增在广宁从事农民运动时结识的。同年3月，吴川县城黄坡成立中共吴川县支部，下设振文、黄坡、石门3个党小组。1926年4月，黄坡党组织负责人李子安、振文党组织负责人彭成贵到南二淡水沟开展党建工作。5月22日，黄学增、陈信材从梅菉乘船往广州湾赤坎，因遇台风滞留于南二淡水沟太平村。李子安安排他们到李癸泉家住宿。在滞留淡水沟的几天中，黄学增等人在淡水沟、沙城、青山、沙环、烟楼、坡塘等附近村庄宣传革命道理，决定在淡水沟设立秘密联络站，吸收李癸泉、李荣泰、李瑞春参加革命工作。从此，李癸泉等人积极向群众宣传革命道理，布置渔民小学校长梁辑伍、教员谢玉祥组织学生宣传马列主义，发动群众起来闹革命，并做好交通枢纽工作，在斗争中经受考验。6月5日，李子安、李癸泉、李荣泰、李瑞春等人到梅菉汇报工作开展情况，经李子安介绍，陈信材主持吸收李癸泉、李瑞春、李荣泰加入中国共产党。6月23日，李癸泉、李瑞春等发展了淡水沟的冯福元、梁辑伍、钟炳南，沙城村的陈庆桃、陈文元，烟楼村的张四、"沙干渗"（绰号），沙干咀村的杨光南，坡头圩的卢裕生等9人加入党组织，并成立南二淡水沟党小组，组长李癸泉，副组长李瑞春。①

黄坡镇位于吴川市西南部，鉴江出海口西岸，濒临南海。民国时期，原吴川县政府曾三度迁此。1926年初，黄学增吸收陈时入党，随后派他到梅菉市开展工人运动和建党活动。同年3月，中共梅菉市支部成立，驻地梅菉营盘街，陈时任书记，任期为1926年春至冬。1926年冬，中共吴川县支部改建为中共吴川县特别支部。特支下辖5个党支部：振文党支部，党员40多人，书记李士芬，副书记彭成贵；吴阳党支部，党员10多人，书记麦子馨；黄坡党支部，党员10多人，书记李子安；南二淡水沟党支部，党员20多人，书记李癸泉，副书记李瑞春；石门党支部，党员近10人，书记杨爵棠。

1926年10月，为了加强对雷州地区党、团组织和农民运动的领导，根据中共南路特派员的指示，韩盈、黄广渊、钟竹筠、陈光礼、邓成球（又名

① 《李癸泉手册》，1929年12月，中共吴川市委党史办藏。

邓足恒）、颜卓、周纪、何云瑞、陈均达、刘坚、薛文藻、薛经辉等 12 人组建了中共遂溪县部委，由韩盈任部委书记，中共遂溪县部委辖遂溪、海康、徐闻的党、团组织，部委机关设于遂城城隍庙。当时，雷州地区各县的许多区乡已建立了基层党、团支部或小组，单是遂溪县的党、团员就各达 400 多人。中共遂溪县部委的成立，使雷州地区的国民革命运动有了坚强的领导核心。

1926 年 3 月，共产党员、遂溪人周永杰受黄学增的派遣来到廉江开展农民运动和建党活动。通过活动，周永杰寻找信仰坚定的积极分子并发展其中的人员入党。4 月中旬，中共廉江县支部在城西回龙寺成立，周永杰任书记，党员有吴绍珍、关泽恩、罗慕平、江刺横、李雄飞、简毅等 10 余人。至 1927 年"四一五"反革命政变前夕，廉江建立党支部 25 个，党员 350 人；共青团支部 22 个，团员 320 人。

1926 年 6 月，中共海康县支部成立，陈荣位担任书记，驻地在雷城。后经党支部的努力拓展，党员人数曾一度接近 100 人。

各地党、团组织的建设与发展，特别是农民协会的成立，激发了广大农民反抗压迫和剥削的决心和勇气，许多人参与到轰轰烈烈的国民革命潮流中来。共产党人黄学增等促进了民间社会的觉醒。

三、广东早期四大农运领袖之一黄学增

黄学增是中国共产党早期的党员，他在广东轰轰烈烈开展工农运动，也把革命火种带回了广东南路，出色地领导了南路地区的国民革命运动。黄学增与彭湃、阮啸仙、周其鉴被誉为广东早期的四大农运领袖。

黄学增（1900—1929），广东省遂溪县乐民镇墩文村人。清光绪二十六年（1900）10 月生，乳名妃贵，别号道传，读私塾时取名学曾。据其家人黄学思口述，其家在海边有咸瘠水田 4 亩，旱坡地 3 亩，土筑泥墙茅顶屋一座，家庭情况只能算得上一般。他先是在村内入读一年私塾后，再转入县立第五小学，随后，黄学增考入雷州城内的雷州中学。从雷州中学毕业后，他考上了广东省立第一甲种工业学校，幸得村内乡亲及宗族资助，才得以完成学业。1921 年 6 月，黄学增入读广东省立宣讲员养成所。当时他还在使用"黄学曾"的名字，他的通讯处写成遂溪乐民市盐厂。据说黄学增的祖上由

黄学增

福建迁来雷州地区，而盐厂一带的村落正是他们黄姓族人世居之地。

1921年经广东省教育行政机构议决而成立的广东省立宣讲员养成所，每年经费达30万元。宣讲员养成所虽为广东省政府管辖的7所高等和中等学校之一，但却是教授共产主义理论知识的学校，大部分教员都是较早传播马克思主义思想的先驱式人物，如谭平山、杨章甫、谭植棠、张毅汉、谭天度、陈俊生等。黄学增在宣讲员养成所接受了系统的马克思主义理论，大约在1921年冬至1922年间，黄学增加入中国共产党，成为广东早期32名党员之一。

黄学增是湛江地区，乃至民国时期的南路地区以及北部湾地区最早的中共党员之一。从宣讲员养成所毕业后，黄学增一直致力于国民革命工作。

国共合作初期，黄学增协助家乡的国民党发展基层组织，曾遭受广州湾法当局统治下的广州湾公局的追杀与通缉。为此，黄学增曾向国民政府发出请愿书，指出："雷州伪善后处处长陈学谈本年二月四日捕党员黄汝南、梁竹生，在雷垣惨刑处死。复相继通缉党员黄荣、黄学曾、黄河丰、方景、黄汝清等，种种罪恶实为罄竹难书。要求国民革命军对陈进行痛剿，防止让其逍遥法外。"

1924年下半年，黄学增从第一届广州农民运动讲习所毕业后，便以国民党中央农民部农民运动特派员的身份，前往广东各地发动农民运动及开展中共地方组织的筹建工作。如宝安县农民协会就是在黄学增协助下成立的。宝安地区的第一个党组织——中共宝安县支部，即由黄学增创立并担任党支部书记。由于他从事农民运动成绩显著，因而受到国民党中央农民部的表彰。

广东农民运动是国民党改组后实行新政纲的产物，符合"联俄、联共、扶助农工"的三大政策。国民党中央农民部不仅颁行了农民协会章程，还派出特派员到各地进行宣传，广东遂开始系统的农民运动，并成为"全国农民运动的先导"。[①] 同期，根据党组织的指示，黄学增也积极参与团粤区委的工作，并被团粤区委选举为候补委员，从事其中的农运工作。

1925 年，是黄学增政治活动最为频繁的一年。他先是与廖仲恺等人一起组成"广宁乱事处分委员会"处理广宁江屯事件。4 月 12 日，在广州举行的孙中山追悼大会上，他作为农界代表致悼词。在五七国耻纪念大会上，黄学增代表广东农会发表演说。5 月，广东省第一次农民代表大会在广州召开，黄学增被选为省农会执行委员，兼任秘书，参与领导全省农民运动。此时，广东全省农运开展得轰轰烈烈，有 22 个县建立农民协会，会员 22 万人。广州"五卅惨案"巡行示威活动上，黄学增担任大会主席团主任，并发表讲话。7 月 3 日，黄学增与廖仲恺、邓中夏、黄平等人，受聘为中华全国总工会省港罢工委员会顾问，指导省港罢工工人的斗争。10 月，黄学增受命前往宝安调查农民受攻击事件，并组织农民自卫军协助省港大罢工纠察队封锁往来香港的路线。历时一年四个月的"省港大罢工"有效打击了英帝国主义在香港的殖民统治。10 月 20 日至 26 日，中国国民党广东省第一次代表会议在广州召开，选出广东省党部执行委员会，黄学增与彭湃、杨匏安等在省党部中分别承担工运、农运、党务方面的工作。

1926 年 1 月，中国国民党第二次全国代表大会在广州召开，黄学增是广东省 10 人代表中的一员；其间，黄学增等 13 人被大会选为提案审查委员会委员，黄学增负责审查农民提案，主持农运议案的审定工作。《农民运动决议案》根据中国国民党第一次全国代表大会宣言和孙中山制定的三大政策，重申了农民问题在民主革命中的重要性。在向大会解释这个决议案时，黄学增特别强调了取消各地武装民团，惩办反动防军、不法官吏，取消苛捐杂税，禁止高利剥削等 20 多项政治上和经济上的措施，以保证农民运动的继续发展。大会期间，发生了"高要领村惨案"。1 月 3 日，高要、广宁、德庆 3 县反动民团纠合黑社会组织"神打团"共 5000 多人，攻打高要县第二区农会第一分会所在地领村，打死农民 13 人，打伤农民 25 人，烧了 3 个村子。事件发生后，黄学增按照省农协的指示，以农民提案审查委员的

---

① 和森：《今年五一之广东农民运动》，《向导周报》第 112 期，1925 年 4 月 20 日，第 1030 页。

资格，提议立即派得力军队前往救护农民、解散匪团、缉拿祸首、召集流亡、赔偿损失等5项措施，严厉惩办地主土豪的反革命活动。大会认为"提议人所具理由非常充分"，准予立案，并立即指派国民革命军第四军第十二师第三十四团（即叶挺独立团）开赴领村，镇压地主民团的叛乱。叶挺执行任务后，高要农民运动获得了进一步的发展：乡农会从29个迅速增加到72个，农民自卫军也从900人发展到1600多人。

同月，国民党广东省农民协会决定在全省区域设立6个办事处：潮梅海陆丰办事处、惠州办事处、西江办事处、南路办事处、北江办事处和琼崖办事处。彭湃担任潮梅海陆丰办事处主任，黄学增担任南路办事处主任，周其鉴担任西江办事处主任。黄学增就职后，在两个月内即制订出南路办事处的工作计划，全面推行各项工作。在南路办事处工作期间，他用了近2个月的时间，写成了长达3.4万多字的调查报告——《广东南路各县农民政治经济概况》，在《中国农民》第4、5期连续刊载。这个调查报告详细地记录了党在南路各县历史、地理、经济、政治、文化、民团、土匪等各方面的情况，其中关于地主土豪对农民的政治压迫、经济剥削情况和高雷两府九县早期农民协会成立的情况，特别详细而具体。由于有了比较全面、深入的调查材料作依据，黄学增领导的南路办事处，就能够根据省农协的指示，结合南路各县实际，领导南路农民运动较快地发展起来。这主要表现在坚决支持农民反抗苛捐杂税和坚决打击地主土豪的破坏活动两个方面。

1927年3月，担任中共南路地执委书记的黄学增，到广州出席省农协第二届第二次执委扩大会议。会议着重讨论如何挽救广东农运危机问题，并决定于5月1日召开第三次全省农民代表大会，研究进一步开展农民运动问题。会后，黄学增即留省工作，不再回南路。

黄学增在对敌斗争中，坚决勇敢，不怕牺牲，宁死不屈。大革命时期，他在广东花县元田、高要广利、吴川龙头岭等地，曾经多次遇险，多次脱险，但他将自己的安危置之度外，继续到各地农村领导农民斗争。他在向当时担任中共广东区委农民部部长的罗绮园汇报吴川遇险情形时说："回想自实际做农民运动以来，被土豪劣绅、土匪及一切反动派之劫杀，大小几以十次……不过为着党和农民的利益，不得不去，而且一个真正的革命党人，时时是准备牺牲的，故大胆地绝不畏怯。"① 这种为党为人民的利益甘愿献身的精神，在大革命失败后，在严酷斗争中，在黄学增身上表现得更为突出。

1927 年 4 月，国民党发动"四一二"反革命政变，破坏了国共合作，促使国民革命走向尾声。黄学增受到国民党政府的通缉。同年夏天，黄学增任中共广东省委西江巡视员，奉命秘密到达西江一带巡视，指导当地革命工作。在西江期间，黄学增依靠当地党组织，发动农民夏收暴动。他首先在高要县领村发动农民自卫军 300 余人，举行了武装暴动。后返回广宁指导当地民众武装自己，伺机发动武装暴动。在各方面条件艰苦的环境下，广宁等地武装斗争坚持一年半之久。1928 年初，黄学增根据省委的安排，出任中共广宁县委书记。1928 年 4 月 13 日，中共广东省委在香港召开了第一次扩大会议，黄学增被选举为省委委员，随后奉命临时前往宝安指挥暴动。宝安暴动后，随即前往琼崖整顿党组织、发展党员。在琼崖工作期间，黄学增首先改组了琼崖特委，担任特委书记，接着，召开琼崖工农兵第一次代表会议，王文明任苏维埃主席；整顿红军余部，统一建置，把全岛红军（时仍有 10 连）置于特委军事委员会指挥之下，加强领导，逐步发展；把部分已暴露的干部送离海南隐蔽起来；派冯白驹等分头到澄迈等地恢复和发展党的组织及红军；特委、苏维埃机关和红军余部退入山区，开展分散的小规模的群众斗争；举办干部训练班，学习党的文件，讨论革命形势和土地革命等问题。经过一番努力，琼崖革命力量逐步得到恢复。1928 年 12 月，广东省委对黄学增数年来所做的工作给予非常高的评价。② 1929 年 5 月，已担任省委候补常委的黄学增返回已血雨腥风的琼崖指导工作，省委要求黄学增至多两个月后即须返回省委工作。这期间，黄学增一方面指导地方工作，另一方面应省委要求，陆续为党的机关刊物《红旗》《学习》撰写文章，宣传和指导革命。7 月，由于叛徒告密，黄学增在隐蔽地海口福音医院被敌人逮捕，被国民党杀害于海口红坎坡，年仅 29 岁。

1960 年 2 月 10 日，中华人民共和国国务院总理周恩来到湛江视察工作

① 黄学增：《吴川遇险情形》，《犁头》第 11 期（1926 年 7 月 21 日），湘潭大学出版社 2014 年版，第 290—291 页。

② 中央档案馆、广东省档案馆编：《广东革命历史文件汇集》（一九二七—一九二八），1982 年内部编印，第 195—198 页。

时，特别向湛江地委领导介绍了黄学增的革命事迹。[①] 为落实周恩来总理指示，中共湛江地委修建了黄学增故居和纪念亭，陈列革命文物和宣传黄学增的革命事迹，供后人参观学习，弘扬黄学增坚定不移的理想信念、不屈不挠的革命精神，让黄学增的革命精神发扬光大，永远传承下去。

---

① 《周总理关怀湛江人民　湛江人民崇敬周总理》，《湛江日报》1977 年 1 月 8 日。

第三十章　大革命运动的兴起与失败

第一节　国民革命运动的开展

1924 年 1 月，中国国民党第一次全国代表大会召开，会议通过了对国民党进行改组、实行国共合作等一系列政治宣言，标志着国共两党第一次合作开始，"国民革命"成为两党共同的目标，南路农民运动、工人运动等迅速发展。1927 年蒋介石和汪精卫先后"清共"，国共合作破裂。在中国共产党的领导下，南路各地爆发工农武装起义，斜阳岛、东海岛等农军红色割据多年后失败。

1924 年国共两党第一次合作开始，两党合作进行的这场国民革命的主要任务，是"打倒军阀""打倒帝国主义""反对封建主义"。20 世纪 20 年代的湛江地区，连年遭遇兵祸、匪患，百姓生活极度贫穷和艰难，这是邓本殷等地方军阀及帝国主义互相勾结、劣绅土豪专制压迫的结果。消除南路这些苦难因素，成为国民革命的首要任务。

一、湛江地区国民党改组

1925 年 11 月 11 日，国民党广东省党部指派国民革命军第三军政治部主任朱克靖（共产党员）为南路党务组织主任，负责组建国民党南路特别委员会，辅助省党部发展南路各属党务。不久，国民党广东省党部又"选派黄学增为特别委员会委员"，参加组建并负责国民党南路特别委员会的工作。国民党南路特委在梅菉设立机关后，面临的重要任务是加紧筹建和改组所辖地

733

区各县市的国民党组织，大力发展党员，整顿党务。为了加快各县市国民党党部的筹建、改组进程，国民党广东省党部及南路特别委员会先后向各地委派了党部筹备员。

国民党遂溪县党部在共产党员韩盈、陈光礼、薛经辉、钟竹筠、陈荣位、刘坚等人的努力推动和积极筹备下，按照南路特别委员会第51号训令，于1926年4月10日在遂溪县城召开成立大会，与会代表200余人，林丛郁代表国民党南路特委出席了大会。大会选举了县党部执行委员会，陈光礼、邓成球、钟竹筠、刘坚、黄荣等共产党员被选为执行委员，其中陈光礼为常务委员。6月1日，遂溪县党部在国民党南路特别委员会主席黄学增、委员韩盈的指导下，召开执委、监察第三次联席会议，重新调整各职员的分工，选出陈光礼、吴斌、陈耀庚为常务委员，同时指定7个工作部门的负责人，其中组织部、宣传部、工人部、农民部、妇女部分别由共产党员陈光礼、吴斌、邓成球、刘坚、钟竹筠负责。国民党遂溪县党部改组后，在共产党人的协助下，坚持正确的政治方向，动员推荐了大批进步青年（包括工、农干部）如黄宗赐、金美荣、颜卓等加入国民党，为国民党的地方组织输入了新鲜血液。这对遂溪县随后出现波澜壮阔的革命运动高潮，起了一定的推动作用。

国民党吴川县党部成立于1926年2月。在黄学增等人的安排下，陈信材等人对吴川地区国民党进行改组，成立了国民党吴川县党部和3个区级分党部。县党部执行委员会由陈信材、陈克醒、易经、易学志（4人均为共产党员）、李宗勃组成；另外，共产党员李士芬在县党部内负责农运工作。国民党吴川县党部虽然改组成立较早，但由于准备工作过于仓促，在成立党部前没有向国民党南路特委报告，缺乏上级的具体指导，致使县、区级党部在成立初期存在着不少问题。如县党部成立时没有召开大会向社会各界宣布；区级分党部没有按照规定程序进行组建；各级党部职员普遍缺乏对国民党的认识，"都不知道党为何物"；[①] 第五区党部执行委员麦钧鸿对该区农民反对苛捐的斗争不理睬、不支持，统揽党部的所有经费，并且账目不予公开；等等。1926年夏以后，吴川县党部的各项工作逐渐得以改进和加强，至年底共

---

① 《党务月报》1926年7月1日。

有党员 769 人。[①]

在廉江县，邑人李任杰、梁季模等于 1925 年被委任为国民党改组筹备员，12 月成立国民党廉江县党部筹备处。翌年 5 月，李任杰与周永杰就任改组委员，正式成立国民党廉江县党部。[②] 廉江县党部成立大会于 1926 年 4 月 18 日召开，国民党南路特委委员林丛郁出席成立大会并给以有力的指导。在筹备成立县党部期间，由于宣传发动工作力度不够，各界革命群众运动尚未广泛开展，加上个别筹备员的思想动机不纯，致使筹备改组各级党部过程中出现了不少阻力。筹备员李任杰专权独断，不承认由筹备处议决成立的区级分党部；一手包办党部筹备费、党员照相费等，账目糊涂；结党营私，要挟县长委任他为联防队长，引起全县党员的普遍不满。因此，在开会选举县党部执行委员时，竞争甚为激烈。县长陈敬和承审员全懿德，采用金钱贿选和运用政治压力勒索选票等手段；土豪劣绅除了用金钱收买李任杰之外，有的甚至直接向林丛郁提出送礼。在酝酿介绍候选人时，李任杰屡次把土豪劣绅黄德华、江碧山、李毓甫等人以及其他行贿者的名单提交会议讨论，要求林丛郁在大会上给以介绍和推荐，因而"在开会的几日内，几乎闹到天翻地覆"。[③] 对于上述种种歪风和阻力，林丛郁坚决予以制止，决定只有经调查后确认为合适的农、工、商、学界人选，才在会上向与会代表介绍。结果，潘江、关泽恩等共产党员和一些国民党进步人士被选为县党部执行委员，其中潘江负责主持县党部的工作。国民党右派分子和土豪劣绅互相勾结，企图操纵选举和破坏改组的阴谋最终没有得逞。在改组成立廉江县党部时，该县已有 5 个区成立了区级分党部。至年底，全县共有国民党党员 4350 人。

海康县党部于 1926 年 4 月 20 日召开改组成立大会。大会由共产党员陈荣位主持，国民党南路特委委员林丛郁到会指导。早在 1925 年 12 月下旬，国民革命军南征进驻雷州城时，雷州特别支部委员薛文藻便按照"雷枝"的安排，辞去第四军政治部科员的职务，在雷州城专责筹备国民党海康县党部，以及组织工、农协会和秘密筹组中共地方组织的党务工作。随后，陈荣

---

① 《杨匏安文集》编辑组编：《杨匏安文集》，广东人民出版社 1986 年版，第 218 页。

② 《执行委员会各部工作报告》，《中国国民党广东省党部党务月刊》第 1 期，第 6 页。

③ 《各特别委员会工作状况概述》，《中国国民党广东省党部党务月刊》第 4 期（1926 年 6 月），第 19 页。

位、黄斌等共产党员相继由遂溪转赴海康,与薛文藻一道筹备改组该县的国民党组织。海康县党部的改组工作进展较为顺利,成立时全县有党员1000余人,至年底发展到1807人。① 县党部成立后,先后在陈荣位、黄斌的领导下,积极贯彻执行国共合作的有关政策,不仅开展党务"工作比较好",同时"对于农工运动颇努力,其他工作亦好"。②

国民党梅菉市党部约于1928年1月开始筹备改组,采取自下而上的办法,首先从区级着手,在1月间便迅速成立了11个区级分党部,共有党员7800多人。然而,这些党员大多是新发展的,其中一部分是政治投机分子,入党动机不纯。

国民党徐闻县党部的筹备改组工作虽然开展得较早,但遇到的阻力十分大。1925年冬国民革命军南征期间,国民党广东省党部便委派吴运瑞为徐闻县党部的筹备员。徐闻光复后,约于1926年1月,吴运瑞在徐城主持成立了县党部筹备处,并着手开展有关工作。由于遭到以县长谭鸿任为代表的国民党右派分子和地方反动封建势力的恶意破坏,致使县党部筹备处的工作难以开展。5月11日,县保卫团总局长邓祖禹等人在谭鸿任的指使下,撇开县党部筹备处,擅自集合商团、保卫团分局等成立第一区党部。次日,吴运瑞在筹备处主持召开筹备大会,邓祖禹等又率众到会场捣乱。谭鸿任、邓祖禹等蓄意破坏徐闻县党部筹备改组工作的行径,引起高雷地区社会各界的愤慨。1926年五六月间,国民党遂溪县党部执行委员会、农民协会、商民协会、学生联合会、总工会、妇女解放协会、国民协会促成会遂溪分会、雷州青年同志社遂溪分社等团体,联合致函国民党中央执行委员会、中央组织部、监察委员会和广东省党部执行委员会、广东省政府民政厅、南路特别委员会以及各县党部,揭露谭鸿任、陈兆萃、邓祖禹等"互相勾结,狼狈为奸,伪名入党,欲乘机操纵选举,把持党政"的阴谋,强烈谴责谭鸿任一伙纠众攻击徐闻县党部筹备处,摧残破坏党务工作的反动行径,呼吁各级党部及社会各界维护和支持该县党部筹备处,从严惩治贪官劣绅,"以维党务而除党祸"。

---

① 丁身尊主编:《广东民国史》上册,广东人民出版社2004年版,第429页。
② 《各特别委员会工作状况概述》,《中国国民党广东省党部党务月刊》第4期(1926年6月),第19页。

6 月 26 日，南路特委会议决定立即致函徐闻县县长和当地驻防军，要求切实保护徐闻县党部筹备处，并敦促驻军第十一师第三十三团党部派员调查事件的经过；同时决定加派程赓、郑一林为徐闻县党部筹备员，以加强该县党部筹备处的干部力量。程赓等奉命在徐闻积极开展县党部的筹备改组工作，但却招致当地反动势力的忌恨。谭鸿任和当地一些土豪劣绅将曾在民军符荣贵部任副官，并为光复徐闻作出贡献的程赓诬陷为土匪，企图"买凶暗杀"，欲将程赓"置之死地"。[①] 由于处境十分险恶，程赓、吴运瑞等被迫于 7 月间转移到海康。此后，徐闻县改组国民党组织的工作一直陷于停顿状态，县党部迟迟未能成立。

二、广东南路农民运动

农民运动是国民革命的一部分，农民阶层要参与社会变革就需要建立起自己的组织，才能发挥群体的力量。早在 1924 年 6 月，国民党中央农民部即已向国民党中央执行委员会提议成立农民协会并获准通过。成立农民协会旨在"促醒农民""谋农民之自卫，并实行改良农村组织，增进农人生活"。[②] 农民协会成立一方面体现"政府以政治的设施为贫苦之农民实行解放"的努力，另一方面为"贫苦之农民能建立有组织有系统之团体，以自身之力量而拥护其自身之利益"提供途径。[③]

1925 年 5 月，广东省农民协会成立，并在广州召开广东省第一次农民代表大会。大会对农民自卫军组织大纲、政治问题提案、经济问题提案、农民教育问题提案、农民自卫军与民团问题提案、农村合作提案、农民协会今后进行方针、拥护革命政府宣言、全省农民协会成立宣言等文件，依次讨论并通过。会后，广州国民政府在全省区域内设立了 6 个农协办事处，其中南路办事处负责湛江地区的农协工作。

1926 年 3 月 7 日，广东省农协南路办事处随南征军南下，在梅菉正式成立（1926 年秋迁至高州），与国民党南路特委合署办公。黄学增任南路办事处主任，韩盈任书记，委员有苏其礼等人，其主要职责是指导南路地区的农

---

① 《广州民国日报》1926 年 9 月 23 日。

② 《广州民国日报》1924 年 6 月 18 日。

③ 《广州民国日报》1924 年 6 月 26 日。

民运动。一场大规模的农民运动由此展开。据黄学增的调查,南路15个县中,有9个县已开展农民运动,包括湛江地区的吴川、廉江、遂溪、海康,其中遂溪、海康的农运发展较快。[①]

遂溪第二区的农民运动,是在农民取得斗争胜利之后才得到迅速发展的。当时,该区保卫团局长杨文川肆意苛抽勒索,横行乡里,引起农民的普遍愤恨。1926年1月,遂溪县党部筹备处派邓成球到该区办理党务,并张贴标语、布告,号召农民组织起来。农民看了布告后,情绪激昂,要求筹备员出面组织打倒反动保卫团局长,然后大家共同加入农会。2月5日,在邓成球等发动下,界炮一带的农民集中到界炮圩市,举行集会和示威游行。当天,县农协筹备处还派薛经辉、周纪前往指导,并将活动改名为"反对日本出兵满洲示威运动大巡行"。游行时,激愤的农民仍然大呼"捕毒蛇,打杨文川"的口号。当游行队伍抵达市圩街道时,恰好遇该区联防队兵向摊贩收取重税,小贩据理抗争,此事当即触发众怒。愤怒的群众连声喊"打",围拢上去将联防队兵打伤,继而涌进民团局揪出杨文川。此时,群众一下子增加到数千,县府派出的委员见状,急忙全力制止,杨文川才未被打死。

痛打杨文川后,农民普遍被发动起来参加农会,很快便成立了同文、合沟、东边、大塘、海田、枫树、山猪窝、科港、老马、山塘、斗仑等乡农会,农会会员300多人。接着杨柑片区的泉水等乡也相继成立了遂溪农会,嗣后成立了第二区农民协会,陈星勋、梁茂和分别担任正、副委员长。1926年2月,韩盈、颜卓等又发动和组织附城一带农民2000多人,到遂溪城游行示威,向县政府请愿,要求减免煤油和猪牛捐税,逼使新任县长伍横贯表态承诺,取得了斗争的胜利。这一胜利,使广大农民再次看到了团结起来的作用和力量,情绪普遍高涨,随后在韩盈等人的发动组织下,成立了沙坡、坑里园、南和、欧屋、桃溪、东圩等乡农民协会,不久再成立遂溪第一区农民协会。1926年3月5日,遂溪第六区农民协会在乐民圩举行成立大会。各乡派出部分会员约100人(其中武装人员10多名)参加。大会由黄广渊主持,选出金美荣为区农会委员长(后改为黄宗赐),黄宗赐为副委员长,黄安农、陈毓鸿等为委员。区农会会址设于乐民圩正街。此时,该区已成立有

---

① 《中国农民》第4期,1926年4月1日。另见景东升、龙鸣主编:《广州湾史料汇编》第二辑,广东人民出版社2016年版,第2页。

盐仓、芋园头、松树仔、挟仔、余屋、乐旺、乐民城、田西、海山、内塘、敦文、调神等 17 个乡农会，共有会员 1500 多人。大会上，黄广渊向农会和会员颁发会旗、会印和胸章。[①]

至 1926 年 3 月底，遂溪全县共成立了 5 个区级农民协会和 46 个乡级农民协会，农会会员达 2800 人。[②] 同年 3 月，遂溪第六区农民协会成立后，海山村农会负责人黄凌氏召开全村农民群众大会，大力宣传革命形势，与本村土豪劣绅展开斗争，当众宣布村里的一切权力归农会所有，并宣布没收该村土豪劣绅黄有朋、黄兆顶的财产。另外还决定从 1926 年 5 月 6 日起，所有借贷不得以谷计利，只准以铜钱计利，每千文年息为二分。

海山村的斗争产生了辐射效应，其他各村纷纷效仿。5 月，遂溪第七区上郎乡农会也发动群众开展减租退息斗争。上郎村大地主黄巨夫在农民斗争的压力下，退出光银 2000 多元和 100 余石租谷。

广大农民除了经济上的斗争外，也有思想上的斗争。5 月，黄广渊在遂溪第六、第七区组织了一个反天主教宣传团，深入各乡村，向群众揭露帝国主义者利用传教而进行文化侵蚀和束缚雷州人民反抗思想的阴谋，发动群众退教反教。经宣传发动后，第六、第七区，接着，遂城、纪家等地的教堂和教会学校相继被封闭，神甫、牧师仓皇逃回广州湾，原来由教会举办的遂城"乐道明民"学校，被县农会、妇协改办为遂溪女子初级小学，由县妇女解放协会主席钟竹筠兼任该校校长。

1926 年 4 月 15、17 日，遂溪县农民协会、海康县农民协会相继成立，两农会发表了气势宏伟的宣言，要求大家团结起来，集中力量，与一切反革命派斗争，与帝国主义斗争，与军阀斗争。

1926 年，遂溪人周永杰奉农协南路办事处之命，在黄学增的指派下，以农民运动特派员身份前往廉江负责组织各级农民协会。5 月，周永杰等人就在角湖垌村建立起廉江县第一个乡农民协会。随后廉江第三区歧安、碗窑、白石、石埔等乡及廉江第一区的上县乡也相继建立起乡农民协会。至此，廉

---

① 中共遂溪县委党史研究室编：《中国共产党遂溪地方史》（第一卷），中共党史出版社 2004 年版，第 33—35 页。

② 黄学增：《广东南路各县农民政治经济概况》，《中国农民》第 1 卷第 4 期（1926 年 4 月 1 日），第 25—26 页。

江县拥有农会成员 500 多人。是年秋季，廉江第一、四、五区亦先后建立起区农民协会。年底，廉江县农民协会正式成立，共产党员周永杰、梁安成、刘邦武等人分别当选为县农民协会委员长及执行委员。

与遂溪、廉江相比，吴川县的农民运动开展得稍晚，率先起来的是吴川第五区（即今吴川振文一带），该区农民"多种蒜为业"，由于地少人多，耕地紧张，本地民众往往是三造种植模式，即早造种禾或薯，中晚两造俱种蒜。即便如此，收入也仅够糊口。对此曾有人进行核算，"计种蒜一亩，可得蒜头四石，约值银四十至五十元，除成本外，每亩蒜得利数元至十元。故其入息甚微，其耕作至劳，其生活甚苦"①。邓本殷时期，该地与北部湾地区民众一样，苛捐杂税繁多，"娶老婆有税，人头有税，甚至猪、牛、鸡、鸭也有税"，人民生活苦不堪言。可广大的农民往往是敢怒不敢言，更不用说反抗了。国民革命军南征后，农协南路办事处成立，吴川第五区亦成立农民协会。面对土豪与官吏勾结，借故加税的情势，该区在农会领导人李士芬等人的领导下，陆续派出数百名农民代表分别到农协南路办事处、国民党南路特委以及第十一师政治部等机构请愿，要求取消蒜头捐和蒜串捐。农协南路办事处经过了解实情后，即写信向吴川县县长反映情况，如实反映农民躬耕食力，含辛茹苦，且目前盗贼猖獗，虽"连年幸得蒜头收入"，但也是"始稍资度活"而已；要求县长体恤民意，取消蒜头捐税。农协南路办事处主任黄学增亲到吴川县署据理力争。在南路办事处的巨大压力下，吴川县县长苏鹗元被迫取消蒜头捐。随后，在各方的努力下，蒜串捐也被取消，并附带取消了壳灰捐。反苛捐斗争的胜利，极大地鼓舞了吴川农民加入农会进行斗争的勇气。很快，吴川县第五区便成立了区农民协会——振文农民协会，由李士芬任委员长。继振文之后，第六区（山圩）、第三区（芷寮）、第四区（龙头岭）、第八区（石门）等地也先后成立了农民协会。

至 1926 年 5 月广东省第二次农民代表大会召开时，湛江地区农民协会的大致情况如下：

遂溪县区农会 5 个，乡农会 51 个，会员人数 28000 人；海康县区农会 6 个，乡农会 65 个，会员人数 3400 人；廉江县乡农会 3 个，会员人数 500 人；

---

① 《吴川农民举行废除苛捐大运动》，《犁头》第 8 期（1926 年 4 月 15 日），第 14 页。

吴川县乡农会 1 个，会员人数 100 人。[①]

这些农会组织大部分是经过农协南路办事处规范化操作建立起来的，但也有个别农会未能按规范的章程组建农会，农协南路办事处则给予强烈谴责，并责令其改正。[②] 农协南路办事处既看到问题所在，又给出切实可行的解决办法，从制度层面保证了农民运动向健康的方向发展。

国民党南路特委与广东农协南路办事处还采取各种各样能够提升农民权利意识及开展农民运动的举措。如针对缺乏农运工作经验的干部，通过送去广州农讲所进行培训等方法，提高干部队伍的业务素质，甚至也采用自办学校、讲习班等方法，力争在短期内培养一批具有先进意识的农运骨干。在梅菉开办了"梅菉市宣传学校"，在雷州举办了"雷州宣传讲习所""雷州工农补习班"；在这些培训班上，主要课程有社会进化史、国耻小史、中国革命史、演讲须知、三民主义、建国方略等；南路特委和农协南路办事处的主要人员黄学增、韩盈、黄杰、苏其礼、杨枝水、陈荣位等人，以及驻军人员，都亲自授课，大大提升了南路农运干部的素养，有力地推动了当地农民运动向前发展。

农民协会的组织及活动的开展，使农民的思想觉悟有了极大提高，唤起了农民群众长期以来对社会制度的不满情绪，为后来的反抗、起义、大暴动奠定了思想基础。

三、民间社会的变动

在广东省农协南路办事处以及农运特派员的指导下，南路各地的农民运动如火如荼地开展起来，经过组织的凝聚和运动洗礼，处于中国社会最底层的农民政治觉悟有了明显提升，在一系列反抗斗争中表现出前所未有的勇气。如反对高利贷和苛捐杂税的斗争、清匪斗争、减租退息斗争、退教反教斗争等等，这些在国民革命之前完全是无法想象的。这反映了湛江地区在以黄学增为首的共产党人带领下，逐渐走上了觉醒道路。除农村社会呈现出一

[①] 广东省档案馆、中共广东省委党史研究委员会办公室编：《广东区党、团研究史料（1921—1926）》，广东人民出版社 1983 年版，第 331—333 页。

[②] 《广东省农民协会南路办事处通令、文件》，中共湛江市委党史研究室编：《南路农民运动史料》，广东人民出版社 1997 年版，第 61—80 页。

派觉醒的景象外，其他方面亦有觉醒新气象。

1924 年 5 月，为更好开展工人运动，广州各界工会决定成立广州工人代表会，简称工代会。工代会执行委员会由 21 位执行委员组成，委员会由国民党中央工人部部长出任，选举 20 个工会为执行委员团体单位，各推委员 1 名，委员长由廖仲恺担任。[①] 工代会成立之前，地方社会乡间有民团、商界有商团，大致维系着民间社会的基本秩序。工代会成立后，鉴于各地工代会不断遭到反动武装势力侵扰的情况，工代会遂于 8 月份成立工团军，其使命是"为自身利益与国家利益而武装，以拥护工人利益辅助革命进行为职志，以保护劳工之革命政府下之法律为范畴"。黄广渊在遂溪江洪成立的工团军就是在此背景下成立的。

1925 年秋，农运特派员黄广渊在秘密发动农民运动的同时，也组织工人运动，反对贪官污吏剥削。遂溪县江洪港是面临北部湾的一个渔港，亦是雷州半岛西海岸的一大盐场。黄广渊经常出入江洪对渔民进行宣传。1926 年 1 月，发起组织了雷州江洪渔业工会，初有会员 90 多人，3 月份即扩大到 300 多人，并建立了渔工武装——工团军。江洪渔业工会成立不久，为了加强对渔业工人的领导工作，中国共产党又派何元馀、麦华卓等到西海江洪、纪家等渔港发展工会和有斧头标志的工团军，不但将工人团结在党周围，改善了工人的生活，同时由于工人掌握了武装，镇压了乱极一时的海盗，保卫了渔业生产。如 1926 年 9 月因恶霸周森林勾结反动盐务兵抬高盐价并增加盐税，工团军没收其盐并扣留他，后开群众大会判决其死刑。盐价从 4 分钱一斤降为 2 分钱一斤。

渔业工会组织的成立，使渔民们在面临压迫剥削时敢于抗争，他们借助组织寻求保护自己的力量，维护自己的合法权益。1926 年，遂溪江洪港渔业工人就控诉了奸商周一林，要求政府给予处理。1926 年春，遂溪县工人代表大会在遂溪第三区麻章圩县立第七小学召开，遂溪部分工人和广州湾的海员工人、运输工人、搬运工人、工厂工人代表参加了大会。会议响亮地提出了"打倒英帝国主义""坚决支援省港大罢工""打倒法国统治者""收回广州湾""打倒军阀""打倒土豪"等口号，会后还举行示威游行。在吴川地区，

---

① 刘明逵、唐玉良主编：《中国工人运动史》第三卷，广东人民出版社 1998 年版，第 26 页。

梅菉市有窑业工人 1000 多人，是南路地区规模最大也是最为集中的工人群体，他们以烧砖瓦为业。当时，窑业靠手工生产，工效低，工价也低，每块红砖工价仅三四文铜钱，工人从早到晚苦干一天，也只能挣到铜钱数百文，很难养家糊口。1926 年春，在吴川农民运动的推动下，梅菉工人亦跃跃欲试，在农协南路办事处及梅菉市党部成员陈时、龙少涛（均系共产党员）的宣传发动下，1000 多名窑业工人推举工人简寿祺为负责人，向资本家提出增加工资、改善劳动条件的要求，遭到窑主拒绝后宣布罢工。罢工坚持了 20 多天，得到各方支持，最后窑主不得不答应工人提出的复工条件，这次罢工斗争取得了完全胜利。[①]

1925 年 6 月至 1926 年 10 月，为了支援上海人民反帝爱国运动，广东与香港爆发省港大罢工。1925 年 7 月 3 日，共产党员邓中夏、苏兆征等人组织成立"中华全国总工会省港罢工委员会"（简称"省港罢工委员会"），设委员 13 人。委员会同时设秘书处、干事局、纠察队、会审处、财政委员会等部门领导罢工运动。其中纠察队的重要任务就是设置防线，以执行封锁任务。在广东南路地区，纠察队分别在阳江、水东、雷州、北海、琼州、淡水等六地设置办事处指导封锁任务。1926 年春，纠察队分别在吴川县的芷寮、黄坡、石门，遂溪县的麻章、城月，以及海康县、徐闻县等地的沿海口岸，检查英日仇货，封锁内地物资运往香港。这也是湛江地区对省港大罢工的一次有力支援。

农民运动、工人运动蓬勃兴起之际，湛江地区的广大师生也积极投身国民革命洪流中，他们主要从事宣传和发动工作。1926 年春，遂溪县第二、三、八区的学生和县立初级中学、简易师范相继成立了学生会等组织。师范学生会还制定了章程，以"促进国民革命"为宗旨，开展"学校革新运动、帮助工农运动、救国运动"，提倡"义务教育"。县立第七小学进步教师梁树本等，发动学生成立了学生会和罢课纠察队，并进行了以"反对压迫、争取民主自由"为内容的罢课斗争。1926 年秋，从广州农讲所毕业的吴协民被派到遂溪简易师范任教，他鼓励学生积极参加革命活动。中共遂溪组织领导人陈光礼、颜卓等，也经常在遂溪中学、遂溪简易师范和师范附小领导学

[①]　中共湛江市委党史研究室编：《广东南路农民运动史略》，中共党史出版社 2012 年版，第 42 页。

生参与革命活动。

遂溪县妇女解放协会,县学生联合会,第二区(杨柑)、第三区(麻章)、第八区(洋青)的学生联合会,第一、二、三、四、六、八等区的教育会,以及遂城、麻章、城月、沈塘等圩镇商民协会,也纷纷开展革命活动,与遂溪的农民运动、工人运动汇成了声势浩大的大革命运动高潮,遂溪各地呈现一派社会觉醒的局面。

第二节　工农起义和武装割据

1927年4月15日,国民党在广州发动"四一五"反革命政变。此时,遂溪县反共头子黄河沣、戴朝恩等人迫不及待地参加了以林云陔为首的广东南路"清党"委员会,开始大肆搜捕杀害遂溪等地的共产党人和农运骨干。面对国民党的屠杀政策,不屈的湛江民众在共产党人的领导下,纷纷拿起武器,以起义或暴动形式对抗反动势力。

一、大革命失败后高雷政局与中共南路特委

1927年4月12日,蒋介石在上海发动"四一二"反革命政变,大肆搜捕共产党员和革命人士。4月15日,广州的国民党当权者李济深也跟进上海的行动,仅用7天时间,就逮捕共产党员和革命人士2100余人,其中共产党员约600人,被秘密杀害的有100多人,如萧楚女、刘尔崧、熊雄、李启汉、邓培等人均惨遭杀害。广州反革命政变的消息传来,南路地区也开始所谓"清党"行动。在遂溪县,县长林应礼、反动头子黄河沣等人亦组织了"清党"委员会,计划对革命人士进行捕杀。其时,中共南路组织主要领导成员之一的韩盈尚在遂溪县城家中养病。为了应付突变的局势,有计划地反击敌人的野蛮屠杀,1927年4月24日(三月二十三日),中共遂溪县部委和县农协召集全县部分党员和农运领导骨干,在遂溪第二区杨柑小学秘密召开会议,共商对策。不料,突然被遂溪县国民党反动派派兵包围了会场。颜卓、陈克醒、金美荣、陈历经、杨庆等十数人不幸被捕,黄广渊、黄宗赐等人破窗逃脱。与此同时,县部委领导人韩盈和吴协民、陈星焜等人也在遂城

被敌人逮捕；遂溪县党部执委陈光礼、监委刘坚在敌人包围县党部时越墙逃脱。5月21日，遂溪县国民党反动派将韩盈、颜卓等14人押至遂城竹行岭集体枪杀。至此，中共遂溪县组织遭到严重破坏，各级农会和其他革命团体被迫相继解散，轰轰烈烈的遂溪国民革命遭到血腥镇压。韩盈牺牲后，中共遂溪县部委的工作由黄广渊主持。①

国民党"四一五"反革命政变后，由于国共合作并没有全面破裂，加上当时部分领导人警惕性不高，4月20日，海康县还举行了县农民协会第二次代表大会，并发表控诉土豪劣绅、贪官污吏破坏农民运动罪行的宣言，会议仍然提出拥护国民政府、拥护北伐的口号，完全无应变的准备。很快，以县长谢莲航为首的官僚土豪，勾结当地反动驻军，向农民协会实行疯狂反扑。他们先是派洪钟鎏、周炳辉等反动政客提出"打倒农阀""打倒农贼"等反动口号，企图改组海康农会，但此阴谋未能得逞。随即县政府和镇压农民运动的刽子手、驻军副团长李洁之，营长吴子泰、温钟声、张鼎光等人下令解散各区、乡农民协会，收缴农民自卫军武装，逮捕和屠杀农会干部。②1927年6月，曾被国民党海康县党部、县农会、雷州总工会、民国日报社等组织控诉的地方豪绅吴子泰勾结陈济棠、余汉谋等人，诬蔑黄斌、陈荣位、陈炳森及罗应荣等人"谋杀前县长，勒索商店，鱼肉平民"，并以此罪名通缉他们。③

为应对国民党反动势力的疯狂攻击，1927年5月上旬，中共广东南路组织秘密在广州湾召开了南路十五县农民代表会议，商讨对策并进行部署。这次会议由朱也赤、陈信材、黄广渊主持，黄广渊的母亲黄凌氏也参加了会议。会议决定成立南路农民革命委员会，选举朱也赤为主任兼农运组长，陈信材为副主任兼军事组长，委员有黄广渊、杨枝水（兼宣传组长）、刘傅骥（兼财经组长）、梁文琰（兼文书）。会议指出，广州"四一五"反革命政变后，南路各地的反动派一方面强化其统治机构的职能，另一方面对各地的工

① 中共遂溪县委党史研究室编：《中国共产党遂溪地方史》（第一卷），中共党史出版社2004年版，第64页。

② 纪继尧：《大革命时期海康农会运动草录》，中共湛江市委党史研究室编：《南路农民运动史料》，广东人民出版社1997年版，第224—225页。

③ 《广东行政周刊》1927年第23期，第19—22页。

农群众运动实行种种限制和军事镇压，大肆搜捕共产党人和农运骨干分子，白色恐怖笼罩全省各地。在形势急剧恶化的紧要关头，中共南路及各地党组织正面临着前所未有的严峻考验。会议决定与会同志立即分赴各地，集结力量，伺机发动农民暴动，武装反击国民党反动派的野蛮屠杀。1927 年 7 月，中共广东省委派彭中英到南路组建中共南路特委，继续领导南路人民武装斗争。

1927 年 10 月，高雷区"清党"委员会通缉陈荣位等43 人，通缉令指称"陈荣位等四十三名，均系漏网首要份子，请开除党籍，及就近通知各军警，严行缉拿，并呈省清党委员会，转省政府，总司令部，通饬所属一体严缉"。被通缉的 43 名共产党有：遂溪县的陈荣位、薛文藻、黄斌、薛经辉、黄广渊、黄雨农、黄德中、陈荣福、陈光礼、刘坚、陈炳森（广州湾东海岛）、苏天春（广州湾东海岛）、曹迺轩、武其伦、周永杰、刘学卿、毛立伦、毛立经、□琼泗、黄安杨、黄宗记、黄凌氏、黄宗号、黄安凤、余道生、罗兆东、刘居安、□丕祥、王芝达、黄魅元、黄茂菴、黄美堂、萧加伦、萧英华、陈朝举、陈达兰、陈清泉、何□祥，海康县（包括）黄杰、陈佐卿、晁朝英、陈玉照，等。[①] 1927 年 11 月，省委决定撤销南路特委，派杨石魂、周颂年作为巡视员到南路领导革命斗争。

鉴于国民党对中共的打压和政治活动空间的收紧，1928 年 2 月，中共广东省委作出决定："（为）使南路工作指挥更有力量起见，决定恢复南路特委（以石魂、颂年及当地之忠实勇敢明白之工农同志三人共五人组织之），指导南路工作，以（杨）石魂为书记。"[②] 这是针对时局的强力措施。中共广东省委认为，中共南路特委成立后，要立即重新整顿各地基层党的组织，检查当地武装力量，可以考虑在化县第五区、廉江第一区和雷州分别成立暴动委员会，准备举行新的暴动，实行工农武装割据。4 月 13 日，中共广东省委扩大会议通过的《政治任务及工作方针决议案》，分析了全省的革命形势，对党的政治任务、斗争策略和各项具体工作都做了重新部署，要求"南路的

---

① 《通缉遂溪海康两县逆党首要份子陈荣位等四十三名》，《广东省政府周报》1927 年第 11 期，第 29—30 页。

② 中央档案馆、广东省档案馆编：《广东革命历史文件汇集》[中共广东省委文件，一九二八年（一）]，1982 年内部编印，第 351 页。

中心区域应以化县、茂名、廉江为中心的高雷两州向梅菉发展"。为贯彻省委扩大会议精神，中共南路特委 4 月 15 日在广州湾召开扩大会议，会间接到中共广东省委来信，随即扩大会议延长一天，对南路包括湛江地区的工作作了相关调整。扩大会议推定人选，健全了特委的组织机构，由杨石魂、周颂年、卢永炽、吴家槐等 7 人为委员，以杨石魂、周颂年、梁文琰 3 人为常务委员，杨石魂为书记。特委下设军事委员会和秘书处、组织科、宣传科、交通科，分管各方面的工作。会后，中共南路特委又与遂溪、海康、徐闻三县的党的负责人召开了联席会议，还继续召开了三次常委会，拟定了"工作大纲及其组织""军事训练大纲""兵士运动大纲"等，并对各县的工作作了具体的布置。召开中共南路特委扩大会议和常委会以后，南路的各项工作逐步得到恢复和发展。至同年 7 月，南路有 12 个县建立了县委，2 个县建立了特别支部，党员 3988 人，[①] 其中包括区委 26 个，支部 129 个。此外还有团员 400 多人。在军事方面，大多数县都成立军事委员会或暴动委员会，恢复秘密农会和组织赤卫队，开展各种形式的斗争。化县、廉江等县开展了反官租运动。遂溪第七区江洪港的渔业工人也组织了秘密工会和赤卫队，掀起反对包盐商的斗争。在士兵运动方面，派员打进民团、警察和国民党正规部队，秘密发展党员，掌握敌情，秘密成立了士兵革命委员会。如吴川县委曾派干部打入当地驻军和警察署，并在警察中成立了一个秘密党支部。中共南路特委还乘国民党十一军二十四师在南路招募新兵的机会，派一干部充当了该师的募兵委员，把吴川、茂名的农会积极分子 40 多人安插进去，并在新兵中秘密建立了一个党支部。南路特委还积极开展宣传工作，在党内出版了《南特通讯》，发往各支部，及时指导各地党支部的工作；在党外出版了《穷人周报》，向各地散发，并举办了各种短期训练班，以不同形式向群众宣传开展土地革命和建立苏维埃政权的意义。经过一系列的工作，南路革命斗争之火再度被点燃。

约于 7 月底，中共南路地区各县市代表大会在广州湾赤坎的南路特委招待所召开。与会代表约 40 人，其中有南路特委全体委员，廉江（4 人）、遂溪（3 人）、海康（2 人）、梅菉（2 人）、吴川（1 人）、广州湾（1 人）、化

---

① 《广东全省党的组织统计》（1928 年 8 月 7 日），中央档案馆、广东省档案馆编：《广东革命历史文件汇集》[中共广东省委文件，一九二八年（五）]，1984 年内部编印，第 109—111 页。

县（4 人）、信宜（1 人）、电白（1 人）、东兴（1 人）党组织的代表，以及共青团、兵委代表和特别指定代表。

这次大会改选了南路特委，推选黄平民为特委书记（同年 11 月被选为广东省委候补常委）①。党和团的南路特委机关均设在广州湾赤坎。

这次代表大会，总结了过去南路地区革命斗争的经验和教训，从指导思想上开始清除"左"倾错误的影响，同时客观地分析了南路地区的政治、军事形势，遵循实事求是的原则，调整各县市党组织的斗争方针和策略。会后，以黄平民为书记的中共南路特委决定暂时停止武装暴动，部署各地整顿、巩固党的各级组织，秘密发动群众，开展统战工作。

1928 年，正当中共南路特委按照省委的指示加紧发展党组织和策划武装暴动之时，南路地区的政治气候和经济、文化等社会环境也在继续恶化。一方面，在国民党反动派的黑暗统治和广东新军阀混战的影响下，南路地区的社会状况，正如国民党第十一军军长、广东省政府委员兼南区善后委员陈铭枢（1928 年 11 月任广东省政府主席）所言："到处财政黑暗，教育腐败，学生程度落后，人民生计困难，遍地荒野，人口稀少（恐二十年来有减无增）。总而言之，吏治不修，民智不振，社会教育衰落，土豪劣绅充斥，到处人民备受鱼肉。"②另一方面，国民党南路反动当局在继续组织反动武装残酷镇压革命力量的同时，还着力在各地建立特务组织，利诱收买革命队伍中的一些革命意志薄弱或腐化变质分子，甚至通过外交关系，企图在广州湾设立中方官厅捕"匪"机关，千方百计破坏中共地方组织，绑架和暗杀共产党人、民主人士或异己分子，频频制造白色恐怖。

1928 年 3 月底，反动军警在镇压茂名沙田暴动之后，根据搜获的有关文件资料，对茂名全县区、乡以上的党组织机关进行了破坏，并通过驻广州湾法当局逮捕了中共南路特委的地下交通员，中共广州湾支部因此一度停止活动。4 月 25 日和 28 日，中共遂溪县委机关和廉江县委机关，先后在遂溪第

---

① 罗慕平：《风云骤变的年代》，中共茂名市委党史研究室编：《茂名党史资料汇编》（1925—1928）第一辑，第 241 页。

② 《陈（铭枢）委员开会演说辞》，广东南区善后委员行署编：《广东南区高雷阳廉钦行政会议（1928 年 7 月 26 日—8 月 6 日）议决案》，1928 年内部编印，第 1 页，存广州中山图书馆历史文献馆 K6.047.4212（2）卷宗。

六区和廉江第一区园山村被反动军警"围剿"，其中国民党军某连在园山村捉去 10 余人（后设计宴请该连国民党士兵而乘机脱险）。夏秋间，中共南路特委委员兼海康县委书记薛文藻等人在赤坎被广州湾法当局逮捕。接着，国民党广东省政府派员与驻广州湾法国领事交涉，以劫船土匪名义将其中 2 人引渡到雷州，薛文藻则被囚于西营监狱（4 个月后获释，返回遂溪第五区高梅村养病）。其间，中共徐闻麻罗（今外罗）区委被破坏，多名共产党员遇难。

7 月下旬，被国民党收买充当特务的梁超群，通过中共广东省委派遣到达南路，以协助南路特委开展兵运工作为名，为国民党收集提供南路特委机关及各地党组织的情报。8 月，南路特委领导成员杨枝水、陈周鉴、薛经辉和兵运负责人龚荣昌等 8 人，在赤坎海边街高茂旅店研究高州兵变后的军事斗争问题，被广州湾法国当局派兵包围逮捕，后由南路特委设法营救而获释。[①]

是年秋冬间，国民党反动派进一步加紧对中共南路各级领导机关的破坏活动。此时，国民党军第八路总指挥部特派员梁武山、第十一军部特派员兼广东南区善后委员会公署特务员胡日贞、防军第七十一团特派员冯文等人，在新任梅菉市警察局局长陈蓼楚（陈铭枢之弟）的配合下，广布特务网络，"广遣干探于内外各要地，如广州湾之西营赤坎坡头等处，严密侦缉"[②]。不久，在南路特委机关负责后勤工作的陈兴（又名陈克桂，诨号"单眼仔"，赤坎国华面厂工人），被国民党特务和陈学谈用金钱收买，变节投靠了国民党。[③] 中共南路特委及各县党组织进一步陷于反动派的"魔掌"之中。

10 月 15 日，吴川党组织及农军负责人李士芬在振文区独竹村被反动民团逮捕，11 月 15 日被杀害于吴川县城黄坡。11 月 30 日，陈蓼楚根据情报，率梅菉市警察并会同防军第七十一团一部，突然包围搜查梅菉市敏宁路 25

---

① 罗慕平：《风云骤变的年代》，中共茂名市委党史研究室编：《茂名党史资料汇编》（1925—1928）第一辑，第 244—246 页。

② 《梅菉市政汇刊》（1929 年 6 月），第 32 页，存广州中山图书馆历史文献馆存 K6.264.7.4122卷宗。

③ 陈信材：《第一次国内革命战争时期南路人民革命斗争史》（1962 年 2 月），中共湛江市委党史研究室编：《南路农民运动史料》，广东人民出版社 1997 年版，第 200 页。

号德祥理发店,当场逮捕林福棠、黄少民、林亚光、林亚三等4人,并搜获梅菉市总工会理发支部印章、会员证章和粪业工会证章,以及信函、传单等。接着,林福棠等4人被押解至防军第七十一团团部。12月,陈蓼楚率领的梅菉市警察与法租界广州湾的警兵联合,对活动于法租界内的共产党人进行大搜捕,并重点破坏中共南路特委的领导机关。8日,陈蓼楚在坡头圩与法国营官凌威播会合后,即率部前往该圩正街,包围"河记"苏杭铺左邻的衣车铺,将隐蔽该处的梅菉市党组织负责人陈时(陈拥民)逮捕。当日,陈蓼楚率警探迅速进入赤坎埠,通过商请赤坎公局长陈学谈派遣警兵配合,旋即兵分三路同时行动:一路(由陈蓼楚带领)包围袭击设在赤坎新街头(今中兴街靠福建街段)的南路特委招待所,一路突袭新街尾(今中兴街靠中山路段)"元记"商店,一路(由胡日贞带领)突袭大中酒店。由于反动军警的突然袭击,南路特委常委朱也赤、陈周鉴和兵运负责人聂都山(聂阳光)以及陈妹、胡亚安(刘汉)、王进芬、林伯全、易永言、张秀莲等9人被捕,并被搜去木质方、圆大印各一枚和印刷品数担;同时,梅菉市党组织负责人龙少涛也在大中酒店被捕。16日,陈蓼楚在广州湾得悉南路特委书记黄平民等人的行踪,随即率探线并会同法吏警兵,在西营码头逮捕了黄平民和符智痴(符更痴)、符林氏夫妇。

在国民党反动派与广州湾法当局联合侦破中共南路特委机关期间,适值遂溪洋务委员古国铣由香港抵达广州湾。于是,古国铣出面,与广州湾公使履惠、副公使华蔚苏进行交涉,很快便促成双方同意采取变通的手段,非正式引渡"犯人"(即双方按约定的时间、地点,由广州湾法国当局将"犯人"押解出租界,然后由等候于租界外的国民党驻军接拿"犯人")。12月12日,陈时首先在吴川县鸡窦屋被引渡。接着,朱也赤、聂都山、陈妹、胡亚安、王进芬等人,于21日在遂溪县寸金桥被引渡;同日,黄平民和符智痴、符林氏夫妇在坡头圩外的吴川县境被引渡。由于林伯全是坡头人,易永言、张秀莲是安南(现越南)芒街人,"均隶法籍,应递解回国";而陈周鉴则因"触犯法国刑律,须俟执行期满,方能驱逐接拿"[①],因此,他们4人未被引渡。

---

① 《梅菉市政汇刊》(1929年6月),第152页,存广州中山图书馆历史文献馆存 K6.264.7.4122卷宗。

以上被引渡人员，除王进芬由国民党军第八路总指挥部特派员梁武山带往广州另案办理外，余者均被提归梅菉市警察局审讯，继而陆续移交给驻梅菉的第二十四师第七十一团（团长邱兆琛）执行枪杀。其中，黄平民、朱也赤、陈妹被杀害于1928年12月23日。

在南路特委机关被破坏期间，中共广东省委巡视员吕品正在广州湾指导南路工作，他见机摆脱了险境，立即返香港向省委汇报南路特委机关被破坏的情况。1929年1月1日，广东省委向全省各级党组织和全体党员发出第四十一号通告，沉痛悼念黄平民、朱也赤、黄中等10余位烈士；指出"他们是鞠躬尽瘁为着党的工作而牺牲"的，"他们死于代表豪绅资产阶级屠杀工农的刽子手国民党、法帝国主义者与本党叛贼梁超群之手"；号召全体党员"歼灭党内的叛徒""与凶残的敌人决斗""为英勇的死者复仇"。[1]

这次南路特委机关被破坏，给南路地区的中共组织及其领导的革命斗争带来了极其深重的灾难。事件中，除了黄平民、朱也赤等一批领导人被捕遭杀害之外，还被反动军警搜去南路特委今后工作纲领、各县市委组织月报表、高州党组织交通路线图、茂名临时县委报告书等重要文件资料。因此，继南路特委机关被破坏之后，各县市的中共组织也随即遭到国民党反动派的大搜捕而陆续解体，致使南路地区的革命斗争先后遭到残酷的血腥镇压。

二、工农武装起义

1927年广州"四一五"反革命政变后不久，5月14日，乐民镇警察署署长潘林雄率署员警兵7人，在海山新圩仔强行苛抽勒索，圩上农民自卫军前往制止，反被潘林雄以检查枪证为名缴去武器。黄广渊、陈光礼等人闻讯即率领海山农民自卫军200余人包围新圩仔，活捉潘林雄等8人，他们就势"占据乡市，歃血盟誓，遍树旗帜"，于5月18日正式举行暴动。[2] 暴动震动了遂溪、海康两县。当天，海康县县长谢莲舫、遂溪县县长林应礼等率领警兵、驻防军第三十一团第二营（营长温中声）的两个连，分别进攻乐民和海

---

① 中央档案馆、广东省档案馆编：《广东革命历史文件汇集》甲14，1982年内部编印，第1—2页；甲23（中共琼崖、南路特委文件，1927—1935年）。

② 《遂溪县长电报该县进剿乐民共产党情形请察核由》第435号，1927年5月21日到（快邮代电）电文。

山。但他们来到之前，黄广渊等农会领导人已开会商讨对策。考虑到海山村临近海边，村内东、西、南、北4个方向出入口都有大闸门，门的两侧还筑有防匪炮楼，且当地农运基础好，农民自卫军决定以海山为据点，反抗国民党军的进攻。19日，警兵、驻防军开始攻打海山村，但遭到农民自卫军顽强的抵抗。驻防军虽经过多次反复进攻，都无功而返。农军凭借熟悉的地形和炮楼，取得一定的胜利。双方激战3天，处于拉锯战状态。随后当地乡贤、海康乌石盐务区署区长、乌泥塘人黄兆昌在两县县长请求下，利用宗亲关系出面调停。考虑到敌我力量及周围村庄的实际情况，农军提出3个条件，才同意停火：一是立即释放被扣押的农会骨干和革命群众；二是警兵及驻防军立即撤出乐民、江洪、纪家一带；三是赔偿农民的损失。对方代表接受后两条，但要求取消第一条。经过谈判，双方同意停火。当晚，警兵及驻防军全部撤走，农军释放了国民党潘林雄等。在战斗中黄广渊、陈光礼等人将海山、余村、敦文、乐民圩、内塘、芋头、调神、海角、田西等村农民自卫军都集中起来，迅速将农军队伍扩充到500多人。警兵、驻防军撤退后，黄广渊、陈光礼等人将农民自卫军集结于附近的米昌塘村，对队伍进行整编，将队伍统编为一个大队，以黄广渊、陈光礼为大队正、副指挥，下设3个中队，薛经辉、余道生、黄宗赐分任中队长。6月下旬，乐民农军大队分兵袭击江洪港和纪家圩，打垮了江洪民团缉私队和鸦片公司、洋杂公司的反动武装，缴获枪械一批。进攻纪家圩时敌方援兵抵达，农军进攻受阻不得不退回乐民。6月29日，国民党军以两个团的兵力，纠合遂溪、海康1000多人，配备重炮攻打乐民城。由于双方力量对比悬殊，原计划从香港运来的枪械没有运到，农军在与之激战两昼夜之后，一部组成小分队由薛经辉等人带领撤出乐民城，继续在乐民、江洪、纪家一带农村活动；另一部由黄广渊、黄凌氏带领，在水妥村隐蔽，建立秘密据点，坚持战斗。为扩大队伍，派陈光礼、刘坚进入徐闻山，策反土匪反正支援。[①] 6月，共产党员杨枝水被派往海康。他在第四区洋塘村一带集结农军，准备武装反抗国民党集团的疯狂打压，以响应乐民、海山的两乡暴动。此前，前国民党农运特派员苏天春亦奉命从香港回到海康，与黄杰、陈焴才等会合，在第七区东海仔淡水蔗果岭秘

---

① 中共遂溪县委党史研究室编：《中国共产党遂溪地方史》（第一卷），中共党史出版社2004年版，第67—75页。

密活动。6月下旬，他们集结了农民自卫军200余人在东海仔举行暴动，计划第一步夺取沿海哨船（即海上民团巡捕海盗的船只），收缴沿海民团武装，进而打通交通线路再向腹地发展。东海仔暴动使国民党当局大为震惊，随即下令通缉黄杰，并勾结硇洲岛的法军帮助其镇压暴动。东海仔农军在劫得两艘哨船、收缴了东海仔民团武装后，在海上受到法国巡艇的攻击，农军被迫返回陆地，原计划失败，东海仔已不能立足。黄杰等集中所有力量，得100多人马枪支，向西行动，准备取道北和乌石港，与遂溪农军会合。途中遭敌军伏击，陈焙才牺牲，农军被打散。适逢遂溪乐民暴动失败，海康农军失去了依恃，只好化整为零，分散隐蔽，苏天春经遂溪通明港回到广州湾，不久即前往香港。为了保存实力，作为领导者的黄杰独自到第四、第八区，布置撤退、暂时停止农军行动时不幸被捕。这位广东南路早期的农运宣传者、组织者，在高呼着"共产党万岁"的口号中被反动派枪杀。就在遂溪、海康等地农民自卫军反抗当地军警无理打压时，吴川的农民自卫军亦利用组织的力量在抗争。振文人李士芬（共产党员），是吴川农会的主要领导之一，在当地群众中有很高的威望。他受陈信材派遣回到振文，很快就组织了100多人枪的农民自卫军。当国共合作形势发生变化时，陈信材、李士芬将农民自卫军命名为"吴梅农民自卫大队"，李士芬任大队长。他们根据农民的需求，活跃在鉴江下游的斗门、山圩一带，与当地驻军邱兆琛进行武装抗争，其中渡口一战就杀伤军警20多人。国共合作全面破裂后，国民党及驻军强化统治，再加上后来该支自卫大队收编的"绿林"纪律涣散，又不团结，环境一困难，许多人自动离散。山圩一战，自卫军损失很大，最后剩下10多人。11月，李士芬在黄坡牺牲，大队失去了坚强的领导人，随即消沉下去。

1927年8月1日，中共南路特委为反击国民党的镇压，组织廉江县工农革命军300余人和群众在梧村垌村发起武装起义。早在"四一五"反革命政变后，国民党廉江县县长黄质文就派兵查抄了设在迴龙寺的中共廉江县支部和县农会的机关，捣毁了县工会和学联会，悬赏通缉中共廉江县组织负责人周永杰、梁安成等人。7月下旬，中共南路特委根据上级"武装反抗国民党"的指示精神，派人到廉江布置起义。随后中共廉江县支部在西塘村召开会议，分析了敌我双方力量对比，认为当时县城只有警队80多人，附城地主民团也只有数十人，总数不足200人，而经过努力，农军已集结300人，尚可联络"绿林"蔡乾初100余人枪，入城后还可以得到县城群众的拥护，于是决定立即举行武装暴动。会后正式成立了"廉江工农革命委员会"和"廉江工农革命军"，选举梁文琰（亦叫梁玉麟）、刘邦武、梁文兴等人为革命委员会的领导人和工农革命的指挥，指派特委委员梁文琰担任起义的军事指挥。将由农军改编而来的廉江工农革命军，对外称"南路讨逆军第二路第一支队"。7月30日晚，县工农革命军300余人按计划集结于梧村垌村，召开起义誓师大会，决定攻打县城，进行起义前的准备工作。不料，起义行动计划被地主刘仁珊获知，刘向国民党廉江县政府告密。黄质文立即纠集国民党吴川驻军第三十一团一个连及警察共200余人，于8月1日一大早，包围了梧村垌村。工农革命军和群众虽然是仓促应战，但在梁文琰的指挥下，还是沉着迎战，英勇还击，毙敌10名，伤敌数十名。激战3小时后，起义领导人在分析形势后决定保存有生力量，留下刘锡寿等11名战士掩护，其余人员撤出战斗。11名战士坚守炮楼到第二天下午5时，完成掩护任务后弹尽粮绝，全部壮烈牺牲。8月3日上午8时，撤退到城西大塘村的起义队伍，联合"绿林"武装蔡乾初部，击溃了国民党军一部，计划在此地再做准备，攻打县城。不料，起义队伍的行动计划又被黄质文获知，其调重兵于当日11时包围了大塘村，双方激战至黄昏。在强敌面前，农军突出重围，化整为零，转入隐蔽斗争。梧村垌村起义，对南路国民党反动派震动极大，人民群众也深受鼓舞。它与茂名沙田起义、信宜怀乡起义，被称为土地革命战争时期"南路人民革命斗争的三大火炬"。[①]

三、武装割据

1927年9月，为了保存农军队伍，中共遂溪县委将此前从遂溪乐民城撤出的乐民、海山暴动后整编的农军队伍化整为零，一部分留在群众基础比较好的遂溪第六、第七区一带进行斗争，另一部分则由县委书记陈光礼带领，撤至斜阳岛，进行海上武装割据。

斜阳岛，又称岭仔，时隶属遂溪管辖，是北部湾中的一个小孤岛，距遂溪江洪港30海里，离北海市40海里，离邻近的涠洲岛9海里，面积5.5平

---

① 中国人民解放军历史资料丛书编审委员会编：《土地革命战争时期各地武装起义（广东地区）》，解放军出版社1999年版，第707—708页。

方千米，形似铁锅，四周高，中间低，悬崖陡壁，仙人掌、茅草、杂树疯长其间，西面的羊咩岭，海拔 140 余米，仅北面的三条柴、东埠、北埠有小港丫，有狭窄、弯曲、倾斜的小石径可攀缘而上，是个易守难攻的海岛。岛上有 20 多户从江洪、纪家一带逃难到此的渔民，多以捕鱼为生。早在大革命时期，这里为土匪符振岳部所盘踞。陈光礼、薛经辉、余道生等率领农民自卫军 100 多人，登岛后，首先遇到一个问题是如何处理好与土匪的关系。由于这支土匪部队在遂溪乐民暴动时曾无条件地帮助过农民自卫军打仗，对革命表示同情，因此，遂溪县委相关人员受命主动向符振岳做争取教育工作，陈述革命大义，以提高他们的阶级觉悟，希望他们能与农民自卫军合作，一道革命。同时，农民自卫军也以自己的模范行动去感化这支土匪队伍。这时，中共南路特委也决定派出得力干部深入海岛，继续向这支土匪武装进行教育工作，"以发展组织"，争取他们早日投身革命行列。① 经过一段时间的宣传教育，符振岳同意编入农民自卫军。1928 年 5 月，农民自卫军实行统一整编，成立了斜阳岛农民自卫军大队，陈光礼任总指挥，下辖两个营，原符振岳部为第一营，符振岳任营长，原农民自卫军为第二营，薛经辉、余道生任正、副营长，全军共 300 余人。

1928 年 8 月，国民党遂溪县当局谋划纠合梅菉、安铺、遂溪等地近千人的兵力，准备围攻斜阳岛的遂溪农民自卫军。中共遂溪县委获悉这个消息，决定先发制人，组织武装割据于斜阳岛的农军回师内陆，再次举行武装起义，进攻遂溪县城。9 月 7 日晚，遂溪农军 100 多人，由陈光礼、薛经辉率领，乘两只帆船由涠洲岛出发，8 日在斗仑村上岸，与陈可章（原是南路军阀邓本殷部下的团长，邓失势后，陈因不满国民党残暴统治，潜回安铺，组织队伍，暗助农军）的武装会合，当晚抵达廉江安铺。午夜，农军第一营第一连连长龙金贵带领短枪队 10 余人按计划到达县城，从西门爬墙潜入城内发起攻击。守城国民党军从梦中惊醒，慌忙对抗。这时，陈光礼、薛经辉率部赶到，与龙金贵等人里应外合，攻进城内，消灭了一批国民党军，缴获 60 多支枪和大批子弹。国民党遂溪县县长黄克带领余部，向着广州湾赤坎方向

---

① 《中共南路特委给省委的第一号报告》（1928 年 4 月 26 日），中央档案馆、广东省档案馆编：《广东革命历史文件汇集》（中共琼崖、南路特委文件，1927—1935），1983 年内部编印，第 240—241 页。

溃退。农军一直追到麻章圩，才回师遂城。农军进驻遂城后，打开监狱，救出共产党员、农会骨干和革命群众200多人。9日张贴安民告示和宣传标语。广大群众与久别的农军战士重逢，欢呼雀跃，不少群众参加了农军。农军召开群众大会，公审和处决一批罪大恶极的反动分子，公祭革命烈士。10日，农军接到情报，得悉国民党军从廉江开来进行反扑，遂主动撤离县城。遂溪地方势力头目戴朝恩带一支人马尾随农军，在安铺后坡与农军交火，农军英勇战斗，激战2个小时，把戴的人马击退。国民党军败退后，农军计划撤至徐闻山区，开辟革命根据地。但因国民党拼命阻拦追击，在腹背受敌的情况下，农军再次撤回斜阳岛。不久，陈光礼等率领斜阳岛农军再次回师遂溪，在界炮与陈可章的一支队伍会合，再次攻克遂溪县城，占领县署，打开监狱，释放被捕干部和群众。几天后，国民党从廉江等地调兵遣将会同当地反动民团进行反扑，农军不得不又退回斜阳岛。在此前后，斜阳岛的农军还多次回师攻打乐民、江洪等地，给国民党当局以一定程度的打击，但因双方力量悬殊，农军无法在陆地立足，只好退守斜阳岛。1928年底，中共南路特委遭到破坏，南路的革命处于最困难时期，斜阳岛的农军与上级党组织完全失去联系。1929年至1931年，国民党当局多次派兵渡海对斜阳岛进犯，但在驻岛军民的坚守下，均未能成功。1932年7月，国民党南路警备司令陈章甫调集重兵，分乘大号篷船13艘，在飞机配合下，向斜阳岛连续发起进攻。由于国民党军连续的火力轰击，农军受到重创，一营营长符振岳等指战员相继阵亡，500多人的革命武装队伍已伤亡过半，加上完全失去外援，全岛军民几乎处于弹尽粮绝的危难关头。生死攸关之际，薛经辉等领导人决定率部冒险突围，转移到海康、徐闻等地坚持斗争。但是，斜阳岛已被国民党军重重包围，农军的船只小，海上风浪大，农军多次突围均不成功。11月5日，国民党南路当局再调动海陆空大批军队疯狂进攻斜阳岛。由于双方力量对比悬殊，东埠、北埠、三条柴、灶门等阵地先后失守，大部分农军相继阵亡；余道生、黄安扬及符振岳的妻子梁四等二三十名指战员宁死不受辱，抱石跳海殉难。据相关文献记载：农军"投海自尽者百余"，被俘者"一百七十余名"。① 当天午时，国民党军全面攻陷斜阳岛。

---

① 《攻破斜阳匪岛之速记（转载第三独立团铁血）》，《合浦县政月刊》第八、九、十期合刊1933年1月，第137—138页。

斜阳岛根据地失陷后，薛经辉、陈中华、黄安谦等带领40多名农军和一些群众，撤退进入海岛最高点羊咩岭的山洞内。反动军警严密封锁住洞口，洞内农军和群众备受断粮、缺水、寒冷的煎熬，始终没有一个人屈服。他们在被困山洞期间，互相关心勉励，决心共度生死。薛经辉等领导人珍惜洞中"滴水"之源，常常伏在石壁上吸湿解渴；部分农军甚至为了取水而大无畏地牺牲自己的生命。目睹农军的深情厚谊，群众无不感激。11月14日，薛经辉等人为了避免无辜群众遭受灾难，以不得伤害群众为条件同国民党军达成协议，毅然出洞就俘，15日连同无辜群众一道（共100多人）被押往北海市监狱。薛经辉等40多名农军指战员在狱中备受各种酷刑折磨和威逼利诱，始终坚贞不屈，于同年12月就义于北海市西炮台。至此，农军在斜阳岛建立的海岛根据地和开展的革命武装斗争遭到彻底失败。

斜阳岛军民在革命处于低潮的恶劣环境下，坚持了长达五年多的艰苦卓绝的斗争，扩大了革命影响，在广东人民革命斗争史上写下了光辉的一页。

乐民起义失败后留在遂溪的第六、七区一带农村活动的农军，由中共南路特委委员、遂溪县部委负责人黄广渊带领，发动群众坚持斗争。1927年9月20日，在农军行踪被发现之后的战斗中，黄广渊为掩护大部队撤退时阵亡。农军由黄广渊的母亲黄凌氏和黄广渊三弟黄广荣率领着转移到了东海岛调文（旧称调那村）山后村作为落脚点，此后，他们以东海岛和硇洲岛为据点，坚持了一段时间的斗争。

东海岛被法国强占后，国民党势力固然管不到，但法国当局一样不容忍农军的存在。东海岛是个平地岛，岛上大部分是平原，没有山，只有一些稍高于地平面的坡地。山后村正好位于一大片坡地的后边，村子被过人高的簕古丛林包围，外人很难找到入村的道路。更重要的是，这里是东海岛第一个农会产生的地方，群众基础好，受过革命思想的熏陶，不会轻易出卖农军，村里的头人唐士英也支持农军，对农军的隐蔽相当有利。黄凌氏率领农军队伍就在山后村的唐氏祠堂里驻扎了下来。

遂溪农军来到东海岛之后，黄凌氏等中共党员就地成立了党小组，山后村青年唐里志、唐平香、唐平家等加入共产党，唐定荣和妻子王氏也加入了共产党。山后村的农民协会本来已经停止活动，在黄凌氏的发动下又重新发展了起来，此外，为解决农军资金不足的问题，还成立了渔网队、海上税队和妇女会。另外，他们还开展了土地革命的初步尝试，把祠堂的田地分给穷人耕种。当然，由于当地的革命活动刚刚起步，对于群众的发动还不够深入，又位于法国租界的管辖区内，地处平原，并无山川河流作为天然屏障与外界的国民党政权或者法国殖民政权隔绝开来，加上与中共上级组织长期失去联系，因此，他们无法提出完整的"打土豪、分田地、废除封建剥削和债务"的主张以满足农民对土地的要求。

硇洲岛两次成功的罢工斗争也引起了法国殖民政权和国民党当局的注意，尤其是在海晏会的会员张贴了许多革命标语之后，他们意识到硇洲岛有共产党员的活动。1930年冬，国民党吴川县当局派遣人称"陈黑鬼"的特务潜入硇洲岛，与当地法国公局密谋逮捕在硇洲岛活动的彭中英、陈信材等共产党员。正当驻硇洲的法国军警准备采取缉捕行动时，幸得海晏会负责人之一的妃乌的侄子在法国硇洲公局当差，他知道消息后及时通知了彭中英等人。彭中英等人见情况危急，而且硇洲岛太小，没有回旋的余地，遂与陈信材等10多位共产党员立刻乘卖咸鱼汁的木船，赶在法国硇洲公局行动前离开了硇洲岛，辗转前往香港。

1931年2月，传言国民党高雷"清党"委员黄河沣到了西营。黄河沣积极"剿灭"共产党员，是农军的死对头，黄凌氏、黄广荣等人商量后，认为从东海岛往西营去很方便，应趁着这个机会刺杀黄河沣，如能在春节期间刺杀成功无疑是极为鼓舞人心的，因而作出派黄广荣和两名农军战士潜入西营伺机刺杀黄河沣的决定。不幸的是，黄广荣被叛徒出卖，遭法国殖民者逮捕。不久，法国军警把黄广荣等交给国民党当局押往吴川梅箓杀害。痛失最后一个儿子的黄凌氏强忍悲痛，带领农军仍活动于东海岛，但是法国军警却加紧了搜查和追捕农军的步伐。1931年9月，大批法国军警在获知农军的确切地点后扑向山后村，对农军进行包围。敌强我弱的农军虽组织几次突围，但均未成功。天亮时，农军的子弹耗尽，法国军警乘机撞开祠堂大门，黄凌氏及全体农军战士被捕，黄凌氏被国民党当局引渡到遂溪杀害，转战东海岛地区的遂溪农军至此失败。

第三十一章　抗日战争时期的湛江地区

　　1931 年日本发动"九一八"事变，数月后占领东三省全境；1935 年制造华北事变，密谋推动所谓"华北五省自治"；1937 年 7 月 7 日发动卢沟桥事变，开始全面侵华战争，中国人民奋起抵抗。

　　湛江人民经历了从抗日救亡运动，到全面抵抗日军的武装战争，再到取得抗日战争完全胜利的全过程。日军对湛江的侵略分为两个阶段：第一阶段是从 1938 年 2 月至 1943 年 2 月，以派出飞机实施轰炸和封锁骚扰为主，使湛江人民生命财产受到巨大损失。此间，由于国民党广东当局的防守重点在广州一带，湛江地区并没有配备国民党正规军，负责各县防卫的主力是各县的自卫队，他们在兵力数量少、武器装备差的情况下，仍然配合实施焦土抗战政策。第二阶段是从 1943 年 2 月日军实施登陆雷州作战至 1945 年 9 月投降，除了仍不时以军机投弹轰炸外，以实地作战和物资掠夺为主。国民党军队虽勉力维持了正面抵抗，但基本处于守势，没有对日军构成太大的威胁。共产党组织高雷民众武装联防抗日，与正面战场互为支撑。共产党与国民党的爱国将领张炎将军还进行了有效的合作联防。从 1945 年 1 月起，在中共中央南方局的指导下，中共南路组织发起了遍及南路全域的抗日武装起义，组建了南路人民抗日解放军；张炎率部参与联合起义，成立了高雷人民抗日军。这支抗日武装成为在高雷敌后坚持抗战的主力军，雷州敌后以至南路人民的抗日斗志备受鼓舞。8 月 15 日，日军宣布投降，9 月 21 日，广州湾宣告光复。湛江地区也和全国一样，迎来了持久抗战的胜利。

第一节　湛江地区的抗日救亡运动

一、抗日救亡运动兴起和高涨

1931 年 9 月 18 日，日本制造震惊中外的"九一八"事变，东三省沦陷。群众性的抗日救亡运动迅速在国内的大城市兴起，很快便扩展到全国范围内的城乡各地。1937 年 7 月 7 日，日本挑起卢沟桥事变，发动全面侵华战争，中国军民奋起抵抗，抗日民族统一战线正式形成，中国掀起了全民族抗战的高潮，民众的抗日救亡运动呈蓬勃发展之势。

在全国抗日救亡群众运动的影响下，湛江地区的抗日救亡运动遍布各县区和法国租界的广州湾，为其后抗击侵略雷州半岛的日军奠定了群众基础。同时，也是在抗日救亡运动中，广东南路各地的共产党组织得以恢复重建，并迅速成为抗日救亡运动的主要推动者。但群众性的运动无法阻止侵略者的进攻，1938 年后，日军多次派飞机、舰船及小股部队轰炸和袭扰高雷地区，使当地人民的生命财产安全受到严重的威胁。

以中国国土之广袤、人民之众多，却在"九一八"事变之后短短几年时间内快速地丧失东北、华北大片国土，虽有国力衰弱的原因，但自鸦片战争以来的近代中国饱受西方列强的蹂躏，主要的原因还是"在于中国民众的无组织状态"①。要克服这一致命的缺点，必须唤醒民众全面参与抗日救亡，使之成为伟大的民族抗战，因而中国共产党从一开始便是群众性抗日救亡运动的主要推动力量，中共广东省委也多次发表抗日救亡宣言，号召全省各地的地方党组织迅速行动起来，建立"群众的反帝大同盟"。

（一）抗日救亡运动兴起

在逐步遍及全国的抗日救亡风潮影响下，雷州半岛及廉江、吴川等地的工农兵学商各界积极响应，或举行集会，或游行示威发表宣言、通电，呼吁全国各界团结御侮、共赴国难。其中秘密活动于各地的共产党人，以及各中

_____
① 《毛泽东选集》（第 2 卷），人民出版社 1991 年版，第 511 页。

小学校的一大批爱国青年学生，在初兴的抗日救亡运动中起到了先锋作用。位于海康县城的广东省立雷州第十中学师生同仇敌忾，以出墙报、编校刊等形式，大力宣传抗日救亡，抨击蒋介石集团的屈辱退让、"剿共"内战政策；或走出校门，上街演说、演剧，唤起民众抗日救亡。遂溪进步师生响应上海学联会的呼吁，积极开展抵制日货和"择师"运动。1931年10月，遂溪初级中学、简易师范（合称遂中师）学联会组织两个宣传队，由进步教师张一帆、汪正豪带领在遂溪城乡及合浦、海康等地，进行抗日救亡巡回宣传。徐闻县的共产党员吴必兴，以行医、教书等职业为掩护，在徐闻锦山村小学等地秘密开展革命宣传活动。"九一八"事变后，他向学生大力宣传抗日救国思想，并组织学生进行军事常识训练，以备抗日战事所需。

走出湛江在外地求学的一批湛江籍进步青年学生，踊跃投身于所在地的抗日救亡运动中。如遂溪的郑为之（郑寿衡）、郑仲涵、郑星燕（郑仲瑞）、郑仲、郑光南，海康的何仕榜、何仕梅，徐闻的吴朝阳等人，在上海分别参加了反帝大同盟、红色互济会等抗日团体，并组织了雷州旅沪青年反日救国会，他们不仅在上海积极开展抗日救亡工作，有的还参加了上海学生请愿团，前往南京要求国民党政府出兵抗日。与此同时，他们心系家乡，将自己在上海、南京等地搜集到的抗日救亡进步刊物寄回家乡，从而影响、推动家乡的青年学生投身抗日救亡运动。[①]

国民党军队内的一批爱国人士纷纷自行组织抗日武装，在不同地点打击入侵日军。1932年1月28日，日军进攻上海闸北，蔡廷锴等人不顾蒋介石要求十九路军后撤的命令，指挥所部奋起抗战，击败了日军三次大的进攻，迫使日军三次换将。吴川籍国民党军人张炎时任十九路军二十六师副师长，他抱着"决死之心，为国家民族洒一滴热血"的精神，所部在每次战役中都是正面阵地的战斗主力，为整个战局的走向奠定了坚实基础。十九路军因此威名远播，鼓舞了国人的斗志，张炎也由此成为当时的报纸热衷报道并为人熟知的抗日英雄、抗日名将。

张炎的报国行动在高雷地区的广大爱国青年学生中引起了共鸣。此时，遂溪、海康、徐闻、廉江、吴川、广州湾等地的中小学校师生，纷纷深入广

---

① 中共湛江市委党史研究室：《中国共产党湛江历史》（第一卷），中共党史出版社2011年版，第161页。

张炎将军像

大城乡，发动各界募捐支援第十九路军等抗日武装部队，同时还在各港口、交通要道设关卡，以及到各商铺搜查日货，并将日货集中烧毁。此外，广东省立雷州十中还组织起100多人的"十中学生义勇军"，分为3个中队，开展军事训练，随时准备开赴前线杀敌，保家卫国。

1935年，北平爱国学生"一二·九"运动爆发之后，全国各地掀起了全国性的抗日救亡新高潮。此时，雷州半岛及廉江、吴川、广州湾等地的抗日救亡运动进一步发展。雷州师范、遂溪初级中学、遂溪简易师范以及廉江、吴川、徐闻等地的青年学生和爱国群众，走上街头集会和示威游行，要求国民党政府停止内战，出兵抗日，收回华北；部分工厂的工人也相继举行罢工，抗议国民党政府对日妥协和镇压抗日运动，支援学生的爱国斗争。在这次声援北平学生抗日救国运动中，雷州师范学校的学生陈其辉、邓麟彰等带头人被校方勒令退学。

在此期间，广州湾租界内的抗日救亡活动也较为活跃。赤坎晨光小学校长、共产党员许乃超带领进步教师廖彦冰、廖晃欣等，以学校为阵地，向学生灌输抗日救亡思想，并与遂溪县立第七小学校长冯凌云联合在麻章组织青年学生开展抗日救亡活动。东海岛的抗日救亡活动以觉民小学为中心，1935年夏至1936年间，郑星燕、郑仲瑛、郑光南、黄其江等爱国知识青年先后受聘担任该校校长，他们与陈其辉、吴定瀛、郑体诗、邓麟彰、沈汉英、黄明德、沈斌、沈植三、庄梅寿、王玉颜等一批进步教师和青年学生一道，利用课堂向广大学生披露日本侵占华北及继续扩大对华侵略的阴谋与罪行，抨击国民党反动统治集团的对日退让屈辱政策，并通过举办学艺比赛等形式，组织学生撰写抗日救国文章，从而引导学生树立民族主义、爱国主义的思想，激发起抗日救国的强烈愿望；同时还到乡村圩镇上进行抗日宣传，动员群众起来抵制日货。

全面抗战爆发后，全国各地的抗日救亡热潮一浪高过一浪，遍布城乡的抗日救亡运动发展迅速。1937年7月17日，国民党广东当局成立了"广东民众御侮救亡会"，公布了《广东民众御侮救亡会工作组织大纲》，将全省分为 12 个区，要求在统一指导下将全省民众组织起来并实施训练。8 月后，国民党当局又相继发布《广东省开放民众运动的决议案》《广东民众武装五项保证》，表示要开放民众运动，允许人民拥有枪支，实行自卫等。此外还释放"政治犯"，取消邮电新闻检查，允许民众组织救亡团体，成立广东民众抗敌自卫团统率委员会，等等。广东迎来了国共合作、共同发动各阶层人民大力开展抗日救亡运动的最好时期。① 9 月 1 日，中共南方临时工作委员会即要求广州党组织围绕以广东民众御侮救亡会的工作中心和目标，布置党组织集中力量，发动所有组织参加广东民众御侮救亡会，广泛动员群众组织北上慰劳队、救护队、战地服务团、抗敌后援会、抗日先锋队等团体，发动募捐，援助华北抗战以及实施广东防务建设，保护广东安全等。②

在《广东民众御侮救亡会工作组织大纲》中，广东南路的高雷地区被划为第十一区。在高雷，由于该地区共产党组织还处在秘密的、正逐步恢复的阶段，因而并没有明确的国共合作的组织形式存在，国民党当局也没有具体的联共抗日的政策，只是执行省政府的调整，采取较前开明的政策，并有一些抗战的要求和行动。

一大批进步青年学生和个别共产党员带动了高雷地区民众的抗日救亡浪潮。遂溪初级中学、遂溪简易师范、雷州师范、东海岛等地的青年学生，在进步教师的引导下，秘密组织读书会、同学会，阅读进步书刊，学习革命理论，接受革命思想的熏陶，开展抗日救亡和抵制日货等活动。

为了加强宣传，1937 年 7 月，何森、支仁山、殷杰、招离等 10 多名爱国青年在遂溪第七小学发起成立抗日救亡宣传队，到附近农村宣传抗日爱国思想，开展抗日救亡活动。8 月，广州湾晨光小学校长许乃超联系遂溪第七小学进步教师何森等人，成立遂湾联合抗日宣传工作团，团址设在遂溪七小，推选许乃超任团长，何森任副团长兼负责组织工作，殷杰负责总务，邹延炳负责宣传，经常参加活动的有遂湾青年 60 多人以及赤坎、麻章两地部

---

① 丁身尊主编：《广东民国史》（下册），广东人民出版社 2004 年版，第 831 页。
② 《中共南方工作委员会给中央的报告——关于广州市委的错误问题》（1937 年 9 月 1 日），中央档案馆、广东省档案馆编：《广东革命历史文件汇集》（中共南委广东省委文件，1937—1939），1987 年内部编印，第 37—38 页。

分高年级小学生，开展声势浩大的抗日宣传活动。他们设演剧队、歌咏队、墙报组等，深入城乡宣传抗日，并创办《救亡》《怒吼》等刊物，宣传抗日救亡。其中，演剧队在赤坎法国大马路（今中山路）文化戏院曾一连三晚演出大型话剧《保卫卢沟桥》，场场满座。此为广州湾首次演出抗日话剧，戏院老板减收院租，不少商人争购名誉票，轰动一时，民众深受抗日教育。[①]黄明德、郑体诗、沈植三、王玉颜、沈斌等在东海岛成立遂湾联合抗日宣传团东海分团，进行抗日宣传活动。除此，各地还成立了春雷剧社（"七七"剧团）、廉江孩子剧团、梅菉抗战话剧团等 10 多个宣传团体，演出的剧目有数十种之多，受众进一步扩大。广大城乡的进步青年和师生，还自发组织起演讲组、演唱队等，奔上街头，深入田野，发表抗日演说，演唱救亡歌曲，吟咏爱国诗篇，或在学校和城镇大办墙报、板报、书画展，广贴标语横额。当时，由于青年们的积极倡导和带动，大唱救亡歌曲之风遍及广大城乡，工农学商、男女老少为抗日救国而高歌的景象，在广州湾来说可谓是旷古未闻，人们除了喜欢演唱全国普遍流行的《全国总动员》《义勇军进行曲》《松花江上》《毕业上前线》《延安颂》等救亡歌曲之外，还有一批本地民歌体裁的"雷歌""东海嫁"等。[②] 8 月，雷州师范进步学生王文劭等在校内组织读书会，学习《新华日报》《大众哲学》等进步报刊、书籍；后又在雷州城开办图书供应社，销售进步书刊，并下乡开展抗日救亡宣传。10 月，曾在沪参加上海各界救亡会的中共党员郑为之、郑星燕等，在遂溪七小与支仁山、何森等人发起成立遂溪第一、第三区抗敌会，创办《抗敌战线》刊物，开展抗日救亡活动。廉江籍旅穗学生在林敬文的带领下，利用寒假回乡宣传共产党的全民族抗日主张，并发表《告廉江同胞书》，呼吁民众"有钱出钱，有力出力，有枪出枪"。

（二）抗日救亡运动高涨

受第二次国共合作大背景的影响，主张积极抗日、致力于推动抗日救亡运动的共产党的政治影响力日增，特别是 1938 年后，中共在南路地区也恢

---

① 邹延炳：《遂湾初期抗日救亡活动片段》，中国人民政治协商会议湛江市委员会文史资料研究委员会编：《湛江文史资料》第 1 辑，1984 年内部编印，第 111—112 页。

② 张弸：《抗日战争中的湛江青年》，湛江市政协学习文史委员会编：《湛江文史》第 19 辑，2000 年内部编印，第 41—42 页。

复和重建了被破坏的组织。共产党员按照中共广东省委的指示，深入群众宣传抗日救亡思想和共产党的团结抗日主张；在抗日自卫团、青年抗敌同志会等合法组织中起到了领导作用，将湛江地区的抗日救亡运动推向高潮。

1938 年 8 月 25 日，遂溪青年抗敌同志会成立大会在遂溪县城第一小学礼堂正式举行。参加这次大会的有各界青年代表 180 多人和国民党遂溪县党、政、军官员及学校团体代表 10 多人。大会通过了遂溪青抗会成立宣言、章程，公开提出建立遂溪青年抗日救国统一战线，拥护国共合作，拥护统一战线等主张，号召全县各界青年团结起来，共同致力于抗日救亡运动，保家卫国，打倒日本帝国主义。大会推选陈其辉、黄其江（2 人都是共产党员）等 11 人组成干事会，陈其辉为总干事，负责青抗会的全面工作，下设总务、组训、宣传、筹募、慰劳 5 个小组。从组织上看，共产党员掌握了青抗会的实际领导权。遂溪青抗会成立后，一方面建立舆论阵地，在《南路日报》辟办副刊《青年阵地》，出版半月刊《新南路》；另一方面组织抗日宣传队，巡游城镇乡村，用演讲、演剧、演唱和张贴标语、宣传画等形式，宣传发动群众抗日。

1938 年 10 月广州沦陷后，黄其江等人决定以遂溪青抗会的名义组织 7 个战时乡村工作队，分赴各乡开展抗日救亡宣传。后又取定点办民众夜校的方式方法，与农民群众打成一片，深入开展农村青抗运动，并在运动中培养革命骨干，实行知识分子与农民群众相结合，进一步掀起宣传群众、组织群众、武装群众的高潮。11 月底，遂溪青抗会派出第一批工作队下乡办夜校，后逐步铺开。至 1939 年底，先后派出 300 多名工作队队员，共办起 80 多间民众夜校。在 1939 年间，遂溪青抗会组织迅速发展，先后在杨柑、洋青、豆坡、乐民、黄略、大埔、陈村、支屋、界炮、泮塘和广州湾的赤坎、东海岛下社太平等地成立了数十个分会（通讯站），会员发展到 1 万多人，人数较青抗会成立之初大为增长，显示出强大的动员能力。

廉江县也成立了颇具规模的青抗会。1938 年 8 月，延安抗日军政大学学生陈哲平、洪劲夫、董世扬、马特士、梁锡琼、张惠良等 6 人由中共广东省委委派到廉江开展建党和抗日救亡活动。他们联系进步师生、社会青年 20 多人，发起成立廉江青年抗敌同志会，首批参加廉江青抗会的有廉江中学、廉江师范、廉城小学和社会进步青年 50 多人，选举林敬文（中共党员）为总干事。1939年春夏间，廉江青抗会在青平、石岭、龙湾、安铺等乡镇成立分会，然后逐步向全县发展。至次年底，全县青抗会会员发展到1300多人。廉江青抗会成立后，创办会刊《青年之路》和《反汪特刊》，并设立廉江图书供应社，大量出售马列著作和《新华日报》《解放》《群众》等进步书刊，大力宣传共产党的抗日民族统一战线政策，报道全国各地抗日救亡运动的情况，激发群众的抗日热情，鼓励广大青年积极投身抗日洪流。随着工作的开展，廉江青抗会的工作也由城镇扩展到农村，扩大到工农群众中去。1939年初，在共产党组织的直接指导下，廉江青抗会组织6个下乡宣传队，分赴附城、石岭、塘蓬、龙湾、青平、安铺、长山、三合等地，宣传发动群众，提高农民对抗日保家卫国的认识。

吴川、梅菉、徐闻等地的各界抗日救亡运动也得到发展。1937年底，共产党员肖光护同爱国青年黄存立一道到梅菉开展抗日救亡活动。他们加入梅菉市御侮救亡会，以该会名义动员民众参加抗日救亡运动，又成立梅菉各界民众义务抗日宣传工作团，以多种形式开展抗日宣传工作。为了把抗日救亡工作扩展到农村，肖光护、陈培泽等人于1938年1月间，带着日军轰炸广州时的弹片，先后到吴阳和法国租界的烟楼、大仁堂等村庄宣传抗日救国。梅菉市的妇女抗日救亡运动影响较大。1938年2月，广东省民众抗日自卫团第十一区统率委员会主任张炎在中共组织的推动下，在梅菉成立第十一区妇女抗日服务总队，并指令各县组织妇女服务队，以备战时之需。梅菉各界妇女热烈响应，报名参加妇女抗日服务总队者达280多人。妇女抗日服务总队成立后，组织队员进行军事、救护训练，学习进步书刊及国际形势知识。同年冬，张炎在梅菉举办抗日游击干部训练班，妇女抗日服务总队全部队员参加了训练班，除了学习军事理论之外，还参加了军事技术训练。是年底，妇女抗日服务总队增设宣传组、救护组、生产组，并办起儿童保育院，先后收养孤儿300多人。

在广州湾，商业、文化等各界进步人士纷纷成立团体，参与各种抗日救亡活动。1938年8月后，在共产党员许乃超等人的积极推动下，广州湾商会成立抗日赈灾会，接着出版《赈灾周刊》。后又相继成立中国妇女慰劳分会、广州湾华侨回国抗日救护队等组织。这些爱国团体和组织，发动爱国民族资本家、商人和群众开展义卖、募捐、抵制日货等活动。其中，赈灾会在一次募捐支援内地抗日斗争活动中，收到捐款 5000 元法币，棉衣、棉鞋、军毡、雨衣等数千件。张炎就任第十一区统率委员会主任后，为解决经费不足问题，他和夫人郑坤廉亲自带队到广州湾募捐，与广州湾工商界名流举行茶话会，介绍就任以来的工作情况并募捐，许多富商都慷慨解囊，先后捐赠白银 3000 多元。张炎和夫人郑坤廉也带头募捐，将香港及广州湾的两处房产变卖，在广州湾与人合股做生意的股份也变卖捐出，还把自家所收藏的枪支弹药捐出来，并动员堂兄张世德的家属也这样做。

在徐闻，1937 年秋，进步教师邓麟彰在前山镇甲村小学举办抗日救亡学习班，印发抗日雷歌小册子和传单。1938 年暑假期间，徐闻留省同学会主要成员蔡民生、邓邦基、杨家兴、曾精益、骆大辉等，返回徐闻开展抗日救亡活动。他们在县城开办民众夜校，刊出大众墙报，教唱抗日歌曲，介绍共产党及其军队英勇抗日的事迹，同时还深入各乡镇宣传抗日救国。同年 12 月，吴必兴联络徐闻进步青年，在龙塘镇西洋村组织大众抗日教学团，到白沙、黄定、西洋等村庄办夜校、出墙报、绘漫画，宣传抗日思想；同时还组织青年阅读进步书刊，学习革命理论，开展军事训练。不久，该团的活动扩展到龙塘东角和前山、县城等地，影响渐广，后被国民党徐闻县当局勒令停止活动。1939 年冬，共产党员林飞雄由中共遂溪中心县委派遣，以教师职业为掩护，返回徐闻开展革命活动。林飞雄以学校为阵地，大力宣传共产党的抗日主张，在下洋小学组织抗日救亡宣传队，先后到净坡园、下港、姑村、边坡等村庄，采取讲故事、出墙报、办夜校、教雷歌、演话剧等形式宣传抗日，此外还组织进步师生上街游行和开展抵制日货等活动，在下洋一带掀起了抗日救亡的热潮。[①]

湛江的抗日救亡团体不仅在当地开展抗日救亡活动，也不时到南路各地去开展活动。1938 年 9 月，许乃超在晨光小学举办战地救护训练班，并在 12 月间组织 30 多人的战地救护队，前往灵山（今属广西）抗日前线开展救护工作。1939 年冬，国民党军蔡廷锴部成功在钦防一线阻截了入侵的日军。中共南路特委决定组织遂溪各界人民慰劳团，慰劳钦廉前线抗日有功的蔡廷锴部队，任务交由遂溪青抗会去完成。遂溪青抗会即向遂溪各界群众发出倡

① 中共湛江市委党史研究室：《中国共产党湛江历史》（第一卷），中共党史出版社 2011 年版，第 179—184 页。

议，组织钦廉前线慰劳团，广泛展开征集慰劳品和发动写慰劳信。在短短数天内，遂湾各界群众即捐献出大批御寒衣物和慰劳品。1940年1月上旬，慰劳团肩负行李和慰劳品，从广州湾步行出发，历经艰辛抵达蔡廷锴部驻地，受到蔡廷锴将军的热烈欢迎。他们在部队开展一连十多天的劳军活动，为战士缝洗衣服，代战士写家书，教官兵唱革命歌曲，和战士促膝谈心、问寒问暖，军民建立了深厚的情谊。①

（三）在抗日救亡运动中重建中共地方组织

湛江中共组织1928年底被破坏后，在抗日救亡中得到重建，后不断发展壮大，成为湛江抗日战争的中流砥柱。

1937年冬，中共南方工委外县工作委员会以广东青年群众文化研究社的名义，派党员肖光护到梅菜活动，培养了一批爱国进步青年。但不久肖患重病离开，未能发展党员。1938年6月，中共广东省委派出了6人组成的延安抗大工作组到廉江开展抗日救亡和建党工作。工作组成立了中共党支部，吸收了一批抗日先进青年入党，并恢复了大革命、土地革命时期失去关系的一些中共党员的组织关系，重建了廉江的党组织。7月，中共广东省委派党员黄其江、陈其辉等回遂溪开展抗日活动，他们组建了遂溪青年抗敌同志会，发动青年和民众开展抗日运动，在运动中培养发展了一批党员，1939年1月建立了中共遂溪中心支部。与此同时，中共党员李康寿在遂溪中学任教时，秘密吸收了一些先进师生入党，建立了中共遂溪中学支部。1938年10月，中共粤西南特委派党员周明、林林、阮明（三任组成中共党的支部）到梅茅、广州湾开展抗日活动，发展了一批党员。1939年3月建立了中共广州湾支部。当国民党政府派广东省赈济委员会救济总队第八分队到广州湾工作时，中共广东省委又在队中建立了党支部，支部随队开赴广州湾工作。1939年，中共广东省委还陆续派党员到广州湾等地工作，发展党员，建立党组织。

在各地中共组织已建立的基础上，为了统一领导高雷地区的党组织，1939年3月中共广东省委决定成立中共高雷工委，周楠任书记。1940年2月，中共广东省委决定撤销中共高雷工委，成立中共南路特委，统一领导高雷及钦廉四属的党组织。

---

① 陈其辉：《回忆遂湾各界钦廉前线慰劳团》，湛江市政协文史资料研究委员会编：《湛江文史资料》第2辑，1984年内部编印，第63—68页。

二、日军侵略湛江

侵华日军在战争初期便实施其战略性进攻并大举南下。为切断华南沿海的抗战交通运输线，1938年9月，日军登陆并侵占了北部湾的涠洲岛；同年10月，攻占武汉、广州两大重镇；1939年2月，日军发动海南岛登陆作战；1941年12月，香港沦陷。华南沿海全线告急，雷州半岛地区也危在旦夕。

1938年10月，数万日军在广东惠阳大亚湾登陆，几乎没有遭遇有力抵抗即长驱直入，不到10天便直取中国南大门、广东首府广州，国民党军队不战而弃广州，其党政军机关悉数迁往粤北。珠江三角洲地区大部被日本侵略军占领，随之日军登陆海南琼山、汕头、钦（县）防（城）、海康等地，华南的广东沿海地区陆续沦陷。此后，偏于南中国一隅的湛江地区同样也遭受日军侵略长达七年之久。

（一）日军入侵

日军对湛江的侵略与施暴分为两个阶段：第一阶段是从1938年2月至1943年2月，以派出飞机实施轰炸和封锁骚扰为主；第二阶段是从1943年2月日军实施登陆雷州作战至1945年9月雷州半岛日军投降，除了仍不时以军机投弹轰炸外，以实地作战和物资掠夺为主。

日军相继占领广州、武汉以后，抗日战争进入相持阶段。日军推进步伐放缓，中国政府通过华南沿海的一些港口勉力维持着进口海外抗战物资的通道，如香港、澳门、汕头、广州湾等地，越南也成为其中的一个通道。为此，日军的大本营在1938年末开始对驻广州的日军第二十一军下达切断中国沿海交通要道的命令。由此，日军第二十一军逐步开展对海南岛、汕头、江门及九龙以北的深圳等地区的作战计划，以强化对中国海疆的全面封锁。雷州半岛位于中国大陆最南端，是内陆通往海南岛的必经通道，历来是海防重地。日军占领海南岛后，严密封锁琼州海峡，但暂时未实施登陆雷州半岛作战。位于雷州半岛北部的法国租界广州湾因为其特殊的政治地位，每日仍有大量的抗战物资得以避开日军严密的海上封锁而运往内地。1942年，毗邻广州湾边界寸金桥不远的雷州关业务量喷涌，列国统区第一。[①] 因此，日军

----

① 中共湛江市委党史研究室编：《湛江市抗战时期人口伤亡和财产损失》，中共党史出版社2011年版，第7页。

对广州湾和雷州半岛觊觎已久，其间，囿于战线太长及军力不足才未下手，遂以派出军机实施重点轰炸为主。但广州湾及华南沿海漫长曲折海岸线上的大小港口仍可突破封锁不断运送抗战物资。为此，日军在轰炸的同时也实施海面封锁和小规模登陆侵略。1941年3月3日，日军华南方面军的近卫师团主力和第四十八师团发动"雷州方面切断作战"，出动6个支队，每支队约3个大队的兵力，同时"扫荡"从广州西面至雷州半岛延绵500千米沿海的各要点。不时派出军舰、汽艇、小船对沿海海面实施严格封锁，严防抗日物资经此进出。同时劫掠过往商船、渔船，对渔民或杀或掳，更派兵小规模登陆或抢或杀，民众不堪其扰，民生凋敝。

在持续对湛江地区实施狂轰滥炸及封锁骚扰长达五年之后，为完全控制华南沿海最后的海上交通线以进一步打击中国、支撑其发动的太平洋战场，日军于1943年2月发起了对雷州半岛较大规模的全面登陆战。被派往雷州半岛的是日军独立混成第二十三旅团及海军、空军一部，共4000人。2月16日凌晨，日军从雷州半岛东海岸的通明港、下岚港分别登陆，国民党守军无力抵抗，日军进入雷州半岛腹地，当日上午占领海康县城，17日开始持续推进，相继占领客路、城月、洋青等镇及遂溪县城。另一股日军约500人在广州湾西营登陆，同样没有遇到抵抗，很快推进到遂溪麻章镇及寸金桥附近。21日，广州湾法国当局在没做任何抵抗的情况下与日军签订《广州湾共同防御协定》，日军在西营（霞山）、赤坎两地同时举行了"和平进驻广州湾"仪式。除此之外，另有小股日军登陆吴川黄坡、徐闻白沙，只有白沙的地方团队及民众武装顽强抵抗，逼退日军。至此，雷州半岛大部分及广州湾沦陷于日军之手，陷于日军烧杀抢掠的法西斯统治之中。2月24日，重庆国民政府根据法方"非得中国政府之同意""片面允许第三国占领和使用"广州湾，尤其是将广州湾"交与中国之敌国"，故而宣布废止中法广州湾租借条约。[1] 1944年，为配合日本打通中国大陆交通线作战计划，雷州半岛日军频频向北进犯高雷交界地带，遂溪、廉江、吴川、化县等地成为抗日主阵地。9月，日军第二十三旅团主力突出廉江，进入广西作战。12月，又返回雷州半岛，对已经发展起来的中国共产党南路人民抗日武装及抗日联防区实

---

① 中共湛江市委党史研究室编：《高雷抗战纪事》，中共党史出版社2016年版，第175页。

施集中进攻。

1945 年 3 月 9 日，日军撕毁与法国签订的《广州湾共同防御协定》，将法国驻广州湾 600 余名军警全部解除武装，并把法国官兵集中管制，完全取代了法国对广州湾的统治。6 月，日本在中国战场和太平洋战场上的败势已显，驻广州的日军决定把雷州半岛日军主力调往广州等地。8 月 15 日，日本宣布投降后，国民党派出第四十六军、六十四军以及新一军开进廉江及雷州半岛，接受日、伪军投降。9 月 21 日，驻雷州半岛日军代表渡部市藏中佐在赤坎签署投降书，粤桂南区总指挥邓龙光中将等人代表中国受降。自此，饱受日军侵略长达七年之久的湛江人民迎来抗日战争的最后胜利。

（二）日军暴行

中日战争是在双方实力悬殊的情况下，由日本侵略者挑起的。因此，从中日双方的军事力量对比来看，中国处于绝对的弱势，尤其是空军力量。日军拥有飞机 2700 多架，中国当时能够作战的飞机仅有 305 架。[①] 广东地处华南沿海，日本军机得以便利地从其停泊在台湾及南海的航空母舰出发，随时选择广东各地城乡进行轰炸。除了少数重点军事目标外，广东的空防力量根本无法保卫本省绵长的海岸线，致使全省城乡实际上处于不设防状态。而日军公然违背国际法则，大量地选择民用港口、渔船、繁华圩镇、居民区、医院、学校等地点进行密集轰炸，广东省成为日军轰炸的主要受害省份之一。

无论是在登陆雷州半岛前，还是占领雷州半岛之后，日军在湛江地区都以侵略者姿态肆意狂轰滥炸、奸淫烧杀，又在中国战场上实行"以战养战""以华制华"策略，劫掠了大批劳力、物资，扶持了大批伪军替其充当马前卒，无恶不作，暴行累累。

1938 年初，日军便开始经常性派出飞机轰炸及骚扰雷州半岛沿海，位于雷州半岛最南端的徐闻县首当其冲。2 月，4 架日本军机从其停泊在南海的航空母舰上起飞，飞至徐闻县城中心登云塔附近旋即投下 8 枚炸弹，当即炸死当地居民 16 人，炸毁商店 8 间、民房多间。9 月，占领涠洲岛后开始在岛上修建机场，得以更便利地飞赴高雷地区，因而从 1939 年开始，对高雷的轰炸更为频繁。仅 1939 年，海康县城便被轰炸 7 次，投弹 87 枚，炸毁房屋

① 丁身尊主编：《广东民国史》（下册），广东人民出版社 2004 年版，第 861 页。

430 间，20 人死亡，23 人受伤；当地的同仁医院成为重点轰炸对象，留下弹坑 16 个。[①] 这一年，徐闻县城被轰炸 4 次，导致登云塔附近的商铺、国民党县政府大院、齐康医院、县立第一高小等建筑出现不同程度损毁，多人死伤。日机轰炸逐渐向雷州半岛北部推进，4 月，遂溪县城被炸，县城被迫迁往黄略，县城的中小学也合并迁往黄略。梅菉及吴川一些圩镇多次被轰炸，死伤严重。广州湾作为法国租界，也不能幸免于日军轰炸。1939 年 12 月 21 日上午，8 架日机自硇洲岛方向飞到广州湾上空，在赤坎上空投下 9 枚炸弹，在西营投下 5 枚炸弹，所幸没造成人员伤亡，法国政府也仅仅表示"严重抗议"，并无他法。1940 年，日本军机又对徐闻城实施了 3 次轰炸。5 月 22 日，轰炸吴川县黄坡镇咸鱼岭海面，炸毁货船 1 艘及货物 20 吨，船主被炸死。1942 年轰炸徐闻两次，其中 10 月 10 日至 12 日，更是对徐闻发动一连 3 天的持续轰炸并投放燃烧弹，多间商号、民房被毁。[②] 雷州半岛民众持续暴露在日军空中打击的恐怖之中，尤其是在登云塔附近，往日繁华的街市一片萧条。硇洲岛既属法国租界的范围，又是传统的渔港，也遭受了日军的沉重打击，仅 1942 年，就有 42 艘载重在 1600 担以上的大型渔船被炸毁，渔民死伤高达 800 多人，给当地人民的生命财产及渔业生产带来惨重损失。8 月 14 日，另一个传统渔港海康县乌石港也被轰炸，造成当地渔民 100 多人遇难。日军对廉江县城乡进行了长时间的密集轰炸，甚至针对重点码头、重点商船实施跟踪轰炸，目的就是截断华南沿海的物资运输。由于商业大镇安铺距离日军涠洲岛机场距离较近，被重点轰炸，遭害最大。当地国民党在安铺的驻军已经撤离，仅有一些警察担负起发出防空警报的职责。苦于警报站只能目测及敲钟报警的简陋条件，每每还没发出警报，或警报刚刚发出，日机便已到达轰炸或瞄准目标低飞扫射，因此民众损失很大。不定期往来于中国海南和越南等地的"海健号"商船还没有到达安铺码头，便遭日机盯梢轰炸，在经历几次死里逃生后，1942 年春改停鲤鱼潭侧并实施伪装，仍无法摆脱日机跟踪，惨遭炸毁，损失极大。[③] 据统计，从 1938 年至 1945 年抗战结束，日

---

① 中共湛江市委党史研究室编：《湛江市抗战时期人口伤亡和财产损失》，中共党史出版社 2011 年版，第 8 页。

② 中共湛江市委党史研究室编：《高雷抗战纪事》，中共党史出版社 2016 年版，第 24—25 页。

③ 中共湛江市委党史研究室编：《高雷抗战纪事》，中共党史出版社 2016 年版，第 155 页。

军共轰炸廉江县城及安铺、良垌、石岭等乡镇100多次，炸死炸伤300多人，炸毁民房2074间、学校2间、渔船60艘。安铺镇原为靠海重要的商埠，被炸达53次，密集轰炸导致当地居民纷纷避走逃难，停业停产，港口客货运陷入了停顿。①

在狂轰滥炸中，日军不仅摧毁市面设施，破坏经济民生，还通过打击教育事业试图摧毁中国下一代的意志，当地的教育设施也成为被轰炸的重点对象。1939年3月10日，日军飞机在轰炸海康县城时把雷州师范学校夷为平地，该校被迫迁往遂溪县古芦山村继续办学。这一年，遂溪县立中学教室和图书馆也被日军飞机炸毁，该校迁往黄略村继续办学。遂溪、海康等县城乡小学从1939年起便陆续停课，学生失学，教师失业。在对廉江县安铺镇的密集轰炸中，安铺中学在两年间被迫迁校3次，100多名学生为求学而随校迁徙。廉江的良垌中学两次被轰炸。1940年7月的轰炸中，良垌中学被炸，在此考试的考生陈培伦、陈亚胜（两人均为16周岁）被炸身亡。1942年7月的又一次轰炸中，良垌中学图书馆被炸毁。1943年2月，廉江中学被炸毁校舍50间，廉江师范被烧毁图书18000册，桌椅损失600余张，门窗毁坏200多扇。廉江中学、廉江师范被迫迁往吉水镇附近的砖瓦窑上课。1943年2月，日军侵入广州湾后，强占南强中学作军用，学校被迫停课、搬迁。

仅据广东省防空司令部1943年的不完全统计，1940年至1943年雷州半岛沦陷，日军共出动飞机408架次空袭徐闻、海康、遂溪、廉江、吴川县（含梅菉）118次，投弹1298枚，造成552人死亡、604人受伤、2053间民房被炸毁。②战时统计存在局限性，实际因轰炸伤亡的人数远超国民党当局公布的这一数字。

日军在对湛江地区实施空中打击的同时，持续封锁南海海域、琼州海峡和雷州半岛海面，又不断派出小股部队小规模登陆地面，实施抢劫和杀人。1937年9月20日，硇洲岛有4艘渔船在澳门海域遭遇日军巡洋舰，被对方无故追打，我方渔船被迫开枪自卫，结果全部被日舰击沉，数十名渔民全部

---

① 中共湛江市委党史研究室编：《湛江市抗战时期人口伤亡和财产损失》，中共党史出版社2011年版，第8页。

② 中共湛江市委党史研究室编：《湛江市抗战时期人口伤亡和财产损失》，中共党史出版社2011年版，第12—13页。

遇难。[1] 1939 年 8 月 8 日，徐闻县下洋镇渔民郑家胜、陈义为、陈仁负、陈国南在海上捕鱼时遭遇日军军舰，郑家胜被打成重伤，其余 3 人遭杀害，船只被日军拉往海口。

1940 年 4 月，遂溪县草潭镇路塘村村民张仕祥、张仕保等 13 人，驾驶 4 艘渔船在广西涠洲岛东部海面生产作业时遭遇日军舰艇，13 人全部被日军杀害，4 艘渔船被烧毁。10 月 5 日，日军百余人从徐闻县的海安、三塘一带登陆，烧毁民房 90 余间，残杀群众 19 人。1941 年 3 月，日军发动"雷州方面切断作战"，"扫荡"至雷州半岛沿海后，湛江沿海乡镇、港口深受其害。3 月 3 日，日军在海康县河北坪海面登陆，直闯县城，在大街小巷为非作歹、奸淫抢掠 7 天，连高树庵中的 30 名尼姑都惨遭日兵奸污。日军在南渡河渡口架起机枪扫射逃难的群众，一次便杀死 11 人，伤 4 人。日军在南兴圩抓走不少青壮年，令这些无辜的群众在北山村挖了许多土坑，每坑口站两三个人，然后用大刀将他们砍死，推下土坑埋掉。日军以人命当儿戏，用佩剑在无辜群众头上磨来磨去，削发削皮；或故意让人行走，然后举枪射击，从中取乐。[2] 7 天时间里，海康县城里的重要物资如棉纱、布匹、米面、糖油、棉被、鸡鸭等被劫掠一空，当地民众称之为雷城"三三惨案"。

日军为了打击湛江地区民众的反抗，同时也为了实施就地取给的政策，经常到据点附近的村庄"扫荡"，见牛就拉、见猪就抓，逐户搜劫财物，疯狂地掠夺。1943 年，日、伪军多次"围剿""扫荡"遂溪县洋青镇卜巢村，并在村中修建炮楼，共烧毁房屋 378 间，烧死、杀死耕牛 32 头、肉猪 215 头、家禽 671 只，抢走粮食约 1.5 万斤，砍伐果树 118 棵，烧毁被服 2940 件、农具 1050 件。由于长时间的奔波逃难，卜巢村全村 560 多人，有 10 多人死于野外山头，50 多人因吃了杂树野草身体浮肿。1944 年 5 月，日军在遂溪县城西面强占数千亩土地修筑飞机场，强行把风朗等 7 个村庄 2000 多名群众赶出村，拆除、烧毁 800 多间房屋，猪、牛、羊、鸡、鸭、粮食和其他物品被洗劫一空。村民无家可归，饥饿及疾病侵袭，洗九再一家 5 人 10 天内全部死亡，刘凯一家 5 人吃山薯中毒晕倒，数十名村民因饥饿难忍偷偷

---

① 丁身尊主编：《广东民国史》（下册），广东人民出版社 2004 年版，第 866 页。

② 中共湛江市委党史研究室编：《湛江市抗战时期人口伤亡和财产损失》，中共党史出版社 2011 年版，第 9 页。

跑回到原居住地挖番薯充饥时被日军抓住活活刺死。日本侵略者将数以千计的青壮年抓去修筑机场跑道、工事和哨所，并以保守机场军事设施秘密为由设下"杀人坑"，每修好一项工事，就杀害一批民工。1944 年 6 月，40 多名被迫为日军修工事的民夫因饥渴下河饮水，被日军开枪扫射，当场死伤 30 多人。1945 年 3 月 26 日傍晚，80 多名被抓去修机场的农民被集体屠杀。6 月 6 日，又有民工 26 人惨死在日军的屠刀下，伤者 7 人。廉江县的安铺镇不仅是日军轰炸的重点，也是日军占领此地后施暴的重点。1943 年 12 月下旬，日、伪军以安铺为据点，出动 1000 多人到附近青平、石岭等地抢人抢财，300 多人被抓走充了壮丁。占领安铺期间，日军曾 2 次集体枪杀安铺居民及外地抓来的群众，并借此勒索敛财，无钱者被集中监禁起来，以"反对天皇"之名集体屠杀。这些群众被脱掉衣服、蒙上双眼，押至炮台岭打靶场或岭坎泉水窝集体屠杀，2 次被集体屠杀的无辜民众多达 1100 多人。[1]

1943 年 2 月，日本和法国签订《广州湾共同防御协定》后，根据约定广州湾方面的行政事务仍由法国当局管理，军事和治安由日、法共同负责，但实际上日方并没有完全遵守协定的约定，对仍然在治理广州湾的法国当局并无顾忌，他们在广州湾的掳掠淫杀行为与其他沦陷区无异。日军占领了赤坎海关楼设司令部，在中央银行建宪兵大队部，强占南强中学作军需后勤部，封闭公共医院为战时伤兵医院，封锁了赤坎通往麻章、遂溪的通道，设置岗哨、严查来往人车。1943 年 7 月下旬，日军在赤坎各处抓捕青壮年 100 多人，把他们和雷州半岛各地抓来的 1000 多人一起运往香港充当苦力。11 月，日军在广州湾各路口强行检查往来行人，无故抓捕了五六十人，押往其宪兵大队部及司令部，秘密审讯后，即押赴南强中学操场外斩首，恶行令人发指，法方却无任何表示。[2]

日军为实施"以战养战"之策，经济上也对广州湾极尽盘剥。曾一次将伪法币 5000 万元运到广州湾，借以收购中国大后方的各种物资。在广州湾发行汪伪政府的"中央储备银行兑换券"，强制法方协助该券流通，以便进行经济掠夺。日军所到之处，任意凌辱妇女，更专门在广州湾附近开办慰安所，慰安所建成后，日军用"白银丸号"货轮运来朝鲜和中国台湾、东北及

---

① 中共湛江市委党史研究室编：《高雷抗战纪事》，中共党史出版社 2016 年版，第 245 页。

② 《人间地狱之广州湾，数十无辜侨胞惨遭斩首》，《大光报》（粤南版）1943 年 11 月 17 日。

山东等地的慰安妇供其蹂躏。①

（三）社会损失

从 1938 年 2 月日军飞机对雷州半岛沿海乡镇实行轰炸开始，到 1945 年 9 月 21 日雷州半岛日军投降，日军侵略湛江长达七年零七个月。在这七年多的时间里，湛江人民的生命和财产安全遭遇空前劫难。

从人口增减情况看：1934 年，徐闻、海康、遂溪、吴川（含梅菉）、廉江各县（不含广州湾）的总人口为 130.4 万人，1938 年增长到 139.7 万人。到了 1944 年，六年间总人口不增反降为 106.6 万人，共减少 33.1 万人。根据史载，此期间并无重大自然灾害导致较大规模的人口死亡或人口迁徙，人口减少的原因是日军侵略中轰炸、"扫荡"、劫掠导致的人员伤亡或逃难所致。据统计，全面抗战时期，湛江地区人民因日军侵略而造成的死亡人数共计 2542 人，其中男性 1553 人，女性 989 人；因日军侵略致残人数为 1750 人，其中男性 1223 人，女性 527 人；被捕、被俘后失去联络者 270 人。因日军侵略而导致家园被毁、民生凋敝、社会动荡而迁徙、逃难的人数无法精准统计，从 1938 年至 1944 年湛江地区人口减少 33.1 万这个数字来看，估算逃难或迁徙往他处的人口不在 20 万以下。法租界广州湾的人口增减则是另一番情形。1936 年，广州湾总人口为 10 万人，但随着广州、武汉、海南、香港等地逐渐沦陷，大量上述地区和东南亚难民涌入广州湾，到 1942 年时，广州湾人口猛增为 52 万人。1943 年 2 月，广州湾也沦陷后，又有 8 万多人往外迁徙。全面抗战的八年时间里，湛江地区和广州湾地区的人口非常规增减反映了日军侵略造成的直接后果。

从财产损失情况看：全面抗战期间，因日军入侵而导致湛江地区的财产损失共计 8985.87 万元。第四战区司令长官张发奎曾于 1943 年三四月间视察粤桂边区各县地方及守备部队情况，在其《粤南路报告书》中指出"自雷湾为敌伪控制，据计民食不饱约在百分之四十以上，至堪忧虑"。② 日军入侵中断了湛江原本正常的发展，使湛江地区人民遭受长时间颠沛流离、忍饥挨饿、艰苦度日以及精神上的伤害，这样的损失，更是无法具体量化。

---

① 中共湛江市委党史研究室编：《高雷抗战纪事》，中共党史出版社 2016 年版，第 199—200 页。

② 中共湛江市委党史研究室编：《南路人民抗日斗争史料》，广东人民出版社 1996 年版，第 627 页。

第二节　抗日斗争

一、雷州半岛和广州湾的沦陷

雷州半岛和广州湾沦陷后，国民党驻守高雷的正规军在正面战场进行了有限抵抗，但没有能够有效阻挡日军继续向北进攻，使得侵雷日军得以突破遂（溪）廉（江）化（县）防线前往广西桂柳支援作战。中共高雷组织在雷州半岛沦陷后大力发展人民抗日武装力量，回击了国民党顽固派的两次反共高潮，在敌后和前线同日、伪军作战 100 多次，开辟了面积近 1000 平方千米、人口 20 多万的抗日根据地和一批抗日联防区。抗战也锻炼了其队伍和组织，使得当地中共党员人数从 1938 年重建时的不足 10 人，发展到抗战胜利时的 3000 多人，并在高雷抗战中起到了中流砥柱的作用。

日军侵占雷州半岛、广州湾后，因兵力所限，加之其占领目的在于控制南海交通线及劫掠物资，便停止了对国民党军队的追击。为确保其占领区安全，日军以辎重兵大队和高炮队约 700 人驻守广州湾西营，以步兵大队和特种兵部队约 700 人驻守赤坎，以步兵、骑兵、炮兵约 1000 人驻守遂溪县城及附近，以部分兵力控制遂溪、城月、客路、海康城、英利的交通线，在重要的镇和主要公路交通线上建立据点。同时实施"以华制华"策略，委任汉奸王英儒主持雷州半岛的遂溪、海康、徐闻三县的行政，大力网罗、收买汉奸、土匪，建立伪军和伪政权。在广州湾也成立了伪雷湾行政督察专员公署，王英儒出任主任，统管雷州半岛和广州湾伪政府的行政事务，雷州半岛三县都各自成立了伪县政府；又东拼西凑地成立了"三雷和平救国军"，委任符永茂为伪高雷警备司令，吕春荣、王英儒为伪广东南路军副总司令。吕春荣在广州湾为日军招募特务、汉奸，潜入中国内地充任内应。收买土匪"阳江四"（外号）为伪南路第七区司令官，组织了数百人的土匪汉奸队伍，在吴川、阳江、茂名一带活动。"阳江四"既为个人私欲，也为日军谋略，主动为日军献计，让日军协助他占领吴川，沟通阳江至广州的沿海路线。据统计，日军在海康县、遂溪县共组建了伪军 5 个大队 15 个中队共 1200 人，在廉江组建了 3 个支队共计 1000 余人。这些汉奸、伪政权熟悉地情，担任伪职以后为日军献计献策，充当日军侵略的眼线及开路先锋，给正面抗战和敌后抗战都带来极大的破坏。

1944 年，为配合日军主力打通湘桂线，驻雷州半岛的日军开始向北穿插进入广西作战，便由雷州半岛开进到了遂溪、廉江一带。国民党驻军一五五师和保十团则为策应长沙、衡阳会战，阻击日军进犯廉江，与日军有过几次作战。规模比较大的一次是 7 月 30 日至 8 月 5 日的廉江战斗，双方都投入了大量兵力。一五五师加保十团计 5000 余人，日军增兵至 4000 余人。7 月 30 日，日军两三百人向皇竹村、龙塘、两家滩进犯，与国民党四六四团警戒部队发生了战斗，日军败退。8 月 1 日，100 多名日军进犯遂溪合水圩一带，与国民党保十团发生战斗，败退后又集结 400 余人在空军和炮火支援下分两路从羊叫坳、合水圩对国民党军进行攻击，国民党军撤退。2 日，1000 多名日军在 4 架飞机、10 门大炮的掩护下，大举进攻两家滩一带，与国民党一五五师四六五团发生激烈战斗，四六五团阵地失守转进廉江、赤岭一带。3 日，继续北进的日军在南圩遭遇保十团第一大队，双方激战 15 小时，第一大队全数牺牲。一五五师获知战况后立即调整部署，占领廉江大路圩、新安、谢畔嶂一带阵地。4 日晨 5 时许，日军出动 3000 余人在空军和炮火掩护下分两路大举进攻廉江，双方激战多时。四六五团副团长陈宿文战至殉职，一营营长宁莅澜带伤指挥。当天夜里四六五团正面发起反攻，四六三团出大路圩向西侧出击，5 日终将日军击退，日军退上了马头岭。四六三团推进至东头圆、两家滩之间，战斗方结束。此役毙伤日军千余人，国民党军也付出了伤亡 800 余人、失踪 220 余人的代价。几次作战后国民党军无法阻挡日军，终让日军突破了防线，廉江县两次失守。一五五师退入广西，高雷守备区指挥官邓鄂率部退守高州、信宜，雷州独立挺进支队、电吴梅沿海警备大队，以及茂名、廉江、化县等县的自卫大队，大都退入廉江、化县、茂名、信宜的北部山区。

在战争后期，由于日军战线过长，又需要在中国战场和太平洋战场同时作战，不得不调雷州半岛的第二十三旅团大部兵力去支援海南、广州等地，雷州半岛剩余的部队被整编为雷州支队，含独立步兵第二四八大队和第七十大队。其独立步兵第二四八大队机关驻在寸金桥福建村附近，一中队驻在广州湾西营，二中队驻在麻章，三中队驻在坡头，四中队驻在志满。其独立步兵第七十大队主力、航空队一部驻在遂溪县城，二中队驻在遂溪乌蛇岭，三中队驻在遂溪马头岭，四中队驻在遂溪洋青。根据1945年日军投降时的统计，日军雷州支队计有官兵2530人。日军由于兵力所限，大部分只能驻在县城、圩镇或军事要地处，广大的乡村地区只能有选择地实施重点"扫荡"式作战。

二、联防抗日与国共合作

1939年冬至1940年春，国民党顽固派在全国掀起第一次反共高潮。南路地区的国民党顽固派随之也公开压制抗日救亡运动，取缔了遂溪、廉江青抗会等社会群众抗日救亡团体。1942年后形势更为严峻，中共南方工作委员会、中共粤北省委相继被破坏，之后南路共产党组织直接归属于没有遭到破坏的中共粤南省委管辖。太平洋战争爆发后，日军加紧南进，南路地区很快就要成为敌后战场。在南路地区指导工作的粤南省委组织部部长王均予经过研究，认为南路的党组织已建立较好的群众基础，又有广州湾可做掩护，因此决定南路特委继续留在南路地区坚持领导抗战斗争。

雷州半岛和广州湾沦陷后，国民党高雷当局仍坚持片面抗战路线，对中共领导和发动人民群众进行的抗日斗争仍然采取压制的态度。但广大人民群众的抗日热情却非常高涨。在这样的形势下，非沦陷区的中共组织以"联防自卫，保卫家乡"为口号，团结地方开明绅士、国民党回乡爱国官兵和广大人民群众，形成一股抗日爱国力量，在湛江地区敌后广大农村，广泛发动群众，大力组建地下游击小组和群众抗日武装，建立抗日联防区。1943年2月，在遂溪南部卜巢山区建立了一支抗日武装队伍——卜巢山中队，这是湛江地区第一支由共产党直接领导的抗日武装。接着，又在遂溪建立了东区抗日游击中队和中区抗日游击中队。此外，驻在界炮的遂溪抗日联防中队和豆坡乡抗日自卫队等也是共产党人秘密掌握的力量。至1943年夏，在遂溪西北部的山家、山内、老马、金围和中部的深泥塘、百桔仔等村，先后建立起抗日常备队、自卫队、联防队等民众武装。

除了共产党直接掌握的抗日武装，还有大量的以党支部、党小组为核心的游击队或游击小组。中共遂溪的其连山、文相、竹山、泮塘、下溪仔、布政塘、龙湾、后田等村分别成立了一批抗日游击小组。海康县党组织在土角、塘仔、英岭、下坑等数十个村庄，组建了抗日游击小组和秘密交通联络站，至1944年上半年，海康县游击小组人数达2000多人。徐闻下洋地塘村一带也组织了抗日游击小组，至1944年，下洋地区又相继成立了16个抗日游击小组，共有队员200余人，遍布下洋镇83个村庄。在下洋地区的带动下，曲界、前山、龙塘、新寮、和安以及徐闻北区等地也先后建立了抗日游击小组。廉江、吴川、梅菉、化县等地党组织积极发动群众建立游击小组，至1944年冬，廉江、吴川、梅菉、化县等地已有半数地区建立了党直接领导的抗日游击小组，共约5000人。广州湾党组织积极做好团结引导爱国学生和发展抗日游击小组工作。1943年10月，中共广州湾特派员沈斌派人发动市区的工人、小商贩、贫民投入抗战行列，成立广州湾装卸工会和海员工会，发动工人参加抗日游击小组。广州湾党组织还先后在赤坎河清、培才、赞化等中学和国技小学，以及郊区菉塘、新村、陈铁、调罗、调塾、祝美等村庄建立了抗日游击小组。中共东海中心支部在觉民中学和西山、东参、调文、三盘、什二昌、拾石、调市等20多个村庄相继建立了抗日游击小组。

共产党领导的抗日联防力量主要分布在湛江地区的敌后阵地，以遂溪县的成绩最为显著，全县建立的抗日游击小组人数达1万人左右，其中以遂溪县信和乡民众抗日联防委员会规模最大。信和乡民众抗日联防委员会，推举爱国乡绅卜登勋任联防委员会主任，共产党员梁立、国民党退役军人卜建中任副主任，共产党员李晓农任文书（代表党组织具体领导该地区的工作）。信和乡民众抗日联防委员会代行乡政府的权力，统一指挥全乡的抗日联防斗争及各项工作。全乡群众在联防委员会的领导下，捐款筹集枪支弹药，踊跃参加抗日武装队伍，成立了乡武装常备队、各村自卫队等民众武装组织。后中共将信和乡团结各阶层抗日联防的经验推广到遂溪其他各区。民众被迅速广泛动员起来，投入抗日联防斗争中。如遂溪信和乡深泥塘村民众自卫队就有脱产队员70多人，半脱产队员400多人，共有30多个村庄、8000多人的信和乡，成为村村联防、人人自卫而又有统一指挥的敌后抗日阵地，先后抵挡住敌人10多次的进犯，其中最大规模的一次是在1944年春，一支由400多名步兵、30多名骑兵并配备装甲车、大炮的日伪军联队，对以深泥塘村为中心的信和乡发起进攻。信和乡联防区常备队和各村自卫队密切配合，利用村庄错落复杂、灌木丛生、蔗海茫茫等有利地形，运用机动灵活的战术与敌人周旋，使敌军的装甲、大炮等优势无法发挥。双方激战 10 多个小时，敌军无计可施，只好抬着 10 多具尸体和大量伤兵退出联防区。

南路共产党组织在发动抗日联防时注重开展抗日民族统一战线工作。1943 年 11 月，国民党爱国军人陈展在海（康）遂（溪）交界处曲港成立海遂边抗日联防自卫大队，陈展自任大队长。中共组织通过统战关系，布置金耀烈、张鸿谋、马观福等共产党员，带领遂溪老马、金围等村的抗日游击小组 80 多人参加该大队，并在大队中秘密成立 20 多人的政工队和党支部，由金耀烈任政工队队长，周斌任指导员兼党支部书记。共产党员廖培南等人在沦陷区海康县的第三区成立一支抗日政工队。他们积极争取村民的支持，筹枪筹粮，组织了一批由共产党员和当地青年参加的数十人枪的政工队，积极开展抗日活动，处决汉奸，开仓放粮，参加潮溪村战斗，渐渐形成影响。后来又做通了海康县县长王光汉的工作，与国民党合作联防自卫，将政工队改变为第三区的抗日联防自卫队，进一步扩大了队伍。1944 年 3 月，共产党员曾尚纪通过统战工作，争取国民党徐闻县当局和地方乡绅的支持，组建起徐闻北区抗日联防处，并从北区各乡抽调 50 多名乡保兵，成立北区抗日联防队，原国民党十九路军的一个副连长黄海错任队长，中共南路特委后来派了党员谢国美任副队长。4 月间，该联防队在当地群众的配合下，伏击窜犯新村、林家村的伪军，救出被捕群众 40 多人。8 月，该联防队 100 多人在东黎岭袭击从青桐向石板进犯的日伪军 50 多人。该联防队声望日涨，后被国民党徐闻当局以经费拮据为借口而强令解散。

在南路建立抗日民族统一战线的工作中，共产党与张炎、詹式邦等国民党将领之间的合作堪称国共合作的典范。这与张炎自始至终都是一名坚定的抗日爱国军人有关，与共产党表现出的真诚抗日行动有关。张炎原为国民党十九路军职业军人，曾在"一·二八"淞沪抗战中成为抗日名将，后被派往江西"剿匪"时，愤然发誓"今后再不参加内战"，[①] 后来参与"福建事变"。全面抗战爆发后，张炎受邀回到家乡广东南路主持抗日救亡。在他的

---

① 陈泽：《爱国革命志士 英勇抗日将军》，黄文光、陈弘君编：《一位国民党将军所走过的路》，广东人民出版社 1988 年版，第 113 页。

观念中，既然是全民抗战，那么"只要是抗日的，不管属哪派都要接纳"①。他对国民党内部确定的抗日原则和方法抱持极大的意见，他确信"只有国共和各党派切实合作，才能挽救中国的危亡"②。主政南路抗日事务期间，因与共产党人紧密合作而遭到国民党当局的怀疑、排挤，最终他不得不选择以出走柳州的方式抗争。

张炎出走柳州后，仍然惦念家乡的抗日活动。中共南路组织常与张炎联系，后南路特委机关从高州搬到了吴川。张炎和中共南路特委都认为，随着战争形势的发展，南路将成为敌后战场，他们达成了尽快在南路建立民众抗日武装、开展游击战争的共识。赋闲在乡的张炎不方便出面做组织工作，他便通过与李济深的关系向省政府推荐了一名回乡的抗日军人詹式邦出任吴川县县长。詹式邦就任吴川县县长后，接受张炎的主张，将县政府从黄坡迁往塘㙍，决心在吴川准备力量，他起用了一批共产党员、民主人士担任政府和学校的要职，又与中共南路特委合作，建立了3个抗日区联防队共约400人的抗日联防队伍。③ 当时，共产党员陈信材等正在吴川组织民众自卫组织，并成功击退袭击石门乡的日本骑兵一队。张炎闻知甚为兴奋，即邀请陈信材赴自己家乡吴川樟山村商讨发动地方民众抗日大计，并决定由詹式邦出面，联合共产党建立吴川抗日联防区，由各乡、村出人出枪，组织抗日联防队，将全县各乡联成一体，一地有警，各方救援。不久，在当地共产党组织的推动下，吴川西南部、北部和东北部相继建立了3个抗日联防区。其中，詹式邦兼任吴川西南联防区主任，共产党员陈信材兼任副主任，共产党员陈汉雄任联防大队大队长；吴北联防区，共产党员杨子儒任副主任，张怡和任联防大队大队长；吴东北联防区，陈以铁（爱国人士，后加入中共）任主任兼联防大队大队长。以上3个抗日联防大队共有队员600多人及400多支枪。1943年下半年，吴廉边开明绅士组织的抗日自卫队也以吴川抗日联防区的名义归陈信材指挥。10月，为了加强各抗日村子的沟通合作，成立了统一的抗

---

① 袁惠慈：《忆郑坤廉创办的妇女队》，中共吴川县委党史研究室编：《南路特委与张炎将军》，广东人民出版社1991年版，第66页。

② 郑坤廉：《民众是最公正的裁判人——为光中先生殉难周年作》，香港《华商报》1946年3月28日。

③ 中共湛江市委党史研究室编：《南路人民抗日斗争史料》，广东人民出版社1996年版，第8页。

日联防区——吴廉边抗日联防区，詹式邦任主任，共产党员陈信材、陈汉雄分别任联防区副主任及联防大队大队长。吴川全县及吴廉边地区出现国共合作、全民合作的团结抗日的局面。

共产党在雷州、遂溪、徐闻、广州湾、廉江、化县、吴川、梅菉等地组织群众武装，建立了一批联防队、自卫队，与国民党开展抗日民族统一战线合作，在联防队控制的地方建立联防区，以联防形式进行抗日武装斗争，处决汉奸、肃清特务、打击日伪，有效地击退了日、伪军的"扫荡"骚扰，使日、伪军陷入敌后抗战的汪洋大海之中。共产党组织和党员干部在斗争中均得到了锻炼和较大发展，为南路建立和发展党直接领导的独立自主抗日武装队伍，创造了极其有利的条件。

三、中共独立自主抗日斗争

（一）中共中央南方局对南路斗争的指示

1944年4月中旬，日军以40余万人的兵力，向正面战场的平汉、粤汉和湘桂铁路沿线的豫、湘、桂、粤等省发起新的战略性进攻（即"一号作战"），并于次年1月完成了作战计划。

在日军的进攻面前，国民党军队除在少数战斗中进行了较激烈的抵抗外，大多数的情况是一触即溃。第七战区余汉谋部退至江西的全南、定南、龙南地区。李汉魂的广东省政府转移到粤东的平远县。驻高雷前线的国民党第六十四军第一五五师向广西撤退。国民党军队在8个月中，先后丢失河南、湖南、广西、广东、福建等省的146座城市，总计20万平方千米的国土，致使6000多万同胞陷于日本侵略者的铁蹄之下。

鉴于国际、国内战争形势的变化，中共中央决定在继续团结国民党共同抗日，集中力量打击日、伪军，巩固和扩大抗日根据地的同时，派遣八路军第三五九旅主力和抽调一批干部挺进华南，开辟湘粤赣边五岭抗日根据地，以便在南方创建一个坚强巩固的战略基地，牵制敌人的兵力，配合全国各抗日战场对日实行强大反攻作战，并有利于在抗战胜利后能牵制南方一翼，应付可能发生内战的严重局面。

1944年7月，中共中央指示广东各地的党组织，要抓紧开展敌后游击战，还提到"应派人至广州湾附近发展抗日武装斗争"①。但自 1942 年中共南方工作委员会和中共粤北省委被整体破坏后，中共南路特委已经长时间失去了和广东省委领导机关的联系，无法接到上级党组织的指示。由于中共南路特委坚持在高雷地区开展抗日武装斗争，引起了中共中央南方局的注意。

经过曲折的联络后，南路特委与南方局建立了联系。1944 年 3 月，南路特委书记周楠按南方局指示到达了重庆。6 月间，周楠先后向南方局常委董必武、组织部部长刘少文及中共中央代表王若飞等详细汇报了南路特委在粤北省委事件后，同广东临时省委中断联系以来继续坚持斗争的情况。南方局负责人和王若飞针对南路面临全面沦陷的严峻形势，对南路工作作出指示。主要有几条：一是日军如果打通湘桂线，南路会变成敌后战场，必须建立由共产党直接领导的独立自主武装，还指出可以在像遂溪老马村等群众基础好的地方，组织党直接领导的独立自主武装，依靠群众开展游击战；二是南路特委暂由南方局直接领导，同广东临时省委只保持横向联系，还要帮助琼崖特委恢复同中共中央的电台联系；三是继续搞好抗日民族统一战线，但在敌后建立党领导的独立自主武装，必须控制指挥权，不能听任他人指挥。②为尽快落实这一指示，重庆八路军办事处派出专人护送周楠回到南路。从此，中共南路的抗日斗争进入一个新阶段，即发动抗日武装起义，独立自主组建武装力量，建立抗日根据地，打开抗日武装斗争的新局面。

（二）抗日武装起义

1944 年 7 月，周楠从南方局回到广州湾后，立即召集温焯华、陈恩等中共南路特委主要干部开会，传达学习南方局负责人和王若飞的指示，决定贯彻执行南方局的指示，以遂溪为依托，扩大原来各村原有的游击小组队伍，以县、区为单位的游击大队，加紧发展共产党直接领导的人民抗日武装，待

---

① 《中央军委关于华南根据地工作的指示》（1944 年 7 月 5 日），南方局党史资料征集小组编：《南方局党史资料》第 4 册，重庆出版社 1990 年版，第 58 页。

② 周楠：《我在中共南路特委工作期间（1939—1945 年）的几个片段回忆》（1978 年 12 月），中共湛江市委党史研究室编：《南路人民抗日斗争史料》，广东人民出版社 1996 年版，第 109、110 页。

时机成熟即把武装斗争推向全南路地区。会后，周楠到遂溪县老马村向遂溪及当地党组织传达了南方局指示和特委决定，对发动抗日武装起义所涉及的动员、筹枪、筹粮等工作做了部署，准备趁日、伪军主力赴广西作战所余兵力仅 1000 余人的有利时机发起抗日武装起义，正式组建共产党领导的抗日武装，起义地点就选在了老马村。

1944 年 8 月 9 日，中共南路特委指令共产党控制的遂溪县中西部地区及廉江县良村、仔村的抗日武装按计划到达老马村进行武装编队，一共 200 多人，编为 3 个中队。信和乡常备队、深泥塘自卫队、良村仔联防队和老马、后田、龙湾仔等村的游击小组被编为第一中队；山家、豆坡等乡联防队和山家村游击小组被编为第二中队；乾留尾、竹仔山村自卫队和山内村游击小组等被编为第三中队。上午 10 时左右，队伍在老马村祠堂前举行了武装起义誓师大会，支仁山在会上宣布正式成立遂溪人民抗日联防大队，并宣读了委任令：马如杰任大队长，陈兆荣任大队政治委员（以下简称政委），林杰任大队参谋，陈开濂任联防区主任。队伍宣誓坚决拥护共产党的领导，英勇杀敌，保家卫国。不久之后，南路特委指示该大队改称为雷州人民抗日游击大队，唐才猷出任大队长。这支新生的队伍引起了国民党当局的恐慌，半个月内国民党当局发起对老马村的 3 次"围剿"。8 月 13 日，国民党遂溪县县长黄兆昌率县大队 400 余人进攻老马村，被起义部队击退；17 日，黄兆昌带领 700 余人再次进攻老马村，又被打退；不久，黄兆昌联合雷州独立挺进支队共 1000 多人再次杀到老马村，还是以失败告终。新生的共产党起义队伍显示出了顽强的战斗力。但支仁山、唐才猷觉得不宜死守老马村，空耗兵力，决定率队伍撤离老马村寻求更大的发展空间。8 月下旬开始，部队一路向南转移，一路宣传，一路与伪军作战，先后到了卜巢山、吾良等地扩编，发展迅速，尤其经过在吾良整编后，部队很快发展到 3 个大队，共 900 余人。这支队伍的指战员，共产党员占了 30% 以上。老马起义是南路特委在南方局的直接领导下，在雷州半岛敌后阵地公开树起了共产党的旗帜，组建了党直接领导和指挥的雷州人民抗日游击武装，开展了独立自主的敌后抗日游击战争，开辟了抗日根据地，扩大了游击区，使雷州半岛敌后抗日斗争进入了新的阶段。

中共中央关注到南路抗日的进展，1944 年 10 月 25 日指示南方局："广州湾以北最空虚，该处几无国军，望设法通知该处同志，一方面谋求武装发展，另一方面力求与琼崖游击队打通联系。"① 南方局于是要求广东临时省委速派得力干部到南路，帮助南路党组织发展敌占区抗日武装。南路特委指示雷州人民抗日游击大队分别向雷州半岛南北两个方向进军开辟新区。第一大队受命开赴海康、徐闻发展并设法与琼崖纵队取得联系。11月开进共产党建立的塘仔抗日联防区，发动群众支持这支队伍，获得一批枪械。不久在海康东里圩围击当地伪军，俘虏伪军60多人，经教育后将他们的遣散回乡，促使其他一批伪军也来投降。12月，第一大队发展到了600多人。1945年2月，第一大队根据南路特委指示挺进徐闻，徐闻共产党组织林飞雄、谭国强趁机发动下洋起义，但此后遭受国民党徐闻县县长陈桐率领的800余人的队伍"追剿"镇压，下洋起义失败。鉴于共产党在当地的群众基础不深，第一大队也被迫撤出徐闻。往北发展的雷州人民抗日游击大队第二大队到达廉江，配合廉江的共产党组织开辟新区。第三大队也在1945年1月抵达廉江龙湾，预备策应吴（川）梅（菉）廉（江）化（县）边抗日武装起义。

面对共产党独立建立武装并有扩大之势，日军加强了防卫和进攻共产党武装的步伐。国民党军为遏制日益发展壮大的共产党抗日武装，也抓紧了扩大队伍、训练骨干，制订共产党员通缉"黑名单"，监视张炎和詹式邦的行动。国民党高雷守备区指挥官邓鄂命令詹式邦搜捕地下党员，但詹式邦没有执行邓的命令，这加剧了国民党方面的怀疑，于是密谋调动重兵消灭张炎的抗日武装和共产党领导的抗日游击队。

鉴于人民抗日武装和张炎领导的武装力量为日、伪军和国民党军所仇视，中共南路特委决定提前集结抗日队伍，在南路全域举行抗日武装起义。1944年12月下旬，温焯华在吴川低岭村召集吴梅廉化边地区特派员黄明德、王国强、黄景文、陈醒亚等人参加会议，传达南路特委关于举行抗日武装起义的决定，并派黄景文同张炎联系，争取张炎率部同时起义，以保存和发展抗日武装队伍。同时，起义的指示还传达到了南路其他地区。1945年1月4日，南路特委书记周楠向南方局的董必武、王若飞报告南路地区的情况，反映了南路共产党武装面临被反共的国民党和日、伪政权相配合进攻的严峻形

---

① 《中共中央关于布置湘粤两省工作给董必武的指示》（1944年10月25日），南方局党史资料征集小组编：《南方局党史资料》第4册，重庆出版社1990年版，第59页。

势，南方局指示南路组织应以建立一个独立的脱离生产的武装工作队为中心工作。这样，按照南方局的指示和中共南路特委的部署，遍及南路全域的抗日武装起义将陆续发生。

1945 年 1 月 6 日，中共吴（川）廉（江）边特派员黄景文获悉机密情报，国民党廉江县当局欲袭击中共吴廉边组织活动中心、平坦乡抗日联防队等人民抗日武装，于是做出立即起义的决定，集结廉江成安、东桥、白鸽港和吴川石门、陇水、龙头等地的抗日联防队和游击小组共 700 余人，率先揭开了吴梅廉化边抗日武装起义的序幕。1 月 8 日，中共廉化边组织负责人陈醒亚、罗明获悉国民党军将进攻人民抗日武装的情报，当即决定集结队伍举行起义。9 日，赖鸿维、陈炯东带领的廉江平坦抗日武装，罗明带领的化南抗日武装，以及李郁、李鸿带领的杨梅、黄槐等地抗日武装共 700 多人举行起义，先后在良光、石东、梅北、黄槐、出拔等地收缴国民党顽固派武装的枪支，开仓分粮，当地群众情绪高涨，纷纷参加人民抗日武装队伍。同日，中共吴川中区特派员王国强按照南路特委指示，集结吴川北区抗日联防队和泗岸、板桥、翟屋等地抗日游击小组、进步师生共 600 余人，收缴板桥乡公所顽固派武装的枪支，宣布起义。16 日，吴梅茂化边特派员黄明德集结茂名、化县游击小组 400 多人，在茂名三民乡良村（今属吴川）宣布起义，成立抗日游击大队，几天后，部队进行整编，大队增加到 500 多人。26 日，该大队在高辣、长山岭尾一带与国民党茂阳师管区保安团激战，歼顽军 1 个排，缴获枪 40 余支。

自钩镰岭战役后，一直担心共产党武装壮大的南路国民党顽固派采取了各种手段来破坏张炎与共产党的合作，先是扣押了张发奎委任张炎为高雷民众抗日总指挥的电令，又大量捕杀共产党员、爱国青年学生及张炎的旧部属，目的是想逼迫张炎知难而退。但张炎并不打算就此与国民党内部的反共势力妥协，对于他而言，虽几年前在高州任国民党广东省第七区专员时曾因为与共产党真诚合作而丢了官，教训深刻，但他仍然坚持与共产党合作，对于持反对意见的同僚，张炎耐心地做解释工作，说："不与共产党合作，怎能成功？福建人民政府的失败就是很好的教训。"[1] 发动起义前，中共南路特

---

① 叶春：《忆张炎将军》，黄文光、陈弘君编：《一位国民党将军所走过的路》，广东人民出版社 1988 年版，第 58 页。

委一直争取、联合张炎。中共南路特委先是派出黄景文去征求张炎的意见，希望能联合起义，但张炎顾虑颇多；后又派了中共吴川中区特派员王国强两次拜访张炎，推动张炎起义，张炎虽痛恨国民党当局太腐败，但认为力量不足、时机未到，也未表态。① 中共南路特委便决定按照原来的部署于12月自行发起抗日武装起义。稍后，张炎不断接到国民党顽固派的逼迫和恐吓，最终使他下定起义决心。12月间，张炎在家族墓园里秘密组织召开"七人会议"，出席会议的有张炎夫妇，有共产党员黄景文、陈信材、叶春、郑洪潮，还有农工民主党曾伟，会上张炎表示决定起义。随后，张炎把妻儿安置到罗定的蔡廷锴将军处，筹措起义的经费。国民党顽固派仍在加紧"剿灭"抗日民主力量。1945年1月，张炎的得力助手、化县自卫总队副兼县政府秘书文邵昌被杀害，詹式邦被撤职，国民党顽固派还派兵准备进攻张炎驻地樟山村、消灭中共领导的武装力量，这些事件成为张炎最终把起义的决心变成实际行动的导火线，也成为中共在南路发起全面武装起义的前提，两股力量便汇合形成联合起义之势，在廉江、化县、吴川等地联合发起抗日武装起义。

1945年1月13日晚，张炎和詹式邦率领700余人的队伍向吴川县城进攻，中共南路特委也派了一支大队赶来参战，迫使国民党守军400多人全部缴械投降，拿下了吴川。中共领导的抗日游击队密切配合张部行动，打开监狱，释放"政治犯"和无辜群众200多人。起义队伍一度控制吴川县全境。接着，中共在茂名、电白、信宜地区和钦廉四属地区也相继发动武装起义。

（三）南路人民抗日解放军建立

1945年1月中旬，李筱峰奉中共广东省临时委员会之命到达广州湾，向周楠传达省临委关于南路人民抗日武装采用"抗日解放军"番号的指示。接到指示后，周楠、李筱峰等进入吴川游击区，召集温焯华、黄景文等人在泮北遗风小学开会。会议决定成立广东南路人民抗日解放军，由周楠任司令员兼政委，李筱峰任参谋长，温焯华任政治部主任。全军约3000人，编为2个支队。其中第一支队由雷州人民抗日武装组成，支队长唐才猷，政委陈恩，政治处主任黄其江。下辖3个大队：第一大队大队长支仁山，政委唐多慧；第二大队大队长洪荣，政委沈潜；第三大队大队长郑世英，政委王平。

---

① 王国强：《回忆张炎起义》，中共吴川县委党史研究室编：《南路特委与张炎将军》，广东人民出版社1991年版，第100—101页。

第二支队由吴川、梅菉、廉江、化县人民抗日武装组成，支队长黄景文，政委温焯华（兼），政治处主任邓麟彰。下辖 4 个大队：第一大队大队长兼政委林林；第二大队大队长陈汉雄，政委郭达辉；第三大队大队长陈以铁，政委王国强；第四大队大队长梁弘道，政委黄明德。1 月下旬，化（县）廉（江）指挥部下属队伍组成独立大队，大队长兼政委陈醒亚，直属司令部指挥；另一部分组建成一个大队，大队长罗明，归第二支队统领。

张炎起义后，曾提出希望接受中共的领导，把自己的武装交给中共改编，但当时的中共南路特委认为张炎起义是在中共推动下进行的，詹式邦更是因为遭到撤职被逼参加起义，为保证中共武装的独立性，他们委婉拒绝了张炎的提议。① 1 月 19 日，张炎宣布成立了约 800 人的"高雷人民抗日军"并自任军长，詹式邦任副军长，叶春任政委，曾伟为政治部主任，下设 2 个团。高雷人民抗日军发表宣言，表示拥护中国共产党的领导，坚持团结抗战，主张废除苛捐杂税，实行减租减息，开仓济贫，改善人民生活，一些地方武装也率部投奔张炎。张炎还将筹措到的 10 万元军饷资助给南路人民抗日解放军。②

张炎公开与共产党合作，通过领导和发动高雷人民抗日武装起义，独立建立抗日武装，引起国民党内部的巨大政治波动。《高州民国日报》直称张炎"受敌贿买，背叛党国"，"丑类跳梁"，③ 还刊登国民党南路军政当局指责张炎的谈话，称张炎"知识薄弱，利欲熏心，不知民族国家为何物，故受敌贿，干出背党叛国，荼毒地方，自取毁灭之勾当"④。张炎被国民党以巨款悬赏通缉，詹式邦、陈信材等人的家乡都遭到了洗劫，化县县长、原第十九路军旅长庞成被逼自杀。同时，国民党紧急调遣第一五五师到高雷，茂阳师管区保安部队及各县武装联合行动，对共产党和张炎的起义部队进行"围剿"。1945 年 1 月 24 日，国民党茂阳师管区副司令肖仲明率保安团近 1000

---

① 陈醒亚：《挺进中垌和张炎的牺牲》，中共湛江市委党史研究室编：《南路人民抗日斗争史料》，广东人民出版社 1996 年版，第 136 页。

② 黄文光、陈弘君编：《一位国民党将军所走过的路》，广东人民出版社 1988 年版，第 61 页。

③ 《〈高州民国日报〉声讨张炎社论》，《高州民国日报》1945 年 1 月 21 日，中共吴川县委党史研究室编：《南路特委与张炎将军》，广东人民出版社 1991 年版，第 176—177 页。

④ 《国民党南路军政当局谈话》，《高州民国日报》1945 年 2 月 9 日，中共吴川县委党史研究室编：《南路特委与张炎将军》，广东人民出版社 1991 年版，第 188—189 页。

人的兵力占领吴川塘𡐩，迫使中共南路特委改变了在吴川建立根据地的计划。

1月18日，中共中央南方局通过省临委的电台指示南路特委当形势不利时要注意转移，保存实力。[①] 1月25日，南路特委在中垌召开紧急会议，邀请张炎、詹式邦、叶春等参加。会议由周楠主持，李筱峰作军事形势报告。会议根据局势变化而改变进军计划，决定两支部队挺进到粤桂边区活动，开辟廉（江）化（县）陆（川）博（白）边抗日根据地。高雷人民抗日军和南路人民抗日解放军一起向粤桂边山区移动，在那里开辟敌后抗日根据地。这也就意味着这支以高雷军人为主的部队要转向离家乡较远的广东、广西交界地带的山区，张炎部队内部对此决定产生分歧，张炎说服了他们，仍然遵从中共南路特委的建议。

1月30日，南路人民抗日解放军司令部率主力到达廉江县三合圩，张炎部队和陈醒亚独立大队也进入灯草村。次日，张炎率部攻克国民党廉江县武陵乡公所，俘顽军连长以下官兵50多人。国民党廉江县县长黄镇、雷州独立挺进支队司令戴朝恩（人称"铁胆"）打电话联系上张炎，称张发奎已经知道张炎举事，发来电报让其去广西百色接受调停。张炎接戴朝恩转来电报称："朝恩兄、黄镇兄转光中兄（即张炎），你在吴川暴动的事情，我已清楚，你不要受共产党的欺骗，危害社会，请速回长官部。张发奎。"[②] 张炎又听说李济深到了广西陆川，推断李济深也是为他的事情而来。就在张炎犹豫不决之际，2月1日，国民党雷州独立挺进支队、廉江县自卫队、广东省保安团第六大队共1000多人，分三路围攻灯草村，没有应战准备的张炎部和跟随他们在一起的中共部队陈醒亚部被打散。

由于仓促应战，张炎所部损失很大。当晚，高雷人民抗日军在廉江禾寮塘村召开紧急会议商讨对策，但部队内部就未来去向产生了严重分歧，农工民主党曾伟主张按原计划去跟共产党部队会合，詹式邦主张回吴川，张炎无法统一他们的意见，遂决定让曾伟和詹式邦率部各自按意愿行动，自己则亲

---

① 董必武：《关于设交通站事》（1945年1月8日），中共湛江市委党史研究室编：《南路人民抗日斗争史料》，广东人民出版社1996年版，第66页。

② 陈醒亚：《挺进中垌和张炎的牺牲》，中共湛江市委党史研究室编：《南路人民抗日斗争史料》，广东人民出版社1996年版，第143页。

自冒险到广西去找李济深和张发奎，协商此次举事的解决办法。2月2日，曾伟带领数十人随陈醒亚独立大队回南路人民抗日解放军司令部；詹式邦率200多人返回吴川。而按预定计划负责主攻塘蓬的南路人民抗日解放军，因张炎部在灯草村受挫后未能按计划联合行动而撤出阵地。3日，国民党军在灯草村一带搜索，隐藏于山涧石洞的10多名抗日战士被逮捕杀害。这样，张炎便只带着十几人的随从卫兵队伍，踏上去广西的路，行至广西博白县境内被国民党地方部队发现抓捕，随即解送到广西玉林专署关押起来。得知张炎被捕的消息后，中共方面和李济深、张发奎、蔡廷锴等都想法营救、周旋，但是，蒋介石很快给玉林专署发来密电："四战区司令部转玉林专署，着即将张炎就地枪毙具报。"① 3月22日，年仅43岁的张炎被押赴刑场杀害。詹式邦率余部撤回吴川后，在沿海一带坚持武装斗争，终因力量薄弱和缺乏外援而失败。在国民党顽军追杀张炎部的同时，南路人民抗日解放军也遭到了国民党顽固派军队的围追堵截。2月5日，国民党顽军对驻木高山的南路人民抗日解放军第二支队林林大队发动攻击，林林大队被打散，大队长林林等数十人牺牲。1月30日，在吴川县南巢村整训的南路人民抗日解放军第二支队第四大队遭顽军围击，大队长梁弘道率部沿河北撤，部队损失较大，梁弘道在渡河突围中牺牲。

由于起义队伍被国民党军一一击破，紧急时刻，2月5日，中共南路特委在廉（江）博（白）交界处照镜岭召开扩大会议，针对队伍作战损失严重，以及被顽军数千兵力尾随追击等情况，决定放弃在廉（江）博（白）陆（川）边建立抗日根据地，从各部队中抽出800人组成一支主力部队，由李筱峰和黄景文率领，开进群众基础较好的合（浦）灵（山）边白石水地区建立抗日根据地；由周楠、温焯华、唐才猷、黄其江等转回雷州半岛敌后重组队伍。会议根据张炎部已经不存在，南路人民抗日解放军第二支队又在木高山等战斗中失利，国民党一五五师3个团已从广西转驻南路，人民抗日武装处境十分艰难、被动，南路人民抗日解放军开辟合灵边抗日根据地的计划也未能实现。为保存实力，部队主力只好避开国民党顽军势力比较强大的合浦、灵山地区，又撤回群众基础比较好的雷州半岛，以图重新发展。中共

① 黄文光、陈弘君编：《一位国民党将军所走过的路》，广东人民出版社1988年版，第66页。

南路特委决定：南路未发动武装起义的地区暂停发动；已发动武装起义的则加紧整顿部队，以武工队的形式回原地分散活动，依靠群众逐步恢复，发展游击战争，抓住机会打击日伪军；雷州半岛敌后的部队加强整训，继续扩大队伍；加强抗日民族统一战线工作，对国民党顽固派进行"有理、有利、有节"的斗争；迅速恢复以广州湾为中心的交通情报网，动员参加部队的部分教师、学生返回学校，恢复学生工作、群众工作；等等。①

（四）抗日根据地建立

中国共产党历来重视武装斗争和根据地建设。抗日根据地是中国共产党领导下在敌后成立的兼有军事和政治功能的组织，其最大的特点是通过抗日根据地的斗争牵制日军兵力，日军不得不同时在中国的正面战场和敌后战场作战。在抗日根据地建立抗日民主政权，团结了各抗日阶级、各阶层进行持久抗战。

中共南路特委也十分重视抗日根据地建设，在老马起义后，曾研究过建立抗日根据地的问题，拟订过在遂溪西南区、徐闻山和粤桂边山区、茂（名）电（白）信（宜）山地建立根据地的计划，但都因为敌方太过强大、统战工作失误等原因未能实现。随着南路人民武装西进失利而造成被动局面，南路特委先后从几次的失败中总结经验教训，认识到南路党组织工作的主要基础在遂溪及毗邻的廉江东南部平原地区，边区山地的群众基础较为薄弱，遂决定选择群众基础最为扎实的遂溪再次尝试建立根据地。选择遂溪，一是自从大革命时期开始，遂溪就是共产党在南路革命的策源地，是南路农民运动的中心地带，产生过坚持武装割据长达五年之久的遂溪农军，革命影响深远。二是抗日战争时期遂溪不仅群众基础好，共产党员的基础也好。当时高雷地区共有1600多名共产党员，仅遂溪就有1000余名共产党员，并且大部分是农村党员。② 如果没有深厚的群众基础，也不可能产生和培养出如此数量众多的党员。此前建立抗日根据地失败，就是因为南路在短时间内同时发动起义，共产党员几乎全部暴露，转战中贸然在缺乏群众基础的山地建

---

① 中共湛江市委党史研究室编：《中国共产党湛江历史》，中共党史出版社2011年版，第249页。

② 中共湛江市委党史研究室编：《中国共产党湛江历史》，中共党史出版社2011年版，第250页。

立游击根据地，自然是十分困难和不可能长久的。三是从地理位置上来说，遂溪西北部是雷州半岛通往南路各地的水陆交通要道，在此地创建抗日根据地，对坚持南路抗战有着重要意义。因此，南路特委作出了坚持敌后、依靠遂溪、建立根据地、逐步向外围发展的决策。

遂溪抗日根据地的选址在遂溪西北区。1945 年 2 月下旬，遂溪西北区抗日民主政府成立大会在山家新村祠堂前举行，宣布了区政府各任职人员名单，颁布了区政府施政纲领及在政治、军事、财经、生产、民政、统战、教育、文化等方面的任务。区政府机关设在山家老村，由全德珠任区长，郑南任副区长，下设文书、总务、财务 3 个部门。为加强对所辖地区的领导，区政府设立 4 个联防区办事处（相当于乡一级政权）。其中，第一联防区办事处管辖南部老马、枫村、斗仑等村庄，第二联防区办事处管辖东南部山家、豆坡、白露等村庄，第三联防区办事处管辖东北部山内、双塘、雷公塘等村庄，第四联防区办事处管辖西部沿海一带的金围、北潭、合沟、后塘等村庄及廉江安铺镇、营仔的部分村庄。区政府所管辖的区域，纵横约 240 平方千米，200 余个村庄，5 万余人。不久，遂溪共产党组织又以信和乡联防区为基础，成立由梁立（梁怀明）为主任、陈华荣为副主任的遂北抗日联防委员会，联防区总人口约达 4 万。[1] 这样，遂西北、遂北两片抗日根据地就连成了一片。

廉江县的新塘属半沦陷区，与遂溪县北区、西北区接壤，群众基础也比较好，在此建立敌后抗日根据地，对于与之接壤的遂溪抗日根据地进一步扩大成一片互相支撑、互相援助的大片根据地意义重大。抗日武装西进失败后，转回新塘一带重新集结队伍，同时继续发动群众，扩大队伍，1945 年 2 月至 3 月间，先后组建了 4 个抗日武装大队。他们兼具战斗队伍和工作队伍性质，在地方工作人员的配合下，依靠当地共产党组织，将群众工作同武装斗争结合起来，为根据地的开辟创造了有利条件。1945 年 3 月开始，新塘地区共产党组织和抗日游击队在 100 多个村庄先是进行建政宣传，发动群众推选代表。3 月中旬，在新塘村召开群众代表大会，组建了新塘区抗日联防委员会。通过民主协商，推选林敬文为联防区委员会主

---

① 中共湛江市委党史研究室编：《中国共产党湛江历史》，中共党史出版社 2011 年版，第 251 页。

任，陈熙华、李秀祥、欧兵为副主任。联防区委员会下设财粮、文教、军事、妇女、民兵等办事机构，建立交通总站、地雷厂、麻织厂等，并成立武装常备中队。5 月间，后塘仔抗日联防委员会成立，不久，并入新塘抗日联防区。整个新塘抗日联防区面积扩大到 400 平方千米，人口约达 3 万。[①]由于该根据地的重要性和地理位置的便利性，中共南路特委及南路人民抗日解放军司令部进驻新塘，并在新塘举办各级领导干部训练班，这里成为南路地区重要的抗日根据地。

位于廉江东南部与吴川、化县相邻的大塘，也开始筹建抗日联防区。经过努力，1945 年 3 月，吴梅化共产党组织在廉江大塘村召开大塘区各界群众代表大会，宣布成立大塘抗日联防委员会，共有 200 多个村庄，约 250 平方千米，人口 3 万多，与新塘抗日联防区基本连成一片。[②] 5 月，在群众基础比较好的海康县扶桥东村成立海康县第一抗日联防区；6 月，在海康县西溪村成立海康县第二抗日联防区。

遂西北、遂北、新塘、大塘等遂廉边抗日根据地，与雷州半岛南部的海康抗日根据地，成为南路共产党武装和组织进退有据的有力保障。西进合浦、灵山的武装部队撤回雷州半岛根据地休整，广西的共产党组织领导的博白人民抗日武装在桂东南起义受挫后也转移到遂廉边根据地休整。抗日根据地民主政府平日的工作，主要是通过成立农会、妇女会、同心会、帮耕会等群众组织来教育群众、发动群众参加部队以扩大武装队伍、锄奸肃特及维护社会治安，还担负着发展根据地经济和民生的重要职能。此外，为了保障南路人民武装和组织的发展和运作，根据地民主政府还必须想尽办法扩大财政税收来源，保障军队供给。南路人民解放军 3000 多人在各个根据地进行休养、补给，需要大量的财政供给支撑，这些都是通过根据地的税收和群众的捐款来维持的。遂廉边与海康根据地的存在和运转，是南路抗战能够坚持下去的有力保障，也成为华南抗日根据地的重要部分。

1945 年 5 月，中共南路特委在广州湾召开工作会议，总结回顾了南路人

---

① 中共湛江市委党史研究室编：《中国共产党湛江历史》，中共党史出版社 2011 年版，第 253 页。

② 中共湛江市委党史研究室编：《中国共产党湛江历史》，中共党史出版社 2011 年版，第 254 页。

民抗日武装起义以来的经验及教训，肯定了建立根据地和一支主力部队的必要性，坚持以敌后根据地为依托，依靠主力部队和地方党组织的密切配合，有计划、有步骤地向根据地外围扩展。会议决定继续扩大和巩固遂廉边抗日根据地，同时加强南路人民抗日解放军的建设，打开南路抗战新局面，为夺取抗日战争的最后胜利做准备。为此，南路特委命令南路人民抗日解放军各支队将队伍拉到遂溪西北区山家和廉江新塘这两个主要的根据地进行整训，为期一个多月，在思想、组织、军事技术等方面加强部队的建设。在这次整训中，南路人民抗日解放军撤销原有支队建置，3000多人统一编入5个团。其中，原第一支队第二、第三大队组编为第一团，800多人，团长黄景文，政委唐才猷，政治处主任李廉东；第一支队第一大队编为第二团，200多人，团长兼政委支仁山；第一支队中由廉江组建的3个大队编为第三团，900多人，团长莫怀，政委唐多慧，政治处主任林克武，广西博白人民抗日武装白马大队（营）归该团指挥；独立大队编为第四团，800多人，团长兼政委陈醒亚，政治处主任王国强；原张炎部高雷人民抗日军余部编为第五团，300多人，团长张怡和，政委兼政治处主任朱兰清，顾问曾伟。此外，还组建了教导营，以加强对部队干部的培训，负责人林克武。这5个团中，第一团为南路人民抗日解放军的主力团。南路人民抗日解放军的整编为迎接抗日战争进入最后的反攻阶段做好了思想、组织和军事上的准备。

第三节　抗战时期的广州湾

一、广州湾复杂政局

1937年7月，卢沟桥事变爆发，日本发动全面侵华战争。面对日本的侵略，中国政府呼吁国际社会，特别是西方资本主义国家制止日本的侵略行为，对于那些在华拥有大量利益的国家，中国更是报以期待。此时此刻，法国对华外交政策以"九国公约"及英美对华态度为立场，对中国的抗战表示同情，并不断与英美采取平行行动，一面斥责日本破坏条约，一面输送若干物资援助中国。不久，中国大陆沿海口岸便落入敌手，中国的外援渠道被切断。为了抗战之需，蒋介石谋求利用法属越南为国际通道输入军火与物资，命令主管机关和驻法大使顾维钧与法国当局不断交涉。当时对法国政府来说，它的注意力在欧洲，德国的崛起使法国不可能分兵保护它在远东的殖民地。因此，法国不敢在货物过境问题上得罪日本。但是同情中国抗战的法国总理，作为朋友向顾维钧提出建议说，法国不能阻止私营公司的货物从印度支那过境，因此，中国政府可以向法国的私营公司订货，然后由私营公司组织运输，这样既解决了过境运输问题，又使法国避免卷入中日之间的冲突，但是军用物资不能过境。如果军用物资不能过境的话，显然是无法解决中国面临的实际困难，为此蒋介石指示驻法大使顾维钧对法交涉，并要求供给武器、安南运输与顾问派遣三事同时解决，他还派立法院院长孙科赴法考察、驻苏联大使杨杰赴法协助谈判。直到1939年1月，中国的要求才得到法国方面的原则性同意答复。2月10日，日军在海南岛登陆，日军南进野心充分暴露，此时中国曾预测欧战爆发，日本必然进攻越南，中方谋求中、法两国共同作战计划，由于法方开列条件过高，遂无结果。

全面抗战爆发后，广州湾的战略地位便开始凸显。早在1938年4月第四战区司令长官余汉谋便密令六十二军驻广州湾办事处秘书颜继金与法国中校格赖尔商谈琼越合作事宜，以阻止日本占领海南岛。当时全越统帅马丁将军也极为关心琼越之间的合作，他立即将格赖尔的报告交参谋部研究，同时征询越督意见，为了表示对广州湾战略地位的重视，马丁将广州湾司令官一职交给自己的亲信黎劳斯中校担任。但此后由于法国方面举棋不定，以致错过了合作的最佳时机，日军发动了"太平洋上九一八"，迅速占领了海南后，雷州半岛乃至广州湾便开始遭受严重威胁。欧战爆发后，法国战败，此时的广州湾已处于风雨飘摇之中。

1940年6月，日本政府要求法国和英国停止输送援助蒋介石的物资。对于日本的要求，已向德国投降的法国维希政府答应全面封锁法属印度支那运输线并同意日本派遣监视团，担任监视团团长的西原一策少将试图说服法属印度支那方面，答应向日军提供补给，允许日本军队自由通行和使用机场等要求。为了实现上述目的，日本松冈外相和法国维希政府任命的驻日大使安里进行外交谈判，8月30日双方原则上达成谅解，并进行了换文，这就是所谓"松冈安里协定"。协议同意日军使用印度支那的 3 处机场，可以在红河北岸驻扎 6000 兵力，还可以从东京（印度支那）进攻云南。① 9 月下旬，日军进驻法属印度支那北部，切断海外援蒋的大动脉，即越南海防经由滇越铁路的运输线。但据日方记载，华南、华中各地沿海仍然有许多海外补给通道。特别是以香港为基地运进的物资，通过香港—韶关通道运输尤为活跃。② 为此，日军 1941 年 2 月发动了香韶公路切断作战。香港沦陷后，广州湾成为中国唯一的出海口。以广州湾为基地，从西南沿海运来的援蒋物资，尽管在日方的严密监视下，仍能继续不断运送。为了切断雷州半岛补给路线，日本调动近卫师团和已经集结在海南岛的第四十八师团等南方作战兵团，试图以调停泰国与法属印度支那纠纷为借口，武力解决印度支那中部和南部，同时对广州湾法国当局示威。广州湾面临随时被日本入侵的危险。

日本对广州湾的处置之所以还是采取较为谨慎的态度，尽力保持协作及不干涉内政的关系，这主要是德日之间的同盟关系所致。

1943 年 1 月 9 日，汪伪政权对英、美宣战，日本明确承认：中国应收回在华的外国租界和废除治外法权。这样，广州湾从理论上成了应收回的对象。日本认为，蒋介石军队要抢在汪精卫政权之前先行占领广州湾。于是，日军海南警备府于 1 月 21 日派遣"进和丸号"战舰载海军陆战队进入广州湾，负责撤侨和警戒。接着日军大本营和日本政府决定先发制人，制定进驻广州湾的方针。1 月 30 日发出进驻广州湾的命令，同日，日军大本营海军部发出第 169 号指示"有关雷州半岛作战及进驻广州湾法租界的陆海军中央协定"，整个作战计划又称"ㅋ号作战"。③ 当地日军在海军的协同下，1943 年 2 月 16 日在雷州半岛登陆，21 日，进驻法租界，25 日结束作战。

据日方档案资料显示，日军占领广州湾后，由广州湾行政总公使德谋克与日本现地最高指挥官签署了一个《广州湾共同防御协定》，法军只担当市内警戒，日军主要担当竭力防守广州湾之军事责任。④

---

① 〔法〕安托万·瓦尼亚尔著，郭丽娜、王钦峰译：《广州湾租借地：法国在东亚的殖民困境》下卷，暨南大学出版社 2016 年版，第 216 页。

② 日本防卫厅防卫研究所编：《中国事变陆军作战史》，中华书局 1979 年版，第 112 页。

③ 日本防卫厅防卫研究所编：《日本海军在中国作战》，中华书局 1979 年版，第 331 页。

④ 何杰：《日军入侵广州湾全解密（下）》，《湛江晚报》2012 年 12 月 23 日。

日本进驻广州湾后，名义上为法日共同防御，实际上完全由日军控制，按照双方达成的协定，广州湾总公使署需给日军提供执行军事任务的各项保障，如保障日军行动的宿营给养；港口、仓库等设施被日军征用；帮助日军加强收集利用军用资金和劳力、必要的通货等。[①] 此时广州湾总公使署已无法完全行使原来的各项职能，他们甚至连广州湾法国政府的高级职员也不能保护，赤坎市厅高级秘书郑师爷惨遭日本特务鹰犬毒刑并被勒索巨款达28万元，最终不得不向汉奸求怜，才得以释放。[②] 广州湾地方势力乘势而起，"湾内之汉奸走狗等，更乘机敲诈勒索，情形异常混乱"。资料显示，日军在广州湾不断制造恐怖气氛，赤坎的法国大马路、海边街、新街头、木乔街、中国马路、志满路、市厅街等地，均派士兵把守，强行检查往来行人，令在湾内生活的市民人心惶惶。

1944年3月，日军为推动"华南一元化"政略，进行所谓"撤废广州湾区域之军政"，将其划入伪广东省政府管辖，并命令日军司令部驻广州湾方面某部队长伙同广东伪省长陈耀祖与日军司令官签字，表示日军移交广州湾，由汪伪政权接管，并声称今后专负作战警备使命任务。

二战进入1945年后，国际形势发生了急剧变化。3月10日，法国人被停止行使其在租界的行政管理权，法国军队被解除武装。日本当局接管并单独负责其防御，委任陈学谈为伪广州湾自治区区长。

自太平洋战争爆发后，日本便将主要精力集中在诱购大后方的各种军需、民用物资上，为了从金融上控制广州湾，日军进驻不久，便在湾内全面发行汪伪政权的"中储券"，并强令法国方面对其流通价值予以协力，对当地经济进行大肆掠夺。同时还统制全广州湾货物的进出口，致使广州湾的粮食异常紧张，内地的大米无法运进湾内，缅甸、暹罗运来的稻米被日本控制，米价高涨，一般市民难以为继，不少难民纷纷迁往内地。据统计，全湾共有8万多人外迁。广州湾回归后，人口为27万左右，与日军进驻广州湾前人口数额相差甚大。

---

① 何杰：《日军入侵广州湾全解密（下）》，《湛江晚报》2012年12月23日。
② 《湾法政府高级职员惨被敌施毒刑，结果被勒索去巨款廿八万》，《大光报》1943年11月1日。

二、难民潮及救助

全面抗战爆发后，尤其是 1938 年 10 月广州沦陷，次年 2 月海南沦陷，以及 1941 年 12 月香港沦陷后，带来一波波难民潮。此外，日军围困澳门，袭扰钦廉沿海，也迫使大量民众迁居广州湾。广州湾因其独特的政治、交通和社会环境，吸引了总数超过 30 万的难民逃往该地。其中既有高官家属，也有文化名人，更多的是普通民众。有些人只是途经广州湾转往内地，而有的则在广州湾长期生活。抗战时期，国共两党均在广州湾设置机构开展抗日救亡工作，广东省政府还在遂溪、廉江等地协助难民转往西南大后方。广州湾社会各界成立了多个团体，他们所做的赈济、平粜、募捐和医疗等工作有助于改善难民生活。[1] 广州湾因为难民的涌入而繁荣一时。1943 年 2 月日军侵占广州湾和雷州半岛，大量难民和游资离开广州湾，撤入大后方。

（一）难民高潮

抗战时期，广州湾之所以成为难民的避难选择，主要因素大致有三个方面：第一，广州湾系法国的租界，法国拥有行政管理权。日军出于国际政局和日法双方在东南亚利益的考量，不敢贸然进攻此地。因此，广州湾是相对安全的区域。第二，广州湾具有便利的交通条件。抗战期间广州湾海上交通发展迅速，顺昌公司、捷福公司以及华商的许多轮船常航行在广州湾、香港、澳门和海防等港口之间。[2] 陆路交通也很便利，"广州湾与广东、广西、贵州、四川各省，均有陆路可通，广州沦陷后，湖南、湖北之交通，亦经广西，而南下于此。广州湾现已成为我国各省极大出海港口，谓为国际路线，对于我国贸易运输上之重要性，不言而喻"[3]。便利的交通方便难民前往避难。第三，战争局势的演变使广州湾愈来愈重要。随着京沪以及华北、华中各大城市相继沦陷，沿海各港口被日军封锁，尤其是华南重镇广州的沦陷，广州湾已成为广东乃至全国唯一通向海外的自由吞吐港。广州湾凭借自身特

---

① 钱源初：《抗战时期广州湾难民问题论述》，《党史与文献研究》2018 年第 3 期，第 69—78 页。

② 邱炳权：《法国广州湾租借地概述》，《列强在中国的租界》编辑委员会《列强在中国的租界》，中国文史出版社 1992 年版，第 475 页。

③ 陈玉潜：《广州湾及南路各地调查报告》，《银行周报》1939 年第 6 期，第 5—12 页。

殊的政治环境、便利的交通条件，成为抗战初期物资运输和难民来往的重要中转站。凡是由港、沪、青、津转赴内地，或由内地转赴港、沪、青、津，必然要经过广州湾中转。[①]

抗日战争爆发伊始，省内难民纷纷前往广州湾避难。南路沿海一带，如梅菉、水东、雷州、北海等地，稍有资产者，恐受战祸波及，纷纷携眷迁避广州湾，同时因为省港交通断绝，一般由广州逃出拟往香港逃难者，亦由长沙（粤境地名，非湖南省会）省道乘车来广州湾，然后转轮赴港。[②]

1939年2月10日，日军进攻海南，不堪奴役的海南人民被迫开始逃难流亡生涯，他们主要逃往中国上海租界、香港、广州湾地区和南洋，其中多数人选择距离较近的广州湾。据当时海口市商会主席唐品三称，海南出逃的难民合计114560人，这些琼籍难民中部分在琼崖总会和太古公司的帮助下分批前往南洋新加坡等地谋生。日军增兵海南后，南路形势吃紧。于是南路及其临近地区的难民也纷纷选择前往广州湾避难，包括合浦、防城、海康、徐闻各县人民。

1941年12月25日香港沦陷后，广州湾迎来第二个难民涌入的高潮。日军占领香港后，推行"归乡"运动，即通过威逼利诱，迫使大量香港居民涌入内地成为难民。当时的路线主要有4条，分别是从深圳、澳门、广州和广州湾回到内地。

尽管澳门也是香港难民逃难的路线之一，但是实际上不少澳门难民也会逃难到广州湾。在香港明德庄当店员的雷州人何祥，香港沦陷后，他与滞留香港的200多名雷州同乡于1942年正月初一乘坐"白银号"客船回广州湾。有学者统计"这一时期，穗、港、澳约有12万居民逃难到广州湾"[③]。日军占领广州湾后，成千上万的难民又逃离广州湾。

（二）苦难民众及难民救济

由于广州湾的空间有限，加上各方面条件的限制，迅速涌入广州湾的人流打破了原来城市的平衡，致使来湾难民流落街头，忍饥挨饿，甚至死亡的情况时有发生。资料显示，因饥饿而死去的不少是儿童，有七八百人。主要

---

① 《广州湾交通食宿概况》，《申报》（上海版），1938年12月1日。
② 《广州湾人口突增》，《大公报》（香港版）1938年10月26日。
③ 湛江市地方志编纂委员会：《湛江市志》，中华书局2004年版，第301页。

原因有：其一，粮食短缺，难民食不果腹，被饿死；其二，难民区居所过于稠密，卫生条件差，加之缺乏医疗设备和医疗水平所限，因病致死。

在此前后，前来广州湾逃难的名人有：陈寅恪、夏衍、高剑父、高其峰、关山月、赵少昂、陈锡钧、叶浅予、杨善琛、沈华山、连士升、千家驹、高士其、红线女、薛觉先、谭兰卿、吴楚帆、张瑛、周俟松、陈香梅等，他们主要经海路从香港逃到广州湾。其中书画家沈华山一家七口因飞机轰炸广州湾而殒命六口，这是始料未及的。

对于日益凸显的难民问题，广州湾法国当局采取放任态度，允许大量难民涌入，但并无相应的管控措施，面对大量的难民群体，目睹难民惨痛的经历，国民政府、中共组织和地方各界人士承担了救济和安置工作，广州湾各界也尽最大努力进行救济。

主要参与广州湾难民救济的机构和组织如下：

（1）广东省振济会。1939年夏，省振济会"派委员兼秘书王敬止等驰赴广州湾设立办事处，协助南路难民救济区办理琼崖难民救济事务"。办事处成立后，由张炎兼任主任，王敬止兼副主任。省振济会从1939年10月至1940年8月在广州湾设立中华义学，设有17个班，收容失学难民794人；1939年至1941年安置广州湾失业教师212名。

（2）中共广州湾组织。抗战时期，中共也较早在广州湾建立了党组织，他们发展党员和进行抗日救国宣传，同时也协助救济难民。1939年3月，中共广州湾支部成立，驻蓁塘村世基小学。1940年2月，中共广州湾支教支部成立，管辖国本小学、光华英语补习学校、晨光小学和韩江小学等学校的党组织。1940年6月，中共广州湾特别支部成立，下辖西营支部、广州湾支部、琼崖难民支部、晨光小学支部、赤坎支部、硇洲支部。值得注意的是，当时共产党已经注意在难民中建立组织，借此负责广州湾难民的救济工作。如晨光小学校长、共产党员许乃超通过广州湾商会会长陈澄甫，以广州湾商会的名义成立"广州湾抗日赈灾会"，发动绅商和广大群众抵制日货，捐款援助抗日，救济伤兵、难民，办理地方灾难善后。抗日赈灾会还出版《赈灾周刊》，宣传广州湾抗日救亡和赈灾活动。海南岛沦陷后，大批难民涌入广州湾。张炎夫人郑坤廉在市郊楼下村举办"广州湾难童救济院"，许乃超通过赈灾会资助救济院。中共广州湾支部发动蓁塘世基小学、调罗启英小学、新村小学、陈铁黎明小学等校师生捐款给予支持。

（3）广州湾赈灾会。1937 年 11 月，广州湾商会和地方绅商陈学谈、戴朝恩、袁学伟等发起成立广州湾赈灾会，主要工作是训练救护团员回到内地服务，收容难众，制赠棉衣，施医赠药，负责"救济伤兵难民，办理地方灾难善后"。在洪屋村设立"赈灾会赠医所"，聘请专业中医，对难民施医赠药。在洪屋村设立"赈灾会第一义校"，在海头港设立"赈灾会第二义校"，为难民子弟教育提供场所。[①] 1939 年 5 月广州湾赈灾会开设难童夜校 3 所，设于赤坎市立小学和宝侨、培才等 3 所学校内，所有书籍文具杂费，由该会补助。[②] 广州湾赈灾会的个别委员另外在赤坎和西营成立平籴会，规定各商店根据营业规模出资垫款，从越南购米运回广州湾，以廉价向民众限额出售，民众可持派米簿定期买米。其后陈学谈独力出资，并得到戴朝恩协助在各区派发米粮。平籴会的工作持续数年，较为有效地平抑米价。[③] 总而言之，以广州湾商界为主的赈灾会和平籴会所做的平籴施粥、施医赠药和设立学校等措施，既考虑到难民生存的首要需求，又有发展教育的长远计划，值得肯定。

（4）第五儿童保育院。第五儿童保育院（简称"粤五院"）成立于 1939 年 5 月 1 日，由第七行政专员张炎的夫人郑坤廉担任院长。粤五院"原拟设于遂溪寸金桥，旋为避免空袭，乃借西营益智学校为难童收容处，开始抢救涠洲岛、廉州、遂溪、吴川沿海地带难童"，后来在赤坎屋山村建造宿舍和礼堂。在郑坤廉的主持下，粤五院的难童救济工作进展顺利。该院分为 7 个班教学，设幼稚班和小学一至六年级。有教员 22 人，其中男 5 人，女 17 人。截至 1940 年教养儿童 254 人，其中 80% 是来自琼崖，10% 来自涠洲岛，其余来自合浦、遂溪、番禺和广西等地。

（5）琼崖华侨联合总会救济委员会。1939 年 7 月 1 日，南洋琼侨向琼崖华侨联合总会救济部广州湾办事处捐助第一批救济款 10 万元，并承诺随后陆续捐款。同时，南洋琼侨决定先在广州湾硇洲地区辟一难民村、难民市，

---

① 广东省振济会：《广东振济》，正文印刷局 1940 年版。

② 《广州湾教育难童》，《大公报》（香港版）1939 年 5 月 2 日。

③ 吴子祺：《一本派米簿所见的平民艰辛生活》，政协湛江市赤坎区委员会编：《赤坎文史》（第 10 辑），第 289—292 页。

然后向当地政府承领荒地垦殖，以求得难民生活问题的根本解决，后来，又主张在东营增设 3 个琼崖难民区开垦荒地耕种。琼侨救济会的难民救助堪称长久之计。

（6）广州湾琼崖同乡会。1939 年 4 月 5 日，广州湾琼崖同乡会设立救济琼崖难民委员会，推举卢澍生等 33 人为委员，林天吉等 9 人为常委，专门负责救济广州湾难民。4 月 8 日委员会举行募捐，发出通电，请求海内外各机关和慈善团体援助，分为"栖止、粮食、职业、转移、生产、教育、医药" 7 个救济范围。1940 年 2 月 10 日是琼崖抗战一周年纪念日，广州湾琼崖同乡会与广东省振济会、西营区第一义学发起举行纪念会。

此外，广州湾妇女界、教育界和宗教界等也积极支持难民救济活动。广州湾妇女界组建中国妇女赈灾分会广州湾分会，"在救亡的旗帜下，为祖国而努力，举行演剧筹款，献旗募捐，将所得捐款悉数寄回祖国救济难民慰劳伤兵"。教育界在 1939 年 8 月 27 日当天"不停课，不聚餐，将一日所得薪金，拨出救济难民之需"。① 宗教界的基督教堂"福音堂"在抗战时期收留救助了广州、香港沦陷后的 200 多名难民。

三、进出口贸易与抗战运输线

（一）广州湾进出口贸易

根据统计，抗战前经过雷州关的正常贸易数额并不大。"雷州关 1936—1937 年平均为 1134 千元（进口），占全省 0.6%；出口 2921 千元，占全省 2.1%。"省内人士多认为，"北海、雷州二关，设于粤省最贫瘠之钦廉、高雷等州，其输出入货值，在全省为最低"。② 事实上，由于广州湾自由贸易港口的地位，加上关卡设在法租界之外，边界漫长，通路甚多，广州湾贸易大体上还是以走私贸易为主的。"粤省走私贸易，现以香港、澳门及广州湾三自由港为其主要根据地。内中以香港为最要。……不但为粤东所销私货之发源地，即由澳门及广州湾私运至内地之货，亦多先经该处。若以地域言，粤北江、西江，及东江各县所销之私货，均来自香港；四邑及阳江一带之私货多输自澳门；钦、廉、雷州及海南岛一带之私货，多由广州湾输入；又安南

---

① 《广州湾教师捐薪》，《大公报》（香港版）1939 年 6 月 10 日。

② 蔡谦：《粤省对外贸易调查报告》，（长沙）商务印书馆 1939 年版，第 3 页。

货品亦有私输至钦，廉西部者。"[1] 走私一直居法租借广州湾时期的贸易主体地位，抗战时期也未变。

全面抗战爆发后，广州湾贸易量急剧上升，造成这一局面的主要原因是随着华南沿海地区港口受到日本人的封锁以及广州、海南、香港等周围地区相继沦陷，广州湾作用凸显，贸易活动一跃而上，成为中国的重要贸易区域。"据法人不完全之统计，可知 1939 及 1940 两年中，本港（按指广州湾）国外进出口贸易，平均每年约达一千万美元。九龙所需之肉类，鸡蛋，桐油及菜蔬，或由该处转口者，其中百分之七十，系产自广州湾区域。"[2]

1937—1945 年雷州关主要进出口贸易概况如下：1937 年雷州关贸易数据与 1936 年的数据相近，变化不大。1937 年洋货进口额是 1369597 元（指国币，下同），土货、国货出口额则为 2323999 元，总数据共计 3693596 元，总额占全国比重 0.21%，居国内 47 个海关中的第 25 位。1938 年，洋货进口及国货出口获得了一定程度的提升，但总额还不够大：洋货进口额为 3777617 元，国货出口额是 5719689 元，总额占全国比重 0.57%，居第 14 位。1939 年略有改变，洋货进口额提升为 15684721 元，国货出口额提升为 18566369 元，总额则占全国比重 1.44%，居第 10 位。令人惊讶的是 1940 年，雷州海关进出口数额为 151949753 元，占全国比重 9.78%，居国统区海关的第 4 位，次于沦陷区的上海、天津和胶州。洋货进口额与国货出口额分别是 83131442 元、68818311 元。到了 1941 年，通过雷州海关进出口的物资仍然不少，洋货进口额为 328017923 元，国货出口额是 97009799 元，两者共计 425027722 元，占全国比重 7.91%，居国统区海关的第一梯队，次于上海和天津。1942 年总额仍高达 78340 万元。到了 1943 年开始回落，只有 32590 万元，当时还是处于通货膨胀的状态。1944 年总额为 37580 万元，已到没落状态了，1945 年的数据大致相似。[3] 从事中国战时经济贸易方面研究的郑友揆也认为，1942 年申报运往广州湾的货物竟占国统区出口总额的 38.4%。这些货物主要是政府统制的桐油、猪鬃等，它们实际上是运往美国或苏联

---

① 蔡谦：《粤省对外贸易调查报告》，（长沙）商务印书馆 1939 年版，第 22—23 页。

② 莫里森·克努森咨询集团撰，王言绥译：《广州湾视察报告》（1946 年 7 月 29 日），《港工》1948 年第 2 卷第 2 期，第 10 页。

③ 湛江海关志编撰办公室编：《湛江海关志》，2011 年内部编印，第 118 页。

的。1943 年 2 月底，日军封锁了通向广州湾的陆上通道，从而导致 1943 年国统区对广州湾的出口额急剧下降。①

广州湾地区贸易的货物主要包括：席包、麻类、松香、矿产品、花生油、土产糖、烟叶、豆类、牛皮、家畜、家禽、桐油、青麻、石膏、水银、五倍子、樟脑油、八角、桂皮。货物来源包括广东南路地区、广西及湖南等地。② 据《大光报》记载："租界入口货物以米豆、洋纱匹、头煤炭、英泥、烟仔、白糖、火柴、咸鱼、洋杂、西药、木料、胡椒、啤酒、汽水、咖啡、杂粮等为最大宗。出口以牲畜、生油、土糖、木油、青麻、牛皮、八角、五倍子、山货、药材、五金等为最大宗。"③

当然雷州关的统计数字，不包括日本人控制的商号贸易量。据国民党情报机关中统局的调查，日伪在广州湾成立商号、公司也不少，如广州湾日商组合岩井行（即南满铁道组合之化身）有资金国币 7 万元，行址暂设西营南天酒店楼下石门厅西南日报办事处内，其负责人为日本人喜多彰，司理是汉奸陈志仁。喜多彰另住南天酒店 101 号房，"货仓设于西营红奋地方，上月（九月）□曾购入桐油二百余罐"④。三井洋行，以收买桐油、矿产为主，主持者为松木；万和洋行，以收买桐油、矿产为主，主持者为机发；三菱洋行，以收买青麻、五倍子、竹木为主，主持者为佐佐木；昌兴航业公司，主要业务为航运，主持者为濑尾。公利庄，在西营保缘路，代理日方统办各项进出口货物，主持者为香港前东华医院经理肖澳惟；大原公司，设于广州湾西营贝丁街，向各行商收买钨砂、桐油、青麻及其他军需品；内河营运组合，设于广州湾，主要业务为航运，主持者为大日风；广昌号，设于广州湾大通街，在桂南各地搜集废铁、桐油、青麻等资敌，主持者为李振兴；广新行，设于广州湾赤坎龙总督街（今和平路），收买枪支、子弹、水银、松香、钨砂等重要物资资敌，该行为日商大原公司出资，主持者为文卓逸、蔡某；六国庄，以收买桂皮、五倍子、青麻、牛皮为主。而有余、三林两商号，名

---

① 郑友揆著，程麟苏译，蒋学桢、汪烈校：《中国的对外贸易和工业发展（1840—1948年）——史实的综合分析》，上海社会科学院出版社 1984 年版，第 193—194 页。

② 子真：《广州湾的经济实况》，《经济月报》1944 年第 3 卷第 1 期，第 59 页。

③ 《大光报》（粤南版）1943 年 2 月 9 日。

④ 中央调查统计局特种经济调查处：《敌伪经济汇报》1942 年第 40 期。

为湾商所办，实为日商资本，专收阳江、电白各地走私的钨砂，转运日、德两国。[①]

在贸易领域，中日双方以广州湾为阵地展开较量。经济是战争的命脉，谁掌握了经济主动权，谁就更胜一筹。

（二）抗战运输线

抗战时期，香港《工商日报》记者韦健住广州湾，他对广州湾的地位如是说："居南路出海要卫，握高、雷、钦、廉、琼、崖交通枢纽，不仅为粤省南路门户，且成为我国西南之重要口岸"[②]。也为战时民众所认可："广州湾是当时唯一可以通行的国际进出口运输路线。由广州湾公路直达重庆，中途不须中转，汽车运输一周可到。"[③] 实地考察过广州湾的时人如此评价广州湾，其实就是因为广州湾在当时拥有比较完善的交通网络，是名副其实的国际交通线。

广州湾水陆交通颇为便利，从海路上看，"香港距广州湾约二百四十海里，航行约廿一点钟可达，赤坎有太丰轮船公司专营此线"。日常行驶的船只包括："大宝石（载重一千六百吨，吃水十七至廿一呎）、永华（载重一千二百吨，吃水十一至十四呎）、永和（载重一千二百吨，吃水十至十三呎）、双美与（不定期，山东、岳州亦行走此线）（附注：以上三轮每小时平均行驶十一英里半，行期每三天一次）。"[④] 1940 年财政部贸易委员会专员报告中则将广州湾与香港的交通线作为其第一条海外交通路线："香港、广州湾间之交通：港湾相距约二百四十海里，航行时间约廿至廿四小时，船期极不定，完全视载货情形而随时变动，邮件因受英法政府检查关系，约需八九日，往返约需两周至三周。近因广州湾为粤南唯一出入要道，港湾间之船只亦日益增多。目前航驶各轮如下：（Ⅰ）太古轮船公司——共有'济南''太原''琼州''江苏''广东''嘉应''苏州''庆元''绥阳'等十余艘，

---

① 以上据《敌伪经济汇报》各期资料整理；参考齐春风：《抗战时期日本在港澳湾地区的走私活动》，《中国边疆史地研究》2003 年第 3 期，第 85—86 页。

② 韦健：《大广州湾》，香港东南出版社 1942 年版，第 4 页。

③ 蓝德尊、蓝复初：《利昌公司》，西南地区文史资料协作会议编：《抗战时期的西南交通》，云南人民出版社 1992 年版，第 358 页。

④ 陈玉潜：《广州湾及南路各地调查报告》，《银行周报》1939 年第 23 卷第 6 期，第 6 页。

各轮因并行驶上海及西贡、海防与其他南洋各埠，行期极不定。（Ⅱ）顺昌航业公司——仅有轮船'大宝石'一艘，只往来广州湾、香港之间。（Ⅲ）德忌利士公司——仅有海轮'新海门'一艘，该轮原航行于香港、汕头之间，因潮汕沦陷，乃改至港湾间营业。（Ⅳ）大有航务公司——共有'永和''永华''永成'三轮，其航线亦只限于港湾之间。"① 由于上海、广州沦陷，国民政府谋求新的出海口："内地主要土货之输出集中香港后再装轮运至海外各地。川、滇、康等土货，先集中昆明，再转运海防至香港。黔、桂、鄂等土货，先集中贵阳，转往南宁运至广州湾至香港。浙、闽、赣、湘等土货，先集中宁波或温州，装轮运至香港。贸易委员会除设立香港分会，主持土货集中输出外，并在昆明、贵阳、南昌（宁）、宁波、温州等处，设立贸易委员会办事处。现计划再在海防设办事处。"②

航空方面，1929 年以前，广州湾并没有正式开办航空邮件业务。③ 1929 年中法两国开始筹商航空交通，先由法国航空（C A F）组织了一次试验飞行，飞机型号是施雷克水上飞机，飞行员 Robbe 和 Tixier，飞行路线是西贡至香港。5 月 15 日从西贡起飞，5 月 18 日中途停留广州湾西营，5 月 19 日抵达香港。回程是 5 月 19 日从香港起飞，当日到达西营，5 月 20 日到达河内和西贡。1932 年 10 月 30 日，法国东方航空（Air Orient）再次试航西贡至香港，中途停留广州湾和广州。1936 年，以广州与法属安南河内为起讫站的广河线，中途在广州湾设置一站，即为中法国际航空线，全线共长 835 千米，委托中国航空公司经营。同年 2 月间开始飞行……其后为增进此线运输便利起见，增设广河南线，仍以广州与河内为起讫站，中途设广州湾、北海两站，全线共长 875 千米，1937 年 5 月开始飞行，但不久即停航。④ 1939 年 7 月 19 日，法国航空公司开通了广州湾至河内航线，它成为当时唯一可以对外通商通信的航线，解决和舒缓了大量聚集在广州湾的中外贸易人员和物资

---

① 孟昭瓒：《广州湾及广东南路视察报告》，香港档案馆藏，HKMS175-1-1296。

② 《贸易委会规定土货集港输出办法》，《申报》（上海版），1939 年 2 月 23 日。

③ 吴均：《广州湾的交通运输》，中国人民政治协商会议湛江市委员会文史资料研究委员会《湛江文史资料》1990 年第 9 辑，内部编印，第 186 页。

④ 中国第二历史档案馆编：《中华民国史档案资料汇编》第五辑第二编《财政经济十》，江苏古籍出版社 1994 年版，第 48 页。

进出口的需求。①

抗战时期，内地公路被破坏，抗战胜利后也没来得及修复，客货流动，主要靠水路。当时广州湾的花纱布匹，只能靠肩挑或自行车运输，集中在安铺港，再由货船运到越南，或广西的北海、防城、东兴再运到内地。

当时这条运输线，熙熙攘攘，热闹非凡，给安铺镇商业带来极大的发展，出现不少大庄口、大商行、大金铺等。由于船只进进出出，客商云集，带动了餐厅、住宿和娱乐行业的发展。其中就包括赌场、妓院等。安铺镇成为繁华一时的闹市。

日军为了截断这条运输线，从1939年农历七月至1944年农历五月止，日机轰炸安铺共计53次，炸毁民房、商铺400多间，炸死230人。

据史料记载，1939年，七月十一日午后1时，日机2架，低空飞经安铺，至黄盘上空，掉头回镇区，先后投弹两枚，一枚弹落在安铺小学球场东北角，围墙被炸塌一角；另一枚弹落在离安铺小学东侧三丈远的林木旁，炸死居民一人。此是日机首次轰炸安铺。

1941年，五月三十日早上7时50分，日机9架低空飞临安铺，分三队盘旋两圈后，开始投弹，共扔下炸弹21枚。瞬时硝烟四起，风啸地动。弹落点是婆庙（天后宫）、警察所（广府会馆）东西两侧、旧糖行、东街万生祥、南街北段凛仔之家、中义街聚和、咸鱼沟仔西侧民房等处，是日军轰炸最为残酷、市民生命财产损失最大的一次。

安铺镇镇志记载：婆庙一弹，整座庙宇尽毁，炸死避难学生18人，延及天昌后屋和学海轩左边房子；旧糖行一弹，毁房8间，居民黄七五一家大小7口全被炸死，另两名居民丧生，共毙9命；聚和一弹，老板死于早餐桌旁……当天轰炸倒塌民房、商店计120多间，死伤83人。日机飞离后，现场尸首分离，血肉横飞，市民惊悸，乱哄哄，哭嚷嚷，情状至惨，不忍闻睹！

1940年至1942年春，有新型机动货客轮"海健号"，不定期航行于安铺至琼州、东兴、海防、北海、芒街等处，运货载客。此轮每到安铺河段停泊，皆遭日机空袭轰炸，几度死里逃生。市民以此作为日机空袭的判断：

---

① 孙振国：《从法航的首航封看抗战时期对外通邮五航线》，《集邮博览》2009年第11期，第26—28页。

"海健一来，我们就要'走飞机'。""海健号"机轮遭受多次跟踪追击后，为安全计，不泊安铺河段，改泊于鲤鱼潭侧，并以树枝稻草覆盖船面，将船伪装起来，结果还是惨遭炸毁，损失很大。

作为国际交通线的广州湾，抗战时期发挥了极为重要的作用，在承载中国人民苦难的同时，也点燃了中国人民争取民族独立、国家兴旺的希望。从这条交通线上走过的名人及普普通通的中国人留下了他们永远的记忆。

第四节　抗日战争胜利

一、反攻作战

1945年春夏间，美军在太平洋战场发动对日本的反攻，盟军在欧洲战场也进展顺利。1945年3月，中印、中缅公路贯通，英、美援华武器弹药等作战物资大量输入中国，国民党军队很快被武装起来，为战略反攻做准备。为更好地开展反攻作战，国民政府最高统帅部在昆明成立中国陆军总司令部，由何应钦出任总司令，策划对日反攻作战，对国民党军队进行了改编。张发奎所部第四战区部队改编为第二方面军，开始了以收复西南重镇南宁等地为主要目标的反攻作战。湛江地区的反攻作战，即属于第二方面军行动的组成部分。

虽仍处在国共合作阶段，但此时的国民党一边对日反攻作战，一边对共产党部队严防死守甚至出兵"围剿"。高雷地区同样如此，在即将进入反攻阶段之时，高雷国民党军政当局仍坚持反共立场，集中力量攻击共产党领导的人民抗日武装和抗日根据地。共产党的人民抗日武装面临日军、伪军和顽军三方强敌的夹攻。

1945年5月，南路人民抗日解放军主力集结在遂溪西北区的山家一带休整。6月9日晨，雷州独立挺进支队司令戴朝恩率顽军700多人从杨柑向山家进犯。西北区抗日军民与敌人摆开了长达30华里的"长蛇阵"。经一天激烈的拉锯式争夺，根据地军民粉碎了敌人的"围剿"。在顽军进攻山家村的同时，界炮据点的日、伪军一部也乘机配合进犯，老马一带的联防队给以迎头痛击。6 月 14 日，驻廉江廉城、安铺、横山、牛圩、南圩、石岭等据点的日、伪军 1300 多人分五路向遂廉边的新塘联防区进行大规模的"扫荡"。但敌人进入联防区后，处处遭到根据地军民狠狠地打击。6 月 27 日，驻安铺的日、伪军 400 多人，在界炮圩据点日、伪军的配合下，分东西两路再次进犯遂溪西北区的金围、合沟等沿海村庄。南路人民抗日解放军第一团第一、第二营在联防区常备队，金围、北潭、南坪等村自卫队的密切配合下，分路阻击敌人，以牺牲 11 人的代价，击毙日军 8 名、伪军 30 多名，伤敌数十人，打退日、伪军对抗日根据地的又一次进攻。

1945 年 5 月底，张发奎部第二方面军收复南宁。6 月，收复广西其他一些地方，逼近柳州。7 月中旬，中国陆军总司令部下达向广州进攻的命令。根据陆军总司令部的进攻战略，第二方面军指挥官张发奎制订了 8 月 15 日前先收复雷州半岛，占领广州湾，打通内陆前往海口的通道，作为国民党军队的补给基地和盟军的登陆基地，然后视形势发展再进攻广州的计划。出人意料的是战争形势发展迅速，欧洲战场取得胜利后，日本法西斯陷于完全孤立的境地。7 月 26 日，中、美、英三国发表波茨坦公告，敦促日本无条件投降。

8 月 1 日，国民党第二方面军下达了具体作战方案：以第六十二军及第六十四军主力配置于中国广西、越南边境及广东南路的合浦、钦州沿海地区，监视印度支那方面的敌军；以第四十六军为基干，从廉江、化县向雷州半岛的日军进攻，同时策动伪军做内应。新一军集中贵县、郁林公路沿线，做好作战准备，其中第三十八师随时准备加入雷州作战；第五十四军守备南宁，并以一部随时策应龙州、防城的防卫；第八军集中田东，准备策应靖西方面作战。第二方面军副司令兼粤桂南区总指挥邓龙光负责收复雷州半岛和广州湾作战计划的实施。

早在 7 月下旬，国民党军第四十六军（军长韩炼成为秘密共产党员）的 3 个师已抵达廉城外围，开始克复雷州半岛和广州湾的准备。7 月 31 日，国民党军新编第十九师部队分三路围攻廉江城的日、伪军。8 月 2 日，廉江城宣告光复。8 月 4 日，驻广州湾日军配合其主力进攻广西途中重新占领廉江城。5 日晚上，廉江城再次光复。马头岭、两家滩亦均被国民党军克复。

从 8 月 5 日起至 10 日，每天"都是阴霾低雾"，使得原定由飞机运输弹药的计划推延，"开始攻击的日期不得不延迟一周时间"。8月6日和9日，美国先后在日本投放了两颗原子弹。8月8日，苏军又对日本宣战，苏联出兵中国东北，消灭日军主力关东军。当张发奎决定于8月15日对驻军在雷州半岛和广州湾的日军开始攻击的时候，日本恰在这一天正式宣布投降。次日，第二方面军接到上级命令，停止作战，原地待命，这样，第二方面军在广东的反攻作战计划停止，转入受降阶段。

二、日军投降与广州湾回归

1945年8月21日，国民党粤桂南区总指挥邓龙光指挥的第四十六军、雷州独立挺进支队及沿海警备大队开始进驻广州湾、雷州半岛，准备接受日军投降。同期，第六十四军第一五六师亦到达廉江。各师的进驻地点分别是：第四十六军一七五师、第六十四军一五六师开进广州湾、遂溪；第四十六军一八八师、新编第十九师和雷州独立挺进支队，进驻海康、徐闻，接受日军、伪军投降。这样，国民党军队的接收计划便不可避免地与原本一直在雷湾地区敌后坚持领导抗战的共产党武装发生冲突，邓龙光派出部队进攻遂溪、廉江、化县和吴川、梅箓等地的人民抗日武装队伍。为避免与国民党正规军发生正面冲突，保存武装，保存干部，南路人民抗日解放军主力突破敌军包围，挺进十万大山，坚持斗争，留下的部队和地方武装返回原来的活动地区，分散活动。

南路人民抗日解放军经过艰苦斗争和曲折发展，至日本投降前夕，已组编成团3000多人，分散各地未编入团建置的游击队、民兵共4000人，[①] 这是南路敌后坚持抗战的主要武装力量。当时的报纸给予很高的评价，说南路人民抗日解放军"是一支正义的队伍，虽然装备比不上中央军，可是战斗力却比他们的正规军强得多。以南路来说，解放军要算第一个给敌人打击的队伍，它使敌人不敢离开县城和公路线一步，它解放了许多由国民党当局手里不战而失掉的土地，如遂溪的界炮圩、杨柑圩、河口圩以及许多村庄，面积约占全县的五分之四。还有廉江的新塘、三合、竹根仔、龙湾圩、新圩、禾燎塘、南圩、东桥等，面积约占全县三分之二。此外又有化县、吴川等地

---

① 中共湛江市委党史研究室编：《南路人民抗日解放军史》，广东人民出版社1995年版，第189页。

区。南路人民常常说：'我们全靠它（指解放军）吃饭呀，因为它保护了我们的生命和财产'"①。

日本天皇宣布无条件投降后，驻雷湾日军在广州湾赤坎旁边的寸金桥上悬挂"和平解决"4个大字，准备投降。8月18日，两名日本宪兵部队长在广州湾自杀，此后也有日军三五成群自杀。② 大部分日军静默待降。26日，国民政府电令邓龙光负责对侵雷日军的受降并接收雷州半岛及广州湾地区。28日上午，日军雷州支队支队长渡边中佐派夏木稔中尉及2名随员翻译，由广州湾乘坐插着白旗的汽车开到位于廉江的粤桂南区总指挥部，与国民党接洽投降事宜。廉江民众闻讯后无不欢欣鼓舞争相来看。当时，邓龙光因公务飞赴南宁，便由总指挥部派出少将参谋长陶祥麟接见日军降使。协商中还确认了日本军营内已无"中、苏、美等国俘虏，法国俘虏已准其自由行动"以及日军所建遂溪机场有没有被破坏等细节，约定了驻雷湾日军签订投降书的日期。③

警备投降交接状况如下表（1945年）：

警备投降交接部队表

交接日期	驻扎地	日本军	中国军		
			师	团	人员
8月31日	城月	独立步兵第二四八大队第四中队（栩本少队）	第一八八师		
9月5日	马头岭	独立步兵第七十大队第三中队（沟渊队）	新编第十九师	五十六团	团长
9月6日	洋青圩	独立步兵第七十大队第四中队（大塚队）	新编第十九师	五十七团	第三营营长
9月11日	坡头	独立步兵第二四八大队第三中队（池田队）	广东省保安第六大队	—	少校吴炳光

---

① 冻山：《南路解放区巡礼》（1946年2月），中央档案馆、广东省档案馆编：《广东革命历史文件汇集》（粤桂边区党组织文件，1946.2—1949.5），1988年内部编印，第2页。

② 《大光报》（粤南版）1945年8月20日。

③ 中共湛江市委党史研究室编：《高雷抗战记事》，中共党史出版社2011年版，第354—355页。

（续表）

交接日期	驻扎地	日本军	中国军		
			师	团	人员
9月12日	乌蛇岭	独立步兵第七〇大队第二中队（白川队）	第一七五师	五二四团	第一营营长
9月12日	硇洲岛	独立步兵第二四八大队第一中队（高山少队）	广州湾第四区区长	—	陈国郎
9月13日	寸金桥	支队本部	第一七五师	五三四团第二营	第二营营长
9月13日	麻章	独立步兵第二四八大队第二中队（渡边队）	第一七五师	师团司令部	—
9月13日	西营	独立步兵第二四八大队第一中队（山本队）	第一七五师	五二五团	团长卢玉衡
9月16日	雷州	独立步兵第二四八大队第四中队（西芝队）	第一八八师	五六四团	团长蔡照心
9月29日	遂溪	独立步兵第七〇大队主力	第一五六师	四六六团	团长钟干雄

资料来源：何杰：《雷州半岛日军投降纪述》，《湛江日报》2015年8月13日。

1945年9月2日，东京湾"密苏里号"上日本正式签署投降书，盟军方面有9个国家的代表出席签署仪式。

邓龙光自被指定为雷湾地区接收大员后，所部各武装力量迅速到达指定的集结地点，全力协助接收雷湾工作。9日，解除了集中在铺仔圩的日军武装；10日，国民党军队开进赤坎，开始接收广州湾；13日，成立广州湾警备部；21日，在赤坎举行对侵雷日军的受降仪式。日军雷州支队支队长渡部市藏与所控制的部队，均向邓龙光部投降。投降日军此时有步兵1个联队，炮兵1个大队，工兵、骑兵、轻重兵各1个中队，均被解除了武装，总共有官兵2530人及台湾士兵235人。日军投降，广州湾宣告光复，市民听闻消息纷纷奔走相告，大街上鞭炮齐鸣，无不欢欣鼓舞。

日军投降，广州湾宣告光复，但要彻底解决广州湾问题，还有一个与法国交涉的过程。欧战胜利后，维希政权垮台，法国复国，根据 1945 年 3 月，解决中、法间悬案之换文，双方派出全权代表，分别由中华民国外交部政务次长吴国桢与法兰西共和国临时政府主席特派驻中华民国大使馆代办戴立堂于 1945 年 8 月 18 日签署《法国交收广州湾租借地专约》，宣布废除 1899 年 11 月 16 日中、法间所订条约，将条约所划定地界内之行政与管理，归还中国政府。[①] 广州湾在历经四十七年之后重新回归中国，国民政府决定设立湛江市，隶属于广东省政府管辖，先期成立市政筹备处，任命李月恒为筹备处主任，军事方面则由粤桂南区总指挥邓龙光负责。

专约的附件规定，从日本手上接收广州湾后，中华民国外交部和法国驻华使馆各派一人组成中法混合委员前往广州湾办理交接事宜，如协助处理交收行政的一切紧急问题，保证法国文武人员以最佳的状态返国问题等。

先后接收过来的原法国人管理机构有：广州湾行政总公使署、中级审判庭、高级判议会、特别审判庭、西营调解会、会计课、银库、电报局、邮政局、电灯局、工务队、医院、监狱、海关、水陆警察局、中小学校、公屋、气象台、市政厅、体育场及各公局等部门。其中邮政局部分已移交中华民国交通部邮政局接收；除电报局已移交中华民国交通部派员接收，审判庭监狱部分已移交中华民国司法行政部派员接收，海关部分已移交中华民国海关接收外，其余属于行政范围者，均由筹备处遵照法令规定分别改组。

在市政筹备处的组织下，先期对越侨登记造册。1945 年 11 月 3 日，派出帆船 6 艘予以遣送，越侨除已乘帆船返越外，尚留有技术人员百余名，分在卫生院、监狱所、电灯局、电话局等机关服务，其余百余名则由陆路归乡。[②] 11 月 4 日，"前法政府赤坎市长巴士基、副营长卑巴喇乘轮往港，拟设法觅轮来湛，载法侨回籍"[③]。1945 年 12 月 11 日，前广州湾法国总公使骆化及法籍官民 20 余人，越籍侨民 30 余人搭乘英国兵舰"加顿号"返回越南西贡。至此，广州湾作为法国租界的历史结束。

---

① 王铁崖编：《中外旧约章汇编》第三册，生活·读书·新知三联书店 1957 年版，第 1341 页。
② 《越侨六百余昨遣送回籍》，《大光报》（粤南版）1945 年 11 月 4 日。
③ 《法方拟运载留湛法侨回籍》，《大光报》（粤南版）1945 年 11 月 4 日。

第三十二章　解放战争时期的湛江地区

广州湾回归后，由国民政府核定改设湛江市，1946 年 1 月 15 日，湛江市政府成立。第一任市长郭寿华开始施政，同时国民党南路当局加紧对在廉江、遂溪等游击区的共产党的"清剿"。中共南路武装主力撤往十万大山，后撤入越南休整，其余人员则分散隐蔽，等待时机。

1946 年 6 月，全面内战爆发后，国民党地方政府的施政即转变为以协助军队征兵、征粮以及"戡乱建国"为主，民生建设无从谈起，物资短缺、工业衰败、物价上涨乃至恶性通货膨胀日益加剧。中共方面则将中心任务转变为以自卫战争粉碎国民党进攻，用以保卫人民革命的成果。中共南路特委以恢复、扩大武工队活动和反"三征"（即国民党当局的征兵、征粮、征税）号召群众，"大搞"武装斗争，全面掀起南路人民武装斗争高潮。1948 年 7 月，粤桂边区人民解放军成功进行了袭击湛江市的战斗，扭转了中共在高雷以至粤桂边区的局势。1949 年 8 月，中国人民解放军粤桂边纵队宣告成立。11—12 月，配合中国人民解放军南下野战军进行粤桂边战役。在解放大军的支援下，1949 年 12 月 19 日，解放湛江市，随后，湛江地区乃至粤桂边区全境解放。

第一节　战后接收与湛江市政府成立

一、战后接收

广州湾回归，国民党军队进行军事接管的首要任务是解除日军、伪军的武装，进而是惩处日军、伪军及汉奸所犯罪行；其次是恢复地方政权，确保地方社会秩序的稳定。

国民党军方接收广州湾的是第二方面军粤桂南区总指挥邓龙光。同时，湛江市成立党政接收委员会，李月恒任主任委员，委员分别是胡友椿、王炯、陈在韶、陈学谈。

在粤日军投降并被解除武装后，按要求进入指定的集中营等待遣返，对战争中罪行严重的战犯将受到国民政府的惩处。侵雷日本陆军少将下河边宪二作为重要战犯被起诉，起诉理由概要如下："下河边宪二作为独立混成第23旅团长驻防广东雷州半岛一带，昭和19年（1944）4月在遂溪沙泥坡地区建设军用机场，为防卫该机场，强制拆毁周围的沙泥坡村、四条村、方朗村等7个村庄的340多户房屋，同月24日，集体屠杀强制征用于该机场建设作业的青水村、曲塘村等6个村的村民陈阿金、黄亚益等80多人，同年，率领旅团参加湖南广西作战时，烧毁桂平县陈迳等260多户民居，使其化为焦土。"[1] 1947年4月30日，下河边宪二被广州行营审判军事法庭判处死刑。

抗战胜利后，为保护敌后抗日的果实，中共南路特委书记、南路人民抗日解放军司令兼政委周楠下令南路人民抗日解放军第一团进驻海康的杨家、扶桥一带，准备命令伪军符永茂部向南路人民抗日解放军投降。但国民党当局却命令日、伪军实施对共产党武装作"有效之防卫"，抗拒共产党武装受降。驻雷州半岛的日军基本上执行了日军侵华总司令冈村宁次拟定的《和平后对华处理纲要》，全部向国民党缴械。伪军符永茂部向国民党投降后被遣散，所缴交的械弹由粤桂南区总指挥部接收。遂溪伪保安警察总队队长陈忠武部被撤销，军官被遣散，士兵则拨补到国民党第六十四军中。经过审理后，南路的大汉奸吕春荣、符永茂被判死刑。

湛江地区的行政治安体系也建立了起来。1945年9月，国民党湛江市政府筹备期间，成立了湛江市警察局，下设7个分局，分别是西营分局、赤坎分局、坡头分局、东山分局、硇洲分局、太平分局、潮满分局；全市又设3个保警大队，每队120人的编制。[2] 10月，国民党在湛江市设9个区管辖，

---

① 何杰：《雷州半岛日军投降纪述》，《湛江日报》2015年8月13日。

② 郭寿华：《湛江市志》，（台湾）大亚洲出版社1972年版，第142页。

分别为西营区、赤坎区、通平区、坡头区、潮满区、新鹿区、太平区、东山区、东简区。① 1948 年 7 月，又成立了湛江市民众常备自卫队，下辖 4 个大队及特务队，主要任务是配合国民党军"剿共匪"。② 其余各县的警察局也恢复或得到扩充。

战争结束，一切秩序都在恢复中，法国租借广州湾时期居留在此的外籍人员在战后也纷纷要求回国。湛江市政府在筹备期间已经着手外侨的遣返工作。据当时市政筹备处调查资料统计，外侨最多的是越南人，共有 819 人，主要是广州湾法国当局雇用的公务人员、士兵及其家属。其次是法国人，计有 80 人（属原籍中国转入的 4 人），还有 1 名美国人，5 名菲律宾人，1 名葡萄牙人。根据情况，市政筹备处重点协助越南人返国，责令船业公会雇 6 艘船分批将越南人 649 名运送回国。64 名法国人则乘英国炮艇"嘉隆号"前往香港后转回越南。不过，越、法侨民并未完全撤出湛江，至 1945 年底，尚有越南人 170 人、法国人 12 人以及个别菲律宾人滞留湛江。③

二、湛江市的成立与经济危机

广州湾回归后，广东省政府推荐吴川籍人士李月恒为市政筹备处主任。1945 年 8 月 22 日，国民党中央通讯社对外发布了一条消息：广州湾辟建新市，定城市新名为"湛江"。

（一）广州湾回归及湛江市成立

1945 年 9 月 21 日，驻广州湾日军代表、陆军中佐渡部市藏在赤坎签署投降书，广州湾光复回到祖国怀抱，结束 47 年法国殖民统治和 2 年半日本法西斯统治。同日，"广州湾接收委员会和湛江市政筹备处"成立，在法国驻广州湾公使署赤坎市政厅举行挂牌仪式。鉴于广州湾的军事、政治、经济等方面地位重要，国民政府决定就原法租界辟建省辖市，由广东省政府筹建。由于"广州湾"与"广州"的地名容易产生混淆，广东省政府下令广州湾接收委员会和市政筹备处，要为广州湾更名，确立新市的市名，主政广

① 郭寿华：《湛江市志》，（台湾）大亚洲出版社 1972 年版，第 131 页。
② 湛江市麻章区地方志编纂委员会编：《麻章区志》，广东人民出版社 2013 年版，第 557 页。
③ 湛生：《抗战胜利后湛江市的外籍侨民》，湛江市政协学习和文史资料委员会编：《湛江文史》第 23 辑，2004 年内部编印，第 200 页。

1945 年 9 月 21 日，日军在赤坎签署投降书

东的李汉魂（吴川籍）、广东南路陈济棠（防城籍）等人也参与了新市名的咨询。经反复研究，当时有两种意见。一种意见认为，广州湾已被世人熟悉和认同，在国际上也有一定影响，主张叫"广州湾市"。由于"广州湾市"毕竟带有殖民色彩，也易与广州市混淆，该意见最后被否定。另一种意见认为，广州湾主要地域在今遂溪境内，于隋朝同时存在铁杷、扇沙、椹川三个小县。唐贞观二年（628），其他两县并入铁杷。唐天宝二年（743），铁杷改为遂溪，一直沿袭至今，有 1200 多年历史。鉴于历史上有椹川县存在，至今椹川村、椹川河仍在，椹川巡检司亦设署于此，后迁旧县村，再迁东海岛东山墟。这里曾使用过的诸多地名，以椹川一名使用最多，又与现存的徐闻、海康、遂溪等县名不重复。根据历史上广州湾地域设椹县、椹川县、湛川巡检司，提出取名"椹川市"。但大家仍觉该意见美中不足，继续推敲。后受晋人谢混《游西池》诗句"晨景鸣禽集，水木湛清华"的启发，改"椹"为"湛"，释"川"为"江"，使市名更切合濒临海洋之意。"椹"与"湛"两字部首寓意"水木清华"的美景；"水"旁显示水陆辉影，以水为财；"甚"旁有极和超胜之解，大有生生不息之象，确有独到之处，又冠冕堂皇，市名定为"湛江"实为最佳。于是呈报广东省政

府，主席罗卓英大赞其妙，一锤定音，最后确定市名为湛江市，并于 8 月 22 日通过中央通讯社对外发布，广州湾易名"湛江市"。从此，广州湾这个名字退出历史舞台。1946 年 1 月 15 日，湛江市政府正式成立，郭寿华任湛江市第一任市长。

（二）战后湛江的经济危机

战争结束后，对于广大收复区的普通民众而言，民生恢复，过上安定的生活，这是民心所向。但当政的国民党意在打内战消灭共产党，所采取的一系列经济和金融措施，令广大民众感到失望，普通民众甚至成为被洗劫式掠夺的对象，这是导致解放战争时期国民党军溃败的基本原因。1945 年 8 月，张发奎受命在广州接受日军投降时即发布告示，宣布禁止战时流通的汪伪"中储券"。按照市场价值，汪伪"中储券"与法币的购买力实际比值为 25∶1，由于政府给予民众兑换的时间短、银行网点不足，导致恢复区民众手中持有的"中储券"无法及时兑换。到 1945 年 11 月间，国民党政府强令民众以 200 元汪伪"中储券"兑 1 元法币，并拟限期禁止流通。通过这种方式，广大民众的微薄财富被变相洗劫，许多来不及兑换的"中储券"一夜之间变成了废纸，广大民众休养生息的期盼被击得粉碎。

国共内战的爆发加剧了经济的困窘颓败。国民党政府加重征粮纳税以维持战争供给，加之政府腐败丛生，战后民生短暂的恢复期很快便被破坏。此后，物资短缺、物价上涨乃至恶性通货膨胀日益增加。1946 年 4 月 14 日，因粮荒严重，物价飞涨，湛江市内存粮竟不足 20 天之需。市长郭寿华要求平抑粮价，效果不佳。8 月 20 日，市节食救灾委员会成立，决定 9 月 18 日为"节食日"，每人节食献金 50 元（法币）为最低数额，并禁止用大米酿酒。西营、赤坎原有酿酒工厂 38 家，关闭 14 家。1947 年 2 月 25 日，因连日物价上涨，上等大米早上每担 145 万元（法币），到下午收市涨至 220 万元（法币），市民苦不堪言。6 月 30 日，赤坎粮价暴涨，数百名市民冲入民族路五丰粮店、中正路（今民主路）和丰米店抢米，国民党警察鸣枪示警都无法制止。10 月 24 日，再次发生抢购粮食风潮，被抢米店达 10 间之多。通货膨胀之下，百业受累。浙江绍兴的周庆生等人抗战期间逃到广州湾开办了"上海酱园"，专营酱料，由于经营得当，生意红火，股东分红一直持续到 1948 年。但到了 1949 年，由于金融波动，货币不断贬值，当浙江的股东收到分红时，已不值几文钱了，因而也干脆停止了发放股息和分红。

在物价飞涨、工资不涨的情况下，生活在社会底层的民众被迫起来抗争。1946年4月，中共湛江特支领导赤坎汽车工人罢工，抗议国民党湛江市汽车统一管理所无理征收养路费。管理所所长陈悦民被撤职，罢工斗争胜利。8月27日，谦信炮竹厂300多名工人罢工，要求厂方改善生产条件和增加工资。国民党湛江市警察局派兵镇压，打伤4人，逮捕10人。工人涌向警局评理，警方被迫把打伤的工人送到医院治疗，释放全部被捕人员。1947年春，湛江（赤坎）火柴厂工人举行罢工，反对通货膨胀，要求资本家提高工人工资并以实物（大米）计算工资。资本家被迫答应工人要求，罢工取得胜利。

（三）战后工业的恢复和衰败

抗战胜利后，特别是新市的设立，使湛江地区的工业很快得以恢复，其中纺织业、炮竹业和航运业恢复最快，在地方经济发展中所占比重最大。需要指出的是由于战后政治形势的急剧变化，国民党挑起内战，这样就使经济发展失去了凭依，刚刚恢复的工业又迅速衰败。

1. 纺织业

纺织业是比较兴盛的工业之一，在屈指可数的几个工业行业中，该行业从业人数较多，纺织机器遍及家庭作坊。由于战后人民穿衣吃饭等需求的增加，大大刺激了当地纺织工业的再次兴盛。1946年，当地规模最大的侨光布厂已扩展到200多台机器，雇佣工人600多人，成为湛江市规模最大的一家布厂。由于侨光布厂的成功效应，吸引了其他各地商人纷至湛江投资兴建布厂。前后，投资兴建的布厂达三四十家之多，家庭作坊则不计其数。布厂之间的竞争推动了技术进步，大华布厂对纺织机器进行改良，用简型铁木机取代手木机，实行电动运转的半自动化生产，大大提高了生产效率。这一时期，湛江的纺织品不仅畅销省内各地，还销往广西各地，每天来办货、订货的各地商人络绎不绝，产品尚未出厂就被订完了。产量最大的侨光布厂，日产布料达200多匹。但好景不长，至1949年，上海、天津、广州等地的一些纺织企业将大量布匹运来湛江市倾销，当地产品失去了竞争力。加上社会动荡、通货膨胀，几经艰辛发展起来的湛江市纺织工业又告逆转，许多布厂关门倒闭，家庭作坊纷纷改行，剩下的少数布厂也奄奄一息。[①]

2. 炮竹业

炮竹业是湛江的一项特色工业。随着国共内战的爆发军费剧增，以及美货的倾销和走私，民族工商业的处境更加艰难。国民政府需要更多的社会财富支持内战，广东省政府实行管制结汇和输管制度，即企业所需原材料由国家配给，卖出产品后所得外汇由国家结汇。[②] 这就使得民族工商业的生产经营环境恶化，从而加剧了其破产的可能。至 1949 年，湛江出口炮竹已转向低潮，产量已达不到前一年之半，炮竹业气息奄奄。[③]

3. 航运业

根据广东省内各港辖内船舶的调查统计，1946 年度湛江港的运营电船有 3 艘，机船有 14 艘，帆船有 45 艘，共计 62 艘，在广东省内排在第四位，航运业初步恢复了。[④] 主要航线为湛江与香港、澳门、广州、海口之间的航线。到了 1947 年，国内航商也开始注意到湛江航线。新华船务行由招商局租得"胜国""胜安""胜民""胜利"等船，开通穗湛线。湛江市航商许爱周创办的顺昌航业公司遣派"台山"轮（当年冬季触礁沉没）航行湛港线。不久，招商局复派"仁泰"轮航行湛港线。于是湛江航运业便颇具规模了。此时航运需求较旺，船少货多，各航商均获利甚厚，也是湛江航运业的兴旺时期。进入 1948 年，航运业逐渐萧条不振，航行湛港线的船舶仍有"仁泰""诚心""马交"等 3 艘，尚可盈利。后由于国民党当局实行管制结汇和输管制度，致使进出口贸易陷入低潮，"诚心""马交"两轮先后改航他线。几个月以后，"仁泰"轮也支撑不下去，便兼航行穗湛线。这样，香港已无正式固定航行湛江的船舶了。湛江当地大宗外销土产的出口商只好取道广州外运。一组数据极能说明状况：1947 年湛江港船舶艘数为 661 艘次，合计 147772 吨；1948 年为 139 艘次，合计 26849 吨，无论是进出船舶的艘数还是

---

① 徐小平整理：《湛江市纺织业概况》，中国人民政治协商会议湛江市委员会文史资料研究会编：《湛江文史资料》第 5 辑，1986 年内部编印，第 68—74 页。

② 丁身尊主编：《广东民国史》（下册），广东人民出版社 2004 年版，第 1158 页。

③ 李越劲：《湛江市炮竹出口业散记》，中国人民政治协商会议湛江市委员会文史资料研究会编：《湛江文史资料》第 5 辑，1986 年内部编印，第 75—78 页。

④ 丁身尊主编：《广东民国史》（下册），广东人民出版社 2004 年版，第 1153 页。

总吨位，都大大减少。[1] 到 1949 年，随着战局的走向，航运业更为衰落。

湛江具有优良的港口条件，国民政府在建港筑路方面，有过宏大的设想和规划。1946 年，国民政府行政院曾派出工程计划团，陪同美国顾问工程师团到湛江市考察港湾，确定建设湛江商港与军港计划。为疏通港口交通，计划修建广西来宾至湛江的铁路，使之与湘桂黔铁路相接。军港区设计在特呈岛至北涯一带，拟建营房和海军陆战队训练基地；还设想在硇洲、东海、南三等岛上广设海岸炮台，以及开辟西厅机场。这些工程原本计划引入美国投资，但随着国民党在战场上的节节败退，美国终止其在华投资和贷款，铁路和湛江港建设计划也因此而告终。

除了以上行业，湛江市的新兴工业有机器碾米、火柴、汽水、冰块、制革等。由于金融动荡，市场萧条，各小型手工业无力与洋货竞争，工厂、作坊纷纷倒闭。到 1949 年，全市只有 194 家小厂和小盐田，主要是手工生产火柴、炮竹、土布、烟丝的作坊和 1 家装机容量 300 千瓦的小电厂，年产食糖 1.14 万吨、原盐 0.81 万吨、木材 0.11 万立方米、火柴 0.88 万件、日用陶瓷 169 万件、棉布 36 万米、发电量 40 万千瓦时。[2]

第二节 争取和平民主与武装斗争

一、争取和平民主

抗战胜利后，中国人民迫切希望能够休养生息，实现国内和平。蒋介石领导的国民党和国民政府倚仗其政权和军队的优势，一方面摆出与中共和谈的姿态，另一方面却对中共领导的人民武装和根据地展开了"清剿"和"扫荡"，两党武装摩擦不断。

1945 年 10 月 10 日，国共双方在重庆签署"双十协定"。此后，国民党

---

① 吴均：《1945—1949 年湛江市的航运概述》，中国人民政治协商会议湛江市委员会文史资料研究会编：《湛江文史资料》第 6 辑，1987 年内部编印，第 86—92 页。

② 林华、林丽清：《湛江工业概述》，中国人民政治协商会议湛江市委员会文史资料研究会编：《湛江文史资料》第 10 辑，1991 年内部编印，第 166—167 页。

广东当局公开否认广东存在中共的正式军队，宣布广东没有中共军队，只有"土匪"，因此，在 1946 年制订了全省"绥靖"计划，建立各县的民众自卫队，推行保甲制度，实行"联保连坐"，在广东解放区以"联剿""清乡"为名对中共领导的人民武装发起进攻。

在南路，国民党成立了粤桂南区"绥靖"指挥部，集结正规军、保安团及各县自卫队、联防队共 1.5 万多人的武装力量，对高雷和钦廉地区进行"清乡""扫荡"。国民党当局为了加强统治，在其以往控制力量较弱的乡村成立了保甲组织，要求以"五户联保"互相担保"不参共、不亲共、不通共、不藏共"，否则，一户出事，另四户"连坐"。同时采取暗杀、恐吓等手段，强迫游击区人民登记"自首"和"自新"，悬赏通缉共产党员和革命干部，扩充特务政工队，处处进行反共活动。还想方设法截断共产党方面的税收来源，一方面对共产党活动的主要地区实行经济封锁，另一面对人民群众征收房捐、户口捐、牛头捐、田赋附加等苛捐杂税。国民党正规军和各保安团队、自卫队进行经常性的"清乡""剿共"行动，大肆逮捕、杀害已经暴露的共产党员和革命群众，一时腥风血雨。

雷州半岛的遂溪、海康是共产党人民武装的主要兵源地，原抗日联防区的人民群众对其支援几乎是倾其所有，甚至不惜付出生命代价，国民党军队对此区域的"扫荡"更为严重。遂溪县的卜巢村被全面焚烧，10 岁以上者均被抓起来，其中 300 多人被投入城月监狱，逐个严刑拷问。海康县的王排村被焚烧一天半，10 多名群众被杀害，30 多人被抓入狱。海康扶桥东村房屋被全部烧光。[①] 廉江是被重点"清剿"的地区之一，全县的重要圩镇和主要道路都驻扎了国民党军队以及地方武装，国民党第四十六军一个师进驻新塘一带村庄，第六十四军第一五六师进驻良垌白鸽港，第一五七师分驻太平、义东、东安、廉安等村庄；安铺镇镇长郑贤才率领部分县自卫大队约 500 人镇守安铺以及安铺港口，国民党石岭联防区主任林梓荣率领数百人的武装队伍和 200 余人的"戡乱工作队"驻守石岭乡，国民党廉江县党部书记

---

① 中共湛江市委党史研究室编：《中国共产党湛江历史》第一卷，中共党史出版社 2011 年版，第 270—271 页。

陈熙晟率领部分县自卫大队及县"戡乱工作队"镇守青平圩。① 吴川籍国民党抗日爱国将领张炎曾发起抗日起义，组建高雷人民抗日军与共产党并肩作战，惩办了当时的国民党顽固派吴川县县长邓侠，被国民党视为"背叛"。因粤桂南区"绥靖"指挥部总指挥邓龙光为邓侠宗亲，吴川也成为其重点"扫荡"区域，城乡到处设"清乡"指挥部、"清乡"指挥所，封闭河岸、码头、渡口和大部分村庄的出入口，对吴（川）梅（菉）茂（名）地区展开拉网式"扫荡"。1946 年 1 月至 2 月，在化县、吴川地区，国民党茂阳师管区和化吴"清剿"指挥所先后逮捕、杀害共产党员和革命群众数百人。徐闻的共产党组织曾在抗日期间发起下洋起义，国民党徐闻当局奉上级命令对共产党下洋游击区展开拉网式、连梳式搜查，强令群众办理和携带身份证件，逐村逐户清点人口、反复搜索，到处搜捕。

1946 年 1 月 10 日，国共双方下达停战令。同一天，政治协商会议在重庆召开，通过了《和平建国纲领》等 5 项协议。1 月下旬，由国民党、共产党及美国方面组成的军事调处执行部第八小组派驻广东，负责督促落实广东的双方停战事宜及中共武装北撤的行动。2 月 5 日，蒋介石密令广州行营，以"长江以南不在停战协定范围内"，要求对广州行营"辖区内残匪加紧清剿，限期肃清"②。这样，广州行营主任张发奎无视中共军队存在的事实，完全不执行停战协定。

根据中共中央、广东区党委关于争取和平民主的指示，中共南路组织同样既要武装自卫，也不能放弃争取和平民主的斗争。1946 年 2 月 1 日，恰逢除夕，中共南路特委以南路人民抗日解放军的名义，发表代电揭发抗战胜利后南路国民党军队假"剿匪"之名，行"剿共"之实的种种事实。指明国共两党签署的停战协定应在全国范围实施，"包括广东南路在内，均无例外"。代电敦促国民党广东省第八区行政督察专员陈公侠取消两广"绥靖"计划，停止一切"清乡"反共行动，化干戈为玉帛。③ 中共南路各地方组织

---

① 中共廉江市委党史研究室：《中国共产党廉江县地方史》第一卷（1921—1949），中共党史出版社 2009 年版，第 210 页。

② 丁身尊主编：《广东民国史》（下册），广东人民出版社 2004 年版，第 1242 页。

③ 中共湛江市委党史资料征集研究领导小组办公室编：《解放战争时期粤桂南地区革命斗争史》，1990 年内部编印，第 105—107 页。

广泛印发上述"代电"进行宣传。在化吴地区，李一鸣、李郁等以南路人民抗日解放军第四团代表的名义，向国民党地方军政要员散发"代电"，揭露国民党化县当局在化北袭击共产党领导的游击队、制造摩擦等违背国共双方"双十协定"的实际罪行，申明共产党维护"双十协定"、反对内战的立场。为了争取民主派、中间派人士的支持，1946年春节前夕，雷州地区湛江市共产党组织和部队领导成员黄其江、支仁山和曾锡驹写了一首诗印在贺年柬上，诗曰："岁首欣逢内战和，神州齐唱太平歌。高雷何尚烽烟漫，桑梓依然患难多。固执清乡陈政策，还操剿共旧干戈。执言仗义凭公辈，共把匡时重责荷。"他们向雷州地区及湛江市的知名人士派送贺年柬，以此表达对和平的吁求，激发湛江各界人士反内战、求和平的热情。此外，黄其江、支仁山还联名写了一份和平呼吁书广为散发，呼吁国民党地方当局执行停战协定。① 廉江、吴川和梅菉等县的共产党组织也大量印发中共中央关于和平民主建国纲领、方针、政策的论述和新华社关于争取和平民主各种具体行动的报道，揭露蒋介石调兵遣将进攻解放区，挑动内战的罪行。

在停战协定和政协协议公布后，中共南路特委为了促使国民党南路当局接受停战协定，停止"清乡""扫荡"，特委书记周楠委派陈信材为代表，在遂溪东部丰厚村与国民党粤桂南区总指挥邓龙光的代表谈判。谈判中，陈信材谴责国民党军进攻南路人民抗日解放军、残酷"扫荡"游击区、屠杀抗日有功人员和群众的种种行径，要求国民党方面切实执行停战协定，停止对人民武装的一切军事行动。谈判进行了3天，邓龙光方面拒绝接受中共组织提出的要求，谈判无果而终。

与此同时，南路特委还派雷州地区党组织负责人黄其江、支仁山为代表，与国民党雷州独立挺进支队司令兼遂溪县县长戴朝恩的代表卢震在遂溪县南区的太平圩附近谈判。中共方面谴责国民党"清乡"行动，要求双方签订和执行互不侵犯的协议。但是，由于国民党地方当局无谈判诚意，谈判无果而终。为联合更多的民主进步力量，中共组织加强了在学校和城市中的统战工作。1946年2月初，中共雷州特派员陈恩根据南路特委的指示，委派黄其江等人在湛江、遂溪对地方派系中的民主人士、中间分子进行统战工作，

---

① 中共湛江市委党史研究室编：《中国共产党湛江历史》第一卷，中共党史出版社2011年版，第275页。

团结他们一道开展争取和平民主的活动，筹建湛江市民主同盟，并着手通过活动推举知名人士吴林出任民盟主席。但国内形势急转直下，内战一触即发。为了民主人士安全计，黄其江奉命停止争取和平民主的公开活动，湛江市民主同盟因此未能建立。①

面对国民党持续不断地对人民武装发起进攻的事实，中共广东区党委决定一方面坚持斗争，保存武装力量，保存党的干部；另一方面做长期打算，准备将来开展合法民主斗争，决定实行分散领导。1945 年 9 月，把全省分为11 个区，分散进行军事活动，指示南路应以十万大山和勾漏山作为坚持斗争的地区。9 月下旬，中共南路特委在赤坎召开紧急会议，会议认为雷州半岛战略地位非常重要，国民党势必争夺与意图控制，因此抗战结束后南路人民武装如继续留在雷州半岛将会极端危险。根据广东区党委对于南路应以十万大山和勾漏山作为坚持斗争的地区的指示，粤桂两省交界处的十万大山地区群众基础良好，必要时还有邻近的越南可作为回旋之地，广东区党委决定把南路武装主力撤往十万大山地区，保存力量以图发展，其余各团按照中共南路特委的指示返回原地，化大为小，以连、排或武工队、小分队的形式分散隐蔽。经过紧张部署，9 月底，南路人民抗日解放军第一团作为主力，加上从其他各团抽调的指战员一起开始西进十万大山的战略撤退。第一批西进部队由黄景文率领，从遂溪县中区、西区出发，冲破国民党的围追堵截，10 月中旬抵达广西博白县马子嶂。第二批西进部队由唐才猷率领，从遂溪中区集结出发。于 10 月 10 日根据党组织的情报，成功袭击了国民党把守的原日军遂溪军用机场，缴获大批精良的武器弹药，充实了自身装备，10 月下旬也抵达了马子嶂。国民党南路当局对这支部队加紧了追击。在钦廉四属的中共组织和人民武装的配合下，南路人民抗日解放军第一团于 12 月抵达峒中地区，在进行武装斗争的同时，开展群众工作，还建立了防城县第一个乡人民政府。1946 年 2 月，国民党集结正规军、地方民团共 2500 余人对十万大山发动大规模"围剿"。为保存有生力量，中共南路特委请示广东区党委，并得到印度支那共产党中央领导人同意，指示一团撤入越南休整。4 月，一团整体撤入越南，休整时间长达一年多。此间曾参加越南人民的抗法斗争，参与

---

① 中共湛江市委党史研究室编：《中国共产党湛江历史》第一卷，中共党史出版社 2011 年版，第 275—276 页。

对越南军队的军事培训，并创建了一个越南中团。1947 年奉命回国后改赴滇桂黔边区开辟新的根据地，成为中国人民解放军滇桂黔边纵队的主力之一。

面对抗战后和平民主难以实现、内战一触即发的危局，中共中央指示广东地区应该"分散活动，坚持斗争，部队北撤"。1946 年 5 月，经与国民党广东当局谈判，达成广东东江纵队北撤山东的具体协议。按广东区委指示，中共南路特委立即安排已经暴露的部分党员、干部随东江纵队北撤山东，一部分撤往中国香港和越南等地。随东江纵队北撤的中共南路骨干人员主要有黄其江、邓麟彰、马如杰、莫怀、莫练、陈醒亚、李郁、杨甫、沈潜、杨君群、庞达、李一鸣等 20 多人。除此之外，已经暴露的或不适合继续在南路工作的人员也撤往其他地区隐蔽起来。

二、人民武装斗争的开展

全面内战爆发后，人民武装斗争得到恢复和发展。经历了从"小搞"过渡到"大搞"的过程。中共南路决定以比前期加大力度在南路开展武装斗争，即直接过渡到"大搞"。

（一）人民武装斗争初步恢复

1946 年 6 月 26 日，国民党军队向中原、华北多个解放区大举进攻，挑起了全面内战，声称只需三个月至六个月便可取得胜利。留在广东各地的中共武装被国民党一律视为"土匪"。8 月初，国民党广东当局相继在粤北、潮汕、粤中、粤桂南、琼崖成立"绥靖"指挥部或武装"清剿"委员会，作为消灭留粤人民武装的专门指挥机构。粤桂南区"绥靖"指挥官陈公侠和第八区行政专员林荫根、湛江市市长郭寿华等人相继在湛江市主持召开会议，部署"清剿"计划。国民党湛江地方当局还举办"地方行政干部湛遂联合训练班"，培训乡镇干部和保长，广布特务网，实行"联防联保""联保连坐"等政策。

东江纵队北撤后，中共在广东的干部力量锐减，广东区党委认为许多据点和留下的干部已暴露，其他民主势力也已无实力，"故东纵北撤后广东时局必有相当严重的黑暗时期，并非短时期内可能好转"，因此，提出了新的斗争策略："党员用不过于密切的单线方式联系，不发文件，以新干部代替已暴露的旧干部，对于群众性的自发斗争及各级武装斗争决不公开领导"，党员应该"从事生产商业发展经济，一切工作人员职业化"。① 共产党组织再次转入地下斗争。

但不久，中共中央有了新的指示。7月18日，周恩来、董必武、廖承志代表中共中央南京局指示广东区党委："我党在广东目前无公开合法存在的条件，这种状况也许要继续存在一些时候，我们不应忽视这一特点。但我们也不要过分估计广东的特殊与黑暗。"② 随后，中共广东区委书记尹林平发表《东江纵队北撤与广东新形势》一文，指出"在总的形势好转时，广东的黑暗局面是不能长久的"，要求全省各地党组织和部队必须"以坚强必胜信心，毫不松懈地坚决斗争下去"。③ 中共中央和广东区党委的指示精神给南路党组织恢复武装斗争以极大的鼓舞。中共南路正、副特派员温焯华、吴有恒（1946年9月任南路特派员）也认为应当丢掉幻想，趁国民党军队北调之机恢复武装斗争，扩大武工队，以扭转隐蔽收缩、被动挨打的艰难局势。1946年7月，南路特派员作出了恢复和扩大武工队活动、以反"三征"为中心工作等指示，促成了南路人民武装斗争的初步恢复。

根据中共南路特派员的指示，各地纷纷扩大武工队，组建或恢复长枪队，集结一定数量的队伍公开进行武装活动。化（县）吴（川）地区集结部队较早较多。经过1946年7—9月的努力，以原南路人民抗日解放军第四团军事干部为骨干，恢复和组建了3个连，扩大了12个武工队，共300人。廉江县以短枪队为基础，成立一个中队及一个手枪队，共120人。茂（名）电（白）信（宜）地区，9月初把覃巴武工队扩编为140多人的茂电独立大队。遂溪县各区将分散的人员集中起来建立中队，李晓农在西区将分散的20多名武装骨干集中扩大成立一个中队，到9月，遂溪扩建了5个中队，共300多人。1946年9月底，整个南路的武装部队由6月的500多人增至1600多人。

10月，广东区党委派原南路特派员温焯华从香港回到南路，传达区党委

---

① 《尹林平致中央转南京局电》（1946年6月23日），中央档案馆、广东省档案馆编：《广东革命历史文件汇集》（广东区党委文件，1946.1—1947.7），1988年内部编印，第81—82页。

② 中共广东省委党史研究室编：《中共广东党史大事记（新民主主义时期）》，中共党史出版社1993年版，第289页。

③ 广东省档案馆编：《华南党组织档案选编》，1982年内部编印，第37页。

的"九月指示",认为南路集结部队过早,容易暴露自己的力量而可能招致国民党军队集中兵力重点进攻而蒙受损失,要求"部队尽可能复员,每县最多只许保留 50 至 70 人"[①]。吴有恒及南路的各县干部普遍认为广东区党委的"九月指示"不符合南路实际。尽管思想上有意见,但温焯华与吴有恒仍贯彻部署下去。结果,人民武装的复员退缩反而给了国民党军队进行有效"清剿"的机会。国民党广东当局又调集一五六旅和保十团进驻南路,与各县国民党地方保安团一起,重点"清剿"化吴廉边地区,致该地中共武装损失较大,部队人员从 380 人减少到 120 人,3 个连队也分散缩编为武工队,失去轻机枪 1 挺及一批步枪。遂溪减少到 130 人,廉江保持在 100 余人。以上减员数相当原有总人数的一半。[②] 面对困局,吴有恒根据南路地区革命斗争情况的实际变化,对斗争策略作了调整,指示南路各地中共组织和部队肃清放弃斗争的消极思想,坚持自卫斗争,巩固现有武装和老区,各县保留 100 人左右的武装组织,建起 1—2 个游击队;还应到群众中去发动群众,继续开展反"三征"等工作。

由于国民党军队在东北、华北、华东战场接连失利,一线兵力入不敷出,不得不从后方抽调兵力。原驻广东省国民党正规军队有 7 万人,此时大部分被抽调北上,离开了广东境内,全省境内正规军减少,各地主要依靠 10 个保安警察总队(后改为保安团)维持把守,总兵力大约 4.6 万,只能驻守在大中城市、重要交通线和据点上,广大农村地区兵力空虚。各县、市的国民党当局加紧组编自卫大队,并利用各地地方势力组建地方队伍。廉江所建地方团队有 2 个自卫大队、2 个警察中队、1 个后备集结大队和 1 个自卫特务中队,共约 1200 人。[③] 吴川县从 1944 年起,已有国民党保安团等队伍四五百人驻扎梅菉,后又增加了自卫大队 200 多人、义警中队 100 多人。[④] 海

---

① 《吴有恒关于南路工作情况报告》(1947 年 12 月 30 日),中央档案馆、广东省档案馆编:《广东革命历史文件汇集》(粤桂边区党组织文件,1946.2—1949.5),1988 年内部编印,第 117 页。

② 《吴有恒在南路工作的回忆》,《粤桂边区武装斗争史料》,广东人民出版社 1995 年版,第 405 页。

③ 中共廉江市委党史研究室:《中国共产党廉江县地方史》第一卷(1921—1949),中共党史出版社 2009 年版,第 233 页。

④ 中共吴川市委党史研究室:《中国共产党吴川地方史》,中共党史出版社 2009 年版,第 115—116 页。

康县的陈宏良等 8 人被任命为大队长，共组织武装 1200 多人；遂溪县组建 4 个联防中队和 1 个警察中队，共有 700 多人；徐闻县组建警察中队，共有武装 200 多人；湛江市在原有警察中队基础上增编 1 个宪兵队。[①]

1946 年 11 月 6 日，中共中央就华南开展游击战争问题作出具体指示，强调南方各省乡村工作应采取两种不同方针：第一，凡有可能建立公开游击区的，应立即建立公开游击区。原有各游击区，如琼崖、南路、中路、西江、北江、东江、闽南、闽西等，应鼓励原有公开或半公开武装，紧紧依靠群众继续奋斗，不应采取消极复员政策，长敌人之志气、灭自己之威风。现南方各省国民党正规部队大批调走，征兵征粮普遍施行，正是共产党发动游击战争的好机会。第二，凡条件尚未成熟的地区，则采取隐蔽待机的方针，以等候条件成熟。17 日，中共中央继续发出指示："尤应首先抽调得力干部加强粤北（曲江）与南路两支队之领导，目前广东敌人兵力空虚，灾荒遍地，国民党征兵征粮，造成了发展与坚持游击斗争的客观有利环境，因此，华南干部应尽可能下乡或归回部队，应在党内消除过去认为广东特别长期黑暗，因而必须无了期埋伏之思想；广东区党委今后中心任务即在于全力布置游击战争。"[②]

中共广东区党委接到中共中央上述指示后，即于 11 月 27 日，作出了恢复武装斗争的决定，提出"实行小搞，准备大搞，从无到有，从小到大，稳步前进"的战略方针，[③] 号召各地留守的武装队伍重新拿起武器，发展和壮大武装队伍。吴有恒很快领导南路地区开展了恢复武装斗争的行动。

经过宣传动员和积极发动，遂溪地区的武装斗争最快发动起来。遂溪县集结 5 个中队及海康武工队共 600 多人，在遂溪军事小组的指挥下主动出击，在遂溪、海康、徐闻之间活动。11 月下旬起，人民武装先后袭击了国民党外罗港警察所、沈塘乡公所、江洪乡公所和遂溪县自卫大队一部，多次截击国民党军的车辆船只，缴获一批武器弹药及其他军事物资。在此期间，中

---

① 中共湛江市委党史研究室编：《中国共产党湛江历史》，中共党史出版社 2011 年版，第 283 页。

② 《中共中央对南方各省工作的指示》（1946 年 11 月 6 日），广东省档案馆《华南党组织档案选编》，1982 年内部编印，第 38 页。

③ 《广东人民武装斗争史》编纂委员会编：《广东人民武装斗争史》第四卷，广东人民出版社1995 年版，第 92—93 页。

共海康县组织在海遂边界组建一支武工队，配合当地党组织开辟新区。中共徐闻组织恢复发展了下洋、前山、龙塘、曲界等地的群众组织，并在边坡村组建起一支20多人枪的村队，为下一步开展武装斗争准备了有利条件。廉江县也集结了各地武工队于11月间与遂溪县武工队配合，在蟛蜞卡村伏击国民党盐警队的武装车队，后又在坑龙村伏击国民党廉江县自卫大队一部。化（县）吴（川）地区的中共组织于12月初开始发动，从各地武工队中挑选精干人员组成两个主力连，每连100人左右，在化县南部和吴川东北部活动，击毙国民党广东省参议员、化县党部书记长苏大德，奇袭国民党驻出拔圩的化县警察分队，袭击吴川霞街、廉江县平坦等地的乡公所，惩办一批地主恶霸，截击国民党武装护款车，缴获了一批武器和钱币。

由于斗争规模的扩大，对交通联络和运作经费有了更高的需求，为此，中共各县组织建立了一批交通站和税站。遂溪县各区恢复和扩大了地下交通站，每区均设立交通总站和若干个分站，形成了覆盖全县并较为严密的交通网络。海康县党组织利用雷城南门的合兴商店和城内四零书店作为地下交通情报站，吴梅茂边区党组织开辟了一条以梅菉为中心的地下交通走廊，廉江县党组织建立了廉（江）湛（江）地下交通线和一批联络点。为了解决武装部队和地方工作人员的活动经费问题，各县陆续建立起税收队伍，并设站收税。其中，遂溪成立了县税收总站，下设10多个税收分站，配备武装经济队，在县内各交通要道和出海口岸征收商货税款，全县每天征收税金600多元大银。①

（二）人民武装斗争壮大发展

1947年1月22—28日，正是农历春节期间，吴有恒召集了中共雷州特派员沈汉英、廉江特派员黄明德和化（县）吴（川）特派员唐多慧等人，在湛江市赤坎协源米铺（中共组织的地下据点）楼上秘密召开了会议，此会后被称为"赤坎会议"，也称"协源会议"。吴有恒在会上传达中共中央和广东区党委关于恢复和发展武装斗争的指示，一起学习《解放日报》社论《燎原之火》和周恩来关于半年作战目标的谈话，对当前高雷国共武装斗争的形势作了分析，作出"大搞"武装斗争的重大决策。决定在各地成立人民

---

① 中共湛江市委党史研究室编：《中国共产党湛江历史》，中共党史出版社2011年版，第290页。

政权，开展减租减息，放手发展人民武装队伍，积极开展游击战争，建立游击区，实行"赤色割据"。赤坎会议制定了"大搞"武装斗争的决定。

赤坎会议以后，雷州、廉江、化吴等地的特派员迅即奔赴各地传达会议精神，集结当地人民武装迅速行动，按照会议的部署，先收缴、征集民枪和扩大队伍，继而在各地寻找战机对国民党主动出击，通过袭击国民党的乡、保队，扩大斗争的声势。1947年2月9日，黄明德集结廉江各区的兵力与博白南人民武装，合编成廉江独立大队，由黄东明任大队长，黄明德兼政委，周斌任副政委，下辖4个中队，共300多人。大队成立后，以中队为单位发动群众反"三征"，继续扩大队伍，伺机打击国民党乡、保队。与此同时，化吴地区也加紧筹建主力部队，发动农民群众开展抗丁（指抓壮丁）、抗粮斗争。

赤坎会议曾提出打倒一两个国民党军政要员以扩大人民武装影响的要求。在获得遂溪县县长戴朝恩每周从湛江赤坎乘车往返遂溪县城一次的情报之后，遂溪县军事小组领导人李晓农、金耀烈、郑世英决定寻找机会伏击戴朝恩。军事小组将雷州地区的4个游击中队，集中到靠近赤坎的遂溪县东区活动，在遂（溪）湛（江）公路线上设伏。1947年3月8日拂晓，李晓农、郑世英率领精干队员60多人，到遂（溪）湛（江）公路线上的大路前村附近布伏，检查湛（江）遂（溪）两地的来往车辆，被一辆从湛江方向开来、装有防弹铁甲的小型车开枪扫射，立即展开反击。双方战斗持续了一段时间，车上的几名国民党人员被击毙，李晓农等人率队迅速撤离。次日在湛江出版的《大光报》刊登了"遂湛公路上遂溪县长戴朝恩及其4名卫士被击毙"的消息。中共方面始知"打倒一两个国民党军政要员"的目标已达到。戴朝恩被击毙的消息传开后，国民党内部哗然。廉江县政府急电省政府，谎报军情，称共军已攻入县城，要求火速增兵援救。在广州任职的高雷籍国民党人员也不断向国民党广州行营请求增兵。国民党南路当局慌忙采取以下应急措施：（1）在其统治中心湛江市实施戒严；（2）电请广东省政府起用陈学谈，并促其由香港返回湛江协助扶持政局；（3）派出1000余名军警"搜剿"麻章，调广东保警第十总队"清剿"遂溪；（4）饬令遂溪当局迅速增设警察中队，恢复警察大队部。同时，还以"剿匪不力"为由，免掉国民党湛江市党部书记长陈有恒职务，以谎报、瞒报"匪情"为由，对廉江、化县、海康三县县长各记大过一次。国民党广东省政府主席兼保安司令罗卓英急令粤桂南师管区司令林英组建粤桂南区"清剿"指挥部，由林英兼任司令，指派前雷州独立挺进支队少将副司令梁传楷接任遂溪县县长。梁因慑于人民武装威力，迟迟不敢到任。

遂溪人民武装击毙戴朝恩的消息，令遂溪、廉江、化县、吴川、梅菉等地群众欢呼雀跃，奔走相告。不少农民、青年踊跃参军。遂溪戊戍中学、遂溪中学、湛江市河清中学、东海岛觉民中学、雷州师范等学校的青年教师和学生，相继奔赴游击区参加革命队伍，其中遂溪县人民武装在 4 天内即达到700 多人。吴有恒根据形势的变化，决定趁此机会放手发动群众，大力发展人民武装，成立粤桂边区人民解放军（采取边成立、边报批的方式）。

1947 年 3 月 17 日，吴有恒集中遂溪县 4 个机动中队和中区中队，在遂溪中区成立粤桂边区人民解放军新编第一团（简称"新一团"），团长金耀烈，政委李晓农。全团辖 5 个连和 1 个便衣队，共 500 多人。3 月 24 日，新一团抵达廉江县东南部新塘村，与廉江县人民武装会合，以廉江独立大队为基础，成立粤桂边区人民解放军新编第三团（简称"新三团"），团长黄东明，政委兼政治处主任周斌（1947 年 4 月后黄明德任政委），全团辖 5 个连，共 500 余人。28 日，两团在廉江县大塘村与化吴特派员唐多慧率领的部队会合，将化吴部队整编为粤桂边区人民解放军新编第四团（简称"新四团"），团长罗明（1947 年 8 月后叶宗玙任团长），政委唐多慧（1947 年后罗明任政委），全团辖 7 个连，共 700 余人。3 个团会合后，吴有恒在大塘村主持召开团领导干部会议，决定 3 个团联合挺进化县北部，造成"割据"局面。3 月31 日，3 个团连克国民党廉江县平坦、东桥、良垌 3 个乡公所，次日击退国民党廉江县自卫大队和广东保十总队共 500 多人的联合进攻。接下来 3 个主力团转战廉江、化县的军事行动历时月余，作战 10 余次，共毙伤国民党反动武装约 400 人，缴获长短枪 200 余支，摧毁国民党乡公所 13 个，破仓分粮8000 余石，控制了遂（溪）廉（江）化（县）边区纵 300 里、横 120 里的地区。其中遂溪控制了大部分区、乡，使遂溪、廉江、化（县）吴（川）游击区连成一片。此间，各地人民武装力量均进一步发展，其中遂溪武装队伍约达 1600 人、廉江约 1200 人、化吴约 2500 人，形成了一支多达 5000 余人的队伍。4 月 29 日，中共中央香港分局（筹）正式批准成立粤桂边区人民解放军，任命庄田为司令员，唐才猷为副司令员，温焯华为政委，吴有恒为副政委，左洪涛为参谋长（1947 年 7 月任职），欧初为政治部主任。由于庄、唐未到职，香港分局指示：军事上由吴有恒、欧初负责。

1947 年 1 月 16 日，中共中央作出"关于调整蒋管区党组织的指示"，决定在香港成立中共中央香港分局，统一领导华南地区的革命斗争。3 月，广东区党委为了加强党对南路地区革命斗争的集体领导，决定撤销中共南路特派员，成立中共粤桂边区地方委员会（简称"粤桂边地委"），任命温焯华为书记，吴有恒为副书记，欧初为委员兼宣传部部长。4 月 15 日，筹建中的香港分局就华南地区游击战争的发展做了总体部署，提出了"建立边界游击根据地"的战略方针，把华南地区划分为粤桂边、粤桂湘边、粤赣湘边、闽粤赣边、琼崖 5 个战略单位，建立数个省际交界的边区党组织。粤桂边地委则归属 5 月新成立的粤桂边工委管辖，湛江地区的人民武装斗争置于粤桂边地委的领导之下。

粤桂边地委成立后，高雷各地党组织加紧发展武装队伍。从 1947 年 4 月下旬开始，先后在遂溪成立了粤桂边区人民解放军新编第二团，在廉江成立了新编第七团（后并入新编第三团，番号取消），在吴川成立了独立第一团（后为纪念张炎将军，以其字"光中"改成"光中团"），在遂溪、海康交界处成立了新编第九团（后改为新编第十二团），在化吴地区成立了新编第十团（后并入新编第四团，番号取消），分别在各地区开展武装斗争和群众活动，人民武装斗争逐步发展壮大。

南路人民武装斗争的局面打开之后，粤桂边地委决定在此基础上开拓新的游击区。1947 年 5 月底，经过前期准备后，粤桂边区人民解放军新编第一团及第二团各派一个连共约 200 人，由中共遂溪中心县委副书记沈斌率领奔赴湛江市郊区的东海岛，在东海抗征队的配合下发起东海暴动，成功歼灭国民党水流沟乡队、盐警队和驻东山圩的盐警总队，随后攻打国民党东山区政府和自卫中队，速战速决并很快撤退，带动了当地 100 多名青年参军，组成东海连，编入了新十二团序列。东海暴动迫使国民党当局回防湛江市，减轻了遂廉化吴地区的压力，东海岛不久后逐步发展成巩固的游击根据地。而对于雷州半岛核心区的遂溪县本已有群众基础比较牢固的游击根据地，中共粤桂边地委指示进一步扩大局面。于是中共雷州组织采取武装进攻和统战工作相结合的方法开辟新区。至 1948 年初，遂溪县除了个别圩镇以外，大部分的农村已为共产党所控制并连成了一片。海康县在原有基础上先后开辟了东、西、中部和南部的广大地区。徐闻以原抗日战争时期下洋起义的一带村庄为据点，恢复了这一片 60 多个村庄的群众工作，也恢复了共产党组织对这一地区的控制。

这样，经过 1947 年初以来的武装斗争，遂廉化吴地区及海康等地的部分农村已为共产党所控制，形成了一块初具规模的游击根据地。国民党政府的统治受到动摇，尤其是在农村地区，其乡村政权已被瓦解，多数农村处于无政府状态。为了更广泛地发动和组织群众，为党及其领导的人民武装建立牢固的革命基地，中共粤桂边地委决定采取虚实结合扩大政治影响的策略，成立各级人民解放政府。其中化吴地区有区政府 18 个，廉江县 8 个，遂溪县 7 个。遂溪、海康、廉江、吴川均成立县人民解放政府。各县人民政府建立后，纷纷出布告宣布"本府为本县唯一代表人民的政权机关""在本县内之蒋介石国民党的一切党政军组织，俱是反革命反人民的组织，本府本团坚决消灭之"。[1] 在根据地内，人民政权开展减租减息、解放婢女和童养媳等工作，各地的农会、妇女会、抗丁抗粮会、同心会、民兵、儿童团等革命群众组织普遍建立起来，大力支持人民解放战争，青年农民纷纷参军参战。群众源源不断的支持使得遂廉化吴地区在解放战争中成为粤桂边区的重要革命游击根据地。

三、反"清剿"斗争

中共粤桂边地委领导的人民武装斗争吸引和牵制了华南地区国民党军 40% 的兵力[2]，迫使国民党广州行营不得不对此调整策略，抽调原本派往海南岛的兵力回防南路，并增派驻防广西的保六总队进驻南路。中共广东区党委已于 1947 年 4 月 29 日给予关注和指示：目前南路的中心问题，是如何打破国民党军队行将到来的"围剿"，指示应集中主力向勾漏山脉（容县、北

---

① 中共湛江市委党史研究室编：《中国共产党湛江历史》，中共党史出版社 2011 年版，第 298 页。

② 中共湛江市委党史研究室编：《中国共产党湛江历史》，中共党史出版社 2011 年版，第 305 页。

流以南，廉、化、以北）发展，以较少部队坚持原地的斗争，来麻痹吸引国民党军队，保卫群众。[①] 据此，为突破国民党对粤桂边区人民解放军的"围剿"，粤桂边区人民解放军主力自 1947 年 6 月中旬开始的一个多月内，连续 3 次北上突围往勾漏山和广西合浦、灵山进军，意图突破国民党军队防线进而开辟新的根据地，但都遭失败，出现了一定程度的人员损失，遂停止该计划。

1947 年 6 月，人民解放军在全国解放战场已经进入了战略反攻阶段，广东各地的游击区也在逐步扩大，对国民党的华南后方产生了严重威胁。为加强对广东的控制，国民党采取了一系列反制措施。9 月 23 日，宋子文调任国民党政府军事委员会广州行辕主任、广东省政府主席及广东省保安司令，集党政军权于一身。宋子文主粤后提出"建设新广东"的经济主张，要开辟黄埔、榆林港口，开采粤北煤矿，筹划海南铁砂外运，等等，由此谋划换取美国的军事和经济援助。军事上的目的则直奔"剿匪"以便打造广东为国统区治安良好的大后方，提出"广东治安三个月有办法，六个月见成效"。[②] 为此，宋子文加紧集结调动兵力，从 1947 年 12 月开始，对广东人民武装发动了第一期"清剿"。其方针是"分区扫荡，重点进攻"，进攻重点是粤北和南路，在粤桂南、粤赣湘、闽粤赣三处边区成立"联剿"指挥部，随即向上述地区布兵遣将。

此时，宋子文派陈沛出任粤桂南"联剿"指挥部总指挥，在高州和湛江分别设立了广东省第七、第八"剿匪"指挥部。驻在高雷的除了原有的保九团、保十团，还调来保一团、保二团，合浦廉江交界处还驻扎着广西的保安团。10 月 26 日，陈沛在湛江主持召开"绥靖"会议，制订"恩威并施、剿抚兼施"和"固守据点、机动搜剿、联保连坐"的"清剿"计划，直逼中共的遂廉化吴根据地而来。11 月 4 日，粤桂边人民解放军一部与国民党保安团一部在遂溪笔架岭激战一日，国民党共投入 1500 余兵力，共产党武装投入 900 余兵力，结果国民党军以失败告终。笔架岭战役受阻后，国民党粤桂南"联剿"指挥部将重点转向化县、吴川。1947 年 11 月至 12 月，先后集结

---

① 《香港分局对粤桂边地委工作的指示》（1947 年 4 月 29 日），中共湛江市委党史研究室编：《粤桂边区武装斗争史料》，广东人民出版社 1989 年版，第 94—95 页。

② 丁身尊主编：《广东民国史》（下册），广东人民出版社 2004 年版，第 1273 页。

广东保一团、保二团、保十团和广西保六团、国民党军第九二旅两个营及茂（名）电（白）信（宜）自卫大队，共约 5000 人武装，进攻中共化吴游击区，有 700 多名中共党员、干部、战士及家属遭杀害，其中有人民解放政府的 4 位区长和 1 名化北工委委员。人民武装主力及区、乡队损失 700 多人，区、乡人民政权及农会、民兵、妇女会等群众组织遭到严重破坏。[①] 国民党继而又布置兵力重点转向廉江、遂溪。

1947 年 11 月 13 日，中共中央香港分局对粤桂边地委发来指示：为了粉碎敌人"围剿"，保存有生力量，须打出去，东西挺进，转向外线作战，以减少给养困难，分散敌人兵力，减轻老区压力。[②] 同时决定加强干部队伍。为此，1947 年 11 月底至 12 月初，中共粤桂边地委扩大会议在廉江举行（后因国民党军队"扫荡"，转到东海岛继续举行）。会议决定按照"东西挺进"的指示，抽调粤桂边区人民解放军主力组成两支部队，从两个不同的战略方向转出外线作战，一支西进十万大山地区，一支东进粤中地区，其余部队则留在原地坚持斗争。同时，会议还决定将粤桂边区人民解放军整编为东征支队和第二、第三支队。欧初任东征支队司令员兼政委；第二支队司令员支仁山，政委由温焯华兼任，辖高雷地区的部队；第三支队司令员为谢王岗，政委陈明江，政治部主任陈华，辖钦廉地区的部队。经过部队整编，组成新的约 500 人的新一团作为西进部队，由金耀烈任团长，李晓农任政委。另外，从广西横县撤退到廉江休整的第十九团 300 多人也参加西进行动。1948 年 2 月上旬，西进部队由谢王岗、陈明江率领，从廉江县金屋地村誓师出发，经广西博白、合浦、灵山、钦县、上思等县，突破国民党防线，于 3 月中旬到达十万大山南麓防城县滩（散）峒（中）地区，后保留原番号纳入第三支队建置。国民党粤桂南区"清剿"总指挥部总指挥张瑞贵所部 2000 多人向西进部队发起进攻。西进部队继续转战于十万大山南部和北部，与当地的中共组织、部队和少数民族同胞一起开拓了十万大山游击根据地的新局面。

---

① 中共湛江市委党史研究室编：《中国共产党湛江历史》，中共党史出版社 2011 年版，第 309 页。

② 《温焯华给分局的报告》（1947 年 12 月 8 日），中共湛江市委党史研究室档案 B5—1.34。梁广、温焯华：《回顾粤桂边纵队的战斗历程》，中共湛江市委党史研究室编：《粤桂边区武装斗争史料》，广东人民出版社 1989 年版，第 114、371 页。

1949 年春，新一团奉中共中央香港分局指示经越南入云南，与先期进入越南
又回到滇桂边区的原南路人民抗日解放军第一团（惯称老一团）会师，合编
为中国人民解放军滇桂黔边纵队第一团。

　　1948 年 4 月 5 日，粤桂边区人民武装的 750 多人的东征支队由欧初率
领，在遂溪北区下洋村誓师出发，沿途多次突破打退国民党正规军、保警团
队和地方武装的围追堵截，进入粤中区地界后多次与国民党军交战，5 月进
入阳春和恩平县，与粤中区的人民武装会师。1949 年 1 月被整编为粤中区人
民武装主力部队——独立第一团。对于粤桂边区人民解放军主力东西挺进，
香港分局在 1949 年初给中共中央的报告中指出："关于主力转移作战，全年
中在粤有两地区，一为南路向东挺进中区，及向西挺进十万大山，都获基本
上成功，而原地区工作也仍能坚持胜利斗争。"[1]

　　在 1947 年下半年以来的全国解放战场上，人民解放军执行战略进攻，
已使战争的形势发生重大变化。10 月 10 日，中国人民解放军总部发表宣言，
提出了"打倒蒋介石，解放全中国"的口号；年底，中国共产党制定了预备
夺取全国胜利的行动纲领；在全国解放战争的第二年，国民党兵力由战争前
的 430 万人减少为 365 万人，解放军则从 127 万人发展到 280 万人，[2] 双方兵
力对比悄然发生变化。不仅如此，国民党军队的军事危机还加重了其统治区
财政、经济危机，政府内部矛盾迭起。经济上货币贬值、物价飞涨、民怨沸
腾，与之相反的是老解放区基本上已经完成土地改革，农民的生产和参军积
极性空前高涨，社会稳定。随着解放区的逐步扩大，1948 年上半年，中共中
央及中央军委部署解放军将战争进攻继续引向国民党统治区，人民解放军在
各战场相继展开新的强大攻势，激励着中国共产党领导的南方游击区。

　　1948 年 5 月，中共中央香港分局重新调整了粤桂边区所辖区域、党组织
和军队的领导机构，撤销中共粤桂边地委，成立中共粤桂边区委员会（简称
"粤桂边区委"）和边区党委临时军事委员会（简称"临时军委"）；同时还
把粤中区划归粤桂边区统辖，这样，粤桂边区委统辖了粤桂边地区 38 个县

---

　　① 中共中央香港分局：《1948 年华南军斗概况报告》（1949 年初），广东省档案馆编：《华南党
组织档案选编》，1983 年内部编印，第 162 页。

　　② 中共中央党史研究室：《中国共产党历史》第一卷下册（1921—1949），中共党史出版社
2011 年版，第 781—782 页。

（市）和粤中地区的党组织（粤中地区的党组织1948年6月后直接向香港分局负责）。中共粤桂边区委和临时军委在湛江市东海岛西山村正式宣布成立，边区党委机关先后驻在东海岛、遂溪县、廉江县等地，指挥粤桂边区的革命斗争。粤桂边区委书记梁广与黄其江等人先后到遂溪、廉江展开调研活动，调查这些地区在前一段时期的斗争中出现的问题和教训。6月，梁广在东海岛西山村主持召开粤桂边区委扩大会议（也称"东海会议"）。会上，梁广作了《去年化吴武装斗争的初步总结》的报告，重点分析了斗争遭受挫折的原因，指出了化吴干部关于斗争方针、斗争策略和军事思想上的问题，主要是执行政策过左等问题。会议还提出了整党整军、执行党的政策、加强纪律、增强团结并粉碎蒋宋集团进攻计划的任务。经过整党整军后，粤桂边区广大党员干部的思想认识、政策理解水平得到了提高，克服了前期被"清剿"造成的悲观情绪，为下一步的斗争打下了较好的基础。

　　从1948年下半年开始，宋子文发起对人民武装的第二期"清剿"。针对前一期的失败教训，他改策略为"肃清平原，围困山地"，调集全省五分之一共约1.2万人的兵力重点围攻东江南岸的惠东宝地区。中共粤桂边区委根据近期驻南路的部分国民党军调离、兵力较前减少且分散的情况，决定采取积极的军事行动扭转斗争的被动局面，以有效地粉碎宋子文的第二期"清剿"计划。1948年6月，中共粤桂边区会议在遂溪洋青举行会议，作出调集高雷地区的人民武装主力部队，袭击粤桂边区国民党的统治中心湛江市的决定。7月9日深夜，新组建的粤桂边区人民解放军第八团进入预先拟定的参战位置，10日凌晨2时开始，突袭驻赤坎广荣声炮竹厂和中国银行、中央银行等据点的国民党军，其他突击队同时袭击了国民党中央通讯局琼湛工作站。战斗进行到10日上午9时，解放军获得胜利并撤出战斗。此次袭击湛江作战，解放军共毙、伤、俘国民党军连长以下160余人，缴获枪支弹药等军用品一大批，并打开湛江市国民党中国银行和中央银行金库，缴获港币2.5万元、国民党钞票3亿多元。此次袭击穿插行动中，粤桂边区人民解放军执行严格的进城纪律，对商店和市民秋毫无犯，市面商店不受影响正常营业，深受市民称道，对高雷青年产生巨大吸引力。中共中央香港分局主办的《正报》称这是华南人民武装"第一次打入大城市"。此后至1949年夏，高雷地区的青年学生掀起投奔解放军的参军热潮，湛江市及近郊的青年学生先后有 1000 多人参加人民军队，遂溪、廉江、化县、吴川、梅茂等地的青年学生自动参军参战者也数以百计。湛江市被突袭引起了国民党当局极大震惊，急忙调兵回防湛江，致使宋子文"肃清平原，围困山地"的第二期"清剿"大受打击。宋子文急派其亲信张君嵩赴湛江出任粤桂南区"清剿"总指挥部副总指挥兼第十"清剿"区司令，并将其广州行辕警卫团第一营调往湛江。雷州半岛三县国民党部队的"扫荡"和特务活动再次频繁出现。

针对袭击湛江市后国民党军队的新动态，1948 年 9 月，中共高雷地委决定采用分兵作战之术以求突破和发展，制定了先集中兵力北上廉、化、吴边境恢复革命基础，再南下海康、徐闻扩大游击区的斗争方针。北上任务由新四团往北转往廉江东部，以吸引和分散遂溪国民党的兵力，并为恢复化吴革命老区做准备，这使得一大批因受挫撤退到遂溪的化吴武装人员大受鼓舞，强烈要求打回老家。国民党粤桂南"剿匪"总指挥部不得不放弃重点"清剿"遂溪的计划，急调化县、廉江两县自卫大队和第十"清剿"区第二警卫营前往阻击。第十"清剿"区副司令邓伯涵也率 1000 多人的兵力集结而来。经过一个多月的军事行动，解放军取得节节胜利，同时吸取过去化吴游击区由于激进措施造成立足不稳的教训，积极稳妥地开展恢复老区的工作，成果明显。解放军主力团北上化吴的同时，由抗战时期伪军队伍改编而成的新五团团长符春茂、副团长符春义已投靠国民党，调转枪头杀害了一批中共遂溪、海康的地方干部。12 月，第八团、新四团南下海徐，一方面铲除符春义等叛变武装，一方面各个击破、迂回穿插作战，经过纪家、吾良等较大规模的战斗后，重创国民党张君嵩的警卫营，取得较大的军事胜利。解放军 3 个主力团北上化吴、南下海徐的军事行动，为扩展廉江游击区也创造了有利条件，使得国民党军队不敢靠近廉江游击区，同年年底，中共廉（江）博（白）陆（川）人民武装便成功开辟了廉博陆边游击区。

在全国战场上，解放军节节胜利，国民党逐渐被瓦解。驻扎在遂溪城的国民党广东保十团即出现动摇情况。该团团长陈一林早对国民党内部的派系倾轧不满，受共产党政策和形势变化的感召，决定发动起义，脱离国民党军队。1948 年 12 月 19 日，张君嵩、邓伯涵和广州"绥靖"公署点验组主任颜伟清等人到遂溪城召开军事会议和点验兵员，一行从湛江乘车到达遂溪城，进入保十团团部操场时，陈一林命令起义官兵开枪袭击，张君嵩、邓伯涵、颜伟清等40多人被当场打死。当天下午，陈一林率起义队伍进攻湛江赤坎，占领了第十"清剿"区司令部及银行。起义部队被改编为粤桂边区人民解放军第八支队，由陈一林任司令员，粤桂边区党委委派何文任政委。保十团起义再次震动南路，惊动整个华南地区国民党。中国人民解放军朱德总司令和中共中央华南分局分别发出嘉勉电，褒扬保十团全体官兵为人民解放事业作出的贡献。其后，高雷地区共产党及其领导的人民武装在政治上、军事上对国民党形成了强大攻势，国民党在高雷地区的第二期"清剿"计划遂告失败。

第三节　湛江解放

一、中国人民解放军粤桂边纵队成立

1948年底，东北、华东、华北战场上的战局已经明朗，解放大军酝酿南下。国民党军队的大部主力均被消灭，大势已去。1949年1月底，国民政府行政院和国民党中央逐渐迁往其大后方广州。宋子文离开广东后，接任其广东省政府主席职位的是薛岳，余汉谋出任广州"绥靖"公署主任。原驻扎湛江地区的保十团起义后，国民党广东当局将第六十二军第一五三师调往高雷，仍保持着相对强大的兵力配置，以保证掌握雷州半岛这块战略要地。中共中央香港分局则制定《华南人民当前行动纲领》，提出了华南人民武装迎接并配合南下解放大军，推翻蒋介石政权，解放全华南和全中国的十大纲领。[①] 为迎接解放大军南下，华南各地加紧扩充、整编人民武装。南路地区则要首先巩固好雷州半岛，继而向周边全面发展，争取将十万大山和六万大山连成一片大块的根据地。借着恢复化吴老区取得重大进展和国民党保十团起义的有利时机，1949年1月开始，分别由中共高雷地委实施了开辟海徐根据地和由粤桂南地委实施的春季攻势军事行动。

---

① 中央档案馆编：《中共中央香港分局文件汇集》（1947年5月—1949年3月），1989年内部编印，第288—290页。

　　执行前往海徐开辟根据地任务的是第二支队。第二支队派遣所属的新编第八团担任此次南下进军海徐的任务。国民党第六十二军之一部驻在海康县城，还有 1300 余人的海康地方武装，力量较强。第二支队决定避其锋芒，采用迂回穿插的游击战术，先打较远的徐闻。1949 年 1 月 12 日，第二支队司令员支仁山、政治委员沈斌、副司令员王克、政治部主任卢明率新编第八团，不走陆路而从海上直插徐闻县曲界圩，攻打敌驻军。徐闻的国民党守军始料未及，来不及抵抗，便被新编第八团轻取了曲界。这一行动迫使国民党第六十二军第一五三师第四五九团匆忙前往支援，乘车从湛江直下海康，分兵驻守海康县的英利、徐闻县的曲界，形成对第二支队的包围之势。第二支队把部队分为四路：一路开进海康东区，一路开进海康南区，一路开进海康西区，还有一路开往徐闻东区，分散活动以分散并干扰国民党军队的包围部署。2 月 25 日，新编第八团攻占了徐闻县城，释放了被囚禁的共产党员、革命群众 80 余人。部队入城后同样执行严明纪律，对市民秋毫无犯，并沿途向群众宣传中国共产党的政策主张，取得群众的信任。随后，新编第八团撤出县城，前往周边继续活动。经过一段时间的行动，摧毁了海康、徐闻的国民党 16 个乡政权，控制了 25 个圩镇，建立了海康、徐闻两县的人民政府和一批乡政权，顺利打开海徐两地的局面。与此同时，粤桂边区委临时军委主席梁广和杨应彬率领新编第四团在湛江市郊区、遂溪、廉江和化（县）吴（川）地区也取得重大战果。1 月 25 日，新编第四团攻打湛江市通往海康县交通线上的重镇太平，全歼太平圩警察分局守军 120 多人。后又攻占了遂溪县河头、北坡圩等圩镇。2 月 28 日，遂溪县义和乡乡长率乡队起义，并解除了遂溪县自卫大队 1 个排的武装。3 月，拔除了廉（江）化（县）交界处一批顽敌据点。4 月 18 日，新编第八团在新编第四团等武装的配合下，全歼驻洋青的敌第六十二军第一五三师第四五一团第一营和第二营第五连共 500 多人，取得较大的军事胜利。

　　在粤桂南地区，粤桂南地委书记黄明德率领新编第三团从 1949 年 2 月至 4 月连续攻下廉江县的沙铲、射大、车板等 28 个据点，共歼国民党军 1000 多人。3 月 5 日，新编第三团在廉江北部山华嶂截击运送军粮的敌第六十二军第一五三师第四五六团第三营，缴获武器弹药一批。4 月 16 日，在塘涵圩附近截击国民党第六十二军第一五三师第四五七团一部，俘其副团长刘友钰以下 65 人，毙敌 30 余人，粤桂南的春季攻势也获得重大胜利，大批农村被解放。

经过开辟海徐根据地和粤桂南地区的春季攻势，遂溪、徐闻、海康三县已解放 37 个圩镇，所解放的乡普遍成立了人民政府。原已成立的雷州人民行政公署改为雷州人民行政督导处，陈开濂任主任。1949 年 3 月，海康县人民政府正式成立，肖汉辉任县长。同月，徐闻县人民政府成立，谭国强任县长。8 月，遂北、遂南两县合并，成立遂溪县人民政府，黄廷瑶任县长。粤桂南地区人民行政督导处成立于 1949 年 3 月，先后由周斌、林克武出任主任。辖下的廉江县人民解放政府于 6 月改称县人民政府，罗培畴任县长，陆镇华任副县长。同月，吴川县人民解放政府改称县人民政府，杨子儒任县长。

1949 年 4 月至 6 月，钦州、防城地区的人民武装也不断发起对国民党军的主动作战，解放了防城、东兴以外的全部防城县境和钦州大部分地区。六万大山、桂中南、茂电信等地区的武装斗争也顺利推进。伴随着武装斗争推进的，还有中共各地组织对群众和青年学生的动员工作，大量的群众参加了后勤支援和保障工作，青年中出现了参军热潮。据统计，从 1948 年 5 月至 1949 年 5 月的一年间，湛江市及郊区的青年学生投奔游击区参加人民军队的先后达 1000 多人。遂溪、廉江、化县、梅茂和吴川等县参军的青年学生也数以千计。[1]

1949 年 4 月 23 日，解放军占领了国民政府首都南京，随后中共中央军委命令解放军第四野战军和第二野战军的第四兵团负责向中南地区的赣、湘、粤、桂等省推进。为了配合中共中央军委这一部署，粤桂边地区有必要组建地方兵团配合南下的野战军作战，解放全部边区。1949 年春夏间，中共粤桂边区委和临时军委于廉江召开扩大会议，决定将粤桂边区人民解放军正式组建为中国人民解放军粤桂边纵队，每个地委组建一个支队，每个县成立一个团或营（大队），统一建置，统一指挥；抽调新编第三、第四、第八团，成立纵队主力第六支队。会后，粤桂边区委派出杨应彬携带方案赴香港向中共中央华南分局汇报，华南分局认可此方案并呈报中央。6 月 27 日，中国人

① 中共湛江市委党史研究室、《粤桂边纵队史》编写组编著：《粤桂边纵队史》，广东人民出版社 1992 年版，第 125 页。

民解放军总司令部正式批准成立中国人民解放军粤桂边纵队,并任命梁广为司令员兼政委,唐才猷为副司令员,杨应彬为参谋长,温焯华为政治部主任(后增补支仁山为政治部副主任)。1949 年 8 月 1 日,中国人民解放军粤桂边纵队宣告成立,发表了《中国人民解放军粤桂边纵队成立宣言》《粤桂边纵队向党中央致敬电》《粤桂边纵队向中共中央华南分局致敬电》等,宣告:"我们坚决执行毛主席和朱总司令四月二十一日的'进军命令'和四月二十五日的'约法八章',拥护迅速召开新政治协商会议,成立民主联合政府,坚决执行中共中央华南分局五月八日对华南时局及有关政策的声明与'华南人民武装行动纲领',奋勇前进,配合南下大军,解放两广,要歼灭一切拒绝投降及敢于抵抗的反动武装,逮捕一切怙恶不悛的战争罪犯。"[1] 当天,廉江县长山区鲫鱼塘村举行了庆祝中国人民解放军建军 22 周年暨粤桂边纵队成立大会,粤桂边区党政机关干部、战士及边纵第一支队全体指战员、根据地群众代表共 2000 余人参加成立仪式。纵队司令员兼政委梁广在会上发表讲话,回顾了中国人民解放军建军以来的战斗历程和粤桂边区人民武装发展壮大的曲折历程,并向边纵全体指战员提出了配合南下野战军解放全边区及加强部队正规化建设等任务。此时的粤桂边纵队共统辖 6 个支队。其中第一支队由粤桂南地区的部队组成,司令员兼政委黄明德,副政委兼政治部主任周斌(10 月后黄炳任参谋长),下辖第一、第二、第三团及吴川县大队、梅茂县大队、廉江县大队、化(县)北独立大队、北流独立大队、容县独立大队、第二独立营。第二支队由雷州地区的部队组成,司令员支仁山,政委沈斌,副司令员郑世英,副政委兼政治部主任马如杰,参谋长王山平,政治部副主任何德,下辖第四、第五、第六团和海康县大队。第三、第四、第五支队分别由十万大山、六万大山、高州地区的部队组成。第六支队为边纵的主力支队,由高雷地区的第十六、第十七、第十八团组成。至 1949 年冬,粤桂边纵队发展到 8 个支队 40 多个团(独立营、大队),共 2.5 万余人。[2]

---

[1] 《中国人民解放军粤桂边纵队成立宣言》,中央档案馆、广东省档案馆编:《广东革命历史文件汇集》(粤桂、粤桂湘边区党组织文件,1946.2—1949.12),1988 年内部编印,第 50—51 页。

[2] 中共湛江市委党史研究室编:《中国共产党湛江历史》,中共党史出版社 2011 年版,第 340 页。

二、湛江市及各县的解放

1949 年 5 月 7 日，中共中央华南分局向华南各地党组织发出《对大军渡江后华南工作的布置》，要求在大军到达前"必须将农村完全解放，控制在我手内，以便到时大军可集结力量解决城市工作及追歼残敌"[①]。根据这个指示，中共粤桂边区委决定进一步部署各地扩大和巩固游击根据地，以便迎接南下大军解放全边区。中共雷州地委分析，雷州半岛很有可能会成为国民党军队退守海南岛的必经之路，因此，雷州地委指挥粤桂边纵队第二支队于 6 月开始发动军事行动，扫除雷州半岛的国民党据点。

恰如中共雷州地委的分析，随着国民党军队的节节败退，雷州半岛很快成为国民党华南残余部队退踞海南岛的通道。1949 年春夏间，为保障撤兵通道的畅通，国民党第六十二军陆续进驻高雷，主力集结于湛江市及遂溪、廉江一带。其中，第一五一师除一个团分驻于海康、徐闻两县外，其余均驻湛江和遂溪，师部驻湛江赤坎。第一五三师驻廉江县城及石角、安铺等地，师部驻赤坎寸金桥。第一六三师驻化县中垌和石湾，军部驻湛江西营。以上 3 个师及军部共约 1.1 万余人，机动兵力约四五千人。进驻后，第六十二军立即着手"清剿"共产党的武装，将高雷地区划分遂廉"清剿"区和徐闻"清剿"区，7 月开始实施第一期"清剿"计划的秋季"扫荡"，命令第一五三师进攻遂溪、廉江，第四五二团和第四五三团的一个营进攻海康、徐闻。但中共粤桂边区委布置了反"扫荡"斗争，至 9 月，粤桂边纵队粉碎了国民党第六十二军各部在廉江、遂溪、徐闻等地的"清剿"行动。9 月底，敌军不得不全部撤回湛江市防守。

在全国解放战争不断推进的大背景下，国民党军队的投诚、起义事件此起彼伏，加剧了国民党统治集团内部的分崩离析。按华南分局赣州会议部署，中共粤桂边区委实施了对驻湛国民党第六十二军军长张光琼的策反工作。早在 1948 年冬，张光琼刚接任第六十二军军长一职时，中共中央香港分局就曾布置陈信材，通过中国民主同盟南方总支部成员叶春、苏翰彦对张光琼做过策反工作，掌握了张光琼的思想动态。1949 年七八月间，因国民党

[①]　《对大军渡江后华南工作的布置》（1949 年 5 月 7 日），广东省档案馆编：《华南党组织档案选编》，1982 年内部编印，第 220 页。

败局已定，而托病留居香港的张光琼表示愿意起义，但张顾虑到第六十二军是在苏北战场上被全歼后重组的，官兵来自四面八方，其手下的 3 个师长皆非亲信，恐难把握，拟委派苏翰彦为军政治部主任并从中策划。后张光琼函示其亲信、第六十二军军部警卫营营长邱德明与何中行等人相机起义。苏翰彦考虑自己的政治面目较易暴露，不便接职。9 月，苏翰彦与粤桂边纵队司令部的策反联系人、通讯科参谋赵世尧取得联系，并介绍他和军部参议何中行（民盟成员）、军政治部副主任包浚明（包国兴，民盟成员）、军政治部秘书伍旭（伍子辉，中共党员）等人直接联系，组成策反小组，并将起义计划报告解放军粤桂边纵队司令部。

1949 年 8 月，中共中央决定组成以叶剑英为第一书记的新华南分局，并决定由第二野战军第四兵团和第四野战军第十五兵团合组独立兵团，由叶剑英、陈赓率领进军华南，担负消灭国民党余汉谋集团、围歼白崇禧残部以及解放华南全境的任务。9 月，叶剑英在江西赣州主持召开中共中央华南分局军事会议，制定了野战军的两广战役方案。根据两广溃败之国民党军可能夺取雷州半岛、钦廉四属沿海地区及中越边境，逃往海南岛或越南，要求中共粤桂边区委和粤桂边纵队做好截击堵歼溃逃国民党军的准备，又命令粤桂边区委应加紧策反境内之第六十二军及广东保安第三师第九团，促成他们起义。10 月 1 日，中央人民政府主席毛泽东在北京天安门城楼上向全世界庄严宣告："中华人民共和国中央人民政府今天成立了！"从此，中国人民站起来了。13 日，梁广致电华南分局负责人叶剑英、方方，报告了策动第六十二军直属部队起义的情况及接应起义的计划。14 日，华南分局再次电示：同意立即策动张光琼起义，起义后保护好湛江及其他占领地的物资、档案安全，等待接收。15 日，邱德明在粤桂边纵队代表王克、中共湛江市工委书记黎江等人的接应下，在西营率警卫营起义。该军直属部队辎重团的 3 个连及炮兵营、步兵营、运输营各一个连和工兵连、军部连、弹药队等部，经过邱德明的策反也参加了起义行动。起义部队击毙第六十二军副军长张一中等人，并摧毁国民党陆军总司令部直属工兵独立第四团、第五十军留守处等多个据点，占领了西营。16 日，由于第六十二军第一五一师、第一五三师的 3 个团从赤坎向西营反扑，已起义的部分军官"反水"，临时关押狱中的 1000 名战俘哗变，加上驻海南岛国民党军派出飞机、军舰配合镇压，起义部队被迫固守待援。当天下午，粤桂边纵队第六支队第十六、第十七、第十八团和第一支队第一团、第二支队第五团，分别从遂溪、廉江、海康赶赴西营接应起义部队。16 日深夜，邱德明等起义部队及家属 900 余人突围撤出市区，17 日转移到遂溪中区根据地，在接应起义部队的战斗中，第六支队第十七团副团长叶车养等 80 多位指战员牺牲。起义部队到达遂溪根据地后，中共粤桂边区委、军民召开热烈庆祝大会，部队经过整编被编为粤桂边纵队第六支队新编第十六团，邱德明出任团长，叶超为政治委员。叶剑英、方方对粤桂边纵队成功策应国民党第六十二军直属部队起义给予高度肯定："你们争取了两个多营起义，使敌军迅速瓦解，南路以至全省解放更快实现，这对广东人民以及今后全省迅速转入生产建设都极有利，望继续努力。"[①]

　　中共粤桂边区委对国民党广东省保安第三师师长兼第九团团长陈赓桃的策反也在同时进行。1949 年初，中共中央香港分局就已派人策反陈赓桃。1949 年四五月间，保九团从广州调驻梅茂县后，中共中央香港分局、粤桂边区委及高雷地委先后派出共产党员，对陈赓桃及其部分下属开展策反工作。10 月 15 日，陈赓桃率保九团 2 个营、3 个直属连、1 个通讯排及其胞弟陈赓彬的保安第二师 1 个营共 1000 多人，在梅茂县博铺宣布起义。随后，起义部队被改编为粤桂边纵队第五支队暂编第二团北上信宜参加了解放信宜城的战斗。湛江市的东海区，策反工作进展顺利。10 月 4 日晚，国民党东海区区长赵震东率所部 200 余人在东海岛觉民中学宣布起义，起义部队当天晚上乘船离开了东海岛，起义队伍被编入粤桂边纵队第二支队第五团第三营，赵震东任营长。10 月 16 日，与东海岛对面的硇洲岛上，硇洲武工队的许荣昌、税站的谢荣信带领全部武装人员、地方工作人员以及群众共计数百人，来到国民党硇洲区政府门口，团团围住区政府，迫使硇洲区区长李升平出来谈判。最终，李升平宣布投诚，遣散士兵及政府人员，带人离开了硇洲，硇洲岛也实现了和平解放。截至 1949 年 10 月，雷州半岛的广大农村基本成为解放区，国民党的据点只有遂溪、海康、徐闻 3 个县城及个别零星据点，并且被分割包围，孤立无援。

　　此时，中国人民解放军的快速南进，让国民党军队已难以在大陆立足，

---

　　① 《叶、方关于配合大军作战等问题致梁广并报中央电》（1949 年 10 月 28 日），中共湛江市委党史研究室编：《粤桂边区武装斗争史料》，广东人民出版社 1989 年版，第 357 页。

溃逃大军不断取道雷州半岛，逃往海南岛。粤桂边纵队司令部决定成立雷州前线指挥部，展开全面解放雷州半岛的军事行动。10月初，第二支队第六团和徐闻县东、西区的人民武装，分别在徐闻陈军港、包西港截击溃逃海南岛的国民党军，俘敌160余人。中旬，国民党徐闻县保安营和警察局刑警队的部分武装80余人起义。18日，新任国民党徐闻县县长周万邦只留下保安营的一个新编连守城，自己则率其他武装和部分县政府工作人员逃往海南岛。22日，粤桂边纵队第二支队第六团和徐闻县人民武装接管徐闻城，徐闻县全境和平解放。27日至31日，第二支队第五团在东海岛民兵的配合下，在硇洲岛附近海面截俘由广州南逃的国民党散兵200多人。

11月2日，驻遂城镇的国民党第一五三师第四五八团逃往湛江，遂溪县人民武装乘机拔除黄略、东和、义兴等反动据点，解放了遂溪东区。16日，粤桂边纵队第十八团攻克国民党在遂溪、海康交界处的沈塘圩顽固据点，歼灭国民党第十四区"清剿"总队总队长符春茂以下100多人。26日至28日，粤桂边纵队第十八团在第五团的配合下，采取"围点打援"战术，在围攻国民党遂溪县政府所在地城月镇期间，击溃来自湛江方面的国民党援兵1000多名，迫使国民党遂溪县县长黄兆昌于28日率400多人投诚。28日至30日，粤桂边纵队第六团接连解放海康县南兴、北和、平湖等镇。12月5日，粤桂边纵队第十八团进军海康城，迫使国民党海康县县长陈桐率部投诚。

10月22日，在廉江的粤桂边纵队第一支队第一团和第六支队第十六团合围国民党廉江石岭据点，迫使国民党廉江保安第二营营长及石岭、龙湾、草塘、那贺乡乡长及其以下200多人投降。27日，驻塘蓬国民党军逃往廉江县城，塘蓬解放。29日，人民解放军第二野战军第四兵团第十三军先头部队抵达梅菉，全歼该地国民党守军，相继解放梅茂、化县两县城。第一支队和第六支队4个团直逼廉城，国民党廉江县县长陈钧镇率党军政人员及武装1000多人逃往遂溪、湛江，解放军占领了廉城。11月2日，安铺附近的区、乡人民武装包围安铺镇，国民党守军于次日投降。7日，第一支队第一、第三团围攻廉江麒麟寨，全歼国民党廉江第三联队120多人。11月中旬，国民党吴川县县长郑为楫率残部400多人抵龙头，企图逃往湛江，被第一支队和吴川县人民武装围击，被迫于18日率部投诚。至此，国民党在湛江地区的据点仅有湛江市市区。

根据中共雷州地委的指示，中共湛江市临时工委前期已经开始为迎接湛江市区的解放做了准备工作。1949 年上半年，湛江市临时工委通过林景智等进步人士成功策反了国民党湛江保安司令部保安团汽车中队。湛江市临时工委通过统战对象，对国民党湛江市自卫大队大队长、第六十二军第一五一师谍报队队长、市政府情报组组长、市党部和警察局的有关人员进行策反，促使他们与共产党合作，并在解放湛江市的斗争中做了一些有益的工作。在保护城市重要设施方面，湛江市临时工委做了大量工作并收到较好的成效。一是保护了湘桂黔铁路黎湛段粤境工程处的物资、图纸，挽留并保护好一批工程技术人员，这为中华人民共和国成立后广西黎塘至湛江铁路的建设提供了有利条件；二是保护了湛江发电厂的安全；三是保护了《民国日报》《大光报》两家报社的机器、资料等；四是组织电讯局工人保护了湛江市的重要通信设施。10 月，中共粤桂边区委成立了接管城市工作研究委员会，编印《怎样接管城市》小册子发给各地干部学习并组织了培训班。

12 月 7 日，中共粤桂边区委在廉江中学召开扩大会议，宣布了华南分局关于结束粤桂边区委工作的决定。粤桂边区工作结束后，将粤桂边区原属广西的地区划归广西管辖，在广东南路地区成立中共南路地委和南路专员公署，由刘田夫任南路地委书记，李进阶任南路专员公署专员。同时，宣布成立中国人民解放军广东省军区第八（南路）军分区，由邬强任司令员，刘田夫任政委。会议讨论了南路各项工作，作出了解放湛江市的决定和部署。①

湛江市及周边各县全境此时只剩下湛江市区的西营仍有国民党军盘踞，驻西营的国民党第六十二军第一五一师的第四五一、第四五二、第四五三团，处于人民解放军的包围之中。为了确保解放湛江的战斗顺利进行，粤桂边纵队加紧做好侦察敌情、绘制地图、制定作战方案等工作。湛江市临时工委则布置党员干部到郊区农村组织农民保护好粮食，防止国民党军抢粮；组织汽车运输工人藏起车辆或拆掉汽车主要零部件，使近 200 辆汽车不为国民党军队所用。组织 140 多辆汽车到廉江、遂溪接运解放军，装运弹药；组织工人纠察队、护厂队，日夜站岗放哨，保护医院和工厂等设施的安全。

12 月 17 日，驻西营国民党第六十二军的 3 个团开始陆续登上停靠在湛

① 中共湛江市委党史研究室编：《中国共产党湛江历史》，中共党史出版社 2011 年版，第 353—354 页。

江海面的 3 艘登陆舰，企图逃往海南岛。粤桂边纵队司令部得到情报后，命令第六支队的第十六、第十七、第十八、新十六团和第二支队第五团火速开进湛江。当天深夜，除第二支队第五团留驻近郊作预备队外，各部队抵达西营近郊，在纵队雷州前线总指挥符志行的指挥下向国民党守军发起攻击。第六支队司令员陈一林率第十六团、第十七团、新十六团分别沿海滨和洪屋街合击国民党军，为掩护大部队登舰的据点，控制长桥码头，切断国民党军的溃逃之路。与此同时，第十八团经松林路攻入市中心，与未来得及登舰的国民党守军第四五三团展开逐屋逐楼的激烈争夺战，迫使国民党军步步退缩，全部缩回到原法国东方汇理银行大楼附近的建筑内，凭借其炮火优势固守。18 日下午，第四野战军第四十三军第一二八师第三八四团由北海驰援，与粤桂边纵队各团一起投入战斗，向国民党守军发起猛烈攻击。战至 19 日，解放军攻克国民党守军最后据守的东方汇理银行大楼等据点。解放湛江之战，全歼国民党守军 1200 多人，解放军牺牲指战员 32 人。至此，国民党在广东内陆最后据守的城市湛江宣告解放，粤桂边区全境解放。

湛江各县（市）解放日期一览表

县（市）名	解放日期	县（市）名	解放日期
湛江市	1949 年 12 月 19 日	廉江县（今廉江市）	1949 年 11 月 1 日
徐闻县	1949 年 10 月 22 日	海康县（今雷州市）	1949 年 12 月 5 日
遂溪县	1949 年 11 月 27 日	吴川县（今吴川市）	1949 年 11 月 17 日
梅茂县（今属吴川市）	1949 年 10 月 29 日		

资料来源：湛江市地方志编纂委员会编：《湛江市志》（上），中华书局 2004 年版，第 75—77 页。

解放湛江市的战斗结束后，人民解放军举行入城仪式。队伍整齐有序地开进湛江市区，受到广大市民的热烈欢迎。12 月 20 日，中国人民解放军广东省军区湛江市军事管制委员会成立，中共南路地委书记刘田夫兼任主任，开始全面接管原国民党湛江市的政权机构。湛江历史掀开了新的一页。

第三十三章　近代湛江地区经济与社会转型

近代是中国社会转型的重要时期。湛江地区的手工业逐渐向新兴行业转变，出现了现代工业。同时商贸的发展，促进了市镇人口的增加，现代城市规模初见雏形。面对一些新式工业和舶来品的冲击，湛江地区传统农业和手工业发展缓慢；出现了一些新兴行业，如纺织业、五金业等，但总体规模小，产生的影响也不大。

第一节　传统行业向新式行业转变

一、传统农业和手工业缓慢发展

近代是中国社会转型的重要时期，长期以来民众主要是从事农业生产，随着港埠贸易的兴起，外销经济作物的种植也趋于增长。对于农业而言，就是农作物商品化程度提高，农民纷纷种植甘蔗、花生和蒲草等经济作物，以迎合外来和本地商家出口需求。商贸港埠赤坎扮演着重要角色，据记载，"赤坎出货以油、糖、麸三项为大宗，三十年前，商务繁盛，每年销货价值千余万，海关榷税三四万……近年来花生连岁歉收，油、麸两宗大减，糖亦益出益少……其进口货物以火水、匹头、洋纱为大宗。洋商轮船所至载运货物，必图厚利"。由此可见，本地农作物歉收和洋货输入是导致货物进出口发生显著变化的主要原因，这种变化反映出传统经济正面临前所未有的冲击。

清光绪初年，雷州半岛的土糖生产（使用人力和畜力的作坊式生产）和外销仍颇为繁盛，产糖最多的是徐闻县，以海安为输出港口。每逢丰年制糖户约 2000 家，糖寮六七百间，输出糖 10 余万包；平年减半；歉年则仅为三分之一。上等糖每包（110 斤）价值六七元，中等糖每包四五元，下等糖仅值两三元，全雷州年出糖 50 万至 60 万担。除少量直接运往外地销售外，大部分运到海安街由悦来、维来等 8 家糖栈代销。中日甲午战争之后，洋糖、台糖涌入国内市场，这些现代化工厂制作的精炼白糖在质量和价格上优于土糖，使后者经受不住竞争而逐渐衰落。第一次世界大战期间，欧洲食糖进口锐减，土糖一度复苏，但好景不长，战后即走向衰弱。20 世纪 20 年代，雷州半岛仍以徐闻产糖最多，丰年仍可输出 20 万余担，平年 10 余万担，并有砂糖远销香港等外埠。遂溪所产片糖可用木箱装运到港澳等地，多以麻章为集散地，赤坎为输出港口。或用蒲包包装运到广州湾和梅菉等邻近港埠，在当地销售则用竹箩装载。民国初年起，由于雷州匪患连年破坏，徐闻产糖量骤减，遂溪产量跃居南路各县之首。陈济棠主政广东时期（1929—1936），匪患逐渐平息，地方农业生产恢复，当时政府还对洋糖实行"专税限制"以扶持本省糖业，促使雷州半岛土糖生产得到复兴。据统计，湛江各地共有糖寮近 2000 间，遂溪县有 1500 间，年产糖 25 万担。抗日战争时期和解放战争时期，由于战祸连年和战时统制经济政策，农业生产深受影响，土糖生产总体趋于减少。[①]

蒲草是雷州半岛大宗经济作物。雷州半岛的蒲草种植大致始于元代。19 世纪末海外贸易迅速发展，商品包装物的需求上升。雷州销往香港的土糖与盐多用蒲草袋包装，因其耐磨和价廉，市场需求猛增。蒲草种植主要集中在海康县，遂溪和徐闻两县少有，海康商人见有利可图，于是纷纷雇工种植和编织蒲草，大户人家也购买和圈占田地用于种植。据民国《海康县续志》记载："蒲包出口，完全为我县利源。故近年以来，有田之家种草致富，不知凡几，即或无田贫民，男女织席、织包，亦可糊口。综计全年出口约有 3000 艇，运销日本者十之四，运销各国者十之六。"专门经营蒲包的商人也应运而生，这些中间商从圩市收购蒲织品，集成大宗转售给大户，大户设仓存放，再通过船只运往香港、澳门、广州和广州湾等地。民国初年，每年销往

---

① 刘明光：《雷州土糖情况略述》，中国人民政治协商会议湛江市委员会、文史资料研究委员会编：《湛江文史资料》第 7 辑，1988 年内部编印，第 46—58 页。

外地的蒲包达 2000 多万张，价值 300 多万元。如雷州蒲包商人王世良、王世兰兄弟不仅在杨家、松竹、白沙、沈塘等圩市定期设站收购，还在香港开设"广裕昌"蒲包行。

20 世纪 20 年代初，广东大学农科学院曾对雷州蒲草专门进行过调查，调查的情况是："雷州以蒲包为出口大宗产品，每年可取外来之金钱数百万元。1918 年包价高涨，执斯业者，莫不喜形于色。迩来包价已低落矣，然种蒲草者，仍无少怠。凡近河边之田，以及小坑低湿之地，大半种植该草为多。"① 据岭南大学农科学院调查，海康和徐闻两县靠种草织席和贩卖运输蒲包为生者，达 10 万人之多。当地的教育费和警察费"悉赖于此"，因此政府邀请农业专家改善蒲草栽培种植。② 1925 年，为了确保有销售市场，雷州商人成立"雷州改良蒲包会"，专门规定了蒲织品的质量标准。然而随着从业者增多，同行业出现抢购、哄抬价格现象，使得王氏兄弟等雷州蒲包商人遭受损失。在政府和学者看来，商人经营的包行垄断，导致包价涨跌，损害农民利益。他们认为雷州蒲包每年出口价值为 600 万元，织包业是许多民众赖以为生的收入来源，因此应当"科学改良"，提倡商人置办机器压草编织。此外，政府或商人应该集资设立包行，直接出口外埠，以免外商操纵。③ 约在太平洋战争爆发前，为了应对英、日两国洋行（英商太古洋行，日商三井、三菱和友住等企业），在香港经营的 5 家蒲包大字号成立"五昌堂"联营组织，试图统筹接单数量和价格，防止收购时发生抢购，希望借此维护自身权益。

湛江地区海岸线绵长，历来有多座官办盐场，因此，盐业亦备受地方重视。法国占领广州湾之后，在法租界内的东海和南三盐区均不设场，采用包商制度，初由两家华商公司承办，因公司"滥收工饷，统制销售，盐民受困不堪"，有一部分盐民离开广州湾，转到海康、徐闻西南沿海另外兴筑盐田。④ 清宣统三年（1911），几名东海盐户代表向广州湾法国当局控诉某承办的盐户"设立公所，胪列章程二十余条，比此前公司更加严厉"。并指出

---

①　广东大学农科学院：《广东农业概况调查报告书》（1925 年）。

②　邵尧年：《雷州特产蒲草之栽培》，广州私立岭南大学出版委员会 1928 年版。

③　蔡鹤龄：《雷州之蒲业》，《农声》1928 年第 81 期，第 11—12 页。

④　林树涵：《广州湾的制盐业》，中国人民政治协商会议湛江市委员会、文史资料研究委员会编：《湛江文史资料》第 9 辑，1990 年内部编印，第 146—148 页。

公所不肯包销，任由收购方现场议价，致使盐户蒙受经济损失。据此，他们要求公所定期定价包销，以维护普通盐户利益。①

民国时期广东盐区沿袭清代两广盐区的布局，主要集中在广东沿海地区，其中在粤西有乾隆开辟的茂晖、电茂二场，以及此前已有的武郎等场，但在广东的盐产和税收所占比重较轻。自清中期起，粤西盐场改变生产工艺为晒盐，雷州半岛盐业得以发展。由于法国侵占广州湾，南三的茂晖盐场遂废，加之来自广州等地的盐商在海康县西海岸的乌石港私运民众生产的私盐，因此为了与广州湾产盐抗衡，并且防堵私盐，民国初年政府设立乌石盐场，派遣官员掌管盐政和监视商运。

据《乌石盐场纪略》等资料记载，乌石盐场下设两个分厂，厂之下设围，一围内有若干盐漏，盐漏是摊晒盐斤的场所，也是盐场管理盐户的组织单位。一般而言，盐价高低取决于盐的质量，生盐价低于熟盐，乌石盐场每年2月至6月和10月至12月产盐，质量在粤西为佳，在全省处于中等之列。清末民初，乌石产盐由广益公司和大裕公司两家运回广州经销，但有舞弊之嫌，约有10万担盐斤不知去向。1915年取消专商专运，改为政府招商公运，以避免走私。随着乌石盐场的发展，盐业成为海康和徐闻西部一些沿海村落的主要生计，当地宗族不同程度参与盐的生产和运销，一些大盐商如江升贵还涉入政界，并在广州湾等地投资。② 1946年，隶属两广盐务局的雷州盐场公署成立，办公地点设在新成立的湛江市。

总体而言，通过经营乌石盐场及民国后期两广盐务局的直接管理，国民政府在粤西地区基本维持盐业专卖制度。但广州湾租界的产盐和运销以及民间的参与，对国民政府推行的专卖制度有一定的干扰和影响。

雷州半岛多丘陵、台地和平原，地处热带，适合热带农作物生长。传统的粮食种植以稻谷为主，主产区分布在雷州东西洋田（今雷州市中部）、鉴江下游平原（今吴川市）和雷北台地平原（今廉江市中南部、遂溪县和雷州市北部）。民国时期的广东省政府1920—1921年在高雷各县的调查，可见当地农业和农民经济生活的大概情况如下：

吴川县：吴川版图狭隘，居民稠密，农户耕作均属小农制度。每农户五

---

① INDO/GGI/56460，印度支那总督府档案（GGI）。

② 赖彩虹：《民国乌石盐场的制度与盐商》，首届广州湾历史人物学术研讨会会议论文，2018年。

亩以下者，约占百分之六十；五亩至廿亩者，约占百分之二十五；廿亩至五十亩者，约占百分之十五。该县人民善营商业，筹集巨资在广州湾及西营各埠经商者甚多。其他尚有专营航海之业者，购置容量数百担之帆船一艘，来往黄坡、梅菉、西营等处，数口之家，亦可自给而有余。故农业虽为谋生之本，而商业亦为谋生之一大端也。该县地势平坦，水田约占耕地十分之七，故耕作水稻亦多。

廉江县：该县既属于多山，故多定积土，其土多瘠少肥。每农户五亩以下者，约占百分之三十；五亩至廿亩者，约占百分之六十；二十亩至五十亩者，约占百分之八，五十亩至百亩者，约占百分之二。以农林言之，当适于林而不甚于农也。唯县之农民性多勤恳，种林之外，复力于农，因之种薯植禾，成绩已颇卓著。如第四区地处平原，种烟甚多。可见县之农林两业，尚有发达之希望。

海康县：县中无何项特产，大宗产品为米与蒲包二物，次则为油盐。农户多属小农，所耕土地，每农户五亩以下者，约占百分之三十；五亩至十亩者，约占百分之五十；十亩至二十亩者，约占百分之十五；二十亩至五十亩者，约占百分之四；五十亩以上者极少，约占百分之一而已。佃耕者居多数，每田一亩。海康地广人稠，他处罕比，加以土质膏沃，气候温和，发展农林，殊为易易。顾其农业窳劣，林业缺如，无人改良提倡一也，水池河流缺少二也。挽救之法首宜注重水利，其次提倡种植于荒坡旷野。

徐闻县：县之东北地势较高，坡地多于东北，坑地多于县之西，其南部在两部之间，不高不低。坡园每亩价值三十元至九十元，全年租价三元至六元。坑田每亩价值百二元至百五元，全年租价十余元至廿余元。每一耕户五亩至十亩者，约占百分之六十；十亩至二十亩者，约占百分之三十；二十亩至五十亩者，约占百分之九；五十亩至百亩者约占百分之一。徐邑地广人稀，不待人工造林，仅任其天然生林，已可取用不竭。至于农业方面，已有各种农业基础，如糖、油、牧、畜各业，果能重加整顿，从事改良，但将旷野荒坡种植殆偏，则不特他业至发展，仅种蔗制糖一业，已可致富有余矣。

遂溪县：全县地面荒坡约占40%，旱地约占35%，水田约占25%。论该县之水利，诚不足道者矣，土人多称遂溪之田曰"望天田"。县中燃料及建筑原料，多取材于他县，而县中无有也。荒地平坡，两数十里，无人过问也。又糖、油二业，从前出产甚多，近年有减无增，渐形衰落。[①]

由于经济转型缓慢，民国时期湛江各县区大体上仍处于农业社会阶段，农业仍然是地方政府的主要财源，工商业在当地经济中所占比重极低。

二、新式工业兴起

近代粤西的工业发展相对落后，新式工业的出现与兴起较为缓慢。法国统治下的广州湾租界贸易有较快发展，贸易促进了新式工业的兴起和发展，但主要还是一些轻工业。

纺织业是20世纪发展较快的行业，主要集中在广州湾和雷州城两地。作为广州湾上层人物，在法国当局任职的"师爷"张明西从担任公职转向投资和经商，凭着懂法语的优势，以及与法国当局的密切关系，获得了极大的便利和资源，他在赤坎的产业大部分坐落在赤坎市政厅对面，如裕大织造厂（即"裕大布厂"），这是张明西早期的主要投资，是广州湾第一家纺织厂。1930年8月20日，《广州湾商会商业旬报》刊登裕大织造厂全页广告，广告词说："本厂主人为提倡国货，振兴工艺，挽回外溢利权起见，加意改良。故本厂特聘名技师发明织染，织造各色斜纹线纱、竹纱、柳条、裕大蓝西施格、美人柳、爱国布等布，工艺无不选择精严。输出各品光彩耐久不变，颜色鲜艳夺目，花样尤擅新奇。近则精益求精，堪与东西各国出品并驾齐驱。久荷各界赞许，故客帮采办益形踊跃，大有应接不暇之概。兹为酬答诸君热心提倡国货盛意，批发价目格外克己。如蒙惠然赐顾，请认劳工牌商标为记。"[②]

从"提倡国货，振兴工艺，挽回外溢利权"广告词中，反映了张明西实业兴国的愿望，此外也能从中了解裕大织造厂的多样产品种类。张明西在洋布倾销的不利营商环境中创办的裕大织造厂引领本地纺织企业的兴办，发展为广州湾租界内为数甚少的轻工业行业之一。此后，永明、利群、广大和卢泰记等布厂先后在赤坎建成投产，主要生产低档布料，厂内工人白天织布、染纱、洗纱和晒纱，晚上则分发到各家庭作坊继续送纱和收布。由于款式单

---

① 广东大学农科学院：《广东农业概况调查报告书》，1925年，第343—399页。

② 《广州湾商会商业旬报》第七卷第廿三号，全宗号001，目录号A12.14，案卷号016，顺序号002，页号054，湛江市档案馆。

调，市场销售一直未能打开，处于勉强维持的状况。此外，在租界南部的太平圩也建有布厂。抗战时期日军侵占沿海地区，合浦商人张健卿将其纺织厂迁入广州湾，在赤坎开设规模较大的侨光布厂。该厂集各地纺织技术和布料款式等优长生产夹纱布，深受消费者欢迎，故促进较大发展，拥有机器200多台，工人600多名。此后纺织品行销海南、合浦、钦州、廉江和吴川多地，赤坎广成、广裕和益昌等商号长期批发。

20世纪20年代初期，海康县商人不甘于广州湾大量输入日本等国生产的洋布，而产自广州和佛山等地的纺织品多靠帆船运到海康，航次较少，供应不及时。因此，工商业人士高兆燕在海康县城北门下沟巷首设兆燕布厂，最初采用手工操作和木制织布机数台，生产土布和元斜布。此后扩大生产规模，生产的布料花色品种增加为柳秋布、格子布、夹纱布和蚊帐布等。至20世纪30年代匪患平定、社会环境趋于安定，兆燕布厂规模扩大到三四十台织布机。此外还有河珠布厂、广新布厂和一批家庭作坊纷纷开办。这些本地纺织品坚固耐用，价格适宜，受到民众欢迎。[①] 安铺位于雷州半岛的西北部，是北部湾海域的重要商埠，一直与越南海路相通。一些安铺商人从越南引进新潮工艺。30年代初，安铺人陈卓才在其父陈瑞和茂和织布厂的基础上，在安铺商会对面开办明安洋服公司，聘请两位越南华侨作为裁缝师傅，开风气之先。抗日战争时期为避战乱，明安洋服公司在1938年迁入赤坎继续经营，聘请来自上海等地的师傅，进一步扩大规模，为客户订制校服和锦旗等。

炮竹业也是广州湾的优势行业。20世纪20年代至太平洋战争爆发前，炮竹出口相当兴旺，主要输往美国、加拿大、澳大利亚、越南和印度尼西亚等华侨聚居的地方，每年出口额达200万元。广州湾各炮竹厂在香港设有办事处或联号经营，炮竹制成后，用船运到香港，然后再装上远洋轮船运到海外各埠，较大的订货商行有德商捷成洋行、泽记洋行、利丰公司和裕安荣号等。

由于国民政府对制造炮竹的原料硝酸钾和硫黄等征收硝黄税，而广州湾则无此税项，因此东莞、南海、高要和台山等地炮竹商纷纷来赤坎设厂，1927年李佛仙兄弟与人合股在赤坎创办光天德炮竹厂，其后广荣声和生栈等

---

① 蔡声扬：《海康纺织业工业概况》，中国人民政治协商会议湛江市委员会、文史资料研究委员会编：《湛江文史资料》第7辑，1988年内部编印，第59—63页。

炮竹厂相继建成。吴川梅菉和黄坡等地也有加工生产炮筒的农户。生产炮竹所需的原料以及包装用纸如蜡油纸、玻璃纸和印花纸等均由香港运入广州湾，无须缴纳进口税，其他物资则多在省内或广西采办。① 上述炮竹厂多设在城市边缘，生产管理稍有疏忽，便会造成失火事故。1934年光天德和生栈炮竹厂先后发生严重爆炸事故，造成厂内和邻近居民多人伤亡。

20世纪30年代，广东国民政府注重开发农业，试图建立省营工业系统，一度计划在徐闻建立机械化糖厂。为了促进蔗糖的外销，广东省政府决心投资建厂专门生产麻袋。经过派员调研，认为吴川的黄坡、振文、樟铺盛产黄麻，具备生产织制麻包的条件，于是决定在吴川县建立一座麻包厂。1936年省政府在梅菉动工兴建"广东省政府第一蔗糖营造场附属麻包厂"，次年4月1日正式投产，后定名为"广东省营麻织厂"，此为全省唯一的麻包厂，也是当时湛江市辖境内首家大型现代企业。麻织厂有织布机60台，纱锭1400个，使用柴油发动机，日产麻包3000至5000条。首任厂长为林叙九，继任厂长有黄景孙、罗听余等人，下设各课长，技术人员多从广州调来，普通工人多在邻近村庄招募。该厂归属广东省营工业管理处管理，金钱往来多与广东省银行梅菉支行和广东实业银行合作，② 广东省政府对这一企业进行直接管理，抗战时期该厂设备一度转移至广州湾储备，以避免战事波及。

五金业是传统手工业向近代转型的较有成效者。清同治十三年（1874），石城县（今廉江市）安铺义和锅厂和瓦窑村铸锅厂开业，月产铁锅分别为1000至2000口。③ 此后，各县陆续出现一批手工业作坊，行业有五金、制鞋和副食品加工等。1931年，流星五金铺在赤坎开业，主修自行车，次年扩大业务，修制汽车外壳。1934年，德华五金出品厂在赤坎创建，这是广州湾租界内唯一铸造生铁和使用机器制造零件的工厂，1940年改称德华机器制造厂。该厂拥有简易机床6台，发动机2台，工人10余名。除了修理汽车、汽

---

① 李越劲：《广州湾炮竹出口业散记》，中国人民政治协商会议湛江市委员会、文史资料研究委员会编：《湛江文史资料》第9辑，1990年内部编印，第118—120页。

② 档号1-A12.2-055，遂溪县档案馆。

③ 湛江市志总编室编：《湛江两千年》，广东高等教育出版社1993年版，第33页。

船和各类机器外，还制造各种机器零件、汽缸套和活塞等，产品质量甚佳。[①]抗战时期，广州湾还有建中机器厂（位于赤坎海边街）修理机器和赖泉记铜铁厂（位于赤坎新鱼街）经营铁栏、窗花、夹万等各类五金产品。[②]

民间印刷行业兴起。进入 19 世纪末 20 世纪初，湛江地区开始遭受西方列强、匪患及军阀混战等多重打击，致使地方经济发展迟缓，民生艰难。尽管如此，因受益于深厚的文化积淀，雷州地方出版行业仍有一定发展。当地文化名人黄景星与富商符南山合资，在雷州城内创办道南印务局，经营印刷书籍并兼售文具、布匹及杂货业务，满足地方文化需求。

1920 年，曾为雷阳中学教员、自号"海康忧人"的黄景星创办道南印务局，这是雷州近代印刷业的发端。该局承印各方印件，又搜集地方文献及名人著作，如陈瑸《陈清端诗集》、陈昌齐《赐书堂集》、陈乔森《海客诗文杂存》、李晋熙《漉云斋诗存》和陈庚《快雪堂集》等，为雷州印刷及地方文化事业作出积极贡献。更难能可贵的是，黄景星埋头于雷州歌的研究整理和印刷工作，搜集旧雷州班本和剧本，以歌册形式印行，使其更易于传唱，这一做法不仅让民众易于了解歌班演出情况，而且保存了众多传统班本。他所收集和编写的歌本大多采用现实主义手法，取材当地的真人实事，使零散的雷歌剧本规范集中起来，更具有地方特色，主要有《姐妹贞孝》《学堂影》等。此外黄景星还总结了雷州歌声韵，写成《雷州歌韵分类》《歌韵集成》等书，对雷州歌韵及雷州歌剧的内容也作了专题研究，撰写了《雷州歌谣话》一书，留下翔实可贵的资料。1926 年黄景星突然身故，道南印务局因此停办。道南印务局股东之一的符南山后来将股本转到赤坎，在今民主路开设广州湾华文印务局，华文印务局拥有四开铅印机 3 台，圆盘机 2 台，工人 11 名。其业务之一是印刷古籍版式的地方文献，目前仍存昔日所印的信笺稿纸、族谱、雷州歌本和民间实用书籍等。华文印务局还有法文铅字，承印广州湾法国当局使用的表格和单据等。值得注意的是，香港记者韦健 1942 年出版的《大广州湾》即是由华文印务局印制。次年出版的《广州湾商业指南年鉴合辑》则由自办的东南印刷所印行。

---

① 关崇源：《赤坎私营（民营）工业发展史略》，政协湛江市赤坎区委员会编：《赤坎文史》第二辑，第 107—114 页。

② 韦健：《广州湾商业指南年鉴合辑》，东南出版社 1943 年版，第 7、57 页。

1925 年，海康人陈延龄等见道南印务局生意亨通，又能传承乡邦文化，便邀请多位股东投资，创办雷阳印书馆。1938 年陈延龄见战乱波及雷州，于是将该馆迁入赤坎开办（该馆共有四开铅印机 2 台、圆盘机 2 台和工人 11 名），出版的书籍主要有《海康县续志》《家礼便览》等。1942 年，雷阳印书馆 5 名工人退出另办文海印务局，购置四开铅印机 2 台和圆盘机 1 台。[①]

这些民间举办的印刷工厂最初并未承揽广州湾法国当局的相关业务，法国当局使用和印行的文书大多在越南印刷，后来华人创办的印书局也承办了广州湾法国当局部分业务。广州湾的印刷业始于吴川人汪其明 1921 年开办的博通印务局，该印务局位于赤坎中兴街，虽有首功，可是规模很小，产生的影响也不大。

民国初年，雷州士绅发起续编海康县志书的倡议，很快得到地方官绅的响应。1920 年海康县政府设修志局开始编撰工作，聘清末拔贡生梁成久、外务部法科举人吴天宠为总纂，劳佐文、宋鑫、陈景棻为分纂。因为战乱等原因拖延十多年，最终于 1937 年完成，由雷阳印书馆印刷出版。《海康县续志》篇幅巨大，共 46 卷。收罗内容丰富，着重于嘉庆十七年（1812）至宣统三年（1911）辛亥革命前的文献收录，学校、金石、艺文各志尤为详细，职官、宦绩、兵防各志则比较简略。编纂者继承了欧阳保和陈昌齐等前人修志的按语特点，部分考据精准，记人记事得体。尤其是体例也多有新颖之处，运用了一些新的记述手法，如绘制地图和各卷附表等形式。

在原高州府地区，高州城是主要的印书地，当地文人有意识地整理乡邦文献，为地方文脉赓续出力。光绪年间茂名人许汝韶和吴川人吴宣崇编写的《高凉耆旧文钞》（又名《高凉耆旧遗集》）率先在高州城联经号印刷，共计 22 卷，收录了高州地区明清两代多位文人的著作，具有很高的史料价值和文学价值。1935 年，吴川籍国民党高级将领李汉魂出资赞助编印其私塾老师、前清举人李文泰的诗文，集成《李小岩先生遗著》并出版。值得一提的是，李文泰堂兄李文沂编纂的《经字正蒙》于光绪十一年（1885）在广州刊行。《经字正蒙》共 8 卷，可供学生查阅儒家经典的生僻字之用，该书得到致仕归乡的陈兰彬作序。

---

① 陈成玉：《广州湾印刷业简况（1921—1945）》，湛江市政协文史委编：《湛江文史资料》第 9 辑，1990 年内部编印，第 144—145 页。

石城安铺一直是清末民初畅旺的港埠，商贸的繁盛亦带动不少行业的发展，其中也包括印刷业。光绪三十二年（1906），雷州人在安铺创办道源印务局①，最初有从业人员十多名。进入民国后，道源印务局添购了1台脚踏印刷机，开创当地机器印刷的先河。印务局多印行戏本、歌本、善书、族谱和学生习字本等，这些印品受到当地百姓的喜爱并渗透到他们的日常生活中。其后又有华安印务书局开办。1931年，该局承印民国《石城县志》，能够担此大任，可见华安印务书局无论是编排技术还是印刷质量都达到了相当的水准。

广州湾是粤西首先大规模使用电力的地区。1926年，法国东洋电灯公司（1946年后改称"越南电力公司"）意图投资开发建设电厂，至1928年设在西营的电厂才建成。次年10月20日，东洋电灯公司终向西营和赤坎输送电力点亮电灯，政府机关、若干商铺和民宅从此通电，使用户数不多。

1924年，随着广州湾贸易（尤其是鸦片贸易）快速增长，开设金融机构已成当务之急，广州湾法国当局再次促请东方汇理银行在广州湾开设支行。1925年2月，西营支行正式设立。需要注意，东洋电灯公司和东方汇理银行在广州湾的业务皆以"西贡纸"（法属印度支那官方货币的俗称）交易和结算，法国当局是其主要服务对象，两家企业的开设目的在于维护法国殖民统治。

20世纪20年代至30年代，湛江地区出现了一些新兴行业，如纺织业、炮竹业和五金业等。其中既有本地商人的创业，也有政府的开发投资，一定程度上有利于维护国家权利，也有助于经济发展和改善民生。遗憾的是这些新型行业的规模较小，工业化水平较低，本地所需的工业产品仍然依赖进口。

赤坎古埠历史悠久，文化底蕴深厚。有关史料显示，宋末元初，赤坎地区开始建埠通商，对外展开贸易活动，埠头渐有兴旺之势。清初的海禁政策，曾一度影响埠头的发展。直到康熙年间取消海禁，埠头才重获新生。法国租借广州湾后，麻斜、西营先后作为行政区成为法租界的政治中心，赤坎则继续发挥其商业功能。法国当局采取一系列举措促进赤坎经济的繁荣，除

---

① 湛江市志总编室编：《湛江两千年》，广东高等教育出版社1993年版，第37页。

修建西赤公路外，还着手修整赤坎港埠，后来又开发以法国大马路为中心的港埠商业城。据史料记载："商业集中于赤坎城，该城共有人口十万，附近中国港湾之船舶来者极多也。"[1] 赤坎因与内地接壤，腹地辽阔，乃成为进出口物资汇集之所，商号林立，是广州湾的商业中心。

随着 1916 年广州湾法国当局颁令赤坎"市政自治"和 1917 年广州湾商会成立，赤坎作为广州湾商业中心的地位愈加巩固。20 世纪 20 年代广州湾商会进一步兴起，于 1925 年在海边街建造会馆大楼。当地华人较好地利用法殖民的有限空间，趁势作为，使赤坎的商埠经济优势得以发挥；赤坎的发展和繁荣期则是抗战爆发后，广州湾凭借其租界的特殊地位，一度成为中国沿海唯一进出口港口。

20 世纪 20 年代中期，许爱周等地方商人与法国当局合作在今民主街道现辖区域进行填海造地工程，开发房地产，经过短短数年的建设，便形成了三民路（今民生路、民族路、民权路）商业街区。街区内楼房林立，商铺相依，人流如梭，生意兴旺。

20 世纪 20 年代许爱周从他所经营的榨油业和进出口业各商号中抽调资金成立顺昌航业公司，购买了一艘载重几百吨的货船，取名"宝石"（当时俗称"宝石仔"），悬挂法国国旗，航行于广州湾—香港航线，得到好友和进出口业行家的极力支持，生意蒸蒸日上。后来许爱周卖掉"宝石仔"，买回一艘远洋客货轮，取名"大宝石"，仍注册法国船籍，航行于广州湾—香港。1929 年世界经济大危机爆发，经济不景气的浪潮席卷全球，购买力急剧下降，航运业死气沉沉，广州湾—香港航线亦不例外。然而顺昌航业公司经商尚佳，未受太大影响，原因是许爱周深得友人拥护，各朋友商号的进出口货物，如广州湾的利兴昌记和广兴昌记等商号，都留货给"大宝石"轮载运，因此在航运业不景气时，顺昌航业公司尚能稳步发展。

香港沦陷后，为了"坚壁清野"，许爱周把"台山"号和"泉州"号两轮凿沉于海底。顺昌航业公司新购的两艘巴拿马轮在归途中被日军掳去；"大宝山"轮被英政府租用不知去向；银行账户被冻结，仓库物资被封存，公司已瘫痪，许爱周只好被迫遣散职工，留下少数人负责办理善后事宜，然

---

[1] 《法人广州湾之经营》，《东方杂志》，1913 年第 11 号。

后取道澳门，于 1942 年春节年初二返抵老家广州湾。他以仅存的"大宝石"轮开辟广州湾—海防航线。1943 年，日本侵略者的铁蹄正式踏入广州湾，许爱周离开广州湾到广西去开矿，为发展抗战后方工业作贡献。[1]

抗日战争期间，逃难而来的上海、苏杭、广州、香港等地商人，把新的经营方法带进广州湾，争相在赤坎开设酒店、剧院、舞场、百货、杂货、银号、金铺、珠宝商店等，促使各行各业应有尽有。

赤坎商业的繁荣也与广州湾的自由港政策有关。雷州关未设立前，"凡轮船入口在西营停泊后，再驶入赤坎沙湾海面，法人积极推销洋货，入超日增"。雷州关设立后，不少人仍依托赤坎为商业中心，从事走私活动而获得厚利，甚至利用武装走私组织，将走私货物推及于桂、湘、黔等省份。赤坎一度成为走私物品的集散地。[2]

据《广州湾商业指南年鉴合辑》的不完全统计，至 1943 年，赤坎共有商店、铺号 1000 多家。其中，法国大马路（今中山二路）有 115 家；克兰满索街（今民主路一段）有 158 家；海边街（今民主路）有 187 家；龙总督街（今和平路）有 150 家；港口街（今幸福路）有 125 家；中国大马路（今九二一路）有 51 家；木桥街（今新华路）有 42 家；南兴街有 47 家；大通街也有 88 家。据此管中窥豹，商业景象可谓蔚然。

赤坎古商埠之所以成为商业中心，主要是商界行业齐全，品种众多。至少有以下重要行业作为其商业支柱[3]：

（一）百货业

广州湾被法国人租借后，随之输入进来的日用百货、纺织品日益增多，杂货铺经营范围不断扩大和专业化，逐步形成百货纺织品行业的批零分营。1937 年至 1942 年，是赤坎百货纺织品行业的兴旺时期，有百货纺织品商店 100 多间。批发店口主要集中在今中山二路、大通街、民主路一带，零售商店云集在南兴街、三和街、中兴街，有 40 多家。当时较大的批发店是陈学谈创办的中南百货公司、许爱周创办的红宝石百货商场，以及荣成祥、鸿兴

① 林春繁：《顺昌航业有限公司概况》，中国人民政治协商会议湛江市委员会、文史资料研究委员会编：《湛江文史资料》第 7 辑，1988 年内部编印，第 114—117 页。
② 韦健编：《广州湾商业指南年鉴合辑》，东南出版社 1943 年版，第 9 页。
③ 黄柳坚主编：《赤坎古商埠》，中国文联出版社 2013 年版，第 47—61 页。

号、大生隆等百货批发铺。较大零售店有大信、祥顺隆、大公行等。这些百货公司和商场店铺大量购进百货纺织品,转销到桂、川、滇、黔等地。也有赤坎商贾引进各种洋布、西服在法国大马路等街区销售。1932年,赤坎裕大、利群、永明、广西、卢泰记等织布厂生产的秋布、夹布、色布、纱布、柳条布部分在本地销售,大部分销往外省邻县。

抗战爆发后,大批商人和文化教育界人士逃难到赤坎经商,也有不少人经营文房四宝。1940年至1943年,赤坎经营图书文具的店铺有商务、中华、生活、世界、联合、正文、生生、光明等10多家。

(二)糖烟酒业

糖烟酒业是古埠赤坎的传统行业。抗战时期,赤坎的糖烟酒商店已达42间,销售较旺。赤坎当时有酿酒厂3家,配制兼批零的酒庄6家。其时最有名气是椹村酒庄、万保祥酒庄、黄福昌老酒庄、永安堂酒庄。北海、钦州、合浦及茂名、电白、高州、化县、吴川、海康、廉江等地商人和百姓慕名前来,购买他们的周公百岁酒、参茸酒、三鞭补肾种子酒、三蛇木瓜酒、驱风四蛇酒、虎骨三蛇酒等。

(三)蔬菜肉食业

赤坎的蔬菜肉食行业是由本地菜农和摊贩在集市摆摊或叫卖而形成的自然行业。其特点是上早市,蔬菜与肉食新鲜,应时应节,随行就市,自由买卖。赤坎最早出现的蔬菜肉食市场,是1927年前后建于今南京路棚架式的"新鱼街"(今南华市场)和今民主路北端的"老菜市"。肉菜市场主要经营蔬菜、肉食、蛋品、水产、水果。蔬菜是百姓村、东园村、海萍村、文章村、金田村种植的。肉食、蛋品多是周边农民挑来销售的,鸭蛋多是鸭姆港半农半渔民养鸭产的。当时赤坎两面临海,海水产资源丰富,"新鱼街"市场就是因为赤坎鱼多、卖鱼的人多而得名。

(四)饮食业

赤坎饮食业起源较早,在清朝中叶已有食品面条和月饼、元糕、礼饼、老婆饼、老酥饼销售。法国租借广州湾后,赤坎成为自由贸易港埠,国内外商人来往增多,西方饮食文化不断渗透,赤坎的饮食业逐步兴盛。至1936年底,赤坎的酒家饭店有40多家。抗战期间的1938年至1942年间,由于人口猛增,商贾云集,货如轮转,眼光独到的外地商人和本埠殷商争相投资赤坎兴建茶楼酒店。如许爱周兴建了宝石大酒店；陈学谈建了南华大酒店；陈文波建起大中酒家。还有本地名流豪绅分别兴建了鸿发、皇后、南侨酒家。1948 年的《湛江工商年鉴》记载："赤坎的酒店茶室大小不下百余间。"随着时势的变化发展，赤坎饮食业不断走向规模化、特色化，诸如咕哩馆、茶居茶楼、酒楼酒店、小餐馆、西餐馆、凉茶店，还有名菜、小吃等，逐渐形成了各自的特色。

（五）五金交电业

赤坎五金交电行业始于 20 世纪 20 年代初期。1921 年，赤坎海边街的利兴五金店开始营业。抗战前，在赤坎的五金商店就有 13 家。经营的商品是铁、铜、锡制品，品种 20 种。后来随着赤坎水陆交通运输业的发展，出现船钉、铁丝、斧头、木凿、刨刀、锯条、铜锁及机器零件等。抗战爆发后，内地货源中断，本埠商场多为当地五金产品，同时利用海上运输的优势从国外进口一些洋货。赤坎一时成为大西南地区采购五金交电商品的物流中心。赤坎经营电工器材是法国商人投资兴建的东洋电灯公司建成后第二年（1927）开始的，在赤坎海边街设 2 个交电商品经营点。

（六）医药业

早在清代就有外来客商在赤坎大通街经营药材批发，其中不乏参茸等名贵中药。法国租借广州湾后，军医随军队驻扎西营，并在军营内开设军人医院，仅为法国人提供服务，未向本地民众推广西医西药。孙眉在广州湾秘密开设同盟会机关期间，曾开西药房做掩护。1916 年赤坎法国医院开工建设，1922 年西营爱民医院建成，面向中国居民提供医疗服务。此外，还有一名医生专门负责到乡间巡诊和施打疫苗。20 世纪 30 年代初，专营西药的普济药房在赤坎开业，民众对西药的接受程度有所提升。抗战爆发后，大批商人逃难到赤坎，有医药验方的医生制药给病人治病，后报行政当局注册，形成私人药行店铺，逐步兴起医药业。不少名医制出的中药销往高、雷、廉、琼等地和桂、滇、黔、川各省，受到患者的好评。1941 年，赤坎的医药业达到鼎盛时期，区内有大小中药行、药房、药厂近 50 间。这些药房经营中药达 500 多种，经营中成药达 20 多种。其中著名者有普济柠檬精药行和万灵药房（总店均在广州）。

（七）服务业

古埠赤坎的服务业主要有旅栈业、理发业、修理业、洗染业等。抗战爆发后，由于大批难民纷纷逃来广州湾避难，赤坎人口骤增，促使赤坎旅栈业昌盛繁荣。旅店客栈星罗棋布，各旅店经常满客，甚至偏僻街道和近郊的茅棚也租借一空。当时仅法国大马路就有宝石、昌隆、欧亚、东成、南华、六国、华阳、粤西等10多家。照相业在20世纪20年代就已逐步兴起，附设于赤坎李家园的照相馆是业界代表。抗战时期，赤坎人口数量剧增，照相业随之兴旺。其中著名的有现代照相院、赞真照相馆、天然照相馆、中央照相馆等。值得一提的是1945年9月21日，国民政府接收广州湾官员邓龙光接受日军在赤坎投降时，现代照相院的梁显强，负责投降签字过程的全部拍摄工作，并协助冲晒出版《日本投降影集》一书。

（八）谷米业

法租借广州湾时期，法国当局采取"粮食调节"措施，允许商贾从埠外购进谷米，设铺经营。民国初期，赤坎共有销售大米的店铺30多家。民国中期，赤坎形成今民生路、民权路、民族路的三民商业街区，有很多谷米店铺设于此地。中共地方组织也曾在三民路街区开办两间米铺作掩护，秘密从事革命活动。

由于外地迁到赤坎古商埠的移民不断增多，从清代乾隆年间起，陆续在赤坎商业中心区域建起潮州会馆、高州会馆、闽浙会馆、雷阳会馆、广府会馆。这五大会馆，在法租借广州湾时期在联络乡情、团结同籍乡人、维护在赤坎埠经商的共同利益等方面，发挥了积极的社会功能，见证了赤坎商埠的繁华景象。

赤坎古商埠是广州湾商业中心，因此不少街道名称也留下赤坎商业发展的历史足迹。如古老渡街，因清朝时期古老渡口而得名。由于闽、浙以及潮、广、高、雷、琼各地商人云集赤坎，港口商埠一片繁荣。福建街、潮州街、高州街等街名，反映了这一段历史。赤坎的商船商人祈望贸易畅通，水路平安，大通街、平安街等名，也在此时出现。反映行业的街名更多，有汽车街、米行街、竹栏街、牛皮街、猪笠街、番薯街、鸡行街、医院路、药房街、救火街等等，这些街名见证了商埠发展的珍贵历史。

第二节　人口与社会变迁

一、市镇人口增加

清中期以来，中国沿海贸易趋于兴盛，粤西商业也得到了较快发展，大批来自潮州、广州和福建等地的客商在梅菉、赤坎、海康、徐闻和安铺等沿海港埠经商，从事海洋贸易，开设多家潮州会馆、广府（州）会馆等同乡组织，购置土地建造铺屋，为乡人的经商和生活提供服务，同时与香港等外埠和家乡维持紧密的联系。久而久之，数以千计的客商及其眷属定居当地，促进经济和文化的发展。①

上述港埠的人员往来十分频繁，在梅菉活动的商人主要是从海路而来的广州商人和从鉴江水路而来的广西商人。在赤坎活动的商人来源范围更为广阔，五大会馆（潮州、广府、闽浙、高州和雷阳会馆）即是很好的体现。自光绪年间至法借广州湾时期，赤坎商人一直是非常活跃的群体，他们在地方治理中发挥极其重要的作用。在徐闻县城和海安港活动的商人则有广府人、潮州人、高州人、钦廉人和海南人等，他们经销糖和高良姜等各类土产。②在安铺定居的商人则多上溯九洲江或远航北部湾一带经营，与越南往来甚多。此外，在硇洲、太平和乌石等一些较小港埠和市镇也有海南和广府等地的外来客商活动。

地处鉴江下游出海口的梅菉位于吴川县和茂名县交界处，是晚清至民国时期湛江地区发展较快的一个市镇，人口持续增长。光绪年间梅菉的羊城会馆（又称"广府会馆"）进一步扩大规模，广州商人聚居在他们所信仰的关帝庙附近进行经营活动，形成广货行和南畔街等街道。他们不仅拥有许多土地和铺产，还出资兴建庙宇并通过庙宇组织来轮流管理社区事务。面对外来的商人群体的不断扩大，当地人则采取包容与和谐相处的心态，他们建立梅

---

① 徐冠勉、吴子祺：《埠与墟：商业会馆与清代粤西南地方社会》，《历史人类学学刊》第十七卷第一期，第1—29页。

② 曾青：《老徐闻掌故》，（香港）南方人民出版社2013年版，第142—188页。

坡书院和同文义学等教育机构来教育子弟，通过公局和保甲制度的建立，促进梅菉与周边乡村的关系，吸引更多人移居。① 到了民国初年，梅菉市镇居民已近 8 万人，广州湾赤坎所需的砖瓦和建筑材料，以及燃料和工艺品均由梅菉供给，而梅菉输出的鸡蛋、猪肉和花生油也经赤坎运到香港和澳门各地。② 由于梅菉是粤西地区的重要商业中心，长期以来引起吴川和茂名两县争夺其归属。为了加强市政管理和建设，1926 年南征胜利后，广州国民政府宣布成立梅菉市，直属省政府管辖，设置警察局等民政机构，1932 年又设梅菉市管理局。

从晚清到民国年间，由于政治经济和社会治安等原因，湛江地区人口增长较为缓慢，徐闻县人口甚至出现大幅减少。据有关资料统计，清光绪三十三年（1907）海康县 51864 户，238574 人；遂溪县 39850 户，163385 人；徐闻县 41220 户，206012 人；吴川县 38147 户，144958 人；石城县 54054 户，254053 人。1934 年，海康县 61500 户，252150 人；遂溪县 58200 户，250260 人；徐闻县 26180 户，132389 人；吴川县 33425 户，184950 人；廉江县 89368 户，446842 人。③ 坐落海康县的雷州城是湛江地区明清两代的旧府城，民国时期虽有拆城墙开马路，发展城南商业区之举。其他县城也有改良市政措施，但各县新增的市镇人口有限。1926 年黄学增曾有过详细的调查数据，认为南路人民从事工商业者甚少，"农民大抵占全人口百分之九十六以上"④。

随着广州湾租界内两处城区赤坎和西营的兴起，加上清末民初粤西地区战乱匪患频仍和农业经济落后，促使高雷各县的农村人口迁入赤坎和西营，尤其是来自雷州三属的殷商富户为了躲避乱局纷纷移居广州湾。1916 年至 1924 年，赤坎居民由 5528 人增至 17058 人，西营人口由 1827 人增至 6590 人，广州湾总人口逾 20 万。到了全面抗战初期的 1938 年，赤坎人口升至 3.5 万人，西营人口 1.2 万人。由于广州湾的人口结构较为特殊，雷州话（俗称"黎话"）和吴川话等本地方言大致在海湾以西和以东流行，而粤语

---

① 吴滔：《清代广东梅菉镇的空间结构与社会组织》，《清史研究》2013 年第 2 期。

② 《法人广州湾之经营》，《东方杂志》1913 年第 11 号。

③ 湛江市地方志编纂委员会编：《湛江市志》，中华书局 2004 年版，第 303 页。

④ 黄学增：《广东南路各县农民政治经济概况》，《中国农民》1926 年第 4 期。

（时称"省话"）也在赤坎和西营使用。① 随着广州和海南沦陷，到了1941年12月太平洋战争爆发之后香港沦陷，更多难民涌入广州湾。赤坎常住人口约有20万，西营亦有数万之多，广州湾总人口一度达50万。

二、市政和建筑

湛江市区的市政建设带有一些西方元素，主要体现在街道布局和建筑风格上。西营（今霞山）是广州湾的政治和军事中心，法国人按照棋盘式街道格局进行规划建设，在其北半部集中建造了多座公共建筑以及供其官员和眷属居住的住宅。在西营居住的华人主要分布在南半部近海、地势较低的地带，分商业和居住两类社区。

根据1928年绘制的西营城区地图，城区被划分为100多幅大小不一的地块，建成面积约4平方千米。法国人区与华人区有明显分隔，法国人居住在城区北部，庭院式建筑物较为疏松，而华人和越南人则住在地势较低洼、易受海潮侵袭的城区南部，多为骑楼式的密集建筑，其中贝丁街（今逸仙路）、丹社街（今汉口路）和东堤路一带商铺密集，较为热闹。法属印度支那国防军（Infanterie Coloniale，俗称"红带兵"）所占地块有5幅，其中位于西北的3幅面积颇大；由印度支那总督府派驻的海关和专卖局（Douane et Régies，1914—1928年向持牌商人发售鸦片）在法国人区核心地带占有一幅地块。广州湾法国政府和警卫军（Grade Indigère，俗称"蓝带兵"）所占地块多达23幅，包括总公使署、司法机构、各级官员和军官住宅、监狱、警署和学校等设施。而在海岸一带，法国当局建成堤岸码头3处和栈桥码头1处。此外，亚细亚石油公司、美孚石油公司和东方汇理银行等在海滩设有多个货栈仓库。法国当局在海边建有突堤式码头、堤岸码头和帆船避风港，由于水深不足，大型船舶须停泊海湾中，由小艇舢板接驳乘客和货物。

法国官方建筑方面，向海而立的总公使署约落成于1913年，楼顶矗立一座钟楼。其南侧的总公使官邸则在原海头汛炮台和法国驻军司令官邸基础上重建，1921年落成，四周花园环绕。两座建筑为新古典主义风格，平面格局有早期租界的外廊式建筑遗留风格。② 此外1940年法国本土战败，法属印

---

① 景东升、龙鸣编：《广州湾史料汇编》第二辑，广东人民出版社2016年版，第20页。

② 蔡为哲：《广州湾白雅特城建筑研究》，华南理工大学硕士学位论文，2021年。

度支那面临日军压力，为了宣扬法国在广州湾的殖民统治和历史背景，法国当局授意远东学院在西营海边建造一座"安菲特利特"号纪念碑，纪念清康熙四十年（1701）法国商船首先发现广州湾。当年 11 月，法属印度支那总督德古视察广州湾，主持纪念碑的揭幕礼。[①] 二战后期日军占领广州湾，取代法国殖民统治，1945 年广州湾回归中国之后，国民政府在纪念碑上刻"还我河山"，20 世纪 50 年代初再改为"巩固海防"，数年后被拆毁。新中国成立后，许多法式建筑物被拆除或改建，西营也在 1958 年改称霞山。如今，霞山区尚存广州湾总公使署旧址、总公使官邸旧址（两处建筑于 2013 年列入全国重点文物保护单位）、维多尔天主教堂、邮电局旧址和东方汇理银行旧址等法式建筑。

20 世纪中期许爱周等商人在赤坎集资填海造地，在此地基上建造了一批带有现代风格的商铺和货栈，今天的赤坎三民路街区一带仍可见到，如三有公司旧址、许爱周旧宅等。其中最为典型的西式建筑即广州湾商会馆，坐落在海边街（今民主路）。广州湾商会是当时粤西最大的商会，属下有百货、船务、花纱布匹等行业共 30 个同业公会，会员达 1057 人。商会实行委员制，会长任期 4 年，可连选连任。潮州商人陈斯静出任第一任会长，他在任期间，组织筹建商会新楼，1923 年动工，1925 年竣工。该楼外观为法国古典主义建筑风格，有半圆拱门，扁弧拱形窗，窗台及女儿墙仿罗马式宝瓶装饰，顶部装法式钟楼。内部装饰则中西结合，内厅立柱，造型厚重，组合层次丰富。有圆形素柱身，方形柱头，柱础配以几何图案，使内室亦显大气明快。抗日战争时期，会馆曾作为广州湾抗日赈灾会会址。1991 年被公布为湛江市文物保护单位。

建筑师梁日新（1910—1993），生于吴川县，幼时随家人迁入法租界内坡头圩居住，后又住在赤坎，在法华学校求学，得到越南师爷范昂传授建筑工程等知识。20 世纪 30 年代初，梁日新与兄弟在赤坎救火局街（今大众路）开办建隆建筑公司，承揽赤坎—志满—铺仔圩沿线公路的筑桥工程。1934 年，设计承建吴川李汉魂故居。1937—1939 年，承建雷州关大楼、西

---

① Jean-Yves Claeys, "L'Amphitrite à Kouang-Tchéou-Wan" *Indochine hebdomadaire illustré*, 1er année N. 12 (1940), p. 1.

营街市（俗称"八角市场"）、赤坎育婴堂和培才中学等建筑工程，建成多座地标建筑。1939 年，建隆建筑公司承建的赤坎南华大酒店和西营南天大酒店落成，现代风格恢宏大气，成为市区的高档餐饮去处。1941—1942 年梁日新参股建造的赤坎百乐殿戏院和西营中国大戏院，迎合了抗战时期大量难民的文化娱乐需求。梁日新是一名成长在广州湾的建筑师，凭借专业知识及其与法国当局和商界要人的友好关系，承建多项工程，留下多座经典建筑。同一时期的其他本地建筑商也普遍学习和模仿 20 世纪 20 年代起流行世界各地的"艺术装饰"（Art Deco）风格，即在建筑外立面饰以变化多端的简洁线条和图案，使用铁艺门窗，使建筑物富有现代气息。

随着西式建筑的传入，以及广州等城市大力推广骑楼，粤西城乡多流行西式建筑。一些城市在 20 年代至 30 年代建设了成片的骑楼街区，其中较为成形者有海康县城的南关（今曲街）、徐闻县城登云塔一带（今民主路）、梅菉十字街（今泰康路）以及安铺、太平等商业较繁盛的圩镇。

在硇洲岛东南马鞍山顶，高耸着一坐世上罕见的水晶磨镜灯塔——硇洲灯塔。由于硇洲灯塔建造特殊，工艺精湛而赢得了国际声誉，成为世界上灯塔中的佼佼者。此灯塔坐落在湛江市东南最外向的硇洲岛上，地理位置十分

硇洲灯塔（1906 年由 Fang-Tong-San 拍摄并发行为明信片）

重要，是国内外船只进出湛江港的必经之路，故也是湛江港迎送世界各地来往船只的重要灯塔。1996 年，国务院公布硇洲灯塔为全国重点文物保护单位。

1899 年（光绪二十五年）11 月 16 日签订的《广州湾租界条约》规定法国人应在广州湾建造灯塔以便行船。因硇洲岛扼守航道入口，法国人重视其战略价值，租借占领之后就开始寻选塔址，测量地形，设计图纸，筹备材料，招募民工。光绪二十八年（1902）年开始动工，硇洲人招广裕任工头，选取当地火山石为建材。光绪三十年（1904），灯具透镜等仪器设备安装完毕，灯塔终于交付使用。

硇洲灯塔高约 23 米，其中发光位置高为 19.2 米，高出海平面则为 103 米。塔基为 5 米见方的石墩，塔身呈圆台状，上部直径 4 米。顶部是鼓圆形的灯笼室。塔体由麻石（即玄武岩，麻石是民间俗称，由于这种火成岩往往布满大大小小的孔，故名）砌成。石块与石块之间非常吻合，浑然一体，工艺之精湛令人叹为观止。

第三十四章　近代湛江地区的教育与宗教

至清末学制改革前，湛江地区府县教育仍以传统儒家教育为主，学生学习"四书五经"，主要是用来备考科举以求取功名。各地有官学，也有私学、社学、义学等，其中以雷阳书院的发展最具特色。清末新政时期，清政府倡导新学制，始有新式小学。民国初年国民教育实行改制，但由于种种原因，各地教育发展缓慢，抗战时期广州湾教育曾一度出现高潮局面，成为湛江地区教育发展的特殊现象。

湛江地区虽然远离中国的政治、文化中心，但处于中西交通的要道，海外文化也较早传播到这一地区。天主教和基督教在中国国门大开之后得到了广泛传播。传统的佛教在此期间也有一定发展，特别是佛教融入民间信仰，形成了特色鲜明的民俗文化。

第一节　晚清时期的教育转型

一、旧式教育的延续

由于历史惯性的存在，进入近代社会后，旧式教育并没有马上消失，而是赓续下来。湛江地区的教育也不例外，就办学形式而言，主要包括官学与私学。官学以府学、县学、官立书院为主，私学以私立书院、私塾为主要形式，另有义学、社学，共同构成学校教育系统，并逐步完备。

（一）官学——府学与县学

晚清七十年（1840 年鸦片战争开始到 1912 年初辛亥革命使清王朝解体），

湛江各地遍设州学、县学。如徐闻县县学，清末设教谕一人，掌文庙祭祀，教育生员。训导一人，协助教谕工作。入学生员有 20 人，称廪膳生（官府给予生活补助的岁科试最优者），此外，还有增广生（岁科试次优者）和附生（出入学者，类似今天的旁听生）。县学教育宗旨是培养科举人才，以"四书五经"为主要教材，每月朔望两天集众生员讲解经书。吴川县县学入学的生员定额为廪膳生员 20 名，增广生员 20 名，附学生员每岁科二试，定额录取 2 名；雍正元年（1723）增至文童 12 名，武童 8 名；咸丰时又加额文、武每考各 5 名，共录取文童 17 名，武童 13 名。

清代，湛江各学宫培养了一大批儒学人才。作为科举人才与地方士绅，这些人才为地方教育提供了源源不断的师资来源，并以自身的思想行为，为普通民众提供道德规范及人生目标导向。

每年仲春、仲秋（仲春：二月，仲秋：八月）的上丁日，政府官员及地方士绅、学宫师生聚集学宫大成殿前举行隆重的大型祭孔活动。祭祀过程有一套严肃、规范的仪式。祭祀过程礼乐并举，伴随有相应的乐章和舞蹈。

《大清会典》明确要求"京省及直省府、州、县，每岁正月十五日、十月初一日，于儒学行乡饮酒礼"。通过乡饮活动实施儒家礼乐教化，传播儒家道德规范。乡饮是按长幼贵贱的标准来规范礼仪的一种礼制。其目的是"序长幼、崇贤良、别奸顽"。[1] 这是一项由地方官员主持，地方士绅及官学师生参与的礼教活动。作为一种宣扬礼仪规范的活动，乡饮在中原广大地区有悠久的历史。

明清两代，湛江的书院发展得到重视，各县纷纷创建书院。据统计，所建书院达 23 所之多。具体分布情况为：徐闻 1 所，海康 9 所，遂溪 3 所，吴川 6 所，石城 4 所。[2] 出现这种情况的原因是地方官学衰落，已无法满足地方社会教化的需求，书院教育正好弥补这一空间。

（二）由社学到义学

社学是一种以民间子弟为教育对象，以养蒙育德、明白事理为主要目的的基层教化组织。最早设立于元代，盛行于明代，衰微于清中晚期。据统计，清代湛江的社学有 43 所之多。其中雷州府城 7 所、海康 6 所、遂溪 7

---

① 广东省地方志办公室辑：《吴川县志》，岭南美术出版社 2007 年版，第 498 页。

② 白新良：《明清书院研究》，故宫出版社 2012 年版。

所、徐闻 4 所、吴川 18 所、石城 1 所。① 各地社学的普遍建立是社会教化渗透到社会基层的重要表现。即使是穷乡僻壤地区的乡民子弟也能受到儒学经书和朝廷律令的影响，使他们从小即驯归礼义，服膺儒学伦常纲纪。进入社学的学生年龄大多在 8 至 14 岁之间，社学教师多由地方官员委任当地品行学识并重的耆儒担任。他们是基层社会的教化施行者。

清光绪以前，吴川县有上郭乡学、霞街乡学（1918 年停办）、（黄坡）十甲乡学，共 3 所。有祥龙、城中、南隅、那蒙、院村、大寮、窑头、樟木、水潭、山圩、丽山、平泽、乾塘、潭谷、中村、北村等社学 18 所，但到光绪年间，大半已经毁废。②

社学教育以儒家启蒙读物《三字经》《百家姓》《千字文》等为主要教授内容。为了使受教育者养成统治者所要求的伦理道德规范，也将"四书"和《孝经》《小学》作为社学教育的重要内容。康熙二十五年（1686）后，与全国多数地区一样，湛江大部分社学改为义学。与社学的纯官办性质不同，义学也可由私人举办，且多属于族学或义塾性质。一般说来，义学设置的范围要比社学广得多。

海康举办的私塾分两种：义塾和众塾。义塾又称义学，少数由官府投资开办，绝大部分是私人捐资，或由公产（如祖堂、寺庙产）出资开办，学童免费入学，有的义学连书籍费都免交。一般义学有塾师 2—3 人，学童 40—50 人。众塾则是由地方热心教育的人士或乡绅牵头组织，学生家长捐资开办的私塾，有单独村开办的私塾，也有联村开办的私塾，规模不一，教师、学生数量也因校舍、乡情而定，众塾是私塾中最普遍的一种形式。③

由于绝大多数家庭生活清苦，没有充裕的经费送子弟进入较好的学堂，只好选择收费不多的私塾，学生也可就近入学，来去自由，因而，私塾受到普遍欢迎。乡村的贫困子弟，一般只读一二年，求其粗识文字，能执笔记账记事便心满意足。

---

① 李绪柏：《明清时期广东的社学》，《学术研究》2001 年第 2 期，第 76 页。
② 吴川市地方志办公室编：《吴川县志》，中华书局 2001 年版，第 828 页。
③ 雷州市地方志编纂委员会编：《海康县志》，中华书局 2004 年版，第 923 页。

二、新式教育

1898年（光绪二十四年）9月，由康有为、梁启超推动的维新变法运动虽然失败，但他们"废科举，兴学堂"的主张却深入人心，面对内忧外患，清政府不得不对教育进行改革。光绪二十八年（1902）、三十年（1904）清政府先后颁布《钦定学堂章程》和《奏定学堂章程》，并于光绪三十一年（1905）正式宣布废除科举制度，兴办学堂，建立新的教育制度。这一举措标志着封建时代的旧教育的结束，新的近代教育制度开始确立。

（一）教育行政机构设立

《奏定学堂章程》又称"癸卯学制"，光绪三十年（1904）颁行后，为确保该学制在全国各地的落实，清政府成立了从中央到地方一系列的教育行政机构，用以管辖全国的教育事务。其系统如下（机构及职官）：学部（尚书）—提学使司（提学使）—劝学所（总董）—学区（劝学员）。

光绪三十年（1904），广东省即成立全省学务处。光绪三十一年（1905），广东省属各县设学务公所。到光绪三十二年（1906）奉学部的命令，省改为提学使司，各县改为劝学所，与全国系统一致。另设省市学员，承提学使的命令，巡视本省各府、厅（州）、县的学务。

据宣统三年（1911）《广东省教育官报》，当时主管湛江地区教育事务的官员是高雷阳省视学员李毓菜。有一次，他到吴川县检查学务，结果他对看到的情形大为不满。事后他向省提学使司汇报说该县只有一所高等小学，数量太少。省提学使司根据汇报给吴川县发去了一份措辞严厉的公文，指责吴川县令办学不力，令其全力以赴办好新式学堂。行文说：查该县官立高等小学虽办理尚无不合，而以一邑之大，竟只此一校，该地方官玩视学务可想而知。当今筹备宪政，教育实为基础。朝廷三令五申以普及教育其天下之臣民，宜如何认真讲求，无负殷殷望治之意。倘此因循贻误要政，本司不能为该县宽也。自从此次札饬之后，该县当发奋勉励，督同绅士认真讲学，亟起图功，毋再轻忽。为此札饬，札到该县，即便遵照筹办，切切毋违。

为了让地方能够完整地贯彻上级的教育措施，清政府在省以下的府、厅（州）、县设立劝学所。劝学所的职权不仅掌管本府、厅（州）、县的教育行政，并有劝勉地方建立学堂、推广教育的职责。每所设总董一人。每府、厅

（州）、县划分为若干学区，每学区内有总董挑选本区热心教育的士绅充任劝学员，负责推行本区的一切学务。当时海康县、遂溪县都把全县分为东南西北中五个学区。

劝学所一般设在宾兴祠或尊经阁内。光绪三十一年（1905），吴川成立劝学所，总董曹煜熙；次年八月，廉江成立劝学所，总董林晋堃；十一月，海康成立劝学所，总董为候选训导李晋焘，开办经费920元。

（二）中小学堂设置

光绪二十七年（1901），清政府下令裁书院，办学堂，全国各地陆续开办新式学堂。湛江各县以海康县举办学堂最早。光绪三十年（1904）正月，知县柴维桐偕县绅士以原有的濬元书院改为高等小学堂。光绪三十二年（1906），其他各县也先后将本县的旧有书院或官学场所改办为学堂。

海康是当时雷州半岛文化和教育最发达的地区，因而海康在顺应历史潮流，兴办各种学堂方面走在前列，创办的新式学堂主要有：雷州中学堂、官立高等小学堂、官立初等小学堂和公立崇正小学堂。光绪二十九年（1903），雷州知府陈武纯将雷阳书院改为雷州中学堂。[①] 陈武纯亲自兼任学堂总办，设教长1人，分教2人，洋文教习1人，绅董1人，司董3人。除学堂总办外，教职员必须各尽其职，不得兼任他职，必须常住学堂。同年，就通过考试录取了学生145人，编成甲、乙、丙、丁4个班，学制四年，开设四书、五经、纲常大义、中外史鉴、中外政治、中外地理、中国文学、中国语、外国语（法、英、俄三种语言）、算术测绘、格致（物理、化学、生物等）课程。学生毕业后，授予廪生、增生、附生出身（即秀才的三个等级）。

初等小学堂的设立主要是遵照官定章程办理，具体情况是：府、厅（州）、县之各城镇，酌筹官费，速设初等小学以为模范，至少小县城内必设初等小学2所，大县城内必设初等小学3所，各县著名大镇亦必设初等小学1所，此皆名为初等官小学；一城一镇一乡一村各以公款设立，或以捐款设立及数镇数乡数村联合设立者，均名为初等公小学；一人出资独力设一小学堂者，名为初等私小学。

师资方面，当时非常重视教师的挑选，要求教师必须经过师范专业教

---

① 1913年，清朝学制废除，雷州中学堂改为雷州中学。

育。清政府在废除科举之后，举办过一些师范传习所、初级师范、优级师范、简易师范，培养了一批师资。特别是简易师范招收的是 25 岁以上、30 岁以下的生员或童生，经过一年的学习毕业，作为办理初级学堂的师资。当时湛江各县兴办学堂的教师，多数都是经过以上办法就地培训的。

经过地方政府的大力推进，各地新式学堂得以建立，但数量有限且属于官学性质，一般平民子弟很难进入，要满足广大普通百姓子女的读书需要，私塾的存在仍有相当大的价值，所以私塾并没有因新式学堂的设立而消失，依然遍布城乡。

（三）办学宗旨及学科设置

清末的学堂教育始终贯彻"中学为体、西学为用"的方针。按照"癸卯学制"，初等教育设初等小学堂学制五年，高等小学堂学制四年，另外设立的蒙养院不在正式学制之内；中等教育设中学堂学制五年。

"癸卯学制"中，初等小学堂的办学宗旨是："以启其人生应有的知识，立其明伦理爱国家之根基，并调护儿童身体，令其发育为宗旨；以识字之民日多为成效。"初等小学堂收 7 岁（即满 6 岁）以上的儿童入学。必修学科有 8 门：修身、读经讲经、中国文字、算术、历史、地理、格致、体操；随意科有图画、手工。每周上课 30 个小时。为了照顾乡民贫瘠、师儒稀少的地区，亦可把必修科目减少，合并为 4 门，修身、读经合为 1 科，中国文字、历史、地理、格致合为 1 科，算术、体操，简称简易科。

高等小学堂，以招收初等小学堂毕业生为原则，属普及教育性质。其办学以培养国民之善行，扩充国民之知识，强壮国民之气体为宗旨；以童年皆知做人之正理，皆有谋生之计虑为成效。课程有：修身、读经讲经、中国文字、算术、中国历史、地理、格致、图画、体操等。视地方情形可增设手工、农业、商业等科。

普通中学堂，以招收高等小学堂毕业生为原则。其办学以施较深之普通教育，俾毕业后不仕者从事于各项实业，进取者升入各高等专门学堂均有根底为宗旨；以实业日多，国力增长，即不习专门者亦不至暗陋偏谬为成效。其学习科目包括：修身、读经讲经、中国文字、外国语（日语、英语或德语、法语、俄语）、历史、地理、算学、博物、物理及化学、法制及理财、图画、体操等 12 门，每周上课 36 个小时，读经讲经为每周 9 个小时。

（四）经费来源及支出

晚清时期公办学堂的经费来源渠道较多，其中主要来源是公款提充和学生缴纳两项。公款提充是指地方财政的补贴，另外还有一项叫做官款拨给，是由国库拨给的教育经费。在教育支出中，以教员、职员和仆役的工资开支为大宗，还有一项叫服食用品的开支也较大，这是向学生提供伙食、衣服津贴的费用，是循旧制官学对廪膳生的补贴而来的一项开支。

各县学务收入并不均等，支出项目差异也比较大。雷州中学堂经费最多，而且仆役工食支出较大。各县小学堂的办学经费则通过多渠道筹集，有产业收入、公款提充，甚至还有派捐、乐捐和杂入等。官立小学由政府酌筹官费解决，学生不必缴纳学费，以达到即使是贫民亦可享受实惠的目的。公小学的经费来源，由各地义塾善举筹事经费改充；私小学由个人独资办理。[①]

第二节　民国时期的教育

一、教育管理制度

（一）教育管理机构设置

民国时期的教育是从传统教育向现代教育转化的过渡性教育。民国初年，改革了一千多年来形成的科举教育体制，使中华民族的教育出现了转机，尤其是对教育体制新格局的形成，影响深远。

1912年中华民国创立，南京临时政府即设立教育部，任命蔡元培为首任教育总长，规划并领导教育改革工作。9月，教育部颁布实施中华民国教育宗旨。宗旨精要是："注重道德教育，以实利教育、军国民教育辅之，更以美感教育完成其道德。"[②] 在此宗旨的指导下，北京政府参照日本明治维新后的新学制制定了一套较为完整的学制系统，即"壬子癸丑学制"。该学制制定了纵向和横向的学制系统，分为普通教育、师范教育和实业教育三类。普

---

① 程永年编写：《湛江教育史话》，广东湛江教育学会、湛江教育志编辑室1988年内部发行，第23—26页。

② 喻本伐、熊贤君：《中国教育发展史》，华中师范大学出版社1991年版，第497页。

通教育纵向地分为初等教育、中等教育和高等教育。该学制还将清末改制的学堂改为学校，监督改为校长，将初等教育缩短为 7 年，中等教育改为 4 年。该学制执行到 1922 年。其后中国开始学习美国，颁布"壬戌学制"，即"六三三学制"，初等小学 6 年，中学 3 年，师范学校 3 年。各地还成立有童子军。

1927 年 4 月，南京国民政府建立后，经过短暂过渡，三民主义教育宗旨便取代了广州国民政府时期的"党化教育"方针，明确表述为："中华民国之教育，根据三民主义，以充实人民生活，扶植社会生存，发展国民生计，延续民族生命为目的；务期民族独立，民权普遍，民生发展，以促进世界大同。"1929 年 4 月 26 日南京国民政府明令公布实施这一宗旨，直至国民党政权退出大陆，该宗旨再无修改、更易。

1910 年到 1939 年，广东政局乃至中国政局都发生了剧烈变动，政局所致，广东地方的教育管理机构也变动频繁。民国初年广东省设教育司管理地方教育事务，不久教育司改为教育科，各地设督学局。1916 年各县设劝学所。1921 年广东设教育委员会，陈独秀被邀担任委员长。1923 年设教育厅，许崇清任厅长。各地也将劝学所改为教育局。湛江地区在地方管理机构变动中一直走在前列。1921 年 12 月，徐闻县成立教育局，设局长、局员、督学各 1 名，这是湛江地区第一个教育局。1922 年 2 月，海康县教育局成立；9 月，廉江、遂溪、吴川教育局先后成立。[1] 1929 年统设教育课，掌管学校教育、图书馆、博物馆、公共体育馆、公园等单位及其他社会文化事业，教育课下设视学员、课员、管卷员、统计员若干人。1931 年又改称教育局。1932 年广东省颁布《广东省各县市教育局长工作考成办法》，对教育局局长的职责提出明确要求。

全面抗战爆发后，广东省制定了《广东省战时三年工作计划》，涉及教育方面的规划包括国民教育、中学教育等，其中国民教育改造计划以改造充实乡保学校，改善小学教员待遇，督促筹集学校基金，改善县教育行政机构，厉行辅导工作为主要目标。1940 年制订了国民教育五年计划，国民教育是一种新型教育，把义务教育和成人教育混合在一起，教育事业与地方自治

① 湛江市志总编室编：《湛江两千年》，广东高等教育出版社 1993 年版，第 43 页。

融为一体，每乡（镇）设中心国民学校一所，每保设国民学校一所，在人口稠密的地方，联合两三保建立国民学校，每班至少25人，最多45人，以40人为限。1946年开始实施第二个国民教育五年计划。

为了执行战时国民教育规划，广东省教育厅把全省划分为11个督学区来管理，湛江地区被划为第六督学区（含信宜、茂名、电白、梅菉、吴川、化县、钦州、防县）、第七督学区（含徐闻、海康、遂溪、合浦、灵山、钦县、防城港），分别由省教育厅派出国民教育视导员和社教督导员，到各区进行视察、督导。[①]

1940年广东实施新县制，各地教育局改为教育科，下设督学、课员、事务员，名额视县大小而定。各镇设有文化股主任，对辖区学校进行管理。每乡选一两间中心国民学校作为示范学校。这一战时的政策和管理体制在抗战胜利后得以延续。

抗战胜利后，广州湾回归，国民政府拟将之改名为湛江市。1945年9月21日，湛江市政筹备处成立，筹备机构中设立了教育科，设一名督学，负责管理接收后的学校工作。教育科一成立便提出了抓两件事：一是对原有学校进行调查登记，重新办理立案手续；二是取缔私塾、学舍，改办国民学校。1946年1月，湛江市政府成立，设社教科管理学校，并设督学二人。市政府做出发展教育的七项决定：（1）整理私立中小学；（2）加强市中小学设备及改善教职员待遇；（3）举办市立图书馆；（4）举办市立民众教育馆；（5）严厉取缔私塾；（6）推行师范及职业教育；（7）发展学校教育。以上7点可以说是国民党湛江市政府对教育的施政纲领。在湛江五任市长更迭中前后换了四位教育科长，除梁建勋较长时间从事教育工作外，其他人在教育界大都没有多少实绩。

原广州湾内的各私立中小学校长均由学校董事会遴选，采取聘任制，同时需要报市政府备案（中学需报省政府备案）。校长的聘约采取一年一任制。因此每学年结束前，是决定私立学校校长"何去何从"的关键时刻，往往都会产生一番争夺战。当时有些政客，一旦官场失宠，就千方百计去争当校长，致使学校的斗争更加激烈。当时的中学校长由市政府直接委任，他们中

---

① 《教厅国民教育视导员出发督导》，《国民教育指导月刊》（广东版）1942年第1卷第6期，第53页。

的很多人也主要是靠各种关系或贿赂收买来充当的，市政府官员的更迭常常导致校长的更换。如市立一中，办校四年就更换了四任校长：梁建勋、叶用郁、朱鄂龄、李综。学校的商业化办学，校长成为捞取名利的职位，这是造成教育事业腐败、衰落的重要原因。①

（二）教育视导制度

视导制度在我国已有 100 多年的历史，晚清和北京政府时期被称为视学，国民党统治时期改称为督学。

1913 年，教育部公布《视学规程》，设视学专官，推荐担任，初为 8 人。1914 年教育部通知各省巡按使，设道县视学，每道至少 2 人，每县至少 1 人。1917 年各省设教育厅，教育部公布教育厅暂行条例规定："教育厅设省视学 4 人至 6 人，由厅长委任，掌握视察全省教育事宜。"1918 年公布《省视学规程》《县视学规程》，全省设县视学，每县 1 人至 3 人，秉承县知事视察各县教育事宜。

1926 年 3 月，广州国民政府在广州成立教育行政委员会，委员会内设行政事务厅，厅内分参事、秘书、督学三处，是我国督学名称的开始。1931 年 7 月，国民政府修正教育部组织法，规定设督学 4 人至 6 人，其中 2 人简任，其余荐任，视察及指导全国教育事宜。同年 8 月 31 日，教育部公布《广东省各县市督学规程》，规定督学应视察及指导之事项。按《广东省各县市督学规程》，各县市教育局设督学 2 人至 6 人，县市督学视察各级学校或其他教育机关时，得调阅各项簿册、得检查学生名额及实验学生成绩、得临时变更学校授课时间，遇有违反法令事件，应随时纠正之。

当时，广东各县大多设县督学 1 人至 3 人。湛江地区最早设督学职位的时间是 1930 年，计廉江 2 人，海康 2 人，遂溪 2 人；1932 年，吴川、徐闻两县也各设 1 人。可见，在 1930 年前后，国民政府已经建立起从教育部到县教育局的一套督学机构，从形式上看，有了一支专门的督学队伍。

督学队伍虽然建立起来，但并不代表他们能完整地行使职权，实际上，其工作多数有名无实。督学作为"钦差大臣"，到地方或学校视察，大多是蜻蜓点水、走马观花，看看校容、听听汇报，几乎不接触教师和学生，写出

①　丁然：《学宫争长图》，《大光报》（粤南版）1948 年 3 月 19 日；费名：《本市基层教育人员的小圈子》，《大光报》（粤南版）1948 年 7 月 19 日。

来的视导报告都是官样文章，以搪塞上级，很少能解决学校存在的实际问题。对于法国租界的广州湾，广东省教育厅更是很少问津。只是广州湾内的有些私立学校直接向省教育厅办理备案手续（如益智学校、培才学校等）时，广州湾才被划入省督学区内。1923 年的《广东省教育厅民国十二年五月份行政报告》，简单记载了省督学何名洙视察广州湾、遂溪、廉江、吴川等地的学务情况。

1935 年中华民国政府推行义务教育，各省、市设义务教育视导员。全面抗日战争开始后，实施《国民教育法》，又改称国民教育视导员。

1937 年抗战全面爆发后，教育部推行一年义务教育，接着又颁布二年制短期小学规程及课程标准总纲，继而又公布三级视导义务教育办法，要求各县市设义务教育视导员若干人。湛江各地按照上级要求成立了义务教育委员会。同年 11 月，广东省教育厅按各县划分的等级补助义务教育经费：海康属二等县，补助 50%；廉江、吴川、遂溪、徐闻属三等县，补助 75%；梅菉属特别市被划为三等县，补助 90%。

战时对小学的管理逐渐步入健康轨道。1942 年 9 月 30 日国民政府颁布实施《小学校设备标准册》，其中《国民学校试行设备标准》对校舍建筑、校址选择、校具都做出了严格规范。如学校要选择人文环境优良之地，安静之地，学校要有运动场，运动场周围要植树，厕所要远离教室等，至于校具更是事无巨细，对课桌、教具、挂图、表簿等均有人性化、细致化的标准。可见政府对小学的管理走上近代化道路。①

湛江拟建新市之初，市政筹备处设有文教科管理中小学事务，曾派督学陆凤祥视察西营、赤坎两区的学校。在湛江市教育科科长陈解陪同下，一天之内，视察了铺仔圩的学谈机械职业学校及赤坎赞化、河清等中小学。

普通教育方面，国民党政权继续推行国统区实行的"国民教育制度"。即在保一级办国民学校（初小），在区一级办中心国民小学（完小），并实行"政教合一"和"三位一体"的教育体制。但由于长期被法国统治的广州湾缺乏基础，加上也遭到广大教育工作者的反对，所以所谓的"国民教育制度"在新设立的湛江市无法推行，仅将一些私塾、学舍改办成两三所区、

---

① 《海康县政府关于县立中心小学的师资、报告、教材、组织学生宣传、学籍、教育基金会等事由的训令、指令、代电》，1934—1949 年，雷州档案 1-1-5。

保国民学校。

二、各类教育发展

随着民国的建立和新的教育体制在全国推行，湛江各地的各级教育得到长足发展。从幼儿园、小学、中学到师范教育、中等专业教育和职业教育等共同构成了近代较为完备的教育体系。遗憾的是湛江地区此期间还没有举办高等教育。

（一）私塾和中小学教育发展

1912年，海康县政府把官立高等小学堂和公立崇正小学堂改为县立小学校，并开始取消私塾教育。1926年，创办县立第一、第二、第三、第五、第六等5所小学校，县立第一、第二、第三等9所国民学校。截至1935年，全县有各类小学校166所，在校生6974人，儿童入学率为23%。

遂溪县的情况则逊于海康县。1914年，遂溪县立高等小学堂改名为县立高等小学校，1931年更名为县立第一小学。截至1928年，遂溪有小学11所。

据1928年《广东省督学民国十七年度视察全省学务报告书》统计，廉江初级小学136所，学生5220人；吴川有小学30多所。

这一时期，学校数量虽有所增加，但由于各种原因，有大量的适龄儿童不能入学，比例之高，令人吃惊。1932年，湛江各地小学失学率分别是：廉江为78.59%，海康为81.57%，徐闻为88.23%，遂溪为62.50%，吴川为76.14%。

尽管地方政府积极创办官方小学，但私塾仍然存在，甚至还有一定发展。1928年廉江有私塾214所，学童6000余人。1930年，吴川县原有私塾大约400所，政府极力解散举办不良者，确实无法解散的则限令改良，同时要求只能在距离各小学3里以外才准办。经整顿后仍有190所，学生2880余名，约占全县学龄儿童15%。私塾每名学生收费白银20—50元，教学内容以识字为主，完全没有纳入新的国民教育体系，显然不利于地方教育事业的发展。

1912年9月，北京政府教育部颁布"壬子癸丑学制"和中学校令，旨在对清政府的"癸卯学制"加以改革。广东省内的学校逐渐增多，各地政府所立中学多改归省办，统一名称为省立第几中学。如广东高等学堂改为省立一中；广州中学堂改为省立二中；雷州中学堂改为省立十中。据1916年统计，广东省共有53所普通中学，中学生有7704人，毕业生1442人，教职员853人。①

各地政府极为重视中学教育，社会各界也有很高的期待，普遍认为，中学是严格训练青年身心，培养健全国民的场所，也是为研究高深学术及从事各种职业准备的场所。具体实施的各项训练有：（1）锻炼强健体格；（2）陶融公民道德；（3）培养民族文化；（4）充实生活知能；（5）培养科学基础；（6）养成劳动习惯；（7）启发艺术兴趣。训练内容表明中学仍然是升学的准备阶段，它通过体育、德育、智育、劳动教育和美育等五个方面的训练来实现培养健全国民的重要目标。民国初年，社会虽动荡不安，但中学教育仍有一定发展。

湛江地区的中学教育始于清末。光绪二十九年（1903）正月，雷州知府陈武纯将雷阳书院改为雷州中学堂，这是湛江地区最早的一所中学。1913年雷州中学堂改名为雷州中学，1926年雷州县立中学创建。民国时期较早的中学还有吴川县立中学，廉江县、遂溪县初级中学等。1919年廉江创办廉江中学，20世纪30年代，相继创办安铺中学、文中中学、良垌中学。1931年张炎在吴川县创立世德学校。该校以"纪念先烈，作育后昆，以图教育兴国"为办学宗旨，引起社会的极大关注。

据《广东省督学民国十七年度视察全省学务报告书》统计，截至1928年，湛江地区各县区共有中学5所，学生713人。

抗战期间湛江地区的小学教育受挫，个别区域有零星的发展。据20世纪40年代统计，湛江地区各县有各类小学643所。

私塾仍普遍存在于乡村社会，在一定程度上为地方基础教育作了贡献。1940年，吴川县还有私塾131所，学生1421人（其中女生454人），塾师131人，经费14859元。此外，梅菉有私塾8所，学生199人（其中女生41人），塾师10人，经费1080元。当时，兰石地区文化较发达，有私塾26所；王村港地区文化较落后，也有私塾9所。主要原因是地方当局无钱办学，私塾可补国家普及教育的不足；由于百姓贫苦，私塾收费不多，学生就近入学，来去也比较自由，所以受到欢迎。在边远地区直至20世纪50年代私塾

---

① 何国华：《民国时期的教育》，广东人民出版社1996年版，第105页。

才为小学所代替。

湛江各地的中学校也受到很大影响。有的学校停办，有的停课后复学，也有的复学后再停课。受到影响较大的学校有：梅箓市立中学、海康县立初中、廉江县立初中、廉江县立安铺中学、廉江县立文中中学。除了上述中学，省设南路临时中学，还有一批新学校创建。1939年，由地方大族和士绅捐款创建廉江良垌中学，是廉江最早的中学。邹克定的夫人冯德福女士，是西南联大的毕业生，曾经在良垌中学执教，教授英语。学校还有来自海南、广州、香港的老师。① 廉江的安铺中学1940年开始招生②。1942年，廉江县群成中学在石角区山腰村建立，为刘付宗族的私立中学③。

抗战胜利后，国民党政府在广州湾接管的只有法租借时期留下的一所中学、两所小学，后来又在东海岛改办了一所初级中学为市立第二中学。在国民党统治湛江市的四年多时间里，不仅没有投资新建过一所中小学，连原有的学校也被摧残和破坏。如1946年国民党一些党政官员垂涎益智中学的校产，借口要办"中正中学"，以纪念蒋介石"抗战"之功，把益智中学的大部分校产（主要是房产）吞占，使益智中学这所老牌学校受到严重影响。

1947年海康县立第二初级中学、第三初级中学、第四初级中学相继建立；1948年私立秀南中学、建设中学相继建立。

国民党统治时期的湛江市，广大青少年首先遇到一个问题就是"读书难"。由于当时国民党政府经济濒临崩溃，拿不出多少教育经费来补贴学校，无论公立、私立学校，几乎都是靠收学费来维持，因此，学费十分昂贵，不少家庭都难以承受。

档案文献记载1947年吴川吴阳中学从县教育公产会分配到该校1947年度下学期田租谷仅有152市石3市升，缺谷235市石8市斗8市升，学校不得不用1948年度上学期田租谷来补足，实际缺谷一半多。对租谷的分配也尽量压低标准，每月支付预算数，校经费共计：64.80市石，其中，俸给共

---

① 陈启松、陈之平：《建国前良垌中学四迁校址》，廉江市政协文史组编：《廉江文史》第12辑，1994年内部编印，第42页。

② 蔡一溪：《安铺中学简史》，廉江市政协文史组编：《廉江文史》第5辑，1986年内部编印，第50页。

③ 刘付铜：《群成中学》，廉江市政协文史组编：《廉江文史》第9辑，1991年内部编印，第29页。

55.76市石、校长5市石、教导主任3.50市石、班导师1.80市石、童军教练2.50市石、教员共21.06市石、舍监1.50市石、体育卫生组长1.60市石、办公费5.04市石。[①]

据有关资料记载，从1946年起，由于纸币贬值，学校的学费统统改收学米。每学期小学为60司马斤（司马斤要比市斤大2两），初中为80—100司马斤，高中为100—120司马斤。到了1949年上半年，又改为收学谷。小学收上谷120司马斤，初中收200—250司马斤，高中收400—450司马斤。可见学费值不断攀升。据1948年9月5日的《大光报》报道："学校不景，一般小康子弟及贫困子弟因学费过重，多告失学。"没过几天，该报再发题为《教育危机》的文章，披露教育遭遇的严重危机："开学已十余天，各校学生寥寥无几，仍有半数以上尚未返校……此中原因，由于到处农村破产，商场冷清，一般家长负担一家生活费用已感吃力，在（再）负此不可少之儿女学费，多已力有不胜之感。各学校本期初纷纷收到家长来信请减免学费，然学校当局亦有难处。"[②] 由于学费昂贵，青少年学生失学甚多。广大农村贫困农民子女有85%左右因失学而成为文盲。市区的适龄儿童失学率也达五成到六成。至1949年以前，城市的一般市民子女能读完初中的已为数不多，能读完高中的更是寥寥，能到广州等大城市进入高等学府的，只有少数富家子弟才有此等机会。

（二）师范、职业和社会教育

民国成立后，所有学堂均改为学校。1913年雷州中学堂更名为雷州中学，属于省立性质。周烈亚被任命为第一任校长。根据"壬子癸丑学制"，中学为四年制（称旧制中学），学校停办师范班，专办中学两班，学生从13岁入学至17岁卒业。

改制后的雷州中学，在周烈亚校长的领导下，学校逐步走上轨道。据有关史料记载，周烈亚担任校长期间思想开明，廉洁奉公，不拘一格地选聘各科优秀教师，雷州中学可谓人才济济。中国共产党的早期领导人谭平山即在此期间在雷州中学工作，后来谭平山还做了该校的校长。

---

① 《吴川县立吴阳初级中学校三十六年度下学期稻谷收支预算书》，吴川市民国档案1－A12.1－064。

② 《学校闹不景，各逞手段拉学生》，《大光报》（粤南版）1948年9月12日。

不过，雷州中学也曾因经济困难数度停办。早在雷州中学堂创办初期，学校的办学经费由雷州府属牛皮捐（牛皮商业税）中拨出。民国成立后，这项牛皮捐归入省政府，于是由海康、遂溪、徐闻三县共同筹款办校，原府学田租每年约3000元也拨给学校作经费开支。但从1916年起，徐闻连年遭到匪祸，不能按时交来办学款项，后来遂溪也因财政困难，于1922年停止支付办学款项，以致该校1922年度不能如期开学，停办一年。1923年雷州中学校长梁连岐呈报省长，备述学校经费之艰难。后来，由省长训令海康县县长负责筹款维持学校经费，到1924年春，学校才勉强复学，遂改为春季开学。

1926年，学校再改为省立第十中学，执行"壬戌学制"。1929年起，又招高中师范科1个班，此为第二次举办师范专业班。经过数年的建设和发展，至1934年，学校办学规模有所扩大，计有高中师范科2个班35人、高中普通科一年级1个班25人、初中3个班146人，合共6个班206人。学校经费全年收入为28314元。这是学校办学经费最充裕的时期。校舍也略具规模，有教室7间，学生宿舍40间，礼堂1座，图书仪器室1间，学生成绩室1间，膳堂1座。还有图书数千册，价值数百元的仪器一批。

雷州中学堂从光绪二十九年（1903）开办起至1934年止，三十多年间毕业生大约600人。在文化教育极端落后的雷州半岛，培养600名知识分子，意义非凡。

值得一提的是，该校从清末成立至民国初年，由于推行新学制，逐步摆脱了科举教育的束缚，不断向学生传授新的文化知识，使广大学生初步接受了反帝反封建的思想，为国民革命培养了一批爱国、思想进步的知识分子。如广东农民运动领袖之一的黄学增曾就读雷州中学，开始"学习一些当时称为西学的近代科学知识，并陆续从中国人民群众反抗帝国主义的英勇斗争故事里面，接受爱国主义思想的熏陶"[1]。海康县早期的地下党员黄杰，也曾就读雷州中学，这段求学经历为他后来走上革命道路奠定了思想基础。

1935年下半年，黄其江、陈其辉、王文劭等同学在学校组织了一个读书会，随后有邓麟彰、陈兆荣、黄彪、曾锡驹、沈潜、宋锐等二三十人参加。他们读高尔基、鲁迅、郭沫若等人的作品和马列主义理论书籍。为了宣传爱

---

① 阮应祺、邓荣诗、杨杰生：《黄学增传略》，中国人民政治协商会议湛江市委员会文史资料研究委员会编：《湛江文史资料》第1辑，第117页。

国主义和反封建的民主思想，读书会的成员还用各种笔名，在《雷州民国日报》的副刊上发表文章，激发人民的抗日情绪。

1936 年，该校改名为雷州师范学校，全面抗战期间，该校在艰难中支撑办学。抗战胜利后，国民党政府日趋腐败，校内进步力量与反动势力的斗争也日趋激烈，一部分革命师生进入游击区，直接参加解放雷州半岛和南路地区的游击战争。另一方面，由于国民党政府的经济面临崩溃，学校的办学经费十分困难，当时每名师范生每月只能借到 4 斗 6 升公粮谷，连吃饭都成问题。所以学生中流传着"师范生者，思饭生也"的笑话。就在这种艰难的情况下，不少师生一边坚持学习，一边从事革命活动。他们憧憬着新中国的到来，憧憬着新中国的师范教育事业。

从清末设立师范科到民国教育政策的调整，师范教育始终被看成是教育之母，因此也备受重视，民国初年各地纷纷设立师范学校就是这一认知的反映。湛江地区的师范教育从无到有，从零星到普遍，经历了一个艰难发展的历程。光绪三十年（1904）雷州中学堂设师范班。1916 年，遂溪县立高等小学改办为遂溪县立师范学校。1918 年徐闻开设师范讲习所。1920 年廉江县立初等中学设立师范班。1928 年广东省率先在番禺设立乡村师范学校。1929—1931 年，湛江地区先后办起了 5 所乡村师范学校，分别是徐闻县立乡村师范、遂溪县立乡村师范、廉江县立乡村师范、吴川县立乡村师范、海康县立乡村师范。1929 年，海康县县长刘鄂发起组织教育参观团，派出 3 人于当年暑假期间赴南京参观陶行知先生创办的晓庄师范学校，学习该校的办学经验，为海康县立乡村师范的建设提供借鉴。

就在全国各地试办乡村师范之际，教育部及时颁布《师范学校法》，就师范学校办学规程进行指导，提倡各地设立简易师范学校或中学设立简易师范科（班）。湛江各地的乡村师范遂于 1934—1935 年改为简易师范。

1932 年，湛江各县小学教员中，师范类学校毕业的仅占 10% 左右，师资质量难以保障，距离教师专业化很远。

相对于普通教育和师范教育而言，职业教育则显得非常冷清，主要有：1929 年海康县设立的县立职业学校和县立农科职业学校[1]；1932 年 5 月，吴

① 张文状编写：《海康县教育史略》，中国人民政治协商会议湛江市委员会文史资料研究委员会编：《湛江文史资料》第 13 辑，1994 年内部编印，第 39 页。

川世德学校被改为世德职业学校。由于只有上述几所学校，且规模也不大，所以影响极为有限。

社会教育虽未列入国民教育系统，但国民政府也给予一定程度的重视。政府认为社会教育是教育体制的重要补充，除具有教化民众的功能外，还具有社会动员的功能。因此，各地也建立了相应机构或场所，使其功能得到最大限度的发挥。如吴川县的民众教育机构有民众教育馆1所，公共体育场1处，图书报处1处，公、私立民众学校5所；廉江县教育会设有图书馆1所，党部阅报书处1处，区立剧社1班，公共运动场1所；海康县民众教育机构有民众教育馆1所，公园1所，公共体育场1所，图书报处3处，公、私立民众学校4所；遂溪县有县立、区立民众学校各1所，徐闻县有县立民众学校2所。[①] 1935年，各县民众教育馆相继成立，海康设民众阅览室，并办有《海康民教》刊物。

上述机构和场所的设立，丰富了民众文化生活，为全面抗战爆发后广泛的社会动员打下了良好基础。

1937年抗战全面爆发后，湛江各个师范学校艰难办学。师范学校制度的变更和普通中学一样，采取临时师范、联合办学等办法，或在普通中学附设师范科，尽量扩充班额等措施，以维持师范教育的局面。1940年，省立雷州师范学校迁遂溪继续办学。解放战争期间，师范教育受挫，1947年仅剩雷州师范、廉江师范、遂溪简易师范和湛江一中师范科。[②]

职业教育可以说是惨淡经营。较为正规的学校是学谈机械职业学校。该校始办于1939年益智中学的机械部，1942年广州湾学谈高级机械职业学校成立。作为中等职业学校，师资、设备在当时应算是比较好的。但到了国民党统治时期，这所学校每况愈下，一年比一年难办。1948年9月学谈机械职业学校因经费困难，停办附属工厂，遣散工人。1948年至1949年，该校失去学生来源。其原因一是学校远在郊区，学生来去不便；二是不少人认为学机械没有出路，所以学生不愿就读。其他的职业学校，如赤坎医院办的助产

---

① 广东湛江教育学会、湛江教育编辑室：《湛江教育大事记（1840—1987）》，1988年内部编印，第8页。

② 黄佐：《广东师范教育制度变迁》，中国人民政治协商会议广东省委员会文史资料研究委员会编：《广东文史资料》第10辑，1968年内部编印。

职业学校，执信会计职业学校，上海大夏高级会计职业学校①，还有一些会计班、英语班、国语班等，一来招生人数有限，二来这些学校都不能提供就业机会，办学者也是学商性质，以营利为目的，所以这些学校都不稳定，能坚持读至毕业的人也不多。②

社会教育方面也有突破，特别是识字班和补习学校的开办。1946 年 6 月，市妇协主办妇女免费识字班，班额 40 名，地址设在高州会馆。1949 年 7 月，湛江市梓刚补习学校和西营庆华补习学校成立。

解放战争时期，一些国民党官员曾设想在湛江办一所大学。早年主政广东的陈济棠曾倡议过要办南路大学。1946 年陈济棠又将此事交给其亲信国民党中央委员陈伯南负责筹备，初拟名称为"广南大学"。到了 1947 年 8 月间，国民党一些驻湛江市的官员对此很感兴趣，由当时的粤南师管区司令林英亲自向地方豪绅、省参议员陈学谈募捐国币 2000 万元，筹办"粤南大学"。③ 1948 年 7 月，粤南大学筹备处公布了一项计划，拟办 3 个学院：文法学院设在校本部（寸金桥西侧南强中学旧址），农学院设在湖光岩，医学院设在湛江市赤坎区市立医院内，并决定于 1949 年招生。到了 1948 年底，该大学筹备处还通过市、区、乡政府征收粤南大学学谷征，但后来随着解放军的炮声迫近，国民党官员筹办大学的事也就此烟消云散了，所有"筹而不办"的资金也就落到了国民党官员的囊中。④

湛江建市，国民政府接管教育，社会黑暗，经济崩溃，整个湛江的教育江河日下，至中华人民共和国成立前夕市区只剩下中学 8 所、学生 1937 人，小学 11 所、学生 3488 人。1949 年 12 月 19 日湛江市解放后，湛江的教育才获得新生，走上生机勃勃的繁荣发展新时期。

三、法国殖民统治时期的广州湾教育

在广州湾，法国殖民者专事掠夺，无心文化教育，从清光绪二十四年

---

① 《上海大夏高级会计职业学校广州湾分校招男女生》，《公民日报》1945 年 2 月 28 日。

② 《公立学校收费高，市府停给津贴》，《南声日报》1945 年 9 月 9 日。

③ 《香翰屏等发起筹备粤南大学，校址决定设湛江市》，《大刚报》（汉口）1947 年 7 月 8 日。

④ 早在 1942 年，在重庆国民党中央政府中的粤南官员就讨论要建立粤南大学，不过不是建在湛江，而是建在阳江。见《粤南教育界筹设粤南大学推教育部次长为董事长》，《南华报》1942 年 8 月 18 日。

（1898）至 1940 年长达四十二年的时间里，只办了一所初中、两所小学。广州湾地区的教育比较落后。抗日战争时期，社会办学热潮兴起，先后办一批中学。1942 年，广州湾市区中学达 9 所，学生 3500 人。[①] 但时间很短，日军占据广州湾后，教育发展再次陷入低潮。

（一）幼儿教育

广州湾时期的幼儿教育发展呈先慢后快的趋势，全面抗战前只有一所正规幼儿园，抗战期间发展迅速。1925 年，广州湾法国当局举办的安碧沙罗学校附设一个幼稚班，但只收法国官员的子女，中国居民的子女不得进入。1935 年，广州湾富绅陈学谈、陈学森等捐资创办西营圣若瑟育婴堂。1943 年 5 月，陈学谈、陈学森又捐资创办赤坎育婴堂。

抗战全面爆发后，特别是广州沦陷后，作为法国租界的广州湾曾经获得暂时的安宁，大量人口从上海、广州、香港等地涌来，其中不乏大批知识分子，他们凭借知识分子的人文情怀和悲悯之心，不少人在广州湾办起了幼稚园。据有关资料记载，1941 年赤坎办有两所正规的幼稚园，即培智幼稚园和天真幼稚园。培智幼稚园的创办人兼园长廖勘南是美国得克萨斯州比罗学院留学生，教导主任为杜兰，广东省女师毕业。他们又从广州协和女师和真光女子中学毕业生中聘请教师。这两所幼稚园是市区办得最早的专门幼稚教育机构。后来，为了适应人口增长的需要，很多小学都附设了幼稚班，幼教事业有了较大发展。1945 年以前，广州湾辖区内有 7 所比较正规的幼稚园（班），有 500 多名幼稚园学生，从人数上看还算比较多。

法国租借广州湾后，地方当局奉行所谓"慈善事业"，其中教育是其更易推行的一个窗口。1935 年由法国神甫主持的天主教堂，创办西营圣若瑟育婴堂，1937 年又接管了赤坎育婴堂。总负责人为天主教堂神甫法国人和为贵（P. RobertLFBAS），延请北海的法国修女会管理。具体管理人员的情况是：西营圣若瑟育婴堂 5 名法国籍修女，1 名比利时籍修女；赤坎育婴堂 6 名中国修女。两家育婴堂收容的主要是广州湾地区及附近城镇、乡村贫苦人民无力抚养的婴孩，绝大多数为女婴。由于和为贵神甫的外籍身份，所以外界对两家育婴堂多有微词。有人认为两家托幼机构披着"慈善事业"的外衣，实

---

① 中国人民政治协商会议湛江市委员会文史资料研究委员会编：《湛江文史资料》第 13 辑，1994 年内部编印，第 11 页。

际上是从事摧残中国婴幼儿童的勾当，是帝国主义对中国进行文化侵略的一种手段。

中华人民共和国成立后，和为贵等外籍神职人员均被驱逐出境。育婴堂由人民政府民政部门接管，孩子们才获得了新生。[①]

（二）中小学教育

广州湾租界内的中小学教育可划分为三个阶段：1937 年前为第一阶段，属初创时期；1937 年至 1943 年为第二阶段，属发展时期；1943 年至广州湾被收回为第三阶段，属衰败阶段。

1937 年前，广州湾租界的城区内有益智中学、赞化小学、晨光小学等 6 所中小学校。1937 年后，租界内的爱国士绅、华人社团或私人新办中学就有 7 所，四维中学、培才中学、河清中学、志成中学都是那个时期创办的。日军占据广州湾后，租界内的学校教育受到严重摧残，曾经红火一时的学校或停办或解散。

1. 初创时期

从学校的性质上来看，广州湾租界内的中小学教育分为两类，即官立学校和民办学校。

法国租借广州湾初期，殖民者着重于巩固统治、维持治安和开发经营，从政治上和经济上奴役当地人民，并不大重视教育，只在当地的行政中心西营开办一所法华学校，与当地张氏合作提供小学教育。此外，法国当局在赤坎、东海岛东山等人口较多的市镇资助办学，但兴废无常。1916 年，广州湾仅有 4 所法华学校，分别位于西营、赤坎、淡水和坡头。广州湾早期城区人口少，民众多不愿送子女接受脱离中国学制的法国教育。因此，广州湾法国当局的办学成绩乏善可陈。

1920 年以后，法国殖民者开始实行笼络政策，招收中国居民的子女入学，先是优先招收在租界内行政当局的中国公职人员的子女，以后才逐渐扩大吸收一般中国居民子女。由于人口的增长和华人势力的提升，令租界当局感到了压力，从 1922 年起，将安碧沙罗学校升级为初中，1922 年广州湾行政总公使赖宝时在西营法华学校基础上扩建安碧沙罗学校，提供法语中学教

---

① 湛江市民政局：《育婴堂情况汇报》，1951 年。赤坎育婴堂先由本地豪绅陈学谈、陈学森等捐资筹办，后来才由法国天主教堂接办。

育，并为学生前往大城市学习开拓渠道。该校内部大致分为四个部分：法国教育、法越混合、法华混合和中国教育，以对应不同来源和升学目的的学生。[①] 学校除了法文课本外，其他教材是采用商务印书馆编印的混合初中教科书，但不开设"公民"课，在涉及法国侵华史时，租界当局就下令涂掉，不准讲授，从思想上毒害学生，抹掉这段侵略史。但初中只办了两届，到1935年停办，只办小学，之后该校改名为广州湾法华学校。[②] 当时并不是人力（师资）、财力（经费）上不允许办中学，而是由于法国殖民主义者办学的目的不是真正要提高中国居民的文化水准，他们需要的是当地的合作者，培养的学生是要为他们巩固统治服务，这是广州湾法国当局的教育政策所决定的。

随着城区人口的不断增加，法租界当局主办的中学规模已远远不能满足当地居民子女入学的需要，华人社团及私人办学势在必行。

20世纪20年代到30年代中期，法租界当局对华人开办学校，管理并不严格，甚至很少过问，华人社团或私人申请办校，很容易获得批准。1924年广州湾士绅陈斯静、许爱周、陈学谈、林昌庆等人捐款集资，在霞山荟英祠创办益智中学[③]，陈斯静任董事长，潘永隆为校长。1926年起扩办初中，1939年扩办高中和机械科职业班，当时专任教师就达30多人，学生1000多人。这所学校聘请中国人担任教师，按中国教育制度和教育法规办学，采用国内出版的教材，拒绝开设法语课。益智中学不仅是广州湾时期华人办的第一所学校，而且具有维护民族尊严、爱国兴学的鲜明特色，对此后华人办学产生较大影响，在湛江市教育史上留下了光辉的一页。

20世纪20年代末，广州湾商会会长陈澄甫建立广侨小学。1935年共产党员许乃超在广侨小学的基础上创建晨光小学，还在学校成立党支部，教师大部分是中共党员，学生最多时有600多人。

觉民学校位于东海岛，其前身是东海书院。1929年改为东海小学，1935

---

① 〔法〕安托万·瓦尼亚尔著，郭丽娜、王钦峰译：《广州湾租借地：法国在东亚的殖民困境》，暨南大学出版社2016年版，第63—67页。

② 中国人民政治协商会议湛江市委员会文史资料研究委员会编：《湛江文史资料》第9辑，1990年内部编印，第160页。

③ 1953年，益智中学与湛江市二中合并。

年中共党员郑仲瑞任校长，改校名为觉民小学。他和进步教师黄明德等进行革命启蒙，使该校成为东海岛民主革命的摇篮。1942年学校扩增中学部，在中共领导下积极宣传革命思想，为抗战和解放战争都作出了很大贡献。

2. 全面抗战时期

全面抗战爆发后，中国沿海地区很快被日军封锁，沿海城市的学校受到的冲击不言而喻。此期间，从香港、澳门迁来广州湾的学校有私立真光女中等10余所。

这一时期，广州湾偏安一隅，在经济上也出现了畸形繁荣的局面，人口急剧增加，大批民办学校如雨后春笋般办了起来，使租界的城区教育事业出现了一个新局面。从1937年至1943年，仅赤坎新办的普通中学就有四维中学（1938年）、培才中学（1939年办初中，1942年办高中）、赞化初中（1943年）、河清中学（1943年）、广州湾赤坎市立中学（1943年，官办）。在西营城区新办的中学有益智中学（从1939年起扩办高中）。还有一批学校建在寸金桥西北及麻章圩，计有：南强中学、琼崖联中以及1940年迁往寸金桥西的四维中学。①

上述学校对广州湾的教育事业产生了重要影响。以培才中学为例，由商绅陈学谈、陈学森、许爱周等人捐款集资兴办，初名广州湾赤坎私立培才小学，留学法国的庄德润任校长，学校重视学生德智体全面发展，特色鲜明；1939年增办培才初级中学，1942年增招高中班，1952年并入湛江一中，培才小学并入湛江市第二小学。

从1937年至1941年短短五年的时间，广州湾城区的教育呈现一种蓬勃发展的气象。之所以造成此期间的繁荣，其原因主要有以下几个方面：

其一，是广州湾租界内经济上繁荣的带动。广州失陷后，广州湾便成为我国通往海外唯一可以利用的吞吐港，很快成为贸易重镇和航运中心。据统计，从1938年至1940年这三年中，每年经过广州湾出口的物资就达1000万美元以上，为全面抗战前1936年的20倍，② 进口物资更多，这些物资均由

---

① 政协湛江市委员会文史资料研究会编：《湛江文史资料》第7辑，1988年内部编印，第134、135页。

② 中共湛江市委党史研究室编：《中共在广州湾活动史料》，广东人民出版社2007年版，第257页。

广州湾进口,经广西进入大西南。由于广州湾所处的战略地位,它在抗日战火纷飞的年代,经济呈现暂时繁荣,也促进了文化教育的繁荣发展。

其二,由于战争引发的人口流动,特别是在太平洋战争爆发后,香港沦陷,当时广州湾处于相对稳定状况,各地难民纷纷逃难来到广州湾,导致广州湾人口成倍地增长。人口的剧增,使各级教育成为一种需求,从客观上也促进了学校的发展。

其三,有一批名教师、教授、专家、学者以及有各种专业知识的中高级知识分子,因为逃难来到广州湾,为办学校提供了一支数量足、质量高的教师队伍。他们多数是在中学担任教师,也有的自筹资金办学校。他们大多数是爱国的,而且学有专长。如音乐家黄友棣(曾任广东音乐学院院长),来到培才中学担任初中音乐教师,培才中学由于有黄友棣的指导,建立起一支出色的音乐队;留学法国医科大学的高级医师梁道贞,担任益智中学的生物教师。正是由于有了这样一批高质量的教师,才保证了广州湾教育事业。

其四,广州湾在沦陷前,社会相对稳定,加上法租界政府对教育管理不严,开办学校容易获准。加之广州湾当时也是各种政治、经济势力争夺的一块阵地,因此,出现了各阶层、各社团、各派系、各种人士都来办学的局面。商绅办学更成为租界内中小学教育的亮点。

在各种因素的共同作用下,学校迅速兴旺起来。不过,这些学校也呈现出新旧交替、良莠掺杂的局面,总体而言,进步的、积极的特征表现明显:

(1)在开办的学校里,马克思主义思想比较活跃。全面抗战期间,中共组织利用广州湾租界内的特殊地位,积极在青年学生中组织读书会,引导他们学习马列主义,开展抗日救国运动的宣传工作,组织师生反对国民党顽固派消极抗战、积极反共的政策。广大师生在抗日救亡思潮的影响下,思想极为活跃,不少师生积极参加各种抗日宣传活动、募捐运动,甚至走上抗日前线。1941年五六月份,南强中学党小组组长陈明时根据上级党组织的布置,带领党小组全体成员和四维中学、雷州师范等学校的党员及进步同学一起秘密散发中共中央回击国民党攻击八路军的反动言论而发表的《第十八集团军致国民党中央的通电》,宣传八路军抗战以来的战绩,揭露国民党顽固派制造反共摩擦,袭击八路军、新四军的罪行。传单散发到街道、电影院、商店、学校,在市区内引起很大的震动。通过中共中央党组织的带领,他们摆脱了过去厮守书斋、寒窗苦读的旧教育的束缚，把教育同实际生活联系起来，认识到要把自己的前途、命运和祖国的前途、命运联结在一起，树立了"国家兴亡，匹夫有责"的思想。

1940年4月，国民党试图借广州湾有关人士在益智中学开展"新生活运动"，企图用封建守旧思想来腐蚀青少年，为此，益智中学学生开展罢课斗争并产生较大影响，使广大进步师生经受了一次锻炼。

（2）学校的文化水准明显提升。当时由于大批知识分子从省、港、澳、沪等地区和南洋等地来到广州湾城区，其中不乏学有专长的学者、专家、教师。这些人通过办学或者是任教，首先带来了各种先进的教育理论和教育思想，影响或指导着当地的教育实践，改变了过去一潭死水的旧教育面貌，也冲破了殖民教育的桎梏。如培才中学校董陈学森公开撰文《怎样办教育》，提出"创造与模仿并重""不轻言改革"，这是受美国杜威教育思想的影响。还有一些爱国知识分子，如益智中学校长王友伦，他是抱着教育救国、挽救民族危机的思想来办学校的。同时，那些学有专长的知识分子到学校担任各科教学工作，也大大提高了教学质量。

（3）宣传爱国与革命。不少学校把教育同社会生活紧密联系起来，根据自身的条件，宣传进步思想。受抗日救亡运动形势的影响，各学校普遍重视文娱、宣传和体育活动，人数较多的中学都有自己的歌咏队、戏剧队，他们不仅在校内演唱，还深入到群众中去演出。以演话剧为主，既演以抗日救亡为中心的活报剧，也演曹禺、郭沫若以及苏联作家的著名剧目。如益智中学的进步师生十分重视在广大群众中开展抗日救亡的宣传活动，以进步学生为骨干，举办群众夜校，组织宣传队巡回演出抗日话剧、自编自演雷歌，如《放下你的鞭子》《国破家何在》《可怜的王嫂》《王老五》等剧目，几乎家喻户晓；他们还在各种公众场合演唱《义勇军进行曲》《黄河大合唱》等歌曲，由此而形成的学校演剧传统一直持续到中华人民共和国成立初期。这些宣传活动，教育了广大群众，陶冶了青年学生的革命情操，促进了教育的发展。

（4）因地制宜，各有特色。不少学校还注意利用自身的条件，办成有特色的学校。如当时就流行一句口头禅："培才唱歌，益智打波（即打篮球）。"培才中学在美育教育上有一定的特色。而益智中学的足球队也由于王友伦校长一贯重视体育运动，早在 20 世纪 30 年代就是广东南路首屈一指的劲旅，形成了益智体育教育的特色。还有一些学校在版画、雕刻和其他方面也培养了不少人才。①

全面抗日战争前期的广州湾城区普通中学教育繁荣一时，为当地教育打下了坚实的理论和实践基础，培养了大量的爱国人士。

3．衰败阶段

1943 年 2 月，日军占据广州湾，各个学校均受到不同程度的影响，一些学校（如四维中学）撤出广州湾，有的仍坚持原地办学。日本统治者严禁在学校开展抗日活动，曾经要求各中学开设日语课，但因缺乏师资而未实现。敌伪政权为了培养日语翻译人员，曾在西营（今霞山）福音堂原址举办过日语训练班，但投考者寥寥无几，不久即停办。广州湾陷于日军后，流亡广州湾的大批知识分子群体不得不再次离开，广州湾的政治、经济环境迅速恶化，人口大量流出，不少学校生源流失、师资流失，各级教育随之衰败。

第三节　宗教与民间信仰

一、基督教与天主教

关于基督新教传入雷州半岛的历史，根据基督新教在华传播的路线与时间来看，雷州半岛基督教新教传入的时间大约在 19 世纪中后期（约在 1896 年前后），主要途经海南岛来到雷州半岛。雷州半岛第一次出现有关基督教的文字记载始于一个在海南患病的徐闻商人。此后，基督教在海南岛落地生根。徐闻小苏村一些早期墓碑上亦可提供相关线索，也就是说，最早进入徐闻小苏村的基督教差会属于美国长老会差会。

光绪二十二年（1896）前后，基督教传入小苏村后，开始只在该村落周围传播，影响不大。雷城、徐闻县城有一些从海南迁移过来的基督教家庭可能对两地产生了一定的影响。

---

① 程永年编写：《湛江教育史话》，广东湛江教育学会、湛江教育志编辑室 1988 年内部编印，第 80—84 页。

抗战时期，时牧师在华南传教，达四十多年之久，始在北海建设一礼拜堂，后因该地人民攻击骚扰，又迁至雷州，同时在安铺、麻章、赤坎等处买房屋，但信众过少最终停办。

1930 年秋，时乐士从美国述职回来不久，就计划利用在美国募捐得来的资金建设教堂。1931 年他在现在民治路一带建设一间房屋作居所，并在现在延安路一带建成一座教堂，堂址设在霞山延安路 14 号。这座教堂建成之后，传教虽有一定的发展，但信徒不多，有 10 多名。1938 年 6 月时乐士忽染肺炎随后病逝。

在时乐士病逝数年前的 1932 年，曾邀请白得胜、徐美德夫妇来雷州半岛传教。白得胜夫妇是美国人，1932 年 2 月到达雷州城，邀请陈雨亭成为助手。他们组成的布道队就在雷州 60 个村庄进行过宣讲，售卖了大约 250 本黎话版马可福音。因避日军空袭白得胜转到赤坎传教，经过努力，终于在赤坎立足。业余时间白得胜等人还到安铺一带传教，甚至举行圣诞崇拜活动。白得胜等人的传教活动收到一定成效，在广州湾一带拥有 70 名信徒。

抗战时期，中华基督教会广东协会于 1940 年夏季派遣华籍传教士李得辉来赤坎传教，他是岭南大学协和神学院的毕业生。李得辉到达赤坎后，没有吸收一个教徒，只有一些难民教徒参加礼拜。当然，时乐士、白得胜、李得辉等人的传教活动志在发展信徒，而在教育、医学等方面没有什么作为，没有开办科学教育学校、医务所等之类，对湛江的影响也只在基督教知识方面。1943 年 12 月，日军决定驱逐白得胜等传教士。1944 年 1 月，美籍传教士统统离开广州湾。

天主教传入雷州半岛，时间大约在明清之际。据《巴黎外方传教会资料》记载，清康熙四十三年（1704），有葡萄牙耶稣会教士玛诺德来雷州传教。玛诺德以雷城为"据点"，首先在南门建立小教堂，在卜格村等地设立传教点，并逐渐到廉江和遂溪的乐民镇新埠村、东门港等地传教。[①] 中英两国因"礼仪之争"致关系恶化，雍正、乾隆两朝对外国传教士来华的禁令不断加强。乾隆五十年（1785），留在廉江的几位神父全部撤离。廉江天主教活动由此中断。[②] 虽然如此，天主教各个差会并不甘心放弃在华传教事业。

①　湛江市地方志编纂委员会编：《湛江市志》，中华书局 2004 年版，第 2036 页。
②　陈立新：《湛江海上丝绸之路史》，（香港）南方人民出版社 2009 年版，第 232 页。

嘉庆五年（1800），澳门教区又开始不断派遣华籍神父来雷州半岛各地传教。这些华籍传教士不仅在海康、遂溪各点传教，还在廉江的木拱桥（约1800年）、墩仔（约1803年）和山寮村（约1805年）设点传教。但由于他们都是来去匆匆，而且也不像早期耶稣会葡萄牙籍神父那样，迁就雷州半岛的风俗习惯，而是要教徒们把祖先牌位全部毁掉，致使部分教徒信仰动摇，天主教在雷州几乎处于停顿状态。道光二十九年（1849），巴黎外方传教会传教士再次进入雷州传教。巴黎外方传教会是17世纪形成于法国的传教团体，归属于教廷传信部管理。创会之后，巴黎外方传教会就开始进入中国，如颜珰、马赖等人相继来华传教。第一个来雷州传教的外方传教会传教士是法籍亚马多·伯多禄（P. AMAT）。1849年9月，他首先到达廉江县吉水镇墩仔村。在当地人的帮助下，在墩仔村、木拱桥和山寮村等地传教。由于伯多禄颇懂医术，免费治病来传教，传教工作多少有些成效。年底，伯多禄到海康，廉江的传教工作遂由外方传教会法籍会士德力格（P. DELYC）负责，德力格之后是法籍勃罗接管。同治十年（1871），广州教区派遣法籍神父陈德经来石城传教。光绪二年（1876），陈德经负责筹建山寮天主教教堂，该教堂后来成为廉江最大的天主教教堂。陈德经是山寮教堂首任神父。光绪十年（1884），陈德经扩建墩仔教堂，并将之列为山寮教堂的分堂。

自道光二十九年（1849）底伯多禄到海康后，卜格村（今雷州市沈塘镇）成为雷州的临时传教中心。卜格村的天主教堂是外方传教会首次在雷州建立的教堂。此时，雷州传教区归属于天主教粤西区管辖，粤西区包含着雷州半岛、涠洲岛和海南三大区域。经过发展，雷州传教区形成雷城和石城两个中心传教区。雷城、卜格、迈特、圣三、塘边和太坡都建立了规模较大的教堂。其中，雷城内分别有北门教堂（1855年建立）、南六教堂（1866年修建）、东门教堂（1882年建立）等。而在遂溪县的江洪港、通明港、东门港、六坑村和新埠村等地亦设有传教点，由海康的神父过来布道，如海康人谢兰神父（Cellard）就在江洪传教。光绪十一年（1885），广州教区派遣华籍梁氏神父来吴川梅菉镇传教，在梅菉建立一座较大的教堂。据光绪十五年（1889）广东教区的报告，当时广东"有1名主教，43名传教士，7名华籍神父，150处教堂或小教堂，1处修道院，共容纳30多名修生，135所学校和孤儿院，28852 名受洗者"[1]。同期光绪十六年（1890）全中国"天主教徒 54.8 万，大小教堂 2826 所，欧洲传教士 625 人，本地牧师 342 人，神学院 42 所，学生 948 名，天主教学校 2495 所，学生 43703 名"[2]。

雷州半岛天主教比较大的发展是在光绪二十四年（1898）法国租借广州湾后。光绪二十五年（1899），法籍、巴黎外方传教会传教士范兰神父受广东代牧区邵斯主教派遣从涠洲岛来广州湾传教。经多次努力筹集款项，于光绪二十九年（1903）建成维多尔天主教堂，范兰为教堂首任神父。1903 年（光绪二十九年）2 月，范兰的继任者法籍神父罗凌（Ferdinand Laurent）来到广州湾，亦为法军随军神父，在职期间成绩不大。1917 年，广东代牧区派中国籍神父谢兰主持广州湾天主教教务。谢兰是海康人，懂得当地各种方言。所以，谢兰任职十余年期间，教徒即发展至 600 余人，在教徒大增后，谢兰在教徒聚居的海头巷十二横巷设立教经场所，由教经先生赶来负责专门给小孩讲授圣经。谢兰在广州湾期间与当时法统治者政府总公使差惠施等人关系极好，经常来往，法统治者政府并将麻章、菉塘村附近田地拨给教会。谢兰为壮大教会，又勾结当时地主豪绅张日新、黄庚等人。张日新、黄庚均曾赠给教会光洋千元。后来，谢兰升为北海教区副主教。[3] 谢兰调职后，北海主教区派法籍神父和为贵（P. RobertLFBAS）主持广州湾天主教教务。和为贵善于交际，在谢兰的基础上，进一步发展广州湾天主教事业。"教徒最多发展到 1500 多人。"[4] 1933 年天主教还在西营设立女修院一座，称之曰"圣母原无罪女修院"，由法籍修女任院长。1935 年筹办了托儿所（后为崇道幼儿园和西营的圣若瑟育婴院），皆由法籍修女主持常务。据 20 世纪 50 年代湛江市调查，湛江解放以前在湛江地区传教神父有 5 人：范兰、罗凌、谢兰、和为贵、吕崇清（法籍）。修女有：一是法籍修女，有裴利伯、巴罗英、麻玛利、巴罗尼、冯英尼 5 人；二是比利时籍修女，有晏安德；三是华籍修

---

① 〔法〕安托万·瓦尼亚尔著，郭丽娜、王钦峰译：《广州湾租借地：法国在东亚的殖民困境》，暨南大学出版社 2016 年版，第 277 页。

② 戴龙基、杨迅凌主编：《全球地图中的澳门》（2015 年册），澳门科技大学 2017 年版，第 206 页。

③ 《湛江佛学院毕业纪念册、湛江市天主教基督教概况及佛教徒调查表》，湛江市档案馆藏，宗卷号：109—A12.2—008。

④ 黄国良：《广州湾的天主教》，湛江市政协文史资料研究委员会编：《湛江文史资料》第 9 辑，1990 年内部编印，第 228 页。

女，有涂道德、邓恩定、许保琏、李罗撒、陈玛利等 7 人。

相对于基督教而言，天主教在雷州半岛传播过程中创办了一些医疗、教育等慈善机构，如育婴院（堂）、崇道小学、麻风院、海头圩施药站等。

据不完全统计，民国时期整个湛江市内，"天主教徒最多发展到 1549 人，有 25 个传教点"。在海康县，雷城教堂是该地区天主教传教的中心，县内还有圣三、迈陈、塘边、太坡、卜格、东平等六大堂口和下坎、高上、海田等传教点，县内"教徒最高峰时达 3217 人，分布在雷城、附城、纪家、唐家、杨家、企水、调风、北和、海田、东里、覃斗、房参、龙门、乌石、南兴、英利等乡镇，共 130 多条村庄"。山寮天主教堂则是廉江县的传教中心。据统计，民国时期廉江全县教徒"有 3000 多人，分布在石城、廉城、吉水、良垌、营仔、横山、河堤、安铺等 8 个乡镇，共 40 多条村庄"。廉江县在民国时期是天主教发展较快的县，县内"有传教士 5 人，修士 2 人，修女 17 人"。自 1925 年起，廉江天主教归属北海教区管辖，北海教区曾先后派遣法籍右佑道、巴乐民，瑞士钟成仁，华籍叶荣轩和阮乐正等神父前来廉江传教。遂溪县影响较大的教堂是东门港教堂，该教堂早期时由海康的神父来传教；1948 年北海教区派华籍林振芳（海康县人）任神父。据统计，民国时期"遂溪县有教徒 1600 多人，分布在乐民、河头、城月、港门、江洪、建新等 6 个镇，约 50 条村庄"。吴川地区天主教在民国时期也发展较快，"共有教徒 600 多人，其中石碇村 300 多人全部信教"。据 1950 年统计，整个湛江地区有天主教大小教堂 22 座，其中赤坎 1 座、霞山 1 座、坡头 1 座、廉江县 3 座、遂溪县 2 座、海康县 10 座、吴川县 2 座。[①]

二、佛教、道教与民间信仰的发展

佛教在中国传播历史悠久。隋唐时期，佛教传入湛江地区。唐宋时期，湛江地区开始有道教活动。宋元时期，儒释道三教合一成为潮流，佛道思想逐渐融入地方的民间信仰与民俗之中。明清至近代，除了天主教和基督教的传入外，湛江地区也有民间信仰的新形式"会道门"的传播和发展。中华人民共和国成立后，湛江地区的各种会道门以其反动性和愚昧性被取缔。

---

① 湛江市地方志编纂委员会编：《湛江市志》，中华书局 2004 年版，第 2037—2038 页。廉江市地方志编纂委员会编：《廉江市志（1979—2005）》，方志出版社 2012 年版，第 769 页。

（一）近代湛江的佛教

鸦片战争后，中国国门被强行打开，随着西方思想和文化的涌入，佛教转衰。晚清之际，湛江地区的佛教徒致力于通过校刻刊印大量佛教经典和善书来传播佛教，其中雷州的道南书局和雷阳印书馆贡献最大。

民国时期，佛教在雷州的发展处于低谷阶段。在全国性"庙产兴学"运动的冲击下，一些地方如海康、吴川当局以破除迷信为名，毁佛像，赶僧尼，加之民国初年匪患和虎患，以及军阀混战造成社会动乱和破坏，不少寺庵毁于兵火，佛教活动一蹶不振。[①] 1922 年，粤军第七路军司令官黄强路过天宁寺，发布命令保护天宁寺，并将布告原文刻在金刚殿的外墙上。这样，雷州最早的寺院仍然扮演着雷州半岛佛教中心的角色。作为湛江可以开坛传戒发牒的两大寺院之一，天宁寺曾经在 1936 年、1940 年和 1948 年 3 次传三坛大戒，在该寺出家或受戒的僧人遍及国内外。

20 世纪 30 年代后，雷州佛教有所复兴。据沪渎静安佛教学院的憨石法师介绍，当时雷州半岛上的僧尼大约 300 人，他们生活的方式不完全相同，少数人拥有几亩薄田自力更生，绝大多数人还是依靠香火和经忏的收入维持生计，生活都很清苦。

同期，与雷州毗邻的法国租界广州湾，域内佛教承前启后，呈现出兴旺发展局面。1930 年前后，相继有多座寺庵建成，主要有：清凉寺（1929 年建）、福寿山玉佛寺（1930 年建）、青云庵（1933 年建）、持名静室（1933 年建）、慈云庵（1929 年建）等。其中清凉寺的规模最大，是广州湾佛教活动的主要场所。由于清凉寺的历代住持法师都是佛教界高僧大德，这也奠定了它在湛江佛教中的地位。

近代湛江地区佛教界，高僧辈出，影响遍及海内外。本地法师最著名的当属释慧贤法师，被誉为"海康李叔同"。法师俗名周烈亚，光绪九年（1883）生于广东省遂溪县许节村。他出身书香门第，聪慧过人。他先是考取广东高等师范，1913 年毕业后回乡任教并担任雷州中学第一任校长。1916 年，周烈亚再次外出求学，又考取北京大学文科，他是近代以来湛江地区第一个中国最高学府的大学生。在北京大学学习期间，周烈亚与傅斯年、顾颉

---

① 邓碧泉、柯锦湘：《宗教文化》，岭南美术出版社 2013 年版，第 15、22 页。

刚、狄君武等四人住在北京大学西斋四号宿舍。[①] 周烈亚潜心佛学，不遗世法，加入了校长蔡元培倡建的进德会。从 1913 年到 1932 年，周烈亚断断续续担任雷州中学（后来改称广东省立第十中学）的校长，任职期间思想开明，廉洁奉公，所聘任的各科教师都是一时之选。他辞职退任之际，把 3000 多银元悉数转交新任校长，一时被传为佳话。

早在北京读书期间，周烈亚曾在法源寺做过题为《心佛众生三无差别》的演讲，后讲稿还发表在 1923 年《哲报》第 2 卷第 22 期上。他深研儒佛，会通诸法，撰写的长篇论文《孔学》，连载于《昌明孔教经世报》。1930 年，周烈亚受赤坎清凉寺住持能真法师邀约，撰写了建清凉寺碑记，并与文人居士形成了一个修学团体。1936 年，周烈亚在母亲去世后舍俗出家，在浙江天台山华顶寺著名高僧兴慈法师座下剃度，法名慧贤。1938 年，慧贤法师返回湛江，在赤坎清凉寺常住，后任住持。1938 年，清凉寺传授三坛大戒，慧贤法师被礼请为羯磨阿阇梨。1939 年，法师受请到海康天宁寺任住持。在雷城，慧贤法师买地 500 多平方米，建茅蓬十间，收徒纳众，后来移建到雷州市白沙镇水店村白水沟边。慧贤法师在天宁寺未及三年，应请回家乡住静修。1946 年，慧贤法师离开湛江，到上海法藏寺常住。1951 年，慧贤法师于浙江黄岩清凉洞圆寂。

除了千百年的历史积淀和文化基础外，动荡的时局和战争环境客观上促进了湛江地区佛教界与外部的交流。抗战期间，广东著名高僧海仁法师避居清凉寺，开坛讲经一年多。门下弟子有云峰法师、清和法师、文殊法师、永常法师。湛江地区佛教多属于禅宗。1942 年在遂溪东华山成立了"遂廉湛佛教会"，会长是森经和尚，曾经出版过数期《佛学月刊》。

雷州佛教根基深厚，虽遭打压，但未伤元气。因此，湛江地区的佛教仍以雷州为中心。抗战期间，湛江地区的佛家弟子们秉承弘一大师"念佛不忘救国，救国不忘念佛"的入世精神，积极参与到社会建设和佛教自身改造的运动中。

湛江地区曾以广东省遂廉分会的名义加入中国佛教会整理委员会并成为其下属组织。遂溪城外龙华庵年仅 20 岁的寿明法师和廉江的圣馀法师作为

---

① 狄膺：《〈狄君武先生遗稿〉前言》，沈云龙《近代中国史料丛刊续编》第九十六辑，（台湾）文海出版社，第 1 页。

净众积极参与这次佛教改革运动，并获中国佛教会整理委员会颁发会员证书。

1943 年 2 月，雷州半岛沦陷于日寇手中，中国佛教会整理委员会组织的活动暂时停顿。抗战胜利后，中国佛教会从重庆迁返南京，电令各省恢复佛教会的工作。于是，湛江的佛教人士又组成中华佛教会的分会组织。

（二）近代湛江的道教信仰

雷州的特殊地形气候，造成了干旱、少雨、多台风、多雷暴的自然条件。在大自然面前，崇拜超自然力量成为居民生活不可分割的组成部分。道教作为土生土长的本土宗教，在湛江有丰厚的土壤。

雷州半岛是一个历代移民集中的地区。在宋元明清时代，都曾有大批的中原及福建移民移居此地。这些移民不仅带来了他们的生产技术，也带来了他们祀神祭祖、崇德报恩、祈福消灾的信仰传统。背井离乡创业的艰难，生存的不易使得他们祀神祭祖比以往任何时候都更虔诚。由于自然灾害的频繁及社会的动荡不安，佛教及道教等宗教文化在此得以大行其道。[1] 宋代，道教南宗内丹派、雷法派于此传播活动，雷法派影响显著。[2] 元明清时期，正一道活跃。元朝雷州著名道士周丈在龙虎山天师府学成回乡，正一派道法开始在雷州半岛广为传播。明清时期，从全国看，道教总体处于衰微状态，但雷州半岛的道教发展方兴未艾。法事科仪逐渐完备，信徒众多。民国初年，雷州尚有著名道士黄芝玉等 9 人，各有徒众。道教徒散布于民间，从事占卦、算命、睇相、扶乩、择日子、看风水、打醮、打斋等斋醮问卜活动。道教徒常常参与民间节日、神诞等活动中，这些充分显示道教与民间祀神活动之间存在紧密关联。在湛江的区域中民间宗教比较盛行，几乎每一个村落都有自己的民间信仰，譬如对土地、山岭、河流、古树、奇石、雷神、石狗等的图腾崇拜，比比皆是。在雷州半岛，神祇的辖域和等级有清晰的界定。这是历史演变、约定俗成的结果。雷州神庙神龛上的众神，其神职范围和神格性质往往清晰地用文字标示在神牌上。

湛江道教尊奉的诸神鲜活地体现了中国道教的土生特点，体现在历史性和地方性方面。湛江地区的道教神灵除了全国性的道教神祇外，湛江地区的

---

① 刘岚：《雷州半岛年例的表现类型及留存原因探讨》，《文化遗产》2015 年第 2 期。

② 谢清科：《道教南宗五祖白玉蟾》，《湛江晚报》2011 年 7 月 5 日。

历史英雄人物往往死后被尊为神。如麻斜的罗侯王庙,当地人称之"大王公庙",供奉的主要是宋末元初的朝列大夫、化州路总管罗郭佐。罗郭佐出生于广东石城县(今廉江市),祖父罗廷玉为石城主簿,父亲罗嗣宗为石城知县。罗郭佐及其两子罗震、罗奇,孙罗元珪,曾孙罗仕显5人为平定海寇,海上遇警,骂贼而死,后人尊之为"罗五节",并在元朝至正年间建庙纪念。罗侯王庙自建成以来,香火鼎盛。

宋元以后,道教在雷州半岛的民间活动非常普遍。巫术道法,深入民间。秦观《雷阳书事》记载:"骆越风俗殊,有疾皆勿药。束带趋祀房,用史巫纷若。弦歌荐茧栗,奴士洽觞酌。呻吟殊未央,更把鸡骨灼。"体现了雷州半岛居民信巫不信医的风俗。"阖郡巫憪,至三百余家,有病则请巫以祷,罕用药饵。有司虽申谕之,不能易也。"①

此类习俗相沿数百年,要真正改变绝非一朝一夕。对此,民国政府也进行了一些努力,试图颁布法律规定,制止陈规陋习。1948年6月9日,海康县颁布查禁民间不良习俗办法。对于崇拜神权迷信、妇女缠足、蓄养婢女、童养媳、堕胎溺婴等不良习俗予以查禁。对于崇拜神权迷信则进行了比较具体的界定,如卜筮、星相、堪舆,邪教宣传,供奉淫神,迎神赛会,利用邪术行医,假托神权从事非法活动和秘密结社等都在迷信之列。② 新中国成立后,随着各种新风尚的形成和传播,这些封建迷信的陋习逐渐退出社会生活的大众视野。

最能体现湛江道教和民间信仰的习俗是湛江地区的年例活动。雷州半岛年例活动兴起于宋至和元年(1054),活动内容与仪式有:拜神、法事、游神、驱傩、穿令箭、翻刺床、上刀山或下火海等自虐赎罪仪式、娱神演出及吃年例等。年例的农耕文化特征明显。在年节时祭祀祖先神及三界众神,借道士的法事活动取得与神灵的沟通交流,通过虔诚忏悔赎罪及奉献仪式得到神灵的宽宥与福佑,为新一年的生产及生活寻找精神屏障。

年例中最有神秘色彩和艺术魅力的是傩舞。雷州半岛的年例傩舞形式多样,除考兵之外,还有走清将、舞二真、舞六将等。湛江傩舞中,雷州"走

---

① 〔明〕欧阳保等纂,刘世杰、彭洁莹点校:万历《雷州府志》卷五《民俗志·习尚》,中国社会科学出版社2014年版,第58页。

② 民国档案,卷宗号1-1-577-105,雷州市档案馆藏。

清将"颇有代表性。傩舞队一般由雷首、五雷神将（指东南西北中五个方位的雷神）及土地公、土地婆组成，有的又加入上元大帝、南极医灵延寿大帝、北极镇天真武大帝三帝及玄坛和天罡二帅或者由"三天君"（即天神），即万天雷首邓辛张天君（应为张节、辛环、邓忠三神）、宣天玄坛赵副亚（公明）天君、都天灵官马朱陈天君（应为马华光、朱灵官、陈灵官，三天君实际代表了七位神灵）与五雷神将组成。傩舞仪式包括"请将练兵"及"驱鬼逐疫"两部分。"请将练兵"即由道士设坛上香，以鸡血祭神，颁令符，敬请各界神灵、诸路兵马到寺庙前扎寨练兵。道士驱赶追逐五雷神将，问"五方蛮雷，功夫练熟不"，五将答道"练纯熟"，道士令"起兵"。傩队便往各家各户"驱鬼逐疫"。"走清将"流传于雷州市的雷高镇、松竹镇、南兴镇、客路镇、杨家镇、白沙镇、附城镇与麻章区的太平镇、湖光镇等地乡村。[①]道、巫、杂技穿插其中，使整个祭祀过程更加多元化、更具神秘色彩、更具观赏性。[②] 2008 年，湛江傩舞被列入"第二批国家级非物质文化遗产"名录。

（三）会道门

会道门是指以宗教异端信仰为纽带的民间秘密结社，是指会、道、门、教、社等反动封建组织的合称，在性质上属邪教。近代湛江的会道门种类繁多，因为他们都打着三教同源的旗号，往往与这些传统宗教关系密切，且都有渗透。

民国时期，湛江地区曾经有同善社、先天道、归根道、红莲教、洪门会和同善堂等会道门组织。在湛江影响最为广泛的是同善社。同善社与民国时期的一贯道有着共同的渊源，都是由清代的青莲教演变而来。根据《祖派揭晓》中的记载，同善社的渊源祖派如下："初祖达摩→二祖神光→三祖普安→四祖道信→五祖弘忍→六祖惠能（释终儒起）→七祖孙敷仁→八祖罗蔚群→九祖黄德辉→十祖吴紫祥→十一祖何若→十二祖袁志谦→十三祖杨还虚（敬修）→十四祖黎晚成→十五祖袁世河→胡慧贞→彭回龙。"[③] 同善社前身

① 刘岚：《雷州半岛年例的表现类型及留存原因探讨》，《文化遗产》2015 年第 2 期，第 145 页。
② 朱小燕：《粤西傩舞"走清将"的风格特色与表演形式》，《戏剧之家》2015 年第 7 期。
③ 杨靓东：《祖派揭晓》，上海明善书局 1933 年版。转引自王见川：《同善社早期历史（1912—1945）初探》，（台湾）《民间宗教》1995 年第 1 辑，第 58 页。

是晚清时期的先天道，因此他与民国时期其他会道门的教义一样，都是鼓吹"三教合一"的。同善社到 20 世纪 20 年代，发展成为民国时期仅次于一贯道的第二大会道门组织，信徒一度达到 300 万人。同善社有着一套完整的组织系统。从级别上说，从上到下分别是：总社、省社、县社和乡镇事务所。

同善社在广东省影响极大。1921 年，同善社在梅菉董屋巷设立广东省第四区社，负责管理领导高、雷、钦、廉、湛等 10 多个县市的同善社组织。1923 年，同善社派员到安铺镇，设立廉江县社部。县社部下设 3 个事务所。每所设一个佛堂，其机构头目，最高为 18 层，安铺设立 7 层头目。[①] 广东省廉城县分社，分设教授、交际、稽查、收支、文牍、庶务 6 科。如廉城县分社下设安辅、石岭、横山等事务所，每个事务所又分设 6 科。最基层机构为佛堂，归其属事务所管理。其机构设置，自上而下，层级清楚；同级之间，各部门职责权限明确。吴川县级同善社管辖黄坡、吴阳、芷寮、振文、南三等地的事务所。吴川县同善社共有坛堂 13 座，区社县社各 1 座，事务所 6 座，临时佛堂 2 座，坤堂 3 座，入道人数有 1357 人。

湛江地区另外一大会道门是先天道，其对湛江地区的佛教寺院庵堂有很大程度的渗透和影响。先天道以无生老母（或瑶池金母、无极老母）为最高主宰，以"三教合一"为宗旨。早期先天道主要在江西、四川等省活动，咸丰年间先天道由湖北传入广东。湛江地区先天道分为张公派和金公派。吴川先天道属于张公派，由广州湾慎德堂分支而来，包括上郭的三元宫，梅菉的三官堂、清莲庵、荫福堂，山脚的云水庵，黄坡的普善堂、静修堂、庆善堂、永善堂、志善堂、积善堂、太祖庙，苏村的德修堂和坡头的慈善堂。属于金公派的由湛江金玉堂分支而来，有梅菉的正德堂、善安堂、海晏庵和东平庙。1938 年，陈西林到湛江传道，建立趋善堂，后发展梅菉的普应禅林、浅水那狄村的福竹堂。由普应禅林发展到梅菉的万寿庵、水月庵，水月庵又发展到其他庙堂。还有从化州和广西传来的先天道的庙堂。

1949 年以后，随着中华人民共和国的建立，会道门被政府依法取缔。

---

① 王在福、林准主编：《安铺镇志》，1986 年内部编印，第 281 页。

湛江通史

下卷

《湛江通史》编委会　编

SPM 南方出版传媒　广东人民出版社

·广州·

第三十五章 社会主义过渡时期的湛江地区

1949 年 10 月 1 日，中华人民共和国成立，由此至 1956 年基本完成社会主义改造，是我国社会主义过渡时期。这一时期，我国相继实现了从半殖民地半封建社会到民族独立、人民当家作主的新社会，从新民主主义到社会主义的历史性转变。从 1949 年 12 月 19 日湛江全境解放到 1956 年基本完成社会主义改造，湛江开展了一系列社会主义过渡时期的工作，完成了湛江历史上深刻的社会变革，为后来湛江社会的发展进步奠定了根本的政治前提和制度基础。

第一节 人民政权建立与巩固

湛江解放后面临的主要任务是：建立和巩固人民政权，完成民主革命遗留的任务，支援前线解放海南岛，废除封建土地制度和渔业制度，建立国营经济基础，稳定物价，统一财经，革除社会陈弊，树立崭新的社会形象。

一、人民政权建立和建置变更

（一）中共南路地委、南路专员公署

1949 年 12 月上旬，粤桂边战役将要结束，白崇禧、余汉谋残部及盘踞在粤桂边的其他国民党军队已大部被歼，除湛江等个别市、镇外，粤桂边区已解放。为彻底推翻国民党在粤桂边区的统治，解放湛江市，部署解放后南路的工作，12 月 7 日，中共粤桂边区委在廉江召开了有边区党政军领导人、部分地委及南下野战军驻高雷部队负责人参加的扩大会议，史称"廉江会议"。

会议传达了中共中央华南分局的决定，宣布结束中共粤桂边区委，粤桂边区原属广西的地区划归广西管辖，在广东南路地区成立中共南路地委。南路地委隶属中共中央华南分局，下辖徐闻、海康、遂溪、廉江、吴川、梅茂、化县、电白、茂名、信宜、钦县、防城、合浦、灵山等 14 个县委，解放湛江后入驻湛江市赤坎光复路。①

在成立南路地委的同时，根据广东省人民政府和广东省军区的决定，设立广东省人民政府南路区行政督察专员公署（简称南路专员公署）。南路区行政督察专员公署驻湛江市赤坎区中山路 19 号。②

（二）中共高雷地委、高雷专员公署

1950 年夏秋间，为加强对钦廉四属的领导，华南分局决定把合浦、灵山、钦县、防城四县和北海市（县级）从南路地区划出，另设钦廉地区，成立钦廉地委，南路地委改为高雷地委。9 月，中共高雷地委正式建立。高雷地委建立时由华南分局领导，1951 年 4 月开始隶属中共粤西区委，下辖徐闻、海康、遂溪、廉江、吴川、梅茂（1952 年 5 月吴川、梅茂两县合并为吴梅县）、化县、电白、茂名、信宜 10 个县委和华南垦殖局高雷分局党委（1952 年 9 月成立），代管湛江市委。高雷地委仍驻湛江市赤坎光复路。③

南路地委改为高雷地委的同时，广东省人民政府决定将南路专员公署改为高雷专员公署。

（三）中共粤西区委、粤西行署

1951 年 4 月，华南分局决定成立中共粤西区委员会（粤西区委），管辖粤中、西江、高雷三个地委，驻江门市，同时设立广东省人民政府粤西办事处。粤西区委由华南分局领导。1952 年 5 月，华南分局决定将粤西区党委与粤中地委合并，仍称粤西区委。粤西区委直辖原粤中地委领导的台山、新会、鹤山、高明、开平、恩平、赤溪、阳江、阳春、江门等县、市委和三埠

---

① 刘田夫：《刘田夫回忆录》，中共党史出版社 1995 年版，第 184—185 页；中共湛江市委组织部等编：《中共广东省湛江地（市）组织史资料（1949—1987）》，1997 年内部编印，第 5 页。

② 刘田夫：《刘田夫回忆录》，中共党史出版社 1995 年版，第 185 页；邬强：《烽火岁月》，广东人民出版社 1993 年版，第 355 页。

③ 中共湛江市委组织部等编：《中国共产党湛江市组织史资料（1949—1983）》，1997 年内部编印，第 8 页。

镇委（县级），以及西江、高雷两地委。11 月，华南分局决定撤销西江地委和高雷地委，成立粤中区委。粤西区委直辖的新会、鹤山、高明、江门等市、县委，以及西江地委领导的各县委划归粤中区党委领导；台山、开平、恩平、阳江、阳春县委以及高雷地委所辖的各县、市委仍由粤西区党委直接领导。粤西区委由江门市迁往湛江市，驻赤坎光复路 33 号怡园原高雷地委驻地，1953 年春迁至赤坎鸭嫲港外（现北桥路 18 号）。1952 年 12 月，经政务院批准，湛江市郊的硇洲、东海两区组建为雷东县，成立县委，划归粤西区委领导。此后，南山岛和特呈岛也相继归划雷东县管辖。至此，粤西区党委下辖湛江市委、华南垦殖局高雷分局党委和徐闻、海康、遂溪、雷东、廉江、化县、吴梅（1953 年 4 月改为吴川）、茂名、信宜、电白、阳江、阳春、恩平、开平、台山等 15 个县委。粤西区委由华南分局直接领导，1955 年 7 月华南分局撤销，成立中共广东省委，粤西党委划归中共广东省委领导。

在粤西区党委迁驻湛江的同时，广东省人民政府粤西办事处也随区委迁往湛江，改称广东省人民政府粤西行政公署，驻赤坎区中山路 19 号原高雷专署驻地。

（四）中共湛江地委、湛江专员公署

1956 年 2 月，中共广东省委、省人民政府决定，撤销粤西区委、粤西行政公署，成立中共湛江地委及湛江专员公署，分别隶属中共广东省委和广东省人民政府。地委驻地在原粤西区委驻地，专员公署驻地在原粤西行政公署驻地。1956 年地委和专员公署管辖湛江市和徐闻、海康、遂溪、雷东、廉江、吴川、化县、茂名、信宜、电白、阳江、阳春等 12 个县。

（五）中共湛江市委、湛江市人民政府（人民委员会）

1949 年 12 月 19 日，湛江市解放，随即成立湛江市军事管制委员会，接管国民党的一切公共机关。1950 年 3 月，召开全市党员代表会议，成立中共湛江市委员会，同月成立湛江市人民政府。中共湛江市委、市人民政府管辖市内的西营（今霞山）、赤坎两地和农村的潮满、新鹿、东海、硇洲、通平、滨海等区。1951 年 10 月，通平区划归遂溪县管辖。1952 年 1 月，滨海区划归吴川县管辖。1952 年 12 月，经政务院批准，东海、硇洲两区划出，成立雷东县，归粤西区委领导。1955 年 7 月，湛江市设郊区办事处，为市派出机构，负责管理农村工作。1949 年 12 月至 1952 年 11 月，湛江市委、市人民

政府由中共中央华南分局、广东省人民政府直辖，之后先后由中共粤西区委、粤西行政公署，中共湛江地委、湛江专员公署管辖。市军管会、市委、市人民政府初期设在赤坎民族路，1953 年 5 月市委、市人民政府迁至西营（今霞山）海滨一横路。

二、军事管制与城市接管工作

1949 年 12 月 19 日，湛江市解放。由于当时敌我斗争形势复杂，新解放的地区一律实行军事管制。湛江市解放次日，即宣布成立中国人民解放军广东省军区湛江市军事管制委员会（简称军管会），对湛江市实行军事管制，刘田夫兼任主任。军管会成立当日，即奉命接管原国民党湛江市政权机构，维护社会治安，建立革命新秩序，镇压敌特破坏活动，保障人民生命财产安全。在军事管制期间，军管会为湛江市最高权力机关，统一管制全市政治、经济、文化事宜。军管会成立后，属下的湛江市公安局随即成立，接收国民党湛江警察局。为做好接管工作，军管会又先后成立了公逆财产清管处、税务处、文教科等机构，配合军管会做好肃清匪特、整顿社会治安、维持社会秩序的工作。在成立军管会的同时，成立湛江警备司令部，邬强任司令员，刘田夫任政委。

军管会成立后，迅速开始了全面的城市接管工作。先是进行宣传发动，打消市民对新政权的疑虑。然后对国民党原机关的物资，军管会分轻重先后接管，首先接管财政、交通、公安等要害部门，其次是党政机关。接收的机构，共有四类。第一类为党政司法机关，计有：广东省第十四专员公署、市人民政府、赤坎区公所、西营区公所、市参议会、广东省高等法院湛江分院、湛江地方法院、监狱所、警察局、警察局西营分局、国民党市党部、民社党市党部、青年党市党部、消防队、海员党部、子午社等 16 个单位。第二类为财政机关，计有：国税局、税捐处、雷州海关、雷州盐场、中国银行、农民银行、中央银行、省银行、交通银行和合作金库的各驻湛机构，商品检验局、财产清理委员会等 12 个单位。第三类为交通通讯机关，计有：工务局、汽车统一调度所、电话所、电讯局、赤坎邮局、西营邮局、航政办事处、铁路工程处、空军站等 9 个单位。其中航政办事处管辖的主要设施有堤岸千余米、栈桥码头 1 座、避风塘 1 处、仓库 5 间（面积 1190 平方米）。

第四类为文教机关，计有：市立一中、市立一小、市立二小、大光小学、民众教育馆、助产护士学校、大光报社、民国日报社、南商日报社、正气日报社、公共体育场等11个单位。[①] 在接管各机构的过程中，先接管人员档案，后接管财物，再进一步对旧机构人员进行教育改造。

　　在接管这些旧机关时，新的人民政权机关也建立起来并发挥作用，使城市管理工作保持了较好的连续性。新建立的军管会及属下的公安局等机构，在各区设立了办事处，并发布了维护城市稳定的一系列布告，公安队伍负责维护治安，使城市避免因政权交替而出现大的社会秩序变化。在接管几大银行驻湛机

1950年1月1日，湛江市各界在中国大戏院隆重举办庆祝湛江解放暨元旦联欢大会

构后，马上建立中国人民银行湛江支行，随后制定了折卖定期储蓄存款暂行规定和外币存款暂行章程，1949年12月22日即开办业务。人民银行的建立，使军管会掌握了全市的经济命脉。12月24日，军管会接管了雷州海关及属下的各地分支机构，并立即开展业务，后更名为湛江海关。军管会接管国民党国税局及税捐处后不久即成立税务处，按原来制订的方针开始征收行商税、货物税、屠宰税等。1950年2月17日发布了财产租赁所得税征收暂行办法，开始征财产租赁所得税。各税的开征，保证了财政供给，支援了前线作战和经济恢复。在接收交通机关后，建立了统一管理的运输站，军管会发出布告，所有汽车、船只统一调度，为解放海南岛提供运输工具。1948年12月25日，以粤桂边区人民解放军政治部名义出版的《人民报》，正式作为原中共粤桂边区委机关报，即今《湛江日报》前身。1949年12月，解放

[①] 沈斌：《两个多月来湛江市接管工作的报告》，《南路人民报》1950年3月13日；《亿吨大港之路》，《湛江晚报》2008年12月25日。

1949 年 12 月 23 日，《每日新闻》（今《湛江日报》前身）刊登湛江市军管会成立消息

军进城后，粤桂边人民报社接收了国民党在湛江的几家报社，南路地委、湛江市军管会任命方力为军代表进驻报社，改报名为《每日新闻》。1950 年 1 月，中共南路地委作出关于出版地委机关报《南路人民报》的决定，1 月 26 日，南路地委机关报《南路人民报》创刊。接管几所学校后，军管会专门发出关于学校教育改进的意见，要求各学校成立校务委员会及生活指导委员会，民主管理学校。在接收上述机关过程中，军管会尤为注意对旧机关人员的教育改造，以发挥他们的积极作用。

三、初步建立国营经济基础

没收官僚资本归新民主主义国家所有，建立和扩大社会主义性质的国营经济，控制国家的经济命脉，是中共七届二中全会确立的五大经济政策之一，是进行各项社会改革与迅速恢复国民经济的重要措施。

1949年，中共中央先后发出《关于接收官僚资本企业的指示》等文件，详细规定了接收官僚资本企业的方针政策和办法。南路各地解放后，人民政府相继没收国民党政府及官僚的土地、工矿、房屋、码头、企业、银行、仓库、医院和交通运输部门，接收博贺、乌石盐场和梅菉麻包厂等企业，建立国营和公私合营企业。在湛江市解放后，军管会对帝国主义、反动官僚在湛江的财产也进行了清理接收。1950年2月3日成立了公逆财产（帝国主义、汉奸、国民党买办官僚在湛江的财产）管理处，发布了公逆财产清理暂行条例。2月7日又颁布了奖励检举密报公逆财产暂行办法，发动市民检举公逆财产。15日，军管会再次发布处理租赁汉奸日伪房屋地产暂行办法。在此前后，军管会首先清理接收了法国东方汇理银行及中国银行、中央银行、农民银行、交通银行、广东银行、合作金库等驻湛江金融机构，建起了中国人民银行湛江支行，为广东南路金融中心。其次是接收了一批工厂企业，如法国东洋电灯公司、美国美孚公司、德士古公司、英国亚细亚火油有限公司、锅厂、印刷厂、火柴厂及雷州盐场等。再次是没收官僚、反动分子、国民党政府在私营工商业中的股份，作为国有资产（公股），与资本主义经济合作经营，建立国家资本主义性质的公私合营企业，如西营碾米厂、新光织布厂、建设旧胶辘厂、大众旧胶辘厂等。第四是没收美国浸信会、法国育婴堂、天主教育婴堂等一批帝国主义在湛江的财产，按当时市价计算价值200多万元。第五是接收了邓龙光等军阀、官僚在湛江的一批房产、商号、酒店。第六是接收了一批物资，计有银元12520.33元，港币54039.97元，新旧汽车16辆和一些办公用品。[①] 没收帝国主义、反动官僚的资产归国家所有，基本上铲除了湛江市经济生活中的旧基础和腐败势力。

---

① 沈斌：《两个多月来湛江市接管工作的报告》，《南路人民报》1950年3月13日。

在接管官僚、国民党政府的资本之后，湛江市军管会、湛江市人民政府即着手建立并扩大社会主义国营经济。在工业上，接收工厂的同时，首先按照中央的规定，迅速恢复秩序，继续生产，机器照常转动，人员照常工作。然后按实际情况和能力进行扩建，如电灯公司在接管不久，为解决迫切需要的全市工业生产与照明用电问题，将其扩建成发电厂，发电量增加两倍多。

在商业方面，主要是建立国营贸易公司。湛江市刚解放时，广东省人民政府就从广州调拨了一批物资和资金，利用接收过来的商业机构，于1950年1月29日在湛江建立了广东南路区贸易公司。不久，又相继建立了粮食、纱布、盐业、土产、百货、石油等分（支）公司及各地的分（支）公司，后又增设专卖、畜产、油脂等分公司，逐步形成了国营贸易体系。1953年，湛江市国营贸易机构已达17个，贸易销售额以1950年为基数100，1951年为342，1952年为594，1953年为1186。在整个贸易中，国营贸易额所占的比重由1950年的13.64%上升为1953年的36.24%。① 与人民生活密切相关的粮食、盐、纱布、煤油等必需品，已基本上由国营贸易公司经营。

在建立国营企业的同时，南路地区、湛江市还建立了有计划的、集中的国营贸易管理机制。地区和市均建立了财经委员会、工商科（局），地区和市财经委员会均由地委书记和市委书记兼任主任。财经委员会和工商科（局）对贸易公司实行垂直统一领导，地区贸易公司领导并保证各专业公司执行与完成地区、市专业计划与财务计划，监督各专业公司执行政策，协调各公司间的相互关系及工作步调，确保各中小市场国营贸易公司的批发商品价格稳定。

国营经济是以生产资料全民所有制为基础的，生产资料和产品归代表人民的国家占有和支配的经济。湛江解放初期国营经济的建立与发展壮大，确立了它在整个国民经济中的领导地位，在湛江的经济发展史上有着重要的意义。一是为新生的人民政权发展生产、繁荣经济、开展社会建设奠定了物质基础；二是使人民政府有力量保证多种经济成分并存、计划管理与市场调节相结合的新民主主义经济体制的确立，保证各种经济成分能沿着新民主主义

---

① 何鸿景：《湛江市人民政府工作报告》（1954年6月24日），湛江市档案馆馆藏档案56—3—6。

的轨道前进；三是使人民政府有能力把握国民经济命脉和发展国计民生，调剂社会需求，平抑市场物价，打击投机资本，扶持正当工商业，并为开展大规模经济建设和向社会主义过渡创造条件。

四、支援解放海南岛

1949 年 12 月，随着粤桂边战役结束和湛江的解放，国民党军队的部分残余势力从内地逃往海南岛，与原守备海南的兵力合并，成立"海南防卫总司令部"，由薛岳任总司令。薛岳指挥岛上的国民党陆、海、空三军，修订防御计划，加紧构筑工事，组成所谓"伯陵立体防线"（薛岳字伯陵），企图凭借琼州海峡天险，长期固守海南岛。

为迅速解放海南岛，中共中央委员会主席、中央人民政府主席、人民革命军事委员会（简称中央军委）主席毛泽东和中央军委于 1949 年 12 月命令人民解放军第四野战军以第四十军和第四十三军为主力准备解放海南岛。中央军委决定，除两军的 6 个师之外，还配置高炮第一师一个加农炮团、一个高射炮团以及部分工兵、通讯兵，共 10 万余人组成渡海作战兵团，连同在海南岛担任接应的琼崖纵队 5 个纵队 1.6 万人，由华南分局第一书记、广东军区司令员兼政委叶剑英统一领导。由广东省军区副司令员兼十五兵团[①]司令员邓华具体指挥海南岛战役，组成解放海南岛指挥所，具体负责海南岛战役计划的实施。毛泽东命令邓华、赖传珠（十五兵团政治委员）、洪学智（十五兵团第一副司令员）"应速到雷州半岛前线亲自指挥一切准备工作，并且不要希望空军帮助"。[②] 广东成立了支前司令部，尹林平任司令员，方方任政治委员。[③]

1949 年 12 月底，渡海兵团奉命全部集结于雷州半岛及其两侧数百千米的海岸线上，历兵秣马，准备渡海作战。1950 年 1 月 2 日，中共中央华南分局发布《关于支援海南岛作战的决定》，明确把支援解放海南岛、解放全广

---

① 当时广东军区和十五兵团合并，合并后十五兵团并未撤销。

② 见《关于同意争取在旧历年前进攻海南岛的方针的电报》（1949 年 12 月 31 日）。又可见中共中央文献研究室编：《毛泽东年谱》（1949—1976）第一卷，中央文献出版社 2013 年版，第 65 页。

③ 《支前工作会议记录》（1950 年 1 月 30 日）、（1950 年 3 月 22 日），中共广东省委党史研究室等编：《叶剑英与华南分局档案史料》（上册），1999 年内部编印，第 63—67、73—76 页。

东作为 1950 年广东省的中心工作，要求"各级党政机关必须以全力支援并迅速集结大量船只、船工、器材、经费和进行各种应有的充分准备"。① 渡海作战、解放海南岛，完全不同于此前人民解放军最为擅长的陆战野战，必须进行较长时间的精心准备。在 10 万渡海大军进驻雷州半岛长达 4 个月的备战期间，南路人民排除万难，从人力物力财力各个方面给予了充分的支持。为落实中央和华南分局的指示，南路地委对支前工作做了部署。早在 1949 年 12 月粤桂边区委扩大会议上，刘田夫代表新成立的中共南路地委作报告时就强调，南路当前的主要工作就是配合南下野战军彻底消灭国民党残余，支援解放海南岛。1950 年 1 月 3 日，支前委员会和南路支前司令部成立，支前委员会由南路地委书记刘田夫、南路军分区司令员邬强、南路专属专员李进阶组成，支前司令部司令员李进阶、政治委员温焯华（后刘田夫兼政委）、副司令员兼参谋长陈开濂主持日常工作。司令部下设参谋处、供给处、船舶处、运输处，分管各项支前工作。在港口、交通要道成立供应站、仓库等。同时，南路各市、县也相应成立支前司令部，由党政主要负责人兼任司令员、政委，加强对支前工作的领导。"南路支前委员会动员各级党政机关全力以赴，同时抽调 800 多名干部组成支前工作队，深入渔港、农村、街道，宣传发动群众，扎扎实实地开展支前工作。"②

1950 年 3 月，第四十军与第四十三军各一个加强营分别成功潜渡海南岛，第十五兵团立即组建前方指挥所，由邓华亲自率领，于 3 月 17 日进驻徐闻赤坎村，现场指挥渡海作战。赤坎村位于徐闻县龙塘镇海边，距徐闻县城约 50 千米。指挥所就设在赤坎村离海边仅 100 多米的一座民宅里。由于第四十三军和第四十军分驻雷州半岛东西两边，处在渡海作战最前沿的徐闻县，还在县支前司令部下分设徐东区和徐西区 2 个支前司令部，分别负责对第四十三军和第四十军的支前工作。徐闻县支前司令部还设立船工管理委员会和海安港、外罗港、北石港等 11 个港口管理处，由部队和地方双重领导。

支前工作从征集船只、招募船工及筹粮筹物开始。为征集船只、招募船工，南路地委指示沿海各市、县党政机关以 2/3 的力量与第四十军、第四十三军派出的干部组成支前工作队、组，深入渔村、海港开展工作，向渔民宣

---

① 刘田夫：《刘田夫回忆录》，中共党史出版社 1995 年版，第 191 页。
② 刘田夫：《刘田夫回忆录》，中共党史出版社 1995 年版，第 192 页。

传解放海南岛的重要意义，动员渔民把船只租借给政府。在雷州半岛，工作队逐家挨户宣传发动，使渔民认识到只有解放海南岛，雷州人民才能过上安稳的日子。渔民纷纷把船只献出来。支前司令部还组织人员到信宜等山区采购优质木材来修造船艇。经过 4 个多月的努力，南路共征集到大小船只 2666 艘，还筹集了救生圈、泅水用具等大批渡海器材。[①] 在征集船只的同时，工作队又动员广大渔民踊跃报名参加支前，在雷州半岛共招募船工舵手 1.2 万余人。军民密切配合，组成了一支坚强有力、不畏艰险的渡海队伍。渡海作战兵团 10 万大军云集雷州半岛，供需比较困难。贫困的南路地区人民刚刚为粤桂边战役付出了巨大的人力、物力、财力，现在又为渡海作战部队的给养而倾尽全力。渡海部队未进入南路之前，各地已按照中共中央华南分局关于支前工作的指示，及早动手备款、备粮、备物。在各地支前司令部的发动下，南路人民省吃俭用支援前线，共征集粮食 7000 万余斤和各种物资，[②] 千方百计地满足渡海大军的需要。

南路支前司令部动员数以十万计的民工，在树木丛生、崎岖不平的土地上赶修公路，架设桥梁，扩建加固了公路沿线的库竹、黄坡、南渡等渡口。麻章太平肖渔村 100 多人将 50 艘渔船驶到库竹渡和洋村渡口，铺上木板竹排做成的浮桥让部队通过。新鹿、潮满、通平三地发动组织群众，将辖区内 3 条公路共 70 多千米全部修复。短短的两三个月内，南路人民就修筑了数十条总长达 800 多千米的公路，从粤西沿着雷州半岛形成一条绵长的运输供给线，完成了 1 万吨以上物资的运输与分发，有力地保障了两个军的海上训练和渡海登陆作战的顺利进行。南路人民还组织了许多担架队、医疗队，奔赴前线、码头、港口，运送伤病员，支援了渡海部队的作战行动。[③]

渡海作战部队战士由于大部分为北方人，对驾船航海很陌生，而且在船上遇到一点风浪就晕船呕吐。为了适应渡海作战，部队开展了海上大练兵。南路支前司令部深入发动群众，动员和组织了舵手、船工、渔民 1.8 万多

---

① 刘田夫：《刘田夫回忆录》，中共党史出版社 1995 年版，第 194 页。
② 刘田夫：《刘田夫回忆录》，中共党史出版社 1995 年版，第 193 页；广东省人民武装斗争史编纂委员会编著：《广东人民武装斗争史》第四卷，广东人民出版社 1995 年版，第 420 页。
③ 广东省人民武装斗争史编纂委员会编著：《广东人民武装斗争史》第四卷，广东人民出版社 1995 年版，第 420 页；杨迪：《创造渡海作战的奇迹》，解放军出版社 2008 年版，第 111 页。

人，按每船5人的要求协助部队进行海上练兵。船工、舵手们编成班组和解放军战士一起在海上摸、打、滚、泅。第四十三军党委发出"绝不向大海屈服，绝不向大风大浪屈服"的号召，指战员们秉持"日日夜夜练海战，水陆双全敌完蛋"的信念，在船工、舵手的指导下，在陆地刻苦练习打秋千、滑木板、转迷罗，再登船入海练习，苦练启航靠岸、破浪踏涌、扬帆摇橹、看风识流、修船堵漏、船上射击、海上联络等技能。两军指战员经过3个月的海上练兵，终于在较短的时间内熟悉了水性，掌握了航海技术。全军培训了像"老舵手一样能掌握海潮涨落、风向、方向，熟练驾驶船只，在风浪中作长距离航行的舵手"[1]。

徐闻船工在帮助解放军做登岛演练

南路支前司令部先后派出干部携带电台、密码秘密渡海，建立渡海作战兵团与琼崖纵队的联系。又委派干部、渔民协助解放军潜入海南岛、涠洲岛，侦察敌情，了解海底的情况、海水的深度、航线走向、登陆地点、潮汐规律、国民党军船舰进出规律等，并查明了海南岛北部沿海口地段国民党军队的防御部署和工事设施的基本情况，为解放海南岛和涠洲岛提供了准确的

------

① 《南路人民报》1950年第66号。

情报。渡海兵团及琼崖纵队侦察人员海南海北的往来也是由雷州半岛渔民船工掩护接应。

为帮助解放军掌握风向、风力、水文气象情况，雷州半岛各地均建立了由解放军、气象专家及老船工组成的气象监测站或气象水文组，设置了简单的试风、测潮水和海水流向等设备。地方的气象部门积极与这些站、组协调配合，千方百计地搜集历史的和现实的气象资料，调查了解潮汐风向和水流等变化规律。每日测试分析结果都报两军军部及兵团前线指挥部，基本上保障了海练和渡海作战的需要，减少或避免了由于天气、海上气象情况变化而发生的事故。

1950年3月，解放海南岛战役打响。3月5日，首批第一次潜渡的第四十军一一八师三五二团一个加强营约800名战士，组成渡海先遣营，由师参谋长苟在松和营长陈永康率领，乘坐以林望炳为代表的徐闻放坡、许家寮、包西等村的80名船工驾驶的13只帆船，从角尾灯楼角启航，巧妙冲过国民党军9架飞机、2艘军舰的阻击，于3月6日14时左右在海南岛西北白马井一带强行抢滩，打垮守军，成功登陆。

3月10日，首批第二次潜渡的第四十三军一二七师三八三团一个加强营1000多人，在团长徐芳春率领下，分乘由船工分队长王长英带领的百余名船工们驾驶的21艘船，从硇洲岛淡水港冒雨启航，直向海南岛驶去。战胜了7级强风，在海南赤水港至铜鼓岭一带分散成功登陆后，王长英又奉命带领4名船工从海南岛返回雷州半岛，再次参加渡海作战行动。海南岛战役结束后，王长英被授予"渡海作战特等功臣"称号。

3月26日，第二批第三次潜渡部队第四十军一一八师三五二团主力和三五三团第二营及炮兵大队共2937人组成第一个先遣团由琼纵副司令员马白山和师政治部主任刘振华率领，分乘由海康、徐闻400多名船工驾驶的81只木帆船，再次从灯楼角启渡，直驶南岸。放坡村船工林望炳，驾船完成了3月5日护送第一批渡海先锋营的潜渡任务后，被派回徐闻参加3月26日的潜渡。途中因风停，雾水大，各船失去联系。在海面上同国民党飞机、军舰激战周旋几小时后，才于27日上午在临高县东北一带登陆上岸。林望炳所驾驶的先锋六号船，6名水手牺牲3名。船靠岸后，他便拿起枪登陆作战。而后，背着受伤的解放军转战几天几夜，随军战斗至海南全部解放才回徐闻老家。战斗中，林望炳荣立2次大功，2次小功。后来被评为"渡海作战功臣"。

3月31日22时，第二批第四次由第四十三军一二七师4个加强营共3733人分乘88只木帆船，以左、中、右三路纵队，在师长王东保、政委宗维拭的率领下，在海康县船工、民兵大队长符炎等400多名船工民兵的配合下，驶向海南岛。船过琼州海峡中线后，与国民党军一艘巡逻舰和两艘炮艇遭遇。为掩护主力部队继续航行，3条小木船冒着军舰的炮火逼上去，在距军舰200米时一齐向其开火，打得军舰火光飞溅，拖着浓烟逃走了，两艘炮艇也急忙掉头远遁，创造了"用木船打败军舰"的奇迹！

战后，当邓华等渡海兵团首长听到"三只木船打败三艘军舰"的消息后感叹不已，向毛泽东报告了他们的事迹。毛泽东阅后批示："这是人民海军的首次英勇战绩，应予学习和表扬！"①

4月16日傍晚，第四十军、四十三军渡海部队约共2.5万人，在渡海作战兵团的指挥下，分别由第四十军军长韩先楚及第四十三军副军长龙书金率领，分乘坐530多艘船只，分东西两路编队，于雷州半岛南端同时起航，向海南进发。23时许，国民党军发现解放军强渡，集中在岛上的飞机、兵舰进行阻击、拦截，船工们冒着炮火弹雨，紧紧把住舵，在部队首长的指挥下，有力地配合部队作战。海康县船工李富卿驾驶的船遭到国民党军舰三次拦阻，但他凭着熟练的航海技术与对方斗智斗勇，使敌舰无法发挥其优势火力，船上的解放军战士则集中轻重机枪、冲锋枪、手榴弹，向国民党军舰发射，击伤一艘敌舰，其余军舰招架不住只好逃跑。渡海部队突破国民党海上封锁线，在琼崖纵队和先期潜渡部队的接应下，于17日登上海南岛。海南岛战役结束后，李富卿被评为"渡海作战特等功臣"，他驾驶的战船被授予"李富卿英雄船"荣誉称号。

在南路船工舵手、民兵的帮助下，从3月5日到4月中旬，解放军分4批7次渡海登陆作战，摧毁了国民党吹嘘"固若金汤"的"伯陵立体防线"，之后向南挺进追歼残敌，4月30日胜利结束解放海南岛战役。5月1日，海南岛宣告解放。

---

① 中共中央文献研究室编：《毛泽东年谱》（1949—1976）第一卷，中央文献出版社2013年版，第143页。

南路广大船工、舵手和民兵为渡海作战的胜利作出了重大贡献。在渡海作战中，雷州半岛共有115名船工、舵手牺牲，400多名船工、舵手被评为"渡海功臣"，受到政务院和中南军政委员会的嘉奖，200多人被记大功。其中"渡海作战特等功臣"王长英和李富卿两人还光荣出席了1950年9月在北京召开的全国战斗英雄、劳动模范代表大会，受到毛泽东等党和国家领导人的接见。在海康、徐闻两县举行的庆功会上，解放军第十五兵团分别向徐闻和海康赠送了"解放海南，功在徐闻""解放海南，功在海康"和"有力支前，胜利保证"的大锦旗。①

海南岛解放后，南路地委、支前司令部切实做好善后工作。原来支前机构的干部调到善后委员会工作，深入乡村渔民的家，展开政策解释、调查登记、组织修理损坏船只、发放救济金、抚恤牺牲者、医治受伤者、立即救济生活无着落者等工作。② 广东省人民政府和南路专员公署调拨了大批资金、粮食抚恤参战的船工群众。据统计，共救济了参战船工、渔民2501人，连其家属12505人；抚恤牺牲、伤残及病亡者216人，连其家属1075人；共发放救抚粮29.35万斤，救抚金7.61万元；共发船租6.75万元，大米18.24万斤；共发船工工资1.77万元，大米7.2万斤；共修赔大小船只2629艘、船具298宗，发修赔资金236.62万元，大米4.05万斤。③ 渔民船工对政府的善后工作普遍感到满意。

五、剿匪肃特和镇压反革命

国民党败退海南岛时，在内地留下大批武装土匪。据1949年12月不完全统计，南路共有土匪18股，数万人。他们明火执仗，为非作歹，到处捣乱破坏、杀掳抢掠，直接威胁着新生的人民政权和人民群众的生命财产安全。

---

① 刘田夫：《刘田夫回忆录》，中共党史出版社1995年版，第195—196页。

② 《关于大力进行支前善后工作的指示》，广东省档案馆馆藏档案204—1—168—203；《关于海南战役善后工作的补充指示》，湛江市档案馆馆藏档案3—1—3。

③ 广东省人民政府海南解放战役善后委员会：《善后工作总结报告》（1951年2月17日），广东省档案馆馆藏档案204—1—168—102。王平波：《记支援解放海南岛前线的善后工作》，《海康文史》1986年第1期，第6页。

从 1949 年 10 月起，广东省开始剿匪。先后参加全省剿匪的有第四野战军 9 个主力师、两广纵队、广东省军区及驻各地军分区地方部队。南路（高雷）地区的剿匪主要由军分区负责，由第四野战军第四十三军配合，大致经过局部剿灭、全面进剿、进剿和驻剿相结合、清剿四个阶段。1952 年 12 月，高雷区共俘、毙土匪 2.53 万余人，缴获各种枪支 1.14 万支，子弹 20 万余发。至 1953 年 6 月土改结束时，残余散匪终于被彻底肃清，剿匪斗争取得胜利，到 1953 年 9 月结束。南路（高雷）地区一些长期存在、危害极大的匪患，此时被彻底根除。

在开展剿匪斗争的同时，南路（高雷）地委、湛江市委对埋伏隐藏的特务分子进行清肃，采取政治宣传攻势、反动党团人员登记、收缴电台黑枪、侦破敌特案件等措施，破获了一批匪特案件，挖出了一批特务分子。湛江市共破获案件 34 宗，其中有国民党"国防部二厅南路工作站""保密局粤南工作站湛江督导所""中美合作所湛江情报组""反共抗俄救国联军高雷挺进支队司令部湛江潜伏组"及"国民党特务妄图轰炸各界人民代表会议会场"等案。到 1953 年底，湛江市区共缴获匪特各种武器 1257 件、子弹 89 万余发，匪特、反动党团骨干等 2200 多人受到严惩，[①] 匪特组织被彻底摧毁。

中共中央 1950 年 10 月 10 日发出《关于镇压反革命活动的指示》后，高雷地委、湛江市委专门召开会议，决定抓紧时间破一批反革命案，镇压一批罪大恶极的反革命分子，清理监狱，检查内部防特情况。随后集中力量破获了国民党军统特务案、"保密局忠义救国军第二支队第三总队湛江站"案[②]、"忠义救国军两广总司令部"案等[③]，镇压了一批反革命分子，打击了他们的嚣张气焰。至 1951 年 4 月底运动高潮时，高雷区及湛江市驻军、公安机关、民兵出动 287 次，捕获国民党地下军 1998 人，捕获国民党特务和

---

① 湛江市地方志编纂委员会编：《湛江市志》，中华书局 2004 年版，第 1545—1546 页。李筱峰：《关于湛江市镇压反革命问题的报告》（1951 年 6 月 21 日），中山图书馆 K．F227.3—54。

② 李筱峰：《匪情况报告》，中山图书馆 K．F227.3—54。

③ 《谭部长在华南分局科以上干部会议关于目前肃特情况的报告提纲》，广东省档案馆馆藏档案。

封建会道门及其他反革命分子3516人。[①] 至5月上旬，处决罪大恶极的首领和要犯1700多人。[②] 后结合土改、复查、民主改革等运动，更为深入地清查潜藏在农村、城镇、水上及人民政权中等各方面之漏网者，还进一步发动群众追捕了潜逃较远、隐蔽较深的反革命分子。

从1953年起，开始取缔反动会道门。粤西区及属下各县的公安局先后依法逮捕了反动会道门同善社、先天道、归根道、竺西坛、洪门会等一批罪大恶极、民愤很大的反动道首，缴获一批反动证件。不少中小道首慑于人民民主专政的威力，纷纷到人民政府登记自新，一般道徒受党的政策感召，更是纷纷申明退道。至6月，全区打击处理大中小道首1686人，枪毙18人，关押210人，管制113人，集训372人，自新登记的中小道首866人，申明退道的一般道徒1.8万余人。[③] 粤西的反动会道门组织彻底被摧毁。

至1953年底，剿匪肃特、镇反运动基本结束，基本上消灭了粤西国民党遗留的反革命残余势力，巩固了新生的人民政权，为党领导人民开展土地改革运动、抗美援朝运动、恢复国民经济扫清了障碍。但运动中也存在"三错"（即错捕、错判、错杀）情况，甚至制造了冤假错案，如轰动全省的海康、徐闻"六纵案""七纵案"以及"王克冤案"[④]。

海康、徐闻"六纵""七纵"案是当时海康县公安局秘书股长黄培学等制造的假案。1951年12月24日，海康县第四区（北和区）镇反会议在区政府的炮楼三楼会议室召开。其时该楼一楼囚禁犯人，二楼存放武器弹药。突然，炮楼爆炸，全楼崩塌，正在开会的区长、派出所长、解放军干部等8人被炸身亡，另8人负伤。

事件发生后，海康县委及公安局的主要领导认定这是一起"反革命爆炸事件"。高雷地委接到报告后，也认为是"匪特破坏"，责成海康县委负责

---

① 《广东省各地区破获反革命案件统计表（1950年10月至1951年4月底）》，广东省档案馆馆藏档案。

② 高雷公安处：《高雷三月至六月镇反工作总结报告》，广东省档案馆馆藏档案。

③ 湛江市地方志编纂委员会编：《湛江市志》，中华书局2004年版，第1546页。

④ 受到广州"两陈"假案（广州市公安局第一副局长陈泊、第三局副局长陈坤被控包庇特务、反革命）牵连，1951年2月始湛江隐蔽战线的无名英雄、时任高雷军区二十二团副团长的王克及一批公安干警、教师、民主人士相继被捕。王克被捕后一直申诉，要求彻底平反，直到1980年8月他的冤案才得到彻底平反昭雪。

人严肃查处。海康县委责令县公安局限期破案。海康县公安局把任务交给了局秘书股长黄培学。

黄培学与县公安局调查股长林开、股干部冯心等人密谋，决定假造一个反革命组织应付上级追查，并将这个反革命组织定名为"中国青年党反共抗俄救国军粤桂边区第六纵队"（简称"六纵"）。1952年1月16日，在上级一再催促破案的情况下，黄培学等人将编造的"花名册""委任状"及其他伪证件偷偷塞进他们所认定的"反革命分子"家中，然后派人搜查，把查获的"证据"向县委领导汇报。县委主管领导仓促批准破案并批捕有关人员。受"六纵"假案蒙冤被错捕人员达334人，其中被错杀17人，被错判69人。全案直接受害者600多人，受牵连者6000多人。

海康"六纵"假案还直接造成了徐闻的"七纵"假案。黄培学用逼供手段审讯"六纵""要犯"时，个别教师被逼"供出"海康相邻的徐闻亦有"中国青年党反共抗俄救国军粤桂边区第七纵队"（简称"七纵"）。黄培学将"供词"向上级汇报，又被信以为真，以致再造成300多人受害，其中错捕33人，错判死刑6人，错判无期或有期徒刑10人。

"六纵""七纵"案一时震惊高雷。"案犯"亲属大都不相信自己的亲人会成为"反革命"，纷纷上告。1952年12月，假案策划者之一的冯心在党的政策感召下，终于交代了制造"六纵"假案的内幕。1953年2月，粤西行署、公安局、监察和文教部门联合组成工作组到海康调查。接着，公安部和省公安厅也派出工作组，会同粤西区委成立清理"六纵"案委员会。经过两个多月的调查，得出确凿证据后，严正宣布：海康"六纵"案是假案，受害人全部给予平反、昭雪，被扣押者一律释放，受管制者一律解除管制，被打伤者住院治疗，被错杀者，对家属恢复名誉，并发给抚恤金；依法严惩制造假案者（后主犯黄培学被判处死刑，林开、冯心等分别被判处2—10年的有期徒刑）；对海康县委及公安局主要领导给予党纪处分。徐闻的"七纵"案以及与"七纵"案有关联的其他一批案件也于1953年7月开始复查，后宣布为假案，受害人于1953年至1956年陆续得到平反昭雪。①

---

① 邹建芳：《震惊雷州半岛的"六纵""七纵"案》，《法制日报》1992年7月25日第7版。

六、抗美援朝运动

1950 年 6 月，朝鲜战争爆发。6 月 23 日，中国人民政治协商会议全国委员会第二次会议号召全国人民开展保卫世界和平签名运动。7 月 7 日，湛江市组织全市各界 1.2 万余人，分别在赤坎、西营（今霞山）举行纪念七七事变暨拥护世界和平大会，呼吁市民积极在拥护世界和平呼签书上签名。[①] 8 月 13 日，中国保卫世界和平大会委员会号召各人民团体开展扩大和平签名运动。南路、湛江市青年团、妇联、工会及报社、教师联合会、学生联合会、商会等组织发出"争取南路百万人签名"的呼吁。至 9 月底，全区进行和平签名的人数近 114 万。[②] 1951 年 3 月 14 日，中国人民抗美援朝总会要求发动人民群众举行拥护中苏美英法五国缔结和平公约的签名和反对美国重新武装日本的投票。至 5 月中旬止，全区约有 279 万人在和平公约的宣言上签名，有 278 万多人投票反对美帝重新武装日本。[③]

1951 年 6 月 1 日，中国人民抗美援朝总会号召全国各界爱国同胞开展捐献飞机大炮运动。10 日，高雷抗美援朝分会发出《给各县、区分会（或友会）关于开展捐献武器支援志愿军的通告》。至 1951 年底，湛江市共捐款近 36 万元，超额完成 30 万元的捐款任务。至 1952 年 5 月，高雷区共捐款 133 万多元，超额完成 90 万元的任务。[④] 此外，高雷人民还募集了不少寒衣送给朝鲜人民，募集书刊近万册赠送志愿军。

抗美援朝运动开展不久，不少年轻人积极要求参加志愿军上前线。1950 年 10 月 5 日，中共中央作出"抗美援朝、保家卫国"的战略决策，派出志愿军赴朝参战。11 月中旬，南路卫生人员训练所 57 人、南路公安学校 43 名学员等要求赴朝作战。11 月 26 日，在湛江市妇联筹备处召开的时事座谈会上，有 23 人决心参加志愿军。至 11 月 26 日，《南路人民报》陆续收到 115 名各地学生、工作人员要求参加志愿军赴朝作战的志愿书。一批符合条件的

---

① 《湛江市委给地委的报告》，湛江市档案馆馆藏档案 3—1—23。

② 《高雷签名人数已逾百万》，《南路人民报》1950 年 10 月 12 日。

③ 《"五一"抗美援朝工作初步总结》，湛江市档案馆馆藏档案 3—1—13。

④ 《高雷区十个月来抗美援朝工作综合报告》（1952 年 10 月 21 日），湛江市档案馆馆藏档案 4—1—28；国生：《湛江市抗美援朝运动片断》，《湛江文史》第 18 辑，1999 年内部编印，第 63 页。

青年参加了志愿军赴朝作战。廉江县有 300 多名青年参加了志愿军,其中 36 人牺牲在战场上。高雷解放军指战员也强烈要求赴朝参战。经上级批准,高雷军分区组建了一个加强团加入志愿军队伍,由湛江警备区副司令员符志行带领赴朝作战,一直苦战至 1953 年朝鲜战争结束。另外,当时高雷区先后有 6835 名青年报考了各种军事干部学校,经过短时间的军事训练后,大部分奔赴朝鲜战场作战,有的为国捐躯长眠在异国他乡,有的后来成为解放军的优秀指挥员和各行业的专家。①

湛江市各级党委、政府把优抚军烈属工作当作一项重要的政治任务。1951 年 1 月 25 日,地委宣传部发出开展春节宣传工作的通知,要求宣传军烈属、复员军人的光荣事迹,拥护人民军队和优待军烈属。每逢春节或其他节日,各地人民政府都发动青年、妇女、儿童慰问军烈属,给每户军烈属送上光荣匾和物品。清明节时,各地组织青少年学生为烈士扫墓,弘扬烈士的革命精神。各级人民政府还非常关心军烈属的生产和生活,定期为他们发放优抚款,组织代耕队不误农时地为军烈属代耕田地,解决军烈属的就业问题和子女入学问题。1953 年 10 月,粤西区组织了工人、农民、渔民、解放军、学生代表等共 7 人,由区团委书记王国强率领,参加祖国赴朝慰问团慰问志愿军,表达了粤西人民对"最可爱的人"的支持和拥戴之情。

1953 年 7 月 27 日,《朝鲜停战协定》在朝鲜板门店正式签字,中国人民抗美援朝战争取得了胜利。在抗美援朝战争中,湛江当时所辖区域就有 107 人牺牲在朝鲜战场。

第二节　国民经济的恢复

中华人民共和国成立初期,湛江积极贯彻执行《中国人民政治协商会议共同纲领》提出的"公私兼顾、劳资两利、城乡互助、内外交流"的基本方针,在极其复杂的环境下,积极发展生产,使湛江经济得到全面恢复,并量力而行地进行了初步经济建设。

---

① 梁周容:《解放初期湛江市青年学生报名参加军干校回顾》,《湛江文史》第 26 辑,2007 年内部编印,第 166 页。

一、稳定金融与物价

湛江受帝国主义统治的时间较长，湛江解放初期，金融市场混乱，金银、外币及旧银元广泛流通，致使新发行的人民币没有被群众认识和接受。金融投机分子利用人民币与外币比值的变动，进行投机炒卖活动，一些敌特分子也从中造谣破坏或进行金融投机活动。金融混乱的状况，引起物价波动，扰乱市场秩序，人民生活及工商业受到严重的威胁，也影响到人民政权的巩固。为了尽早确立人民币的地位，维护正常的金融秩序，必须把金银、外币、旧银元从市场中排挤出去。湛江甫一解放，军管会便发布打击投机倒把的通知，人民银行开办储蓄兑币业务，但收效甚微。

从 1950 年 1 月起，湛江人民政权运用经济和政治相结合的办法，采取严厉的措施手段，开展建立金融新秩序的斗争。第一，扩大宣传人民币流通的意义，向群众解释了现发行的人民币与国民党时期发行的纸币的本质区别。第二，健全金融机构。湛江解放后，市军管会接管了国民党在湛江的银行。1950 年 1 月 27 日成立中国人民银行湛江支行，作为南路金融中心。各县也相继成立中国人民银行的办事处（县支行），新中国的货币开始在南路流通。1950 年 4 月，中国银行湛江支行成立，主要经营外汇业务。同年上半年中国人民保险公司成立，开展承保国内和涉外保险业务。金融机构的建立为金融市场的有序运转提供了组织保障。第三，对私人银钱业进行登记清理。湛江市军管会成立不久，即发出布告，宣布人民币为全国唯一合法的货币，金银、外币、旧银元严禁在市场上流通；各私人的银钱业要到人民银行申请登记。第四，扫荡地下金融机构，逮捕不法金融投机分子。1950 年 2 月 6 日上午，根据群众举报，警备区司令部与公安局出动大批警力扫荡湛江市区九二一路、中山路、中兴街等地继续非法炒卖金银外币旧银元的地下钱庄、银钱找卖经纪行、街边摊"剃刀门楣"（兑换店），逮捕了这些摊档的投机分子 70 余人。[1] 第五，规范外汇管理。中国人民银行湛江支行采取了业务宣传和对外币的收兑、排挤相结合的办法，动员持有外币者将外币汇兑为人民币存款。某些存款人在取得自备外汇进口许可证的条件下，可申请提汇

---

① 《南路人民报》1950 年 2 月 7 日。

购买物资进口。第六，统一收购金银。湛江解放后，军管会发布的通告中规定，国家对金银实行统一管理和统购统销的政策，一切单位和个人不得用金银买卖、借贷、抵押，国家金银管理的机关为中国人民银行。1950年初，中国人民银行湛江支行依法对湛江市11家私营售卖金银的店铺实施强行登记，将其金饰6.875千克，银饰1019千克按价收购。[①] 金银自此被排挤出流通领域。第七，推行人民币下乡。人民银行成立后，派出了大批干部下乡以合理的价格收兑旧银元，至1950年底，基本完成旧银元收兑任务，人民币逐步占领了农村阵地。

在与不法金融投机商进行斗争的同时，湛江人民政府还对投机资本控制市场、操纵物价予以打击。1950年六七月间，不法商人投机活动猖獗及匪特造谣，造成两次较大的物价上涨：6月2日大米价一天之内涨了40%，涨风从市区向周围各县扩散；7月，朝鲜战争爆发后，物价再次上涨。

为了稳定物价，湛江人民政府一方面通过报刊作宣传解释，劝说群众不要听信敌特和投机分子的谣言；另一方面加强物资和市场管理，严格管理私商贸易。再者，指示国营专业贸易公司控制、掌握与调度粮食、棉纱、布匹、煤、盐等主要物资，满足人民需求。南路贸易公司一边利用货存大量抛售，一边抓住海南解放后交通恢复的有利条件，到海南、玉林等地组织粮食等货源，依照原价（或略高）直接销售给消费者。据统计，贸易公司在1950年共调拨了8.7万吨大米、0.2万吨稻谷及大批食盐、纱布等百货供应市场，很快平息了物价上涨风波。

1950年3月3日，中央人民政府政务院颁布了《关于统一国家财政经济工作的决定》。该决定主要有三点：第一，统一全国财政收支；第二，统一全国物资调度；第三，统一全国现金管理。为有效地做好统一财经工作，南路地区和湛江市均成立了财经委员会，开展统一财经的工作。一是完成税收、征粮和公债发行任务。二是实行全区全市统一财政开支管理。1952年1月29日，高雷地委、专署制定了《关于整顿地方财政及有关财政问题的处理方案》。湛江市在全市范围内实行统一征税范围和税率标准，统一米价的折款比率，制发统一收据等措施，结果普遍增加了收入，节约了开支。三是

---

① 潘明主编：《湛江金融志》，中国金融出版社1994年版，第407、418页。

统一现金管理。对各机关单位、国营及合作社的一切现金除核定库存限额部分外，其余一律存入银行。截至1952年9月，湛江、遂溪、海康、徐闻、吴梅、廉江几个市、县应纳入统一现金管理的456个单位，已全部实行了统一现金管理。此外，公私之间的经济往来也逐步实行转账结算。统一现金管理使人民银行回笼了大量的资金。

进行党政军机关及部队整编，减少脱产人员，以减少财政开支，这是统一财经管理的另一项重要工作。1950年3月，政务院对全国各级人民政府、党派、群众团体的编制和供给标准作了统一规定，南路地区及湛江市要求各级党政军机关对所属干部、工作人员、勤杂人员造册登记整编。至5月中旬整编后，地区及所属县编制人数为8659人，乡村干部3904人，全区脱产人员共约2.3万人，比整编前减少了将近一半。[①] 确定各机关工作人员职位和数量后，按新编制、新标准发放经费，减少了开支，扭转了全区和湛江市财政困难的局面。

统一财经工作后，财政状况明显好转，1952年湛江财政收入2276万元，改变了过去各地各单位自收自支的状况，"财政上违法乱纪与贪污浪费现象已基本消除"，"严格执行了各项财政制度与财政纪律，因而增加了收入，节约了支出，为社会主义建设积累了资金"[②]。湛江市在1951年至1952年，共完成中央收入任务的105%，地方收入任务的108%，两年支出都有结余，1951年占总预算的29.2%，1952年占19.6%。财政状况的好转，促使城乡市场活跃，物资充盈，金融物价稳定。1949年至1952年，湛江社会消费品零售总额由6156万元上升到10858万元，商品交易市场成交额由1580万元上升到2797万元。

二、"铁台风"袭击湛江

湛江纬度较低、海岸线较长，受海陆季风影响较大。特别是湛江南北走向海岸线，容易遭受自西太平洋西行台风的袭击。1954年，一场特大台风正

---

① 《南路专署1950年工作总结》，湛江市档案馆馆藏档案30—1—2。

② 《湛江市人民政府工作报告》（1954年6月24日），湛江市档案馆馆藏档案56—3—6；湛江市统计局、国家统计局湛江调查队编：《湛江统计年鉴（2003）》，2003年内部编印，第333页。湛江市统计局：《光辉的历程·湛江建国五十年统计资料》，1999年内部编印，第190页。

面袭击湛江市，给湛江市造成严重的损失，百姓称其为"铁台风"。

1954年的第13号台风，是中华人民共和国成立后湛江首次遭受的严重自然灾害。8月29日，第13号台风在湛江市区沿海登陆，风力15级以上，阵风最大每秒50.4米，台风掀起暴潮，潮位高6米，巨浪高达3米以上，来势异常凶猛，连气象站的风速计都被吹毁。湛江人民的生命财产和经济遭受了极其严重的损失。雷州半岛东部海岸的堤围几乎全部崩决，受淹农田104.11万亩，沿海农村、城镇七成以上的房屋被毁坏，毁堤901条，死亡人数达981人，伤者更是不计其数，经济损失5亿多元。[①]

1954年第13号台风登陆后的海滨公园　　1954年被第13号台风吹坏的房屋

湛江市区遭受台风正面吹袭，灾情更是严重，整个城市满目疮痍。角铁制成的电线杆被吹弯倒地，数百年的大树被连根拔起，湛江大戏院近15米长的钢筋水泥阳台被扭成麻花，避风塘的渔船被冲到岸上，霞山长桥码头被吹为六段，霞山天主教堂的两个铁十字架塔顶也被吹折悬空倒挂，大批房屋倒塌损毁，一片狼藉。当时湛江大多数民居为砖瓦平房或木屋茅棚，霞山的洪屋路、海头港一带房屋更是构造简陋，抗风力弱。据统计，受第13号台风影响，湛江市倒塌瓦房2577间，倒塌木屋茅房12262间，损坏各类房屋17271间。此外，船只沉没46艘、毁坏86艘，灾情的严重程度可想而知。

9月5日，中共中央华南分局、广东省人民政府、粤西区委、粤西行署立即组成联合救灾慰问总团，分8个分团奔赴各地救灾慰问，慰问团发放救

---

① 曾广源：《建国后灾害最重的一次台风——5413号台风》，《湛江文史》第二十三辑，2004年，第176页。

灾款 91 亿元，水利投资款 17 亿元和大批药物、慰问品，把党和政府的关怀送给灾民。湛江市社会各界也纷纷募捐赈灾。湛江人民切身感受到新中国人民当家作主的温暖，体会到社会主义制度的优越性，上下一心，百倍努力，团结奋斗，抗灾自救，很快就挽回了台风所造成的损失。

因为湛江解放不久，受科学技术条件和经济环境等因素影响，人们的防台风意识不强，防台风的措施不足，面对这百年一遇的强台风突然来袭措手不及。台风给湛江人民留下了巨大的创伤，时隔多年，人们仍谈"风"色变，习惯把 1954 年台风作为鉴别台风威力的标尺。自此，湛江人民开始重视防御台风，于 10 月 29 日成立湛江市气象台，次年 7 月 13 日成立湛江市防风、防汛、生产救灾联合指挥部。[①]

三、经济恢复发展

（一）工业建设

由于湛江工业基础异常薄弱，加上战后物资奇缺，地委和专署决定大力发展国营工业，以奠定其在整个工业的领导地位。根据叶剑英 1950 年提出的重点发展轻工业的部署，南路及湛江市结合南路的情况，也把发展工业的重点放在发展轻工业上，尤其是发展以棉布、盐、制糖、陶瓷等日用必需品为主的轻工业。重工业则以发电、中小农具机械修理为主，陆续在南路尤其是湛江市投资建立了一批国营工业，计有制糖、皮革、印刷、砖瓦、机器修理、锯木、粮食加工等近 20 个，规模较大的有湛江糖厂、湛江机械厂和扩建的华南糖厂（华建糖厂）。几年后，国营工业得到了快速发展。在湛江市区，生产总值如以 1950 年为基数 100，1951 年为 969，1952 年为 1894，1953 年为 16587；生产效率有了很大提高，生产技术也有了显著改进。国营工业营业额、产值占全部工业总营业额、总产值的比重也逐步上升：营业额占比由 1950 年的 0.8％ 升为 1952 年的 22.8％，总产值占比由 1952 年的 14.55％，升为 1953 年的 41.32％。全区各县的国营工业也有很大的发展。据湛江市现辖区域统计（可比价），国营工业总产值 1949 年为 50 万元，1950 年为 140 万元，1951 年为 593 万元，1952 年为 1483 万元，1953 年为 3185 万元。国营

---

① 骆国和：《湛江台风史话》，《湛江晚报》2008 年 10 月 3 日。

工业产值占全部工业总产值的比重也逐年上升：1949 年占 2.14%，1950 年占 5.08%，1951 年占 15.93%，1952 年占 29.26%，1953 年占 40.94%。[①]

人民政府还大力发展公私合营的工业、城乡个体工业手工业和集体工业。人民政府在接管官僚企业的同时，也接管了有官僚资本股份在内的企业，通过清理股权，将属于官僚资本的股份收归国有，属于私营的股份由原主继续持有，建立国家资本主义性质的公私合营企业。1949 年，湛江以公私合营为主体的工业产值 546 万元（可比价），占全部工业总产值的 23.4%。后来，人民政府又与私营工商业者合作，各按一定比例出资建立了公私合营的企业。到 1953 年，按可比价，湛江公私合营为主体的工业产值达 771 万元，占工业总产值的 9.9%；城市和农村的集体工业从无到有，1953 年湛江集体工业产值达 94 万元，占整个工业总产值的 1.2%；城乡个体工业、手工业也稳健发展，1953 年产值达 3730 万元，占整个工业总产值的 47.9%。[②]

随着工业的迅速发展，第二产业产值在国民经济中比重增加。这时期，湛江工业总产值由 1949 年的 1169 万元上升到 1952 年的 2490 万元，年均增长 29.6%，是中华人民共和国成立后增速较快的时期之一。工农业产值比重也发生了变化，由 1949 年的 13.7∶86.3 变为 17.8∶82.2。1952 年市区工业产值比历史上最高的 1946 年还增加了 10.94%。

（二）交通与城镇建设

湛江解放初勉强能够通车的公路仅有 260 千米（湛江市现辖区域），沿海、沿河的码头陈旧，泊位小。湛江把恢复发展交通作为恢复国民经济的大事来抓。一是抢修公路。为支援解放海南岛，南路地委组织了数十万民工，抢修公路，架设桥梁，在短短的几个月内，就修筑了数十条总长达数百千米的公路，使南路交通四通八达，保障解放海南岛的兵员及物资能够源源不断地输送，也为南路工农业生产的恢复发展和方便人民生活创造了条件。此外还新建了一批省道、县道，到 1953 年，湛江公路通车总里程达到 769 千米，比 1949 年增加了近两倍。[③] 二是改造、新建码头。人民政府（军管会）接管

---

① 《湛江市人民政府工作报告》（1954 年 6 月 24 日），湛江市档案馆馆藏档案 56—3—6。湛江市统计局：《光辉的历程·湛江建国五十年统计资料》，1999 年内部编印，第 174 页。

② 湛江市统计局：《光辉的历程·湛江建国五十年统计资料》，1999 年内部编印，第 60、174 页。

③ 湛江市交通局：《湛江交通志》，1992 年内部编印，第 89 页。

了国民党航政局湛江办事处，开始了船舶管理和港口运输业务，对沿海、沿河旧港口码头进行了扩建改造，兴建了沙湾等一批码头，并对一些河道、近海航道进行了简单的疏浚，提高了港口的吞吐能力与航道运输能力，如沙湾码头建成后年吞吐量有十二三万吨，1953 年梅菉港与黄坡港的年吞吐量分别达 5.7 万吨和 15.4 万吨。[①] 三是修复民航机场。湛江原有一个军用的西厅小机场，抗战胜利时已关闭停航。湛江解放后，人民政府接管了西厅机场并投入资金修复改造，1952 年 10 月 27 日，机场正式通航，开辟了湛江至广州的航线，成为民航机场。一年后，组建了湛江民航站。四是开始了黎（塘）湛（江）铁路修建的前期工作。1952 年 8 月，国家铁道部衡阳铁路管理局成立了黎湛铁路勘测队，开展了全面的测量和设计工作。1953 年底，国家建设部门正式批复黎湛铁路建设。1954 年，黎湛铁路破土动工。

1949 年 3 月，毛泽东在中共七届二中全会上提出党的工作重心将由农村转移到城市，进入由城市领导农村的新时期。1950 年 5 月，湛江市成立了城市建设局，具体负责城市的恢复建设。很快便开始了对失修多年的西（营）赤（坎）路进行全面翻修，使西营、赤坎两个区域紧密地联系起来。此外，还对市区的逸仙路、民治路、民有路、解放路等进行了修整。1951 年 8 月市政府决定加快发展国营公共交通事业。9 月 1 日，4 辆国营公共汽车投入营运。11 月，成立了公共汽车管理处，奠定了湛江公共交通的基础。1953 年，公共汽车客运量达到 81.9 万人次，汽车增至 10 辆。1952 年开始修建海滨路，将青岛路口至海滨招待所路段由原来的 4 米扩宽到 7 米，后又修建海滨招待所至霞海路段。1952 年西营至麻斜海湾的公共轮渡添置两艘机动船，船上分设了客舱和货舱，十分钟即可到达彼岸，改变了过去时速慢、下船要涉水、人畜混载、安全无保障的落后状况。1951 年成立邮电局，开通了湛江至广州、海口的共 12 条线路的长途电话。1952 年建成有线广播站。下水道从 1949 年的 3.1 千米增至 1953 年的 9 千米。文化设施建设也已起步，1950 年、1952 年先后在赤坎、西营建设了文化馆，1953 年建立了工人文化宫及西营

---

① 湛江市交通局：《湛江交通志》，1992 年内部编印，第 37、40、42 页。

工人俱乐部。① 这些设施建设，初步改变了湛江市的落后面貌。

城市对全地区经济具有明显的带动作用。中共中央华南分局提出：必须紧紧抓住对沟通城乡关系起关键作用的圩镇工作，这是"实现城市对乡村领导的关键"②。华南分局第一书记叶剑英指出：广东一共有二百七十八个小镇，已相当于小小的工商业城市。搞好小市镇在广东来说更有特殊意义。③还指出，要把城镇作为实现城市领导农村的"工作据点"。④ 湛江往圩镇（含主要渔港）派出了一定数量的干部加强对圩镇政权的领导，帮助成立党的基层组织，并按城市系统建立工会等群众团体及税收、金融、公安等机构，引导圩镇组织商业网点和供销合作系统，拨出一定的专款维修、建设了一批圩镇市场，完善了交易设施，使圩镇面向农村大力收购农副产品，并将城市的工业品推向农村，起到城乡内外互助交流的桥梁、纽带作用。

高雷圩镇建设对恢复国民经济起到了较大的作用。一是党的基层组织和群众团体以及各种机构的建立，使人民民主专政的基层政权得以巩固。二是建立了城市与乡村之间的联系，活跃了生产与贸易。在湛江，社会消费品零售总额由 1949 年的 6156 万元增加到 1953 年的 15316 万元，从事第三产业的人数由 1949 年的 2.48 万人增加到 1953 年的 5.16 万人。⑤ 三是促使了人口向圩镇流动，提高了城镇化水平。到 1953 年 6 月，高雷 300 人口以上的圩镇达 100 个，1000 人口以上的有 50 个，10000 人口以上的有 8 个，城镇化率由 1949 年的 11.2% 提高到 1953 年的 11.6%。⑥

城镇建设带动了城乡物资交流。1951 年 4 月、9 月、12 月和次年 9 月，

---

① 宋文生：《解放后湛江市的城市建设事业》，湛江市地方志办公室：《湛江史志》1990 年第 1 期，第 30 页。湛江市交通局：《湛江交通志》，1992 年内部编印，第 169—172 页。湛江市统计局：《光辉的历程·湛江建国五十年统计资料》，1999 年内部编印，第 224 页。

② 广东叶剑英研究会、中共广东省委党史研究室编：《叶剑英在广东》，中央文献出版社 1996 年版，第 198 页。

③ 广东叶剑英研究会编：《叶剑英在广东的实践与理论》，广东高等教育出版社 1997 年版，第 308 页。

④ 广东叶剑英研究会编：《叶剑英在广东的实践与理论》，广东高等教育出版社 1997 年版，第 313 页。

⑤ 湛江市统计局：《光辉的历程·湛江建国五十年统计资料》，1999 年内部编印，第 192、203 页。

⑥ 湛江专署计委：《湛江专区国民经济统计资料汇编（1952—1955）》，湛江市档案馆馆藏档案 52—2—1。

高雷专署会同湛江市人民政府，先后在湛江召开了四次城乡物资交流会，高雷各县及钦廉、海南、广州等地均有代表参加。此交流会不仅打开了本地货物的销路，还从外地订购了一批农副产品，满足了湛江市民生活的需要，三次城乡物资交流会的成交额达数百万元。私营工商业者还与外地工商业者建立了新的贸易关系，活跃了湛江市场，促进了城乡经济的发展。

（三）农业基础设施建设

湛江解放前是水旱灾害频发的地区，而抗御水旱灾害的水利设施非常薄弱。南路地委与专署确定了湛江解放初期水利建设的重点是修复堤围，整修水利，注意防旱防潮；兼搞小型水利，扩大灌溉面积。1951 年 12 月，地委发出《关于重视兴修水利的指示》，专署作出了实现"一村一塘，大村两塘"的决定。此后防洪复堤、开挖水塘的水利建设热潮在各地兴起。1950 年至 1953 年，湛江共投入水利建设资金 378.6 万元，投入劳动力共 393.8 万个工日，完成土石方及混凝土共 1437.6 万立方米，[①] 相继完成了海（康）遂（溪）南北大堤、鉴江吴川段干堤、廉江官寨围、遂溪牛牯围、安铺南北堤等堤围的修建加固，还建设了一批小型灌溉工程，增强了防洪防潮能力，并使灌溉面积由湛江解放前的 9.47 万亩增加到 1953 年的 18.43 万亩。

当时，雷州半岛赤地千里，沿海漫长地带沙滩广阔。刮风时，风沙滚滚，遮天蔽日；潮起时，海水带海沙淹浸农田村庄。而鉴江平原地区林木面积仅占土地面积的 3.3%[②]，到处是秃岭，水分不能涵养，水土流失严重。湛江解放后，把植树造林作为恢复发展农业生产的一项根本措施来抓，在沿海地区一带种植木麻黄，构筑防风沙海潮侵袭的"绿色长城"；在荒山秃岭连片种植松树、桉树、相思树，营造防止水土流失的天然屏障；而在南部平原地区种植橡胶、桉树等，在公路两旁及村庄周围种植竹、果树及其他风景树。各级政府还在上述地区层层选点，作出榜样，总结推广。经过几年的努力，沿海防护林带一段段延伸，对防风固沙发挥了重大作用，荒山水土保持林一片片崛起，昔日秃岭披上了绿装，大大减少了水土流失，农业发展的生态环境开始好转，并增加了薪柴和群众收入。在沿海地区，还建立台风警报站、水产供销站，在农业地区建立了农业技术站、畜牧良种站等，推广了捕

---

① 湛江水利电力局编：《湛江水利志》，1993 年内部编印，第 4、199、201 页。
② 湛江农业局：《湛江农业发展史（1949—1990）》，1995 年内部编印，第 13 页。

捞、耕作的新技术。

农业全面恢复发展后，湛江农业总产值由 1949 年的 1.21 亿元增加到 1952 年的 1.67 亿元，年均增长 9.3%。稻谷、糖蔗、花生、蔬菜、水果等主要农作物的播种面积和产量均有比较大的增加，生猪出栏量和水产品总产量也有不同程度的增加。

这几年湛江的经济建设取得较为明显的成效：1950 年至 1952 年，湛江的地区生产总值由 1.36 亿元增加至 1.52 亿元，年均递增 12.5%；人均生产总值由 64 元增至 82 元，年均递增 10%。人民生活水平方面，市区家庭年人均可支配收入由 1949 年的 67.32 元增加到 1952 年的 93.72 元。1952 年工人平均工资 282 元。失业人员由湛江解放初的 7000 人降至 2386 人。农民收入增加，农民购买力由 1949 年的 15.8 元增加到 1952 年的 25.7 元。[①]

第三节　社会改革和"三反""五反"

中华人民共和国成立后，湛江开展了土地改革、渔业与民船改革、城市民主改革与婚姻改革等一系列社会改革，以及"三反""五反"运动，荡涤旧社会遗留下来的赌博吸毒、卖淫嫖娼等社会陈弊，树立了新的社会风尚，建立了稳定的社会经济秩序，实现了从旧社会到新社会的深刻变革。

一、农村土地改革

湛江解放前，其土地制度一直是封建的土地占有制。据统计，吴川土地 90% 属于地主，梅茂县（今吴川市一部分）地主家庭人数占全县人口的 1.32%，却占有全县 27.82% 的耕地；而贫雇农家庭人数占全县总人口的 49.9%，却只占有全县 21.74% 的耕地。又据湛江市郊区潮满区南山乡的统

---

① 数据来源于湛江市统计局编：《光辉的历程·湛江建国五十年统计资料》，1999 年内部编印；湛江市统计局、国家统计局湛江调查队编：《湛江统计年鉴（2003）》，2003 年内部编印；《湛江市人民政府工作报告》（1954 年 6 月 24 日），湛江市档案馆馆藏档案 56—3—6；中共湛江市委战部等：《湛江市资本主义工商业的社会主义改造》，《湛江专区十年来（1949—1959）国民经济统计资料汇编》，湛江市档案馆馆藏档案 52—2—7。

计，占人口 8% 的地主占有 56% 土地，占人口 50% 以上的贫雇农只占有 13% 的土地。此外，各地占总耕地 20% 多的宗族或家族公有的公偿田，绝大部分实际上也为地主所占有或支配，只有一小部分由该族子孙轮流掌管或耕种。这种封建土地制度严重阻碍了农村生产力的发展。

土改的根本目的是"废除地主阶级封建剥削的土地所有制，实行农民土地所有制，借以解放农村生产力，发展农业生产，为新中国的工业化开辟道路"。土改的总路线是"依靠贫农、雇农，团结中农，中立富农，有步骤有分别地消灭封建剥削制度，发展农业生产"。[①] 1950 年 12 月，高雷区土地改革委员会成立，刘田夫任主任，高雷区土改工作团也同时建立，莫燕忠任团长。在大规模土改前，高雷区和湛江市进行了土改试点。1950 年 11 月，遂溪被确定为全省的试点县之一，高雷地委全力以赴领导了遂溪的土改运动。12 月，湛江市也以新鹿区为试点开展土改工作。经过近半年的紧张工作，全区基本完成了土改试点任务。

1951 年 5 月，土改在高雷区全面展开。全区组建了 6000 多人的土改队伍，编成 237 个工作队，奔赴全区 785 个乡开展土改。在"依靠大军、依靠南下干部"的方针下，土改中各县委及下属的区委一般由南下干部任书记或第一书记。

第一阶段组织群众斗争地主，减租退押。这个阶段实际在 1950 年就开始了，按照"清匪反霸、减租退押"八字运动，先斗争地主，再进行减租退押。这一阶段，高雷区共清算地主恶霸 6787 人。到 1951 年 6 月底，全区获得减租退押的斗争果实，包括稻谷、杂粮、黄金、光洋和人民币等，合计折成稻谷共 1600 多万斤，分给 10 余万户、六七十万缺粮的贫苦农民。

第二阶段划分阶级，没收、征收和分配土地、财产。在划分阶级工作中，工作队摸清各家各户的情况，然后协助贫雇农主席团由点到面进行。采取自报公议的办法，先划地主，后划农民内部，最后再划富农和小土地出租者。经过反复讨论、评议，最后三榜定案。对地主阶级定成分做到"讲、划、通、批"四步，即召开大会，叫地主自报发家史、剥削史，群众揭发控诉他们的罪行，大会贫雇农主席团宣布划为地主成分，大会通过，报上级审

---

① 《中华人民共和国土地改革法》，中共广东省委党史研究室、广东省档案馆编：《广东省土地改革运动史料汇编》，1999 年内部编印，第 3 页。

批，3次公榜后定案。划分完阶级后，便没收地主的土地、耕畜、农具和多余的粮食及其在乡村中多余的房屋，一般不追浮财；没收公偿田；征收了工商业兼地主的土地、耕畜、农具及征收其原为农民居住的房屋，其余房屋财产则一律不动。对富农，则对其过多的肥田，说服其进行"抽肥补瘦"。

分田分财产的基本原则是，首先满足贫雇农要求，同时也照顾其他阶层。土地按人口平均分配，地主家庭也按人口分配一份，使他们变成自食其力的劳动者。按当时廉江县官塝乡下新塘村的调查统计，分田分地后，贫、雇农人均拥有2.29亩土地，87%的人已表示满足；中农人均拥有2.34亩土地，82.4%的人表示已满足。对耕牛、房屋、农具的分配大多数农民也表示满意。

1952年6月以后，高雷区、湛江市与广东各地一样，开展反地方主义的斗争，伤害了一批地方同志。

第三阶段复查。复查工作分为四个步骤：宣传政策，查明情况（地主排队）；查田查阶级；解决遗留，调整分配；组织建设，查田发证，转入生产。1952年冬开始，高雷区土改陆续转入复查阶段。复查工作以第三类型乡（即遗留问题较多的乡）为先行点，然后全面展开。至复查结束，87.9%的大地主当权派已被打垮，对地主的残余势力"一般是打得较准和较彻底的"①。对漏划、错划阶级的其他农户也进行补划、纠正，对已分配的土地进行了普丈田亩，查实耕地面积，划片分等，评定产量，确定农业税负担，最后填发土地房产所有证（简称"土地证"）。对政治上的错伤者进行纠正，对经济上的错伤者给予补偿，对一些经群众认可的守法的地主，解除管制，对各种不满户的问题（不包括错打户），通过内部改正阶级、调整分配、发扬民主，大部分已获得解决。

1953年6月21日，粤西行署发表布告，宣布粤西区土地改革胜利完成。土改的主要成就有以下几点。第一，消灭了地主阶级，废除了封建土地所有制，实现了农民土地所有制。据统计，粤西区全区共没收、征收地主、富农及公偿田共725万亩，分给了600多万无地或少地的农民，没收、征收了粮食33868万斤、耕牛6.96万头、农具36.3万件、房屋31.5万间，大约80%

---

① 粤西区委：《去冬今春复查运动的基本估计及问题》（1953），湛江市档案馆馆藏资料4—2—29。

分给了贫、雇农，其余照顾中农及其他劳动人民的利益，基本解决了贫苦农民的耕地、耕牛、农具的困难。据当时湛江市郊区统计，在土改中共征收了土地 48394.2 亩，农具 31854 件，房屋 24320 间，耕牛 2047 头，粮食 34878 担，无地或少地的贫困农民 14575 户 55462 人分得了以上这些生产和生活资料。封建的土地剥削制度被推翻了，农民获得了土地，实现了"耕者有其田"。第二，解放了生产力，促进了农业生产的发展。土改冲破了封建生产关系的桎梏，改变了农业劳动者与生产资料相分离的状况，解放了农村生产力。获得土地及其他生产资料的农民，生产积极性大大提高，促进了农业生产的发展。按湛江市当时所辖区域统计，1953 年农业总产值由 1949 年的 12100 万元增至 13901 万元，增加了 51.7%（可比价）；粮食总产量由 1949 年的 417890 吨增至 556697 吨，增加了 33.2%。[①] 第三，农民在政治上、经济上成为农村的主人。通过土改，清理了基层组织，锻炼、培养了大批干部，每个乡村都建立了农民协会与基层政权，共产党、共青团组织也有很大发展。第四，巩固了工农联盟。农民向城市供应的农副产品越来越多，同时也购买了大量的工业品。据统计，全区农民的人年均购买力由 1949 年的 15.8 元增至 1953 年的 37.6 元。[②] 第五，农民精神面貌大为改观。农民开始破除迷信，认识到天下农民一家亲，形成团结互助的新风尚。妇女受剥削、受奴役的地位彻底改变，积极参加政治活动与生产。农村普遍开展文化扫盲运动，农民学文化的热情高涨。爱国卫生运动蓬勃开展。

在运动中，除地主阶级外，还有占总户数 7% 的户数受到打击，其中包括许多华侨和港澳台同胞的房屋土地被没收，众多工商业者、小土地出租者的利益受到侵犯，一些在战争年代曾经支持和帮助过共产党的民主人士被打击，甚至包括一些出身于剥削阶级家庭但早年参加革命的共产党员。上述土改错误，有些在复查中已纠正，但有些问题直到 1978 年 12 月中共十一届三中全会后政策落实才得到彻底解决。

---

① 湛江市统计局、国家统计局湛江调查队编：《湛江统计年鉴（2009）》，2009 年内部编印，第 132、134、136 页。

② 湛江专署计划委员会：《湛江专区十年来（1949—1959）国民经济统计资料汇编》，湛江市档案馆馆藏档案 52—2—7。

二、渔业与民船改革

在土改全面开展的同时，为了摧毁渔区的封建势力，改变渔区的落后状况，湛江也按照党对沿海工作的总路线——"依靠渔工、渔民，联合工人、农民，争取团结船主（渔业资本家）、鱼贩、渔商、加工运输商，打击反革命分子、恶霸、地主、渔业封建剥削者"①，进行了渔业改革。

1951 年 6 月，高雷区成立了海岛管理处，并在博贺、硇洲、外罗、乌石、企水、江洪等主要渔港设立了办事处。1951 年 11 月至 12 月，高雷区以电白的博贺港、湛江的硇洲岛两个渔港为重点，其余七县一市的 11 个渔港、渔村（陈村、那行、博茂、吴阳、莫村、外罗、乌石、企水、江洪、草潭、龙头沙）为附点的渔区民主改革运动拉开了序幕。因各县土改工作队已在沿海地区开展土改，所以除博贺港由海岛管理处掌握外，其余各渔港、渔村的渔改工作由各县土改队负责。

渔改第一步是清匪反霸，打击封建统治势力。为了充分发动群众，渔改工作队进驻渔区后，访贫问苦、扎根串联，与渔民"三同"（同食、同住、同劳动）。据不完全统计，开展渔改的 13 个渔区（指纯渔港、渔村）共组织和发动了群众 22597 人，斗争了匪特 802 人、地主恶霸 34 人、鱼栏主 52 人，破获匪特组织 24 个共 802 人，缴获一批武器和物资，② 基本上摧毁了渔区的封建反动势力。第二步是废债、退债。废除渔工、渔民与鱼栏主、高利贷者之间的债务，割断渔民与鱼栏主、高利贷者的关系，使渔民在经济上得到解放。据统计，13 个渔区废债、退债共折合人民币 5.22 万多元。在废债、退债斗争中，各级人民政府在主要渔港建立了水产供销社、合作社，给渔民撑腰，保护渔民的利益。1952 年 6 月，渔区民主改革告一段落。

为了解决一些遗留问题，1952 年底，广东省土改将要结束时，华南分局决定进行第二次渔改。粤西区按华南分局的部署，1953 年 3 月成立沿海边防工作委员会和沿海渔业民主改革办公室。5 月 7 日，粤西区根据中央"先管、

---

① 华南分局：《关于配合城市民主改革与农村土地改革系统的开展沿海渔民运动的指示》（1951 年 7 月 25 日），湛江市档案馆馆藏档案 4—1—1。

② 高雷海岛管理处：《1952 年上半年工作总结》（1952 年 6 月 15 日），湛江市档案馆馆藏档案 34—1—4。

先活、后改"的渔民工作总方针,确定了此次渔改的总任务与总要求:进一步发动与团结渔民群众,肃清封建残余势力,发展生产,巩固国防;方针是结合生产,深入发动群众,培养骨干,组织建设,贯彻政策,团结多数;改革的重点放在较大的渔港,分为两期进行,第一期是主要渔港、专业渔民,以闸坡、博贺为试点,第二期是半渔半农的渔村。区党委组织637名干部组成工作队分赴渔区进行渔改。刘田夫带领一个工作队先后到博贺和闸坡进行试点。第二次渔改按计划分为四个阶段进行:

第一阶段为民主运动阶段。主要是解决队伍与骨干问题、党组织和政权机构问题,以及群众生活生产的迫切问题。工作队下到渔区后,通过发动群众培养骨干,建立了渔民的政权。全区沿海建立了渔民县1个、区16个、区级镇1个、渔民乡171个、乡级镇4个。建政后,根据渔民生产生活的困难程度,工作队和各级政府向全区渔区发放了20多万元的救济款、3400多斤的救济棉花及其他救济物资,还发放了180多万元的生产贷款,组织了淡季的副业生产。此外,还在渔区设立了医疗站、台风警报站,安装灯塔,挖掘水井,筹建小学、合作社、盐站和一批航海的设施,改变了渔民认为的"农民有人管,渔民三不管(没有党政军机构)"和"农民已翻身,渔民未解放"的状况。

第二阶段为民主斗争阶段。工作队深入渔区访贫问苦,挨家逐户地发动群众查上次渔改对敌斗争政策执行上的偏差,调查敌情,稳、准地打击反革命分子和封建反动分子,扫除封建残余势力。这次全区共斗争了反动会道门道首、国民党骨干分子、惯匪、反革命分子、隐蔽的地霸及鱼栏主37人,取缔了一批反动会道门,逮捕了一批其他反动分子,彻底肃清了渔区的封建反动力量。

第三阶段为民主团结阶段。这阶段主要是调整和处理渔区内部的关系,包括劳资、宗族、雇佣、水陆、渔农、干群等关系,创造发展生产的条件。如针对长期存在的各地争夺海权的问题,工作队根据群众历史习惯和生产现状,通过团结互让、合理调整、订立合同、改变作业方式的步骤方法,其80%获得较圆满的解决。经过这阶段的工作,资方顾虑打消了,敢于投资生产了;工人的劳动纪律性加强了,渔民的劳动、经营积极性增强了;自由借贷逐步活跃了。

第四阶段为民主建设阶段。按照沿海渔民分布的情况，照顾渔民的生活习惯和有利生产、有利管理的原则，以渔港为中心，划分去向，巩固政权，建立党团组织和渔工会、渔协会、民兵等组织。据统计，各个建立渔区人民政权的县、区、镇、乡均建立了党委，全区建立了渔工会32个、会员6741人、渔协会72个、会员71489人，奠定了党在渔区执政的群众基础。

粤西渔区民主改革于1953年底结束。通过改革，彻底肃清了封建统治势力，使渔工及贫苦渔民在政治上、经济上翻了身，解放了渔业生产力，促进了渔业生产迅速发展。按湛江当时所辖区域统计，1953年渔业总产量由1949年的536万元增加到1098万元，增长了一倍多；水产品总量由1949年的1.81万吨增加至2.92万吨，增长61.3%。[①]

湛江在进行渔业与民船改革的同时，建立了航政管理制度，负责船舶的登记注册、进出港口的报关签证，以防走私漏税，也征收港务费，维护港内航道航标，并对外籍船舶实行强制引航。1951年撤销湛江航务临时管理处，成立交通部广州区港务局湛江分局，统一港务管理和航政管理。1956年2月21日，原交通部广州区港务局湛江分局改为交通部湛江港务管理局，并成立湛江港务监督机构，负责对民船以外的机动运输船舶，以及外贸运输的商船进行监督管理，组织海关、检疫、边防等部门进行联检；维护管理港内的主要航道、航标、灯塔、浮筒；在台风季节防风期间，为港内船舶安排锚地；对民船的登记、注册、装卸作业管理进行改革。这样，渔工和渔民彻底推翻了封建把头的管理和控制。

三、城市民主改革

城市的民主改革是在工矿企业中进行清除封建势力和废除压迫工人的制度，真正确立工人阶级领导权的城市社会改革运动，当时，主要在湛江市进行。

1951年7月，华南分局作出关于大中城市进行民主改革的指示，不久又召开了华南区12个大中城市的工作会议，决定在湛江市等大中城市全面开展民主改革。湛江市按华南分局的指示，于8月开始进行城市民主改革，成

---

① 湛江市统计局编：《光辉的历程·湛江建国五十年统计资料》，1999年内部编印，第132、146页。

立了民主改革工作队，派出干部 92 人，分 9 个工作组，分布到全市各国营工厂和公路运输、建筑、搬运、民船等行业及中山、幸福行政街道，发动工人开展运动。1951 年 10 月，湛江市工人民主改革会议召开，湛江市委书记方华作《关于民主改革问题的报告》。同月，湛江市委提出了关于城市民主改革问题的提纲。报告及提纲强调指出，民主改革是肃清帝国主义、封建主义、官僚资本主义在湛江影响的一项重要举措。民主改革的内容为：肃清封建分子，纯洁工人队伍；建立制度，包括工人代表大会制度，成立工厂（企业）管理委员会，制定奖惩制度及生产责任制；调整工薪，调处劳资关系。之后，湛江市各厂矿企业基层工会普遍成立民主改革小组，全面铺开民主改革运动。

民主改革运动分三个阶段进行。第一阶段访贫问苦，扎根串连，发动群众，诉苦揭发。第二阶段控诉斗争封建把头、恶霸。在这个阶段，湛江市共召开斗争大会 49 次，斗争大小封建把头 124 名，其中清除出工人队伍的 40 名，扣押 21 名，管制 30 名，劳改 29 名；清算了封建包工头贪污剥削克扣工人工资的罪行，对几名罪大恶极的封建把头、恶霸执行了枪决。此外，根据工人检举揭发，按不同情况处理了 161 名不法分子，对封建把头剥削制度予以取缔和废除。第三阶段进行民主建政和建立各种生产管理制度。首先是建立由厂长、党支部书记、工会主席和职工、技术人员代表参加的工厂管理委员会，同时推行职工大会制度，以决定工厂的一切重大问题，实现企业管理民主化。

民主改革推翻了城市封建把头压迫工人的制度，加强了工人阶级团结，建立了企业的社会主义生产关系，调动了工人当家作主和搞好生产的积极性，保护了正当私营工商业，促进了生产的发展。如搬运行业，工人及个体民船加入搬运公司后，分别成立驳运社和船队及进出口船舶服务社，有计划地调拨运输，很快扭转了生产的混乱状态。制革厂在民主改革中，组织技术研究小组，改善操作方法，明显地节省了原料。湛江安行汽车运输工人经过民主改革，努力增加生产，1951 年 9 月营业总额突破生产纪录。赤坎搬运工人斗倒封建把头后建立了五个搬运站，效率大大提高，工人自愿将工价减低 20%—30%。①

---

① 湛江市工会志编委会编：《湛江市工会志》，广东人民出版社 1995 年版，第 19—20 页；邱铭：《回顾五十年代的湛江港》，《湛江文史》第 6 辑，第 77—79 页。

1953 年，粤西区委又决定在县城和一些镇开展民主改革。2 月，区党委制定了《粤西城市民主改革工作计划（草案）》，按区党委的部署，9 月至 11 月，台山县城、开平赤坎镇、三埠镇、阳江县城、电白水东镇等地进行民主改革；稍后茂名县城、海康县城、廉江安铺镇、吴川梅菉镇也开展了改革。城镇的民主改革大体上也按湛江市的步骤分三阶段进行，至 1954 年，粤西区城镇民主改革完成。

四、司法制度改革

湛江解放初期，粤西的大部分法院是从接管的国民党旧法院改建而来的，留用了不少旧司法人员，当时还未能对他们进行彻底的审查和改造，新加入法院机关的老干部及年轻的工作人员对司法工作还不熟悉，地方各级人民政府人力和精力都集中于进行较为迫切的其他社会改革，一时难于抽出更多的力量充实各级司法机关，以致各级司法机关运作程序基本还是旧的，而当时镇反清匪肃特有大批案件需要处理、宣判，司法工作远未能适应形势的需要。为此，粤西区委按照上级部署，成立司法改革委员会，开始对司法进行改革。

1953 年 3 月 5 日，区党委作出《关于各县进行司法改革的指示》，指出司法改革的基本内容是改判错误案件，伸理冤狱，彻底改变旧的司法观念和整顿旧的司法作风，使各级人民司法机关在政治上、组织上、思想作风上纯洁起来，真正保障人民的正当权益和经济建设的顺利进行。司法改革的步骤分学习动员、检查本院工作、组织整顿三个阶段。第一批参加改革的是区直司法机关和部分县、市司法机关的人员，共 247 人，从 1953 年 1 月 10 日开始，到 3 月初结束，大约 50 天。

在学习动员阶段，全体司法人员通过学习马克思主义的司法理论和中央、华南分局有关文件精神，明确了司法改革的目的和方法。在检查工作阶段，主要是结合实际，结合具体案件摒弃旧法律、旧司法制度的观点和作风。经过典型案件分析，司法人员认清了旧法观点作风的本质，打消了思想顾虑，自觉与旧法的观点决裂，与旧法的作风斗争。

在组织整顿阶段，司法干部克服了必须依靠旧司法人员才能办案的思想。在此阶段，对旧的司法人员作了分类处理：（1）现行反革命分子或有血债、有民愤的贪赃枉法、违法乱纪分子予以法办；（2）恶习太深，难以改造者予以清理，如生活无着，给予劳动就业机会或社会救济；（3）思想不太顽固，恶习不太深，不能留法院工作者，设法分配其他工作或资遣回农村生产；（4）经各种运动锻炼改造，在工作中证明其思想进步的，可留法院工作，但不能做审判工作；（5）在旧法院中做过地下工作的革命人员，参加过民主运动的民主人士之旧检察官、旧律师以及学过旧法但未在司法机关服务的知识分子，不当作旧司法人员看待。组织整顿中，一批在司法改革中表现突出的年轻干部被提拔到领导岗位，党组织又选拔了一批优秀干部充实到司法队伍中。湛江市人民法院深入发动群众改判错案，并清理旧案，集体调解婚姻案件。到司法改革结束时，由群众推选代表，建立起十个街头调解委员会，调解人民内部纠纷，健全人民法院基层组织。①

第一批司法改革结束后，余下的县按第一批的做法也进行了改革。经过司法改革，加强了党对司法工作的领导，密切了人民司法机关同人民群众的联系，纯洁了司法队伍，新社会的检察、审判制度日臻完善，法制的气氛日趋浓厚，人民调解委员会普遍建立，大批积案得以清理，颁布不久的《婚姻法》得到了较好的贯彻，司法部门真正担负起了人民民主专政的责任，并为后来司法工作的开展奠定了良好的基础。

五、实施《婚姻法》

1950年5月1日，中华人民共和国颁布了第一个法律——《中华人民共和国婚姻法》（简称《婚姻法》），这是妇女翻身解放的大法。《婚姻法》颁布后，南路各地尤其是农村普遍开展了婚姻制度的改革，这是结合土地改革进行的肃清封建残余势力的一项重大社会改革。

《婚姻法》颁布后，经过妇联的宣传，广大妇女受到启发，不少童养媳、妾要求解除封建婚姻，很多寡妇希望再婚，出现了移风易俗的新气象。但也有一些群众对《婚姻法》存在抵触情绪，一些农村男子害怕离婚后难再娶，因而对提出离婚的妇女千方百计加以阻挠，要求妇女们给予补偿。而一些妇女面对家庭暴力、虐待，明知婚姻破裂，也不敢提出离婚，逆来顺受。

---

① 黄康：《在粤西司法改革会议上的总结报告》（1953年3月6日），广东档案馆馆藏档案235—1—91。

针对现实情况，各级党委、政府采取多项措施促进《婚姻法》的落实。一是在报刊、专栏开展广泛深入的宣传活动；二是开办学习班，大力培训宣讲员，安排宣讲员结合土改和土改复查中妇女翻身后建立起的团结和睦家庭的典型进行宣传；三是人民法院对一些重婚、强奸、溺婴、暴力殴打妇女的案件和因干涉他人婚姻而伤害人命的案件，公开审理，采取严肃的法律手段予以制裁，并解除一批童养媳的婚约，让群众认清违反《婚姻法》的恶果；四是提高区、乡干部的政策水平，强化干部的责任意识，尤其是开办民政、司法、土改干部培训班，使他们掌握《婚姻法》的基本政策；五是在区、乡设立婚姻登记处，对申请结婚者、离婚者依法予以办理登记手续，领取相应证书；六是对土改中离婚的妇女分田问题作了规定，解除她们离婚后生活无着落的忧虑。

通过这些措施，《婚姻法》在南路（高雷）得到了较好的落实，广大妇女认识到婚姻自主是自己的权利，各地形成了一种良好的婚姻新风尚。许多未婚的中青年男女自主择偶，喜结良缘；一批依法解除婚约的童养媳、妾得以自由择偶，重建家庭；一批鳏夫寡妇得以自由恋爱，再次结婚；还有不少被迫剃度的孤苦尼姑也自愿蓄发还俗，获嫁成家。婚姻自由和男女平等已得到社会的认可和群众的支持，封建制度的包办买卖婚姻等已基本被消灭，这促进了社会的稳定与进步。

六、革除社会陈弊

贩毒吸毒、卖淫嫖娼、设局赌博是旧社会遗留的痼疾。这些社会病害，严重毒害社会环境和人的身心，扰乱社会秩序。

中华人民共和国成立前，湛江市（广州湾）鸦片泛滥成灾，西营、赤坎两地有大小烟馆700多家。1950年2月，政务院发布《关于严禁鸦片烟毒的通令》，8月和11月，广东省人民政府两次作出关于执行禁烟禁毒工作的指示，要求切实做好禁种植、禁贩运、禁制售、禁吸食等工作。[1] 南路、湛江市开始了禁烟肃毒运动。首先在大街小巷张贴人民政府禁烟禁毒布告，宣布主动停止贩毒、上交毒品的从宽处理；对继续从事贩毒作案的从严处置；对吸毒

---

① 《叶剑英在广东活动纪事》，中共广东省委党史研究室等编：《叶剑英与华南分局档案史料》（下册），1999年内部编印，第353页。

的烟民限期登记、没收烟具，实行强制戒毒。人民政府对制造、贩运、销售的烟贩和吸食者采取不同政策，解除了烟民和群众的疑虑。至 1950 年底，湛江市区共关闭烟馆 225 间，破获烟毒大案 6 宗，缴获鸦片 1300 多两、烟具一大批，对 18 名危害极大、认罪态度恶劣的烟馆主拘押惩办。1951 年 1 月，湛江市公安局在赤坎举办禁烟展览，并在南华广场公开销毁鸦片和烟具，市民拍手称快，湛江市禁烟肃毒工作取得阶段性胜利，不少烟贩开始改行，烟民开始戒毒。

1952 年 4 月，中共中央发出《关于肃清毒品流行的指示》，要求各地在"三反""五反"运动中，在全国范围内有重点地大张旗鼓地发动一次群众性的禁毒运动。从 7 月开始，湛江结合"三反""五反"运动，再次掀起禁烟禁毒运动高潮。湛江市成立禁烟禁毒委员会，各单位、各部门、各街道开展宣传教育发动工作。由于禁烟禁毒宣传工作家喻户晓，市民积极行动起来，自觉协助政府开展禁毒工作，有的主动监视毒贩活动，有的及时报告吸毒者行踪，还有不少妻子检举丈夫贩毒、子女劝导父亲戒毒。

1952 年 8 月，湛江市禁烟禁毒委员会根据掌握的线索，组织公安干警、驻湛部队、工人和街道积极分子 380 人，分成 132 个战斗组，统一行动，对继续从事经营活动的烟馆、烟贩，对逾期不肯登记的烟民，对虽登记但仍未戒除的烟民重拳出击。两天时间，共破鸦片案 118 宗，缴获各类毒品 116 千克，没收烟具 436 件，扣押毒犯 155 名。并把吸毒者 253 人集中到赤坎高州会馆举办学习班，强制戒毒。高雷区的广大城乡也开展了大规模的禁毒运动。至 1952 年，全区共处决重大烟毒犯 7 名，关押毒犯 838 名，缴获烟土 1516 两，还有烟膏、海洛因等毒品一批，以及巨额贩毒资金黄金 213 两、银元 3290 元、美钞 471 元、港币 8306 元、人民币 1992 元，还有一批武器。①

从严禁鸦片烟毒到发动大规模群众性的禁毒运动，大体经历了三年的时间。到 1952 年底，在高雷、湛江市肆虐了几十年的种植、贩运、吸食毒品现象基本绝迹。

中华人民共和国成立前，高雷不少青年女子因生活所迫沦为娼妓，尤其在法国租借广州湾时期，卖淫嫖娼最为泛滥。民间流传一副对联："到此地除非

---

① 湛江市地方志编纂委员会编：《湛江市志》，中华书局 2004 年版，第 1550—1551 页。

嫖赌饮吹断难小住，惟斯界可容官商兵盗任作欢场。"1950年初，湛江市军管会公布了湛江市电影戏剧音乐审查暂行办法，严禁淫秽色情作品毒害人民。1950年4月，湛江市政府开始大张旗鼓扫荡娼妓，但嫖娼之风仍未能杜绝。

1951年初，华南分局指示："全区各地务必在1951年内采取措施，取缔所有公开活动的娼妓，并将其统统收容，集中教育改造。"① 10月，广东省人民政府发布布告，禁止卖淫，取缔妓院、娼妓，并规定了处理的办法。湛江由公安、民政部门牵头，开展统一行动，集中扫荡娼妓。市区以派出所为单位，查封妓馆、妓院，集中审讯鸨头、鸨婆，并集中妓女办学习班。政府对她们采取了"改造思想，医治性病，指导从事生产，安置出路"的方针。在学习班上，政府部门始终把她们看成受苦受难的同胞，带着"严肃同情，认真负责，耐心教育"的态度，对其进行改造。改造后，人民政府从三个方面安置她们的出路。一是送返原籍。经核实，对自愿回家乡参加农业生产、亲人也愿意接纳的，政府发足路费，联系安排好交通，欢送上路。二是择偶成家。其时湛江市有不少搬运工人，是城市的贫民，很大年纪依然单身，工会、妇联积极当红娘，介绍新生妇女和这些工人结婚。也有部分从良妇女自由恋爱嫁给小商贩、店员、教师、医生。三是安置工作。获得新生的妇女，有文化、有专长的，根据社会需要，由劳动部门安排适合的工作。

与此同时，政府对鸨头、鸨婆、各妓馆主进行了审查，区别处理，少数罪大恶极、民愤极大者，交由人民法院依法惩办；罪行较轻，愿意认罪坦白悔改者，给予新生之路，没收他们剥削妓女所积累的财产作为救济妓女所用。对于社会上个别屡教不改，或转入地下的暗娼，实行劳动管制；对于继续妄为的嫖客严厉处罚。经过一系列整治，湛江的娼妓基本上得到清除。

清末民初，高雷各地赌博开始盛行，尤以广州湾最为严重。湛江市解放后，市军管会、公安局第一个打击行动就是禁赌、防盗，出布告申明严禁赌博，违者法办。军管会打击赌博实行了"先劝后禁、分别对待"的方针，但仍有部分赌档不收敛，警备区、公安局才出动扫荡，前后查禁了赌馆几十间，并将所缴获的赌具烧毁，捉拿赌徒200余人，分别给予馆主和赌徒教育、处罚，赌风因此大降，但暗中聚赌仍然存在。1950年8月，广东省政府

---

① 广东省地方史志编纂委员会编：《广东省志·公安志》，广东人民出版社2001年版，第206页。

颁布治安管理条例，规定对参赌人员进行拘留、没收赌款和罚款。湛江又开展了大规模的取缔行动，处理了一大批赌徒，聚赌活动一度收敛。1953 年 7 月 2 日，华南分局办公厅发出《关于制止各地赌博现象的通报》，湛江再次大张旗鼓地开展查禁赌博、封闭赌场的行动，对赌头、赌棍、窝主等严重违法犯罪分子依法惩处。后来，公安机关依照《中华人民共和国治安管理处罚条例》，继续大力开展禁赌工作。经过广泛宣传教育和严格治理，20 世纪 50—70 年代，大规模聚赌现象在湛江基本绝迹。

七、"三反""五反"运动

1951 年 12 月 1 日，中共中央作出《关于实行精兵简政，增产节约，反对贪污、反对浪费和反对官僚主义的决定》；12 月 8 日，又发出了《关于反贪污斗争必须大张旗鼓地去进行的指示》，号召全国对贪污、浪费和官僚主义作坚决的斗争，强调必须把"三反"斗争看作如同镇反斗争一样的重要。这是中国共产党执政后进行的第一次全国性的大规模反对资产阶级腐蚀的运动。高雷区的"三反"从 1952 年 1 月开始，至 10 月基本结束，大致经过四个阶段：

第一阶段是动员群众参加运动。1952 年 1 月，根据华南分局、粤西区委的部署，高雷地委、专署召开"三反"动员大会，拉开了高雷区"三反"运动的帷幕。湛江市也分别召开干部大会和党员代表会议，号召各界人民大胆起来揭发贪污浪费现象。

第二阶段是坦白检查，"打虎"追赃。1952 年 2 月，高雷区开始以反贪污为主的"打虎"运动。地、市领导号召机关干部坦白、检举，不让一个贪污分子漏网，并各自检讨自己的行为。广大干部也跟着进行坦白、检举。

在反贪污过程中，人们把贪污分子称为"老虎"，以后就把反贪污称为"打虎"。当时贪污 1000 元以下的，称为"小老虎"；贪污 1000 元以上 1 万元以下的称为"中老虎"；贪污在 1 万元以上者称为"大老虎"。在全国、全省一片"打虎"声中，高雷也开始"打虎"。经过坦白、检举，获得通过的没有问题或问题较少的干部与解放军指战员组成"打虎队"，"打虎队"采取"大胆怀疑，下达任务"的做法，将财税部门列为重点，地委、专署的领导到第一线指挥"打虎"。很快一只只"老虎"被揪了出来。至 5 月中旬高雷"打虎"结束，高雷地委、专署机关党员中经核定贪污 10000 元以上的 1 人，1000—

10000 元的 7 人，100—1000 元的 23 人，100 元以下的 31 人。湛江市在"三反"运动中也查核出数十人有贪污行为，贪污赃款 46.37 万元。

第三阶段是民主建设。民主建设阶段的工作是思想建设和制度建设。思想建设包括"交代关系"（即社会关系），批判资产阶级思想，做干部鉴定。按照华南分局的要求，高雷区、湛江市各机关全体干部、工作人员普遍交代了与资产阶级的关系，并就思想、立场、观点等方面作了检查。制度建设通过自上而下地检查与自下而上地提合理化建议，针对制度不健全、关系不正常、上下不通气、分工不明确、赏罚不分明、教育不到位等问题，制订健全合理的规章制度。

第四阶段是复查处理。地、市委成立复查委员会，1952 年 8 月底至 9 月初，分别召开有关部门负责人会议和地直机关干部大会，按照实事求是的原则，致力纠正在"打虎"中和追赃定案时出现的"逼供信"错误，落实党的政策。复查中凡查实不是贪污分子的立即摘去"贪污"帽子，错捕的获得释放。受错误处理的人员先后撤销了处分，恢复了原政治待遇。

在党政机关开展"三反"运动的同时，在资本主义工商界也进行了一场以扫荡行贿、偷税漏税、盗窃国家财产、偷工减料、盗窃国家经济情报等"五毒"为内容的"五反"运动。"五反"运动是在"三反"运动发展中引发出来的，在揭发和清查贪污分子的过程中，不断发现许多贪污分子与社会上不法资本家违法活动密切相关。1952 年 1 月 26 日，中共中央发出《关于在城市中限期展开大规模的坚决彻底的"五反"斗争的指示》。根据中共中央的指示，1952 年 1 月，华南分局决定："五反"运动首先在广州市和汕头市展开。5 月，华南分局在江门召开广东中小城市"五反"工作会议，布置在全省 6 个省属市（含湛江）、222 个城镇开展运动。后中央电示华南分局书记叶剑英：中央决定所有尚未开展"五反"的中小城市暂停进行，"广东湛江、江门、石岐等 11 个城市的五反斗争，亦应停止进行"。华南分局遂决定"除广州市和汕头市继续完成五反工作外，所有其他中小城市均不进行五反工作"。① 因此，湛江等 12 个中小城市取消了有关"五反"运动的工作部署，湛江市及高雷区的各城镇实际没有开展"五反"运动。

---

① 中共广东省委党史研究室：《中国共产党广东历史》第二卷（1949—1978），中共党史出版社 2014 年版，第 130 页。

第四节　"一五"计划与经济建设

1953 年至 1957 年，湛江贯彻执行党在过渡时期的总路线，开始实施第一个五年计划，开展大规模经济建设。

一、贯彻过渡时期总路线与粮食统购统销

1952 年底，全国恢复国民经济的任务已完成。1953 年 6 月，中共中央正式提出了过渡时期的总路线："从中华人民共和国成立，到社会主义改造基本完成，这是一个过渡时期。党在这个过渡时期的总路线和总任务，是要在一个相当长的时期内，逐步实现国家的社会主义工业化，并逐步实现国家对农业、对手工业和对资本主义工商业的社会主义改造。"[①]

总路线公布后，各地展开宣传教育工作。粤西各地党委从 1953 年 11 月开始，围绕农业合作化的发展、农业的增产运动、粮食统购统销政策，展开了一系列的以总路线为中心的宣传教育工作，力求家喻户晓。农民在此期间被激发起支援国家工业化和经济建设的热情，纷纷把余粮卖给国家，保证了统购任务的完成。在工商界，粤西区委和湛江市委分别召开私营工商界代表座谈会，在工商界传达总路线，推动资本主义工商业的社会主义改造。城市国营厂、矿、企业，围绕增产节约、劳动竞赛、技术革新、贯彻计划管理、评选劳模、统购统销、完成公债任务等，进行形式多样的总路线教育。

粮食统购统销制度，是中华人民共和国成立初期国家动用行政手段，对粮食实行定量从农民手中购买、定量供应城镇居民和部分缺粮农民的一种购销制度。

中华人民共和国成立后，虽然粮食产量不断增加（如湛江 1953 年粮食总产量由 1949 年的 41.8 万吨增加到 55.7 万吨），但粮食的产需矛盾、供求矛盾依然严重存在，私商同国家争夺粮源，造成粮食价格剧烈波动。1953 年 10 月，中共中央通过《关于实行粮食的计划收购与计划供应的决议》。11

---

① 中共中央文献研究室编：《建国以来重要文献选编》第 4 册，中央文献出版社 1993 年版，第 700—701 页。

月，政务院第 194 次政务会议根据中共中央的决议，通过了《政务院关于实行粮食的计划收购和计划供应的命令》，规定了实行粮食统购统销的具体办法。根据中央的决定、命令精神，1953 年 11 月，华南分局发出《关于严格市场管理的指示》，广东省政府也颁发了《广东省粮食市场管理暂行办法》，成立了广东省粮食指挥部，开始实行粮食统购统销政策。

粮食统购统销的基本做法是：在农村，实行粮食统购，农民按国家规定的价格和分配的数量，将余粮卖给国家，不准卖给私商；在城镇，实行粮食统销，实行适当的粮食定量配售政策。粮食流通市场由国家严格控制，私商一律不许私自经营粮食。所有私营粮食加工厂，由国家根据需要委托进行加工，一律不得自购原料，自销成品。对粮食管理，实行由中央与地方分工负责的统一管理政策。1953 年 11 月，粤西区委召开县委书记、县长联席会议，决定当月起，在全区实行粮食统购统销政策，决定成立区征粮购粮办公室，旋即在全区全面铺开对粮食的统购统销，至 1955 年 1 月，共收购粮食 31990 万千克，完成统购任务的 101.8%；公粮入库 26885 万千克，完成任务的 102.4%；统销粮食 34420 万千克，完成任务的 117.1%。[①]

粮食统购统销政策在实施过程中不断得到发展和完善。1954 年实行"随征带购"政策。1955 年实行定产、定购、定销的粮食"三定"政策，国务院颁布《农村粮食统购统销暂行办法》，使粮食统购统销进一步制度化，粮食征购和销售工作有了一套具体的办法，更趋于规范有序。"三定"后，1955 年至 1956 年度，湛江征购粮食 6913 万千克，比 1954 年至 1955 年度减少了 2577 万千克。1956 年农业合作化高潮后，则以农业合作社为单位，实行粮食"平衡余缺，购销相抵"的政策，逐步完善了粮食统购统销制度。

粮食统购统销后，私营粮商已歇业或停业。为了解决生活出路问题，人民政府安排他们转业，转营其他商品。1953 年底，湛江市有 26 户私营粮商转业。对无能力转业的，政府帮找出路，或安排进国营粮店当职工，或将其粮铺改为国营粮食的经销代销店。私营的粮食加工厂除自己转业者外，则由国家粮食部门委托加工粮食。

实行统购统销政策，不但在现有的条件下可以妥善地解决粮食供求的矛

---

① 中共湛江市委党史研究室：《中国共产党湛江历史大事记（1950—1978）》，2009 年内部编印，第 36—37 页、第 47 页。

盾，更加切实地稳定物价，有利于粮食的节约，而且还把分散的小农经济纳入国家计划建设的轨道之内，引导农民走向互助合作的社会主义道路。同时，它也是对农业实行社会主义改造所必须采取的一个重要步骤，它是党在过渡时期的总路线的一个不可或缺的组成部分。[①] 但是，粮食统购统销是高度集中的计划经济的产物，也有局限性和弊端，主要是该政策实施以后在客观上割断了农民同市场的联系，限制了价值规律在农业和农产品经营中的作用，影响了农民生产积极性的发挥。

除了对粮食实行统购统销之外，为了使国家掌握主要商品，有计划地、合理地安排城乡市场，从 1953 年冬开始，广东对食油、油料、糖蔗、烟叶、蚕茧、黄麻等一些与国计民生密切相关的农产品和经济作物，实行统购统销或统一收购；甚至对一些主要的工业品也实行统购统销。这样，国营商业控制了批发贸易，不仅切断了资本主义商业和小生产者之间的联系，同时也逐步削弱和切断资本主义工商业两者之间的联系，使私营零售商不得不向国营商业进货和接受其领导，从而制止了私营批发商的投机倒把活动。

二、"一五"计划的实施与成就

"一五"计划，是新中国编制和实施国民经济中期计划的第一个五年计划。1953 年 10 月，中共华南第一次党代会上确定了广东"一五"计划以农业为重点。1954 年 8 月，广东省第一届人大第一次会议通过的政府工作报告指出：广东省"在第一个五年经济建设时期内，应以发展互助合作为中心的农业生产为第一位任务；同时，必须大力加强城市工作与国营工矿工作，积极有计划地发展地方工业，并加紧进行对资本主义工商业与手工业的社会主义改造，以之为全国工业化服务并为本省进行大规模的工业建设创造条件"。[②]

根据华南分局的方针和广东省第一个五年计划纲要的要求，粤西区将第一个五年计划的重点放在农业生产方面。为此制订了粤西区农业生产第一个五年计划，确定了全区 1957 年粮食及主要农业经济作物的任务指标。但

---

① 中共中央文献研究室编：《建国以来重要文献选编》第 4 册，中央文献出版社 1993 年版，第 479 页。

② 匡吉主编：《当代中国的广东》（上），当代中国出版社 1991 年版，第 59 页。

1956 年 2 月，中共广东省委决定撤销粤西区委和粤西行政公署，成立中共湛江地委和湛江专员公署。① 由于管辖范围不同，湛江地委和专署修改了粤西区党委制订的指标任务。修改后的指标任务是：全地区到 1957 年，农作物播种面积要达到 23593013 亩，为 1952 年的 126.4%；粮食作物总产量达 1961650 吨，为 1952 年的 130.7%；粮食亩产达 101.4 千克，为 1952 年的 114.3%；造林要达 232215 亩（按中央下达的计划），为 1952 年的 115%，1953 至 1957 年总造林面积要达 1239000 亩。② 除了农业外，湛江专区（粤西区）的工业、商业、基本建设等都没有制订完整的五年计划，但在有关的文件中，也确定了它们发展的指标。对农业、手工业和资本主义工商业进行社会主义改造，也是粤西区"一五"计划的重要组成部分。

湛江市在中华人民共和国成立初期为省辖市，管辖赤坎、西营（今霞山）两地和附近郊区。"一五"期间，湛江市被确定为中南重点建设的城市之一，国家在湛江市投入巨资建设了大港口、铁路，所以湛江市的"一五"计划是配合国家建设，以发展工业为主要方向，于 1954 年开始编制，制订了工业、农业、商业、交通运输、文教卫生、财政和公用事业等方面的发展指标。1955 年 12 月，湛江市第一届人民代表大会第三次会议通过了这个计划。

湛江专区（粤西区）和湛江市的第一个五年计划都是边制订边实施的。农业方面，为提升应对自然灾害的能力，大力兴修水利，植树造林。"一五"时期，湛江专区水利建设共投入了 1584.8 万元，到 1956 年，全区共兴建大中小型水利工程 13000 多宗，打井、挖塘 12 万个，受益面积 216 万亩。通过兴修水利推行了旱地改水田、单造改双造、二熟改三熟、扩大间套种、水旱轮作等种植制度，增加了播种的面积。1957 年，湛江专区播种面积达 2170 万亩，农田灌溉面积由 1952 年的 18.7 万亩增加到 78.5 万亩。同时，开辟肥源，大量增加肥料，改善了土壤结构，为农业增产打下基础。农业新技术的应用及新农具的使用，大大提高了劳动生产率。各县均建立了农业技术研究室并设立了 370 个农业技术推广站。在农作物品种上，除了常规稻作，还开展多种经营，发展副业生产，大力种植甘蔗、花生、豆类、菠萝、剑麻、番

---

① 湛江地委、专署管辖除台山、开平、恩平以外的原粤西区委、行署所辖的县、市。

② 《湛江专区 1953—1957 年农业生产计划》，湛江市档案馆馆藏档案 53—1—2。

麻等经济作物。1956 年湛江专区经济作物获得大丰收，大豆总产量 3115 万斤，花生总产量 116.3 万担，黄麻总产量 30.8 万担，土烟总产量 10.8 万担，甘蔗总产量 799.3 万担，芝麻总产量 4.3 万担，增加了农业的总产值和农民的收入。1956 年底，耕牛饲养量达 93.5 万头，生猪饲养量达 260.8 万头，上市量达 102.8 万头，山羊的饲养量也逐年增加。1956 年，湛江专区水产总量达 215.6 万担。

"一五"时期，投入 286 万元，并组织大量的人力、物力和财力发展林业。到 1956 年止，全区造林面积 120 万亩，完成当年计划的 150%。为了扩大播种面积，提高土地利用率，制订并贯彻了"谁种谁有"的方针，鼓励农民开荒，发展林业和多种经营。

工业与基本建设方面，以勤俭办企业的方针促使工业产品的单位成本降低。如造渔船的单位产品成本，1956 年比上年降低了 17.2%，电力降低了 7.2%，火柴降低了 5%。贯彻地方工业为农村服务并同农村经济相结合的方针，强调地方工业必须面向农村。"一五"期间生产了双铧犁、五一式水田犁、打禾机、水泵、打井机、水管、水车等大批农具支援农业，湛江市手工业的金属行业从 1955 年起也生产了 5 万把铁制农具来支援农业。湛江还根据农业生产情况，发展了制糖、纺织、食油、制盐、粮食加工等工业。

"一五"时期，中央、省、地三级总共在湛江专区投入了 35421.4 万元，建成了粤西橡胶基地、黎（塘）湛（江）铁路和中华人民共和国成立后自行设计和建造的第一座现代化的港口——湛江港，湛江专区、湛江市抓住机遇，建成（含扩建）了 152 个工业项目，包括机械、冶金、电力、燃化、造船、制糖、制盐、食品、火柴等，这些项目，奠定了湛江工业化的基础。据统计，"一五"计划的主要指标绝大部分超额完成。1957 年底，湛江专区工农业总产值达到 9.8 亿元，为 1952 年的 165.4%，年均增长 10.6%；湛江市区地区生产总值年均增长达 14%。[①] 其中，湛江专区的农业总产值达 6.85 亿元，为 1952 年的 141.1%；湛江市的农业总产值 3448 万元，为 1952 年的 138.7%，均取得不俗成绩。工业也获得较快增速，全区工农业比重从 1952

[①]　《湛江专区十年来（1949—1959）国民经济统计资料汇编》，湛江市档案馆馆藏档案 52—2—7。湛江市区生产总值增长按湛江市统计局《光辉的历程·湛江建国五十年统计资料》（1999 年内部编印）第 129 页数据计算。

年的 17.8∶82.2 变为 1957 年的 29.9∶70.1。1957 年湛江专区工业及手工业总产值达 2.92 亿元，为 1952 年的 277.3%，年均增长 22.7%。主要工业产品大幅增加，如下表：

湛江专区十年来（1949—1959）国民经济统计表（一）

年份＼品种	电力工业产值（万元）	糖产量（万吨）	原盐产量（万吨）	食用植物油（吨）	松香（吨）	火柴（件）	日用玻璃（吨）
1952	10.15	2.28	15.4	6966	57	1487	590
1957	83.44	3.30	29.7	12071	3153	30345	13499

运输邮电也成绩斐然。从 1959 年湛江专区管辖的范围看，第一个五年计划内交通运输发展情况如下表：

湛江专区十年来（1949—1959）国民经济统计表（二）

年份＼述量	陆 运			水运（海河合计）	
	公路里程（千米）	货运（吨千米）	客运（人千米）	货运（吨海里）	客运（人海里）
1952	1519	1422946	29248078	53900000	3898000
1957	3173	22167694	175851942	158305328	5524306

上两表资料来源：《湛江专区十年来（1949—1959）国民经济统计资料汇编》，湛江市档案馆馆藏档案 52—2—7。

"一五"期间，国家投资建设的湛江港和黎（塘）湛（江）铁路，使湛江成为粤西的交通枢纽。邮电业也有了较大的发展。1952 年到 1957 年，全区出埠函件交换量由 7400 千件增加到 12492 千件，市内电话用户数由 1005 户增加到 2790 户，市内电话交换机由 437 门增加到 4410 门，长途电话交换机由 230 门增加到 572 门，各种邮电车辆由 104 辆增加到 285 辆，邮电所由 27 间增加到 228 间，邮电职工由 524 人增加到 1537 人。

由于社会稳定、工业发展，商业也开始繁荣，全地区社会购买力由 1952 年的 26540 万元增加到 1957 年的 47849 万元，年均增长 12.5%。湛江市的社会消费品零售总额由 1952 年的 3870 万元增加至 1957 年的 6311 万元，年均增长 10.3%。按湛江市当时辖区域计，"一五"期间社会消费品零售总额年均增长 10.4%。[①] 财政收入上,全区财政总收入由 1952 年的 8586 万元增加到 1957 年的 17628 万元,年均增长 15.4%。湛江市的财政收入则由 1952 年的 554 万元增加到 1957 年的 1946 万元,年均增长 28.5%。[②]

湛江城区的建设面貌一新。1957 年超额完成了市政工程,建成市区桥梁 1 座,铺路、扩路面积 67.5 万平方米,实有铺装道路 75.2 千米,面积 75.6 万平方米。新铺设地下排水道 2.5 千米,总长增至 18 千米。在主要道路和街道安装了路灯。自来水增铺水管 4.5 千米,总长达 17 千米,供水能力大大提高,年完成供水量 87.1 万吨,水质达到国家标准。全年市区植树达 200 多万株,基本实现了绿化。新建了海滨公园和寸金桥公园。增开了市区内及市区至郊区的公共汽车线路与班次,公共汽车客运量达 233.2 万人次。[③]

人民生活得到较大改善。随着工农业生产的发展,人民的物质文化生活得到很大的改善。按湛江当时辖区域统计,国民收入总额由 1949 年的 1.87 亿元增加到 1957 年的 4.05 亿元(可比价),增长了 54%;人均国民收入由 47 元增加到 102 元。城镇基本解决了旧社会遗留下来的失业问题,1950 年到 1957 年,职工人数由 21681 人增加到 99038 人,增加了 77357 人,职工平均工资也由 444 元提高到 530 元。"一五"时期职工人均工资年增长 8.3%。居民储蓄余额由 1952 年的 177 万元上升到 1957 年的 935 万元。[④] 市区居民可支配收入由 1952 年的 93.7 元提高到 1957 年的 167.2 元。农村由于国家稳定了农民的农业税负担,适当提高了农产品的收购价格,而工业品零售价格基本保持不变甚至略有下降,农民的收入也增加了,过着有吃有穿的生活。如郊区鹿满合作社 292 户贫农,90% 以上都升到了中农以上的生活水平。[⑤] 全区人均购买力由 1952 年的 34.9 元提高到 1957 年的 53.5 元,其中非农业人

---

① 《湛江专区十年来(1949—1959)国民经济统计资料汇编》,湛江市档案馆馆藏档案 52—2—7;湛江市统计局编:《光辉的历程·湛江建国五十年统计资料》,1999 年内部编印,第 192、10 页。

② 《湛江专区十年来(1949—1959)国民经济统计资料汇编》,湛江市档案馆馆藏档案 52—2—7;湛江市统计局编:《光辉的历程·湛江建国五十年统计资料》,1999 年内部编印,第 200 页。

③ 何鸿景《湛江市人民委员会工作报告》(1958 年 5 月),湛江市档案馆馆藏档案 56—7—5;湛江市统计局编:《光辉的历程·湛江建国五十年统计资料》,1999 年内部编印,第 224、226 页。

④ 湛江市统计局:《1949—1990 国民经济和社会发展统计提要》,1991 年内部编印,第 12、58、60、55 页。

⑤ 《湛江市第一个五年计划建设成就展览会工作总结》,湛江市档案馆馆藏档案 22—6—18。

口由122.2元提高到160.5元，农业人口由25.7元提高到40.4元。[①]

三、粤西农垦和橡胶种植基地创建

中华人民共和国成立初期，为发展中国的工业建设和国防建设事业，满足社会主义阵营国家对橡胶的需求，中共中央作出在华南部分地区大力发展橡胶的战略决策，并决定中共中央华南分局第一书记、广东省人民政府主席叶剑英负责具体组织实施。华南分局要求广西、海南、高雷等地遵照中央指示，搞好橡胶树种植工作。

1952年3月，中央从华北、华东、华中等地调集师生2000人集中湛江，编队分赴海南、桂南、粤西各县全面进行勘察、测量、规划。至7月底，完成了勘察、测量任务，粤西规划植胶的土地200多万亩。之后，来自各地的技术人员及工人组成垦殖大军云集粤西，人民解放军也组织林业师开赴粤西，从1952年秋起开始了艰辛的开垦历程。垦荒人员披荆斩棘，吃住在野外草棚里，还要时刻提防残匪的破坏、扰乱，与老虎、蛇蝎及流行疾病作斗争。不到半年，粤西的垦殖大军就开垦出荒地近100万亩，抢运橡胶种子61.8万斤，培育出橡胶树苗7000余万株，植下树苗1500万株。到1952年底，粤西垦区建立了10个完善建置的垦殖所，154个垦殖场及8个拖拉机站，拥有拖拉机200多台。

随着橡胶垦殖基地的建设，各垦殖场本身也得到很大的发展。为了提高经济效益，各场执行上级"橡胶为主、多种经营、长短结合、以短养长"的生产方针，充分利用土地资源，扩种了许多生长期短、收益快的经济作物。据不完全统计，1956年粤西垦区共种植了剑麻、香茅等热带作物9万亩，粮食6万亩，甘蔗、花生各万余亩；还饲养了猪近3万头，牛3000头，大大增加了农场的收入，也使职工的生活得到较大的改善。1956年下半年，多数职工从简易的茅草房搬进了砖瓦平房。汽车开始通到场、队，农场场部也有了电灯。卫生所、小学、幼儿园、小商店相继建立，一大批新的垦殖居民点在粤西大地涌现出来。

---

① 《湛江专区十年来（1949—1959）国民经济统计资料汇编》，湛江市档案馆馆藏档案52—2—7；湛江市统计局编：《光辉的历程·湛江建国五十年统计资料》，1999年内部编印，第205、207、233页。

经过艰辛努力，第一批橡胶树终于在20世纪50年代末生长成材，流出乳白的胶水。粤西橡胶垦殖基地初具规模，新中国终于开辟出一片自主培育、种植、加工、生产的橡胶基地，打破了西方国家的封锁，满足了社会主义建设和国防的需要。

中共高雷地委及粤西区委全力支持、参与了中央和华南分局在粤西建设橡胶基地的战略部署。当中央和华南分局决定把高雷作为橡胶基地之后，地委明确指出橡胶工作与土改工作一样都是当前中心工作之一。1951年12月6日，高雷地委召开了第一次垦殖工作会议，宣布成立华南垦殖高雷分局，地委书记刘田夫和专署专员李进阶分别兼任正、副局长；并决定在徐闻、海康、遂溪、茂名、化县等县成立垦殖所，由县委书记兼任所长。大规模垦殖开始后，地委又指示各县要向垦殖场输送优秀的青年劳动力，保证垦殖任务的完成。

各垦殖场建立后，华南分局决定将粤西垦殖系统的党群组织划归粤西区委管辖。粤西区委即决定各场成立党委（总支），区及各县党委设立垦殖部直接负责，区委垦殖部部长由区党委第一副书记李进阶兼任。当大批农村青年加入垦殖大军队伍后，粤西区委多次强调要关心他们，在发展生产的基础上逐渐改善他们的生活。区大力支持各场开展多种经营，允许职工开垦荒山种植橡胶以外的经济作物。在土改中，一些职工怕分不到土地，产生了不安心的思想。为此，粤西区专门下发文件，规定种胶工人原则上与农民一样分配土地，解决了职工的后顾之忧。

由于垦殖场遍布粤西大地，与周围农村的群众难免会因土地等问题发生摩擦。粤西区把建立新型的场群关系提高到巩固工农联盟的高度，将之作为场党委思想政治工作的一项重要内容。粤西区花了很大力气进行了各农场的地权界限划定，划定各农场与就近区、乡农村的土地权属界限，签订划界协议书，并经各县人民政府审核、同意后，由行署行文批准，以法定的形式落实地权，减少了地权的争议。并划给粤西垦区使用的土地共307.4万亩。

四、建设湛江港和修筑黎湛铁路

为适应我国对外贸易、国内物资交流和巩固国防的需要，1953年，中央人民政府决定在湛江建设一个商港，与此同时兴建黎（塘）湛（江）铁路，修建遂溪空军机场。中共中央华南分局作出了《关于在粤西地区支援筑路、建港和机场建设工程任务的决定》，指出："这些建设项目的完成，有着重大的政治、经济和军事意义，对巩固国防、为解放台湾打下准备工作的基础，为实现国家社会主义工业化及华南地区经济的发展，都有密切的关系。"[①]

（一）修筑黎湛铁路

为了大规模建港工程的实施，要先行修建黎湛铁路。为此，1953 年 11 月 22 日，由铁道部召集交通部、海军、国家计委等有关部门开会，研究抢建黎湛铁路的有关事宜。中央军委决定组建中国人民解放军铁道兵以解决人力、物力的困难，王震任司令员兼政委。中共中央华南分局成立以王震为主任，方方、萧一舟为副主任的筑路委员会。铁道兵于 1954 年 8 月正式接受黎湛铁路的抢建任务，9 月开工。由于工期要求紧，只能边设计、边审查、边施工，难度极大。除以铁道兵为主力外，还动员了广西桂东和粤西地区十多万群众支援。当年粤西地区抽调了大批干部、医务人员和民工，调集大量牛车及竹木、砖头、草袋、生活用品等物资支援铁路建设。王震还把铁道兵司令部从北京搬到现场，极大地鼓舞了群众。铁道兵和群众同心协力，互相配合，克服了无数困难，仅用九个月时间建成该线路，按预定计划于 1955 年 7 月 1 日全线建成通车。这条铁路全程 314.7 千米，大桥 5 座，中桥 25 座，土石方 1700 万立方米，总投资 14097.66 万元。这条铁路的完成，为迅速展开的大规模建港工程所需的设备和物资运输提供了极大方便。

（二）建设湛江港

1919 年，孙中山在《建国方略》中提出要在湛江修建港口，"为建设一南方大港，以完成国际发展计划篇首所称中国之三头等海港"，而且还提出在湛江建设铁路的设想："于化州须引一支线，至遂溪、雷州，达于琼州海峡之海安……于海安再以渡船与琼州岛联络。"[②]

法国强租广州湾 47 年（1899—1945 年）。第二次世界大战期间，上海、广州、香港相继沦陷后，广州湾成为我国沿海唯一对外开放的通商口岸。1943 年以后，又被日本侵略者占领和国民政府接收。1945 年，国民党当局

---

① 转引自中共湛江党史研究室：《湛江港城的建设及对粤西经济发展的影响》，中共广东省委党史研究室编：《新中国成立初期广东若干历史问题探讨》，中共党史出版社 2003 年版，第 589 页。

② 孙中山：《建国方略》，辽宁人民出版社 1994 年版，第 157 页、第 178 页。

1955 年 7 月 1 日黎湛铁路全线建成通车

曾试图求助美国建设湛江大港和兴建由湛江为起点，经柳州、重庆、兰州、伊犁到欧洲马歇尔大道的铁路线。1946 年 5 月，国民党行政院还派出工程人员组成计划团，陪同美国顾问专家到湛江勘察港湾海岸，成立湘桂黔铁路来（宾）湛（江）段粤境工程处负责建港筑路工程，编制了《湛江建港计划》，但最终没有实施。至湛江解放时，湛江港已满目疮痍，仅留下残破的码头区。

1949 年 12 月 19 日湛江市解放，1950 年开始恢复港口工作。1953 年，中央人民政府政务院决定在湛江市建设一个新的商港，并同时兴建黎湛铁路。当时，抗美援朝战争刚刚结束，人力、财力、物力都极端匮乏，鉴于中国尚未自己建设过现代化港口，没有一支技术力量全面的建港队伍，没有完整和系统的建港经验，为了今后不受制于人和完全掌握自己港口的主权，十分需要通过建港实践培养出自己的队伍和摸索、积累建港经验。为此，上级提出湛江港的建设必须是中国第一个自己规划、自己设计、自己施工的现代化的港口。

1954 年 7 月底，交通部决定以筑港工程局为基础组建航务工程总局第一工程局，负责湛江港的修建任务。9 月开始，各路队伍陆续从天津、北京等地向湛江汇集。湛江港选址在浅滩浅海上，给规划建设带来了很大的困难。国务院指示，由海运管理总局按业务要求编拟计划任务书，由交通部航务工程总局设计局负责勘探和扫测任务。1954 年 8 月进行总体规划，10 月开始进行初步设计。1955 年 1 月 29 日，交通部与有关部委审查通过了海运管理总局编制的《湛江港设计任务书》。1955 年 1 月，设计局完成了初步设计草案，即突堤码头方案，投资为 13800 多万元。交通部技术委员会航务总局会审时，发现该方案由于缺乏深入调查研究，也没有认真考虑中华人民共和国成立初期我国财力、物力的可能性，偏大偏洋。苏联专家建议采用顺岸码头，并建议代为设计。航务工程总局遵循自力更生的方针，坚持由中方独立自主地设计湛江港的决定，进行了顺岸码头设计。

1955 年 7 月 4 日，国务院全体会议第 14 次会议通过了《中华人民共和国关于建设湛江港的决定》，并将建港工程列为国家第一个五年计划的重点建设项目。其后，以交通部为主成立湛江港建设委员会，交通部航务总局局长葛琛为主任，粤西行署专员（主任）、湛江市市长为副主任，同时成立建设工程局，任命周纶为局长，谭真为总工程师，张泊泉（湛江市委书记）兼任政委。

1955 年 4 月，湛江港第一期建设工程正式开工。建设初期困难重重，由于设计图纸不完备，物资设备严重不足，作业面始终无法打开。1955 年 7 月 1 日，黎湛铁路通车。在交通部的领导下，迅速从全国各地调集钢材、水泥、燃料数万吨，从广州、天津等地调来拖轮、趸船、打桩、起重等各种大型设备。在全国人民的支援下，湛江港的施工终于全面铺开。1955 年 7 月 31 日，码头打下了第一根桩。在 20 世纪 50 年代初，我国刚刚组建筑港队伍，施工力量十分薄弱，施工设备陈旧落后，尤其是缺乏大型起吊和打桩设备。而工期要求又十分紧迫。按设计要求码头结构采用高桩方案（40 厘米 × 40 厘米的混凝土桩），但因当时还没有预应力混凝土，而且湛江港的地质条件恶劣和桩的强度不足，加上受打桩设备的限制，难于按设计要求组织施工。针对这些问题，总工程师谭真经过周密思考提出了"钢桩冲捣法"的施工方法，解决了 700 多米长的打桩问题，为避免在钢桩冲捣时码头前沿土坡滑动，决定采用当地的珊瑚礁轻型材料作回填料，大大减轻棱体重量，减少码头位移。

为湛江港建设工程的顺利实施，全国各地抽调了大批优秀技术人才到湛江。负责施工的航务局一局的全体员工，顶着南方烈日露天作业，顽强拼搏，攻克了一道道难关，保证了施工的顺利进行。建港需要征地 2700 多亩，湛江市委迅速动员西营（今霞山）700 多名农户、居民在很短的时间内就让出了土地，保证了建港工程按期开工；当建港运送砂石力量不足时，湛江市郊委迅速组织了 7000 多名民工、200 多艘木帆船来支援；当急需大批人力物力时，粤西区委从全区抽调了 230 多名干部和 11 万名民工、1000 多辆牛车加入筑路建港大军，还供应了 2 万根杉木、5800 多根竹竿、200 多万块砖头、13 万个草袋等物资，保证了施工的需要。

为了国内外、城乡间的物资交流需要，在湛江港正式投入施工仅仅八个月后的 1955 年 12 月，中央就提出湛江港要一边建设，一边生产。1955 年 12 月 31 日交通部海运管理总局下达了"湛江开港准备工作措施计划"。依此指示，湛江港拟订了本局准备开港的工作计划，并建议成立"湛江'五一'开港筹备委员会"。

1955 年湛江港第一期工程建设工地

1956 年 3 月 15 日，"五一"开港筹委会成立，由湛江市市长何鸿景任主任委员，唐克敏、吴克敬任副主任委员，口岸有关单位均派人参加。3 月 27 日，召开第一次会议，确定筹委会的宗旨。4 月 7 日、4 月 23 日分别召开了第二、第三次会议，检查了开港的各项准备工作。1956 年 5 月 1 日，举行开港典礼"庆祝五一新建湛江港提前使用大会"，参加大会人员 5143 人，其中有港务局全体职工，海关及外贸系统职工，设计局钻探、测量队职工及湛江市党政军首长，匈牙利两名专家，还有第一艘靠泊湛江港码头的国轮"南海 182"号船长、船员。

湛江港是新中国第一个自行设计、自行建造的深水良港。从 1954 年 10 月调集施工队伍及物资进场，1955 年 5 月进入大规模施工，到 1956 年 5 月 1 日提前建成第一作业区并投入使用，前后仅用了一年半左右的时间（实际工

1956 年 5 月 1 日湛江港举行开港典礼

期仅为一年)。第一作业区有两个万吨级、一个 7000 吨级、两个 5000 吨级的码头,总长度为 732 米。1956 年 11 月上旬,湛江港通过交通部验收。12 月 27 日,"庆祝湛江港提前使用大会"召开,波兰万吨轮船"邓博夫斯基"号进港靠泊码头,黎湛铁路一列火车进入港口,码头上各种装卸机械一齐开动起来,湛江港正式投入使用。中央新闻电影制片厂为此摄制了彩色纪录片《湛江新港》并于 1957 年 12 月在湛江首映,不久在全国上映。

1958 年,湛江港又建成 2.5 万吨级油码头一座、500 吨级燃料油泊位一个和油库区,形成第二作业区。第二作业区又名油码头,在第一作业区南侧的石头角海滨阶地上。第二作业区与第一作业区顺岸码头同时规划设计建造,当时主要作为接卸成品油之用,于 1956 年 1 月 26 日动工,1958 年 7 月 6 日投产。油码头工程包括:土堤、油管墩架、燃料油码头和轻油码头四部分。引堤和引桥全长 7245 米。轻油码头设有一个 2500 吨级的油轮泊位,燃料油码头设有 500 吨级的油驳泊位,并建有总面积为 4 万平方米的仓库七座,1.4 万平方米的堆场以及 1.5 万平方米的附属设施,以及 15 千米的港内铁路。"堤长七百余公尺,港口风光触目惊。民气轩昂湾岸直,国风浩荡海波平。商船吞吐邦三十，铁道奔驰轨四桁。起重龙门骈首立，会看日夕走雷霆。"[1] 郭沫若视察湛江港时写下的这首诗，正是湛江港的形象写照。

从 1956 年 5 月 1 日试用到 12 月 27 日正式使用，湛江港经受了靠泊 94 艘大小轮船、装卸 20 余万吨货物的考验。凡吃水 27 英尺（1 英尺 = 0.3048 米）以下的轮船均可乘潮进港。新港投入使用一年后，就成为华南海上运输西线的一个中心枢纽，及我国西南大陆地区的一个重要门户，国外大宗出口资源，如粮食、矿产等已开始出现并承运。湛江港基于其优越的地理位置，国内贸易与对外贸易能够并重发展。在"大跃进"期间，湛江港发展更为迅猛，国内外货运量同时急速增长。湛江港开港后，吞吐量逐年增加，1960 年达 222 万吨，为 1956 年开港时的四倍。1957 年至 1960 年，累计上缴国家利润 1000 多万元。

黎湛铁路和湛江港的建成，使西南出现了一条直接出海的交通线，湛江港一跃成为全国重要的大港口之一，为湛江提供了一个大发展的机遇。湛江紧紧抓住了这个机遇。1956 年 5 月港口建成之际，湛江市就确定了"以基建为主，维护为辅，重点建设配合港口、铁路运输及工业建设的需要进行"[2] 的方针，决定按全国交通网络及临海型工业要求，投资 5400 万元，计划用 7 年时间，新建、改建、扩建一批工厂。随后陆续上马了一批工业项目，逐步形成了食品、盐业、纺织、造纸、烟草、发电和机械等类别比较齐全的工业行业，拉动了经济增长与社会发展。

五、修复改建湛江机场

1936 年，法国殖民当局在广州湾西厅岭修建了一座小型机场西厅机场，除供停放战斗机外，时有小型客机来往于越南河内至广州湾之间。1937 年，由国民党粤桂军政联办的西南航空公司首辟"广州—广州湾—河内"航线通航。1942 年 3 月，日军占领广州湾，西厅机场为日军占领区的广州、海口、北海等地航线飞机提供中途降落场和备降场。日军投降后，西厅机场由国民政府接管，当时跑道崩陷，沙土流失，年久失修，机场关闭停航。

---

① 湛江港务局编：《建港三十周年纪念文集》，1986 年内部编印。
② 中共湛江市委党史研究室：《湛江港城的建设及对粤西经济发展的影响》，中共广东省委党史研究室编：《新中国成立初期广东若干历史问题探讨》，中共党史出版社 2003 年版，第 593 页。

　　湛江解放后，于1952年10月27日在西厅机场原址修建复航，机场名称改为湛江机场，开通"广州—湛江"航线，客运主要为援建粤西农垦局的外国专家和当地党政军领导提供空中交通，货运以湛江运至广州的银元为主，同年12月6日因开辟其他航线运力困难暂时停航。1953年，经民航局批准设立湛江民航站。1958年，国家对民航的领导体制进行了重大改革，将民航局划归国务院领导，全称"中国民用航空总局"。广州民航的机构也改为中国民航广州地区管理局。湛江民航站当时为广州民航局和湛江交通局双重领导。中共十一届三中全会后，民航开始走上企业化道路，湛江民航站仍属广州民航局，同时也接受地方党政的领导。

20世纪50年代的湛江机场

　　为保障安全通航，机场对跑道等进行了改造、扩建。1956年11月20日，跑道北端延长500米工程开工，跑道两端、两旁设安全道标志，两旁宽50米，道面硬地，表层铺河沙，场道附近和周围连续数年种草皮数万平方米。1957年1月5日，主跑道扩建工程完工。扩建完成后，南北跑道（主跑道）为1200米×50米，滑行道有两条。南北向的主跑道可供32座的伊尔—14型机起降；东西向跑道为副跑道，当主跑道遇超过标准的侧风时，小型机在此降落。1957年7月30日，新建停机坪工程开工，8月25日竣工，为混凝土结构。1957年9月4日，湛江机场候机室工程开工，1958年2月竣工。该工程包括兴建528平方米的候机室、138平方米的发讯台。1958年建湛江航站油库，罐区面积11788平方米（包括仓库、泵房）。1964年，主跑道敷沥青面，宽16米，后因沥青老化，于1970年翻修一次，两端并延至1500米，可供当时属中型机的安—24型机起降。

　　1952年湛江机场通航时，航管通信系统十分简陋，通信导航仅有一些小型简单设备。1957年建候机楼时，同时建起了调度室、指挥塔台和收报台；

在机场 25 度方向、1600 米处后洋村建立中心发射台；在主跑道北端 770 米处延长线上的陈铁村建立近距导航台。

第五节　社会主义"三大改造"

对农业（含渔业）、手工业和资本主义工商业进行社会主义改造，是新中国在社会主义过渡时期总路线的内容，也是粤西区（湛江地区）、湛江市"一五"计划的重要组成部分，粤西区和湛江市均作出了改造规划，与工农业建设同步进行。

一、农业渔业合作化

农业合作化是继土改之后中国农村的又一次社会变革。1951 年 9 月，中共中央召开第一次农业互助合作会议，通过《中共中央关于农业生产互助合作的决议（草案）》。决议草案指出，土改后农民中存在发展个体经济和实行互助合作的两种积极性。一方面不能忽视和粗暴地挫伤农民个体经济的积极性；另一方面要求在农民中提倡"组织起来"，按照自愿和互利的原则，引导农民走集体化道路。决议草案还规定了农业生产互助合作的三种形式：季节性的互助组、常年互助组和以土地入股为特点的农业生产合作社。

由于湛江农村历史上有季节性以工换工、以人工换牛工的习惯，中央的决议草案发出后，较早完成土改的遂溪县和湛江市郊区的农民便成立了临时或常年的互助组。这些互助组为农民解决了一些生产困难，增加了粮食和副业收入，显示出将个体农民组织起来进行农业生产的优越性，为农业合作化运动提供了示范。

1953 年 12 月，中共中央发出的《关于发展农业生产合作社的决议》提出：逐步实现农业的社会主义改造，进一步提高农业生产力，是共产党在农村中最根本的任务。1954 年 2 月 25 日，粤西区委作出的《关于当前开展农业互助合作运动的指示》指出：农村的发展方向是组织起来，逐步把农民引上社会主义道路。①

农业合作化运动分三步实施并选取试点先行。第一步，粤西区委对已有的互助组开展了农业技术改造，又发动互助组进行水利设施建设，增加受益农田面积，全区粮食总产量1953年比1952年增加10%，1954年又比1953年增加8.8%。②在1954年的夏收中，常年互助组普遍比单干农民增产两成左右。群众从实际中看到了互助合作的优越性，在党团员和干部、劳动模范、土改骨干的带领下，纷纷加入临时互助组、常年互助组。至1954年9月，全区互助组由1953年底的5万多个发展到13.19万多个，入组农户占总农户45.9%；常年互助组由1254个增加至2779个，入组农户占总农户的11.75%。③

第二步，引导农民兴办初级农业合作社。粤西区在各地试办实行土地入股、统一经营的半社会主义性质的初级农业生产合作社。1954年2月底至3月初春耕前，全区试办了32个初级农业生产合作社。这些初级农业生产合作社由于实行统一经营和技术改革，依靠集体的力量有效地对抗各种自然灾害，1954年夏季粮食获得丰收，有的社增产两倍多。

根据第一批试点社的经验做法，1954年7月，区党委农村工作部制定《粤西区农业生产合作化运动第一个五年计划草案》，对1954年至1957年全区的农业合作化作了具体的规划。9月，区党委召开扩大会议，传达华南分局关于在1954年冬至1955年2月底前全省发展到9000个初级社（后修改为1.07万个），要求每个乡（少数民族地区除外）建社一至三个的规划。会后，大规模建社工作迅速展开。至1954年底，除第一、二批外，全区在1409个乡建立了初级合作社2137个，且均完成了"三评"（评议劳动力、土地、农具和耕牛）；转入生产或正在进行"三评"，建有合作社的乡占全区总乡数的60%，入社农户占总农户的4.6%。④

---

① 湛江市档案馆馆藏档案3—4—12。

② 粤西行政公署：《粤西区1953年农业生产总结》，湛江市档案馆馆藏档案4—2—10；《粤西行政公署1954年工作综合报告》（1955年2月20日），湛江市档案馆馆藏档案4—3—10；《粤西行署1953年工作总结》，湛江市档案馆馆藏档案3—1—5。

③ 粤西区党委扩大会议文件《坚决完成今冬明春大规模办社的任务》（1954年9月），湛江市档案馆馆藏档案3—4—10。

④ 《粤西行政公署1954年工作综合报告》（1955年2月20日），湛江市档案馆馆藏档案4—3—10。

由于第三批建社铺开面广、数量多、速度快、办社干部少，加上平均主义思想的影响，出现了经营管理混乱、冻死耕畜、农民卖牛杀猪砍树等现象，许多地方社员要求退社。同时一些老社在扩社过程中，进入大量新社员，出现生产缺乏计划、定额制度未建立、劳动安排不合理、财务管理混乱、分配减少等问题。针对这些情况，粤西区委提出了边发展、边调整、边解决政策遗留问题，做好巩固工作的办法，对全区 2000 多个初级社进行了整顿。[①]

1955 年 5 月，毛泽东在 15 个省市委书记会议上严厉批评了前一阶段的合作社反冒进。粤西区委展开了对右倾保守思想的批评，检查了合作化右倾保守错误，决定采取政治手段、行政措施和群众运动的办法，加快初级合作社的发展，在现有 2700 多个初级农业生产合作社的基础上，再发展 13000 多个，达 15000—16000 多个，入社农户达总户数 27% 以上（后又增加到 19000 个）。[②] 至 1955 年底，全区初级农业社发展到 19087 个，入社农户占总农户的 43.2%。[③]

第三步，完成合作社高级化。1955 年 10 月，中共扩大的七届六中全会通过《关于农业合作化问题的决议》，确定了大力发展农业合作社的方针。12 月，毛泽东提出要在 1959 年基本完成中国农业生产合作高级化。七届六中全会结束后，粤西区召开全区县委书记会议，决定在大办初级社的基础上，于当年冬季在全区试办 26 个高级社，使其在农业合作化进入高级阶段中起示范带头作用。

1956 年 1 月，由毛泽东在广州主持选编的《中国农村的社会主义高潮》一书出版，此时广东个体手工业、资本主义工商业改造出现了高潮。为推动农业合作化的高潮，1 月底，粤西区要求各地春节期间开展以扩大、合并初级社转高级社为中心内容的农业合作化宣传运动，在全区掀起了农业合作高

[①] 湛江市农业发展史编写委员会编：《湛江农业发展史（1949—1990）》，1995 年内部编印，第 7 页。

[②] 《中共广东省第二次代表会议发言之 23——张云同志的发言》，湛江市档案馆馆藏档案 3—5—11。

[③] 《湛江专区国民经济统计资料汇编（1952—1955）》之《1954—1955 农业生产互助合作组织》，湛江市档案馆馆藏档案 52—2—1。

级化的热潮。至春耕前全区已建立高级社 1983 个，初级社扩大、合并为 1.48 万个，入高级社的农户约 52 万户，超过了总户数的 40%，入初级、高级社的农户约 117 万户，占总农户的 90.2%。① 至 1956 年底，高级社从运动前的 2024 个发展到 6337 个，参加高级社的农户从运动前的 37.5% 发展到 75.4%，参加合作化的农户从运动前的 90.4% 发展到 92.3%。② 农业合作化在湛江专区基本实现。

粤西是全国大渔区之一。据 1954 年 7 月统计，粤西区渔业人口近 19 万人，大小渔船 15811 艘。1953 年渔业民主改革结束后，促进了渔业生产的发展。但是个体渔业由于缺乏资金、工具，生产能力低下，抵御自然灾害的能力更弱，严重制约了渔业生产的发展。1954 年以后，粤西区委在对农业进行社会主义改造的同时，也采用相同的合作化形式对渔业进行了社会主义改造。

经过宣传教育，加上受农业合作化的影响，部分渔民呈现出走合作化道路的积极性，截至 1954 年 6 月，全区渔民已建立了 2 个渔业生产合作社和 393 个互助组（常年的 82 个，临时的 311 个），这些合作组织绝大多数是渔民自发组建的。1954 年 7 月 12 日，区党委作出了《关于发展渔业生产合作社的指示》。该指示指出渔业合作化的方针和农业的方针一样："积极领导，稳步前进"；要掌握两个原则：由小到大，由低级到高级。该指示规定了关于各类渔船入社和分红、社员收益分配比例、家属上岸及社员退社等问题的具体政策。该指示还提出了 1954 年的办社规划：在沿海各县分两批建立 20 个渔业合作社，第一批 13 个，第二批 7 个，每批约两个月时间。至 8 月 15 日，第一批 13 个社已建立，入社渔船 129 艘。截至 1954 年底，全区共建渔业生产合作社 28 个，互助组 587 个，加入合作社、互助组的渔民户数占渔民总户数的 19.4%。③

---

① 中共湛江市委党史研究室编：《中国共产党湛江历史大事记（1950—1978）》，2009 年内部编印，第 57 页；湛江市农业发展史编写委员会编：《湛江农业发展史（1949—1990）》，1995 年内部编印，第 8 页。

② 张宏：《粤西区农业合作化运动》，中共湛江市委党史研究室编：《湛江市社会主义时期党史专题研究选辑（一）》，中共党史出版社 2012 年版，第 181 页。

③ 《粤西行政公署 1954 年工作综合报告》（1955 年 2 月 20 日），湛江市档案馆藏档案 4—3—10。

同农业社一样，渔业生产合作社建立后也出现了管理不善、分配不合理、部分社员消极生产等问题。经过整顿和提高，至 1955 年上半年，全区（除台山、恩平、开平三县）共建渔业生产合作社 42 个（其中高级社 22 个，初级社 20 个），互助组 591 个，加入社、组户数占总渔民户数的 24.5%。

1955 年下半年起，随着农业合作化的加快，渔业合作化的步伐也加快了。1956 年 4 月，湛江专区建立 2153 个渔业合作组织，其中高级社合并为 26 个，初级社 189 个（初级社、高级社中渔业社 38 个，半渔业社 177 个），83.4% 的渔户加入了合作组织，吴川、雷东、湛江市郊入社渔户达 96% 以上，闸坡、博贺、外罗、乌石、企水、江洪、草潭等主要渔港已实现全渔业合作化。

湛江（粤西）的农业合作化运动，从 1953 年春组建临时互助组开始到 1956 年底基本完成高级社组建工作，前后约四年的时间。总的来说，合作化使广大农民摆脱了小土地所有制的束缚，把数千年来如汪洋大海般的小农经济改造为以集体劳动为基础的社会主义经济，奠定了农村社会主义制度的经济基础。但合作化也存在改造要求过急、工作过粗、改变过快、形式也过于简单划一的失误。渔业合作化运动后期同样存在类似问题，但总体上促进了渔业生产力的发展。据湛江专区资料统计，全区水产总量由 1953 年的 178.6 万担增加到 1957 年的 298.7 万担，年均增长 13.7%。

二、手工业合作化

1949 年，湛江专区手工业户有 17000 多户，从业人数 26 万多人，手工业产值为 4193.6 万元，占了工业总产值的 80.3%，湛江市手工业产值占了工业总产值的 67.8%。[①]

湛江市解放后，为了帮助手工业者渡过难关，各市、县人民政府开展生产自救运动，把失业手工业者和个体手工业户组合为生产自救小组，由国营贸易公司供应原料，委托加工，计划订货，帮助手工业者恢复生产。1953 年湛江专区手工业产值达 9055.8 万元，是 1949 年 4193.6 万元的 2.16 倍。湛

[①] 湛江专署计划委员会：《湛江专区十年来（1949—1959）国民经济统计资料汇编》之《湛江专区 1949—1959 工业总产值》，湛江市档案馆馆藏档案 52—2—7。

江市手工业产值也从604.7万元增加至920.8万元。①

党在过渡时期总路线公布之后，手工业改造进入了新的发展阶段。1953年11月20日至12月17日，全国合作总社召开全国第三次手工业生产合作社工作会议，制定了对手工业社会主义改造的方针和从供销入手实行生产改造的步骤。粤西区委于1954年5月20日作出了《关于对手工业社会主义改造问题的意见》，要求各地按照手工业生产小组、手工业生产供销社、手工业生产合作社三种形式进行改造。区党委还对手工业的改造作出了具体安排。第一个措施是在粤西行署成立了手工业管理处，湛江市和各县也相继成立了手工业局。接着对全区个体手工业进行调查，根据调查情况将全区个体手工业分为五类，分别作了改造计划。之后，区开始对手工业进行组社工作。组社一般经过三个步骤：第一是组织学习；第二是召开手工业者会议，进行手工业发展的前途教育；第三是酝酿成立筹备委员会吸收社员，再选举理监事，正式成立合作社。至1955年底，全区按三个步骤建立手工业社（组）437个，社（组）员9149人，实现了手工业由个体经济向集体经济的转变。

1955年下半年以来组建的手工业合作社（组），生产上有较大发展。如湛江市1955年生产合作社（组）人均生产总值1526元，比上年人均560元增长了1.7倍（按1952年不变价计算）。② 同时，公共积累亦有增加，大多数社（组）都购置机器设备，改善了生产条件，社（组）的福利和文化事业有了一定发展。但有一些社（组）的供销关系未理顺，造成产品积压或原料困难，一些社（组）人员关系复杂，造成干群情绪对立或师徒不和，一些社（组）只求产品数量而不求质量，一些社（组）财务管理混乱等。

针对上述情况，粤西区委在1955年下半年起一边建立新社，一边采取措施对合作社进行整改。主要是抓好经营管理，加强生产计划，疏通供销渠道；建立健全劳动纪律、生产责任制、产品质检制、财务制度和理事监事制

---

① 湛江专署计划委员会：《湛江专区十年来（1949—1959）国民经济统计资料汇编》之《湛江专区1949—1959工业总产值》，湛江市档案馆馆藏档案52—2—7。

② 湛江市手工业管理局、湛江市手工业生产合作社联社：《湛江市手工业系统第一个五年计划执行情况统计资料》（1958年）之《湛江市手工业历年产值增长情况》，湛江市档案馆馆藏档案56—7—9。

度；进行民主改革，加强社员团结，改善干群关系和师徒关系。经过整改，大多数合作社生产经营步入正轨。

从 1955 年下半年起，随着在农业合作化问题上批判"右倾保守"，手工业改造不可避免地加快了步伐。1955 年 12 月，中央手工业管理局、中华全国手工业联合总社筹委会召开全国重点地区手工业组织检查工作座谈会，提出"加快发展，迎接高潮，全面规划，计划平衡"的新任务。接着，第五次全国手工业生产合作会议召开，作出了"组织起来的社（组）员 1956 年要达到手工业从业人员的 74%，1957 年达到 90%，1958 年全部组织起来"的总体要求。1956 年 1 月，粤西区委重新作出了全区手工业改造规划，组织工作队奔赴各城镇帮助建社，掀起了手工业合作化的高潮。在湛江市，1956 年 1 月中旬分别在西营（今霞山）、赤坎召开了手工业者及其家属动员大会，全市手工业者以专业为单位选出建社筹委会。1 月 21 日晚，在筹委会的带领下，手工业者排着队自愿向市手工业局和手工业联社申请行业合作化。至 1 月底，湛江市共组建手工业合作社 62 个，3140 人，合作小组 33 个，410 人，占手工业总人数的 97%。到 4 月底，湛江专区组织起来的合作社（组）共 824 个，29000 人左右，占手工业从业人数的 90.8%，全区基本上实现了手工业合作化。[①]

从 1956 年 2 月份开始，湛江专区又参照农业合作化的做法，推动手工业合作组织向高级化过渡。至年底，基本实现全区手工业合作组织高级化。

在手工业合作化高潮运动中，由于改造要求过快，操之过急，出现了一些偏差与问题，如一些地方违背自愿互利原则强迫或变相强迫入社，未能按照手工业经营灵活的特点而照搬国营工厂模式，生产规模求大求全，以致产品品种减少，给人民生活带来不便。

三、对私营工商业的社会主义改造

粤西地区工商业大多集中在湛江市区，且商业比重比工业大得多，工业依附于商业。据 1952 年初统计，湛江市区商业资本额占了工商资本总额的

---

① 湛江市手工业局：《湛江市手工业社会主义改造工作大事记》（1958），湛江市档案馆馆藏档案 56—7—9；中共湛江市委党史研究室编：《中国共产党湛江历史大事记（1950—1978）》，2009 年内部编印，第 60 页。

78.9%，工业和手工业仅占21.1%。

按照中共中央华南分局《关于在广东引导资本主义工商业走向国家资本主义道路的初步意见》规定的"一切为了削弱资本主义成分，增加社会主义比重，改变商业比重大于工业比重的状况"的总方针，湛江自上而下地对资本主义工商业者进行了教育，加快了对资本主义工商业的改造步伐。

1954年，湛江利用初级国家资本主义形式，扩大对私营工业的加工订货。1955年，加工订货产值已超过总产值的一半，13户10人以上的大型私人企业中已有11户接受了加工订货，其产值占这些企业全部产值的67.3%。对私营商业采取逐步替代方式改造。至1955年底，湛江市12个私营商业联营社和149个批发商店被国营商业取代，仅存的10户私营批发商，纯商业批发额只占全湛江市的4.4%。对私营进出口商进行归口管理改造及委托经营，至1955年，私营进出口商仅剩3户，贸易额仅占全市进出口贸易总额的3%以下。同时对商业者作了较为妥善的安排。对数量众多的零售商，则实行经销代销的形式。1955年底，湛江市共发展了代销店、经销店（摊）、合作商店（小组）、联售联销店、联售分销店等形式的商店274家，从业人员1574人，资本额58.64万元，分别占全市私营零售商总户数、总人数、资本总额的10.3%、32%、58.4%。吴川梅箓、廉江安铺、海康雷城等私营商业较多的城镇实行了相同形式的改造。

1953年后，随着国家先后对粮食、棉纱等商品实行统购统销，以及私营工商业的改造，私营批发商、进出口商的工作和生活出路成为一个问题。1954年2月成立湛江市公私合营投资公司，辅导批发商、进出口商转业，将闲散资金引到办工业上来。至当年7月，投资公司共筹集到股金23.7万元，其中政府投资15万元，占总股份的63.3%，建起了公私合营的造纸厂、食品厂、酒厂等工厂，扩建了玻璃厂、皮革厂。由于投资公司的创建，湛江市公私合营经济力量大大增加。投资公司属下的5个厂，1954年总产值为60.7万元。

1954年1月，中央财委提出了有步骤地将10人以上的私营工业改造为公私合营企业的意见。粤西区委和湛江市委决定采取"吃苹果"的办法，即规模较大、产品与国计民生密切相关且条件成熟的企业先合营，并选择了德华机器厂和高雷汽车联营处作为合营试点。7月1日，德华机器厂正式宣布合营。合营后，该厂生产迅猛发展，总产值由 1953 年的 3.9 万元增至 1954 年的 5.2 万元，显示了公私合营的巨大优越性。不久，高雷汽车联营处在粤西区委的直接领导下也实行了合营，成立了公私合营的运输公司。不少私营工业主看到合营的好处，都纷纷要求合营。粤西区委和湛江市委根据中央提出的"统筹兼顾、归口安排、按行业改造"的方针，决定指导私营工业各行业以大带小、以先进带落后进行改组合并（1955 年底全市私营工业已合并为 35 户，其中 10 人以上的 13 户）。然后，市委计划采取"吃葡萄"的方法，即"一串串"地按行业实行合营。1955 年底，湛江市公私合营厂共有 5 家，数量虽少，但生产能力大为增强，产量大为上升，1955 年合营企业总产值为 316.5 万元，是 1954 年的 3.6 倍，是当年私营工业总产值的 1.5 倍。

1955 年下半年，全国农村掀起农业合作化高潮，对城市私营工商业的社会主义改造起到了强大的推动作用。1956 年 1 月上旬，湛江市委召开私营企业职工代表会议，号召实行全行业公私合营，决定全面加快、全力加速对资本主义工商业的改造。1 月 18 日，食品加工、棉布、百货三个行业共 40 户、从业人员 372 人，分别从赤坎、西营（今霞山）步行到市委、市人委申请公私合营。市领导接受了申请。次日，市委批准了这三个行业合营。20 日，全市私营工商业各行业都向市委、市人委提出了公私合营申请，全部获得批准。全市摊贩业也于 22 日向市委、市人委申请合营，即日获批准。到 1 月底，全市私营工业 50 户、商业 165 户，交通运输业汽车 25 辆、民船 414 艘，参加了合营。小商贩有 2527 户参加合营。粤西区其他镇也掀起了公私合营的高潮。到 1 月底，全区已按行业实行公私合营和纳入各种改造形式的私营工业有 236 户，占规划户数的 88%，私营商业有 13300 多户，占总规划户数的近 90%。被批准合营的工商界共投出账外资金 35.5 万元。

粤西区、湛江市资本主义工商业的社会主义改造实现了从资本主义私有制到社会主义公有制的转变，把对资本主义企业改造与对资本家的改造结合起来，使资本家及其代理人 960 多人中的绝大多数从剥削者变成了自食其力的劳动者。1956 年底湛江公私合营 6 个厂，总产值比 1955 年增长 80%。26 个商业合营公司（总店）共为国家创造了利润 80 多万元。

1956 年 1 月 18 日，湛江市委领导接
受合营申请

1956 年 2 月 2 日，湛江市民游行庆祝公
私合营完成

改造也出现了失误。许多小工业、小商店盲目实行统一计算盈亏，盲目追求"大而空"，导致产品单一化，服务网点减少，给群众日常生活带来不便。对一些有技术专长和管理经验的资方人员，没有合理利用，使其发挥应有的作用。资本家、小业主和独立劳动者的政策界限未能严格划清，在合营高潮中，往往给后两部分本属于劳动人民范畴的人戴上了资本家的帽子。[①]

至此，湛江基本上完成了对农业、手工业和资本主义工商业的社会主义改造任务，建立了以公有制为主体的社会主义经济制度。1956 年 2 月 2 日，湛江市在人民体育场举行 6 万人盛大集会。会上宣告：湛江市已进入社会主义社会。

第六节　政治建设

一、湛江市第一届各界人民代表会议协商委员会成立

人民代表大会制度作为新中国的根本政治制度，在中华人民共和国成立

[①]　1980 年，湛江地委、湛江市委对原工商业者中的劳动者进行区别。在参加区别的 1145 人（含地直单位）中，区别出劳动者 887 人，约占参加区别人数的 77.5%。见中共湛江市委统战部等：《湛江市资本主义工商业的社会主义改造》，2000 年内部编印。

初年并不具备实施的条件。为了广泛联系各界人民，中共中央向全党发出了召开各界人民代表会议（简称各代会）的指示。各界人民代表会议是城市军事管制时期和地方各级人民政权初建时期各界人民政府的协议机关，是人民代表大会召开以前地方性的政治协商会议。

1950年3月，湛江市军管会完成对原湛江市国民党政权的全面接管工作后，中共湛江市委、湛江市人民政府相继成立。3月10日至13日，湛江市第一届各界人民代表会议在湛江市赤坎召开，各界到会代表200多人。这是湛江市历史上首次真正集中体现人民意志的会议，是实行人民民主专政、由人民行使自己权利管理国家的会议。会议宣布成立了湛江市第一届各界人民代表会议协商委员会，作为湛江市各界人民代表会议休会期间的常设机构，并选举产生了第一届协商委员会主席、副主席和委员21名，陈明江当选为主席，这也是湛江市政协的最早形态。协商委员会的主要职能是：负责进行全市民主统一战线工作和全市各界人民代表会议日常工作及每次大会的筹备工作；协助湛江市人民政府实施市各界人民代表会议的决议，协商并提出对政府工作的建议；协助政府动员支援解放海南岛及其善后工作；协助军管会开展镇压反革命，建立革命新秩序并参加建设工作。

1950年3月湛江市各界人民第一届会议全体代表留影

1950年8月6日至9日，又召开了第二届各界人民代表会议，到会代表220人，主要围绕发展城乡生产这一中心议题，听取、讨论并通过了《湛江市人民政府四个月来工作的报告》《关于湛江市今后工作的报告》《四个半月来公安工作的概况》以及《湛江市人民政府财政经济委员会工商业调整处理委员会组织条例》《湛江市属海权处理暂行办法草案》和《湛江市塞海修堤委员会工作条例》，讨论、修改、通过了《湛江市失业工人救济委员会组织条例》。1951年1月4日至9日，召开了第三届各界人民代表会议，集中讨论了全市开展抗美援朝运动、土改运动、巩固基层，发展贸易和农业生产，改善人民群众生活等问题。1951年6月21日至25日，召开了第四届各界人民代表会议，着重讨论镇压反革命和抗美援朝问题，以及《中华人民共和国工会法》的执行、民政工作、郊区土改工作、物资交流、失业工人救济工作等问题，制订了湛江市爱国公约等。1951年10月4日至8日，召开了第五届各界人民代表会议，听取了关于广东省第二届各界人民代表会议的传达报告和湛江市民主改革问题报告、湛江市土地改革问题报告，并集体讨论了湛江市土地改革、民主改革等问题。1952年6月15日至19日，在西营（今霞山）召开了第六届各界人民代表会议，听取了湛江市政府《半年工作报告》。会议还强调湛江市必须建设成为国防城市、生产及为生产服务的城市，讨论并通过了《活跃城乡经济、发展生产、加紧打好经济建设的基础问题》决议。这次大会共收到提案241件，经大会提案审查委员会审查合并为68件。

1950年3月至1954年6月，湛江市各界人民代表会议有效发挥了不可替代的政治协商作用。1954年六七月间，下属各县均召开了人民代表大会，各代会及协商委员会退出历史舞台。

二、人民代表大会制度的实施

1954年9月，第一届全国人民代表大会第一次全体会议召开，会议通过了《中华人民共和国宪法》，人民代表大会制度正式在中国实行。中国人民政治协商会议第二届全国委员会第一次会议通过新的《中国人民政治协商会议章程》，为中国共产党领导的多党合作和政治协商制度的发展奠定了基础。宪法中有关民族自治的地方规定使民族区域自治制度迈出法律化、制度化的一步。上述三大基本政治制度的建立，表明社会主义的政治制度在中国得以确立。在湛江，1954年至1955年，人民代表大会制度和多党合作的政治协商制度也建立起来（湛江是汉族地区，没实行民族区域自治制度），表明湛江已确立了社会主义的政治制度。在经济建设、政治建设和社会改革的促进下，文化教育卫生事业也蓬勃发展。

1953年1月，中央人民政府委员会根据中共中央的提议，正式作出《关于召开全国人民代表大会及地方各级人民代表大会的决议》，决定于1953年召开由人民用普选方法产生的乡、县、省（市）各级人民代表大会，并在此基础上召开全国人民代表大会。① 2月11日，中央人民政府委员会审议通过了《中华人民共和国全国人民代表大会及地方各级人民代表大会选举法》。3月1日，《选举法》颁布施行。

进行人民代表的普选，是召开人民代表大会、建立人民代表大会制度的重要前提。粤西区对这项工作非常重视，1953年3月开始，成立了普选办公室，各市、县均陆续成立选举委员会，进行有关普选的准备工作。八九月间，粤西区委分别选派工作队进驻湛江市和廉江、台山两县，在一市两县的部分街道和乡进行基层普选试点。试点取得了基本经验后，1954年1月，粤西区召开了普选业务会议，总结试点经验，布置全区的基层选举工作。经过三个月的努力，到5月上旬结束。全粤西区共有选民3968399人，85.14%的选民参加了投票，选出各级人民代表73811人。

为了更好地开展选举工作，需要统计出准确的人口数据。1953年4月3日，政务院颁布了《为准备普选进行人口调查登记的指示》和《全国人口调查登记办法》。随后全国开展了第一次人口调查。粤西区经过调查登记、复查核对、补登补报等大量工作，截至1953年6月30日24时，粤西区共有常住人口6954228人。第一次人口调查登记，不仅为普选提供了人口依据，而且为国家的经济文化建设提供了准确可靠的人口资料。②

完成代表普选工作及各市、县的街道、乡人民代表大会召开后，粤西区即部署各县、市召开人民代表大会。1954年6月21日至7月9日，粤西区15县和湛江市先后召开了第一届人民代表大会第一次会议。全区选出县、市人民代表共5200人，实际出席各县、市人民代表大会的代表4824人，约占选出代表总数的93%。这些代表有各民主阶级、民主党派代表人物，有劳动

① 1953年9月18日中央人民政府委员会通过决议，将召开全国人民代表大会及地方各级人民代表大会的时间推迟到1954年。

② 粤西普选办公室：《粤西区基层选举工作总结》（1954年6月17日），湛江市档案馆馆藏档案3—1—12。

模范、战斗英雄，有文艺、科教工作者，有工商界、宗教界人士，还有少数民族、海外华侨代表。代表中，工农业及其他生产工作战线（岗位）的劳动人民占了总数的80%以上。大会的中心议题是深入开展互助合作为中心的生产运动。各县长、市长都在大会上作了地方解放四年多来的政府工作报告，实事求是地总结了政府的工作成绩，检查了工作缺点。代表们认真审阅了政府的报告，对今后的具体工作提出议案，各地大会共提议案2万多件，政府及有关部门对议案一一作了答复，做到案案有着落、件件有交代，代表普遍感到满意。各县、市人民代表采用民主协商的办法选出了各县、市人民政府正副县长、市长。各县、市还选举了出席广东省第一届人民代表大会的代表，全区共选出90名，这些代表都在人民群众中享有较高的威信，在选举中均获90%以上的选票。

各县、市人民代表大会结束后，各代表回到基层单位，立即掀起了传达、贯彻大会精神的高潮，很多乡作出了贯彻大会决议的计划。代表们普遍在生产中起到了很好的带头作用，如徐闻一个代表回家后带领群众仅用七天时间就兴修了大小水利41宗，使400多亩农田缓解了旱情。①

各县、市人民代表大会的召开，标志着人民代表大会制度作为新中国根本的政治制度已在粤西正式实施，这是粤西政治制度的一次伟大变革，为实现人民当家作主提供了根本保证。

三、人民政协成立

1949年9月21日至30日，中国人民政治协商会议第一届全体会议召开，宣告人民政协正式成立。人民政协第一届全体会议完成了建立新中国的历史使命，开辟了中国历史的新纪元。中华人民共和国成立后到1954年第一届全国人民代表大会召开前，政协第一届全国委员会共举行过四次全体会议。1954年，全国人民代表大会召开后，人民政协作为多党合作和政治协商机构、作为统一战线组织继续发挥重要作用，在完成社会主义改造、推动各种社会力量为实现国家总任务而奋斗、活跃国家政治生活、调整统一战线内部关系、扩大国际交往等方面发挥了重要作用，为推进新中国各项建设贡献

---

① 粤西行署民政处：《粤西区各县（市）第一届人民代表大会总结》（1954年8月20日），湛江市档案馆馆藏档案3—1—12。

了力量。

湛江市军管会完成对原湛江市国民党政权的全面接管工作后的1950年3月，组织召开了第一届湛江市各界人民代表会议，并宣布成立了湛江市各界人民代表会议协商委员会。自此至1954年6月，湛江市各界人民代表会议及其协商委员会历经十届，有效发挥了不可替代的政治协商作用，这也是湛江政协组织的最早形式。为顺应社会形势的发展变化和人民政协事业的任务要求，更好履行"政治协商、民主监督"职能已成迫切之需。为此，1955年8月16日，湛江市各界代表举行会议，讨论通过结束各界人民代表会议及其协商委员会历史使命，酝酿筹划中国人民政治协商会议第一届湛江市委员会第一次全体委员会议议程及会议主席团候选人名单。

1955年8月17日至21日，中国人民政治协商会议第一届湛江市委员会第一次全体会议隆重举行，正式宣布湛江市政协成立。出席湛江市政协第一届委员会第一次全体委员会议有委员63名，会议听取和审议了市各界人民代表会议协商委员会工作报告，审议通过了有关决议，选举产生了以张泊泉为主席及21人组成的第一届常务委员会。本次会议后，设置了湛江市政协提案工作委员会和主任委员1名，负责办理委员们提出的提案。第二次全体委员会议于1956年8月22—26日召开，共有85名委员出席，其中22名为新增委员。会议听取和审议了《一定要把湛江建设好》《关于知识分子工作报告》《关于湛江市私营工商业社会主义改造工作报告》和市政协第一届常务委员会所作的一年来工作报告，通过了相应的决议，并决定成立政治学习委员会，负责组织、领导委员们的思想政治学习。大会还收到提案（意见）138件，经整理后分送27个单位研究处理。至此，湛江市政协作为常设机构，有了固定的办公地点，并设置了委员会、常务委员会和秘书处，其中秘书处还配备了3名专职干部，负责办理政协机关的日常具体工作。主席、副主席和秘书长，则均为兼职。

湛江市政协成立后的第一届委员会任期仅1年11个月，共举行了两次全体委员会议、十一次常委会议及多次的政协委员、知识分子代表、华侨代表座谈会。这一届政协，紧密结合湛江市委、市政府的各项工作，团结湛江市各界人民在开展农业、手工业、资本主义工商业的社会主义改造，完成农业合作化、统购统销和各项民主改革的任务中，进行广泛的协商和讨论，充分发挥了政治协商和民主监督作用。先后召开了八十次座谈会或工作组扩大会议，就开展增产节约，争取农业大丰收，关于中小学毕业生升学和就业问题，广泛反映各阶层人士的意见和要求，助推湛江市党政机关工作；围绕1956年英法帝国主义武装侵略埃及的罪恶行径，积极与中国人民保卫和平委员会湛江分会联合召开有 5000 多人参加的"湛江市各界人民抗议英法帝国主义侵略埃及大会"，广泛号召各民主党派、各人民团体举行集会，声援埃及人民反抗侵略的正义斗争；就 1956 年国民党特务分子制造九龙暴乱的罪行，筹划召开了"湛江市各界人民痛斥国民党特务分子在九龙制造暴乱事件""拥护周总理对香港英国当局的抗议，慰问香港九龙受害同胞"的万人大会，声讨美蒋特务匪徒的罪恶行为，并广泛发动各界捐款捐物，致信慰问，激发各界人民对港九同胞的亲切关怀和热爱祖国的情怀；围绕孙中山先生诞辰 90 周年纪念活动，于 1956 年 11 月 12 日隆重举行了"湛江市各界纪念孙中山先生 90 周年诞辰大会"，布展孙中山的革命活动图片，大力弘扬孙中山的伟大爱国主义精神；积极组织广大政协委员视察、检查政府的优抚政策、救济、退伍军人的安置、商业、农业、民政、公安、交通、侨务、宗教、文教、卫生等工作并提出建议；认真谋划并成立了学习委员会及工商、文艺、卫生、社会四个分会，具体组织指导各界人士的政治时事学习，加强思想教育和自我改造；广泛密切联系群众，认真组织广大委员参观考察本地区工农业建设成就，体验工农的劳动，增强工农观点，收集群众意见，有效发挥政协的桥梁纽带作用；加强与兄弟省市的工商界、政协人士深入交流，沟通湛江与各地的经济联系。

同一时期，吴川县于 1956 年 10 月召开第一届第一次政协委员会议，成立了吴川县政协；廉江县于 1957 年 7 月召开第一届第一次政协委员会议，成立了廉江县政协。

四、统战工作和民主党派

湛江解放初期，还没有成立民主党派组织。为了加强统战工作，中共湛江地委认为在党内"开展统战思想教育是必要的"，决定在全区开展这项教育，建立与健全党委统战部门，要求统战关系较多的党总支与党支部要设立统战委员，重视统战的风气在全区兴起。截至 1956 年 10 月，湛江市已在市直单位的 9 个党总支、23 个党支部中设立了统战委员。地委、市委对各地、各单位的统战工作进行多次检查，对做好各统战对象的工作发了一系列文件，有针对性地开展统战工作。

与民主人士交朋友，加强和党外民主人士、民主党派负责人的联系，是开展统战工作的首要前提。地委书记刘田夫刚进入湛江市时，就与蔡挺生、王弗川等民主人士联系往来，树立乐于与民主人士交朋友的典范。

改造旧机关工作人员，团结教育知识分子的统战工作在湛江刚解放时具有重要意义。人民政权（军管会）接管旧政权机关时，同时接收了这些机关的中下级职员共 1035 人，军管会对这批人进行了教育改造使用，他们中的大多数表示愿意改造自己，留下来为人民服务。在郊区农村，刚解放时成立的区行政办事处，也利用了一些旧的保甲人员为新政权服务。这样就避免了政权交替时的无政府状态。地委、市委在知识分子集中的文教、卫生、工程技术部门设立学习组，开办了"社会科学基本知识讲座"，建立和健全知识分子的工会组织，对失业知识分子进行安排，大胆发展知识分子入党，提拔知识分子担任领导工作，改善知识分子的工作条件及生活福利，知识分子的积极性和创造性得到了较好的发挥。

落实华侨政策，团结爱国宗教人士，是中华人民共和国成立初期统战工作的重要内容。当时全区归侨、侨眷有 32 万人。由于土改时受"左"的影响，一些华侨的亲人被错划为地主、富农，受到不公正的待遇。1954 年后，粤西区党委在全区开展了改变错划侨户成分，落实党的华侨政策的工作。各县、市纷纷成立了归国华侨联合会，负责落实、维护侨户和侨眷的利益。[①]中华人民共和国成立初，粤西、湛江成立宗教协会组织，组织教士和群众学习党的宗教政策。1956 年 11 月，湛江地委批复了地委统战部关于《恢复湛江市天主教活动工作的初步意见》，决定恢复天主教活动。[②] 地、市还拨款保护、修建寺庵，救济僧尼，湛江市拨出 25000 元修复了著名的湖光岩古寺。

---

① 《粤西区党委 1955 年统战工作报告》，湛江市档案馆馆藏档案 4—4—62；《湛江市人民委员会工作报告》（1958 年 5 月），湛江市档案馆馆藏档案 56—7—5。

② 中共湛江市委统战部：《恢复湛江市天主教活动工作的初步意见》，湛江市档案馆馆藏档案 22—5—24。

对一批有困难的僧尼也进行了生活救济。① 之后宗教活动得以恢复开展，在海内外产生了较好的影响。

中华人民共和国成立前，湛江还没有民主党派组织，统战工作开展后，区、市党委积极帮助各民主党派建立组织。1950年9月，中国民主同盟（简称民盟）拟在湛江建立筹备机构，将散布在南路各县的百余名盟员组织起来。中共高雷地委于1950年12月8日专门发出了《关于协助我区民盟开展工作的指示》，强调"必须推动和帮助它的发展"。后来民盟决定在湛江召开干部会议，高雷地委又表态"尽量予以协助使其能顺利完成任务，扩大影响"②。12月，民盟筹备委员会在湛江成立，彭中英任主委，开展盟员登记工作，并在湛江及南路各县吸收文化、教育、医务、科技界知识分子入盟，建立基层组织。1953年春，粤西区民盟第一次代表大会在湛江市举行，正式成立民盟湛江分部。后又多次召开会议健全了组织，走上了工作正常化道路。至1957年反右派斗争前，民盟湛江分部成为有15个支部、232名盟员的组织，开展各种活动61次，参加群众达2600多人。③ 民盟湛江主委彭中英先后担任了湛江市副市长、湛江专署副专员的领导职务。还有一批盟员担任了南路部分县的副县长，专区、市的副局长，学校副校长，工厂（企业）副厂长（经理）等职务。

市工商联是私营工商业者的群众团体。1951年湛江市成立了工商业联合会筹备委员会，1952年9月召开工商联代表大会，正式成立市工商联。在成立大会上，号召工商业者"打破顾虑，活跃市场"④。以后历届工商联代表大会，市委都有领导参加并发表讲话，与代表们共商振兴湛江经济大计。工商联成了执政党联系工商业者的桥梁与纽带。

20世纪50年代初期和中期，在中共湛江组织的帮助和支持下，中国民主建国会（简称民建）、中国国民党革命委员会（简称民革）的湛江地方组

① 《湛江市人民委员会两年来的工作报告》（1957年1月），湛江市档案馆馆藏档案56—6—7。

② 见湛江市档案馆馆藏档案3—1—3有关资料；《高雷专区统战工作综合报告》，湛江市档案馆馆藏档案3—1—13。

③ 中共湛江地委统战部：《对民盟湛江市委员会工作会议的情况报告》，湛江市档案馆馆藏档案22—6—12。

④ 陈基：《建国以来湛江市工商业联合会大事记》，湛江市工商业联合会等编：《湛江工商史料》（第二辑），内部编印，第5页。

织也先后建立起来。民革湛江支部筹委会建立之初，内部比较混乱。中共湛江组织帮助它进行了整顿，纯洁健全了组织，恢复了正常的组织生活。当时民建主要联系经济界人员，民革主要联系原国民党军队起义人员。

五、工青妇团体

（一）工会的成立及工作

湛江解放后，中共南路地委根据华南分局关于"依靠工人阶级的问题尤其重要……要把群众工作放在第一位。首先要组织工会"[1] 的指示，成立中共南路地委职工委员会，1950 年 9 月易名为高雷地委工联工作委员会。1951 年 3 月，高雷地委作出《关于加强工会工作的决定》；4 月，召开工会工作会议，部署建立全区性的工会组织。广东省总工会高雷专区办事处于 1951 年 11 月成立，地址设在赤坎光复路 27 号（今 29 号），管辖信宜、茂名、电白、化县、吴川、廉江、遂溪、海康、徐闻诸县工会工作。1952 年 11 月，改为广东省总工会粤西办事处，管辖台山、开平、恩平、阳江、阳春、信宜、茂名、电白、化县、吴川、廉江、遂溪、海康、徐闻、雷东诸县工会工作。1956 年 2 月，广东省决定设立湛江、佛山两个行政区，将台山、开平、恩平三县划给佛山管辖，并将广东省总工会粤西办事处改名为广东省总工会湛江地区办事处。[2]

1949 年 12 月，中共湛江市委决定成立湛江市总工会筹备处。1950 年 6 月 3 日至 5 日湛江市首届工人代表会议选举产生了湛江市总工会筹备委员会。筹委会办公地址相继在赤坎中山路南华酒店三楼和现在赤坎工人文化宫内，后搬至新华路和赤坎光复路 53 号。并设置市总工会西营办事处（汉口路）。1950 年 12 月及 1952 年 9 月，湛江市第二次、第三次工人代表会议先

---

① 叶剑英：《关于解放广东的若干问题》，转引自欧阳平等《1949—1956 年广东工会工作》，中共广东省委党史研究室编：《新中国成立初期广东若干历史问题探讨》，中共党史出版社 2003 年版，第 397 页。

② 1958 年东兴、钦州、灵山、合浦和北海划为湛江专区管辖，共 2 市 16 个县（茂名县分为茂名市、雷州县，撤销雷东县）。根据上级工会提出城市公社化后工会自然消失的指示，办事处只留一人看家，其余人员下放到北海市和合浦县。1959 年至 1960 年才陆续回工会工作。1966 年"文化大革命"始，工会停止活动。1972 年 4 月，湛江地区革命委员会成立"群众工作办公室"，把工会、妇联、贫协拼在一起办公，搞工会工作的有 3 人。1973 年底恢复省总工会湛江地区办事处。

后召开。1953 年进入第一个五年计划建设时期，为了适应新的形势发展，市总工会筹委会于 1953 年 10 月 23 日至 26 日在赤坎南华酒店三楼召开了第一届工会会员代表大会，正式选举产生湛江市工会联合会。[①] 一批基层工会也陆续建立起来，至 1955 年，吴川（含梅茂）、徐闻、海康、遂溪、廉江均建立工会联合会。

工会积极开展各项工作，动员组织广大职工参加社会主义革命和建设，组织工人参加支援解放海南岛和抗美援朝运动；参加土改等民主改革、禁烟禁毒和"三反""五反"斗争；开展劳动竞赛活动，在恢复生产方面发挥了积极作用；配合对资本主义工商业的社会主义改造；大力组织工人生产自救，致力改善工人生活条件。工人阶级真正成为社会主义革命、建设的主力军。

（二）青年团的成立及工作

1949 年元旦，中共中央作出了《关于建立中国新民主主义青年团的决议》。不久中共中央香港分局发出通知，要求华南各地建立新民主主义青年团组织。南路各县普遍在解放区建立了团组织。南路解放后，南路地委设立了青年工作委员会。1950 年 4 月，青年工作委员会召开南路地区青年代表会议，传达上级党委对青年工作的指示，研究建立青年团组织的问题。5 月，南路地委发布关于开展青年团工作的指示，要求各地党组织结合群众运动开展建团工作。9 月，新民主主义青年团高雷地委正式成立。1952 年 11 月，团高雷地委改为新民主主义青年团粤西区委。1956 年 2 月，改为新民主主义青年团湛江地委。遂溪、廉江、吴川、海康、徐闻等县解放后也先后建立新民主主义青年团县委。在湛江市，1950 年初成立了青年团湛江市委筹备处。7 月，新民主主义青年团湛江市委正式成立。1953 年 5 月及 1955 年 7 月，湛江市先后召开第一次、第二次青年团代表大会，分别选出第一届、第二届团市委。

在解放海南岛的支前工作中，青年团发动青年团员积极参加征集船只、帮助解放军苦练渡海本领、运送军用物资、捐献粮食等工作。在抗美援朝中，团组织积极动员青年下乡下厂发动群众进行和平签名，踊跃捐款购买飞

---

① 从 1959 年 1 月 1 日起，湛江市工会联合会易名为湛江市总工会。

机大炮，并掀起青年参军的热潮。在清匪反霸肃特和禁烟禁毒禁娼运动中，团组织发动青年参加民兵队伍，协助公安部门和解放军，跟踪匪特活动，监视吸毒赌博嫖娼人员行踪，并与公安部门和解放军一道投入歼匪肃特战斗，参加收缴毒品、捉拿赌徒、封闭妓馆的工作。土改、渔改运动兴起后，团组织青年积极配合土改工作队，在斗倒地主恶霸渔霸、清理财产、划分阶级、丈量田地、复查等工作中起到了先锋带头作用。在农业合作化中，积极推广农业新技术。在公私合营高潮中，团湛江市委组成了 10 个突击队参加合营工作，加快了公私合营高潮的到来。在恢复国民经济和发展生产上，团组织带领下的青年成为一支不可或缺的生力军。在根据青年特点开展文体、教育活动方面，团组织相继开展了爱国主义、社会主义、集体主义的教育，提高青年的政治觉悟。在培训青年骨干和输送干部方面，团组织成了党的后备军。①

经过斗争的考验，青年团组织不断发展壮大。全地区团员数由 1950 年 4 月的 2446 人发展到 1956 年的 184330 人，团支部数由 1953 年的 1857 个发展到 1956 年的 3209 个。②

（三）妇女组织的建立及工作

1949 年 1 月，中共中央香港分局向各区党委作出关于迅速由下而上及由上而下建立农会、妇女会、青年团体的筹备委员会以统一组织群众的指示。③中共雷州地委曾设立了妇女工作委员会，很多县委也设立了同样的机构，还有一些县已建立了妇女组织，如遂溪县成立了民主妇女联合会，廉江成立了妇女委员会，海康成立了妇女筹备委员会。中华人民共和国成立后，地、市、县的妇女组织逐步建立健全。1949 年 12 月南路地委成立时，设立了妇女工作委员会。1950 年 4 月，南路地委召开第一次妇女工作会议，研究建立全区性的妇女组织。1950 年 9 月，广东省高雷区民主妇女联合会筹备委员会成立；1952 年 11 月，高雷区民主妇联筹委会撤销，成立广东省民主妇女联合会粤西筹委会。1954 年 7 月，广东省民主妇女联合会粤西分会正式成立；

---

① 《广东各地团组织情况之高雷区青年团情况报告》，广东省档案馆馆藏档案 232—2—5。

② 湛江市地方志编纂委员会编：《湛江市志》（下），中华书局 2004 年版，第 1437 页。

③ 《香港分局给各地的指示》（1949 年 1 月 26 日），中央档案馆编：《中共中央香港分局文件汇集》，1989 年内部编印，第 382 页。

1956年2月，广东省民主妇联粤西分会改为广东省妇女联合会湛江分会。湛江在解放后即成立市民主妇女联合会筹备处。1950年3月中共湛江市委成立时，设立妇女工作委员会。1950年11月，成立市民主妇联筹委会。1953年9月，湛江市举行第一次妇女代表大会，正式成立湛江市民主妇女联合会；1956年8月，召开市第二次妇女代表大会，决定将市民主妇女联合会改为湛江市妇女联合会。这一时期，各县的妇联组织也逐步建立和完善。

中华人民共和国成立初期，妇联组织团结和带领广大妇女投身各项运动和社会改革中，并结合妇女特点开展一系列工作，妇女真正顶起了"半边天"。一是贯彻"统一领导，男女一齐发动"的方针，组织妇女参加各项政治运动。在解放海南的战斗中，妇联发动广大妇女组成支前服务队，开展劳军洗衣、运送物资、筹募粮食、征集船只、修筑公路等活动，妇女还动员丈夫、儿女参加渡海战斗，一批妇女在支前工作中同男子一样立功获奖。在土改工作中，妇联协助组织一批妇女干部参加工作队，发动贫苦农妇、婢女以亲身经历，揭露地主恶霸的罪恶。抗美援朝运动开始后，各级妇女组织层层发动妇女参加和平签名、订立爱国公约、开展劳动竞赛、捐款购买飞机大炮。在社会主义改造中，妇联发动农村妇女并动员她们的亲属参加互助合作，使加入合作社的人数大大增加。在城镇对手工业与资本主义工商业的改造中，妇联发动女工商业者及其家属带头接受改造或鼓励其亲人接受改造，加快了改造的进程。二是发动妇女投身工农业生产劳动，为恢复国民经济贡献力量。各县和区、乡的妇联组织有能力的妇女参加养猪、开荒、耕种、抢收、打井、拦河、堵坝、开渠等劳动。在城镇，妇联组织妇女积极参加学习技术、争当女能手、节约原料、提高产量的活动，还把失业的女工组织起来参加各种手工业生产活动。三是宣传《婚姻法》，维护妇女儿童权益。各级妇联通过图片展览、开诉苦会等形式，控诉旧婚姻的罪恶，结合土改中妇女翻身后建立团结和睦家庭的典型进行宣传，使广大妇女认识到婚姻自主是自己的权利。此外，妇联从各方面维护妇女权益，如贯彻男女同工同酬的政策，做好妇女"四期"（经期、怀孕期、产期、哺乳期）的劳动保护，推动建立妇女保健制度等。四是加强对妇女的教育，提高妇女素质。不少妇女当上了记工员、宣传员、读报员，妇女参政议政意识增强，积极参加普选各级人大代表。

第七节　社会事业初步发展

中华人民共和国成立以后，湛江按照中共中央委员会主席、中央军委主席毛泽东提出建设民族的大众的新民主主义文化的指示，依靠人民群众，对教育、科技、卫生、体育等各项事业进行艰苦创业，与整个的社会主义事业同步发展起来。

一、文化事业

中华人民共和国成立后，湛江军管会和湛江市人民政府接收了国民党政权的文化机构，开始建立健全文化主管部门和各种文化机构，如文化馆、图书馆、博物馆、国营剧团等，同时组建一支文化艺术工作者队伍，培养文化艺术人才，提高文化艺术水平。中华人民共和国成立初期，一些戏班人员生活较为困难，地区、市文化部门组织戏班生产自救。1952年湛江市各级政府文化主管部门发动粤剧艺人组织民主班，如湛江市的"艺风"民主班、遂溪县的"艺新"民主班、吴川县的"光艺"民主班、廉江县的"新自力"民主班等，废除雇佣关系的旧班主制，实行自行演出自救。为发掘传承粤西粤剧传统艺术，文化主管部门组织老天寿等一批老艺人整理了《陈世美不认妻》中的"贺寿"和《七状纸》中的"过山"等剧目，参加广东省戏曲汇演。1954年，在海康县文化部门的引导下，著名姑娘歌艺人李莲珠将莲珠姑娘歌班易名为"和平雷州歌剧团"，改演雷州歌剧，进行公演。其他专业雷州歌剧团竞相仿效，开了雷州歌剧艺术革新的先声。

1951年，粤西歌剧团于江门市成立，并随中共粤西区委和粤西区行署迁来湛江市。1951年11月，湛江市正式成立文工队，活跃在郊区农村配合土改宣传，演出短小精悍的歌舞节目。此时期湛江的木偶艺术开始复苏，大、中、小型木偶班如雨后春笋般出现。1953年，粤西粤剧团成立。3月，粤西区组织雷州姑娘歌民间艺人，参加全省民间艺术汇演。李莲珠获个人表演优秀奖，被誉为"口头文学家"。1955年春，粤西专区组成粤西杖头木偶队。木偶队从吴川、遂溪、廉江和湛江市郊区挑选粤剧木偶艺人组成粤西杖头木偶队参加 1955 年秋在北京举行的全国民间艺术会演,受到北京观众和行家的高度评价。舞蹈也有很大发展,挖掘了一批民间舞蹈,吸取现代舞和外地舞蹈精华,进行了舞蹈创作。1955 年 1 月,粤西区举行戏曲汇报演出大会,演出节目有粤剧、木偶戏、雷州歌剧、民间舞蹈、山歌、民谣、民间音乐、民间杂技等,丰富多彩,尽显群众艺术特色。

清除旧文化后,湛江恢复和发展了电影市场。中华人民共和国成立之初,接管了 3 间电影院。1950 年,设中南电影发行公司湛江联络站。1951 年,广东省文教厅电影教育工作队高雷(粤西)联队成立,电影队下放到县,成立粤西区电影管理站。县面向农村,流动放映,有计划地扩大放映点;在县城投资建电影院;利用机关、单位、乡镇礼堂,放映电影,形成电影放映网,放映普及率已达 98%。1951 年 5 月,湛江市文化馆广播组成立,开始有线广播站的筹建工作,次年 4 月湛江市有线广播站建成,与此同时,高雷各县成立广播站。1952 年 6 月,成立"中国电影发行公司广东省分公司粤西发行站"。[①]

二、教育事业

教育事业在此时期打下了良好的发展基础。湛江解放后各地军管会、人民政府接管了国民党统治下的各类学校,贯彻为工农服务方针,对旧学校进行改造和调整,并逐年新建和扩建了不少学校。按湛江市现辖区域算,1949 年至 1956 年,普通高校在校生从零增加到 334 人;普通中学在校生由 5033 人发展到 14638 人,小学在校生由 106476 人发展到 192640 人;幼儿园、小学、中学、中等师范学校教职工由 4354 人发展到 8611 人。1950 年湛江市区和各县开始农村扫盲工作,1956 年掀起高潮。经过扫盲,中青年文盲率大大降低,如湛江市郊区办了 356 个识字班,学员 9900 人,占文盲总数的 36.8%。[②]

---

① 湛江市地方志编纂委员会编:《湛江市志》,中华书局 2004 年版,第三十篇《文化》、三十一篇《新闻出版》和《大事记(1949—1956)》。

② 湛江市地方志编纂委员会编:《湛江市志》,中华书局 2004 年版,第二十八篇《教育》及《大事记(1949—1956)》;湛江市统计局编:《光辉的历程·湛江建国五十年统计资料》,1999 年内部编印,第 210—214 页。

三、医疗卫生事业

医疗卫生事业出现崭新局面。1949 年 12 月人民政府接管医疗卫生工作后，大力发展医疗卫生建设事业。1956 年全市有医疗卫生机构 286 个，床位 1212 张，工作人员 3864 人。同时，人民政府不断加强对医院设备和技术的投资，医疗水平有显著的提高。鼠疫、霍乱、天花三种烈性传染病基本消灭，其他流行病发病率也大大下降。随着湛江港口建设和城市建设的发展，1952 年成立湛江交通检疫所，1956 年改为湛江卫生检疫所。1952 年开始陆续建立各级妇幼保健机构。市、县卫生行政机构逐步建立和发展。中华人民共和国成立初各县人民政府接管了各县卫生院，1956 年后陆续改为县人民医院。

四、科技事业

科技事业进入创业时期。重大的科技成就有：营造木麻黄防风固沙林带获得成功；种植了大片以桉树为主的人工林；建成了由新中国科技人员规划、设计和施工建设的湛江港，创造了当时世界建港史上尚没有的"钢桩冲捣孔打桩法"。试制成功和投产的新产品有硫酸、普钙、水泥、电动机、滚珠轴承、糖机、车床、刨床、空压机、炼胶机、橡胶硫化罐等；创制了优质名牌产品"威化饼"与驰名的"何晓生蛇药"；以机械化代替"土糖寮"制糖；1953 年消灭了流行 81 年的鼠疫。各种专业科技机构相继成立，科技队伍逐步壮大。1956 年成立科普协会，下设医学组、理化学组、农学组。1953 年华南热带作物科学研究所在徐闻县坑仔组建粤西试验站，后改为南亚热带作物研究所。1954 年湛江市建立第一个耕牛配种站——新鹿区耕牛配种站，10 月湛江市气象台成立，11 月引进并推广甘蔗新品种——台糖 134 和印度 331 等。

五、体育事业

体育事业打下了良好基础。1952 年，湛江市总工会举办工人文体骨干训练班，培训骨干 370 人，回到基层后积极组织职工体育活动。从 1953 起，各级政府相应建立体育运动领导机构，成立群众性的体育组织；建设一批体育设施和训练基地；组织一些项目的训练队伍。在这期间，确立"准备劳动和卫国体育制度"（后改为"体育锻炼标准"）和开展群众性体育活动，达标率达80%以上。在第一届省运会上，湛江市选手破2项省纪录，获2枚金牌、5枚银牌、5枚铜牌，游泳团体总分第4名；在第二届省运会上，以湛江市运动员为主的湛江专区代表团获18个项目中的金牌或奖牌。1954年12月，评出10多个先进单位出席广东省第一届体育工作者代表大会，并在会上作了经验介绍。1956年6月1日，湛江市第一次少年体育运动会在西营（今霞山）体育场开幕，比赛项目有田径、体操、游泳等10项；8月5日，市区举行第一次渡海游泳比赛。1950年至1956年，湛江市先后举办三届体育运动会，均在西营体育场举办。第一届于1950年12月举行，竞赛项目有篮球、排球、足球、田径，59个单位5000多名运动员参加。第二届于1954年2月举行，竞赛项目有篮球、6人排球、大型足球、田径，参加单位有驻湛部队、机关、学校、郊区、居委会等31个，运动员7000多人。第三届于1956年2月举行，竞赛项目有篮球、足球、田径，破了两项省纪录。①

---

① 湛江市地方志编纂委员会编：《湛江市志》，中华书局2004年版，第三十三篇《体育》及《大事记（1949—1956）》。

第三十六章　社会主义建设初步探索和曲折发展

社会主义基本制度在中国建立起来后，湛江同全国一样全面开展了社会主义建设的探索。在 1956 年至 1976 年长达 20 年的建设中，虽然遭受到一些挫折，但仍取得很大成就，初步建立起现代化建设所必需的物质技术基础，培养了经济文化建设的骨干力量，积累了社会主义建设的重要经验。

第一节　初步探索的开端

一、建置变更

社会主义"三大改造"完成后，为彻底改变湛江地区贫穷落后的面貌，发展湛江经济，改善人民生活，湛江进行了社会主义建设的初步探索。从这一时期至 1966 年，湛江地区的建置及管辖范围经历了数次较大的变更。

1956 年 2 月，中共粤西区委员会改为中共湛江地方委员会，湛江地委下辖徐闻、海康、遂溪、雷东、廉江、吴川、化县、茂名、信宜、电白、阳江、阳春等 12 个县和湛江市，划出恩平、开平、台山三个县归佛山地委。地委属广东省委领导，湛江市委隶属省委、湛江地委双重领导。同月，撤销粤西行署，成立湛江专员公署。

1958 年 5 月，经国务院批准，茂名工矿区市开始筹建，地域包括茂名县的金塘、公馆、新坡、袂花、高山、镇盛、山阁、鳌头、兰石、浅水等区、乡。9 月，中共茂名工矿区市委员会成立（1959 年 5 月，改称中共茂名市委员会），隶属湛江地委，原茂名县改名为高州县。

1958 年 10 月，撤销雷东县建置，雷东县地域并入湛江市。同时，吴川县的坡头区、龙头区和遂溪县的麻章区划归湛江市郊区领导。11 月，湛江地委和合浦地委、湛江专署和合浦专署分别合并，称湛江地委和湛江专员公署；原合浦地委所辖合浦、钦县、防城、浦北、灵山、东兴各族自治县、钦北壮族自治县和北海市划入湛江管辖；湛江地委常委、湛江专署副专员以上领导干部由省委重新任命。此时，湛江地委下辖徐闻、海康、遂溪、廉江、吴川、化县、高州、信宜、电白、阳江、阳春、合浦、钦县、防城、浦北、灵山、东兴各族自治县、钦北壮族自治县等 18 个县和湛江、茂名、北海 3 个市。12 月，湛江专区进行并县。并县后，湛江地委下辖雷北、雷南、化州、高州、两阳、合浦、钦县、东兴、电白、灵山等 10 个县和湛江、茂名两市。阳江、阳春合并称两阳县，化县、吴川合并称化州县，高州、信宜合并称高州县，遂溪、廉江与海康县南渡河以北地区合并称雷北县，徐闻与海康县南渡河以南地区合并称雷南县，合浦、北海、浦北合并称合浦县，钦县、钦北壮族自治县合并称钦县，防城、东兴各族自治县合并称东兴各族自治县。

并县实施一段时间后，由于管理上的不便，又逐步恢复并县前的小县。1959 年 4 月，恢复北海为县级镇。1960 年 11 月，雷北县改名为雷州县，雷南县改名为徐闻县。1961 年 3 月，撤销化州、徐闻、雷州等大县建置，恢复 1958 年并县前的吴川、徐闻、廉江、遂溪、海康、化县建置，分县后原化县改名化州县。

1963 年 6 月，湛江地委撤销书记处，第一书记改称书记，原书记改称副书记。

1965 年 6 月，经中共中央、中共中央中南局批准，合浦、灵山、钦县、东兴四县和北海镇划归广西壮族自治区管辖。自此，这几个原属广东"钦廉四属"的地区便不再归属湛江和广东管辖。湛江专区此时下辖徐闻、海康、遂溪、廉江、吴川、化州、高州、信宜、阳春、阳江、电白等 11 个县，以及湛江、茂名两市。

"文化大革命"时期，1967 年 1 月，湛江市造反派组织夺取了湛江地委、湛江专署、湛江市委、湛江市人委的权力。3 月，湛江地区军事管制委员会成立，下设办公室、革命委员会、生产委员会，全区实行军事管制。湛江地委、湛江专署的工作机构停止职能。地区军管会下属各市、县军管会也先后成立，对所在市、县实行军事管制。1968 年 4 月，湛江专区革命委员会成立，设党的核心小组；下设办事组、生产组、政工组、民事组、保卫组等工作机构。至 9 月，专区市、县各级先后成立了革委会。

1971 年 4 月，中国共产党湛江地区第一次代表大会选举产生中共湛江地区第一届委员会。湛江地委和地区革委会为党政合一的体制，隶属广东省委领导。这次党代会，恢复建立了自 1967 年 1 月被造反派组织夺权后停止活动的地方党委，恢复了党的组织活动。至 12 月，全区各市、县党委全部恢复建立。

二、中共八大精神的传达贯彻

为了科学地认识和解决湛江发展的重大问题，摸清家底，明确方向，1956 年 3 月，湛江地委专门成立了湛江地区亚热带资源开发委员会。湛江专区抽调 700 多名专家、技术人员，对全区自然资源和社会经济情况进行大规模的调查。在此基础上，地委还要求各级领导干部带头下基层调查研究，找出社会的主要矛盾，寻找解决的方法。1956 年五六月间，湛江专区所属市、县先后召开了中国共产党代表大会，制定各市、县国民经济（1956—1962年）发展规划。5 月 26 日，地委召开湛江专区第一次知识分子工作会议，贯彻《中共中央关于知识分子问题的指示（草案）》和中共广东省委知识分子工作会议精神，做好全区知识分子工作。[①] 湛江为即将展开的社会主义建设事业做着各方面的准备。

1956 年 9 月，中共八大召开，大会分析了国内形势和国内主要矛盾的变化，确定了全党全国人民在基本完成生产资料私有制的社会主义改造以后的主要任务。按照省委、地委的指示，湛江专区各县委和湛江市委分别作出具体安排，学习贯彻中共八大精神，基层各级党组织均研究并制定了学习计划。

湛江地委组织讲师团宣讲员分派到各县，对中共八大的《政治报告》《关于修改党的章程的报告》和《关于发展国民经济第二个五年计划的建议

---

① 《在知识分子中发展党员工作的总结》，湛江市档案馆馆藏档案 3—6—8，3—6—9。

的报告》等大会文件进行分专题上辅导课。各县分别举办了农村支部教员或兼职教员训练班，学习后回乡组织农村党员围绕中共八大文件进行阅读、讨论，确保把中共八大精神传达贯彻到基层。工矿基层党员的学习也以上党课为主的形式进行。

联系实际漫谈和讨论是学习中共八大文件的规定动作，加上强调不要施加任何压力，提倡发扬社会主义民主，许多党员、群众，特别是知识分子、工商业者积极发言。大家对八大提出的"在三个五年计划或者更多一点的时间内，在中国建成一个基本上完整的工业体系的设想，以及国家在新的生产关系下保护和发展生产力，把中国尽快地从落后的农业国变为先进的工业国"[①] 的任务，表示衷心拥护。湛江市工商联在学习讨论时，工商界人士从毛泽东"团结一切可以团结的力量"的指示中，感受到建设社会主义自己也有份，很兴奋，经营积极性大大提高。对陈云提出的"三个主体，三个补充"（既要以国家经营、集体经营为主体，又要有一定数量的个体经营作补充；既要以计划生产为主体，又要有自由生产作补充；既要以国家市场为主体，又要以自由市场作补充）的重要意见，湛江工商界人士也很感兴趣，不少人表示以后做生意就方便多了。[②] 知识分子对八大提出的进一步扩大社会主义民主、健全社会主义法制、坚持集体领导等问题反应热烈。在讨论中，不少人对本单位领导官僚主义严重、没有广泛发扬民主的做法提出批评，也有人对民主和集中如何结合提出了意见。

中共八大精神的传达贯彻，对湛江各行各业、干部和群众都起到极大鼓舞和动员作用，为下一步大规模的经济建设打下了思想基础。

三、整风运动

在中共八大召开的前后，人民内部矛盾日益突出。面对前所未有的深刻又急剧的社会变革，领导干部中一些人的认识落后于形势，还存在着官僚主义、强迫命令的作风，仍然用老办法对待新问题，从而激化了矛盾。

1957 年 2 月，毛泽东在最高国务会议第十一次（扩大）会议上，作了《如何处理人民内部矛盾的问题》的讲话。讲话指出：社会主义社会存在着

---

① 《中国共产党第八次代表大会的决议》，《人民日报》1956 年 9 月 28 日。

② 《有关工商界学习"八大"情况》（1956 年 10 月 31 日），湛江市档案馆馆藏档案 3—6—67。

敌我之间和人民内部两类性质根本不同的矛盾,前者需要用强制的、专政的方法去解决,后者只能用民主的、说服教育的、"团结—批评—团结"的方法去解决,决不能用解决敌我矛盾的办法去解决人民内部矛盾。

1957年3月,湛江专区发生了一起错误处理人民内部矛盾的麻风村事件,造成群众5人死亡、9人受伤的悲剧。

事发后,中共广东省委责成湛江地委向省委作书面检讨,并先后两次派省委委员云广英、周楠下乡慰问群众,协助处理善后工作。事发地化县和廉江县的党政负责干部均公开向群众作检讨。湛江地委在向省委递交的《关于化县以武装镇压群众反对建麻疯村事件的报告》指出,化县事件是一次极为严重的事件,反映了在处理人民内部问题上采取了一种完全错误的方针和方法;各级党委应该认真地从这个血的事件中吸取经验教训,以典型的事例教育干部,提高干部的认识和政治水平,以便改进领导作风,学会正确处理人民内部矛盾问题。①

1957年5月15日至25日,湛江专区铺开了以正确处理人民内部矛盾的精神整顿农业生产合作社的工作。在整社中,各地分别召开有关民主办社的座谈会和社员代表会,让群众在会上畅所欲言,提意见,揭矛盾;调整对退社户、单干户的政策和策略,强调不能单纯地采取压制、批判打击的办法,而应按人民内部矛盾来进行说服教育、团结争取;强调勤俭办社和民主办社,纠正过分强调集体利益和集体经营而忽视社员个人利益和家庭副业经营的偏向;合作社在产品的分配方面实行少扣多分的原则。同时,调整、解决社内外紧张关系;调整解决社内穷富村矛盾。一些合作社在整顿中实行了干部定工生产,定额补助,合作社内财政公开等。还有一些社进行副业三包、晚造三包、处理山林入社等等。到6月底,全区88%的农业社开展了整社工作。②

1957年4月27日,中共中央发出《关于整风运动的指示》,决定在全党进行一次以正确处理人民内部矛盾为主题,以反对官僚主义、宗派主义和主观主义为内容的整风运动。5月中旬,湛江地委成立了由第一书记为组长的整风领导小组,直接领导全地区的整风运动。从5月中旬起至6月中旬,湛

---

① 《关于化县以武装镇压群众反对建麻疯村事件的报告》,湛江市档案馆馆藏档案3—8—23。
② 《目前整社工作情况的综合报告》,湛江市档案馆馆藏档案3—7—27。

江地专直属机关、文教卫生、城镇工交、新闻界、工商界等战线分别召开了156次座谈会，号召大家"大鸣大放"，揭露党和政府的工作缺点，帮助党整风。5月12日，《湛江报》在"大胆放手贯彻百花齐放百家争鸣的方针"通栏标题下，整版刊登由湛江市委书记曾源主持召开的文学、美术、音乐、戏剧、曲艺和新闻出版界座谈会的消息。此后，地专77个直属单位3268人参加了"鸣放"，占干部职工总数的92.7%，10天共贴出大字报14096张，提出22037条意见。[①]

1957年8月中下旬开始，湛江专区以6000多个合作社作为第一批，对农业生产合作社进行民主整顿。农村整风的重点是解决基层干部的思想作风和工作作风方面的问题，明确两类不同性质矛盾的界限及如何对待；批判自私本位思想。全区97%的农村支部和94.9%的农村党员参加了整风。在整风中，各地发动合作社社员对生产管理、分配、生活、干部作风等问题进行"鸣放"，大字报被作为中心环节来抓，不少地方把大字报数量的多少，作为衡量发动群众广度和深度的重要标志。为保证大字报的数量，一些地方把写大字报的任务分配到人。如廉江县要求乡干部每人70张、社员每人40张。对不会写大字报的社员，则由会写的人分工负责，包写包教。同时，还组织中小学老师和学生，利用课余时间，分组到群众中去帮忙写大字报，写得好的表扬，写得不好的批评。[②]

9月12日，中共中央又发出《关于在企业中进行整风和社会主义教育运动的指示》，要求企业在经过群众"大鸣大放"和边整边改的一定阶段之后，组织职工就一些大是大非问题进行讨论和辩论。在企业的整风中，湛江专区各市、县采取先试点后推广的办法，在企业中推行职工代表大会制度。通过召开职工代表（或全体职工）大会，发动大家提意见和建议，扩大企业的民主管理，改进企业管理工作，同时健全工会组织，发挥工会的职能作用。很快，整风运动在中小学、工商界、民主党派等各行各业各群体中展开。但此时，形势已发生了变化，整风运动已偏离了原来"和风细雨"的设想，由正确处理人民内部矛盾变为解决敌我矛盾的一场群众性的疾风暴雨式

① 《整风运动情况综合》，湛江市档案馆馆藏档案3—7—38。

② 中共廉江市委党史研究室：《中国共产党廉江县历史》第二卷（1949—1978），中共党史出版社2015年版，第93页。

的阶级斗争。

湛江专区整风运动到后期还进行了精简机构、下放干部。至 1958 年 5 月，湛江专区精简下放各类人员共 1.65 万人。① 这些干部被下放到农业、工业、文化教育等战线，其中绝大部分到基层农村，接受贫下中农再教育。

四、反右派斗争和反"地方主义"

1957 年 5 月以后，在整风"鸣放"的言论、报道、评论中，出现了一些偏激、尖锐的批评意见，甚至是错误的意见。社会上极少数人乘"大鸣""大放"之机，攻击共产党和社会主义制度。极少数资产阶级右派分子把共产党在国家政治生活中的领导地位，攻击为"党天下"，要求"轮流坐庄"。1957 年 6 月 8 日，中共中央发出《关于组织力量准备反击右派分子进攻的指示》，整风运动的主题由正确处理人民内部矛盾转向对敌斗争，由党内整风转向反击右派的进攻。② 8 月 1 日，中共中央发出《关于继续深入反对右派分子的指示》，一场全国规模的群众性的反右派运动猛烈地开展起来。

1957 年 6 月 28 日，雷州师范学校一教师在报纸上发表《法不加廉论》和《居君子计徒》两篇文章，就作风问题向党提意见，被作为"反党、反人民、反社会主义"的右派言论进行批判，从而揭开湛江市反右派斗争的序幕。此后，在报纸上发表过"鸣放"文章的作者，基本上成了斗争对象，被打成"右派分子"。7 月，湛江市政协召开第二届一次全会，开展反右派斗争。会议把市民主建国会以蔡挺生为首和市民主同盟以周兆霖、李始强为首的两个党派成员打成"右派分子"。会上，湛江市民革、民盟、民建、农工党先后在领导层中划出"右派分子"50 名。会后，民盟遂溪、化县、海康小组全体成员被划为"右派分子"。③

在中小学教职员工中开展的反右派斗争采取了集中办班和分散召开座谈会相结合的形式进行，全区 2300 多名中学教师参加了反右派学习班。④ 工商

① 《当前整风情况综合》，湛江市档案馆馆藏档案 5—3—76、5—3—48、5—3—87。

② 中共中央党史研究室：《中国共产党的九十年》（社会主义革命和建设时期），中共党史出版社 2016 年版，第 491 页。

③ 《整风运动情况综合》，湛江市档案馆馆藏档案 3—2—38。

④ 《湛江专区反右派斗争总结报告》，湛江市档案馆馆藏档案 5—3—48。

界的反右派运动则结合社会主义教育展开。

1957 年 12 月，根据中共广东省委的部署，湛江地委在反右派斗争期间，开展了反"地方主义"。围绕广东历史问题，全区各市、县展开大辩论，意见主要集中在干部政策的宗派主义问题、广东的土改整队、历次政治运动等问题上。1958 年 2 月，根据省委的要求，湛江地委召开扩大会议，着重批判地委成员中的"地方主义"，开展反"地方主义"斗争。随后，全区各县、市也相继在干部和领导层中开展反"地方主义"，一批地方干部被扣上"地方主义"帽子。至 1958 年底运动结束时，湛江全区共划"右派分子"4403人，"中右分子"和因"右派言行"被批判、被处理 877 人，同时还在工人中划了一批"反社会主义的坏分子"。①

第二节　　"大跃进"与人民公社化

第一个五年计划完成后，全国经济和社会取得了较大发展，城乡人民生活水平也有较大提高。从 1957 年秋季起，中国掀起了一个大规模的建设高潮。1958 年 5 月，中共八大二次会议正式通过把"鼓足干劲、力争上游、多快好省地建设社会主义"作为党的社会主义建设总路线。在这个总路线的指引下，社会主义的全面建设逐渐趋向激进。

一、"大跃进"运动

中共八大二次会议标志着"大跃进"运动全面发动。会议后，中共广东省委决定组织农村生产万人检查团，其中西路团由省委书记区梦觉任团长，前往湛江、合浦专区，代表省委在湛江市召开湛江、合浦两专区县委书记会议，传达中共八大二次会议精神。此后，湛江"大跃进"在各行各业全面展开，并迅速掀起高潮。

湛江的"大跃进"首先从农业开始。1958 年 2 月，在各县委书记参加的地委扩大会议上，提出了"两年内消灭旱灾，三年实现粮食亩产 800 斤，

---

① 《湛江专区反右派斗争总结报告》，湛江市档案馆馆藏档案 5—3—48。

1958 年全区粮食总产量 51.22 亿斤，比 1957 年增加 30%"的任务。随后，各县委在自报中相互攀比，一再修改任务指标。各县委书记表示要力争粮食总产量达到 68 亿斤，比 1957 年增加 72%。^① 但在 7 月省委召开的全省县委书记会议上，番禺等县提出的晚造亩产指标都在 2000 斤以上。^② 受此影响，7 月 21 日，湛江地委召开的全区广播大会又提高了亩产目标。为完成上述任务和要求，地委在水利建设、积肥、改良土壤、改造工具、推广先进耕作技术和良种等方面都作了具体的要求。在全国严重虚报产量的"大放卫星"气氛下，湛江报出阳江县试验田亩产 10900 斤，电白试验田亩产 10000 斤的"卫星"。各行各业也大放卫星，茂名东风公社放出亩产 6521.7 斤的"塘鱼卫星"，阳江小江公社放出亩产 7312 斤的"花生卫星"。

继农业后，工业的"大跃进"也被提出，其主要标志就是全民大炼钢铁。1958 年 8 月，中共中央政治局在北戴河召开扩大会议，确定了全党全民大办钢铁工业的方针，^③ 一场以大炼钢铁为中心的工业"大跃进"大张旗鼓地展开了。

湛江专区除廉江县、信宜县曾用炒熟铁的办法炼土钢外，其他地方从来没有炼过钢。广东省委下达给湛江专区 12.1 万吨生铁的生产任务。1958 年 6 月 4 日，湛江地委成立钢铁生产领导小组，并作出《关于大力发展土高炉炼铁的决定》，要求各地贯彻小（小型）、土（土办法）、群（群众运动）的方针，开展全民大炼钢铁运动，并将任务下达到各市、县。6 月底，湛江农业机械厂用土办法炼出第一炉钢。

为了完成钢铁指标，大炼钢铁成为压倒一切的中心任务，全区掀起了空前规模的全民大炼钢铁运动，动员群众上山砍树挖煤，找矿炼铁，并且大搞"小土群"，用土法炼铁炼钢。1958 年 9 月中旬起，区直属机关干部 4500 多人到工厂农村，领导群众用土办法大炼钢铁。27 日，湛江采取紧急措施，组织 215 万人的"钢铁军团"，实行"组织军事化、生活集体化、生产战斗化"

① 《粤西通讯》1958 年 2 月 15 日、4 月 6 日、4 月 12 日、4 月 21 日。
② 中共广东省委党史研究室：《中国共产党广东历史》第二卷（1949—1978），中共党史出版社 2011 年版，第 337 页。
③ 中共中央党史研究室：《中国共产党历史》第二卷（1949—1978），中共党史出版社 2011 年版，第 486 页。

奋战在钢铁第一线。

1958年11月10日，湛江再出动各级领导干部、工人、农民、人民解放军指战员、学生等12.2万多人，日夜在炉旁大搞土法炼钢——用烧结铁炼、用矿石直接炼钢，用反射炉、低温炉、冲天炉和各种小高炉共4164座出钢，于当天放了日产2274.4吨的第一颗钢"卫星"。11月22日，湛江《每日新闻》报道，湛江"以钢为纲"的群众土法炼钢运动气吞山河，炼铁530872.12吨、钢34275.16吨，相当于1957年全区钢铁产量1078吨的524倍多。[①]

在"大跃进"的环境下，湛江还兴起了全民办工业运动，乡乡建工厂、社社建工厂。1958年，全区基建项目有151项。国营厂矿工业职工由1957年的25711人发展到10万多人。公社企业遍地开花。同时，雷州半岛南部被作为广东省糖业建设的重点，迈陈、文部、龙门、雷高、下桥、前山、东溪以及农垦系统的火炬、南光、收获、广丰等糖厂一一落成，湛江、安铺等骨干糖厂也相继投产。

这一时期的工业建设为全区工业的发展打下了基础，这些企业日后大都成为湛江经济建设的骨干。但是，由于执行"以钢为纲"的方针，不顾客观条件，贪多求快，急躁冒进，导致产出低、效益差。同时，工业基本建设总投资大大超过了实际的承受能力。1958年，工业基本建设投资额是全区第一个五年计划投资总和的9倍多，这造成了农业、轻工业生产资金的相对不足。

二、人民公社化运动

1958年4月，中共中央发出《关于把小型的农业合作社适当地合并为大社的意见》。据此，湛江专区进行了并社，一般400—1000户为一社，廉江县最大的一个社达6751户。合并后全区共有合作社1672个，平均每社3000多人。

1958年8月，中共中央在北戴河召开的政治局扩大会议上通过了《中共中央关于在农村建立人民公社问题的决议》。29日至30日，湛江地区在徐闻

---

① 《钢铁大捷》，湛江市档案馆馆藏档案5—3—135。

县召开县委第一书记会议，作出《关于国庆前实现人民公社化的决议》，要求全区 9 月底以前普遍建立人民公社。9 月 1 日，人民公社化试点在徐闻县下桥、曲界两乡进行。从 9 月中旬起，各县小社并大社成立人民公社的喜报频传。湛江市郊区 25 个农业社近 2 万户 8 万名农民合并成立红光人民公社；雷东县先后成立了东海、南三、硇洲等人民公社；廉江县公社的名称全部冠上 "东风" "上游" "胜利" "红旗" "卫星" 等时代词语；徐闻县则全县建立 1 个人民公社，实行县社合一（后调整为 4 个公社）。至国庆节前，湛江全区 1672 个农业社合并成立 84 个人民公社①，实现了人民公社化。城镇居民合作社、圩镇的小商贩、合作商店、合作小组、经销代销店或小组一律参加人民公社或转为公社的供销部，生产资料公有，生产由公社统一安排。10 月中旬，湛江农垦系统也实行并场建立人民公社。到 10 月底，全区 36 个国营农场合并为 24 个，先后与 20 个乡社合并组成公社，全区国营农场实现公社化。1960 年 6 月，湛江市以区为单位先后宣布成立霞山、赤坎人民公社。但维持不到一年，1961 年 1 月，国民经济实行 "调整、巩固、充实、提高" 八字方针，城市人民公社自行解体。

公社化后，各地按照军事编制组织营（公社）、连（大队）、排（生产队）、班（小组）等所谓的作战单位，组建基干民兵营、连、排，在全公社或全县范围内抽调农村劳动力参加，开展建设大会战。公共食堂是人民公社的配套产物。1958 年 9 月在公社化运动中，全区农民组织了公共食堂 29375 个，参加农户 75 万多户，占总农户的 58%。②

在公社化进入高潮时，正是各地大放粮食高产 "卫星" 之际。严重浮夸的虚假信息使各级干部错误地认为粮食大丰收，遂至 1958 年 12 月底，全区 100% 的人民公社实现了公共食堂化，取消各家各户做饭，男女老少齐上公共食堂用餐，吃大锅饭。但不到三个月，各地闹粮荒，加之管理不善，不少地方选择了散伙。

人民公社化运动和 "共产风"，引起了不少基层干部和群众的不满与抵制。1959 年 2 月中旬，中共中央委员会主席毛泽东看到广东省委转发的关于

---

① 《粤西通讯》1958 年 10 月 1 日，第 488 期。

② 《粤西通讯》1958 年 10 月 1 日，第 488 期。

公社化年代赤坎福建村办的公共食堂

雷南县①干部大会解决粮食问题的报告，注意到其中关于瞒产私分问题。为了弄清瞒产私分问题，毛泽东于 1959 年 2 月中旬开始到河北、山东、河南等省开展调查研究。2 月底至 3 月初，中央政治局在郑州举行了政治局扩大会议（即第二次郑州会议），会后下发《关于人民公社管理体制的若干规定（草案）》，确定整顿和建设人民公社的基本方针。② 4 月，中共八届七中全会形成了《关于人民公社的十八个问题》的会议纪要，规定人民公社"三级所有、队为基础"的制度不能很快改变，要有一个相当长的稳定时期。③

1959 年 4 月中下旬，湛江专区以公社为单位召开生产大队、小队的干部会议，学习中共中央关于人民公社的文件，明确生产队（大队）是人民公社的基本核算单位，公社内部实行等价交换，取消一县一社的体制，刹住急急忙忙向全民所有制过渡的"共产风"，将生产的管理权、产品的分配权下放归生产队。各地调整社队规模，把供给制逐步改为按劳分配制度，允许社员经营自留地和家庭副业，把原属高级社所有的生产资料退回生产大队所有和

---

① 1958 年 11 月，雷州半岛的海康县南渡河以南的地域与徐闻县合并，称雷南县。1961 年 3 月恢复海康、徐闻县建置。

② 中共中央党史研究室：《中国共产党历史》第二卷（1949—1978）下册，中共党史出版社 2011 年版，第 521 页。

③ 中共中央党史研究室：《中国共产党历史》第二卷（1949—1978）下册，中共党史出版社 2011 年版，第 524 页。

经营，把公社农场建置的单位恢复生产大队和生产队建置，把规模不大的工厂、农副业生产下放给大队经营，自负盈亏，收入归大队自行分配。体制理顺后，农业生产的管理实行三包制度（即大队对国家包粮、油、猪，生产队对大队包工、包产、包成本），恢复农业社时的评工记分制度，并允许社员私人喂养家畜、家禽，恢复自留地，其产品及收益归社员自由支配。对公共食堂，要求贯彻"积极办好，坚持自愿"原则。

这一时期对人民公社的整顿，初步遏制了当时农村普遍存在的"左"的错误，中共中央于1959年7月2日至8月16日召开的庐山会议，要求在全党范围内开展一场大规模的"反右倾"斗争，从纠"左"转向反右。8月下旬起，湛江对所谓"一贯右倾""'大跃进'以来又有严重右倾言论和行动"的干部作为重点对象进行批判。从10月下旬开始，湛江整风和社会主义建设总路线教育全面铺开，各地严厉批判和强行"纠正"了1959年初整顿人民公社时采取的一些措施。

在"反右倾"运动影响下，1959年10月，湛江地委决定在冬季开展办1000个农场运动、掀起农业生产"四大高潮""五大突击"和以养猪为中心的"十养"热潮①，并提出"一造翻身，一造夺取全年粮"。在工业生产上，地委提出要以1958年大炼钢铁的气魄，在工矿企业中实现机械化、半机械化和部分自动化，全面高速度发展湛江工业，到1962年工业总产值要求达到25亿元，占工农业总产值的50%以上。1959年底，全区恢复、建立公共食堂47701间，占农村人口90%的农民再次回到了公共食堂②，吃着越来越稀的"大锅饭"。

1959年10月，全国农业书记会议提出要积极发展社有经济，为人民公社从基本队所有制过渡到基本社所有制准备条件。1960年1月26日至2月3日，湛江召开农村人民公社管理工作会议，研究发展社有经济的问题。会后，各地普遍大办社有工业，还大办养猪场、交通、水利。各种"大办"不但所需的劳动力从大队、生产队无偿调配，就连所需资金、物资也多是向大

---

① "四大高潮"，即秋薯多收超产、多种经营、副业生产、秋前水利运动高潮；"五大突击"，即突击秋收、突击冬种、突击秋粮征购、突击秋翻、突击犁冬晒霜，"十养"，即养猪、牛、羊、鸡、鸭、鹅、狗、兔、鸽、蜂。

② 《粤西通讯》1959年12月12日。

队、生产队甚至社员个人征收。为了扶持穷队赶上富队,各地大搞"一平二调","共产风"再度泛滥。

三、雷州青年运河与水利建设

历史上,湛江地区曾经饱受旱、洪、涝、潮之害,有"十年九旱,赤地千里"的记载,老百姓为水发愁,甚至为争水大动干戈时有发生;沿海地区则经常遭受台风、海潮的侵袭,常致颗粒无收。而洪涝灾害以鉴江、九洲江流域为多。九洲江全长162千米,是湛江地区生活生产的主要水源之一,但九洲江旱涝无常。相传从前上游山洪暴发,沿岸百姓深陷无边汪洋。到第七天,一群仙鹤自远方飞来,在江面上空翩翩起舞,洪水悄然退去。此后人们便把这鹤舞之地叫鹤地岭,传说蕴含着人们的期待。

新中国成立后,湛江一直在酝酿建设大型水库蓄水,开凿运河贯通半岛南北,期望从根本上治理雷州半岛的旱患。1956年2月,中共粤西区委撤销,中共湛江地委成立,孟宪德被任命为中共湛江地委第一书记。随即新地委专门成立了湛江地区亚热带资源开发委员会对全区自然资源和社会经济情况进行大规模的调查。1957年底,湛江地区亚热带资源开发委员会编写出了160万字的《广东省湛江地区亚热带资源开发规划方案(1957—1967)》。方案明确提出在廉江县城东北14千米的河唇镇鹤地村拦截九洲江,筑坝建水库,在雷州半岛开辟一条人工河,引水灌溉雷州半岛的设想和建议,并把相应方案上报。1957年12月30日,孟宪德在湛江专区第四届劳动模范和先进工作者会议上,提出了"拼命干十年,彻底改变湛江历史性灾难面貌"的奋斗目标。同时,他认为此项艰巨而光荣的任务,应当交给雷州青年一代来承担,充分发挥青年作为社会主义建设突击队的作用,提议将工程命名为"雷州青年运河"。方案很快获得中央、省的批准。

在最初方案规划中,建库开河由国家投资兴建。因工程浩大,上级有关部门已把项目安排在第三个五年计划,但时间却要缓十年。湛江地委不甘心再等十年,经过谋划,决定将建库的公办性质改为民办公助,以"五自"(自筹资金、自找原材料、自带工具、自办工厂、自己培养技术人员)方针,依靠群众勤俭治水,艰苦奋斗,攻坚克难。此规划上报后,广东省委、省政府批准同意并表示予以大力支持。

即将修建运河和水库这一大型水利工程的决定传回湛江，获得各地群众的认可和支持。在雷州青年运河建设委员会统率下，各地劳动大军带着工具，挑着铺盖，从湛江四面八方奔赴工地。1958年6月10日在廉江河唇镇举行运河上游工程动工典礼，各地民工进场施工。修建雷州青年运河，不但灌区人民踊跃参与，非受益区群众也组织远征队参加工地劳动，驻湛人民解放军陆、海、空三军派出官兵支援工程建

1958年6月10日湛江地委书记孟宪德为青年运河上游工程动工典礼剪彩

1958年劳动大军截流九洲江建鹤地水库

设，其中，人民解放军第五十五军军长陈明仁上将、政委王振乾少将就带领了23000多名官兵参加工地劳动。广东省水利电力厅派出医务人员千里驰援，到工地救治伤病员，文艺团体争相到工地慰问演出，鼓舞斗志。工地上集聚了33万劳动大军。施工队伍从大队、公社到县，分别以连、营、团建制，将工地当战场，他们劈山筑坝，掘地开渠，呈现出战天斗地、你追我赶的劳动竞赛场面。

1958年12月16日上午9时30分，指挥部测量九洲江的流量每秒为7.7立方米时，下达截流命令。顷刻，截流大军向九洲江大举挺进。从各工区挑选出来的2000多名突击手，开赴四道防线，把8000多个大沙包投进九洲江，仅花17分钟就把江水封住了。在截流战斗的紧要时刻，有突击手抱着沙包跳下堵口，在水深齐腰的急流中堆叠沙包；也有突击手跳入江里，手拉手排成人墙，用身躯挡住急流。这边的突击队员赶紧填土入堵口，与水位抢时间；那边的突击队员则在副堰边缘筑堤加高压土，与水位争高。填土、打夯、压土忙个不停。截流工作进行到当天晚上10时30分，堵口筑坝已达到21高程，一条长191米、底宽38米的围堰和宽40米的副堰，牢牢地封住九洲江，截流工程胜利完工，九洲江经导流渠（长1100米、宽20米、深5米）流向下游。建设者欢欣鼓舞，兴高采烈。

1959年春，鹤地水库的重点工程，已由西一坝、西二坝、副坝转移到主坝和溢洪道。1959年4月3日，联合突击队提前完成堵流工程任务，在鹤地岭上建库储水，水库因此得名"鹤地"。短短14个月时间，劳动大军就建成了一座长约1千米的大坝和35座共长6千米多的副坝，完成土方634万多立方米、石方15万多立方米，筑成122平方千米的鹤地水库，还有规模宏伟的溢洪道和渠首枢纽工程。1959年5月8日，九洲江上游降暴雨346毫米，水位骤涨。百年不遇的特大洪水，威胁着尚未竣工的水库。在这紧急关头，中共湛江地委决定：水库进入抢险阶段，人在坝在，确保水库安全，并动员10万民工进场抢险。三天之内，8万多人到达工地，有的从一两百千米

1959年鹤地水库经受第一次洪峰考验。图为垒沙包保护新建堤坝

以外日夜兼程而来，包括原有劳动大军的 15 万人，最高达到 18 万人共同进行施工抢险。堤坝上人山人海，水来土掩，最终战胜了洪峰。当洪水退却后，新的险情又出现：因为洪水的不断浸泡，让刚填土升高的大坝坝面土层松软下陷。工地紧急从沿海民工大队调来了 100 多名会砌石的年轻人，分到各大队当砌石技术指导员，一个个突击队员冒着暴风雨跳入激流里铺砌护坡石。堤坝采取了半边加高、逐步加固的措施，抢筑迎水面单边坝达 40 高程、背水面单边坝补至设计高程。与此同时，溢洪道抢险也胜利完工。1959 年 6 月底，由于防护措施到位，各方民工的大力支援，加上驻当地解放军的支援，终于使堤坝脱险，水库安然无恙。

建库开河工程量大、难度高，囿于生产力条件，基本以人力施工为主。农民挑到现场的劳动工具，几乎就是一个家庭的主要家当。特别是耕牛，一个生产小队只有几头，但整个工程却先后投入耕牛 7000 多头，牛车达 3 万辆。运土送石，牛车是最具容量的运输工具，但耕牛有限。因此，工地上出现了各种小创新，其中"牛拉列车"最受追捧。人们把小车厢串连成列，由一到两头牛同时拉动 5—8 个小车厢，犹如列车行进，效率倍增。建库开河的日子里，30 多万劳动大军吃在工地，宿在山岗，吃苦耐劳、拼搏奋斗；盐配稀饭当主食，手捧河水解口渴；每天劳动 12 个小时以上，"三天一突击，五天大战役"的劳动竞赛是家常便饭。湛江地委和专署的领导以及各级党委、政府的领导干部经常住在工地上，挽起裤脚挑土、推车，与工地民工同甘共苦，与技术人员研究攻克技术难关。工棚不够住，有 17 万名民工自搭工棚；建设资金困难，群众踊跃投资，有的人暂时不盖房子先投资，有的推迟结婚时间先投资。为消除灾患，改善生活，造福子孙后代，湛江人民表现出高度团结的精神。

雷州青年运河建设仅投入资金 8800 多万元，达到了节俭治水的目标。工程的建设者们经过 14 个月奋战，投入工日 7880 万个，完成土方 6580 万立方米、石方 87 万立方米，封江筑坝 37 座，成功拦截九洲江，建成了鹤地水库，崇山峻岭间平添了一片"海"。鹤地水库地跨两广（广东、广西）三市（湛江、玉林、茂名）四县（陆川、博白、化州、廉江），集水面积 1495 平方千米，年均产水量约 14.8 亿立方米。据专家推算，杭州西湖大约储水 600 万立方米的水。那建雷州青年运河，几乎相当于挖了 11 个杭州西湖大小的

非受益区的阳江县组织青年远征队支援运河建设

土方，而鹤地水库的储水量，则相当于 190 个杭州西湖的储水量。

雷州青年运河工程规模宏大，除上游工程（即鹤地水库）外，还有运河线。运河全长 171 千米，干、支、斗渠全长 6400 多千米，有船闸、电站、渡槽等建筑物。水库建成后，劳动大军挥戈转战，开挖运河。1959 年 9 月，开始修建运河北段工程，长 12.2 千米。地处丘陵地带，要挖高山、筑高坝、跨河沟，工程任务艰巨，施工人数达 9 万多人。1960 年 1 月，运河南段工程施工，长 158.8 千米。当时，工地党委提出"苦战半年，确保运河通水"的要求，进场民工人数最多时达到 30 万人。1959 年 12 月 31 日总干渠基本完成，1960 年 3 月运河第一次放水促春耕。1960 年 5 月约 78 千米主运河建成通水。1960 年 5 月 14 日举行竣工仪式，孟宪德在仪式上剪彩并开闸放水。1964 年 5 月完成全部工程并投入使用。雷州青年运河主干运河有主运河、东海河、西海河、东运河、西运河、四联河，长约 277.8 千米，支、斗、毛渠 4039 条长 5000 多千米；灌区渠系结瓜水库 29 宗，灌区设计灌溉面积 200 万亩，有效灌溉面积约 146.6 万亩，是全国重点大型灌区、广东省第一大灌区。

雷州青年运河有三大干渠：东海河、西海河和四联干渠。其中，东海河工程长 45 千米，于 1960 年 3 月动工，沿河有分水闸、船闸、渡槽、电站等建筑物。灌溉遂溪县的附城、遂城、黄略和湛江市郊的麻章、湖光岩、海头等地农田 28 万亩。蔚为壮观的东海河天河工程——新桥大渡槽，建在新桥大洼地上跨越西溪河，长1206米，宽5.5米，深2米，40跨（每跨30米），80座槽墩（槽身净高32米），滚滚东流的运河水就是经过它到达湛江市郊。1963年10月1日，在遂溪县新桥大渡槽工地举行了东海河放水典礼，至此，雷州青年运河的骨干工程已经基本竣工。

据统计，参加运河工程建设的30多万劳动大军中，90%是35岁以下的青年。共产党员和党组织带头奋战，以"北京""红旗""飞虎""花木兰""向秀丽"等名号寄情明志的3045个青年突击队成为施工中攻克难关的先锋队，先后涌现9000多个青年突击手，培养各种技术能手10510人，5071人加入中国共产党，9940人加入共青团。父子上阵、夫妻接力，"争当穆桂英""赛过诸葛亮"的劳动竞赛氛围在工地蔚然成风。

为了保证工程进度，参加运河工程的30万劳动大军仿照部队编制，分班分工搞建设保进度。1958年，14岁的吴云英投入到雷州青年运河建设之中，吴云英把年纪小、年纪较大的劳动力集合成"罗成班"。"罗成班"每天都起得比别人早，睡得比别人晚。第一阶段任务结束时，"罗成班"以每

"红孩子班"全体成员，前排左一为吴云英

"穆桂英突击队"

人每天多运两立方米土的成绩超额完成任务。"罗成班"的出色表现引起了领导关注，公社领导将年纪较大的老年劳动力调离，剩下的 7 人组成"红孩子班"，最大的 15 岁，最小的 12 岁。他们的工作热情更加高涨，表现更为出色。1960 年，"红孩子班"班长吴云英获湛江地委、湛江行署授予"特等个人模范"称号。雷州青年运河建成后，吴云英同 20 余位优秀标兵被留下继续在运河工作。

1958 年，20 岁的共青团员苏培英与同村的几位团员组成了"穆桂英突击队"，她当班长，在工地争速度，赛效率。工地缺少工具，她们就到工棚前后东拣西拣，把旧锄头、旧铁铲修理一下，还把准备买衣服的钱用来买工具。"穆桂英突击队"在工地上除了猛干，还会巧干，她们三人铲土装车，四人推车，分工合作，创出了每人每日平均运土 100 立方米的新纪录，比其他连队工效高出 7 倍。苏培英后来被评为"特等个人模范"。

整个雷州青年运河大小河道长达 5300 多千米，在雷州半岛形成一个纵横交织的供水网，保证了雷州半岛 146 万亩农田的灌溉用水和 868 万亩涉及生态、耕种用水。解决了数百万人饮用水及城镇工业、商业、畜牧用水的问题，同时，大大减轻了九洲江下游沿岸 16 万亩农田的洪涝灾害。昔日"赤地千里"的雷州半岛变成"绿色"半岛，昔日的荒地也变成良田，苦旱已久的湛江农业最大的难题得以解决。运河水被湛江人民称为"生命之水"，鹤地水库被誉为湛江人民的"大水缸"。

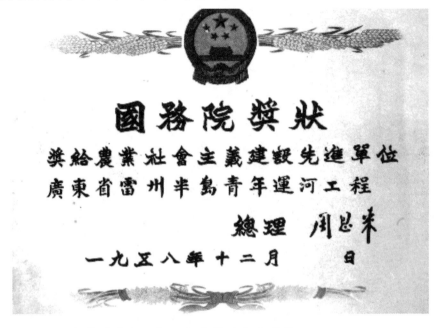

1958 年雷州青年运河工程荣获国务院奖状

　　1958 年 12 月，国务院总理周恩来接见了出席"全国社会主义建设先进单位"的雷州青年运河模范代表，并为这一工程签发了"国务院奖状"①。共青团中央同年授予工程指挥部"永远做社会主义建设的突击手"奖旗。1960 年 2 月，国务院副总理邓小平视察湛江时，为之亲笔题名"雷州青年运河"②；朱德、董必武、陈毅、郭沫若等老一辈无产阶级革命家先后前来视察，并给予高度评价③。

---

　　① 中共湛江党史研究室编：《党和国家领导人在湛江》（1957—1998），1999 年内部编印，第 245 页。

　　② 中共湛江党史研究室编：《党和国家领导人在湛江》（1957—1998），1999 年内部编印，第 225 页。

　　③ 中共湛江党史研究室编：《党和国家领导人在湛江》（1957—1998），1999 年内部编印，第 230、258、255、241 页。

建设雷州青年运河工程是湛江人民战天斗地，不等不靠，自力更生，敢教日月换新天的历史写照，它凝聚了湛江智慧、湛江力量，创造了人间奇迹，孕育了"不忘初心、造福人民，牢记使命、永葆青春"的不朽运河精神。这一精神，给湛江大地留下了"执政为民造福百姓的理想信念、善谋大事创造伟业的豪情壮志、廉政勤政无私奉献的伟大情怀、知难而上艰苦奋斗的创业精神、发动群众依靠群众的工作方法、党员干部带头先干的榜样作用、敢于创新求真务实的科学态度"等宝贵的精神财富，并凝固为湛江人民的理想信仰、价值追求和文化精华，激励鼓舞着湛江儿女自强不息、开拓进取、砥砺前行。

邓小平题词"雷州青年运河"

为进一步弘扬和传承雷州青年运河精神，2015 年 5 月建成了雷州青年运河红色教育基地，由建库开河纪念馆、运河群英雕像、群英万寿墙、鹤舞地灵雕塑、全国护水文化长廊、运河群英故事厅、图片展厅、劳模纪念馆、建库开河优秀党员风采宣传长廊、生态文明教育基地等 10 多个板块组成。还有得到保护原状的 1958 年兴建鹤地水库时留下的位于第一溢洪道旁边的工程指挥部旧址、1960 年邓小平题词的"雷州青年运河"巨型壁画、1961 年郭沫若题名"青年亭"的青年亭公园、1963 年陈毅亲手所植的"元帅杉"等珍贵历史留存。该基地自 2015 年 5 月建成开放以来，年均接待前来学习人数 65 万人次，日渐成为湛江市乃至广东省和全国广大党员开展党史学习教育和接受"不忘初心、牢记使命"、群众路线教育实践活动、爱国主义、生态文明等主题教育，以及弘扬运河精神、传承红色基因的重要平台。先后被评为国家水利风景区、广东省爱国主义教育基地、广东省党员教育基地、广东省中共党史教育基地、广东省新时代红色文化讲堂、首批广东省红色革命遗址重点建设示范点。

在修建雷州青年运河的同时，大规模的水利建设也在各县积极展开。其中较大的工程有高州水库与合浦水库。高州水库拦截了高州城以上鉴江集水面积的三分之一，灌溉高州、化州、电白、吴川等县的 49 个区，减轻了鉴江中下游 100 多万亩农田洪涝灾害，保证了鉴江沿岸 160 万人的生命财产安全。合浦①水库则控制南流江上游的集雨面积 1022 平方千米，占南流江流域的九分之一，减轻了南流江下游的洪水灾害。

1958 年至 1960 年间，全湛江地区还先后修建了长青、武陵、大水桥、龙门等大中型水库 20 多座，小型水库 198 宗，塘坝 629 宗，小型引水闸 129 座。全湛江地区总库容量近 60 亿立方米，灌溉面积 750 万亩。其中，廉江县先后建成长青、武陵、江头等大中型水库；海康县建成龙门、西湖、迈生、东吴、溪南、恭坑、余庆桥、曲溪、田西等中型水库；徐闻县建成大水桥、三阳桥、鲤鱼潭、合溪、迈胜、北松等中型水库；吴川、遂溪、湛江市郊等地分别建成多宗减洪、引水、堵海、拦河工程。

在修建水库引水工程的同时，沿海地区的围海造田也进入高潮，先后修筑了湛江堵海东北大堤、阳江海陵岛堵海大堤、电白鸡打港堵海大堤、电白水东环城大堤、电白南海大堤等以及鉴江、袂花江、九洲江、南渡河等沿江堤围，总长约 57 千米，围垦面积近 32 万亩，开发可养殖面积 1.1 万亩，保卫耕地 3.7 万亩，保卫人口 11.6 万人。海康、徐闻等县也相继在东里、和安、锦和等乡镇的沿海滩涂进行小规模的围海造田。湛江南三岛的填海连岛工程也获得成功：南三岛原由 10 个大小不一的小岛组成，长年潮、沙、风、旱四大灾害频繁，交通极不方便。这一工程从 1954 年开始，共筑 62 条总长 50 千米的堤围，于 1958 年 10 月，把十岛联成一大岛。1959 年 6 月南三岛历史上第一次通汽车，十个小岛原来总面积约 103 平方千米，联岛后陆地面积扩大为 163 平方千米，比原来增加 60 平方千米，成为全国第七大岛、广东

____

① 1958 年 12 月，合浦地区并入湛江地区。

省第二大岛。①

湛江堵海东北大堤建设曾受到邓小平的称赞。1958年初，湛江市委决定在湛江市区西南13公里处进行堵海，建设跨海大堤，沟通东海岛10多万人口与市区的联系，同时，围海建设现代化盐场。1958年4月，湛江堵海东北大堤动工兴建，大堤全长6820米，其中跨海部分4668米。为保证工程的顺利进行，湛江市成立了堵海工程指挥部，雷东县和湛江市郊区组织了1.5万多人上场施工，驻湛部队出动支援。在堵海的过程中，民工顶着狂风与恶浪，冒着严寒与酷暑，一挑挑、一担担、一车车地往海里垒石填土，工地上掀起了你追我赶的社会主义劳动竞赛热潮。1960年6月，强台风袭击湛江，为保住刚垒起的大堤，共产党员、干部和民工组成突击队，跳下大海打桩、堆沙包、垒大石。由于海流湍急，大堤5次合龙5次都被海浪冲垮，但堵海工程的建设者们以坚韧的毅力再战，堤崩了再堵，土冲走了再填，经过整整半个月的激战，终使大堤成功合龙。整个工程共投入劳动力410万个工日，完成土石方322万立方米，历时3年建成。堵海大堤堵住了海潮对湛江的袭击，使东海孤岛成为百业兴旺的新天地。1960年2月，邓小平等党和国家领导人到大堤施工现场视察，称赞工程真正是移山填海堵海，军民是"现代的愚公"②。

湛江军民在修筑堵海大堤

① 中国人民政治协商会议湛江市委员会文化文史资料专门委员会编：《湛江文史》第27辑，2008年，第347页。

② 黄明德：《回忆邓小平到湛江》，《湛江日报》1997年3月9日。

四、营造沿海防风林与造林绿化运动

雷州半岛大规模垦殖橡胶开始后，为改造环境，创造适宜橡胶树生长的条件，防护林带的营造工作也在大规模进行。1954 年，湛江利用垦殖场已开荒但不宜植橡胶树的土地 10 多万亩，组建雷州林业局，并开始进行植栽树。8 月，第 13 号台风在湛江市区登陆，严重的风灾引起各级党委、政府的重视。粤西区委发出了要从根本上改变湛江恶劣自然环境的号召。区行署召开了全区林业工作会议，制定了五年造林计划，提出了要在 12 年内基本消灭荒山荒地的目标。1956 年 3 月，湛江地委组建了绿化指挥部，并要求各县、乡成立绿化委员会，各农业社成立造林生产队或生产小组。有别于水利建设的大兵团作战，造林绿化打的是人民战争，强调人人参与、常年种树、春秋突击、见缝插针、集中攻关，实行谁种谁有、农业社内互利等政策，要求党政军民总动员，男女老少齐动手，城市乡村一样干。1956 年，全区造林 108万亩，建立各类苗圃 1939 个，并成功引种、驯化、推广木麻黄和桉树等适宜在湛江地区热带环境下生长的树种，为大规模人工造林提供了保证。雷州半岛腹地的遂溪、海康、徐闻和湛江市郊等地开始创建各级林场，吴川、雷东等县也开始在沿海种植防护林带。

1958 年 1 月，专区林业生产和水土保持工作会议决定在丘陵地区种植水土保持林，营造千里沿海防护林，绿化海岸线和海岛沿线。2 月 15 日，地委作出《关于开展春季造林运动和做好水土保持工作的指示》，要求全区各市、县贯彻"常年造林，春秋突击"的方针，分别在春节前后和清明前后组织两次造林高潮，要求所有城镇、农村、机关、部队，党政军民、男女老少都投身到造林运动中去。4 月 30 日，湛江专区乡团委书记会议作出《关于营造千里沿海防护林》的决议，共青团湛江地委成立"共青团绿化沿海指挥部"，组织沿海青少年绿化海岸线。9 月 28 日，由于造林绿化成绩显著，湛江专区被评为全国造林绿化先进专区，受到林业部奖励。共青团徐闻县委也因领导青年造林成绩显著，荣获林业部奖励。1959 年 3 月，全国造林和园林化现场会在湛江召开，湛江市在会上荣获全国"花园城市"称号。1960 年，国务院副总理邓小平等中央领导视察湛江，看到绿树成荫的街道和整洁的市容，不禁赞叹:"真是北有青岛,南有湛江。"① 湛江地区恶劣的自然环境得到初步改变。

原是浮沙遍地的南三岛,从1954年起在连岛造地的同时,大规模植树造林。为提高海滩沙地植树的成活率,南三岛群众养成了天一下雨就突击造林的习惯。每当下大雨,土地湿透时,各乡党支部就发动全乡八成以上的劳动力集中植树,男女青年造"青年爱国林",妇女造"三八纪念林",应征入伍的青年造"应征当兵林",订立护林公约,并加强责任管理,同时组织专业队巡查,及时培土补苗。由于措施得当,栽种下的树苗成活率达80%以上,最高的达到98%,而且生长迅速。到1957年,南三岛风沙最厉害的东海岸,共种植木麻黄树135.69万株,3000余亩茂密的防护林开始发挥防风固沙作用。1958年9月,天下透雨,刚成立的南三人民公社立即组织全社社员群众、干部职工、居民、中小学师生共1.5万多人云集沙滩,自带工具、午餐,突击种下木麻黄树372万株,这一年,南三全岛造林2.6万亩。其后公社、大队、生产队三级组建育苗专业队,连续几年播种育苗,全民出动,在全岛种下木麻黄树5.2万亩。8条防护林带连成一体,覆盖全岛三分之一的土地,使岛内"环岛成林带,连片成林海",历史性的风沙灾害得到缓和。农田村舍得到保护,农业生产得到快速发展,过去受风沙威胁的村民,得以安居乐业,全岛4万居民日常柴火和农具修理、房屋修建等用材基本得以解决。1958年,南三岛被评为"农业社会主义建设先进单位",荣获由周恩来总理签发的奖状,吸引了各级领导、中外嘉宾、文艺作家等前来参观访问。1962年4月,戏剧家田汉视察南三林带,曾赋诗一首:"不许风潮犯稻粱,沿海苍翠木麻黄。北涯南滘岛连岛,东陌西阡秧接秧。曾说白沙遮日月,今看绿水泛鸳鸯。归来已是湛江夜,灯塔回眸万丈光。"②

1958年秋,人民公社化以及大炼钢铁运动兴起。群众纷纷砍伐自留山、自留地的树木,多年来造林绿化的成果受到严重破坏。全民大炼钢铁,大量的林木被砍伐作炼钢燃料,更使全区森林面积锐减。位于湛江市郊的三岭山,成为湛江市区的"钢铁基地",领导带队在山上安营扎寨,砍树炼铁,茂密的森林几乎被一砍而光。1962年,随着国民经济调整的开展,造林绿化

---

① 黄明德:《回忆邓小平到湛江》,《湛江日报》1997年3月9日。

② 湛江市档案局编:《名人笔下的湛江》,(香港)南方人民出版社2010年版,第92页。

重新摆上各级党委、政府的议事日程。1962 年 6 月，湛江地委作出《关于绿化雷州半岛的决定》，提出要以兴修雷州青年运河那样的革命干劲，开展大规模的造林绿化，力争在十年八年内，把雷州半岛变为绿化之岛，成为中国南方的林木基地。为此，地委成立了"雷州半岛绿化委员会"，海康、遂溪、廉江、湛江市郊等分别成立分会，加强造林绿化的领导。为使造林绿化形成大规模的群众运动，地委要求各地实行生产队集体造林和社员个人造林相结合的两条腿走路方针，允许社员个人开发荒山荒地，实行谁种谁有，并分给社员一定数量的自留山、自留木，落实山权、林权，造册发证，同时认真把各级林场、农场办好。造林绿化运动进入新阶段，由原来的分散、零星转向集中、规范和基地化。各地因地制宜地进行规划，合理布局，根据不同条件，营造用材林、水土保持林、经济林、防风林、薪炭林和风景林。在北部山区，以杉树为主建立用材林基地；在中部丘陵地区以松树为主，营造水土保持林；在南部平原和雷州半岛平原以种植桉树为主并利用其中的沃土种植橡胶或其他热带作物，营造经济林；在沿海沙滩则以种植木麻黄为主，建立大片防风林带；在城市、村庄、住宅区周围和公路两旁，则以种植花果树和风景树为主。

1963 年 4 月，湛江地委作出《关于营造公路林带和海岸防护林带的决定》，将植树造林的重点转向营造公路林带和海岸防护林带，分别成立了两个管理委员会，各县亦成立了相应的机构，采取专业队伍与群众相结合的形式，将公路林带和沿海防护林带打造成既能抵抗风沙、保护农田，又能为当地群众提供薪柴、为国家建设提供木材的防风林带。

据统计，至 1963 年止，全区共造林 800 多万亩。在沿海沙地营造了一条长 752 千米、以木麻黄树为主的 68 万亩防风固沙林带，初步形成了一个巨大的天然屏障，减轻了历史性的风沙灾害，恢复和扩大耕地 6 万亩，使200 万亩耕地和 78 个公社 150 万人口的村庄、房屋得到保护，使沿海地区人民走出了长期欠木缺薪的窘境，使湛江成为中国海防林的发祥地，为沿海造林治沙提供了样板。在水土流失普遍的丘陵地区，营造了 100 多万亩的水土保持林，保持了水土，涵养了水分。在北部建立一批国营林场，营造了近300 万亩的桉、杉、松等用材林。雷州林业局在雷州半岛中部地带建成国内面积最大的连片桉树工程林基地，在 4100 千米的主要公路干线两侧，种植了 652 万株树木。

1963 年，全国丘陵平原地区造林工作会议在湛江市召开。1964 年，林业部、中南林业局和广东省林业厅组成联合工作组到湛江检查绿化后，写了题为《十年树木，山河变样》的万言总结材料，对湛江绿化给予了充分肯定。[1] 1965 年 3 月，《人民日报》发表题为《学习电白，绿化家乡，绿化祖国》的社论，高度评价湛江地区造林绿化的成绩。

五、教育文化科技卫生体育事业

湛江在进行经济建设的同时，将推动先进文化发展提到了重要的位置。1958 年，湛江市委提出了"鼓足干劲，苦战三年，建成全省文化教育最发达的城市"[2] 的口号，地委对湛江市提出的目标给予充分肯定，认为这也是全地区的目标。

"大跃进"开始时，湛江贯彻了党的"教育必须为无产阶级政治服务，必须同生产劳动相结合"的教育工作方针，采用广东省提出的要用"两条腿走路"的办法来推动教育事业多、快、好、省地发展，实现全市教育事业全面"大跃进"。教育事业从此进入了一个新的发展时期，至"文化大革命"前夕，湛江教育在高教、普教、中等专业技术教育、幼儿教育、成人教育等方面都形成了一定的规模。1957 年至 1965 年，普通中学在校学生由 1.98 万人增加到 3.18 万人；小学在校学生由 22.73 万人增加到 55.37 万人。这期间，湛江创办了一批高等院校和中等技术学校。创办的高等学校有：华南工学院湛江分院、中山医学院湛江分院、华南农学院湛江分院、湛江师范专科学校，共设 16 个专业，为湛江培养了一批高等专业人才，湛江成为广东省除广州市以外拥有大专院校最多的城市。创办的中等学校有：湛江气象学校（为全国三大气象学校之一）、湛江卫生学校（1953 年创建）、湛江工业技术学校、湛江化工学校、湛江专区艺术学校、湛江财贸学校等。其中普通高校在校学生由 533 人增加到 1208 人，中等专业学校在校学生由 737 人增加到

---

[1]　湛江林业局编：《湛江林业志》，1990 年内部编印。

[2]　孟宪德：《难忘的经历》，中共湛江市委党史研究室编：《孟宪德在湛江研究资料》，中共党史出版社 2014 年版，第 24 页。

1438 人。①

"大跃进"时期，湛江还兴办了半读学校，进一步展开"扫盲"业余教育。至 1965 年底，市区共办半工半读、半农半读学校 18 间，半农半读师范 1 间，劳动大学 1 间，合计在校学生 2131 人。14—40 岁的青壮年文盲基本入学，湛江市基本扫除了全市青壮年文盲。与此同时，城市职工扫盲工作也在进行，据 1960 年统计，全市（市区）工业、商业、交通、建筑等系统 7652 名的文盲工人，有 90% 已进入各种业余学校学习识字。

1956 年中共中央提出把逐步满足人民群众日益增长的文化需要作为党的主要任务之一，提出了"百花齐放、百家争鸣"的文艺发展方针。湛江地、市委响应方针号召，花大力气进行文化建设，在"大跃进"时期修建了一批文化馆、图书馆、博物馆及乡、镇（区、公社）文化站等文化设施。成立了湛江粤剧团、湛江话剧团、粤西雷州歌剧团、湛江市文工团以及各市、县文艺团体等文化机构，组建培育了一支文艺队伍，开展了"送戏下乡下厂"等群众性文艺活动。大力鼓励新民歌、新戏剧、新小说等文艺创作，营造了通过自由讨论和自由竞赛来推动文化艺术发展的氛围。文学方面也有丰富的成果，杜峻的长篇小说《正气歌》，胡南、艾彤、杜峻的报告文学《林成》，熊夏武、何锡洪等的剧本《寸金桥》等正式出版并获好评；湛江砖瓦厂工人陈振坤《女板车手》《补畚箕》《深夜话别》3 首诗歌入选"工人诗题 100 首"，并刊登在 1958 年第 4 期《诗刊》中；粤剧《寸金桥》参加省专业团体汇演获奖，周恩来总理视察湛江时观看了此剧，并给予极高的评价；② 工人李玉琳创作演出的曲艺《王老六颂建筑》，上京参加全国工人业余文艺汇演，荣获"优秀节目奖"；阿涛（钟锦涛）的套色木刻《南海岸边》获"全国青年美术展览"三等奖，《田间课堂》被选送莫斯科"社会主义国家选型艺术展览"，湛江版画在国内外初露头角，被誉为"版画之乡"；人民美术出版社出版了《湛江木刻选》《湛江农民版画》。③ 这时期是中华人民共和国成立

---

① 《主要年份国民经济和社会发展主要指标》，湛江市统计局、国家统计局湛江调查队编：《湛江统计年鉴（2011）》，中国统计出版社 2011 年版，第 70 页；《湛江教育志》编写组编：《湛江教育志（1898—1987）》，广东教育出版社 1991 年版，第 436—443 页。

② 中共湛江市委党史研究室编：《党和国家领导人在湛江》，1999 年内部编印，第 39 页。

③ 湛江市文化局编：《湛江市文化志》，天津古籍出版社 1995 年版，第 5 页。

后湛江的第一个文化发展高潮：戏剧曲艺百花竞放，小说散文争相斗妍，人民业余文化生活有声有色。

"大跃进"时期，科学技术得到普及与突破。这时期，湛江农学会、机械工程学会、园林学会、医学会相继成立，科技队伍逐步壮大，人员逐步增加，到1965年底达到4210人，比1952年增加了3252人，其中自然科学人员2490人，比1952年增加1962人。1956年，湛江市科普协会成立后，在全市的工厂、机关、科技卫生等单位建立会员工作组35个，进行科学讲座，举办各类科普知识学习班，组织工人学习技术。农村科普工作主要是建立群众性农业科研小组，组织技术队伍下乡，推广新品种、新技术，研究解决生产中的关键问题，举办农业知识展览等。1963—1966年湛江科技出现一个稳定发展时期，科技着重围绕农业和生活中的吃、穿、用等方面来进行。先后育成和推广了甘薯良种"湛薯64－285"、早稻良种"四矮412"；成功研制手扶拖拉机、水轮泵、阀门、琼脂、锗晶体管等，并投入生产；试验装配式水工建筑物、"顶管法"开挖隧洞与水泥柱养蚝均获成功。在制糖方面也进行了多项技术改进，以此提高制糖质量：各糖厂陆续将滚筒式白砂糖干燥机改为震动式干燥机，从而提高了糖的光泽；将原用的三星灶改为一字灶（孔明灶），将低炉头改为高炉头，既节省燃料，又提高糖产量，日产糖由120—125千克提高到300—400千克；华建、新桥、城月等糖厂先后制作和使用强制入辘器，压榨机日榨能力由250吨提高至400吨以上；湛江糖厂与轻工部甘蔗科学研究所合作采用釜式塔复蒸工艺，成功试制出兰姆酒。[①]

湛江创建了覆盖面广、方便群众的医疗卫生保障制度。县城、公社建立了卫生院，绝大多数的大队建立了卫生站，配备有保健员、卫生员和接生员，基本形成了以县医院为主体的县、公社、大队农村三级医疗卫生网。医院总数从1957年的49个发展到1965年的102个；医院病床数由1244张增加到3349张，农民看病收费低廉，城市职工基本实现免费医疗。[②]

---

① 湛江市地方志编纂委员会编：《湛江市志》第二十九篇《科学技术》，中华书局2004年版，第1714—1715页。

② 《主要年份国民经济和社会发展主要指标》，湛江市统计局、国家统计局湛江调查队编：《湛江统计年鉴（2011）》，中国统计出版社2011年出版，第70页。

群众体育活跃，很多企业成立了体育协会。20 世纪 60 年代初，湛江市人民委员会发出《关于进一步加强群众体育工作的通知》，促进体育活动的进一步发展。1958 年秋，湛江市体育运动学校成立。1955 年、1956 年及 1958 年，湛江市举办了三届工人运动会。湛江市还多次举办群众性的渡海游泳活动，其中游程最长的一次全程约 16 千米。湛江的游泳、跳水、水球、田径、足球、射击等定为重点体育项目，其他项目如篮球、排球、乒乓球、体操等，在全国也具有一定的水平。至 20 世纪 50 年代末，湛江选手在全国游泳比赛中，共获 4 项第 1 名，4 项第 2 名，6 项第 3 名。1960—1966 年游泳项目又获金牌 22 枚、银牌 15 枚、铜牌 19 枚；在国际比赛中获银牌 3 枚、铜牌 2 枚。1964 年，运动员黎仕光在第二届全运会上获游泳冠军。在跳水项目方面为国家培养了一批优秀跳水人才，其中包括中国跳水队总教练徐益明、广东省跳水主教练郑观志等高级跳水教练。1959 年，第一届全运会上，黄秀妮获跳水冠军。1963 年，黄秀妮、郑观志作为中国体育代表团成员，参加第一届世界新兴力量运动会，黄秀妮获女子跳台跳水亚军，郑观志获女子跳板跳水亚军。20 世纪 60 年代，湛江市还向外输送了不少优秀 4×100 接力赛运动员，如国家队的陈洪恩、朱银山，1964 年，陈洪恩获第二届全运会 4×100 接力赛冠军。1963 年，湛江市足球队在长沙参加中南区足球比赛获季军，并晋升为全国乙级足球队。在射击方面，1957 年，湛江市射击队参加省赛，获总分第二名，男子 50 米卧射第一名。1965 年，湛江市潜水队参加在武汉举行的全国潜水比赛中，获男子团体第 2 名，女子团体第 2 名。

由于湛江体育运动的发展和体育设施的健全，国内、省内的不少体育比赛在湛江举办。如 1958 年 7 月，广东省职工、青少年游泳跳水比赛在湛江举行；1960 年 6 月，广东省地质系统职工业余球类比赛在湛江举行；1963 年 5 月，广东省足球对抗赛在湛江举行；1964 年 11 月，首届全国潜水比赛在湛江举行。①

---

① 湛江市地方志编纂委员会编：《湛江市志》第三十三篇《体育》及《大事记（1957—1965）》，中华书局 2004 年版。

第三节　国民经济和社会关系全面调整

面对"大跃进"、三年困难时期造成的困难局面，中共中央经过调查研究，于 1960 年 11 月发出《关于农村人民公社当前政策问题的紧急指示信》。1961 年 1 月，中共八届九中全会决定对国民经济实行"调整、巩固、充实、提高"的八字方针。[①] 湛江执行中央的决策部署，对国民经济和社会关系进行了全面调整。

一、国民经济的调整

中共中央发出《关于农村人民公社当前政策问题的紧急指示信》，重申"三级所有，队为基础，是现阶段人民公社的根本制度"，指示要求彻底清理"一平二调"问题，坚决退赔，允许社员经营少量自留地和小规模家庭副业，坚持按劳分配原则，恢复农村集市等。[②]《紧急指示信》下发后，湛江地委在全区选择 13 个公社作为试点，开展以纠正"共产风"为主要内容的整风整社运动，将在"大跃进"期间抽调的劳动力下放归入生产队，着手分配和调整自留地，处理群众被拆、被无偿占用的房屋，清退社员的生猪、三鸟、家肥、果树等款项；建立放假制度，开放初级市场，恢复圩期；贯彻劳动粮分配规定，将粮食指标分配到户，取消集体食堂制度，停止"大锅饭"等。据不完全统计，湛江全区各级"平、调"生产队和社员个人的财物总数约值 3.2 亿元。到 1961 年 8 月，83% 公社的退赔工作基本结束。

1961 年 3 月，毛泽东在广州主持起草了《农村人民公社工作条例（草案）》，规定人民公社各级的规模都不宜过大，特别是生产队的规模不宜过大，以避免在分配上把经济水平相差过大的生产队拉平，避免队与队之间的平均主义。6 月，又形成《农村人民公社工作条例（修正草案）》。修改后的

---

① 中共中央党史研究室：《中国共产党历史》第二卷（1949—1978）下册，中共党史出版社 2011 年版，第 571 页。

② 中共中央党史研究室：《中国共产党历史》第二卷（1949—1978）下册，中共党史出版社 2011 年版，第 572 页。

条例取消了供给制，并规定，"在生产队办不办食堂，完全由社员讨论决定"①，实行以生产队为基础的三级集体所有制的原则。根据修正草案，湛江全面调整农村人民公社管理体制。10月中旬，湛江地委在全区选择了38个大队，进行以生产队为基本核算单位的试点工作，实行四权合一，即生产权和分配权统一，生产资料所有权和使用权统一。到1962年1月底，全区9688个大队中已有9623个大队把基本核算的权利下放到了生产队。生产队的规模得到了适当调整，生产队由原来的100505个调整为116105个，每个生产队平均18户65人30个劳动力。在调整中，99%生产队的土地、耕牛、农具等生产资料和山权、林权、债务、积累、干部报酬等具体问题，都根据有利于生产的原则作了处理。与此同时，各地还调整了集体经济内部的分配关系，取消了公共食堂，废除了供给制和工资制相结合的分配制度，实行按劳分配政策，社员口粮由按人供给、平均分配，改为基本口粮和劳动工分相结合。确定农业税（公粮）一定三年不变，生产大队、公社暂不提公共积累，生产队坚持少扣多分，增加社员收入。并按耕地面积的5%—7%分给社员作为自留地，鼓励社员饲养一定数量的牲畜、家禽，允许社员种植蔬菜，允许社员房前屋后种植少量果树。

1961年5月，湛江地委发出《关于开展轰轰烈烈的开荒扩种运动的指示》，1962年1月，又作出了《关于1962年开垦荒地一百万亩的决定》，规定可见缝插针充分利用"五边地"（山边、路边、田边、村边、屋边的零星土地）。在大抓粮食生产的同时，地委先后发出《关于养猪的几项规定》《关于加速发展猪牛工作的指示》《关于加速繁殖耕牛的十三条规定》等文件，推行以"私有私养为主、公私兼顾"的方针，属于私有私养的完全归个人所有。之后地委又在全区推广饲养木薯蚕，发动群众开展自给性衣料生产运动。12月，湛江地委和各县委组成庞大工作队分赴各地农村，全面推行大包干制度，要求在坚持统一经营、统一领导、统一计划的基础上，实行包产到小队，包工到小组，固定地段，管理到人。1962年初，中央召开七千人大会后，对国民经济调整的力度逐步加大，逐步放开并默许群众对各种责任制的实施，全区推行"合理派购，公平负担"的新的农副产品收购制度。

---

① 中共中央党史研究室：《中国共产党历史》第二卷（1949—1978）下册，中共党史出版社2011年版，第584页。

受"大跃进"运动影响,湛江渔业产量连年下降。1962年5月,湛江地委召开专区第一次渔业工作会议,提出了发展渔业生产的几项措施:明确沿海地区人民自备工具生产所获的渔产品,谁产谁得;由国家供应一部分渔需物资的,向国家交售的任务完成后,也可按渔需品供应数量进行交换;沿海人民自找材料所造的船网工具,归私人所有,一年内不派购任务;允许利用农闲时间出海捕鱼;城镇居民、职工可以利用假日或工余时间进行杂海生产;等等。政策实施后,湛江专区十几个渔港普获丰收,浅海滩涂的海产养殖也相继发展起来。1963年,全年鱼产量超过了历史最高水平的1957年。

在集中力量调整农村经济政策的同时,地委按照"八字方针"的要求,对工业也实行了调整,调整首先从压缩基建规模、减少城镇人口、调整工业内部结构开始。1960年,湛江全区基本建设投资额为7105万元。1961年,削减为3805万元。1962年,又进一步削减为2698万元。[①] 到1961年底,全区634个工业企业关闭、停产95个,合并18个;基建项目关、停31个,精简职工108363人,压缩城镇人口102642人。[②] 1962年再关、停、并、转30家企业,精减职工88235人,压缩城镇人口88151人。[③] 数以十万计的职工和城镇人口回到农村,减少了城市对农副产品的需求,增强了农村的生产力。

在调整工业中,加强了企业的思想工作。1961年,全区试行在工交企业中建立政治工作机构,根据企业规模大小和适应企业党组织的需要分为三种:党委设政治部,党总支设政治处,支部设专职政治指导员并建立政治办公室。政治部和政治处配专职副书记1人以及干部若干人。企业政治思想工作逐步走向常态化、制度化。1961年9月,依据中共中央《国营工业企业工

---

① 湛江专署统计局:《湛江专区基本建设统计资料》(1965年),湛江市档案馆馆藏档案53—1—23。

② 《1961年工业交通工作总结》(1961年12月),湛江市档案馆馆藏档案22—10—23。

③ 《1962年工业企业调整简要说明》(1962年12月),湛江市档案馆馆藏档案53—1—12,32—1—23。

作条例（草案）》，开始整顿湛江国营工交企业，制定"五保五定"① 方案，加强计划管理；以恢复和健全党委领导下的厂长负责制为核心，建立和健全车间、班组管理责任制、职能部门责任制、生产岗位责任制、技术责任制和财务（经济）责任制等。同时推行财务成本（经济）核算，实行按劳分配的工资奖励制度。全区90%以上的国企实行了如计件工资、计时工资、奖励工资和各种单项奖等工资制度。实行职工代表大会制度，吸收广大职工群众参与企业管理和行政监督。这些规章制度的恢复和建立，使国营企业的生产秩序走上了正轨。

在调整中，工交企业开展了以"扭转亏损、增加盈利"为中心内容的增产节约运动。企业开展过"三关"（质量高，成本低，产品适销对路）活动，实施清仓核资，解决企业物资积压和资金周转困难的问题，加强技术管理和财务成本管理，建立健全质量检验制度，严格执行技术操作规程，加强经济核算，严控财务开支，发动职工复查原材料、工具管理、费用开支、设备利用、劳动组织、技术措施等方面的漏洞，有针对性地加强定额管理，加强经济核算和原材料管理。

在手工业、商业方面的调整措施主要是：已经转为国营工业和公社工业的手工业社，凡是不利于调动工人积极性、不利于恢复和增加品种、不利于提高产品质量、不便利群众的，都改回手工业生产合作社或者合作小组，并属于参加这些合作组织的手工业工人集体所有；某些适宜单独经营的行业，允许个体手工业者进行独立劳动，自产自销，收入归己。同时积极发展城乡家庭手工业生产。商业上扩大开放农村集市贸易，恢复供销社独立核算、自负盈亏的集体经济性质，将原来并入国营商业、服务业和供销社的个体商贩分离出来，重新组成合作商店，实行商品流通中等价交换的原则。

二、社会关系的调整

同经济工作的调整相配合，中共中央开始着手政治方面的调整。中央觉

---

① "五保五定"："五保"是保证产品品种、质量、数量；保证不超过工资总额；保证完成成本计划并力求降低成本；保证主要设备的使用期限；保证完成上缴利润。"五定"是定产品方案和生产规模；定人员和机构；定主要原材料、燃料动力、工具的消耗定额和供应来源；定固定资产和流动资金；定协作关系。

察到"在许多部门和许多地方，由于缺少正常的民主生活，给工作造成了相当的损失"，认为"有必要对于近几年来，受过批判和处分的干部和党员，实事求是地加以甄别"。① 1961 年 7 月，湛江地委召开全区监察工作会议，讨论研究开展复查平反工作及农村整风整社的组织处理问题，开始对各类案件的甄别、平反工作。地委和各县委分别成立"复查甄别案件办公室"，对公社化以后"反右倾"、反瞒产、拔"白旗"等运动的案件进行复查，特别是对 1959 年在"反右倾"整风运动中受到批判和处分的干部的案件进行甄别。按照中央的有关规定，过去批判和处理正确的，不再改变；过去批判和处理错误的，恢复名誉，恢复职务；部分问题批判和处理错误的，改正结论；对普通农民群众错误批判的，则在适当的场合向其道歉并纠正过来。

至 1961 年 11 月，湛江全区 6598 人被列为复查对象，占三年来各县处分干部总数的 22.9% 。经过复查甄别，共平反取消处分 3478 人，修改部分结论改变处分的 578 人。② 1962 年 4 月，按照中共中央指示，甄别工作重点转向县以下的农村基层干部和党员。至年底，全区几年来受处分的 54754 名干部已甄别 51969 名。同时，还甄别了几年来受批判的干部 20492 名，受处罚和批判的群众 43837 名（不包括"右派"和地方主义）。

"大跃进"兴修水利两年多来，全区共迁移安置水库移民 21.8 万人。针对水库移民安置问题，1961 年 7 月，湛江地委成立"水利移民安置委员会"，廉江、遂溪、海康、湛江市郊等水库移民安置较为集中的县、市，也分别成立了"水库移民工作委员会"，委员会要求地、县、公社三级党委要建立和健全水库移民安置机构，安排专职干部负责，并由水利、民政、商业、林业、农场等有关单位抽调干部组成工作组，深入到安置移民的农场、林场、公社生产队等地，逐场、逐队、逐户进行调查研究，逐一解决移民的粮食、房子、工资、生活福利等问题。

1957 年"反右派"运动后，知识分子的积极性受到严重挫伤。与此同时，教育界也存在许多"左"的偏向，严重影响了学校的教学质量和正常秩序。1961 年，中共中央先后制定和试行"科学十四条""高教六十条"、《全

---

① 中共中央文献研究室编：《建国以来重要文献选编》第 12 册，中央文献出版社 1996 年版，第 382 页。

② 湛江市档案馆馆藏档案 5—6—57。

日制中小学暂行工作条例》，逐步明确了知识分子的工作方向。

1962 年，湛江地委进行了知识分子政策的调整：一是中小学整风，二是甄别平反文教系统的各类案件。1 月底，全区中小学整风全面铺开，各市、县相继召开了中小学党支部书记和党员校长会议，端正对知识分子的态度，并对几年来知识分子的工作作出检查，各地在整风中制定和健全了各种制度。8 月，中小学整风基本结束。整风后，各地适当提高了知识分子的待遇，解决了部分教师的实际困难。至年底，全区共有 4000 多名各级、各类学校的代课教师获得转正。[①]

1962 年 8 月，湛江专区的工作重点从落实党对知识分子政策转到甄别平反案件上来。按照地委的统一部署，各县、市党组织成立专门机构，对反右派运动以后在知识分子中进行的批判进行清理，至月底，全区文教系统平反3159 人。[②]

三、全面调整的经济成效

湛江国民经济的调整从 1961 年开始，1964 年以后由于政治运动频繁，调整工作逐步被各种运动代替。但几年贯彻执行"调整、巩固、充实、提高"的方针，仍取得了重大的经济成效。

（一）农业连年获得丰收

从 1961 年开始调整，湛江农业生产连年好转。1962 年，农业生产获得大丰收，结束了农业生产连年下降的局面。农业总产值较上年增长 9.8%，全区 90% 以上生产队的早造、晚造均获得较大增产。其他经济作物也有较大的增长，特别是花生、黄麻等经济作物的增长分别达 70% 和 125%。[③] 由于粮食生产好、饲料充足，畜牧业恢复也较快。全区生猪饲养量较上年增长34.8%，猪肉供应增加，人民生活得到改善。1963 年，虽然遭受了比较罕见的自然灾害，但还是夺得粮食产量大丰收，全年粮食总产量比上年增 9.5%，已接近 1957 年的水平。生猪饲养量继续大幅增长，年终存栏量达 244 万头，

---

① 《湛江专区知识分子的情况和问题》，湛江市档案馆藏档案5—7—9。

② 《湛江专区知识分子的情况和问题》，湛江市档案馆藏档案5—7—9。

③ 《湛江专区1962年农业生产统计年报》，湛江市档案馆藏档案53—1—12。

1963 年雷州东西洋农业获得丰收

比 1962 年增长 38%，总量超过了 1957 年的水平。[①] 1964 年，湛江专区农业总产值达到 7.86 亿元，全年粮食总产量 51.84 亿斤，分别比上年增长 15.7% 和 10.9%，超过了 1957 年的水平，提前完成了湛江地委在 1962 年提出的"用三到五年时间争取恢复到 1957 年水平"的计划。1965 年，农业生产继续获得大丰收，这一年为调整以来，农、林、牧、副、渔五业全面增产最大的一年。其中粮食总产量比上年增长 12.1%，增幅为八年来最高。水产品总量突破历史最高水平，生猪饲养量继续稳步上升，耕牛拥有量接近历史最高水平，花生、甘蔗、蒲草等经济作物总产量均超过历史最高水平。农业生产的基本条件有了较大改善，特别是水利建设，极大地改变了湛江的干旱面貌，使全区灌溉面积达 802 万亩，占耕地面积 63.8%。

（二）工业生产能力显著提高，主要产品产量大幅度增长

经过调整，工业生产出现了好形势。1963 年，全区工业总产值增长 7%，生产总成本降低 32.6%，劳动生产率提高 35.17%，利润总额增长 30.1%。[②] 按湛江当时所辖区域计，工业总产值由 1961 年的 1.63 亿元增加到 1965 年的 2.93 亿元。[③] 由于农业丰收，以农产品为原材料的工业获得了

---

① 湛江专署统计局：《1963 年统计年报》，湛江市档案馆馆藏档案 53—1—11。
② 湛江专署统计局：《湛江专区 1963 年统计年报》，湛江市档案馆馆藏档案 53—1—21。
③ 湛江市统计局编：《光辉的历程·湛江建国五十年统计资料》，1999 年内部编印，第 169 页。

较大的发展。从 1964 年开始，逐步新建、扩建了化肥、制糖等工厂。特别是制糖工业，恢复了 5 间糖厂，大、中型厂日榨能力比 1964 年增加 1200 吨，1965 年总产值比 1964 年增长 1.52 倍，比历史最高的 1959 年还增长 90.1%，而且质量大为提高，基本上全产白砂糖。1965 年支农工业也有大幅度的提高，化肥产量比上年增长 87.4%；手扶拖拉机、打禾机、牛车、农艇等的生产量成倍增长。全区列入计划的 64 种产品中，有 47 种产量比上年有较大增长，占全部产品的 73.4%。调整期间，劳动生产率有了普遍提高。1961 年调整之初，全区全民所有制独立核算工业企业全员劳动生产率是 2417 元，通过调整，1963 年提高到 4663 元，1964 年 6126 元，1965 年达到 1.08 万元，为调整前的 4 倍多。工业通过调整已走上良性发展的道路。

（三）财政收支平衡，市场物资丰富，人民生活得到改善

由于"大跃进"运动，各种投资的扩大，从 1958 年到 1961 年，货币连年投放，财政收支失衡。1962 年经过初步调整，即实现货币净回笼 2000 多万元，财政收入比上年增长 37.2%。1963 年起，全区财政不但消灭赤字，而且还有盈余，做到"当年平衡，略有盈余"。1964 年全区财政收入完成 2.08 亿元，完成年计划的 113.32%，比上年增长 19.39%，年终结余 781.2 万元，比上年增长 1.8 倍。[①] 随着工农业生产的恢复、发展，市场供应大为改观，过去一度供应紧张甚至脱销的商品，如铝煲、搪瓷用具、胶鞋、肥皂等，因货源充足已可以任意选购了，日用品紧缺、排长龙抢购的现象基本消灭。据 1963 年底对全区 18 个集市 20 种商品统计，物价总水平比 1962 年下降 48.5%，牌市价差距由上年的 1：3 下降到 1：1.5。[②] 1964 年，全区农民年人均收入 44.5 元（集体分配部分），比 1963 年增长 17.4%；农村口粮年平均约 480 斤，比上年提高 54 斤。[③]

值得一提的是，从 1961 年到 1964 年，调整的几年间，党和国家领导人郭

---

①《地委财贸工作会议材料》，湛江市档案馆馆藏档案 5—8—18。

②《地委财贸工作会议材料》，湛江市档案馆馆藏档案 5—8—18。

③ 湛江专署统计局：《湛江专区农业生产统计资料》（1965 年），湛江市档案馆馆藏档案 53—1—13。

沫若、邓子恢、贺龙、陈叔通、朱德、陈毅、董必武、何香凝、李富春，[1] 以及音乐家贺绿汀，作家周立波、丁玲、冰心，画家华君武，戏剧家田汉等众多著名人士先后到湛江参观、视察，见证了湛江经济调整的巨大成效。湛江人民以扎实的工作、丰富的物产，吸引着南来北往的人们，提高了自己的知名度。

第四节　社会主义教育运动

1962 年 9 月，中共八届十中全会在北京召开。会上指出，在整个社会主义历史阶段，资产阶级都将存在并企图复辟，强调阶级斗争必须年年讲、月月讲、天天讲。1962 年下半年开始，全国农村和部分城市开展了社会主义教育运动，湛江城乡也开展了这个运动。

一、农村社会主义教育运动

1962 年 9 月 20 日，根据中央在农村开展社会主义教育的部署，湛江地委作出《关于开展社会主义教育试点工作的意见》，要求在湛江专区开展一次社会主义宣传教育运动。运动结合"纠正"包产到户、批判"单干风"进行，各地按照要求开展了对地、富、反、坏分子的批判，并对部分富裕中农的资本主义思想自发倾向进行了批判，开展了坚持集体所有制和社会主义道路的教育。1963 年 2 月中旬，为了贯彻广东省委《关于开展以打击投机倒把为中心的社会主义教育运动》的精神，湛江各地的社会主义教育运动转到打击农村中的投机倒把、反对弃农经商的主要内容上来。地委派出 3 个工作组到廉江、阳江、合浦开展试点，整顿市场秩序，严格控制集市贸易的商品范围，限制交易对象，取缔和打击长途贩运、跨行业、转手经营等商业行为。到 3 月底，这一工作在专区全面铺开，刚刚恢复起来的农村集市贸易又受到打压，逐渐活跃的商品交易又趋于沉寂。此后相当长一段时间，长途贩运、跨行业、转手经营等商业行为都被当作投机倒把行为而受到打击。

---

① 中共湛江党史研究室编：《中国共产党湛江历史大事记（1950—1978）》，2009 年内部编印，涉及朱德的内容见第 68 页、115 页，涉及贺龙的内容见第 86 页，涉及郭沫若的内容见第 90 页，涉及陈毅的内容见第 115 页，涉及董必武的内容见第 122 页。

1963年2月，中共中央召开工作会议，决定以抓阶级斗争为中心，在农村开展以"四清"（清账目、清仓库、清财物、清工分，后称"小四清"）为主要内容的社会主义教育运动。5月，中央发出《关于目前农村工作中若干问题的决定（草案）》（简称"前十条"）。"前十条"对农村形势作了"左"的估计，认为资本主义势力和封建势力正在向党猖狂进攻。5月中旬，湛江地委作出决定，在18个公社、347个生产大队、8272个生产队首先展开社会主义教育运动试点工作。6月中旬，湛江农村社会主义教育运动试点工作展开。

根据中央和省委的部署，湛江专区社会主义教育运动试点工作展开。1963年9月，中共中央针对试点中一些地方出现的问题，制定和通过了《关于农村社会主义教育运动中一些具体政策的规定（草案）》（简称"后十条"）。12月，湛江地委召开农村社会主义教育运动试点社组长以上干部会议，总结交流经验，研究和部署全区如何分期分批铺开运动等问题。1964年1月，湛江专区铺开社会主义教育运动，开展以"小四清"为中心的群众性运动。

二、城市"五反"运动

1963年2月，中共中央召开工作会议，会议讨论通过了《中共中央关于厉行增产节约和反对贪污盗窃、反对投机倒把、反对铺张浪费、反对分散主义、反对官僚主义运动的指示》。按照中央的部署，"五反"运动在县以上党政军民机关、国营和合作社营企事业单位、物资管理部门和文教部门中进行。湛江地委成立了"五反"领导小组，具体领导全区的增产节约和"五反"运动。各市、县按要求分别制定"五反"方案，同时党群、政法、工交、财贸、文教、农林水等战线均成立分小组，领导本战线运动。广东省委派副书记李坚真到湛江实地指导。

6月7日，湛江地委作出在地委、湛江专署直属机关开展增产节约和"五反"运动的方案，计划用三个月时间，首先解决地、专直属机关干部中存在的问题和各市、县领导层的问题。企事业单位的"五反"运动则分期分批进行。7月29日至8月14日，湛江地委召开扩大会议，部署"五反"运动，地委、专署领导班子成员和直属机关各战线主要领导参加会议。8月24

日开始，连续一个多月，地委、湛江专署各直属机关先后召开三级干部会议，与会人员进行了批评与自我批评，到11月中旬，地、市、县各级机关的"五反"运动全面铺开。

1964年1月，湛江地委在高州县附城中学开展"五反"运动和社会主义教育试点工作。在此基础上，部署学校的"五反"和社会主义教育运动，接着又铺开第一批工业、交通企业"五反"运动。

1964年5月至6月，中共中央召开工作会议。会议认为全国基层有三分之一的领导权不在党的手里，强调要从根本上挖掉修正主义的根子。6月10日，湛江地委召开各市、县"五反"领导小组组长会议，对全区"五反"运动重新进行布置，按"高标准"进行复查补课。8月，各市、县根据地委的统一要求，分别利用一个月左右的时间，集中整训城市"五反"工作队。各地集中工作队员学习"关于阶级斗争、防止和平演变"等有关论述，开展"查阶级、查立场、查思想、查作风"活动。每个人还要自我检查阶级立场问题、革命决心问题、思想上的和平演变问题和今后的努力方向等，被认为检查不深刻的，还要进行第二次、第三次检查。一些出身"不好"，经检查被认为不合格的人被清除出工作队。

1964年底，湛江全区城镇"五反"运动暂停。按照省委集中力量"打歼灭战"的要求，"五反"工作队大批骨干被调到佛山市参加全省"五反"运动试点工作，其中湛江市就抽调了200多人。

三、"四清"运动

根据1963年9月中共中央发布的《关于农村社会主义教育运动中一些具体政策的规定（草案）》（简称"后十条"），"五反""四清"统称"城乡社会主义教育运动"，整个运动由工作队领导。同时，中央转发了"四清"运动的"桃园经验"，其主要的做法是把大多数基层干部放到运动的对立面。

1964年7月，广东省委召开二届二次党代会，重新部署城乡社会主义教育运动。8月初，湛江地委重新部署社会主义教育运动，决定以阳江县作为全区的试点，随后，成立了"四清"运动工作总团和"五反"运动工作团。8月23日至9月17日，18个湛江农村"四清"运动先行大队的工作队900多人，集中在阳江县进行集训，开展"四查"（查阶级、查立场、查思想、查作风）运动，整个运动始终由工作队直接领导。

1964 年 12 月，中央政治局通过《农村社会主义教育运动中目前提出的一些问题》（简称"二十三条"），规定城乡社会主义教育运动一律简称"四清"运动，把"四清"正式定为"清政治、清经济、清思想、清组织"，初步纠正了社教运动的许多"左"的做法。1965 年 6 月，湛江专区"四清"运动在阳江的试点基本结束。7 月中旬，湛江按"高标准"重新部署的第一批农村"四清"运动铺开。地委"四清"工作总团以廉江县为重点展开运动，运动参照地委在阳江县试点的做法，同时贯彻中央"二十三条"的精神，强调要依靠大多数干部和群众，对干部的问题要实事求是，强调在搞好运动的同时，注意抓好生产。

1965 年下半年开始，侵越美军的飞机经常在北部湾公海制造事端，中国在北部湾生产的渔船也被轰炸，渔民甚至被抓捕。海防前线的湛江处于战备状态，备战备荒、准备人民战争等问题被摆上重要议程，这在一定程度上减缓了农村"四清"运动的进程。1966 年"文化大革命"在全国开展后，"四清"运动已无法进行。此时，第二批铺开的电白、吴川、徐闻和茂名、湛江等县、市的运动才刚刚展开。1966 年下半年开始，各地工作队奉命陆续撤出，农村"四清"运动无形结束。

四、学习毛泽东著作热潮

伴随着社会主义教育运动的深入，全国各地掀起了一股群众性的学习毛泽东著作（简称学毛著）热潮。

1960 年 2 月，湛江地委作出《关于立即开展毛泽东著作的学习和宣传运动的决定》，要求各地开展全党全民学毛著运动，开展"万人教，全民学"的工农学理论运动，办好各级党校和干校，加强各类学校的政治理论教育，大力培养理论队伍，建立和坚持必要的学习制度。9 月底，《毛泽东选集》第四卷出版发行，全国各地立即掀起了学习《毛泽东选集》第四卷的热潮。至 1960 年下半年，湛江全区参加毛泽东著作学习运动的人数达到 150 万至 200 万人。[①] 1964 年 3 月，湛江地委宣传部作出《关于 1964 年干部理论学习

---

① 《每日新闻》1960 年 12 月 27 日。

的初步意见》，规定地级以上干部学习《毛泽东选集》一至四卷等 30 本书，处、科级和县以上干部主要学习毛泽东的《为人民服务》《纪念白求恩》《愚公移山》（俗称"老三篇"）等著作，结合学习反修文章。6 月 5 日，地委发出《关于组织全区干部和群众学习毛主席著作的指示》，要求各级党委广泛深入组织干部和群众学习毛泽东著作，共产党员、共青团员、革命干部要起带头作用。1965 年 1 月，全区学习毛泽东著作展览会在湛江市开幕，随后在全区各县巡回展出，"活学活用"毛泽东著作运动渐成高潮。上班前、下班后，出工前、收工后，人人学习"老三篇"，个个比赛，看谁能熟练地背

湛江市"五七"干校学员在劳动工地学习毛主席语录

诵。许多人对"老三篇"倒背如流，还有的将"老三篇"中的语录谱成歌曲，并加以演唱。湛江、茂名市相继召开全市学毛著先进单位、积极分子代表大会，各战线也分别召开类似的会议，表彰先进，树立典型。各县、各公社也层层召开，把学毛著作为政治工作的突出首要任务。

1965 年 9 月 18 日至 22 日，为贯彻广东省委关于加强农村政治工作的指示，湛江地委召开学习毛泽东著作会议，要求各地要把"活学活用"毛泽东著作摆在一切工作的首位。会议印发了 28 份学习毛泽东著作积极分子和先进单位的典型材料，并请其中的 12 人作了典型发言。会后，县、公社先后召开三级和四级干部会议，生产队长以上干部共 18 万人参加会议。[①] 各级会议的中心议题是：突出政治，坚持用毛泽东思想统帅一切，指导一切，促进思想和工作革命化。随后，各县开始举办学毛著骨干培训班，培训辅导员。据不完全统计，全区共培训学毛著农村辅导员 9724 人，创办文化室 2600 多间、共产主义夜校 7500 多间。[②]

---

① 《粤西通讯》1965 年第 99 期。

② 湛档 5—11—61。

1966 年是学习毛泽东著作运动深入开展的一年。1 月 15 日，中南局作出《关于深入开展学习毛主席著作运动的决定》，强调各级党组织要站在学习毛泽东著作这个运动的前面，切实加强领导。同月，中央军委对全军工作提出的五项原则①开始在湛江传达。2 月 11 日，湛江地委召开县委、公社党委书记会议，研究在全区进一步"突出政治""活学活用"毛泽东著作的问题，要求把毛泽东著作当作各项工作的"最高指示"，积极地"活学活用"，在"用"字上狠下功夫，强调公社书记以上领导干部要带头，用"整风精神""活学活用"毛泽东著作，把突出政治落实到生产建设上去，规定县以上各级党委，每年要坚持安排一个月的时间，集中下一级党委的主要领导干部，用"整风方法"学习毛泽东著作；机关干部的学习则采取分批集中学习的方法，每月学习 2 天至 4 天。对于农村一般党员的学习办法，地委介绍和推广了遂溪县委骨干带头、以点带面、点面结合、广泛铺开的做法。自此，全区学习毛泽东著作运动进入一个新阶段。

对于开展"四清"运动的地方，地委提出学毛著是社教运动不可分割的一部分，要求以毛泽东著作直接指导运动的每一步工作，"四清"运动要成为"活学活用"毛泽东著作的运动，"四清"地区要成为学习毛泽东著作的先进地区。至此，"四清"运动从入村时的"整党整干会议"，到召开三级干部会议，组织"四清"的高潮，都突出学习毛泽东著作，并贯彻于社教运动始终，每转换一个重点，就掀起一次学习热潮。不同对象有不同的重点，如对贫下中农讲《中国社会各阶级的分析》，对民兵讲毛泽东的人民战争、全民皆兵的思想，对妇女讲改善妇女的经济地位和政治地位的论述等。

第五节　"文化大革命"时期的曲折发展

1966 年到 1976 年，中国发生了一场历时 10 年的"文化大革命"。湛江

---

①　"五项原则"即：一、活学活用毛主席著作，特别要在"用"字上狠下功夫，要把毛主席的书当作我们全军各项工作的最高指示；二、坚持四个第一，特别要大抓狠抓活思想；三、领导干部要深入基层，狠抓四好连队运动，切实搞好基层，同时要切实搞好干部的领导作风；四、大胆地提拔真正优秀的指战员，到关键性的负责岗位上；五、苦练过硬的技术和近战、夜战的战术。

在这 10 年中，社会主义建设事业遭到巨大损失，但仍取得进展。

一、"文化大革命" 开展

出于对党内出现"修正主义"的忧虑，1966 年 5 月 16 日，中共中央扩大会议通过了《中国共产党中央委员会通知》（简称"五一六通知"），这份通知成为发动"文化大革命"的纲领性文件。湛江的工农兵和师生们纷纷举行集会，表示"坚决拥护党中央的决定"。6 月 1 日至 7 日，湛江地委召开常委会议，学习"文化大革命"相关文件，决心要把"文革"领导好。[①] 湛江的大中专学校、中学停课，开展大鸣大放、大字报、大辩论形式的"文化大革命"。

1966 年 8 月 1 日至 12 日，中共八届十一中全会通过了中共中央《关于无产阶级文化大革命的决定》（简称"十六条"），会上印发了毛泽东写的《炮打司令部——我的一张大字报》。此后，在湛江学校中，造反派学生与工作队之间的对立加剧。后按照广东省委的决定，工作队撤出学校，局势变得更难控制。同年 8 月下旬至 9 月上旬，湛江各所大学、中专、中学中家庭出身于"红五类"（工人、贫农、下中农、革命干部、革命军人）的学生，纷纷在学校成立红卫兵组织，还成立了以红卫兵为主体的"文化大革命"领导小组。红卫兵组织代替了学校原来的党组织和校委会，领导着该校的运动，学校的共青团、少先队、学生会等均停止活动。

1966 年 8 月 18 日至 11 月下旬，毛泽东在北京 8 次接见各地红卫兵，接见人数达 1100 万。8 月 31 日至 10 月 19 日，湛江市区大、中学校组织红卫兵和教职工代表共 13700 多人，分 12 批乘车或步行赴京，3500 多人在北京天安门接受了毛泽东的检阅。学校师生还先后到毛泽东的家乡韶山和革命圣地井冈山、延安以及南昌、广州等地进行"革命大串联"。同时，湛江也接待来自全国各地的红卫兵，从 1966 年 8 月至 1967 年 3 月底，湛江专区、湛江市各接待站接待到湛江串联的红卫兵和革命师生近 43 万人。

在上海"一月革命"风暴[②]影响下，1967 年 1 月 25 日，湛江造反派篡

---

① 《省委批准湛江地委常委会议情况的报告》，湛江市档案馆馆藏档案 3—16—8。

② "一月革命"指的是 1967 年 1 月，由张春桥、姚文元指挥的，以夺取上海市党、政、财、文大权为开端的全面夺权风暴，后在全国掀起了夺权之风。

夺了湛江地委、湛江专署的领导权。① 接着，湛江地、市党政工作机构，全区各市、县，从学校到机关，从工矿企业到城市街道、农村社队，均被造反派夺权。随后，不同派别之间又相互"争权""抢权"，整个社会处于无政府状态，内乱全面升级。

根据中共中央军委的命令，湛江军分区和驻湛部队陆续介入地方的"文化大革命"运动，对地方实行支左、支工、支农和军管、军训，简称为"三支两军"。1月下旬，人民解放军驻湛南海舰队、五十五军、空军二师、湛江军分区等成立"支左"办公室。3月23日，为了稳定局势，遵照中共中央的指示，湛江专区军事管制委员会（简称军管会）正式成立，并宣布自23日起对全区实行军事管制②，各县、市军管会也先后成立。

湛江是国防前线及陆、海、空军重要基地，是当时中国援越抗美的前线，也是中国南方的重要港口城市，稳定事关大局。中央为制止湛江的武斗采取了两条措施：一是中央军委命令成立湛江警备区，维护社会秩序。二是召两派及军管会代表赴京，协商"停止武斗，搞好大联合"事宜。1967年9月29日，军代表带着湛江两大派组织代表共10人抵京。当晚，周恩来在人民大会堂接见了湛江和广州两派组织代表及军代表，要求双方代表多作自我批评，"斗私批修"。11月14日凌晨，周恩来再次接见广州、湛江的军代表和两派代表，向湛江代表讲述了实现"大联合"的战略意义，严肃批评了两派互相指责的错误。当天晚上7时半，毛泽东、周恩来等中央领导人接见了在京的军代表，湛江市两派赴京代表团全体代表也在其中。周恩来陪同毛泽东接见后，再次召集湛江军代表及两派代表商议"大联合"之事，严肃地指出：湛江两派代表要向前看，两派要以是否履行在京签订的协议来衡量是否无产阶级革命派。11月17日，军代表及两派赴京代表回到广州，发出《告湛江市人民书》，呼吁全市人民坚决执行两派赴京代表签订的协议。12月3日，湛江市大联合筹备委员会成立，两派组织各派9人参加。1968年1月5

---

① 中共湛江市委党史研究室：《中国共产党湛江历史大事记（1950—1978）》，2009年内部编印，第141页。《湛江〈捍卫毛泽东思想〉革命造反派联合总部通知》，湛江市档案馆馆藏档案3—16—16。

② 湛江地区军事管制委员会《布告》，湛江市档案馆馆藏档案3—17—6。

日，两派代表向广东省革命委员会筹备小组宣布自当日起实现"革命大联合"。①

1968年3月31日，经广东省革命委员会批准，湛江专区、湛江市革命委员会（简称革委会）宣告成立。湛江专区、湛江市革委会是地、市一级的政权机构，实行党政合一的体制，行使地区和市党、政、财、文等一切权力。革委会内部采用革命干部代表、军队代表、革命群众代表的三结合形式，也强调老、中、青的三结合，其内部"党的核心小组"即为同级党的领导部门。随后，其余各县、市也先后成立了各级革委会。

随着"文化大革命"的推进，1968年1月，《人民日报》《红旗》杂志、《解放军报》发表元旦社论指出：要彻底清查混在革命队伍内部的一小撮叛徒、特务、走资派，以及没有改造好的地、富、反、坏、右分子。6月下旬，广东省发出关于清理阶级队伍的通知，随后，湛江专区革委会党的核心小组召开扩大会议，部署清理阶级队伍工作。9月，湛江专区革委会在全区掀起了"斗、批、改"新高潮，全面开展清理队伍，专揪一小撮叛徒、特务、死不悔改的走资派和没有改造好的地、富、反、坏、右分子以及形形色色的反革命分子。于是，全区开始

1968年3月湛江市各界游行庆祝地、市革委会成立

了"大抓、大捕、大抄、大斗"的行动。在这一过程中，制造了不少冤假错案，甚至部分群众开荒种植杂粮、外出务工、从事农副产品经营活动等也被看作投机倒把，被勒令回生产队劳动。

在"斗、批、改"运动中，广东革委会还进行了"大揪南方叛徒网"和"审理广东地下党组织"的运动，并确定了重点审理广东地下党14起重

---

① 《我们是怎样以斗私批修为纲，从组织上、思想上实现革命大联合》《打倒派性实现革命大联合》，湛江市档案馆馆藏档案3—17—21。刘文乔：《岁月如流未蹉跎》（上），中国民主法制出版社2000年版，第197—198页。

大历史事件，其中之一就是南路地下党的所谓"特务组织"问题。早在1967 年四五月间，为配合反击所谓"二月逆流"① 的需要，湛江专区军管会布置造反派调查新中国成立前中共南路地下组织（即"南路党"）的问题。随后，1968 年在全区刮起了一股"揪南路党"之风，新中国成立前在南路地区参加过革命的党员绝大部分深受其害。② 这一案件受迫害者众、株连面甚大。

1968 年 5 月后，全国各地纷纷仿效黑龙江省柳河"五七"干校的模式，办起了"五七"干校，组织干部下放劳动。湛江也相继办起了各种形式的"五七"干校，被下放到干校的人员除了有因"精简机构"而被精简出来的干部外，还有未定案的批斗对象和已定"敌我矛盾"的各级机关一批"叛徒""特务""走资派"的领导干部。从 1968 年 10 月到 1972 年 5 月，全区共有 13000 多人在干校学习劳动过。1973 年起，和全国一样，湛江的干校进行了重组，逐渐由"以劳动为主、下放干部为主"转为以"轮训在职干部"为主，直至 1979 年后宣布全部停办、撤销。

随着"斗、批、改"的进展，中共党内大量的党组织已经无法开展正常的组织生活。1967 年 12 月，中央提出了凡成立革委会和革委会筹备小组的单位可恢复组织生活的指示。根据这一指示，1968 年 4 月底至 5 月初，湛江专区革委会召开全区整党建党工作会议，部署了整党建党工作，至 1969 年10 月底，全区已有 80% 的党支部开展了整党工作，三分之一的党支部恢复组织生活，各县、市均在革命委员会内建立了党的核心小组。后又实行开门整党，发动群众参加。经过整党建党，湛江重新建立了中共的地方各级党组织，大多数党员恢复了自"文化大革命"初期就停止的组织生活，全区党组织得到一定发展。至 1971 年底，全区有党委 290 个、党总支 141 个、党支部

---

① 1967 年 1 月 19 日至 1 月 20 日中共中央军委会议和 2 月中旬在怀仁堂召开的两次政治局碰头会议上，谭震林、陈毅、叶剑英、李富春、李先念、徐向前、聂荣臻等，对"文化大革命"的错误做法提出了强烈的批评，同林彪、康生、陈伯达、江青、张春桥、谢富治等进行坚决的斗争，当时被诬称为"二月逆流"。

② 南路党组织是中国共产党的一个组成部分，在革命战争极其艰难困苦的环境中，在上级党组织的领导下进行艰苦斗争。"揪南路党"的要害是否定周恩来等领导的中共南方局的业绩，否定广东、南路革命斗争的历史。

7929 个、党员 19.6 万人。[①] 1970 年 12 月，中共广东省委恢复成立。1971 年 1 月，湛江地区革委会党的核心小组开始筹备召开地区第一次党代会。4 月 16 日至 20 日，中国共产党湛江地区第一次代表大会在湛江市赤坎召开，大会选出湛江地区第一届委员会，这宣告了 1967 年 3 月被"夺权"且一直停止活动的湛江地方党组织领导机关正式恢复，这也标志着湛江的"文化大革命"开始进入由"踢开党委闹革命"回归到"在党委领导之下闹革命"的阶段。各县、市委也同样如此。1972 年至 1973 年，各县、市均召开共青团代表大会，恢复成立团委。总工会和妇女联合会也于 1973 年恢复成立。

二、知识青年上山下乡

经过"文化大革命"初期的一番动荡，城镇就业渠道狭窄，到了 1968 年，全国高校停止招生，1966 年、1967 年、1968 年三届（时称为"老三届"）的初、高中毕业生成了城镇的剩余劳动力。据统计，湛江地区 1966 年、1967 年两届初、高中毕业生约有 4 万人。

湛江知青最早到农村落户的时间是 1957 年 9 月 16 日。1957 年 9 月 17 日《每日新闻》（《湛江日报》前身）头版报道："本市首批八位中学毕业生于昨日光荣踏上农业生产战线，到郊区调塾农业社安家落户。"1957 年 9 月到 1958 年，湛江市共有 110 名男女中学毕业生到郊区农村落户。1964 年湛江市成立知识青年上山下乡工作办公室（亦称安置办），从 1964 年 7 月开始动员组织市知识青年，分批到麻章、湖光、海头等公社插队落户，形成了一个下乡插队的小高潮。"文化大革命"开始的 1966 年夏，湛江地区又有一批城镇的初、高中毕业生到农村落户，但人数还比较少。1968 年 8 月 20 日，湛江专区革委会发出《关于毕业生安排和招生工作的通知》，通知决定：1966、1967 年的毕业生，是农业户口的应动员他们回社、队参加农业生产；城市居民户口的，县（市）应有计划地安排他们上山下乡。10 月 27 日，地区革委会发出《关于下达六八年安置城镇青年计划的通知》，计划 1968 年全区安置城镇青年 25915 人到农村去（包括广州市来的 12000 人）。毕业生较多的湛江市成立了"三届"毕业生分配办公室，开展对本市 1966 届、1967 届、

---

① 中共湛江市委组织部等编：《中国共产党湛江市组织史资料（1949—1983）》，1997 年内部编印，第 94 页。

1968 届初、高中毕业生的动员安置工作。11 月，湛江市数万军民隆重欢送本市初、高中毕业生共 2700 多人分赴阳春、化州、遂溪、廉江等县的农村、农场。至 11 月，湛江地区到农垦所属农场的知青约 6000 人，广州市到湛江地区务农的知青 910 人。

知识青年上山下乡①

知识青年参加开荒大会战②

1968 年 12 月 22 日，《人民日报》引述了毛泽东关于"知识青年到农村去，接受贫下中农的再教育，很有必要"的最新指示。湛江地区革委会发出《关于学习、宣传、落实毛主席"知识青年到农村去，接受贫下中农的再教育"的最新指示的通知》，号召全区广大知识青年上山下乡，接受贫下中农的再教育。各学校的工宣队要做好动员本校初中、高中毕业生上山下乡的宣传、组织工作。不久，全区掀起了知识青年上山下乡的热潮。

1969 年 1 月中旬和 3 月下旬，湛江专区革委会召开知识青年上山下乡工作座谈会和安置工作会议，要求全区完成安置 1969 年知青和城镇居民上山下乡的任务，并讨论制定知青安置的长期规划，确定安置的方式、原则。3 月，经国务院和中央军委批准，广州军区、广东省革委会决定在湛江和海南岛组建中国人民解放军广州军区生产建设兵团，并作出动员知青到广州军区生产建设兵团的有关决定。这样，安置知青去向的重点转到了生产建设兵团。1968 年下半年至 1969 年底，全区约有两万知青上山下乡，奔赴农村以

---

　　① 图片引自徐闻县知识青年历史文化研究会编：《南端足迹——徐闻知青回忆录》，（香港）中国诗书画出版社 2018 年版。

　　② 图片引自徐闻县知识青年历史文化研究会编：《南端足迹——徐闻知青回忆录》，（香港）中国诗书画出版社 2018 年版。

及海南、湛江生产建设兵团，形成了湛江知青上山下乡的高潮。

1970年5月，中央转发国家计委军代表《关于进一步做好知识青年下乡工作的报告》。地区革委会党的核心小组贯彻了中央的指示，要求各市、县、社、队党组织和革委会要把知青上山下乡工作列入议事日程，并配备县、社青年干部，加强安置机构。当年，全区又有一万多知青上山下乡，其中湛江市就有2000人左右。1971年至1973年，湛江地区多次召开知青工作会议，落实中央、省知青工作的指示，对加强知青工作的领导、知青的安排、知青在农村劳动中的同工同酬及知青上山下乡的政策等问题作了研究。

1973年6月至8月，全国知识青年上山下乡工作会议召开，会议对知青下乡、管理、返城等政策作出了若干调整。10月27日至30日，湛江地区召开上山下乡知青工作座谈会，会后地委批转了《座谈会议纪要》。在此前后，按照中央及省对知青工作的一系列指示，湛江地区也采取了相应措施：健全充实领导小组和办事机构，加强对知识青年上山下乡工作的领导。1973年六七月，地委、地区革委会决定重新成立"知识青年上山下乡工作领导小组"认真落实有关政策，领导小组下设办公室，具体负责知识青年上山下乡事宜，各县、市也成立相应的机构，全区上下基本形成了知青上山下乡的工作网络。1973年7月后，湛江地区制定落实了一些相关的政策，如：有严重疾病或残疾不能从事农业生产劳动的知青，经市、县以上医院检查证明，群众讨论，领导批准，可以不上山下乡；独生子女不用上山下乡；每个家庭可以留一个子女照顾家庭；中国籍的外国人可以不用上山下乡。并妥善解决下乡知青的实际困难，拨出专款，提高安置费用标准，并根据实际情况进行适当的补助，尽量解决知青的吃、住、用、医等困难。从1973年开始，湛江将插队、回乡和建立集体所有制场（队）的知青安置费标准，从原来每人不足200元提高到400多元，对1972年以前下乡生活困难的知青给予一次性补助，没有住房的则补助建房费，并加强了管理和保护措施。1973年12月，湛江地区知识青年上山下乡"统筹解决"工作在电白县试点，至1975年4月基本结束，初步解决了1972年之前上山下乡知青在住房、生产、学习、生活等方面的一些基本问题。1973年，地区改变了以往由文教部门、区街和安置部门负责的动员发动的做法，采取按系统、单位归口包干负责到底的新做法。是年，全区3400多名上山下乡知青的安置主要是到国营农场、林场和社队集体所有制的农场、林场；到农村去的，则是集体插队。到1978年2月，全区共办起知青集体场487个。

"文化大革命"中后期，湛江地区开始在上山下乡知识青年中招工回城就业。除了招工之外，还有被推荐上大、中专学校的，有参军、提拔为干部（包括当教师）等原因而返城的，也有办理病退回城的。据统计，1973年至1978年，单是湛江市区就在上山下乡知青中招工4991人，办理病退、困退的约2000人，恢复城市户口和入学、参军的7245人。知青回城就业的渠道拓宽了，一批上山下乡知青得以返回城市工作、读书。

据有关部门统计，从1960年至1978年，湛江地区（专区）上山下乡的知青达7万多人，从广州、汕头到湛江地区上山下乡的知青约有9000人，仅仅湛江市上山下乡的知青就有24000多人。

1978年10月31日至12月10日，全国知识青年上山下乡工作会议在北京召开。各地都逐步缩小了上山下乡的范围，扩大了知青留城安排的比例，放宽回城限制。1980年9月，国务院知青领导小组转发知青办《关于当前知识青年上山下乡工作的几点意见》，指出，今后城镇中学毕业生的安排，能够做到不上山下乡的可以不下，对在农村插队的知青，本着"国家关心，负责到底"的精神，力争一两年内把他们安顿好。1981年，广东开始停止动员城镇知青下乡，并逐步解决知青上山下乡的遗留问题。湛江知识青年上山下乡运动在落实党的知青政策中遂告终止，因上山下乡导致的遗留问题也在此后几年最终得到解决。

三、工业生产建设和工业学大庆运动

"文化大革命"前，湛江工交战线和全国一样，曾掀起了工业学大庆的群众运动。"文化大革命"期间，学大庆运动进一步开展。1971年6月20日，《人民日报》发表《工业学大庆》的社论，有力地推动了工业学大庆运动的开展。7月下旬，湛江地区召开了工业交通学大庆会议，对全区学大庆进行部署，学大庆运动掀起了新高潮。各级党委把学大庆纳入党委的重要议事日程，各工交企业找出本单位与大庆之间的差距，并在企业之间广泛开展"比、学、赶、帮"的劳动竞赛，涌现了一批如廉江化肥厂等学大庆的先进典型。1971年，湛江结束了没有电解铝的历史，高州石鼓煤矿炼出了铝，全

区水泥厂从 1970 年的 3 间发展到 1971 年的 13 间；能生产 500 千瓦以下的电动机，手扶拖拉机由 1970 年生产的 100 辆发展到 1971 年的 400 辆。1971 年，全区有新产品 130 项，廉江化肥厂生产的腐植酸钾还引起了中央的重视。1970 年 9 月，湛江化工厂炼出了国防建设需要的高钛渣，为国防事业作出了贡献；同月，该厂又成功炼出第一炉多晶硅。同年 10 月，湛江机械厂成功制造出地区第一台 600 吨水压机。1971 年 7 月，廉江印刷厂无线电车间生产出 14 英寸"雷州牌"黑白电视机，这是湛江生产的第一台电视机。1972 年 10 月，湛江地区邮政局霞山分局制成第一台"电子包裹收寄机"，并投入使用。1973 年 4 月，湛江光明变压器厂制成具有先进水平的新型 10 千伏管型避雷器并正式投产，产品被选送全国增产节约展览会展出。值得一提的是，通过学大庆，很多企业在一定程度上批判了"规章制度无用论""利润挂帅"等错误思想，划清"管、卡、压"与纪律的界限，加强了企业的管理，加强了企业的经济核算。1972 年 12 月，大庆油田代表、大庆油田生产指挥部副主任陈振家来湛作关于大庆职工建设大庆油田的经验报告。湛江地区革委会组织各县工业交通战线代表收听广播，要求各地、各企业联系实际学习大庆的经验，推动学大庆运动不断深入。

1973 年 3 月，中共广东省委作出《关于进一步开展工业学大庆群众运动的决定》。8 月，中共广东省委又发出"远学大庆，近学马安"的指示，号召全省工交企业向广东省学大庆的先进单位——肇庆地区的马安煤矿学习。1974 年 2 月，湛江地区召开 1973 年度工业学大庆先进集体、先进生产工作者代表会议，交流全区工业战线落实《鞍钢宪法》、开展工业学大庆等经验。1975 年 8 月，湛江地委召开各市、县（郊区）委书记会议，要求全区工交战线继续深入开展工业学大庆和学马安煤矿的群众运动，争取完成和超额完成本年工业生产计划。1976 年 9 月 5 日，湛江地委又作出《关于立即开展全区夺煤大会战的决定》，决定成立夺煤会战指挥部，争取以夺煤会战的胜利将工业学大庆运动推向更高的阶段。这些会议及活动，对推动湛江工业学大庆运动都具有重要的意义。从 1973 年 8 月起到"文化大革命"结束，学大庆、学马安的运动使多数企业得到了整顿，工业也取得一定的成绩：1973 年全区工业企业在减少 7000 个劳动力的情况下，实现总产值比 1972 年增长 10.5%，劳动生产率提高了 17%，亏损企业减少了 20%，全区 62 种工业品产量，大多数完成或超额完成年度计划。1973 年，湛江市五金制品厂试制日光灯镇流器和配套产品日光灯支架成功，产品进入香港市场，从此，该厂走上了生产家用电器的轨道，这标志着湛江家用电器工业诞生。①

湛江"五小"工业（小化肥、小农药、小水泥、小农机、小水电）是"文化大革命"期间发展起来的一批支农工业，具有浓厚的湛江地方特色。根据中央加强战备和加快农业机械化的要求，1970 年二三月间的全国计划会议和 8 月北方地区农业会议，都强调各地要建立自己的"五小"工业，形成为农业服务的小而全的工业体系。1971 年 2 月 15 日，湛江地区革委会作出《关于进一步开展工业支援农业的决定》指出，要有计划地发展地方"五小"工业，更好地支援农业。7 月，湛江地区召开的工业交通学大庆会议，确定了发展"五小"工业的方向和任务。

在发展小化肥上，地委革委要求各部门密切配合，通力合作，开发两矿（硫铁矿、磷矿）；抓好现有化肥厂的技术改造，扶持各地建设一批小化肥厂。20 世纪 70 年代起，各县均建立了县属的化肥厂，并充分利用本地钾资源，大抓腐殖酸铵以及钾肥生产。在发展小农具生产上，地委鼓励机械企业多生产农业机械，并在资金、技术、人才方面给予支持；各县、市要建立农机厂，开展农机企业大会战，生产农业动力机械和农副产品加工机械；建设农机维修网络，当时全区 98% 以上公社和一些大队都办起了农机修造厂，并普遍拥有"三床一机"设备（车床、钻床、刨床、电焊机），基本做到一般农机"小修不出队、中修不出社"。在发展小水泥方面，对湛江水泥厂进行了扩建和改组；建设了一批水泥企业，如 1970 年建设了廉江水泥厂，1971年建成了粤西农垦第一水泥厂；各地还利用资源，开发了火山灰质硅酸盐水泥、矿渣水泥、普通硅酸盐水泥和 R 早强型硅酸盐等水泥品种。在发展小农药方面，主要建设了湛江农药厂。在发展小水电方面，开发山区水力资源，建设了一批小水电站；利用江河的水力资源建设了一批水电站，如在漠阳江流域先后建成了八甲水电站、张公龙水电站、大河水库电站；1973 年，在鉴江流域建成塘尾电站，在南渡河流域建成南渡河电站；利用水库水力资源建设一批水电站，如 1974 年在鹤地水库建成了鹤地电站。

---

① 舒光才：《一个红军战士走过的路——舒光才回忆录》，广东人民出版社 1999 年版，第 354 页；湛江地方志编纂委员会：《湛江市志》（上），中华书局 2004 年版，第 126—132 页。

"五小"工业的发展对推动湛江地区的经济发展起了较大的作用，成为这个时期湛江工业发展的一个重要组成部分。全区的化肥、农药、水泥、农机产量和发电量都有显著增加。1973年，化肥、农药、水泥产量和农机的手扶拖拉机、电动脱粒机、柴油机、水轮机、交流电动机、铁制中小农具、双轮手推车等产量均超过历史最高水平，发电量在这期间也达到历史最高水平。至1975年，发电量达11.93亿千瓦时，为1965年1.55亿千瓦时的7.7倍；水泥产量达38.79万吨，为1965年10.24万吨的3.8倍；化肥达40.92万吨，比1965年33.81万吨增加了21%；中小农具达507万件，比1965年的305万件增加了66%。[1] 不仅如此，"五小"工业还促进了社队企业的发展，企业吸纳了农村大批富余劳动力，增加了农民收入，在一定程度上改变了农村的经济结构。至1976年，湛江市当时辖区范围的社队企业达到3000多家，总收入9074万元。[2] 但一些地方也存在着消耗大、成本高、质量低、污染严重、重复建设、产品销路不畅等问题。

湛江地区1973年度工业学大庆先进单位、先进生产工作者代表大会

"文化大革命"结束后的1977—1978年，学大庆运动仍在进行，并且形成了又一个高潮。1981年12月18日，中共中央转发了国家经委党组《关于

① 舒光才：《一个红军战士走过的路——舒光才回忆录》，广东人民出版社1999年版，第352页；卢获等：《李建安传》，花城出版社1999年版，第358页。

② 湛江市地方志编纂委员会：《湛江市志》（上），中华书局2004年版，第903页。

工业学大庆问题的报告》，对学大庆运动进行了全面客观的评价。自此，工业学大庆运动结束。湛江在"文化大革命"期间的学大庆运动，用"铁人"精神激励工人群众的积极性，用大庆干部以身作则的行为促使企业领导班子作风转变；用大庆管理的经验建立健全企业的规章制度；用大庆革新的状态促进企业的技术改造；用大庆"三老""四严"的作风保证生产的质量，促进了工业的发展。全区工业产值由 1965 年的 6.78 亿元增加到 1975 年的 20.18 亿元，许多工业产品的产量都有不同程度的增长。[①] 但受到"左"倾思潮的影响，也出现了不少脱离实际、形式主义的东西。

四、农业生产和农业学大寨运动

1964 年 2 月 10 日《人民日报》以《大寨之路》为题，介绍了大寨的事迹和经验，号召全国学大寨。"文化大革命"期间，农业学大寨再次被提起。

湛江比较系统地开展农业学大寨运动，是从 1970 年开始的，在长达 10 年时间里，掀起了 5 次高潮。1970 年 11 月，广东省革委会作出《关于进一步开展农业学大寨群众运动的决定》，号召"树雄心，立壮志，学大寨，赶昔阳，奋战三五年，实现队队是大寨，县县是昔阳"，要求大搞农田基本建设。1971 年 1 月 18 日，湛江地区革委会作出《关于进一步深入开展农业学大寨群众运动的决定》。全区各市、县也召开会议，贯彻落实省、地区革委会的决定，农业学大寨运动在全区铺开。9 月，湛江地区召开农业学大寨经验交流会议，学习国务院《关于北方地区农业会议的报告》，讨论落实粮食亩产跨《全国农业发展纲要》（简称"纲要"，亩产要求 400 千克）的问题和全区今冬明春农业生产计划。从 1970 年起，全区学大寨运动开始集中力量投入到大搞农田基本建设中来。1971 年冬和 1972 年春，按照地委提出的"以小型为主，配套为主，社队自办为主"的方针，全区人民发扬大寨精神，治山、治水、治田，开荒扩种，完成土石方 4700 万立方米，增加灌溉面积 27.9 万亩，改造低产田 150 万亩，开荒造田 11 万亩，[②] 形成了农业学大寨的第一个高潮。1971 年、1972 年全区粮食亩产平均跨过了"纲要"。

1972 年 10 月至 1974 年 6 月，以大规模开展农田基本建设为标志，掀起

---

① 舒光才：《一个红军战士走过的路——舒光才回忆录》，广东人民出版社 1999 年版，第 358 页。

② 《袁德良、曾定石给广东省委的报告》（1972 年 10 月 4 日），广东省档案馆档案 229—4—228。

了第二次农业学大寨的高潮。地委组织相关干部代表前往大寨参观学习，实地考察大寨，感受大寨精神。10月，地委在徐闻县召开农业学大寨现场会议，听取徐闻的经验介绍，作出了到1980年全区要实现"平均每人拥有一亩稳产高产田、粮食425千克"的目标。[①] 12月，山西昔阳县委书记兼大寨大队党支部书记陈永贵访问湛江，向湛江地区和农垦战线广大干部群众作关于大寨和昔阳经验的报告，极大地激发了湛江干部群众学大寨的热情。1973年春节前，全区组织冬种、水利、土肥建设3次大会战，取得显著成效。冬种面积比1971年扩大52万亩，水利完成5000多万土石方，完成工程6000—7000多宗，新增加灌溉面积26万多亩，增加旱涝保收面积14万亩，改土160万亩。

1973年11月，湛江地委在化州县召开开荒造田、改土整渠现场会，总结农田基本建设经验。此后，全区各县按照"每人一亩稳产高产田、粮食425千克"的目标，制定了"追赶大寨、昔阳"的规划。至1973年底，全区投入225.4万人开展农田基本建设，占全区总劳动力的66%，完成改土农田18万亩，开荒造田14.6万亩，开沟整渠93.4万亩，积肥2.3亿担，完成水利土石方2200多万立方米。[②]

1974年6月，以学屯昌为始点，湛江掀起了第三次学大寨的高潮。1974年五六月间，广东省委召开农村工作会议，推广屯昌县（今属海南省）学大寨"一批二干三带头"的经验。地委把学大寨与学屯昌结合起来，与当时正在农村开展的党的基本路线教育运动结合起来，"大批资本主义，大干特干社会主义，大批促大干，大干促大变"，强调要把农田基本建设当作一项社会主义的伟大事业来抓。11月，地委作出《关于大搞农田基本建设夺取明年农业生产更大丰收的决定》。12月，地区直属机关700多名干部响应地委号召，到农田基本建设第一线和农村干部、农民一起开沟、改土、加肥料，领导带头以实际行动支持学大寨。1974年冬，湛江地区农田基本建设规模扩大，全区投入劳动力305.5万人，占全区劳动力总数的86%，完成土石方7882万方，挖沟整渠76.5万亩，改造山坑田38.7万亩，坡地5.8万亩，渗

① 舒光才：《一个红军战士走过的路——舒光才回忆录》，广东人民出版社1999年版，第331页。
② 中共湛江市委党史研究室：《中国共产党湛江历史大事记（1950—1978）》，2009年内部编印，第178页。

入沙或泥深翻改土 30 万亩，开荒 14 万亩，积制土杂肥 3.3 亿担。①

1975 年 10 月，以贯彻全国农业学大寨会议精神开始，湛江形成第四次农业学大寨的高潮。1975 年 9 月，全国农业学大寨会议召开，要求到 1980 年全国要有三分之一以上的县建成"大寨县"，并基本实现农业机械化。10 月 30 日至 11 月 3 日，湛江地区革委会扩大会议召开，讨论制定全区 5 年普及大寨县的规划。1976 年 2 月 7 日，湛江地委召开常委会议，部署农业学大寨和普及大寨县运动，进一步抓好农业机械化、农业科研、巩固与发展社队企业等工作。各县都按照大寨县的标准制定了实现大寨县的规划。至 1976 年 12 月，湛江地区的徐闻、海康、高州县进入了学大寨先进县行列。1975 年冬及 1976 年春，农田基本建设更是热火朝天，全区投入劳动力 300 多万人。

1976 年冬和 1977 年春，湛江掀起第五次农业学大寨高潮。"四人帮"②被粉碎后，农业学大寨运动仍在进行。1976 年 11 月，湛江地委召开地、县（市、郊区）、公社三级干部会议，重新学习华国锋 1975 年在全国农业学大寨会议上作的报告，号召全区要把农业学大寨、普及大寨县的运动引向深入。1976 年 12 月，全国第二次农业学大寨会议召开。会议重申 1980 年全国要有三分之一的县建成大寨县、基本实现农业机械化的目标。地委传达贯彻了会议精神，决定继续大搞农田基本建设。1977 年 4 月，地委专门召开常委会议，对全区实现农业机械化的认识、规划、资金、管理、领导等问题提出了具体解决的办法。5 月，全区农业机械化会议召开，会议讨论研究了湛江地区《1980 年基本实现农业机械化规划（草案）》，提出了当年的工作任务，安排了完成喷灌机、饲料粉碎机、打井机、牛车、手推车等生产任务的计划。

1980 年 11 月 23 日，中共中央转发中共山西省委《关于农业学大寨运动中经验教训的检查报告》。山西省委总结了大寨大队从农业战线的先进典型变成执行"左"倾路线典型的经验教训。至此，全国不再开展农业学大寨运动。

---

① 中共湛江市委党史研究室：《中国共产党湛江历史大事记（1950—1978）》，2009 年内部编印，第 184 页。

② "四人帮"是"文化大革命"时期形成的一个政治集团的名称，形成于中国共产党第十次全国代表大会之后。其成员为江青、张春桥、姚文元和王洪文四人。

在农业学大寨运动中湛江大搞农田基本建设。图为徐闻南北渠工地

　　学大寨运动在某些方面改变了农村的面貌，农业产量也获得一定的增长；农田基本建设使湛江长期以来大小不整且缺乏排灌设施的农田得到一定程度的整治，改善了生产条件；学大寨运动促使人们发扬"自力更生、艰苦奋斗"的精神，依靠自己的努力改变贫穷落后的面貌。在学大寨中，湛江水利建设也取得较大成绩，扩建了鹤地水库，加固水库堤坝，增加水库集雨面积和蓄水库容，增建发电站。建成塘尾分洪工程，大大提高了防洪防潮的能力，使鉴江两岸 16 多万亩农田和近 20 万人口免遭洪涝威胁。全面治理袂花江流域和鉴西涝区，建设排涝工程，使涝区排水问题得到解决。兴建海康南渡河大堤，使其发挥了蓄水提灌、围垦、发电、交通和淡水养殖的综合效益。建设徐闻鲤鱼潭水库引水工程和南北渠引水工程，解决了下洋、附城、迈陈、西连等公社长期干旱的问题。此外还将徐闻境内 10 多个中、小型水库和大水桥水库连接成南北一体的灌溉网络，以使其相互调节水量合理使用，减轻了曲界田洋和龙塘西洋两大片洋田的涝患。① 其间，还开展了围海造田

---

　　① 中共徐闻县委党史研究室：《中国共产党徐闻县地方史》（1919—1978），中共党史出版社 2007 年版，第 442—445 页。

工程，扩大了耕地面积。但是，在农业学大寨运动中，也存在偏颇，如搞穷过渡和政治评分、强迫和命令主义等。

五、湛江港的扩建

湛江港担负着重大的进出口任务，是我国对外援助的重要港口之一。1960 年 2 月，国务院总理周恩来到湛江视察，在听完关于当时湛江港的情况汇报后，周恩来认为：随着生产的发展，对外交往和贸易的扩大，以及国际形势的发展变化，中国必须扩建新港，连接铁路。同时，必须考虑到，中国是世界上人口最多的社会主义国家，有责任对世界被压迫民族和人民给予必要的援助。援外物资需要一个良好的出海口，他认为，湛江人民是会在这方面作出贡献的。湛江港是个商港，援外物资专用码头不宜同商港连在一块，他要求地、市领导和港务局的同志要配合国家有关部门抓好专用码头的选址工作，尽快做出规划并上报国务院。[①]周恩来的这次视察指示，对后来湛江港的建设起到了很大的促进作用。

1965 年 5 月 31 日，因国际形势变化，为适应援外物资运输的需要，国家计委根据周恩来的批示，批准交通部、总参谋部、外贸部的联合报告，决定在湛江新建出口援外物资专用码头和矿石专用码头，这些码头均为万吨级泊位，编号为"652 工程"。早在 1964 年 6 月，交通部第一水运设计院就来到湛江市城区附近的南坡村、调顺岛和下海村等地的海边进行勘测，搜集航道、水文、地质等多方面资料，为"652 工程"选址做准备。1966 年 12 月 5 日，交通部决定选址调顺岛，并要求 1967 年初开始动工，"652 工程"被列入国家大中型建设项目的重点工程。

为配合"652 工程"建设，20 世纪 60 年代，湛江专区先后在调顺岛的西北与西南部筑起了北大堤（调顺大堤）和南大堤（军民大堤），使调顺岛与赤坎陆地相连，从此孤岛状况得以改变。经两堤，调顺岛可与广湛公路、霞赤公路连接，铁路专用线则经北大堤在塘口火车站与黎湛铁路接轨。

1967 年 3 月 10 日，"652 工程"在调顺岛破土动工，1970 年 5 月 1 日建成投产，建成深水泊位 2 个，年通过能力共 110 万吨，工作船泊位和登陆艇

①　参见陈光中：《湛江之行》，中共广东省委党史研究室编：《周恩来与广东》，广东人民出版社 1998 年版，第 212—213 页。

泊位各一个，港口生产附属设施一批，形成了湛江港第三作业区，同时也让湛江港拥有3个不同功能的装卸作业区。1970年10月9日，广东省港务管理局革委会经请示，决定于10月20日对"652工程"进行全面验收。1970年10月21日至23日，验收会议在湛江港第三作业区召开，经检查核实，一致认为工程质量良好，达到设计预定的目的，验收合格并交付湛江港务局正式投入生产使用。

受"文化大革命"的影响，国家港口建设与国民经济发展、对外贸易很不适应，在政治上、经济上造成很大的损失，这个问题引起了中共中央的重视。1973年2月27日，国务院总理周恩来在听取国家计划委员会领导小组汇报全国港口建设问题后作出非常重要的指示：中国一万二千多千米的海岸线，才那么几个港口，同国家经济发展很不相称，现在要把港口建设提到议事日程上来，要在三年以内改变面貌。① 1973年2月28日，国务院建港领导小组成立，指定粟裕、谷牧负责。当时，湛江港担负着重大的进出口任务，是中国对外援助的重要港口之一，且海南铁矿石经湛江港第三作业区运往武（汉）钢、湘（潭）钢和上海等地的通过量很大，港口设施必须增加，才能适应生产发展需要。周恩来讲话后，湛江港被列为全国重点建设项目，国家拟投入大量资金建设。湛江地、市委革委会对落实周恩来的指示、做好建港工作十分重视，开会专门讨论了港口工作，决定组建湛江市港口建设指挥部，并在指挥部设立党委。

国务院、交通部、广东省委、省革委会对湛江港建设非常重视。1973年6月11日至15日，国务院港口建设领导小组组长粟裕在广东省委常委、省革委会副主任刘田夫的陪同下，到湛江港检查建港工作。粟裕传达了周恩来"三年改变港口面貌"的重要指示，对统一领导、统一规划、统一指挥等建港问题作了讲话。粟裕指出："湛江是一个很好的良港，应很好规划，很好利用海岸线，湛江可以多担点任务。""指挥部不是一个协商机构，是一个在党委统一领导下的指挥机构，是一个实权机构"，"指挥部要扩，海军要参加，铁路要参加，地委要大力支持"。② 湛江地、市委随即落实粟裕的指示，对港口扩建的工作作了总部署，并决定充实指挥部人员，全市、全区掀起了

---

① 《粟裕同志在湛江讨论建港问题时的讲话》，湛江市档案馆馆藏档案3—23—47。

② 《粟裕同志在湛江讨论建港问题时的讲话》，湛江市档案馆馆藏档案3—23—47。

一个支援港口建设的大宣传、大发动高潮。7 月，湛江市召开了全市干部动员大会，传达周恩来和粟裕关于建港问题的指示，号召全市人民全力支援港口建设。湛江市委两次发出关于加强湛江港口建设的决定和意见。湛江驻军和广大人民群众积极响应市委的号召，从思想上、组织上、技术上、物资上为港口建设创造了有利的条件，如湛江市停建、缓建了一批其他工程，集中力量建港。市郊区龙头公社抽调 300 个劳动力为建港打石，将石料优先运到建港工地，各社队派出了近 300 条民船为建港运送砂石。石头村大队迅速交出 70 多亩土地给国家征用建港。

1973 年 10 月 4 日，湛江港扩建工程第一炮打响，此后主要建设工程陆续开工。来自全国各地的建港大军及南海舰队的部分官兵日夜奋战在建设工地，建港工程进展顺利。湛江港的扩建得到中央、省委领导的重视和关注。1975 年 4 月 7 日，广东省委主要领导到湛江港扩建工地检查工作，指示一定要按时完成建港工程。1976 年 1 月，国务院副总理余秋里视察了港口扩建工程，对湛江港落实周恩来"三年改变港口面貌"指示的情况作了调研，要求一切工作都必须从实际出发，要讲科学计划。发展港口，一要做到设施配套；二要考虑消化能力，不要造成浪费。在抓好港口建设的同时，还要抓好现有设施的管理。①

到 1976 年底，湛江港扩建工程基本完成。共建成 5 万吨级油码头 1 座、万吨级矿砂码头 2 座、千吨级供油码头 2 座，在老港区增开了 8 条作业线，完成一批配套设施，完成投资总额 8694.48 万元，是 1955 年湛江港建港以来至 1972 年投资总额的 87%。三年建港，新形成的港口通过能力达 520 万吨，是 1972 年实有能力的 1 倍以上。其中油码头新增能力 450 万吨，是 1972 年的 3 倍以上。三年新建生产和生活建筑 10 多万平方米，增加装卸机械 145 台，完善了铁路、公路、堆场、供水和供电等设施，整治了外航道，使 5 万吨级船舶满载货物能乘潮出入，极大地改变了湛江港的面貌。② 湛江港泊位的增加、装卸能力的提高，使船舶在湛江港装卸的时间从 1972 年的平均 7.5 天减至 1975 年的 5 天，火车在湛江港装卸的时间从 1972 年的平均 4.1 小时

---

① 中共湛江市委党史研究室编：《党和国家领导人在湛江》，1999 年内部编印，第 273 页。

② 中共湛江市委党史研究室：《中国共产党湛江历史大事记（1950—1978）》，2009 年内部编印，第 173 页。

1974 年建设中的湛江港 5 万吨级油码头

减至 1975 年的 2.7 小时。1975 年,湛江港口为国家提供积累 1400 万元,比 1972 年增长 1.9 倍。港口为外轮供油供水的设备有了很大的改善,1975 年 为外轮供油 5.4 万多吨,是 1972 年的 7.7 倍,供水 9.5 万多吨,是 1972 年 的 3 倍多。维修外轮、对外轮供应和海员俱乐部等工作都有了很大的改进。①

湛江港的扩建,使湛江港口货物吞吐量大大增加,由 1972 年的 583 万 吨增至 1975 年的 901 万吨。②

六、纠"左"调整与全面整顿

1971 年"九一三"事件后,全国开展了"批林整风"和"批林批孔" 运动,在一定限度内调整了政策。湛江地委根据中央和省委的决策,进行了 某些方面的调整和整顿。一是落实政策,解放一批干部和知识分子。至 1973 年底,湛江市 2100 多名中专以上各类专业技术人员,90% 以上对口或基本 对口使用。至 1973 年 4 月,原地、县、社三级主要领导干部,被"解放" 安排使用的有 95%。③ 部分统战对象也得到了安置。二是调整农村部分政

---

① 沈荣嵩:《湛江港发展回顾》,《湛江文史》第 14 辑,1995 年内部编印,第 44 页。
② 湛江市统计局编:《光辉的历程·湛江建国五十年统计资料》,1999 年内部编印,第 187、188 页。
③ 《孟文瑛同志在湛江地区革命委员会第十次全体委员(扩大)会议上的发言》,湛江市档案 馆馆藏档案 3—23—49。

策，强调要坚持"三级所有，队为基础"的原则。在管理上实行了两项主要政策：实行"定人员、定地段、定成本、定工分报酬、定产量；超额完成给予奖励"的"五定一奖"生产责任制。三是工业和其他方面政策都调整与整顿。强调要建立和健全管理制度，制定和落实企业经济技术指标，实行定额管理，推行成本核算制，开展技术革命和技术革新，提高产品质量，降低生产成本。在教育上，强调学生以课堂教学、学习书本知识为主。此外，在知青、侨务等方面也进行了政策调整。

1973 年开始，湛江在农村进行了党的基本路线[1]教育运动。湛江地委贯彻了省委关于开展农村党的基本路线教育的部署，提出运动的目的是"狠抓农村两个阶级、两条道路的斗争，进一步解决农村的方向、道路问题，全面落实党的各项无产阶级政策，下硬功夫加强领导班子建设，下苦功夫改变生产条件，加快农业学大寨步伐，把巩固无产阶级专政的根本任务落实到基层"。全区运动计划分三批进行，每批时间约半年（后来每批用了约一年），两年搞完（后来大大超出了这个时间），第一批先铺开 1000 个大队。[2] 1973 年 10 月，地委从地、县（郊区）、公社机关和部分基层单位抽调约 8000 人组成工作队，分别到 67 个公社（约占全区公社的三分之一）和 1235 个大队开展第一期运动。以后大约一年一期。一直到 1978 年 5 月，还在继续进行第六期，年底才结束。在这场运动中，湛江展开了一场反对包办、买卖婚姻的斗争。1974 年 11 月 21 日，湛江地委转发廉江县委关于《全党动手，发动群众，开展反对包办、买卖婚姻的报告》，要求全区各级党委和党的基本路线教育工作队要像廉江县委那样，在秋收后，用一个月左右时间，开展一场反对包办、买卖婚姻的斗争，肃清封建包办、买卖婚姻的余毒，树立社会主义新风尚。经过打击，农村包办、买卖婚姻的现象有所减少。

1975 年 1 月，为了贯彻中共中央"把国民经济搞上去"的指示，湛江地委、地区革委会对各行各业进行了整顿。

---

① "文革"中党的基本路线确定为毛泽东在党的八届十中全会关于阶级斗争必须年年讲、月月讲、天天讲的一段话。

② 中共湛江地委：《关于在农村开展贯彻党的十大精神深入批林整风进行党的基本路线教育的意见（草案）》（1973 年 9 月 17 日），湛江市档案馆藏档案 3—23—34。

首先是整顿领导班子。1975年4月17日，湛江地委作出了《关于搞好党的整顿和建设的意见》，要求各级党委要整顿软、懒、散的领导班子。

其次是整顿铁路运输。1975年3月28日至31日，湛江地委召开全区铁路工作会议，强调要保证铁路运输的安全和正点，提高运输能力。全区开展以铁路沿线为重点的社会治安整顿工作。4月17日，湛江市成立路社联防委员会。7月，湛江地区决定成立交通运输指挥部，9月成立湛江地区整顿铁路治安工作领导小组，湛江市、茂名市和遂溪、廉江、化州等铁路沿线县也成立相应机构。湛江市专门召开铁路工作会议，邀请铁路、公安、民航、港口等单位参加，对各方面的关系进行协调，共同制定保护铁路的公约。遂溪、廉江县与铁路部门在共同总结全段沿线工作的基础上，制定措施，对铁路沿线群众开展纪律、安全教育工作，建立健全路、社联防机制，确保铁路运输安全、畅通。

再次是整顿工业。1975年7月，湛江地委召开工业会议，强调要实现全区工业"大干快上"。全区各地对工业企业进行了整顿，突出抓住领导班子建设，消除派性，加强企业管理，建立健全了必要的生产规章制度。廉江县还按产品、质量、品种、原燃料动力消耗、劳动生产力、成本、利润等七项经济技术指标考核企业的工作成效，并加强了对企业设备的维修管理。电白盐场经过整顿，7月份生产原盐8400吨，创1975年以来月产量最高纪录。[①]整顿后全区工业总产值增长达30%以上，茂名市更是达到近50%。1975年，湛江的主要工业产品棉布、原盐、食糖、化肥、水泥、日用陶瓷、中小农具及发电量比1974年均有较大增长。国营工业企业上缴利润总额增加，生产成本下降，劳动生产率和大部分产品质量有所提高。在整顿工业中，湛江地委对社队企业也进行了整顿。1975年，企业数由1974年的1858个增加到2580个，企业总产值由1974年的4503万元增加到6400万元，增长42.1%，而1974年的企业总产值只比1973年增长14.2%。[②]

四是整顿农业。地委、革委作出了整顿、扶持农业的主要措施：鼓励社员适当搞些种养的家庭副业，安排社员进行种养的"小秋收"以增加收入；

---

① 杨建：《1975年广东的全面整顿》，中共广东省委党史研究室编：《广东社会主义时期党史专题研究（1966—1978）》，2014年内部编印，第340页。

② 湛江市统计局编：《光辉的历程·湛江建国五十年统计资料》，1999年内部编印，第149页。

减轻农民的负担，不允许无偿抽调生产队的劳动力、生产资料和其他物资；调整养猪政策，鼓励农民养猪；大力发展支农的"五小"（小化肥、小水泥、小水电、小农药、小农机）工业，以适应农业发展的需要；整顿林业，促进林业的"大干快上"。1975年，湛江当时辖区域农林牧副渔业总产值达6.97亿元，比1974年的6.17亿元增加了0.8亿元，按可比价计算，增长12.5%，而1974年的总产值比1973年只增加6.4%。

五是整顿科技文艺界。各县、市重新设立了农业科学研究所、工业科学研究所等机构，一些企业建立"技术攻关小组""诸葛亮小组"或技术室，公社也普遍恢复了农业技术推广站；一批知识分子重新安排回科研单位并落实他们的待遇；组织一批科研人员对工农业科技进行攻关。1975年5月，湛江耕牛品种改良站用印度摩拉水牛配种，产下全国第一头该品种小牛。1976年3月，湛江医学院附属医院首例心内直视肺动脉瓣狭窄切开手术成功。7月，"广汕优"杂交水稻培育并成功推广。10月，海康县乌石渔业大队新装备隔盐仓的4艘铁壳渔轮（184千瓦）投产。在文化方面，整顿后涌现出一批新戏剧、新诗歌和歌曲等，传统的民间艺术也得以恢复。

全面整顿后，湛江1975年的经济形势均比"文化大革命"期间任何一年都好。按湛江当时辖区域不变价计算，地区生产总值增长和人民生活水平提高也较快，如下表：

湛江地区1973—1975年部分经济指标

年份	生产总值（万元）	同比增长（%）	人均生产总值（元/人）	同比增长（%）	在岗职工年平均工资（元/人）	同比增长（%）
1973	241718	1.38%	645	−1.38%	495	−0.20%
1974	255084	5.53%	666	3.26%	508	2.63%
1975	281487	10.51%	720	8.11%	540	6.30%

资料来源：湛江市统计局编：《湛江统计年鉴（2011）》，中国统计出版社2011年版，第87、383页。

七、科教文卫事业

"文化大革命"期间，湛江的教育事业受到极大影响。"文化大革命"

之初，学校停课闹革命，大中学校成立红卫兵组织，破旧立新，大串联，出大字报。1967年1月，掀起"夺权"风暴，成立"文化革命委员会"，学校原有机构瘫痪。随着"文化大革命"的发展，按照"教育要革命"的要求实现两种改革，一是学校实行厂校挂钩，农村小学下放到大队，高中由公社办。工宣队、贫管会进驻学校；二是学制缩短，小学五年，初中三年（实际有很多为两年），高中两年。1971年全国教育工作会议提出了"两个估计"①。在其影响下，湛江采取了"开展教育革命"的措施，如把城市高中搬到农村去办，推广湛江市二中"改造小课堂，创建新课堂，深入大课堂"的经验，城市中学大办农村分校；把工人、农民派到学校代替教师工作，将教师分批派下厂、派下乡，从事劳动；牵强附会地将教学内容跟阶级斗争、生产斗争联系起来。1975年，在"农业学大寨"运动中，湛江在徐闻县召开学大寨、昔阳、屯昌教育革命经验会议，全面推广"教育革命"经验。全区中小学校以"屯昌经验"为榜样，让学生以劳动为主，开荒造田，种植水稻等农作物。1976年初，在中学教师中开展"教育革命大辩论"，"反击右倾翻案风"。中小学教育遭到严重破坏，教学质量大幅下降。

"文化大革命"期间，湛江的高等教育事业也遭到破坏。3所高校，湛江医学院、湛江水产专科学校、华南农学院湛江分院校舍被侵占，实验室中的仪器、设备被大量破坏，图书资料等也大量散失，教师和干部队伍备受影响。从1966年至1970年底，招生工作被取消，在校生"停课闹革命"。1972年12月，广东省革委会发出《关于恢复广州医学院等八所院校大学体制的通知》决定：1970年下放到湛江地区并改为中专学校的原湛江医学院、湛江水产专科学校，恢复原名称和高等院校体制。华南农学院湛江分院复办，改名"湛江地区农业学校"。1973年秋，湛江医学院、湛江水产专科学校恢复招生，招收了第一批工农兵学员。同年，湛江地区高州农业学校、湛江地区卫生学校复办。

科技工作虽受"文化大革命"影响，但仍有所发展。这期间，工业技术革新、建筑材料设备研制与工艺设备改革、水文地质勘测、城市规划等方面发展都较为显著。1966年，湛江市电子研究所成立，开始试制生产电子元

① "两个估计"：解放后十七年毛泽东的无产阶级教育路线基本上没有得到贯彻执行；大多数教师和解放后培养的大批学生世界观基本上是资产阶级的。

件，后改为"电子器件厂"。湛江市半导体器件厂生产的3AG61－64锗高频小功率管质量名列全国前茅，国家批准定点出口到朝鲜、越南、阿尔巴尼亚等国家。1969年，湛江市接插元件厂试制CZJX－Y印制电路板插座成功投产。1969—1971年初，徐闻县糖烟酒公司五七糖寮将传统的蔗渣酿酒发酵法改为五代发酵，发酵时间缩短85%左右，糖酒比例做到产糖1千克、产酒0.5千克，省糖烟酒公司推广了此法。1970年，湛江饮料厂进行柑皮的综合研究利用，成果被选送参加省科技成果展览。湛江市电机厂、无线电一厂、机械厂、农械厂等16个单位共同制成精密度较高与真空度要求较高的单晶炉，成功地拉制出单晶硅。1970年，湛江电阻厂研制成功RS－1有机实芯电阻；湛江高频瓷元件厂同年成功研制瓷介电容器，这两个产品均选送参加广东省科技成果展览会。1970年，湛江化工厂从生产磷肥的废气中回收氟硅酸钠成功，这一技术可使一年生产成品1500吨左右。1970年，湛江化工厂炼出了高钛渣；同年湛江阀门厂电镀班从卤水中提炼出金属镁。1973年，原湛江市五金制品厂试制出口镇流器成功，1974年，又试制成功"三角牌"荧光灯支架，产品进入香港市场。1974—1976年，华建糖厂配合轻工部甘蔗糖业科学研究所，进行200吨/日甘蔗磨压法提汁新技术研究，革新技术。1975年，全省第一台环型膜玻璃管差压计试制成功。1975年，湛江地区农机研究所制成卧式带扶禾器割台，解决了水稻收割机收割倒伏水稻的问题。1975年6月至9月，湛江地区气象局科技人员对1970年第13号台风进行了详细的分析，于1975年10月，作出"台风正面袭击雷州半岛带来大暴雨和寒露风"的预报，为水稻抽穗扬花期避免影响提供了科学数据。1976年，广东省制盐工业研究所在湛江边筹建边开展科研工作。1976年，湛江农机厂的重油点火、集中控制的煤粉化铁炉试制成功，实现了以粉代焦、节约原料、降低成本的目标，提高了铁水质量，节省了劳力、延长了炉龄。[①]

湛江的戏曲文化得到一定的发展。1959年1月，成立粤西雷州歌剧团。1960年2月，国务院总理周恩来来湛江视察工作，在人民礼堂观看粤西粤剧团演出的粤剧《寸金桥》。[②] 1960年开始雷州歌剧唱腔革新。1962年8月，

---

① 湛江市地方志编纂委员会编：《湛江市志》，第二十九篇《科技》及《大事记（1966—1976）》，中华书局2004年版，第1714页。

② 湛江市文化局编：《湛江市文化志》，天津古籍出版社1995年版，第102页。

在广东省粤剧学校湛江分校第一届剧班毕业生的基础上，成立湛江专区青年粤剧团。1962 年，湛江专区艺术学校遵照中共湛江地委的指示，开设雷州歌剧实验班。1963 年 2 月，国务院副总理陈毅来湛江视察，在海滨招待所观看湛江粤剧团少年实验队演出折子戏《盘夫》。① 1963 年 4 月，湛江专区粤剧团参加中南现代戏会演，演出粤剧《李双双》，周恩来出席并观看表演。

"文化大革命"期间虽受"左"的文艺路线的影响，但也出了不少好作品。此时期，《湛江文艺》《港城文艺》发表了大量的短篇小说，其中不乏优秀之作。如沈以瑜的小说《敌酋落网》和《深入虎穴》，蓝田的小说《激战南海浪》，梁梵扬的小说《瑶家寨》，洪三泰的专集《天涯花》《孔雀泉》《野性的太阳》，马莉的诗作《篝火之歌》《这里到处是光明》《南海笛声》《竹颂》等，都发表在中央及省地（市）刊物上，影响较广。20 世纪 70 年代后期，也发表了不少优秀歌曲，如《我是海港装卸工》《咱村又来了宣传队》《铁牛背上唱牛歌》等。1974 年 11 月起，湛江市粤剧团演出的粤剧《逼上梁山》《碧波仙子》等，受到地方和省宣传媒体广泛好评。地区以毛泽东思想文艺宣传队为基础队伍，集中全区粤剧主要演员，移植排演革命样板戏《智取威虎山》。1976 年 4 月，吴川县粤剧团演出的《翠竹岗》被选派参加在广州举行的广东省文艺汇演，获得好评。② 1975 年秋，湛江地区举行了中华人民共和国成立以来规模最大的一次专业文艺汇演、业余文艺调演，全区各市、县（郊区）16 个专业文艺团体和 15 个业余文艺宣传队，共 1600 多名专业、业余文艺工作者参加演出。其间共演出 148 个不同艺术形式的文艺节目，其中有移植的革命样板戏、折子戏和本地创作的粤剧、雷剧、白戏、话剧、歌舞、曲艺、音乐等，文艺界展现出一片较繁荣的景象。

"文化大革命"中卫生事业受到冲击，但也取得了一定的成果。尤其在医疗技术方面，1974 年至 1978 年，湛江地区人民医院对湛江渔区进行了心血管病流行病学和人群防治的调查研究，并于 1971 年在国内率先完成一例断肢离体 12 小时并埋土 30 分钟的再植手术。1970 年后，湛江医学院附属医院开展对体表巨大肿瘤外科治疗的临床研究，重点研究肿瘤切除与修复问

---

① 湛江市文化局编：《湛江市文化志》，天津古籍出版社 1995 年版，第 299 页。
② 湛江市地方志编纂委员会编：《湛江市志》，第三十篇《文化》《大事记（1966—1976）》，中华书局 2004 年版，第 1779 页。

题，摸索出"包抄式"切除法。1973 年，湛江医学院鼻咽癌协作组首创"负压吸引法"，用负压吸引鼻咽部脱落细胞诊断鼻咽癌，这是对人群普查鼻咽癌的有效方法之一，在 1973 年和 1976 年的全国鼻咽癌会议上分别作了介绍，获得省科学大会奖。①

至 20 世纪 70 年代后期，遭受严重挫折的体育事业才得以恢复，并取得可喜的成绩。羽毛球选手姚喜明获世界羽毛球赛男子双打冠军，实现湛江运动员世界冠军"零的突破"，成为湛江体育运动史上一个重要的里程碑。此外，跳水选手吴国村在亚运会上获得跳板跳水冠军，体操选手戴勇在世界中学生运动会上获得体操比赛的 5 枚金牌。②

八、"文化大革命"结束

1976 年 1 月 8 日，周恩来总理在北京逝世，举国同哀。周恩来生前曾视察过湛江，多次在京会见出席全国党代会、人代会及各种会议的湛江代表及劳动模范，尤其是"文化大革命"期间为了消除湛江武斗、实现大局稳定呕心沥血。周恩来总理逝世的消息传来，湛江人民悲痛异常。7 月 6 日，全国人大常委会委员长朱德在北京逝世。朱德生前曾两次视察湛江，在湛江人民心中留下了和蔼可亲、关心群众、廉洁自律的形象。

9 月 9 日，毛泽东主席在北京逝世，湛江地区人民与全国人民一样，无比悲痛，纷纷举办吊唁活动，并向中共中央、全国人大常委会、国务院和中央军委发去唁电。9 月 18 日，在各地各单位党委的领导和组织下，全区各地各界群众参加追悼大会，专心倾听在北京天安门举行的追悼大会的现场广播。收听完中央追悼会后，湛江地区各地及驻军等单位也召开追悼会。党的十大代表、上山下乡知青谢康莲参加湛江农垦局的追悼会，从山村带来农场知识青年亲手扎起的花圈，敬献在毛主席遗像前。③

10 月 6 日晚，"四人帮"反革命集团被粉碎。10 月 18 日，中共中央向

① 湛江市地方志编纂委员会编：《湛江市志》，第三十二篇《医疗卫生》《大事记（1966—1976）》，中华书局 2004 年版，第 1881 页。

② 湛江市地方志编纂委员会编：《湛江市志》，第三十三篇《体育》《大事记（1966—1976）》，中华书局 2004 年版，第 1927 页。

③ 《深情的怀念　钢铁的誓言》，《湛江报》1976 年 9 月 20 日。

1976 年 10 月 22 日，湛江市 25 万多名军民举行盛大集会游行庆祝粉碎"四人帮"。图为游行队伍经过霞山解放路人大大楼前

全国各级党组织发出《关于王洪文、张春桥、江青、姚文元反党集团事件的通知》，要求将通知传达给全国人民。粉碎"四人帮"的消息传来，湛江人民欣喜若狂。随后几天时间，中央的《通知》就传遍全区各地。10 月 22 日，湛江市 25 万多名军民举行盛大集会游行，热烈庆祝"四人帮"的粉碎。游行队伍所经之处，沿途群众都欢欣鼓舞并踊跃加入到游行行列。入夜，全市各高大建筑物上华灯齐放，锣鼓声、鞭炮声和激昂的口号声汇成一片。10 月 23 日，湛江地委、市委在霞山、赤坎召开 25 万军民集会，大会一致通过了给华国锋主席为首的党中央的致敬电。① 全区各县、各公社也于 10 月下旬集会，热烈庆祝粉碎"四人帮"的伟大胜利，庆祝华国锋担任中共中央主席、中央军委主席。粉碎"四人帮"标志着"文化大革命"的结束。

---

① 《湛江二十五万军民举行隆重集会和声势浩大的游行》，《湛江报》1976 年 10 月 23 日。

第三十七章 改革开放起步和市场经济体制建立

1978 年 12 月，中共十一届三中全会召开，标志着我们党从根本上冲破了"左"的思想束缚，重新确立了马克思主义的思想路线、政治路线、组织路线，作出把党的工作中心转移到经济建设上来，实行改革开放的历史性决策，把历史的车轮推入了正确轨道，开启了以改革开放为鲜明特征的社会主义现代化建设新时期。湛江的经济改革从农村到城市全面展开，政治体制改革逐步推进，对外开放的格局初步形成，且不断扩大。1992 年，邓小平南方谈话发表，中共十四大召开，中国掀起了改革开放和社会主义现代化建设的新高潮。湛江调整了发展战略，开创了深化改革、扩大开放的新局面，社会主义市场经济体制初步建立，民主法治建设成效显著，人民生活实现了由温饱到小康的历史跨越。2002 年，中共十六大以后，中国进入全面建设小康社会、加快推进社会主义现代化建设的新的发展阶段。湛江遵循"以人为本"的可持续发展观，加快港口交通建设，推动大工业项目落户，以生态、民生建设为重点构建和谐湛江。

第一节 拨乱反正及国民经济恢复

"文化大革命"结束后，湛江通过揭批"四人帮"运动，展开真理标准的讨论，摆脱了长期"左"倾思想的束缚，拨乱反正，平反冤假错案，国民经济和社会事业恢复发展，走向改革开放。

一、揭批"四人帮"及真理标准讨论

1976 年 10 月 14 日，中共中央公布了粉碎"四人帮"反革命集团的消

息，举国欢腾，人心大快。10 月 23 日，湛江地区各市、县（郊区）分别举行了隆重的集会和游行，庆祝华国锋担任中共中央主席、中央军委主席，庆祝粉碎"四人帮"反革命集团的胜利，参加人数达 25 万人。① 随后，全区按照中央部署，开展了揭露批判"四人帮"的运动。

1977 年四五月，根据广东省委部署，湛江地委布置了在全区开展清查同"四人帮"篡党夺权阴谋活动有牵连的人和事的运动，清查重点放在地区直属机关和湛江市、茂名市，由此揭发了一批可疑的情况和线索。运动办公室对涉案人员的情况进行了研究和甄别，1978 年 6 月正式作出结论：全区没有发现与"四人帮"直接挂钩的人，也没有发现在组织上与"四人帮"篡党夺权阴谋活动有牵连的人。②

1978 年 5 月 11 日，《光明日报》发表了题为《实践是检验真理的唯一标准》的特约评论员文章。这篇文章引发一场全国性的关于真理标准问题的大讨论。湛江地委在中央、省委领导下，从 1978 年下半年至 1980 年上半年，在全区开展了一场关于真理标准问题的大讨论。

1978 年 8 月 30 日，湛江地委机关报《湛江报》首次转登新华社北京 8 月 28 日消息《检验真理的标准是什么？》，此后至 1980 年初，该报陆续转载有关检验真理的标准问答和全区各地有关检验真理标准的学习报道。1978 年 9 月，地委宣传部开始在自己编印的《学习参考资料》上不断刊登有关真理标准问题讨论的文章。10 月初，全区各级单位开始组织党员、干部、职工开展关于真理标准问题的学习讨论。③ 11 月，湛江地委中心学习组组织常委专题学习、讨论真理标准问题。④ 11 月 22 日，《湛江报》在头版头条发表《湛江地委常委中心学习组认真学习讨论实践是检验真理的标准问题》的报道，在全区产生较大影响，推动了全区讨论真理标准问题活动的开展。

---

① 《湛江二十五万军民举行隆重集会和声势浩大的游行》，《湛江报》1976 年 10 月 23 日；《革命人民的盛大节日》《我区各县、市四百六十万军民举行隆重集会和盛大游行》，《湛江报》1976 年 10 月 24 日。

② 湛江地委运动办：《湛江地区清查工作情况》（1978 年 6 月 23 日），湛江市档案馆馆藏档案 3—28—54。

③ 湛江地委宣传部：《思想情况反映》，湛江市档案馆馆藏档案 3—40—24。

④ 《湛江地委常委中心学习组认真学习讨论实践是检验真理的标准问题》，《湛江报》1978 年 11 月 22 日。

1978 年 12 月召开的中共十一届三中全会，高度肯定了全国真理标准的讨论，作出了实行改革开放的战略决策。1979 年 1 月，湛江地委宣传部向湛江市、茂名市、各县（郊）委宣传部转发了《关于学习党的十一届三中全会文件的安排意见》。2 月，湛江地区分别召开市、县（郊）和公社、大队三级干部会议，传达贯彻中共十一届三中全会和中央工作会议精神。3 月，湛江地委党校 1979 年第一期干部轮训班开学，全区地、市局、科的负责人，公社党委正、副书记等 300 余人参加了这次学习，时间长达 2 个月。经过党校培训的领导干部回到各地后，均在当地单位组织、辅导真理标准问题的讨论。此后各级各类的学习和讨论持续到 5 月，全市讨论真理标准问题不断深入进行。

1979 年 5 月 21 日，《解放军报》率先提出真理标准问题讨论要进行补课。7 月，广东各地开展了真理标准问题的补课。7 月 15 日，《湛江报》发表短评《必须补上的一课》。此后至 1980 年上半年，湛江地区再次掀起了大规模的真理标准问题补课的高潮。干部和群众议论较多的是生产的责任制问题，一些干部指出，过去实行过的"三定一奖"（定工、定产、定成本、超额奖励）、"五定一奖"（即三定一奖加定劳动、定地段），是符合客观实际和广大群众愿望的。但人们看法不一，有的人认为这是调动生产积极性的"灵丹妙药"，有的人则认为是复辟资本主义的"罪恶之源"。在众说纷纭面前，一些干部拿不定主意，当看到一些地方实行后效果好，就主张推广，当看到一些地方出了点问题或"走了样"，就担心"大难临头"，赶快要求"急刹车"。通过真理标准的学习讨论，大家认识到，推广生产责任制是一个辩证的发展过程，实践证明生产责任制是搞好农业行之有效的好措施，干部应该支持群众的生产责任制，并在实践中与群众一起研究，使之不断完善。[①]

湛江经过这场真理标准的学习讨论运动，冲破长期以来"左"倾思想的束缚和"两个凡是"思想的禁锢，解放了思想，推动了各条战线的拨乱反正，从而为实现党的工作重点转移，奠定了思想基础。

二、平反冤假错案与落实政策

中华人民共和国成立后，湛江同全国一样开展了"文化大革命"等政治

---

① 刘文乔：《岁月如流未蹉跎》（上），中国民主法制出版社 2000 年版，第 246—247 页。

运动，造成了不少冤假错案。"文化大革命"结束后，真理标准的讨论从思想上进行了拨乱反正，为平反冤假错案和落实政策奠定了组织和思想基础。

平反、落实政策的工作在1978年已经开始，在中共十一届三中全会后全面展开。根据党实事求是、有错必纠的原则和解决历史遗留问题宜粗不宜细，不要纠缠具体的历史旧账，不要追究领导者个人责任，统一认识，团结一致向前看的指示，平反了大批"文化大革命"中发生的冤假错案，同时，还对"文化大革命"前的错案也进行了复查处理，并落实了政策。

（一）为干部平反、落实政策。首先抓大案的平反。一是马如杰案。1978年，经广东省委批复，湛江地委宣布为马如杰彻底平反，恢复名誉，恢复党籍，并任命他为省贫下中农协会副主任。二是"揪南路党"案。1979年1月，湛江地委召开平反大会，宣布该案是冤案，推倒强加在有关人员身上的一切诬陷不实之词，对被迫害的人员进行平反昭雪，恢复名誉。有关部门销毁了黑材料。至1980年9月，该案的平反善后工作基本结束。在平反这两大案的带动下，其他干部冤假错案的平反工作也在紧张进行。1987年5月止，全湛江市列入复查的案件9607宗，复查结案9559宗，占应复查的99.5%。复查后，平反纠正8301宗，占复查数的86.8%；维持原结论的1258宗，占复查数的13.2%。[①]

（二）为知识分子平反、落实政策。对知识分子的平反、落实政策与对干部的平反、落实政策工作是同步进行的。到1982年6月，湛江地区的95宗高级知识分子冤假错案有93宗得到平反，牵涉的111人中已对109人作出了复查结论，按政策解决了一大批知识分子生活困难的难题。地、市合并之后，湛江市成立了知识分子工作领导小组和办事机构。到1986年4月，又复查平反纠正了1041名知识分子的冤假错案，给"文化大革命"中被错停、减发工资的346人补发了共56万多元工资，并按照实际情况给部分人退还了被查抄的物资、私房等，给符合条件或有需要的人解决了入党、上户口、子女就业及上学等问题。

（三）为农村基层干部落实政策。在"文化大革命"中，湛江不少农村

---

① 陈充：《"文革"后湛江的平反冤假错案和落实政策》，中国人民政治协商会议广东省湛江市委员会编：《新中国成立以来湛江文史资料选编（综合卷）》，2016年内部编印，第471—475页。"平反冤假错案与落实政策"一目的资料和数据均依据此文。

基层干部被打成"走资派",被撤销领导职务。1979年2月14日,中共广东省委批转省委组织部、农村工作部《关于认真做好落实农村基层干部政策工作的请示报告》。湛江遵照报告的指示,开始了为农村基层干部落实政策的工作。到1979年9月止,全湛江地区需要落实政策的有11111人,已落实10594人,占需落实人数的95.3%,经济补偿也逐年补偿完毕。

(四)为"右派"摘帽和落实政策。1978年,湛江地委成立了摘掉"右派分子"帽子工作领导小组及办公室,开始了对原右派分子的复查、改正工作,接着又开展了对中右分子落实政策的工作。至1979年10月,全区原划"右派"4405人,复审改正的有4366人,占原划"右派"总数的99%;维持原划"右派"结论的30人,占原划"右派"总数的0.7%(后全部复查改正)。1983年,湛江落实统战政策领导小组根据省委的通知精神,对解决错划"右派"结论中的文字"尾巴"问题进行了工作部署。至1983年底,对全市(含五县四区)660多名错划"右派"改正结论中写有"认识片面""偏激情绪""认识上的错误""讲过一些错话"等属于"尾巴"性质字样的案卷进行复查,全部割掉了"尾巴",并重新作出结论。

(五)为地、富、反、坏分子摘帽。1979年1月11日,中共中央作出《关于地主、富农分子摘帽问题和地富子女成分问题的决定》指出:凡是多年来遵守政府法令,老实劳动、不做坏事的地主、富农分子以及反革命分子、分子一律摘掉帽子,给予人民公社社员待遇;地主、富农家庭出身的子女,本人成分一律定为社员。遵照此决定,湛江地区于1979年2月开始对地主、富农、反革命分子、坏分子展开评审和摘帽工作。至1979年8月,共摘掉1590人的"地主、富农、反革命分子"的帽子,纠正错管错戴"地、富、坏分子"帽子110人,给3066名"地、富、反革命"出身的子女确定社员成分。

(六)为原国民党起义、投诚人员落实政策。1979年,湛江地区成立了"落实原国民党起义、投诚人员政策工作组",对全区1539名原国民党起义投诚人员开展调查核实、落实政策工作。通过调查,湛江解放后至"文化大革命"前这1539人中,有266人加入了中国共产党,有114人担任了不同的领导职务。但在"文化大革命"中,有不少人受到不公正的待遇甚至遭受迫害。经核实,需要平反落实政策的有78人,需要收回安置工作的有37人。

后来这些人基本上都得到了妥善安排，该项工作于 1980 年 12 月结束。

（七）为原工商业者落实政策。1979 年 11 月，湛江开始了对原工商业者的甄别工作。到 1980 年止，在全地区原工商业者 2817 人（湛江市 972 人）中，共甄别出小商、小贩、手工业者 2336 人（湛江市 772 人），占原工商业者 82.9%（湛江市占 79.4%）。1987 年底，对原工商业者的冤假错案以及被错划为"右派分子"的人全部给予改正；对被扣减的工资全部返还，被查抄的财物退还 98%，补发 2769 人被扣定息 84668 元；退还被接管、挤占、没收的私房和办公用房产权共 22934 平方米。

（八）为华侨和港澳台同胞落实政策。1979 年起，遵照上级指示，湛江对华侨、港澳台同胞进行普查和落实政策。到 1981 年，侨户的冤假错案 613 宗 613 人全部得以平反，658 户侨户得以补改。1984 年，对华侨和港澳台同胞进行调查。经查实，全市共有华侨和"三胞"55430 户，335000 余人，分布在 35 个国家和地区。其中台湾、金门和澎湖籍同胞 70 户，187 人；去台人员 2545 人，留在大陆的亲属有 2876 户，12947 人。到 1987 年，全市退还华侨和港澳同胞农村房屋产权的有 563 户，补偿补助资金 307 万元；城镇退还房屋产权的有 421 户；退还国民党军政人员弃留代管房屋 36 户。

（九）为宗教落实政策。"文化大革命"中，宗教工作机构被取消，宗教团体被解散，宗教房屋被挤占，宗教文物被毁坏。1982 年，湛江市、海康县恢复了佛教协会，徐闻、遂溪成立了佛教管理小组。全市 50 多座教堂寺庵恢复了活动，宗教界人士中的冤假错案得以全部平反，查抄的财物全部退还，被占用的房产 96 座（处）全部退还产权。

三、政治生活逐步恢复正常

"文化大革命"期间，党政群机关正常秩序遭到破坏，针对这一现象，中共十一届四中全会以后，全党开展整党整风，促使党政群机关政治生活正常化。

1978 年 6 月开始，湛江地委开始进行整风，到 7 月下旬结束，前后 50 多天，为全省整风最早的地委。各地委常委均参加了整风。整风实行"三不主义"（不打棍子、不扣帽子、不揪辫子），采取"会内会外、大会小会相结合；选择若干典型事件、案例进行分析解剖；参会人员逐个评论，边评边揭"的做法。地委将各地揭露出来的问题归结为八大问题，与会者运用马克思主义的立场、观点和方法，实事求是地对"八大问题"进行剖析。在普遍揭露问题和分析典型事件的基础上，开始进行"上帮下促自己斗"，澄清问题，分清是非。最后地委对八个问题作了检查说明，承担了地委应负的责任，提出了地委今后应吸取的经验教训。地委整风结束后，从8月中旬开始，各县、市委参照地委的做法也进行了整风，到10月结束。各地整风的特点是边整边改，以实际行动取信于民。如对过去加重农民不合理负担的"一平二调"问题，部分县、市委在整风会上作了自我批评和赔退，群众反映很好，说这次整风是"响雷下雨，解决问题"。[①]

整风前后，湛江各级领导班子进行了调整和充实加强。一批久经考验、政治经验丰富的老干部得到重用；一批经过考验的优秀中青年干部被提拔到各级领导岗位上来；一些犯有一般性错误的干部，历史地实事求是地进行分析，帮助其分清是非、认识错误，在取得群众谅解的基础上继续任用使用；一些犯有严重错误的干部，则分别作了处理。各级领导班子经过调整，大大增强了领导班子的战斗力，促进了安定团结政治局面的形成，党政群机关的政治生活也得到拨乱反正，逐步走向正常化。

根据中共中央关于重新设立人民检察院的通知精神，1978年10月，广东省人民检察院湛江分院重建，各县、市也重新建立了检察院，加强了检察工作。1979年1月，中共湛江地委成立纪律检查委员会，政权机构也健全起来了。根据第五届全国人大常委会第十一次会议通过的关于将"文化大革命"中的革命委员会改为人民政府的决议和广东省五届人大二次会议关于改各地区革命委员会为各地区行政公署的决定，1979年12月，撤销湛江地区革命委员会，成立湛江地区行政公署，隶属广东省人民政府领导，为广东省人民政府的派出机构。中共湛江地委、湛江地区行政公署分开办公，实行了党政分开。接着，党委的组织、宣传、统战、党校、纪律检查等各项工作机构得以恢复重建。此外，统战工作得到恢复，在"文化大革命"中基本停止活动的各民主党派或调整，或重新建立组织机构，并恢复信教群众的正当宗教生活，落实教堂的房产政策，群众团体恢复正常活动。还先后重新成立广

① 中共湛江地委：《关于湛江地区各市、县（郊）委整风的报告》（1978年11月6日），湛江市档案馆馆藏档案3—28—41。

东省总工会湛江办事处、广东省妇女联合会湛江办事处、广东省贫下中农协
会湛江地区工作委员会。对共青团湛江地区委员会领导班子进行调整充实，
撤销红卫兵、红小兵组织，恢复各校少先队。

四、国民经济渐回正轨

"文化大革命"结束后，湛江地委在国民经济工作中进行拨乱反正，各
项工作逐步走上了正常发展的轨道。

在工业战线，企业逐步实行"五定"（定产品方向和生产规模；定人员
机构；定主要原料、材料、燃料、动力、工具的消耗定额和供应来源；定固
定资产和流动资金；定协作关系），建立和健全以岗位责任制为中心的制度，
狠抓扭亏为盈的工作，按照专业化、系统化、标准化、通用化，提高成套水
平的要求，开始改组工业。生产有了较大的起色，"文化大革命"期间有章
不循、无章可循的局面基本扭转过来。湛江比较重要的轻工行业迅速改变了
行业的落后面貌，至 1977 年实现全面扭转亏损，企业利润比 1976 年增长
了 20.7%。[①]

在农业战线，尊重生产队自主权，加强人民公社经营管理；推行"三定
一奖"（定工、定产、定成本、超额奖励）与"五定一奖"（即三定一奖加
定劳动、定地段）的生产责任制；鼓励农民发展以种养为主的多种经营，促
进社队企业的发展。实行这些措施，加上地、县、市各行各业给予农业生产
发展和多种经营以实际的支持，湛江农村从动乱的创伤中逐渐恢复过来。

在财贸战线，实行了"收支挂钩、总额分成、超产奖励、结余留用"[②]
的管理体制，按照多种经济成分、多种经营方式、多条流通渠道的原则要
求，调整商业结构，支持集体商业发展，开始允许个体商业存在，安排财贸
战线中被精简、下放的干部职工返回原岗位工作等，全区财贸扭转了"文化
大革命"期间的混乱状况。

上述措施实施后，湛江国民经济得到初步恢复，生产总值由 1976 年的
10.6 亿元提高到 1978 年的 12.1 亿元。1978 年，湛江地区工农业总产值

---

① 《我区轻工企业全面扭转亏损》，《湛江报》1978 年 4 月 17 日。

② 湛江市地方志编纂委员会编：《湛江市志》（上），中华书局 2004 年版，第 1097 页。

38.18 亿元（按 1970 年不变价），比 1977 年增长 5.2%。[①]

五、教科文事业拨乱反正

1977 年，湛江开始科学、教育、文化方面的全面拨乱反正工作。教育领域的拨乱反正，首先是肃清"四人帮""两个估计"的余毒，提高教师的社会地位，平反了教育界的冤假错案，使一批知识分子重新回到教育岗位。致力改善教师的工作、生活条件，对侮辱教师事件作了严肃处理，逐步恢复了正常的教学秩序。其次是恢复了高考。1977 年 10 月，湛江地区高等中专学校招生工作委员会成立，实行高等、中专学校统一招生考试、择优录取，组织考生参加全国统一的招生考试。12 月 11 日至 13 日，整个湛江地区 6.8 万考生参加了全国高等学校和中等专业学校招生考试，考上高等院校 1300 多人，考上省、地级中专学校 1600 多人。湛江医学院、湛江水产专科学校各招生 200 多人，雷州师范学校大专班也招生 100 多人。三是高等、中专院校得到了发展。1978 年，恢复高考制度后，除了湛江医学院、湛江水产专科学校恢复招生外，雷州师范学校在设立大专班的基础上建设成为雷州师范专科学校。同年，湛江农业专科学校也在湛江市郊湖光岩旁复办，湛江的高校数量恢复到 1958 年的 4 所。整个湛江地区，在"文化大革命"期间停办的一批原有中专学校陆续恢复，接着又新办了几所，湛江逐步成为拥有门类较齐全的中专的教育地区。四是恢复了一批重点中小学校。1978 年初，湛江地区恢复或创办了省、地、县重点中学 26 所、重点小学 22 所、重点师范 2 所。其中湛江一中为省、地合办的重点中学。1978 年 12 月，湛江地区教育局公布湛江一中、湛江市八小分别为湛江地区重点中、小学，同时公布了各市县的重点中小学。[②]

1977 年 7 月，湛江地委成立全国科学大会湛江地区筹备工作领导小组。8 月 31 日，地委召开知识分子、科技工作者代表座谈会。1978 年 3 月全国科学大会召开，邓小平在会上强调"科学技术正在成为越来越重要的生产力"，

[①]　《我区一批工业产品提前完成国家计划》，《湛江报》1978 年 12 月 7 日。湛江市统计局编：《光辉的历程·湛江建国五十年统计资料》，1999 年内部编印，第 208 页。

[②]　《湛江教育志》编写组编：《湛江教育志（1898—1987）》，广东教育出版社 1991 年版，第 61—62、102—105 页。

1977 年 11 月 5 日《湛江报》刊登高考招生简章

"知识分子是工人阶级的一部分"。[①] 湛江地区谭俊等 5 位代表出席大会，"木麻黄海防林带的营造技术"等 40 项优秀科技成果获奖，华南热带作物研究所翻译何国良被授予全国先进科技工作者称号。会后，湛江地区及各县、市相继成立了科学技术委员会和科学技术协会，开展对科技、教学恢复技术职称评定的准备工作，湛江市委组织部和市科委还发出了关于做好工程师、技术员晋升工作的通知。1978 年，地震台、地区科技情报所、轻工研究所、制盐工业研究所、医药研究所、刑事科学研究所、杂优种子联合公司、计算机开发中心等一批科技开发机构相继建立；水产、畜牧兽医、化学化工、土木建筑等专业学会也陆续恢复了活动；一批科技研究结出了新成果，如成功培育了水稻杂优品种，研制了农业新机械，创新了水产养殖新技术，开发了一批电子元件。

　　文化战线也进行了拨乱反正。1978 年 1 月，湛江地委制定了 1978 年至

---

　　① 中共中央党史研究室：《中国共产党历史》第二卷（1949—1978）下册，中共党史出版社 2011 年版，第 1019 页。

1980 年三年文化发展的规划，号召文化工作者要为湛江真正兴起社会主义文化建设新高潮而努力奋斗。[1] 1978 年 5 月，湛江市文联宣布恢复活动，停止活动十几年的文协、剧协、音协、中国美术家协会广东分会湛江支会等正式恢复活动。文艺界出现了"思想活跃、创作活跃、演出活跃"的景象，艺术表演团体改编（移植）的革命历史粤剧《八一风暴》《洪湖赤卫队》《江姐》在各地上演，传统历史粤剧《逼上梁山》《秦香莲》和改编为雷剧的《红灯照》也相继上演，由湛江市 40 多个单位的业余文艺工作者演唱的《杨开慧组歌》深受群众喜爱。1978 年 12 月，举行了湛江地区业余文艺会演，13 个市、县组织了代表队参演，演出 13 场。一批小说、戏剧、诗歌、美术等作品相继在国家、省、地级刊物发表。整个地区的基层文化站建设也取得一定的成绩，到 1977 年底，全地区的公社（镇）共建起了 151 个文化站，占全地区公社（镇）总数的 61.1%。[2]

第二节　对内改革的起步和全面推进

改革开放之前，湛江已开始在农村恢复多种形式的责任制。1978 年 12 月，中共十一届三中全会后，湛江各项工作步入正轨，各项改革全面铺开，主要有农村体制改革、城市国有工商业管理体制改革、国营农场改革和行政体制改革，鼓励非公经济发展，改革开放和社会主义建设事业全面推进。

一、农村体制改革及新经营体制确立

1977 年，湛江地区几乎所有的县都有一批生产队率先搞起了甘蔗的包产到户，结果甘蔗产量大增。到 1978 年春耕时，海康县北和公社潭葛大队将土地、农具、耕牛等全部包给农户，早造产量又翻了一番。1978 年冬，该大队全部实行联产到户，1979 年，农业获得大增产，不但完成了当年的各项粮食上调任务，而且还清了公购粮历史尾欠贷款，并为国家多售余粮 2 万多

---

[1] 《湛江地区文化系统学大庆、学大寨先进集体、先进个人代表会议开幕词、闭幕词》，湛江市档案馆馆藏档案 71—1—32。

[2] 《湛江地区 1977 年公社、镇级文化站统计表》，湛江市档案馆馆藏档案 71—1—31。

斤。1979 年开始，潭葛大队"生产成本靠上拨，群众生活靠救济"的现象消失。[1] 同一时间，遂溪、徐闻、电白等地在基层干部的带领下，也以"抗灾"为名搞起了"包产到户"。

1979 年 1 月 11 日，中共中央制定了包括建立生产责任制在内的发展农业二十五条政策措施，但仍然规定不许包产到户。湛江不少县区的生产队相继出现分队、包产到户的现象，先后不同程度地分出一大批兄弟队、父子队，全区生产队总数猛增 3 万多个。湛江地委曾多次派出工作组去制止农户分田单干而无果，但为审慎起见，也没有强行制止。

湛江地委书记林若吩咐地委有关部门下去调查，并同意调查组的意见：生产形式可多种多样，不搞"一刀切"，允许各地试行不同模式；与其放任不管，让群众自发搞，不如派干部加以指导，有组织有领导地实行包产到户。当获悉潭葛大队 1978 年大丰收后，1979 年春，湛江地委书记林若在一次地委召开的三级干部会议上对潭葛大队作出了肯定的评价。[2] 海康县县长陈光保在县委召开的公社书记会议上推广了潭葛大队的经验，并提出有关家庭承包的六点建议。1979 年 11 月，海康县率先以县委名义，作出允许包产到户的规定，带动了全区，包产到户即成燎原之势。1980 年 10 月，湛江地委召开三级干部会议，统一了大家的认识。1980 年冬到 1981 年春，全地区大部分社队实行了包产到户。[3] 这些农村实行体制改革后，农业连年丰收，农民贫困状况大为改善。

1978 年秋，吴川县王村港渔业公社覃寮大队 8 个石头匠和 5 位大队干部共 13 人做了一个大胆的决定：每人入股 50 元至 100 元不等，成立王村港覃寮大队葵厂，创办了全省第一个农民股份制企业。[4] 这个石破天惊的行为立即在吴川县乃至整个广东省掀起了巨大的波澜，这 13 位农民在"不经意"

---

① 《广东省包产到户 海康县先行一步》，雷州市党史研究室存资料。

② 梁振元访谈录：《实事求是的典范，严格自律的楷模》，见章扬定、蔡龙主编：《怀念林若》，羊城晚报出版社 2013 年 10 月版，第 187 页。《湛江地区各市、县（郊）委书记学习讨论中央两个文件情况综合》（1979 年 1 月 24 日），湛江市档案馆馆藏档案 6—14—36；雷仲予：《广东先行一步见闻录》，广东人民出版社 1998 年版，第 103—106 页。

③ 林若：《八十年代初期湛江地区的农村改革》，《广东党史》1999 年第 3 期；雷仲予：《广东先行一步见闻录》，广东人民出版社 1998 年版，第 103—106 页。

④ 李辉等：《吴川十三位农民创造历史》，《湛江日报》2008 年 10 月 30 日。

间开创了广东省农民入股成立股份制合作企业的先河。

1980年9月，中共中央召开各省、自治区、直辖市党委第一书记座谈会，着重讨论加强和完善农业生产责任制问题。9月27日，中共中央印发这次会议的纪要《关于进一步加强和完善农业生产责任制的几个问题》（简称"七十五号文件"），明确肯定了十一届三中全会以来各地建立的各种形式的农业生产责任制，对深受群众欢迎而又充满争议的"包产到户"起到了一锤定音的肯定作用。

"七十五号文件"下达后，湛江地委于1980年10月召开了7天的全区三级干部大会，会议强调要坚持实践是检验真理唯一标准的思想路线，认为在中共十一届三中全会精神指引下，全区恢复和创立了多种适应当地生产水平、有利于发展农业的生产责任制，成效是明显的，尤其是困难地区和落后队。会议明确要求各级领导必须因地制宜加强和完善各种生产责任制，开展多种经营。

地委还对林业系统贯彻"七十五号文件"进行体制改革作出了部署。1981年6月，地委在电白县城召开自中华人民共和国成立以来湛江林业工作最大规模的一次会议。会后，按照地委部署，在经营体制改革方面，各地抓紧稳定山权林权，落实林业生产责任制；在生产方面，开展多种经营；在管理方面，实施木材集中统一管理，制订措施制止乱砍滥伐，办好社队林场、专业队。同时各地还要搞好公路、河渠两旁的造林绿化。地委一系列措施收到明显成果，到当年9月止，全区11个县、市的35个公社、45个大队开展了林业生产责任制试点工作。

"包产到户"生产责任制在湛江农村的推行，为农业生产带来显著效益。1979年年底，全区粮食增产8.3亿斤，比上年增产15.6%。1980年，全面贯彻"七十五号文件"后，全区粮食总产量更达到了62.72亿斤。为进一步完善农村的生产责任制，1982年1月1日，中共中央批转《全国农村工作会议纪要》，再次肯定：各种形式的农业生产责任制都是社会主义集体经济模式，不论采取什么形式，只要群众不要求变动，就不要变动。地委在贯彻《全国农村工作会议纪要》实践中，强调各级要正确处理统与分的问题，建立多种经营联合承包责任制要坚持从实际出发，因地、因队、因经营项目制宜。在地委的领导下，各种形式的承包生产责任制在全区农村遍地开花。至

1982 年底，全区农村拥有各种新经济联合体 1.64 万个，各种专业户、重点户 12 万多户。全区粮食总产量达 73.83 亿斤，比上年增产 13 亿斤。

1983 年 1 月 2 日，中共中央颁发《当前农村经济政策的若干问题》。该文件提出了稳定和完善农业生产责任制、改革人民公社体制，实行政、社分设，允许农村资金、技术、劳力的流动，打破城乡分割和地区封锁，广辟流通渠道等 14 项意见。《当前农村经济政策的若干问题》下达后，1 月 10 日，湛江地委要求各级党委、政府继续坚定地稳定、完善联产承包责任制，同时要求工交工作也要如农村那样抓好经营责任制，采取有力措施疏通商品流通渠道，以配合农村的商品生产。2 月 13 日，胡耀邦总书记一行在省委领导任仲夷、刘田夫等陪同下到湛江视察，深入浅出地阐述了中央关于改革开放决策的精神，为湛江如何赶上全国改革开放的浪潮指明了方向。① 3 月后，全区实行政、社分设，允许农村资金、技术、劳力的流动，打破城乡分割和地区封锁，广辟流通渠道。农民从事商品生产的积极性空前高涨，农村剩余劳动力开始大批进城从事各项社会服务业，至年底，仅从事建筑业的民工就达 4.6 万人，承包建筑工程 2000 多项。其中吴川县尤为突出，全县农村产品商品率从原来的 20% 提高到 57%；农村合作企业固定从业人员达到 3.1 万多人，另有 6 万多人为合作企业搞厂外加工和短期服务，两项共达 9 万多人。

为适应农村经营体制改革，农村干部管理体制改革也开始进行。1983 年 3 月开始，全区农村社队干部实行"干部岗位责任制"，主要形式有：分线分片包队、联责综合计分制，部门包队分项计奖责任制、联产计分责任制、考勤评奖岗位责任制、计分评级浮动工资制等。5 月，全区实行农村管理体制改革，撤销人民公社，原公社一级行政组织改设区公所，大队改设乡（镇）政府，生产队改为村民委员会。

1979 年 10 月，湛江地委召开了中华人民共和国成立 30 年以来全区规模最大的水产工作会议，第一次郑重提出把水产摆到发展国民经济、发展农业生产的一个重要位置上来。1983 年 1 月，地委在农业工作表彰大会上强调，今后要"着眼于所有土地和水面，充分利用本地的自然资源"。其时，全区有可供开发养殖滩涂 60 万亩，仅开发利用 18 万亩，不到三分之一；还有宜

---

① 符铭：《胡耀邦在湛江畅谈改革》，中共湛江市委党史研究室编：《党和国家领导人在湛江》，1999 年内部编印，第 283 页。

林沙滩 65 万亩，有林面积仅 40 多万亩。地委认为，沿海发展潜力很大。1983 年 5 月，在阳江县召开全区沿海开发滩涂现场会议。5 月 22 日，地委发出《关于加速开发利用沿海滩涂若干政策问题的意见》，强调要明确滩涂所有权，落实管理、使用权和承包责任制，对沿海滩涂开发利用作全面安排；同时要坚持经营形式多样化，改变过去只由国家和集体包办、不准个人经营的做法，认真解决经营期限、联合体内部分配和"退耕还渔"等问题。此后，集体、个人承包经营开发滩涂的现象开始大量出现。

1983 年 6 月 3 日，为活跃湛江市场，湛江市委、市政府决定拨款 158 万元，在湛江市民生、内环路等开辟 7 个市场和 4 个小商品市场，并分别在赤坎、霞山两区组织社队企业管理局和农垦系统，开办农副产品、工业产品展销会和外地商店一条街；组织各单位投资 800 万元，改造赤坎红旗市场和霞山东风市场，大力争取外地单位和个体户到湛江设店销售。

1984 年 1 月 1 日，中共中央发出《关于 1984 年农村工作的通知》，指出当年农村工作的重点是：稳定和完善生产责任制，同时，为鼓励农民增加投资，将土地承包期限延长到 15 年以上，对生产周期长或开发性项目，如林木、荒山、荒地等，承包期应当更长。湛江市委派出了 1400 多名干部，组成工作队，分头深入各地农村，宣讲该文件。为了更好地在全市贯彻文件精神，市委还通过在廉江县召开现场会的形式，交流各地在贯彻文件中的创新做法和经验。当年推出了廉江县国营长青水果场等十几个大搞开发性生产的先进典型。贯彻中央《关于 1984 年农村工作的通知》的文件精神，促进了干部群众思想观念的转变和开发性生产的发展，当年仅 1 月至 4 月，全市参加开发"五荒"（荒山、荒坡、荒地、荒滩、荒涂）的农民达到 30 多万户，占全市农民总户数的 40%；新开发的荒山、荒地 16.7 万多亩，相当于历年总开发数的 68% 以上。

1985 年 1 月 1 日，中共中央、国务院发布《关于进一步活跃农村经济的十项政策》，指出农村的工作重点是：进一步改革农业管理体制，改革农产品统购派购制度。以这个文件为标志，中国农村开始了以改革农产品统购派购制度、调整产业结构为主要内容的第二步改革。文件下达后，湛江市取消了生猪派购政策，猪肉、鸡、鸭、鹅和蛋品全部实行价格放开经营。4 月 1 日，全市取消粮食统购统销，实行合同定购。此外，根据文件关于"进一步扩大城乡经济交往,加强对小城镇的建设"的精神,湛江市委于 4 月 9 日至 12 日在海康县(今雷州市)召开全市小城镇建设工作会议,研究进一步加快小城镇建设的方案,要求多层次、多形式、多渠道发展,要求区、乡、村、联户、个体各种形式一齐上,大力推进乡镇企业的发展。在中央连续发出的几个文件精神鼓舞下,全市 173 个小城镇的工业得以初步发展,1983 年博铺、塘㙍、梅菉、龙头、坡头、麻章、安铺、石岭等城镇工业年产值已超过 1000 万元。

1986 年 1 月 1 日,中共中央、国务院发布《关于 1986 年农村工作的部署》,指出:我国农村已开始走上有计划发展商品经济的轨道,农业和农村工作必须协调发展,把"无工不富"与"无农不稳"有机地结合起来。经过几年的改革,此时的农村已形成了比较稳定的以承包责任制为核心的多种经营体制,并走上了有计划的商品经济的轨道。1984 年开始,全国体制改革的重点转向城市。因此《关于 1986 年农村工作的部署》强调的是农村和农业工作、工业与农业的协调问题。1 月 16 日至 21 日,湛江市委召开市、县、区三级领导干部参加的农村工作会议,研究推进农村第二步改革、搞好农村整党工作,以推动农村经济持续稳定协调发展。会议强调要坚定不移地进一步搞好农村改革,提出农村工作的领导方法要转到服务上来。在市委的重视下,"无工不富"与"无农不稳"有机结合的精神得到了进一步贯彻。仅 1986 年上半年,吴川县就办起合作企业 1538 个,产值 4800 万元,上缴税金 227 万元。参加企业的农户平均每户增收 1300 元以上。

湛江农业经营体制实现了从"一刀切"的僵化体制向因地制宜、充满生机的多种形式商品生产体制转变,并确立了符合当地实际的新的生产体制。湛江农村面貌发生了巨大变化,农业生产水平和农民生活水平得到了极大的提高。

二、城市国营工商业管理体制改革

随着农村体制改革的深入发展,湛江城市工业管理体制改革也开始起步。从 1979 年开始,地市委按上级指示,在工业企业内简政放权,随后实行经济责任制、职工收入与工效挂钩、厂长负责制、以税代利、向企业让利等措施,分期分批全面整顿了企业,扩大了企业自主权。随后,企业开始实行计件工资和奖励制度。一批企业更是越过不同所有制的鸿沟，实行企业的联合兼并，成为湛江城市改革开放的前奏。之后，湛江地（市）委、市政府（专署）又对市属、县属国营工业企业进一步改革，实行联合、兼并、重组，组建了一批企业集团，初步形成制糖、家电、卷烟、食品、纺织、医药、机械、化肥、建材等工业体系。

1983 年 7 月，全区正式开始实行劳动合同制。1984 年，湛江被列为广东省经济体制综合改革试点市，其核心是扩大企业自主权，完善以承包为主的经营责任制，推行厂长负责制。列入试点的 10 个企业是：湛江油脂化工厂、湛江糖果厂、湛江饼干厂、湛江人民印刷厂、湛江电机厂、湛江制药厂、湛江卫生制药厂、湛江水泥厂、湛江卷烟厂和湛江无线电二厂。其中湛江卷烟厂 1983 年至 1984 年累计亏损 812 万元，是全国烟草行业的亏损大户。1985 年实行厂长负责制后，卷烟厂大刀阔斧地进行人事制度和工资分配制度改革。中层干部由委任制改为任期两年的聘用制，打破了企业干部"铁交椅"的终身制；在分配上推行全额浮动的结构工资制，把职工工资与厂当月经济效益，以及各自岗位的职责、劳动强度、劳动态度、工作质量等指标挂钩，端掉平均主义的"大锅饭"。全厂形成了干部能上能下、以贡献定工资的内部竞争机制。为加强企业管理，还制定了 20 多项规章制度，特别是建立了厂、车间、班级三级质检网，实行全面质量管理，进而在全国 20 多个省（市）打开了市场。香烟产量从 1985 年的 7 万大箱，提高到 1992 年的 17 万大箱，年均递增 13.49％；销售收入从 1985 年的 5529 万元，提高到 1992 年的 3.3 亿元；实现税利从 1985 年的 3123 万元，提高到 1992 年的 1.536 亿元，成为湛江市的纳税大户和地方财政支柱之一。

实行兼并、重组成功的典型是被誉为"半球模式"的湛江市半球家用电器集团公司。该公司在改革开放前是一间只有几十人、生产五金制品的集体所有制小厂，改革开放后，在市政府支持下开始兼并效益不好的企业。至 1983 年，共兼并了 11 家濒临倒闭的集体企业，组成经济联合体，更名为湛江家用电器工业公司。在规模快速扩展中，该公司在当时大多数企业还不是很重视信息的时候，大胆对信息进行投资，率先在全国设置了 1200 多个销售网点和 30 多个维修站，利用这些"触角"快速反馈市场信息。同时，吸纳技术人才进行技术革新和改造，推出优质、新颖的拳头产品，不断巩固、扩大市场占有份额。在1983年全国电饭煲评比中，该公司电饭煲获得质量、产量第一名，一时间声名大振，用户订货单滚滚而来。该公司的传统产品——电饭煲产量由1982年的46万个激增到1983年的83万个，而同期用户订货量高达100多万个。此外，"半球"自主开发研制的家用电器配套产品，投产后也非常受欢迎，一出厂就被抢购一空。1984年底，该公司已有职工6000多人，产品有电饭煲、电炒锅、电水壶、日光管支架等几十种，产值更是猛增到1亿元以上。1987年8月，该公司半球牌风扇首次进入美国市场，第一批发货20万台。1987年，以半球为商标的家电产品，不但畅销全国29个省、区、市，而且走出国门远销30多个国家。1988年，改制组建为广东半球实业集团有限公司。1988年的广东半球实业集团有限公司拥有14家核心工厂、13家专业公司，职工人数达1.2万多人，被广东省树立为通过兼并与改制而迅速发展壮大的典型企业，经验在全国有关会议上得到广泛推广。1989年，该公司跻身全国500强企业，位居第146位。

湛江市委、市政府按照专业化、社会化生产的要求，对市属、县属国营工业企业进行联合重组，组建了一批专业公司和企业集团。如湛江市纺织工业公司，由湛江棉织厂、湛江棉织三厂、湛江针织厂和湛江棉纺厂等四家企业联合组成。生产农用运输车的湛江农械厂与湛江第二机械厂合并，组成湛江经济技术开发区农用运输车工贸公司，后改称湛江三星农车企业（集团）公司。1988年开始，三星公司以农用汽车作为公司的龙头产品，引进日本大发汽车公司的技术，组织生产适合广大农村使用的SX130型1.5吨双排座轻型载货汽车。同时引进日本大发汽车公司的车型和部分零散毛坯件，配套国产磁盘和零部件，装配生产轻型载货汽车。公司广泛组织专业化协作生产，在全国各地有六七十家企业为其配套和生产零部件，当年就生产出样车并批量投入生产。从与外商进行洽谈、引进技术设备到首批产品投放市场，只用了210天。一些日本专家在考察之后，都称赞中国工人了不起。这种当年引进、当年试制、当年出车的速度，不仅在中国汽车的发展史上是首例，就是在国外也属罕见。1988年，湛江三星汽车企业集团公司生产轻型载货汽车408台，其他农用运输车4038台，工业总产值达1.35亿元，比上年增长了4.4倍；实现利润384万元，比上年增长10.6倍；上缴税金315万元，比上年增长3.2倍，成为集生产、科研、经营一体的大型企业，呈现出了在市场经济中"大船好冲浪"的优势。

自 1984 年 9 月开始，全市商业系统全面推进体制改革，贯彻政企分开、简政放权的政策，改革了批发制度，对零售、饮食、服务的小型商业全部放开经营，实行商业承包，并在所有商业经营中推行经理负责制和经营承包制。至 1986 年，全市商业系统不同程度地实行了商工、商农、商贸、商技等多种形式、多种项目的联合企业达 60 多个，出现了以联购分销、赊购运销、联购联销为特点的商业形式。全市社会消费品零售总额由 1978 年的 5.3 亿元提高到 1986 年的 20.2 亿元，商品交易市场成交额从 1.5 亿元提高到 5.8 亿元。[①] 同时继续推行厂长（经理）任期目标责任制，扩大企业自主权。

1984 年 4 月 19 日，湛江市委在全市经济工作会议上，对工业体制改革制定了八项措施：第一，按照国家统一部署，开展"利改税"的改革；第二，在全市 10 个企业中首先推广深圳和蛇口工业区在人事、劳动制度方面的改革经验；第三，固定资产原值 300 万元以下、年利润 50 万元以下的市办、县办国营工业企业放开经营，实行全民所有、集体经营、国家收税、自负盈亏；第四，部分公司直接对外财政结算；第五，改革企业人事制度，凡有条件的企业，要积极推行民主选举厂长制；第六，改革分配办法；第七，认真抓好流通体制改革；第八，经报市委批准试制生产的新产品，可以免税 1 至 3 年等。[②] 1985 年，全市继续全面推行以承包为主的经济责任制和厂长（经理）任期目标责任制，职工收入与工效挂钩，厂长（经理）收入与企业盈亏挂钩，在企业中完善职工代表大会制度，推行民主选举厂长、经理；引入竞争机制，优化企业组织结构和劳动组合等。1985 年，全市工业总产值达 19.73 亿元。1987 年工业总产值达 51 亿元。[③]

三、国营农场改革与农户联营生产

在早期的改革大潮中，不同体制的生产单位自发实行联营，互补不足，共同实现了利益最大化。廉江长青水果场在全国首先创建了农场与农户联营

---

① 湛江市统计局编：《光辉的历程·湛江建国五十年统计资料》，1999 年内部编印，第 191 页。

② 中共湛江市委党史研究室编著：《湛江改革开放三十年大事记》，2008 年内部编印，第 91 页。

③ 《王冶在中共湛江市第六次代表大会上的报告》，中共湛江市委党史研究室：《中国共产党湛江历次代表大会资料选编》，2003 年内部编印，第 169 页。

的经营模式，实现"双赢"，被誉为"长青模式"。

长青水果场原是廉江县的一个知青场，有土地 3000 多亩。1975 年办场以来，连年亏损，至 1980 年累计亏损 129 万元，濒临破产边缘。1983 年，在农村实行家庭联产承包制的启迪和改革开放政策的推动下，长青水果场率先实施与个体农民联营。具体做法是：以自然村为单位，由农民自带荒地进农场实行家庭承包经营的方式，由农场出资金、技术并统一管理，共同开发荒山荒岭，发展以名优水果产品红橙为主的商品生产。在体制方面，农民不改变身份、集体土地的性质和原来的行政隶属关系，农场不承担联营农民的粮油供应、住宅和劳保福利；在生产方面，实施定岗位、定成本、定产量、定质量，双方统一生产计划、生产措施、技术规程、生产费用和产品销售等，这既发挥了农场的技术、管理优势，又激发了农民生产的积极性。优势互补的结果是喜人的。据统计，1988 年，仅占联营种植面积 1/10 的水果产量即达 2150 吨，产值 919.9 万元。而联营前，长青水果场 1982 年的产值只有 11 万元。至 1990 年，长青水果场先后与全县 17 个乡镇和县属的 6 个单位合办水果场，参加联营的农民达 166 条自然村共 5500 多户 7500 多个劳动力。联营后，农民带来荒山 4 万多亩，使农场土地面积由原来的 3000 多亩增加到 5 万多亩，成为颇具规模的水果商品生产基地。

长青水果场以生产优质名牌水果产品为龙头，冲破不同所有制的界限，实行场户联营，并凭借着低包产、低费用、低工资，成功实现了高投入、高产出、高收入，其经验成为被推广的"模式"之一。1989 年 5 月 15 日，湛江市委、市政府作出《关于开展学习、推广长青水果场经验的决定》，向全市推广其经验。而长青水果场所在的廉江县早已将该经验广泛应用。至 1990 年，在廉江县投资与农民联营开发农业的单位已达 58 个，其中市属单位 15 个、省属单位 7 个。这些单位既有供销商业企业、外贸企业，又有机关、群众团体、科研和文教部门。联营的项目涵盖了水果、林木、渔业养殖等多方面。1990 年 1 月 6 日至 10 日，广东省农村发展研究中心、广东省委政策研究室和湛江市农村经济学会、湛江市委政策研究室联合召开了"广东、湛江开发农业及长青模式理论研讨会"，进一步肯定长青水果场的经验具有推广意义。长青水果场创造的不同所有制、不同生产要素之间的流动和互补、家庭承包经营与分级规模经营相结合的模式，吸引、带领千家万户农民奔向共同富裕的道路，对深化当地农村体制改革产生了令人瞩目的影响。后来风靡全国的"公司＋基地＋农户"生产模式，就是在"长青模式"基础上发展完善的。

四、乡镇企业与非公有经济发展

农村普遍实行家庭联产承包责任制后，大量剩余劳动力自发向非农业生产领域转移，各种农民家庭企业和小型合作企业应运而生。湛江市委在全市农村继续稳定和完善家庭联产承包责任制，在提高生产水平的同时，大力推行集约经营，梳理流通渠道，发展农村合作企业和乡镇企业，全市涌现了一批全省著名的新型农业经营联合体。其中"吴川模式"是湛江乡镇企业快速发展的典型。

"吴川模式"的发源地在吴川县博铺镇。吴川博铺镇地少人多，改革开放前全镇经济发展缓慢，群众生活困难。改革开放后，这个只有 2059 户、1.13 万人的小镇，抓住时机创办起以家庭及联合体为经营主体的制鞋、模具、小化工、塑料制品等企业竟达 651 个，从业人员达 8000 余人。[①] 高峰时全镇各式鞋厂有 900 多间，可谓"十步一店，百步一厂"，几乎家家户户参与制鞋及相关产业。这些前门是店后门是厂的小企业，亦工亦商，规模小、成本低、生产周期短、效益显著，对当时急于摆脱贫穷的农民来说，具有非常大的吸引力。

博铺镇是吴川县乡镇企业快速发展的缩影。自 1981 年开始，吴川县依靠"能人"带头，实行镇办、村办、联户办、个体办"四个轮子"一齐转的模式，迅速办起多层次、多形式的家庭企业、联户合作企业 2199 家，其生产经营的业务五花八门，既有农副产品加工、建材生产、禽畜饲养，也有交通运输、商业服务等，共几十个项目。这些企业摈弃硬性的行政指令，自由组合、自筹资金、自选场地、自主经营、自负盈亏，管理简单，效益明显，发展迅速。1983 年，全县乡镇企业固定从业人员达 3.1 万人，另有 6 万多人为企业搞厂外加工和短期服务，两项共 9 万多人，约占全县农村劳动力的 34%。据该县对其中 1200 个合作企业的不完全统计，年总收入达 4500 万

---

① 郭学昌、郑中华、倪长安：《乡镇企业发达的地方也要抓开发农业》，马恩成主编：《开发农业研究》，广东人民出版社 1990 年版，第 233—236 页。

元，获纯利 650 多万元，上缴税金 220 多万元，相当于全县农业税总值的 57%，占全县税收总额的 16%。至 1985 年，吴川全县拥有专业户 1.42 万户，联合体 2166 个，专业村 107 条，专业乡 4 个。全县乡镇企业总收入 2.47 亿元，比 1978 年增长 19.3 倍，商品率也由 1978 年的 24% 提高到 68%。农村产业结构也随之发生变化，由单一种植业发展到多元化的商品经济结构。①

1986 年 8 月，吴川县被推荐在广东省乡镇企业工作会上作《千家万户办工业》的经验介绍，会议将吴川"四个轮子"一齐转的经验誉为"吴川模式"。会后，《人民日报》《南方日报》《羊城晚报》等各大媒体纷纷给予报道，全省各地掀起参观学习吴川博铺制鞋业的热潮，省内外客商纷至沓来洽谈业务，博铺小镇一时名噪天下，成为当时全国闻名的鞋业镇，塑料制鞋业成为吴川市的三大支柱产业之一。精明的吴川人把生意做到了全国各地，从事的行业涵盖建筑、制造、房地产等多个领域，并涌现出一批成功企业家，同时，涌现了全国闻名的村办企业林屋机械厂。

湛江市委、市政府认为吴川这种形式适合湛江农村经济发展的情况，符合广大农民脱贫致富的愿望。1986 年 9 月，湛江市委、市政府在吴川县召开乡镇企业工作会议，推广"吴川模式"，要求各地创造性地运用吴川经验。在发展开发性农业过程中，市委首先将其与乡镇企业发展结合起来，将与开发性农业相适应的产前产后等各种社会化服务引入到乡镇企业，为乡镇企业开拓了新的领域，促使乡镇企业增加投入，改善设备，革新技术，提高效益，拓宽销售渠道；其次引导大批劳动力投入到与开发性农业相关的乡镇企业中，提高了生产力水平。市委还积极扶持"两户一体"（专业户、重点户和各种联合体）的发展，全市农村合作企业遍地开花，乡镇企业如雨后春笋，纷纷破土而出。1987 年底，全市乡镇企业总收入达 17.49 亿元，首次超过农业总产值（15.33 亿元），年净增产值绝对数首次超过 5 亿元，② 为提供出口产品、扩大对外开放打下了基础。至 1991 年，全市近 100 万名农民洗脚上田，从事第二、三产业，全市乡镇企业总产值达 39 亿元，总收入为 44 亿元，总收入、税利分别达 142.5 亿元、14.69 亿元。乡镇企业总收入、总

---

① 中共吴川市委党史研究室：《中共吴川党史大事记》，2001 年内部编印，第 110—111 页。

② 湛江市地方志编纂委员会编：《湛江市志》，中华书局 2004 年版，第 904 页。

产值、工业产值三项指标均比 1984 年翻了三番,[1] 成为农村经济的重要支柱。至 1994 年底,全市乡镇企业更实现了总产值 134.1 亿元的目标。更重要的是,乡镇企业的崛起让农民开阔了视野,树立起了新的商品意识,促进了一二三产业均衡发展,推动农村面貌发生深刻变化。

湛江的非公有经济在 1979 年恢复起步。1980 年起,湛江市委对个体经济采取了许多扶持政策,工商等部门换发正式营业执照,并与公安、城建、国土等部门协调,划出地段解决个体户经营场地等问题。此外,还开始了行政管理机构的改革,打破地区、行业界限,改革有关不合理的规章制度,大力发展多种经济形式和经营模式。在这些改革的推动下,非公有经济冲破"左"的思想禁锢,应运而生,很快如雨后春笋般迅速发展起来。1987 年,全市个体工商户发展到 7.66 万户,从业人员达 12.88 万人,注册资金 1.67亿元。至 1990 年,从业人数发展到 10 多万人,注册资金 3 亿元。私营企业也在崛起,1990 年,有 738 户、1.5 万的从业人员,1.5 亿元的注册资金。[2]非公有经济的发展,满足了社会多样化的需求,填补了商业、服务业、手工业等行业中的空白,繁荣了经济,扩大了就业,促进了社会稳定。

五、实行市管县体制

1983 年 9 月 1 日,根据中共中央有关地、市机构改革指示,湛江地区撤销建置,实行市管县新体制。原湛江地区管辖的 11 个县,除阳江、阳春两县划归江门市管辖外,其余改由湛江市、茂名市两市分别管辖。至 1984年,形成湛江市行政管辖上的"五县四区"格局,管辖县区有:徐闻、海康(今雷州市)、遂溪、廉江(今廉江市)、吴川(今吴川市)五县及赤坎、霞山、郊区(今麻章区)、坡头(从原郊区析置)四区。市辖县后设立新的湛江市委,改选了市人民政府组成人员。原地直机构与市直机构合并,市委办公地址设在赤坎北桥路 18 号,市人民政府办公地址设在赤坎跃进路 67 号。

自此至 2020 年,湛江市管辖范围一直不变,但部分县区称谓有所变动。

---

① 顾明主编:《中国改革开放辉煌成就十四年(湛江卷)》,中国经济出版社 1992 年版,第 63 页。

② 中共湛江市委党史研究室:《湛江非公有制经济发展研究》,中共党史出版社 2001 年版,第590 页。

1993年12月和1994年5月，廉江、吴川2县先后撤县设市；1994年4月，海康县改设雷州市；1994年10月，郊区改称麻章区。至此，湛江市下辖霞山、赤坎、麻章、坡头4个区和徐闻、遂溪2个县，并代管雷州、廉江、吴川3个县级市。

第三节　开展"严打"斗争和整治软环境

一、开展"严打"斗争

1983年8月，党中央根据当时的社会治安状况，决定在全国范围内开展为期三年的严厉打击刑事犯罪活动的斗争。湛江市通过开展三年的"严打"斗争，有力地扭转了社会治安的非正常状况，促进了社会风气的好转，为做好改革开放时期的公安工作积累了成功的经验，开拓了新的路子。

公安机关在三年"严打"斗争中取得了辉煌成绩。一是破获了一大批涉政和刑事案件，有力地打击了现行犯罪活动。"严打"期间全市发生3200多宗刑事案件，破案2800多宗，破案率近90%，其中重特大案件540多宗，破案490多宗，破案率约90%。"1984.4.23"盗抢杀人案，在发案后的40小时内就不发一枪一弹、不伤一人成功抓获凶手、缴回枪弹。二是依法从重从快打击处理一大批违法犯罪分子。截至1986年11月，全市共打了三个战役共十仗，抓获违法犯罪分子8000多人，其中判处死刑140多人、死缓40名、无期徒刑100人。三是摧毁了一批横行城乡、人民群众深恶痛绝的犯罪团伙。三年"严打"，共摧毁犯罪团伙600多个，成员2600多人。其中盗窃团伙370多个1600多人，强奸团伙17个70多人，抢劫团伙30多个140多人。四是解决了一批突出的治安问题。特别是宗族械斗频发的问题得到有效整治，黄赌毒问题得到有力扫荡。五是提升了治安防控和公安业务基础建设水平，初步形成了多形式多层次的治安防范网络。全市成立了8间保安服务公司、110多个城镇治安巡逻队、40多个治安办公室，召开治安联席会议100多次，有效加强了社会管理工作。六是保障了经济工作的顺利进行和重要节点的安全。公安机关在"严打"斗争中不断端正业务指导思想，为当时的"开放、改革、搞活"创造了良好的治安环境，顺利完成了国庆 35 周年等重大节点的安保工作，受到党委、政府和各界群众的高度赞扬。

二、整治软环境

改革开放后，湛江地区的走私与反走私的斗争时起时伏。尤其是 1992 年以来，沿海地区的走私活动日益猖獗。走私团伙通过各种手段拉拢腐蚀行政执法部门的领导、业务人员，以及地方党政主要领导，疯狂进行走私犯罪活动。

1998 年 9 月 8 日，由中央纪委牵头，最高人民检察院、公安部、海关、审计等部门组成和广东省有关部门参加的工作组，立案查办代号为"9898"的湛江特大走私、受贿案。此案共涉及的公职人员超过 200 人，其中厅局级干部 12 人、处级干部 45 人、科级干部 53 人，逮捕走私分子及涉案公职人员 130 余人。10 月 13 日，广东省委常委、组织部部长刘凤仪在湛江迎宾馆召开的市领导干部会议上，宣布省委关于湛江市委书记变动的决定：周明理任中共湛江市委书记。这是省委为配合中央深入查处湛江走私案采取的重要举措。12 月 21 日，湛江市委、市政府在遂溪县召开关于遂溪县走私护私案件处理通报会，宣布对遂溪县 12 宗走私护私案件有关责任人进行党纪、政纪处分的决定，要求各级党委、政府认真总结那几年反走私斗争的经验教训，进一步提高认识，建立健全反走私领导责任制，加大查处走私大案力度，严肃执法执纪，坚决遏制走私势头。

1999 年 5 月 12 日，根据法律规定，广东省高级人民法院指定广州、湛江、茂名、深圳、佛山 5 个市中级人民法院分别公开审理、宣判该案案犯，判处湛江海关原关长曹秀康等 6 人死刑，剥夺政治权利终身。此外，还有一批走私分子和犯罪干部分别被判处死缓、有期徒刑。湛江市各界对查处该案反响强烈，表示拥护中共中央、国务院严厉打击走私犯罪的决策。

其后，湛江采取一系列有力措施，以"铁手腕"改善投资软环境。1999 年 3 月，湛江市委、市政府制定了《993 整治软环境计划》，整治内容包括政务环境、规费环境、口岸环境、市场环境、治安环境、招商环境、引资环境、人才环境、市容环境等 9 大方面 69 个项目，提出了保障措施，包括成立治理软环境领导小组（下设办公室），建立项目责任人制度，督察、稽查制度，软环境咨询求助投诉举报快速反应制度等，取消了一些收费项目和部门的特权。湛江市委号召全市市民踊跃参与到整治软环境行动中；市政府在人大、政协、各民主党派等部门以及离退休干部中聘请了67位督察员，对《计划》的实施情况进行监督。各有关部门开设投诉求助举报专线电话。各宣传部门积极配合，开设专栏报道，发表评论员文章等。至1999年底，治软办公室受理投诉3613件次，办理软环境案件2469宗，其中结案1944宗；市委和市政府对政务、规费、口岸、市容、治安、招商、引资、人文、人才等9大板块69个项目进行了整治，公布了取消收费项目836项；整顿机关作风和行政执法队伍，严肃处理违法违纪公职人员，建立软环境督察、政务告示、行政执法责任制、错案和行政过错追究制等制度。同时，湛江掀起"打黑风暴"专项斗争，一举端掉黑恶势力等团伙13个、抓捕成员100多名。

根据群众（信访）需求，湛江市委要求干部下沉解决群众问题。吴川市创造性地推出了"八长接访日"和"领导包案制"。逢每月15日，市委领导率领公检法、国土规划劳动等部门负责人一起下到村镇街道，集体接访，面对面处理群众的急难怨盼问题，对一些案件要求限期解决，变群众上访为领导干部"下访"，帮助群众排忧解难，在基层化解矛盾，使群体性事件大大减少。雷州市开展"干群恳谈会"活动，派出大批干部下到村头田边，将农民的注意力和兴奋点引导到勤劳致富和发展经济上来。

为了确保选准人、用好人，湛江市委在全省率先推行领导干部任前公示制度，建立干部考察和推荐责任制。湛江市委还明确任用干部要过"十关"：民主推荐；部门党委集体讨论，上报人选；征求分管领导意见；组织部门集体讨论确定考察对象；组织考察；组织部门研究拟任方案；征求纪委监察部门的意见；书记碰头会研究拟任方案；常委会讨论决定；公示或提交人大任命。按上述办法，湛江市先后调整了72个市直单位的领导班子，新选拔担任市直一把手40人；调整交流县（市、区）党政班子成员27人；提拔45岁以下年轻干部17人。2002年，湛江市全面推行市管干部票决制、县（市、区）党政领导班子正职实行全委会票决制、市管干部民主推荐和民主测评结果适度公开制这三项规定，逐步以"票决制"代替"议决制"，全市共调整了 500 多名市管干部，没有发现明显的偏差。

从实际出发，湛江市委还把如何正确对待困难群体和富裕群体等，写进湛江市委七届六中全会的决议，进一步密切党与群众的血肉联系。湛江市政府把解决困难群众看病难、打官司难、生活困难、子弟读书难的问题作为当务之急，尤其注意把加强社会保障工作作为帮助他们的根本保证。至 2001 年底，全市参加失业保险、医疗保险、养老保险的人数分别为计划的 100.12%、101.94% 和 101.97%，社保费征收率达 96.64%，企业养老金社会化发放率为 100%。对于农村困难农户，基层组织为每户挂靠一个龙头企业、为每家培养一位掌握一门熟练农科技术的劳动力，同时在广大农村深入实施通电、通车、通信、通广播电视和改厕、改灶、改水、改房、改路等工程，帮助农民科技进村、法制进村。面对多年改革开放形成的湛江富裕群体，实施"回归工程"，引导鼓励他们回家乡投资办实业，带领乡亲共同致富；对其中的优秀分子，则提名他们为人大代表、政协委员或工商联成员候选人，特别优秀的则授予"荣誉市民"称号。

通过采取这些措施，短短两年后，湛江各项工作出现了重大转机，经济与社会发展走出低谷，步入了加快发展的轨道。

第四节　对外开放和设立开发区

在对内改革的推动下，湛江对外开放也开始起步。1984 年 5 月，湛江被列入全国首批 14 个沿海对外开放城市。同年 11 月，国务院批准设立了国家级的湛江经济技术开发区。从此湛江对外开放不断扩大，快速发展。

一、对外开放的起步与"三来一补"

1978 年，按照中共中央关于海洋石油勘探开发实行对外合作的指示，设在湛江的南海石油勘探指挥部决定引进外资、引入外国设备技术，进行南海石油勘探开发。指挥部及后来的南海西部石油公司与美、英、法、意等 12 个国家和地区的 38 家石油公司合作，在南海西部海域展开地球物探作业，先后找到了 10 个油田、2 个气田，探明石油地质储量 1.1 亿吨、天然气储量

1200 亿立方米；并建成南海第一个油田——"涠 10—3"油田。在对外合作过程中，大大提高了企业勘探开发技术水平和工人的素质。由于南油对外合作的影响，湛江一批中小企业也开始利用外来资金、引进设备进行改造。如南港服装厂 1979 年与港商合作，投资 80 万港元引进了 265 台服装加工设备，承接对外来料加工业务，一举扭亏为盈，由濒临"死火"的企业发展为生机勃勃的企业。

1978 年以后，湛江对外开放不断取得成效。利用外来资金逐年增多，从 1979 年的 7 万美元增至 1983 年的 612 万美元。外贸出口总额也显著增加，从 1977 年的 1920 万美元增至 1983 年的 5138 万美元。1980 年，外贸体制改革开始起步，实行了中央和省分级管理。1981 年 4 月，广东省对外贸易公司湛江地区公司成立，正式开始组织和统一管理湛江地区各口岸支公司的对外贸易业务，与地区外贸局合为政企合一的机构，一套人马，两个牌子，受湛江地区行署和广东省外贸局、广东省对外贸易总公司的双重领导。市、县公司为供货公司，改变了外贸经营渠道单一的体制。同时下放商品出口经营权，扩大外贸经营渠道。1984 年，湛江口岸各专业公司陆续获得省外贸专业公司下放的部分商品出口经营权，结束了口岸支公司只收购、调拨，而不能自行经营出口的局面。这些改革进一步搞活了湛江外贸经营，湛江的对外开放开始冲破长期以来较为封闭的状态，有效地促进了湛江出口贸易的增长。

1984 年上半年，20 多个国家和地区的客商 377 批共 1390 人次抵湛江考察，签订各种合资、合作经营和"三来一补"合同 55 宗，合同额达 2300 万美元。当年 7 月，湛江首家合资企业——湛江万丰人造花有限公司成立。紧接着，湛江三得利工程合作公司、东简香港合作水产养殖公司、湛达船舶供应有限公司等多家合资、合作企业相继成立。至年底，湛江与外商、港澳台商兴办合作合资企业达 62 家。① 全年专程来湛江洽谈业务的国外客商达 800 多人次。②

---

① 陈充：《湛江非公有制经济发展回顾》，《湛江非公有制经济发展研究》，中共党史出版社 2001 年版，第 21 页。

② 《1984 年外事工作总结》，湛江市档案馆馆藏档案 22—83。

二、湛江列入全国首批沿海对外开放城市

1984 年 5 月 4 日，中共中央、国务院总结了经济特区的经验，正式发出《关于批转〈沿海部分城市座谈会纪要〉的通知》，决定进一步开放 14 个沿海港口城市，湛江有幸被列入其中。早在 1981 年，原湛江地委、行署为加快湛江的经济发展就曾向上级积极争取，要求像深圳一样在湛江市设置经济特区。1981 年 8 月，湛江地委、行署专门给广东省委、省政府递呈了《关于在湛江市设置经济特区的请示报告》，省委认为，地委行署提出在湛江设置经济特区的意见是好的，但由于深圳、珠海特区初办，汕头地区还未办起来，尚需积累经验，因此，待深圳特区办出一些经验后再行考虑。湛江为此与特区政策擦肩而过。

被列入全国首批沿海对外开放城市后，湛江人无不欢欣鼓舞。市委立即作出决策和部署，先后召开四套领导班子会议、市直副局以上干部会议和党外人士座谈会等各种会议，广泛征求如何利用列入首批对外开放城市的大好机会，加快湛江经济发展的意见。同时派出考察团分别到开放较早的深圳特区和经济比较活跃的江苏省考察学习。派人员分别到北京、广州向有关领导汇报湛江的情况，听取指导意见。此外，还成立专门小组拟定建立经济技术开发区初步规划。

1984 年 5 月下旬，为加强对各项工作的领导，市委、市政府先后成立 4 个领导小组：一是社会经济发展规划领导小组；二是引进项目审批小组；三是经济开发区筹备领导小组；四是内联工作领导小组。在这四个小组的领导下，各项工作有条不紊地迅速开展。

经过几个月的调研和准备后，1984 年 7 月 6 日至 8 日，市委召开县委书记会议，通过了《关于认真搞好开放和改革，推动我市经济建设的意见》，确定经济发展总思路和目标是：利用开放，大胆改革，发挥优势，扬长避短，争取在 20 世纪内，把湛江市建设成以对外贸易、石油开发利用为主导，以食品、电子电器、建材、机械工业为支柱，商业、服务业、农渔牧业综合发展，具有现代科学技术水平和管理水平，经济文化发达，富有南国风光的对外开放港口城市，成为粤西地区乃至祖国西南的"技术的窗口，管理的窗口，知识的窗口，对外政策的窗口"。

为了更好地吸引外来资金，1984年8月23日，湛江市政府运用中央给予的低价用汇、进口免税、税前还账、统筹还账等优惠政策，制定了《湛江市对外引进企业优惠办法》，对前来投资的外商、港澳台商在工商税收和关税、利润分成、对内采购物资和销售产品、土地使用和房屋建筑、企业登记注册和管理等10个方面给予优惠政策，并作了具体规定。

在外引内联的推动下，对外贸易流通渠道进一步疏通，外商和港澳台商到湛江考察、洽谈显著增多，出口商品不断增加，出口商品的结构也发生了变化，开始由以农副产品、轻工产品为主向工业制成品为主转化，资源密集型的初级产品所占比重由1980年以前的约80%下降到53%，工业制成品由1982年所占的29%上升到47%；利用外来资金规模不断扩大。在对外开放起步初期，利用外来资金形式主要是"三来一补"①，产业结构以农业、服务业为主，行业门类单调，数量也少；从1985年起，中外合资、合作形式的项目逐渐增多，工业和其他行业利用外来资金的项目也逐步增加。同时，利用外来资金和引进工作也开始向生产型、出口创汇型和技术密集型的方向发展。一批外向型的工贸企业开始发挥效益。1987年，全市与外商、港澳台商合资合作企业达170家，投资总额8.1亿美元，注册资金7.5亿美元。在对外开放的推动下，全市产业结构进一步调整。第一二三产业结构由1978年的51.4：29.1：19.5调整为1987年的41.8：29.9：28.3。②

三、设立国家级经济技术开发区

列入首批沿海对外开放城市后，湛江市委决定申请设立经济技术开发区（简称开发区，下同）。当时开发区选址有两个，一是设在东海岛，借此开发全岛；另一个设在霞山区与赤坎区之间。其时，国务委员谷牧还到广州听取了湛江市委关于设立开发区有关情况的汇报。两地权衡，经中央同意，经济技术开发区最后落户霞山区与赤坎区之间。1984年11月29日，国务院正式批复广东省转报的《湛江市对外开放工作的报告》，同意湛江兴办经济技术开发区。开发区范围定于湛江市区赤坎区与霞山区两个老城区之间，南起绿塘河，距霞山区中心3千米，北至文保河，距赤坎区中心6千米，东临湛江

---

① "三来一补"，即来料加工、来件装配、来样加工和补偿贸易的简称。
② 湛江市统计局编：《光辉的历程·湛江建国五十年统计资料》，1999年内部编印，第111页。

内港。全区规划总面积 9.2 平方千米，常住人口 3.04 万。[①]

湛江市委根据当时的财政承受能力，确定开发区首期开发 1.2 平方千米，起步 0.6 平方千米。10 月 6 日，湛江经济技术开发区管理委员会成立。市委要求开发区建设以国家产业政策为导向，以国务院制定的"以发展工业为主，以吸引外资为主，以出口创汇为主，致力于发展高新科技"的方针为方向，按照"全面规划、分期开发、开发一片、建设一片、收益一片"的要求，在开发区建立起以高精尖技术为主的多层次的工业经济技术结构，发展具有当代水平的商业、服务业、旅游业，把开发区建设成为工商业发达，生活设施完备，环境优美的现代化城区。

为配合经济技术开发区的建立，市委决定在霞山区与赤坎区之间增开一条交通干线——人民大道。该大道的建设得到了全市干部群众尤其是相关农民的支持，征地等工作顺利完成。1984 年 9 月 29 日，贯穿整个开发区的主干道——人民大道破土动工，全长 7376 米，宽 60 米，双向 6 车道，1986 年 11 月 5 日正式通车，开发区整个基础设施工程沿新建的人民大道两旁展开。

1985 年 4 月 2 日，湛江经济技术开发区举行奠基仪式，正式进入基础建设阶段，重点是土地开发和"五通一平"[②] 等基础设施建设。至 1987 年，基本完成了首期 1.2 平方千米的开发。根据开发区初创时期资金缺乏的现状，开发区领导班子量力而行，从实际出发，以投资少、见效快、周期短，能出口创汇的劳动密集型中小项目为早期建设重点，旨在为开发区的建设积累资金，培养人才。奠基当年，开发区便与中外客商签订合同、意向书、协议100 多项，经过筛选审批后，立项 32 个，当年投产 10 个，投入资金 996 万元（其中外来资金 83 万美元），当年建设当年投产，当年出口创外汇 725 万美元。[③] 至 1987 年，进入开发区的"三资"企业达 13 家。主要产品是成衣、塑珠、冰冻海鲜以及少量的电子装配等。全区出口创汇额 2449 万美元，其

---

① 《红土地上的明珠，改革开放的硕果》，湛江市统计局编：《光辉的历程·湛江建国五十年统计资料》，1999 年内部编印，第 2 页。

② 五通一平，指通给水、通电、通路、通讯、通排水、平整土地。

③ 《红土地上的明珠，改革开放的硕果》，湛江市统计局编：《光辉的历程·湛江建国五十年统计资料》，1999 年内部编印，第 3 页。

1985 年 4 月 2 日湛江经济技术开发区举行奠基典礼

中"三资"企业占 1/8。①

　　初建阶段的开发区注重开展横向经济联合，发展内联。1985 年，开发区破土奠基不久，重庆钢铁公司即与区内一个海军驻湛的工厂联合组建"海渝联合公司"，总投资 800 万元。第一期，重庆钢铁公司出资 250 万元，海军工厂以原有相应的厂房、仓库、土地折价入股。该公司主要经营拆船、回收废钢铁加工等业务，建有轧钢车间、拆船车间等部门。投产后，年产值逐年增长。紧跟重庆钢铁公司之后，四川万县、宜宾等市的多家企业也先后与开发区进出口贸易公司、发展总公司共同出资组建联营公司，开发西南资源，发展出口贸易。此外，湛江市属五县四区也是开发区进行内联的重点。1985 年，廉江县资源开发总公司进入开发区，成立丰源实业公司花岗岩抛光厂。该厂引进国外具有 20 世纪 80 年代先进水平的设备和零部件，开发廉江当地丰富的花岗岩资源，供应国内外市场。东方剑麻制品厂、湛茂水洗羽绒厂等20 多家规模较大的内联企业也先后进驻开发区。

　　1986 年，湛江市出口总额达 6675 万美元，比经营权下放前的 1983 年增

---

① 湛江市地方志编纂委员会编：《湛江市志》，中华书局 2004 年版，第 2130 页。

长 30%。① 1987 年外贸体制进一步改革，实行政企分开，各类外贸企业都同所属的行政机关脱钩，自主经营、自负盈亏。至当年年底，开发区基本完成了首期 1.2 平方千米的开发，初步形成良好的投资环境，进入开发区的"三资"企业达 13 家，全区出口创汇额 2449 万美元。②

1988 年 3 月，国务院发出《关于进一步扩大沿海经济开发区范围的通知》，要求继续执行沿海经济发展战略，努力把出口创汇抓上去。1988 年，湛江在前两年开发的基础上，继续基础设施配套工程建设，扩大开发面积 100 多亩。至 1992 年，开发区第二期开发的平乐工业小区已有 89 万平方米的建设用地交付使用。全区实现了"五通一平"，形成了生产设施完善、生活设施配套、管理职能和服务机构比较齐全、通信网络畅通、交通便利的投资硬环境。1988 年后，为了引进外来资金骨干项目，开发区的项目引进重点放在投资规模较大、技术档次较高的骨干项目上，先后上马了 20 多个骨干项目，其中有利用外来资金 1380 万美元、总投资额 1.4 亿元的 5000 吨柠檬酸厂；利用外来资金 1000 万美元、总投资额 5000 多万元的 2 万锭精梳棉纺厂；利用外来资金 600 万美元、总投资额 4600 万元的 1.5 万米染印布厂；利用外来资金 292 万美元、总投资额 2900 万元的复印机墨粉材料厂等企业。③同时，引进具有先进水平的国外技术，对本土企业进行整顿、改造、挖掘。如濒临"死火"的原湛江火柴厂由开发区管委会牵线搭桥，与香港湛兴实业公司合作，组建为湛江包装材料工业公司。该公司利用外来资金 250 万美元，总投资额 3465 万元，引进当时联邦德国布鲁客纳公司先进的双向拉伸薄膜生产设备，采用联邦德国西门子公司电脑控制技术，转产包装材料，年产 bopp 包装材料 3000 吨，年工业产值达 7000 万元。④ 此外，开发区三得利橡塑工业公司先后引进美国技术，自行研制技术性能更良好的产品，这些产品成为石化部指定的进口替代品。在此期间，开发区还争取到澳大利亚政府

---

① 湛江市地方志编纂委员会编：《湛江市志》，中华书局 2004 年版，第 1078 页。
② 湛江市地方志编纂委员会编：《湛江市志》，中华书局 2004 年版，第 2130 页。"三资"企业指在中国境内设立的中外合资经营企业、中外合作经营企业、外商独资经营企业。
③ 湛江市地方志编纂委员会编：《湛江市志》，中华书局 2004 年版，第 2128 页。
④ 湛江市地方志编纂委员会编：《湛江市志》，中华书局 2004 年版，第 2129 页。

援助 1000 万澳元、林业部出资 4200 万元①，在区内兴建桉树中心，引进居世界领先水平的澳大利亚国家桉树选种、育种、栽培、综合加工利用等成套技术，在雷州半岛进行试验、示范种植及加工，随后逐步在中国东南各省区进行推广。中日合资企业湛江佳能复印机材料有限公司，引进具有世界先进水平的日本佳能公司的专利——单组份正性跳跃式显影剂的制造技术和自动化生产线，经过消化吸收，年生产复印机超细显影剂 300 吨，填补了中国复印机材料的空白，实现了进口替代，被当时国外专家认为是未来干式显影剂工业发展的方向。

截至 1991 年，开发区注册登记的工商企业 430 多家，实现工业产值 11 亿元，出口创汇 2000 多万美元，分别比 1987 年增长 6.7 倍和 1.6 倍，在全市对外经济发展中起到了龙头作用。开发区成为湛江用好政策，引进外来资金、学习外国先进技术与管理经验、培养外向型人才的窗口。

1992 年 7 月 7 日，广东省人民政府批准成立"湛江市东海岛经济开发试验区"，为省级设置，由东海岛、硇洲岛、东头山岛、南屏岛组成，下辖东山镇、民安镇、东简镇、硇洲镇，总面积 492 平方千米。2006 年 6 月 26 日，商务部、国土资源部、建设部复函广东省政府，同意湛江开发区在东海岛扩区，主要用于工业建设项目。扩区四至范围：东至东简镇龙腾村西侧、坡头村西侧，南至半岛公路北侧，西至东山镇青蓝北村西侧，北至北海。2007 年 3 月 30 日，湛江市人民政府《关于湛江经济技术开发区控制性详细规划的批复》中同意湛江开发区在霞山、赤坎区的用地范围扩大至 13.7 平方千米（北起文保，南至绿塘河，西至人民大道北至人民大道西侧 150 米用地，东至海岸线），并进一步具体明晰其第三产业发达、商贸设施齐全、生活环境优美、居住生活配套和滨海城市风貌特色突出的发展目标和发展定位。

2009 年 10 月，经广东省编委办下文批复，同意原湛江经济技术开发区与东海岛经济开发试验区合并，组建为新的湛江经济技术开发区。湛江市编委会发文决定湛江开发区管委会、东海岛试验区管委会合并，设置为"湛江经济技术开发区（广东湛江东海岛经济开发区）管理委员会"，两区机构和

---

① 湛江市地方志编纂委员会编：《湛江市志》，中华书局 2004 年版，第 2129 页。

人员整合为"一套人马，两个牌子"的模式。两区合并后的陆地面积为354平方千米，是国家级开发区。

四、外向型农业、林业和轻工业的发展

随着全国对外开放进一步扩大，湛江市委、市政府因势利导，深入发动沿海农民，利用海洋资源优势，在继续推进开发性农业生产基础上，进一步加强农业出口商品基地建设，促进开发性农业向外向型农业发展。1988年，湛江开发性农业出口占全市农业出口创汇的65%。[1] 蔗糖生产1989年至1990年榨季达73万吨，占全省总产量的45%，占全国总产量的15.9%。[2] 1990年，出口基地的出口商品项目达70项，提供出口商品额达3578万美元，占全市一般贸易出口的31.76%。其中，对虾养殖、红橙种植等24个生产项目被广东省列为出口商品生产体系项目。1990年，湛江水产品总量高居全省第一，水产品出口量随之增加。湛江白砂糖也首次出口，创汇753万美元，居各种出口商品之首。[3]

湛江的对外开放使农业、林业取得很大成就。至1992年，全市形成了以水产养殖、水果生产、畜牧饲养、林业和农作物五大类为主的21个大中型专业性商品生产基地。湛江在林业发展中，将造林绿化与沿海开放城市优势结合起来，制定优惠措施招商引资，扩大林产品出口，推动林业走向世界。一是引进外资开发荒山荒坡种果，并将产品打进国内外市场。如廉江市1986年开始就引进了大批外来资金，参与开发种植红橙，使红橙面积由1万亩扩大到1991年的近17万亩。同时打通、扩大外销渠道，使这一肉红味纯、汁多渣少、甜酸适中、风味独特的国宴佳果八成销往港澳地区和省外市场及新加坡等国，享誉中外。1990年，单是红江农场的红江橙就出口5200吨，为国家创汇近1000万美元。为了搞好水果的保鲜，湛江全市还利用外

① 马恩成：《开发农业与长青模式》，马恩成主编：《开发农业研究》，广东人民出版社1990年版，第43页。

② 《湛江市食糖产量在全省、全国的地位》，马恩成主编：《开发农业研究》，广东人民出版社1990年版，第287页。

③ 湛江市地方志编纂委员会编：《湛江市志》，中华书局2004年版，第1071页。

来资金890万美元，引进7条水果保鲜、加工包装生产线。① 二是出口木片创汇。1988年，湛江市开始加工木片出口，当年出口1万吨。1991年，出口量达19万多吨，创汇2033万美元，木片生产和出口成为湛江市六大创汇项目之一。根据国际市场对木片的需求，1989年至1991年湛江规划建设19万亩的丰产林，总投资2744.2万元，其中向世界银行贷款1704.2万元，占总投资的62.1%。此外，1988年，松脂松香基地开始对外国松采脂加工出口。1989年，民营橡胶基地开始加工民营橡胶林橡胶，出口干胶200吨。三是利用外来资金合建大型纸浆厂。由于几年来木片出口量不断增加，引来了"金凤凰"。20世纪90年代初，印尼金光集团看上了湛江丰富的桉树资源和沿海开放城市的优越环境，几经磋商，曾协议合资兴建50万吨纸浆厂和200万亩木浆纸材基地。后国家又决定建30万吨木浆厂，选址落在湛江，该项目投资初定86亿元，相当一部分利用外来资金，此项目使湛江林业发展产生了一次重大飞跃。四是引进外来资金建立国家红树林保护区。湛江红树林面积达1.24万公顷，是全国现存红树林面积最大、种类最多的地区之一。20世纪90年代，荷兰外交部对华政府贷款主管官员及荷兰驻广州总领事来湛江考察中荷合作的"广东省雷州半岛红树林综合管理和沿海保护项目"，商讨荷兰政府向湛江赠300万美元建立国家级红树林自然保护区的问题。五是1990年11月，国际桉树学术研讨会在湛江市召开，纪念中国引进桉树种植100周年，来自多个国家的代表与全国十几个省（区）的代表150多人参加了会议。会议认为，湛江已成为全国最大的桉树基地，湛江林业在国内外产生了重要影响。② 这几个"走向世界"的项目，使湛江林业在国内外知名度不断提高。

轻工业出口商品生产也小有成果。至1987年底，由湛江外贸系统直接投资和贷款用于出口生产企业的约有2亿元人民币，外汇约2000万美元。

---

① 湛江外经委：《利用外资 引进技术 促进湛江工农业生产发展》，顾明主编：《中国改革开放辉煌成就十四年（湛江卷）》，中国经济出版社1992年版，第93页；程立达：《开发优稀产品，发展创汇农业》，马恩成主编：《开发农业研究》，广东人民出版社1990年版，第185页；何文里：《春潮集》，广东教育出版社1993年版，第97页。
② 中共湛江市委党史研究室编：《湛江改革开放三十年大事记（1957—1998）》，2008年内部编印，第143页。

至 1990 年，通过自办、联营、合作等多种形式，发展了一批专营出口商品的生产企业 90 多家，出口创汇 3578 万美元。[①] 其中，年出口创汇 100 万美元以上的公司有：畜产进出口公司文参羽绒厂、湛江家用电器公司、湛江罐头厂、湛江棉纺厂等 22 家。全市出口商品结构进一步变化。1988 年，轻工产品出口实现突破性增长，全年出口额为 8719 万美元，占出口总值 1.29 亿美元的 67.6%；农副产品出口下降到 4181 万美元，占出口总值的 32.4%。1990 年，轻纺工业品出口继续增长，达 1.13 亿美元，占出口总值 1.44 亿美元的 78.5%；农副产品出口继续下降到 3035 万美元，占出口总值的 21.1%。重工业产品出口增长缓慢，仅 48 万美元，占出口总值的 0.3%。

在不断扩大的对外开放中，湛江创建了一批具有地方特色的名优产品。如湛江小磨芝麻油、双壳黑芝麻、"珠江桥牌"威化饼、"天坛牌"菠萝罐头、红江橙、"三角牌"光管支架、"双鸽牌"活动百叶窗架等产品，深受海内外顾客喜爱。1992 年，全市提供商品出口的企业达百余家，基本上形成了以国际市场为导向，多元化、多层次、多门类的出口商品生产体系，全市对外出口总额由 1984 年的 0.4 亿美元提高到 1992 年的 2.27 亿美元。[②]

五、多元化对外贸易格局形成

与农村大规模、深刻的体制变革相比，外贸体制改革相对滞后。直至 1987 年，湛江对外贸易仍全部由地区外贸分局所属各专业进出口公司独家经营。1988 年，为扩大对外贸易，促进外贸发展，湛江市委贯彻国务院关于加快外贸体制改革的批示，进一步改革对外贸易体制，全面放开对外经营，打破由外贸专业公司单一经营进出口的局面，允许工贸工业公司、生产企业、"三资"企业等与外贸专业公司一样，可以经营对外贸易，实行对外贸易多元化。同时在外贸专业企业中普遍实行承包责任制，主要是落实"三制"：（1）经理负责制，要求经理对公司的经营负全面责任；（2）经理任期目标责任制，要求经理在聘任期内，制订一定的奋斗目标，聘任期满，以之检验；（3）企业承包经营责任制，要求各专业进出口公司，对出口收汇、上缴中央外汇额度和财务盈亏三项指标，以 1988 年的实绩为基数，实行承包三

---

① 湛江市地方志编纂委员会编：《湛江市志》，中华书局 2004 年版，第 1069 页。

② 湛江市统计局编：《光辉的历程·湛江建国五十年统计资料》，1999 年内部编印，第 196 页。

年不变。按照上述要求，全市外贸企业全面实施自负盈亏、放开经营、加强管理、联合对外。三年后，作为湛江出口贸易主力军的湛江外贸专业公司共减亏 2600 多万元。① 多元化对外贸易促使全市出口大幅度增长，1990 年，全市出口总额跃升至 1.44 亿美元。②

为推动多元化对外贸易，湛江市委、市政府决定每年举办一次横向经济技术洽谈会，并逐年扩大规模，多方招商引客。1985 年 2 月，湛江市政府成立对外经济工作领导小组，加强全市对外经济工作的协调，进一步简化手续，提高效率。同时通过多种形式进一步吸引外资，疏通流通渠道，扩大商品交流。1985 年 8 月 15 日至 23 日，湛江市政府首次在香港举行出口商品暨经济技术合作洽谈会，先后接待来自美国、日本、英国、联邦德国、意大利、澳大利亚、加拿大、比利时、新加坡、瑞士、泰国等 10 多个国家和港澳地区的客商逾千人。出口商品成交额达 1700 多万美元③，成交的出口商品逾百万美元的有水产品、畜产品、羽绒、石蜡、木薯干片、黄红麻及其制品等湛江土特产。签订经济技术合作项目的合同、协议、意向书 19 份，投资额近 5000 万美元，主要项目有建筑材料加工、食品加工、深海捕捞、海水养殖、轻纺业、电子工业和旅游服务等。湛江市政府首次主动走出去招商引资，收获颇丰。1986 年 10 月，在市内首次举行横向经济联系洽谈会，之后每年举办一次，并逐年扩大规模。湛江市委、市政府还多次组建经济贸易考察团，组织全市企业参加港澳及海外各种经济贸易洽谈会，到广西、新疆、黑龙江等地考察边贸，鼓励企业走出国门，拓宽贸易渠道，并在广西东兴、黑龙江黑河成立办事处，鼓励、帮助企业开展跨国经济贸易。1986 年，全市外贸出口取得突破性进展，创汇达 5125 万美元，1987 年增至 9159 万美元。同时加大吸纳国外先进技术设备及管理经验参与湛江建设的力度，截至 1987 年 8 月，共引进技术设备 3300 套④，使全市约 70% 的国营企业得到了不同程度的改造。农业引进国外先进经营管理经验和先进的育苗、养殖、饲料配

---

① 湛江市地方志编纂委员会编：《湛江市志》，中华书局 2004 年版，第 1078 页。
② 湛江市统计局编：《光辉的历程·湛江建国五十年统计资料》，1999 年内部编印，第 196 页。
③ 《我市出口商品暨经济技术洽谈会圆满结束》，《湛江日报》1985 年 8 月 27 日。
④ 《王冶在中共湛江市第五次代表大会上的报告》，中共湛江市委党史研究室：《中国共产党湛江历次代表大会资料选编》，2003 年内部编印，第 142 页。

方、冷冻加工技术，提高了经营水平，推动农产品加工升值。

此外，不断完善开发区投资环境。至 1990 年底，基础设施建设累计投资 1.1 亿元，地面建设工程投资 1.6 亿元，完成地面建筑 25.8 万平方米，形成了生产设施完善、生活设施配套、管理职能和服务机构较齐全、通信网络畅通、交通便利的投资环境。与此同时，政府部门开始转变观念。湛江市委要求各部门把发展外向型经济作为中心工作之一来抓，对外来资金及"三来一补"企业简化审批项目手续，提高工作效率。

至 1991 年，多元化对外贸易格局形成。全市累计签订合同 1650 宗，总金额 63 亿元，落实 1000 多宗，利用资金总额 25 亿元。1992 年，全市外贸出口总值 2.27 亿美元（其中工业产品产值 11.59 亿元人民币），签订利用外来资金合同 288 宗，合同利用外来资金 4.79 亿美元，实际利用外来资金 6642 万美元，是此前历年利用外来资金最多的一年，促进了全市经济的发展。

第五节　经济发展战略的调整和确立

在改革开放大潮的推动下，湛江不断调整社会经济发展思路，从实施"两水一牧"为重点的开发性农业战略，到确立了以发挥港口优势，建设以临海大工业为核心的发展战略。

一、"两水一牧"农业战略

改革开放初期，包产到户改变了农业长期以来发展不足的状况。但农业要深入发展，必须大力发展农村的商品经济。邓小平指出：发展商品生产，实现农业翻两番主要靠多种经营，最直接的措施有两条：一是饲养业，二是林果业。[①] 湛江市委经过调查研究，于 1985 年 7 月作出了大搞"两水一牧"为重点的开发性农业的决策，即在稳定提高粮油糖产量的同时，大力开发荒山与沿海滩涂，发展水产水果、畜牧业的商品生产。湛江市委制定了《关于

---

① 邓小平：《建设有中国特色的社会主义》，人民出版社 1987 年增订版，第 11—12 页。

发展"两水一牧"生产的若干优惠暂行办法》，要求在土地所有权与经营权相分离的情况下，正确处理荒山荒地与滩涂水面的权属问题和原承包户的利益，为开发工作排除障碍。各县（市）委书记均挂帅，组织实施这个战略。湛江市委推广了海康县东里区把开发出来的虾塘承包到户经营和廉江县长青水果场由农民带地进场、承包种果、固定工资、超产奖励、场方提供资金技术管理及统一销售产品的经验。

1991年湛江市荣获广东省第一个绿化达标市称号。图为绿化达标市标志

从1985年7月至1991年，大致以一年为一个阶段，湛江市委精心组织了六次推进工作，前三年以外延为主，集中力量开垦荒山、荒地、荒滩、荒水，同时抓好骨干项目配套。后三年则转向纵深开发内涵为主，提高整体效益。湛江的开发性农业，走出了一条经济欠发达的沿海和丘陵地区充分利用本地资源优势，大力发展农村商品经济的路子，使湛江农业又上了一个台阶。全市共开发荒山、荒地、荒滩、荒水400万亩，并且做到开发荒地与绿化相结合，使湛江成为全省第一个绿化达标市。1991年7月，经广东省绿化达标验收小组检测，湛江全市535.98万亩宜林面积已造林525.4万亩，植被率97.3%，绿化率89.8%，森林覆盖率27.9%。8月1日，广东省正式批准湛江市为省内第一个绿化达标地级市。8月9日，新华社以《昔日赤地三千

里，今日绿浪八万重》为题，向全国报道了这一消息。绿化达标为农业的可持续发展创造了条件。

开发性农业的商品属性，使传统农业从与外界隔绝或半隔绝的状态中摆脱出来，同国民经济各部门建立了广泛的联系。全市农业商品率由 1978 年的 52.0% 提高到 1991 年的 76.9%。[①] 开发性农业还为农村剩余劳动力开辟了一条广阔的道路，全市开发性农业（含为开发农业服务的第二、三产业）共容纳消化劳动力 80 万人。[②] 开发性农业的崛起，促进了家庭联产承包责任制的完善，农业走上生产规模化、管理区域化的道路，涌现出了全省闻名的"长青模式"。"长青模式"的特点就是农民自带荒地进农场，以村为单位，以家庭承包为基础，以农场提供资金、种苗、技术和统一管理为依托，实行场群联营。这是典型的双层经营模式（统一与分散相结合），是包产到户的进步。开发性农业还促进了乡镇企业的发展，与开发性农业相适应的各种产前产后社会化服务的兴起，为乡镇企业开拓了新的领域，大批劳动力投入到与开发性农业相关的乡镇企业，提高了生产力水平，全市乡镇企业进入到一个新的发展时期。

在实施以"两水一牧"为重点的农业开发战略的同时，湛江市委对全市的出口商品生产作了调整：沿海发展水产养殖，丘陵台地发展水果及亚热带作物，城镇发展轻纺、食品和化工产品，开发区发展技术密集型产品。调整带动了全市工农业发展，取得显著成效：至 1991 年，全市对虾养殖发展到 4666 公顷，产量达 9510 吨，产值 2.15 亿元，盈利 6000 多万元；珍珠养殖场 989 个，2000 多户近 5000 名劳动力参加了珍珠养殖，涌现出海康港、流沙港村、吴逢村等远近闻名的珍珠港（村），并初步形成了"育苗、养成、加工、销售"一条龙的生产格局。此外，以徐闻县新寮镇、湛江市郊区太平镇为中心的泥蚶养殖，以坡头官渡为主的贻贝和蚝的养殖，以特呈岛、硇洲岛为主的网箱、沉箱养鱼等初具规模，掀起了以珍珠、贝类养殖和网箱、沉箱养鱼为重点的新一轮养殖热潮。

1988 年，湛江市委提出"走出国门，发展远洋渔业"的设想，随即开始筹备工作。1990 年 6 月，由湛江市造船厂建造的全国第一对钢丝水泥远洋

---

① 顾明主编：《中国改革开放辉煌成就十四年（湛江卷）》，中国经济出版社 1992 年版，第 2 页。

② 顾明主编：《中国改革开放辉煌成就十四年（湛江卷）》，中国经济出版社 1992 年版，第 63 页。

渔船下水出港，前往南太平洋作业，至 1990 年年底，捕捞金枪鱼 47.3 吨，产值 29 万美元，获利 6.2 万美元，创造当年投产当年获利的好成绩，鼓舞了沿海渔民。湛江市委、市政府因势利导，全力支持渔民开拓远洋渔业，帮助渔民通过多种形式筹集资金。主要有：省、市、县三级合股经营，各投一定比例资金；地方财政和银行给予贷款支持；发动群众自筹资金；与外商合作，引进外资；渔船自我积累，将利润投入扩大再生产。在各项政策扶持下，全市远洋渔船迅速发展到 6 艘。1991 年，全市远洋捕捞产量达 242 吨，创产值 170 万美元，获利 38.2 万美元。1992 年，大力发展远洋渔业的遂溪县被评为"全国渔业先进县"。

二、调整经济发展战略

改革开放后，湛江以农业改革为突破口，推动全面改革。但是，湛江得天独厚的港口优势、区位优势没有得到充分的发挥，对外开放城市的优惠政策没有得到很好利用，在改革开放的第一次浪潮中，明显地落伍了。无论是发展速度、开放程度还是经济实力，都与许多先进地区拉大了差距，尤其是被大兴"工业潮"的珠三角远远地抛在了后头。

1992 年，邓小平发表南方谈话、中共十四大召开，中国掀起了改革开放和社会主义现代化建设的新高潮。中共十四大明确提出了中国经济体制改革的目标是建立社会主义市场经济体制，要求全党抓住机遇，进一步解放思想，把握有利时机，加快改革开放和现代化建设步伐，集中精力把经济建设搞上去。1992 年底，中共湛江市第六次代表大会制定了"追虎赶龙"的目标：到 2000 年，追上广东"四小虎"现有的水平；到 2010 年，赶上亚洲"四小龙"现有的水平，基本上实现现代化。在新一轮改革开放大潮的推动下，湛江解放思想，调整发展思路，确立了以发挥港口优势、建设临海大工业为核心的发展战略。

湛江市委、市政府领导频频到港务局、高等院校、工厂、农村、机关调查研究，广泛征求干部群众和有关部门的意见，进行认真的分析和综合，进一步加深了对湛江优势及其发展思路的认识。市委领导班子一致认为：仅仅把湛江港看作一个企业或货物集散地，这是片面和不科学的。社会主义市场经济的建立，为冲破传统体制造成的市、港分离创造了条件，使得湛江市与港口能在大市场的条件下统一起来。湛江经济只有以港口为依托，并辅以多种因素的交叉组合，加快生产要素的合理流动与交换，才能巩固和活化现有的优势，使各种优势的生产力得以充分发挥，把经济建设推上新的台阶。这些认识为湛江市委大胆调整思路、重新制定经济发展战略打下了极其重要的基础。1993年初，湛江市委第一次提出了港口战略的新构想：14年的改革开放，使湛江的经济有了很大发展。然而，我们的经济结构仍停留在以农业为主导这一阶段上，工业结构比较单一，规模经济不够理想，能源、交通建设和发展大工业相对滞后，在用足用好沿海开放城市政策方面仍有一定距离，港口优势没有充分发挥和利用。因此，湛江必须实现经济战略大转移，树立"大港口、大工业、大发展"的思想，花更大力气抓第二、三产业。1993年2月，湛江市委再次提出：湛江应充分利用、发挥大港口的优势，带动工业和其他产业，扩大进出口经济贸易。其后，湛江市委多次在各种会议上对上述构想加以阐述，在内容上作了进一步的充实和完善，使之发展成为全市经济发展的战略决策：依托大港口，发展大工业，开拓大市场，促进大发展。具体内容是：依托以湛江港为核心的港口群，充分发挥地缘优势，建立临海型的、以重化工业为龙头的、结构合理的工业体系，积极拓展国内外市场，形成大流通的格局，推动国民经济快速、健康、协调发展，力争20年基本实现现代化。"四大战略"关键是前两项，核心内容就是发挥港口优势，建设临海大工业。

1993年9月，中共中央总书记、国家主席、中央军委主席江泽民视察湛江，为湛江写下"发挥港口优势，振兴湛江经济"的题词，又为湛江港写下"建设南方大港，发展湛江经济"的题词。[①] 题词着眼点都在港口，是对湛江港口发展战略的肯定和支持，同时也增强了湛江实施港口发展战略的决心和信心。

湛江实施"大港口、大工业、大市场、大发展"战略后，在一定程度上解决基础设施的瓶颈问题，为下一步市场化、工业化、城市化铺平道路。但在整个20世纪90年代，湛江工业仍然没有什么起色，不少企业陷入困境。"九五"规划期间（1996—2000），工业总产值平均增幅不到5%。

---

① 中共湛江市委党史研究室编：《党和国家领导人在湛江》，1999年内部编印，第213页。

2001 年，中国加入世界贸易组织后，中国经济在更深层次加强与世界经济的联系，使对外经济合作和对外贸易产生质和量的飞跃。中国海上运输也有较大幅度增长。湛江处在连接华南经济圈、西南经济圈和东盟经济圈的交叉地带，是沟通中国和东盟的重要通道。湛江港又位于"泛珠三角"中心区域、中国—东盟自由贸易区的"桥头堡"，这种优势地位使得湛江在全球化的进程中获得新的发展机遇。

进入 21 世纪，国家加大了开发西部的力度，使湛江港口腹地逐渐夯实，渝湛国道主干线建设实施以及洛湛铁路建设前期工作的深入进行，将使腹地进一步扩大。西南地区云、贵、川、渝四省（市）每年经湛江港进出口物资占四省（市）进出口货物总额的 50% 左右；西南各省（区、市）在湛江设立的办事机构和兴办的经济实体已逾 100 家。湛江港成为大西南出海通道的物流中心。大西南出口物资以矿砂、原材料居多。随着湛江港 15 万吨级铁矿石码头及 25 万吨级深水航道浚深工程的完工，湛江港可进出 30 万吨级以上的大吨位巨轮，单位运输成本随之大幅度降低，这大大增强了港口的凝聚能力，吸引西南以至其他地区的大批货物转运到湛江出口。20 世纪末至 21世纪头两三年，湛江与西南各省（区、市）建立了良好关系，在成都、昆明、贵阳、重庆等地设立了办事处，并分别在这些城市举办了高规格的大型经济贸易博览会，签订大批经贸合作项目，这无疑是双赢战略，给湛江和作为湛江港口经济腹地的西南各省（区、市）带来巨大的发展机遇。经济学家童大林曾经指出：大西南是世界上尚未开发的三大处女地之一，中国要真正富裕起来，必须开发大西南。而湛江港是开发大西南宝库的一把金钥匙，是西部地区通向世界的重要港口。[①]

中国加入世界贸易组织和国家西部大开发战略的实施，使得湛江区位优势进一步提升，湛江作为与国际接轨、外引内联的桥梁作用更加凸显。发挥港口优势，加快工业化进程，迅速壮大经济总量，是带动湛江经济发展的历史与现实选择。2002 年以后，湛江市委、市政府根据中共十六大精神，并在总结历任领导班子、全市人民艰苦探索与实践得出的经验和教训基础上，经过深入调查研究和广泛征求各方面的意见，确立了"工业立市，以港兴市"

---

① 湛江市地方志编纂委员会编：《广东海洋城市——湛江崛起》，北京大学出版社 2009 年版，第 161 页。

的发展战略。2003 年，中共湛江市第八次党代会和年度《政府工作报告》中，提出了坚持"工业立市，以港兴市"的具体工作思路，正式确立了这个发展战略，强调"城以港兴，港以城活，相得益彰"。湛江"工业立市，以港兴市"战略，符合中央、广东省委对湛江的要求。2003 年 1 月，中共中央政治局委员、广东省委书记张德江视察湛江，对湛江市提出了明确的定位："把湛江建设成为现代化的新兴港口工业城市和美丽的南方海滨城市"，并提出了五个要求，其中第一个就是要求湛江市坚定不移地发展临港工业，坚持以港兴市。[①]

2003 年 4 月，中共中央总书记、国家主席胡锦涛到湛江考察，作出了"要发挥港口优势，抓住机遇，理清思路，利用港口优势加快经济发展"的重要指示，给湛江港的发展做出了明确的定位。[②]

实施以港兴市发展战略的基本思路是：完善港口配套工程，加速物流园区建设；加快港口基础设施建设，提高港口运作效率；加强与港口配套的交通设施建设，促进人流、物流流转；充分利用港口优势，积极培育港口产业群；抓住宝钢落户湛江的有利契机，促进湛江港长远发展；加大整治软环境力度，营造对外开放良好氛围。

工业立市的战略确立时，湛江工业已经拥有了明显的四大优势。一是优良的港口优势；二是丰富的自然资源；三是特殊的区域中心城市优势；四是湛江作为粤西的经济中心和交通枢纽，海运、空运、铁路、公路、管道多种运输方式并存，为工业发展提供了便利的交通条件。所以实施工业立市的思路是，充分发挥海洋、港口和农海产品资源优势，以临海工业和农海产品加工业等两大板块为主攻方向，把湛江着力打造成为中国南方的石化基地、农海产品加工出口基地、全国最大的纸业生产基地和小家电基地，从而走出一条以临海工业和农海产品加工业为主的新型工业化新道路。

"工业立市，以港兴市"战略实施后，湛江市工业发展后劲不断增强，

---

① 中共湛江市委党史研究室编著：《湛江改革开放三十年大事记（1978—2007）》，2008 年内部编印，第 289 页。

② 《情系南粤万木春——胡总书记考察广东纪实》，《南方日报》2003 年 4 月 18 日；《广东要更好发挥排头兵作用》，《南方日报》2003 年 4 月 19 日；《巨大的鼓舞——回忆胡锦涛总书记在湛江考察时的情景，他们激动的心情久久不能平静》，《湛江晚报》2003 年 4 月 21 日。

中石化、中石油、中海油三大石油公司到湛江投资，湛江东兴炼油厂 500 万吨改扩建工程完工，90 万立方米奥里油储罐、120 万千瓦奥里油发电厂等一批重点工业项目投入建设，湛江工业每年新增总产值 100 多亿元。到 2005 年，湛江重点工业项目投资超过 50 亿元，全市工业增加值超过 200 亿元，增长 14%，规模以上工业总产值突破 600 亿元，增长 16%，均比 2000 年翻一番，相当于再造一个湛江工业。经济结构调整取得重大突破，第二产业比重超过 45%，工业主导地位进一步加强，湛江正稳步迈入工业化中前期。

湛江的发展水平同全省尤其是以珠三角为代表的地区有一定的距离。以珠三角为代表的地区经济总量已经很大，但其所依赖的传统发展方式已经难以为继，所面临的迫切任务主要是转型升级。而湛江的发展阶段性特征则明显不同，湛江正处在重大龙头项目刚刚落地的阶段，有机会在相对空白的基础上全新布局现代产业体系。所以，需要用科学发展的新理念和先进地区的经验来谋划，促进经济发展方式加快转变，实现经济社会又好又快发展。2008 年 6 月，中共湛江市委第九届七次全会作出了《中共湛江市委、湛江市人民政府关于建设城乡协调生态文明的科学发展试点市的决定》，明确湛江未来 12 年的发展目标和战略思路，标志着湛江走上"生态立市、工业强市、港口兴市"新征程。后来"生态立市、工业强市、港口兴市"战略调整为"工业立市、港口兴市、生态建市"战略。

2009 年 9 月 27 日至 28 日，中共广东省委、省人民政府在湛江召开粤西地区现场会和粤西地区工作会议，中共广东省委、省人民政府对湛江的定位，除了粤西地区的中心城市、现代化新兴港口工业城市，还首次出现了"生态型海湾城市"字眼。湛江在引进大项目、促进大发展的同时，对生态环境建设提出了更高的要求。这也是对湛江实施"工业立市、港口兴市"的同时坚持"生态建市"战略的肯定和回应。广东省委要求湛江积极做好生态型海湾城市的建设，围绕海岛、海湾，撇开组团式海湾城市的框架，努力建设生态的美丽的海湾城市，使湛江成为既具有强大经济实力、环境又很优美的城市。中共广东省委、省人民政府在制定广东"十二五"发展规划时，明确提出广东"十二五"发展的核心是"加快转型升级，建设幸福广东"。湛江在制定"十二五"规划时，按照省的要求也提出要转变发展方式、建设幸福湛江，这是湛江"十二五"发展的核心任务。湛江坚持生态建市，就是以绿色理念引领生态型海湾城市建设，在经济总量翻番的情况下，环境综合质量仍然走在全国前列，让广大民众生活在优质的生态环境里，这也是幸福湛江的内容。生态建市，就是要构建节约能源资源和保护生态环境的产业结构（生态产业），包括生态农业、生态工业和生态旅游业，推进循环经济发展，营造绿色、健康的人与自然和谐相处的宜居生态环境，培育以生态价值、生态伦理为核心的生态文化。

三、重视人才

2004年4月，中共湛江市委、市人民政府下发《关于进一步加强人才工作的实施意见》，提出了人才强市战略和党政人才、高层次专业技术人才、企业家、海洋经济人才和竞争合作型人才、青少年人才、物流人才、农村实用人才、高技能人才等"八大人才培养工程"。2005年，中共湛江市委、市人民政府作出了《湛江市"十一五"人才规划》，确立了人才发展总目标：到2010年人才工作和人才队伍建设达到总量充足、门类齐全、素质优良、结构合理、流动顺畅、环境一流、机制灵活、产出高效的目标，人才总量要求达到75万人左右。

为完成市委的人才规划，以湛江市委组织部为主，市各高校及有关部门参与的人才强市工作逐步展开。2006年，湛江市委组织部在霞山海头街道建立"湛江市农村人才资源开发培训基地"试点。此后，全市建立了22个新农村实用人才教育培训基地，每年组织农村党员干部、农民听课，与专家互动，共举办了10期农村人才资源开发培训班，培训1000多人次。市妇联利用教育培训基地，在廉江河唇开展农家女网络行活动，组织农村妇女干部学习信息。湛江市委组织部、市科技局、市人事局和市科协联合组建了由85名专家组成的"建设社会主义新农村专家服务团"，面向乡镇（街道办）提供咨询，答复基层关于生产、经营、经济发展等问题，受到基层和科技工作者的好评。湛江市委组织部在广东海洋大学建立了湛江海洋经济人才培养基地，举办海洋经济人才开发培训班，并在霞山特呈岛、赤坎调顺岛、徐闻新寮岛、东海硇洲岛、坡头南三岛以及11个沿海乡镇建立了海洋经济人才培养基地。同时在麻章建立花卉物流人才培养基地，在技工学校开展适应湛江重点项目发展需要的技能人才培训。

2006 年起，"湛江市人才工作信息化工程"启动。湛江市委组织部牵头搭建人才信息平台，将人事、劳动、科技、教育等相关部门的信息及数据纳入管理，统一分析，以科学分析人才信息，提高人才信息的利用率，为人才工作提供决策依据。恢复"湛江人才"网页，并更名为"湛江人才工作公众服务信息平台"。2007 年 7 月，"湛江人才工作公众服务信息平台"和"湛江新农村实用人才教育培训平台"开通。

对高层次人才队伍建设，则是以举行湛江博士论坛、开展人才项目对接的活动等方式进行。2005 年 12 月，湛江市委组织部、市科技局、市博士联谊会在湛江师院举办了首届博士论坛，主题为"和谐崛起可持续发展的区域中心城市"。2008 年 7 月，湛江市委组织部组织广东外语外贸大学、广东省委党校、广东医学院的教授专家，就海洋产业、农业产业、人才在重点项目中能力提升和成长进行调研。此外，湛江市人事局利用广东省"山洽会"在湛江召开的契机，组织博士与科技项目对接，有 100 名博士与湛江企业 23 个项目对接。

从 2012 年起，湛江实施"高层次产业人才引进工程"，当年，湛江共吸引了国内外 17 个产业领军人才，并核准了 5 个创新团队的申报项目。人才的引进着眼于产业发展需要，湛江将产业人才引进与产业项目引进紧密结合、捆绑运作，通过引进高端人才助推产业发展，加快产业集群化，形成人才聚集新园区。全市共有国家级、省级、市级产业园区（开发区）13 个，重点发展钢铁、石化、新能源、新医药、特色农业等"五大、五新、五特"产业。

同时，湛江实施军转干部专业素质提升培训工程，举办军转干部专业素质提升脱产培训班，根据岗位任职情况，进一步细化培训内容，分门别类设立专题，对军转干部进行专业素质培训，成效明显，赢得了驻湛部队官兵和广大军转干部的支持与好评，被誉为"湛江首创"[①]。

湛江人才队伍不断壮大，人才结构不断优化。至 2010 年底，全市人才总量达到 66.22 万人。其中，党政机关人才 2.43 万人、企事业单位专业技术人才 18.96 万人、经营管理人才 10.2 万人、技工技能人才 25.96 万人、各类

---

① 范琛等：《湛江：深化行政体制改革，激发崛起强大动力》，《南方日报》2013 年 12 月 9 日；卓文秀等：《深化社会体制改革，共建共享幸福湛江》，《湛江日报》2015 年 10 月 20 日。

农业实用人才 8.67 万人。人才总数占全市常住总人口数的 8.9%，占全市城乡从业人数的 21%。全市拥有副教授级职称或硕士学位的高层专业人才 8114 人，其中具有副教授级以上职称 5988 人，研究生学历 2459 人，享受政府特殊津贴专家 152 人（包括中央、省驻湛单位），国家级有突出贡献的中青年专家 2 人，省部级有突出贡献的中青年专家 29 人，市级有突出贡献的中青年专家 68 人。[①]

第六节　经济发展状况

1992 年后，湛江充分发挥港口优势发展港口经济，促进了工业经济、农业经济、海洋经济等快速发展，使人民生活水平有所提高。

一、港口经济

发展港口经济，就是要加快建设以湛江港为龙头的全市港口群，包括建设同港口相配套的海陆空大交通，依托港口群和大交通网络培育大流通市场，同时振兴渔业经济。

（一）加快港口建设

伴随着改革开放的深入，湛江港的建设与发展也跨步向前。1986 年 12 月，湛江港务局完成了第一次港口管理体制改革，由交通部直接领导改为交通部和地方政府双重领导，且以地方政府为主。1987 年，湛江港务局接收了原广州海运局霞海船厂，1991 年改设为第五作业区。1987 年至 1989 年，对第一作业区 5 个老码头泊位进行改造，同时在北突堤新建成 2 个 5000 吨级泊位，新增吞吐能力 60 万吨。1991 年 8 月 26 日，海安港客运站与海南新港客运站同时增开琼州海峡夜班客轮，结束了琼州海峡夜晚不渡客的历史。1994 年 6 月 18 日，第一作业区南二期工程 2 个 1.5 万吨级集装箱码头建成投产，结束了湛江港没有集装箱专用泊位的历史。1996 年 9 月，一场百年不遇的特大台风正面袭击湛江港，湛江港务局 13 台大型机械被吹倒或落海，一艘高

[①]　《湛江市人力资源与社会保障事业发展"十二五"规划》，湛江市发展和改革局：《湛江市国民经济和社会发展"十二五"规划汇编》，2011 年内部编印，第 277—278 页。

速客轮沉没，共有 23740 平方米的仓库倒塌或严重损毁，大批设备设施受到不同程度损坏，直接经济损失达 1.7 亿元。2000 年，湛江港启动及推进 30 万吨级航道、30 万吨级油码头和 20 万吨级铁矿石码头"三大工程"建设。湛江港 25 万吨级航道工程于 2003 年 8 月开工，并于 2005 年 12 月通过交工验收投入试运行，后续工程将原有 25 万吨级航道继续浚深至 30 万吨级。随着湛江港 30 万吨级航道工程的建成，湛江港拥有了中国最深的人工航道。2003 年 1 月 7 日，粤海铁北港琼州海峡铁路轮渡建成投产，这是中国第一条跨海铁路，结束了内地与海南岛之间没有铁路相通的历史。

2005 年后，湛江港 30 万吨级陆岸油码头、25 万吨级深水航道、20 万吨级铁矿石码头"三大工程"相继建成投产，大大增强了港口的生产能力和竞争能力。2007 年，湛江港集团引入战略合作者——招商局集团，完成股份制改造，成为中外合资股份制企业。2008 年，湛江港口货物吞吐量突破 1 亿吨，跨入全国亿吨大港行列，成为西南港口群及环北部湾地区第一个亿吨大港。深水航道、南方大港为宝钢湛江钢铁和中科炼化一体化两大项目顺利落户湛江提供了坚实的交通保障。重件码头工程于 2010 年 11 月 8 日完工，建成 1 个 5000 吨级重件泊位，打开了湛江钢铁项目的第一条海运通道。2014 年，湛江港口货物吞吐量突破 2 亿吨，实现了从 1 亿吨向 2 亿吨的突破。2014 年，湛江港霞山港区 40 万吨级散货码头完成重载调试，并于 2015 年试运行。2015 年，建成并试投产湛江钢铁主原料 30 万吨级码头。2016 年，东海岛港区公共深水码头动工建设，徐闻港南山客货滚装码头、进港公路改扩建以及湛徐高速徐闻港支线三大工程加快推进。

湛江保税物流中心（B 型）于 2014 年获得国务院批准建设，2016 年封关运作。湛江港获准扩大开放，2015 年徐闻港、吴川进出境货运车辆检查场和雷州乌石对台小额贸易口岸获准对外开放，2016 年霞山港区散货码头获准对外开放，2016 年湛江港集团宝满集装箱码头被列入国家进境水果指定口岸并投入营运，2017 年宝满港区和东海岛港区口岸开放。

进入 21 世纪后，湛江港通过大规模的更新改造，逐步实现了老码头的升级换代，率先建成了中国第一座 30 万吨级陆岸式原油码头。湛江港拥有全国最深的人工开挖航道和华南地区最大的 25 万吨级铁矿石泊位，大大增强了港口的竞争能力。2016 年是湛江商港开港 60 周年，其间，湛江港从

2015 年湛江港建成的中国第一座 30 万吨级油码头

1956 年至 1979 年货物吞吐量突破 1000 万吨用了 23 年，从 1979 年至 1993 年突破 2000 万吨用了 14 年，从 1993 年至 2002 年突破 3000 万吨用了 9 年。从 2003 年至 2008 年货物吞吐量突破 1 亿吨只用了 5 年，成为西南沿海港口群首个亿吨大港；并再用 6 年时间于 2014 年实现货物吞吐量突破 2 亿吨，同比增长 12.4%，年增幅居全国主要沿海港口第一位。

（二）大力发展交通通信

大力发展交通通信是湛江市委实施港口发展战略的重要内容。至 1993 年底，全市共完成新（改）建公路 221 千米；列入国家"八五"计划 150 个重点项目之一的湛江港一区南二期工程 5 个泊位全部投产；中小港口在建 9 个项目共 22 个泊位，已竣工 4 个；市政三大重点工程（火车南站、民航机场扩建、广湛高速公路湛江段）于 1993 年 10 月动工。[1] 港池、航道疏浚 8.3 万立方米，超过前 13 年的总和。1994 年，全市集资投入建港资金达 2820 万元，为历年之冠。[2]

---

① 湛江市交通委员会：《发展立体交通，促进湛江经济腾飞》，《湛江港口经济发展战略》编委会编：《湛江港口经济发展战略》，1996 年内部编印，第 433 页。

② 符铭、屈康慧：《湛江海洋渔业的发展》，《中国新时期农村的变革》（广东卷），中共党史出版社 1998 年版，第 361 页。

为加快交通通信等基础设施建设，湛江市多次编制规划。1993 年 12 月 8 日，湛江市委、市政府作出《关于加快我市交通通信基础设施建设的决定》，提出 20 年内交通、通信实现"三大网络、四大枢纽"① 的总体规划。1996 年 4 月，编制了《1994—2010 年湛江市城市总体规划》并获得广东省政府批复。该规划提出对外建立和完善 8 条以不同运输方式组成互相衔接的交通运输大通道，对内进一步完善城市道路系统，形成环绕城区的疏港系统和环路系统。

1997 年，湛江民航机场第四次扩建工程投入使用，可日夜起降波音 757 等大型客机。同年底，国家铁路枢纽站湛江火车南站新站场扩建工程竣工投入使用。国家重点工程项目——茂（名）湛（江）高速公路动工，2000 年 12 月全线通车，结束了湛江没有高速公路的历史。1998 年 4 月，粤海铁路湛江至海安段动工，2003 年 1 月通车。2003 年 10 月 18 日，全国 45 个公路主枢纽之一——湛江市海田汽车中心客运站建成正式投入使用，5 条经过海田站的公交车线路也同时开行。至 2002 年，全市固定电话用户达到 81.38 万户、移动电话 81.99 万户，② 实现了城乡电话一体化、程控化。

在"十一五"期间（2006 年至 2010 年），湛江交通基础设施建设取得新进展。2005 年，渝湛高速公路粤境段竣工公路通车。备受湛江人民瞩目的湛江海湾大桥于 2003 年 7 月 30 日动工建设，于 2006 年 12 月 30 日竣工通车，全长 3981 米，是湛江湾上的第一座跨海大桥。同年，疏港公路一期工程建成通车。2010 年，东海岛大桥、南三大桥建成，湛徐高速公路通车。基本实现各县（市、区）互通高速公路、与周边市区均有高速公路相连、县到镇通二三级以上公路及镇到村通四级硬底化公路的目标。至 2010 年，全市 1501 个行政村（不含居委）已有 1399 个开通客运班车，建制村客运通达率达 90%。"十一五"期间还建成洛湛铁路河湛段增建二线工程，湛江港通往大西南的铁路运输"瓶颈"从根本上得以解决。湛江机场站场设施升级改

---

① "三大网络、四大枢纽"：畅顺的公路网络，连通五县四区的铁路网络，现代化通信网络；以湛江港为核心、大中小港口相配套的港口枢纽，湛江新北站铁路枢纽，以市区为中心的公路运输枢纽，以徐闻海安、三塘为中心的陆岛交通枢纽。

② 中共湛江市委党史研究室编：《图述中共湛江历史（1921—2013）》，中共党史出版社 2013 年版，第 155 页。

2006 年湛江海湾大桥建成通车

造，动工建设国际候机楼、停机坪和货运中心，提升了机场等级。

能源设施建设也不断推进。到 2010 年底，全市发电装机容量 145 万千瓦。新开发风电、生物质发电、光伏发电等清洁能源，电网建设步伐加快，建成 500 千伏变电站一座、220 千伏变电站 4 座、10 千伏变电站 26 座。能源供应体系进一步完善，建成输油管道 91 千米、储油库 100 万立方米，天然气管网市区覆盖率达 70%。徐闻洋前 4.95 万千瓦风电场的建成投产实现了风能发电零的突破，遂溪 2×5 万千瓦生物质发电厂和特呈岛 3 兆瓦太阳能光伏发电项目动工建设。

（三）培育流通大市场

1994 年 7 月，湛江市委、市政府召开外贸出口工作会议，强调要以国际市场为导向，发挥港口优势，从原来以出口港澳市场为主，转到巩固港澳市场的同时，积极拓展远洋贸易，实现外贸市场多元化。湛江相继组建起八达八集团股份有限公司、湛江供销社企业集团股份有限公司和紫荆集团股份有限公司等大中型商贸企业，这些企业在搞活大流通领域发挥了骨干作用。

继续扶持个体工商户、私营企业、"三资"企业等非公有制的商业经济发展。对非公有经济实行不限制发展比例，不限制发展规模，不限制经营范围（国家规定不准经营的除外），方便开业，方便办照，通过各种政策的引导和扶持，促进各种非公有经济商业企业的较大发展。到 1999 年，湛江全市"三资"企业有 1480 多户、私营企业 2280 多户、个体工商业 81000 多户。①

市场是流通的载体。湛江市委、市政府努力拓展流通市场，通过多渠道、多形式筹集资金，按照"谁投资，谁受益"的原则，鼓励多种经济成分、不同单位投资兴建市场和商场。到 2002 年，相继建立起服装、药材、建材、副食品、水果、水产、汽车等一批颇具规模的专业市场，促进了商品流通和市场繁荣。2002 年，全市批发、零售贸易业商品销售总额达 325.23 亿元。②

赤坎海田副食品市场

从 1999 年开始，湛江市委、市政府通过举办各种博览会、展览会，展示湛江经济和社会发展的成果，助力市场的拓展、活跃市场经济。1999 年 11 月，湛江市政府与西南经济区市长联席会联合在湛江市体育中心、市图书馆举行 1999 年湛江经贸博览会。博览会共有国内外来宾、客商 4000 多人参

---

① 湛江市人民政府财贸办公室：《搞活湛江大流通，促进经济大发展》，《湛江港口经济发展战略》编委会编：《湛江港口经济发展战略》，1996 年内部编印，第 420 页。

② 中共湛江市委党史研究室编：《图述中共湛江历史（1921—2013）》，中共党史出版社 2013 年版，第 159 页。

加，签订投资、贸易合同452项，金额111.6亿元。博览会期间，成交活跃，参观、购物者众，出现30家外地企业排队等铺位现象，取得了显著的经济效益和社会效益。

2000年11月，湛江海洋经济博览会在湛江国际会展中心举办，6000多人参加开幕式。湛江市在海博会上共签订合同439宗，合同金额176亿元。2001年11月，又举办湛江南亚热带农业博览会，农博会上共签订合同275宗，合同总额139.6亿元。其间，先后举办了第二届中国（湛江）珍珠节、南亚热带农业发展论坛、南亚热带旅游推介会、第一届湛江美食节等活动。2002年11月，再次在湛江国际会展中心举办湛江工业博览会，来自国内26个省（自治区、直辖市）、世界24个国家和地区近5000名嘉宾和客商参加博览会。博览会共签订合同172宗，总金额108.26亿元。其间，还举行了湛江投资洽谈会、南亚热带旅游推介会、第三届中国（湛江）珍珠节、第二届湛江美食节、湛江港口经济发展论坛、糖业发展战略高级研讨会等活动。湛江每年一"博"，以会展的形式构筑招商引资的平台，提升了城市的知名度，活跃了商贸环境。

（四）发展海洋经济

湛江港湾多、滩涂广，海洋水产资源十分丰富。为把海洋资源优势转化为经济优势，湛江把发展海洋经济作为实施港口发展战略的一个新的经济增长点。1995年10月，湛江市委、市政府召开全市首次海洋经济工作会议，按照统筹兼顾、突出重点、分步实施的原则，制订了发展海洋经济的措施和具体规划。

浅海滩涂养殖是湛江最有增长潜力的产业。各地积极开辟新的养殖区域，养殖、增殖、护养相结合，鱼虾贝藻海珍品相结合，池养、滩养、网箱养、工厂化养相结合，平面开发和立体开发相结合，从滩涂向浅海拓展，初步形成珍珠、泥蚶、对虾、牡蛎贻贝、网箱养鱼五大养殖基地。到2000年，全市养殖面积扩大到110多万亩，比1995年增加1.8倍，占滩涂面积149万亩的七成多。

水产捕捞方面，湛江的远洋渔业发展迅猛，船队规模、捕捞产量均居全省首位，并开始向股份集团化发展。1995年，全市147千瓦以上的大马力中深海远洋渔船猛增至188艘，其中出国远洋渔船发展到139艘，生产基地由贝劳共和国1个基地，发展到贝劳共和国、密克罗西亚共和国、马绍尔3个国家7个基地，产量达5816.3吨，产值4511.3万美元。[①]

随着海洋渔业的发展，渔港建设滞后于生产的矛盾日益突出。全市32个渔港都不同程度地存在着港口浅、泊位少、航道淤塞的问题，致"有渔无港"。1993年，市政府拨出专款200万元支持渔港建设。当年，仅江洪、乌石、霞山、硇洲4个渔港就投资1320万元，建成码头525米，护岸堤3448米，总工程量相当于此前13年的60%。1994年，全市集资投入建港资金达2820万元，为此前历年之冠。[②] 在建设渔港的同时，重点建设了霞山渔业基地和企水港两个中心渔港的大型水产批发交易市场，各县（市、区）则在重点渔港建设具有特色的水产品批发交易市场。如遂溪县江洪渔港的天光鱼市；雷州市通过建设珍珠专业市场，推出珍珠系列产品，打出自己的品牌。

随着海洋渔业生产的迅猛发展，湛江同步增强水产品的加工能力。经加工后的优质冰鲜鱼、冻对虾、海蜇、江瑶贝和精包装水产品等畅销国内外。为适应市场需要，水产品加工除冷冻、盐腌、干品外，开始向熟干品、小包装、罐头型等方便食品发展，逐步走上高层次深加工的道路。

2000年4月，湛江市委、市政府再次召开全市海洋经济工作会议，提出大力推进海洋产业发展，加强海洋工作，构建海洋综合开发新格局，建设"蓝色产业"聚集带，壮大海洋经济，用10年左右的时间，把湛江市从海洋资源大市建成海洋经济强市。当年，全市海洋产业总产值153.1亿元，仅次于广州、深圳，居全省第三位，海洋产业增加值达92.8亿元。2005年，湛江海洋经济产值467亿元，2010年达854.8亿元，增长十分迅猛。海洋产业结构不断改善，以海洋工业占主导地位的第二、三产业发展较快，三次产业结构有所改善，第一、二、三产业的比重从2005年的21%、45.1%和33.9%，发展为2010年的9.7%、74.2%和16.1%。海洋渔业步入快速增长期，2010年全市水产品总产量达104.5万吨，与2005年相比年均增长6.7%；2010年全市水产品加工能力达到56.3万吨，与2005年相比年均增

① 符铭、屈康慧：《湛江海洋渔业的发展》，《中国新时期农村的变革》（广东卷），中共党史出版社1998年版，第356页。
② 符铭、屈康慧：《湛江海洋渔业的发展》，《中国新时期农村的变革》（广东卷），中共党史出版社1998年版，第361页。

长 8.35%；2010 年全市水产品出口 11.3 万吨，与 2005 年相比年均增长 12.5%。[①]

二、工业经济

依托湛江海洋、港口和农海产品资源优势，湛江工业经济以临海工业和农产品加工业两大板块为主攻方向，逐渐成为中国南方的石化基地、农海产品加工出口基地、全国最大的纸业生产基地和小家电生产基地。

经过十多年发展，湛江工业立市战略成效显著。中华人民共和国成立后，全市工业增加值完成 100 亿元用了 50 年时间，而在"十五"（2001—2005 年）规划期间工业增加值完成 100 亿元仅用了 5 年时间，相当于过去 51 年总和，5 年时间再造了一个工业湛江。三次产业化比例从 2000 年的 29.3∶35.8∶34.9 调整为 2005 年的 21∶45.1∶33.9，第二产业比重上升 9.3 个百分点。工业占生产总值比重由 31.5% 提升到 40.3%，对生产总值增长的贡献率达 44.6%。重工业比重呈明显上升的趋势，进入重化工业发展阶段，工业体系已经基本建立。凭借深水大港优势、亚热带资源和农海产品优势，大力发展临海工业基地和农海产品加工业，初步形成了临海石化、近海油气开发、电力、造纸、农海产品加工、饲料、纺织服装、电器机械等八大支柱产业。龙头企业成长迅速，带动了八大支柱产业的发展，增强了工业整体竞争力。2005 年，八大支柱产业工业总产值达 525.36 亿元，比 2000 年增长 3 倍，占全市规模以上工业总产值比重从 40% 上升到 78%。[②] 到第"十一五"规划末的 2010 年，工业总产值达 1708.61 亿元（当年价），产值超亿元的企业 151 家，产值超 10 亿元的企业 14 家，产值超百亿元的中海油湛江分公司（产值 244 亿元）和东兴石油化工公司（产值 255 亿元）被评为广东50 强企业。

湛江市的重点建设项目在"十一五"期间取得大的进展。成立钢铁、中科炼化、木浆等项目建设指挥部，做好资金筹措、征地拆迁、基础设施建设

[①]　《湛江市海洋经济发展"十二五"规划》，湛江市发展与改革局编：《湛江市国民经济和社会发展"十二五"规划汇编》，2011 年内部编印，第 400—401 页。

[②]　湛江市地方志编纂委员会编：《广东海洋城市——湛江崛起》，北京大学出版社 2009 年版，第 161—163 页。

等工作，特大型项目取得突破性进展。广钢环保迁建湛江项目、中科合资广东炼化一体化项目先后落户东海岛，前期工作有效推进。奥里油电厂油改煤、晨鸣林浆纸一体化等项目开工建设，为湛江争当粤西地区振兴发展龙头奠定了坚实的基础。培育了湛江现代产业 50 强项目，其中有 14 个项目入选省现代产业 500 强，总投资 1382 亿元。建成了一批规模大、效益好、知名度高、竞争力强的工业项目，龙腾物流 500 万吨球团、东兴炼油配套完善改造等项目竣工投产。主导产业和重特大项目吸引要素集聚效应初步显现。①

　　工业立市、加快工业化进程战略实施后，湛江加大工业载体建设步伐。承接产业转移，建立以钢铁、石化等先进制造业为主导的现代产业体系，推动湛江跨越式发展，形成全省新的经济增长极。湛江开发区与东海岛经济试验区合并，资源得到整合，整体竞争力明显增强。广州（湛江）产业转移工业园成为世界级钢铁和以石化为主导的临港重化工业基地、国家级循环经济示范区。该园规划用地面积 3818 公顷，2010 年已开发土地面积 2745 公顷。佛山顺德（廉江）产业转移工业园、深圳龙岗（吴川）产业转移工业园等也获得大笔资金的投入开发。廉江九洲江小家电和吴川羽绒产业集群被认定为省级产业集群升级示范区。湛江被授予"中国电饭锅产业基地"称号。湛江被誉为中国最具发展潜力的新兴港口工业城市。

廉江工业园

---

① 《湛江市工业经济发展第十二个五年规划》，湛江市发展和改革局编：《湛江市国民经济和社会发展"十二五"规划汇编》，2011 年内部编印，第 335—337 页。

产业园区建立后，承接产业转移效果明显。2010 年，全市省级产业转移工业园工业增加值为 117.85 亿元，占全市比例达 25.4%，对全市工业增长的贡献率达 48%。随着承接产业转移的不断深入，工业发展步伐加快，宝钢、中石油、中石化、中海油、山东晨鸣、粤电、中国诚通等实力雄厚的企业相继来湛投资，带动了社会优质资源向湛江转移，成为全市工业增长的主要增长极。[①]

湛江产业转移工业园成立于 2008 年，前称"广州（湛江）产业转移工业园"，原是广州市人民政府和湛江市人民政府按照《广东省产业转移工业园认定办法》规定合作共建，依托国家级湛江经济技术开发区建设，并委托湛江经济技术开发区管理委员会代为管理的。2013 年，根据中共广东省委办公厅及广东省人民政府办公厅联合发文《关于调整珠三角地区与粤东西北地区对口帮扶关系的通知》文件精神，广州（湛江）产业转移工业园改为由湛江市人民政府自建，并更名为湛江产业转移工业园。园区依托湛江经济技术开发区建设，首期规划面积 38.18 平方千米，主要包括经开区建成区、东海岛钢铁基地和东海岛新区。2018 年 12 月，园区又成功将东海岛钢铁配套区、东海岛石化园区共 14.58 平方千米纳入园区管理，享受省产业转移园政策。园区先后被评定为"广东省产业转移工业园""广东省产业转移工业园示范园""广东省现代服务业集聚区""广东省产业转移园十大重点园区""国家级园区循环化改造示范试点园区""中国化工潜力园区 10 强""广东省五星级服务园区""国家级绿色工业园区"，是广东省体量最大的产业转移工业园。曾在全省产业园区建设发展考评中五次获得"优秀"等次，累计获得省产业园发展扶持资金高达 17 亿元，土地指标近 3000 亩。2019 年，园区完成规模以上工业总产值 722.99 亿元，较 2009 年 225.35 亿元增长 220.83%；规模以上工业增加值 188.99 亿元，较 2009 年 63.79 亿元增长 196.27%；实现全口径税收 49.55 亿元，较 2009 年 30.49 亿元增长 62.51%。根据《湛江市东海岛城市总体规划（2013—2020）》等文件，园区按照空间集聚、资源集约、产业集群的原则，构建"一城三区五基地"的空间发展格局，其中东海岛重点打造"五大产业基地"，即世界级绿色高端临海钢铁产

---

① 《湛江市工业经济发展第十二个五年规划》，湛江市发展和改革局编：《湛江市国民经济和社会发展"十二五"规划汇编》，2011 年内部编印，第 336 页。

业基地、世界级现代化石化产业基地、中国南方高端特种纸业基地、国家级高新技术产业基地以及中国南方海洋装备制造业基地。同时，园区致力把东海岛打造成国家级先进制造业示范区。

广东湛江临港工业园区位于湛江市城区南部，紧邻湛江港霞山港区，总体规划面积57307亩。园区前身为霞宝工业城，于1992年10月开始运作，由于经营不善，湛江市政府于2003年3月收回土地并纳入市土地储备库。同年4月，以湛江港集团为主体筹建湛江临港工业园。2006年7月，国家发改委发布第41号公告，核准广东湛江临港工业园为省级开发区，并经国家发改委、国土资源部、建设部审核，经国务院同意，纳入《中国开发区审核公告目录（2006年版)》，开发面积8145亩。2015年8月，广东省经信委批复同意依托广东湛江临港工业园区规划建设霞山临港产业转移工业园，纳入省产业转移园管理。2016年6月，园区被评定为广东省循环化改造试点园区。2017年3月，国家发改委、国土部、住建部开展开发区复核工作，经国务院批准，广东湛江临港工业园区纳入《中国开发区审核公告目录（2018年版)》，核准面积8080亩。2017年11月，园区被认定为湛江市小企业创业基地。建园初期，园区规划范围内已有湛江东兴石油化工有限公司、中海沥青（广东）有限公司等石化企业，园区发展方向和集聚的主要产业为石油化工。霞山区政府于2013年5月印发《关于霞山区产业及产业园区规划的通知》，调整临港工业园区产业定位为做优做强临港石化产业、重点发展先进制造业和资源深加工产业、大力发展临港现代物流产业。2016年，再次调整产业规划为重点发展精细化工、现代物流、资源深加工三大主导产业。至2020年，园区共有19个项目，成功引进了中冠石化异辛烷、鸿达石化高级润滑油等低能耗、低污染、高附加值的精细化工项目。同时，借助港口地域优势，以湛江港集团保税物流中心（B型）为基础，引进中糖储备库、粮储中心库等项目，大力发展现代物流产业。

同一时期，湛江各县（市、区）的工业园区也加快发展步伐，尤其以廉江工业园区的发展成效最为突出，其经济开发区已具一定规模。廉江经济开发区位于廉江市区以西的九洲江一带，创办于1992年5月，1996年1月经广东省人民政府批准为省级经济开发区，规划面积8.3平方千米。2005年开发区被省认定为小家电产业集群升级示范区（粤西唯一）和"广东省火炬计划智能化节能电饭煲特色产业基地"。2010 年 11 月获"广东省小企业创业基地"称号，是粤西地区唯一获此殊荣的园区。2007 年经国家有关部门按《清理整顿开发区的审核原则和标准》审核，更名为"广东廉江经济开发区"。2007 年 2 月，广东省认定的佛山顺德（廉江）产业转移工业园落户广东廉江经济开发区，2009 年动工建设金山产业园，2017 年 6 月省批准金山、沙塘产业集聚地纳入产业园管理，开发区与产业园融合发展。2020 年 2 月，广东省政府批复同意认定广东廉江经济开发区为省级高新技术产业开发区，定名为湛江廉江高新技术产业开发区，实行省级高新区政策。开发区规划面积共 31.77 平方千米，管辖主园区〔含佛山顺德（廉江）产业转移工业园〕、金山产业集聚地、沙塘产业集聚地，主园区规划面积 20271.91 亩，金山产业集聚地规划面积 21392.04 亩，沙塘产业集聚地规划面积 5986.93 亩。园区共有企业 222 家，其中规上企业有 111 家，主导产业是家电（电饭煲、电热水壶等）、家具。家电企业有 160 家，年产电饭锅 4000 多万台，电热水壶 1 亿多台，产销量约占全国的 30%，配件销售量占全国的 60% 以上，产品远销 30 多个国家和地区。园区 2005 年被认定为省小家电产业集群升级示范区、智能化节能电饭煲特色产业基地，2006 年廉江市被授予"中国电饭锅之乡"称号，2017 年被批准升级为"中国小家电产业基地"。2011 年至 2018 年园区共 6 次获得广东省产业转移工业园考核优秀奖。区内拥有国家级高新技术企业 32 家，省级科技型中小企业 25 家，省级工程技术研究中心 2 个，省级企业技术中心 2 个，市级工程中心 9 个，市级企业技术中心 9 个，市级技术开发机构 18 个；拥有中国驰名家电商标 2 个，中国名牌产品 2 个，省著名商标 16 个，省名牌产品 4 个；58 家企业与高校签订产学研合作协议。

工业立市，加快工业化进程的战略实施，拉动了县域经济尤其是县域工业经济的发展。2005 年，全市县规模以上工业实现增加值 120.01 亿元（当年价），工业总产值 224.72 亿元（当年价），均比 2000 年增长 2 倍，远高于全市平均增幅。县域的工业化、城镇化、农业产业化进程加快，使得传统的从农业主导经济逐步向以工业为主导的经济转变，饲料工业、水产品加工业、制糖业、小家电制造业成为县域支柱产业。县域特色经济发展较快，形成了廉江小家电制造、遂溪制糖、雷州海水珍珠养殖、徐闻热带农产品加工、吴川羽绒加工等各具特色的产业链，吴川荣获"中国羽绒之乡"称号，廉江成为"广东省电饭煲产业集群基地"和"广东省林业生态县"。各县（市、区）民营经济规模不断扩大，成为推动县域经济发展的主要动力和吸纳农村富余劳动力就业的生力军。如 2006 年全市各县（市、区）完成生产总值 330 亿元，其中县域民营经济发展迅速，实现增加值 172 亿元。

专业镇的建设是拉动县域经济发展的另一方式。2002 年以来，湛江先后有麻章镇、石颈镇等 11 个乡镇被省科技厅认定为省专业镇技术创新试点镇。2007 年，湛江已建成省级专业镇 11 个，市级 7 个，推动了特色产业不断发展壮大。全市形成的特色产业有家用电器加工业、对虾畜禽饲料加工业、水果种植加工业等 32 个，特色产品 55 个。吴川博铺塑料鞋产业，生产企业 470 多家，有十大鞋类 200 多个品种 2000 多种款式，年产量达 6 亿双以上，占全国总产量的 1/3 强，已形成全国最大规模的塑料鞋生产基地。徐闻曲界镇菠萝成为全国菠萝生产最大基地，享有"菠萝的海"之美誉。各专业镇的特色产业成为当地经济发展的重要支撑。专业镇组织构建了一批技术创新服务平台。如龙头镇组建了家电技术创新服务中心，麻章镇建立了花卉信息服务平台，曲界镇建立了水果研究中心。专业镇的建设发展成了新的经济增长点，县域经济实力显著增强。"十一五"期间，即从 2006 年到 2010 年，五县（市）生产总值均有较大增长。吴川市由 49.6 亿元增加到 105.3 亿元，年均增长 12.4%；徐闻县由 39.63 亿元增加到 77.73 亿元，年均增长 10%；雷州市由 61.7 亿元增加到 128.86 亿元，年均增长 10.3%；遂溪县由 58.1 亿元增加到 137 亿元，年均增长 13.6%；廉江市由 77.13 亿元增加到 182.82 亿元，年均增长 12.8%。各县（市、区）均呈两位数增长。[①]

三、国企改革与民营经济

以建立现代企业制度为目标，对国有企业进行改革；同时以改善环境、优化服务为重点，致力加快民营经济发展，这是在建立社会主义市场经济体制过程中培育市场主体的主要内容。

1994 年，湛江市政府公布《建立现代企业制度试点实施方案》，首先在 33 家企业推行产权制度改革，开展建立现代企业制度试点工作。至 1994 年

[①] 湛江市发展与改革局编：《湛江市国民经济和社会发展"十二五"规划汇编》，2011 年内部编印，"地区规划篇"。

底，全市有 11 家国有企业改组为有限责任公司，市直企业有 6 家实行租赁经营，全市 4275 家小型商业企业（门店）有 3260 家实行承包经营，447 家实行租赁经营，同时组建集团企业 86 家，兼并企业 8 家，实施破产企业 3 家。

1996 年，根据"整体推进，抓大放小"的原则，湛江市对全市 800 多家国有企业按《公司法》进行改制，鼓励企业联合、兼并，发展壮大一批企业集团，实行租赁经营、破产拍卖等改革。到年底，湛江市国有企业清产核资工作已完成；经广东省确定的 27 家现代企业制度试点企业中，有 19 家按《公司法》要求进行了改制；已成立的 16 家股份有限公司逐步规范和完善，其中一家成为上市公司；累计组建企业集团 77 户；通过多种形式放活小企业 1600 多家。由于历史积淀的问题较多以及市场环境的急剧变化，湛江国有企业面临的困难和问题依然十分突出，其中糖业、纺织、水泥等三个行业尤为严峻。1999 年，湛江市委、市政府制定了国有企业三年改革与脱困的基本目标。

湛江是全国产糖量最多的地级市，最高纪录的年份甘蔗种植面积 200 多万亩，拥有 33 家糖厂，日榨能力 9.4 万吨，年产糖 100 万吨左右。在 20 世纪 80 年代以后，全球食糖供过于求的格局对全国糖业的影响日渐加深。从 1989 年到 1998 年 9 个榨季，湛江制糖业累计亏损达 30 亿元，欠银行债务 23 亿元，欠农民"白条"16 亿元，全行业资不抵债，亏空 10 亿元（总资产 53 亿元，总债务 63 亿元）。[①] 1998 年，广东省政府把湛江糖业作为调整脱困重点，给予专项资金支持，并争取把保留下来的糖厂列入债权转股权计划。湛江市委、市政府把握机会，1998 年，徐闻县关停华建糖厂，租赁前山糖厂，并在大水桥、下桥等糖厂实行股份制，拉开了湛江糖业改革的序幕。1999 年，按择优扶强原则，关闭 12 家糖厂，压减日榨能力 2.4 万吨，并以此为契机将制糖业全面推向市场，从根本上解决制糖业的改革脱困和发展问题。12 家关闭糖厂的职工 7400 多人全部得到妥善安置。保留的 21 家糖厂，以多种形式实行转制，以股份合作、租赁承包、来料加工、委托经营等方式放开

---

① 徐少华在广东省国有企业改革经验交流会上的发言：《调整结构，走向市场，全力打好糖业改革脱困攻坚战》（2000 年 6 月），中共湛江市委政策研究室编：《冲出重围——湛江市国有企业三年改革脱困攻坚回顾》，2001 年内部编印，第 195 页。

经营，同时实行蔗价、蔗区、资金"三放开"政策，促使糖业加快走向市场。1999 年跨 2000 年榨季，全市糖业扭转了连年亏损的状况，实现单榨季扭亏为盈；新榨季的甘蔗款如期兑现，不再出现新的"白条"，食糖销售后糖税已入库 6300 多万元，是上榨季同期的 4 倍。[1] 至 2002 年，全市糖业实现了连续两个榨季盈利，糖业调整取得阶段性成果。

成立于 1988 年的湛江纺织企业（集团）公司，按照负债经营的模式从海外和国内银行筹措资金，创设了三家棉纺厂、一家印染厂、一家全能针织厂，是广东省以来料、进料加工出口为主的最大基地，也是全国以来料、进料加工出口棉纱为主的最大企业之一。到 20 世纪 90 年代中后期，由于高达 1 亿元的利息负担及日渐狭窄的市场销路、日益困难的原料采购等原因，湛纺集团处于破产边缘。1998 年，市政府帮助湛纺集团充分利用国家的优惠政策，先后核免银行利息 1 亿多元，使企业轻装运作，生产经营恢复生机；同时引进新的投资主体，解决负债经营问题。湛纺集团通过以土地出租、厂房折股的方式与港商合资创办中湛纺织有限公司，港方注资 9000 多万港元，占股 88%，港方管理。1999 年，湛纺集团包括分红、折旧、地租的收益近 800 万元，大大改善了集团高负债的状况。通过引进新的投资主体，创新经营模式，更新改造技术和提高产品质量，开拓市场增加出口，企业效益发生根本变化，全行业实现大幅度减亏，以脱困促发展效果显著。

水泥行业以中小型企业为主，通过租赁、参股、承包、关闭、淘汰落后生产线等方式，以转制促复产。到 2000 年，全市 28 家水泥企业，已有 23 家恢复生产，安排部分职工再就业。

1999 年，湛江市委、市政府确定 30 家工业企业为首批重点发展的优秀骨干企业，并对它们进行重点扶持，优先推荐申报国家和省改革试点；优先推荐申报股票上市；优先推荐申报国家级和省级技术开发中心和技术创新项目；优先推荐申报国家"双加工程"和省重点技改项目。对 550 家国有中小企业，实施"一厂一策"，帮助它们寻找出路。至 2000 年底，全市 30 家优秀骨干企业，有 23 家按《公司法》整体或部分改为有限责任公司或股份有

---

① 徐少华在广东省国有企业改革经验交流会上的发言：《调整结构，走向市场，全力打好糖业改革脱困攻坚战》（2000 年 6 月），中共湛江市委政策研究室编：《冲出重围——湛江市国有企业三年改革脱困攻坚回顾》，2001 年内部编印，第 195 页。

限责任公司。全市国有企业 661 户（含商贸、建筑等企业），已转制 594 户。企业转制放开面达到 90% 以上。① 党政机关与所办及管理的 1473 个经济实体和直属企业全部脱钩。全市共有 686 家国有企业（包括市直 191 家）与原主管部门脱钩，国有资产交由国有资产经营公司经营。

至 2010 年底，湛江共有 2 家公司在 A 股挂牌上市：冠豪高新、国联水产。广东冠豪高新技术股份有限公司于 1993 年在湛江经济技术开发区成立，1995 年初建成投产，成为国内大规模生产无碳复写纸、热敏记录纸的公司和国内目前生产设备及工艺先进的大型无碳复写纸、不干胶标签材料、热升华转印纸生产基地。该公司于 2003 年公开发行 A 股，证券简称：冠豪高新，并于 2009 年通过非公开发行引入央企中国纸业投资有限公司控股。湛江国联水产开发股份有限公司创建于 2001 年，该公司专注于水产行业，现发展成为集育苗、工厂化养殖、饲料、海洋食品加工、国内国际贸易、水产科研为一体的全产业链跨国集团企业。2010 年 7 月 8 日，该公司在深圳证券交易所挂牌上市，证券简称：国联水产。

由于国有企业实行改革脱困、减员增效，1998—2000 年，湛江全市下岗职工人数累计达 6.55 万人。通过下岗职工基本生活保障制度和开展再就业工程，利用信息技术建立劳动力市场；市、县、企业成立再就业服务（指导）中心 513 个，共分流安置职工 5.03 万人。②

2001 年以后，国企改革的内容主要转变为：深化产权制度改革，建立和完善现代企业制度，建立和完善国有资产管理和监督体制；推进资产优化重组，规范国有企业负责人薪酬，建立有效的激励约束机制等。截至 2005 年底，全市已改制企业增加到 109 家，破产关闭企业 53 家，引进投资主体 15 家，安置职工 3.8 万人，盘活国有资产总量 21 亿元，企业经济效益综合指数比 2000 年提高 22.6 个百分点。市属国有企业 21 家，已进行产权制度改革的有 95 家，其中 58 家劣势企业通过破产、转让等形式退出。全面完成制糖企业产权制度改革，糖厂产权改制圆满完成，卸下 60 亿元的债务包袱，兑

---

① 湛江市经委：《巩固国有企业改革脱困成果，继续加快实施两个根本性转变——全市国有企业改革脱困工作总结》（2001 年 1 月）。

② 湛江市经委：《巩固国有企业改革脱困成果，继续加快实施两个根本性转变——全市国有企业改革脱困工作总结》（2001 年 1 月）。

现 16 亿元的农民甘蔗款，安置 2 万多名职工，化解了企业历史上所积累的各种矛盾。2005 年产糖 106.8 吨左右，2005 年跨 2006 年榨季，糖业总产值首次突破 50 亿元大关，糖业走上振兴之路。

"十一五"规划后（即 2006 年后），湛江提出了"发展一块、保留一块、改组一块、退出一块"的国企改革发展总体思路。据此，对湛江港、湛化、汽运、包材、航运等实力雄厚、发展后劲足的优势企业，通过改革改制实现发展壮大，实现跨越发展。如广东湛化集团有限公司采取融资等多种途径，化解历史债务，利用自身技术力量，大力开展技改挖潜、生产扩建。企业销售收入实现逐年翻倍递增，过磷酸钙连续 10 年保持全国产销量第一。

对严重负债企业，实行债务化解。"十一五"期间，湛江的 22 家市属企业以 4.89 亿元的成本，化解了 29.65 亿元债务。如海滨宾馆，政府拿出 4800 万元现金，化解该企业约 5 亿元的历史债务，促使企业走出困境。市国资委还争取省、市近 1 亿元专项资金，彻底解决三星公司遗留问题。广州湾华侨宾馆引入香港银基集团进行合资合作，企业实现改革脱困。燃气集团通过与新奥公司合资合作，将绿色能源天然气成功引入湛江，2006 年扭转连续多年亏损的不利局面，2007 年配合公交车"油改气"项目，建设 LNG 汽车加气站，为湛江节能减排工作做出了贡献。

对于民营经济，以改善环境优化服务为重点。通过政策支持做强一批骨干民营企业；通过放宽准入发展一批新兴民营企业；通过招商引资引进一批外地民营企业。设立民营企业信用担保基金，鼓励信用担保机构为民营企业开展贷款担保业务，促进了民营经济的发展。2006 年，全市民营经济实现增加值 323.8 亿元，增长 16.5%；民营经济完成固定资产投资 85.09 亿元，占全社会固定资产投资的 41.2%。民营企业上缴税金 43.84 亿元，占全市税收收入 34.14%。民营企业成为城乡劳动力就业主渠道。据测算，民营企业吸纳的就业人数占全市城镇就业人数的 60% 以上。[1]

按照"政府搭台，企业唱戏"的原则，"十一五"时期，湛江组织企业代表团参加中博会、泛珠经贸洽谈会、山洽会、中国国际家电展、APEC 中小企业技术交流暨展览会、广货全国行等一系列区域经贸合作活动，坚持企

---

[1] 湛江年鉴编纂委员会编：《湛江年鉴（2007）》，人民日报出版社 2007 年版，第 335 页。

业走出去和请进来相结合，积极帮助企业开拓市场和开展招商引资。针对民营企业融资难、用地难等瓶颈问题，市政府设立中小企业发展专项基金，从 2009 年市财政预算安排 500 万元，至 2010 年起预算安排增加到 1000 万元，支持中小企业开展技改和创新；从 2009 年开始减半征收企业堤围防护费，减征或免征房产税、城镇土地使用税，帮助企业落实研发费用税前扣除政策等，切实减轻企业负担。湛江还着力推进信用担保体系和社会化服务体系建设，不断改善发展环境。2010 年，全市民营经济增加值达 678.37 亿元，同比增长 18.7%，成为拉动经济增长的重要力量。民营经济增加值占全市经济比重由 2005 年的 35.1% 上升到 46.2%，占县域经济的 GDP 比重达 63%，其中赤坎、霞山、麻章三个区高达 70% 以上。民营企业创造名牌意识显著增强，广东恒兴集团获评全省百强的民营企业，国联水产在深圳创业板上市。截至 2010 年，全市累计获得各类名牌 180 多件，此外，还荣获"中国电饭锅产业基地""中国对虾之都""中国羽绒之乡"等系列区域品牌称号。全市各类名牌有 70% 是民营企业创造的。

作为"中国电饭锅之乡"，20 世纪 80 年代中期，廉江采用前店后厂形式，组织生产销售发热管、电视天线等产品；同时开始推销"半球牌""三角牌""爱得牌"等电饭锅，出现生产电饭锅外壳、发热盘、内胆等小企业。约有 3000 名廉江人在全国各大中城市从事销售工作，为廉江电饭锅的发展打下了基础。至 20 世纪 90 年代中期，廉江专业生产电饭锅企业达 100 多家，生产电饭锅配件的企业有 200 多家。2005 年 9 月，廉江市家电商会成立，进一步加强了行业管理。2006 年 4 月 10 日，中国轻工业联合会和中国家用电器协会授予廉江市"中国电饭锅之乡"称号，2010 年通过复审。①

作为"中国对虾之都"，湛江市三面临海，发展对虾产业具有得天独厚的优势。截至 2010 年，湛江市对虾养殖面积达 44.8 万亩，对虾年产量 14.7 万吨，年产值超亿元的企业 15 家，国家农业龙头企业 2 家，省农业龙头企业 6 家，年产值近 200 亿元。2010 年 11 月 11 日，经中国水产流通与加工协会组织的专家组评审，一致通过授予湛江市"中国对虾之都"称号。当时，湛江市在对虾方面拥有七个第一：养殖面积全国第一、种苗产量全国第一、

---

① 揭英隆、方桂伟：《廉江家电 40 年发展印迹》，《南方日报》2020 年 4 月 10 日。

对虾产量全国第一、虾料产量全国第一、加工规模全国第一、出口量全国第一、全国最大的对虾专业交易市场。①

作为"中国羽绒之乡",迷吴川市拥有优越的地理位置,境内有四江三河,群众养鸭、养鹅较多,羽绒资源丰富。在20世纪80年代,吴川已经是闻名全国的羽绒集散地。在中国羽绒行业中,吴川羽绒以原料充足、绒朵大、蓬松度高著称。2005年1月,吴川市被中国轻工业联合会、中国羽绒工业协会联合授予中国第一个"中国羽绒之乡"荣誉称号,并于2009年12月通过复评。至2012年底,吴川市羽绒产业完成产值39.48亿元,占吴川市工业总产值的31.9%,已发展成为吴川市的最大产业。

四、农业经济

(一)"三高"农业

农业是湛江实施港口经济发展战略的基础。在"两水一牧"开发性农业取得显著成效的基础上,湛江开始引导农业走上"三高"(高产、高质、高效)的轨道。1998年后,开展雷州半岛改水治旱和南亚热带农业示范区建设,促进农业产业化。

湛江市委、市政府经过深入调查研究,认为发展"三高"农业具有五大特点和优势:一是气候条件适宜。地处南亚热带季风气候区,适宜发展热带、亚热带经济作物和各种养殖业。二是农业资源丰富。1993年湛江有耕地500多万亩,宜林宜果山地200多万亩,土地以砖红壤和赤红壤为主,适宜发展粮食生产和各种经济作物。还有浅海滩涂500万亩、山塘水库100万亩,适宜发展咸淡水养殖业和禽畜业。三是交通运输便利。公路四通八达,每个管区都可通汽车,铁路有黎湛、广湛线横贯境内,海上交通有湛江港、海安港、乌石港、太平港、安铺港、龙头沙港等。四是劳动力条件充足。1993年湛江市有农村劳动力211万人,实行联产承包责任制之后,有剩余劳动力80万人。部分边远山区农民的主要经济出路就是开发荒山,造林种果,承包山塘水面搞养殖业。五是技术基础条件较好。农民素来都有造林种果和发展畜牧业、水产业的传统习惯,有一定技术基础;农村中还有大批高、初

---

① 袁增伟:《湛江获称"中国对虾之都"》,《羊城晚报》2010年11月16日。

中毕业生和大、中专毕业生，技术力量较强。这些都为大搞开发性生产、发展"三高"农业提供有利条件。根据湛江的实际，湛江市委提出了发展"三高"农业的指导思想：必须科学地利用土地、水面、气候等资源，农林牧副渔各业向深度和广度开发，树立起商品农业、大市场农业的新观念，形成大农业、大流通、大市场的新格局，想方设法使农民尽快富裕起来。

1993年初，湛江市成立了"三高"农业指挥部，通过抓点带面，做出成效，再总结推广。如在种植香蕉中总结推广廉江市吉水镇大塘边村、良垌镇赤岭村的经验，在发展红橙中总结推广廉江市青平镇黄坭塘村和白马岭村的经验，在种植荔枝中总结推广廉江市吉水镇梧村垌村、良垌镇白塘村的经验，在发展种养结合的立体农业中总结推广廉江市石城镇深水垌村吴桂东、石岭镇陂头村许鸿铭等的经验做法。在发展"三高"农业中，强调了应当推广应用农业科学技术，实行科技兴农并推出了一系列措施，如健全市、县、镇、管理区、自然村和科技示范户等六级科技职能部门服务网络，建立群众性农业科技推广组织，建立专业性的农业科技服务公司，建立横向联系的农业科研活动等。采取"借船出海""借梯上楼"的办法，先后与广东省农科院、广东省科委、广东省科协、华南农业大学、南海水产研究所、湛江农专、湛江水产学院等20多个科研单位开展横向联系的科研活动，进行红橙种植管理、无核少核红橙的培育试验、虾苗孵化养殖、香蕉试管苗的培育管理、荔枝保花保果、蟹苗的人工孵化等30多个科研项目，都取得了很好的研究成果，并在生产实践中广泛推广应用。至1998年，湛江建起了果菜生产基地、对虾生产基地、畜牧业生产基地、糖蔗生产基地、国外松生产基地五大服务体系，基本实现生产服务一条龙。1998年，农业总产值175.09亿元（当年价），比上年增长11.4（不变价），农村人均纯收入达3013元。发展"三高"农业使农村经济发展逐步实现由传统农业向现代农业转变，由自产自给农业向出口创汇农业转变。①

（二）建设南亚热带农业示范区

建设南亚热带农业示范区，就是建设以发展南亚热带农业品种为主，实行区域化布局、规模化经营、专业化生产，形成产品保鲜、加工、包装、储

---

① 湛江年鉴编纂委员会编：《湛江年鉴（1999）》，2000年内部编印，第104页。

运、销售系列化的产业链条，能综合配套应用农业科研成果，产品科技含量较高，注重生态农业，实现可持续发展，起示范样板作用的示范区。1999 年底，全市 23 个重点治旱乡镇均办起了内容各有侧重的一批示范点。以"公司＋农户＋基地"的经营模式，培育和发展农业龙头企业，创办生产、加工基地，辐射带动周边的农民。同时集中力量兴办一些专业批发市场，形成较大规模的南亚热带产品交易基地。

在建设南亚热带农业示范区中徐闻县采用节水的喷灌式浇灌香蕉

为规模化发展外运菜、水果、对虾、珍珠、桉树等主导产品，全市共调减甘蔗面积 40 多万亩，其中徐闻、雷州、遂溪三县（市）调减了 33 万亩。[①]南亚热带农业示范区投入资金 6067 万元，建成 47 个南亚热带农业示范点，方格化面积 22.4 万亩，种植南亚热带作物 20.7 万亩，南亚热带观光带建设进展顺利，其中麻章花卉示范区建设已初具规模。[②] 2001 年 11 月，湛江南亚热带农业博览会全方位展示了湛江市发展南亚热带农业所取得的丰硕成果，既有荔枝、龙眼、西瓜、红橙、菠萝、木瓜、芒果、芦荟、花卉等农产品，

　① 湛江年鉴编纂委员会编：《湛江年鉴（2000）》，作家出版社 2000 年版，第 4—5 页。

　② 湛江市统计局、国家统计局湛江调查队：《湛江统计年鉴（2003）》，2003 年内部编印，第 13 页；《湛江市政府工作报告》（2003 年 4 月 16 日），湛江市年鉴编纂委员会编：《湛江年鉴（2003）》，时代出版社 2004 年版，第 9 页。

又有海产品，也有与农业密切相关的化工产品、饲料加工产品等数百个品种。

（三）农业产业化

2000 年以来，湛江市委、市政府加大对农业和农村的投入，如农村学校改造的投入、农村安居工程的投入、抗灾复产资金的投入、农村合作医疗基金的投入、农村道路硬底化建设的投入、农田建设和生态文明建设的投入等，相比过去都有较大增加，这促进了农业增效、农民增收，逐步探索出一条符合湛江实际的现代农业发展之路，促使湛江农业、农村经济保持了稳步增长，保障了水果、蔬菜、水产品产量居全省前列。农业龙头企业和农民专业合作经济组织增多，2006 年新增市级农业龙头企业 13 家，龙头企业销售收入 107 亿元，带动 37.3 万名农户，户均增收 2900 元；农民专业合作经济组织发展到 141 个，40 个农海产品获得国家、省名牌称号或质量认证，农村经济有了长足的发展。

在"十一五"规划中，湛江着力构筑现代农业产业体系和提高农业综合生产能力。前者主要是坚持以市场为导向，调整优化农业经济结构。后者主要是进一步强化现代农业的科技支撑，用现代科学技术改造农业。2010 年湛江农业总产值 450.49 亿元（当年价），"十一五"期间，年均增长 14.5%。农民人均纯收入 6909 元。建立了全国地级市最大的北运蔬菜生产基地、富贵竹加工出口基地、剑麻基地、菠萝基地、对虾养殖加工出口基地、海水珍珠养殖加工出口基地、羽绒加工出口基地、桉树速生用材林基地等。水产、蔗糖、菠萝、畜牧、蔬菜、花卉产业链建设取得突破。

湛江的农业产业化水平位居全省前列。2006 年湛江发展农业产业化经验在全国推广，被农业部评为全国农业产业化先进单位。2008 年被列为全国农村信息化综合信息服务试点市。2010 年全市共有市级农业龙头企业 71 家、省级农业龙头企业 24 家、国家级农业龙头企业 6 家。全市农民专业合作社 915 个，农民专业合作社已经发展成为重要的现代农业新主体。[1]

---

[1] 《"十一五"农业十大亮点》，《湛江日报》2011 年 2 月 16 日；《湛江市农业发展第"十二五"规划》，湛江市发展与改革局编：《湛江市国民经济和社会发展"十二五"规划汇编》，2011 年内部编印，第 373—376 页。

五、改水治旱

1998 年 12 月，中共广东省委、省人民政府在湛江召开现场办公会议，研究部署解决雷州半岛的干旱问题。中共中央政治局委员、广东省委书记李长春代表省委提出了"扩库硬渠上井群，改善生态调结构"的总体思路，决定省从财力物力上支持湛江用几年的时间将雷州半岛建设成为南亚热带农业示范区。[①] 改水治旱自此拉开序幕，由分管农业的副省长欧广源主抓。2000年 12 月和 2001 年 10 月，广东省委、省政府又两次在湛江召开雷州半岛改水治旱与建设南亚热带农业示范区现场会议，具体指导湛江的治旱和示范区建设工作，解决工作进程中遇到的困难和问题。

1999 年 12 月，湛江市委通过了《雷州半岛西南部治旱规划》和《雷州半岛南亚热带农业示范区规划》，提出用 3 至 5 年时间，投资 6.8 亿元，用于水库固坝扩容、灌区改造、井灌工程建设等，从根本上解决该地区 91 万亩农田用水和近百万人的饮水及工业用水问题；用 6 年时间将西南部地区建成集农工贸、试验、示范、推广于一体的具有南亚热带特色的农业示范区。[②]

实施"扩库硬渠上井群"进行改水治旱，是综合治理的办法，做法是：对缺少地表水、长期干旱的地方以打井提水为主；对原来水利设施较好，但失修失管造成库容减少、渠道淤积、渗漏较严重的地方以扩库硬渠为主；对带病运行的蓄水工程以加固为主；结合示范区建设，大力推广节水灌溉技术。到 2002 年止，各级投入资金 7.21 亿元，劳动工日 808.8 万个，完成治旱工程 228 宗。扩库后恢复和增加供水量 2.63 亿立方米，占年供水量 3.53亿立方米的七成多；硬渠后水源利用率比原来提高了三成，相当于新建 100多宗小型水库或 17 宗中型水库，新增灌溉面积 17.9 万亩，恢复和改善灌溉面积 65.1 万亩。100 多座水库防洪能力达到国家标准，旱地灌溉保证率达到75%，基本实现治旱目标。改水治旱几年时间就取得了较好的惠农效果。2002 年早稻遭遇历史大旱却依然获得好收成，这年农民人均纯收入达到

---

① 《省委省政府在湛江召开现场办公会》，《李长春同志在省委省政府现场（湛江）办公会上的讲话》，湛江年鉴编纂委员会：《湛江年鉴（1999）》，2000 年内部编印，第 2—3 页、第 4—8 页。

② 湛江年鉴编纂委员会：《湛江年鉴（2000）》，作家出版社 2000 年版，第 4—5 页。

雷州半岛改水治旱中实行水渠硬底化

3954 元，同比增长 25%。[1]

　　据徐闻县测算，每亩坡地经过治旱后，种植亚热带水果与瓜菜，一般收入不低于 3000 元，比治旱前增加 2000 多元。[2] 徐闻县的博爱村过去一亩地一年种出来的产值在 400 至 500 元之间，经过治旱与作物结构调整后，2000 年每亩地的产值突破了 5000 元。在短短的两年时间里，这个仅有 710 户的村庄就建起了 251 栋楼房。2001 年春节，该村村民吴丽清感念改水治旱为当地带来翻天覆地的变化，写了一副对联贴在门口。上联：甘雨普施大地长春荣百姓；下联：泉源广济雷南初发富千村。横批：共沐党恩。对联贴出后，全村许多村民都跑来看，觉得对联说出了他们的心里话，纷纷抄回去请村里的"秀才"写在红纸上，贴在门口，于是出现了一个村 43 户村民同贴一副对联的景象。[3]

　　在改水治旱的基础上，湛江市大力调整农业生产结构，走上了集约化、规模化、科学化的现代农业发展道路。例如徐闻县在改水治旱基础上大力推广现代节水技术，特别是 2005 年开始推广使用管道灌溉施肥新技术，效果十分明显，可节水 30%，节肥 50%，节省人力 50%。

---

①　《省委书记治水新路引甘霖，雷州半岛三年改写苦旱史》，《人民日报》2002 年 10 月 15 日。

②　黄康生：《伏千年旱魔》，《湛江日报》2000 年 4 月 13 日。

③　黄康生：《四十三户贴同一副对联》，《湛江日报》2001 年 1 月 25 日。

六、遭遇特大台风袭击

1996 年 9 月 9 日 11 时，第 15 号强台风"莎莉"在湛江市吴川市吴阳镇沿海地区登陆，登陆时中心附近最大风力 15 级，最大阵风为 57 米/秒（17级），其后横扫坡头、赤坎、霞山、遂溪、廉江南部等地，湛江遭受空前毁灭性破坏。湛江港务局多台龙门吊和桥吊或被打下海，或巴杆折断吹倒落地，据此，湛江市首次出现龙门吊被风吹下大海的记录。全市 9 个县（市、区）89 个乡镇 9259 个村庄 401 万人受灾，死亡 256 人，伤 6765 人，各家医院走廊通道挤满受伤人群；倒塌房屋 10.04 万间，停产企业 13732 家，全市供电、供水、大批建筑物、城市设施等遭到严重损坏，总经济损

被台风毁坏的湛江港务局龙门吊

失高达 129.39 亿元①，严重影响了全市的生产生活秩序。

七、房地产业发展与居民住房条件改善

20 世纪 60—70 年代，湛江市民普遍住在"筒子楼"里。"筒子楼"通常由房管局管理或单位分配，长长的走廊连串着 10—20 个单间，每间十几平方米的面积，厨房就简易地搭在门口的走廊上，厕所需要好多家一起共用。很多住户的家门口，会摆放简易的蜂窝煤炉灶。"筒子楼"虽然拥挤不堪，但邻里关系融洽，大人小孩楼上楼下随便串门。

20 世纪 80—90 年代，单位福利分房是解决住房问题的主要模式。湛江城区居民多住在单位分的居民楼里，面积虽然不够宽敞，但有了独立的卫生间、

---

① 数据来源：湛江市水务局统计信息，2020 年。

独立的厨房，甚至有了小小的厅堂。福利分房终归是"福利"性质，单位分配的是房改房、集资房，这类房基本为步梯房，楼层偏矮一般不超过 10 层，没有小区花园、没有地下停车场、没有物业管理，楼层结构属于板式楼。

1998 年，湛江市停止住房的实物分配，实行货币分房，房地产业开始发展。2000 年以后，逐步有本土企业开始涉足房地产开发领域，湛江市场上的商品房渐入公众视野。2000 年，湛江市完成开发投资 72927 万元，商品房施工面积 95.12 万平方米，竣工面积 52.76 万平方米，销售面积 53.98 万平方米。规模较大的有金沙湾康居住宅示范试点小区，一年建成 30 幢多层住宅，共 15 万平方米。

商品房渐渐兴起的同时，湛江市发展经济适用住房，改善住房供应体系。2000 年，湛江市首个廉租住宅区建于椹川大道东一路，用地面积 3.68 万平方米，建筑面积 12.26 万平方米，主要是解决市区低收入困难户住房问题。

2002 年全市房地产总投资 10.3 亿元，总销售量 8.6 亿元，销售面积 44.3 万平方米。2003 年全市房地产投资 9.61 亿元，完成房产交易面积 83.5 万平方米，成交金额 13.15 亿元。2004 年全市完成房地产开发投资 12.87 亿元，商品房屋施工面积 173.77 万平方米，比上年同期增长 9%；新开工的商品房 95.74 万平方米，同比增长 48%；商品房销售面积 44.28 万平方米，与上年同期持平；商品房屋销售额 7.4 亿元，同比增长 8%。2013 年全市完成房地产开发投资 154.78 亿元，同比增长 34.6%，占全市固定资产投资的 20.65%；全市开发建设商品房 481.16 万平方米，同比增长 38.5%，商品房销售金额 156.20 亿元，同比增长 45.5%；全市商品住宅销售均价 5457 元/平方米，同比增长 5.0%。市房产管理局办理商品房交易 1.06 万宗，交易面积 89.98 万平方米，同比增长 44.0%；办理二手房交易 5148 宗，交易面积 62.52 万平方米，同比增长 75.1%，交易金额 18.65 亿元，同比增长 47.3 万平方米，抵押金额 153.51 亿元。

八、人民生活总体达到小康水平

改革开放以后，中共中央为我国设计了分三步走，基本实现现代化的宏伟蓝图。湛江基本与全国同步，从 1980 年起，经过了 10 余年的艰苦努力，到 1990 年第七个五年计划完成时，湛江已全面实现了第一步战略目标，跨越贫困，步入了温饱社会。

从 1991 年到 2000 年，湛江实现小康的过程曲折发展，基本实现了第二步的战略目标。按全国的统计口径，2000 年，湛江已步入了总体小康社会（按 1990 年不变价）。对照中共中央制定《全国城镇小康生活水平的基本标准》及《全国农村小康生活水平的基本标准》中的主要指标，湛江都基本达标。这是从贫困到温饱的历史性飞跃之后的又一次伟大的历史性跨越，在湛江现代化建设史上具有重要意义。

湛江在 2000 年基本实现了小康，但也是低水平的、不全面的和发展不平衡的小康。所谓低水平，是指湛江刚刚迈入小康社会的门槛。如 2000 年，按当年价计算，湛江人均生产总值只有 6034 元，只有全省人均 12885 元的 46.8%，是全国人均 7078 元的 85.3%，按当时汇率（1：8.25）只有 728.7 美元。所谓不全面，是指其时达到的小康基本上还处于生存性的消费阶段，以教育体育文化卫生为核心的发展消费还没有得到有效满足，社会保障还不够健全，环境质量还有待提高。如 2000 年市区居民恩格尔系数为 44%，刚刚超过小康标准的底线，向富裕迈进，用于发展消费乃至享受消费的比重仍较低。农村居民恩格尔系数为 52.8%，还不到小康标准。城镇居民文教娱乐支出比重为 11.2%，也不到小康标准（16%）。城市人均绿地面积只有 5.14 平方米，人均拥有铺路面积 5.1 平方米，与小康标准的 9 平方米和 8 平方米相差较大。所谓发展不平衡，是指地区之间、城乡之间及不同阶层之间收入与生活水平还存在比较大的差距。如 2000 年，市区人均生产总值达 14571 元，超过全省平均水平，而 5 个县（市）则没有一个超过 5000 元，相当部分地区人口仍处于温饱阶段；全市还有 123.8 万农业人口的人均收入在 2000 元以下。以农村居民为 1，市区居民与农村居民生活消费支出差距为 3.19：1。城镇有不少下岗工人，一部分家庭收入也较低，生活处于较困难状况。若按不同收入水平划分不同组别的家庭户，将城市居民按家庭收入八等分组，则居民最高收入组的家庭人均生活费收入是最低组的 3.74 倍。①

---

① 陈充：《踏平坎坷迈阔步》，中共广东省委党史研究室编：《广东建设小康社会的历史进程》，中共党史出版社 2004 年版，第 524—526 页。

全国小康基本标准及湛江市 2000 年综合评价

指标类型			指标名称	单位	小康指标值	权数	2000 年湛江实际值	实现程度
一、经济水平			1. 人均地区生产总值	元	2500	14	4066	100%
二、物质生活	收入		2. 人均收入水平			16		
			（1）城镇职工人均可支配性收入	元	2400	6	7097	100%
			（2）农民人均纯收入	元	1200	10	3250	100%
	居住		3. 人均居住水平			12		
			（1）城镇人均使用面积	米²	12	5	15.6	100%
			（2）农村人均钢木结构住房面积	米²	15	7	24	100%
	营养		4. 人均蛋白质摄入量	克	75	6	73	97%
	交通		5. 城乡交通状况			8		
			（1）城市每人拥有铺路面积	米²	8	3	5.10	64%
			（2）农村通公路行政村比重	%	85	5	100	100%
	结构		6. 恩格尔系数	%	50	6	46.1	100%
三、人口素质	文化		7. 成人识字率	%	85	6	94.5	100%
	健康		8. 人均预期寿命	岁	70	4	74.5	100%
			9. 婴儿死亡率	‰	31	4	15.2	100%
四、精神生活			10. 教育娱乐支出比重	%	11	5	11.8	100%
			11. 电视机普及率	城市	%	100	5	118	100%
				农村		70		88	
五、生活环境			12. 森林覆盖率	%	15	7	23.7	100%
			13. 农村初级卫生保健基本合格以上县百分比	%	100	7	100	100%
总计			共 16 项分指标			100		98.7%

资料来源：湛江年鉴编纂委员会编《湛江年鉴（2000）》，作家出版社 2000 年版。

第七节　社会主义新农村建设

早在 20 世纪 50 年代，中共中央曾经提出要"建设社会主义新农村"。2005 年 10 月 8 日，中共十六届五中全会再次提出的"建设社会主义新农村"具有更为深远的意义和更加全面的要求。社会主义新农村建设是时代发展和构建和谐社会的必然要求，是全面建设小康社会的重大战略举措，是真正惠及 9 亿农民群众最大的民心工程。湛江从 1998 年开始，在农村开展以"四通五改六进村"为主要内容的生态文明村创建活动，对社会主义新农村建设进行了积极探索。以"四通"改善农村生产条件，以"五改"改善农村生活环境，以"六进村"改变农民生活方式和思想观念；建设生态文化，开展"三文"活动与"最美村庄"建设活动；培育生态理念，增强环保意识。湛江坚持物质文明、政治文明、精神文明、生态文明一起抓，走出了一条欠发达地区新农村建设的"湛江模式"。

一、建设生态文明村

从 1990 年开始，湛江市即已开展了面对农村的评选文明单位活动，到 2000 年之前，全市共有 62 个村被评为市文明单位。其中，吴川市林屋村、徐闻县后寮村、遂溪县李贞村 1999 年被评为广东省文明村，林屋村还被列入全国创建文明村镇工作先进村镇。[①] 这些村成为后来开展创建生态文明村活动的示范。

开展"四通五改六进村"活动最初是由遂溪县提出来的。遂溪县北坡镇联系农村精神文明建设的实际，开展了"六进村"（"无神论"进村、道德进村、卫生进村、法制进村、科技进村、文化进村）活动，探索出一条农村精神文明建设的新路子。2000 年 10 月 12—13 日，湛江市委、市政府首次在遂溪县召开全市农村思想政治工作和创建文明小康村现场会。在这次现场会上，湛江正式明确了"四通五改六进村"（即通路、通电、通邮、通广播电

---

① 中国人民政治协商会议广东省湛江市委员会编：《湛江生态文明村》（上册），2016 年内部编印，第 124 页。

视，改水、改厕、改路、改灶、改造住房，党的政策进村、科学技术进村、先进文化进村、优良道德进村、法制教育进村、卫生习惯进村）的提法。[①]这一活动旨在通过建设具有南亚热带地方特色的生态文明村，促成农村生态和文明环境的改变，促进农民思想观念的转变，从而推动农村经济发展，使广大农村面貌发生巨变。经过多方面的共同努力，昔日贫穷落后的农村实现了经济发展、村容整洁、乡风文明、社会和谐、生活安康，农民的幸福感明显提高，涌现出一大批像吴川市林屋村、蛤岭村，徐闻县广安村等新农村建设的先进典型。

湛江的新农村建设、生态文明村建设多次受到各级领导人的关注和关怀。2003年4月10日，中共中央总书记、国家主席胡锦涛考察广东，第一站就到湛江，在视察霞山区特呈岛坡尾村时，就如何解决海岛存在的"交通难、饮水难、避风难、卖鱼难"等问题作出重要指示。[②] 后来又亲自给村民陈武汉回信，指示要"早日把特呈岛建设成为文明生态旅游新海岛"。[③] 湛江市委、市政府认真贯彻落实胡锦涛的指示精神，在霞山区特呈岛掀起了建设文明生态旅游新海岛高潮，并以此为契机，带动全市生态文明村创建活动不断深入开展。2005年7月20日，中共中央政治局委员、广东省委书记张德江在《关于湛江市开展"四通五改六进村"创建生态文明村活动的情况报告》上批示："湛江市开展'四通五改六进村'成效显著，经验宝贵，建议以适当形式在全省宣传、推广。"[④] 2006年4月8—9日，广东省建设社会主义新农村工作座谈会在湛江召开，张德江主持会议，会议再次提出推广湛江的新农村建设经验。[⑤] 2007年1月12日，中共中央政治局常委李长春考察

① 曹程：《湛江生态文明村建设》，湛江市政协文化文史资料委员会编：《湛江文史》第30辑，2011年，第71—72页。

② 梁染渠等：《巨大的鼓舞——回忆胡锦涛总书记在湛江考察时的情景，他们激动的心情久久不能平静》，《湛江晚报》2003年4月21日。

③ 张弼、陈雷刚、陈敬中：《春风吹绿特呈岛——访胡锦涛总书记2003年视察过的湛江市特呈岛》，《红广角》2012年第3期，第6页。

④ 中国人民政治协商会议广东省湛江市委员会编：《湛江生态文明村》（下册），2016年内部编印，第413页。

⑤ 中国人民政治协商会议广东省湛江市委员会编：《湛江生态文明村》（下册），2016年内部编印，第416页。

徐闻农村时赞叹徐闻的变化"换了人间",对湛江的新农村建设已取得的成绩予以高度肯定。①

湛江的生态文明村建设走的是因地制宜、循序推进、形式多样的建设路子,分为"四通""五改""六进村"三大项工作模块去实施。

第一步是以"四通"为切入点,为乡村走向现代文明打开通道。截至2000年,全市农村实施"四通"工程共筹集投入资金14084万元,完成行政村通机动车公路212.3千米,原来未通公路的47个行政村全部通了公路;新建和改建电线杆603杆千米,架设光缆249皮长千米,安装接入网设备8704线,原来未通电话的62个行政村全部通了电话。坐落在湛江西北部最高峰的廉江市上山村,90户村民集合着16个民族。在社会各界的支持下,该村修通了盘山公路,拉通了电话线、电视线。近百名富余劳力走出深山,外出打工,引入资金发展高山茶叶,开展农业生态观光旅游。据统计,全市农村有11万名农民"洗脚上田",走向了市场。

第二步是以整治"脏乱差"为突破口,掀起改水、改厕、改路、改灶、改造旧住房的"五改"热潮。改水,村民饮用清洁水普及率达95%以上;改厕,村建卫生公厕,有专人负责保洁管理,村民家庭卫生厕所普及率达90%以上,粪便无害化处理率达80%以上;改路,村巷硬底化率达70%以上;改灶,农户普遍用上节能炉灶或煤气灶,普及率达90%以上;危房、茅房、泥房改造率达80%。另外还改造、美化村容村貌。如麻章区太平镇造甲村对全村的房屋、道路、供水、排污、绿化、广场、文化中心等进行总体规划,发动群众多方筹集资金建起了水塔,拉通了水管,家家户户饮上了洁净的自来水;建成了7座符合卫生标准的公厕,结束了村民世世代代"蹲茅坑"的历史;建起了大门楼、花坛等,种下了数百棵风景树,村容村貌焕然一新。

第三步是"六进村"。"六进村"丰富了文明村建设的文化内涵,用先进文化占领农村思想阵地,培育农民的现代文明意识,给农村带来现代文明的新风尚。徐闻县曲界镇后寮村利用有线广播,宣传党的方针、政策,介绍农科技术,传播市场信息;还宣传好人好事,对农民进行思想道德教育。村

---

① 段功伟、胡键:《岭南送暖——李长春考察广东纪实》,《南方日报》2007年1月19日第A01版。

民接受先进思想文化和科技知识，重视生态环境保护，发展特色农业经济，从原来靠吃返销粮过日子，一跃成为全县最富的村庄之一，2002 年荣获"广东省生态平衡示范村"和"广东省文明村"称号。

各县（市）根据实际，采取了不同的创建方式。

徐闻县采取"千官扶千村，万干齐回村"形式，干部分期回乡挂村，组织发动群众建设新农村。2001 年以来，全县一万多名干部回到家乡发动群众开展创建活动。这些干部回村带头捐款，发动群众和社会力量筹集资金。全县共投入资金 8.6 亿元，其中群众投入资金、材料总值近 7 亿元，政府投入牵引资金 1.6 亿元。徐闻县所有行政村都通上了水泥硬底道路；行政村通邮率、自然村通电率和镇区有线电视覆盖率都达到了 100%。从 2004 年开始，徐闻率先全面部署社会主义新农村规划建设，采取 4：4：2（县财政出四成，乡镇出四成，村庄出两成）的方式筹集资金，对全县所有村庄进行规划编制。徐闻村庄建设规划最大的特点是群众当主角，群众积极性高，他们用自己的智慧和双手创建美好家园。群众投入资金、材料总值占总投入的八成以上。绝大部分村庄还成立了筑路队和共青团员、青年突击队，从拆迁、修路基、运沙石到浇注路面，都是村民自己动手完成，出现了很多男女老少齐上阵、挑灯夜战建新村的动人场面。新农村建设为徐闻带来了整洁优美的村容村貌、文明安定的社会风气，同时也推动了经济的发展，成为中宣部树立的全国新农村建设的典型。2006 年底，根据中组部的安排，徐闻县有关领导先后在国家行政学院和中国浦东干部学院举行的全国县委书记、县长建设社会主义新农村培训班上介绍了徐闻新农村建设的经验。徐闻县委、县政府按照湛江市委、市政府的要求，以"四通五改六进村""六个一""一增二普三通四改五有"为载体，广泛发动群众，始终坚持从农民受惠最直接的事情做起，努力改善农村生产生活条件，特别是在农村道路建设和茅草房改造方面力度较大。截至 2006 年，徐闻县乡村水泥路建设已从 2002 年不足 3 千米增加到 3008.31 千米，全部行政村和部分自然村通镇道路实现水泥硬底化，在全省率先实现乡镇通行政村道路水泥硬底化。2006 年底，在交通部召开的全国农村交通工作会议上，徐闻县作了经验介绍，中共中央政治局委员、广东省委书记张德江和交通部部长李盛霖还在徐闻农村道路建设的经验材料上作了批示，要求各地学习推广徐闻的

全国创建文明村工作先进单位——徐闻县海安镇广安村

经验。①

　　吴川市实施"乡贤回归"工程。吴川市外出务工经商人员众多，遍布粤、桂、琼、滇、京等地，共有驻外商会 14 个。吴川市大力实施"乡贤回归"工程，开展"添砖添彩"行动，依托工商联和驻外商会，以商招商、善待乡贤，引导动员外出经商人士回乡捐资投入生态文明村建设。吴川市依托塑料鞋、羽绒、食品、建筑等传统优势产业，积极打造中国建筑之乡的品牌，鼓励外出建筑企业回乡注册，做大做优建筑业"总部经济"。鼓励乡贤参与农村土地流转、水利设施建设、农村基础设施改造等，参与盘活农村集体资产，发展壮大村级企业。围绕省级旅游集聚区、空港经济区、海滨新区建设等投资热点，引导乡贤参与发展第三产业。截至 2019 年底，外出经商人士累计回乡投资项目 58 个，总投资超过 110 亿元，已完成投资 82.2 亿元，建成投产项目 46 个。同时，乡贤们踊跃投身公益事业，积极参与捐资助学、精准扶贫、新农村建设等事业。先后投入帮扶资金 10480 万元，参与精准扶贫项目 147 个，安置就业 1600 人；成功引入了杨赤里幸福家园、金龙岛鉴江明珠生态农业观光带、鼎龙湾生态海洋度假区、万聚生态乐园等项目，推动生态

---

　　① 中国人民政治协商会议广东省湛江市委员会编：《湛江生态文明村》（上册），2016 年内部编印，第 143 页。

文明村建设。通过实施"回归工程"，吴川涌现了一批样板文明村，如蛤岭村、芝蔼村、山溪洋村、山瑶村、明村、八十村等，其中蛤岭村、芝蔼村被评为国家级文明村，山溪洋村被评为省级文明村。随着文明村创建活动影响的扩大，吴川更多的农村被激发出建设美好家园的集体责任感，在创建活动中，大村帮小村，富村帮穷村，携手共创新生活的动人场面不断涌现，村民们的关系

全国创建文明村工作先进单位——吴川市吴阳镇蛤岭村村貌

更加和谐。吴川市根据各镇经济社会发展不平衡的特点，制定了小康型、宽裕型、生态型三种类型的标准，并在此基础上，选择亮点，使创建活动"学有榜样，追有目标"。随着亮点的增多，从 2005 年开始，吴川市又大力实施"亮线"和"亮片"工程。所谓"亮线"，就是沿国道 325 线等主要公路两旁，建成由"亮点"组成的一条条文明村链。基础较好的吴阳镇有 150 多个自然村，至 2015 年时，已建成生态文明村 110 多个。①

遂溪县实施企业与村合作的"村企共建"工程，创建造血型生态文明村。广东大华糖业有限公司采取"公司＋农户＋基地"的形式，到河头镇山口村建立甘蔗良种繁育基地，村里为公司提供 5000 亩耕地搞生产，公司投入资金 180 万元帮助山口村搞田园化建设，捐资 70 多万元为村里建村道、村民休闲广场和禽畜圈养栏等。全县"村企共建"生态文明村有 100 多个。

———————

① 中国人民政治协商会议广东省湛江市委员会编：《湛江生态文明村》（上册），2016 年内部编印，第 131 页。

2003 年，遂溪县投入 1.7 亿元进行村镇建设，并以北坡镇三合村、遂城镇山河村为全县生态文明建设示范点进行重点建设，发挥示范引领作用。2004年，遂溪县全面推进自然村整治规划编制工作，村庄整治规划成果包括"一书三图一表"①，并编制自然村庄整治规划，对农村宅基地统一规划、统一设计、统一建设。2009 年，在湛江市内率先完成镇级总体规划编制工作，并完成 15 个镇工业基地控制性详细规划和 200 条村庄规划编制工作。2010 年，围绕"打造美丽的湛江市区后花园"目标，大力推进城乡基础设施建设，北坡镇被确定为市宜居城镇创建试点，后塘村等 5 个村被确定为市宜居村庄创建试点。2014 年，北坡镇被中央文明委评为全国文明村镇，岭北镇调丰村、河头镇双村村被评为中国传统村落。2017 年，深入实施"千村示范、万村整治"工程，率先打造的北坡镇柏基村、北山洋村、上塘村等省级新农村连片示范村成效明显；省级生态宜居美丽乡村示范县、示范镇以及河头镇双村村等 24 个生态宜居美丽乡村示范村建设工程稳步推进；以"红色"资源打造的遂城镇下洋村、河头镇河头村、乐民镇墩文村成为新农村示范典型；以乌塘镇（整镇）、遂城镇礼村村委会、岭北镇西塘村委会为试点的"四小园"（小果园、小菜园、小花园、小公园）进行规划创建。"遂溪蓝色滨海人文乡村旅游线路"和"遂溪乡村人文古色线路"两条旅游线路入选首批广东省乡村旅游精品线路名单，"遂溪孔子文化城—螺岗岭—螺岗小镇特色观光小镇"入选广东省森林旅游特色线路。遂溪县乌塘镇芳流墩林雪平家庭被评为 2016 年第一届全国文明家庭。

廉江市以生态自然和农业示范区为依托，建设融生产示范、科普教育、观光旅游、休闲度假、加工流通为一体的农村"生态文明示范区"，建起新屋仔村等生态文明示范村，一些农户建成了"农家乐"旅游户，生态文明示范村变成了能为农民增加收入的农村旅游景点。廉江市先后出台了《廉江市全域农村人居环境综合整治建设社会主义新农村示范村总体实施方案》《廉江市省定贫困村创建社会主义新农村示范村奖补资金和项目管理实施方案》，全面启动新农村建设工作和农村人居环境综合整治工作。2017 年，廉江市共有 124 个自然村完成"三清三拆三整治"工作，占自然村总数的 19.4%。

---

① "一书三图一表"：规划说明书，村庄建设现状图、村庄建设规划图、设施管线综合规划图、建设或整治项目一览表。

2019 年，廉江市 57 个省定贫困村 640 个自然村已全部完成"三清三拆三整治"环境整治任务，在消除村庄黑臭水体的基础上，完成村庄绿化美化，实现干净整洁有序。在危房改造方面，廉江市农村危房改造省定开工户数 1936 户，其中分散供养特困人员 715 户，建档立卡贫困户 1221 户，开工率 100%，省定竣工户数 1936 户，竣工率 100%。

雷州市在大力发展农业产业的同时，依托文化底蕴深厚、自然资源丰富的优势，把改造住房、整合资源、文化开路、文明跟进作为建设新农村的切入点，从最难的地方突破，从最容易见成效的地方入手，从群众最受益的事情抓起，打造具有雷州特色的新农村。选择一些老区村、贫困村、水库移民村等茅草房和危房较多的村庄，按照"整村推进、建新拆旧、整治环境、发展生产、改善生活"和"群众自愿、量力而行，因地制宜、合理布局，以民为本、尊重民俗"的原则，以茅草房（危房）改造为切入点，建新拆旧，整治环境，改善居住环境，全面进行改水改厕，整治环境卫生，新、旧村场融为一体，村容村貌焕然一新。如附城镇的徐马村积极实施安居工程，整村推进危房改造，掀起新农村建设热潮，徐马村已建成为一个美丽的生态文明移民新村。雷州市乡村的本土特色资源主要来源于历史文化，据此雷州市打造了一批本土特色新农村。以 207 国道沿线村庄为重点，依托绿色生态资源、红土风情和历史文化资源，突出体现历史文化、人文景观、自然风光、生态农业等四大特色，高标准建设新农村示范点。中国历史名村之一——邦塘村依托规模宏大、保存完好的古民居，合理规划保护古民居和自然生态，改造村道巷道，绿化美化净化村容村貌，建设文化广场、休闲广场、旅游观光景点等，建成了特色文化与现代文明相结合的文化旅游观光新农村。南田村以卓绝清官陈瑸故居为重点，修复陈瑸故居，建设陈瑸纪念馆和文化主题公园，举办陈瑸事迹、诗文展览，突出历史名人文化，推进新农村建设。夏岚北村依托全国首座大型楹联书法碑廊优势，大力整治村容村貌，改水改厕改造茅草房，建设主题文化公共村场，努力打造"中国名家楹联书法第一村"。坡正湾村借助"鹭鸟天堂"自然资源优势，规划建设村民住宅区、鹭鸟栖息区、农业生产示范区，着力打造人与自然和谐的品牌，建设自然风光旅游新农村。宾合村依托文化底蕴深厚、自然风光优美的优势，整合各种资源，改路、改水，整治环境卫生，建设文化娱乐设施，打造粤西最大的农民公园，农村面貌明显改观，2007年，该村同时被评为"湛江市特色文化村"和"湛江市最美丽的村庄"。

经过"四通五改六进村"生态文明村的建设，湛江市广大农村面貌焕然一新，农村筑起了宽敞平整的水泥路，村容整洁，村风文明，农村文化娱乐活动丰富多彩，村

雷州市附城镇夏岚北村墨海碑林

庄绿树环抱，鸟语果香，为社会主义新农村建设提供了湛江经验，形成了以"四通五改六进村"为载体，以生态文明为主要特色的新农村建设的"湛江模式"。其基本内涵是：坚持市场导向，革除束缚农村生产力发展的体制障碍；坚持从农民受益最直接的事情做起；坚持充分调动广大农民积极性和主动性；坚持用群众首创的典型带动面上创建活动；坚持发动全社会力量支持新农村建设。2006年4月，中共中央政治局委员、广东省委书记张德江在湛江调研社会主义新农村建设情况时，要求全省各地学习推广湛江新农村建设的经验。

二、"三文"活动与名镇名村建设

"四通五改六进村"建设生态文明村后，虽然农村的村容村貌变化很大，但农村仍存在文化设施严重缺失、农民文化生活贫乏、传统文化亟须解决传承和创新等问题。针对这些问题，2003年底，湛江市又开展创建特色文化村、建设农村文化室、举办农村文化节的农村"三文"活动，引导农民群众充分挖掘、利用农村既有的文化资源优势，催生一批特色文化品牌，使传统的文化表现形式融入了生动活泼、富有时代特征的内容，让群众真正成为农村文化建设的参与者和受益者。

2005年10月8日，中共十六届五中全会提出建设社会主义新农村的要求。而截至2005年，湛江市已创建特色文化村208个，建设一大批农村文化室和"文化铺仔"，拥有舞狮队1000多支、业余雷剧团300多个。每年

"年例"，有100多万农民参与农村文化节，并出现了10万农民送戏进城的新景象。吴川市梅菉镇被命名为"中国民间艺术之乡"，吴阳镇被命名为"中国历史文化名镇"，遂溪县被命名为"中国醒狮之乡"。也出现了一批"搭楼村""道具村""戏服村""雷剧村"等文化专业村。用文化活动充实新农村建设内容，使农民潜移默化地受到先进文化的熏陶，广大农村就能加快告别陈规陋习，树立起文明健康的新风尚。

2007年起，在深化"三文"活动和新农村建设中，引导农民当主人、作主体、唱主角；引导农民在发展农业生产、开拓产品市场、推进体制改革、规划村庄建设、改造村容村貌、管理村中事务等方面，直接参与决策，干好符合当地实际、当前迫切需要和农民自己意愿的事情，避免劳民伤财，切实维护农民权益。再从农民最关心、最迫切、最容易见成效的事情抓起，要求每个村庄做到"六个一"：制定一个合理规划，发展一个特色产品，推进一批改造工程，建设一个公共村场，营造一个干净环境，种上一片成荫绿树，让新农村建设有了目标。

廉江市石城镇十字路村

湛江也积极营造全社会关心支持新农村建设的浓厚氛围，发动民营企业家都来"关心家乡、支持家乡、回报家乡"，鼓励各种社会力量投身新农村建设。如湛江33位民营企业家自发组织起来，发起"民营经济人士参与社会主义新农村建设活动"的倡议,增加了建设资金。

湛江以"六个一"工程、"双十双百双千"评选活动和城乡清洁工程为载体,不断推进"三文"活动和新农村建设,实行集中连片建设的方式,出台了《关于在全市农村开展创建生态文明区(片、带) 加快推进社会主义新农村建设的实施方案》,按照集中连片规划设计、改善条件的思路,拓展成果、提升档次、连片打造、整体推进,实施亮点、亮线、亮片工程的思路,推进连片集群开发,建设一批点线结合、连片成群、覆盖面广、基础较好、特色鲜明、效果显著的生态文明示范区(片、带),扩大了新农村建设规模,使创建活动向更广的范围和更高的水平发展,巩固全省新农村建设排头兵的地位。

遂溪县杨柑镇布政村

2011 年 12 月,广东省委、省政府作出"集中力量打造一批名镇名村"的决策部署后,湛江市委、市政府把名镇名村示范村建设作为统筹城乡协调发展,深化生态文明村建设,推动新农村建设上新水平的切入点来抓,2011、2012 年全市农村工作会议都对名镇名村示范村建设工作进行了部署,建立以市直 17 个部门为成员单位的名镇名村示范村建设联席会议制度,制定《湛江市名镇名村示范村建设分工方案》,明确名镇名村示范村建设工作牵头单位和各部门具体职责。市政府印发了《关于推进湛江市名镇名村示范村建设工作的通知》,明确 2011 年至 2015 年全市名镇名村示范村建设总体目标和建设要求,注重搞好各类创建活动和农村"民心工程"结合、与发展特色产业结合、与发展乡村旅游结合、与传承名史文化结合、与水库移民新村建设结合、与农村环境卫生综合整治和美化绿化结合，确保名镇名村示范村建设取得最大的社会效益、生态效益和经济效益，将新农村建设推向深入。

截至2010年，全市建成省文明村42个、市级生态文明村4887个，占全市自然村总数的39%。2014年1月，赤坎区调顺村、霞山区特呈岛村等22个村庄被评为广东省第一批名村，总数名列全省地级市首位。2015年6月，广东省第二批名村出炉，徐闻县角尾乡许家寮村、遂溪县黄略镇龙湾村等27个村喜获"广东名村"称号。截至2020年，在六个批次的全国文明村镇评选中，湛江共有14个村镇获全国文明村镇殊荣。

湛江市的全国文明村镇名单

批　次	村　　镇	时　间
第一届	吴川市黄坡镇林屋村	2005年
第二届	吴川市吴阳镇蛤岭村　徐闻县海安镇广安村	2009年
第三届	湛江市霞山区爱国街道特呈岛坡尾村 遂溪县河头镇油河塘村	2011年
第四届	遂溪县北坡镇 雷州市乌石镇	2015年
第五届	遂溪县城月镇陈家村 吴川市塘塬镇山瑶村 廉江市石城镇十字路村	2017年
第六届	湛江市麻章区麻章镇城家外村 廉江市新民镇塘底村 遂溪县河头镇双村村 吴川市兰石镇兰石村	2020年

资料来源：中国文明网2005年10月28日发布《第一批全国文明城市（区）、文明村镇、文明单位名单》；中国文明网2009年1月23日发布《第二批全国文明城市（区）、文明村镇、文明单位、精神文明建设先进工作者和第四批全国创建工作先进城市（区）名单》；中国文明网2011年12月21日发布《第三批全国文明村镇名单（899个）》；中国文明网2015年3月1日发布《第四批全国文明村镇名单（1159个）》；中国文明网2017年11月17日发布《第五届全国文明村镇名单（1493个）》；中国文明网2020年11月20日发布《第六届全国文明村镇名单（1973个）》。

三、实行村民自治

为推动实行村民自治，1998 年 11 月，《中华人民共和国村民委员会组织法》在第九届全国人民代表大会常务委员会第五次会议获得通过。村民自治是在中国共产党领导下亿万农民实行自治的伟大创举，也是在宪法原则精神指导下，法律制度安排的当代中国农村的基层民主形式、管理制度、村民社会关系和社会活动的有组织的规范体系。

湛江在完善村民自治制度中，主要采取的措施是：落实民主选举、民主决策、民主管理、民主监督"四民主"制度和村务、财务"两公开"制度，建立党组织统一领导、充满活力的村民自治运行机制。推进村务公开设施建设标准化、公开内容规范化、公开时间经常化、公开形式多样化、公开地点公众化"五化"创建活动，让农民群众享有村务知情权、参与权、管理权、监督权。进一步理顺村党组织和村民自治组织的关系，理顺村"两委"（村党支部和村委）与村集体经济组织之间的关系，完善"一事一议"等民主议事制度。引导村民组织各种志愿队、服务队，形成村民共建共治共享的农村社会治理局面。

加强平安和谐农村建设。依法打击和惩治农村黑恶势力、"黄赌毒""盗抢骗"等涉及侵害农民群众利益、影响村风民风、危害农村安全稳定的违法犯罪活动。实施"雪亮工程"，推动农村主要路口、重点部位和要害地段视频监控全覆盖。拓展三级综治信访维稳工作平台功能，构建网格化管理服务体系，打造集防控犯罪、化解矛盾、排除公共隐患于一体的基层治理统一平台。坚决抵御境外利用宗教渗透和防范宗教极端思想侵害。

加强矛盾纠纷预防化解。建立健全矛盾纠纷排查化解机制，各镇（街道）每月、村（居）委会每半月、村民小组每周分别组织一次矛盾纠纷排查活动；建设法治乡村，将政府涉农各项工作纳入法治化轨道，不断完善人民调解、行政调解、司法调解"三调联动"机制，营造化解矛盾纠纷齐抓共管的联动"大调解"格局。全面落实诉讼与信访分离制度，深入推进依法分类处理信访诉求工作。为农民就业、就医、就学和农业生产、土地征用和土地承包权流转过程中权益受损等与民生问题紧密相关的事项提供法律援助服务。

加强农村干部队伍建设。选优配强农村党组织书记，培养党员"致富带头人"，抓党建促扶贫；指导抓好村级后备干部培养，建立党员"亮身份、亮职责、亮承诺"的制度，发挥党员示范带头作用，带动群众积极参与新农村建设；分类分级抓好基层党员干部集中轮训，加强农村政策、农业知识、农情分析等专题课程的设置，强化农村党员教育培训，对镇（街道）、农村党组织书记和农村"两委"干部，分层次进行全员专题培训，不断提高思想觉悟和工作能力。

依靠农民自己来建设公共服务均等化示范村。每个村建设一个村级公共服务中心，主任由村支书或者村主任兼任，其余三到五名工作人员由政府聘请。服务中心服务村民，办证、家里发生紧急事情、邻里纠纷等，村民一个电话，工作人员就上门服务。公共服务均等化示范村创建工作的参与主体是村民，村民自己清洁家园和建设设施，同时发动村里的一些力量回来反哺乡村。

村民自治制度的深入实施和逐步完善，全市涌现出许许多多村民自治的好村庄好典型。如遂溪的城月镇陈家村强化村民自治，建立村规民约和卫生公约，加强农村硬件建设、加强管理、加大保洁力度，村内卫生环境大变样。陈家村在搞好硬件设施后，研究制定了村环境卫生公约，对全村村民提出要求，建立起村民互相监督制度。村民们通过相互督促，慢慢形成了良好的卫生习惯，村内乱扔垃圾的现象再也不见了。陈家村还办了农家书屋，摆放有关法律、经济、生活常识等方面的图书 1000 多册，为村民提供一个学习的平台。村里还常利用晚上组织村民学法，向村民传播与他们生活密切相关的法律法规，取得良好的效果。村民的卫生意识、法治意识、主人翁意识增强了，人人都把村子当成是自己家来打理，村干部治村省心、村民过得舒心。

廉江市安铺镇吉新村加强村民自治制度建设，制订村规民约和卫生公约，按照省卫生村和生态文明示范村的标准开展创建工作，家家户户用上卫生厕所；建成标准化篮球场、露天文化舞台、休闲公园等休闲健身设施。配有卫生专职人员，加强对环境卫生的日常管理，提高了村民的卫生意识，让村民养成了健康文明的生活方式，爱清洁、讲文明、树新风的良好风气随处体现。尤其是该村尊老爱幼，蔚然成风。从 2000 年起，每年"九九重阳节"都由村中外出创业、务工的村民捐资回村举办"敬老节"活动，敬请村中 60 岁以上老人欢聚畅饮，对年轻人进行爱国爱家教育。同时，成立奖学助学基金会，资助贫困学生，奖励品学兼优学生。吉新村于 2003 年 7 月被评为省级文明卫生村，2007 年 6 月被评为廉江市美丽村庄，2008 年 7 月被评为湛江市环境生态示范村，2016 年被评为广东省文明村。

廉江市新民镇塘底村加强村民自治建设，把文明村创建与新农村建设结合起来，实施乡村清洁工程，投入资金，聘请专职保洁员，设立垃圾收集箱和收集点。修建文明卫生公厕，开展村庄生活污水处理，修建污水收集管网和污水氧化处理塘，改变过去随地大小便和污水横流的脏乱现象。开展宣传教育活动，进一步保护生态环境和自然资源，村内无破坏生态事件，被评为广东省生态文明村、广东省民主法治示范村。

霞山区特呈岛村畅通村民知晓渠道，保障村民的知情权，以湛江市纪委"村务 e 路通"开通运行为契机，每月将财务情况录入"村务 e 路通"平台，接受群众监督，扩大民主监督渠道。同时还将党务、村务同时录入"村务 e 路通"平台，扩大党员群众对党务、村务的参与权和知晓权，保障了村民的知情权。特呈岛村推行民主管理、民主选举、民主决策，保证村民的自主权，抓住"村民作主"这个核心，在建章立制上下功夫，实现了村级事务管理的规范化、程序化、科学化，保证了村民对重大事项的参与权和管理权。特呈岛村还建立了一套人人参与的百姓监事制度，如村务公开、财务公开、党务公开等制度，把对经济事务的民主理财权、对建筑工程的全程监督权、对村干部的评议权都交给了村民。在此基础上，他们还开展了"民评官"活动，将村干部履行职责情况交由群众评说，在村干部中推行"勤廉双述"制度，接受群众的质询和评议。

第八节　政治思想及党性党风教育活动

一、农村社会主义思想教育活动

1991 年 2 月 8 日，中共广东省委发出《关于在全省农村开展社会主义思想教育的通知》，决定从是年春天开始，用 2 年至 3 年时间，分期分批在全省农村普遍开展社会主义思想教育（简称"社教"），全面贯彻落实党在农村的各项方针政策，推动农业生产和农村集体经济的发展，加强以党支部为核心的基层组织建设，解决一些社会突出问题，促进安定团结，巩固社会主义阵地。2月下旬，广东省委在肇庆召开全省农村基层组织建设工作会议，对"社教"工作进行部署，而后在全省开展了试点工作。7月，广东省委、省人民政府再次在肇庆召开全省农村工作会议，交流"社教"试点工作经验，研究开展全省第一批"社教"工作。

按照广东省委部署，1991年7月30日，湛江市首批"社教"工作在全市45个乡镇（农业街道办）601个农村管理区铺开。全市抽调3196名干部开展该项工作。在"社教"活动中，农村在家党员干部接受教育率近100%，在家成年群众接受教育率近90%，有4169人申请加入中国共产党，9118人申请加入共青团。"社教"期间，驻村工作队协助当地加强农村经营管理，进一步完善了统分结合双层经营体制，帮助新上了一批集体经济项目，办成了一批实事好事，推动了农村"两个文明"建设。首批"社教"工作历时5个月，于1992年1月10日结束。

1992年3月初，湛江市第二批"社教"工作开始，在全市42个乡镇同时进行，至8月结束。这批"社教"工作，主要围绕经济建设中心开展各项工作，同时突出加强对青少年教育。其间，对全市1060个经济合作社的22万多亩土地进行调整，进一步完善了农村双层经营体制；共兴办了375个工副业项目；修路1811条，总长700千米；兴修水利，建筑桥梁、校舍、广播室、医疗室、敬老院一批；采取多种措施抓好社会治安综合治理；切实加强农村基层组织建设，调整、充实了农村党支部，有效地促进了当地经济的发展。随后，又接续开展第三批"社教"工作，内容与前两批类同，至年底完成。12月30日，中共湛江市委召开总结大会，宣布湛江市农村"社教"工作结束。全市"社教"工作历时2年，9个县（区）共130个乡（镇、街）、6个国营农林场，以及霞山、赤坎两区的区属企业开展了这项工作，各级党政机关及有关单位先后共派出1万多名干部参加。通过"社教"工作，有效调整充实了农村领导班子，教育了全体党员和广大干部，巩固了农村社会主义阵地，促进了农村经济发展。

二、"三讲"教育及"三个代表"重要思想学习教育活动

1996年，党的十四届六中全会作出决定，对县处级以上领导干部进行一

次以讲学习、讲政治、讲正气为主要内容的党性党风教育（简称"三讲"教育），主要是为了解决由于"三不讲"而表现出来的四个方面的主要问题，即理想信念不坚定，组织原则不强，思想作风不正，带头作用不好。1998年11月，按照党的十五大和《中共中央关于在全党深入学习邓小平理论的通知》的部署，中共中央发出了《关于在县级以上党政领导班子、领导干部中深入开展以"讲学习、讲政治、讲正气"为主要内容的党性党风教育的意见》。根据中共广东省委的统一部署，湛江市的"三讲"教育学习也分期分批开展，不仅仅在领导干部中进行，还深化扩展到机关的一般党员干部和国有企业的党员干部。每个层次均集中教育学习三个月左右，都必须历经"学习理论""自我剖析、交流思想、开展批评""民主评议""制定整改措施"四个阶段。学习结束后，还分别开展"回头看"活动，以巩固"三讲"教育学习的成果。

1999年6月3日，中共湛江市委召开"三讲"教育学习动员大会，部署全市各级领导班子、领导干部深入开展"三讲"教育活动。要求各县（市、区）委和市直副处级以上单位党委（党组），必须健全中心组学习制度和领导干部自学制度，党委（党组）主要负责人既要以身作则，带头学习，又要切实加强具体指导，不断把"三讲"教育引向深入。

10月11日至12月，湛江市四套班子领导成员严格按照中共中央17号文件规定的指导思想、基本要求和方法步骤及广东省委的统一部署，开展了为期两个多月的以"三讲"为主要内容的教育活动。在广东省委驻湛江市巡视组的指导下，按四阶段的具体要求进行，取得六个方面的收获：受到一次深刻的马克思主义理论和党性党风教育；增强正确贯彻执行党的路线、方针、政策，在政治上同党中央保持高度一致的坚定性；吸取在执行干部路线上出现偏差的深刻教训，促进干部工作的有序开展；理清了思路，振奋了精神，增强了知难而进、加快湛江改革和发展的信心和决心；党的优良传统和作风得到初步恢复和发扬，重塑了领导班子形象，增强了班子的整体合力；推动了各项工作的开展，促进了经济社会的发展。这次市领导班子开展的"三讲"教育，得到广东省委"三讲"办和巡视组的充分肯定，全市广大干部群众也比较满意，达到了预期目标。2000年3月17日，湛江市领导班子"三讲"教育开展"回头看"活动。市委学习中心组集中学习江泽民总书记考察广东时的重要讲话精神，并就如何开展"致富思源、富而思进"教育活动进行讨论，同时确定当年《政府工作报告》中分工督办的38件事项。

2000年2月28日，湛江市各县（市、区）分别召开县级领导班子和领导干部"三讲"教育动员大会，全面展开县级"三讲"教育。各县（市、区）四套领导班子，以及组织部、宣传部、检察院、法院、公安局的领导班子均参加动员大会。至5月30日，湛江市县（市、区）领导班子领导干部"三讲"教育告一段落，进行总结。通过3个月的教育，县（市、区）"三讲"取得较明显的成效，领导班子、领导干部党性得到了加强，改进了工作作风，密切了党群、干群关系，促进了各项工作的开展。

2000年6月22日，湛江市开始市直机关为期3个月的"三讲"教育活动，市委书记作动员讲话。23日至25日，市直机关各战线、湛江经济技术开发区、东海岛经济开发试验区分别召开"三讲"教育动员大会，市直机关副科以上干部6000多人参加大会。9月，市直机关"三讲"教育结束，广大干部受到了一次比较深刻的思想政治教育。从11月中旬开始，根据广东省委和湛江市委的统一部署，湛江各县（市、区）进行了为期21天的"三讲"教育"回头看"活动，对236个问题进行了整改。徐闻、遂溪和麻章等县（区）在这次活动中先后为群众解决了不少多年悬而未决的实际问题。2001年10月15日，湛江市召开国有企业"三讲"教育动员大会，就如何搞好国有企业"三讲"教育提出具体要求。

湛江市在大力开展"三讲"教育活动的同时，又开始着手在农村党员中开展"三个代表"重要思想学习教育活动。2001年3月2日，湛江市农村"三个代表"重要思想学习教育活动全面铺开。这次学习教育活动按照中共中央、广东省委的统一部署，分三批进行，每批时间3个月。根据中共中央提出通过学习教育活动要达到的四个基本要求，结合湛江市实际情况，中共湛江市委提出了要着重解决"大力调整经济结构，增加农民收入""提高农村基层干部素质，转变干部作风"等6个问题。7月10日，全市召开农村"三个代表"重要思想学习教育活动电视电话会议，贯彻落实江泽民总书记"七一"重要讲话精神，对如何进一步搞好全市农村"三个代表"学习教育活动作了具体部署。2002年7月5日，中共湛江市委召开全市农村"三个代表"学教活动总结暨解决农村基层突出问题工作会议，就解决农村相对突出问题及帮助贫困村发展集体经济工作进行部署。

"三讲教育"和"三个代表"思想学习教育活动，发扬了延安整风运动的精神，采取自上而下，分期分批进行，注重以党内的批评和自我批评相结合的方式，使全党同志尤其使领导干部受到了一次深刻的党性党风教育，达到了预期的效果，进一步端正了党风，遏制了腐败现象的蔓延，密切了党群关系，领导下访、"八长"接访等制度得到建立完善，人民群众对反腐败斗争的信心进一步增强，各级党组织的凝聚力、战斗力不断提高，促进了经济与社会的发展。

三、实施固本强基工程及开展"四看四想四促进"活动

为深入贯彻落实党的十六大精神，切实加强和改进党的基层组织建设，中共广东省委九届三次全会通过了《关于实施固本强基工程全面推进党的基层组织建设的决定》，提出将集中3年时间，在全省实施固本强基工程，全面推进党的基层组织建设。

中共湛江市委结合本地镇村两级基层党组织实际，认真贯彻落实广东省委的统一部署和工作要求，决定首先在全市镇（乡）村两级分期分批开展"四看四想四促进"活动①，以此为载体，推动固本强基工程在湛江农村扎根、开花、结果。从2004年6月份开始，到2005年底结束，用一年半时间，在全市镇村全面开展"四看四想四促进"活动，推动固本强基工程深入实施。

2004年6月，湛江在全市镇村基层党组织中派驻固本强基工作队，指导开展"四看四想四促进"的固本强基工作。2004年下半年第一期全市以雷州市为重点，在该市所有乡镇全面开展这一活动，集中力量突出解决好该市社会治安问题、群众饮水难问题和茅草房问题。其他县（市、区）着重抓好

---

① "四看四想四促进"，是指要求基层组织及其班子成员，一要看一看当地经济社会发展如何，想一想自己是否学习和贯彻了"三个代表"重要思想，树立和落实了科学发展观，促进了经济社会全面发展；二要看一看当地群众得到了哪些实惠，想一想自己是否真正做到了权为民所用、情为民所系、利为民所谋，促进了群众生活水平的提高；三要看一看当地群众关心的热点难点问题有没有得到解决，想一想自己是否做到了把群众的呼声作为第一信号，把群众的要求作为第一选择，把群众的满意作为第一标准，促进了基层问题的妥善解决，维护了社会稳定；四要看一看当地党群、干群关系怎样，想一想自己是否牢记和落实了"两个务必"，促进了干部作风的转变和党群、干群关系的改善。

一个镇（街道）作为先行试点。

2004年底，第一期固本强基工作结束。2005年1月6日，湛江市委在湛江影剧院召开总结表彰暨第二期工作队员下乡动员大会，总结第一期工作结合开展"四看四想四促进"活动经验，对市委办公室等29个先进单位和211名先进个人通报表彰。10日，由市直机关抽调580名干部组成的第二期固本强基工作队进驻各县（市、区）的178个村。同日，广东省教育厅等14个省直单位派出的14支工作队共42名干部到湛江市，分驻7个县（市、区）农村开展为期3年的固本强基工作。2005年6月底，第二期固本强基工作结束。7月18日，湛江市委召开第二期固本强基工作总结暨第三期固本强基工作队员下乡动员大会，总结第二期固本强基工作，表彰市政府办公室等38个先进集体和233个先进个人。市四套班子领导出席会议，市委书记作讲话。会后，第三期固本强基工作队员分赴各驻点。2006年春，第三期固本强基工作结束。3月31日，湛江市委召开"十百千万"干部下基层驻农村第三期固本强基工作表彰暨第四期工作队下乡动员大会，湛江市驻遂溪县遂城镇风郎村、湾州村、沙坭村等4个工作组在会上介绍经验。会议指出，固本强基工作是湛江市争当广东省排头兵的一项重大举措，要求工作队突出抓好后进村和后进党支部整顿工作，以思想作风、人格魅力感染群众，帮助驻点村深入推进新农村建设。年中，第四期固本强基工作结束。

在开展"四看四想四促进"活动的两年多时间里，湛江市委在全市派出了四批"十百千万"干部下基层驻农村工作。从市、县、镇三级共抽调了13936名干部，组成4429个工作组，派驻了全市87个镇、1320个村委深入实施固本强基工程，取得了明显的效果。基层各党组织共建立健全工作制度12400多项，为群众办好事实事43400多件，切实解决了一批群众行路难、饮水难、住房难、读书难、看病难等利益问题。全市在开展活动中，共投入资金10.4亿元，落实经济发展项目2932个，组织劳务输出23万人。其中，省直工作队共投入1657万元，落实经济发展项目39个。在工作队的努力下，富民项目进村、致富信息进村、科学技术进村，引导农民调整农业结构，发展"订单"农业，培育引进农业龙头企业，打造农业产业链，发展农产品加工业，帮助农民建立专业合作经济组织，发展劳务经济等，基本理清了经济发展思路，促进了农业增效、农民增收，人民群众安居乐业。

四、保持共产党员先进性的教育活动

2004 年 11 月 7 日，中共中央下发了《中共中央关于在全党开展以实践"三个代表"重要思想为主要内容的保持共产党员先进性教育活动的意见》，决定从 2005 年 1 月开始，用一年半左右的时间，在全党开展以实践"三个代表"重要思想为主要内容的保持共产党员先进性的教育活动。根据中央的统一部署和总体安排，全党的先进性教育活动共分三批进行，每批半年左右的时间。第一批为县以上党政机关和部分企事业单位（2005 年 1—6 月），第二批为城市基层和乡镇机关（2005 年 7—12 月），第三批为农村和部分党政机关（2006 年 1—6 月）。活动涉及全党 7000 多万党员、350 多万个基层组织。2005 年 1 月 15 日，中共广东省委发出《关于开展以实践"三个代表"重要思想为主要内容的保持共产党员先进性教育活动的实施意见》。17日，省委保持共产党员先进性教育活动工作会议召开。会议的主要任务是，以"三个代表"重要思想为指导，以胡锦涛总书记视察广东的重要讲话为动力，认真学习贯彻中央先进性教育工作会议精神，研究部署先进性教育活动，对第一批开展这次教育活动的全省县及县以上的党政机关和部分企事业单位进行动员。

2005 年 1 月，按中共中央部署和广东省委实施意见，中共湛江市委开始在全市党员中开展为期一年半左右的保持共产党员先进性教育活动。省委派出了督导组到湛江，对湛江的活动进行督促检查。活动分三批进行，第一批首先在县以上党政机关、单位中开展，第二批在城区工厂、企业中开展，第三批主要在农村基层党组织中开展。每批先进性教育活动集中教育都分学习动员、分析评议、整改提高三个阶段。在教育活动中，各级党委高度重视，广东省委先进办多次组织调研组、指导组到湛江市调研督导。湛江市委也精心挑选政治素质好、责任心强、工作经验丰富的后备干部组成督导组、巡回检查组，加强对先进性教育活动工作的督查指导。各县（市、区）、镇（街道）也相应成立督导组，负责对本地先进性教育活动的检查指导。湛江市委结合实施"十百千万"干部下基层驻农村活动，切实帮助农村开展活动。

在开展活动中，各级党组织首先组织党员认真学习。学习坚持自学与相对集中学习相结合，并扎实开展"四会一课一测试"活动①，认真学习胡锦涛总书记在保持共产党员先进性教育专题报告会上的重要讲话和《保持共产党员先进性教育读本》等书目。积极运用先进文化推动教育活动的深入开展，创作了大批展现党员先进性的戏剧、歌曲等文学艺术作品，组织各种寓教于乐的文体活动，将理论教育渗透到文化活动中，运用生动活泼的教育形式增强了理论学习的吸引力和效果。各级党组织坚持把党章作为学习重点，组织党员对党章进行了深入、系统的学习。广大党员对照党章找问题，开展批评与自我批评。各级党组织抓住集中教育氛围浓、力度大的有利条件，积极破解经常性党建工作中的难题，同时推动实践基础上的理论创新和制度创新，使教育活动的感性认识理性化、零碎经验系统化、成功做法制度化。同时，湛江市委还根据参学单位党组织的特点和党员的状况，分别进行不同方式的教育活动。在农村基层党支部的教育活动中，突出抓住薄弱环节，加强对软弱涣散党支部的整顿，大力开展"组织找党员，党员找组织"活动。

在全面开展保持共产党员先进性教育活动中，湛江市委始终把解决突出问题作为重中之重，切实解决群众最关心、最直接、最现实的利益问题，着力打造群众满意工程。着力解决群众关注和反映的生产生活、社会治安、环境卫生等问题；积极开展"结对扶贫"活动，要求每一个镇以上机关、事业单位帮扶一个村，每一名机关、事业单位干部帮扶一户贫困户，一帮五年，不脱贫不脱钩；精心组织"农科技术""医疗卫生""文化教育""法律援助"等服务队深入农村基层、街道社区开展服务活动；全面实施新农村建设"六个一"工程②，进一步掀起建设社会主义新农村热潮。按照"方便、整洁、舒适、节约、可持续发展"的内涵建设老百姓城市，全面打响城中村改造攻坚战，加大力度整治和美化市容市貌。

湛江市委在保持共产党员先进性教育活动中，注重同固本强基、建设社会主义新农村结合起来，在活动中新建党组织245个，整顿软弱涣散党支部255个，发展党员6353名。全市共投入资金8.22亿元，为群众办好事、实

---

① "四会"即专题讨论会、先进事迹报告会、形势报告会、学习心得交流会，"一课"即每名党组织书记讲一次党课，"一测试"即参加教育活动的党员都要参加"百题学习测试"。

② "六个一"工程，即制定一个合理规划、发展一个特色产品、推进一批改造工程、建设一个公共村场、营造一个干净环境、种上一片成荫绿树。

事 12.06 万件，创办生产项目 1957 个。全市各级党组织注重把先进性教育活动中的好做法好经验用制度的形式固定下来，形成党的先进性建设的长效机制，建立健全各项规章制度 13445 项。进一步完善了党员学习培训、"三会一课"、党员活动日、民主评议党员、党员联系群众、党员争先创优等制度。湛江市的做法得到了广东省委的高度肯定与赞扬，并决定在湛江召开全省工作经验交流现场会。2006 年 2 月 21 日，结合学习贯彻《中共中央国务院关于推进社会主义新农村建设的若干意见》，广东省在湛江市举行了"保持先进性、建设新农村"万人宣讲工作会议。会上介绍湛江市依托"十百千万"驻村干部开展万人宣讲试点工作经验。会议认为，湛江市紧密结合开展保持共产党员先进性活动创建生态文明村工作，根据各地实际探索出各具特色的宣讲和创建方法，促进农村发展和农民增收，在全省具有示范意义。

2006 年 6 月，湛江市开展保持共产党员先进性教育活动结束。全市参加教育活动的单位共 5294 个，基层党组织 8501 个，党员 230234 名。经过教育活动，党员素质得到提高，基层党组织得到加强，广大群众得到实惠，各项工作得到改进，党员教育的长效机制得以完善。6 月 23 日，中共湛江市委召开纪念中国共产党成立 85 周年暨保持共产党员先进性教育活动总结表彰大会，表彰 110 个先进基层党组织、30 个先进农村党支部、148 名优秀共产党员、100 名优秀党务工作者、30 名优秀农村党支部书记。

五、学习实践科学发展观活动

党的十七大决定在全党开展深入学习实践科学发展观活动，这是用中国特色社会主义理论体系武装全党的重大举措，是深入推进改革开放、推动经济社会又好又快发展、促进社会和谐稳定的迫切需要，是提高党的执政能力、保持和发展党的先进性的必然要求。2008 年 9 月，党中央向全党发出《中共中央关于在全党开展深入学习实践科学发展观活动的意见》，要求各级党组织和广大党员、干部一定要深刻认识开展学习实践活动的重大现实意义和紧迫性，把开展学习实践活动作为我们党应对挑战、解决矛盾、统一思想的重大契机，积极投入到学习实践活动中来。通过开展学习实践活动，进一步增强党的先进性，提高党的执政能力，把党的政治优势和组织优势转化成为推动经济社会又好又快发展的强大力量，为实现 2020 年全面建设小康社会的奋斗目标进一步奠定重要的思想基础、政治基础和组织基础。不久，广东省也发出《中共广东省委关于开展深入学习实践科学发展观活动的实施意见》。

2008年10月6日，中共湛江市委召开常委扩大会议，传达广东省委关于开展深入学习实践科学发展观活动动员大会精神，对全市学习实践活动进行了具体部署。2009年2月19日，湛江市委深入学习实践科学发展观活动领导小组召开第一次会议，讨论深入学习实践科学发展观活动的实施意见等问题。26日，根据《中共中央关于在全党开展深入学习实践科学发展观活动的意见》和《中共广东省委关于开展深入学习实践科学发展观活动的实施意见》，结合湛江市实际，湛江市委印发了《中共湛江市委关于开展深入学习实践科学发展观活动的实施意见》，着手在全市各级党组织全面开展深入学习实践科学发展观活动。该活动紧紧围绕"党员干部受教育、科学发展上水平、人民群众得实惠"这个总要求，牢牢抓住建设城乡协调、生态文明的科学发展试点市这个主题，进一步解放思想、实事求是、改革创新，切实增强广大党员干部贯彻落实科学发展观的自觉性和坚定性，着力转变不适应、不符合科学发展观的思想观念，着力解决影响和制约科学发展的突出问题以及党员干部党性党风党纪方面群众反映强烈的突出问题，着力构建有利于科学发展的体制机制，提高领导科学发展、促进社会和谐的能力，把科学发展观的要求全面贯彻落实到经济社会发展和党的建设的各项工作中去，把全社会的发展积极性引导到推动科学发展上来，努力建设现代化新兴港口工业城市和美丽的南方海滨城市、粤西城镇群中心、区域性航运中心和物流中心、城乡协调生态文明的科学发展试点市，在广东新的发展极方面取得重要进展。

湛江开展学习实践科学发展观活动分三批进行，各批活动又分为学习调研、分析检查和整改落实三个阶段深入推进。第一批主要是试点，选择赤坎区于2008年10月底先行开展。广东省委常委、常务副省长黄龙云为深入学习实践科学发展观活动试点赤坎区的联系人。11月26日，黄龙云到湛江市赤坎区进行调研指导工作，并在湛江影剧院作《学习珠三角，超越珠三角，争当实践科学发展观排头兵》的专题报告。第二批于2009年3月开始，2009年8月基本完成，包括市及县（市、区）党政机关，市及县（市、区）

人大和政协机关，人民法院、人民检察院和人民团体机关，市直属企业事业单位，高等学校、中等专业学校等单位。3月6日，中共湛江市委召开第二批深入学习实践科学发展观活动动员大会，宣布成立活动领导小组，市委书记任组长。省委指导检查组对湛江市活动开展提出指导意见，第一批开展活动试点单位赤坎区在会上介绍了开展活动的经验和做法。在整改检查阶段，中共湛江市委于6月7日召开了以"切实转变作风、推动科学发展"为主题的党政领导班子学习实践科学发展观活动专题民主生活会，广东省委常委、组织部部长胡泽君参加并讲话，市委书记代表市党政领导班子作对照检查汇报，市长通报了2008年度市党政领导班子民主生活会整改意见落实情况。8月6日，《湛江市党政领导班子深入学习实践科学发展观活动整改落实方案》分别在《湛江日报》、湛江市人民政府网、湛江组织工作网上全文刊登。8月19日，中共湛江市委召开第二批深入学习实践科学发展观活动总结暨群众满意度测评大会，广东省委学习实践科学发展观指导检查组组长在会上给予了充分肯定。湛江第二批学习实践活动的开展，把很多先进理念转化成惠及老百姓的成果，得到了广东省委、省人民政府的高度评价。第三批2009年9月开始，2010年2月基本完成。主要在乡（镇）、街道，村、社区，中等职业学校、中小学校，基层医疗机构和新经济组织、新社会组织等单位开展，共有4500多个基层党组织、14.5万多名党员参加。2009年9月16日，湛江市委召开深入学习实践科学发展观活动领导小组会议，传达学习全省深入学习实践科学发展观活动第二批总结暨第三批动员会议精神，具体安排第三批学习实践活动的开展。为确保第三批学习实践科学发展观活动的顺利开展，广东省委安排省委常委、省委组织部部长胡泽君联系湛江安铺镇的活动。2009年10月26日和2010年2月6日，胡泽君先后两次到廉江安铺镇调研指导。2010年1月25—26日，全国政协常委、国家工商行政管理总局原局长和党组书记王众孚率中央学习实践活动第二巡回检查组到湛江市，深入检查第三批深入学习实践科学发展观活动情况。

按照党中央和广东省委的要求，湛江在学习实践活动中，各级党组织始终紧紧把握住以下主要原则：一是坚持解放思想。以解放思想为先导，以改革创新为动力，进一步更新发展观念、转变发展思路、破解发展难题、完善体制机制，使党员干部思想更加符合实事求是的思想路线，更加符合经济社会发展规律、符合自然规律、符合党的执政规律，更加符合建设科学发展试点市的需要，用科学发展观指导解放思想，用解放思想推动科学发展。二是突出实践特色。围绕科学发展，联系本地本单位实际，确定活动的实践载体，切实解决突出问题。把开展学习实践活动与贯彻落实党的十七大的一系列重大部署结合起来，与总结改革开放 30 年来的成功经验紧密结合起来，与巩固和扩大解放思想学习讨论活动成果结合起来，与落实中共湛江市委、湛江市人民政府《关于建设城乡协调生态文明的科学发展试点市的决定》《湛江市建设城乡协调生态文明的科学发展试点市重点行动纲要》结合起来，与实施《珠江三角洲地区改革发展规划纲要（2008—2020 年）》结合起来，与促进改革发展稳定结合起来，与总结本地本单位科学发展的经验结合起来。通过学习推动实践，在实践中深化学习。三是贯彻群众路线。充分发扬民主，开门搞活动，吸收群众全程参与，做到完善发展思路向人民群众问计，查找突出问题听人民群众意见，制定工作措施向人民群众请教，落实整改措施靠人民群众努力，衡量活动成效由人民群众评判。以党内的学习实践带动群众的学习实践，着力把科学发展观普及到人民群众中去，进一步动员广大人民群众投身科学发展的伟大实践。四是正面教育为主。组织广大党员干部深入学习科学发展观，始终以巨大的诚意查找和分析问题。全面总结经验教训，认真开展批评和自我批评，进一步明确努力方向。查找和分析问题不搞人人过关，注意保护党员、干部和群众的发展积极性。五是注重因地制宜。区别不同地域和发展重点。区别机关、学校，事业单位和农村、街道社区等不同行业，区别市直机关和县（市、区）各级机关的不同职责，区别党员领导干部和基层党员的不同层面，分别提出学习实践活动的具体要求。实行分类指导，防止一刀切，使学习实践活动更好地体现针对性、创造性和实效性。六是解决突出问题。把寻找和解决突出问题贯穿始终，在推动解决影响和制约科学发展的突出问题上下功夫，在解决群众最关心、最直接、最现实的利益问题上下功夫。解决问题要从实际出发，尽力而为，量力而行，确保取得实效。为使广大党员、干部理解和掌握科学发展观的内涵，在整个活动期间，市委举办了多次深入学习实践科学发展观活动专题讲座。

2010 年 2 月，开展学习实践科学发展观活动按计划结束。25 日，湛江市开展深入学习实践科学发展观活动总结大会在海滨宾馆召开。会议回顾总结了学习实践活动情况，对进一步巩固和扩大整改落实成果、建立长效机制工作进行了部署。在湛江市开展学习实践科学发展观活动中，全市共有参加活动的党组织1.2万个、党员27.5万人。在党中央、广东省委的正确领导和上级巡回检查组的具体指导下，经过全市各级党组织和广大党员的共同努力，湛江顺利完成了学习实践活动各项任务，达到了中央提出的"党员干部受教育、科学发展上水平、人民群众得实惠"的预期目标，广东省委第二巡回检查组出席总结大会并给予了充分肯定和高度评价。

2010年11月18日，湛江市委组织收听收看全省第三批学习实践科学发展观活动转入分析检查阶段视频会议。会后，市委接着召开会议，要求全市各地要紧密联系实际，找准突出问题，完善发展思路，把学习实践活动与当前的中心工作紧密结合，与"规划到户、责任到人"的结对帮扶工作相结合，重点解决人民群众反映强烈的读书难、饮水难、行路难等问题，坚持边分析检查边整改，确保学习实践活动取得实效。

第三十八章 改革开放时期的社会事业

改革开放以来，党和政府把工作重点转移到经济建设上来，湛江市全面推进改革开放和现代化建设，经济发展和社会建设成就瞩目。改革开放初期，全市科技、文化、卫生、体育等社会事业基础相对薄弱，难以满足人民群众的需要，经过改革开放 40 年的不懈努力，各项社会事业快速发展，经济与社会发展的协调性显著增强。丰衣足食、安居乐业，人民生活质量显著提高。

第一节 教育事业①

一、基础教育

1979—1990 年，湛江在教育体制、教育结构、教育教学三大领域开展一

---

① "教育事业"一节中，1978 年至 2000 年的数据引自湛江市教育局：《湛江教育志（1979—2000）》（广东教育出版社 2009 年版），其中"基础教育"在第 92—99 页，"职业教育"在第 191—195 页，"成人教育"在第 236—237 页，"高等教育"在第 256—265 页。2015 年至 2020 年的数据引自相关年份《湛江年鉴》。其中 2015 年的教育数据，引自《湛江年鉴（2016）》（中州古籍出版社 2016 年版），"基础教育"在第 337 页，"职业教育"在第 345 页，"成人教育"在第 346 页，"高等教育"在第 346—347 页。2016 年的教育数据，引自《湛江年鉴（2017）》（中州古籍出版社 2017 年版），"基础教育"在第 341 页，"职业教育"在第 247 页，"成人教育"在第 354 页，"高等教育"在第 347 页。2017 年的教育数据，引自《湛江年鉴（2018）》（中州古籍出版社 2018 年版），"基础教育"在第 328 页，"职业教育"在第 332 页，"成人教育"在第 340 页，"高等教育"在第 332 页。2018 年的教育数据，引自《湛江年鉴（2019）》（中州古籍出版社 2019 年版），"基础教育"在第 272 页，"职业教育"在第 274 页，"成人教育"在第 281—282 页，"高等教育"在第 274 页。2019 年的教育数据，引自《湛江年鉴（2020）》（中州古籍出版社 2020 年版），"基础教育"在第 290—291 页，"职业教育"在第 292—293 页，"成人教育"在第 301—302 页，"高等教育"在第 293—294 页。"自学考试"1986—2000 年数据引自《湛江教育志（1979—2000）》（广东教育出版社 2009 年版），第 253—255 页；"自学考试"2017—2020 年数据由湛江市教育局招生考试科提供。2020 年的数据来自《湛江年鉴》编辑部。

系列改革，实行分级办学、分级管理，将中小学的管理权下放到乡（镇）、村；对初中、小学实行校长聘任制、校长任期责任制、教师岗位责任制。1985年，全市普及小学教育。

1999年9月，湛江市颁发了《999湛江教育产业发展计划》。《计划》制定了湛江2010年前教育发展的目标：初步建成一个种类比较齐全，结构较为完整，平衡协调，稳步发展，适应湛江经济和社会发展需要，充满生机活力的教育体系。建立起以政府投入为主、多渠道投入的教育投资新体制，建立起以政府为主，社会力量共同参与办学的开放性办学新体制，初步形成协调发展的新格局。

2000年开始，湛江全面实施《999湛江教育产业发展计划》。实施后，湛江的幼儿教育、特殊教育、基础教育、职业教育、成人教育和高等教育快速、协调发展，教育质量和效益不断提高。首先是基础教育上了新台阶。据统计，2011年，全市有小学2302间，在校生110万人，全市适龄儿童入学率100%；全市有初中276间，在校生488544人，初中入学率97.23%。自2006年9月起，全面实施农村免费义务教育，全市116.89万农村学生受惠，直接减轻农民经济负担3.8亿元。其次，普通高中教育适度发展，全市有普通高中78所，在校生7.4万人，连同高中阶段的职业教育学校，全市初中毕业生升入高中率达55%。全市有16所学校被评为省一级学校，46所被评为市一级学校。再次，学前教育获得迅速发展。全市所有乡（镇）都建起了幼儿园。最后，职业教育取得不断进步（后有详述）。

在此基础上，湛江对标"办好公平优质、人民满意的教育"的目标，统筹推动各级各类教育协调、均衡、优质、快速发展。多次召开专题会议研究，着力解决教育发展用地，落实政府办学责任和城区学位建设等群众关注度高的民生问题，通过创建教育强市和推进教育现代化先进市，让湛江成为广东教育的重要阵地和北部湾科教文卫中心。

2016—2017学年，湛江落实资助资金15亿元，受益学生达114.6万人。建立教育扶贫工作部门联动机制，全面落实建档立卡贫困户子女免学杂费并给予生活费补助政策，2017年资助贫困学生45241名，确保孩子不因贫困而失学。实施义务教育优质均衡发展工程，实施农村义务教育薄弱学校改造提升工程。至2018年，全市累计投入改薄资金13.5亿元，对1206所薄弱农村义务教育学校进行提升改造，建设校舍49万平方米。实施义务教育标准化学校建设工程，公办义务教育学校标准化覆盖率达100%，小学适龄儿童净入学率100%，初中阶段毛入学率106.96%。在学前教育方面，湛江科学规划制定并印发了2011—2013年、2014—2016年、2017—2020年三期学前教育行动计划，明确提出学前教育发展主要目标、重点任务、主要措施、工程项目和组织领导。在实施高中段教育特色协调发展工程方面，湛江继完成薄弱高中改造提升工程后，进一步对高中阶段公办学校优化整合，推进普通高中、中职学校集中县城办学。到2017年底，全市普通高中市一级以上学校占比由2010年的58%提高到91.53%，全市市一级以上普通高中优质学位占比达93%，公办普通高中招生优质学位覆盖率100%。全市已建成26所省一级以上普通高中（其中省一级19所，国家示范性高中7所）。在推动民办教育平等规范特色发展方面，全市已建各级各类民办学校1401所、在校学生31.34万人。引进名校如华南师范大学、华中师范大学、广东外语外贸大学等高校与湛江开展合作办学。湛江还印发实施了第一期《湛江市城区中小学校和幼儿园学位建设三年规划实施方案》，推进城区中小学幼儿园学位建设第一期三年行动计划，增加城区学位供给，解决"就学难"和"大班额"问题。建立优教服务制度，解决高层次人才后顾之忧。对属市钢铁、炼化等重点引进项目的非湛江户籍技能人才和驻湛高校高层次人才的随迁子女均统筹协调安排就读。扩大教育数据资源共享力度。在市数字政府建设总体要求下，继续推进市级教育数据中心建设，全市各级各类学校均有宽带接入，顺利实现"全市中小学100%宽带接入"目标。湛江市教育专网工程建设已竣工，专网全程使用光纤接入。湛江市教育资源公共服务平台已全线开通，湛江市儿童青少年健康监测与评价系统、湛江市中小学学业质量评测系统等应用项目推进建设，实施"种子100"信息化教学融合创新应用培训工程，培训种子教师480人。

2016年，湛江获评"广东省教育强市"，如期实现目标。全市所有县（市、区）、乡镇（街道）全部建成广东省教育强县。2018年底，有8个县（市、区）获命名为广东省推进教育现代化先进县（市、区）。截至2019年，全市各类中等职业教育在校生7.31万人，高中在校生13.09万人，初中在校生27.17万人，小学在校生71.53万人，特殊教育在校生1584人，在园幼儿

35.55 万人。

（一）湛江第一中学

湛江第一中学是广东省重点中学、广东省一级学校、广东省高中新课程改革示范学校、全国中小学首批现代教育技术实验学校、全国校园网范例学校、国家级示范性高中。

1937 年 9 月，由广州、香港两地西迁至广州湾（今湛江市）的爱国进步的民主人士及教育工作者共 15 人组成董事会，建立培才小学。11 月 11 日，培才小学正式成立，学校选址在赤坎高州会馆（现湛江市第四小学校址）。1939 年 9 月，增办培才初级中学。1942 年，培才小学从高州会馆搬迁至南方路现湛江市十五小的校址。同年，增设了高中班。培才中学定址在赤坎鸡岭，自此正式成为独立的完全中学，取名为"广州湾私立培才中学"。1945 年抗战胜利后改称"湛江市培才中学"。

中华人民共和国成立后，1952 年 2 月，培才中学、市立一中、河清中学、赞化中学四校合并，以培才中学为主体，更名为湛江第一中学，并商定 1937 年 11 月 11 日为建校日。1958 年，湛江第一中学被确定为广东省首批重点中学。1960 年 10 月，湛江第一中学被评为"全国先进文教单位"。1969 年，湛江一中高中部迁往郊区的克初岭，改名为"五七中学"。1974 年，学校在麻章区英豪村兴办农村分校。1978 年，湛江一中被重新确定为广东省重点中学，学校恢复在全湛江地区招收学生，单独设立了地区班。

1984 年，学校首次提出了"志、勤、实、爱、严、活"的校风，确立了"爱国、进取、奉献"的校训。1987 年，建筑面积 4300 平方米的六层教学主楼落成，第二运动场、游泳场、溜冰场相继竣工，学校面貌焕然一新。1994 年被评为广东省一级学校。1998 年，湛江一中与校友会联合开办初中部，取名为湛江市培才学校，初、高中正式分离。2005 年，学校在原纸箱厂地址上建起了湛江市培才学校校区。2007 年 7 月，湛江一中与寸金教育集团合作办学，开办"湛江一中培才学校"，校址在赤坎寸宝路。2007 年 9 月，湛江市培才学校改名为湛江第一中学初中部。2007 年 11 月，湛江一中通过全国示范性高中评估。2008 年 7 月，学校取消了初中部。自此，湛江一中成为了高级中学。

（二）湛江市第二中学

湛江市第二中学是湛江市教育局直属中学。最早起源于 1901 年法国侵略者在东营（今坡头）创办的安碧沙罗学校，1950 年后由原正义中学、湖光中学、麻斜中学和益智中学先后合并定名为湛江市第二中学。2008 年 7 月，以湛江市第二中学为主体组建成湛江二中教育集团，至 2020 年有开发区校区、霞山校区、海东中学、海东小学、港城中学、崇文实验学校等六个校区九个教学点。

经过多年发展，学校成为国家级示范性高中、全国教育系统先进集体、全国教育特色学校、全国和谐校园先进学校、国家级田径传统项目学校、中国体育协会会员学校（田径、跆拳道、柔道）、中国中学生柔道分会副主席校、全国消防安全教育示范校、全国教育信息化示范单位、中国西部教育顾问单位、聘请外国专家资格单位、广东省一级学校、广东省普通高中教学水平优秀等级学校、广东省文明单位、广东省安全文明校园、广东省德育示范校、广东省心理教育特色示范单位、广东省书香校园、广东省现代教育技术实验学校、广东省依法治校示范校、广东省第二批法治文化建设示范点、广东省餐饮食品安全量化分级 A 级单位、广东省餐饮服务食品安全示范单位、湛江市先进基层党组织、湛江市特色文化校园。

"文化育校"是湛江市二中的办学理念之一，通过一代代二中人的努力，形成了以"上善若水"为鲜明特色的整体文化格局。校训：爱国、敬业、求实、创新；校风：团结、勤奋、严谨、活泼。

作为湛江市对外教育交流窗口单位，湛江市第二中学与澳大利亚凯恩斯市圣三一学校、俄罗斯谢乐普霍夫市第十二中学缔结友好学校，与英国、美国、加拿大、马来西亚、新加坡、越南和我国台北市等地的大学或中学建立良好的文化教育交流关系并开展交流活动。

教育强市的建设，催生了一批民办学校的提质发展。其中，廉江市实验学校是经廉江市人民政府、湛江市教育局批准创办的一所集小学、初中、高中于一体的全日制现代化非营利性民办学校。至 2020 年，学校被评为广东省一级学校、广东省安全文明校园、广东省绿色学校、湛江市社会组织党建工作示范点，被广东省人大常委会定为"广东省人大常委会基层立法联络单位"，2017 年被华南理工大学授予"优质生源基地"称号，2019 年被华南师范大学授予"优质生源基地"称号，2017—2020 年连续四年被清华大学授予"优质生源中学"称号。2020 年度的高考，该校有 16 名学生分别被清华大学、北京大学录取，高考成绩名列广东省各中学第 5 位。

二、高等教育

1979 年，湛江市业余大学创办。1980 年，在同一校址创办湛江广播电视大学。同年，在湛江地区教师进修学校的基础上创办湛江教育学院。至 1990 年，加上本地和外地高校在市举办的成人大专班，以及驻市普通高校设立的职业技术学院，全市高等职业教育初具规模。加上湛江原有的湛江水产学院、湛江医学院、雷州师范专科学校三所省属高校，普通高等学校在校生 6694 人，中等职业学校在校生 9382 人。湛江高等学校数量在广东省地级市中一度仅次于省会广州、位居全省第二。

经过 40 年发展，截至 2019 年，湛江市拥有高校 7 所，其中，省管公办普通高等学校 3 所（广东海洋大学、广东医科大学、岭南师范学院），民办普通高校 1 所［湛江科技学院（原广东海洋大学寸金学院）］，民办高职院校 1 所（广东文理职业学院），市属普通专科学校 1 所（湛江幼儿师范专科学校），市属成人高等学校 1 所（湛江开放大学）。

（一）岭南师范学院

岭南师范学院是一所具有百年师范教育历史的广东省属普通本科院校。前身可追溯到创办于明崇祯九年（1636）的雷阳书院。

岭南师范学院

当时，雷州知府朱敬衡于雷州府城创建雷阳书院，校址在雷州天宁寺怀坡堂北。清雍正年间，雷阳书院移建雷州府城的高树岭。清光绪年间，雷阳书院已颇具规模，是广东六大书院之一，与广雅、端溪、粤秀、越华、羊城等书院齐名。陈昌齐于清嘉庆十六年（1811）至嘉庆二十二年（1817）六月，主掌雷阳书院。光绪二年（1876），陈乔森任雷阳书院山长。光绪二十九年（1903）雷州知府陈武纯将雷阳书院改为雷州中学堂，并扩建课室、宿舍，增建礼堂、操场。1913年，雷州中学堂更名为雷州中学校，属于省立性质。1926年，雷州中学校又改名为广东省立第十中学。1935年，广东省教育厅为了大量培养师范人才，将省立十中改为广东省立雷州师范学校，举办高中师范3个班，简易师范1个班，初中三个年级各1个班，附小2个班。1939年6月，中国共产党雷州师范学校学生党支部建立。抗日战争时期，雷州师范学校先后迁址遂溪古芦山村、遂溪城东岳庙、化州县林尘、茂名县（今高州市）帅堂。1946年3月，迁返海康县城（今雷州市）天宁寺内。

中华人民共和国成立后，1954年，粤西行署决定，雷州师范学校迁往湛江市赤坎寸金岭（又称燕留岭、燕岭）现址，同时遂溪师范（简易师范）迁来合并。1958年秋，在现址创办湛江师范专科学校，与雷州师范学校并立。1959年秋，合浦师范专科学校并入。1962年，湛江师范专科学校停办，改为湛江地区教师进修学校。"文化大革命"期间，雷州师范学校与湛江地区教师进修学校一同在1968年12月被撤销停办。1970年，雷州师范学校在高州复办，定名为广东湛江地区师范学校。1972年，逐步搬回现址。1973年，搬回现址的部分改称为湛江地区雷州师范学校，留在高州的部分称为湛江地区高州师范学校。

1978年初，在湛江地委的支持下，广东省高教局决定在雷州师范学校开设大专班。12月28日，国务院批准，以原湛江地区师范学校为基础成立雷州师范专科学校。1991年12月30日，经国家教委批准，雷州师范专科学校升格为本科学院，同时更名为湛江师范学院。1992年7月14日，湛江师范学院正式挂牌，1992年秋开始招收中文、数学、体育3个专业的本科生。[①]1996年获得学士学位授予权。1997年开始与国内高校联合培养硕士研究生。

---

① 本目数据引自湛江市地方志编纂委员会《湛江市志》（1979—2000），第二十八编"教育科技"第一章"教育"；湛江统计局等《湛江统计年鉴（2017）》，2017年内部编印，第410—413页。

1998年取得留学生培养资格。2000年，湛江师范学院成为全国第一所通过教育部本科教学工作合格评估的师范院校，成为广东省重点支持发展的六所高校之一。2001年遂溪师范学校改建为湛江师范学院基础教育学院，2009年湛江教育学院并入（合署）湛江师范学院基础教育学院。2010年，被列为广东省新增硕士学位授权立项建设单位。

2014年4月21日，经教育部批准，学校更名为岭南师范学院，6月28日，岭南师范学院正式挂牌。2016年列入广东首批普通本科转型试点高校、省市共建高校和广东省大学生创新创业教育示范校，2017年被推选为广东省特殊教育教师发展联盟理事长单位，2018年列入广东省高等教育"冲一流、补短板、强特色"提升计划建设高校，获批"广东省创建国家教师教育创新实验区"。

截至2019年，岭南师范学院办学专业涵盖经济学、法学、教育学、文学、史学、理学、工学、农学、管理学和艺术学等10大学科门类，师范专业涵盖基础教育、职业教育、学前教育和特殊教育等培养类别，形成了门类齐全、培养培训一体化的完备的教师教育体系，面向全国18个省（区、市）招生，全日制在校本科生23000多人。

（二）广东海洋大学

广东海洋大学是广东省人民政府和原国家海洋局共建的广东省重点建设大学之一，是一所以海洋和水产为特色、多学科协调发展的综合性大学，是教育部本科教学水平评估优秀院校，是具有"学士、硕士、博士"完整学位授权体系的大学，也是广东省高水平大学重点学科建设项目高校。

学校的前身是创建于1935年的广东省立高级水产职业学校。她是广东现代海洋水产教育的发端，几经迁徙之后升格发展成农业部直属的湛江水产学院。1997年1月，由具有62年办学历史的湛江水产学院和39年办学历史的湛江农业专科学校实质性合并组建湛江海洋大学。2001年12月，湛江气象学校并入湛江海洋大学。2002年开始，与中科院南海海洋研究所联合培养博士生。2005年6月，经教育部批准，湛江海洋大学更名为广东海洋大学。2008年4月，教育部确定该校为本科教学工作水平评估优秀院校。2010年6月，广东省人民政府、国家海洋局签订协议共建广东海洋大学。2010年8月，教育部批准广东海洋大学为新增博士学位授予权立项建设单位。2012年

12 月，该校水产品加工及贮藏工程等 6 个学科入选第九轮广东省重点学科。2013 年 8 月，该校获批博士学位授权单位。2015 年 6 月 30 日，该校成功获得广东省高水平大学重点学科建设项目。2015 年至 2016 年该校先后有 38 个专业实现"一本"招生。2017 年 8 月，该校获批为硕士研究生推免资格高校。2018 年 10 月 19 日，中国气象局与广东海洋大学签订全面合作协议。2019 年 3 月 30 日，该校全力支持和深度参与的南方海洋科学与工程广东省实验室（湛江）在霞山校区揭牌正式运作。2019 年 9 月 30 日，该校印发《广东海洋大学贯彻落实〈粤港澳大湾区发展规划纲要〉实施方案》，以广东海洋大学深圳研究院、广东海洋大学广州（南沙）研究生院为依托，初步构建广州、深圳、珠海"三城驱动"模式，大力推动该校海洋特色教育事业发展。2020 年 6 月，该校以水产高水平大学重点建设学科为主要依托的兽医学学科再次进入软科世界一流学科排名。2020 年 7 月，该校以水产高水平大学重点学科为主要支撑的植物学与动物学学科首次进入了 ESI 全球前 1%。

广东海洋大学

截至 2019 年，学校有湖光校区（校本部）、霞山校区、海滨校区三个校区，校园总面积 4892 亩，其中湖光校区占地 4083 亩。面向全国 25 个省（区、市）招生，截至 2019 年，拥有 19 个二级学院以及 1 个独立学院（寸金学院，2020 年更名为湛江科技学院），全日制本科生、研究生、留学生近 3.2 万人，独立学院 2 万余人，成人高等教育学生 1.4 万余人。

（三）广东医科大学

广东医科大学的校本部位于广东省湛江市，东莞市设有分校区，是一所以医学为主要办学特色的涵盖医学、理学、管理学、法学、工学、文学、经济学等7个学科门类的省属综合性普通本科高等学校，为博士学位授予单位。

广东医科大学的前身为创建于1958年的中山医学院湛江分院。1964年，经教育部批准、国务院备案更名为湛江医学院。1992年，湛江医学院易名为广东医学院。2002年创建了东莞校区。2016年更名为广东医科大学。从1991年的"八五"计划开始，连续3个五年计划进入省重点建设院校行列。1991年获"广东省办学水平一级院校"奖，2005年被教育部评定为本科教学水平优秀院校，现已成为广东省高素质医学专门人才培养的重要基地。2009年学校被列为博士学位授予单位立项建设单位，国家级特色专业建设点、省级重点专业和省级教学团队等多项教学质量工程项目实现零的突破，国家级科研基金项目也取得重大突破。2012年提出"建设人民满意的医学强校"发展目标，不断推进内涵建设。2013年获批博士学位授予单位，临床医学学科成为第一个获得博士学位授予权的学科。2015年临床医学进入ESI全球排名前1%，国家杰出青年科学基金实现了零的突破。2019年临床医学、医学检验技术专业入选首批国家级一流本科专业建设点，护理学专业入选广东省一流本科专业建设点，学校进入高等教育研究机构世界大学排名中心（简称CWUR）和美国权威的USNews世界大学排行榜两个著名权威榜单。2019年通过教育部临床医学专业认证。2020年7月药理学与毒理学进入ESI全球排名前1%。

截至2019年，学校设14个学院（部），有全日制在校生2万余人，为国家和地方共培养输送了20万余名医学人才。2020年新冠肺炎疫情防控期间，广东医科大学附属医院、附属第二医院等直属的附属医院先后派出3批共29人援鄂医疗队，驰援湖北开展医疗援助；附属医院在湛江本土成功救治新冠确诊病例8例。2020年9月8日，附属医院重症医学科主任医师、驰援石首广东医疗队队长、临床医学专业校友孙小聪获得全国抗击新冠肺炎疫情先进个人称号。

为协助高校质量提升，湛江市强化高校地方合作，落实省市共建本科院

广东医科大学

校工作，支持在湛高校做大做强做优。湛江市解决高校用地问题，解决高校的后勤保障问题，维护教学秩序等。同时，筹办外籍人员子女学校，解决好在湛工作生活的外籍专家学者子女读书问题，推动服务人才高地建设。深化校地合作，支持广东海洋大学加快高水平学科建设，通过政策、项目、资金等多种渠道支持广东海洋大学加快发展"水产""海洋科学"等高水平学科建设和办学质量提升；落实省、市共建广东医科大学、岭南师范学院工作特别是新校区建设工作；会同岭南师范学院加强与国家和省教育主管部门的沟通协调，争取尽快取得硕士学位授予权，提升学校的办学层次和水平；支持湛江科技学院（原广东海洋大学寸金学院）提高办学水平、支持广东文理职业学院做好专升本工作。驻湛高校也以地方政府设立的基层服务机构为依托，联合有人才需求的企业，共建创业素质为导向，对接产、学、研的创业服务平台。例如岭南师范学院对接湛江发展战略，制订学校事业发展规划，致力把学校建成广东优质教师教育的重镇、粤西应用型人才培养与科技研发中心、岭南文化乃至中华文化传承创新基地、粤西公共政策研究和咨询智库、区域教育国际化和开放办学高地，促进了校地共融、协同发展。

三、职业教育

湛江的职业教育在 2000 年全面实施《999 湛江教育产业发展计划》后获得较大发展。2006 年全市中等职业学校招生 31018 人,同比增长 17%,增幅居广东省各地级市前列,重点支持湛江市爱周职业中学易地建设,建成国家级紧缺人才实训基地 2 个、专业 3 个,省级实训中心 4 个。全市民办职业技术学校达到 21 所。加强中职学校师生技能培训,参加省中职学校机电技术应用技能竞赛和中职学生英语竞赛均获得好成绩。全市共有职业高中 33 所,在校生 10713 人;中专 49 所,在校生 37986 人,为湛江的经济建设和社会发展培养了大批中初级人才。全市还有特殊教育学校 2 所,有 27 个教学班(含随班就读),在校(班)学生 1365 人,"三残"少儿入学率 89%。

湛江的中等职业学校有 38 所(不含特殊教育学校),其中国家级中等职业示范学校 2 所(湛江财贸中等专业学校、湛江机电学校),省级中等职业示范学校 2 所(广东省湛江卫生学校、湛江中医学校),国家级重点中等职业学校 6 所,省级重点中等职业学校 4 所;公办学校 19 所,民办学校 19 所。2019 年,湛江市中等职业学校招生 19964 人,比 2018 年新增 1491 人;在校生 51231 人,比 2018 年减少 3461 人。

2019 年,湛江市中等职业学校共有教职工 3215 人,其中专任教师 2465 人,专业课教师 1407 人。专业课教师中,"双师型"教师 612 人,"双师型"教师比例为 43.5%。专任教师中,聘请校外教师 202 人,聘请校外教师比例为 8.19%;本科以上学历 2006 人,本科以上学历比例为 81.38%;硕士以上学历 165 人,硕士以上学历比例为 6.69%;高级职称教师 371 人,高级职称教师比例为 15.05%;中级职称教师 1163 人,中级职称教师比例为 47.18%。

2019 年度,全市中等职业学校毕业生 19423 人,就业学生 18519 人,就业率 95.35%;其中对口就业 12242 人,对口就业率 63.03%;升学人数 2960 人,升学率 15.24%。

至 2019 年,随着宝钢湛江钢铁基地和中科炼化一体化项目的推进,湛江市对钢铁、石化行业的高技能人才需求非常大。为建设环北部湾科教创新中心和打造环北部湾"广东医健康走廊",教育、医学类高级人才需求迫切,根据《广东省推进"实施十项重点群体职业技能提升工程"的工作方案》

《广东省人民政府办公厅关于促进家政服务业提质扩容的实施意见》等文件，湛江市鼓励各中职院校面向战略性新兴产业、现代服务业重点领域开设相关专业，有针对性开展拔尖技能人才培养培训工作，实现精准育人。2019年度，湛江市中等职业学校共开设专业85个，覆盖所有18个中职专业大类中的15个，有力支持了湛江市产业的发展。

为满足企业对技术技能人才多样化、个性化的需求，提升中等职业教育技术技能人才培养的质量，湛江市政府、行业企业和职业院校共同参与职业教育办学。2019年，组织开展了首届驻湛高校（院所）科研成果与企业对接会，吸引了近200家企业参加，社会效益与经济效益明显。通过校企互动，促进院校人才培养：湛江机电学校数控、机电等专业将湛江德利化油器厂等企业的生产订单引入校内实训教学，实现实训教学过程与订单生产过程的对接；学校骨干教师积极为企业提供技术服务，一批专业老师被聘为企业技术顾问或培训讲师，并将技术转让企业投入生产。找准校企双赢的利益平衡结合点，以利益之绳推动校企合作，鼓励职业院校在提高人才培养质量满足企业用人需求的同时，强化主动服务产业意识，充分发挥人才、知识、技术、文化、成果等资源优势，提高教师服务产业的能力，增强对企业的吸引力。通过制定财政、金融、税收、人才等优惠政策，引导、激励各种经济成分的企业投资职业教育，切实落实民办教育专项发展基金不低于30%用于职业教育的政策。推进职业院校与行业企业相互之间资源的互补利用和优化配置，实现资源共享，搭建信息化交流、资源共享、技术研发等平台，实现校企优势资源的组合效应，发挥企业和教育投资的最大效益。

湛江市积极推进机电、商贸、医药、技工、农垦、幼教六大职教集团，把处在同一个产业链上不同层次的院校及行业组织、科研机构、企业组建起来，促进信息交流，促进院校与企业签订包括合作办学、招生就业、人才培养、顶岗实习、技能培训、技术开发、人员交流、实训基地建设等方面的实质性合作协议，促进办学主体的多元化。如湛江机电职业教育集团，成员学校9所，成员行业企业32家，与宝钢湛江钢铁有限公司合作，主动对接地方产业发展，创新机制，转变人才培养观念，校企共建"双元四段式"人才培养模式，实施专业共建、人才共育，形成校企合作的长效机制，更好地实现人才培养与就业岗位的对接，成为宝钢湛江钢铁有限公司强大的人才储备基地，共同助力粤西地区的经济腾飞。2019 年已有近 500 名学生毕业后进入宝钢湛江钢铁有限公司工作，占宝钢湛江钢铁基地员工总数的十分之一。

四、成人教育与自学考试

（一）成人教育

湛江市从 1978 年开始恢复和发展成人教育。通过成人教育，为全市培养了大批人才，提高了干部、职工和农民群众的科学文化知识水平，提高了劳动者素质，为改革开放和社会主义现代化建设服务，促进和推动生产力的发展，作出了积极贡献。

2001 年，全市有成人初等教育学校 114 所，教学班 390 个，毕业生 8936 人，招生 11868 人，在校生 13956 人。成人中等教育学校 27 所，教学班 42 个，毕业生 860 人，招生 950 人，在校生 1086 人。成人高等教育学校有湛江市广播电视大学和湛江市业余大学，毕业生 1350 人，招生 2100 人，在校学生 3500 人。全市实施省确定的"科教促富奔小康工程"和"农民文化科学教育工程"，把办好乡镇成人文化技术学校作为农村"两个文明"建设的基础工作来抓。全市乡镇成人文化技术学校基建投入 580 万元，新建校舍面积 7500 平方米（全市有校舍建筑面积 15.86 万平方米），村级文化技术学校 1371 所，市级骨干乡镇成人文化技术学校 14 所，省级示范乡镇成人文化技术学校 13 所，接受教育的农民 17.86 万人次。

2005 年起，干部、职工成人教育以中等学历教育为主。是年，全市有成人中专学校 19 所，招生 3560 人，毕业生 2680 人，在校生 6860 人。成人高等学历教育学校有广播电视大学和业余大学，是年招生 3650 人，毕业生 2985 人，在校生 5580 人。农村成人教育全面开展文化技术教育，以实用技术为主，逐步形成从初级到中级文化技术教育。是年，培训农民技术干部 15.68 万人次。

2010 年起，湛江市干部、职工成人教育以高等学历教育为主，中等教育为辅。是年，培养大专及以上学历 1.68 万人，培训农村（社区）以上干部 12.5 万人次。

2013 年，湛江市成人教育主要是社区教育和职业培训。湛江社区教育主要由湛江市广播电视大学承担。湛江电大开展社区教育主要阵地有湛江社区大学和中央电大社区教育实验中心。2008年6月，经湛江市政府批准，成立粤西地区首家社区大学——湛江社区大学。2009年10月，中央电大批准湛江电大为中央电大社区教育实验中心之一。2013年，湛江市有成人高等教育学生1.5万多人。全市有职业培训机构78个，年培训19万人次。2013年，湛江市建设的市民终身学习网，能满足100万名社区居民同时上网学习；可满足峰值达到1000个并发用户访问，实现5000学时课程可供在线点播，通过ISDN、ADSL等上网方式正常访问。市民终身学习网覆盖学历教育、职场进修、农民培训、早教学堂、青少年社区、老年大学、新市民等方面的学习内容。作为市民终身学习的公益平台完全免费，满足社区居民学习需求，为湛江建设广东省人力资源强市战略发挥重要作用。

2016年，湛江社区大学年培训学员6.5万人次。是年，全市121个乡镇（街道）有108个设立乡镇（街道）成人文化技术学校，占全市乡镇（街道）数的89.2%。其中，20所乡镇成人文化技术学校被评为湛江市级示范性乡镇成人文化技术学校，在校培训人数65万人次。全市有各类非学历教育职业培训机构113个，年培训量16万人次。依托湛江市广播电视大学，在学校原有网络设备和软件资源基础上投入80万元建成湛江市民终身学习网，市民通过网络随时随地上网学习。是年，上网学习人数110万人次。2016年12月12—16日，湛江市举办首届"全民终身学习活动周"，开幕式在湛江市广播电视大学二校区举行。由湛江市教育局主办，湛江市广播电视大学、湛江社区大学承办，县（市、区）教育局、湛江经济技术开发区教育局、南三岛滨海旅游示范区社会事务局教育主管部门、湛江市各中等职业技术学校、湛江市金融消费权益保护联合会协办。活动周以"推进全民继续教育，建设学习型社会"为主题，通过开展多样化的学习活动，宣传终身教育的思想，推动全民树立终生学习理念，建设学习型社会。

2017年，参加培训人数70万人次。是年11月13日，湛江市广播电视大学更名为湛江开放大学。全市有社区大学1所，分校6所，年培训6.8万人次。全市有各类非学历教育职业培训机构99个，年培训量16.5万人次。依托湛江开放大学，在原有网络设备和软件资源基础上投入100万元建成具有鲜明特色、灵活开放，能满足市民群众多样化教育需求的终身学习网，市民通过网络随时随地上网学习，年市民上网学习人数120多万人次。

（二）自学考试

自学考试制度是 20 世纪 80 年代初建立起来的，是一种以学历考试为主的国家考试，又是以个人自学、社会助学和国家考试相结合的新型社会化教育形式。它没有入学考试，具有开放、业余和灵活等特点。自学考试制度的建立是中国教育改革和考试制度发展史上的一个创举，它在造就和选拔人才方面发挥了重要作用。湛江市于 1984 年下半年开始实施自学考试制度。

湛江市高等、中专自学考试工作按照广东省考委统一部署，于 1984 年下半年开始进行。1984 年 5 月湛江市自学考试委员会成立，委员会下设办公室，并从事业编制中配备 3 名专职干部负责自学考试工作。接着，各县（区）教育部门指定 1 名专职干部负责自学考试工作。1984 年 12 月，广东省首次举办自学考试，开考汉语言文学、英语、商学、统计等 4 个专科专业。

湛江市 2001 年参加自学考试人数不详，获自学考试毕业 155 人。2005年，全市参加自学考试 15109 人，获得毕业 1597 人。2010 年，全市参加自学考试 6743 人，获得毕业 476 人。2014 年，全市参加自学考试 9729 人，获得毕业 511 人。2017 年，全市参加自学考试 4775 人，获得毕业 485 人。

第二节　文化事业

一、文化管理改革与文化产业持续进步

在改革开放进程中，中共湛江市委根据一手抓经济建设、一手抓精神文明和党的建设的要求，在全市持续开展以理想前途为中心的"四有"教育，并大力开展坚持四项基本原则、[①] 反对资产阶级自由化教育，开展党的基本路线和基本国情教育。宣传社会主义建设的辉煌成就，宣传改革开放的巨大变化，尤其是针对湛江的实际，以"一校四网"（党校、党团员联系群众网、科技文化网、书报发行网、广播电视网）为阵地，开展创建文明单位、文明村、文明户活动。

---

① 四有，指有理想、有道德、有文化、有纪律。坚持四项基本原则，指坚持社会主义道路，坚持人民民主专政，坚持共产党的领导，坚持马列主义、毛泽东思想。

中共湛江市委党校于 1951 年成立。机构名称经过多次变更，先后分别称为：高雷区革命干部学校、粤西区委农村建校训练班、粤西区地委党校、湛江地委党校、东方红干校、"五七"干校。1960 年，湛江地区辖下的中共湛江市委党校成立。1984 年，湛江实行地、市合并后，成为现在的中共湛江市委党校。1995 年 11 月，根据党的十四届四中全会的要求，经中共湛江市委批准，市委党校和市委统战部联办湛江社会主义学院。2002 年 11 月根据湛江市委、市政府的决定，湛江行政学院正式挂牌，实行"三块牌子，一套班子"的管理模式。2010 年至 2017 年，党校教学、科研工作不断创新发展，初步形成了以领导干部培训班为主，干部自主选学和在线学习为辅的"一主两辅"的办学新格局，促使干部参训从"大锅饭"向"自助餐"、从"要我学"到"我要学"、从"忙工作没时间学"向"有计划时间学"三大转变。2005 年至 2011 年，校（院）共举办各级领导干部轮训班次 175 期，培训轮训 30853 人（次），实现了干部培训的广覆盖，发挥干部培训主渠道、主阵地的作用。

在建设社会主义市场经济体制后，文化事业利用现代传播媒体，完善新闻出版管理机制，加大对出版市场的管理和"扫黄打非"工作力度，提高出版物质量。增加对重要新闻媒体和公益文化事业的投入，加快广播电视光纤网络建设，提高广播电视人口综合覆盖率，加快城乡文化场馆建设，发展和繁荣农村文化，全市文化站（室）建设提高到一个新的水平。这时期文化产业保持快速增长势头，对 GDP 增长的贡献逐年上升，呈现出产业越做越大、队伍越带越强、效益越来越好的新特点。

湛江市内新闻媒体，主要以湛江日报社和湛江市广播电视台为主。《湛江日报》的前身，是以粤桂边区人民解放军政治部名义出版的《人民报》。1948 年 12 月 25 日，《人民报》正式作为粤桂边区党委机关报。中华人民共和国成立后，《人民报》几经变动、易名，直至 1981 年 6 月 1 日才最终定名为《湛江日报》。其间，曾用名《南路人民报》《高雷农民报》《粤西农民报》《每日新闻》《红湛江报》《红色电讯》等；1968 年 3 月 31 日，湛江专区、湛江市革命委员会成立，改其名为《湛江日报》，沿用至 1972 年 1 月 1 日易名为《湛江报》。1981 年 6 月 1 日，《湛江报》复更名《湛江日报》，重新编序从第一号起办报。1983 年 9 月，湛江地、市机构合并，《湛江日报》

成为中共湛江市委机关报，并向全国公开发行。1988年1月1日起，《湛江日报》自办发行。1994年1月，《湛江经济报》改办为《湛江晚报》。截至2019年，湛江日报社拥有PC端湛江云媒、移动端"湛江日报"微信公众号等、纸媒端《湛江日报》《湛江晚报》和楼宇电视、LED、灯箱信息屏、电子阅报屏等14种全媒体平台。

湛江市广播电视台是广东省湛江市一个拥有广播、电视、报纸、杂志和网站多种传播手段的区域性媒体。广播电视信号有效覆盖广东湛江、茂名、阳江及广西南部、海南北部等地区。1961年7月1日，湛江人民广播电台成立，用普通话、粤语、雷州话3种语言播出。1980年，湛江人民广播电台在霞山文明路建起市区第一座电视发射塔，转播中央电视台节目（省电视台第一套节目由大田顶电视转播台直接覆盖）。1983年，湛江电视台成立。1984年元旦，开始不定期插播《湛江新闻》。经过一年试播，于1985年春节正式播出，每天播出时间3小时30分，星期天增加2小时30分。2002年5月，湛江有线电视台并入。2004年4月，湛江电视台和湛江人民广播电台合并组建湛江市广播电视台。湛江广电中心大楼于2008年元旦落成并投入使用，工程总投资1.88亿元，占地面积46017平方米，总建筑面积36245平方米。九层主楼是广播中心、电视中心的节目制作及办公大楼，副楼为1000平方米、600平方米和300平方米三个演播厅及一座多功能圆展厅。整体建筑别具一格，是湛江文化建设的标志性建筑。

为规范文化市场经营秩序，促进文化市场健康发展，2012年开始，推进广播影视数字化、网络化，完成全市数字电视整体转换工作，此后配合省局完成农村广播电视无线覆盖（省节目）工程建设任务。2013年湛江通过全市网吧专项整治，经营秩序逐步好转，全市的网吧全部纳入高清视频监控范围，解决违规接纳未成年人等热点、难点问题。2015年文化行政部门全部安装使用了全国文化市场技术监管与服务平台执法办公系统。打击盗版，加强对新闻出版的行业管理。2012年9月，市政府常务会议审议通过了由市财政安排998万元采购全市党政机关正版软件的方案，10月通过招标，完成金山WPS办公软件和微软Windows8操作系统软件采购和前期培训准备，在全市全面铺开安装和使用。2017开展"扫黄打非"——"净网""清源""护苗""固边""秋风"等一系列专项行动，清除互联网有害信息、封堵和查缴非法出版物、扫除淫秽色情文化垃圾、打击侵权盗版行为、取缔非法游商摊点。

2012 年以来，湛江的文化机构、文艺团体、文化企业进行了新一轮改革。2012 年 9 月后，湛江粤剧团、湛江市实验雷剧团、湛江歌舞团以及各县的粤剧团、雷剧团改制成立有限公司或艺术传承中心、艺术保护中心。艺术团体实行了全员聘任制。2013 年完成 2 家电影公司的转企改制人员安置方案及资产处置方案。7 家文化企业进行清产核资工作。

经过改革开放以来对文化管理的改革，强化文化部门的服务职能，湛江逐渐形成了在市场经济中做大文化产业的思路：一是整合演艺娱乐业，让文艺团体走向市场，在市场的大潮中发展壮大。二是提升文化旅游休闲业，以"东海人龙舞""遂溪醒狮""国际龙舟赛""吴川飘色""湛江傩舞"等富有湛江特色的民间民俗艺术为载体，丰富和提升文化旅游项目的内涵；加强对古迹文物、名人故居、革命遗址、法式建筑等历史文化遗产的保护和利用，打造霞山法式风情街和赤坎三民路历史文化街区、特呈岛"文明生态旅游新海岛"、雷州历史文化名城、徐闻海上丝绸之路、大汉三墩、吴川名人故居等一批适合休闲度假的生态旅游品牌。三是文化产业园建设，建设湛江印刷城；引导和支持文化创意产业园建设，与国内文化产业龙头企业合作，在海东新区落户第一个文化创意产业园项目。这些措施促使了文化市场管理和文化产业发展水平不断得到提升。2015 年全市文化产业增加值 59.09 亿

2005 年湛江市举办首届红土文化艺术节。图为开幕式现场

元,占 GDP 比重 2.48%;2016 年全市文化产业增加值 63.98 亿元,同比增长 8%,与 GDP 增速相当,占比不变,文化产业增加值全省排名第 12 名,在粤东西北各市中排名前列。扶持"一色湛江文化城"项目建设发展。总投资 1.5 亿元打造的"一色湛江文化城"位于湛江海田商圈核心地段,总经营面积达 3 万平方米。还推动"湛江 0759 创意文化产业基地"的建设发展,扶持培育茂德公鼓城建设。在文博产业方面,2015 年至 2017 年连续三年组队参加了中国(深圳)文博会,连续八届获得了"优秀组织奖"和"优秀展示奖",累计荣获"中国工艺美术文化创意奖"的 12 金 14 银 22 铜。

二、大众文化

1978 年以来,湛江市委、市政府十分重视大众文化建设。1984 年 1 月,由湛江市"五讲四美三热爱"活动委员会组织市民投票推荐评选湛江市花。1 月 25 日,经湛江市政府批准,确定紫荆花为湛江市市花。

文化馆(站)、博物馆作为承载大众文化的主要场所,在 1992 年以后得到进一步发展。1993 年全市有市级艺术馆 1 个,艺术培训中心 1 个,县(区)文化馆 9 个,镇(乡)、街道文化站 121 个,已有 65% 的乡镇形成文化中心,城乡文化室 821 个。农村文化建设出现了好势头,缩短了文化与农民之间的距离,活跃和丰富了农村群众文化生活。1994 年开展创建文明文化馆、图书馆活动。湛江市少儿图书馆、遂溪县图书馆、廉江市图书馆被评为市文明图书馆。坡头、吴川、徐闻、遂溪等四个县(市、区)文化馆被评为市文明文化馆,后被评为省文明文化馆。1995 年,文化站(室)建设达到一个新的水平。雷州市乌石镇文化站、坡头区官渡镇文化站被评为特级文化站;廉江市廉城镇文化站、遂溪县界炮镇文化站被评为一级文化站;坡头区麻斜街道文化站、遂溪县北坡镇文化站、徐闻县龙塘镇文化站被评为二级文化站;坡头区南三镇文化站、霞山区解放街道文化站被评为达标文化站。到 2000 年,全市入级的文化站已有 47 个,占全市文化站 37%。1998 年 11 月,建立起粤西地区第一个公共图书馆互联网站,申请了国内域名,并把所有的书目数据和期刊数据上网供广大读者查询检索,建立具有地方特色的亚热带海洋经济数据库,收集有关海产养殖新技术的书目数据 1.4 万条,全文数据 8000 多页及有关海产品加工的动态情报。

　　湛江市博物馆是广东省第一座地市级综合性博物馆，筹建于 1959 年，1961 年建成开放，是湛江市具有地方特色的代表性文化设施。至 2020 年，湛江市博物馆是湛江市文物保护单位、广东省爱国主义教育基地、湛江市爱国主义教育基地、湛江市大中小学校德育教育基地。馆内有盆景园、碑匾苑、石狗园和广场雕塑，处处散发着浓郁的文化气息，成为湛江一道亮丽的文旅景观。1959 年，湛江专署工交系统在赤坎鸡岭（今南方路 50 号）筹建工业展览馆，适逢中南局书记陶铸到湛江视察工作，他建议把在建的工业展览馆交由湛江专署文教局办博物馆。湛江专署接纳其意见，工业展览馆建成后改作博物馆，并将 1958 年成立的"湛江人民戊戌抗法纪念馆"并入，定名为"湛江专区博物馆"，这是广东省第一家也是当时唯一一家地市级国有博物馆。为支持湛江专区博物馆早日开馆，广东省博物馆在人力、物力上给予大力帮扶，及时调拨了一批文物与展柜到湛江，并派专业人员指导、协助布展。1961 年 5 月，湛江专区博物馆正式对外开放，内设"湛江人民戊戌抗法陈列""历史文物陈列""自然资源与建设陈列"。湛江专区博物馆成立后，馆名几次变更：1968 年秋改名为湛江地区宣传毛泽东思想展览馆；1972 年改名为湛江地区展览馆；1973 年底"湛江地区工农业展览馆"并入；1975 年改名为湛江地区博物馆；1983 年底更名湛江市博物馆，延续至今。1995 年，湛江市博物馆被市政府命名为湛江市第一批爱国主义教育基地。1996 年，被国家文物局授予"全国文物系统优秀爱国主义教育基地"称号。1998 年底，在改革开放 20 年之际，中共湛江市委、市政府决定分期拨款 1000 万元对市博物馆进行馆舍维修改造和展览提升。1999 年 10 月，博物馆完成第一期改造工程，设立"湛江人民抗法斗争陈列""馆藏陶瓷精品展览""馆藏古代铜鼓陈列"等展厅。2000 年，湛江市博物馆经省专家核定确认三级以上文物有 1137 件套，其中一级有 8 件。2007 年设立粤西木偶艺术展厅。2012 年设置湛江市非物质文化遗产展厅。2013 年设置"从广州湾到湛江——湛江开埠百年历史展"展厅。2015 年完成"粤桂边区革命斗争史"展览。

　　湛江市图书馆最初名为湛江地区图书馆，于 1960 年由原地委图书资料室与湛江市图书馆赤坎分馆合并而成，1961 年 3 月 30 日开放。馆址在赤坎寸金桥公园内，原为工业展览馆，1963 年迁至赤坎寸金二横路农业展览馆，馆舍面积 2895 平方米，三层主楼连接左右两翼。1979 年有藏书 15 万册。1983 年改名湛江市图书馆。1986 年 5 月起，10 万册藏书实现开架借阅。1996 年至 1998 年，湛江市政府先后投资 7000 万元，征地 25.13 亩，在人民大道北建成 2.18 万平方米的图书馆新馆，主楼高九层，四周楼宇高五层，设有各种阅览室 16 个，读者座位 1200 个，可藏书 120 万册。1998 年 11 月，湛江市图书馆建起粤西地区第一个公共图书馆互联网站。2016 年 4 月，湛江市图书馆被评为广东省古籍重点保护单位。2017 年 8 月 18 日湛江市图书馆 24 小时自助图书室正式启用，这也是粤西首家 24 小时自助图书室。

湛江市少年儿童图书馆的前身是湛江市图书馆，始建于 1957 年，位于湛江市霞山区海头港旁，兴建了两层苏式的大楼。占地面积 1200 平方米，建筑面积为 1000 平方米。开馆初期，接收了广州湾商会民国出版的线装书、万有书库共 13000 多册，还收集了湛江解放初期的地方报纸。1957 年 7 月 1 日在新建的馆址开放。1959 年，在赤坎文化馆、文化宫的图书室设备的基础上设湛江市图书馆赤坎分馆。1960 年 12 月，湛江专区筹备湛江专区图书馆，1961 年，湛江专区图书馆开放，赤坎分馆并入撤销。1984 年，湛江市图书馆改称湛江市少年儿童图书馆，成为广东省第一家独立建制的少儿图书馆。1993 年 6 月新馆舍落成，建筑总面积 6300 平方米。1993 年以来，湛江市少年儿童图书馆组织举办各种大中型读书活动和馆内读者活动 80 余项，每年参加活动达 2 万至 3 万人次。2013 年至 2016 年共送书下乡 26 次，服务 11930 人次，提供图书借阅 12681 册次，受到了农村学校的热烈欢迎。2019 年 3 月 8 日，湛江市少年儿童自助图书馆正式启用。

2007 年 1 月 12 日，中共中央政治局常委李长春考察了雷州市南兴文化站和徐闻县广安村文化室。此后，湛江市文广新局与广东省新闻出版局代表新闻出版总署送书 1500 册到广安村，建立了湛江市第一个"农家书屋"。2010 年 8 月，湛江市委提出建设"文化强市"的要求，构建起"大型文化设施 + 区县文化场馆 + 乡镇综合文化站 + 农家书屋 + 社区文化活动中心"的公共文化硬件设施，构成了便捷的公共文化服务设施网络。截至 2013 年，全市有县级以上公共图书馆 9 个、博物馆 6 个、文化馆 11 个、乡镇（街道）文化站 121 个、村（社区）文化室 1500 多家、农家书屋 1502 家，建设农村文化楼、文化室、流动读书室、文化铺仔 5000 多个，市、县（市、区）、镇

（街道）、村（社区）四级公共文化服务网络基本形成；2013 年实现 20 户以下广播电视"村村通"，建成数字影院 6 家，完善 607 家农家书屋设施配套。2017 年，湛江市委、市政府出台《关于加快构建现代公共文化服务体系的实施方案》及实施标准，推动公共文化服务标准化、均等化、社会化、数字化建设，形成"政府帮扶、社会力量参与、村民筹资"的建设发展模式。全市有 1633 个行政村，建起了 4038 个文化戏楼。这些戏楼既是文艺团体送戏下乡的惠民演出点，又是村民自己"搭台唱戏"的舞台，每年举办各类文化活动近 10 万场，成为基层文化的亮点。2018 年公共文化服务体系进一步完善，年底完成 1938 个村（社区）综合性文化服务中心的全覆盖工作，建成 14 个乡镇（街道）文体广场示范点。

政府倡导的"送戏下乡"让文化艺术真正惠泽群众，让群众享受到艺术感召。1999 年，组织开展"文化三下乡"活动。2012 年举办的第八届艺术节，采取政府买戏、剧团送戏下乡的方式开展，演出的场次之多、参加演出的队伍之众、覆盖面之广、持续时间之长，堪称历届艺术节之最。2017 年12 月，湛江市举行原创"村歌"创作演唱大赛总决赛，16 首"村歌"体现了美丽乡村的风土人情及雷州半岛特色。2017 年 12 月至 2018 年 1 月，湛江市举办第九届艺术节送戏下乡。

城市是文化的载体，文化是城市的灵魂，政府为精品艺术搭建了群众共享的舞台。2002 年 5 月，湛江市文化局、中共赤坎区委联合创办了文化开心广场，当年在霞山、赤坎两地共演出 101 场，观众达 30 万人次。湛江市开心广场成为群众文化展示的一个群众性舞台，年演出节目 100 多场，数百万人次受惠，开心广场被评为广东省十佳文化广场。自 2012 年开始，一年一度的新年音乐会已成为标志性的文化活动。在社区，群众自发组成曲艺社、排舞队、歌舞团等民间团队，开展文娱活动。2015 年开心广场被评为广东省公共文化服务体系示范项目。2017 年推进省级公共文化服务体系示范项目创建，湛江市开心广场获第一批省级示范项目称号，吴川"粤曲每周一唱"创建第二批示范项目。2018 年参加广东省委宣传部、广东省文化厅和体育局联合组织的"舞动南粤"广场舞集中展演活动，获得广东省"十佳团队"奖。2019 年，创建广东省第三批公共文化服务体系示范项目"霞山粤曲集市"。

三、戏曲文化

戏曲文化是湛江的特色文化品牌，流行于湛江地区的戏曲主要是粤剧和雷剧。1991 年以后，湛江粤剧事业蓬勃发展，湛江粤剧团成为粤西地区最具影响力的国有粤剧团。1993 年，湛江市政府将原市府礼堂划拨给湛江粤剧团，粤剧团有了自己专属的活动基地。1994 年，湛江小孔雀粤剧团成立。1995 年，湛江粤剧团与发展商合建文化广场综合楼，部分建筑物用于小孔雀培训班以及与湛江艺术学校合办粤剧中专班。1996 年 6 月，应广州"粤剧黄金周"邀请，小孔雀粤剧团在广州南方剧院上演《双枪陆文龙》《顺母桥》《哪吒闹海》等剧目，广东电视台拍录演出剧目，以专题节目在珠江台播放。8 月，小孔雀粤剧团应香港市政局的邀请，赴香港演出。12 月，小孔雀粤剧团再度应邀参加羊城国际粤剧节演出，著名粤剧表演艺术家红线女给予高度评价，并从粤剧发展基金会中拨款给予奖励。1997 年 7 月，湛江粤剧团赴香港参加庆祝香港回归祖国演出。11 月，小孔雀粤剧团部分演员应邀参加中国戏剧节的开幕式演出。

雷剧是雷州土生土长之文化艺术瑰宝，在雷州半岛有着深厚的群众基础。据不完全统计，仅雷州市范围内，就有 100 余家雷剧演出团体、2000 多座戏楼，有数以千计的青年演员。湛江市采取各种措施培养雷剧人才，组织雷剧艺术革新，突出地抓好了雷剧的剧目创作和唱腔改革，使雷剧拥有一批深受群众欢迎的自创剧目，发展为相当规模的地方戏曲剧种。1992 年，雷剧首次获得了晋京演出的机会。8 月，湛江市实验雷剧团应文化部的邀请，携带卢凌日创作的现代雷剧《抓阄村长》进京演出。演出在戏曲界引起强烈反响，《人民日报》发表文章《雷剧在北京"打雷"》。文化部和中国戏剧家协会在 9 月 9 日召开座谈会，称赞"这是雷剧了不起的成功"。《抓阄村长》再度被邀请进中南海演出，并荣获 1992 年中共中央宣传部"五个一工程奖"和 1993 年广东省第五届鲁迅文学奖戏剧奖。2001 年，湛江市实验雷剧团排练的历史雷剧《梁红玉挂帅》，晋京夺"梅"。2002 年 4 月 18 日，中国戏剧梅花奖第十九届评选结果揭晓，湛江市实验雷剧团团长林奋获第十九届中国戏剧梅花奖，成为湛江市首位获此项殊荣的演员。

2007 年 12 月，湛江粤剧团参加由省文化厅、省文联、省繁荣粤剧基金会举办的"2007 年广东省粤剧大汇演"获得演出金奖。粤剧《梁红玉挂帅》和《貂蝉》分别获得广东省第七届、第八届精神文明建设"五个一工程奖",湛江粤剧团多次赴美国、加拿大、新加坡等国家及香港、澳门等地区演出,创下一个剧团一年内在香港演出 40 场的最高纪录。2003 年,小雷剧《民以食为天》参加首届中国小戏艺术节获得二等奖;获得广东省第九届精神文明建设"五个一工程奖"。2011 年,湛江市实验雷剧团排练陈乃明改编的现代小雷剧《争家婆》参加第八届中国小戏艺术节,被评为"适宜在基层推广的全国优秀推荐剧目"。①

　　戏曲文化是湛江的特色文化品牌。2017 年 8 月,湛江歌舞团受广东省文化厅选派,前往斐济参加"红花会"演出。8 月 14 日晚,湛江市实验雷剧团的雷剧折子戏《拦马》在斐济沃达丰体育场演出,中国驻斐济大使馆的大使等领导和该国国王前来观看。湛江市实验雷剧团有限公司于 2015 年 10 月 19 日、20 日在北京长安戏院参加第四届少数民族戏剧会演,演出雷剧《岭南圣母》,实现了第三次进京"打雷"。2016 年,粤剧《户部黎公》《回馈》同时获得 2016 年广东省扶持文艺精品创作专项资金。新创作雷剧折子戏《闯寺·拷蛤》,修改复排雷剧精品传统剧目《春草闯堂》。该团于 2017 年 10 月赴香港进行文化交流并在香港新光戏院演出大型雷剧 3 场。2017 年雷剧《岭南圣母》、歌曲《木屐歌》获得广东省第十届精神文明建设"五个一工程"优秀文艺作品奖。2017 年廉江粤剧团创作编排的粤剧《户部黎公》作为广东省唯一入选由中宣部、文化部联合举办的全国基层院团戏曲会演剧目。2018 年创排粤剧《林召棠》《保金与夫人》《粤海烟云》《斗贫》和雷剧《挖宝记》。2018 年 1 月,廉江市剑清粤剧团荣获由中宣部、国家新闻出版广电总局颁发的第七届全国服务农民、服务基层文化建设先进集体称号。2018 年,湛江市实验雷剧团有限公司的大型现代雷剧《挖宝记》,入选广东省反映改革开放四十周年题材的四大剧目之一,于 2018 年 12 月 1 日至 2 日参加由文化和旅游部主办的"全国优秀现实题材舞台艺术作品展演(广东站)"活动。2013 年,湛江市半岛雷剧团参加"第二届全国戏剧文化奖优秀剧目调演",并获"第八届全国戏剧文化奖·

---

　　①　相关数据来源于湛江市地方志办公室编:2004—2013 年的《湛江年鉴》"文化"部分;《湛江市文化广电新闻出版局工作总结》。

整理改编传统剧目大奖"等六大类别 11 个奖项。

四、歌舞表演与艺术交流

湛江市从事歌舞表演的团体主要是湛江市歌舞团。1993 年以前，湛江市歌舞团没有排演大型文艺演出，随着社会主义市场经济发展的新高潮，文艺演出也走向重大活动专题晚会的大市场、大制作、大演出。1993—1997 年，该团主要承办以湛江市委、市政府名义举办的各类重大活动的演出任务，主要舞蹈节目有《花妹》《南海风》《洗珠贝》《南海摇篮曲》，以及歌舞《半岛绿色的梦》等。1998 年 10 月，湛江歌舞团参加湛江市委、市政府组成的赴西沙慰问团到西沙为守岛官兵演出。同年，慰问南海舰队的抗洪部队。为了培养歌舞演员，1996 年，湛江市歌舞团与广东省舞蹈学校联合开办舞蹈专业中专班，招收 30 名学生，学制 3 年；1999 年，学生毕业后大部分由市歌舞团留用。在培养舞蹈演员的基础上，又招聘吸收了一批音乐舞蹈编导和创作人才，逐渐具备了创作演出大型文艺晚会的条件。2000 年，湛江市歌舞团排演大型歌舞晚会《南海潮声》，参加市第五届艺术节以及为海洋经济博览会演出，主要节目有舞蹈《听海》《换鼓龙魂》《妹子出嫁》《看雷戏》《梦里蕉林》《休渔的日子》《红树林》等。2001 年以后，又先后创作演出了大型文艺晚会"湛江之夜""彩色湛江"，场面恢宏、艺术精湛，深受观众好评。

在改革开放的新高潮中，湛江市的各专业艺术团体走出湛江，走向港澳台，蜚声海外。艺术团体在对外文化交往中，宣传了湛江，促进了和港澳台同胞以及海外华侨、华人的联谊活动。1991 年 1 月，湛江歌舞团受文化部和全国文联委派，赴新西兰参加国际民间艺术节，受到高度赞扬。湛江市的版画在国内外都有很大影响，美术作品频频出国展出。湛江雷剧以及人龙舞、醒狮、舞鹰雄等非遗精彩节目也多次出国展演。1993 年 7 月，湛江小孔雀粤剧团赴香港参加"国际综艺合家欢"演出。1994 年，是湛江对外文化交流业务历年来较多、较好的一年。上半年，湛江粤剧团、湛江歌舞团相继赴香港演出，分别把传统艺术和富有南海地方特色的优秀歌舞节目奉献给香港观众，受到香港各界的好评。11 月，湛江粤剧团以 50 多人的大队伍，第二次赴新加坡演出，共演 24 场，观众上座率平均达 90%，这在对外演出活动中是罕见的。1995 年 7 月，湛江粤剧团第五次赴香港与香港丹凤粤剧团粤剧名伶南凤合作演出，被香港观众及新闻界誉为是一次"成功的梨园新组合"。是年，应澳门文化司署的邀请，组织了导演小组赴澳门排演粤剧《白蛇传》，该剧在澳门第六届艺术节演出中获得成功。澳门报界称这个戏为"澳门粤剧的里程碑"，对湛江派去的导演小组交口称赞。1996 年，湛江先后派出了 6 批演出团（组）赴港、澳地区演出，共计 768 人次。小孔雀粤剧团 7 月赴香港参加 1996 年国际儿童艺术节，反响十分强烈，获得了表演金奖。1997 年 11 月，市艺术培训中心小海鸥艺术团应新加坡牛车水剧院基金会邀请，到新加坡作为期一周的访问演出。9 月 15 日至 10 月 17 日，湛江粤剧团及小孔雀粤剧团应美国鸿发娱乐制作公司的邀请赴美国演出，先后到大西洋城、华盛顿、波士顿、洛杉矶、三藩市等城市巡回演出 21 场，受到美国观众和当地侨胞的热烈欢迎和好评。1999 年，为庆祝中华人民共和国成立 50 周年，湛江粤剧团赴香港演出现代粤剧《智取威虎山》和传统粤剧《双枪陆文龙》。

1995 年是抗日战争胜利和世界反法西斯战争胜利 50 周年，湛江市文化局组织了"烽火岁月"大型文艺晚会，之后组织了近百人的演出队伍到各县（市）、区进行巡回演出，共演出了 10 场，观众人数达 1.2 万人。1997 年 10 月，举办湛江市第四届艺术节，全市 8 个专业艺术团体 500 多人参加演出。1999 年，市文化局与市委宣传部联合举办了"祖国颂"小戏小品大赛。湛江市艺术培训中心在国庆前夕举办了国庆大型少儿专场文艺晚会。2002 年 1 月 2 日，在广东省首届民间表演艺术大赛上，湛江市遂溪文车高桩醒狮及廉江新华竹园舞鹰雄两个项目获得金奖。4 月 21 日，为期 3 天的 2002 年湛江民间醒狮表演艺术大赛在市体育中心举行。设南狮和高桩狮两大项目，全市 25 支队伍参赛，并特别邀请广州市番禺沙湾沙坑龙狮团作现场竞技。

2004 年，少儿舞蹈《山娃戏鹰》《海童趣》参加省第六届少儿艺术花会，获得银奖。2005 年 9 月 20 日至 23 日，举办首届"湛江市红土文化艺术节"，安排了民间艺术大巡游等 9 项活动。2007 年，相声《杀猪校长》和小品《市长卖瓜》获省群众文艺创作作品评选一等奖，歌曲《雷州渔歌》获省音乐二等奖，小品《抽奖》等 4 件作品获三等奖。是年组织 4 个节目参加省第七届少儿艺术花会，《雷州音乐——闹春去》获金奖，《认同年》等 3 个节目获银奖。2008 年广东省群众文艺作品评选中，小品《挑战》《魔杖》

分别获省一、二等奖；小戏《三叉路口》等6件作品获省三等奖。在省文化厅举办的广东省第四届群众音乐舞蹈花会展演上，女声小组唱《迷人的甘蔗林》荣获金奖；雷州方言歌表演《侬仔的帆船》和群舞《吉祥蜈蚣》获银奖。2009年，小雷剧《喜临门》、小品《缘来如此》和木鱼弹唱《吴川三绝喜迎宾》3个节目参加省文化厅举办的广东省第六届群众戏剧、曲艺花会展演，获得1金2银。2011年，在广东省第八届少儿艺术花会上，少儿舞蹈《浪花朵朵邀卓玛》获金奖，情景剧《乐乐的故事》和少儿舞蹈《舞狮娃》获银奖。湛江市艺术培训中心被授予"广东省少儿艺术培训示范基地"。湛江市群众艺术馆参加广东省第五届群众音乐舞蹈花会，独唱《岭南步步高》获金奖，霞山区文广新局等选送的歌伴舞《南粤春晓》、市群艺馆等选送的舞蹈《田间》和《雨中别离》获银奖。2012年湛江的廉政文化剪纸作品《高风亮节》送省参展获金奖。2004年，爱乐合唱团参加德国不来梅国际合唱节荣获银奖。2018年10月，麻章区村歌《香美黄外村》《傩舞风韵》获全国"村歌十年江山盛典"金奖，麻章区获全国唯一的最佳组织奖。

五、非物质文化遗产与特色文化品牌

湛江本土产生的非物质文化遗产具有浓厚的湛江特色文化韵味。改革开放以来，湛江逐步建成机构健全、资源丰富、本土特色鲜明的非物质文化遗产保护传承体系。截至2019年，湛江市共有8个国家级非遗代表性项目、45个省级非遗代表性项目、74个市级非遗代表性项目；全市有国家级非遗代表性项目代表性传承人5名、省级非遗代表性项目代表性传承人60名、市级非遗代表性项目代表性传承人114名。

灿烂多姿的文化名片，让历史悠久的湛江充分展示文明的魅力。2004年初，遂溪县文车醒狮赴法国巴黎参加中法文化年大巡游活动，国庆节期间，文车醒狮再次应文化部邀请赴北京参加国庆游园活动。9月底，遂溪县许屋醒狮参加了在山西榆次举行的第六届中国民间艺术节，获金奖。遂溪县被评为全国"醒狮之乡"，吴川市获得"全国民间艺术之乡"称号，吴川市吴阳镇被评为全国历史文化名镇；廉江市舞鹰雄师傅梁宝琛被命名为广东省"优秀民间艺术师"。由东海岛188位表演者组成的76米"中国最长人龙舞"被载入吉尼斯纪录。2007年，东海人龙舞、吴川飘色参加香港回归十周年庆典演出。2008 年 8 月 8 日，50 头醒狮晋京参加第 29 届奥运会开幕式仪式前表演《南粤雄狮贺盛会》，受到称赞。

2006 年，湛江选送"雷州石狗""遂溪醒狮"项目晋京参加中国非物质文化遗产保护成果展；推荐"湛江人龙舞"等 6 个项目参加全国、广东省第一批非物质文化遗产保护名录角逐，结果"湛江人龙舞""遂溪醒狮"入选国家级名录。是年，挂牌成立湛江市非物质文化遗产保护中心。次年各县、市、区非物质文化遗产保护中心相继成立。2008 年，"湛江傩舞""吴川飘色""雷州歌""雷州石狗"均被列入第二批国家级非物质文化遗产保护名录。2011 年，雷剧也被列入国家级非遗名录。

2003 年，广东省文化厅正式确立吴川粤剧团"南派艺术"的地位，南派粤剧被列入广东省非物质文化遗产名录申报。2004 年，广东省政府给吴川市拨款 100 多万元，用于挖掘、抢救、研讨粤剧南派艺术。2011 年，吴川粤剧南派艺术被正式列入广东省非物质文化遗产名录。次年，吴川市粤剧南派艺术传承中心成立。2014 年，粤剧南派艺术被列为国家级非物质文化遗产。

2015 年 1 月，第二批省级非物质文化遗产传承基地名单公布，湛江市继"狮舞（广东醒狮）""舞鹰雄""吴川飘色"等第一批省级非物质文化遗产传承基地之后，此次再添 4 个非物质文化遗产传承基地，分别是"龙舞（湛江人龙舞）""傩舞（湛江傩舞）""雷剧""廉江石角傩戏"。2015 年 1 月，文化部公布 2014—2016 年"中国民间文化艺术之乡"评审命名结果，全国被命名为"中国民间文化艺术之乡"的地方共有 442 个，其中吴川（飘色、泥塑）榜上有名。截至 2018 年，列入国家级非物质文化遗产代表性名录的有：传统舞蹈龙舞（湛江人龙舞）、狮舞（广东醒狮）、傩舞（湛江傩舞），传统美术石雕（雷州石狗），民俗飘色（吴川飘色），民间文学雷州歌，传统戏剧雷剧，传统戏剧粤剧（吴川粤剧南派艺术），一共 8 项。列入广东省非物质文化遗产代表性名录的有：传统舞蹈舞鹰雄、传统戏剧姑娘歌、传统美术吴川泥塑、民俗麒麟村爬刀梯、民俗雷祖崇拜、传统舞蹈龙舞（沈塘人龙舞）、传统舞蹈蜈蚣舞（雷州乌石蜈蚣舞）、传统音乐雷州音乐、传统舞蹈龙舞（文章湾村簕古龙）、传统舞蹈（调顺网龙）、民俗庙会（坡头罗侯王庙庙会）、传统舞蹈（藤牌功班舞）、传统戏剧（廉江石角傩戏）、民俗关公磨刀节、传统技艺（雷州蒲织技艺）、民俗雷州风筝节、传统舞蹈貔貅舞

（吴川梅菉貔狸舞）、传统戏剧木偶戏（湛江木偶戏）、传统戏剧木偶戏（粤西白戏）、传统技艺（吴川瓦窑陶鼓制作技艺）、传统体育游艺与杂技洪拳（湛江洪拳）、传统舞蹈（徐闻屯兵舞）、传统技艺（遂溪制糖技艺）、传统技艺月饼传统制作技艺（吴川月饼制作技艺）、传统技艺（湛江田艾粑制作技艺）、民俗年例（吴川年例）、传统舞蹈龙舞（雷州南门高跷龙舞）、传统戏剧雷剧、传统美术灰塑（雷州灰塑）、传统美术彩扎（遂溪狮头）、传统技艺广式腊味制作技艺（湛江坡头腊味制作技艺）、传统技艺粽子制作技艺（蛤蒌粽制作技艺）、传统技艺配制酒传统酿造技艺（井华酒酿造技艺）。另有列入湛江市级非物质文化遗产的项目一批。

湛江的国家级非物质文化遗产名录

入选批次	项目	时间
第一批	湛江人龙舞、广东醒狮	2006 年
第二批	湛江傩舞、吴川飘色、雷州歌、雷州石狗	2008 年
第三批	雷剧	2011 年
第四批	吴川粤剧南派艺术	2014 年

湛江非物质文化遗产项目精品荟萃，在日常展演推广中深受欢迎，其中不少更成了湛江文化名片。

狮舞（广东醒狮）　　醒狮表演始于明清时期。200 多年来，逢年过节、喜红庆典，都以醒狮助兴，祈求平安吉祥，是湛江群众喜闻乐见的一项民俗活动。作为一种汉族民俗文化，遂溪民间醒狮的表演形式，一般分为传统狮和高桩狮。传统狮以地上装设的凳、桌、梯和配以盆、桶、箩等物品表演为主，套路程式一般是醒狮、眨眼、搔首、舔毛、洗面、饮水、戏水、过桥、上山、采青、吞青、下山、回桥、收式等。南派中难度最高的是梅花桩舞狮，桩长 14.8 米，高 2.9 米，表演情节分为起式、探桩、上桩、飞桩、采青、回桩、收式等。在表演过程中，将狮子憨态可掬、喜怒惊疑、跳跃翻腾等动作惟妙惟肖地表现出来，融舞蹈、杂技、武术等为一体，被誉为"中华一绝"，2006 年被列入第一批国家级非物质文化遗产代表性名录。2008 年，遂溪醒狮应邀参加在北京举办的第 29 届奥运会开幕式前表演，曾荣获第七届和第十届中国民间文艺最高奖"山花奖"。2018 年 12 月，遂溪县许屋醒狮团荣获马来西亚国际高桩舞狮精英大赛金奖。

龙舞（湛江人龙舞）

湛江人龙舞始于明末清初，起源于东海岛东山镇，是流传300多年的民间大型广场表演艺术。其结构分为龙头、龙身和龙尾，由大人和孩童结合而成，少则三四十人，多则三四百人。龙头是龙的精髓所在，体现龙的精神，由一个大汉身

许屋醒狮团雄姿

人龙舞表演

负三个小孩组成，分别表示龙角、龙眼、龙舌；龙身是龙的主体部分，用人相继倒卧分节连接而成，演员经过化装打扮，穿上黄色或青色服装；龙尾也是由一个大人一个小孩组成，不过这个小孩后面没有大人支撑，表演时身体要往后躺或平仰着左右摆动，形似尾巴。舞龙时，演员按照锣鼓的

节奏舞动，龙眼双眼闪闪发光，龙身左右翻滚，龙尾上下摆动，很是壮观。2006年被列入第一批国家级非物质文化遗产代表性名录。2013年，湛江东海岛"人龙舞"获中国民间文艺最高奖"山花奖"。

雷州歌 俗称雷歌，是

雷州歌

用雷州方言唱的歌，属广东省四大方言歌之一，分布于雷州半岛以及茂名市的电白县，雷州人所迁居的新加坡、马来西亚、印度尼西亚、越南等东南亚国家的华侨地区。雷州歌在宋代已有史书记载，其中"姑娘歌"于明代十分流行，而笔试赛歌从清乾隆年间延续至今已有200多年了。现在社会上保存着一大批雷州歌册、歌集、歌榜，"姑娘歌"及雷剧本。雷州歌每首四句，每句七个字，按雷州方言声韵，有较严整的平仄句式与严格规定的歌韵律押韵。雷州歌是姑娘歌、雷剧的母体，具有厚重的雷州文化底蕴。2008年被列入第二批国家级非物质文化遗产代表性名录。

傩舞表演

傩舞（湛江傩舞）

傩，是原始宗教信仰的产物，是古代盛行的一种以"驱鬼逐疫、禳凶纳吉"为目的的祭祀仪式，这一祭祀仪式中的舞蹈统称为"傩舞"。湛江傩舞距今已有近500年的历史，主要流传于雷州、吴川和麻章等地，因地域差异和表演形式及所祭祀的神灵不尽相同，名称也有所差异。如雷州松竹、南兴等地称"走清将"，吴川大岸村称"舞二真"，博铺镇称"舞六将"，麻章区湖光镇旧县村称"考兵"。从湛江傩舞的表现形式和动作风格特点来看，可以分为两类：一是表现"五雷"神将，二是表现历史英雄人物。在舞蹈动律和形态上，主要以摇头、拧身、蹲颤、绕腕、推指、碎步、踏跳为主要动作，又或者着重兵器的舞法和套路的变化与衔接，节奏明快而鲜明，加上吆喝之声，显现出一股狞厉肃穆的威慑煞气。而其面具的制作，则有木质、橹罟质和牛皮质，还有较为独特的彩绘脸谱等，造型分为凶相和善相两类。伴奏一般以陶鼓、月鼓、圆鼓、高边锣、小锣等击乐伴奏，有的还配有大钹、小钹、唢呐和牛角。2008年，以麻章区湖光镇旧县村傩舞为主申报的"湛江傩舞"，被列入第二批国家级非物质文化遗产代表性名录。

飘色（吴川飘色）

吴川飘色产生于晚清，成熟于民国至中华人民共

和国成立初期。它造型独特，
艺术形式多样，是闹元宵中最
引人注目的民俗活动之一。飘
色人物靠一根隐蔽"色梗"
支撑。一板飘色，在柜台上的
小舞台或坐或立，称之为
"屏"；凌空而起的人物造型，
称之为"飘"，造型人物年龄
一般为 6 至 12 岁。飘色内容
一般以历史故事、神话故事为

吴川飘色巡游

多，也有现代题材。一板飘色由过去的一"屏"一"飘"发展为一"屏"
多"飘"，乃至多"屏"多"飘"，一板飘色就像一座活动的小舞台。吴川
飘色，是一门集戏剧、音乐、美术、魔术、杂技、力学于一体的综合造型艺
术，塑造人物飘然欲飞、惊险神奇，以其高、精、险、奇、巧，被外国友人
誉为"东方的隐蔽艺术"。曾获第八届中国民间文艺"山花奖"的十佳奖、
创新奖、优秀奖，2008 年被列入第二批国家级非物质文化遗产代表性名录。

雷州石狗　　　雷州石狗主要分布于湛江市的雷州、徐闻、遂溪、麻章、
赤坎、霞山、坡头、东海岛以及廉江东南区域的城乡，历史悠久，造型千姿
百态，文化底蕴厚重。雷州石狗习俗，是汉越文化融合的产物。在现存的石

雷州石狗

狗文物中，大量石狗均伴有铜钱、八卦、石鼓等附加雕刻，有些石雕基座上还有"石敢当""皇""麒麟在此"等汉字。石狗多安置于祠庙、村路、巷头、门、山坡、河岸、墓地等处，镇邪驱凶、庇护平安，是民间民俗信仰的载体，是一份珍贵的非物质文化遗产。2004年4月，雷州石狗被列为"中国民族民间文化保护工程试点项目"之一，2008年被列入第二批国家级非物质文化遗产代表性名录。

雷剧　　雷剧是广东省八大珍稀剧种之一。起源于雷州歌，是用雷州话为唱白的地方剧种。历经姑娘歌、劝世歌、大班歌、雷剧四个发展阶段，到剧种形成历时300多年。雷剧表演在戏曲的程式化中带有浓郁的生活气息，声腔有鲜明的民歌风格。唱腔兼具板腔体和曲牌体的特点，分雷讴、高台、混合体三大体系，有散板、慢板、中板、快板、复板等五种板式。伴奏乐器主要有雷胡、笛子、唢呐、萨克斯管、锣、钹、鼓等。2011年被列入第三批国家级非物质文化遗产代表性名录。

雷剧表演

粤剧（吴川粤剧南派艺术）　　吴川粤剧南派艺术是广东粤剧的一个流派，始于明末清初，分布于原广东"下四府"，以武功排场、筋斗把子见长著称，是"下四府"别具一格的武功演技。它融少林禅学搏击与戏曲形体表演为一体，动作刚劲有力，舒张幅度大，有较规范的程式。唱腔以霸腔为主，高昂、雄亮，字字千斤、句句火爆，具有表演粗犷豪放、英姿勇猛，场面气势宏大、惊险紧张的鲜明艺术特色，是研究粤剧历史渊源、程式武技、演艺流派的重要依据，是粤剧艺术的一份珍贵的文化遗产。2014年被列入第

粤剧表演（吴川粤剧南派艺术）

四批国家级非物质文化遗产代表性名录。

洪拳（湛江洪拳） 　　湛江洪拳是湛江民间流传最普遍、最普及的武术项目，多以套路、散打、对练的形式出现。洪拳与刘、李、蔡、莫共五大门拳术合称为南派拳术。相传始创于明末清初的洪门。武术套路在南派拳术和中原北派武功的基础上发展演变，使其更适合南方人习练，突出快捷、沉实、刚劲的特点。洪拳的套路有十大型套路，用得最多的套路是"龙、蛇、

湛江洪拳表演

虎、豹、鹤"。功夫要求架势大、动作舒展、稳扎稳打,以硬重为要,防护身体为主,其口诀是"有桥寻桥、无桥找桥、静中爱动、动中爱静、他动我静、他静我动"。2013 年被列入广东省第五批省级非物质文化遗产代表性名录。

戏曲舞蹈和民间艺术,不断为湛江擦亮特色文化品牌。2014 年 9 月 9 日至 9 月 26 日广东省文化厅委派湛江歌舞团前往新加坡、马来西亚、缅甸进行"广东文化周"的巡回演出,受到当地政府要员和群众的高度评价。2014 年,《海上丝绸之路——湛江文化遗产》丛书出版;中央电视台第四频道《国宝档案》栏目采播了两集湛江海上丝绸之路专题片。民间艺术表演是湛江特色文化的精彩展现。2014 年举办第三届岭南民俗文化节暨 2015 年湛江市民间艺术节,以"幸福广东,欢乐岭南"为主题,汇集全省 18 个地市的 50 多个民俗展演项目,通过岭南传统民俗大舞台、中秋赏灯会、木偶戏台、传统民间歌谣表演、岭南民俗文化研讨会、民间工艺交流展等十个活动版块,全方位、多角度、近距离地展现民俗文化的独特魅力。2016 年湛江市艺术活动中心参加第十六届韩国世界青少年"首尔杯"音乐舞蹈器乐艺术大赛,获得 2 个舞蹈最高奖、2 个美术最高奖、3 个舞蹈金奖、2 个美术金奖以及组织金奖。湛江市文化代表团赴马来西亚古晋南市进行文化交流演出;吴川市粤剧团有限公司赴香港参加"荃城欢乐庆回归粤剧欣赏会"活动演出;为纪念中日邦交正常化 45 周年,经文化部推荐,遂溪县龙湾醒狮艺术团赴日本东京参加"2017 中国节"演出。2017 年,醒狮、人龙舞、飘色、舞鹰雄助演湛江参加中央电视台举办的《魅力中国城》节目,增进了全国人民对湛江文化的认识。12 月,廉江竹园舞鹰雄艺术团应中央电视台邀请,赴北京参加"盛世中国·文旅盛典"颁奖盛典节目录制,在颁奖盛典第三环节《心动》演出舞鹰雄节目。这是继醒狮、人龙舞、飘色之后,湛江非物质文化遗产项目再次登上央视舞台。

除了非物质文化遗产,湛江也加强了对文物和历史名村的规划和保护。2012 年,湛江有 8 处文物保护单位被公布为省级文物保护单位,雷州市南兴镇东林村被公布为第三批广东省历史文化名村。广州湾法国公使署旧址和广州湾法军指挥部旧址、雷州唐氏墓群等单位在 2013 年 5 月被公布为第七批全国重点文物保护单位。2015 年元旦,完成了陈明仁将军旧居的修缮、布展、复原陈列，正式对外免费开放。"湛江海上丝绸之路"4 处遗迹被公布为第八批广东省文物保护单位。41 处名址（不含各级别的文物保护单位）、67 位名人被确定为名人名址。2017 年完成李汉魂故居、广东省农民协会南路办事处梅菉旧址、超海宫和新坡村广济桥 4 处省级文物保护单位修缮工程。中国第一批传统村落潮溪村"朝议第"古民居和"富德"碉楼、东林村"宽敏公祠"和"操进"古民居、邦塘村"居由轩"等共 5 处修缮工程竣工。2018 年，完成全国重点文物保护单位"广州湾法国公使署旧址"和"法军指挥部旧址"的修缮设计方案以及雷祖祠保护规划。[①]

第三节　其他社会事业[②]

一、科技事业

改革开放后，湛江市先后成立一批市（地）属科学技术研究机构，还有一批中央、省驻湛单位设立的科研机构。中央、省驻湛科研机构有：中国热带农业科学院农产品加工研究所、中国热带农业科学院南亚热带作物研究所、中国热带农业科学院农业机械研究所，三间研究所均隶属中国热带农业

---

① 陈彦、陈敏：《我市精神文明建设结硕果》，《湛江日报》2018 年 6 月 26 日。数据来源：由 2015—2018 年每年的《湛江年鉴》（"文化"部分）及 2015—2018 年文化局工作总结的内容综合写成。

② "其他社会事业"一节中的"科技事业""卫生事业"部分，2016 年至 2020 年的数据引自《湛江年鉴》"科学技术""卫生事业"；"体育事业"的数据，其中 2019 年的数据，引自《湛江年鉴（2020）》（中州古籍出版社 2020 年版），"科学技术"在第 303 页，"卫生事业"在第 322—328 页，"体育事业"在第 329—331 页。2018 年的数据，引自《湛江年鉴（2019）》（中州古籍出版社 2019 年版），"科学技术"在第 283 页，"卫生事业"在第 304 页，"体育事业"在第 312 页。2017 年的数据，引自《湛江年鉴（2018）》（中州古籍出版社 2018 年版），"科学技术"在第 342 页，"卫生事业"在第 371 页，"体育事业"在第 381 页。2016 年的数据，引自《湛江年鉴（2017）》（中州古籍出版社 2017 年版），"科学技术"在第 356 页，"卫生事业"在第 388 页，"体育事业"在第 397 页。2015 年的数据，引自《湛江年鉴（2016）》（中州古籍出版社 2016 年版），"科学技术"在第 316 页，"卫生事业"在第 373 页，"体育事业"在第 380 页。部分体育数据引自《湛江市志（1979—2000 年）》（广东人民出版社出版 2013 年版），第 867—875 页。

科学院;国家林业局桉树研究开发中心,隶属中国林业科学研究院;广东省制盐工业设计研究所,隶属广东省粤西盐业集团;湛江农垦科学研究所,隶属湛江农垦局。市属科研所有:湛江市农业科学研究所,市农业局主管;湛江市蓖麻蚕科学研究所、湛江市果树蔬菜研究所,两个机构一套人员,市农业局主管;湛江市林业科学研究所,市林业局主管;湛江市水产研究所,市水产与海洋局主管;湛江市农业机械研究所、湛江市机械研究所,市机械工业公司主管;湛江市化工研究所、湛江市工业研究所,市经委主管;湛江市轻工研究所,市轻工局主管;湛江市电子研究所,市电子工业公司主管;湛江市医学科学研究所,市卫生局主管;湛江市科学技术情报研究所,市科委主管;湛江市刑事科学技术研究所,市公安局主管。

1986 年初的星火计划[①]和 1988 年 8 月的火炬计划[②]的实施,为湛江的科技事业发展注入了新的活力。湛江市级的科技计划,重点支持农业生产、农海产品加工及石油化工、造纸、海洋资源开发、饲料、医药、机械电器、纺织服装等优势产业的重大科技攻关和产业化专项,培育了大批新的经济增长点。1988—2000 年,全市 19 个项目被列入国家星火计划,71 个项目被列入广东省星火计划实施;共有 25 个项目列入国家火炬计划。

1998 年 8 月,湛江市人民政府制定了《988 科技兴湛计划》,组织实施 255 个项目,计划投资 45.8 亿元。1999 年,湛江开始全面实施《988 科技兴湛计划》。市及县(市、区)建立调整充实了科技领导小组,把科技工作纳入党委、政府的重要议事日程,确立第一把手抓第一生产力的领导体制,各县(市、区)根据科技兴湛计划的总体目标、任务,结合本地实际,制定本地区的科技发展计划。经过推动实施,构建了企业技术创新体系,帮助民营科技获得发展,加速了农业科技成果转化,推动社会科技进步,科技园区也开始建设,使湛江的创新驱动能力明显增强。到"十二五"时期,湛江市高新技术产品总产值达 442 亿元,年均增长 14.4%。全市拥有高新技术企业 40 家,获批国家海洋高技术产业基地试点城市和国家知识产权试点城市。"南

[①] 星火计划是中国一项依靠科技进步、振兴农村经济,普及科学技术、带动农民致富的指导性科技计划。

[②] 火炬计划是促进高技术、新技术研究成果商品化,推动高技术、新技术产业形成和发展的部署及安排。

方海谷"启动区、麻章科技园和霞山智慧产业城开工建设，北科大湛江工业技术研究院、高新区孵化器等一批创新项目建成运营，组建科技金融服务中心，创立1家国家级和2家省级产业技术创新战略联盟。至2015年底，全市拥有院士工作站2家、省级重点实验室9家、市级企业技术中心58家、市级企业工程中心31家，各类研发机构达160家，与24所高校、科研院所建立紧密产学研合作关系。

2018年7月9日，湛江国家高新区海创中心园区正式揭牌并启动运营。市政府与热科院农产品加工研究所签订了《共建湛江市热带作物精深加工创新产业园协议》，上海交通大学湛江市海洋先进材料联合研究中心、中山大学湛江海洋生物科技创新中心、广东医科大学海洋医药研究院和广东省科学院湛江研究院等4家高水平研发机构正式揭牌运营。湛江将按"一区多园"模式完善管理机制和运行机制，实行园区间错位发展，推动高新区各园区高质量发展。同时加快科技创新资源的集聚，大力提升自主创新能力，使之成为带动区域高新技术产业发展的重要载体和强大引擎。10月，位于湛江的省实验室定名为南方海洋科学与工程广东省实验室（也称湛江湾实验室），开始规划。2018年市级以上孵化器总数达到10家，众创空间11家，通过积极发动和组织认定，新增市工程中心11家。全市已有各类研发机构286家，省级以上研发机构达124家。2019年底，全年组织实施国家、省、市科技计划项目453项。全年申请专利5892件。全年共签订技术合同164项，技术合同成交金额8710万元。全市共有省级以上高新技术企业237家。

2020年，湛江市紧扣市委、市政府"全力建设省域副中心城市、加快打造现代化沿海经济带重要发展极"的总目标和总任务，以高新技术产业培育、重大创新平台建设、科技成果转化、科技人才引进等为抓手，深入实施创新驱动发展战略，着力补齐科技创新短板，科技创新工作取得新的成效。成功引进了6个"领航计划"创新创业团队（获市财政资金1300万元支持）；湛江湾实验室加快推进，引进了吴有生、周守为等10名院士，过渡场地广东海洋大学霞山校区完成装修改造并投入使用，龙王湾研发基地如期动工建设；国家高新区海东园区的各项基础条件建设正在积极有序谋划推进；全市高新技术企业突破300家，并在推荐数和通过率上创历史新高；新增1

家国家级孵化器（连续两年新增）、1家国家级众创空间，其中国家级孵化器数量在粤东西北排名第三，国家级众创空间在粤东西北排名第一；出台了《湛江市创新创业团队引育"领航计划"实施办法》等3份规范性文件和《湛江市科技计划项目监督检查工作规程（暂行）》等3份内部规程，科技创新政策体系进一步完善。全年各类科技项目立项177项，其中市级科技计划项目149项，共安排经费3605万元；省级科技计划项目28项，获扶持经费4052万元。共有省级重点实验室12家、工程中心79家；市级重点实验室25家、工程中心88家、院士工作站5家、特派员工作站2家、新型研发机构3家。全市有各类研发机构384家、广东省产业技术创新联盟4个、高新技术企业301家。全年实施各类高新技术项目13项，获批广东省名优高新技术产品8个，认定市级高新技术产品680个。全年高新技术产品产值682.72亿元。

二、卫生事业

改革开放后，湛江市加快卫生事业发展。特别是1992年以来，湛江市贯彻《中共中央国务院关于卫生改革与发展的决定》《国务院关于建立城镇职工基本医疗保险制度的决定》，卫生事业取得良好成绩。至2002年，全市有医疗卫生机构888个，其中医院68个、预防保健机构22个，社区卫生服务机构5个，卫生院100个，门诊部19个，诊所及其他卫生机构674个，床位总数12265张，平均每千人口拥有病床2张，平均每千人口拥有医疗技术人员3人。进一步完善了医疗急救网络，配强市"120"急救指挥中心和县（市）中心急救站，提高了全市急救处理能力。2002年成功抢救吴川"11·25"中毒的72名人员，无一死亡。湛江的无偿献血呈现良好的发展态势。献血人数累计超过10万人次，献血量2000多万毫升，献血量100%满足临床用血需要。湛江市临床用血逐步走向科学化、规范化，成分输血比例达70%以上。2002年，广东省无偿献血工作会议在湛江市召开，李兰芳副省长对湛江的无偿献血工作给予充分的肯定，并把湛江特色的经验向全省推广。[1]

农村卫生工作也不断取得进步。以初级卫生保健为龙头，加强农村三级

---

① 湛江市年鉴编纂委员会编：《湛江年鉴（2003）》，时代出版社2004年版，第302—304页。

预防保健网建设，农村初级卫生保健工作实现阶段性目标，启动了新一轮的十年初级卫生保健规划。2002 年，基层防保机构和乡镇卫生院工作用房基本实现楼房化，95% 以上乡镇卫生院达到房屋、设备、人员三配套。基层卫生单位设施条件明显改善，服务功能增强，医疗技术水平明显提高。巩固了以县为单位实现的农村 2000 年人人享有初级卫生保健的成果。开展创建卫生城市（镇）活动后，城镇的整体环境卫生水平明显提高，至 2002 年底，全市有省卫生先进城市 2 个，省卫生镇 1 个，省卫生先进镇 7 个，市卫生先进镇 17 个，市卫生先进旅游度假区 2 个。农村实施改水改厕，农村饮用清洁水人口普及率 100%，自来水普及率达 80.4%。农户改厕覆盖率提高到 40.1%。中医药事业有新发展。2002 年，全市贯彻实施《广东省发展中医条例》，抓好中医医疗机构的基础设施建设、业务队伍和内涵建设，发挥中医特色，增强综合服务功能，拓展服务项目，增强发展后劲，有力地促进了中医药事业的发展。市一中医院、市二中医院先后成为广东省普通高等医学院校教学医院。

2005 年，湛江初步建立了突发公共卫生事件应急机制，有效防御和控制非典、高致病性禽流感等疫情。全部乡镇建立新型农村合作医疗制度，参加人数 182 万人，覆盖率 35.4%。为解决群众看病难看病贵问题，加快了城市社区卫生服务机构的发展，设立平价医院，开展"三平"医疗服务（平价门诊、平价病房、平价药房），为群众减轻各种费用 760 万元，收到了较好的社会效益，《人民日报》《南方日报》进行了宣传报道。公共卫生体系建设步伐加快，重大传染疾病的防控措施得到强化。妇幼保健网络建设、卫生行业作风建设、爱国卫生工作均取得了重大进展。2005 年后，启动医药卫生体制改革，实施国家基本药物制度，公共卫生和基本医疗服务体系全面加强，中医药强市建设工作扎实推进，2010 年止，已设立平价医院 4 所。

随着医疗卫生事业的加快建设，湛江市逐步建立其多元化、多层次的医疗卫生机构。2016 年，湛江市各级各类卫生机构（不含村卫生室）增加至 1276 个（所），其中医院 92 所，其余为社区卫生服务中心（站）、卫生院（乡镇卫生院）、门诊部（诊所）、妇幼保健院（所）、急救中心（站）、采供血机构、专科疾病防治院（所）、疾病预防控制中心、卫生督所、健康教育所、计划生育服务单位、疗养院等，村卫生室（站）有 2211 个。全市卫生机构实有床位 32216 张，卫生从业人员 45970 人，每千人口拥有卫生技术人员 4.96 人、执业（助理）医师 1.70 人、注册护士 2.13 人。

2017 年，湛江市卫生和计划生育局对 253 个医疗机构开展医疗质量管理考核评估；对 65 个医院临床路径、病案首页、抗菌药物、血液安全等质量管理进行督查，强化医疗质量管理。湛江中心人民医院和广东医科大学附属医院被省卫生和计划生育委员会确定为"创建优质护理工程示范单位"。湛江市实施改善医疗服务行动计划，改善医患双方就医感受，门诊设有咨询、导诊，推行"一卡通"便民服务，全市三级医院门诊预约就诊率 56%，复诊预约就诊率 83%。

在医疗硬件建设方面，2017 年完成湛江中心人民医院整体搬迁，7 个中心卫生院按照二甲综合医院标准开工建设，16 个乡镇卫生院被国家卫生和计划生育委员会评为"群众满意卫生院"，雷州市北和卫生院被评为"全国百佳卫生院"。2018 年更是全面开工建设 16 家县级医院升级项目，完成 7 间中心卫生院升级建设项目主体工程，建成 500 间公建民营标准化村卫生站。

由于历年在医疗资源软硬件上的持续投入，至 2020 年，湛江市各级各类卫生机构达到了 3535 个，其中医院 121 个，社区卫生服务中心（站）67 个，乡镇卫生院 87 个（不含 7 个分院），门诊部（诊所）1037 个，村卫生室（站）2098 个，妇幼保健院（所）10 个，急救中心（站）2 个，采供血机构 3 个，专科疾病防治院（所）12 个，疾病预防控制中心 6 个，卫生监督所 6 个，健康教育所 4 个，计划生育服务单位 2 个，疗养院等其他卫生机构 74 个；有床位 41765 张，其中医疗机构实有床位 39803 张，公共卫生服务机构实有床位 1786 张，疗养院等其他卫生机构实有床位 176 张；卫生机构有在岗职工 52956 人，其中卫生技术人员 42353 人，含执业（助理）医师 14204 人、注册护士 19310 人、药师等其他卫生技术人员 8839 人。全市卫生机构诊疗量 3336.4 万人次，出院量 114.3 万人次。这一年，湛江的高水平医院建设获得肯定，广东省卫生健康委员会、省医学会发布《广东省高水平医院建设中期考评报告》，广东医科大学附属医院、湛江中心人民医院在加强基层 11 家医院中分别排名第一、第二。

2020 年初，新冠肺炎疫情来袭，湛江市卫生健康局按照"建高地、强基层、促医改、保健康"思路，统筹推进新冠肺炎疫情防控和卫生健康事业加快发展，扛起疫情防控主力军、先锋队和参谋部的责任担当，统筹整合全市最强的二、三级综合医院资源，明确市级定点医院5家、县级定点医院5家、后备定点医院7家，把所有的确诊病例和无症状感染者集中安排在湛江中心人民医院、广东医科大学附属医院两家高水平医院，统筹调配全市多学科56名专家进行救治，做到新冠肺炎确诊30例患者100%治愈出院，医务人员零感染。在全省率先设立市级新冠肺炎康复中心，所有出院病例集中进行康复治疗和医学观察。投入1753.46万元加快推进医疗卫生机构临床基因扩增检验实验室建设，具备开展新冠病毒核酸检测能力的机构从年初1家提升到23家，单日最大检测能力达到2.37万人份。推动20家发热门诊和113家发热诊室纳入全省发热门诊规范化建设，获得省财政支持1.218亿元。同时，严防疫情输入、做好常态化疫情防控，全市没有发生社区疫情传播，没有因境外输入病例引起的本地疫情。

在做好本市医疗救治和疫情防控工作的同时，湛江市通过医疗专家团队视频会议、远程学术研讨会等方式向乌克兰、德国等国家分享湛江抗疫经验，展现湛江形象。先后派出2批共33名医疗队员驰援湖北武汉，1批共5名队员支援香港开展"普及社区检测计划"，分别受到湖北荆州市委、市政府，广东省援鄂医疗队指挥部，香港特别行政区政府的高度赞扬。全系统共有2人荣获"全国抗击新冠肺炎疫情先进个人"称号，1人被授予"全国卫生健康系统新冠肺炎疫情防控工作先进个人"称号。

三、体育事业

改革开放后的湛江体育事业加快发展。1988年1月15日，湛江市体育中心破土动工。该项目由湛江市政府投资5500万元兴建，占地面积16.6万平方米，为多功能大型现代体育设施，可举办足球、排球、篮球、羽毛球、乒乓球以及田径、体操等大型比赛或大型文艺演出，并附设餐厅、会议室和旅业等配套设置。1989年11月19日，湛江市体育中心落成。1990年，广东省全运会在此举行了闭幕式。此后，市体育中心经常举办各级文体活动。

1992年以后，湛江体育事业坚持体育为经济建设和社会发展服务，以增强人民体质为基本任务，以群众体育和竞技体育协调发展为基本方针，继续深化体育改革，全市经常参加体育活动的人数达到总人口的45%以上，成年人体质监测达标率高于省平均水平。竞技体育实力明显增强，在 2002 年第十一届省运会上金牌总数和团体总分进入前八名。在每年的省青少年各项目比赛中总成绩保持在前六名以内。业余训练规模不断壮大，向上级输送体育后备人才逐年增多，质量不断提高，保持每年获省体育贡献奖。体育产业不断发展，形成初具规模的体育产业体系。体育场地设施有较大发展，廉江、雷州、徐闻 3 县（市）建成一定规模的体育中心，其余县（市、区）建成一批新的体育设施。全市人均体育用地达 0.3 平方米。

2015 年湛江奥林匹克体育中心"一场三馆"（体育场、主体育馆、游泳跳水馆、综合球类馆）建成，成功承办第十四届省运会和第七届省残运会，得到了社会各界广泛赞誉。全民健身深入开展。为满足广大群众日益增长的体育健身需求，提供方便群众就地、就近安全健身的体育设施场所，逐年加大了体育设施建设力度。2015 年，全市共有体育场馆 86 个，社区体育公园 1 个、全民健身园 15 个、乡镇农民体育健身工程 93 个，全部投入社会低收费或免费使用。市体育局和市教育局通过协调达成共识，利用周末、节假日、寒暑假等时段，合理地将国家、省青少年体育俱乐部，省、市体育传统项目学校等体育场馆免费向社会开放，缓解人民群众对体育健身场所需求的不足，学校场馆对外开放率达 33%。此外，为更好地评价群众体质水平，提供更科学的健身指导，2014 年成立了湛江市体质测定与运动健身指导站，坚持常年免费开放，为测试的群众免费提供专业、科学、全面的身体机能评估，并根据个人情况提供个性化的运动处方。

由于成绩突出，湛江荣获广东省体育界 2007—2010 年度突出贡献奖，2014 年成功取得 2015 年广东省第十四届运动会承办权。湛江市群众性体育活动也蓬勃发展，尤其是游泳、武术、篮球、足球、龙舟等项目遍布全市城乡。湛江接连承办了世界蹼泳锦标赛、国际女足邀请赛、世界帆板锦标赛、全国跳水精英赛、全国沙滩排球赛、全国武术散打擂台赛等一系列国际国内重大比赛。

2016 年，湛江市拓宽群众体育的广度和深度，加快体育产业发展，形成群众体育、竞技体育、体育产业、体育文化协调发展的良好局面。当年，湛江市政府印发《湛江市全民健身实施计划（2016—2020 年）》；组织开展迷你马拉松、沙滩马拉松、湛江海上龙舟赛等全民健身活动 200 多场次；建成社区体育公园 15 个；被省体育局命名为"广东省足球试点城市"；举办全国水球锦标赛、全国手球锦标赛、中网青少年巡回赛、2016 北部湾网球邀请赛（湛江）、第三届环雷州半岛 200 千米骑行活动等具有影响力的跨地域体育赛事。

2019 年 1 月，湛江市文化广电新闻出版局、湛江市旅游局、湛江市体育局合并，挂牌成立湛江市文化广电旅游体育局。市文化广电旅游体育局有直属训练单位 4 个，分别是湛江市体育学校、湛江市跳水运动学校、湛江市体育中心、湛江市海滨游泳场。这一年，湛江市有业余体校 9 所，在校生 1561 人，有市属运动员 2453 人，专职教练员 142 人。全市有国家高水平体育后备人才基地 2 个，广东省单项体育后备人才重点基地 12 个，重点班 14 个。国家级体育传统项目学校 2 所，省级体育传统项目学校 9 所，市级体育传统项目学校 27 所。全市有市级体育协会 40 个、体育健身站点 89 个、社会体育指导员服务站 85 个；三级以上社会体育指导员 271 万人。由于群众体育发展效果良好，2020 年，《湛江市全民健身实施计划（2016—2020 年）》的实施效果通过了广东省的评估。

湛江籍运动员在国际大赛中多次取得优异成绩，其中，湛江的水上运动项目输出大批优秀运动员，培养了世界冠军。1990 年 10 月 7 日，第十一届亚洲运动会在北京举行闭幕式。湛江市运动员在这届运动会上荣获 7 枚金牌，为广东省各市之首。1992 年，湛江籍运动员陈丽霞代表广东在全国锦标赛荣获女子 3 米跳板冠军；翌年，在第七届全运会上，作为广东队成员夺得女子团体冠军。1994 年，陈丽霞勇夺第七届世界游泳锦标赛跳水女子 1 米跳板金牌，成为第一位湛江籍世界跳水冠军。1998 年，李蓉娟在第八届世界游泳锦标赛上获得女子双人 3 米跳板亚军。2001 年，李蓉娟获得第 21 届世界大学生运动会女子双人 3 米跳板冠军。2014 年，在韩国仁川举办的亚运会上，代表中国出战的陈晓君、何冲、何超和吴宏辉 4 名湛江籍运动员，分别在花泳、跳水和水球项目上夺得 3 金 2 银 1 铜，这是自 1998 年曼谷第十三届亚运会以来湛江籍运动员的最好成绩。此外，湛江被誉为培养世界冠军的"跳水之乡"，相继培养出劳丽诗、何冲等奥运冠军。劳丽诗在 2004 年雅典奥运会获得一金一银奖牌的骄人成绩，在 2008 年北京奥运会、2010 年广州亚运会上共获得 5 枚金牌。在 2008 年北京奥运会男子 3 米跳板项目中，何冲夺得金牌。何冲在此前后的一年半内连夺世界杯、奥运会和世锦赛冠军，完成了个人跳水生涯的大满贯。田径后起之秀不断涌现，2009年，郑小东获第十届全运会男子4×100接力赛第一名；崔濠镜获第十一届全运会男子4×400接力赛第一名；2013年崔濠镜获第十二届全运会男子4×400接力赛第一名。2015年，湛江还首次向国家滑雪队输送了队员。

在全国赛场上，湛江运动员也频频出现好成绩。在第十四届全国冬季运动会赛场上，湛江籍运动员彭俊越和队友夺得雪橇男子双人项目决赛和雪橇团体接力项目决赛2枚金牌；第二届全国青年运动会上，湛江共获得14枚金牌、5枚银牌、15枚铜牌，成绩优异，得到省体育局的高度表扬。2020年，成立备战省运会工作领导小组，备战2022年第十六届广东省运动会，组织22个项目参加了2020年的广东省各锦标赛，共获得金牌45枚、银牌45枚、铜牌62枚，总分4322.5分，排在全省第六位。在全国空手道锦标系列赛第一站上男子个人型项目包揽前五名；在省青少年足球锦标赛上获冠军；跳水新星、湛江籍运动员全红婵在全国跳水冠军赛暨东京奥运会、世界杯预选赛上爆冷摘金；2020年全国帆船冠军赛（激光及芬兰人级）暨全国帆船锦标赛（诺卡拉17级），李沅静在女子激光4.7级长距离赛中夺得冠军。

四、社会保障事业

1978年后，湛江市认真探索社会保障工作。2000年，湛江市开始实施城镇职工基本医疗保险。2003年和2007年，相继实施新型农村合作医疗和城镇居民医疗保险。2008年，按照"政府主导、资源整合、业务对接"的原则，从参保人缴费中划出15%的基金，通过政府招标的方式引入商业保险公司参与管理服务。2009年，参保人住院医保基金累计支付5万元，其中1.5万元以下由医保局支付，1.5万元以上到5万元，由保险公司支付。同年，农村合作医疗和城镇居民医疗保险两项制度并轨，实施"城乡一体，市级统筹"的医疗保险改革。

"十一五"规划期间，社会保险体系建设取得新突破，社会保险制度覆盖范围由城镇从业人员向城乡居民扩展。新建立了职工生育保险、被征地农民养老保险、新型农村社会养老保险制度，率先在全国实施城乡一体化居民医疗保险制度，并引入商业保险公司参与经办管理，缓解城乡居民"看病难""看病贵"问题，参保人数和基金规模持续增长。在各级财政补助支持下，还解决了全市关闭、破产、解散以及停产半停产困难企业3.4万名退休人员参加医疗保险的问题，解决了农垦农业企业退休人员待遇偏低问题。

2012年，全市城乡居民医保参保人数637万人，参保率98.7%。通过实行"城乡一体，市级统筹"和"身份证一证通"，实现了参保人在全市189家定点医院自主选择就医，即时结算费用，既方便了群众，又增加了报销的透明度。城乡居民基本医疗保险年度累计报销最高达18万元。针对个别群众患大病后个人负担较重，因病致贫、因病返贫的现象，8月，湛江在全国率先实施城乡大病保险制度。引入商业保险机构以保险合同形式承办大病医疗保险，在不增加参保人任何负担的情况下，从医保基金中按每人2元的标准，建立大病保险基金，对患大病发生的大额医疗费用，在基本医疗保险支付的基础上，再次给予部分支付。全市3000多名危重病人因此受益，一年报销金额达955万元，形成参保群众、政府、医院和专业健康保险公司四方共赢的新局面，实现了人人享有基本医疗保障的目标。国务院医改办将"城乡一体、市级统筹、商保参与、诊疗规范、大病保险"为中心内容的医疗保险模式，誉为"湛江模式"。[1]

从2013年9月1日开始，湛江城乡居民医疗保险政策进一步优化调整：乡镇卫生院和一类医院报销比例提高到85%和80%，通过提高乡镇卫生院的报销比例，引导病人到基层医疗机构就医，在全国率先实施城乡大病保险制度。根据社会经济发展水平，不断提高低保、五保、孤儿救助标准。形成参保救助、门诊救助、住院救助和重大疾病救助"四位一体"全市医疗救助模式，实现医疗救助"一站式"即时结算服务。全额资助低保、五保等特殊困难群众参加医疗保险，参保资助率达100%。对其他社会救助制度暂时无

---

[1] 《奋力夺取全面建成小康社会的胜利——在中共湛江市委十届八次全会上的报告》，《湛江日报》2015年12月25日A02版；卓文秀、刘冀城：《深化社会体制改革，共建共享幸福湛江》，《湛江日报》2015年10月20日A03版；《湛江市人力资源和社会保障事业发展"十二五"规划》，湛江发展和改革局编：《湛江市国民经济和社会发展"十二五"规划汇编》，2011年内部编印，第277页。

法覆盖或救助之后基本生活暂时仍有严重困难的特殊困难群体，进行临时救助。[①] 开展重特大疾病医疗救助，2016 年出台《湛江市城乡医疗救助实施细则》，取消病种限制，提高救助标准，明确救助对象，将重点救助对象、低收入救助对象、因病致贫家庭重病患者纳入救助范围，县（市、区）开通医疗救助"一站式"结算服务。

与医保制度相适应，深化医疗卫生体制改革。在全市推广县镇医疗卫生服务管理一体化改革，推动优质医疗资源下沉基层。继续实施总额预付，按病种、按人头、按床日、按项目等多种付费方式相结合的支付制度，对收治重症精神病患者的专科医院，医保基金额度给予倾斜；对乡镇卫生院实行按项目付费，引导小病留在基层。全面推进异地就医联网结算，将省结算平台的上线医院纳入湛江市异地就医联网结算定点医院，建立异地就医定点医院 154 个。

在社保方面，湛江全力推进养老保险城乡均等化，基本实现了城乡居民老有所养的目标。2012 年底，湛江实现了城乡医保制度全覆盖和人群基本全覆盖。继续提高城乡居民基本养老保险基础养老金。建立经济困难的高龄失能老人补贴制度。制定实施差别化、可浮动的工伤保险费率政策。推动社保卡"一卡通"全市覆盖，将就诊卡、金融卡功能融入社保卡，使社保卡在功能上实现"三卡合一"，进一步方便参保群众看病就医。选择在吴川开展适度普惠型儿童福利制度试点，建立事实无人抚养儿童生活补贴制度、残疾儿童生活津贴和重度残疾儿童基本生活补贴制度、重病儿童生活补贴制度。全面启动机关事业单位养老保险征收和待遇核发工作，调整公务员补充保险、企事业单位补充保险和大病补充保险的筹资标准。

在残疾人事业发展方面，全面实施湛江市残疾人事业发展"十二五""十三五"规划以及《湛江市加快推进残疾人小康进程实施方案》，全市各职能部门形成合力，积极主动解决残疾人工作中遇到的问题和困难，残疾人康复、教育、就业、扶贫、维权、社会保障、文化体育、无障碍建设等各项工作成效显著。特别是在全省率先开展扶残助学工程，全面将残疾人专职委

---

① 《奋力夺取全面建成小康社会的胜利——在中共湛江市委十届八次全会上的报告》，《湛江日报》2015 年 12 月 25 日 A02 版；卓文秀、刘冀城：《深化社会体制改革，共建共享幸福湛江》，《湛江日报》2015 年 10 月 20 日 A03 版。

员纳入公益岗位，创建全国白内障无障碍市，建立"两项补贴"制度，推行学龄前儿童免费抢救性康复，成功承办第七届省残运会并获奖牌、总分全省第二名历史最好成绩等，这些工作赢得了社会的普遍赞誉。尤其在"十三五"期间，全市121个乡镇（街道）都建立了残联、1888个村（社区）成立了残协组织，镇村两级选聘残疾人专职委员1968人；致力保障残疾儿童少年受教育权利，落实对高中阶段残疾学生免收学杂费、课本费，多形式保障残疾学生义务教育入学率达95%以上；开展学前教育助学工作，实施"南粤扶残助学工程"；完成贫困残疾人家庭无障碍改造2900多户，建立完善了10多个残疾人扶贫就业基地，积极开展残疾人就业援助月活动；全市21间定点残疾儿童康复机构共为3112人次0—6岁残疾儿童提供了抢救性康复服务，免费培训残疾儿童家长3112人次。2020年，全市享受残疾人两项补贴137557人，发放两项补贴资金3.54亿元，并为29429名各类残疾人实施基本康复服务，其中辅助器具适配3671人，服务率及适配率分别达到97.53%、98.84%，超额完成上级任务目标。全市广大残疾人自强不息，在顽强拼搏中实现人生价值、社会价值，他们的社会参与度更加广泛。其中，参加广东省"众创杯"创业创新大赛共获2银1铜，全市残疾人运动员在国际、全国、全省各项体育比赛中获得金牌58枚、银牌47枚、铜牌23枚，涌现出残奥会冠军李丽青、全国助残先进个人唐慧等一大批优秀人才和先进代表。

五、生态型海湾绿城建设

湛江市是位于中国大陆最南端的海港城市，雷州半岛三面环海，使得湛江地区的生态基础得天独厚，市区公园众多，历来以环境优美而著称。

市区较早建成的公园有霞湖公园、海滨公园和寸金桥公园。霞湖公园位于霞山区繁华地段，与霞山绿苑隔路相望，是城市绿心的重要组成部分，1964年正式建成开放，面积12.9公顷。园内面积5公顷的"霞湖"原是城市防洪蓄洪的洼地，2006年进行公园升级改造，截污筑堤。2019年对公园北侧停业荒废多年的水上乐园升级改造。海滨公园位于霞山城区中轴线的端点，公园面积28.6公顷，始建于1952年。作为湛江市区较早的公园，已经形成优美舒适的海滨旅游环境。主广场上一座扬帆搏浪钢雕塑，以湛江籍选手张小冬（实现亚洲奥运水上项目奖牌零的突破）为原型，和金沙湾观海长廊以奥运跳水冠军劳丽诗为原型塑造的"奥运女神"雕塑遥相呼应。寸金桥公园位于湛江市赤坎区西部，始建于1958年，原名"西山公园""人民公园"。1981年3月，为纪念遂溪人民抗法斗争的英雄事迹而改现名，是湛江市爱国主义教育基地。寸金桥公园占地面积36.3公顷。公园中心广场屹立一尊纪念抗法英雄的花岗岩石像，像高8.05米，由31块花岗岩石雕刻而成。公园后山以"革命烈士纪念碑"为中心，纪念为中国解放而捐躯的南路革命烈士。

2002年始，湛江按照省提出的建设"生态型海湾绿城"要求，秉承建设老百姓安乐家园的理念，以建设生态型海湾绿城为目标，走"以民为本、绿化惠民、生态自然、节约高效"的生态园林建设之路，构筑湛江独特的"岛—湾—港—城"海湾型生态绿地系统新格局。

湛江在建设"生态型海湾绿城"过程中，主抓绿化、环保和清洁三大工程，营造"天蓝、海碧、地绿、花香"优美环境。环境质量优良，饮用水源和近岸海域水质达标率保持100%，空气质量多年保持在全国前列。至2010年，建成城镇污水处理设施7座，市区生活污水处理率超85%，建成生活垃圾处理设施3座，市区生活垃圾无害化处理率达97%，新（扩）建人民大道、新湖大道、北站路、体育南路、海田路等市政道路。在全国率先使用LNG环保公交车和出租车。此外，还启动了"还路于民、还绿于民、还岸于民、还景于民"的工程，并确定了一个原则：旧城改造拆迁后未建上房的用地，都置换出来用于搞绿化、造公园，实现"换地造绿""拆迁造绿"。2002—2010年，建成南桥、北桥、渔港、绿塘河、南国热带、中澳友谊等公园和金沙湾观海长廊，改造整治了霞湖、寸金桥、海滨、森林等公园，人均公共绿地面积达12.7平方米。全市森林覆盖率达到28.3%。

南桥公园位于赤坎南桥河上游，2003年10月建成，面积8.5公顷，其建设因地制宜，因势构景。北桥公园位于赤坎南、北桥河交汇处，三面临水，面积6公顷，于2004年建成，全园最大特色是水景。渔港公园位于湛江市金海岸观海长廊的北端，是湛江"一湾两岸"西海岸生态廊道的重要景观节点，公园西临海滨宾馆，东濒湛江湾，南为海洋路，总面积21公顷，于2005年10月建成开放。绿塘河湿地公园位于霞山区与湛江市经济技术开发区接壤处，沿绿塘河两岸建设而成，于 2007 年 5 月竣工，公园总面积 32 公顷，构建了城区的一条绿色通风廊道，一条保护城市生物多样性的生态栖息地。南国热带花园位于湛江市城市中心区，东至梧阔村、南至文东路、西至人民大道、北至体育南路，总面积 64 公顷，2008 年 5 月 1 日建成开放，是一个集生态保护、科普教育、休闲娱乐与观赏文化为一体，富有热带园林植物景观特色的市级综合性公园。中澳友谊花园位于湛江海湾大桥西岸桥头，也是湛江市"一湾两岸"城市战略景观节点，处于城市东西中轴线景观和西海岸观海长廊景观的交点，面积 34.6 公顷。因 2004 年 8 月，湛江市与澳大利亚凯恩斯市缔结为友好城市，花园的建设以突出"友谊·生态·和谐"为主题，于 2007 年 9 月建成开放。金沙湾观海长廊位于赤坎区金沙湾片区东侧，是湛江市实施"一海两岸"西海岸景观改造工程。金沙湾观海长廊长约 2.5 千米，一期于 2004 年国庆节前建成；二期于 2006 年国庆节前建成，拥有人文景观展示区、沙滩亲水活动区、中心广场区和自然生态景观展示区，景区附设约 15 万平方米的沙滩浴场——金沙湾海滨浴场，于 2012 年 10 月 27 日起开放。

被誉为湛江市"绿肺"的三岭山公园，前期是桉树、湿地松为主的林场，面积 725 公顷，1984 年改名为森林公园。为保障城市生态安全，2009 年湛江市政府依法有偿回收 787.4 公顷受损林地，使公园面积扩大到 1512.4 公顷。其后利用社会资金建设党建红林、财政林、人大林、政协林、国资林、林业林等主题园林。2019 年，湛江市三岭山生态修复项目被广东省自然资源厅评为广东省首届国土空间生态修复十大范例之一。

至 2010 年，湛江先后荣获广东省卫生城市、广东省文明城市、中国优秀旅游城市、全国双拥模范城、中国十大休闲城市、中国十佳绿色城市、中国海鲜美食之都等称号。[①] 尤其是建设部批准湛江为国家园林城市，这是广东省 2005 年唯一获此殊荣的城市。这些殊荣，进一步拉动了旅游产业的发展，使湛江逐渐形成以"蓝、绿、红"为基调的三大特色旅游品牌，其中，湖光岩风景区获国家地质公园、世界地质公园称号，徐闻角尾珊瑚礁被确定为国家自然保护区。

---

① 《湛江市农业和农村经济社会发展第十二个五年计划纲要》，湛江市发展和改革局编：《湛江市国民经济和社会发展"十二五"规划汇编》，2011 年内部编印，第 21 页。

在湛江市区绿地建设规划中，确定了"南方港城、南国风光"的特色主题，确定了"一桥两岸三湖四河五大道六公园"的城市绿地总体布局。为了在城市绿化工作中凸显地域特色，在园林绿化应用植物的选择上，既注重多样性，又讲究因地制宜、体现特色，选用适合本土生长的特色植物，尽量多栽体现热带北缘景观的树种，并结合挖掘湛江市的历史文化内涵，力求营造精品绿地，体现南国热带海滨园林城市的鲜明特色。经过几年的努力，湛江初步建成了富有南国特色的"美丽的南方海滨城市"。科学利用城市有限的空间、土地、水体和海湾资源，抓好公园、广场、道路、岸线、住宅小区的绿化、美化、净化，消除城中村、农贸市场等卫生死角，使市民感到舒适就在身边。在规划建设主题公园的同时，注重在旧城区和居民聚集地段合理规划、均衡布局，建设便民、利民的街区亲民小绿地、小公园，拓宽市民活动的场所、空间。市民出行10—15分钟便可到达一个公园、一片绿地；从地处热带的气候条件出发，多栽树、少植草，多建旱喷泉，少建池喷泉，有利于市民避暑乘凉；所有公园全部免费向市民开放，还绿还景于民，处处营造亲民爱民的良好和谐氛围。在整治城市环境中，拆除违章建筑，还路于民；清理街边大排档，还静于民；整治乱摆乱卖、乱搭乱建、乱丢乱吐"六乱"行为，还洁于民。

在贯彻"生态建市"战略方面，湛江市持续推进建设生态型海湾城市制度化。2008年6月，湛江市委、湛江市人民政府作出关于建设城乡协调生态文明的科学发展试点市的决定，确定了湛江城市与农村协调发展、经济振兴与生态文明互促共进、造福当代又惠及子孙的具有湛江特色的科学发展之路。在环境保护、预防污染方面，采取措施从源头控制新污染的产生。湛江市人民政府将《湛江市环境保护规划（2006—2020年）》《湛江市环境保护"十一五"规划》作为《湛江市国民经济和社会发展"十一五"计划》重要组成部分，每年把环境保护指标纳入年度国民经济和社会发展计划，并定期进行检查、评估。2009年4月，市政府向环保部正式提交了"创模"申请。《湛江市创建国家环境保护模范城市规划》于2010年获市政府常务会议审议通过，印发实施。编制实施《湛江市近岸海域环境功能区划》，扎实开展海洋环境保护联合执法，湛江近岸海域环境功能区水质全部符合其相应水质功能要求。《湛江生态市建设规划》于2010年8月实施。该规划将生态城市形象建设纳入生态市建设基本框架的做法成为全国首创，荣获 2010 年度广东省环保科学技术二等奖。

经过一段时间的环保制度化建设和治理，2010 年全市工业固体废物综合利用率和危险废物处理处置率分别达到 92.72% 和 100%。市区垃圾基本实现无害化处理，2010 年市区生活垃圾无害化处理率达到 97.41%，粤西首座县级生活垃圾无害化处理场徐闻县生活垃圾卫生填埋场（首期日处理能力 160 吨）已于 2010 年底投入运行。积极推进危险废物集中处理处置设施建设，湛江市医疗废物处理中心的运行，使医疗废物得到安全处置。污泥处理厂完成建设并投入使用，全市污水处理厂污泥得到有效处理。

六、创建国家卫生城市和全国文明城市

改革开放后，湛江市加大精神文明建设力度，掀起创建国家卫生城市和全国文明城市的热潮，并取得了显著成效。2000 年，湛江市获得省级卫生城市称号；2006 年 6 月，正式启动创建国家卫生城市活动；2007 年 5 月开始，大力实施城乡清洁工程。2011 年 5 月，湛江市委九届十三次全会明确提出"五城同创"①的战略任务，且把创卫作为"五城同创"第一场硬仗；同年 10 月，召开全市加快创建国家卫生城市动员大会，吹响了加快创卫的进军号角。湛江围绕《国家卫生城市标准》要求，按照"党政共建、全民参与、夯实基础、提速推进"的思路，举全市之力开展创卫工作。

在创卫工作中，各级党委和政府层层签订《创建国家卫生城市目标管理责任书》，实行"条块结合，以块为主"的管理机制，推动创卫工作重心下移。同时，以社区（村）为单元实行网格化管理，实现"横向到边、纵向到底"全覆盖，形成了市、区、街道（镇）、社区（村）四级组织齐抓、各级部门单位共管的创建工作格局。四级组织共同发起对"六乱"现象（乱摆卖、乱张贴、乱扔吐、乱停放、乱拉挂、乱搭建），对"六小"行业（小旅店、小餐饮店、小网吧、小美容美发和足浴店、小歌舞厅、小作坊），对"四大害虫"（老鼠、苍蝇、蚊子、蟑螂），对三大卫生薄弱环节（城中村、城乡接合部、生猪养殖场）及交通秩序的专项整治攻坚战；实施了市区道路

---

① 创建国家卫生城市、国家环保模范城市、国家生态园林城市、国家低碳发展示范城市和全国文明城市。

升级工程、农贸市场改造工程、环卫基础设施完善工程、城市水体综合治理工程、城市绿化亮化等五大工程；建立健全了城市精细化管理机制、卫生保洁工作机制、环境保护监管机制、食品安全监管机制、市民健康保障机制、创卫长效保障机制等六大机制。

经过不懈努力、艰苦创卫，湛江卫生面貌有了好的变化。2013年3月，创卫工作通过了广东省爱卫办的考核鉴定；2013年9月，通过了全国爱卫办的暗访。2015年初，湛江如愿获得了"国家卫生城市"称号。

创建全国文明城市，是更广泛、更深刻、更高层次的创建活动。2011年，中共湛江市委九届十三次全会提出"五城同创"战略目标后，2013年4月正式启动全国文明城市创建工作。2015年湛江获得"国家卫生城市"称号，为创建全国文明城市夯实了坚实基础，极大坚定了全市人民的信心。创文开始后，形成了全党动员、全民动手、全域创建的工作格局。新闻单位开设"创文点赞台""创文曝光台""创文红黑榜"，做到天天见、天天新，积极营造创文氛围。媒介广泛开展"诚信质量万里行"主题宣传，组织"诚信行业、诚信单位、诚信示范店、诚信街区"创建和评选表彰活动，深化社会诚信建设。

创建过程中，湛江市委、市政府采取了几条措施。一是坚持加大投入，全面补齐短板，通过《湛江市创建全国文明城市规划基础设施补短板资金安排方案》，安排创建全国文明城市基础建设补短板预算经费，重点对市区各镇街、社区的公共基础设施、老旧小区"三线"乱搭、无物业小区改造治理、农贸市场改造、文明交通提升等重点难点进行综合整治。二是把提升城市环境品质作为创文最坚实的基础，开展"畅城"行动，实施湛江全市域现代快速立体交通升级换代大会战，全力推进文明交通提升工程，严厉整治机动车不礼让斑马线，非机动车闯红灯、逆行、不按道行驶、不佩戴安全头盔等交通陋习，市区交通秩序不断改善；开展"洁城"行动，着力开展公共场所文明创建和背街小巷、主次干道以及城中村环境卫生治理，并对流动占道经营、门前"三包"、小广告清理等市容秩序开展专项督查；开展"美城"行动，全面推进新一轮绿化湛江大行动，坚定落实"河长制"，实施生态修复城市修补工作，实施市区主次干道、背街小巷拓改增工程，打造"一湾两岸"优美风景线。同时，每年坚持办好"十件民生实事"，实施"十大民心工程"。三是坚持铸魂立德、打造"德美"湛江。着眼建设崇德向善的文明城市，截至 2020 年 12 月全市共建成新时代文明实践中心（所、站）801 个，组织专家学者深入机关、企业、学校、社区和乡村开展"德美湛江"系列百场讲座，全面推进"干部政德、社会公德、职业道德、家庭美德、个人品德"建设。常态化开展"湛江好人""湛江道德模范"推荐评选和学习宣传活动，组织开展"千人徒步"创文宣传、庆祝新中国成立 70 周年"快闪"活动、"好家风好家训"专题广播等主题创建活动。推进志愿服务制度化，在窗口单位、社区和景区普遍建设志愿服务站点，形成了"横向到边、纵向到底"的志愿服务工作网络，打造了"周末义集""情暖湛江""爱心送考"等志愿服务品牌。落实守信联合激励和失信联合惩戒机制，对诚信缺失突出问题进行集中治理。

经过几年努力，2015 年 2 月，湛江成功获得创建全国文明城市提名资格，2018 年 2 月，湛江成功获得第六届全国文明城市提名资格。2019 年，湛江已经第二年接受中央文明委的测评。创文工作向广东省委提出的打造宜居宜业宜游的美丽文明新湛江的蓝图迈进了重要的一步。

七、驻军大市与军民融合发展

湛江是国防要地，是国家经略南海、走向深蓝的桥头堡。湛江驻有解放军的海陆空三军，是解放军三大舰队之一南海舰队（南部战区海军）司令部驻地和后勤基地，成为驻军大市、南方军港。湛江军民融合有着很深的历史渊源。1950 年解放军渡海作战兵团与湛江人民共铸"信念坚定、纪律严明、顾全大局、开拓担当、军民一致、拼搏向前"的渡海作战精神，一直鼓舞着军民向前。

湛江秉承拥军优属的传统，多次荣获"全国双拥模范城""广东省双拥模范城"称号。湛江市委、市政府一直把双拥工作作为湛江经济繁荣、社会进步和军民和谐的重要标志，以军地"一盘棋"理念做到"四个凡是"：凡是军事机关的意见建议，都优先考虑；凡是重要的国防教育活动，都主动参与；凡是建设重大的国防工程，都重点倾斜；凡是制定相关的政策措施，都兼顾国防利益。湛江市形成了市长军营办公制度，建立和健全了重要问题领导负责制、重大事项定期办结、拥军重点工程助建、重点事项督办等系列工作落实机制。全市各级党委政府通过党委议军会、军地联席会议、军政座谈会、党管武装工作述职、军事日活动等，增强各级干部的政治责任感，普遍做到"八个纳入"（把武装工作纳入经济社会发展总体规划，纳入党政部门的工作职责，纳入党政领导任期责任目标，把武装工作法规制度建设纳入普法工作计划，把武装工作经费纳入财政预算，把民兵预备役基层建设纳入基层政权和组织建设体系，把专武干部纳入党政干部管理培训范畴，把民兵预备役人员参与建设、参与治理纳入地方"四个文明"建设），全面提高了国防后备力量建设水平。

驻湛部队官兵视驻地为故乡，以建设湛江为己任，有着拥政爱民的光荣传统。如20世纪五六十年代，驻军五十五军指战员曾积极参加湛江的"雷州青年运河"建设和绿化湛江大地的运动，与革命老区甘霖村结成"双拥"单位。改革开放以来，南海舰队（南部战区海军）与湛江军分区首长亲自参加军地联席会议和重大双拥活动，为领导干部和广大市民群众做南海形势报告。一群群身着迷彩军装的官兵，经常出现在重点项目建设的第一线、抗风救灾的危险现场、创建卫生文明城市的街道社区、为学生军训的校园操场、开展扶贫帮困活动的偏僻乡村，被群众称为"穿军装的湛江人"。

2015年，湛江贯彻落实中央关于军民融合发展战略的决策部署，强化"湛江的资源都是国防资源"的观念，打造面向南海、具有湛江特色的军民融合发展创新重点示范区，取得显著成效。湛江驻军与驻地街道、学校、乡村、政府机关、企事业单位普遍建立了军民共建关系，军地双方发挥自身优势，开展以国防教育、建设和谐社区、平安家园等为主题的双拥共建活动。2013年，湛江市军地联席会议决定建设军港大道，2016年7月，位于坡头区的军港大道开工建设。2017年8月1日，投资2亿元的军港大道建成通车。

驻湛部队积极参与到湛江市三轮扶贫开发"双到"工作中，至2019年已累计捐款共1907万元，先后帮助28个贫困村的贫困户脱贫致富。在2016年以来的精准扶贫攻坚战中，驻湛部队分别与地方单位联合编组，共同帮扶驻地贫困村，军民携手打赢脱贫攻坚战。①

2019年初，湛江市专门成立了市委军民融合发展委员会及其办公室，制定了工作规则，并在省内地级市率先编制了《湛江市军民融合发展战略规

---

① 何有凤、梁利灵：《军民携手打赢扶贫攻坚战》，《湛江日报》2019年7月9日，第1版。

划》《湛江市军民融合发展三年行动计划》，为军民融合深度发展提供了行动纲领和有力抓手。湛江将在基础设施建设上嵌入战备功能，重大工程上贯彻国防要求，新兴产业上加载国防导向，民生工程上融入国防保障；突出抓好军民融合发展产业落地落实，大力推进军民融合船舶维修保障基地建设，将其打造成国内乃至国际一流的集约式船舶维修保障和海工装制造基地；推进奋勇高新区军民融合产业示范基地建设，逐步形成具有竞争力的先进基础材料产业，打造军民融合产业示范园区；推进海上应急保障平台建设，为远海民兵海上执勤、维权提供强有力的综合保障；加强湛江湾实验室建设，力争将其打造成全国海洋创新高地；建立军民两用技术转移和产业孵化中心，高新区科技企业孵化器已获批为国家级孵化器培育单位；建设后勤、装备保障社会化服务平台；推动双拥共建工作，与南部战区海军共建"湛江南海学校"。2020年9月，退役湛江舰移交湛江市，作爱国主义教育基地用途；10月，湛江市获全国双拥模范城"六连冠"。

第三十九章　进入中国特色社会主义
新时代的湛江

中共十八大以后，中国进入了中国特色社会主义的新时代。站在新的历史方位上，湛江以习近平新时代中国特色社会主义思想为指导，深入贯彻习近平总书记对广东重要讲话和重要指示批示精神，落实广东省委、省政府相关决策部署，秉持"创新、协调、绿色、开放、共享"的新发展理念，统筹推进"五位一体"总体布局①，协调推进"四个全面"战略布局②，取得了社会主义建设的新成就。

第一节　新时代湛江的战略定位与发展思路

进入新时代，中共中央及广东省委、省人民政府对湛江发展高度重视，寄予厚望，既赋予湛江新时代的科学定位，又有实实在在的给力之举，用指向定位、政策支撑、项目布局、资金支持把湛江送上了发展快车道。

一、粤西中心城市与北部湾中心城市

2012 年 5 月，广东省第十一次党代会提出，加快湛江东海岛工业新城建设，促进"湛茂阳"临港经济圈发展。2013 年 7 月，中共广东省委、省人

---

① 2012 年，中共十八大报告指出，建设中国特色社会主义，总布局是经济建设、政治建设、文化建设、社会建设、生态文明建设"五位一体"。

② "四个全面"，即全面建成小康社会、全面深化改革、全面依法治国、全面从严治党，是以习近平为核心的中共中央治国理政战略思想的重要内容。

民政府出台《关于进一步促进粤东西北地区振兴发展的决定》，明确支持粤西加快建设湛茂阳临港经济带，要求湛江建设成为海洋经济示范市、广东对接东盟的先行区、粤西地区中心城市、竞争力强的现代港口城市。

2016 年 2 月，中共广东省委、省人民政府制定"十三五"规划，提出加快推进粤东西北地区振兴发展，以交通基础设施建设、产业园区建设和中心城区扩容提质为三大抓手，把粤东西北地区培育成新增长极；明确支持湛江建设环北部湾中心城市，发展壮大湛茂阳沿海经济带。

2017 年 1 月，国务院批复国家发展改革委、住房和城乡建设部《北部湾城市群发展规划》，湛江被国家正式定位为北部湾中心城市。该规划中提出，要打造"一湾双轴、一核两极"城市群框架，其中，"一湾"指以北海、湛江、海口等城市为支撑的环北部湾沿海地区，并延伸至近海海域；"双轴"指南北钦防发展轴、湛茂阳城市发展轴；"一核"，指南宁核心城市；"两极"，指以海口和湛江为中心的两个增长极。

二、省域副中心城市与沿海经济带重要发展极

2017 年中共十九大后，中共中央及广东省委、省人民政府把湛江的发展作为重要一极放在全国、全省发展的大局中去谋划、推进。12 月，广东省人民政府发布《广东省沿海经济带综合发展规划》。该规划在构建"一心两极双支点"发展总体格局中，决定西翼沿海经济增长极以湛江为中心，推进湛茂一体化发展，强化与珠三角地区尤其是珠江口西岸各市的对接合作，全面参与北部湾城市群建设；充分发挥湛江港作为西南地区出海大通道的作用，加快形成陆海双向交通大通道，积极拓展大西南腹地，打造临港世界级重化工业基地、临港装备制造基地和全省海洋经济发展重要增长极。对湛江的战略定位明确为：建设全国海洋经济示范市、21 世纪海上丝绸之路战略支点、粤西地区和北部湾地区中心城市、现代港口城市、重化产业基地。规划指出，广东沿海经济带将形成"一轴、多中心、集群式"城镇空间结构。"多中心"，"即以广州、深圳为主中心，珠海、汕头、湛江为副中心"。并且明确提出"要支持汕头、湛江等市加快创建省级创新型城市，充分发挥汕头、湛江市作为省域副中心城市的带头作用，打造粤东、粤西各具特色的区域创新极"。这是广东省第一次以文件的形式将湛江确定为"省域副中心城市"。

2018 年 10 月，中共中央总书记、国家主席、中央军委主席习近平在视察广东的讲话中，多次提到湛江，要求"把汕头、湛江作为重要发展极，打造现代化沿海经济带"。①

2019 年 7 月，中共广东省委和省人民政府印发《关于构建"一核一带一区"区域发展新格局促进全省区域协调发展的意见》。该意见指出，"一带"即沿海经济带，是新时代全省发展的主战场。东翼以汕头市为中心，包括汕头、汕尾、揭阳、潮州四市；西翼以湛江市为中心，包括湛江、茂名、阳江三市。

2020 年 8 月，中共广东省委十二届十次全会上，审议通过了《关于加大有效投资力度加快构建"一核一带一区"区域发展格局的意见》，赋予了湛江更明晰的工作方向。全会提出，"建设汕头、湛江两个省域副中心城市，对沿海经济带塑形十分重要"，"湛江要发挥粤港澳大湾区和海南自由贸易港两大国家战略重要连接点和支撑点作用，着力做好临港产业、滨海旅游、特色优势农业、军民融合发展'四篇文章'，加强与海南相向而行，主动对接、深度融合，把握国家西部陆海新通道建设机遇，积极拓展发展腹地，在深化陆海双向开放中推进高质量发展"。创新提出"推动广州与湛江、深圳与汕头深度协作，形成'双核 + 双副中心'动力机制"。

三、新时代湛江发展思路

进入新时代，特别是随着北部湾城市群、海南自贸区（港）、粤港澳大湾区陆续成为国家发展战略，湛江位于粤港澳大湾区、北部湾城市群、海南自贸区（港）三大板块"金三角"的重要战略价值不断凸显。湛江市委、市政府主动对标对表中共中央及广东省委、省政府赋予湛江的新使命新定位新要求，形成了一系列事关湛江发展的新认识新思考新思路。

2012 年 8 月，湛江市委发出《关于加快工业发展开创大工业时代的决定》，湛江加快发展钢铁、石化、造纸三大产业；2017 年 8 月，湛江市委十一届三次全会出台了《"三大抓手"实施方案》和《五大产业发展计划》；2018 年 1 月，湛江市委十一届四次全会出台了《湛江市乡村振兴战

① 《习近平在广东考察时强调 高举新时代改革开放旗帜 把改革开放不断推向深入》，《人民日报》2018 年 10 月 26 日第 1 版。

略实施方案（2018—2020 年）》。通过历年积累，逐步形成了聚力推进交通基础设施建设、产业园区扩能增效、城市强芯提质和乡村振兴发展的"四大抓手"，实施了重大工业产业项目达产增效、传统产业转型升级、现代服务业提速、高新技术产业培育、蓝色海洋综合开发"五大产业发展计划"的工作部署。

2018 年 5 月，中共中央政治局委员、广东省委书记李希莅湛调研时，要求湛江做好临港产业、滨海旅游、特色优势农业、军民融合发展"四篇文章"。2018 年 6 月，湛江市委召开十一届五次全会，明确提出了发挥比较优势，做好"四篇文章"，加快构建现代化经济体系的工作要求。

2019 年 1 月，湛江市委十一届七次全会出台《中共湛江市委关于加快建设省域副中心城市打造现代化沿海经济带重要发展极的决定》，明确了"全力建设省域副中心城市、加快打造现代化沿海经济带重要发展极"的总目标总任务，形成了统筹推进"一通道、一港区、一示范"建设（参与共建西部陆海新通道、推动湛江港和东海岛纳入广东自贸区扩区的片区、建设国家海洋经济发展示范区）的工作思路。

第二节　全面从严治党

党的十八大以来，以习近平同志为核心的党中央不忘初心、牢记使命，着眼跳出"历史周期率"，保持党的先进性和纯洁性，提出了全面从严治党的一系列战略部署。湛江市委增强"四个意识"、坚定"四个自信"、做到"两个维护"，认真贯彻落实中共中央、广东省委决策部署，坚决扛起管党治党主体责任，坚定不移地推进全面从严治党，一体推进不敢腐、不能腐、不想腐。全市纪检监察机关不忘初心、锐意进取，勠力同心推进全市政治生态持续系统性改良，为湛江全力建设省域副中心城市，加快打造现代化沿海经济带重要发展极提供了坚强保障。

一、加强政治思想建设

全面从严治党，必须将政治建设摆在首位。湛江市委发起一系列行动，教育引导全市党员干部增强"四个意识"①，坚定"四个自信"②，做到"两个维护"③，自觉在思想上政治上行动上同以习近平同志为核心的党中央保持高度一致。严格落实"三个决不允许"④，践行"五个必须"⑤，严防"七个有之"⑥，贯彻执行中央的路线方针政策及广东省委的工作要求，态度坚决、措施有力。2015 年 3 月制订《中共湛江市委常委会、常委扩大会、市委全会议事决策制度》，2018 年 9 月印发《中共湛江市委常委会"三重一大"事项清单》，规定凡是涉及"三重一大"⑦ 等事项都要提交市委常委会（扩大）会议研究，坚决杜绝"一把手"说了算的现象。大力推动全市各级党委（党组）进一步建立健全工作规则、议事规则和决策机制，确保"三重

---

① 指政治意识、大局意识、核心意识、看齐意识。

② 指道路自信、理论自信、制度自信和文化自信。

③ 指坚决维护习近平总书记在党中央和全党的核心地位，坚决维护党中央权威和集中统一领导。

④ 指决不允许"上有政策、下有对策"，决不允许有令不行、有禁不止，决不允许在贯彻执行中央决策部署上打折扣、做选择、搞变通。

⑤ 指的是习近平在中共十八届中央纪委五次全会上提出的遵守政治纪律和政治规矩必须做到的五个方面："当前，遵守政治纪律和政治规矩，重点要做到以下 5 个方面：一是必须维护党中央权威，决不允许背离党中央要求另搞一套，全党同志特别是各级领导干部在任何时候任何情况下都必须在思想上政治上行动上同党中央保持高度一致，听从党中央指挥，不得阳奉阴违、自行其是，不得对党中央的大政方针说三道四，不得公开发表同中央精神相违背的言论。二是必须维护党的团结，决不允许在党内培植私人势力，要坚持五湖四海，团结一切忠实于党的同志，团结大多数，不得以人划线，不得搞任何形式的派别活动。三是必须遵循组织程序，决不允许擅作主张、我行我素，重大问题该请示的请示，该汇报的汇报，不允许超越权限办事，不能先斩后奏。四是必须服从组织决定，决不允许搞非组织活动，不得跟组织讨价还价，不得违背组织决定，遇到问题要找组织、依靠组织，不得欺骗组织、对抗组织。五是必须管好亲属和身边工作人员，决不允许他们擅权干政、谋取私利，不得纵容他们影响政策制定和人事安排、干预正常工作运行，不得默许他们利用特殊身份谋取非法利益。"（参见《习近平谈治国理政》（二），外文出版社 2017 年版，第 154—155 页）

⑥ 指的是习近平在中共十八届四中全会第二次全体会议上指出的无视政治纪律和政治规矩的一些突出问题："一些人无视党的政治纪律和政治规矩，为了自己的所谓仕途，为了自己的所谓影响力，搞任人唯亲、排斥异己的有之，搞团团伙伙、拉帮结派的有之，搞匿名诬告、制造谣言的有之，搞收买人心、拉动选票的有之，搞封官许愿、弹冠相庆的有之，搞自行其是、阳奉阴违的有之，搞尾大不掉、妄议中央的也有之，如此等等。"（参见中共中央纪律检查委员会、中共中央文献研究室编：《习近平关于党风廉政建设和反腐败斗争论述摘编》，中国方正出版社、中央文献出版社 2015 年版，第 50 页）

⑦ 指重大事项决策、重要干部任免、重要项目安排、大额资金的使用，必须经集体讨论做出决定的制度。

一大"事项必须由领导班子集体决定。2017 年 10 月，印发《关于建立"四个日子"① 党日活动制度创新党内组织生活的实施方案》，推行"464 工作法"，在"四个日子"里围绕"党性教育、实践锻炼、技术攻关、志愿服务、互动交流、文化活动"等六项内容，健全"民主评议党员，预告、联系、反馈，党员常态管理，质量考核评价"四项制度规范。

湛江市委把学习贯彻习近平新时代中国特色社会主义思想、习近平总书记对广东重要讲话和重要指示批示精神作为头等大事和首要政治任务，结合学习贯彻中央及广东省委系列重要会议精神，做实做细第一议题学习制度，以工作闭环机制一件一件抓落实，推动学习贯彻不断走向深入。按照中共中央和广东省委的部署，2013 年下半年至 2014 年，湛江市开展了党的群众路线教育实践活动，有效遏制"四风"② 问题，市级会议、文件、评比表彰活动分别压缩 37.3%、37.4%、85%，"三公"经费③下降 27.9%；严肃查处"吃拿卡要"等问题 28 个，清退"吃空饷"人员 751 名，活动成效得到了中央督导组、省委督导组的充分肯定。2015 年，在全市县处级以上领导干部中开展了"三严三实"④ 教育活动，湛江市四套班子共排查整改"不严不实"问题 28 项，各县（市、区）共排查整改基层干部"不作为乱作为"等问题 54 项，湛江全市共解决涉及群众生活生产问题 9100 多个。2016 年，湛江全市深入开展"两学一做"⑤ 活动，主要解决中共党员队伍中仍然存在的理想信念动摇、党的意识淡化、宗旨观念不强、担当精神不足、自律意识不强等方面的突出问题，推动了全面从严治党向村（社区）延伸。2019 年下半年，深入开展"不忘初心、牢记使命"主题教育⑥，统筹抓好学习教育、调查研究、检视问题、整改落实四项重点措施，力促党员干部思想政治、党性作风、能力水平全面提升。各级领导干部开展集中学习研讨 648 场，形成调研报告 3789

---

① 指党的生日、扶贫济困日、党员活动日、驻点联系群众日。

② 指形式主义、官僚主义、享乐主义和奢靡之风。

③ 指财政拨款支出安排的出国（境）费、车辆购置及运行费、公务接待费这三项经费。由于这三项费用的滥用涉及党政机关的公费旅游、公车消费、公款吃喝等不良行为，故为社会普遍关注。

④ 指严以修身、严以用权、严以律己，谋事要实、创业要实、做人要实。

⑤ 指"学党章党规、学系列讲话，做合格党员"学习教育。

⑥ 指在中共全党范围内开展的主题教育活动，是推动全党更加自觉地为实现新时代党的历史使命不懈奋斗的重要内容。

份，建立清单台账 9696 份，解决专项整治问题 2344 个。创新推行"一线工作法"，动员党员干部积极投身巴斯夫、湛江国际机场等重点项目建设一线；升级改造红色教育基地、开展党员干部"换位体验为民服务"活动等创新做法，得到中央巡回督导组及广东省委巡回指导组的充分肯定。同时，切实做好意识形态工作，加强对各类意识形态阵地的管理，切实筑牢意识形态安全防线；结合创建全国文明城市，开展践行社会主义核心价值观和精神文明建设，累计成功创建全国文明单位 17 家，省级文明单位 53 家，市级文明单位 384 家。

二、正风肃纪反腐

正风肃纪反腐，事关人心向背，事关群众利益和人民幸福，事关党和国家事业的成败。在贯彻落实习近平关于进一步纠正"四风"、加强作风建设重要批示精神中，湛江采取暗访、查处、追责、曝光"四管齐下"的方式，整治违规收送"红包"礼金、违规公款吃喝和其他隐形变异的"四风"问题，不断巩固拓展落实中央八项规定①精神成果，助力湛江在现代化建设新征程上加快振兴发展。审查调查和监督检查工作持续走在广东省前列，落实"两个"责任、深化"三转"、实践"四种形态"、巡察等工作被广东省委领导批示肯定或在全省纪检监察系统介绍经验，2019 年湛江市纪委机关被广东省委评为依法治省工作先进单位，十九大以来信访举报结构由"倒三角"转为"正三角"并持续稳固，群众对湛江市政治生态持续保持较高满意度。

在正风肃纪上，为落实中共中央八项规定精神，开展了"机关作风整治年"和"回头看"活动，对会员卡腐败、违规修建楼堂馆所、违规出入私人会所、违规收送红包礼金、违规公款吃喝、公款旅游、公车私用、违规操办婚丧喜庆事宜等突出问题开展专项整治。坚持暗访、查处、追责、曝光"四管齐下"，办好党风政风曝光台，常态化开展明察暗访，通报违反"八项规定"典型案例。坚决整治为官不为和"吃拿卡要"等问题；着力纠正各行业损害群众利益的不正之风。建立健全与市委巡察办、12345 市民服务热线等单位信息互通互联机制，用好各种作风监督举报平台。严格执行"10 + 2联"监督机制，围绕污染防治攻坚和环保督察整改等问题召开专项监督联席

---

① 指 2012 年 12 月 4 日，中共中央政治局会议审议通过的关于改进工作作风、密切联系群众的八项规定。

会议，聚焦党中央关于打好三大攻坚战等重大决策、省委"1 + 1 + 9"工作部署和市委"三个一"建设、"四篇文章"等中心工作开展监督检查。推动落实主体责任。贯彻《党委（党组）落实全面从严治党主体责任规定》，强化协助职责，充分运用委托党委（党组）书记谈话函询、巡察整改监督、民主生活会督导、跟踪回访受处分人员等方式，推动"两个责任"同责合力、同向发力、相互促进。压实"关键少数"主体责任，湛江全市领导干部对干部职工常态化开展提醒谈话和警诫谈话。创新抓好日常监督，创新推进纪律、监察、派驻、巡察、审计"五个监督"有效融会贯通，整合公检法和审计等单位力量资源，提升反腐败协调工作整体成效。

在高压反腐上，对中共十八大以来不收敛不收手、严重阻碍党的路线方针政策贯彻执行、成为全面从严治党障碍的腐败问题优先查处，坚决减少腐败存量、遏制腐败增量。严查一批大要案和窝案串案，成效较为显著。2013年至2020年，湛江市纪委对违纪违法干部立案10907件，结案9683件，处分9095人，移送司法机关462人。严格留置（两规）和"走读式"谈话程序，落实留置（两规）场所重大突发事件应急处置等安全管理制度。全面推进镇街纪委规范化建设，全市121个镇街纪委均实现硬件软件"两个六有"目标。推动职能部门强化农村"三资"监管，2015年建成覆盖108个涉农镇街的"三资"监管平台体系，促进"三资"交易公开公平公正，全市涉农信访举报件比2014年下降50%。严查精准扶贫、民生工程、涉农资金、社保低保、医疗卫生等领域的腐败问题，特别是严肃查处货湖村扶贫路"豆腐渣"工程背后的形式主义、官僚主义及贪腐行为，有力保障了湛江扶贫工作的胜利收官。2016年以来，全市排查扶贫领域问题，立案793件，处分676人，移送司法机关33人。惩腐打伞攻坚克难成效凸显，2018年开展扫黑除恶斗争以来，全市处置涉黑涉恶腐败和"保护伞"问题线索11044条，立案6037件，处分4384人，移送司法机关287人。《中国纪检监察》杂志连推5篇报道，宣传湛江以扫黑除恶打伞改良政治生态的做法。2018年至2020年追回外逃人员50人，此两年无新增外逃人员，追逃追赃工作在广东全省介绍经验。① 发挥巡察利剑作用，加强对县级巡察机构的领导指导，构

---

① 资料来源：中共湛江市纪委监委提供《湛江市党风廉政建设和反腐败工作情况》（2020年11月）。

建上下联动工作机制，确保一届任期内完成巡察全覆盖任务，做实县级异地交叉巡察、专项巡察，推进村级党组织巡察全覆盖工作。截至 2020 年底，市级巡察覆盖率 83%，县级巡察覆盖率达到 90%，对村级巡察实现全覆盖。2018 年 2 月 23 日至 5 月 23 日，中央第十二巡视组对广东省委进行了巡视；2018 年 7 月 16 日，中央巡视组向广东省委反馈了巡视意见。2018 年 3 月 12 日至 5 月 15 日，广东省委第三巡视组对湛江市进行了巡视；2018 年 7 月 31 日，广东省委巡视组向湛江市委反馈了意见。收到反馈意见后，湛江市深入学习贯彻习近平总书记关于巡视工作的重要讲话精神，严格按照中央及广东省委巡视组的要求狠抓整改落实，全力以赴做好巡视"后半篇文章"，整改工作取得阶段性成效，政治生态得到系统性改良。

在深化纪检监察体制机制改革创新上，派驻监督、市县巡察和国家监察"三个全覆盖"全部如期完成，2017 年底湛江市巡察机构成立，2018 年市县监委成立，与同级纪委合署办公。推进查办腐败案件体制机制改革和"两个报告"向派驻机构和镇街纪委延伸走向全省前列，深化"三转"、实践"四种形态"等工作在广东全省介绍经验，其中"三转"重在解决职能泛化等问题，集中力量、做强主业，促进了全市办案数量和质量的大幅提升。在实施国家监察体制改革中，湛江市委认真履行主体责任，主要领导担好"施工队长"，湛江市纪委履行改革专责，试点工作小组充分发挥作用，用心用力用情协调推动市监委班子选配选举、办公场所安排等重大事项，全市从检察机关划转编制 176 名，实际转隶 132 名。按照"全面融合、突出主业、人岗相适"原则，对人员合理搭配、统筹使用，实现监督检查、审查调查职能分离、部门分设，案管、审理等部门扩充力量。制定工作流程图，建立完善规范性文书和工作制度，促进案件移送等关键环节无缝衔接。推进监察职能向基层有效延伸，完成市级 24 个派驻机构、县级 127 个派驻机构更名和赋予监察职权工作；向 3 个市级管理和 1 个县级管理的功能区派出监察专员办公室；向 114 个镇街派出监察组；以坡头南调街道办、徐闻锦和镇为试点，设立信息员、聘请村务监督员，打通监察监督"最后一千米"。扎实推动市管高校、企业派驻机构改革，设置 20 家市管企业监察专员办公室。推动徐闻、麻章、湛江经开区等地党委和纪委监委，以选聘农村基层监督人员、建设基层监督云平台等为抓手，做实监察职能向村居延伸。其中，徐闻基层监督云平台受到广东省委、省纪委主要领导肯定。

三、扫黑除恶

黑恶势力是和谐社会的毒瘤。开展扫黑除恶专项斗争，是 2018 年 1 月，中共中央、国务院作出的一项重大决策部署，总体要求是，强力扫黑、铁腕除恶、清除病灶、铲除滋生土壤。

2018 年 2 月，湛江召开扫黑除恶专项斗争工作会议，提出了"四个相结合"的措施。一要坚持党的领导与发动群众相结合，打一场扫黑除恶人民战争；二要坚持重拳出击与依法打击相结合，迅速形成对黑恶势力犯罪的压倒性态势；三要坚持系统治理与源头治理相结合，铲除黑恶势力滋生蔓延土壤；四要坚持雷厉风行与久久为功相结合，构建扫黑除恶专项斗争长效机制。[①] 9 月 1 日，湛江再召开扫黑除恶专门会议，重点部署抓好五个方面工作：坚持问题导向，保持高压态势，用好巡察利剑，强化督查督办，强化系统管理。[②] 这项工作由党政"一把手"负责，带头建立领导挂案督办制度，结合挂钩联系县（市、区）和精准扶贫、乡村振兴等重点工作挂点制度，将扫黑除恶工作纳入挂点内容同步进行。

在扫黑除恶中，湛江公安机关狠抓案件侦办，加大对涉黑涉恶在逃人员追捕力度；检察机关依法第一时间作出批捕、起诉决定，确保办案质量和效率；法院对黑恶势力犯罪的组织者、领导者、骨干成员坚持依法严惩；纪检监察机关从严从快从重查处涉黑涉恶问题与腐败问题长期、深度交织的案件；组织部门持续整顿软弱涣散的基层党组织，严防黑恶势力染指基层政权。同时，宣传、教育、建设等部门在各自领域纷纷重拳出击，形成了全社会扫黑除恶合力机制。对黄赌毒和黑恶势力专项治理采取得力措施扎实推进，一是借好"三个力"，确保专项整治扎实推进：借主题教育之力，及早统筹部署；借党政领导之力，高位推进整治；借督导追责之力，倒逼责任落

---

① 邓耀瑞、占永：《扫黑除恶，营造清风正气，确保湛江长治久安和谐稳定》，《湛江日报》2018 年 3 月 14 日 A03 版。

② 刘兵：《坚持问题导向，保持高压态势，推动扫黑除恶向纵深发展》，《湛江日报》2018 年 9 月 2 日第 1 版。

实。二是聚焦"三个重点",确保突出问题加快解决:以打深打透黄赌毒违法犯罪为重点,开展专项攻坚打击行动;以强化基层组织力为重点,抓好基层党建基层治理行动;以解决群众反映强烈的行业性地域性涉恶涉霸问题为重点,大力推进行业治乱行动。三是落实"三个纳入",推动整治绩效不断提升:将专项整治纳入重点关注地区突出问题整治内容、纳入综合考评和专项考核内容、纳入社会治理长效机制建设内容。至2019年,湛江市共办理涉赌案件408宗,涉黄案件118宗,查处吸毒人员1302人,成功打掉6个黑社会性质组织、27个恶势力犯罪集团、192个一般恶势力犯罪团伙,侦破了1896宗涉黑涉恶案件,查处打击涉黑涉恶公职人员23人,查冻涉案资产5736万元。2019年11月6日起,将百日追逃行动纳入专项整治内容进行部署,54名目标逃犯中已归案35名。纪检监察机关共处置涉黄赌毒和黑恶势力"保护伞"线索58件,立案54件54人,给予党纪政务处分34人,移送司法机关6人。①

在推进扫黑除恶专项斗争过程中,湛江聚焦群众反映较多的涉农领域黑、恶、乱问题,加大打击治理力度。一是大力推进基层治理,整顿基层干部队伍,二是深挖打击黑恶村干部。打掉以村干部为首的黑恶势力犯罪团伙14个,查处村干部34人。三是强化重点行业治理。出台《湛江市扫黑除恶专项斗争以案治本"四个一"工作机制》《湛江市扫黑除恶专项斗争行业治理双向反馈实施意见》,通过"以案促治""以案促建",推动行业治乱,完善行业监管。对查处到的对黑恶势力听之任之、失职失责甚至包庇纵容、充当"保护伞"等问题也加大了处理力度。纪检监察部门在与公安机关协同办案工作中,查处涉黑涉恶腐败和"保护伞"141人,工作不力失职失责19人。"挖伞"密切联动"打财"。公安机关强化与金融财税部门配合协作,侦查破案的同时及时实施"打财"策略,专项斗争以来,共有效查封冻结扣押黑恶势力涉案资产18亿元。

扫黑除恶开始后,坚持宣传声势一浪高过一浪。湛江市扫黑办组织湛江媒体推出相关专栏专题,将宣传贯穿扫黑除恶专项斗争全过程,全方位发动群众支持参与。营造了对黑恶势力"零容忍"和人人喊打的浓厚氛围,2019

① 邓耀瑞、刘玄青:《重拳出击扫黑除恶 "扫"出湛江风清气正》,《湛江日报》2019年12月25日A02版;《政府工作报告》,《湛江日报》2020年1月20日A03版。

年 5 月举办湛江市扫黑除恶专项斗争攻坚誓师大会暨成果展，在湛江市区展览结束后，相继在 5 个县（市）组织巡展，参观展览人数超过 40 万人次。组织拍摄由真实案例改编的扫黑除恶专题微电影《那片海》《断线的风筝》等警示片，在"湛江政法"新媒体等平台播映，点播量已超 50 万次。中央扫黑除恶督导组莅湛"回头看"期间，对湛江市全方位多层次深入推进扫黑除恶宣传的做法予以高度评价。同时，通过问卷调查，将扫黑除恶内容纳入群众安全感、对政法工作满意度、平安创建知晓率调查问卷中，在"湛江政法"公众号上开展调查测评，累计共有 180 多万名群众参与答卷。2019 年平安创建群众知晓率、扫黑除恶知晓率名列广东第一，群众认为扫黑除恶带来安全感提升率在广东全省排名第四。①

第三节　大产业与大交通建设

一、大产业快速发展

进入新时代，湛江迎来了产业加快发展的"春天"。2012 年 8 月，中共湛江市委十届三次全会提出，狠抓钢铁、炼化等重大项目全面动工建设契机，做大做强主导产业，开创湛江大工业时代，推动湛江转型发展、后发崛起。2017 年 8 月，中共湛江市委十一届三次全会提出，大力实施重大工业产业项目达产增效、传统产业转型升级、现代服务业提速、高新技术产业培育、蓝色海洋综合开发"五大产业发展计划"，全面提升产业发展水平。2018 年 6 月，中共湛江市委十一届五次全会提出，着力做好临港产业、滨海旅游、特色优势农业、军民融合的"四篇文章"，加快构建现代化产业体系。湛江进入新型工业化加快发展期。

（一）宝钢湛江钢铁基地项目、中科炼化一体化项目和巴斯夫（广东）一体化项目建设

宝钢湛江钢铁基地项目、中科炼化一体化项目、巴斯夫（广东）一体化基地项目均位于湛江经济技术开发区的东海岛上。

---

① 邓耀瑞、刘玄青：《重拳出击扫黑除恶　　"扫"出湛江风清气正》，《湛江日报》2019 年 12 月 25 日 A02 版。

1. 宝钢湛江钢铁基地项目

宝钢湛江钢铁基地（以下简称"湛江钢铁"）建设是落户东海岛最早的大项目。早在 1978 年，为了改变华南地区没有大型钢铁厂的不合理布局，冶金部开始在广东布点规划，并把湛江作为钢铁厂选址的主要对象。湛江在广东省的支持下，着手为钢铁基地项目进行各种准备。1991 年，冶金部副部长、宝钢工程指挥部总指挥黎明带领钢铁专家团队来到湛江考察。1993 年 9 月 24 日，中共中央总书记、国家主席、中央军委主席江泽民在国家有关领导人及中共中央政治局委员、广东省委书记谢非和省长朱森林陪同下莅临湛江视察，来到东海岛了解拟建钢铁厂的有关情况。① 此后，历经 10 多年的考察、论证、规划和前期准备工作，2008 年 3 月 18 日，湛江钢铁项目获得国家发改委开出的"路条"，批准项目开展前期工作。2011 年 5 月 22 日，宝钢湛江钢铁有限公司揭牌成立。2012 年 5 月 24 日，国家发改委正式核准湛江钢铁项目。

2012 年 5 月 31 日，湛江钢铁基地项目在东海岛正式奠基，中共中央政治局委员、广东省委书记汪洋，广东省委副书记、省长朱小丹等领导参加奠基活动。② 经过近一年的方案精细优化，2013 年 5 月 17 日，湛江钢铁正式动工。

宝钢湛江钢铁基地项目规划总面积 12.58 平方千米。经过两年多的建设，2015 年 9 月 25 日，湛江钢铁一号高炉正式点火试运营，中共中央政治局委员、广东省委书记胡春华，广东省委副书记、省长朱小丹，宝钢集团党委书记、董事长徐乐江和湛江市主要领导等共同见证历史性时刻。2016 年 7 月 15 日，二号高炉点火，标志着总投资 480 亿元的宝钢湛江钢铁基地一期工程全面建成投产。2016 年 12 月，湛江钢铁实现生产经营元年达产、达标、达效、达耗的"四达"目标，创造了国内大型钢厂从投产到年度"四达"的最快纪录。

2019 年 3 月 29 日，总投资 188.5 亿元的湛江钢铁三高炉系统项目正式开工建设，计划 2021 年点火投产。项目建成后，湛江钢铁总产能规模将提

---

① 中共湛江市委党史研究室编：《党和国家领导人在湛江》，1999 年内部编印，第 212—215 页。

② 肖胤、路玉萍、卢志民：《湛江东海岛将建成国家级循环经济示范区——宝钢湛江钢铁基地项目建设正式拉开序幕》，《湛江日报》2012 年 6 月 1 日第 1 版。

升至年产铁水 1225 万吨、钢水 1252.8 万吨、钢材 1081 万吨，致力于打造世界最高效率的绿色碳钢生产基地。

2015 年 9 月 25 日宝钢湛江钢铁一号高炉点火

2. 中科炼化一体化项目建设

2005 年中国石化和科威特（简称"中科"）双方签署合作框架协议，广东多个城市展开争夺中科炼化项目。2009 年 6 月 21 日至 26 日，项目专家组对最后的三个备选厂址湛江、茂名、江门进行比选，经过业主专家组的评估，及征求国家发改委、能源局、环保局和广东省的意见，最终确定选址湛江东海岛，其投资规模也从最初的 50 亿美元扩展到约 90 亿美元。

中科合资广东炼化一体化项目正式宣布选址湛江后，湛江市上下积极行动起来，投入了项目核准前的各项工作。2010 年 5 月 14 日，中科炼化一体化项目新址获得国家发改委开出"路条"。从此，湛江加快推进项目土地预审、规划选址意见书和石化产业园区规划、项目可行性报告、环评报告报批等工作。2011 年 3 月 4 日，在全国"两会"召开期间，中科炼化一体化项目获得了国家发改委核准。

2011 年 11 月 18 日，中科炼化一体化项目举行开工奠基仪式。中共中央政治局委员、广东省委书记汪洋，省委副书记、代省长朱小丹，科威特驻广州总领事阿卜杜·瓦哈布萨格尔等出席了仪式。[①]

2016 年 12 月 20 日，中科炼化一体化项目全面开工建设，中共中央政治局委员、广东省委书记胡春华，省委副书记、省长朱小丹，中国石化董事长王玉普、总经理戴厚良，省委常委、常务副省长徐少华，省委常委、省委秘书长邹铭，副省长袁宝成，湛江市主要领导等出席开工动员大会，标志着项目全面动工建设。[②]

2019 年 12 月 28 日，中科炼化一体化项目建成中交。2020 年 5 月 8 日，第一船原油靠泊接卸。5 月 26 日，中科炼化自用码头获批临时对外开放。5 月 30 日，中科炼化电力系统四回供电外线全线贯通。

6 月 16 日，中科炼化一体化项目在北京、广州和湛江三地以视频连线方式举行"云投产"启动活动，宣布中科炼化一体化项目正式投产。中共中央政治局委员、广东省委书记李希，省长马兴瑞和中国石化集团公司董事长、党组书记张玉卓，总经理、党组副书记马永生，分别在广州、北京分会场参

2019 年 12 月 28 日，中国石化新时代标志性炼化工程——中科炼化一体化项目建成中交

① 胡键、崔财鑫、岳宗：《中科炼化一体化项目湛江开工》，《南方日报》2011 年 11 月 19 日第 1 版。

② 郭丹、卢志民：《中科炼化一体化项目昨起全面开工》，《湛江日报》2016 年 12 月 21 日第 1 版。

加"云投产"启动仪式。① 8 月 30 日，中科炼化首批 3.38 万吨国六汽柴油通过自建码头和湛北输油管线顺利出厂。9 月 4 日，280 吨聚丙烯树脂产品在中科炼化立体仓库装车出厂，标志着中科炼化首批化工产品入市。

中科炼化一体化项目总占地面积 8.7 平方千米，包括东海岛陆地面积 6 平方千米、填海 2.7 平方千米。项目一期总投资 440 亿元，占地面积 4.5 平方千米，建设 1000 万吨/年炼油、80 万吨/年乙烯项目及相关辅助配套工程，是国家优化临港重化产业布局的重大项目，也是广东推动制造业高质量发展的代表性项目。

3. 巴斯夫（广东）一体化基地建设

巴斯夫（广东）一体化基地项目是中国重化工领域首个外商独资项目。2019 年 1 月 10 日，巴斯夫与广东省政府签署框架协议，明确了巴斯夫在中国广东建立智慧一体化基地的规划细节。巴斯夫正式宣布在湛江市新建在华第二个一体化基地。

2019 年 4 月 30 日，巴斯夫一体化基地（广东）有限公司成立。11 月 23 日，巴斯夫（广东）一体化基地项目在东海岛石化产业园正式破土启动，中德两国总理发来贺信。② 2020 年 3 月 13 日，国务院总理李克强通过视频在线观看了巴斯夫项目施工建设现场。③

巴斯夫（广东）一体化基地项目是巴斯夫迄今为止最大的海外投资项目，项目选址共占地约 9 平方千米。项目投资总额将达 100 亿美元，由巴斯夫独立建设运营，建成后将成为巴斯夫在全球的第三大一体化生产基地。基地将分期进行建设。首批装置生产工程塑料及热塑性聚氨酯（TPU），首个装置预计于 2022 年投产，从而满足华南地区及整个亚洲市场多个增长行业的客户需求。整个基地预计将于 2030 年建成。

4. 东海岛重大项目征迁安置和配套工程

为保障宝钢湛江钢铁基地、中科炼化一体化基地、巴斯夫（广东）一体

---

① 吴哲、符信：《中科（广东）炼化一体化项目举行"云投产"启动活动》，《南方日报》2020 年 6 月 17 日第 1 版。

② 张永幸：《龙鹰共舞——写在巴斯夫（广东）一体化基地项目启动之际》，《湛江日报》2019 年 11 月 24 日第 2 版。

③ 《视频察看这些工地不久，李克强开会部署这项大事》，中国政府网，2020 年 3 月 18 日。

2019 年 11 月 23 日，中国首个外商独资大型石化一体化项目——巴斯夫（广东）一体化基地项目正式启动

化基地等重大项目顺利建设发展，在国家和广东省委、省人民政府及各级有关部门的大力支持下，2006 年至 2020 年累计投入资金 300 多亿元，推动东海岛征地搬迁、回迁安置和基础设施建设。

在征地搬迁方面，2006 年 3 月，东海岛经济开发试验区正式启动钢铁配套项目龙腾物流球团厂的征地搬迁行动。2008 年 6 月，湛江市抽调 165 名干部进驻钢铁基地项目一期用地范围涉及的 8 条村庄，吹响了钢铁项目征地搬迁大会战号角。2009 年 8 月 1 日起，湛江经济技术开发区（东海岛试验区）抽调了 105 名干部开展中科炼化一体化项目征地工作。尤其是 2013 年 7 月至 10 月，仅用 4 个月时间，搬迁 647 户 1021 栋房屋，完成了中科炼化一体化项目和宝钢配套项目红线内征地搬迁任务，创造了搬迁的"龙腾速度"。2014 年 9 月，开展了东海岛铁路征地搬迁工作，涉及 14 个村庄 491 户 2310 人，拆迁房屋 437 栋。2014 年完成钢铁配套产业园区首期 3000 多亩征地搬迁，推动钢铁配套项目落户建设，为宝钢湛江钢铁基地顺利建成投产提供保障。2014 年陆续完成东海岛中央商务区、东海医院、东海中学、东海公园、东海岛千亩生态园等重要城市公共基础设施的征地工作。2015 年启动东雷高速征地搬迁工作，共征地 1800 多亩，涉及征地搬迁村庄 28 个。2018 年 7 月，广东省政府与德国巴斯夫公司签署合作谅解备忘录后，随即开展项目征地拆迁工作。据统计，2006 年以来，先后为湛江钢铁、中科炼化、巴斯夫等三个重大项目，钢铁配套园区、石化园区、钢铁石化产业环评防护区、东海岛铁路、东雷高速、安置小区，以及路网、供水、供电等外围配套设施完成征地，累计完成征地8万多亩，涉及村庄262个，其中整村搬迁村庄21个，搬迁村民4万多人。在征地搬迁工作中，始终坚持维护好最广大人民群众的根本利益、采用最软的方法做群众思想工作、用最硬的措施依法打击抢建等非法行为的"三最"原则，确保文明征迁、依法征迁、和谐征迁。

在搬迁村民安置方面，先后建设了钢铁配套项目龙腾物流球团厂动迁村民安置小区——双溪小区农民公寓、宝钢湛江钢铁项目搬迁村民安置小区、中科炼化搬迁村民项目安置小区、石化产业园（东参村）搬迁村民安置小区等，还配套建设综合楼、学校、幼儿园、沿街商铺等。其中，双溪小区18幢420套安置房于2008年竣工验收，2009年春节后村民回迁入住。宝钢湛江钢铁项目安置小区用地面积949.5亩、163幢6138套安置房，于2015年10月由10个村庄12000多人全部回迁入住。中科炼化项目安置小区一期用地面积387亩、二期用地面积525亩，两期安置房243幢9555套已全部竣工验收，初拟于2021年进行回迁工作。石化产业园（东参村）安置小区用地面积99亩，规划总户数1056套，至2020年底仍在加快推进中。

在搬迁村民社会保障和就业方面，湛江经济技术开发区创造性地实行了"基础养老金＋个人账户＋参保激励"的养老保障模式，在广东省农村社会养老保险工作中开了先河，有效解决了搬迁农民的养老问题。同时还出台多项惠民措施，多渠道落实培训就业，并督促企业用工向搬迁村民倾斜。2021年，湛江钢铁、中科炼化及配套企业从东海岛招工已达5000多人。

在公共设施和基础配套设施建设方面，省、市、区级大手笔投入资金，保障通路、通水、通电、排污等配套工程。其中，东海岛跨海大桥、东海岛疏港公路于2010年12月竣工通车，鉴江供水枢纽工程于2013年3月建成通水，500千伏跨海电网于2015年6月投产送电，东海岛铁路于2018年2月全线开通，玉湛高速于2020年6月通车运营，东雷高速全线贯通。东海岛初步形成岛内"一环三横四纵"公路网全面畅通，对外高速公路、铁路和现代化港口快速联通的大交通格局。

同时，围绕广东省委"把东海岛建设成为现代化世界级临港产业集聚基地"的要求，湛江经济技术开发区加快完善东海岛产业园区路网、码头、航

道、供水、管廊等基础设施，东海岛口岸联检中心等一批公共基础设施计划
2021年陆续投入使用，其中东海岛港区通用杂货码头已投入使用，湛江港
30万吨航道扩建工程加快施工，工业尾水工程、应急救援基地至2020年底
仍在加快建设中。规划建设的东海岛中央商务区、东海医院、东海中学、东
海公园、东海岛千亩生态园等城市公共基础设施至2020年底仍在加快推进
中。东海岛对大项目的吸引力、承载力和带动力日益递增。

（二）湛江产业转移工业园建设

2008年，"广州（湛江）产业转移工业园"正式成立。该园是广州市人
民政府和湛江市人民政府按照《广东省产业转移工业园认定办法》规定合作
共建，依托国家级湛江经济技术开发区建设，并委托湛江经济技术开发区管
理委员会代为管理。2013年，根据中共广东省委办公厅及广东省人民政府办
公厅联合发文《关于调整珠三角地区与粤东西北地区对口帮扶关系的通知》
（粤委办〔2013〕27号）文件精神，广州（湛江）产业转移工业园改为由湛
江市人民政府自建，并更名为湛江产业转移工业园。

园区作为湛江市自建的示范性产业转移工业园，依托湛江经济技术开发
区建设，首期规划面积38.18平方千米，主要包括经开区建成区、东海岛钢
铁基地和东海岛新区。2018年12月，园区又成功将东海岛钢铁配套区、东
海岛石化园区共14.58平方千米纳入园区管理，享受省产业转移园政策。

自建园以来，认真贯彻落实市委、市政府的决策部署，坚定不移推进园
区高质量发展。园区先后被评定为"广东省产业转移工业园示范园""广东
省现代服务业集聚区""广东省产业转移园十大重点园区""国家级园区循
环化改造示范试点园区""中国化工潜力园区10强""广东省五星级服务园
区""国家级绿色工业园区"，是广东省体量最大的产业转移工业园。曾在
全省产业园区建设发展考评中五次获得"优秀"等次，累计获得省产业园发
展扶持资金高达17亿元，土地指标近3000亩。另外，广东省和广州市先后
安排了4批处级以上干部到园区任职或挂职。高端人才带来了先进的管理理
念和管理经验，充分发挥了桥梁和助推器的作用，进一步增强了园区工作的
推进力度。2010年至2020年9月底，投入东海岛片区开发建设总计416.77
亿元，东海岛配套园区的重点基础设施东海岛跨海大桥、疏港公路和东海岛
铁路已建成，玉湛高速也建成通车，东雷高速正在加快建设中。

根据《湛江市东海岛城市总体规划（2013—2020）》等文件，按照空间集聚、资源集约、产业集群的原则，引导产业合理布局，构建"一城三区五基地"的空间发展格局，其中东海岛重点打造"五大产业基地"，即世界级绿色高端临海钢铁产业基地、世界级现代化石化产业基地、中国南方高端特种纸业基地、国家级高新技术产业基地以及中国南方海洋装备制造业基地。2019年，园区完成规模以上工业总产值722.99亿元，较2009年225.35亿元增长220.83%；规模以上工业增加值188.99亿元，较2009年63.79亿元增长196.27%；实现全口径税收49.55亿元，较2009年30.49亿元增长62.51%。

（三）特色产业的发展

湛江特色产业蓬勃发展。特色优势农业方面，获批国家级、省级现代农业产业园14个，累计入选全国名特优新农产品名录19个，数量均为全省第一。廉江、徐闻成为全省岭南特色水果双创县。湛江在国外生产的远洋渔船居全省第二，硇洲、江洪两个国家级海洋牧场项目启动建设。深水网箱、工厂化养殖规模全省第一。2010年湛江被中国水产流通与加工协会授予"中国对虾之都"称号，从2014年起每年举办一届中国国际水产博览会，国内60%以上的对虾交易在水博会上成交。经过多年发展，湛江在对虾养殖面积、对虾饲料、对虾种苗、对虾产量、加工规模、产品出口、专业市场等七个方面保持"全国第一"。2019年湛江拥有对虾种苗场近500家、养殖场16000多个，年养殖量达25万吨，产值近60亿元；对虾年加工能力100万吨，取得出口卫生注册的对虾加工企业33家，对虾产品出口量达4.6亿美元，占全国对虾出口份额近三成，海水养殖南美白对虾销售量占全球份额的15.4%，奠定了在世界对虾市场的龙头地位。[①] 滨海旅游业方面，结合广东滨海旅游公路湛江段建设，布局22个重点滨海旅游招商项目；全省最大的滨海水上乐园德萨斯水世界二期建成营业；华侨城集团投资全域旅游开发项目进展顺利，欢乐海湾项目动工建设。军民融合发展方面，在全省率先编制完成《湛江市军民融合发展战略规划》；做大做强全省唯一的军民结合国家新型工业化产业示范基地，截至2019年，基地共有项目27个，总投资约84.39亿元；中船集团海上风电产业链项目和军民科技协同创新头雁工程顺

[①] 陈彦、莫婷婷：《湛江"中国对虾之都"称号通过复审》，《湛江日报》2020年6月19日A01版。

利推进，湛江军民融合船舶维修保障基地项目加快建设。

二、大交通格局加快形成

进入新时代，湛江交通建设进入大建设大发展时期，海陆空交通基础设施升级换代全面加快。"十二五"期间，交通基础设施累计完成投资271.8亿元。2017年，湛江市编制完成《湛江市综合交通运输"十三五"发展规划》，提出"加快建设5条高铁、5条高速公路、8条高速公路支线、1条半岛滨海旅游公路和1个国际机场，实现2个小时进入珠三角、1个小时贯通湛江全域"的交通设想，得到国家和省的大力支持，被定位为全国性综合交通枢纽城市。在此基础上，湛江市又制定实施《湛江市加快交通基础设施建设实施方案（2017—2020年）》，三年内重点实施交通基础设施主要建设项目122个，计划完成投资约955亿元。2019年，湛江市被列入《西部陆海新通道总体规划》，以唯一地级市身份与13个省（区、市）签署《合作共建西部陆海新通道框架协议》。2017年、2018年、2019年，分别完成交通基础设施投资103.68亿元、167亿元、189.8亿元。

铁路方面，2018年，建成广东西部沿海铁路茂名至湛江段、东海岛铁路、黎湛铁路电气化改造工程；2018年7月1日，深湛高铁江湛段开通，湛江迈入"高铁时代"。2019年6月20日，中国国家铁路集团有限公司、广东省人民政府联合批复《湛江铁路枢纽总图规划（2016—2030）》，深湛高铁、合湛高铁、广湛高铁、包海高铁、张海高铁等五条高铁将汇聚湛江，形成"五龙入湛"格局。这份国铁集团指导下完成的全国第51个铁路枢纽总图规划，让湛江成为继广州、深圳之后，广东省第三个获批铁路枢纽总图规划的城市。2019年9月，湛江铁路西站客运综合交通枢纽项目建成使用。2020年6月30日，时速350千米的广湛高铁全线动工建设。2020年，湛海高铁可研报告通过评审，合湛高铁、张海高铁、三条港区铁路专用线、深湛铁路湛江国际机场段预埋结构工程前期工作加快推进。"五龙入湛"高铁和"客内货外、客货分线"运输新格局将形成。

深湛高铁江湛段东接广珠城际铁路新会站，西至湛江西站，途经江门、阳江、茂名、湛江4个地级市。项目按国铁I级双线电气化标准设计，设计时速200千米。沿线设江门、双水镇、台山、开平南、恩平、阳东、阳江、

湛江高铁（动车）新站——湛江西站

阳西、马踏、电白、茂名、吴川、湛江西等 13 个客运站。线路全长约 355 千米，总投资约 337 亿元。深湛高铁湛江境内铁路全长约 75 千米。深湛高铁江湛段是中国沿海快速铁路大通道的重要组成部分，国家《中长期铁路网规划》中规划的"八纵八横"高速铁路主通道的一纵，更是连接珠三角核心城市与粤西地区的第一条高速铁路，2018 年 7 月 1 日正式开通运营，结束粤西三市不通高铁的历史，极大满足粤西 2200 万人民快捷出行的需求，使湛江能够快速融入东部粤港澳大湾区，西联北部湾经济区，南眺海南国际旅游岛，形成内联外通的大交通格局，大幅提升粤西区位优势，对促进广东省区域协调发展也具有重要意义。

广湛高铁位于广东省境内，线路自广州枢纽广州站引出，沿途经过广州、佛山、肇庆、云浮、阳江、茂名、湛江等市，终至规划中的湛江北站。项目东接广州枢纽，全线共 10 个车站：广州站、佛山站、新干线机场站、新兴南站、阳春东站、阳江北站、马踏站、茂名南站、吴川站、湛江北站，并引入湛江西站。湛江东站、阳西南站预留设站条件。广湛高铁全线长 448 千米，该投资估算总额为 995 亿元，全线施工总工期为 5 年。广湛高铁湛江境内铁路全长约 65 千米，总投资约 180 亿元。广湛高铁的建设将完善区域路网结构，形成 350 千米/小时铁路客运大通道，改变长期以来粤西、粤东和粤北地区与珠三角存在的较大经济发展落差的局面，促使粤西地区更快捷、更高速地融入粤港澳大湾区，落实广东省"一核一带一区"区域发展格局，实现广东省沿海经济带、新型城镇化发展，推动产业链跨区域布局，吸引重大优质项目在粤西落户并构筑以广州为核心的珠三角 2 小时生活圈。

航空方面，"十二五"时期，湛江机场运营实现航空客流量"三年翻番"，湛江机场客流量达 120 万人次；2019 年，湛江航空口岸获批对外籍飞机开放，新开 11 条航线，通达国内外 38 个城市；机场客流量突破 300 万人次，增长 17.2%。为解决原有机场容量不足的问题，湛江一直在寻求建设新机场的契机。2015 年 1 月，新机场选址获国家民航局批准；在省委、省政府的支持协调下，2017 年湛江国际机场（即新机场）建设标准从 4C 调整为 4E，飞行跑道由 2800 米延长到 3200 米，由支线机场上升为干线机场，并将其作为湛江振兴发展的一号工程举全市之力加快推进。2018 年 8 月，湛江国际机场预可研报告获国务院批准。2019 年，涉及 9 个自然村、5817 名搬迁群众的湛江机场迁建工程 7807 亩征地任务全部完成。湛江国际机场已全面开工建设，预计 2021 年底建成，将成为辐射国内和东南亚地区的综合国际性干线机场。

港口方面，2014 年，湛江港成为广东省第三个、环北部湾首个 2 亿吨大港；2015 年，湛江港口吞吐量达 2.2 亿吨，位居全国沿海港口第 12 位；2017 年，湛江港口吞吐量突破 2.8 亿吨，重返全国沿海十大港口行列。到 2018 年，港口吞吐量达 3.02 亿吨，居全省第二位、北部湾地区首位。建成霞山港区 30 万吨级散货码头、宝满港区 15 万吨级集装箱码头、调顺港区 15 万吨级煤炭码头。宝钢湛江钢铁基地 30 万吨级铁矿石码头工程获得 2018—2019 年度国家优质工程奖。2019 年，湛江港新加增 5 条航线、2 条海铁联运专线；中科炼化配套码头、大唐雷州电厂配套码头投入运营；霞山港区泊位改扩建工程、东海岛港区杂货码头、湛江钢铁三号高炉配套码头等项目动工建设。湛江港被纳入国家 40 万吨铁矿石码头布局，2019 年 9 月，湛江港 40 万吨级航道工程顺利开工，即将升级成为华南地区唯一通航 40 万吨级船舶的世界级深水港口，港航支撑临港产业发展的能力增强。广东省政府于 2017 年 1 月在徐闻港动工建设南山作业区客货滚装码头。该项目位于徐闻县南山镇，建设 16 个万吨级客货滚装泊位、1 个万吨级危险品专用滚装泊位、

7.7万平方米综合交通枢纽大楼，配套建设危险品过海车辆检测站、小车/客车过海检测站、公安检查站、过海车辆收费闸口、大型停车场等设施。设计年吞吐能力为车辆320万辆次，旅客1728万人次。2020年9月26日，湛江港徐闻港区南山作业区客货滚装码头正式建成开港运营。徐闻至海口的海上航行时间从两三个小时缩短至一个多小时。徐闻港打造"三位一体"的现代化水陆交通运输综合枢纽，实现了公路、水路、铁路、城市公交的无缝对接。

湛江港徐闻港区南山作业区客货滚装码头

公路方面，2017年12月，汕湛高速湛江段建成通车；2019年12月，茂湛高速改扩建工程正式动工，线路扩建至双向8车道，预计2022年建成通车；玉湛高速已于2020年9月建成通车；云湛高速公路、东雷高速、汕湛高速吴川支线加快建设，环城高速南三岛大桥进入施工招标阶段，湛江机场高速等8条高速公路纳入省网规划。快速路等重点项目道路方面，"十二五"期间，雷湖快线、湖光快线、海东快线、东海岛疏港大道、湛江海大路口至蔚律港疏港公路等项目建成通车。2018年9月，徐闻港进港公路改扩建工程建成通车。广东滨海旅游公路湛江段工可报告通过评审，吴川林屋枢纽立交开工建设，疏港大道扩建、西城快线二期开工，湛江大道、调顺跨海大桥加快建设；完成国道、省道新改建184千米。

第四节　推进三大"攻坚战"

中共十九大报告指出，要坚决打好防范化解重大风险、精准脱贫、污染防治的攻坚战，使全面建成小康社会得到人民认可、经得起历史检验。湛江市集中力量攻坚克难，推动三大攻坚战，取得明显成效。

一、脱贫攻坚战

2009年6月，按照广东省统一部署，湛江开展扶贫开发"双到"① 工作。2009年到2012年，全市投入及拉动社会帮扶资金31.5亿元，建成扶贫项目4094个，形成了"产业扶贫、智力扶贫、党建扶贫、社会力量扶贫、保障性扶贫"等五种扶贫模式为主、多种模式并存的扶贫格局。截至2012年12月30日，湛江贫困户年人均纯收入达7600元，比2009年增加6300元，实现了有劳动能力的贫困户全部脱贫的目标。

2013年开始，湛江进行第二轮扶贫开发"双到"工作，全市派出250个工作组、550名驻村干部进驻250个贫困村，三年共投入帮扶资金共22.11亿元，实施贫困村集体扶持项目7136个，贫困户扶持项目314756个。至2015年底，34101户贫困村低收入住房困难户改造任务全部完成；申报"两不具备"② 贫困村庄搬迁安置项目的2255户全部竣工。经过三年的帮扶，全市贫困户人均纯收入为9067元，被帮扶的250个贫困村平均每村集体经济收入为9.5万元，95个帮扶村共完成硬底化道路567千米，建设标准农田工程222宗。此外，雷州半岛农村全面打响告别茅草房大会战，18264户茅草房住户陆续搬入新房。湛江连续五年被评为全省扶贫开发"双到"工作优秀等次。

2016年4月下旬，湛江市委、市政府召开新时期精准扶贫开发工作会议，决心举全市之力坚决打赢脱贫攻坚战。随后，出台了《湛江市新时期精准扶贫精准脱贫三年攻坚行动方案》。自2018年后，大力开展"十百千"干

---

① 由广东省在扶贫计划中提出来的，具体是指在扶贫工作中要规划到户，责任到人。

② 指不具备生产条件和生活条件的贫困户。

部回乡促脱贫攻坚行动，选派 20 多名市领导、110 名处级干部、1104 名科级及以下干部回乡，推动落实抓"深调研"和帮助加强基层党建、帮助落实帮扶政策、帮助推进基层治理的"一抓三帮"任务。至 2020 年 6 月底，湛江市 218 个贫困村全部出列，81680 户 233737 名贫困户全部达到脱贫标准；在 2019 年省级扶贫考核情况通报中，广东省对湛江市综合评价为"好"，并予以通报表扬。经过精准扶贫，贫困地区生产生活条件明显改善，群众出行难、上学难、看病难、通信难等长期没有解决的老大难问题普遍解决，义务教育、基本医疗、住房安全有了保障。湛江市 218 个省定贫困村全部实现行政村通自然村道路硬底化；27542 户农村危房改造任务全部完成；全部解决了贫困人口饮水安全问题；累计资助建档立卡贫困户学生约 15.38 万人次；资助 23 万多名贫困对象参加城乡居民基本医疗保险和大病保险。与此同时，通过抓党建促脱贫攻坚，贫困地区基层党组织建设进一步加强，基层干部能力水平进一步提高，党在农村的执政基础得到进一步巩固。

二、污染防治攻坚战

湛江严格执行国家《环境影响评价法》，落实防治污染及其他保护环境的设施与主体工程同时设计、同时施工、同时投产使用的"三同时"制度。经过努力，2017—2019 年湛江市危险废物规范化管理工作综合得分连续 3 年位居全省第二，第二次全国污染源普查工作被省评为"优秀"等次。特别是，湛江市致力把东海岛打造成为国家级循环经济示范区，切实做到环境保护规划与园区总体规划、产业发展规划以及本地有关规划配套衔接。

2015 年 6 月，广东省人民政府主要领导在调研雷州半岛发生的六十年一遇旱情时，作出了开展雷州半岛生态修复，从根本上治理雷州半岛苦旱问题的决策部署。2016 年 3 月，广东省政府常务会议审议并通过了《雷州半岛生态修复规划（2016—2020 年）》。从 2016 年开始，湛江市实施以加强生态建设为重点的"绿化提升工程"，包括热带季雨林营造示范工程、沿海基干林带修复重建和改造提升工程、桉树纯林改造提升工程、交通主干道生态廊道建设工程、各类公园营建与改造提升工程、乡村绿化美化工程、农田坡地林网营建工程、矿区生态修复治理工程、滩涂红树林湿地修复工程等项目。截至 2018 年，全市森林面积由 2012 年的 44 万亩增加到 531 万亩，森林覆盖率由 23.9% 增加到 29.11%；市区拥有公园 30 个、小游园 63 个；城市建成区绿化覆盖率达 43.9%；人均公共绿地面积达 13 平方米，位居全国重点城市前列；累计建成自然保护区 19 个，其中国家级自然保护区 3 个。2019 年，全年完成迹地林更新面积 1003 公顷，低产低效林改造面积 1572 公顷，宜林荒山造林面积 1000 公顷，封山育林面积 367 公顷。三岭山生态修复项目获广东首届国土空间生态修复十大范例奖，超额完成红树林环保整改任务，新增造林 2250 亩。

持续抓好河海治污与生态管控。湛江市深入贯彻落实国务院颁发的《水污染防治行动计划》（"水十条"），建立了以地方政府一把手为"河长"的水污染防治责任制度，将水污染防治责任落实到人，构建责任明确、协调有序、监管严格、保护有力的河流管理保护机制。2015 年起，编制实施《湛江市主城区水系整治规划》《湛江市主城区水系综合整治三年实施计划（2015—2017 年）》《湛江市城市黑臭水体整治实施方案》，全面整治市区河渠。与广西方面签订了《玉林湛江联合开展打击九洲江鹤地水库非法采砂工作执法合作备忘录》《九洲江流域上下游横向生态补偿协议（2018—2020年）》，共同治理九洲江流域和鹤地水库、鉴江流域。经过几年的共同努力，鹤地水库水质达到了几年来的最好水平。

大力推进大气污染防治。2013 年 9 月，国务院发布《大气污染防治行动计划》十条措施（"大气十条"）。此后，湛江先后出台了《湛江市大气污染防治行动方案（2014—2017 年）》《湛江市市区防治扬尘污染实施方案》《关于划定湛江市高污染燃料禁燃区和控制区的通告》等，实施以改善环境空气质量为重点的"蓝天保护工程"。大力治理市区工业企业烟气，推进湛江珠啤、吉民药业等市区内使用高污染燃煤锅炉工业企业改用天然气进程，全市高污染燃料禁燃区面积由原来的 55.4 平方千米扩大至 186 平方千米，累计整治淘汰燃煤锅炉近 200 台。推进水泥、红砖等行业的落后产能淘汰，湛江市累计关停水泥产能 353.8 万吨（22 家水泥生产企业的机立窑全部拆除），关闭燃煤空心黏土红砖厂 38 家。全面启动湛江电力、奥里油电厂机组和东兴炼油厂等企业脱硫脱硝降氮工程，其中湛江电厂 4 台机组脱硫全年新增削减二氧化硫 4300 吨。推进市区公交车和出租车燃料实施油改气工程，2011年投资 4000 多万元用于加强环保型公交车、出租车及清洁燃料供应网点建设，保障 LNG 环保型公交车和液化天然气出租车正常运营。强化"黄标车"淘汰工作，黄标车限行区占城区面积 80% 以上。经过不懈努力，湛江的空气质量始终名列全国前列，获评中国最适合"洗肺"的城市之一。

三、防范化解重大风险攻坚战

防范化解重大风险，是事关保持经济持续健康发展和社会大局稳定的一项执政能力。湛江市于 2013 年 2 月出台《湛江市处置非法集资突发事件应急预案》，2014 年 10 月出台《湛江市金融突发事件应急预案》，2018 年 10 月出台《湛江市 2018 年涉众金融领域不稳定问题专项治理工作方案》。已全部完成 9 家农信社改制组建农商行工作，成功化解 6 家高风险机构的金融风险。截至 2019 年 12 月末，全市农合机构不良贷款余额 7.84 亿元，比改制初期下降 40.13 亿元，不良率从 12.6% 下降到 1.91%；资本充足率从 4.75%提升到 19.82%；拨备覆盖率从 44.69% 提高到 266.68%，有效降低了系统金融风险。开展互联网金融风险专项整治工作，将 P2P 网络借贷、股权众筹、通过互联网开展资产管理及跨界从事金融业务、第三方支付业务、互联网金融领域广告等行为、互联网保险等 6 个领域作为专项整治的重点，全面实地排查，坚决清理整顿。打击和处置非法集资活动，强化宣传教育和预警防范，推进建立完善疏堵并举、防治结合的综合治理长效机制。2012 年以来，公安机关共立非法集资案件 34 宗，涉及金额 7.2 亿元，涉及人数 6000 多人。推动地方政府债务治理规范化，积极借助社会资本参与地方政府存量基础设施项目改造，化解政府存量债务。

推动房地产市场持续健康发展。2017 年 12 月，制定《湛江市开展房地产市场专项整治工作方案》，在全市范围内开展房地产市场专项整治工作。2018 年 4 月，印发《关于对全市房地产经纪机构进行专项检查的通知》，对全市房地产经纪机构进行专项检查，有效打击捆绑收费、阴阳合同、强制提供代办服务、侵占客户资金、参与投机炒房的房地产"黑中介"。2018 年 5 月，印发《关于开展我市房地产领域专项检查的通知》，对房地产资质及预售审批流程、楼盘资金监管账户、在售楼盘存在捂盘惜售、未明码标价、逾期交房、捆绑销售、价外加价、质量低劣、"烂尾"楼盘等行为问题进行专项检查，有效防止操纵捂盘惜售、捏造散布虚假信息、制造抢房假象、哄抬房价、违规提供"首付贷"等投机炒房情况的出现。

防控国有资产管理风险。完善国有资产监督管理制度，出台《湛江市市属企业违规经营投资责任追究实施办法（试行）》《关于加强监管企业风险管理工作的意见》《湛江市市属国有企业（资产）转让、租赁担保暂行管理办法》《湛江市人民政府国有资产监督管理委员会市属企业投资监督管理办法》等制度，规范国有资产处置行为，进一步防范国有企业国有资产流失风险。出台实施《湛江市市属国企出清重组"僵尸企业"促进国资结构优化的实施方案》，通过"关闭一批、破产一批、兼并重组一批"等有效手段，积极推进国有"僵尸企业"出清重组，较好地完成了广东省下达的任务。

第五节 实施乡村振兴战略

乡村振兴，是中共十九大提出的一项重要战略，是关系全面建设社会主义现代化国家的全局性、历史性任务，是"五位一体"总体布局、"四个全面"战略布局在"三农"①工作的体现，是新时代"三农"工作的总抓手。

一、乡村振兴战略规划

2018年1月，湛江市委十一届四次全会审议通过了《湛江市乡村振兴战略实施方案（2018—2020年）》，在全省率先制定出台了市一级的乡村振兴战略实施方案。该方案提出，要深入实施资源资产盘活、三产融合发展、综合环境改善、文明乡风培育、基层治理提质、致富奔康扶助、特色乡村创建"七大行动"，推动农业全面升级、农村全面进步、农民全面发展。

2019年8月，湛江市委、市政府针对农村仍然存在产业园区建设缺乏整体规划、乡村环境污染严重、乡风文明挖掘不够、农村基层组织能力不强、各类农业资金投入乏力等问题，制定《湛江市实施乡村振兴战略规划（2018—2022年）》，吹响了湛江推动乡村振兴战略的新一轮冲锋号。该规划对标"产业兴旺、生态宜居、乡风文明、治理有效、生活富裕"的20字总

---

① 指农业、农村和农民。

要求，分解出"湛江市乡村振兴战略规划的主要目标指标"共29项，其中约束性指标4项、预期性指标25项。此外，还制作了"湛江市乡村振兴战略规划重大项目表"，包括基础投资建设、产业工程、民生保障工程等共135项，明确起止年限和项目业主。规划提出，要建设岭南特色现代农业发展先行区、雷州半岛特色鲜明的生态宜居示范区和融合发展的乡村振兴样板区；要坚持生态、生产、生活"三生共融"，生产空间集约高效、生活空间宜居适度、生态空间山清水秀的总体要求，坚持人口资源环境相均衡、经济社会生态效益相统一，营造平等共享的乡村生产、生活、生态空间；要聚力实现产业、人才、文化、生态、组织"五大振兴"；要大力发展"一村一品、一镇一业"特色经济。到2022年，全市将基本形成与城市总体规划相配套、市场需求相适应、资源禀赋相匹配的现代农业产业区域差异化布局。

二、乡村振兴战略实施

从2018年开始，湛江市通过上述"七大行动""五大振兴"，实施乡村振兴战略取得了阶段性明显成效，在2019年度广东省推进乡村振兴战略实绩考核工作情况通报中获"优秀"综合评价等次。2020年2月，作为先进典型，湛江市在广东省委实施乡村振兴战略领导小组会议上作了经验介绍。

一是农村改革步伐加快。开展农村土地确权"回头看"，完成农村土地流转284.2万亩。涉农资金统筹整合改革扎实推进。

二是农业基础设施建设不断完善。实施"千村示范、万村整治"工程，65.75%的行政村达到干净整洁村标准，农村保洁覆盖率100%。全市12107个自然村全部完成"三清理三拆除三整治"。拆旧复垦、垦造水田面积排名全省前列，垦造水田"雷州模式"在全省推广，高标准农田建设全省考核取得优异成绩。实施"四好农村路"三年攻坚行动，完成省农村公路建设任务、交通运输部"畅返不畅"整治工程，建制村通客车率100%；完成道路硬底化自然村11854个、完成率97.91%。完成集中供水自然村10215个，完成率84.37%。完成雨污分流管网建设自然村8281个，完成率68.4%。无害化卫生户厕普及率99.3%。实施26宗中小河流治理、7宗中型灌区节水改造，恢复改善农田灌溉18万亩。完成农村电网改造投资7.1亿元，改造电力线路2300多千米，农网三大供电指标全部达标。全市自然村实现光纤网络全覆盖。

三是特色优势农业加快发展。推动农村一二三产业融合发展，麻章入选中央试点，雷州入选国家先导区，徐闻曲界晋级省级专业镇。粮食产量稳步增长，粮食安全责任考核获全省优秀。新增地理标志证明商标3个，遂溪火龙果、吴川火龙果、徐闻菠萝和香蕉、乾塘莲藕等19个特色农产品入选全国名特优新农产品目录。廉江红橙、覃斗芒果和徐闻良姜上榜广东省特色农产品优势区。廉江、徐闻成为全省岭南特色水果双创县。廉江红橙、覃斗芒果、雷州青枣、愚公楼菠萝登上"粤字号"区域公用品牌百强榜，品牌价值合计47.8亿元。2019年以来，菠萝、芒果、红橙、青枣、火龙果等水果面积比增3.3%，产量比增11.9%；特色蔬菜面积比增2.5%，产量比增4.5%。大力发展农产品深加工产业，初步形成了农产品从初级加工到精深加工发展的良好格局，农产品加工转化率提升到60%以上，农产品加工企业发展到2000多家。积极发展乡村旅游，特呈岛村被评为全国乡村旅游重点村。大力发展远洋渔业和海洋牧场，成功争取2个国家级海洋牧场项目，在国外生产远洋渔船居全省第二，深水网箱、工厂化养殖规模居全省第一。

四是农业产业园区提质增效。徐闻县（菠萝）国家现代农业产业园等4个产业园获批国家级现代农业产业园，廉江市红橙产业园等10个产业园获批省级现代农业产业园，总量居全省第一。获得国家、省财政竞争性项目投入资金9亿元，实现每个农业大县"一县一园"目标。

五是乡风文明建设成效显著。全市文明镇覆盖率97.62%，文明村覆盖率90.49%，"民主法治村"创建覆盖率91.7%。

第六节　城市和民生建设

中共中央总书记习近平在中共第十八届中央委员会第一次全体会议上指出，人民对美好生活的向往，就是我们的奋斗目标。2013年以来，湛江市委、市政府以加快转变经济发展方式为主线，以保障和改善民生为出发点和落脚点，使发展和改革的成果更多惠及百姓。

一、城市建设新貌

湛江城市面貌在 2013 年后发生了日新月异的变化，立体路网内通外联，公园绿地花团锦簇，基础设施日益完善，服务功能逐步提升，房地产行业蓬勃发展，大型商业综合体为城市增光添彩，一座向现代化迈进的魅力滨海城市展现在世人面前。

（一）湛江奥林匹克体育中心

2009 年 4 月 29 日，湛江市成功申办广东省第十四届运动会，为完成省运会承办任务，提升城市的知名度和美誉度，打造城市品牌，湛江市委、市政府决定建设一批体育场馆。其中，湛江奥林匹克体育中心为第十四届省运会主场馆，主要提供省运会开幕式、闭幕式、田径、游泳、跳水、艺术体操、羽毛球、蹦床、手球等赛事活动场地，是第十四届省运会最主要的组成部分。2009 年 8 月，第十四届省运会主场馆及水上运动中心规划研究工作启动。2010 年 3 月，湛江市规划委员会原则同意省运会主场馆选址坡头区海东新区海湾大桥桥头北侧，用地面积约为 949.28 亩（1 亩≈666.67 平方米，下同），总建筑面积约 214172 平方米。2010 年 10 月，湛江市成立了由市政府、发改局、财政局、建设局、国土资源局等相关部门组成的第十四届省运会主场馆建设领导小组。历经 4 年多的建设，2015 年 3 月湛江奥体中心的主体育场、体育馆、游泳跳水馆、综合训练馆、综合球类馆以及能源中心、生态停车场等配套运动服务设施顺利建成。主体育场总建筑面积为 96034 平方米，建筑分四层，可容纳约 40000 名观众。为规范管理和运营好湛江奥体中心，2015 年 4 月 16 日，湛江交投奥体中心运营管理有限公司正式入驻湛江奥体中心办公。2015 年 7 月 25 日，"蓝色湛江·金色梦想"广东省第十四届运动会暨第七届残运会开幕式在湛江奥体中心圆满举办，23 个参赛代表团和裁判员队伍，及超 4 万名观众参与了该次活动。是年 7 月 25 日—8 月 16 日，广东省第十四届运动会羽毛球、篮球、田径、游泳、跳水五个单项比赛在湛江奥体中心成功举办，超 30 万名观众前往湛江奥体中心观看了赛事。8 月 16 日，"蓝色湛江·金色梦想"广东省第十四届运动会闭幕式在湛江奥体中心举行，广东省第十四届运动会至此顺利落下帷幕。继广东省第十四届运动会暨第七届残运会成功举办以后，湛江奥体中心又成功举办了 2015—2018

年四届中国海洋经济博览会。湛江奥体中心正逐步成为粤西地区承办大型文艺演出、体育赛事、展览展会的首选之地。

（二）湛江大道

为解决湛江市区"出行难"问题，湛江市委、市政府于2010年提出建设湛江大道的议案，并于当年进行立项。2017年12月5日，湛江市第十四届人民代表大会常务委员会第十次会议通过关于启动省道S374线市区霞山百蓬至麻章田寮村段改建工程（湛江大道）项目建设的议案。2018年4月27日，湛江举行湛江大道项目开工典礼，正式拉开湛江大道工程建设的帷幕。湛江大道位于湛江市西侧，是继海滨大道、人民大道、椹川大道后，湛江再建的第四条南北向城区主干道。其全长约21.903千米，从霞山区宝满村到湛江疏港公路，南北联通霞山、赤坎、麻章、遂溪四个县区，主线双向八车道，设计时速80千米，主要道路交叉口通过设置互通式立交实现联通。项目总投资52.88亿元。计划2021年建成通车。湛江大道建成后，有助于加快完善内部高速路通道网络，促进湛江市西部各片区及中心城区的开发建设，为北部湾打造"一湾双轴、一核两极"的城市群框架，为湛江打造广东新的增长极和全国性综合交通枢纽提供有力支撑。

（三）湛江文化中心

湛江文化中心项目是提升城市品位的重点项目，项目自2013年7月底筹建。原湛江文化中心项目建设内容包括一院三馆一中心，即大剧院、图书馆、博物馆、美术馆和艺术中心。2018年10月16日，湛江市人民政府与华侨城集团有限公司签订全域旅游开发合作协议，湛江文化中心项目作为双方合作的核心与始发项目。重新规划的湛江文化中心配套建筑有大剧院（含多功能剧场）、美术馆（市级III类馆）、小型专题博物馆、文化创意街及书城、文化旅游展示中心等五大部分。项目用地192亩，配套护岸、道路、公园绿地等用地约215亩，该项目于2020年6月30日正式开工，建设定位为湛江城市新地标和湛江城市会客厅。

（四）湛江教育基地

2007年，湛江市委、市政府为贯彻落实《中共广东省委、广东省人民政府关于大力发展职业技术教育的决定》和全省职业教育工作会议精神，加快湛江职业技术教育的改革与发展，适应湛江"石化、钢铁、造纸"产业对高素质劳动者和技能型人才的迫切需求，计划建设粤西职业技术教育聚集地和示范区。2009年7月启动湛江职业教育基地选址立项等前期工作，同年8月经湛江市政府同意在海湾大桥西连线以南，农垦湖光农场三队、东侨队和南亚所所属的土地上选址建设湛江职业教育基地，规划用地约10000亩。2010年12月25日市委、市政府在湛江职业教育基地举行奠基仪式。2011年，启动编制湛江职业教育基地总体规划及首期4000亩控制性详细规划工作，同年5月经湛江市政府研究决定，根据湛江职业教育基地建设规模和周边土地现状，向西扩展约5000亩，将原来10000亩用地总体规划编制范围扩大为15000亩。同年湛江职业教育基地迎来首批入驻项目：湛江机电学校新校区、湛江幼儿师范专科学校、湛江市第二技工学校新校区。2012年12月，入驻湛江职业教育基地首批项目湛江机电学校新校区动工建设。为使湛江职业教育基地建设上档次上规模，2015年11月30日，湛江市委、市政府决定对湛江职业教育基地一期建设项目进行适当调整，不再建设湛江机电学校新校区，同时引进广东海洋大学寸金学院（现湛江科技学院），并将湛江职业教育基地名称正式更改为湛江教育基地。2016年9月，湛江幼儿师范专科学校一期项目建成并投入使用，同年湛江市人民警察培训学校项目（广东省警务训练粤西基地项目）及湛江市消防训练基地项目入驻湛江教育基地。2017年2月，广东海洋大学寸金学院一期项目建成并投入使用。同月，启动湛江教育基地二期控制详细规划编制工作。2017年9月湛江市政府同意岭南师范学院入驻湛江教育基地二期建设新校区。为从根本上改善中共湛江市委党校办学条件、提高培训质量，市委决定党校新校区入驻湛江教育基地二期。党校新校区规划总面积350亩，项目总投资7.2亿元，2019年9月28日正式动工建设，2021年3月下旬完成全部搬迁工作并投入开班教学。截至2020年底，湛江教育基地已入驻各校师生近3万人。为适应湛江市建设省域副中心城市、打造现代化沿海经济带重要发展极的新要求，湛江教育基地将高层次人才和各类技能型、应用型人才。教育基地和周边区域将打造成为粤西乃至北部湾地区高等教育示范区、职业教育先导区和支撑实施创新驱动发展战略的人才高地。

（五）蓬勃发展的房地产行业

湛江市委、市政府立足提升城乡建设内涵，以解决人民群众最关心、最直接、最现实的住房问题作为突破口，加强房地产市场监管，加大住房保障力度，努力构建和谐房产，着眼全市房地产业的稳步健康发展，推进城市建设。2014 年，湛江市印发《关于推动湛江市房地产市场健康发展的通知》，采取 6 项措施优化湛江市房地产开发环境，推动房地产市场健康发展。2019 年全市完成房地产开发投资 498.2 亿元，比 2012 年的 114.96 亿元增长 333.4%；商品房销售面积达 529.95 万平方米，比 2012 年的 206.62 万平方米增长 156.5%。2020 年受疫情影响，固定资产投资下滑，但房地产市场整体健康平稳度过。2020 年全市新建商品房批准预售面积 680.09 万平方米，比上年增长 2.8%，其中住宅面积 637.26 万平方米，增长 2.99%。国内一批房地产开发名企，纷纷抢滩湛江投资开发。湛江本地房地产企业也不断发展壮大，截至 2020 年 12 月，湛江拥有房地产开发企业一级资质 3 家、二级资质 17 家、三级以下 384 家。

2012 年至 2020 年，湛江社会固定资产投资总额为 9997.55 亿元；2020 年湛江社会固定资产投资 1155.53 亿元，比 2012 年 572.27 亿元，增长 101.9%。湛江老城区基础设施建设全面提质。2013 年，湛江启动创建全国文明城市，以"绣花精神"推进城市管理数字化、精细化，持续推进城市"六乱""两违"整治，城市面貌焕然一新，城市品质大大提升。特别是一大批 30 层及以上的楼房拔地而起，向人们展示了省域副中心城市的美好形象。

二、茅草房改造

2002 年，湛江市委、市政府首先在雷州开始实施"改造茅草房工程"试点工作，共投入资金 1600 多万元，共扶持 9 个镇 12 个村委会 998 户住茅草房的群众建起楼房或砖瓦房，4996 名群众从茅草房搬进新居。

2014 年 8 月 2 日，湛江召开动员大会，正式打响湛江全市的告别茅草房大会战。2014 年 8 月 8 日—8 月 10 日湛江组织 2000 多名干部分成 200 多个核查小组，连续三天进入雷州半岛的村落开展核查工作。2014 年 8 月 29 日，出台实施《中共湛江市委湛江市人民政府关于组织实施告别茅草房大会战的决定》，要求在 2016 年底全面完成农村茅草房改造。实施方案规定了茅草房改造补助标准：属于补助对象的五保户、孤儿户按 1200 元/平方米的标准安排补助资金，其他"全倒户"和茅草房户按 40000 元/户的标准安排补助资金，其中县（市、区）解决 5000 元/户。同时以有偿拆除的方式鼓励广大农户拆除无人居住的茅草房（含工具房、牲畜安置房等），以每户计算，自行拆除且面积 50 平方米以下的补助 1000 元，50 平方米以上的补助 2000 元；对拒不拆除的，由当地政府按国家政策强制拆除，并由村集体按照国家规定回收土地另作安排。2014 年 9 月 2 日，告别茅草房改造挂钩帮扶工作推进会召开，明确全市 191 个部门和单位挂钩帮扶 185 个自然村的茅草房改造，其余地区和村庄由当地四套班子领导及单位挂钩帮扶。各县（市、区）和有改造任务的镇（街道）担负主体责任，党委一把手为第一责任人，政府一把手为直接责任人，实施一把手工程，强力推进改造工作。经过两年的奋斗，至 2016 年底，湛江市完成茅草房重建 17656 户（含因灾全倒户）、拆除无人居住茅草房 12234 户，完成改造 29890 户的总任务。

三、科学防御与抗击特大台风

2015 年，湛江再次遭遇特大台风，此为中华人民共和国成立以来继 1954 年的"铁台风"、1996 年 15 号台风之后的第三个正面袭击湛江的特大台风。10 月 4 日 14 时，第 22 号强台风"彩虹"登陆湛江中心城区，登陆时中心附近最大风力 15 级，最大阵风高达 67.2 米/秒，是 1949 年以来秋季登陆中国大陆地区最强台风，也是有气象记录以来袭击中国沿海城市的最强阵风。

湛江钢铁基地原料码头龙门吊被强台风"彩虹"刮倒①

面对这次强台风"彩虹"的正面袭击，湛江上下众志成城、全力以赴，全面落实防御强台风"彩虹"各项措施。湛江市三防指挥部先后

---

① 郎树臣等：《"彩虹"肆虐 伤痕累累》，《湛江日报》2015 年 10 月 5 日第 8 版。

召开 5 次防风会议、下发 15 份通知。市四套班子领导全部到挂钩县（市、区）指导转移群众，各县（市、区）党政领导干部深入一线开展防风工作，镇村干部坚守岗位、巡查灾情，全市 40000 多名五保户以及居住危房、简易工棚等临时场所和低洼地带的群众被安全转移；12057 艘渔船全部回港或就近避风；37598 名海上作业人员上岸避风。

在"彩虹"的肆虐下，湛江城区满目疮痍，城市功能几乎瘫痪：市区无树不损，树木成排倒地，惨不忍睹，30 万棵绿化树中有 22 万棵被吹倒或折断，许多几十年的大树都连根拔起；全市电网设备和通信线路遭到严重破坏，市区 4 万多盏路灯仅剩不到 1 万盏，水厂停产，市区断电、断水、断通信；市区道路被吹倒在地的护栏、树木、广告牌等严重堵塞，多条主干道被积水淹没、堆满垃圾；许多商铺门面被砸烂，建筑工地一片狼藉，高塔等施工设备严重受损；工厂企业遭受重创，大批厂房被台风吹倒或掀掉房顶。其中正在建设和试生产的宝钢湛江钢铁基地受损严重，钢铁基地自备电厂 1 号、2 号机组跳电受损停机，钢铁试生产正常运行被迫中断 52 小时；三台巨型桥式抓斗卸船吊机也被刮倒摧毁。整个湛江的农林牧渔、交通旅游等方面都严重受损，经济总损失高达 256.474 亿元；全市共 117 个乡镇 345.48 万人受灾，因灾造成 5 人死亡、5 人失踪。

台风刚过，中共广东省委、省人民政府主要领导率 14 个省直单位负责人到湛江指导救灾复产，深圳、佛山、中山、广州、东莞、珠海、肇庆、惠州、清远、江门、阳江、茂名等城市连夜组织电力、环卫、市政、园林等支援队伍驰援湛江，湛江全市干部群众和驻湛部队迅速行动进行救灾复产。南海舰队、湛江军分区、武警、边防连夜出动 2000 多名官兵抢通城区部分主干道。其后，驻湛部队又调动 2700 多名官兵支援清运道路树枝、清扫街道卫生。园林、市政、环卫等部门组织 6425 人次，出动车辆 400 多辆夜以继日清理市区的街道断树和障碍物，共清理垃圾 5143 吨。全市共计救助 5.2 万名受灾群众，共下发救灾帐篷 730 顶、折叠床 730 张、棉被 1800 床、粮食 75000 多斤、食用油 2500 桶、矿泉水 2500 箱。救灾复产工作实现灾后第一天基本恢复公共交通，第二天基本恢复供水，第三天基本恢复供电，第四天基本恢复通讯，第五天基本恢复城市生活秩序，创下了重灾之下短时间恢复城市原有面貌的"湛江速度"。

四、全民防控新冠肺炎疫情

2020 年伊始，一场突如其来的新冠肺炎疫情肆虐中华大地。[①] 1 月 25 日农历正月初一，中共中央总书记习近平主持召开中共中央政治局常务委员会会议，专门听取新型冠状病毒感染肺炎疫情防控工作汇报，对疫情防控特别是患者治疗工作进行再研究、再部署、再动员。

2020 年 1 月 14 日，湛江发现第一例不明原因肺炎临床观察病例。湛江市委、市政府高度重视，于 1 月 16 日召开全市重大疾病防控联席会议，立即启动应急预案。1 月 21 日，湛江市新冠肺炎防控领导小组（指挥部）紧急成立，市委书记任第一总指挥，市长任总指挥。1 月 23 日，启动重大公共卫生突发事件一级响应。1 月 25 日大年初一，市委主要领导主持召开全市紧急电视电话会议进行应急作战动员，全体干部职工取消春节休假，按照习近平总书记提出的"坚定信心、同舟共济、科学防治、精准施策"16 字疫情防控工作总要求，全面打响疫情防控战。是年，湛江先后召开了 34 次市委常委会（扩大）会议、49 次指挥部工作会议研究部署防控工作，相继出台《应对新型冠状病毒肺炎疫情防控工作指引》《关于应对新型冠状病毒感染的肺炎疫情支持企业稳定发展的若干政策意见》等政策文件，在广东省率先印发《关于在防控新型冠状病毒感染的肺炎疫情中充分发挥各级党组织战斗堡垒作用和共产党员先锋模范作用的紧急通知》，科学开展防控工作。安排湛江中心人民医院、广东医科大学附属医院两家高水平医院集中救治所有确诊患者。依法紧急征用 28 家健康观察定点酒店，妥善安置湖北籍人员 1000 多名。在湖北疫情最严峻的时期，还先后派出 2 批医疗队共 33 名队员全力支援湖北武汉市和荆州市。1 月 29 日，湛江市首例也是粤东西北首例确诊病例在广东医科大学附属医院治愈出院。3 月 5 日，湛江最后一名住院确诊患者在湛江中心人民医院治愈出院。在全力打赢新冠肺炎疫情防控战中，湛江实现了零社区传播、零院内感染、零医务人员感染、零死亡病例、零危重症病例"五个零发生"。

湛江市委、市政府全面贯彻习近平总书记关于统筹推进新冠肺炎疫情防

[①] 本书编写组：《中国共产党简史》，人民出版社、中共党史出版社 2021 年版，第 508 页。

控和经济社会发展工作部署的重要讲话精神，制定实施《关于统筹推进新冠肺炎疫情防控和经济社会发展工作的28条措施》，加大财政贴息和减税降费力度、加快重点项目建设、稳定和促进就业，扎实推进"六稳""六保"工作，有力推动湛江经济社会转入正常轨道，在以"双统筹"夺取"双胜利"工作方面取得显著成效。2020年前三季度全市GDP增速实现正增长。截至2020年12月，累计为全市8.4万户企业减税降费约35.92亿元，为9391家企业发放各类复工复产贷款210.73亿元。全市97个续建重点项目已全部复工。组织培训13.3万人，带动就业约15万人。

五、决胜全面建成小康社会

2012年11月，中共十八大提出了全面建成小康社会的奋斗目标。全面小康比20世纪末中国完成的总体小康有着更高的要求，即经济更加发展、民主更加健全、科教更加进步、文化更加繁荣、社会更加和谐、人民生活更加殷实。2013年以来，湛江市委、市政府深入贯彻落实中央全面建成小康社会的战略部署，城乡居民收入稳定增长，生活水平逐步提高，人民群众获得感、幸福感和安全感日益增强。至2019年底，决胜全面建成小康社会各项任务均取得预期成果。

（一）收入增长

2013年以来，湛江市委、市政府统筹推动经济发展与民生改善协调共进，居民收入稳步增长，消费提档升级，生活蒸蒸日上，幸福感、获得感不断增强。突出表现在：人均可支配收入大幅增加。据统计，2020年全市居民人均可支配收入2.49万元，比2012年的12253元累计增长103.2%。社会救济制度的进一步完善及扶贫力度的加大，使低收入、贫困家庭、各类弱势群体家庭的生活持续得到改善，为居民持续增收提供了坚实支撑；城乡居民收入差距大大缩小，城乡居民收入比持续下降。2013年后，湛江市不断加大"三农"资金投入，随着乡村振兴战略的实施，在培育县区特色农业、优化农业产业布局和推进农村人居环境整治等措施的有力推动下，湛江农村居民人均可支配收入保持稳步增长，城乡居民人均可支配收入比逐步缩小；增收渠道拓宽，来源多样化。城乡居民收入呈现多元化特征，收入结构也随之发生了新的变化。

（二）居住改善

2013 年以来，湛江市委、市政府加大民用住宅建设的投资力度，通过建设廉租房、经济适用房和改造农村危房，千方百计解决居民住房难的问题，一些居民家庭告别低矮、破旧、设施简陋的住房，迁入宽敞明亮、设施齐全的楼房，居住条件明显改善。2012 至 2020 年，住房保障支出累计完成 76.18 亿元，支出从 2012 年初的 3.64 亿元增加至 2020 年的 15.36 亿元，年均增长 19.7%。2020 年住房保障支出 15.36 亿元，同比增长 40.2%。2019 年湛江城镇居民、农村居民人均住房建筑面积分别比 2015 年增加 7.4、12.7 平方米。2019 年，城乡居民居住在钢筋混凝土或砖混材料结构住房的户比重为 85.4% 和 64.1%，分别比 2015 年提高 28.7 和 26.3 个百分点。住房条件明显改善，城乡居民的人居环境也日新月异，2019 年城乡居民住宅外道路为水泥或柏油路面的户比重为 93.8% 和 87.9%，分别比 2015 年提高 14.6 和 10.2 个百分点；城乡居民有管道供水入户的户比重为 95.6% 和 84.8%，分别比 2015 年提高 14.8 和 6.6 个百分点。尤其是习近平总书记对"厕所革命"作出重要指示后，城乡居民的厕所卫生条件改善的力度进一步加大。2019 年城乡居民使用水冲式卫生厕所的户比重为 99.1% 和 98.6%，分别比 2015 年提高 12.4 和 18.3 个百分点；城乡居民能便利地乘坐公共汽车的户比重为 92.5% 和 57.6%，分别比 2015 年提高 13.3 和 6.4 个百分点。

（三）民生改善

2012 年后，湛江的民生投入基本呈现逐年递增的态势，民生实事和民生项目均得到较好保障。2012 年—2020 年，全市财政民生类支出累计完成 2842.94 亿元。全市一般公共预算支出从 2012 年的 218.24 亿元增长至 2020 年的 538.59 亿元，年均增长 12%。民生类支出从 2012 年的 166.70 亿元增长至 2020 年的 445.08 亿元，年均增长 13.1%，民生支出增幅高于一般公共预算支出增幅。2020 年，全市民生类支出 445.08 亿元，同比增长 8.0%，占全市一般公共预算支出比重 82.6%，有序保障了各项民生事业的开展。

着眼教育优先发展。2012 年 2020 年，教育支出累计完成 822.05 亿元，支出从 2012 年的 53.27 亿元增加至 2020 年的 117.04 亿元，增长 119.7%。2020 年，教育支出 117.04 亿元，同比增长 6.0%。财政资金用于支持学前教育优质健康发展，促进城乡教育公平，落实各项教育补助政策，推动特殊教

2012—2020 年民生类支出情况表

单位：亿元

项　目		2012 年	2013 年	2014 年	2015 年	2016 年	2017 年	2018 年	2019 年	2020 年
一般公共预算支出		218.24	265.44	279.53	412.36	381.11	442.70	481.37	503.10	538.59
民生类支出情况	教育	53.27	69.34	73.83	99.67	102.60	96.89	98.97	110.44	117.04
	文化旅游体育与传媒	3.31	3.11	3.23	8.82	3.66	6.52	11.87	12.22	13.58
	社会保障和就业	27.65	38.01	46.91	57.68	57.95	69.64	75.86	85.20	95.24
	卫生健康	28.08	33.78	44.88	53.94	59.56	62.42	65.36	72.99	76.47
	节能环保	4.39	4.03	4.94	4.14	4.75	6.06	5.37	8.74	9.43
	城乡社区	6.99	7.78	14.24	13.85	15.96	17.40	42.90	30.64	25.83
	农林水	24.44	27.98	17.90	44.05	42.03	54.13	61.38	54.90	66.70
	交通运输	14.54	15.33	12.72	41.22	14.39	20.35	24.39	23.38	22.02
	住房保障支出	3.64	5.55	3.67	8.70	7.60	9.91	10.80	10.95	15.36
	粮油物资储备事务	0.38	1.31	1.04	2.15	1.82	2.31	2.20	1.35	0.64
	灾害防治及应急管理支出	—	—	—	—	—	—	—	1.47	2.77
	民生类支出小计	166.70	206.21	223.37	334.24	310.32	345.63	399.10	412.29	445.08
	民生类支出占比	76.4%	77.7%	79.9%	81.1%	81.4%	78.1%	82.9%	81.9%	82.6%

　　资料来源：根据《湛江统计年鉴》相关年份数据制作。参见湛江市统计局、国家统计局湛江调查队编：《湛江统计年鉴（2014）》，2014 年内部编印；湛江市统计局、国家统计局湛江调查队编：《湛江统计年鉴（2015）》，2015 年内部编印；湛江市统计局、国家统计局湛江调查队编：《湛江统计年鉴（2016）》，2016 年内部编印；湛江市统计局、国家统计局湛江调查队编：《湛江统计年鉴（2018）》，中国统计出版社 2018 年版；湛江市统计局、国家统计局湛江调查队编：《湛江统计年鉴（2019）》，中国统计出版社 2019 年版。2019—2020 年的数据由湛江市统计局、市住建局、市财政局和国家统计局湛江调查队书面提供。

育事业加快发展，加快城区中小学校学位建设，大力落实教育扶贫工程，有序实施强师工程等。

提升社会保障水平。2012 至 2020 年，社保和就业支出累计完成 554.14 亿元，支出从 2012 年的 27.65 亿元增加至 2020 年的 95.24 亿元，增长 244%。2020 年，社保和就业支出 95.24 亿元，同比增长 11.2%。2020 年，湛江市各项民生标准不断提高，其中城乡居民基本医疗保险人均财政补助提高到 550 元/年，城乡养老保险待遇标准为每人每月 170 元，困难残疾人生活津贴和重度残疾人护理补贴提高到每人每年 2100 元和 2820 元，城镇低保和农村低保提高到 772 元/（人·月）和 532 元/（人·月），人均补差水平提高到 609 元和 276 元，特困人员基本生活标准达到不低于当地最低生活保障标准的 1.6 倍；孤儿基本生活最低养育标准集中供养和分散供养水平提高到 1820 元/（人·月）和 1110 元/（人·月）。

2012—2020 年，卫生健康支出累计完成 497.48 亿元，支出从 2012 年的 28.08 亿元增加至 2020 年的 76.47 亿元，增长 172.3%。卫生健康事业蓬勃发展。

以史为鉴，开创未来。2021 年是中国共产党成立 100 周年，站在"两个一百年"历史交汇点上，湛江市坚持以习近平新时代中国特色社会主义思想为指导，积极贯彻落实党中央和广东省委、省政府的决策部署，全面实施"十四五"经济社会发展规划，科学制定 2035 年远景目标，加快建设省域副中心城市，打造现代化沿海经济带重要发展极，奋力谱写全面建设社会主义现代化强国的湛江篇章。

附录一　湛江地区历代政区建置沿革表

秦至清朝湛江地区建置沿革

朝代	纪年	公元	部郡州（军、路、府）	徐闻县	海康县	遂溪县	廉江县	吴川县	合浦
秦	秦始皇三十三年	前214	象郡	象郡地					
西汉	汉武帝元鼎六年	前111	交趾部合浦郡	徐闻县（徐闻得名之始）			合浦郡合浦县	合浦郡高凉县	元鼎六年,始置合浦郡,辖徐闻、合浦、高凉、临允、朱卢五县
东汉	汉献帝建安八年	203	交州合浦郡	徐闻县					
东汉	汉献帝建安二十五年	220	交州合浦郡	徐闻县			合浦郡合浦县置高凉郡,又置高兴郡	合浦郡合浦县置高凉郡,又置高兴郡	
三国	吴大帝黄武七年	228	复交州,改合浦郡为珠官郡	徐闻县			高兴郡	高凉郡又置高兴郡	黄武五年（226）,分合浦以北归广州管辖。黄武七年（228）,合浦郡改称珠官郡,同年划出合浦县南境置珠官县,与合浦同属珠官郡。孙亮在位时（252—258）复称合浦郡
三国	吴大帝赤乌五年	242	交州改珠官郡为珠崖郡	徐闻县			高兴郡	高兴郡	
晋	晋武帝太康二年	281	交州合浦郡	徐闻县			太康初,高凉高兴郡仍吴制。后省高兴郡并入高凉郡高凉县	太康初,高凉高兴郡仍吴制。后省高兴郡并入高凉郡高凉县	
南北朝	宋文帝元嘉九年	432	越州合浦郡	徐闻县			置宋康郡罗州县	广州高凉郡平定县	
南北朝	宋明帝泰始七年	471	分广州、交州置越州合浦郡	徐闻县			高凉郡	高凉郡高凉县	
南北朝	齐武帝永明中	483—491	越州合浦郡置齐康郡	乐康县		置椹川县	宋康郡西置高兴郡罗州县	广州高凉郡平定县	

（续表）

朝代纪年		公元	部郡州（军、路、府）	湛江地区建置沿革					
				徐闻县	海康县	遂溪县	廉江县	吴川县	合浦
南北朝	齐武帝永明十年	492	越州析合浦郡	改乐康县为齐康县		椹川县	高兴郡罗州	广州高凉郡平定县	
	梁武帝普通四年	523	析越州分广州，分齐康县，置合州	齐康县		椹川县	置罗州高兴郡石龙县	罗州高兴郡	
	梁武帝大通中	527—529	割番州合浦置高州，寻分置合州	齐康县		置扇沙县，椹川改置椹县	罗州高兴郡石龙县	罗州高兴郡	
	梁武帝太清元年	547	合肥为合州，改合州为南合州	齐康县		扇沙县、椹县	罗州高兴郡石龙县	罗州高兴郡	
	陈朝	557—589	南合州	齐康县		扇沙县、椹县	罗州高兴郡石龙县	罗州高兴郡	
隋	隋文帝开皇八年	588	南合州	改齐康县为隋康县		扇沙县、椹县	罗州高兴郡石龙县	高州高凉郡	
	隋文帝开皇九年	589	改南合州为合州	隋康县（析置）	改隋康县为海康县（海康得名之始）	扇沙县、椹县	废罗州，置高州石龙县	废罗州，置高州吴川县（吴川得名之始）	合浦郡并入越州。越州治所迁合浦县城
	隋文帝开皇十年	590	合州	隋康县	海康县	增置铁杷县，扇沙县、椹县	高州石龙县	高州吴川县	
	隋文帝开皇十八年	598	合州	隋康县	海康县	铁杷县、扇沙县，改椹县为椹川县	高州石龙县	高州吴川县	
	隋炀帝大业元年	605	越州改称禄州，寻改合州	隋康县	海康县（废摸落、罗阿、雷川并入海康县）	铁杷县、扇沙县，并椹川县入扇沙县	高州石龙县	高州吴川县	

（续表）

朝代纪年		公元	部郡州（军、路、府）	湛江地区建置沿革					
				徐闻县	海康县	遂溪县	廉江县	吴川县	合浦
隋	隋炀帝大业三年	607	禄州与合州合并，称合州。同年，合州改称合浦郡	隋康县	海康县	铁耙县、扇沙县	高兴郡石龙县	高兴郡吴川县	
唐	唐高祖武德四年	621	分合浦郡，置合浦州；徐闻郡仍为南合州	隋康县	海康县	铁耙县、扇沙县	高兴郡石龙县	高兴郡吴川县	
	唐高祖武德五年	622	南合州	隋康县	海康县	铁耙县、扇沙县、复椹川县	复罗州，置石城县	复罗州，吴川县	合浦郡改称越州
	唐太宗贞观元年	627	改南合州为东合州	隋康县	海康县	铁耙县，省扇沙、椹川入铁耙县	罗州石城县	罗州吴川县	
	唐太宗贞观二年	628	东合州	改隋康县为徐闻县	海康县	铁耙县	罗州石城县	罗州吴川县	
	唐太宗贞观八年	634	改东合州为雷州（雷州得名之始）	徐闻县	海康县	铁耙县	罗州石城县	罗州吴川县	越州改称廉州
	唐太宗贞观九年	635	雷州	徐闻县	海康县	铁耙县	改罗州为辩州，石城县	改罗州为辩州，吴川县	
	唐玄宗开元中	约729	雷州（一说古合州）	徐闻县	海康县	铁耙县	辩州石城县	辩州吴川县	
	唐玄宗天宝元年	742	改雷州为海康郡	徐闻县	海康县	铁耙县（天宝二年，改铁耙县为遂溪县。遂溪得名之始）	辩州改高兴郡复为招义郡，石城县更名濂江县（后改濂为廉。廉江得名之始，县治青湖），招义县改幹水县	高凉郡吴川县	

（续表）

朝代纪年		公元	部郡州（军、路、府）	湛江地区建置沿革					
				徐闻县	海康县	遂溪县	廉江县	吴川县	合浦
唐	唐肃宗乾元元年	758	改海康郡为雷州	徐闻县	海康县	遂溪县	招义郡复为罗州，廉江县	高凉郡复为罗州，吴川县	复称廉州，辖合浦、封山、蔡龙、大廉四县，治所合浦县城。至此，"合浦郡"之称在中国行政区划中消失。保留合浦县
五代十国	南汉高祖乾亨元年	917	雷州	徐闻县	海康县	遂溪县	罗州廉江县	罗州吴川县	
宋	宋太祖开宝五年	972	改雷州为雷州军	海康县（徐闻、遂溪两县并入海康县）			废罗州隶辩州，后改辩州为化州，隶化州	广南西路辩州，后改辩州为化州，此吴川隶化州之始	
	宋高宗绍兴十九年	1149	雷州军	海康县		复置遂溪县	化州廉江县	化州吴川县	
	宋孝宗乾道七年	1171	雷州军	复置徐闻县	海康县	遂溪县	复辩州置石城县（治所江头铺）	化州吴川县	
元	元世祖至元年间	1271—1281	改雷州军为雷州路，置海南海北道，治所雷州城	徐闻县	海康县	遂溪县	湖广等处行中书省化州路石城县	湖广等处行中书省化州路吴川县	
明	明太祖洪武元年	1368	改雷州路为雷州府，翌年划入广东省	徐闻县	海康县	遂溪县	洪武元年隶化州府，洪武八年隶高州府石城县	洪武元年隶化州府，洪武八年隶高州府吴川县	

（续表）

朝代纪年		公元	部郡州（军、路、府）	湛江地区建置沿革					
				徐闻县	海康县	遂溪县	廉江县	吴川县	合浦
清	清世祖顺治四年	1647	袭明制为雷州府	徐闻县	海康县	遂溪县	高州府石城县	高州府吴川县	
	清德宗光绪二十五年	1899	法国强占广州湾后，强行与清政府签订《中法互订广州湾租界条约》	遂溪县的赤坎、海头（属今霞山）、湖光、太平、东海岛和吴川县的坡头、麻斜、特呈岛、南三岛、硇洲岛等部分陆地及海域划归法租界，租期99年（陆地518平方千米，水域1932平方千米）。设立广州湾行政总公使署在西营（今霞山），受印度支那总督管辖					

民国时期湛江地区建置沿革

民国纪年	公元	公署（道、专区、市政府）	湛江地区建置沿革					
			徐闻县	海康县	遂溪县	廉江县	吴川县	合浦
元年	1912	雷州府	雷州府辖徐闻县、海康县、遂溪县，高州府辖廉江县、吴川县					
二年	1913	先后属广东省高雷道、南路行政区、南区善后委员会公署、南区绥靖公署	废雷州府、高州府建置，府制废，县直隶于省。徐闻县、海康县、遂溪县、廉江县、吴川县等5县先后属广东省高雷道、南路行政区、南区善后委员会公署、南区绥靖公署					
三年	1914	高雷道	省之下设道，形成省、道、县三级政制。高雷道范围包括原高州府、雷州府和阳江直隶州，共11县，道治茂名					
九年	1920		取消道一级建置，阳江纳入高雷					
二十五年	1936	先后属广东省第八区、第十四区行政督察专员公署	徐闻县、海康县、遂溪县先后属广东省第八区、第十四区行政督察专员公署，廉江县、吴川县先后属第七区、第十三区行政督察专员公署					

（续表）

民国纪年	公元	公署（道、专区、市政府）	湛江地区建置沿革					
			徐闻县	海康县	遂溪县	廉江县	吴川县	合浦
三十四年	1945		1945 年 8 月 18 日，国民政府与法国政府在重庆签订《中法交收广州湾租借地专约》，9 月 21 日，日本签订投降书交还广州湾。10 月 19 日，举行中法交收广州湾租界典礼，法国政府依专约把广州湾正式交还中国					
三十五年	1946	隶属广东省第七区行政督察专员公署	1946 年 1 月 15 日，国民政府成立湛江市政府（此为湛江市定名之始），管辖赤坎、霞山等地，为省辖市，并隶属广东省第七区行政督察专员公署，市政府设在西营（今霞山）					
三十七年	1948	隶属广东省第八区行政督察专员公署	1948 年 3 月，改隶属广东省第八区行政督察专员公署					
三十八年	1949	隶属广东省十四区行政督察专员公署	1949 年 5 月，改隶属广东省十四区行政督察专员公署，公署设于湛江					

新中国成立后湛江地区建置沿革（1949—2020）

时间		公署（专区、地区、市政府）	湛江地区建置沿革
中华人民共和国	1949 年	南路专区	1949 年 10 月 1 日，中华人民共和国成立。12 月 19 日，中国人民解放军陆续解放广东省湛江全境。同年 12 月成立南路专区
	1950 年	高雷专区	1950 年 9 月，南路专区改为高雷专区，为广东省政府派出机构，驻地湛江市赤坎，辖徐闻、海康、遂溪、廉江、吴川、梅茂，以及化县、电白、茂名、信宜等 10 个县。合浦、灵山、钦县、防城 4 县和北海市（县级）从南路地区划出，另设钦廉地区，成立钦廉地委

（续表）

时间		公署（专区、地区、市政府）	湛江地区建置沿革
中华人民共和国	1952 年	粤西行政公署	1952 年 5 月，撤销高雷专区，其所辖各县市划归广东省粤西办事处领导。同年 11 月，成立粤西行政公署，公署机关从江门迁到湛江赤坎。公署辖徐闻、海康、遂溪、廉江、吴川、雷东（1952 年 12 月增设）、化县、茂名、信宜、电白、阳江、阳春、台山、开平、恩平等 15 个县和湛江市
	1956 年	湛江专区专员公署	1956 年 2 月，粤西行政公署改为湛江专区专员公署，辖徐闻、海康、遂溪、雷东、廉江、吴川、化县、茂名、信宜、电白、阳江、阳春等 12 个县和湛江市。原辖的台山、开平、恩平划归佛山专区管辖
	1958 年	湛江专员公署	1958 年 11 月，湛江、合浦 2 个专署合并为湛江专员公署，驻地为原湛江专区专员公署，辖 3 个市 18 个县，即徐闻、海康、遂溪、廉江、吴川、高州、化县、信宜、电白、阳江、阳春、合浦、灵山、钦县、东兴、防城、浦北、钦北等 18 个县和湛江、茂名、北海 3 个市。其中，雷东县撤并入湛江市，茂名县部分地区建立茂名市，原茂名县改为高州县。 1958 年 12 月底，人民公社化后小县并大县，徐闻、海康、遂溪 3 个县以南渡河为界，即海康县的南渡河以北和遂溪、廉江 2 个县合并为雷北县（1960 年 11 月又改为雷州县），海康县的南渡河以南和徐闻县合并为雷南县（1960 年 11 月改为徐闻县）；化县、吴川 2 个县合并为化州县；高州、信宜合并称高州县；阳江、阳春 2 个县合并为两阳县；合浦、浦北、北海 3 个县合并为合浦县；钦县、钦北 2 个县合并为钦县；东兴、防城 2 个县合并为东兴县
	1961 年	湛江专员公署	1961 年春，恢复并县前的建置，湛江专员公署管辖湛江、茂名 2 个市和徐闻、海康、遂溪、廉江、吴川、高州、化州、信宜、电白、阳江、阳春、合浦、灵山、钦县、东兴等 15 个县及北海镇
	1965 年	湛江地区行政专员公署	1965 年，设置湛江地区行政专员公署，辖湛江、茂名 2 个市和徐闻、海康、遂溪、廉江、吴川、高州、化州、信宜、电白、阳江、阳春等 11 个县。合浦、灵山、钦县、东兴 4 个县和北海镇划归广西
	1966 年	湛江地区行政专员公署	1966 年后的"文革"期间，湛江地区直属机关因受冲击而停止办公。湛江地区行政专员公署下辖湛江、茂名 2 个市和徐闻、海康、遂溪、廉江、吴川、高州、化州、信宜、电白、阳江、阳春等 11 个县的政区不变
	1967 年	湛江地区军事管制委员会	1967 年 3 月，湛江地区军事管制委员会成立，在原地委党校办公。下辖湛江、茂名 2 个市和徐闻、海康、遂溪、廉江、吴川、高州、化州、信宜、电白、阳江、阳春等 11 个县的政区不变

（续表）

时间		公署（专区、地区、市政府）	湛江地区建置沿革
中华人民共和国	1968 年	湛江地区革命委员会、湛江地区行政专员公署	1968 年 4 月，湛江地区革命委员会成立，与地区公署实行党政合一。下辖湛江、茂名 2 个市和徐闻、海康、遂溪、廉江、吴川、高州、化州、信宜、电白、阳江、阳春等 11 个县的政区不变
	1979 年	湛江地区行政专员公署	1979 年 12 月，湛江地区革命委员会复为湛江地区行政专员公署，为省府派出机构。下辖湛江、茂名 2 个市和徐闻、海康、遂溪、廉江、吴川、高州、化州、信宜、电白、阳江、阳春等 11 个县的政区不变
	1983 年	湛江市人民政府	1983 年 9 月，撤销湛江地区建置，实行地市合并，原湛江地区行署与湛江市人民政府合并，成立湛江市人民政府，实行市管县体制。下辖徐闻、海康、遂溪、廉江、吴川 5 个县和赤坎、霞山、郊区 3 个区。信宜、高州、化州、电白 4 个县划为茂名市；阳江、阳春 2 县划归江门市
	1984 年	湛江市人民政府	1984 年 9 月，将郊区所属的湛江海湾东部划出设置坡头区。湛江市下辖徐闻、遂溪、海康、廉江、吴川和赤坎、霞山、坡头、郊区等 5 县 4 个区
	1993 年	湛江市人民政府	1993 年 12 月，撤销廉江县设立廉江市（县级）。湛江市下辖徐闻、遂溪、海康、吴川 4 个县和赤坎、霞山、坡头、郊区 4 个区，代管廉江市（县级）
	1994 年	湛江市人民政府	1994 年 4 月，撤销海康县设立雷州市；5 月，撤销吴川县设立吴川市；10 月，郊区更名为麻章区。湛江市下辖徐闻、遂溪 2 个县和赤坎、霞山、坡头、麻章 4 个区，代管雷州、廉江、吴川 3 个县级市
	2012 年	湛江市人民政府	2012 年，湛江市下辖徐闻、遂溪 2 个县和赤坎、霞山、坡头、麻章 4 个区，代管雷州、廉江、吴川 3 个县级市
	2020 年	湛江市人民政府	2020 年，湛江市下辖徐闻、遂溪 2 个县和赤坎、霞山、坡头、麻章 4 个区，代管雷州、廉江、吴川 3 个县级市

资料来源：《湛江市志》（湛江市地方志编委会编，中华书局 2004 年版）、《广东省行政区划图志》（广东省人民政府地方志办公室编，广东省地图出版社 2016 年版）、道光《广东通志·郡县沿革表》（卷 3 至卷 9）、万历《雷州府志》、嘉庆《海康县志》、宣统《徐闻县志》、光绪《遂溪县志》、宣统《石城县志》、光绪《吴川县志》、光绪《高州府志》、《古雷州诸县的历史沿革》（宋锐编著，岭南美术出版社 2011 年版），以及合浦郡行政建置沿革资料。

附录二　宋元明清湛江地区科举名册

一、海康（今雷州市）进士与举人

宋代进士

黄守政，建炎四年，据《琼州府志》增入

杨原兴，淳熙五年（1178）

杨直，淳熙五年（1178）

陈宏甫，淳熙八年（1181）［一说淳祐八年（1248）］

王应容，嘉熙二年（1238）

杨怿，宝祐四年（1256）文天祥榜

明代进士

何炫烨，洪武二十一年（1388），官监察御史

林文亨，永乐二年（1404）

黄本固，永乐二年（1404），官马平知县

林现，永乐二年（1404），官兴化县丞

何晔，永乐二年（1404）

廖谟，永乐十三年（1415），海康籍庶吉士

倪益，永乐十九年（1421）

冯彬，嘉靖八年（1529），原籍云南，官监察御史

莫天赋，嘉靖四十一年（1562）申时行榜，莆田知县、大理知府升广西右江道

梁羽翰，崇祯十六年（1643），原名梁裕国

清代进士

陈瑸，康熙三十三年（1694），官福建巡抚，追授礼部尚书。《清史稿》

有传

陈昌齐，康熙三十六年（1697），官翰林院编修、刑科掌给事中、浙江温处兵备道

蔡宠，道光二年（1822），山东即墨知县

符兆鹏，同治二年（1863），官六安知州

李晋熙，光绪十六年（1890），翰林院庶吉士，散馆改工部主事（工部裁并后任农工商部主事），铨选安徽滁州知州

元代举人

王震，延祐年间（1314—1320）

周政，延祐年间

陈杞，延祐年间

王景贤，延祐年间

陈嘉谟，延祐或至大年间

莫士纯，延祐年间

王绅，元统年间（1333—1334），化州学正

郭云龙，至正年间（1341—1368）

李熙伯，至正年间

明代举人

陈九恩，洪武十七年（1384）

罗其诚，洪武二十三年（1390），奉化教谕

何炫煟，洪武二十三年（1390），历任松江、太平、建宁等县教授

邵应龙，洪武二十三年（1390）

钱与，洪武二十六年（1393）

易文荫，洪武二十六年（1393）

宋继禹，洪武二十六年（1393）

陈仕禄，洪武二十九年（1396），修仁训导

陈思齐，洪武二十九年（1396），靖江伴读

贺聪，洪武二十九年（1396），应天推官

陈璘，洪武二十九年（1396），成县教谕

陈时懋，洪武二十九年（1396），福宁训导

尚真详，永乐九年（1411）

张昊，永乐十二年（1414），平乐知县

杨青，永乐十五年（1417）

炎源，永乐十五年（1417）

李晟，永乐十五年（1417）

李睿，永乐十八年（1420），江西佥事

林胜，永乐十八年（1420），富山训导

王吉，永乐十八年（1420）

陈蓝，永乐十八年（1420）

梁充，永乐二十一年（1423）

陈仕瀚，永乐二十一年（1423）

武琼，永乐二十一年（1423），辰州训导

林岑，永乐二十一年（1423），会昌教谕

文怀木，永乐二十一年（1423），平乐教谕

王畿，永乐二十一年（1423），思恩府训导

陈仕兴，永乐二十一年（1423）

许升，宣德七年（1432）

符玑，正统三年（1438）

庄麟，正统三年（1438）

李昕，正统三年（1438）

陈琳，正统十二年（1447），洛容知县

何钺，景泰元年（1450）

林思，景泰元年（1450）

梁裕，景泰元年（1450）

冯鉴，天顺三年（1459），湖州府通判

陈元，天顺六年（1462），南海教谕

罗章，成化四年（1468），袁州府训导

莫卿，成化七年（1471），长泰知县

梁从义，成化十年（1474），徐闻训导

刘铋，成化二十二年（1486），南宁府推官

张德，弘治十一年（1498）

林经，弘治十一年（1498），临桂知县

林凤鸣，弘治十七年（1504），道州知州

罗奎，正德二年（1507），武平知县

莫钦，正德八年（1513）

冯彬，嘉靖四年（1525）

陈明雍，嘉靖四年（1525）

高文举，嘉靖七年（1528），石城教谕

冯世华，嘉靖十年（1531），保庆府通判

陈时亨，嘉靖十年（1531），中广西乡试，任恭城训导

詹世龙，嘉靖十九年（1540），桂林训导、上思知州

邱凌霄，嘉靖二十五年（1546），安南知县

莫天赋，嘉靖二十八年（1549）

周元宾，嘉靖二十八年（1549）

邓邦瑞，万历四年（1576）

柯时复，万历十三年（1585）

林起鸑，万历十三年（1585）

莫尔先，万历十六年（1588）

袁刘芳，万历十九年（1591），绍兴同知

郑继统，万历二十二年（1594）

何其龙，万历四十年（1612）

吴士奎，万历四十三年（1615）

周东兴，天启元年（1621），江西石城知县

梁永年，崇祯六年（1633），湖广东安知县

胡懋昭，不详

清代举人

邱景福，康熙十七年（1678）

谢振基，康熙二十年（1681）

翁与义，康熙二十六年（1687），安吉知县

丁兆启，康熙二十九年（1690），巴东、秀水知县

陈元起，康熙三十五年（1696），永福知县

陈彝鼎，康熙三十八年（1699），陈简命之子，宜阳知县

林春泽，康熙四十四年（1705），吴川籍，黄安知县

梁良千，康熙五十年（1711）

陈居诚，康熙五十年（1711），陈瑸次子

梁肇华，康熙五十二年（1713）

陈居隆，康熙五十六年（1717），陈瑸长子，雍正元年举孝廉方正

邓恒山，康熙五十九年（1720）

黄中美，雍正四年（1726），徐闻籍，东莞教谕

林骥，雍正四年（1726）

符缉中，乾隆元年（1736）

王定九，不详，解元，中江知县

黄增美，乾隆三年（1738）

莫汝励，乾隆九年（1744）

邓际清，乾隆十二年（1747），番禺教谕

宋允中，乾隆十二年（1747），广昌知县

莫亮，乾隆十二年（1747），蒲县知县

陈腾泗，乾隆二十一年（1756），沙县知县

陈潼浚，乾隆二十一年（1756）

官介，乾隆三十年（1765）

劳而泰，乾隆三十三年（1768）

邓肇翰，乾隆三十三年（1768），赐国子监学正

陈昌齐，乾隆三十五年（1770），进士点翰林

吴子振，乾隆三十六年（1771）

吴文，乾隆四十二年（1777），试用训导

宋景熙，乾隆四十二年（1777）

丁汝旼，乾隆四十四年（1779），安平知县

黄清雅，乾隆五十四年（1789）

吴登第，乾隆五十四年（1789）

丁奇社，乾隆五十九年（1794）

丁宗闽，嘉庆六年（1801）

陈宗绪，嘉庆六年（1801），试用训导、顺德教谕

丁奇琯，嘉庆六年（1801），安远知县

陈文焕，嘉庆十三年（1808）

蔡思铭，嘉庆十三年（1808）

丁宗洛，嘉庆十三年（1808），试用训导

黄镇东，乾隆六年（1741）

成叶奇，乾隆三十九年（1774）

袁元黼，道光二年（1802），大挑教谕，补阳春训导

陈璘，道光五年（1825）

庄汝濂，道光五年（1825）

陈谟明，道光十二年（1832）

卓赓濂，道光十七年（1837）

吴抡兰，咸丰三年（1853）

符兆鹏，咸丰六年（1856）

劳思澄，咸丰六年（1856）

刘瑞木，咸丰十一年（1861），新兴教谕

陈观成，咸丰十一年（1861）

陈兆棠，同治元年（1862）

李绍绎，同治六年（1867）

陈天叙，光绪八年（1882）

李晋熙，光绪十一年（1885）

何沂，光绪十五年（1889），顺天榜

陈钟璋，光绪二十七年（1901）

清代武进士

吴国栋，光绪九年（1883），任乾清门侍卫

明武举人

胡洪，不详，指挥使

葵祯，不详，指挥佥事

杨伯芳，不详，卫舍增生

沈仕贤，不详，正千户

钱闾兰，不详，军生

余重武，不详，正千户

潘清，不详，雷州卫镇抚

张大用，嘉靖年间，指挥佥事

周宗武，不详，中所军连中三科

钱大成，不详，指挥佥事

潘国材，万历年间，千户

黄中理，万历年间，千户

冯材，不详，卫舍人

张齐程，不详

顾浩，不详，指挥佥事

继宗，不详，指挥使升都司

洪之缵，不详，生员

余应魁，崇祯年间，千户

清代武举人

李剑，康熙八年（1669）

冯铝，康熙八年（1669）

周礼备，康熙二十五年（1686），右营千总

符升，康熙三十八年（1699）

蔡兆元，康熙五十二年（1713）

蔡廷魁，康熙五十三年（1714）

蔡兆福，康熙五十六年（1717）

蔡绍基，雍正十三年（1735）

蔡维扬，乾隆元年（1736）

何毓英，乾隆三年（1738），浙江严州帮漕运千总

翁忠藩，乾隆六年（1741）

林云汉，乾隆十八年（1753）

邓鼎志，乾隆二十一年（1756）

梁绳谟，乾隆六十年（1795），湖北三帮漕运千总

金岱珠，道光五年（1825）

陈烈德，同治六年（1867）

吴国栋，光绪五年（1879）

陈同仰，光绪十四年（1888）

邓飞龙，光绪十五年（1889）

陈兆齐，光绪十五年（1889）

何锡铨，光绪十五年（1889）

邓定邦，光绪十五年（1889），北海、遂溪左营千总，署雷州、廉州守备

（冯伟　整理校对）

二、吴川进士与举人

宋代进士

鞠杲，元祐六年（1091），黄坡稳村人〔一作元符三年（1100）登第〕

陈惟中，宝祐四年（1256）文天祥榜，文昌县尹

吴颐，咸淳元年（1265），临安知府、光禄卿

明代进士

林昶，洪武十八年（1385），樟铺樟木人

顾祯，洪武十八年（1385），黄坡平城人

郑容，洪武十八年（1385），黄坡人，福建泉州推官、山西道监察御史

易璘，永乐十三年（1415），塘塅东岸人，广西梧州府教授

李浚，正统十三年（1448）

萧惟昌，景泰五年（1454），振文大寨人，户部主事、山东清吏司员外郎

林廷瓛，弘治三年（1490），吴阳霞街人，浙江永嘉县知县，苏州府、建宁府同知

吴鼎泰，崇祯元年（1628），吴阳上郭人，两淮运使

清代进士

林闻阶，乾隆二十二年（1757），吴阳霞街人，山西灵石知县

陈圣宗，乾隆四十五年（1780），吴阳芷寮人，广东惠州府教授

麦国树，乾隆二十六年（1761），塘尾麦屋人，翰林院检讨

林召棠，道光三年（1823）状元，吴阳霞街人，授翰林院修撰

林联桂，道光六年（1826），塘塍田头屋人，湖南新化知县、邵阳通判

黄橱宾，道光十八年（1838），山西大同、介休知县

陈兰彬，咸丰三年（1853），黄坡人，翰林院庶吉士、太常寺卿，出使
美国、西班牙、秘鲁大臣，总理各国事务大臣

莫如兰，光绪九年（1883），坡头莫村人，翰林院检讨

李遇昌，光绪二十一年（1895），坡头大仁堂人，翰林院检讨

宋代举人

林兼山，嘉定十五年（1222）解元，吴阳霞街人，湖北江夏县训导

林可生，嘉定十五年（1222）解元，吴阳霞街人

李凌云，淳祐六年（1246）解元，吴阳李屋巷人

林秀甫，咸淳三年（1267），吴阳霞街人，广东定安教谕

林仲甫，咸淳三年（1267），吴阳霞街人，江苏泰州学正

元代举人

易世传，皇庆元年（1312），塘塍东岸人，湖北公安县教谕

林容，延祐五年（1318）

黄半山，至正间，昌化县令

明代举人

林昶，洪武十七年（1384），樟铺樟木人

郑容，洪武十七年（1384），黄坡人

顾祯，洪武十七年（1384），黄坡平城人

杨兼济，洪武二十年（1387），广西靖州学正

林原宥，洪武二十年（1387），兴业教谕

陈璆，洪武二十三年（1390），振文泗岸人，福州教谕

吴孔昭，洪武二十三年（1390），吴阳上郭人，云南监察御史

陈鹏，洪武二十六年（1393），黄坡大院人，广西梧州知府

吴孔光，洪武二十九年（1396），吴阳上郭人，云南蒙自教谕

孙迪哲，洪武二十九年（1396），黄坡塘基人，广西宜山教谕

陈乾，永乐元年（1403），四川渠县教谕

彭完义，永乐元年（1403），湖广通山县教谕

陈保，永乐三年（1405），交趾长津知县

黎暹，永乐六年（1408），交趾上兰知县

梁简，永乐六年（1408）

陈英，永乐九年（1411），交趾都和典史

黄俊，永乐九年（1411），交趾王麻州吏目

陈懋，永乐九年（1411），交趾典史

陈珩，永乐十二年（1414）

林密，永乐十五年（1417）

杨禧，永乐十八年（1420），广西兴安训导

黄敏，永乐二十一年（1423），广西宾州学正

罗伦，永乐二十一年（1423），四川雅州学正

吴墅，永乐二十一年（1423），吴阳上郭人，江西云都训导

吴灏，永乐二十一年（1423），吴阳上郭人

覃晓，怀安县主簿、清流知县

孙宏，宣德七年（1432），广西陆川教谕

陈韶，宣德十年（1435），樟铺泊头人，广西罗城教谕

易磷，宣德十年（1435），塘㙍东岸人，广西梧州教授

李珏，正统三年（1438），黄坡三柏人，平乐训导

易恒，正统三年（1438），塘㙍上杭人，江苏如皋知县

李冕，正统三年（1438），黄坡那罗人，河北大名知府

林球，正统三年（1438），广西横州知府

陈瑷，正统六年（1441），振文泗岸人

凌霞，正统十二年（1447）

李俊，正统十二年（1447）

陈达，景泰元年（1450）

吴浚，景泰元年（1450），吴阳上郭人，广西横州学正

萧惟昌，景泰元年（1450），振文大寨人

史孜，景泰四年（1453），江苏浦江训导

梁守正，景泰四年（1453），山东金乡教谕

林廷璋，成化四年（1468），吴阳霞街人

李芳，成化七年（1471），黄坡南路人，南京兵马司指挥

吴朝玉，成化十年（1474），吴阳上郭人，湖南长沙府通判

陈暹，成化十三年（1477），樟铺泊头人，广西苍梧教谕

林廷瓛，成化十三年（1477），吴阳霞街人

林荣，成化二十二年（1486）

高鸿，弘治五年（1492），福建怀安教谕

陈天骥，弘治八年（1495）

陈瓒，弘治八年（1495）

林显，正德五年（1510），黄坡塘榄人，浙江绍兴府教授

陈策，正德八年（1513），广东陵水教谕

林秉全，正德十一年（1516），林廷瓛子，福建建宁府通判

吴准，嘉靖元年（1522），吴阳上郭人

萧廷辉，嘉靖四年（1525），湖南长沙知县

李德正，嘉靖七年（1528），安徽天长知县

李尚德，嘉靖二十二年（1543），黄坡三柏人，福建福安知具

吴廷彦，万历十三年（1585），吴阳上郭人，广西兴化府通判、知州

吴鼎泰，万历三十七年（1609），吴阳上郭人

吴鼎元，万历三十七年（1609），吴阳上郭人，吴鼎泰弟，夔州知府

吴一善，万历四十三年（1615），吴阳上郭人，广西象州知州

麦伦，天启元年（1621），浙江嘉兴通判

吴鼎和，天启元年（1621），吴阳上郭人

欧光宸，天启七年（1627），博铺人，广东海南监军道按察司副使

龙逢圣，崇祯六年（1633），樟铺金鸡峒人

陈绍颜，崇祯十二年（1639），黄坡大院人

吴徽叙，崇祯十三年（1640），吴阳上郭人

陈参雨，崇祯十五年（1642），坡头乾塘人

陈联第，崇祯十五年（1642），振文泗岸人

清代举人

吴士望，康熙二年（1663），吴阳上郭人，鼎泰子，浙江富阳知县

林春泽，康熙四十四年（1705），吴阳霞街人，迁居雷州，湖北黄安知县

陈景廉，康熙五十年（1711），吴阳山嘴巷人

吴国伦，雍正七年（1729），吴阳上郭人，广东曲江县学正

黄家汉，乾隆三年（1738），木约人

伍象两，乾隆六年（1741），塘㙨麻文村人，任知县

麦国树，乾隆九年（1744），塘尾麦屋人

林邦珖，乾隆十七年（1752），吴阳霞街人，江西分宜知县

陈尹东，乾隆十七年（1752），振文泗岸人，湖北武昌知县，署武昌府同知

陈国成，乾隆十八年（1753），振文博掉人，浙江仙居、钱塘知县，署处州府同知

林闱阶，乾隆二十一年（1756），吴阳霞街人

骆宗朱，乾隆二十四年（1759），广东揭阳教谕

吴元功，乾隆二十五年（1760），吴阳上郭人

林香宾，乾隆二十七年（1762）

陈圣宗，乾隆三十三年（1768），吴阳芷寮人

梁尧明，乾隆四十八年（1783），梅箓莲塘人，广东儋州学正

陈章元，乾隆五十一年（1786），尹东子，福建安溪知县

卓建，乾隆五十一年（1786），梅箓人

陈璋润，乾隆五十四年（1789），振文泗岸人，广东长宁、琼山教谕、钦州学正

李元琳，乾隆五十四年（1789），黄坡那罗人

钟涛，乾隆五十七年（1792），坡头久有人

龙图光，乾隆五十七年（1792），梅箓人

张士拔，乾隆五十七年（1792），浅水榕树人

林懋昭，乾隆五十九年（1794）

李上猷，嘉庆三年（1798），黄坡三柏人，后迁梅箓，会同教谕

吴河光，嘉庆三年（1798），黄坡水潭人，云南江川知县、陆凉知州

麦实发，嘉庆三年（1798），塘尾麦屋人

杨发祖，嘉庆五年（1800），吴阳中街人

林鸣玉，嘉庆六年（1801），黄坡塘禄人

林联桂，嘉庆九年（1804）

李士忠，嘉庆九年（1804），吴阳中街人

孙大焜，嘉庆十三年（1808），黄坡唐基人，历任福建龙溪、寿宁、沙县知县，乡试同考官

易文成，嘉庆十三年（1808）

李玉茗，嘉庆十三年（1808），吴阳李屋巷人，广东龙门训导、花县教谕

吴懋清，嘉庆十五年（1810），黄坡水潭人

吴家骏，嘉庆十五年（1810），吴阳上郭人，直隶州同

李玉华，嘉庆十五年（1810），吴阳李屋巷人，陕西山阳教谕

吴懋基，嘉庆十八年（1813），黄坡水潭人，广东嘉应学正、番禺教谕

林召棠，嘉庆二十一年（1816），吴阳霞街人

吴国祯，嘉庆二十三年（1818），黄坡水潭人，广东定安教谕

林鹤龄，嘉庆二十四年（1819），吴阳霞街人

招元傅，覃巴米朗人，广东高要县训导

林锡爵，道光二年（1822），云南镇平训导

欧国翰，道光八年（1828），博铺人，云南宁州知州

陈秉文，道光八年（1828），振文大坡人

郑粤英，道光十四年（1834），坡头新场人，广东揭阳、番禺教谕

黄直光，道光十五年（1835），黄坡盘石人

黄棣昌，道光十七年（1837）

陈兰彬，咸丰元年（1851），黄坡人

陈其英，咸丰五年（1855），梅菉人，刑部郎中、安徽清吏司主事

欧志唐，咸丰五年（1855），博铺人，广东乳源县训导，后升琼州府教授

陈廷秀，同治元年（1862），黄坡人，广东高明训导，调补连山、新宁教谕

陈诗，同治六年（1867），坡头山嘴人，广东花县教谕

李文泰，同治九年（1870），吴阳李屋巷人，候选主事

李若金，同治十二年（1873），白水塘人，广东四会训导

林翰贤，光绪元年（1875），吴阳霞街人

吴锡庚，光绪元年（1875），吴阳上郭人，高州书院主讲

孙光前，光绪二年（1876），黄坡塘基人，广东定安训导、琼州府教授

何景濂，光绪二十年（1894），吴阳西街人，民国川西中学校长

李宝炬，光绪二十一年（1895），泉塘人，大挑知县

杨汉章，光绪二十六年（1900），塘塅瑚琳人，民国川西中学校长

梁殿升，光绪二十六年（1900），兰石人

陈邦礼，嘉庆三年（1798），振文泗岸人，恩赐举人

林缉熙，嘉庆十五年（1810），恩赐举人

陈献猷，嘉庆十五年（1810），坡头山嘴人，恩赐举人

林冯鲤，嘉庆十五年（1810），恩赐举人

李元惠，嘉庆十八年（1813），恩赐举人

易业藩，嘉庆十八年（1813），塘塅上杭人，恩赐举人

陈有孚，嘉庆十八年（1813），恩赐举人

李泮荣，嘉庆十八年（1813），吴阳白沙人，恩赐举人

吴柱周，嘉庆十八年（1813），黄坡水潭人，恩赐举人

林纪蕴，嘉庆十八年（1813），吴阳霞街人，恩赐举人

易素盛，嘉庆十八年（1813），塘塅上杭人，恩赐举人

陈楷，道光十五年（1835），恩赐举人

吴树勋，同治六年（1867），吴阳上郭人，恩赐举人

林隆升，光绪元年（1875），恩赐举人

黄廷铨，乙卯科，岭头街人，恩赐举人

莫如兰，光绪八年（1882），坡头莫村人，恩赐举人

杨洛钟，光绪八年（1882），塘塅瑚琳人，遂溪教谕，恩赐举人

吴芳献，光绪十四年（1888），黄坡水潭人，恩赐举人

李致元，光绪二十三年（1897），岭博人，加五品衔，恩赐举人

清代武进士

易中，乾隆四年（1739），塘塅上杭人，驻京提塘官

清代武举人

吴标，康熙四十一年（1702）解元，吴阳上郭人

吴君弼，康熙四十四年（1705），吴阳上郭人

吴尚河，康熙五十六年（1717），吴阳上郭人

易中，乾隆元年（1736），塘㙍上杭人

吴元芳，乾隆六年（1741），吴阳上郭人

易业富，乾隆十七年（1752），塘㙍上杭人，山西太原府武官，后在京师任武职

吴元功，乾隆二十五年（1760），吴阳上郭人，授中宪大夫

吴龙川，乾隆三十年（1765），吴阳上郭人，吴元芳子

吴汇川，乾隆三十五年（1770），吴阳上郭人

林开第，乾隆三十九年（1774），吴阳霞街人

易连标，乾隆四十二年（1777），塘㙍上杭人

易高飞，乾隆四十五年（1780），塘㙍上杭人

易连肿，乾隆四十五年（1780），塘㙍上杭人

李颖珠，乾隆四十五年（1780），黄坡平泽人，署琼州镇标营守备

潘汝渭，嘉庆三年（1798），香山营都司、闽安协副将、广东南澳镇总兵

韩宸元，嘉庆二十一年（1816），坡头殷底人

杨英华，道光十四年（1834），塘㙍瑚琳人

陈达璋，同治六年（1867），坡头乾塘人

郑玉光，同治十二年（1873），大垌人

杨达英，光绪十五年（1889），塘㙍瑚琳人

说明：外籍外地考上两榜人员，后迁入吴川居住的而未进入府志、县志名录，本册不收入。原属茂名县梅菉、博铺、兰石、浅水、覃巴等地的两榜人员收入名册；有可靠诗文证实是两榜人员，或中式在清末县志编成之后者，增收入册。

（欧锷　整理校对）

三、廉江进士与举人

明代进士

李泽，永乐四年（1406），廉城镇人

杨钦，永乐二十二年（1424），石城镇谢鞋村人

高魁，天启五年（1625），石城镇毛黎村人

龙大维，崇祯四年（1631），廉城镇人

清代进士

黎正，雍正二年（1724），廉城镇人

蔡发祥，光绪十八年（1892），横山镇龙角塘蔡屋泊村人，钦赐翰林

明代举人

张英，建文四年（1402）

李泽，永乐三年（1405），廉城镇人

李俊，永乐三年（1405）

李儁，永乐年间

龙德辉，永乐年间，新民三叉村人

李殷礼，不详

褐昭，不详

何清，不详

全有志，永乐年间，良垌镇石通村人

劳义，永乐九年（1411），良垌镇湍流村人

杨钦，永乐十二年（1414），石城镇谢鞋村人

陈良，永乐十二年（1414）

黄荫，永乐十五年（1417），石城镇上县村人

杨广，永乐十八年（1420），石城镇谢鞋村人

全通，永乐二十一年（1423），良垌镇东桥村人

李凤，宣德七年（1432），横山镇横山村人

黄信，景泰元年（1450），石城镇上县村人

高魁，万历四十年（1612），石城镇毛黎村人

龙大维，万历四十年（1612），廉城镇人

刘傅鼎，天启五年（1625），石角镇山底村人

黎民铎，崇祯六年（1633），廉城镇人

清代举人

庞显，康熙十一年（1672），石城镇那良村人

黎正，康熙五十九年（1720）

庞正先，雍正二年（1724），石城镇那良村人

邹宗泗，乾隆二十五年（1760），良垌镇平坦木西村人

文在中，乾隆三年（1738），吉水镇大车村人

萧升，乾隆九年（1744），良垌镇新华篁竹村人

李实，乾隆十二年（1747），新民镇大路边村人

罗秀凤，乾隆十二年（1747），雅塘镇陀村人

林之麒，乾隆十八年（1753），石颈镇杨名水村人

张元祥，乾隆二十一年（1756），营仔镇深山龙村人

钟时行，乾隆三十九年（1774），长山镇那凌村人

戴尚礼，嘉庆九年（1804），良镇平坦沙涌村人

戴凝相，道光二年（1802），平坦三角塘村人

罗士奇，道光二十年（1840），雅塘镇陀村人

罗绫纪，道光二十三年（1843），青平镇白路岭村人

江国华，咸丰二年（1852），岐岭村人

江诚和，咸丰十一年（1861），良垌镇岐岭村人

罗汝彦，同治六年（1867），雅塘镇陀村人

陈炳章，同治六年（1867），安铺河堤新兴村

江慎中，光绪十四年（1888），良垌镇岐岭村人

江珣，光绪二十九年（1903），良垌镇岐岭村人，恩赐举人

黎道新，石岭镇大岭村人，宣统朝恩赐举人

龙卿云，黄竹冈村人，宣统朝恩赐举人

黄象芳，和寮镇大塘村人，宣统朝恩赐举人

蔡发祥，横山镇龙角塘蔡屋泊村人，宣统朝恩赐举人

黄廷仪，良垌镇赤岭村人，宣统朝恩赐举人

陈廷华，良垌镇松屏村人，宣统朝恩赐举人

清代武举人

曹俊，康熙十二年（1673），青平镇那里坡人，任兰州卫千总、赤金卫守备

谢克淳，康熙十二年（1673）

曹克平，乾隆三年（1738），车板镇大塘村人

钟清英，乾隆二十一年（1756），吉水镇低山人

梁正珖，乾隆三十五年（1770），石城镇官埇村人

廖广扬，乾隆三十六年（1771），长山镇冷水埇村人

梁德显，乾隆三十九年（1774），塘尾人

彭魁，乾隆五十一年（1786），和寮镇新屋场村人

黄士琼，嘉庆十八年（1813），塘蓬同留村委铜锣湾村人

林正钢，嘉庆二十一年（1816），青平镇木高山人

钟举才，嘉庆二十四年（1819），河唇镇风梢村委赤竹坑人

涂龙高，道光元年（1821），和寮镇焦林村人

陈家珍，道光二十四年（1844），横山镇乾案村人，一作道光十二年

廖家珍，咸丰十一年（1861），长山镇冷水埇村人

龙锦洸，同治元年（1862），长山镇周村人，署贵州古州把总，赏戴五品蓝翎

苏润源，同治六年（1867），雅塘镇坡仔村人

郑玉光，同治十二年（1873）

（钟珠　整理校对）

四、徐闻进士与举人

明代进士

林宗溥，洪武十八年（1385），监察御史

吴谦，永乐二年（1404），江西上犹知县

邓宗龄，万历十一年（1583），龙塘镇烈村人，翰林检讨

骆效忠，万历二十六年（1598），那练村人，广西玉林知州、崇荣左史、中宪大夫

清代进士

苏其章，嘉庆七年（1802），海安镇坑仔村人，翰林检讨

元代举人

梁特卿，延祐年间（1314—1320）解元

明代举人

林宗溥，洪武十七年（1384）

廖克福，洪武二十三年（1390），又作廖允福，广西宜山县教谕

吴谦，永乐元年（1403）

苏德厚，洪武二十六年（1393），广西修仁县训导

赵浩然，永乐三年（1405），户部主事

杨永源，永乐三年（1405），江西省奉新县训导

王宗裔，永乐三年（1405）

陈应炎，永乐六年（1408），兵科给事中

陈隆贞，永乐十二年（1414），陕西零县训导

林观，永乐十二年（1414）

王廉，永乐十二年（1414）

冯哲，正统六年（1441），江西高安训导

陈玄，天顺六年（1462），广东省南海训导

刘直卿，成化四年（1468）

陈素蕴，嘉靖三十四（1555），福建省诏安知县

邓邦基，嘉靖四十年（1561），龙塘镇烈村人，江苏兴化县通判

邓邦髦，嘉靖四十年（1561），龙塘镇烈村人，江苏泗州、湖南澧州等知州

陈文彬，嘉靖四十三年（1564），湖北随州知州

邓宗龄，万历四年（1576），龙塘镇烈村人

钟万鼎，万历三十四年（1606），迈陈镇迈戴村籍人

陈大训，万历七年（1579），广西荔浦县知县

骆效忠，万历十六年（1588），那练村人，广西玉林知州

骆上乘，万历十六年（1588），那练村人，广西庆远府推官

梁见龙，万历十九年（1591）

欧阳宣臣，万历三十七年（1609）

冯肩王，万历四十六年（1618）

潘玉，万历四十六年（1618）

黄方中，天启元年（1621），南山镇角厢村人

邓元鹏，天启元年（1621）

陈向廷，崇祯三年（1630）

梁秉忠，崇祯九年（1636）

梁秉恕，崇祯九年（1636）

梁南津，崇祯六年（1633）

清代举人

钟声绎，顺治二年（1645），迈陈镇东莞村人

邓元瑛，顺治二年（1645），龙塘镇烈村人

邓禧，顺治二年（1645），龙塘镇烈村人

黄中美，雍正四年（1726）

谢景福，康熙十七年（1678），广州府南海人附籍

柯般，乾隆三年（1738），又作柯启，鹰峰新村人

何斯懋，乾隆五十七年（1792），海安镇塘西村人

黄镇东，乾隆六年（1741），南山镇角厢村人

邓国霖，光绪十五年（1889），南山镇北潭村人，恩赐举人

杨嘉树，乾隆五十七年（1792），南山镇竹山村人，恩赐举人

蒋绍祖，光绪八年（1882），前山镇和家村人，恩赐举人

清代武进士

李志浩，雍正元年（1723），海安镇北关村人

张琳，雍正元年（1723），海安镇人

吴培超，乾隆六十年（1795），迈陈镇青桐村人

清代武举人

李志浩，康熙五十六年（1717），海安镇北关村人

张琳，康熙五十六年（1717），海安镇人

骆兆祺，乾隆九年（1744）

钟铭泰，乾隆四十五年（1780），石岭村人

何文振，不详

魏国瑛，乾隆二十七年（1762）

何恂振，不详，前山镇北松村人

蔡大猷，乾隆三十三年（1768），堰塘村人，广东虎门千总

邓国钧，乾隆四十四年（1779），东坑村人

黄辉岐，不详

邓廷璋，乾隆五十一年（1786），南山镇北潭村人

邓廷标，乾隆五十三年（1788），南山镇北潭村人

邹冠英，乾隆五十四年（1789），城北乡嘉乐园村人

吴培超，乾隆五十七年（1792），迈陈镇青桐村人

王超，乾隆五十九年（1794）

邓国超，嘉庆十五年（1810），报树湾人

黄金珍，道光二年（1822），琼朗村人

王定杰，光绪十四年（1888）

（钟大生　整理校对）

五、遂溪进士与举人

宋代进士

纪应炎，宝祐四年（1256）

程雷发，宝祐四年（1256）

杨怿，宝祐四年（1256）

庄嗣孙，咸淳七年（1271）

明代进士

倪益，永乐十五年（1417）

清代进士

洪泮洙，顺治十五年（1658）

周植，嘉庆二十二年（1817）

杨鳣，道光四年（1824）

元代举人

吴正卿，延祐四年（1317）

陈慈卿，至正年间（1341—1368）

明代举人

林成义，不详

陈玹，不详

吴直，不详

陈依均，不详

茅添兴，不详

谢依相，不详

谢孟容，不详

孙宗俊，不详

陈厚曜，不详

李志高，洪武十七年（1384）

陈厥后，洪武二十三年（1390）

陈惟恭，洪武二十九年（1396）

王德，洪武二十九年（1396）

吴宗直，建文元年（1399）

陈渊，洪武二十九年（1396）

黎球，建文元年（1399）

吴文奎，永乐元年（1403）

陈贞豫，永乐三年（1405）

林成，永乐六年（1408）

倪益，永乐六年（1408）

蔡从举，永乐九年（1411）

陈调，永乐十二年（1414）

彭映，永乐二十一年（1423）

陈矩，永乐二十一年（1423）

陈昊，永乐二十一年（1423）

陈蕃，宣德元年（1426）

冯翼，宣德元年（1426）

陈善，宣德七年（1432）

郑文，宣德七年（1432）

王冀，弘治二年（1489）

张安，弘治十一年（1498）

彭钰，弘治十四年（1501）

陈魁修，正德二年（1507）

陈子升，万历二十二年（1594）

陈其峨，万历四十三年（1615）

韩日进，天启四年（1624）

洪泮洙，崇祯十五年（1642）

翁子善，不详

陈毓秀，不详

梁忠，不详

黄爌，不详，恩赐举人

张仰成，不详，恩赐举人

徐日省，不详，恩赐举人

梁有楠，不详，恩赐举人

谢嘉言，不详，恩赐举人

何鸣珂，不详，恩赐举人

陈君仁，不详，恩赐举人

陈雅谊，不详，恩赐举人

清代举人

温时夏，康熙二十六年（1687）

陈国球，康熙三十五年（1696）解元

李惟乔，康熙五十九年（1720）

何茂荷，雍正七年（1729）

蔡位卿，雍正十年（1732）

李林恢，乾隆六年（1741）

王锡扁，乾隆六年（1741）

苏大赓，乾隆九年（1744）

李实发，乾隆十八年（1753）

陈秀东，乾隆二十五年（1760）

廖廷瑜，乾隆四十五年（1780）

黄丙，乾隆六十年（1795）

梁洸国，乾隆六十年（1795）

陈应龙，嘉庆三年（1798）

梁安邦，嘉庆三年（1798）

李羌和，嘉庆三年（1798）

王居敬，嘉庆三年（1798）

周植，嘉庆九年（1804）

黄中润，嘉庆二十一年（1816）

杨鳟，道光十五年（1835）

杨晃岱，道光十七年（1837）

陈乔森，咸丰十一年（1861）

罗鼎，光绪十一年（1885）

罗海，光绪十五年（1889）

戴士诚，嘉庆十二年（1807），恩赐举人

伍桂珍，嘉庆十五年（1810），恩赐举人

明代武举人

余益高，不详

清代武举人

黄嘉，康熙三十五年（1696）

杨鹰羽，康熙四十一年（1702）

黄迈德，康熙五十三年（1714）

李景蔚，乾隆二十七年（1762）

周良谟，乾隆三十五年（1770）

欧英佐，乾隆三十六年（1771）

洪元超，乾隆四十二年（1777）

陈式超，嘉庆六年（1801）

吴连元，嘉庆九年（1804）

麦广颖，嘉庆十二年（1807）

黎士宽，嘉庆十三年（1808）

陈虎文，嘉庆十八年（1813）

梁煦，嘉庆二十四年（1819）

梁丕超，不详

梁大进，道光二年（1822），高州左营梅菉汛千总

余居元，道光十四年（1834）

周典，道光十一年（1831）

黄明，不详

（邹子强　整理校对）

据邓碧泉、欧锷主编，岭南美术出版社 2013 年出版的《科举文化·两榜名册》（湛江文化系列丛书）整理，收入《湛江通史》时作了修改。

附录三　大事记（1949.10—2021.7）

1949 年

10 月 1 日　中华人民共和国成立，中共粤桂边区委和粤桂边纵队在廉江解放区举行盛大庆祝会。同月下旬至 12 月初，粤桂边纵队配合南下人民解放军先后解放了徐闻（10 月 22 日）、梅茂（10 月 29 日）、廉江（11 月 1 日）、吴川（11 月 17 日）、遂溪（11 月 27 日）、海康（12 月 5 日）等县。

12 月 7 日　中共粤桂边区委在廉江召开扩大会议，宣布撤销粤桂边区委，原广东南路地区成立中共南路地委和南路地区行政督察专员公署，辖徐闻、海康、遂溪、廉江、吴川、梅茂、化县、茂名、信宜、电白、防城、钦县、合浦、灵山等 14 个县。地委书记刘田夫，副书记温焯华，常委①李进阶（兼专员）、黄其江（兼组织部部长）、杨辉图、邬强；专署专员李进阶，副专员黄其江。会议决定解放国民党南路统治中心湛江市。

12 月 17 日至 19 日　粤桂边纵队第六支队 4 个团和第二支队第五团，于 17 日夜间发起解放湛江市的战斗。驻湛江市的国民党残部撤入原法国东方汇理银行等坚固建筑物内负隅顽抗。18 日，解放军第四十三军 1 个团从北海驰援湛江，市区和市郊群众也组织起来支援部队。19 日，军民合力攻克国民党军所有据点，解放湛江市。

12 月 20 日　人民解放军举行入城仪式，并宣布成立湛江市军事管制委员会，主任刘田夫（兼），副主任沈斌。军管会开始接管国民党政权机构，没收官僚资本和帝国主义在湛资产，维护社会秩序，筹备召开各界人民代表会议。

---

①　"常委"栏不再重复罗列在党内任副书记以上职务的常委，按任职时间先后排序。

1950 年

1 月 1 日　湛江市军民聚集在中国大戏院等地，举行庆祝湛江解放暨 1950 年元旦联欢大会。

1 月 3 日　南路支前司令部成立，司令员李进阶，政委温焯华（后刘田夫兼政委）。支前司令部发动南路党政军民全力支援解放海南岛。3 月 5 日解放海南岛战役打响，5 月 1 日海南岛解放。在支援解放海南岛战役中，湛江各地修路筑桥，筹粮捐款，征集船只和船工，帮助解放军海上练兵并随军渡海作战，雷州半岛共牺牲舵手、船工 115 人，为海南岛解放作出重大贡献和牺牲。

2 月 14 日至 3 月 2 日　中国共产党南路地区第一次党员代表会议在湛江市赤坎召开，到会代表 120 多人，代表全区 469 个支部、6280 名党员。会议传达中共中央华南分局第一书记、广东省人民政府主席、广东军区司令员兼政委叶剑英在华南分局召开首届广东各地党员代表会议上所作的《关于一九五○年广东工作任务的报告》，地委书记刘田夫作《两个月来地委工作的检讨和 1950 年南路党的任务和工作》报告，第八军分区司令员邬强和军分区政治部副主任支仁山分别作了报告。代表们一致通过关于南路党组织在 1950 年的工作任务和各项工作的决议。

3 月 10 日至 13 日　湛江市第一届各界人民代表会议在湛江市赤坎举行。南路地委书记、湛江市军管会主任刘田夫作《关于湛江市目前情况与今后的工作任务的报告》，市军管会副主任沈斌作《二个多月来湛江市接管工作的报告》，市公安局负责人作《两个多月来湛江市公安工作的概况》。会议一致通过生产救荒、推行人民币、禁用银元、外币和交通、治安、支前等几十项议案和《协商委员会组织细则》，选出本届代表会议协商委员会委员，成立了协商委员会，主席陈明江。至此，湛江市军管会完成其历史使命，共完成了对原湛江市国民党政权的全面接管工作，接收物资银元 1.25 万元、港币 5.40 万元、汽车 16 辆和办公用具一批。

3 月 24 日　南路地委发出《关于南路党政军机关和部队执行整编问题的决定》，对机关和部队实行整编。整编后，南路专署和下属 14 个县的编制人数为 8659 人，乡村干部 3904 人，全区共 2.3 万人，比整编前减少一半。通过整编，解决了人浮于事、开支庞大等问题，统一了财经。

3月 中国共产党湛江市委员会成立，书记方华，副书记陈明江。同月，湛江市人民政府成立，方华任市长，沈斌任代理副市长。市政府由南路专署代管，市委直属中共中央华南分局领导，由华南分局委托南路地委代管。办公地址设在湛江市赤坎民族路35号，1951年迁至西营（今霞山区）海滨一横路1号。

4月10日 南路地区首届青年代表会议在湛江市召开，传达中共中央南方局和中共中央华南分局对青年工作的指示，交流全区中国新民主主义青年团的工作情况和经验。

4月底 南路地区第一次妇女工作会议召开，讨论妇女参加生产的重要性，号召发展家庭生产。

5月16日 湛江至香港航线开通，香港"德安利"号载货机帆船抵霞山码头。

5月24日至27日 南路地委召开工会工作会议，传达广东省第一次工会会议精神，总结湛江市工人运动工作经验。6月3日至5日，湛江市首届工人代表会议召开。会议通过加强统一领导，争取迅速成立工会，以生产自救方式救济失业工人等议案。

6月 中共中央华南分局决定，钦廉四属防城、钦县、合浦、灵山从南路划出，南路专署辖徐闻、海康、遂溪、廉江、吴川、梅茂、化县、茂名、电白、信宜10县和湛江市。

8月1日 湛江市人民政府根据南路地区公安处关于开展反动党、团登记工作的通知，发布《湛江市人民政府布告》，敦促中国国民党、三民主义青年团、民主社会党、中国青年党等党派的党员从8月2日起依法登记悔过自新。市公安局坚持镇压与宽大相结合，逮捕和打击少数抗拒登记和假自首分子，奖励自新者。至次年9月，1.42万人登记自新。

9月 中共南路地委改称中共高雷地委（至1952年11月撤销）。地委书记刘田夫，副书记李光宇，常委刘田夫、李光宇、李进阶、黄其江（兼纪委书记、组织部部长，1951年6月止）、赵冬垠（兼宣传部部长）、王国文（兼组织部部长，1951年下半年任）、杨辉图、汪昌桂、方华（兼湛江市委书记、市长）、邬强。同时，南路专署改称高雷专员公署（至1952年3月撤销）。专员公署专员李进阶，副专员黄其江、孙异涛、罗荣。

10月25日　湛江市广大人民群众积极响应中央号召，广泛开展"抗美援朝、保家卫国"运动。

11月　湛江市公安局查封毒害人民的烟馆、烟档。

12月　高雷区土地改革委员会成立，主任刘田夫。土改委以遂溪为先行县，以湛江市新鹿区为试点区，逐步铺开全区土改工作。至1953年6月，土改工作结束。

同月　高雷区传达执行中共中央《关于镇压反革命活动的指示》，开展镇压反革命运动，打击土匪、特务、恶霸、反动党团骨干及反动会道门头子。至1953年底镇反运动结束。

1951 年

1月1日　广东省人民法院高雷分院成立，隶属广东省人民法院领导，院长林敬文。

1月22日　湛江市公安局在赤坎举办禁烟展览会，并在南华广场公开焚烧鸦片和烟具。次年8月，湛江市全面开展禁烟禁毒群众性社会改革运动，至10月底，湛江市和高雷区的清查烟毒运动基本结束。

1月31日　海（康）遂（溪）南北堤总委员会成立，组织群众修复雷州半岛南北大堤。修复工程于2月17日动工，9月底竣工，修复堤长52.8千米。

4月　中共中央华南分局决定，成立中共粤西区委员会，机关驻江门市。高雷地委隶属粤西区委领导。

6月　高雷区首家机械化糖厂——徐闻华建糖厂开建第一期工程，该厂由华侨梁国新等8人集资兴建，12月竣工投产，日榨甘蔗100吨。

8月1日　湛江市贯彻中南局《关于放手发动工人群众开展民主改革运动的指示》，成立民主改革工作队，到国营工厂、公路运输、建筑、搬运、民船等行业和中山、幸福街道，发动群众开展民主改革。通过民主改革，肃清封建把头残余势力，提高工人政治觉悟和生产积极性。企业普遍建立工人代表大会制度和管理委员会。该运动至1954年结束。

11月1日　湛江市第一家国营建筑企业——湛江建筑公司成立。

11月下旬 华南分局第一书记叶剑英带领一批中外林业、橡胶专家到雷州半岛调查研究。12月6日，华南垦殖高雷分局成立。次年1月，解放军第四十三军干部99人及高雷区土改工作队员300人调入农垦部门，参加开垦雷州半岛的勘查测量工作。8月，解放军林业工程第二师开进湛江垦荒种橡胶，不久林二师与华南垦殖高雷分局合并。至1952年底，共开垦土地96万多亩，建立154个垦殖场和8个拖拉机队。至20世纪50年代末，第一批橡胶树成材出胶。至20世纪80年代，打破橡胶树只适宜在北纬17°以南生长的历史纪录，把橡胶树北移种植至北纬24°，创造了世界橡胶种植史上的奇迹。

1952 年

1月 海康、徐闻两县发生中国青年党反共抗俄"救国军"粤桂边第六纵队、第七纵队假案①。"六纵案"于1953年3月被揭露是假案，受害者得到初步平反，"七纵案"于1956年初步获纠正。两案延至1980年才彻底平反，制造假案的海康县公安局有关人员被依法严惩。

同月 开展反贪污、反浪费、反官僚主义的"三反"运动，经过动员群众参加运动、"打虎"追赃、民主建设、复查处理4个阶段，至10月基本结束。地委、专署机关和地直公安部队、企业、学校、工矿中的党员，有131人被认为犯有贪污等错误。后经复查、核实，79人被免予处分，26人受到党纪处分。

4月16日 中央人民政府和省人民政府共拨83.8亿元②专款，帮助修筑海（康）遂（溪）南北堤、鉴江堤和安铺南北堤。

5月26日 高雷地委发出《关于加强党的纪律检查工作的通知》，要求在"三反"、土改和土改整队中，处理抗拒"三反"、破坏土改、违反党纪法令等的党组织和党员，检查和清洗蜕化变质、阶级异己、投机分子，加强党的纪律检查工作。

8月6日 高雷地委作出《关于土改区镇反群众路线问题的指示》，各县发动群众积极参与清匪镇反斗争。全区有17万人参加搜山剿匪，清匪镇

---

① 简称"六纵案""七纵案"。

② 旧版人民币。

反斗争进入高潮。

8月28日　由于美国拖延和破坏朝鲜停战谈判，高雷地区从第一、第二期转业军人中征调800人重新入伍，补充中国人民志愿军兵力。

10月27日　修复西厅机场，改称湛江机场，开通湛江至广州航线。次年，湛江民航站建立，开始管理机场。湛江机场是广东最早的民用机场之一。

10月　湛江市公费医疗预防实施管理委员会成立，开始实行公费医疗制度。

11月　华南分局决定撤销高雷地委，原高雷地委所辖各县委直属中共粤西区委领导，粤西区委由江门市迁至湛江市，驻赤坎光复路33号怡园原高雷地委驻地，1953年春迁至赤坎鸭墚港外（现北桥路18号）。至1954年6月领导建制改变前，区委第一书记武光，第二书记习从真、刘田夫（1953年11月起），第三书记刘田夫（1953年5月起），副书记刘田夫、张云（兼组织部部长），委员黄康（兼统战部部长）、杜祯祥、邹瑜、方华（兼湛江市委书记、市长）、余成斌、杨辉图、李光宇（兼秘书长）、张泊泉（1953年9月起兼湛江市委书记、市长）、王国文（1953年5月起兼组织部部长）、龙世雄（兼宣传部部长）、张超、黄明德、贾柏林（1954年6月起兼组织部部长）、欧初、慕君、莫怀。粤西办事处随区委迁至湛江市改称粤西行政公署，驻赤坎区中山路19号（原高雷专署驻地）。至1956年2月湛江专员公署成立前，行政公署主任黄康、王觉，副主任杜祯祥、李进阶，第一副主任罗荣，第二副主任莫怀。广东省人民法院高雷分院更名为广东省人民法院粤西分院。

经中央人民政府政务院批准，从湛江市划出东海岛、硇洲岛，成立东海县，12月，改名雷东县。同时，成立中共雷东县委，隶属粤西区委领导。县址东海岛东山圩。1958年10月，雷东县撤销，其辖地划入湛江市郊区。

12月10日至16日　粤西区物资交流会在赤坎举行。粤西各县市国营企业、合作社、农民、渔民、手工业者、工商界组成的代表团，以及广州、江门等外地交流团参加交流会。

1953年

1月10日　粤西区委、行署、军区作出《关于健全保密组织加强保密工作的决定》，区委、行署、军区建立健全各级保密组织，保证党和国家机密安全。

1月 粤西区举办互助组组长训练班，推动全区互助合作运动逐步进入高潮。至11月，全区共组织合作互助组50492个，其中常年互助组1254个。

3月 粤西区沿海渔业民主改革办公室成立，抽调1000多名干部组成工作队分赴渔区开展渔业民主改革运动。4月，在电白的博贺、阳江的闸坡办试点。5月，区委作出《关于渔区渔业民主改革工作的方针与部署》。8月，全面铺开。至11月，全区12个渔港、149个渔村的渔改运动结束，渔民走上合作化道路。

3月底至5月底 全区开展取缔反动会道门运动，各市、县公安局先后对同善社、先天道、归根道、竺西坛等具有强烈反动色彩的会道门进行清理取缔，依法逮捕一批罪大恶极、民愤极大的道首。

4月17日 湛江市第一个实行社会主义集体经济的手工业合作社——湛江市西营机缝生产合作社成立。

5月初 粤西区民船工作委员会及办公室成立，开展民船民主改革运动，全区内河民船7766艘（共762.3万吨），3.28万人参加改革。10月初，改革结束，全区成立船民协会、船协小组，建立水上办事处①、水上治保会，整顿、建立水上运输领导机构，对内河民船和外海进行管理，确立新的运输秩序。

6月 开展整党、建党工作，整顿农村党的基层组织，加强农村基层政权建设，确保党在农村的领导权。同月，土改工作结束。

7月1日 进行首次全国人口普查。这次人口调查登记的标准时间是1953年6月30日24时，调查项目包括姓名、性别、年龄、民族、与户主关系、本户住地等6项。

9月 方华调离湛江市，张泊泉任中共湛江市委书记，何鸿景任湛江市代市长。

11月 粤西区委和湛江市委分别召开工商界代表座谈会，传达党在社会主义过渡时期总路线。实行粮食计划收购和计划供应的统购统销政策。12月

---

① 不成立办事处的，成立居民委员会。

起，实行油料计划收购政策。

12月29日　国家建设部门批准黎湛铁路建设计划。

1954年

2月初　全区铺开第一次基层普选人民代表工作，至5月上旬全面完成，选出各级人民代表7.38万人。

2月　湛江市被中央人民政府确定为中南区第一个五年计划9个重点建设城市之一。

3月上旬　贯彻中共中央《关于发展农业生产合作社的决议》，掀起试办农业社高潮，第一批试办合作社32个。秋，粤西区全面铺开建立农业生产合作社工作。至1954年9月，全区互助组发展到13.19万多个；至1955年2月，全区建立2730个农业生产合作社。

春　粤西区各级党委政府和有关部门发动群众，开展中华人民共和国成立以来首次大规模的开荒植树造林活动，共植树13.38万亩。

4月　广东省人民检察署粤西分署成立。12月，更名为广东省人民检察院粤西分院。

5月　粤西区国家资本主义办公室成立。分管全区资本主义工业、商业、交通运输业社会主义改造工作。同月，区委作出《关于对手工业社会主义改造问题的意见》，各县（市）认真贯彻落实，全区手工业社会主义改造全面铺开。

6月24日至30日　湛江市第一届人民代表大会召开，选举何鸿景为市长。6月底到7月初，粤西各县人民代表大会先后召开，有的县还召开了政治协商会议。人民代表大会制度和政治协商制度的建立，标志着社会主义基本政治制度在粤西已经建立起来。

6月　中共粤西区委第一书记武光调离。区委领导建制改设第一书记、副书记、常委。第一书记刘田夫，副书记张云，常委余成斌、黄康、李进阶、邹瑜、杨辉图、龙世雄（兼宣传部部长）、钟文法。

7月1日　德华机械厂实行公私合营，为湛江市第一个公私合营工厂。

8月29日　5413号强台风在湛江市与吴川县之间沿海地区登陆，雷州半岛受灾严重。区委和行署迅速组织群众抗灾复产，广东省人民政府下拨大批资金物品，各界也捐助了大批资金物品，帮助灾区人民恢复生产生活，救灾复产体现了社会主义优越性。

9月15日　开始实行棉布、棉织品计划收购、计划供应政策，布料凭票供应。

9月25日　黎湛铁路正式动工，解放军铁道兵部队和两广沿线10多万民工并肩战斗。次年7月1日，黎湛铁路建成通车。

9月　中共粤西区委领导建制改变，至次年2月领导建制改变前，区委第一书记刘田夫，第二书记张云，第三书记余成斌，第一副书记黄康，第二副书记邹瑜，第三副书记李进阶、孟宪德，常委杨辉图、龙世雄、钟文法。

11月6日　粤西区召开扫盲工作会议，开展群众性扫盲工作。

11月18日　实行食糖统一收购政策，对居民分区、分季、分月定点定量凭证供应。

是年　广东省立雷州师范学校（前身为雷阳书院）从海康县迁至湛江市区。

是年　各县和湛江市开始实行粮食随征带购政策和农业税累进税制，对粮食市场实施初步管理，限制粮商经营活动。

1955 年

1月　各市、县人民政府改称人民委员会。①

2月　粤西区委第一书记改为书记，张云任书记。接着区委班子成员作相应调整：3月，增补谢永宽（兼秘书长）、贾柏林（兼纪委书记）、黄明德、张泊泉（兼湛江市委书记）、王觉为常委；6月，增补余成斌为第二书记，李进阶为第一副书记，孟宪德为第二副书记，罗荣、莫怀（兼统战部部长）为常委。7月，粤西区委划归中共广东省委领导。

3月1日　中国人民银行湛江分行发行新版人民币，并以旧版人民币1万元兑换新版人民币1元的比率回收旧版人民币。

6月　区委根据中共中央《关于审查干部的决定》和华南分局审干指示，开展审干工作。区直属机关22%的干部被定为审查对象。7月1日，中

---

① 简称人委会或人委。

央发出《关于展开斗争肃清暗藏的反革命分子的指示》，开展肃反运动后，审干工作暂停。次年4月，湛江地委重新审干，采取全面铺开一次完成的办法进行，8月底基本结束，9月进行全面复查，10月底全面结束。

7月1日　粤西区和湛江市开始进行工资改革，取消供给制，实行工资制。

7月4日　国务院通过《关于建设湛江港的决定》，粤西人民积极参与港口建设。次年5月1日，湛江港（第一作业区）建成开港。①

8月17日至21日　中国人民政治协商会议第一届湛江市委员会第一次全体会议②召开，贯彻中共统一战线方针、政策，明确国际、国内形势和政协的性质、任务，选举产生市政协首届常务委员会，张泊泉当选主席。

9月7日　湛江市开始实行生猪派购派养政策。

11月28日　湛江市第一间自来水厂——龙划水厂动工兴建，1956年2月建成投产，结束了湛江市居民挖井取水的历史。

11月　粤西行署文教处、团粤西区工委召开粤西区工农文化教育会议，决定在全区开展大规模识字运动。12月，区委宣传部、行署文教处、区扫盲委员会制定《粤西区今冬明春冬学与扫盲工作计划草案》，在全区开展识字运动。是年冬，全区共有62万名青年文盲入学，占青壮年文盲总人数27%。

1956年

2月2日　湛江市6万人在人民体育场集会，庆祝湛江市进入社会主义。③

2月初　中共广东省委决定，撤销粤西区委，成立中共湛江地方委员会；撤销粤西行政公署，设立湛江专员公署，辖徐闻、海康、遂溪、雷东、廉江、吴川、化县、茂名、信宜、电白、阳江、阳春和湛江市。地委领导建制初设第一、第二、第三书记和副书记，后增设常委。至1959年1月领导建制变化前，湛江地委第一书记孟宪德，第二书记张泊泉（兼湛江市委书记、

---

①　湛江港是中国自行设计、自行施工的第一座现代化深水港口。
②　简称"湛江市政协第一届一次全会"，其余届次依此类推。
③　自1954年下半年起，湛江市开展私营工商业、手工业、个体商贩社会主义改造，至此时基本完成，实现生产资料公有制，建立起社会主义经济制度。

第一书记）、张杰，第三书记黄其江，副书记谢永宽（兼秘书长）、莫怀、黄明德（兼监察委书记；1958年3月起兼湛江市委第一书记）、江伯良、陈文高、张丕林，常委黄华明（兼组织部部长）、张进齐、卓树基、彭明川、江贤玉、冯志仁（兼政法委主任）、杨子江（兼宣传部部长）、王财元。专员公署初设专员1名，后陆续配齐副专员。专员莫怀，副专员车金铭、王勇、马如杰、陈中坚、赵立本、彭中英、冯志仁、王伟。广东省人民法院粤西分院更名为湛江地区中级人民法院，院长罗明、李登嵩；广东省人民检察院粤西分院更名为广东省检察院湛江地区检察分院。

2月　农村掀起全面开展农业生产合作社建社高潮，至月底，全区共有102.8万农户加入合作社，占比80.2%，其中高级社1941个，农户44万户，占比30%。

5月25日至6月5日　中国共产党湛江市第一次代表大会召开，选举产生第一届市委领导成员，第一书记张泊泉。

6月　取消工资分制，实行货币工资制。工人按其所在行业工种特点实行8级或7级工资制；国家机关工作人员，企业和事业单位工程技术人员、管理人员实行职务等级工资制。根据物价及职工生活水平，湛江被定为8类工资区。

7月　贯彻《中共中央关于知识分子问题的指示（草案）》和广东省委知识分子工作会议精神，开展失业知识分子的登记，安排一批知识分子工作。各市、县经过挑选和培养，大胆提拔优秀知识分子担任领导职务。

9月1日　湛江专区第一个律师组织——湛江市法律顾问处在霞山成立。

9月15日至27日　中国共产党第八次全国代表大会在北京召开，确定全党、全国人民在基本完成生产资料私有制的社会主义改造后的主要任务。湛江专区各级党委先后组织党员、干部传达学习中共八大报告。

10月　湛江地区亚热带资源开发委员会成立，抽调700多名专家、技术人员，对全区自然资源和社会经济情况进行大规模的调查。历时一年，编写出《广东省湛江地区亚热带资源开发规划方案（1957—1967）》。

12月4日　湛江市组织第一批基地生产的蔬菜运往北京，为湛江市南菜北运之始。

12月　湛江市委、市人委办公大楼（今霞山人民大道南43号）动工兴建，1958 年春节前夕竣工交付使用。

1957 年

1 月 1 日　湛江市人委决定取消法国租借广州湾时留下的"西营""东营"地名。"东营"改称麻斜，"西营"暂未命名。1958 年 6 月 30 日，经省人委批准，"西营"定名为霞山区。

1 月 21 日至 27 日　湛江市第二届人民代表大会召开，选举何鸿景为市长。

1 月 27 日至 29 日　中共中央副主席、国家副主席朱德视察湛江港、湖光农场、海滨公园等地及五十五军军部，勉励从部队转业、复员到农场参加粤西橡胶开发的干部、职工，发扬南泥湾精神，积极开荒种橡胶，为国家作出新贡献。要求全体官兵加强训练，提高战斗力，巩固海边防。[①]

3 月　调整区、乡建置，撤销县辖区级建置，扩大乡的范围：在一个县范围内一般四五个小乡合并为 1 个大乡，每乡人口 1 万—1.5 万人，农业单位 15—20 个。

春　部分农村出现较富裕的农户带头退社风波，全区开展社会主义教育运动，批判农民"自发思想"。

4 月 4 日至 6 日　中共中央副主席、国务院副总理陈云视察湛江，对湛江"依山造林"种植橡胶及妥善处理农场与农民关系的经验给予肯定，并对修建河（唇）茂（名）铁路将会毁坏农场橡胶林的问题作出恰当处理。[②]

6 月 14 日　湛江市委召开整风动员大会，动员干部群众"大鸣大放"，写大字报向党提意见。当月湛江专区整风运动转向反右派斗争，10 月下旬，全区各市、县各战线全面开展整风和反右派斗争，后导致反右扩大化。

7 月 25 日至 8 月 10 日　湛江市政协第二届一次全会召开，选举产生市政协第二届委员会主席、副主席，张泊泉当选主席。

8 月 8 日　中共中央作出《关于向全体农村人口进行一次大规模的社会

①　中共湛江市委党史研究室编：《中国共产党湛江历史大事记（1950—1978）》，2009 年内部编印，第 68 页。

②　中共湛江市委党史研究室编：《中国共产党湛江历史大事记（1950—1978）》，2009 年内部编印，第 69 页。

主义教育的指示》。10 月，湛江专区农业生产合作社普遍开展社会主义教育运动。

9 月 各市、县采取先试点后推广的办法，在企业中推行职工代表大会制度，扩大企业民主管理，健全工会组织，发挥工会的职能作用。

9 月 14 日 中共中央连续发出《关于整顿农业生产合作社的指示》《关于做好农业合作社生产管理工作的指示》《关于在农业合作社内部贯彻执行互利政策的指示》等多项指示，要求各地农业合作社进行整顿。湛江专区选择 15 个合作社作为整顿试点，探索结合社会主义教育运动对农业生产合作社进行民主整顿的做法。此后，全区各地农村结合社会主义宣传教育运动全面开展民主整社。

10 月 湛江地委发出关于整党的通知，要求解决立场问题和个人利益与党的利益关系问题。这是合作化以来一次大规模的整党工作，全区 97% 的农村党支部和 94.9% 的农村党员参加整党学习。

11 月 全区按照地委学习宣传《全国农业发展纲要》的部署和提出农业全面"大发展、大跃进"口号，掀起大规模宣传学习运动，组织冬季生产高潮。

12 月 在整风运动中，围绕广东历史问题，全区各市、县展开大辩论。意见主要集中在干部政策的宗派主义以及广东土改整队、历次政治运动、如何贯彻中央提出"土改依靠南下干部、大军同志挂帅"方针等问题上。同月 23 日起，全区开始反"地方主义"，错误处理了一批地方干部。

1958 年

1 月 11 日 中共广东省委第一书记陶铸、省长陈郁一行，到湛江市郊区中平乡平乐村参观群众冬种生产。

1 月 社会主义宣传教育运动在工商业界全面铺开。这是三大改造后对私营工商业改造的继续。从思想上解决对社会主义和资本主义两条道路的认识问题，从组织上整顿合营、合作，使其在经济上服从国营商业的领导，克服资本主义自发势力。运动后期转向整风和反右派斗争，由于斗争扩大化，挫伤了工商业界人士积极性。

3 月 5 日 专区召开工业会议，提出全民办工业的号召，要求"跃进地发展地方工业，建立星罗棋布的农村工业网，做到乡乡建工厂，社社建工厂"①。此后全区开展以钢铁生产为中心，以小型为主的全民办工业运动。至年底，全区建成各类农具厂、化肥厂、农副产品加工厂、建材厂等小型企业 2.75 万家。

4 月　湛江堵海东北大堤（东海）动工兴建，全长 6.82 千米，其中跨海部分 4.67 千米，总投资 1638 万元，1961 年 2 月建成。1960 年，邓小平为其题词"湛江堵海建盐场"。②

5 月　湛江地委决定创办中山医学院湛江分院、华南工学院湛江分院、华南农学院湛江分院、湛江师范专科学校等 4 所大专院校。8 月至 9 月，4 所大专院校相继建成开学。

5 月 13 日至 17 日　湛江市第三届人民代表大会召开，选举产生市长、副市长，何鸿景当选市长。

5 月 15 日　以孟宪德为书记的湛江地委为结束雷州半岛"苦旱"历史，作出《关于兴建雷州青年运河的决定》。6 月，雷州青年运河开始动工建设。地委提出自力更生，勤俭治水，党员干部以身作则。湛江人民积极响应，踊跃参与，自带粮食、工具，自搭工棚，与驻军和外地支援民工共 30 多万人，横截九洲江，建起鹤地水库，开挖出全长 270 多千米的干渠和总长 5000 多千米的支渠。1962 年春，雷州青年运河全面建成通水，有效灌溉土地 9.73 万公顷，从根本上改变雷州半岛旱涝状况，解决灌区内工业、畜牧用水和几百万人饮水问题。如此浩大工程，却没有出现一件违规违纪之事，在粤西大地上矗起了一座廉洁丰碑。

6 月　开展学习社会主义建设总路线群众运动，掀起"大跃进"高潮。各市、县贯彻地委《关于大力发展土高炉炼铁的决定》，开展全民大炼钢铁运动。7 月至 8 月，由于地委将任务层层加码，各地便大放高产"卫星"。至 10 月 14 日，全区建成各种炼铁炉 1.3 万多个。

8 月 9 日　全区工具改革跃进会议提出，奋战两个月基本实现以滚珠轴

---

① 中共湛江市委党史研究室编：《中国共产党湛江历史大事记（1950—1978）》，2009 年内部编印，第 76 页。

② 中共湛江市委党史研究室编：《中国共产党湛江历史大事记（1950—1978）》，2009 年内部编印，第 78 页。

承为中心的农业半机械化。至9月底，全区生产滚珠轴承107.3万套，10.2万件农具安装了滚珠轴承。同时，制造牛车、手推车89万多辆，66%的地区和单位基本实现车子化。

8月13日　地委作出《关于秋收前农村整风整社工作的指示》，全区农村铺开整风整社工作，后因人民公社化运动而中断。

8月底　全区县委第一书记会议传达贯彻《中共中央关于在农村建立人民公社问题的决议》，作出《关于国庆前实现人民公社化的决议》，要求全区在9月底前实现人民公社化。9月1日，人民公社化在徐闻县下桥、曲界两乡试行。不久，公社化运动在各地迅速发展。至国庆节前，全区1672个农业社合并为84个人民公社，实现人民公社化。10月6日，地委作出《关于国营农场与农业社合并为人民公社的决定》，月底，全区36个国营农场合并为24个，先后与当地20个农业社合并组成人民公社。

8月　茂名工矿区市成立，辖金塘、公馆、新坡、袂花、高山、镇盛、山阁、鳌头、兰石、浅水等区、乡。原茂名县改名高州县。次年3月，国务院批准成立茂名市，仍隶属湛江专区领导。

9月　全区农村普遍开展社会主义和共产主义教育，配合人民公社化运动。采取"大鸣大放"、大辩论、大字报的形式批判个人主义、本位主义、资本主义思想，促使广大农民适应新的生产关系；办公共食堂、托儿所、哺乳站、敬老院，实行"组织军事化、生活集体化、生产战斗化"，强行改变农民的生活方式。

10月　人民公社在财务管理上出现混乱，地委召开专门会议研究解决这一问题，着重从财务方面健全人民公社机构。次年4月起，国营农场逐步从公社分出，恢复独立核算、自主经营的体制。

11月　合浦专区并入湛江专区，湛江专区辖徐闻、海康、遂溪、廉江、吴川、化县、高州、信宜、电白、阳江、阳春、合浦、浦北、灵山、钦县、防城、东兴、钦北18县和湛江、茂名、北海3市。广东省人民政府重新任命并陆续配备湛江专区正副专员，至1966年5月"文化大革命"开始前，专署专员莫怀，副专员车金铭（常务）、王勇、冯志仁、王伟、张世云、王忠华、马如杰、黎江、穆杰、向宇正。湛江地区中级人民法院院长李登嵩、廖文、魏焕然、毕绍庭；广东省检察院湛江地区检察分院检察长蔡道章、刘岗山、万景祥。

12 月 18 日至 23 日　南方 14 省水利施工现场会在湛江召开，来自湘、鄂、豫、陕、皖、浙、苏、赣、闽、川、滇、黔、桂等省区 270 名代表和广东省 185 名代表参加会议。与会者参观了徐闻县合溪和三阳桥水库、雷州青年运河工地、湛江市郊的自流井、堵海工程等，对湛江地区依靠和发动群众大办水利的经验给予充分肯定。

12 月　湛江专区实施小县并设大县：阳江、阳春并为两阳县，化县、吴川并为化州县，高州、信宜并为高州县，遂溪、廉江与海康县南渡河以北地区并为雷北县，徐闻与海康县南渡河以南地区并为雷南县，合浦、北海、浦北并为合浦县，钦县、钦北壮族自治县并为钦县，防城、东兴各族自治县并为东兴各族自治县。

1959 年

1 月　合浦专区并入湛江专区后，湛江地委领导班子成员重新任命。地委设书记处，书记处设第一书记和书记，至 1963 年 6 月领导建制改变前，地委第一书记孟宪德，书记张杰、谢永宽（兼秘书长）、莫怀（兼专员）、黄明德（兼监察委书记、湛江市委第一书记）、陈文高（1959 年 4 月起兼监察委书记）、张丕林、孙西岐、冯志仁［兼政法部部长（1957 年 6 月起更名政法委）］、王财元、徐林汉（兼茂名市委书记）、罗道让，常委卓树基、江贤玉、王忠华（1959 年 6 月起兼政法委主任）、王伟、赵立本［兼雷北县（1960 年 11 月起改为雷州县）委第一书记、廉江县委第一书记］、王占鳌、褚芳普、车金铭、孙正述。

2 月　中共中央政治局委员、国务院副总理贺龙，中共中央政治局委员、全国人大常委会副委员长罗荣桓，国务院副总理聂荣臻先后视察湛江。[①]

3 月 7 日　全国造林和园林化现场会在湛江召开。湛江解放以后，开展了大规模的持久的群众性的植树绿化运动，曾于 1958 年被评为全国造林绿化先进专区。在本次会议上，湛江市荣获全国"花园城市"称号。

4 月 16 日至 18 日　湛江市政协第三届一次全会召开，选举产生市政协

---

① 中共湛江市委党史研究室编：《中国共产党湛江历史大事记（1950—1978）》，2009 年内部编印，第 85 页。

第三届委员会主席、副主席，黄明德当选主席。

4月　贯彻落实中共中央《关于人民公社管理体制的若干规定（草案）》，农业生产管理实行三包制度（即大队对国家粮、油、猪计划三包，生产队对大队包工、包产、包成本），并允许社员喂养家畜、家禽，恢复自留地，其产品及收益归社员自由支配。

5月　各县先后召开公社党代会，传达中共中央《关于人民公社的十八个问题》的精神，部署整社、包干包产等工作。6月，全区各县普遍开展整顿人民公社工作，解决公社化过程中对农民"一平二调三收款"①、平均主义等问题，改善生产关系。

7月　地委召开全区县委、公社党委第一书记扩大会议，会议期间，由与会干部组成临时验收团，先后到水稻、花生、番薯高产地区，参加夏收观摩估产、实割、验收、总结等系列活动，总结经验教训，以夏收促进晚造"千斤稻万斤薯"高产运动的开展。

8月下旬　传达中共八届八中全会公报和决议，"反右倾"重新成为指导经济工作的基本原则，各项经济指标又重新上浮。10月下旬开始，全区开展整风和社会主义建设总路线教育运动，参加运动人数达349.6万人。运动中共有2598名干部受到批判处理，3998名农村党员受到重点批判或被定为"右倾"。

9月　专区及各县成立"对已悔改右派分子摘帽办公室"，开始"摘帽"工作。至年底，325人被摘掉"右派分子"帽子，其中少数人经报请上级党委审批，分配了适当的工作。

11月19日　地委作出《关于高速度发展畜牧业，开展一人一猪运动的决定》，全区进行大动员、大鼓励、大誓师，很快形成以养猪为中心的"十养"②热潮。

12月　专区各级人民法院根据中华人民共和国主席特赦令，经广东省高级人民法院批准，特赦第一批反革命罪犯和刑事罪犯。

---

①　在一个公社范围内实行贫富拉平平均分配；县、公社两级无偿调用生产队和社员个人的财物；银行将过去发放给农村的货款通通收回。

②　猪、牛、羊、鸡、鸭、鹅、鸽、狗、兔、蜂。

1960 年

1月22日　专区召开发展亚热带作物会议，提出"国营、社营同时并举，两条腿走路"的方针，要求积极发展国营农场、县办和社办农场，全民发展热带作物。会后，各公社大办农场。至3月，全区90%的公社建立了农场，种植热带作物1.7万亩。

2月2日至4日　中共中央政治局常委、国务院副总理邓小平及中央领导人彭真、柯庆施、李井泉等视察湛江，邓小平一行对湛江的市政建设、堵海工程、鹤地水库和雷州青年运河工程、造林绿化、养猪业等给予肯定的评价。邓小平为堵海工程和雷州青年运河题字。[①]

2月10日　中共中央副主席、国务院总理周恩来偕夫人邓颖超视察湛江。周恩来询问湛江人口、耕地、群众生活、工农业生产等情况，强调要发展生产、改善群众生活。询问黄学增烈士后人的情况，指示地委领导要关心黄学增亲属的生活。晚上，周恩来观看湛江自编自演粤剧《寸金桥》，对演出给予高度评价，并与演员合影留念。深夜，周恩来召集王震和省、地、市有关领导，商讨办好国营农场、发展橡胶生产等问题。11日凌晨3时乘飞机赶往广州。[②]

2月13日　全国农垦工作会议在湛江召开，农垦部部长王震主持会议，来自全国30多个垦区的代表和部分苏联专家共1000多人参加会议。会议提出1960年"大跃进"的目标和农垦发展的方针：大力组织开荒，扩大种植面积，多种多收和高产多收并举，实现畜牧、加工业"大跃进"。

2月22日　地委作出《关于立即开展毛泽东著作的学习和宣传运动的决定》，全市掀起学习毛泽东著作运动。至下半年，全区参加学习毛泽东著作运动约200万人。

2月　中共中央政治局委员、全国人大常委会副委员长刘伯承视察湛江，

---

① 中共湛江市委党史研究室编：《中国共产党湛江历史大事记（1950—1978）》，2009年内部编印，第93—94页。

② 中共湛江市委党史研究室编：《中国共产党湛江历史大事记（1950—1978）》，2009年内部编印，第94页。

听取驻湛五十五军政委王振乾等有关战备情况汇报。①

3月4日 遭受印度尼西亚排华回国的1600多名华侨抵达湛江，湛江各界代表3000多人在湛江港迎接。这些归侨由华侨招待所②接待。此后，华侨招待所成为中国接待印尼归侨的主要处所。

4月初 全区开展以反贪污、反浪费、反官僚主义为主要内容的整风整社运动。运动分四步走：一是开展"三反"整社宣传，组织群众"鸣放"；二是开展公社"三反"整社运动，解决大队、小队一级干部问题；三是开展整社运动，解决体制落实问题；四是组织生产高潮。运动历时8个月，于12月中旬基本结束。

6月1日 针对"三反"运动暴露出来的问题，地委作出《关于进一步改进干部作风的十项规定》，比较有效地纠正了全区官僚主义、形式主义、铺张浪费的歪风，干部作风明显好转。

7月 越南民主共和国主席胡志明访问湛江，参观粤西热带作物试验站。10月4日，胡志明再次访问湛江。

9月7日 中共中央中南局书记陶铸到雷州青年运河、鹤地水库和雷州林业局等地视察，高度赞扬湛江人民改变家乡落后面貌的艰苦奋斗精神。③

9月15日 湛江市市长何鸿景调离，王国强任湛江市代市长。

11月19日 经广东省人民政府通过并报国务院批准，雷北县改名为雷州县；雷南县改名为徐闻县。

11月 地委根据中共中央《关于农村人民公社当前政策问题的紧急指示信》规定的十二条政策，在全区选择13个公社作为试点，开展以纠正共产风为主要内容的整风整社运动。次年1月分批铺开，8月基本结束。各地按照"三级所有，队为基础"的原则，清理"一平二调"问题，"共产风"开始得到纠正。

---

① 中共湛江市委党史研究室编：《中国共产党湛江历史大事记（1950—1978）》，2009年内部编印，第89页。

② 由国家侨委会拨款125万元在湛江市霞山建造，后改名为湛江华侨旅行社、广州湾华侨宾馆。

③ 中共湛江市委党史研究室编：《中国共产党湛江历史大事记（1950—1978）》，2009年内部编印，第98页。

12月1日　地委作出《关于纠正形式主义十项规定》，纠正"大跃进"以来逐渐滋生的形式主义。为了"排场"而修建的大马路（指农村）改为能通牛车或手推车的大路，以珍惜耕地；为"好看"而修建的各种牌楼、标语、花架及牌子一律拆除；所有公社、大队的招待所一律取消，改作他用；减少各种会议次数，简化程序，不再摆花、挂彩旗、贴标语；单位、个人不得互赠锦旗、礼物。

1961 年

2月6日　湛江堵海东北大堤建成。大堤全长6820米，跨海部分4668米，堤面宽8米。从此，东海岛与大陆相连接。

2月10日　全国人大常委会副委员长郭沫若视察湛江，在湛江赋诗5首。[1]

3月3日至6日　湛江市第四届人民代表大会召开，号召全市人民继续高举总路线、"大跃进"、人民公社三面红旗，鼓足干劲，开展"以粮为纲"的增产节约运动。会议选举产生市长、副市长，王国强当选市长（同年5月，王友林接任市长）。

3月上旬　国务院副总理邓子恢视察湛江，先后视察湛江堵海工程和湖光人民公社公共食堂等。邓子恢强调重视发挥郊区作用，多种蔬菜，保证城市居民需要，促进自身发展。[2]

3月29日　经国务院批准撤销雷州、徐闻、化州等大县建置，恢复徐闻、海康、遂溪、廉江、吴川等并县前的建置。

3月　传达学习中共中央《农村人民公社工作条例（草案）》（简称"农业六十条"）。5月起，贯彻"调整、巩固、充实、提高"的八字方针和"农业六十条"，在人民公社开展整"五风"[3]运动，纠正农村工作"左"倾错误。实行"三级所有，队为基础"所有制结构，取消公共食堂。

---

① 中共湛江市委党史研究室编：《中国共产党湛江历史大事记（1950—1978）》，2009年内部编印，第99页。

② 中共湛江市委党史研究室编：《中国共产党湛江历史大事记（1950—1978）》，2009年内部编印，第100页。

③ "五风"包括"共产风"、生产瞎指挥风、强迫命令风、浮夸风、干部特殊化风。

4月　贯彻中共中央"调整、巩固、充实、提高"和以农业为基础的方针，压缩城镇人口 10.26 万人回农村或转入集体所有制、自办农场以及副食品基地。

6月　贯彻"调整、巩固、充实、提高"的八字方针和《关于城乡手工业若干政策问题的规定（试行草案）》，恢复手工业管理体制，把一些地方全民所有制企业退给集体（公社）办，大力发展集体和个体手工业，并允许自产自销。

7月　地委成立水利移民安置委员会，着手做好水库移民安置工作。

7月　对近三年来受到批判和处分的干部进行甄别，做好平反工作。经复查甄别，为 3478 人平反取消处分，为 578 人修改部分结论改变处分。

8月4日　地委批转组织部《关于全区党的基层组织普遍地进行一次组织整顿和组织建设工作的意见》，组织 2800 多人的整党工作队，对农村 9449 个大队党支部分期分批进行整顿。参加整顿的党员共 1.09 万人。

9月　为进一步改善企业管理，推动生产，各级党委逐步调整工业。工交战线各工厂企业开始执行以按劳分配为原则的工资奖励制度。至本月中旬，全区 90% 以上国营工业企业分别实行计件工资、计时工资加奖励工资等工资制，贯彻落实按劳分配原则。

10月13日至16日　中共湛江市第二次代表大会召开，黄明德代表第一届市委作工作报告。会议选举产生第二届市委领导成员，第一书记黄明德。

10月中旬　开始贯彻中共中央《国营工业企业工作条例（草案）》（简称"工业七十条"），解决企业突出问题，结合实际总结出适合中小型企业管理的经验，制定"五保五定"方案，建立健全各项规章制度、各项责任制和加强计划管理，开展整党整团工作，初步建立起企业正常生产秩序，企业经营管理初步纳入轨道。

10月　人民公社管理制度实行四权①合一试点。11月。各县"四权"下放工作以试点先行，迅速形成运动。

11月下旬　学习贯彻农垦部《国营农场试行工作条例草案五十条》，贯彻落实党委领导下的场长负责制，实行农场、管理区、生产队三级管理。

---

① "四权"包括生产权、分配权、生产资料所有权、生产资料使用权。

12月25日　抽调2700多名有农村工作经验的干部组成工作队，分赴各地农村，全面推行大包干制度。各地在坚持统一经营、统一领导、统一计划的基础上，实行包产到小队、包工到小组，固定地段，管理到人，调动了农民生产积极性。

1962 年

1月1日　地委作出《关于1962年开垦荒地一百万亩的决定》，并重申"谁垦谁有，谁种谁收"等奖励政策。这一决定，调动了广大农民的积极性，开荒运动走向高潮。至春节前，全区约30%的劳动力投入到开荒运动中。

1月15日　中共中央政治局委员、国务院副总理贺龙视察湛江，指出东海、南三、硇洲三岛对捍卫粤西海防的重要地位和作用。[1]

1月17日　全国人大常委会副委员长陈叔通率部分民主党派、无党派民主人士和文教、艺术界知名人士视察湛江。周立波、丁玲、冰心、华君武、赵朴初等在视察中还发表演讲。

1月　学习贯彻中共中央有关知识分子政策，逐步调整地方知识分子政策，增强党与知识分子的团结，发挥知识分子专长，为社会主义建设服务。

2月　湛江化学试验厂改建为湛江制药厂，这是湛江首家生产西药的药厂。

3月22日　国防委员会副主席叶剑英视察湛江，听取驻湛部队汇报，并对湛江的国防作出指示。[2]

5月　调整渔业公社经营管理体制，恢复发展渔业生产。下半年，全区十几个渔港普遍获得丰收，海水养殖也相继发展起来，出现养虾、养鱼等热潮。

6月18日　地委作出《关于绿化雷州半岛的决定》，全区掀起造林绿化高潮。

6月　在工矿企业中开展清仓核资工作，解决企业物资积压和资金周转

---

[1]　中共湛江市委党史研究室编：《中国共产党湛江历史大事记（1950—1978）》，2009年内部编印，第107页。

[2]　中共湛江市委党史研究室编：《中国共产党湛江历史大事记（1950—1978）》，2009年内部编印，第109页。

困难等问题。

8月　地委推广阳江岗列公社邓耀源生产队"四包五定"① 做法，调动群众生产积极性，恢复生产。

9月　全区企业开展过"三关"② 增产节约运动，企业管理混乱、亏本严重等问题得到较大改善。

11月　传达贯彻中共中央关于《全日制中小学暂行工作条例》，规范中小学校教育教学管理。

冬　美国和台湾当局利用中国大陆暂时经济困难的时机，频繁进行反攻大陆活动。10月下旬，台湾当局派出武装特务22人潜入电白县爵山公社。12月4日，美国中央情报局驻台湾特务机关NACC派遣P2C型飞机一架，侵入阳江县石磊山地区，空投李华常等武装特务3人及武器、弹药、物资一批。这些特务一着陆就被一网打尽。此后一段时期，湛江沿海各地普遍进入备战状态。

1963 年

年初　撤销农村区一级建置，全区共撤销3733个区，把702个公社调整合并为335个，把1万多个大队合并为5331个。

1月22日至23日　中共中央副主席、全国人大常委会委员长朱德视察湛江，强调在搞好建设的同时，要注意改善人民生活。③

2月初　中共中央政治局委员、国务院副总理陈毅偕夫人张茜视察湛江，赋诗2首，并在海滨公园和鹤地水库植树。④

3月5日　毛泽东主席向全国发出"向雷锋同志学习"的号召，湛江专区从此掀起学习雷锋的热潮。

6月初　根据广东省委指示，湛江地委撤销书记处，原第一书记改称书

---

① 包中耕除草、包除虫灭鼠、包排灌、包施肥；定地段、定时间季节、定质量、定工分、定奖罚。

② 质量高、成本低、产品适销对路。

③ 中共湛江市委党史研究室编：《中国共产党湛江历史大事记（1950—1978）》，2009年内部编印，第115页。

④ 中共湛江市委党史研究室编：《中国共产党湛江历史大事记（1950—1978）》，2009年内部编印，第115页。陈毅在鹤地水库种植的杉树被后人称为"元帅杉"。

记，原书记改称副书记。至1966年5月"文化大革命"前，地委书记孟宪德，副书记谢永宽、莫怀、黄明德（兼湛江市委书记）、陈文高（兼监察委书记）、张丕林、冯志仁、王财元、徐林汉、罗道让、舒光才，常委江贤玉、赵立本（兼廉江县委书记）、王占鳌、褚芳普、车金铭、孙正述、李福尧、韩凯亚、杨子江（兼秘书长）、孟文瑛（兼组织部部长）、胡兰生、谢德泉。

7月　农村人民公社开始开展清理账目、仓库、财物、工分的"小四清"运动。至次年7月结束。

8月　专署和湛江市直属机关先后开展反对贪污盗窃、投机倒把、铺张浪费、反对分散主义、反对官僚主义的"五反"运动，至1964年3月结束。在运动中，直属机关查出有投机倒把、贪污盗窃行为的干部133人，占机关人员总数的7.7%，赃款32696元。

9月18日至22日　湛江市第五届人民代表大会召开，会议中心议题是进一步开展以反浪费为中心的增产节约运动。会议选举王友林为湛江市市长。

9月18日至23日　湛江市政协第四届一次全会召开，选举产生第四届政协委员会①主席、副主席，黄明德当选主席。

12月底　统计是年国民经济情况：国民生产总值、国民收入、工农业总产值分别比上年增长12.8%、13.2%和16.8%②。这是三年调整所取得的可喜成就。

1964 年

1月　湛江专区首批66个公社、1185个大队、2.73万个生产队开展"小四清"③运动。

2月8日　中共中央政治局委员、国家副主席董必武视察湛江，先后视察雷州青年运河、湛江博物馆抗法纪念馆等，并分别为抗法纪念馆、湖光

---

① 本届委员会选举常委29名。
② 统计范围为现湛江市所辖的五县四区。
③ 清账目、清仓库、清财物、清工分，俗称"小四清"。

岩、鹤地水库题诗。①

2月23日 新西兰共产党总书记威尔科克斯访问湛江，到鹤地水库、雷州青年运河大渡槽等地参观。

4月2日 全国人大常委会副委员长、全国政协副主席何香凝视察湛江，了解湛江市政和港口建设情况。

6月5日 地委发出《关于组织全区干部和群众学习毛主席著作的指示》，要求各级党委广泛深入组织干部和群众学习毛泽东著作。共产党员、共青团员、革命干部带头学习。学习毛泽东著作运动逐步走向高潮。

7月2日 地委和湛江市委、市政府分别发出通知，号召广大干部群众向在（64）3号台风中因抢救遇难群众而英勇牺牲的民警林成学习，并追认林成为革命烈士。湛江市委追认林成为中共党员，共青团广东省委追认林成为优秀团员，省公安厅追授林成为爱民模范。

7月15日 解放军海军南海舰队司令部、政治部由广州移驻湛江市。随后，后勤部、修理部、工程部也先后迁至湛江。

7月 进行第二次全国人口普查。此次人口普查登记的标准时间是1964年6月30日24时，普查项目在第一次普查的6个项目基础上新增文化程度、本人成分、职业3项。

9月 地委成立"四清"② 运动工作总团，各县设分团，各级主要领导干部都参加运动并深入到大队一级蹲点。全区集中18个县（市）和省、地、军队工作队1.7万人在阳江县农村开展"四清"运动试点。次年7月，海康、廉江、阳春开展第二批"四清"运动。1966年底"四清"工作队收队，全区"四清"运动结束。③

12月中旬 地委与湛江市委联合举办民主人士"三个主义"④ 教育读书会，用40天时间以整风的方式集中民革、民盟、民建、农工、九三学社等

---

① 中共湛江市委党史研究室编：《中国共产党湛江历史大事记（1950—1978）》，2009年内部编印，第115页。

② 清政治、清经济、清思想、清组织。

③ 运动原计划分三批进行，受"文化大革命"影响而提前结束。

④ 共产主义、社会主义、爱国主义。

民主党派和无党派民主人士，通过"大谈""大摆"，[①] 大揭阶级斗争盖子，促使各成员加强改造，划清社会主义与资本主义、马克思主义与修正主义的界限，重新修订改造计划。

12月　中共中央政治局委员、国务院副总理李富春到湛江调研经济建设等问题。[②]

1965 年

2月28日　国务院副总理、解放军总参谋长罗瑞卿视察湛江，对驻湛部队建设、训练等工作作指示。[③]

3月11日　《人民日报》发表《学习电白，绿化家乡，绿化祖国》的社论，介绍电白人民长期坚持植树造林绿化家乡的事迹。湛江地委发出《学习电白，掀起林业生产新高潮》的通知，并召开丘陵、平原地区林业工作会议，布置开展植树造林运动。会后，湛江地区再一次掀起造林高潮。

5月　推广半工半读的教育制度。

6月6日　美军飞机在北部湾公海炸沉遂溪县江洪公社元发渔业大队正在作业的渔船2艘，造成死1人，伤6人。

6月18日　经中共中央及中南局批准，原并入湛江专区的合浦专区划归广西壮族自治区管辖。湛江地区管辖徐闻、海康、遂溪、廉江、吴川、化州、高州、信宜、阳江、阳春、电白等11个县及湛江、茂名2个市。

8月　全区培训农民学习毛泽东著作辅导员9724人，办文化室2600多间，共产主义夜校7500多间，学习毛泽东著作运动形成高潮。

9月12日　湖光大学[④]开学，校址湛江市郊湖光岩。

11月　地委作出向王杰学习的决定，全区开展学习王杰活动。

---

① "大谈"：大谈阶级斗争、大谈改造；"大摆"：大摆事实、大摆观点。

② 中共湛江市委党史研究室编：《中国共产党湛江历史大事记（1950—1978）》，2009年内部编印，第127页。

③ 中共湛江市委党史研究室编：《中国共产党湛江历史大事记（1950—1978）》，2009年内部编印，第128页。

④ 湖光大学是半农半读高等学校，仅招收一届学生即停办。

1966 年

2月 全区开始开展学习焦裕禄活动。

4月7日 美军飞机在北部湾公海炸沉炸伤遂溪江洪渔业大队渔船4艘，造成死1人，伤10人。

4月13日 解放军驻湛空军击落美国A–3B重型攻击机1架。

5月11日 开展批判邓拓、吴晗、廖沫沙"三家村"运动。

5月26日 湛江专区根据"五一六通知"成立"文化大革命"小组，标志着湛江专区"文化大革命"开始。

5月 孟宪德调离，地委领导班子作了调整。地委书记莫怀，第一副书记林若，副书记冯志仁、陈文高、张丕林、舒光才、罗道让（兼政法委主任），常委车金铭、孙正述、李福尧、韩凯亚、杨子江（兼秘书长）、孟文瑛（兼省监察委驻湛江检查组书记）、胡兰生、谢德泉。

6月23日至29日 广东省委旱粮、经济作物现场会议在湛江召开。湛江地委、电白县委、信宜县委在会上介绍经验。会议要求全省各级党委贯彻中共中央"以粮为纲，多种经营，全面发展"农业生产方针，大力发展旱粮和经济作物，力争农业全面增产。

7月下旬 湛江大中院校纷纷成立红卫兵组织，走出校门，上街破"四旧"①。"文化大革命"浪潮逐步波及机关、企业、农村。8月，红卫兵开始串联。

8月31日 湛江市区大、中学校组织红卫兵和教师代表赴京接受毛泽东主席检阅。

10月10日 受印度尼西亚排华政策迫害的1006名印尼华侨乘"光华号"轮船回湛江港。此后，同年11月28日、1967年2月5日，先后又有2批分别是1.71万名、1071名印尼归侨抵湛。这些归侨先后被妥善安置到华侨农场。

11月30日 美军飞机12架次袭击正在北部湾作业的海康县乌石渔业大队和企水渔业大队的渔船，扔下100多枚炸弹，炸沉渔船5艘、重伤11艘，

---

① 旧思想、旧文化、旧风俗、旧习惯。

炸死渔民 15 人、重伤 26 人。

是年　人民公社生产大队开始建立医疗站，并配备"赤脚医生"。

1967 年

1 月 12 日　湛江"652 工程"建设委员会成立。"652 工程"是在调顺岛兴建万吨级泊位的出口援外物资专用码头和矿石专用码头，于 3 月 10 日正式动工。

1 月 25 日　湛江造反派组织受上海"一月革命"夺权风暴影响，夺取湛江地委、湛江专署、湛江市委、湛江市人委的权，形势混乱。驻湛部队介入湛江"文化大革命"，进行"三支两军"。

3 月 23 日　湛江地区军事管制委员会（简称军管会）成立，主任吴瑞林（南海舰队），副主任王政柱（南海舰队，兼湛江市军管会主任）、吴纯仁（五十五军）、谢德泉（湛江军分区）。军管会行使党、政、财、文一切权力，宣布全区实行军事管制，湛江地委、专署的工作机构职能停止。

4 月至 5 月　军管会某领导授意某造反派调查中共南路特委（简称"南路党"）问题，炮制出"南路党"假案。

6 月 6 日　湛江市一中两派学生组织发生武斗事件，为湛江"文化大革命"武斗之始。

6 月上旬　湛江各界连日集会和游行示威，强烈抗议港英当局迫害香港同胞。

9 月 27 日　国务院总理周恩来请湛江"联派""捍派"头头赴京参加学习班，劝其停止武斗，实现联合。11 月 9 日，两派在京签订《湛江市双方赴京代表团关于"拥军爱民""开展革命大批判，实现革命大联合和革命三结合""抓革命促生产""制止武斗"全面协议》。

1968 年

3 月 31 日　湛江专区革命委员会（简称革委会）成立。革委会由军队代表、地方革命领导干部代表、群众组织代表"三结合"组成，工作机构设置生产组、保卫组、政工组、办事组、民事组，行使党政财文大权。至 1971 年 4 月全区第一次党代会前，革委会主任朱万新（军代表），第一副主任杨泽江，副主任王政柱（军代表）、郁明（军代表）、舒光才（兼生产组组长）、王铁炉（军代表，兼办事组组长）、谢德泉（军代表）、杨华土（农民）、肖启贵（兼政工组组长）、徐元利（军代表）、刘超（军代表）、马振国（军代表）、庄子高（军代表）、王萍（女，工人）、黄明德。随后全区各地各单位也成立革委会。

4月　湛江专区革命委员会党的核心小组成立，组长朱万新，副组长王政柱、谢德泉。

7月　中共中央连续发布制止武斗的"七三""七二四"布告。8月，湛江专区革委会和湛江军分区、湛江警备区等单位发布指示和通令，收缴和清查武器，对有打砸抢反革命活动者立即惩办，迫使湛江造反派"捍派"和"联派"两派停止武斗，实现"革命大联合"。

8月29日　首批工人、解放军毛泽东思想宣传队开进大中学校，领导学校"斗、批、改"。接着，贫下中农毛泽东思想宣传队也进驻农村学校。

9月11日　湛江市首届"工代会"（工人阶级代表大会）在霞山召开。"农代会"（贫下中农代表大会）、"红代会"（红卫兵代表大会）也先后召开。

9月　根据中国政府和越南政府签订的《关于中华人民共和国为越南民主共和国培训技术干部和工人问题的会议纪要》，越南派实习生99人到湛江农垦第一机械厂学习汽车、拖拉机与农具修理，至1970年7月初学习结束。

10月　贯彻中共中央关于"广大干部下乡劳动"的指示，专区机关干部下放到阳江温泉东方红干校劳动。

是年　各地"三忠于"①活动形成高潮，广泛开展唱"样板戏"，跳"忠字舞"和"早请示、晚汇报"的活动，许多工厂生产形形色色的毛泽东主席像章。

1969 年

1月　湛江专区"教育革命"现场会议要求把农村中学初中部和农业中学下放到大队办，每个自然村办一所小学，每个公社办一所高中，城市小学

---

①　永远忠于毛主席、永远忠于毛泽东思想、永远忠于毛主席的无产阶级革命路线。

附设初中。至1970年上半年，全区实现农村小学大队办，中学下放公社管。

2月25日至3月4日　专区革命委员会党的核心小组召开扩大会议，部署在全区开展"揪南路党"行动，把"揪南路党"定为全区清理阶级队伍的突破口。4月，专区和各县、市革委会成立"专案组"（后改为专案办公室）、"揪南路党"。

3月4日　湛江市区7万多军民分别在霞山、赤坎两地冒雨举行集会和示威游行，声讨苏联边防军入侵中国领土。各县也先后集会和游行，参加人数440多万人次。

3月　驻湛四十一军一二二师成立围海垦田指挥部，组织军民修建连接赤坎与调顺岛的鸭嬷港堵海大堤。10月7日大堤合龙，11月3日竣工，该堤命名为"军民团结大堤"，全长1900米，围田1.8万亩，为广州军区赤坎生产基地。

8月1日　湛江市革委会上山下乡工作领导小组成立。至9月初，市区有4161名1966、1967、1968、1969届中学毕业生和1861名社会青年、闲散居民到农村、农场落户。

9月25日　湛江市人民防空领导小组成立，贯彻落实毛泽东主席"提高警惕，保卫祖国""要准备打仗"的指示和中共中央"八二八"（关于战备问题）的命令，集中人力、物力"深挖洞"。至12月，市区挖防空洞、地下室327个7093立方米，防空壕565条46518米，掩体8578个，防空道8975米，防空设施共可容纳市区人口的60%。

11月至12月　湛江专区对各地遗留的水利工程全面维修、配套，至次年2月2日，共出动民工100万人，完成土石方5500万立方米，提前超额完成省下达的任务。新开工的水利工程5925宗，完成3551宗，全区增加和改善灌溉面积139万亩。

1970年

1月1日　吴川塘尾分洪工程破土动工，出动民工4万多人。1972年1月基本建成，8月破堤排洪。该工程建成后，分洪闸以下鉴江两岸16.85万亩农田和19.3万人口免遭洪涝灾害。

2月　开展"一打三反"（打击反革命破坏活动、反对贪污盗窃、反对投机倒把、反对铺张浪费）运动，至年末结束。由于极左路线影响，错误处理了大批干部和群众。

4月 湛江港务局第三作业区（即"652工程"）在调顺岛建成。作业区建有万吨级矿石码头泊位、万吨级杂货码头泊位、工作船码头泊位、登陆艇码头泊位各一个以及长12.5千米的塘调铁路专线。

6月 海康县南渡河联围筑闸防潮大堤动工，10万民工战天斗地。9月建成大堤21.05千米，蓄淡河水6228万立方米。1971年5月开闸排洪，排洪流量1665立方米/秒。该工程建成，捍卫了22万亩农田。

7月 废除考试制度，实行推荐升学制。10月，全国部分高校试点招收工农兵学员。广州地区9所大专院校到湛江地区招收首批工农兵学员200多人。

10月 湛江专区改称湛江地区，湛江专区革委会改称湛江地区革委会。

11月15日至27日 中共湛江市第三次代表大会召开，花天才代表市委作工作报告。大会选举产生第三届市委领导成员，花天才当选市委书记。

是年 开展"双退一插"运动，动员一批在职干部退休、退职到农村插队落户。

1971年

1月18日 湛江地区革委会贯彻广东省革委会《关于进一步开展农业学大寨群众运动的决定》，作出《关于进一步深入开展农业学大寨群众运动的决定》。此后，全区掀起农业学大寨群众性运动。

2月15日 地区革委会作出《关于进一步开展工业支援农业的决定》，各市、县贯彻落实该决定，大力发展地方"五小"[①]工业，更好地支援农业。

4月13日 广东省军区在遂溪县江洪公社举行庆功大会，表彰江洪公社元发渔业大队1011号、1012号渔船于2月10日在北部湾公海抗击美军和越南军队飞机、舰艇武装挑衅，捍卫祖国尊严的事迹。21日，湛江地区革委会号召全区向他们学习。

---

① 小化肥、小农药、小水泥、小农机、小水电。

4月16日至20日　中国共产党湛江地区第一次代表大会召开，选举产生中共湛江地委班子成员。地委书记朱万新，副书记杨泽江、舒光才（兼生产组党委书记）、刘超、马振国、邹瑜、陈冰之，常委王树昌、肖启贵（兼政工组党委书记）、黄明德、庄子高、林若、花天才（兼湛江市委书记）。次年增补杨玉清、冯志仁、蓝祥辉为常委。这次党代会，恢复建立了自1967年1月被造反派夺权后停止活动的地方党委，恢复了各级党组织活动。至12月，全区各市、县党委全部恢复建立，各地党委和革委会为党政合一的体制。

6月　根据中共中央部署，全市开展"批陈（伯达）整风"。

7月1日　廉江县印刷厂无线电车间生产1台14英寸"雷州牌"黑白电视机。这是湛江地区生产的第一台电视机。

10月　湛江地区传达贯彻中共中央有关林彪事件的5个文件，开展"批林整风"。

冬　掀起以兴修水利为主的农田基本建设高潮。

是年　湛江农村推广"定人员、定地段、定成本、定工分报酬、定产量，超额完成给予奖励"的"五定一奖"的生产责任制，把生产交给作业组经营管理。全区粮食总产量比上一年增产10%以上，平均亩产达到《全国农业发展纲要》规定的指标。各市、县均增产，都超过历史最高水平。

1972 年

2月　地委召开全会部署进一步落实党的知识分子政策工作，会后，地委检查督促各市、县落实党的知识分子政策。各级党委把落实知识分子政策工作摆上重要议事日程。

4月　地委、地区革委会召开全区粮食工作会议，贯彻中共中央《关于继续实行粮食征购任务一定五年的通知》。下半年，全区落实粮食"一定五年"、年终分配等农村经济政策，有效调动广大农民积极性。

5月　湛江市委书记花天才调回部队，陈冰之接任市委书记。

8月　下放干校劳动的干部全部回城分配工作。

9月27日　全区开展打击现行反革命分子和刑事犯罪分子的"两打"运动。

11月　地委、地区革委会领导成员调整。至 1976 年 10 月"文化大革命"结束前，地委书记邹瑜，副书记舒光才、刘超、马振国、陈冰之（1972年 5 月起兼湛江市委书记、革委会主任）、黄明德、冯志仁、王财元（1973年 5 月起兼湛江市委书记）、杨玉清、白俊峰（1972 年 4 月起兼徐闻县委书记；1973 年 12 月起兼海康县委书记）、郑志辉、王美季（女），常委肖启贵、庄子高、蓝祥辉、孟文瑛（兼组织部部长）、张维新（兼政法委主任）、李军、王萍（女）、王凤岐；地区革委会主任邹瑜，副主任黄明德、肖启贵、马振国、王萍（女）、舒光才、刘超、冯志仁、陈冰之、蓝祥辉、王美季（女）、杨玉清、王财元、白俊峰、郑志辉、罗道让；湛江地区中级人民法院院长李曼。

11月　徐闻兴建引水工程南北渠，全长 103 千米，集雨面积 96 平方千米。

12月2日　省革委会发出《关于恢复广州医学院等八所院校大学体制的通知》，湛江医学院、湛江水产专科学校恢复原名和高等院校体制，华南农学院湛江分院复办并改名湛江地区农业学校。次年，湛江医学院、湛江水产专科学校恢复招生，湛江地区高州农业学校、湛江地区卫生学校复办。

12月上旬　山西省委书记、昔阳县委书记、大寨大队党支部书记陈永贵到湛江参观雷州青年运河、湛江港等地。5 日，陈永贵作关于大寨和昔阳经验的报告。此后，湛江地区农业学大寨运动再掀高潮。16 日，地委、地革委在徐闻召开全区农业学大寨现场会，号召各地尽快实现"队队是大寨，县县是昔阳"。

12月8日至9日　大庆油田生产指挥部副主任陈振家作建设大油田的经验报告，全区再次掀起工业学大庆群众运动新高潮。

1973 年

2月26日　湛江市革委会进行机构调整，撤销政工组、保卫组、生产组、办事组，成立部、委、办、局工作机构。

4月　湛江市光明变压器厂制成新型 10 千伏管型避雷器并正式投产，产品被选送全国增产节约展览会展出。

5月　湛江市委书记陈冰之调离，省委、地委决定，王财元接任湛江市委书记，兼任市革委会主任。

6月11日至15日　国务院港口建设领导小组组长粟裕到湛江传达周恩来总理"三年改变港口面貌"的指示，宣布湛江港列为全国重点建设项目。

7月12日　地委要求各级党组织学习毛泽东给福建省莆田县小学教师李庆霖的复信及相关中共中央、广东省委文件，调查迫害、摧残上山下乡知识青年案件，加强对上山下乡知识青年工作的领导，堵塞"走后门"不正之风。

8月24日至28日　中共十大在北京召开，湛江地区出席大会代表4名，其中地委常委、地革委副主任王美季当选中央候补委员。中共十大公报发表后，全区迅速组织学习。

9月　湛江地区中级人民法院恢复建立，管辖全区13个市、县上诉案件及重大一审案件。至12月，全区各市、县人民法院也先后恢复建立。

10月　全区抽调9000多名干部组成工作队，派驻231个公社，开展党的基本路线教育运动，抓"阶级斗争""两条路线斗争""割资本主义尾巴"和农业学大寨。运动至1978年结束。这是全区规模较大、时间较长、影响较深的一次群众运动。

1974 年

1月　越南南方阮文绍集团派军舰侵占中国西沙群岛的金银、甘泉两岛，并攻击中国渔船和巡逻舰艇。中国海军舰艇开赴西沙群岛进行自卫反击。湛江地区航运局"湛运201""粤海113""粤海115""水运5号"等轮船参加支前运输。2月12日，地革委致电慰问航运局，并表彰该局为保护祖国领土完整作出的贡献。

5月2日　湛江地、市召开3万多人参加的动员大会，部署全区"批林批孔"运动。11日，地委及各市、县（郊区）成立"清查办公室"，清查林彪反革命集团的阴谋活动和罪行，清查工作至1975年8月结束。

5月　全区举行为期一个月的"革命样板戏"影片汇映，共上映8个"样板戏"，"革命样板戏"成为电影、文艺演出的主流形式。

9月至10月　开展打击反革命分子、坏分子破坏活动的"两打"运动。9月25日，地区中级人民法院在赤坎、霞山、坡头、湖光等地同时召开10

万人宣判大会，判处一批反革命分子和刑事犯罪分子。

秋　中共广东省委第一书记、省革委会主任赵紫阳深入廉江县龙湾、横山、河堤等公社检查工作。

10月12日　全国跳水、水球比赛在湛江举行，全国14个省、自治区、直辖市和解放军代表队参加比赛。湛江运动员梁少汉获男子跳台冠军。

11月5日至8日　全国腐殖酸类肥料试验推广经验交流会在湛江召开。次年4月，湛江地区革命委员会成立腐殖酸类肥料科研协作领导小组，推动腐殖酸类肥料的应用。至1977年8月，全区腐殖酸类肥料的品种由原来的腐殖酸铵发展到20多种，90%的公社推广使用腐殖酸类肥料。

11月29日　徐闻县军民围击并抓获在迈陈公社角尾乡登陆的台湾当局武装特务2人及护送人员6人。

1975 年

1月22日　驻电白县人民解放军和当地公安机关、民兵、人民群众活捉在该县南海公社登陆的台湾当局特务2人，缴获左轮手枪4支、子弹200发、橡皮艇1只，粉碎台湾当局炸毁茂名发电厂的阴谋。

2月4日　全国燃化会议在霞山召开，国务院副总理王震出席会议。[①]

3月28日至31日　地委召开全区铁路工作会议，对交通运输进行整顿，拉开湛江全面整顿序幕。4月起，整党，整顿软、懒、散的领导班子；7月起，整顿工业企业；之后，整顿农业、科技文艺等。经整顿，湛江政治、经济、文化等各项事业发展较快。

4月7日　中共广东省委第一书记、省革委会主任赵紫阳到湛江港建设工地检查工作。6月，赵紫阳又深入遂溪县北坡、城月等地，检查指导高产水稻和甘蔗生产。

8月初至9月2日　中共中央副主席、中央军委副主席、国防部部长叶剑英视察湛江，指出湛江是边防重地，领导一定要密切联系群众，与群众同

---

① 中共湛江市委党史研究室编：《中国共产党湛江历史大事记（1950—1978）》，2009年内部编印，第186—187页。

甘苦共患难。①

9月21日至10月13日　全区举行中华人民共和国成立以来规模最大的一次专业文艺汇演、业余文艺调演，16个专业文艺团体和15个业余文艺宣传队共1600多人参加演出，共演出148个文艺节目，艺术形式多样化，有"革命样板戏"、折子戏，也有本地创作的粤剧、雷剧、话剧、歌舞、曲艺等。

秋　贯彻"以粮为纲，全面发展"方针，抓好晚造生产，进行"小秋收"活动。全区捕捉采集油料、化工原料等各种"小秋收"产品300多种，总值2400多万元。

12月　湛江地区以高校"教育革命大辩论"为先行点，在全区教育战线开展"反击右倾翻案风"和"教育革命大辩论"。

1976 年

1月8日　中共中央副主席、国务院总理、政协全国委员会主席周恩来逝世。湛江地区党政机关和人民群众举行悼念活动。

1月　国务院副总理余秋里视察湛江港第一作业区、调顺码头、堵海工程东北大堤、国营湖光农场、腐殖酸类肥料厂，对湛江港今后发展前景作指示。②

2月　中共中央政治局委员、广州军区司令员许世友到湛江视察民兵、战备工作。

上半年　全区开展"批邓、反击右倾翻案风"和"追查、打击反革命破坏活动"。

7月6日　中共中央政治局常委、全国人大常委会委员长朱德逝世。11日，湛江地区各地下半旗志哀，停止娱乐活动一天，全区人民举行悼念活动。

9月9日　中共中央主席、中央军委主席、全国政协名誉主席毛泽东逝

---

① 中共湛江市委党史研究室编：《中国共产党湛江历史大事记（1950—1978）》，2009年内部编印，第190页。

② 中共湛江市委党史研究室编：《中国共产党湛江历史大事记（1950—1978）》，2009年内部编印，第192页。

世。18日，湛江各地各单位分别举行追悼大会。

10月　中共中央粉碎王洪文、张春桥、江青、姚文元"四人帮"反革命集团，湛江各地军民集会庆祝，"文化大革命"宣告结束，各地各单位开始揭批"四人帮"。

10月　地委领导成员进行调整，至次年7月调整前，地委书记邹瑜，副书记黄明德、杨玉清、白俊峰、郑志辉、王美季（女）、王财元、张勤，常委肖启贵、蓝祥辉、张维新（兼政法小组组长）、孟文瑛（兼组织部部长）、李军、王萍（女）、王凤岐、李振兴。

10月　地区革委会领导成员进行调整，至1978年9月地区革委会取消前，地区革委会主任邹瑜、林若，副主任黄明德、罗道让、肖启贵、蓝祥辉、白俊峰、郑志辉、王美季（女）、杨华土、杨玉清、王财元、王萍（女）、张勤、李振兴、王冶；湛江地区中级人民法院院长李曼。

12月14日至20日　广州军区、广东省委、广东省军区贯彻毛泽东关于湛江要设防的指示，在湛江市组织实施反空袭、巷战、地道战等城市防卫研究性演习，广州军区和广东、广西、湖南三省（区）党政军领导180人观摩演习。

是年　全区农村97.4%的大队办合作医疗，参合人数占应参合人数的88.9%。有500多个大队实现免费医疗。

1977 年

2月13日　地委成立《毛泽东选集》第五卷宣传出版领导小组，4月15日，《毛泽东选集》第五卷正式出版，全区掀起"学毛选"热潮。

春　解放军总参谋长罗瑞卿、副总参谋长杨勇视察湛江，先后视察了湛江市郊区湖光岩、湖光农场、湛江港、海康珍珠养殖场等。

4月至5月　全区开始清查与"四人帮"有牵连的人和事。至次年6月，地委作出结论，湛江地区没有发现与"四人帮"直接挂钩的人，也没有与其阴谋活动有牵连的人。

6月　邹瑜调离湛江，中共广东省委、广东省革委会决定林若任中共湛江地委书记、地区革委会主任。7月，地委、地区革委会班子进行调整，至1983年9月湛江地、市合并前，地委书记林若、姚文绪（1983年1月起），副书记黄明德（1980年7月起兼纪委书记）、郑志辉、王美季（女）、张勤（兼湛江市委书记）、罗道让、张丕林、刘铁（1981年4月起兼纪委书记）、慕君（1979年5月起兼湛江市委书记、市革委会主任）、肖启贵、温戈（1983年1月起兼湛江市委书记），常委李军（1980年3月起兼宣传部部长）、李振兴、王凤岐、蓝祥辉、孟文瑛（兼组织部部长）、张维新、王萍、徐效先（1977年8月起兼组织部部长）、杨子江（兼宣传部部长1980年3月止）、赵保立、罗道让、张丕林、刘铁、仲继先、慕君、张焕熙（兼秘书长）、滕义发、陈清、王冶。地区革委会主任林若，副主任黄明德、罗道让、肖启贵、蓝祥辉、白俊峰、郑志辉、王美季（女）、杨华土、杨玉清、王财元、王萍（女）、李振兴、张勤、王冶。湛江地区中级人民法院院长李曼。

7月6日　地委通过有线广播，动员全区科技工作者和全区人民向科学技术大进军。

8月12日至18日　中共十一大召开，湛江代表李继良当选中共十一届中央委员会候补委员。22日，全市约20万军民举行集会、游行，庆祝中共十一大召开。

9月17日　联合国粮农组织和开发计划署联合组成的水土保持考察组19人，到新坡水库和鹤地水库等处考察水土保持和农田水利建设。

10月　全国恢复高等学校统一招生考试制度，12月11日至13日，举行统一招生考试。湛江地区6.8万名考生参加考试，考上高等学校1300多人。

11月　全区开展"一批二打"运动，批判"四人帮"，打击阶级敌人破坏活动，打击贪污盗窃和投机倒把分子。

冬　海康县北和公社潭葛大队南五生产队暗中试行包产到户，迈出广东农村包产到户第一步。至1982年，全区农村普遍实行包产到户或包干到户生产责任制。

1978 年

3月18日至31日　全国科学大会在北京召开，湛江地区"木麻黄海防林带的营造技术"等40项优秀科技成果获奖。

5月12日　湛江地委成立摘掉"右派分子"帽子工作领导小组及办公室，全面开展对"右派"复审、改正工作，至1979年10月，全区4405名

"右派分子"基本摘帽。随后，落实各项政策，改正错划的知识分子、农村基层干部，妥善解决历史遗留问题。

6月　全区开展真理标准问题大讨论，至1980年上半年基本结束。明确实践是检验真理的唯一标准，统一了思想。

7月28日　地委向省委提交《关于马如杰案件彻底平反的报告》，不久，获批准。9月28日，省委委托湛江地委在湛江市召开马如杰平反大会，为原湛江行署副专员马如杰彻底平反。

秋　吴川县王村港渔业公社覃寮大队葵厂成立，入股干部、群众共13人。这是全省第一个农民股份制企业。

12月18日至22日　中共十一届三中全会召开。23日，湛江军民集会庆祝，并组织学习十一届三中全会公报，把工作重点转移到社会主义现代化建设上来。

12月25日　地委向省委上报《关于"揪南路党"问题的情况及处理意见的报告》。次年1月，省委批复该报告。湛江地委认真做好该案平反工作，至1980年9月，平反善后工作基本结束。

1979 年

2月　湛江地区开始对地主、富农、反革命分子、坏分子平反、摘帽，至8月，共摘帽1590人，纠错110人。给3066名"地、富、反革命"出身的子女成分定为社员。

3月　湛江市委对"文化大革命"遗留的白铁工会国民党区分部案、伪粤境工程处案、国民党六十二军一五一师密探组案等3宗集团假案和湛江市走资派翻案集团案、邮电局旧党委内资产阶级司令部案，给予平反。

4月15日　中央军委授予在对越自卫反击战中英勇作战、不怕牺牲的徐闻籍战士杨朝芬"黄继光式战斗英雄"称号；授予廉江籍某连副指导员莫尤"舍身救战友的好干部"称号和"一级战斗英雄"称号。

5月　省委、地委任命慕君任中共湛江市委书记、市革委会主任。

7月28日　联合国粮农组织群众造林考察团到雷州林业局考察人工造林。

12月20日　全国灭鼠科研协作会议在廉江县安铺镇举行。

12月　湛江地区革委会改为湛江地区行政公署，至1983年9月湛江地、市合并前，公署专员黄明德，副专员车金铭、肖启贵、张世仁、黎江、王冶、穆杰。后增补副专员宗庆荣、李振兴、滕义发、吴昌仁、孙利世；湛江地区中级人民法院院长李曼，广东省人民检察院湛江分院代检察长阎福和。

是年　湛江市南港服装厂与港商合作，引进80万港元的265台服装加工设备，承接对外来料加工业务，开始了全市以"三来一补"为特点的对外贸易商品生产。

1980 年

1月　全国杂交水稻气象科研会议在湛江举行。

4月4日　著名科学家、清华大学教授钱伟长受邀到湛江作系统工程学学术报告。

5月下旬　由17个国家的成员组成的联合国粮农组织水土保持考察组，到吴川覃巴水土保持站参观考察。

6月　湛江地区社队企业工作会议决定从10个方面加快社队企业发展。吴川县发展社队企业，形成"四轮驱动①、统分结合、自我调节"的"吴川模式"。

7月22日　8007号强台风在徐闻县登陆后，人员伤亡、财产损失严重，省、地、县党政机关和驻军积极筹调资金、物资，帮助灾区恢复生产，重建家园。

8月27日至9月2日　中共广东省委第一书记、省长习仲勋到湛江地区视察灾情，指导救灾复产工作。②

9月30日　地委、专署林业工作会议强调，抓好林业政策落实，落实林权，落实自留山和林业专业队（组）责任制。会后，各县林业实行"三定"③，发放林权证。

10月21日　中共中央、国务院、中央军委发来贺电，表彰湛江市无线

---

① 充分调动县、社、队、个体积极性。

② 中共湛江市委党史研究室编：《党和国家领导人在湛江（1957—1998）》，1999年内部编印，第65—67页。

③ 定山权、定林权、定生产责任制。

电五厂提供的有机实芯电位器，为中国发射运载火箭试验作出贡献。

12月12日至16日　中共湛江市第四次代表大会召开，选举产生第四届市委和市纪委领导成员。市委书记慕君，市纪委书记王国强。

1981 年

1月20日至27日　湛江市政协第五届一次全会召开，选举产生第五届政协委员会主席、副主席。梁乔栋当选主席。

1月21日至27日　湛江市第六届人民代表大会召开，选举产生第六届人大常委会①和市政府领导成员。人大常委会主任李恩荣，市长王国强。这次会议决定，恢复湛江市区在"文化大革命"中被更改的部分街道名称。

4月19日　地委、行署联合发出《关于进一步办好农工商联合企业试点的通知》，全区开始兴办农工商联合企业。

6月底　中共十一届六中全会通过《关于建国以来党的若干历史问题的决议》。湛江各地广泛宣传、学习该决议，澄清一些错误观念，基本统一了思想认识。

9月　湛江市水产研究所在东南鲍鱼增殖站首次人工孵化杂色鲍苗7000余只，填补了广东省鲍鱼人工育苗技术空白。

10月1日　湛江市电子工业公司与香港黄河实业公司合办的电子电器服务中心开业。该中心是湛江市首家与港商合办的电子、电器维修企业。

12月　全区农村扫盲任务基本完成，13个县、市，有12个达到基本脱盲单位标准。全区12至40周岁的少、青、壮年的文盲半文盲中，已有15.1万人脱盲，非文盲人数占少、青、壮年总人数的93%。

1982 年

1月31日　中共中央政治局委员、中央军委常委王震视察湛江，勉励驻军为保卫国家多做贡献，鼓励农场发展多种经营，广开就业门路。②

1月　根据中共中央的《紧急通知》，开展打击经济犯罪活动。

---

① 本届人民代表大会开始设置人大常委会。

② 中共湛江市委党史研究室编：《湛江改革开放三十年大事记（1978—2007）》，2008年内部编印，第74页。

3月 全区开展第一个"全民文明礼貌月"活动。

4月12日 中共广东省委发文向全省推广遂溪整顿农村基层党组织经验。6月,遂溪县委在全省农业书记会议上介绍经验。会后省委组织联合调查组总结遂溪经验。12月,全国农村思想政治工作会议把"遂溪经验"作为会议材料印发。

6月22日 湛江家用电器总厂组建为湛江市家用电器工业公司,拉开全市企业改组、兼并的改革序幕。1988年,该公司进一步改制组建为广东半球实业集团有限公司,其模式被誉为"半球模式"。

7月 进行第三次全国人口普查。此次人口普查登记的标准时间是1982年7月1日零时。此次普查是第一次采用国际标准的全国人口普查,普查项目共19项,其中,按人填报的项目13项,按户填报的项目6项。此后,全国人口普查登记的标准时间是7月1日零时,全国人口普查每10年一次,在年份末位数字逢"0"的年份进行。

9月 吴川县吴阳建筑工程队24人首次进入美国管辖的塞班岛承建工程。

10月16日 遂溪文物普查小组在江洪公社鲤鱼墩发现近8000年以前新石器时代的贝丘遗址。该遗址是当时湛江境内发现的最古老的遗址。

11月13日 联合国地质代表团16人到湛江作地质考察。

12月 湛江市第一家工贸联营企业——湛江棉纺厂正式投产,年产面纱1万锭。

1983 年

1月 林若调省委工作,姚文绪任中共湛江地委书记。

2月13—14日 中共中央总书记胡耀邦视察湛江,强调改革对中国发展的重大意义,指示湛江发展蔗糖业、畜牧业,重视小城镇的建设和发展,鼓励农民大胆进城办小商业,加强精神文明建设和培育年轻干部。[1]

5月 进行农村管理体制改革,撤销人民公社,公社一级行政组织改为区公所,大队改设乡(镇)政府。

---

[1] 中共湛江市委党史研究室编:《湛江改革开放三十年大事记(1978—2007)》,2008年内部编印,第81页。

6月3日　湛江市委、市人民政府贯彻落实胡耀邦指示，作出加快商品基地建设，发展商品生产，疏通流通渠道，改善市区投资环境的决定，敞开城门，欢迎外地单位和个体户到湛江市设点销售。市委、市政府还拨款158万元，开辟市场、举办展销会等，争取外地单位和个体户到湛江市营商。至年底，湛江市个体经营户数、从业人数分别增至35164户、46344人。

8月　根据中共中央统一部署开展严厉打击刑事犯罪活动的斗争。"严打"斗争为期3年，至1986年11月止，全市破获刑事等案件2800多宗，摧毁犯罪团伙600多个，抓获犯罪分子8000多名，判处死刑140多名。通过3年"严打"，有力扭转社会治安状况，为"开放、改革、搞活"创造良好的社会环境。

9月1日　湛江地区建置撤销，分设省辖地级市湛江市和茂名市，实行市领导县新建置。新设立的湛江市辖吴川、廉江、遂溪、海康、徐闻5县和霞山区、赤坎区、郊区3个区。省委重新任命湛江市委、市政府领导成员。市委书记温戈，副书记滕义发、陈斌、郑志辉、李国荣（兼廉江县委书记），常委戴洪（兼统战部部长）、赵东花（女）、郝维智、朱谦智（兼宣传部部长）、麦东富、陈清、陈元兴；代市长滕义发，副市长汤文藩、植标志、陈钧、柯景仁。市委成员任期至1987年10月，市政府领导成员任期至1983年12月湛江市第七届人民代表大会①召开前。其间调整王冶为市委书记（1985年4月起），陈英豪为副书记（1986年4月起），陈周攸（1985年11月起，兼秘书长、纪委书记）、梁振元（1986年2月起，兼霞山区委书记）、陈英豪、林彦举、余启志、陈光保（1986年4月起，兼海康县委书记）为常委；陈清为副市长。

9月3日　湛江籍运动员邱亚帝在全国蹼泳锦标赛上，荣获男子50米屏气潜游第一名，破世界纪录。

12月6日　国务委员谷牧视察湛江。

12月19日至25日　湛江市政协第六届一次②全会召开，选举产生第六届政协委员会主席、副主席。主席黎江，副主席李振兴、戴洪、陈炯东、梁乔栋、刘万元、曾友梅、蔡挺生、林励华、罗承瀚、周兆霖、霍本东、梁雪

---

①　沿用原湛江市人民代表大会届次。
②　沿用政协原湛江市委员会届次。

霏（女）。本届任期至 1988 年 12 月，届中先后增、补选戴洪（1986 年 4 月起）为主席，赵守桐、郝维智、韩保东、孔雀屏（女）、朱谦智为副主席。

12 月 20 日至 24 日　湛江市第七届人民代表大会召开，选举产生第七届人大常委会和市政府领导人以及湛江市中级人民法院院长、湛江市人民检察院检察长[①]。人大常委会主任姚立尹，副主任李军、李恩荣、徐效先、黄成海、陈志群、黄一彪、黄学海、李全尧；市长滕义发，副市长陈清、汤文藩、植标志、陈钧、柯景仁；湛江市中级人民法院院长曾敏；湛江市人民检察院检察长罗枢。本届任期至 1988 年 12 月，届中先后增、补选陈元兴、柯景仁、何文里（女）、苏广和为人大常委会副主任；李国荣（1985 年 6 月起）、郑志辉（1986 年 5 月起）为市长，孙利世、陈英豪、何均发为副市长；邹蔚林为检察长。

1984 年

1 月　全市蔬菜实行放开价格经营，取消牌价供应。

4 月 11 日　湛江市个体劳动者第一届代表大会在霞山召开。据统计，是年，全市个体工商业 35164 户、从业人员 46344 人。

5 月 4 日　中共中央、国务院发出《关于批转〈沿海部分城市座谈会纪要〉的通知》，湛江市被列为全国首批 14 个沿海对外开放港口城市之一。

6 月 1 日　市政府决定从当月起对固定资产原值 300 万元以下、年利润 50 万元以下的市属、县属国营工业企业，给予生产计划、产品供销、固定资产处置、劳保福利等 10 个方面的权限。

6 月下旬　经广东省人民政府批准，从湛江市郊区划出坡头、龙头、官渡、南三等地设立坡头区，与霞山、赤坎和郊区同为湛江市辖区。

7 月 2 日　经广东省外经委批准，湛江市首家合资经营企业——湛江万丰人造花有限公司成立开业。该公司由市外贸公司与香港万丰贸易有限公司合资经营，合营期 10 年。

7 月 11 日　湛江市被列为广东省经济体制综合改革试点城市之一，为城市经济体制改革探索新路子。

---

① 　人民法院院长、人民检察院检察长简称"法检两长"。

9月　全市开始实施商业管理体制改革，至年底，商业系统实行政企分开、简政放权，推行经理负责制和经营承包制。

11月29日　国务院同意湛江市兴办经济技术开发区。开发区位于霞山与赤坎两区之间，总面积9.2平方千米。次年4月，正式进入开发建设阶段。自1985年至2020年底，陈斌、王须生、冯录先后任中共湛江经济技术开发区管理委员会党组书记；冯录、余堪发先后任中共湛江经济技术开发区委员会书记；陈吴、许顺、梁培先后任中共湛江经济技术开发区（广东湛江东海岛经济开发区）委员会书记；陈斌、何均发、王须生、冯录、杨衢青、罗鸿基、林萌、陈吴先后任湛江经济技术开发区管理委员会主任；陈吴、许顺、王再华、罗建君先后任湛江经济技术开发区（广东湛江东海岛经济开发区）管理委员会主任。

1985 年

1月1日　全市取消生猪派购政策，猪肉、鸡、鸭、鹅和蛋品放开价格经营。

1月22日　市委召开整党动员大会。整党工作先市后县，分两批进行。

2月5日　全国政协副主席刘澜涛、杨成武视察湛江。

4月1日　全市取消粮食统购统销政策，粮食改为合同定购。

4月29日　中共广东省委决定，王冶任中共湛江市委书记，李国荣代理湛江市市长。

5月　国营金星农场与上海轻工业设计研究院合作研制的剑麻纤维抛光轮成功，为国内首创。

6月15日至19日　湛江市第七届人民代表大会第三次会议召开，选举李国荣为湛江市市长。

7月20日至24日　市委召开县（区）委书记会议，作出发展"两水一牧"（水果、水产、畜牧业）开发性农业战略决策。10月，市委、市政府制定《关于发展"两水一牧"生产的若干优惠暂行办法》。从1985年起至1991年，湛江市通过"六大战役"贯彻落实"两水一牧"战略，促使湛江农业走上新台阶。

9月10日　市委、市政府分别在市政府礼堂和市人民会堂举行庆祝大会，庆祝中华人民共和国第一个教师节。

11月30日　著名经济理论家童大林受邀给湛江市直机关领导干部作报告，从邓小平经济发展战略思想、国家经济战略布局等方面论证经济体制改革的必要性和湛江的前景、市场、发展潜力。

12月18日　联合国难民署驻华代表到幸福、收获、奋勇3个农场，视察联合国难民署援建项目，并访问难民安置点。

1986年

1月1日　中共中央总书记胡耀邦从海南乘飞机到达遂溪机场，在机场接见了湛江市党政军负责人。[①]

1月8日　湛江市首批"农村文明图书馆"命名大会在吴川县梅菉镇举行，一共命名区（镇）文明图书室17个、家庭自办文明图书室3个。

2月下旬　全市农村区（镇）整党开始。全市农村132个区级单位、154个股级单位3万多名党员参加整党，党员干部普遍增强了党性，领导作风有较明显转变。7月中旬整党结束。

3月7日　湛江海洋渔业公司首次赴南沙群岛采捕。

4月28日至5月2日　湛江市政协第六届四次全会召开，补选戴洪为市第六届政协委员会主席。

4月29日至5月3日　湛江市第七届人民代表大会第四次会议召开，选举郑志辉为湛江市市长。

5月2日　湛江市家用电器工业公司被国务院机电产品出口办公室批准为全国第一批机电产品出口基地企业之一。

5月9日　按照国务院规定，实行夏时制，至1991年停止实行。

5月20日　湛江戏剧学校恢复为综合性艺术学校，更名为"湛江艺术学校"。

8月中旬　开展乡一级整党工作，历时3个月结束。

10月15日　中法合作开发的北部湾"涠10－3"油田投产。该油田的投产，标志着南海西部石油从勘探进入开发阶段。

---

① 中共湛江市委党史研究室编：《湛江改革开放三十年大事记（1978—2007）》，2008年内部编印，第109页。

10月　按照中共广东省委、省人民政府《关于撤区建乡（镇）完善农村基层政权建设的通知》，湛江开始撤区建乡（镇），进行基层政权组织体制改革，至年底基本完成。全市撤销100个乡公所、1212个小乡，新建80个镇、20个乡、1252个行政村，保留11个区级镇和16个街道办事处。

1987 年

2月21日至26日　全国沿海防护林建设经验交流会在湛江召开，湛江市介绍推行多种形式林业生产责任制的经验。会议就加快全国沿海防护林体系建设提出6项任务，要求"用建设'三北'（东北、华北、西北）防护林的办法，营造起沿海绿色万里长城"。

3月15日　也门民主人民共和国总理亚辛·赛义德·努曼博士访问湛江。

5月22日至29日　广东省县委书记会议在湛江召开。湛江市委书记王冶介绍湛江开发"两水一牧"资源发展农村商品经济的经验。会议要求全省借鉴湛江经验，把开发性农业生产推向新高潮。

6月1日　广东省省长叶选平到湛江检查指导工作。

7月26日至29日　市委、市政府召开深化改革会议，部署在全市全面推行多种形式的承包经营责任制。

8月　湛江家用电器工业公司生产的"半球"牌电风扇首次进入美国市场，首批发货20万台。

10月9日至12日　中共湛江市第五次代表大会①召开，选举产生第五届市委和市纪委领导成员。市委书记王冶，副书记郑志辉、陈英豪、陈周攸、梁振元，常委林彦举（兼秘书长）、余启志、陈光保、张安光、麦东富、赵东花（女，兼组织部部长）；市纪委书记陈周攸。本届任期至1992年12月，届中先后增、补选余启志、黄开诚、陈同庆为副书记，郑流为常委；刘玉珍（女）为市纪委书记（1989年6月起）。

10月23日　湛江市首届艺术节开幕。

12月9日　霞山火车南站至海头新村的铁路专线建成通车。该专线是中

---

①　沿用原湛江市党代会届次。

国第一条农民自办铁路。

12 月 10 日　湛江高压电器总厂成功研制国家重要技术开发项目 RW–10/100KV 户外交流高压新型跌落式熔断器，通过 IEC 标准试验。湛江高压电器总厂成为全国第一家产品通过 IEC 标准试验的厂家。

12 月 24 日　湛江市与贵州省六盘水市缔结为友好城市。

1988 年

1 月 7 日至 26 日　中共中央政治局委员、书记处书记习仲勋视察湛江，回顾在广东工作期间抓改革开放的历程，勉励湛江把握机遇，把改革开放和搞活经济的步子迈得更大一些。①

1 月 13 日至 19 日　中共中央顾问委员会常务委员余秋里视察湛江。②

1 月 15 日　湛江市体育中心破土动工，次年 11 月竣工。

1 月 30 日　湛江市与湖北省鄂州市缔结为友好城市。

3 月 23 日至 26 日　广东省企业承包经营责任制座谈会在湛江召开。会议向全省推广湛江家电企业改革经验。

5 月 13 日　市区和 5 个县县城全部使用自动电话，并开始使用程控电话。

6 月 23 日　以农用运输车工贸公司为主体组建的湛江三星农车企业（集团）公司和由纺织、印染、成衣等 10 家生产企业联合组成的湛江纺织企业（集团）公司成立。这是湛江国企改革的又一新成果。

7 月 1 日　全市开始实行临时工社会养老保险制度。

9 月　全市启动土地登记和颁发土地证书工作。

10 月 28 日　湛江无线传呼系统（BB 机）开通使用。

12 月 22 日至 26 日　湛江市政协第七届一次会议召开，选举产生第七届政协委员会主席、副主席，主席戴洪，副主席陈清、韩保东、朱谦智、梁雪霏（女）、孔雀屏（女）、韩清韶、林木生、傅昌来。本届任期至 1993 年 10

---

① 中共湛江市委党史研究室编：《湛江改革开放三十年大事记（1978—2007）》，2008 年内部编印，第 124 页。

② 中共湛江市委党史研究室编：《湛江改革开放三十年大事记（1978—2007）》，2008 年内部编印，第 124 页。

月，届中先后增、补选陈光保为主席，林延为副主席。

12月23日至28日　湛江市第八届人民代表大会召开，选举产生第八届人大常委会和市政府领导成员以及法检两长。人大常委会主任林彦举，副主任孙利世、何文里（女）、陈元兴、柯景仁、宋来春、王国荣；市长郑志辉，副市长张安光、汤文藩、植标志、陈钧、何均发；湛江市中级人民法院院长曾敏，湛江市人民检察院检察长邹蔚林。本届任期至1993年10月，届中先后增、补选余启志为人大常委会副主任，杨衢青、罗果静（女）为副市长，陈代琛为湛江市中级人民法院院长。

1989 年

1月12日　湛江市广东半球企业集团公司、湛江食品调料总厂、湛江罐头食品总厂、廉江红星瓷厂等4个企业被选为广东省第一批参与国际大循环基地企业。

2月　全市第一家私营企业——湛江市科技工程有限公司正式登记成立。至年底，全市私营企业发展到701家，从业人员1.02万人。

3月9日　湛江市首家由外商投资兴建的炼油厂——美亚湛江炼油厂奠基。

5月15日　市委、市政府作出《关于开展学习、推广长青水果场经验的决定》，推广长青水果场实行农场、农户联营，统分结合发展商品经济的"长青模式"。

6月　北京春夏之交政治风波发生后，湛江各界人民表示坚决拥护中共中央对春夏之交政治风波采取的措施，从思想上、行动上与党中央保持一致。

7月27日　湛江市民间企业家公会在霞山成立，会员约1500家。

11月13日　湛江粤剧团应邀赴新加坡演出。

12月5日　市政府发布《关于查禁打击卖淫嫖娼等"七害"违法犯罪活动的通告》，全市开展打击卖淫、制贩传淫秽物品、赌博、拐卖儿童妇女、封建迷信、挑动纠纷械斗、黑社会性质团伙作案等活动，社会治安明显好转。

1990 年

1 月 31 日　湛江市第一家跨市糖酒设备机械集团公司——华达实业集团公司在吴川县塘塝镇成立。该公司生产的糖酒机械设备远销国内外。

2 月 14 日至 3 月 8 日　全国政协副主席杨静仁视察湛江，充分肯定湛江城市绿化，对湛江贯彻中央民族政策、做好统战工作提出建议。

2 月　国家计委将湛江市列为全国糖蔗生产基地及商品糖基地。次年 8 月 28 日，全国第一个食糖批发市场在湛江赤坎开业。

5 月 10 日　中国第一对远洋作业的水泥船"中远洋 510 号""中远洋 511 号"，在湛江渔船厂码头剪彩下水，投入使用。

7 月　进行第四次全国人口普查。此次人口普查登记的标准时间是 1990 年 7 月 1 日零时。普查项目共 21 项，其中，按人填报的项目 15 项，按户填报的项目 6 项。此次普查是实施全国人口普查 10 年一次政策的第一次。

8 月 1 日　湛江市三星农用汽车（集团）公司生产的 10 辆三星牌农用汽车在湛江港装船发运大洋洲所罗门，开创中国农车出口纪录。

8 月 31 日　广东省第八届运动会在湛江市体育中心举办闭幕式，湛江市代表队获金牌 44.5 块、银牌 37.5 块、铜牌 44 块。

10 月 15 日　湛江市歌舞团创作的反映湛江市改革开放的大型歌舞《雷州半岛——海之歌》进京参加亚运会文艺演出，连演 16 场，并获邀进入中南海礼堂演出。

10 月　全国红树林保护区专家考察组到湛江，考察郊区 4.7 万亩红树林。该红树林带是全国现存最大面积的红树林之一。

12 月 1 日　湛江市与河南省漯河市缔结为友好城市。

1991 年

2 月 1 日　广东省人民政府公布湛江市海康县雷州城为省级历史文化名城。

3 月 12 日　在北京举行的全国植树造林表彰动员大会上，湛江市、雷州林业局、湛江港务局被授予"全国造林绿化先进单位"称号。

4 月 17 日　吴川县糖酒机械工业（集团）公司设计生产的万吨级节能

酒精厂全套工艺设备出口泰国。该公司为全国第一间生产这种设备的厂家。

7月30日　全市第一批农村社会主义思想教育工作铺开，抽调机关干部3196人分赴601个管理区开展社教工作。历时5个月，于1992年1月10日结束。

8月1日　广东省人民政府批准湛江市为全省第一个全面绿化达标地级市。8月5日，广东省绿化达标现场会议在湛江召开。8月9日，新华社以《昔日赤地三千里，今日绿浪八万重》为题向全国报道。

9月18日　全国沿海防护林学术研讨会在湛江召开。会议建议将廉江县高桥镇划为国家级红树林保护区。

10月1日　国务院机电产品出口办公室批准，湛江高压电器总厂、湛江电器工业集团公司为全国机电产品出口基地企业。

10月19日　全国人大常委会副委员长、全国妇联主席陈慕华视察湛江。

10月　国家计委、农业部批准徐闻、海康、遂溪3县和湛江市甘蔗良种场作为国家"八五"时期首批糖蔗生产基地县。

12月　雷州师范专科学校升格为本科学院，更名为"湛江师范学院"。

1992 年

1月28日　中共中央政治局委员、国务院副总理田纪云视察湛江。[①]

1月　农业部授予遂溪县"全国渔业先进县"称号。

3月3日　第二批农村社会主义思想教育工作在全市42个乡镇、557个管理区、4170个自然村铺开。8月13日，第三批农村社会主义思想教育工作开始，参加单位有31个乡镇（街道）和6个国营农林场。12月30日，市委召开农村"社教"工作总结大会。至此，3批农村"社教"工作结束。

春　邓小平发表南方谈话，湛江各级及时组织学习，进一步解放思想，明确改革开放的任务和目标。

4月7日　市政府批转市经委《关于湛江市国营工业企业综合改革试点的实施意见》，决定以广东三星企业集团等10家企业为试点，开始国营企业综合体制改革。

4月19日　中共中央政治局委员、国务院副总理邹家华考察湛江，强调

[①]　中共湛江市委党史研究室编：《湛江改革开放三十年大事记（1978—2007）》，2008年内部编印，第150—151页。

湛江要进一步解放思想，扩大改革开放，加快经济发展步伐。

6月1日　实行住房制度改革。改革主要内容：提租发补，租售并举，新房新制度。

7月25日　省人民政府批准湛江市设立东海岛经济开发试验区。8月24日，试验区筹委会挂牌办公。次年4月，东海岛经济开发试验区管委会正式成立。

9月21日　中共中央政治局常委、国务院副总理朱镕基到湛江市东海岛考察。

9月　应文化部艺术局邀请，湛江实验雷剧团在北京中南海和中国儿童剧场演出现代雷剧《抓阄村长》。该剧获1992年度中宣部"五个一工程奖"。

11月　进行商业体制改革，撤销商业局、供销社、粮食局，其行政管理职能划归市政府财贸办。组建5个企业集团：商业企业集团、粮食企业集团、供销社企业集团、食品企业集团、对外供应企业集团。

12月4日至8日　中共湛江市第六次代表大会召开。会议确立湛江"追虎赶龙"①奋斗目标。会议选举产生第六届市委和市纪委领导成员，市委书记陈同庆，副书记郑志辉、陈周攸、黄开诚，常委赵东花（女）、张安光、麦东富、郑流（兼秘书长）、刘玉珍（女）、黄国威（兼宣传部部长），市纪委书记刘玉珍（女）。本届任期至1998年4月，届中先后增、补选庄礼祥、胡浩民（1993年11月起兼组织部部长）、周镇宏为市委副书记，罗平、郭茂辉、谢鉴明、吴智华、魏志远（兼政法委书记）、罗兴汉为常委；吴智华为市纪委书记（1994年10月起）。

12月18日至19日　湛江市政协第七届六次全会召开，补选陈光保为政协第七届湛江市委员会主席。

1993年

1月7日　全国政协副主席杨成武视察湛江。②

---

① 广东"四小虎"：南海、顺德、东莞、中山；亚洲"四小龙"：中国台湾、中国香港、新加坡、韩国。
② 中共湛江市委党史研究室编：《湛江改革开放三十年大事记（1978—2007）》，2008年内部编印，第159页。

2月23日至27日 广东省人民政府与上海宝山钢铁集团公司联合在湛江市召开湛江钢铁公司预可行性研究审查会，审查通过以北京钢铁设计总院为首编制的在湛江东海岛建设大型钢铁厂的预可行性报告。

2月28日 经广东省人民政府批准，海安经济开发区管委会挂牌成立，首批项目工程奠基。

春 湛江掀起大办交通通信热潮，鼓励社会各界踊跃捐款，引导多渠道资金投入。11月，市委、市政府召开全市交通通信工作会议，12月，市委、市政府出台《关于加快我市交通通信基础设施建设的决定》，全市再掀建设高潮。

5月3日 中共中央政治局委员、国务院副总理邹家华视察湛江。[1]

6月7日 湛江市首家上市公司——湛江供销社企业集团股份有限公司的法人股在中证交NET系统上市。

8月23日至26日 市委、市政府召开"三高"[2]农业工作会议，全市开始发展"三高"农业。

9月23日至25日 中共中央总书记、国家主席、中央军委主席江泽民视察湛江，认为湛江发展条件优越，希望湛江深化改革，扩大开放，发挥港口优势，振兴发展湛江经济，并题词："发挥港口优势，振兴湛江经济""建设南方大港，发展湛江经济"。[3]

10月1日 "湛江人精神"大讨论历经3个月落下帷幕，确定"湛江人精神"为"扬帆搏浪，走向世界"。

10月7日至11日 湛江市政协第八届一次全会召开，选举产生第八届政协委员会主席、副主席，主席陈周攸，副主席汤文藩、王克明（兼市委统战部部长）、孔雀屏（女）、林木生、傅昌来、李伟新、许晋奎（香港籍，兼）。本届任期至1998年6月，届中先后补选黄开诚、陈杏明、于相业为副主席。

---

① 中共湛江市委党史研究室编：《湛江改革开放三十年大事记（1978—2007）》，2008年内部编印，第162页。

② 高产、高质、高效。

③ 中共湛江市委党史研究室编：《湛江改革开放三十年大事记（1978—2007）》，2008年内部编印，第163—164页。

10月7日至13日　湛江市第九届人民代表大会召开，选举产生第九届人大常委会和市政府领导成员以及法检两长。人大常委会主任郑志辉，副主任王国荣、何均发、植标志、柯景仁、陈臻；市长庄礼祥，副市长谢鉴明、陈钧、杨衢青（兼湛江经济技术开发区主任）、罗果静（女）、李智强、叶振成；湛江市中级人民法院院长陈代琛，湛江市人民检察院检察长张石清。本届任期至1998年6月，届中先后增、补选陈同庆为人大常委会主任（1996年3月起），王国荣为代主任（1995年2月起），麦东富、阮允茂为副主任；周镇宏为副市长、代市长，吴文庆、肖里华、杨标为副市长；黄松有为湛江市中级人民法院院长。

12月10日　经国务院批准，撤销廉江县，设置廉江市（县级）。

12月30日至次年1月2日　全国人大常委会副委员长阿沛·阿旺晋美视察湛江。

1994 年

1月1日　开征个人所得税，适当调整个人收入。

1月20日　海康县雷州城被国务院批准为国家历史文化名城。

3月　湛江市政府公布《建立现代企业制度试点实施方案》，首先在33家企业推行产权制度改革。至年底，全市11家国有企业改组为有限责任公司，6家市直企业实行租赁经营。4275家小型商业企业（门店）有3260家实行承包经营，447家实行租赁经营。同时组建集团企业86家，兼并企业8家，实行破产企业3家。

4月22日　湛江市首家私营企业兼并集体企业——湛江猛力来实业有限公司成立。

4月26日　国务院批准，撤销海康县，设立雷州市（县级）。10月1日，海康县正式使用雷州市行政名称。

4月　市政府出台《关于加快发展非公有制经济的决定》，鼓励发展非公经济。至2000年，非公经济在全市经济总量中占比34.3%，在工业总产值中占比38.2%，在社会商品零售总额中占比69%。

5月29日　国务院批准，撤销吴川县，设立吴川市（县级）。

6月8日　9403号热带风暴袭击湛江，市委、市政府和驻湛部队组织抗灾、救灾和灾后复产。13 日，中共中央政治局委员、广东省委书记谢非赴湛江指导救灾。中央相关部委也派出人员和物资到湛帮助救灾复产。

8 月 1 日　实行机关事业单位工作人员个人缴纳养老保险费制度。

9 月 4 日　湛江籍运动员陈丽霞夺得第七届世界游泳锦标赛女子一米跳板跳水冠军。

10 月 10 日　湛江市郊区更名为湛江市麻章区。

10 月 14 日　湛江籍运动员何强在日本广岛亚运会武术比赛中获南拳冠军。

10 月 17 日　中共中央政治局委员、中央纪律检查委员会书记尉健行视察湛江。

12 月 24 日　中共中央政治局委员、国务院副总理邹家华视察湛江，后视察了湛江港和湛江东兴炼油厂。①

1995 年

1 月 15 日　市委发出《关于严格执行领导干部回避制度的规定》。3 月，市纪委等单位组成联合调查组分赴各单位检查督促。至 6 月，全市机关副处以上单位领导班子成员，有 24 名领导干部的亲属 26 人需要作职务回避调整，大部分作了调整。

2 月　开始实施"菜篮子工程"，把"菜篮子工程"建设纳入市长、县长、区（乡、镇）长岗位目标，每年考核一次。12 月"菜篮子工程"全面实施，次年 7 月市委、市政府出台考评办法，进一步促进"菜篮子工程"建设。

3 月 29 日　经国务院和中央编委批准，湛江市为全国一类市。

3 月　市委、市政府贯彻省委、省政府《关于在全省开展便民、利民、为民服务的通知》，在全市开展便民、利民、为民的"三民"活动，切实改变工作作风。

5 月 1 日　全市党政机关、企事业单位和团体开始实行 5 天工作制。

5 月 18 日至 21 日　中共中央政治局委员、广东省委书记谢非视察湛江，

① 中共湛江市委党史研究室编：《党和国家领导人在湛江（1957—1998）》，1999 年内部编印，第 99 页。

指出发展经济一要改革，二要技术，三要投入，四要重视班子建设，五要团结稳定。

8月9日　市委、市政府决定公开选拔（简称公选）市经委主任和市财办主任。经过3个月笔试、面试和组织考察确定人选。12月7日，湛江市第九届人大常委会第十八次会议审议通过，正式任命。这是湛江市选人用人新尝试。

9月25日　市政府出台《湛江市建立现代企业制度若干问题的试行办法》，对试点企业所面临的清资核产与产权界定、企业改制与优化结构、职工安置与社会保障等问题，作具体规定，规范国有企业经营机制的转换。

9月　开始实施企业劳动合同制度，至年底，全市企业基本实行劳动合同制。

10月12日至13日　市委、市政府召开全市首次海洋经济工作会议，提出依靠群众，拓宽思路，加快海洋经济发展步伐的任务。全市掀起发展海洋渔业高潮。至年底，全市海水产品年产量比上年增长7.1%。

11月30日　市委、市政府在体育中心召开动员大会，在全市实施《全民健身计划纲要》，开展全民健身运动。

1996 年

1月1日　中国最大的由中国、美国、科威特合作勘发的海上天然气田"崖城13-1"投产。

1月3日　全国政协副主席、中国社会科学院院长胡绳视察湛江。

2月　开展市直机关机构改革和推行国家公务员制度。市级党政机构由原来的81个减至59个，其中市委11个、市政府48个，减少22个，精减27%。

3月19日　湛江市广东华威饼业股份有限公司的"威"字牌饼干，被认定为广东省首批名牌产品，名列全省第二。

4月1日　开通湛江与马来西亚国际邮政汇兑业务。

4月　开始实施机关、事业单位"逢入必考"制度，机关、事业单位进人，必须公开招考，择优录取。

5月11日　市公安局交警支队民警麦梦溪，为保卫人民生命财产，与歹徒英勇搏斗，壮烈牺牲，后被追认为革命烈士，追授为全国公安系统二级英雄模范。17 日，市委、市政府决定全市深入开展学习麦梦溪活动，弘扬正气。

8 月 1 日　湛江汽车工贸企业集团公司兼并市机械工业公司下属企业——湛江市机械工业物资公司开始运行。这是市直国有企业第一家兼并企业。

9 月 9 日　9615 号台风正面袭击湛江，造成人员伤亡、财产的巨大损失。市委、市政府和驻军及时组织抗灾、救灾、复产。国务院有关部委、中共广东省委、省人民政府调派人员、物资帮助湛江救灾复产。27 日，广东省省长卢瑞华赴湛江指导救灾复产工作。

10 月 14 日　林业部考察团与湛江市政府签订关于建设中国最大木浆工程——湛江 30 万吨木浆厂项目备忘录，同时就合作建设木浆原材料基地、木浆厂建设用地等签订意向书。24 日，项目正式签字仪式在北京举行。次年 4 月 16 日在湛江签订补充协议，项目扩大为 50 万吨。

11 月 9 日　中共中央政治局委员、国务院副总理吴邦国视察湛江。[1]

11 月 12 日至 14 日　中共中央政治局委员、国务院副总理邹家华视察湛江，并在湛江主持召开广东、海南两省负责人联席会议，就汽车工业发展等问题进行磋商。[2]

12 月 16 日　市委、市政府出台《关于支持和鼓励国有企业改制的暂行规定》，采取 11 条优惠措施，大力支持国企转制。

1997 年

2 月 13 日至 14 日　中共中央政治局常委、国务院总理李鹏视察湛江，对湛江糖业生产、铁路建设、三星 MPV 汽车项目、木浆厂项目以及港口建

---

[1]　中共湛江市委党史研究室编：《湛江改革开放三十年大事记（1978—2007）》，2008 年内部编印，第 202 页。

[2]　中共湛江市委党史研究室编：《湛江改革开放三十年大事记（1978—2007）》，2008 年内部编印，第 202—203 页。

设作出相关指示，并题词："发挥湛江优势，促进经济振兴。"①

4月2日　广东省人民政府批准，硇洲镇为广东省综合改革试点镇。

5月7日　国务院副总理姜春云视察湛江，先后视察了湛江市第一肉牛示范基地和东海海日水产养殖有限公司。②

5月17日　市委、市政府召开紧急会议，部署维护本市金融秩序和社会稳定工作，规避亚洲金融危机的风险。

5月28日　中共中央政治局常委、中央军委副主席刘华清莅临湛江，迎接出访美洲四国返回湛江军港的中国海军舰艇编队。③

8月28日至9月2日　世界杯帆板赛暨奥运精英赛、亚洲帆板锦标赛暨全国帆板锦标赛在东海岛龙海天举行，来自13个国家和地区的200多名帆板选手参赛。

9月22日　海军"湛江舰"与湛江烟草公司被中共中央宣传部和解放军总政治部评为"全国军民共建社会主义精神文明单位"。

10月8日　经广大干部群众广泛讨论，并报市委、市政府审定，《湛江市文明公约》正式公布实施。

10月28日　湛江市"菜篮子工程"建设重点项目——霞山肉类联合加工厂正式投产。该厂屠宰能力可达班宰生猪1000头，菜牛200头。

12月19日　中共中央政治局委员、广东省委书记谢非视察湛江，先后考察了湛江海洋大学、冠豪纸业、包装材料公司等。

1998年

1月19日　全国人大常委会副委员长王丙乾莅湛考察湛江港务局、市包装材料公司。

3月30日至4月2日　中共湛江市第七次代表大会召开，选举产生中共

---

① 中共湛江市委党史研究室编：《湛江改革开放三十年大事记（1978—2007）》，2008年内部编印，第206页。

② 中共湛江市委党史研究室编：《湛江改革开放三十年大事记（1978—2007）》，2008年内部编印。

③ 中共湛江市委党史研究室编：《党和领导人在湛江（1957—1998）》，1999年内部编印，第171页。

第七届市委和市纪委领导成员。市委书记陈同庆，副书记周镇宏、胡浩民（兼组织部部长）、郑流、赵东花（女，兼麻章区委书记），常委欧真志（兼秘书长）、黄国威、魏志远（兼政法委书记）、罗兴汉、李康寿（兼宣传部部长）；市纪委书记欧真志。本届任期至 2003 年 4 月，届中先后增、补选周明理、邓维龙为市委书记，徐少华、罗国华、何应欢（1998 年 4 月起兼组织部部长）、杜春富、梁万里、张志（2002 年 8 月起兼组织部部长）、黄强（2002 年 7 月起兼秘书长）、严植婵（女，2003 年 4 月起兼组织部部长）为常委；梁万里为市纪委书记（2000 年 3 月起）。

3 月　湛江 12 万多公顷红树林区被国务院正式列为国家级自然保护区。这是全国面积最大的红树林自然保护区。

6 月 1 日　配合全省统一行动，全市开展为期 3 个月严厉打击社会黑恶势力的"严打"行动，集中抓捕犯罪嫌疑人 721 名，打掉犯罪团伙 14 个，破获各类刑事案件 78 宗，缴获各类枪支 178 支、海洛因 210 克及吸、贩毒工具一批。

6 月 16 日至 21 日　湛江市政协第九届一次会议召开，选举产生第九届政协委员会主席、副主席。主席陈周攸，副主席王克明（兼市委统战部部长）、陈杏明、孔雀屏（女）、林冠棠、许冠华、胡昇。本届任期至 2003 年 4 月，届中先后增、补选黄国威为主席，杨标、于相业为副主席。

6 月 19 日至 25 日　湛江市第十届人民代表大会召开，选举产生第十届人大常委会和市政府领导人以及法检两长。人大常委会主任陈同庆，副主任麦东富、陈钧、陈臻、阮允茂、刘菊（女）；市长周镇宏，副市长叶振成、吴文庆、阮日生、陈亚德；湛江市中级人民法院院长黄松有，湛江市人民检察院检察长张石清。本届任期至 2003 年 4 月，届中先后增、补选周明理（1999 年 3 月）起、邓维龙（2002 年 3 月）起为人大常委会主任，吴智华、郑流、赖勇为副主任；徐少华为市长（2002 年 4 月）起，徐少华（1998 年 11 月）起、李捍东、黄晓涛、潘那生为副市长，罗国华（代）、万向南为湛江市中级人民法院院长，林文景为湛江市人民检察院检察长。

8 月　市政府制定《988 科技兴湛计划》。11 月 5 日，市委、市政府又作出《实施 988 科技兴湛计划的决定》。次年起，湛江全面实施《988 科技兴湛计划》。

8月30日　铁道部和粤琼两省在海口市南港码头举行中国第一条跨海铁路——粤海铁路通道全面开工仪式，全国政协副主席陈锦华等出席庆典活动。

9月8日　中纪委立案查处代号为"9898"的湛江特大走私、受贿案，查处涉案人331人，公开审判80人。

10月13日　中共广东省委决定，周明理任中共湛江市委书记。

12月26日至27日　中共中央政治局委员、广东省委书记李长春到湛江调研，对湛江治旱、糖业、畜牧业和海水养殖业以及如何发挥湛江港潜力等问题作具体指示，希望湛江开始二次创业，加快经济发展。

12月29日至30日　中共广东省委、省人民政府在湛江召开现场办公会议，研究、帮助、支持湛江解决当前经济社会发展遇到的突出困难和问题，支持湛江"来一个二次创业"。省委还对湛江的发展作了定性定位，希望湛江建成环境优美、秩序优良、经济发达、文明富庶的区域性中心城市和现代化港口城市。

1999 年

1月1日　开始实行住房货币分配制度，至2000年1月1日，一律停止按现行房改政策出售和出租公有住房，全面建立住房分配新体制。

3月7日　市委、市政府召开动员大会，实施《993整治软环境计划》，整治软环境，重塑湛江市形象，促进经济发展和社会进步。

3月　湛江市第十届人大第三次会议补选周明理为湛江市第十届人大常委会主任。

4月12日　市委、市政府作出《关于调整糖业布局的决定》，把竞争机制引入糖业市场，按择优扶强原则，关闭12家糖厂，同时妥善安置关停糖厂职工。调整后的糖业结构趋向合理，至2002年，全市糖业实现连续两个榨季盈利。

5月9日　市委召开常委扩大会议，表示坚决拥护中国政府严正声明，强烈抗议以美国为首的"北约"轰炸中国驻南使馆。全市干部群众弘扬爱国主义精神，搞好经济建设，以实际行动声讨"北约"卑劣行径，拥护中国政府严正声明。

6月3日　市委召开"三讲"① 教育学习动员大会，部署全市各级领导班子、领导干部深入开展"三讲"教育活动。10月至12月，市四套班子和领导干部开展"三讲"教育活动。次年2月至5月，县（市、区）领导班子和领导干部开展"三讲"教育活动。6月至9月，市直机关开展"三讲"教育活动。11月中旬各县（市、区）进行"三讲"教育"回头看"活动，2001年4月中旬市直机关"三讲"教育"回头看"活动，对突出问题进行再整改。10月，全市国有企业开展"三讲"教育活动。经过"三讲"教育，党员干部增强党性，改进作风，密切党群、干群关系，促进各项工作的开展。

8月　历时8个月，撤销农村管理区办事处、设立村民委员会工作基本完成。全市管理区办事处1612个，有1592个选举成立了村委会。

9月　市委、市政府颁发《999湛江教育产业发展计划》，确立湛江2010年前教育发展目标。2000年起，全市全面实施《999湛江教育产业发展计划》，教育部门制定实施意见，分解任务，责任到人。至2002年，全市教育事业有了较大的发展。

10月28日　市委召开工作会议，落实市直党政机关与所办经济实体和管理的直属企业脱钩。全市党政机关创办和管理的直属企业3360家，1462家脱钩。

12月　市委七届三次全会通过《中共湛江市委关于实施〈雷州半岛西南部治旱规划〉和〈雷州半岛南亚热带农业示范区规划〉的决定》，抓紧实施雷州半岛改水治旱工程，高标准建设好南亚热带农业示范区。至2002年，雷州半岛治旱及建设已取得显著成效。其间中共广东省委、省人民政府2次在湛江召开改水治旱现场办公会议。

2000 年

1月12日　湛江市荣获"全国双拥模范城"称号。

2月21日　海田汽车中心客运站动工。该站占地33454平方米，建筑面积17500平方米，是全国45个公路主枢纽之一。

4月1日　市区全面实施医疗保险制度。

---

① 讲学习、讲政治、讲正气。

4月5日　美、俄等48国驻华武官80多人到湛参观访问。

4月13日至14日　中共中央政治局委员、广东省委书记李长春到徐闻检查治旱和南亚热带农业示范区建设情况。

5月9日　湛江籍运动员梁建军在第五届全国残疾人运动会上获跳远金牌，并破全国纪录。

6月9日　联合国教科文组织"海上丝绸之路"考察团到湛江市进行实地考察，初步认定古徐闻港是海上丝绸之路始发港。

6月10日　中国首次马拉松游泳公开赛在徐闻龙塘海仔村举行，来自全国各地的运动员宫晓宇、张楠楠（女）等，奋战10多个小时，成功横渡琼州海峡。

7月19日至24日　全国林业新品种会议在湛召开，湛江市自育的桉树新品种U6无性系，受与会者青睐。

8月27日　湛江金宏建材工业有限公司通过国际ISO质量认证，为粤西水泥行业首家通过国际ISO质量认证的企业。

8月　广东省"九五"米袋子项目之一"雷州市粮食批发市场"启动。该市场占地2.6万平方米，可储粮1000万千克。

10月17日　全市1605个行政村全部用上程控电话。

11月13日　北部湾经济合作组织成立大会预备会在湛江召开，讨论《北部湾经济合作组织章程》等文件，达成共识。24日，北部湾经济合作组织宣告成立。组织成员包括湛江、北海、海口、钦州、防城、东方、儋州等环北部湾城市。

11月16日　湛江国际会展中心落成，举行庆典。该中心主体建筑占地1.35万平方米，建筑面积2.35万平方米，是湛江发展会展经济的重要载体。

11月　进行第五次全国人口普查。此次人口普查登记的标准时间是2000年11月1日零时，普查项目共49项，其中，按人填报的项目26项，按户填报的项目23项。此次人口普查是21世纪第一次人口普查，此后，人口普查登记的标准时间是11月1日零时。

12月4日　全国政协副主席谷牧视察湛江。

12月5日　全国灌区水利管理信息化技术研讨会在青年运河管理局召开。

2001 年

2 月 28 日　由荷兰王国提供援助资金建设的"广东省雷州半岛红树林综合管理和沿海保护项目"正式启动，9 月 24 日，在廉江高桥镇沿海正式动工。该项目总投资 500 万美元，其中荷兰政府无偿援助 300 万美元。2005 年 3 月，湛江市成立红树林国家级自然保护区管理局，加强红树林保护管理。

3 月 2 日　湛江市农村"三个代表"① 重要思想学习教育活动全面铺开。这次学习教育活动分 3 批进行，每批 3 个月。根据中共中央提出通过学习教育活动要达到的四个基本要求，结合湛江市实际情况，市委提出要着重解决"大力调整经济结构，增加农民收入"，"提高农村基层干部素质，转变干部作风"等 6 个问题。该活动至 2002 年 7 月结束。

4 月　湛江市政协第九届委员会第四次全体委员会议补选黄国威为湛江市政协第九届委员会主席。

5 月 23 日　中海石油（中国）湛江分公司与外国公司合作钻探的"崖城 13 - 1 - A8"井宣告成功，井深 7489 米，是南中国海第一口高温大位移高产天然气井。

8 月 25 日　市政府出台农村困难户子女免收书杂费方案，全市 12 万名农村特困生受惠。

8 月　徐闻县获全国生态示范县和全国菠萝标准化示范区称号。

9 月 10 日　"湛江八景"评选结果揭晓。"湛江八景"为湖光镜月、东海旭日、长廊观海、硇洲古韵、寸金浩气、港湾揽胜、南亚奇园、南三听涛。

9 月 16 日　解放军海军司令员石云生等到湛江军港码头，迎接出访澳大利亚和新西兰两国载誉回国的海军舰艇编队。

10 月 12 日　市委、市政府举行麦杰俊荣誉称号命名大会，宣读公安部和省政府分别授予麦杰俊全国公安系统一级英雄模范称号的命令和爱民模范荣誉称号的复函，并给麦杰俊颁奖。

10 月 16 日　全国政协副主席胡启立莅湛视察。

---

①　中国共产党始终代表中国先进生产力的发展要求，始终代表中国先进文化的前进方向，始终代表中国最广大人民的根本利益。

11月25日至28日　广东省南亚热带农业发展论坛在湛江举行，湛江市市长作《谱写南亚热带农业华章》的主题报告。25日至30日，湛江举办南亚热带农业博览会，其间举办中国（湛江）珍珠节、南亚热带旅游推介会、第一届湛江美食节。

11月26日至27日　全国人大常委会副委员长铁木尔·达瓦买提莅湛参加湛江车城落成暨湛江首届国际汽车（摩托车）展览会开幕式。

2002 年

1月28日　全国政协副主席杨汝岱视察湛江。

3月10日　湛江国家储备粮库奠基。该库为国家大型基建项目，仓容能力为5万吨。

3月　全市首个乡镇电子政务在遂溪县岭北镇开通。

4月3日　湛江湖光岩被授予"国家地质公园"，18日，湖光岩国家地质公园正式挂牌、揭碑开园。

4月5日　中共广东省委决定，邓维龙任中共湛江市委书记，提名徐少华为湛江市市长候选人。

4月18日　中国戏剧"梅花奖"第十九届评选结果揭晓，湛江市实验雷剧团团长林奋主演的雷剧《梁红玉挂帅》荣获"梅花奖"。

4月23日至27日　湛江市召开第十届人大第五次会议，选举邓维龙为市第十届人大常委会主任，徐少华为湛江市人民政府市长。

5月15日　全国人大常委会副委员长布赫莅湛视察，专题调研湛江农村经济发展情况。

7月9日　湛江市被评为国家级海域管理示范区。

8月6日至7日　农业部、财政部、国家计委在湛江联合举行沿海捕捞渔民转产转业工作会议，部署沿海渔民转产转业工作。会议介绍雷州市乌石镇转产转业试点情况。会后，湛江市制定《湛江市沿海人工鱼礁建设规划》，在沿海建设鱼礁，防止沿海拖网渔船进入沿岸海域生产，由以往掠夺性滥捕，转变为资源养护，调整海洋渔业产业结构，转变增长方式。

11月22日　国家高技术研究发展计划（863计划）"海水养殖种子工程南方基地"落户湛江。

11月23日至26日 "海上丝绸之路"与中国南方港口学术研讨会在湛江举行，来自中国科学院、交通部和北京、上海、福建、广东、香港等地研究机构的近100名专家学者，经研究探讨，一致确认徐闻港为海上丝绸之路始发港之一。

11月26日 全国人大常委会副委员长王光英莅湛，参加2002年湛江工业博览会开幕式。

12月18日 湛江市首座城市污水集中处理厂——赤坎水质净化厂动工兴建。

2003 年

1月7日 粤海铁路跨海轮渡正式开通。3月1日，"粤海铁1号"火车渡轮装载第一批货物驶离广东徐闻北港码头，开往海南岛。

1月23日至25日 中共中央政治局委员、广东省委书记张德江视察湛江，要求湛江抓住机遇，加快发展，把湛江建设成为现代化新兴港口工业城市，全面建设小康社会。

4月2日 澳门特别行政区行政长官何厚铧率澳门特别行政区政府和经济界代表团访问湛江。

4月8日至11日 中共湛江市第八次代表大会召开，提出"工业立市、以港兴市"发展战略，选举产生第八届市委和市纪委领导成员。市委书记邓维龙，副书记徐少华、梁万里、罗国华（兼政法委书记）、李康寿，常委杜春富、张志（兼秘书长）、阮日生、严植婵（女，兼组织部部长）、邓碧泉（兼宣传部部长）、徐志农；市纪委书记梁万里。本届任期至2007年1月，届中先后增、补选徐少华为市委书记（2005年8月起），梁建伟、陈耀光为副书记，张朝良、李昌梧（兼雷州市委书记）、邓振新为常委。

4月10日至11日 中共中央总书记、国家主席胡锦涛考察湛江，先后考察了湛江东兴石油企业有限公司、霞山区特呈岛农村、南海舰队某部，勉励湛江要理清思路发挥优势，抓住机遇团结实干，建设好临港工业，拓展港口功能，提高农民生活水平，干部要牢记两个"务必"，为群众谋利益。[①]

---

① 中共湛江市委党史研究室编：《党和国家领导人在湛江（1957—1998）》，1999年内部编印，第291页。

4月14日至18日　湛江市政协第十届一次全会召开，选举产生市第十届政协委员会主席、副主席。主席黄国威，名誉主席许晋奎（香港籍，兼），副主席魏志远、王克明（兼市委统战部部长）、杨标、林冠棠、于相业、梁平、梁志鹏、陈丹。本届任期至2007年1月。

4月16日至21日　湛江市第十一届人民代表大会召开，选举产生第十一届人大常委会和市政府领导人以及法检两长。人大常委会主任邓维龙，副主任吴智华、刘菊（女）、高焱明、赖勇、万向南、柯明（女）、金守平；市长徐少华，副市长阮日生、陈亚德、李捍东、黄晓涛、潘那生、赵平（女）、赵志辉；湛江市中级人民法院院长李尚富，湛江市人民检察院检察长林文景。本届任期至2007年1月，届中先后增、补选徐少华为人大常委会主任（2006年2月起）；陈耀光为市长（2006年2月起），何成华为副市长；王雁林为湛江市人民检察院检察长。

4月26日　湛江市防治"非典"① 协调指挥部成立，加强对防治"非典"工作领导。"防非"期间，市委、市政府发布《关于进一步做好防治传染性非典型肺炎工作的通告》，积极采取各种防范措施，有效防止疫情在湛江的传播，确保全市不停产不停课不停市，社会秩序井然。

6月19日　广东冠豪高新技术股份有限公司在A股挂牌上市。

8月10日至12日　全国蹼泳比赛在湛江市举行。

11月11日　湛江海湾大桥主墩基础正式开钻。

12月11日至12日　广东省海洋经济工作会议在湛江市举行，中共中央政治局委员、广东省委书记张德江，省长黄华华出席会议。

2004 年

1月8日　湛江市荣获"中国优秀旅游城市"称号。湖光岩风景区被评为国家AAAA级旅游区。2月11日，湖光岩风景区再获"第五批国家重点风景名胜区"称号。

2月19日　来自56个国家的驻华武官在湛江观摩中国海军陆战队军事演练。

---

① 非典型肺炎之简称，是严重急性呼吸综合征。

3月　根据国家有关规定，湛江市各类开发区（园区）撤销15个，保留8个。

4月9日　湛江港口管理体制实行重大改革，由原属中央和地方双重领导的体制模式以及政企合一的管理经营模式改为政企分开，分别成立湛江市港务管理局、湛江港集团有限公司，实行属地管理。

4月29日　香港特别行政区政府考察团到湛江考察，广东省常务副省长汤炳权以及省有关部门负责人，湛江市委、市政府及企业代表，与考察团共商两地经贸发展大计，拓展粤港经济合作新空间。

6月2日至3日　广东省沿海村镇反走私综合治理工作会议在湛江召开，湛江市及遂溪草潭镇介绍经验。会议肯定和推广湛江反走私综合治理经验"十百千工程"①。

6月17日至18日　国家环保总局及广东、广西的环保局及有关部门负责人，在湛江市召开协调会，协调粤桂九洲江水污染防治工作。

7月中旬　市委贯彻中共广东省委《关于实施固本强基工程全面推进党的基层组织建设的决定》，全面铺开党建"固本强基"②工程，该工程分四期进行。至年底，第一期结束。2005年1月开始进行第二期。7月开始进行第三期。2006年3月开始进行第四期，至年底基本结束，2007年2月召开总结表彰大会。

8月16日　湛江籍运动员劳丽诗在雅典奥运会上获女子双人10米跳台跳水冠军，是在奥运会上获得金牌的湛江籍运动员。

8月25日　澳大利亚凯恩斯市市长凯文·伯恩率代表团访问湛江，湛江市市长徐少华与澳大利亚凯恩斯市市长凯文·伯恩在湛江签字，两市缔结为友好城市。

10月15日　中国湖光岩玛珥湖与德国Mand erscheid, kheinlang – pfal地区玛珥湖结为"中德姐妹湖"。

10月28日　广州珠江啤酒股份有限公司与湛江市人民政府和赤坎区人民政府签约珠江啤酒湛江40万吨扩建项目，11月28日，该项目奠基。

11月9日至11日　中共中央政治局委员、广东省委书记张德江先后深

① 10个镇，100个自然村，1000户农民。
② 以加强农村和企业党组织建设为重点，全面推进党的基层组织建设工作。

1369

入湛江市吴川、遂溪、廉江、雷州、徐闻等地，考察湛江县域经济发展情况。

12月3日 当时全球500强第一位、全球最大零售连锁集团——沃尔玛正式落户湛江。

2005 年

1月 按中共中央和广东省委实施意见部署，市委开始在全市党员中开展为期一年半的保持共产党员先进性教育活动，分三批进行。第一批是县以上党政机关、单位，第二批是城区工厂、企业，第三批主要是农村基层党组织，至2006年5月底结束。全市参加单位5294个，基层党组织8501个，党员23.02万名，新建党组织245个，整顿软弱涣散支部255个，共投入资金8.22亿元，为群众办实事好事12.06万件，达到"提高党员素质，加强基层组织建设，促进各项工作"预期目标。

2月7日 位于赤坎区北兴路20号的湛江市首期廉租房竣工，廉租房是湛江市贯彻广东省十项民心工程、解决城镇特困群众住房难问题的重要举措。

3月26日至27日 中共中央政治局委员、国务院副总理回良玉一行考察湛江抗旱保春耕及农业生产情况。①

3月 贯彻落实中共中央和广东省委、省人民政府全面免征农业税的新政策，免征农业税。至年底，全市全面免征农业税，并基本完成农村第二轮土地延包30年工作。

4月6日 市委、市政府召开构建和谐湛江动员大会，部署构建和谐湛江工作。主要围绕"加快发展是基础，维护稳定是前提，关注民生是核心，兼顾公平是重点，民主法治是保障，增强素质是关键，和谐社会是载体"等7个方面，构建和谐湛江。

5月27日 湛江市在四川成都举行"湛江—西部出海大通道"推介会，向西部社会各界推介湛江，在为西部大开发服务中寻找自身发展机遇。

6月 新时期"湛江人精神"经大讨论、投稿、专家筛选，确定为"博

---

① 中共湛江市委党史研究室编：《党和国家领导人在湛江（1957—1998）》，1999年内部编印，第320页。

采广纳，自强不息，崇德明理，诚信奉献"。

8月14日 亚洲小姐竞赛（中国赛区）总决赛的18位候选佳丽抵达湛江，支持湖光岩风景区申报世界地质公园。

8月19日 中共广东省委决定，徐少华任中共湛江市委书记，并提名为湛江市人大常委会主任候选人，陈耀光任湛江市委员、常委、副书记，并提名为湛江市市长候选人。

9月20日至22日 举办首届红土文化艺术节，弘扬湛江红土文化。

9月 市委制定《关于县（市、区）委书记向市委全委会述职的实施办法（试行）》，探索扩大党内民主制度的有效载体。

10月 霞山水产品批发市场获"全国十佳农产品批发市场"称号。

11月17日至18日 全国交通公安局长座谈会在湛江举行。

12月18日 第16届"中国十大杰出青年"评选结果揭晓，湛江市政协副主席、广东恒兴集团有限公司董事长陈丹当选中国十大杰出青年。

12月25日至26日 "中国新农村文化论坛"在湛江举行，湛江市介绍以创建特色文化村、建设农村文化室、举办农村文化节的"三文"活动为依托，探索农村文化建设的做法和经验。

2006 年

1月23日 湛江市被建设部命名为"国家园林城市"。

2月14日至16日 湛江第十一届人民代表大会第四次会议召开，选举徐少华为湛江市人大常委会主任，陈耀光为湛江市市长。

4月5日至7日 中共中央政治局委员、广东省委书记张德江深入湛江的一些镇、村、户，调研社会主义新农村建设情况。8日至9日，省委、省政府在湛江召开建设社会主义新农村工作座谈会，湛江市在会上介绍自20世纪90年代末开始，湛江以"四通五改六进村"为载体、以生态文明为主要特色的社会主义新农村建设"湛江模式"。

4月12日至13日 首次实施《关于县（市、区）委书记向市委全委会述职的实施办法（试行）》，全市11名县（市、区）委书记向市委全委会述职，市委全委会对其述职进行评议。此举得到省委充分肯定。

上半年 新型农村合作医疗实现覆盖全市111个乡镇316.59万名农民，

占农业总人口61.67%，超过全省平均61%的参保率。年底，市财政加大农村合作医疗资金投入，还出台《关于进一步规范新型农村合作医疗资金管理的通知》，加强对新农合资金监督。

9月8日至11日　华南农渔业（湛江）展览会暨第一届湛江对虾节在湛举行，参展企业160多家，成交额9.8亿元。

11月15日　美国海军"朱诺号"两栖船坞运输舰抵达湛江港访问，并于19日参加在南海海域举行的中美海上联合搜救演习。

12月30日　湛江海湾大桥建成通车。该大桥长3981米，为双塔双索面混合梁斜拉桥，桥下可通航5万吨级船舶，是广东省规模较大、技术含量较高的桥梁工程，对提升湛江交通区位优势，加快湛江经济发展具有重要意义。

2007 年

1月4日至7日　中共湛江市第九次代表大会召开，选举产生第九届市委和市纪委领导成员。市委书记徐少华，副书记陈耀光、阮日生，常委严植婵（女，兼组织部部长）、麦教猛（兼秘书长）、邓碧泉（兼宣传部部长）、张朝良、李昌梧（兼雷州市委书记）、潘那生、赵志辉、何成华、邓振新（2008年12月起兼组织部部长）、张小刚；市纪委书记张小刚。本届任期至2011年12月，届中先后增、补选陈耀光（2008年6月起）、刘小华（2011年2月起）为市委书记，严植婵（女，兼政法委书记）、王中丙、麦教猛为副书记，陈长寿、王中丙、张荣辉、许顺（2010年11月起，兼雷州市委书记）、卢瑜（女，2011年10月起，兼宣传部部长）为常委。

1月8日至11日　湛江市政协第十一届一次全会召开，选举产生第十一届政协委员会主席、副主席。主席李康寿，名誉主席许晋奎（香港籍，兼），副主席魏志远、杨标、林冠棠、张志（兼市委统战部部长）、徐志农、梁平、陈丹、黄雪艳（女）。本届任期至2012年1月，届中先后增、补选廖旭材（兼市委统战部部长）、马国庆（女）为副主席。

1月9日至13日　湛江市第十二届人民代表大会召开，选举产生第十二届人大常委会和市政府领导成员及法检两长。人大常委会主任徐少华，副主任吴智华、刘菊（女）、高焱明、赖勇、万向南、柯明（女）、金守平、朱坚真；市长陈耀光，副市长阮日生、潘那生、赵志辉、赵平（女）、梁志鹏、麦教猛、伍杰忠；湛江市中级人民法院院长李尚富，湛江市人民检察院检察长王雁林。本届任期至 2012 年 1 月，届中先后增、补选陈耀光（2008 年 7 月起）、刘小华（2011 年 2 月起）为人大常委会主任，陈亚德、李尚富、李连、李昌梧、周车平为副主任；阮日生为市长，王中丙、陈岸明、朱军、郑日强为副市长；敖广恩为湛江市中级人民法院院长，黄黎明为湛江市人民检察院检察长。

1 月 12 日　中共中央政治局常委李长春考察湛江，肯定湛江近年的发展成就，希望湛江在广东省率先建成小康社会、率先实现现代化进程中作出积极贡献。

4 月 3 日　市政府与华南农业大学、广东农垦总局三方共建湛江现代农业、推进新农村建设座谈会暨框架签字仪式在湛江举行。协议三方共同建立科技兴农、产业兴农的长效机制，实现农民与科技人员双赢。

8 月　在全省率先办理城镇居民基本医疗保险，按照"广泛覆盖，基本保障，财政支持，统一管理"原则，将城镇职工基本医疗保险覆盖范围以外的城镇户籍居民全部纳入医疗保险范围，实现无缝覆盖。

10 月 15 日　中共十七大在北京举行，湛江市委书记徐少华、特呈岛坡尾村党支部书记陈武汉作为十七大代表出席大会。

11 月 2 日　市委举行专题辅导报告会，邀请中央党校教授到湛江作中共十七大精神学习辅导。

12 月 22 日至 23 日　中共中央政治局委员、广东省委书记汪洋视察湛江市，深入廉江等地农村田头视察旱情，指导抗旱救灾工作。深入了解湛江城市规划、石化工业、港口和基础设施建设等情况。强调湛江要解放思想更新观念，加快发展，坚持以人为本，建设城乡协调、生态文明的科学发展试点市。

2008 年

1 月 8 日　市委发出通知，号召全市各级党组织和广大干部群众，开展思想大解放学习讨论活动。活动从 1 月开始至 5 月底结束，分三个阶段进行。

3月18日　湛江市被列入全国农村信息化综合信息服务试点市，成为广东首个全国农村信息化试点市。

3月18日　国务院、国家发改委同意湛江钢铁项目开展前期工作，湛江千万吨级钢铁基地获国家开出的"路条"。

4月12日　市委邀请中央党校、人民日报社、中央编译局、中山大学等国内外权威研究机构党建专家和上级组织部门负责人参与指导湛江市县（市、区）委书记向市委全委会述职会议，并通过网络、电视向社会作现场直播。中央、省、市等30多家新闻媒体到现场采访。

5月7日　广东省人民政府在湛江召开现场会，部署进一步推进全省现代标准农田建设和粮食创高产工作。

6月5日　中共广东省委决定，陈耀光任中共湛江市委书记，提名为湛江市人大常委会主任，不再担任湛江市市长职务；提名阮日生为湛江市市长候选人。

6月14日　国务院批准，雷州歌、雷州石狗、吴川飘色和傩舞为国家级非物质文化遗产。这是湛江市继人龙舞和醒狮之后，又一批国家级非物质文化遗产。

7月22日至23日　湛江市第十二届人民代表大会第四次会议补选陈耀光为市人大常委会主任，阮日生为湛江市市长。

8月8日　第29届奥林匹克运动会在北京隆重开幕，湛江市遂溪县文车醒狮艺术团醒狮舞——《南粤雄狮贺盛会》作为开幕式前奏。19日，湛江籍运动员何冲在跳水比赛中获3米跳板跳水冠军。

10月6日　市委召开常委扩大会议，传达广东省委关于开展深入学习实践科学发展观活动动员大会精神，对全市学习实践活动进行部署。活动分三批进行，赤坎区为第一批，10月底试点先行。2009年3月至8月进行第二批，参加单位是市、县（市、区）党政机关、高校、市直企事业单位等。9月至2010年2月进行第三批，参加这批活动的是乡镇、街道、村社、中小学校、基层医疗机构、"两新"组织等。活动按学习调研、分析检查、整改落实三个阶段推进。全市1.2万个党组织、27.5万名党员参加学习实践活动。

10月　中国城市论坛2008年北京峰会发布《中国城市综合竞争力报

告》，从城市实力、城市活力、城市能力、城市潜力、城市魅力五个方面对286个样本城市综合竞争力进行评估，湛江市位列第91位，进入全国百强城市。

11月13日至14日　广东省第五届珠三角地区与山区及东西两翼经济技术合作洽谈会在湛江举办。

11月26日　中国工程院院长徐匡迪与广东钢铁集团湛江钢铁基地项目考察组到湛江考察。

2009年

1月8日　全国政协副主席、全国工商联主席黄孟复莅湛考察。

1月24日　中国首个新农村示范基地项目——吴川蛤岭新农村示范基地开园。同月，蛤岭村和徐闻海安镇广安村获"全国文明村镇"称号。

3月13日　广东省人民政府认定广州（湛江）产业转移工业园为广东省产业转移工业园。

4月23日　湛江港至东南亚直航水上航线开通。湛江港从此改变没有国际集装箱直航航线服务的格局。

6月19日　湛江首次举行"湛联－09"军地联合实兵大演习，总参谋部派员莅临指导观摩。

8月29日　中科合资广东炼化一体化项目选址湛江，湛江市成立中科炼化项目和石化产业园区建设指挥部，推进项目相关工作的开展。次年5月，国家发改委同意该项目从广州南沙迁址湛江东海岛。

9月27日至28日　中共广东省委、省人民政府在湛江召开粤西地区（湛江）现场会和粤西地区工作会议，要求湛江苦干兴市，奋力争当粤西振兴龙头。

9月29日　湛江市政府机构改革工作动员大会召开，宣布正式启动政府机构改革。市政府共设置32个部门，以精简机构、提高效率、强化宏观调控和服务功能。

10月　湛江市与南非伊莱姆比地区缔结为友好城市。

11月1日至12日　湛江市委书记陈耀光率湛江经贸代表团随省经贸代表团出访韩国、日本、泰国，共签订12项1.69亿美元外资投资合作项目，并与泰国正大集团达成现代农业战略合作框架协议。

2010 年

1月23日　湛江市援建汶川龙溪乡首批13个"交钥匙"项目，在龙溪乡羌人谷文化活动中心举行仪式整体移交。至2011年5月，湛江市援建汶川龙溪乡项目55个，全部建成移交。湛江市对口支援工作组被国家相关部门授予先进集体称号。

1月　原湛江经济技术开发区管理委员会、湛江市东海岛经济开发试验区管理委员会合并为新的湛江经济技术开发区管理委员会（广东湛江东海岛经济开发区管理委员会）。

2月3日　中国烹饪协会命名湛江市为"中国海鲜美食之都"，湛江成为全国首个获此殊荣的城市。

3月　湛江市委书记陈耀光率代表团赴科威特，就推进中科合资广东炼化一体化项目前期工作进行考察和交流。

4月2日　开展三级领导下基层大接访活动，全市设点284个，市、县、镇三级领导1890人，全天接访群众1952批4502人次。

7月3日　湛江市获"中国城乡建设范例城市"称号。

7月8日　湛江国联水产开发股份有限公司挂牌上市。

10月9日　经广东省人民政府批准，湛江经济技术开发区为省级高新技术产业开发区，定名为"湛江高新技术产业开发区"，实行现行省级高新技术产业开发区政策。次年5月，一鼓作气，启动创建国家级高新区工作，2018年2月，成功升级为国家高新技术产业开发区。

11月2日　进行第六次全国人口普查。此次人口普查登记的标准时间是2010年11月1日零时。普查内容包括：性别、年龄、民族、受教育程度、行业、职业、迁移流动、社会保障、婚姻生育、死亡、住房情况等。

12月1日　中国水产流通与加工协会授予湛江市"中国对虾之都"称号。

12月12日　湛江市在第三届中国绿色发展高层论坛上被公布为"中国十佳绿色城市"。

12月30日至31日　以"蓝色产业、经济强省、区域合作、发展共赢"

为主题的广东省首届海洋经济博览会在湛江举行，中共中央政治局委员、广东省委书记汪洋宣布博览会开幕。

2011 年

1月20日　首届中国（湛江）花卉博览会暨首届湛江迎春花市开幕。国内外200家知名企业参展，签约3.5亿元。

2月11日　中共广东省委决定，刘小华任中共湛江市委书记，提名为湛江市人大常委会主任候选人。

2月22日至25日　湛江市第十二届人民代表大会第七次会议补选刘小华为市十二届人大常委会主任。

3月4日　中科炼化一体化项目获国家发改委核准，11月，在东海岛动工。该项目炼油1000万吨/年、乙烯80万吨/年。

5月10日至11日　市委九届十三次全会提出全力做大做优经济"蛋糕"，实现"五年崛起看湛江"奋斗目标。

5月25日　湛江市与美国新泽西州大西洋城、廉江市与厄瓜多尔桑博龙东市缔结为友好城市。

7月15日至17日　首届广东社区文化节"岭南风情"全省农民文艺大汇演在湛江举行。湛江《龙狮斗蛇蝎 穿火展英姿》等4个节目获金奖。

8月2日至4日　中共中央政治局委员、广东省委书记汪洋莅湛调研，先后深入中科炼化项目选址、广钢环保迁建湛江项目工地和麻章区晨鸣林浆纸一体化项目、雷州三元塔、雷州市茂德公食品有限公司，开展细致调查。

8月3日　湛江晨鸣浆纸有限公司林浆纸一体化项目正式投产，12月30日，山东晨鸣集团与湛江签约，再次投资110亿元在麻章建设二期项目。晨鸣林浆纸一体化项目是落户湛江的大型项目。

9月6日至7日　广东省人大常委会主任欧广源率组莅湛，专题视察扶贫开发"规划到人、责任到人"工作。

10月21日　市委、市政府召开加快创建国家卫生城市动员大会，与相关单位负责人签订了《创建国家卫生城市目标管理责任书》，大力开展"创卫"活动，提升湛江城市品位。

12月2日　湛江市被广东省对外贸易经济合作厅认定为首批广东省外贸

转型升级专业型示范基地"湛江市小家电（厨房电器）基地"。

12月12日　湛江市被商务部认定为第一批外贸转型升级专业型示范基地"广东省湛江市水海产品基地"并予授牌。

12月12日至14日　中共湛江市第十次代表大会召开，提出实现湛江五年崛起奋斗目标，选举产生第十届市委和市纪委领导成员。市委书记刘小华，副书记王中丙、麦教猛（兼政法委书记），常委邓振新（兼组织部部长）、赵志辉、张小刚、陈长寿、许顺（兼雷州市委书记，2013年6月起兼湛江经济技术开发区党委书记、主任）、陈岸明、陈吴（兼湛江经济技术开区党委书记、主任，2013年6月起兼市政法委书记）、卢瑜（女，兼宣传部部长）；市纪委书记张小刚。本届任期至2016年12月，届中先后增、补选魏宏广为市委书记（2016年3月起），邓振新为副书记，罗亚波、姚信敏（2013年5月起兼组织部部长）、林惜文、陈云（女，2014年8月起兼宣传部部长）、范新林、吴建林、关勋强、曹永中（2016年10月起兼组织部部长）为常委；林惜文为市纪委书记（2014年4月起）。

12月27日　"天南重地——雷州历史文化展"在广东博物馆开幕，系统展示雷州文化的悠久历史和丰富内涵，揭示岭南文化的多元性及鲜明特色。展览后，雷州文化与广府文化、客家文化、潮汕文化并列为广东四大区域文化体系。

12月26日至27日　全国水利工程移民工作座谈会在湛江召开，总结交流近年各地移民工作经验，研究分析面临的形势与任务，探讨加强移民安置与后期扶持的工作措施。会后，广东省第二个水库移民"双转移"培训就业基地落户廉江市。

2012年

1月6日至8日　湛江市政协第十二届一次全会召开，选举产生第十二届政协委员会主席、副主席。主席邓碧泉，副主席廖旭材、陈丹、朱坚真、黄雪艳（女）、马国庆（女）、吕冠嵘、郑德胜（兼市委统战部部长）、欧先伟。本届任期至2017年1月，届中先后增、补选麦马佑、林家萍（女）、刘耀辉为副主席。

1月7日至10日　湛江市第十三届人民代表大会召开，选举产生第十三届人大常委会和市政府领导成员及法检两长。人大常委会主任刘小华，副主任郑日强、柯明（女）、刘忠芳（女）、高永元、湛岳登；市长王中丙，副市长赵志辉、张荣辉、梁志鹏、庄晓东、陈云（女）；湛江市中级人民法院院长敖广恩，湛江市人民检察院检察长黄黎明。本届任期至 2017 年 1 月，届中先后增、补选魏宏广为人大常委会主任，梁涛（女）、伍文兴、曹兴（兼市委秘书长）、朱华雄为副主任；罗锡平、何鑫、黄勇武为副市长；廖万春为湛江市中级人民法院院长，杨宇为湛江市人民检察院检察长。

3 月 31 日　中共中央政治局委员、广东省委书记汪洋莅湛调研。

5 月 15 日　奋勇经济区、湛江高新技术产业开发区奋勇新区正式揭牌成立。11 月 1 日，该区东盟产业园基础设施及首批项目开工。该区规划发展成为湛江经济发展最大增长极，面向东盟的产业"桥头堡"，21 世纪海上丝绸之路的军民融合试验区。

5 月 31 日　宝钢湛江钢铁基地项目奠基，中共中央政治局委员、广东省委书记汪洋，省长朱小丹等领导参加奠基活动。

6 月 27 日　中国工程院院士、国家杂交水稻工程技术研究中心主任袁隆平一行莅湛参加雷州附城镇超级稻工程建设基地现场会。

7 月 28 日　全国青少年蹼泳锦标赛在湛江市举行。

9 月 22 日　首届湛江海洋文化节在湛江图书馆开幕。

12 月　广东省人民政府正式批复《广东湛江海东新区发展总体规划（2013—2030）》，海东新区被定位为粤西中心城市新兴载体、南亚热带生态海湾新城、大西南出海主通道门户枢纽、国家海洋战略重大平台、拓展国际合作重要门户。规划用地约 85 平方千米，至 2030 年，总人口达到 70 万人。

2013 年

1 月 13 日至 15 日　中共中央政治局委员、广东省委书记胡春华莅湛调研，先后察看湛江城市规划展览馆，湛江港、东海岛重大项目建设现场等。

3 月 26 日　鉴江供水枢纽主体工程建成通水。鉴江供水枢纽工程是解决湛江市东部地区，特别是东海岛钢铁基地等一批大型项目生产生活用水的关键工程。2015 年 3 月 13 日，鉴江至钢铁基地输水管线工程基本建成，开始向宝钢湛江钢铁基地供水。

4月11日　首届中国（广东）—东盟合作华商交流会在湛江会展中心举行，签约外商投资项目16个，签约总金额为103.78亿美元。

5月17日　宝钢湛江钢铁基地项目正式动工。

6月13日　市委、市政府在坡头召开加快海东新区建设动员大会，动员全市各地各部门尤其是坡头区广大群众迅速掀起海东新区大开发、大建设、大发展热潮。

6月18日　湛江市机关事务管理局挂牌成立，标志着湛江市机关后勤体制改革迈出新步伐，实现机关后勤资源优化整合。

7月10日　湛江市举行科技奖励暨优秀拔尖人才颁奖大会，首次奖励优秀拔尖人才。

8月5日　湛江市40家平价药店试点营业，平价药品400种，价格比市场平均价低5%或10%。

8月8日至11日　中共中央政治局委员、广东省委书记胡春华到湛江调研，强调湛江要抓住机遇，集中力量推进"三大建设"，促进粤西地区加快发展。

11月1日　召开"学青岛、推崛起"动员大会，重温邓小平"北有青岛，南有湛江"的殷切勉励，动员全市向青岛学习，致力于推进五年崛起奋斗目标。

12月8日　全国农产品流通跨区域投资促进和农产品品牌推介活动在湛江举行，全国26个省、区、市500多位农产品采购商以及批发市场、生产基地代表参加活动。

2014 年

1月9日　市委、市政府印发《湛江市区交通秩序综合整治专项行动实施方案》，铁腕整治市区交通乱象。经过一段时间整治，市区交通状况明显改善。

1月28日　市区康顺路、康宁路、椹川大道南"白改黑"工程和177条小街小巷改造等六大民生工程竣工。

2月9日　市委召开党的群众路线教育实践活动工作动员大会，动员部署全市教育实践活动。活动主题是"为民、务实、清廉"，总要求是"照镜子、正衣冠、洗洗澡、治治病"。该活动至 9 月份基本结束。10 月 10 日，市委召开总结大会，要求全市坚持党要管党、从严治党，持续深入改进作风，推动湛江市党的建设再上新水平。

3 月 26 日　湛江明成信息技术有限公司在上海股权托管交易中心成功挂牌上市，是湛江首家在"三板"挂牌上市的信息化企业。

4 月 24 日至 29 日　全国春季蹼泳锦标赛在湛江潜水运动学校举行。

5 月 30 日　新一轮绿化湛江大行动启动。湛江市委、市政府召开工作会议，要求全市树立生态建市、绿色崛起的理念，坚决打好绿化造林攻坚战，建设更绿湛江、更美家园。

6 月 22 日　湛江市组建医疗队援助赤道几内亚，医务人员 24 人，援助期限 2 年。

7 月 7 日　中共中央政治局委员、广东省委书记胡春华与广西壮族自治区党委书记、区人大常委会主任彭清华率领的广西壮族自治区考察团在湛江举行座谈，就推动落实两省区合作事宜特别是九洲江流域和鹤地水库环境综合整治工作交换意见。胡春华强调，要以建设北部湾经济带、西江—珠江经济带、高铁沿线经济带为抓手，进一步务实推进粤桂交流合作，实现共同发展。

8 月　坡头区坡头镇、龙头镇，徐闻县曲界镇，廉江市安铺镇、石岭镇，雷州市龙门镇、英利镇被列为全国重点镇。

9 月 16 日　台风"海鸥"正面袭击湛江，11 个县（市、区）109 个乡镇 195 万人受灾，直接经济损失 79.12 亿元。市委、市政府和驻军组织抗灾复产。9 月 18 日，副省长邓海光率队到湛江指导救灾复产工作。

10 月 13 日　海关总署、财政部、国家税务总局、国家外汇管理局批准湛江保税物流中心（B 型）设立。

11 月 17 日至 18 日　中共中央政治局委员、国务院副总理刘延东莅湛了解医改及卫生计生工作。刘延东肯定医疗保险"湛江模式"，希望湛江继续加快推进大病保险、发挥商业保险机构优势，切实减轻群众医疗费用负担。①

12 月 3 日至 7 日　以"湛蓝海洋，铸梦远航"为主题的中国海洋经济博

---

① 中共湛江市委党史研究室编：《中国共产党湛江历史大事记（2008—2017）》，中共党史出版社 2018 年版，第 265 页。

览会在湛江举行，来自 28 个国家和地区的 1280 多家企业与机构参展。其间，举办中国海洋经济博览会论坛。

12 月 26 日　湛江海关、南宁海关、海口海关、湛江港集团、广西北部湾国际港务集团、海南港航控股有限公司、国投裕廊洋浦港口有限公司在湛江签署深化合作备忘录，共同促进环北部湾港口竞合发展和区域经济一体化发展，推进环北部湾地区与 21 世纪海上丝绸之路沿线国家经贸往来。

2015 年

1 月 1 日　中共广东省委副书记、省长朱小丹莅临湛江，实地调研宝钢湛江钢铁基地项目建设进展情况。

1 月 6 日　市委、市政府在雷州市龙门镇召开告别茅草房大会战暨扶贫开发"双到"工作现场会，全市开展告别茅草房大会战，改善湛江人居环境。

2 月 10 日　湛江机场迁建工程选址获国家民航局批复，新机场位于湛江市东北、茂名市西南的吴川合山，处于湛江和茂名的几何中心地带。

3 月 24 日　湛江市被全国爱国卫生运动委员会正式命名为"国家卫生城市"。

5 月 15 日　湛江市委、市政府召开"三严三实"专题教育工作会议，在全市县处级以上领导干部中开展"三严三实"专题教育。该项专题教育至年底基本结束。通过严以修身、严以用权、严以律己，谋事要实、创业要实、做人要实专题教育，深化党的群众路线教育实践活动，锤炼了党员领导干部的党性和务实作风。

5 月　湛江市获准行使地方立法权，成为广东省首批、粤西首个获准制定地方性法规的设区市。

6 月 16 日至 17 日　中共中央政治局委员、广东省委书记胡春华到湛江调研，强调继续围绕"三大抓手"①，抓好县域经济发展。

7 月 25 日至 8 月 16 日　广东省第十四届运动会暨第七届残疾人运动会在湛江奥林匹克体育中心举行，中共中央政治局委员、广东省委书记胡春华

---

① 交通基础设施建设、产业园区扩能增效、中心城区扩容提质。

宣布开幕，省长朱小丹致辞。8月16日，省运会闭幕，组委会主任、副省长许瑞生致闭幕词，认为本届省运会实现了"一流赛事服务、一流城市形象、舒适竞赛环境和优秀比赛成绩"目标。

9月25日　宝钢湛江钢铁基地一号高炉点火运行，中共中央政治局委员、广东省委书记胡春华，省长朱小丹到场祝贺。26日，一号高炉产出第一炉铁水。

10月4日　强台风"彩虹"正面袭击湛江，最大风力15级，阵风超过17级，是1949年以来秋季登陆中国大陆的最强台风，湛江遭受巨大损失。灾后，市委、市政府和驻军组织救灾复产，省内外也给予大力支持。

10月21日　湛江首条国际航线——湛江往返曼谷（素万那普国际机场）航线开通。

12月9日　湛江市被国家发改委确定为国家循环经济示范城市建设地区。

2016 年

1月20日　市政府召开双向开放对接东盟工作座谈会，全市坚定方向，对接东盟，增强对外合作水平，积极为"一带一路"倡议作出贡献。

3月17日　广东省人民政府原则通过《雷州半岛水利建设"十三五"规划》《雷州半岛现代农业发展规划（2016—2020年)》《雷州半岛生态修复规划（2016—2035年)》。

3月25日　中共广东省委决定，魏宏广任湛江市委书记，提名为湛江市人大常委会主任人选。

4月29日　市委召开"两学一做"学习教育工作会议，动员部署全市"两学一做"学习教育。会后，全市开展学党章党规、学习习近平总书记系列重要讲话精神、做合格共产党员的"两学一做"学习教育。学是基础，做是关键，广大党员干部学做结合，推动工作。此后，"两学一做"常态化制度化，有的地方和单位把学习贯彻习近平总书记系列重要讲话精神作为政治理论学习和各种会议的"第一议题"。

5月25日至26日　湛江市第十三届人民代表大会第七次会议补选魏宏广为湛江市第十三届人民代表大会常务委员会主任。

6月2日至5日　湛江·东盟农产品交易博览会（以下简称农博会）在湛江国际会展中心举行，东盟10国在内的23个国家和地区、269家单位参展。国内595家名优企业参展参会。其间，举办了湛江·东盟农博会互联网＋产业论坛。

7月9日至10日　中共中央政治局委员、广东省委书记胡春华到湛江调研，先后深入徐闻港区、廉江金山工业园、湛江国际机场选址、湛江高铁西站等地，检查湛江"三大抓手"推进情况。

7月15日　宝钢湛江钢铁基地项目二号炉点火运行，标志着总投资480亿元的宝钢湛江钢铁基地项目第一期工程完工。

8月　湛江市古驿道及其沿线自然村落历史人文普查工作全面完成，普查登记古驿道29条，驿站、驿铺58个，驿亭、古桥以及其他类型遗迹46个，古驿道沿线涉及自然村落118个。

9月8日　湛江籍运动员李丽青在残疾人奥运会上获柔道女子48千克级冠军，为湛江首次获得残奥会个人项目金牌。

9月　湛江市通过国家海洋局专项评审，成为国家"十三五"期间海洋经济创新发展示范城市。

12月1日　《湛江市湖光岩景区保护管理条例》由广东省第十二届人大常委会第二十九次会议批准实施。该条例是湛江市第一部实体性地方法规。

12月8日至10日　中共湛江市第十一次代表大会召开，提出全面建成小康社会、加快建设环北部湾中心城市奋斗目标，选举产生第十一届市委和市纪委领导成员。市委书记魏宏广，副书记王中丙、林惜文（兼政法委书记），常委陈云（女，兼宣传部部长）、曹兴（兼秘书长）、关勋强、曹永中（兼组织部部长）、钟力（兼统战部部长）、陈光祥（兼廉江市委书记）、江毅（兼雷州市委书记）；市纪委书记关勋强。本届任期5年，届中先后增、补选郑人豪为市委书记（2017年3月起），姜建军（2017年3月起）、曾进泽（2020年9月起）为副书记，郑人豪、姜建军、曾进泽、梁培（2017年7月起，兼湛江经济技术开发区党委书记）、黄家忠为常委。

12月20日　中科炼化一体化项目在东海岛正式全面动工建设，计划三年后一期工程建成投产。中共中央政治局委员、广东省委书记胡春华，省长朱小丹，常务副省长徐少华参加动工建设活动。

2017 年

1月9日至11日 湛江市政协第十三届一次全会召开，选举产生第十三届政协委员会主席、副主席。主席许顺，副主席赵志辉、陈丹、刘耀辉、林家萍（女）、梁培、孙省利、钟胜保。本届任期5年，届中先后增、补选黄杰、沈耀、杨文光、陈国凤为副主席。

1月10日至13日 湛江市第十四届人民代表大会召开，选举产生第十四届人大常委会和市政府领导成员及法检两长，人大常委会主任魏宏广，副主任邓振新、何鑫、郑德胜、刘忠芳（女）、伍文兴、朱华雄；市长王中丙，副市长曹兴、黄勇武、欧先伟、王再华、陈伟杰、崔青（女）；湛江市中级人民法院院长廖万春，湛江市人民检察院检察长杨宇。当选的人大常委会组成人员、市政府领导班子成员，分别集体向宪法宣誓。本届任期5年，届中先后增、补选郑人豪为人大常委会主任，陈学、陈才君为副主任；姜建军为副市长、代市长、市长，曾进泽为副市长、代市长、市长，黄明忠为副市长；张坚雄为湛江市中级人民法院院长，张和林为湛江市人民检察院检察长。

1月20日 国务院批复国家发展改革委、住房和城乡建设部《北部湾城市群发展规划》，湛江被正式定位为北部湾中心城市、广东参与建设北部湾城市群代表城市。次月，国家出台《"十三五"现代综合交通运输发展规划》，湛江又被定位为"全国性综合交通枢纽"。

2月11日 湛江民间艺术团队第一次登上中央电视台，湛江龙湾醒狮团在央视元宵晚会上，成功在4米高桩上飞跃3.9米跨度。

2月26日 徐闻古港被授予"广东十大海上丝绸之路文化地理坐标"称号。

3月8日 湛江钢铁、中科炼化一体化等重点项目配套工程——东海岛自来水厂项目动工建设。该厂占地10.03公顷，日供水量15万立方米。

3月16日 中共广东省委决定，郑人豪任湛江市委书记，提名为湛江市人大常委会主任候选人。

3月31日 中共广东省委决定，姜建军任湛江市委副书记，提名为湛江市市长候选人。

4月27日至28日 湛江市第十四届人民代表大会第二次会议补选郑人豪为湛江市人大常委会主任，姜建军为湛江市人民政府市长。

4月 雷州半岛岭海牌日晒海盐通过生态原产地保护现场评定，成为中国首个获得生态原产地保护的食盐产品。

5月17日 湛江港宝满港区、东海岛港区顺利通过国家验收组验收，并于同年6月13日获批正式对外开放。

6月19日 国务院办公厅发布通知，原则同意《湛江市城市总体规划（2011—2020年）》。

6月27日 巴斯夫亚太区总裁、大中华区总裁兼董事长斯丹芬·柯迪文莅湛考察中科炼化项目，对投资湛江东海岛感兴趣。市委书记郑人豪、市长姜建军会见柯迪文，双方进行友好交流，为巴斯夫落户湛江打下基础。

7月17日至20日 中共中央政治局委员、广东省委书记胡春华莅湛调研，强调要把创建社会主义新农村示范村工作摆上重要议事日程，扎实推进精准扶贫精准脱贫。

8月15日 湛江市委召开十一届三次全会，学习贯彻习近平总书记对广东工作"四个坚持、三个支撑、两个走在前列"重要批示精神和广东省委书记胡春华在湛江调研讲话精神，审议《"三大抓手"实施方案》和《五大产业发展计划》，打造推动湛江发展的引擎。

10月31日 中国—东盟首次海上联合搜救实船演练在湛江海域举行，来自中国、泰国、菲律宾、柬埔寨、缅甸、老挝和文莱等7个国家相关机构代表和海上搜救力量参演。

11月13日 市委书记郑人豪率市委常委到遂溪县乐民镇，瞻仰黄学增故居，重温入党誓词，并召开市委常委学习贯彻党的十九大精神乡村振兴战略专题宣讲研讨会，推动习近平新时代中国特色社会主义思想在湛江落地生根、开花结果。

12月14日至17日 中国海洋经济博览会（简称"中国海博会"）在湛江国际会展中心举办，63个国家和地区、中国21个省（区、市）46个沿海城市共3000多家中外企业参加展会。其间，举办中国海洋经济博览会军民融合产业发展高端论坛。

12月　广东省人民政府发布《广东省沿海经济带综合发展规划》，明确定位湛江为省域副中心城市，要以湛江为中心打造西翼沿海经济增长极。

2018 年

1月8日　湛江市委十一届四次全会审议通过《湛江市乡村振兴战略实施方案（2018—2020年)》，率先在全省开始实施乡村振兴战略。

1月20日　湛江市监察委员会成立，与市纪委机关合署办公，履行纪检、监察两项职能，实现对全市所有行使公权力的公职人员监察全覆盖，推动从严治党向纵深发展。

2月6日　宝钢湛江钢铁专用铁路正式开通，首列满载1600多吨钢制品列车驶出东简站，发往重庆、福建等地。

3月　全市开始推行河长制，设市、县区（市）、镇、村四级河长2198名。

4月27日　湛江大道正式动工建设。湛江大道设计全长21.903千米，总投资预算52.88亿元，计划于2021年间建成通车。

5月15日至16日　中共中央政治局委员、广东省委书记李希到湛江调研学习贯彻习近平总书记参加十三届全国人大一次会议广东代表团审议时重要讲话精神情况，强调湛江要推动总书记重要讲话精神落到实处，做好"四篇文章"①，打造省域副中心城市，为全省实现"四个走在全国前列"作出贡献，坚定不移推进全面从严治党，为改革发展提供坚强政治保证。

6月　湛江市委、市政府召开乡村振兴工作会议暨"十百千"干部回乡促脱贫攻坚推进会，将乡村振兴战略和打好脱贫攻坚战有机结合，强力推进。

7月1日　湛江首条高铁深湛高铁（动车）江湛段正式开通，湛江人可乘高铁直达广州，融入珠三角3小时经济生活圈。高铁开通，提升湛江全国性综合交通枢纽的地位。

7月9日　巴斯夫与广东省人民政府签署合作备忘录，巴斯夫将投资100亿美元，在东海岛石化产业园建设一体化石化项目，由巴斯夫集团独立

---

①　临港产业、滨海旅游、特色优势农业、军民融合发展。

运营。

10月下旬　中共中央总书记、国家主席、中央军委主席习近平考察广东，对广东提出4个方面的工作要求，指示要"把汕头、湛江作为重要发展极，串珠成链，打造现代化沿海经济带"，赋予湛江"打造现代化沿海经济带重要发展极"重大战略定位，对巴斯夫项目落地湛江给予充分肯定，要求湛江抓住海南自贸区建设机遇，加强与海南对接合作、相向而行。[①]

11月14日至15日　湛江市举办县处级主要领导干部专题研讨班，学习贯彻落实习近平总书记视察广东重要讲话精神，提高干部主动融入粤港澳大湾区建设、与海南相向而行的政治自觉和行动自觉。

12月　国家发改委、自然资源部支持建设14个海洋经济发展示范区，湛江海洋经济发展示范区是其中之一，设于湛江经济技术开发区。

同月　遂溪县许屋醒狮团荣获马来西亚国际高桩舞狮精英大赛金奖。

2019 年

1月10日　巴斯夫与广东省人民政府签署框架协议。3月29日，巴斯夫湛江联络办公室正式启用。

1月17日至19日　湛江市十四届人大五次会议提出，当前和今后一个时期，湛江市改革发展的总目标总任务是"加快建设省域副中心城市、打造现代化沿海经济带重要发展极"。3月1日，湛江市委、市政府召开打造现代化沿海经济带重要发展极工作推进会，出台《"三个一"[②]建设任务分解表》，对全市打造现代化沿海经济带重要发展极工作进行全面部署。

3月29日　广东省省长马兴瑞到湛江调研重大项目建设和安全生产管理情况，考察中科炼化、巴斯夫项目落地进展情况，要求湛江市深入贯彻习近平总书记对广东重要讲话和指示批示精神，落实绿色发展理念，打造现代化沿海经济带重要发展极。

5月2日至8日　"蓝色突击—2019"中泰海军联合训练在湛江某军港进行。

---

① 《习近平在广东考察时强调高举新时代改革开放旗帜把改革开放不断推向深入》，《人民日报》2018年10月26日第1版。

② 一通道、一港区、一示范。

5月13日　全市扫黑除恶专项斗争攻坚誓师大会暨成果展在湛江国际会展中心举行，展示全市2018年以来扫黑除恶专项斗争战果。

6月19日　湛江市被定为全国医保基金监管"两试点一示范"的试点城市。

6月20日　中国国家铁路集团有限公司、广东省人民政府批复《湛江铁路枢纽总图规划（2016—2030）》，确立湛江铁路枢纽在全国铁路骨干网中的重要地位。

8月1日　湛江市委与德国驻广州总领事馆总领事冯马丁一行，就如何加强多领域交流与合作，共同加快推进巴斯夫新型一体化基地项目建设进行深入探讨。项目计划于2020年4月开工建设，2030年左右完工，其中第一批装置最晚于2026年竣工。该项目建成后将成为继德国路德维希港、比利时安特卫普后巴斯夫全球第三大生产基地。

8月15日　国家发改委印发《西部陆海新通道总体规划》，湛江"一通道"建设纳入国家西部陆海新通道发展战略。

8月25日　市委、市政府出台《湛江市实施乡村振兴战略规划（2018—2022年）》，分别明确至2020年、至2022年的目标任务，突出"绿水青山就是金山银山"发展理念，标志着湛江市实施乡村振兴战略的政策体系进一步完备。此后，湛江市"三大抓手"加入乡村振兴战略，形成"四大抓手"。

9月10日　全市召开"不忘初心、牢记使命"主题教育工作会议，对全市开展主题教育进行动员部署。湛江市为第二批主题教育参加单位，市级领导机关、111个市直机关、11个县（市、区）共1.3万个基层党组织32万多名党员参加主题教育。主题教育至11月底基本结束。

9月30日　广东省省长马兴瑞宣布新建的广州至湛江高铁开工。新建广州至湛江高速铁路是连接粤港澳大湾区和海南自贸区、北部湾城市群的高速铁路大通道重要组成部分。

10月19日　湛江机场迁建工程开工。湛江机场迁建工程是广东省构建"5+4"骨干机场体系、补齐粤西地区基础设施短板、强化湛江全国性综合交通枢纽功能、加快打造现代化沿海经济带的重大工程。

10月23日　湛江市新的社会阶层人士联合会第一届第一次会员大会暨

成立大会召开，选举产生湛江市新阶联第一届理事会，谢嘉颖当选理事会会长。

10月30日　麻章、赤坎、坡头和东海岛的4家农村信用社合并改制为湛江农村商业银行股份有限公司，正式挂牌开业。

11月21日　湛江市委、市政府印发《湛江市促进中小企业（民营经济）高质量发展的若干措施》，通过10项措施推动湛江中小企业高质量发展。

12月30日　湛江市第四季度16个重点项目集中开（竣）工，总投资316.25亿元，包括4个重大产业项目、12个民生项目。

12月　从鹤地水库通过管道到湛江市区的湛江引调水工程项目正式动工。该工程投资30多亿元。

2020 年

1月22日晚　湛江市召开新型冠状病毒感染肺炎疫情防控工作会，强调要坚决有力做好疫情防控各项工作，全力维护人民群众身体健康和社会大局和谐稳定。

1月25日　湛江市召开防控工作领导小组电视电话会议，深入学习贯彻习近平总书记对新型冠状病毒感染肺炎疫情作出的重要指示精神和省相关会议精神，对进一步做好疫情防控工作进行部署推动细化落实。

1月　湛江市委、市政府和各地各部门按照党中央应对疫情工作领导小组和省防控指挥部的决策部署，把人民群众生命安全和身体健康放在第一位，全力以赴做好防控工作，带领全市人民打好打赢疫情防控人民战争、总体战、阻击战。各地各部门党员干部深入企业推动统筹做好疫情防控和复工复产工作，在做好"六稳""六保"工作中发挥重要作用。

2月7日、9日　湛江市两批驰援湖北医疗队先后出发。

3月4日　开展"百干帮百企"行动，根据企业人才需求选派106名干部作为驻企服务专员，帮扶100多家重点企业和重点项目，通过帮助企业防疫、落实惠企政策、解决堵点难点和力促党建引领企业发展的"三帮一促"，助力企业复工复产。

4月16日　湛江市委全面深化改革委员会第十一次会议召开，审议并原则通过《关于完善重大疫情防控体制机制　健全公共卫生应急管理体系的若干意见》。

5月6日　国务院批复同意湛江市设立跨境电子商务综合试验区。

5月7日至8日　中共中央政治局委员、广东省委书记李希到湛江市调研检查统筹推进疫情防控和经济社会发展工作。

5月12日　湛江市委政协工作会议召开。会议的主要任务是，认真学习贯彻党的十九大和十九届四中全会精神，深入学习贯彻习近平总书记在中央政协工作会议暨庆祝中国人民政治协商会议成立70周年大会上的讲话精神，认真贯彻落实省委政协工作会议精神，总结全市政协工作经验，研究部署下一步工作，努力开创新时代湛江政协事业发展新局面，为湛江市全力建设省域副中心城市、加快打造现代化沿海经济带重要发展极凝聚广泛智慧和力量。

5月30日　巴斯夫（广东）一体化项目举行主体工程打桩仪式，全面开展土建工程。

6月16日　中科（广东）炼化一体化项目在北京、广州和湛江三地以视频连线方式举行"云投产"启动活动。中科炼化一体化项目一期总投资440亿元，建设1000万吨/年炼油、80万吨/年乙烯项目及相关辅助配套工程，是国家优化临港重化产业布局的重大项目，也是广东推动制造业高质量发展的代表性项目。

6月23日　湛茂阳三市党政主要领导第一次联席会议在湛江举行，签订了《协同推进现代化沿海经济带西翼高质量发展合作框架协议》《湛茂空港经济区框架协议》等重要文件。

6月24日　湛江市与粤海集团签署《粤西水资源配置工程湛江分干线项目合作协议》《湛江市城区水务项目投资合作协议》，是湛江市水务发展建设历史的里程碑。

6月27日至28日　广东省省长马兴瑞到湛江市，围绕推动湛江建设省域副中心城市、加快打造现代化沿海经济带重要发展极、促进区域协调发展深入开展调研。7月1日，马兴瑞到湛江市看望慰问基层党员，代表省委、省政府向他们致以节日的问候和祝福。

7月18日　中国共产党湛江市第十一届委员会第十次全体会议在湛江国

际会展中心召开，审议通过了《中共湛江市委 湛江市人民政府关于加强与海南相向而行的意见》。

8月17日 广湛高铁湛江湾海底隧道正式动工。

9月4日 退役湛江舰移交仪式在湛江某军港举行，退役的湛江舰正式移交给湛江市。

9月11日至12日 中共中央政治局委员、广东省委书记李希，省长马兴瑞到湛江调研，要求湛江抓住"双区"建设和海南自由贸易港建设重大历史机遇，全力建设省域副中心城市，努力打造现代化沿海经济带重要发展极。

9月8日 全国抗击新冠肺炎疫情表彰大会在北京人民大会堂隆重举行，来自湛江的孙小聪、黎月秋、杨国宏获"全国抗击新冠肺炎疫情先进个人"称号。

9月15日 湛江市第十四届人大常委会召开第三十五次会议，决定曾进泽为湛江市人民政府代理市长。10月19日至20日湛江市第十四届人民代表大会第七次会议召开，补选曾进泽为湛江市人民政府市长。

9月17日 玉林至湛江高速公路广东段正式通车，全线开通运营。湛江到玉林车程从原来的4个多小时缩短为1.5个小时左右。

9月25日 中国宝武"重走钢铁长征路"湛江钢铁专场暨湛江钢铁纪念投产五周年活动举行。

9月26日 湛江港徐闻港区南山作业区客货滚装码头开港，粤琼两地海上航程缩短至一个多小时。

10月20日 湛江第六次获评全国双拥模范城。

10月 做好第七次全国人口普查准备工作。此次人口普查是新时代第一次人口普查，普查登记标准时间是2020年11月1日零时。普查内容包括：姓名、居民身份证号码、性别、年龄、民族、受教育程度、行业、职业、迁移流动、婚姻生育、死亡、住房情况等。

11月11日 市委书记郑人豪、市长曾进泽会见到湛江考察访问的巴斯夫执行董事会成员凯礼一行。双方一致认为巴斯夫（广东）新型一体化基地项目前景广阔、机遇难得，将合力推进项目如期建成投产，以期早日发挥效益。

12月10日　海南省人大常委会副主任、党组副书记许俊率海南省十三届全国人大代表团到湛江徐闻考察徐闻港并召开工作座谈会，进一步加强交流协作，携手加快推进琼州海峡港航一体化发展。广东省人大常委会副主任黄业斌，海南省人大常委会副主任林北川，湛江市委书记郑人豪一同考察。

12月17日　全市县处级主要领导干部专题研讨班在湛江国际会展中心开班，深入学习贯彻习近平总书记出席深圳经济特区建立40周年庆祝大会和考察广东重要讲话、重要指示精神，一体学习贯彻党的十九届五中全会精神。

12月21日至22日　中共湛江市委十一届十一次全会审议通过《中共湛江市委关于制定湛江市国民经济和社会发展第十四个五年规划和二〇三五年远景目标的建议》和《中国共产党湛江市第十一届委员会第十一次全体会议决议》。

12月29日至30日　广东省人大常委会组织驻湛江、茂名、阳江、江门等市的部分全国人大代表到湛江开展视察活动，围绕湛江全力建设省域副中心城市、加快打造现代化沿海经济带重要发展极开展调研。

2021 年

2月2日　中共广东省委、省人民政府出台《中共广东省委　广东省人民政府关于支持湛江加快建设省域副中心城市　打造现代化沿海经济带重要发展极的意见》，赋予湛江部分省级经济社会管理权限、强化要素保障支撑和完善组织实施机制等方面政策支持。

3月4日　湛江市党史学习教育动员大会在湛江国际会展中心召开，深入学习贯彻习近平总书记在党史学习教育动员大会上的重要讲话精神和党中央决策部署，落实全省党史学习教育动员大会精神，部署全市开展党史学习教育。

3月30日　广东省省长马兴瑞到湛江市吴川机场、巴斯夫（广东）一体化项目、湛江港石化码头、湛江湾实验室等地调研，并召开座谈会。马兴瑞强调，湛江要加快建设省域副中心城市。调研期间，马兴瑞还在湛江市出席省教育厅、阳江市政府、广东海洋大学、华南理工大学四方关于建设广东海洋大学阳江校区工作协议签署活动。

4月25日至27日　广东省政协党组书记、主席王荣率省政协考察团到湛江，围绕"促进粤港澳大湾区与海南自贸港联动发展实现国家重大战略叠加放大效应"开展专题调研。广东省政协党组副书记、副主席林雄，省政协党组成员、秘书长、办公厅主任吴伟鹏，湛江市委书记郑人豪、市长曾进泽等领导参加调研。

5月22日　中共广东省委常委、组织部部长张义珍到湛江宣布省委决定：刘红兵任中共湛江市委书记，并提名为湛江市人大常委会主任候选人（7月12日至13日，湛江市第十四届人民代表大会第九次会议补选刘红兵为湛江市人大常委会主任）。

5月23日　中共海南省委书记沈晓明率海南省党政代表团到粤考察，共商新发展阶段深化粤琼合作事宜，途经湛江，在湛江考察调研，湛江市委书记刘红兵、市长曾进泽等领导陪同考察调研。

6月8日至18日　广东省人民政府副省长李红军在吴川督导疫情防控工作，湛江市委书记刘红兵、湛江市人民政府市长曾进泽坐镇一线指挥，为打赢疫情防控这场硬仗提供了坚强保证。

7月31日　中共湛江市委十一届十三次全会召开，市委书记刘红兵主持会议并作报告。会议深入学习贯彻习近平总书记7月1日在庆祝中国共产党成立100周年大会上的讲话和对广东系列重要讲话、重要指示批示精神，认真落实省委、省政府"1+1+9"工作部署及《关于支持湛江加快建设省域副中心城市 打造现代化沿海经济带重要发展极的意见》。会议强调"唯有思想破冰才能发展突围"，提出"坚持以工业化、生态化、数字化融合发展理念引领湛江发展"，在加快大园区建设、推进大文旅开发、深化大数据应用中塑造后发崛起新优势，推动湛江高质量发展、跨越式发展。

附录四 湛江主要年份国民经济和社会发展主要指标

湛江主要年份国民经济和社会发展主要指标

项目	单位	1949 年	1952 年	1957 年	1965 年	1970 年	1975 年	1978 年	1980 年
年末户籍总人口	万人	209.84	227.05	254.66	308.19	350.48	394.89	419.00	439.77
年末社会从业人员	万人	93.35	103.38	117.45	136.78	156.40	175.89	194.60	207.54
生产总值（当年价）	亿元	1.22	1.52	3.24	5.62	7.72	10.35	12.09	15.20
农业总产值（当年价）	亿元	1.21	1.67	2.49	3.63	5.22	6.97	7.35	10.47
工业总产值（当年价）	亿元	0.12	0.25	1.03	2.93	4.16	6.30	7.79	8.99
固定资产投资	亿元	—	0.02	0.29	0.43	0.40	1.36	1.73	2.47
社会消费品零售总额	亿元	0.62	1.09	1.79	2.55	3.28	4.27	5.31	7.11
税收收入	万元	—	—	4388	9161	9993	11943	13871	14792
一般公共预算收入	亿元	—	0.23	0.48	1.05	1.47	1.5	1.69	1.67
一般公共预算支出	亿元	—	0.07	0.2	0.33	0.5	0.87	0.99	1.17
职工年平均工资	元/人	—	355	530	491	463	540	567	713
城镇居民人均可支配收入	元/人	67.32	93.72	167.2	269.4	272.6	322.0	433.2	488.9
农村居民人均纯收入	元/人	—	—	—	—	—	—	119.7	184.6

湛江主要年份国民经济和社会发展主要指标（续一）

项目	单位	1985 年	1990 年	1995 年	2000 年	2005 年	2010 年	2011 年	2012 年
年末户籍总人口	万人	477.26	546.48	603.85	694.89	718.05	777.38	729.06	785.17
年末社会从业人员	万人	235.59	268.52	298.15	314.87	304.99	318.05	329.13	331.37
生产总值（当年价）	亿元	32.06	96.63	261.85	373.81	682.67	1399.77	1713.42	1965.54
农业总产值（当年价）	亿元	20.87	60.59	138.17	166.63	233.02	450.49	533.45	590.38
工业总产值（当年价）	亿元	19.73	82.06	232.86	365.72	775.92	1708.61	2103.97	2111.19
固定资产投资	亿元	9.53	16.81	86.00	76.83	180.45	383.69	494.60	572.28
社会消费品零售总额	亿元	17.26	43.27	123.04	174.83	269.25	679.79	805.59	861.33
税收收入	万元	32012	66004	93833	90273	166364	452001	485259	523130
一般公共预算收入	亿元	2.97	6.98	11	12.44	24.01	66.23	80.03	92.09
一般公共预算支出	亿元	2.65	6.28	20.68	26.82	57.95	153.65	186.81	218.24
职工年平均工资	元/人	1250	2386	6378	8348	15076	26787	29820	33965
城镇居民人均可支配收入	元/人	1009.8	2247.8	7110.2	7097	9652	15305	17584	20227
农村居民人均纯收入	元/人	426.2	822.6	1901.3	3250	4250	6909	8257	9561

湛江主要年份国民经济和社会发展主要指标（续二）

项目	单位	2013 年	2014 年	2015 年	2016 年	2017 年	2018 年	2019 年	2020 年
年末户籍总人口	万人	804.23	819.00	822.96	834.81	838.94	848.02	854.15	859.58
年末社会从业人员	万人	336.37	340.75	340.85	343.75	344.51	—	—	—
生产总值（当年价）	亿元	2059.87	2245.35	2363.31	2560.69	2806.88	3008.39	3064.72	3100.22
农业总产值（当年价）	亿元	618.27	654.57	690.9	751.84	788.34	844.72	939.88	1005.91
工业总产值（当年价）	亿元	2435.24	2684.91	2713.72	2892.23	3036.05	2733.94	2662.87	2405.99
固定资产投资	亿元	749.46	1020.76	1313.69	1531.60	1641.53	1260.12	1231.13	1155.53

（续表）

项　目	单　位	2013 年	2014 年	2015 年	2016 年	2017 年	2018 年	2019 年	2020 年
社会消费品零售总额	亿元	1010.70	1162.10	1308.95	1432.96	1578.08	1697.30	1839.50	1638.76
税收收入	万元	594987	643311	683401	653815	754665	902747	921126	877425
一般公共预算收入	亿元	105.92	114.42	121.86	112.94	135	121.84	131.26	137.78
一般公共预算支出	亿元	265.44	279.53	412.36	381.11	442.7	481.37	507.03	539.23
职工年平均工资	元/人	40534	44981	50177	55565	62094	69258	—	—
城镇居民人均可支配收入	元/人	22371	21317	23129.4	24887.2	27119.3	29046.3	31240.7	32926
农村居民人均纯收入	元/人	10689	11381	12405.4	13335.8	14483.97	15888.9	17343.0	18758

注：表中数据为湛江市现辖区域的数据。

资料来源：湛江市统计局、国家统计局湛江调查队编：《湛江市统计年鉴（2018）》；中国统计出版社 2018 年版；湛江市统计局、国家统计局湛江调查队编：《湛江统计年鉴（2019）》，中国统计出版社 2019 年版；湛江市 2020 年国民经济和社会统计公报；湛江市人民政府官网的湛江市 2020 年预算执行情况和 2021 年预算（草案）报告；2021 年 5 月 21 日公布的湛江市第七次全国人口普查公报（第一号）、（第六号）。

主要参考书目

1. 〔汉〕司马迁：《史记》，中华书局 2000 年版。

2. 〔汉〕班固：《汉书》，中华书局 2000 年版。

3. 〔南朝宋〕范晔：《后汉书》，中华书局 2000 年版。

4. 〔后晋〕刘昫：《旧唐书》，中华书局 2000 年版。

5. 〔宋〕欧阳修、宋祁等撰：《新唐书》，中华书局 2000 年版。

6. 〔宋〕王存：《元丰九域志》，中华书局 2019 年版。

7. 〔宋〕乐史：《太平寰宇记》，中华书局 2007 年版。

8. 〔宋〕蔡絛撰，冯惠民、沈锡麟点校：《铁围山丛谈》，中华书局 1983 年版。

9. 〔宋〕王象之：《舆地纪胜》，中华书局 2012 年版。

10. 〔宋〕周去非著，杨武泉校注：《岭外代答校注》，中华书局 2006 年版。

11. 〔宋〕苏轼著，张志烈、马德富、周裕锴主编：《苏轼全集校注》，河北人民出版社 2010 年版。

12. 〔宋〕秦观著，周義敢等注：《秦观集编年校注》，人民文学出版社 2001 年版。

13. 〔宋〕李纲：《李纲全集》，岳麓书社 2004 年版。

14. 〔宋〕苏辙：《栾城集》，上海古籍出版社 2009 年版。

15. 〔元〕脱脱等：《宋史》，中华书局 2000 年版。

16. 〔明〕宋濂等：《元史》，中华书局 2000 年版。

17. 《明实录》，台湾"中央研究院"历史语言研究所校印版。

18. 〔明〕戴璟等纂修：嘉靖《广东通志初稿》，书目文献出版社 1996 年版。

19.〔明〕黄佐修撰：嘉靖《广东通志》，嘉靖四十年（1561）刻本，广东省地方志办公室 1997 年内部编印。

20.〔明〕陈大科、戴耀修，〔明〕郭棐纂：万历《广东通志》，万历二十九年（1601）刻本。

21.〔明〕欧阳保纂，〔明〕韩上桂、邓桢辑：万历《雷州府志》，万历四十三年（1615）刻本，书目文献出版社 1990 年版。

22.〔明〕曹志遇主修，〔明〕王湛同修：万历《高州府志》，万历四十三年（1615）刻本，书目文献出版社 1990 年版。

23.〔明〕郭棐：《粤大记》，广东人民出版社 2014 年版。

24.〔明〕应槚辑：《苍梧总督军门志》，岳麓书社 2015 年版。

25.〔明〕周元暐：《泾林续记》，中华书局 1985 年版。

26.〔明〕顾炎武撰，黄珅等校点：《天下郡国利病书》，上海古籍出版社 2012 年版。

27.〔明〕郑若曾撰，李致忠点校：《筹海图编》，中华书局 2007 年版。

28.〔明〕德清撰，福善记录，福徵述疏：《憨山老人自序年谱实录》，北京图书馆出版社 1999 年版。

29.〔清〕张廷玉：《明史》，中华书局 1974 年版。

30.〔清〕倪在田撰：《续明纪事本末》，（台湾）大通书局 1954 年版。

31.〔清〕赵尔巽等撰：《清史稿》，上海古籍出版社、上海书店 1986 年版。

32.〔清〕昆冈：《清会典事例》，中华书局 1991 年版。

33.〔清〕穆彰阿、潘锡恩等纂修：《大清一统志》，上海古籍出版社 2008 年版。

34.〔清〕廷臣修：嘉庆《重修一统志》，商务印书馆 1934 年版。

35.〔清〕刘锦藻编纂：《清朝文献通考》，浙江古籍出版社 1988 年版。

36.〔清〕王彦威纂辑，王亮编，王敬立校：《清季外交史料》，书目文献出版社 1987 年版。

37.〔清〕阮元修，〔清〕陈昌齐等纂：道光《广东通志》，道光二年（1822）刻本、同治三年（1864）刊本。

38.〔清〕郝玉麟修，〔清〕鲁曾煜等纂：雍正《广东通志》，雍正九年

（1731）刻本。

39.〔清〕吴盛藻修，〔清〕洪泮洙纂：康熙《雷州府志》，康熙十一年（1672）刻本。

40.〔清〕雷学海修，〔清〕陈昌齐等纂：嘉庆《雷州府志》，嘉庆十六年（1811）刻本，上海书店、巴蜀书社、江苏古籍出版社 2003 年版。

41.〔清〕郑俊修，〔清〕宋绍启纂：康熙《海康县志》，康熙二十六年（1687）刻本，雷阳印书馆 1929 年版。

42.〔清〕刘邦柄修，〔清〕陈昌齐纂：嘉庆《海康县志》，嘉庆十七年（1812）刊本。

43.〔清〕宋国用修，洪泮洙纂：康熙《遂溪县志》，康熙二十六年（1687）刻本。

44.〔清〕喻炳荣、朱德华修，蔡平点校：道光《遂溪县志》，方志出版社 2017 年版。

45.〔清〕喻炳荣修、赵钧谟等纂：《遂溪县志》，岭南美术出版社 2009 年版。

46.〔清〕喻炳荣修，〔清〕朱德华、杨翙纂：《遂溪县志》，道光二十九年（1849）刻本。

47.〔清〕阎如玱修，〔清〕吴平修纂：康熙《徐闻县志》，清康熙二十六年（1687）抄本。

48.〔清〕王辅之修，〔清〕骆克良等纂：宣统《徐闻县志》，岭南美术出版社 2009 年版。

49.〔清〕黄若香修，〔清〕吴士望纂：康熙《吴川县志》，康熙十八年（1679）刻本。

50.〔清〕盛熙祚修，〔清〕章国禄纂：雍正《吴川县志》，雍正十年（1732）刻本。

51.〔清〕李高魁、叶载文修，〔清〕林泰雯纂：道光《吴川县志》，道光五年（1825）刻本。

52.〔清〕毛昌善修，〔清〕陈兰彬纂：《吴川县志》，光绪十四年（1888）刻本、光绪十八年（1892）刻本、光绪二十三年（1897）校订重印本。

53.〔清〕蒋廷桂修,〔清〕陈兰彬纂:光绪《石城县志》,光绪十八年(1892)刻本。

54.廉江史志编纂委员会办公室点校:光绪《石城县志》,中国社会出版社2014年版。

55.〔清〕杨霁修,〔清〕陈兰彬等纂:光绪《高州府志》,光绪十五年(1889)刊本、光绪十六年(1890)影印本。

56.〔清〕徐成栋纂修,〔清〕孙焘校正:康熙《廉州府志》,康熙六十年(1721)本。

57.〔清〕梁兆罂编纂:光绪《梅菉志》,光绪二十八年(1902)本,吴川市地方志办公室内部编印。

58.〔清〕郑梦玉等修,〔清〕梁绍献等纂:同治《南海县志》,同治十一年(1872)本。

59.〔清〕徐松辑:《宋会要辑稿》,上海古籍出版社2014年版。

60.〔清〕屈大均:《广东新语》,中华书局1985年版。

61.〔清〕陈瑸著,邓碧泉编选、校注:《陈瑸诗文集》,人民日报出版社2004年版。

62.〔清〕陈昌齐:《陈昌齐诗文集》,广东人民出版社2016年版。

63.梁成久等纂修:民国《海康县续志》,雷阳印书馆1929年刊本。

64.郭寿华:《湛江市志》,(台湾)大亚洲出版社1972年版。

65.湛江市地方志编纂委员会编:《湛江市志》,中华书局2004年版。

66.湛江海关志编撰办公室编:《湛江海关志》,2011年内部编印。

67.湛江市南三岛志编委会编:《南三岛志》,中央文献出版社2003年版。

68.湛江市麻章区地方志编纂委员会编:《麻章区志》,广东人民出版社2013年版。

69.《徐闻县志》编纂委员会编:《徐闻县志》,广东人民出版社2000年版。

70.吴川市地方志办公室编:《吴川县志》,中华书局2001年版。

71.广东省地方志办公室辑:《吴川县志》,岭南美术出版社2007年版。

72.钟喜焯修,江珣纂:民国《石城县志》,1931年铅印本。

73．《廉江县志》编撰委员会编：《廉江县志》，广东人民出版社1995年版。

74．廉江县安铺镇志编纂小组编纂：《安铺镇志》，1986年内部编印。

75．陈梅湖总纂：民国《南澳县志》，1945年版。

76．中国人民政治协商会议湛江市委员会文史委编：《湛江文史资料》1—30辑（第16辑始改名《湛江文史》），1984—2011年内部编印。

77．中国科学院广州哲学社会科学研究所历史研究室、广东省档案馆编：《广东历史资料》第一期、第二期，广东人民出版社1959年版。

78．广东省政协文化和文史资料委员会编：《广东文史资料精编》（上编），中国文史出版社2008年版。

79．中国社会科学院历史研究所清史研究室编：《清史资料》（第七辑），中华书局1989年版。

80．中国第二历史档案馆编：《中华民国档案资料汇编》，江苏人民出版社1994年版。

81．中央档案馆、广东省档案馆编：《广东革命历史文件汇集》，1983年内部编印。

82．南方局党史资料征集小组编：《南方局党史资料》，重庆出版社1990年版。

83．广东省档案馆编：《华南党组织档案选编》，1982年内部编印。

84．中共湛江市委党史研究室编：《粤桂边武装斗争史料》，广东人民出版社1989年版。

85．中央档案馆编：《中共中央香港分局文件汇集》，1989年内部编印。

86．龙鸣、景东升主编：《广州湾史料汇编》第一辑，广东人民出版社2013年版。

87．景东升、龙鸣主编：《广州湾史料汇编》第二辑，广东人民出版社2016年版。

88．广东省文史研究馆编：《广东省自然灾害史料》，广东科技出版社1999年版。

89．广东省文史研究馆、中山大学历史系编：《广东洪兵起义史料》（上册），广东人民出版社1992年版。

90．广东省档案馆、中共广东省委党史研究委员会办公室编：《广东区党、团研究史料（1921—1926）》，广东人民出版社 1983 年版。

91．中共湛江市委党史研究室编：《南路农民运动史料》，广东人民出版社 1997 年版。

92．中共湛江市委党史研究室编：《南路人民抗日斗争史料》，广东人民出版社 1996 年版。

93．中共广东省委党史研究委员会、广东省档案馆、中共湛江市委党史办合编：《粤桂边区武装斗争史料》，广东人民出版社 1989 年版。

94．中共湛江市委党史研究室编：《中共在广州湾活动史料》，广东人民出版社 2007 年版。

95．戴鞍钢、黄苇主编：《中国地方志经济资料汇编》，汉语大词典出版社 1999 年版。

96．谭棣华、曹腾䮾、冼剑民编：《广东碑刻集》，广东高等教育出版社 2001 年版。

97．王铁崖编：《中外旧约章汇编》（第一册），生活·读书·新知三联书店 1957 年版。

98．中共广东省委党史研究委员会办公室、广东省档案馆编：《"一大"前后的广东党组织》，1981 年内部编印。

99．中共中央文献研究室编：《建国以来重要文献选编》第 4 册，中央文献出版社 1993 年版。

100．中共中央文献研究室编：《建国以来重要文献选编》第 12 册，中央文献出版社 1996 年版。

101．中共中央文献研究室编：《毛泽东年谱》（1949—1976）第一卷，中央文献出版社 2013 年版。

102．中共广东省委党史研究室等编：《叶剑英与华南分局档案史料》（下册），1999 年内部编印。

103．中共广东省委党史研究室、广东省档案馆编：《广东省土地改革运动史料汇编》，1999 年内部编印。

104．中共广东省委党史研究室编：《周恩来与广东》，广东人民出版社 1998 年版。

105．中共湛江市委党史研究室编：《党和国家领导人在湛江》，1999 年内部编印。

106. 中共广东省委党史研究室、广东省政府农业办公室编:《中国新时期农村的变革》（广东卷），中共党史出版社1998年版。

107. 中共湛江市委党史研究室编:《图述中共湛江历史（1921—2013）》，中共党史出版社2013年版。

108. 中共湛江市委党史研究室编著:《湛江改革开放三十年大事记（1978—2007）》，2008年内部编印。

109. 中共湛江市委党史研究室:《中国共产党湛江历次代表大会资料选编》，2003年内部编印。

110. 中共湛江市委政策研究室编:《冲出重围——湛江市国有企业三年改革脱困攻坚回顾》，2001年内部编印。

111. 中共湛江市委组织部等编:《中共广东省湛江地（市）组织史资料（1949—1987）》，1997年内部编印。

112. 中共湛江市委组织部等编:《中国共产党湛江市（地区）组织史资料（1949—1987）》，1997年内部编印。

113. 中共湛江市委党史研究室:《中国共产党湛江历史大事记（1950—1978）》，2009年内部编印。

114. 潘明主编:《湛江金融志》，中国金融出版社1994年版。

115. 湛江市统计局编:《光辉的历程·湛江建国五十年统计资料》，1999年内部编印。

116. 湛江市统计局:《1949—1990国民经济和社会发展统计提要》，1991年内部编印。

117. 湛江交通志编辑委员会编:《湛江交通志》，1992年内部编印。

118. 湛江港务局编:《建港三十周年纪念文集》，1986年内部编印。

119. 湛江市水利电力局编:《湛江水利志》，1993年12月内部编印。

120. 湛江市农业发展史编写委员会编:《湛江农业发展史（1949—1990）》，1995年内部编印。

121. 湛江市工会志编委会编:《湛江市工会志》，广东人民出版社1995年版。

122. 广东省地方史志编纂委员会编:《广东省志·公安志》，广东人民出版社 2001 年版。

123．湛江市文化局编：《湛江市文化志》，天津古籍出版社 1995 年版。

124．《湛江教育志》编写组编：《湛江教育志（1898—1987）》，广东教育出版社 1991 年版。

125．湛江市教育局编：《湛江教育志（1979—2000）》，广东教育出版社 2009 年版。

126．湛江市档案局（馆）编：《红土风流——名人笔下的湛江》，（香港）南方人民出版社 2010 年版。

127．徐闻县知识青年历史文化研究会编：《南端足迹——徐闻知青回忆录》，中国诗书画出版社 2018 年版。

128．舒光才：《一个红军战士走过的路——舒光才回忆录》，广东人民出版社 1999 年版。

129．中国人民政治协商会议广东省湛江市委员会编：《新中国成立以来湛江文史资料选编》，2016 年内部编印。

130．中国人民政治协商会议广东省湛江市委员会编：《湛江生态文明村》（上、下册），2016 年内部编印。

131．马恩成主编：《开发农业研究》，广东人民出版社 1990 年版。

132．中共吴川市委党史研究室：《中共吴川党史大事记》，2001 年内部编印。

133．顾明主编：《中国改革开放辉煌成就十四年（湛江卷）》，中国经济出版社 1992 年版。

134．中共湛江市委党史研究室：《湛江非公有制经济发展研究》，中共党史出版社 2001 年版。

135．中共茂名市委党史研究室编：《茂名党史资料汇编》（1925—1928）第一辑，内部编印。

136．湛江市地方志编纂委员会编：《广东海洋城市——湛江崛起》，北京大学出版社 2009 年版。

137．湛江市发展和改革局：《湛江市国民经济和社会发展"十二五"规划汇编》，2011 年内部编印。

138．《湛江港口经济发展战略》编委会编：《湛江港口经济发展战略》，

1996 年内部编印。

139. 周闻华等主编:《农业之路》,北京燕山出版社 1999 年版。

140. 广东省湛江市地名志编纂委员会编:《湛江市地名志》,广东省地图出版社 1989 年版。

141. 骆伟、骆廷辑注:《岭南古代方志辑佚》,广东人民出版社 2002 年版。

142. 吴川市地方志办公室编:《吴川县志》,中华书局 2001 年版。

143. 海南省澄迈县史志编纂委员会:《澄迈县志》,海南出版社 2008 年版。

144. 方志钦、蒋祖缘主编:《广东通史》,广东高等教育出版社 1996—2014 年版。

145. 连横:《台湾通史》,商务印书馆 1983 年版。

146. 李法军、王明辉、朱泓:《鲤鱼墩——一个华南新石器时代遗址的生物考古学研究》,中山大学出版社 2013 年版。

147. 广东省博物馆、湛江市文化广播电视新闻出版局编:《天南重地:雷州文化》,岭南美术出版社 2012 年版。

148. 李建生、陈代光主编:《南海"海上丝绸之路"始发港——雷州城》,海洋出版社 1995 年版。

149. 蒋廷瑜:《岭南铜鼓》,广东人民出版社 2018 年版。

150. 罗康宁:《粤语与珠江文化》,(香港)中国评论学术出版社 2006 年版。

151. 容观敻:《容观敻人类学民族学文集》,民族出版社 2003 年版。

152. 张荣芳、黄淼章:《南越国史》,广东人民出版社 2004 年版。

153. 胡阿祥等:《中国行政区划通史(三国两晋南朝卷)》,复旦大学出版社 2014 年版。

154.《黎族简史》编写组编:《黎族简史》,民族出版社 2009 年版。

155. 梁启超:《佛学研究十八篇》,上海古籍出版社 2001 年版。

156. 黄启臣主编:《广东海上丝绸之路史》,广东经济出版社 2014 年版。

157. 蔡智文主编:《冼太夫人研究》,(香港)国际炎黄文化出版社 2002 年版。

158. 陈泽泓：《广东历史名人传略》，广东人民出版社1998年版。

159. 牧野：《雷州历史文化大观》，花城出版社2006年版。

160. 陈志坚：《湛江傩舞文化》，广东人民出版社2017年版。

161. 陈志坚：《雷州石狗》，广东人民出版社2006年版。

162. 王荣武、梁松：《广东海洋经济》，广东人民出版社1998年版。

163. 蒋祖缘、方志钦：《简明广东史》，广东人民出版社1993年版。

164. 徐培均：《秦少游年谱长编》，中华书局2002年版。

165. 张星烺编：《中西交通史料汇编》，中华书局2003年版。

166. 司徒尚纪：《雷州文化概论》，广东人民出版社2014年版。

167. 吴建华：《雷州传统文化初探》，天津古籍出版社2000年版。

168. 龚延明、祖慧编：《中国历代登科总录·宋代登科总录（第3册）》，广西师范大学出版社2014年版。

169. 梁方仲：《中国历代户口、田地、田赋统计》，上海人民出版社1980年版。

170. 白福臣等编著：《湛江海洋经济史》，海洋出版社2014年版。

171. 广东省人民政府参事室、广东省人民政府文史研究馆编，陈立新、张波扬、陈昶编著：《湛江港与海上丝绸之路》，广东经济出版社2019年版。

172. 马文宽等：《中国古陶瓷在非洲的发现》，紫禁城出版社1987年版。

173. 湛江市博物馆、雷州市文化局、广东省文物考古研究所编：《雷州窑瓷器》，岭南美术出版社2003年版。

174. 戴可来、杨保筠校注：《岭南摭怪等史料三种》，中州古籍出版社1996年版。

175. 孔凡礼：《苏辙年谱》，学苑出版社2001年版。

176. 杨德春：《海南岛古代简史》，海南黎族苗族自治州教师进修学院1982年编印。

177. 王培楠主编：《"一带一路"广东要览》，广东经济出版社2016年版。

178. 李新魁：《广东的方言》，广东人民出版社1994年版。

179. 蔡叶青：《雷州方言》，岭南美术出版社、广东人民出版社2013

年版。

180. 刘琦：《鉴江文化研究》，中国评论学术出版社 2011 年版。

181. 湛江市志总编室编：《湛江两千年》，广东高等教育出版社 1993 年版。

182. 覃召文：《岭南禅文化》，广东人民出版社 1996 年版。

183. 谭其骧：《中国历史地图集》，中国地图出版社 1987 年版。

184. 〔美〕穆黛安著，刘平译：《华南海盗（1790—1810）》，中国社会科学出版社 1997 年版。

185. 支伟成：《清代朴学大师列传》，上海人民出版社 2014 年版。

186. 梁碧莹：《陈兰彬与晚清外交》，广东人民出版社 2011 年版。

187. 佚名辑：《晚清洋务运动事类汇钞》，中华全国图书馆文献馆微复制中心 1999 年版。

188. 陈志坚：《雷州文化》，香港科技大学华南研究中心 2011 年版。

189. 曾权主编：《汤显祖与徐闻》，中国文史出版社 2005 年版。

190. 高诚苗主编：《雷州市雷剧艺术节·资料集·雷剧综述》，岭南美术出版社 2007 年版。

191. 蔡平主编：《雷州文化研究论集》，（香港）中国评论学术出版社 2013 年版。

192. 中国民族民间舞蹈集成编辑部编：《中国民族民间舞蹈集成（广东卷）》，中国 ISBN 中心 1996 年版。

193. 黄柳坚主编：《赤坎古商埠》，中国文联出版社 2013 年版。

194. 王树枬编：《张文襄公全集》，中国书店 1990 年版。

195. 吴康健：《雄鹰留下的轨迹——天南古镇英利历史文化散记》，（香港）华夏文化艺术出版社 2009 年版。

196. 中国科学院历史研究所第三所编：《近代史资料》总 11 号，科学出版社 1956 年版。

197. 梁必骐主编：《广东的自然灾害》，广东人民出版社 1993 年版。

198. 邵尧华：《雷州特产蒲草之栽培》，广州私立岭南大学出版委员会 1928 年版。

199. 〔法〕安托万·瓦尼亚尔著，郭丽娜、王钦峰译：《广州湾租借地：

法国在东亚的殖民困境》（上、下卷），暨南大学出版社 2016 年版。

200．续修四库全书编纂委员会编：《续修四库全书》，上海古籍出版社 2002 年版。

201．〔法〕施阿兰：《使华记（1893—1897）》，商务印书馆 1989 年版。

202．〔美〕马士：《中华帝国对外关系史》第三卷，商务印书馆 1960 年版。

203．刘彦：《帝国主义压迫中国史》上册，太平洋书店 1928 年版。

204．李钟珏：《且顽七十岁自叙》，《近代人物年谱辑刊》第五册，国家图书馆出版社 2012 年版。

205．《列强在中国的租界》编辑委员会编：《列强在中国的租界》，中国文史出版社 1992 年版。

206．湖南省社会科学院编：《黄兴集》，中华书局 1981 年版。

207．冯自由：《革命逸史》上册，新星出版社 2009 年版。

208．丁身尊等编：《广东民国史》（上、下册），广东人民出版社 2004 年版。

209．莫华生、梁小娟：《广州国民政府南征》，线装书局 2008 年版。

210．段云章、倪俊明编：《陈炯明集》，中山大学出版社 2007 年版。

211．广东省军区地方志办公室编：《广东军事人物志》，广东人民出版社 2001 年版。

212．中共遂溪县委党史研究室编：《中国共产党遂溪地方史》，中共党史出版社 2004 年版。

213．黄景星编：《黄司令官造雷平匪实纪》，雷州道南印务局 1922 年版。

214．丁旭光：《变革与激荡：民国初期广东省政府（1912—1925）研究》，世界图书出版公司 2010 年版。

215．黄景星：《壬戌提灯会纪要》，雷州道南印务局 1922 年版。

216．广东省政协文史资料研究委员会编：《粤军史实纲要》，广东人民出版社 1990 年版。

217．中共湛江市委党史研究室：《中国共产党湛江历史》（第一卷，1921—1949），中共党史出版社 2011 年版。

218．中共湛江市委党史研究室编：《中共南路党史大事记》，广东人民出版社 1996 年版。

219．《杨匏安文集》编辑组编：《杨匏安文集》，广东人民出版社 1986 年版。

220．刘明逵、唐玉良主编：《中国工人运动史》第三卷，广东人民出版社 1998 年版。

221．中共湛江市委党史研究室编：《广东南路农民运动史略》，中共党史出版社 2012 年版。

222．中国人民解放军历史资料丛书编审委员会编：《土地革命战争时期各地武装起义（广东地区)》，解放军出版社 1999 年版。

223．毛泽东：《毛泽东选集》，人民出版社 1991 年版。

224．中共吴川县委党史研究室编：《南路特委与张炎将军》，广东人民出版社 1991 年版。

225．黄文光、陈弘君编：《一位国民党将军所走过的路》，广东人民出版社 1988 年版。

226．日本防卫厅防卫研究所编：《中国事变陆军作战史》，中华书局 1979 年版。

227．日本防卫厅防卫研究所编：《日本海军在中国作战》，中华书局 1979 年版。

228．蔡谦：《粤省对外贸易调查报告》，（长沙）商务印书馆 1939 年版。

229．郑友揆：《中国的对外贸易和工业发展》，上海社会科学院出版社 1984 年版。

230．韦健：《大广州湾》，东南出版社 1942 年版。

231．中共湛江市委党史研究室、《粤桂边纵队史》编写组编著：《粤桂边纵队史》，广东人民出版社 1992 年版。

232．湛江市政协志编委会编：《湛江市政协志》，中国文史出版社 2020 年版。

233．韦健：《广州湾商业指南年鉴合辑》，东南出版社 1943 年版。

234．湛江市商业局编：《湛江市商业志》，中山大学出版社 1992 年版。

235. 黄国威主编：《爱国巨商许爱周》，中国文史出版社 2005 年版。

236. 白新良：《明清书院研究》，故宫出版社 2012 年版。

237. 程永年：《湛江教育史话》，湛江教育学会 1988 年内部发行。

238. 喻本伐、熊贤君：《中国教育发展史》，华中师范大学出版社 1991 年版。

239. 何国华：《民国时期的教育》，广东人民出版社 1996 年版。

240. 湛江教育学会编：《湛江教育大事记（1840—1987）》，1988 年内部编印。

241. 戴龙基、杨迅凌主编：《全球地图中的澳门》（2015 年图册），澳门科技大学 2017 年版。

242. 陈立新：《湛江海上丝绸之路史》，（香港）南方人民出版社 2009 年版。

243. 中共中央党校理论研究室编：《历史的丰碑》，中央文献出版社 2009 年版。

244. 中共中央党史研究室：《中国共产党历史》第二卷（1949—1978）上、下册，中共党史出版社 2011 年版。

245. 中共中央党史研究室：《中国共产党的九十年》（社会主义革命和建设时期），中共党史出版社 2016 年版。

246. 邓小平：《建设有中国特色的社会主义》，人民出版社 1987 年版。

247. 陈述：《中华人民共和国史（1949—2009）》，人民出版社 2009 年版。

248. 广东叶剑英研究会、中共广东省委党史研究室编：《叶剑英在广东》，中央文献出版社 1996 年版。

249. 刘田夫：《刘田夫回忆录》，中共党史出版社 1995 年版。

250. 广东省人民武装斗争史编纂委员会编著：《广东人民武装斗争史》第四卷，广东人民出版社 1995 年版。

251. 匡吉主编：《当代中国的广东》（上），当代中国出版社 1991 年版。

252. 中共广东省委党史研究室：《广东建设小康社会的历史进程》，中共党史出版社 2004 年版。

253. 中共廉江市委党史研究室：《中国共产党廉江历史》第二卷

（1949—1978），中共党史出版社 2015 年版。

254．中共徐闻县委党史研究室：《中国共产党徐闻县地方史》（1919—1978），中共党史出版社 2007 年版。

255．刘文乔：《岁月如流未蹉跎》（上），中国民主法制出版社 2000 年版。

256．雷仲予：《广东先行一步见闻录》，广东人民出版社 1998 年版。

257．本书编写组编著：《中国共产党简史》，人民出版社、中共党史出版社 2021 年版。

258．湛江市统计局、国家统计局湛江调查队编：《湛江统计年鉴（2003）》，2003 年内部编印。

259．湛江市统计局、国家统计局湛江调查队编：《湛江统计年鉴（2009）》，2009 年内部编印。

260．湛江市统计局、国家统计局湛江调查队编：《湛江统计年鉴（2011）》，中国统计出版社 2011 年版。

261．湛江市统计局、国家统计局湛江调查队编：《湛江统计年鉴（2014）》，2014 年内部编印。

262．湛江市统计局、国家统计局湛江调查队编：《湛江统计年鉴（2015）》，2015 年内部编印。

263．湛江市统计局、国家统计局湛江调查队编：《湛江统计年鉴（2016）》，2016 年内部编印。

264．湛江市统计局、国家统计局湛江调查队编：《湛江统计年鉴（2018）》，中国统计出版社 2018 年版。

265．湛江市统计局、国家统计局湛江调查队编：《湛江统计年鉴（2019）》，中国统计出版社 2019 年版。

266．湛江年鉴编纂委员会编：《湛江年鉴（1999）》，2000 年内部编印。

267．湛江年鉴编纂委员会编：《湛江年鉴（2000）》，作家出版社 2000 年版。

268．湛江市年鉴编纂委员会编：《湛江年鉴（2003）》，时代出版社 2004 年版。

269．湛江年鉴编纂委员会编：《湛江年鉴（2007）》，人民日报出版社

2007 年版。

270．湛江年鉴编纂委员会编：《湛江年鉴（2016）》，中州古籍出版社 2016 年版。

271．湛江年鉴编纂委员会编：《湛江年鉴（2017）》，中州古籍出版社 2017 年版。

272．湛江年鉴编纂委员会编：《湛江年鉴（2018）》，中州古籍出版社 2018 年版。

273．湛江年鉴编纂委员会编：《湛江年鉴（2019）》，中州古籍出版社 2019 年版。

274．湛江年鉴编纂委员会编：《湛江年鉴（2020）》，中州古籍出版社 2020 年版。

275．广东叶剑英研究会编：《叶剑英在广东的实践与理论》，广东高等教育出版社 1997 年版。

276．中共广东省委党史研究室：《中国共产党广东历史》第二卷（1949—1978），中共党史出版社 2014 年版。

277．中共广东省委党史研究室编：《新中国成立初期广东若干历史问题探讨》，中共党史出版社 2003 年版。

278．黄彦编：《孙文选集》（上册），广东人民出版社 2006 年版。

279．中共湛江市委党史研究室编：《湛江市社会主义时期党史专题研究选辑（一）》，中共党史出版社 2012 年版。

280．湛江林业局编：《湛江林业志》，1990 年内部编印。

281．中共湛江市委党史研究室编：《孟宪德在湛江研究资料》，中共党史出版社 2014 年版。

282．湛江市工商业联合会等编：《湛江工商史料》（第二辑），内部编印。

编后记

　　《湛江通史》的面世，得益于中共湛江市委、湛江市人民政府、湛江市政协主要领导的高度重视和市直有关部门及各县（市、区）的大力支持，倾注了省市专家学者、各级领导、各界人士的大量心血。

　　缘起初心使命，修史资政育人。位于中国大陆最南端的湛江市，历史悠久，对外交往频繁，文化底蕴厚重，被誉为"天南重地"，对中国历史发展和中华文明进步作出了积极贡献。但长期以来，却缺少一部记述湛江历史的通史类著作。

　　2017年1月底，新一届的十三届湛江市政协领导班子决定向市委建议，提出编撰一部湛江通史。2017年4月18日，有关领导主持召开了湛江市十三届政协第四次主席会议，专题研究《湛江通史》编撰工作。会议通过了《湛江通史》编撰工作方案，成立了《湛江通史》编委会，下设四个编撰小组。第一组由广东海洋大学教授蔡平为组长（2018年后由湛江港务局原处长陈立新为组长），余石为副组长，陈志坚、洪三河为组员，主要负责编撰从上古到隋唐五代时期的湛江历史，并由岭南师范学院副教授李巧玲负责撰写《湛江通史》的《绪论》初稿；第二组由广东海洋大学教授任念文为组长，马宁、陈立新为副组长，廖勇、王佩弦为组员，主要负责编撰宋、元、明、清（1840年鸦片战争前）时期的湛江历史；第三组由岭南师范学院教授景东升为组长，广东海洋大学教授窦春芳和岭南师范学院教授于卫青为副组长，陈国威、魏珂、彭展、苗体君、吴子祺为组员，主要负责编撰1840年鸦片战争到民国时期的湛江历史；第四组由中共湛江市委党史研究室原副调研员陈充为组长，柯锦湘、屈康慧为副组长，符铭、沈荣嵩、穆寿昌为组员，主要负责编撰中华人民共和国成立至2020年的湛江历史，并由陈充、穆寿昌负责撰写大事记初稿。

2017年8月10日，有关领导主持召开"《湛江通史》编撰研讨工作会议"，拉开了《湛江通史》编撰的序幕。会后，编委会认真组织省市各方专家学者和全体编撰人员，集中酝酿讨论，拟出全书编撰大纲，并认真按不同历史阶段对大纲进行细化。经过两年多时间的爬梳史料、分析研究、专心编撰，2020年4月初形成《湛江通史》初稿。

2020年4月中旬，编委会将初稿发给省市专家学者、高校教授、党政机关有关人员、社会各界人士，广泛征求意见。接着于4月28日召开了"《湛江通史》征求意见稿第一次汇总意见工作会议"。会后，各编撰小组吸纳各方意见和建议，认真进行修改。5月至7月中旬，编委会多次组织省市专家学者和编撰人员集中讨论修改，并重新调整了人员分工：李巧玲负责修改《绪论》和上古到隋唐五代时期的内容，任念文负责修改宋、元、明、清时期的内容，景东升负责修改1840年鸦片战争到民国时期的内容，窦春芳负责修改中华人民共和国成立至2020年的内容。在反复征求省市专家学者和有关单位意见的基础上，又进行了3次修改。同时，市委副秘书长、政策研究室主任张鼎智负责撰写进入新时代湛江的大部分内容；市委党史研究室副主任李振龙负责重写大事记。其间，叶树德、林彬、苏振华、赖炳琨、黄高飞、许中儒等人提供了不少新资料。

为进一步提高书稿质量，从2020年7月下旬开始，编委会又组织了以湛江日报社总编辑黄康生、副总编辑崔财鑫，以及日报要闻部主任梁华、日报专刊部主任郑时雨、晚报新闻部副主任何杰、日报要闻部副主任龙飞腾等6人的修改小组，并作了具体分工：梁华、龙飞腾负责修改上古到隋唐五代时期和中华人民共和国成立至2020年的内容，郑时雨负责修改宋、元、明、清（1840年鸦片战争前）时期的内容，何杰负责修改1840年鸦片战争到民国时期的内容。他们按照编委会的修改要求，先后对《湛江通史》初稿进行多次讨论、征求意见和修改。

在《湛江通史》编撰工作启动之后，戚兆蓓、邱珉、杨康强、沈钧杏、彭惠洪、陈志坚等始终参与编校修改书稿工作，叶其俊、叶树德、陈琳彬、戚照、林春梅、郭伟民、蔡绵进、谭启滔、钟大生等同志也参与了书稿校改工作。此外，编委会还请王晓敏、李泽强、陈观子、孔祥敏、李素亭、黄锦荣、吴常、黄晓娟、张升卫、杨湛洪、黄美华、冯少妃、龙坤秀、李琴、符春盈等 15 名中学高级语文教师参与书稿后期的文字校对工作。

《湛江通史》是一项重大文化建设工程。现任中共湛江市委书记刘红兵、时任市委书记郑人豪、现任湛江市人民政府市长曾进泽、时任湛江市人民政府市长姜建军和市政协主要领导对此高度重视和大力支持，为《湛江通史》的编撰和出版提供了有力的保证。从着手启动编撰、初稿形成、征求意见、修改校对到最终定稿出版，市政协主要领导着力抓部署、组织编撰和定调修改，主持召开了 5 次征求意见会议和 19 次集中讨论改稿会议，并潜心 3 个月时间对全书进行审阅修改、严格把关。市政协分管文史工作的黄杰副主席认真组织落实和审阅修改。市政协秘书长曹栋积极协调推进。市政协文史委主任陈鸣积极协调文稿修改、负责具体工作落实。广东省人民政府文史研究馆馆员、一级作家洪三泰，广东省人民政府原参事、中山大学教授司徒尚纪，广东省人民政府文史研究馆馆员、广东人民出版社原社长陈海烈等专家学者，撰写《〈湛江通史〉编撰要求与书写格式》，对《湛江通史》编撰工作跟踪指导和审改书稿。市直有关单位、各县（市、区）政协，以及社会各界人士，对编撰工作一直给予大力支持。在《湛江通史》编撰出版过程中，还得到广东人民出版社领导及编辑团队的大力支持。在此一并致以谢忱！

《湛江通史》编撰工作，从制定方案，拟定提纲，分工撰写，征求意见，反复修改到付梓，历经四年。它的顺利出版，是大家共同努力的结果。质量如何，应由读者评说。对《湛江通史》的编撰，我们还是第一次尝试，由于缺乏经验，史料欠缺，加上时间仓促、编撰水平所限，肯定存在诸多不尽如人意和错漏之处，诚望各位方家和读者鉴谅并批评指正。

《湛江通史》编委会

2021 年 8 月 16 日